U0591661

Annual Report of Overseas Humanities and Social Sciences, 2018

海外人文社会科学发展年度报告 2018

武汉大学中国高校哲学社会科学发展与评价研究中心 组编

韩 进 主编

WUHAN UNIVERSITY PRESS

武汉大学出版社

图书在版编目(CIP)数据

海外人文社会科学发展年度报告.2018/武汉大学中国高校哲学社会科学发展与评价研究中心组编;韩进主编.—武汉:武汉大学出版社,2018.11

ISBN 978-7-307-20633-5

Ⅰ.海… Ⅱ.①武… ②韩… Ⅲ.社会科学—研究报告—世界—2018 Ⅳ.C11

中国版本图书馆 CIP 数据核字(2018)第 264009 号

责任编辑:黄金涛　　责任校对:汪欣怡　　版式设计:汪冰滢

出版发行:**武汉大学出版社**　(430072　武昌　珞珈山)

(电子邮件:cbs22@whu.edu.cn　网址:www.wdp.com.cn)

印刷:北京虎彩文化传播有限公司

开本:720×1000　1/16　印张:59.75　字数:859 千字　插页:2

版次:2018 年 11 月第 1 版　2018 年 11 月第 1 次印刷

ISBN 978-7-307-20633-5　定价:198.00 元

海外人文社会科学发展年度报告2018

编　委　会

目　录

代际流动性与收入不平等的理论研究与跨国实证分析

武汉大学经济与管理学院　邹　薇　马占利

一、引　言

代际流动性与收入不平等是经济学家最为关注的命题之一。在各个地区历史各阶段不平等均存在，从当今各国来看，在过去的几个世纪里，我们生活在一个物质文明飞速发展的年代，实际上，在工业革命后的大多数时期，经济增长都在持续加速进行，但伴随这种增长的却是某些福利的停滞，甚至是恶化，发展的成果并未惠及到每一个人，不平等持续存在。

从图 1 可以看出美国、英国、日本等国家基尼系数在近 30 年出现大幅增加。2016 年联合国开发计划署发布人类发展报告，这份题为《人类发展为人人》的报告指出，几乎在每一个国家都有一些群体身处弱势，这些弱势群体面临的挑战往往会相互叠加，加剧弱势情况、拉大代际差距，并让他们越来越难以跟上世界发展的脚步。全球目前仍有数百万人未能享受到人类发展的成果。如果不消除根深蒂固的发展障碍，差距将进一步拉大。

在历史大多数时期，经济的快速增长通常伴随着收入、财富及教育不平等的加剧，这种不平衡的产出增长在多数时候意味着由性别、种族、地理位置或社会阶层所确定的不同群体的机会不平等，在这样的环境中，不平等的重要渠道源于经济产出在代际间持久

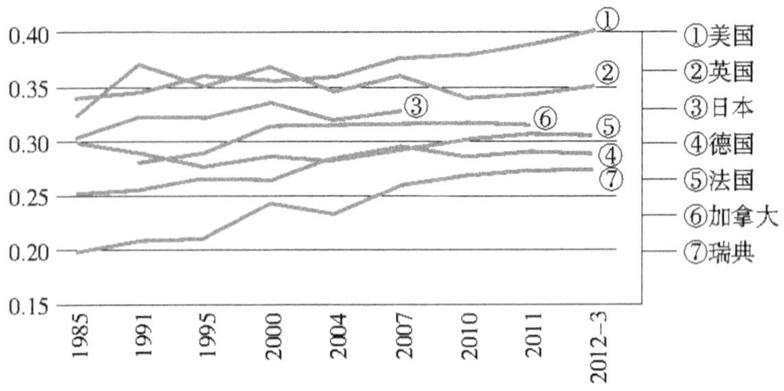

图 1　1985—2013 年间发达经济体基尼系数的演变

资料来源：经济合作与发展组织收入分配数据库。

性，来源于个人无法控制的先天性因素，如出生地、性别、父母教育、父母职业等方面，这些家庭背景等先天性因素不仅决定了子代未来的收入，还影响个体的教育和健康等的获得。

从代际传递与贫困来看，贫困家庭资源缺乏，不仅使家庭长期无力摆脱贫困的境地，也使得其无法对子女进行人力资本投资，子女未来贫困的可能性大大增加。从阶层来看，社会边缘阶层的人可能会接受高阶层人所谓的“低等阶层”的观点，穷孩子无力改变自身状况的遭遇已经成为惯例。所有这些都会影响被歧视阶层奋发向上的能力，那些最终影响个人命运的能力在群体之间分配也是不均等的，这些不平等陷阱的存在，不仅仅会影响分配，而且会影响经济长期发展的过程。

关于代际间机会不平等与经济增长的关系，Marrero 和 Rodriguez(2013)发现代际间的机会不平等对经济增长有负面影响，因为其有利于具有较好家庭背景的个体的人力资本积累，而不利于具有更多“天赋”的个体的人力资本积累。Bowles 等(2005)同样表明，即使个体具有很高的与生俱来的“天赋”，他们能够实现天赋价值的可能性(如在入学或获得就业方面)，也将受到环境的影响。Marrero(2016)把总不平等分解为机会不平等和努力不平等，其中机会不平等是由于超出了个人控制的环境因素所引起；其分析了机会不平等对不同收入阶层的人的影响，发现美国的机会不平等对穷人的收入增长尤其不利；当机会不平等受到控制时，总收入不平等的重要性大大降低，结果具有稳健性。

改革开放四十年来，中国的经济总量保持了高速增长，人民生活水平也得到了前所未有的提高，中国的物质文明不断丰富，国家统计局公布 2016 年中国的 GDP 总量约 127238 亿美元，人均 GDP 约为 9108 美元，但与此同时中国的不平等程度也在加大，经济发展的成果并未惠及每一个人。据国家统计局估计，2016 年中国的基尼系数为 0.465，超过了 0.4 的国际警戒线，如图 2。但基尼系数是一个静态指标，仅反映了同代人之间的收入不平等，是一个短期的工具。而从长期来看，中国的不平等不仅表现为同代人之间的不平等，代际之间的不平等也十分重要，长期的收入不平等往往会演变为代际之间不平等的固化。拥有较高经济资本和丰富社会资本的高收入群体往往通过对子代的人力资本投资，利用社会关系网络帮助子代获取就业信息，对子代就业创业提供金融支持和社会支持，从而使其高收入得以在代际间延续。而低收入群体摆脱贫困的能力有限，受限于金融和社会网络资本的约束，通常贫困在几代人中延续，往往会陷入“贫困陷阱”。另外社会对“官二代”、“富二代“和“贫二代”的议题也越来越关注，“寒门难出贵子”等社会现象也引起热议，激起了很大的社会反响，这些都体现了现阶段对中国代际流动性进行深入考察的必要性。

当前中国正处在转变发展方式的攻关期，中国经济增长方式转变一个主要特征是由量的发展转变为质的提高，而这离不开个体的创新创造。十九大报告指出“使人人都有通过辛勤劳动实现自身发展的机会”，代际流动的提高有助于减少家庭背景对个体的影响，实现人力资本的积累和人力资源的有效匹配，在全球化竞争中实现产业结构升级，发挥我国的人口优势，促进经济持续增长。

代际间的不平等也会损害社会公平正义，代际不平等最主要的表现为个体间的机会不平等，这种是由自身的努力之外的因素所决定的个体收入、财富、教育等各种结果上的不平等。个体之间的机会不平等越大，社会公平感越低，如果不平等是由个体努力程度的

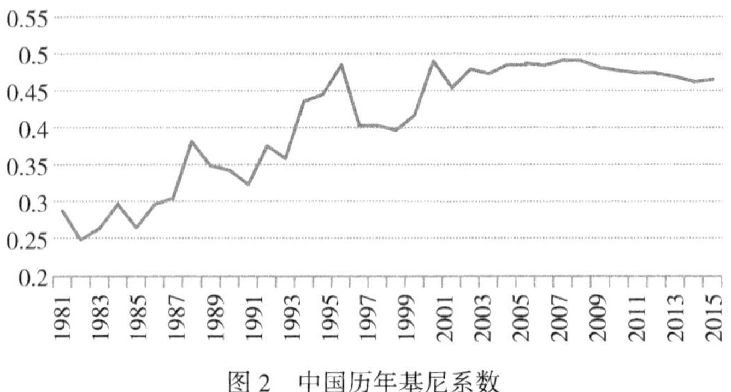

图 2　中国历年基尼系数

资料来源：国家统计局。

不同所引起，社会接受度则较高。但如果不平等是由个体不同的家庭背景所引起，则损害社会的公平和经济的运行效率，降低个体主观能动性的发挥，影响人力资本的投资。经济状况在几代人间传递的程度是理解不同社会之间的差异，以及不平等程度随时间变化的关键，代际流动程度偏低可能会破坏机会平等，并可能导致不平等的延续。

二、收入与教育的代际流动性的测算与跨国比较

2.1　代际收入弹性测算方法

经济学家和社会学家长期对代际流动问题感兴趣，这是一个活跃的前沿领域。代际传递通常衡量遗传禀赋或经济产出等在代际间的持续性，父代和子代在代际间的关联是多方面的，这不仅包括子代通过基因获得的先天的遗传禀赋，也包括通过父代生活习惯、言传身教、家族文化或人力资本投资等获得的各种产出。早期的文献讨论主要在于代际收入流动，主要是基于 Becker and Tomes (1979) 的代际流模型来进行分析，在早期对代际传递因果关系的研究中集中在兄弟姐妹和邻里关系(Solon，1990)，但对于双胞胎、养父母、养子女及工具变量法很少涉及，早期代际传递研究集中于收入、对于教育、健康、职业、福利等其他维度也较少涉及。Solon(1990)

对1990年以前的代际传递相关文献进行了整理，相关的研究在最近十多年间则取得了更多进展，我们对此进行综述。

2.1.1 代际回归系数与相关系数分析

在对代际传递进行测算时，较常采用的方法为系数法，主要为回归系数和相关系数。代际回归系数，是测算父代和子代相应维度之间的变动状况，基本的回归方程如下：

$$y_{1i}=\alpha+\beta y_{0i}+\varepsilon \tag{1}$$

其中 y_{1i} 代表子代个体 i 的相应测算维度，y_{0i} 是代表父代相应的测算维度，ε 是误差项，代际回归系数的测算可以是收入、教育、职业或智商等相应维度，不同维度的测算可能有所差异，但基本都是通过式(1)扩展或变化而来。回归系数可以衡量父代相应维度对子代的影响程度，一个更高的 β 系数意味着较高的代际传递性，较低的代际流动性。在对收入进行测算时，通过采用的是父代和子代的对数收入，系数也称之为代际收入弹性，在对收入进行回归分析时，我们也可以进一步采取分位数回归方法，分析在父代不同分位数水平上子代收入的分布。在对教育进行测算时，通常是通过父代和子代的教育年限来测算。

代际相关系数是显示父代和子代相应维度的密切程度，较高的相关系数意味着较低的代际流动。相关系数和回归系数的关系如下：相关系数等于回归系数乘以父代与子代标准差之比。因此，相关系数和回归系数任何明显的差别均可能是由于标准差率的变化所引起：

$$\rho_{y_{0i},y_{1i}}=\frac{\sigma_{y_{0i}}}{\sigma_{y_{1i}}}\beta \tag{2}$$

在收入维度中回归系数又被称为代际收入弹性，代际收入弹性被认为是衡量社会公平与否的最重要的参考指标，在代际弹性的分析中，测算方法是父代永久收入对子代永久收入的回归系数，由于实际中涵盖父代和子代永久收入的数据较少，因此对永久收入的精确测算是一个很大的挑战。在实际中对永久收入的测算通常面临三个问题：其一是持续的暂时性冲击；其二是父代和子代的年龄；其三是生命周期偏误。

持续的暂时冲击主要是指研究中通常用暂时收入作为永久收入的替代变量，但暂时收入方差大于永久收入的方差，导致系数估计出现偏误。Mazumder(2005)使用1984年SIPP数据与社会保障局的收入记录(SER)匹配，并提供经验估计，其发现估计时间的变化达16年。他发现，代际收入弹性估计值采用2年收入数据时为0.25，采用7年收入数据时为0.45，当使用16年的收入数据时上升到0.61，这些估计表明，为了代际收入弹性的准确估计，需要多年的连续收入数据。

其二是父代和子代的年龄，Baker和Solon（2003）及Mazumder(2005)指出收入偏差依赖于年龄，其在整个生命周期中变化，最小值大约为40岁。因此，一般来说，对代际弹性的测量误差大小也可能取决于年龄。Haider Sonlon(2006)指出如果代际收入弹性是根据父代和子代某一年龄的收入来测算，就收入的代表性而言，某些年龄段的收入比另外年龄段的收入对于一生收入更具有代表性。Böhlmark和Matthew（2006)指出在20多岁测得的暂时收入和持久收入的系数较小，一旦个体到了三十多岁，一直保持高收入到四十多岁，暂时收入与终身收入的系数接近于1，一旦到50多岁，其暂时收入与终身收入的系数减至0.6。这表明如果父代的年龄过大或子代的年龄过小，估计结果可能会存在偏差。

生命周期偏误是指根据生命周期理论，个人收入随年龄呈现倒“U”型曲线，在不同生命周期的收入观测值的差异会导致代际收入弹性的偏误。考虑到完整的职业生涯的收入曲线，能在职业生涯的同一时期，或者生命周期相似的阶段进行测算比较合理，但在实际测算中，父代的收入通常是在生命周期的偏后期进行计算，而子代的收入通常是在生命周期的偏前期进行的计算。Böhlmark和Matthew（2006)指出终生收入高的人通常会有更快的收入增长，而低收入和高收入者之间的早期职业收入差距往往会低估其永久收入的差距，因此采用其早期收入则会低估代际收入弹性。为了更准确地估计代际收入弹性，减少暂时性收入偏误和生命周期偏误，实证分析中通常采用多年收入平均并对父代和子代年龄进行控制。

2.1.2 转换矩阵分析

测算代际流动性的另一种方法是转换矩阵分析。回归系数更多的是对代际持续性的测量而不是代际流动性的测量，因此如果单纯只考虑回归系数会使我们忽略很多关于代际流动性的重要信息，代际转换矩阵则提供了一个可以观测经济产出在任何点的流动的可能性，是代际回归系数和相关系数的补充。对于收入维度，转换矩阵可以使用不同的收入阶层来测算；对于教育维度，转换矩阵可以使用不同的教育程度来测算；对于其他维度，可以相似方法来进行区分测算。

但转换矩阵也存在不足，以代际收入维度为例，Bhattacharya 和 Mazumder（2008）批评了这种依赖于分布的任意离散化(例如，五分位数或四分位数)的标准转换矩阵方法，他们提供了新的向上流动的测算方法，即儿子在收入中的百分比排名超过父亲在收入中的百分比排名的概率，实际上这意味着子代收入一个微小的流动也可被观测到，更多的权重放在小范围的流动上面。他们利用美国青年纵向调查(NLSY)的数据，表明这种区别在实践中是重要的，当使用新方法时，黑人的向上流动程度与白人的向上流动程度相似。这说明估计结果可能会根据所使用的精度而有所不同，显示了不同的估计方法的稳健性的价值。

在采用转换矩阵分析中，Peter(1992)，Dearden 等(1997)把父子的收入平均分为五等分，分析了英国的代际收入流动，指出父代收入处于最低收入阶层的子代中，在收入分配中约有 1/3 的子代收入进入了收入的前 50%。他们同时还发现最高收入阶层和最低收入阶层流动性较低，出生于这两端的子代更有可能处于和父代相同的收入阶层中。Jantti 等(2006)发现在美国父代收入处于最低收入阶层时，超过 40% 的子代收入仍处于最低收入阶层，而挪威和丹麦最低收入阶层的子代的收入流动性要高很多。与北欧国家相比，美国和英国较高的代际收入弹性主要是由于尾部分布的不同。除了北欧国家处于最低收入阶层的子代的较高流动性，同样在这些国家最高收入阶层的流动性也较高。在这些国家中处于中间收入阶层的子代收入流动较相似，并没有明显的不同。Hirvonen(2006)用十分位的转换矩阵分析了瑞典的代际收入流动，其指出在收入分布的顶端具有较高的持续性，但他同时指出社会向上流动的通道也很畅通，尽管富裕家庭的金融资本的继承更普遍，但是穷人和中产阶级仍然具有较高的流动性，这也促进了机会的平等。

此外还有姓氏分析，姓氏分析方法是最近才兴起，主要是基于家族姓氏或族谱等对长期的社会流动性进行研究。Clark(2012)考察了家族财富和地位是如何传承的，其指出如果从几代人的数据来看，多数国家的社会流动性低于人们普遍的想象。

什么是最优的代际流动性，至今仍没有准确的定论。但被认可的标准是机会平等——即富人的孩子和穷人的孩子享有同等的成功的机会，不论个体的家庭背景如何。然而，代际相关性为零也并不是最优的，因为这违背了效率的原则。Solon(2004)年指出富裕家庭的子女拥有更高的收入是因为其父母对其进行了更多的人力资本投资，其接受更高的教育，代际相关性为零意味着不同的人力资本投资回报相同，但这也启示我们要进行公共政策的干预，以追求机会的公平。

2.2 代际收入弹性的测算结果的跨国比较

经济学家一般通过考察两三代人的财富、就业和教育程度来追踪社会流动性，对代际收入流动的关注是由 Becker 和 Tomes(1979)开始，其运用家庭经济学和人力资本投资理论从效用最大化角度把代际收入流动纳入到规范经济学的研究框架之中。目前对代际收入流动性的分析主要有三种方法：代际弹性分析，转换矩阵分析和姓氏分析。

许多学者采取不同方法对各国的代际收入流动性进行了测算。在对美国代际流动测算方面，较早期的研究通常采用单年的数据，Blau 和 Duncan(1967) 是最早论述父代收入与子代收入相关关系的学者，他们的研究认为，父代收入对子代收入的影响很弱。Becker 和 Tomes(1986) 对美国估计的代际收入弹性值为 0. 2，他们的结论支持了布劳和邓肯的研究，即美国的代际收入流动性维持在较高的水平，美国社会中父代与子代的收入没有明显的相关性。Solon(1992)把年龄的二次函数项置入多元回归模型中，并使用父代对数收入的多年平均数替代单年的收入，其研究结论显示，美国的代际收入弹性系数大于 0.4，美国是个代际收入流动性很低的社会，这与之前的研究结果明显不同。Lee 和 Solon(2009)通过对 PSID 数据的更有效的运用，指出出生于 1952 年至 1975 年的美国人在代际收入流动方面并没有表现出很明显的变化。Chetty (2014) 运用 1996-2012 年美国联邦所得税记录测算平均而言父代收入上升 10%，则子代的收入上升 3.4%。

之所以对代际流动趋势的测算呈现出很多明显不同的估计结果，主要取决于两个方面，其一是对父代和子代收入的计算，由于取样的困难，单年收入和以生命周期为基础测算的永久收入会带来不同的结果。另外父代和子代取样的方法也会影响估计值，对代际收入弹性的精确测定依赖多种条件。比如 Mayer 和 Lopoo（2005）运用 PSID 数据对 1949—1965 年出生群组的代际收入弹性进行测算，对每一群组，设定其年龄为 30 岁，这意味着，对 1990 年的代际弹性进行测算是基于 1960 年出生的个体而忽略了 1990 年其他个体的数据，结果是会产出代际收入弹性估计值的向下偏估。Levine 和 Mazumder(2002)，运用 NLS 和 PSID 的数据估计 1980—1990 年出生的 28~36 岁之间的男性子代的收入，但是其忽略了在其他年份这些子代的收入。

在对 OECD 国家进行测算方面，Anna（ 2007）分析了 OECD 国家的代际流动，结果表明，不同国家的代际收入流动性差别明显。北欧、加拿大和澳大利亚的代际收入流动性较高，而意大利、美国和英国代际收入流动性较低。Cheti 和 Ermisch（2007）分析了出生于 1950 年至 1972 年的子代的代际收入流动性，其采用了两阶段最小二乘法来估计，结果表明对于出生于 1950—1960 年的子代代际收入流动性保持稳定，但出生于 1961—1972 年的子代代际收入流动性明显下降。Oivind 等(2007)运用挪威代际数据，其包括子代生命周期一部分的收入和父代生命周期的几乎全部收入，对代际收入进行了重新估计。他们的研究表明，基于暂时性的收入，早期学者测算的挪威的代际收入流动性可能夸大了，基于生命周期收入的计算的代际收入弹性可能是之前的两倍，尽管如此，相比美国和英国，挪威仍是一个代际收入流动性比较高的国家。由于变量定义和样本选择规则差异很大，不同学者的研究很难进行统一比较。

Jantti 等(2006)以可比的方式测算了6个国家的代际收入弹性，他们使用美国全国青年纵向调查(NLSY)、英国的全国儿童发展研究(NCDS)和北欧国家注册数据，为了尽量减少生命周期偏误，他们使用年龄在45岁左右的父亲和年龄在30~42岁之间的子代，因为需要在不同的国家使用相似的方法，因此他们仅采用父亲单年的数据，估计结果如下表1，其中美国男性代际收入弹性为0.517，英国为0.306，丹麦为0.071，瑞典的为0.258，挪威为0.155，芬兰为0.173。Blanden(2009)指出绝大多数的研究均表明南美国家和其他发展中国家的代际收入流动性较低，北欧的流动性最高，其他欧美发达国家居中。

表1　　代际收入弹性国别比较

国家	男性 回归系数	男性 相关系数	女性 回归系数	女性 相关系数
丹麦	0.071 (0.064，0.079)	0.089 (0.079，0.099)	0.034 (0.027，0.041)	0.045 (0.036，0.054)
芬兰	0.173 (0.135，0.211)	0.157 (0.128，0.186)	0.08 (0.042，0.118)	0.074 (0.045，0.103)
挪威	0.155 (0.137，0.174)	0.138 (0.123，0.152)	0.114 (0.090，0.137)	0.084 (0.070，0.099)
瑞典	0.258 (0.234，0.281)	0.141 (0.129，0.152)	0.191 (0.166，0.216)	0.102 (0.090，0.113)
英国	0.306 (0.242，0.370)	0.198 (0.156，0.240)	0.331 (0.223，0.440)	0.141 (0.099，0.183)
美国	0.517 (0.444，0.590)	0.357 (0.306，0.409)	0.283 (0.181，0.385)	0.16 (0.105，0.215)

数据来源：Jantti 等(2006)

除了发达国家，还有对发展中国家代际收入弹性的计算，Doan和Nguyen(2016)利用1992年/1993年、1997年/1998年、2002年、2010年和2012年由越南统计局展开的五次越南生活水平调查数据(VHLSS)估计越南的代际收入弹性，采用双样本两阶段最小二乘法进行估计，结果表明越南的代际收入流动性约为0.48~0.49。转换矩阵和双样本工具变量分位数回归的结果强调收入最低的20%群体具有最低的流动性，这意味着贫困家庭的儿童摆脱贫困的机会仍是很脆弱，此外，最高分位的收入流动性随着时间的推移而增加。Nunez和Miranda(2011)计算智利大圣地亚哥的代际收入弹性在0.52~0.54的范围内，智利全国范围的代际收入弹性为0.6~0.7左右。Dunn (2004)使用双样本工具变量法测算巴西的代际收入弹性为0.66。对代际收入弹性的估计结果显示，北欧国家代际收入弹性最低，而拉美各国代际收入弹性普遍偏高，但由于代际收入弹性测算方法的多样性，不同测算方法对各国的测算并不一致。

三、代际收入弹性的理论模型与机制分析

3.1 代际收入弹性机制分析——一个理论模型

Solon(2004)建立了一个理论模型指出稳态代际收入弹性是代表四个关键因素的函数：遗传因素、人力资本投资回报、人力资本投资效率、公共投资，这对分析教育和收入的代际传递很有用。模型的基本设定如下：假定一个代表性家庭 i 仅包括第 $t-1$ 期的父代和第 t 期的子代。父代一生的税后收入 $(1-\tau)y_{i,t-1}$ 需要在个人消费 $C_{i,t-1}$ 和子代投资 $I_{i,t-1}$ 中分配，个人所得税的税率为 τ，则预算约束方程为：

$$(1-\tau)y_{i,t-1}=C_{i,t-1}+I_{i,t-1} \tag{3}$$

父代对子代的投资 $I_{i,t-1}$ 转换为子代人力资本 h_{it} 的比例为：

$$h_{it}=\theta\log(I_{i,t-1}+G_{i,t-1})+e_{it}\text{，其中 }\theta>0 \tag{4}$$

其中 $G_{i,t-1}$ 代表政府对子代的人力资本投资，$\theta>0$ 表示人力资本投资的边际产品为正，半对数的形式表明投资的边际效应递减，e_{it} 代际

子代从社会或家庭继承来的人力资本“天赋”。这种“天赋”可能来源于多方面，如基因遗传、后天养育、社会环境等。Becker 和 Tomese(1979)指出子代天赋由家庭的声誉、家庭遗传的能力、种族和其他特征，以及通过特定的家庭文化所获得的学习、技能和目标等。很显然，这种天赋依赖于父母、祖父母及其他家庭成员的特征，也受其他家庭的文化影响。子代这种天赋 e_{it} 与父母的天赋 $e_{i,t-1}$ 存在正向影响，其是一阶自回归的过程：

$$e_{it}=\delta+\lambda e_{i,t-1}+v_{it} \tag{5}$$

v_{it} 是白噪声，而遗传系数 λ 的取值范围为 $o<\lambda<1$。子代的收入 y_{it} 是由半对数方程决定：

$$\log y_{it}=\mu+\rho h_{it} \tag{6}$$

ρ 代表人力资本投资的回报。

父代的效用函数表示如下：父代全部的税后收入 $(1-\tau)y_{i,t-1}$ 需要在个人消费 $C_{i,t-1}$ 和子代投资 $I_{i,t-1}$ 中分配，则其 Cobb-Douglas 效用函数可表示为：

$$U_i=(1-\alpha)\log C_{i,t-1}+\alpha\log y_{it}，\text{中 } 0<\alpha<1 \tag{7}$$

把(3)至(6)代入(7)得到：

$$U_i=(1-\alpha)\log[(1-\tau)y_{i,t-1}-I_{i,t-1}]+\alpha\mu+\alpha\theta\rho\log(I_{i,t-1}+G_{i,t-1})+\alpha\rho e_{it} \tag{8}$$

式(8)是包含 $I_{i,t-1}$ 的目标函数，效用最大化的一阶条件为：

$$\partial U_i/\partial I_{i,t-1}=-(1-\alpha)/[(1-\tau)y_{i,t-1}-I_{i,t-1}]+\alpha\theta\rho/(I_{i,t-1}+G_{i,t-1})=0 \tag{9}$$

求解可以得到：

$$I_{i,t-1}=\left[\frac{\alpha\theta\rho}{1-\alpha(1-\theta\rho)}\right](1-\tau)y_{i,t-1}-\left[\frac{\alpha\theta\rho}{1-\alpha(1-\theta\rho)}\right]G_{i,t-1} \tag{10}$$

这个结果有几个直观的含义。其一，高收入的父代会对子女的人力资本投资更多。其二，父代对子女人力资本的投资随着父代的利他系数 α 而增加。其三，父代对子代人力资本的投资也会随着 $\theta\rho$ 的增加而增加，换句话说，当回报高的时候，父母更愿意对子代的人力资本投资。其四，政府对子代人力资本的公共投资会挤出父母的私人投资。把(4)式代入(6)式可以得：

$$\log y_{it}=\mu+\rho[\theta\log(I_{i,t-1}+G_{i,t-1})+e_{it}] \tag{11}$$

将(10式代入(11)式可得：

$$\log y_{it}=\mu+\theta\rho\log\left[\frac{\alpha\theta\rho(1-\tau)}{1-\alpha(1-\theta\rho)}\right]+\theta\rho\log\{y_{i,t-1}[1+\frac{G_{i,t-1}}{(1-\tau)y_{i,t-1}}]\}+\rho e_{it} \tag{12}$$

如果比值 $G_{i,t-1}/[(1-\tau)y_{i,t-1}]$ 较小，则(12)可以近似写为：

$$\log y_{it}\cong\mu+\theta\rho\log\left[\frac{\alpha\theta\rho(1-\tau)}{1-\alpha(1-\theta\rho)}\right]+\theta\rho\log y_{i,t-1}+\theta\rho[\frac{G_{i,t-1}}{(1-\tau)y_{i,t-1}}]+\rho e_{it} \tag{13}$$

假定政府公共投资可以表示成如下：

$$\frac{G_{i,t-1}}{(1-\tau)y_{i,t-1}}\cong\varphi-\gamma\log y_{i,t-1} \tag{14}$$

其中 $\gamma>0$，γ 越大，则代表政府公共人力资本投资对私人投资的挤出效应越大，则可得：

$$\log y_{it}\cong\mu^{*}+\theta\rho(1-\gamma)\log y_{i,t-1}+\rho e_{it} \tag{15}$$

其中 $\mu^{*}=\mu+\varphi\theta\rho+\theta\rho\log\{\alpha\theta\rho(1-\tau)/[1-\alpha(1-\theta\rho)]\}$，实际上，(13)式是关于 $\log y_{it}$ 的一阶自回归和一个具有一阶自回归的误差项，在稳态时，$\log y_{it}$ 和 $\log y_{i,t-1}$ 具有相同的方差，这意味着 $\log y_{it}$ 和 $\log y_{i,t-1}$ 的回归系数 β 和相关系数一致，稳态时代际收入弹性 β 表达式如下：

$$\beta=\frac{(1-\gamma)\theta\rho+\lambda}{1+(1-\gamma)\theta\rho\lambda} \tag{16}$$

由(16)式我们可以得知代际收入弹性 β 是关于子代从父代那里继承的天赋的遗传系数 λ，人力资本投资的效率 θ、人力资本的收益回报 ρ 的增函数，政府对人力资本的公共投资的渐进性 γ 的减函数，代际传递性的差异应该与这些参数的差异有关。

进一步地，用式(13)和式(15)分析稳态时，对数收入的变化如下：

$$Var(\log y)=\frac{(1+(1-\gamma)\theta\rho\lambda)\rho^{2}}{(1-(1-\gamma)\theta\rho\lambda)(1-\lambda^{2})[1-(1-\gamma)\theta\rho]^{2}}\sigma_{v}^{2} \tag{17}$$

在稳定状态下，收入增长的差距随着遗传系数 λ，人力资本投

资的效率 θ、人力资本的收益回报 ρ 而增加，随公共投资的渐进性 γ 而减少，和代际收入弹性一致。但是，在代际流动和收入不平等间并没有一对一的映射，因为收入不平等也受代际收入弹性系数 β 测算外的其他变量的影响。

3.2 关于代际收入弹性的机制的跨国分析

3.2.1 公共教育体系与代际收入弹性

人们普遍认为拥有较好公共教育体系的国家代际收入弹性较低，Ichino 等(2009)将 10 个国家(丹麦，芬兰，加拿大，瑞典，德国，法国，美国，英国，西班牙和澳大利亚)的代际收入弹性与公共教育支出相关联，其计算的相关系数为-0.54，他们报告说，当他们把重点放在小学的公共支出上时，相关性更强。他们还发现了政治参与(以一个政党的身份来衡量)的贫富差距与代际收入弹性具有很强的正向关联，这些结果表明政治经济因素对于决定政策具有非常重要的影响，从而影响了代际收入弹性。但是，鉴于仅有少数国家的横截面的数据，因此这方面还有更多工作要做。

Mayer 和 Lopoo (2008) 使用 PSID 发现，与支出较高的州相比，美国低收入儿童支出的各州代际收入弹性较高，包括 15 岁(身份识别是随着时间的推移而发生的)时居住在该州的固定效应时，这些估计仍然是稳健的。Pekkarinen 等(2009)通过测试早期的跟踪教育系统到综合教育系统的变化，来检测其对代际收入弹性的影响。在 20 世纪 70 年代，芬兰的教育在 6 年的不同时间在不同的地区实施了改革，他们控制出生队列和地区效应，允许代际收入弹性依赖于孩子所体验的教育系统的差异。改革前，所有学生 7 岁时入学，在小学四年后学生可以申请到普通中学或继续两年或更多年的小学，遵循第二个教育轨道的学生没有资格获得高中或大学水平的学习，而是进入职业院校或退学。改革后，所有儿童在 16 岁就读于九年制的综合学校，是否申请高中或职业院校，完全取决于综合学校成绩。他们发现改革后子代的代际收入弹性从 0.3 降到了 0.23，表明早期的学校教育系统降低了代际间的流动性，这提供了学校教育系统对于代际收入弹性重要性的证据。Machin (2007)表明 20 世纪八九十年代英国高等教育的扩张导致拥有大学学历的高收入家庭的子女比例大幅增加，但低收入家庭的孩子的变化要小得多。

3.2.2 信贷约束与代际收入弹性

在 Solon(2004)模型中，家庭面临信贷约束，家庭必须减少当前消费以用于子代的人力资本投资。Han 和 Mulligan（2001），Grawe 和 Mulligan（2002），Grawe（2004）探讨了信贷约束对代际收入弹性的影响。如果没有信贷限制，父母可以借用孩子未来的收入，每个家庭都将最优地投资于子女的人力资本。如果能力提高了人力资本积累的边际生产力，投资更多高能力的子代将是最佳选择。在这种情况下，只有当子代的能力与父母收入相关情况下，代际收入弹性将为正且取决于代际能力相关性的强弱。然而，如果存在信贷约束，低收入家庭可能无法以最佳的方式投资于子代的人力资本。因此，额外收入将导致人力资本投资的增加，信贷受限家庭的代际收入弹性会更大，表明存在非线性。

测试这个假设很麻烦，因为它很难识别哪些家庭信用受到限制。一种方法是假设低收入父母的信贷限制最严重。然而，Han 和 Mulligan(2001)指出这种影响可能会减轻，因为收入较高的家庭更有可能拥有高能力的儿童，如果人力资本的回报随着能力和教育成本的上升而提高，家庭可能会受到信贷限制。Grawe(2004)表明收益与能力的相关性可能导致不同类型的非线性，这取决于所使用的确切假设。在没有信贷限制的情况下，没有理由相信父代收入和子代收入是线性的，因此，寻找非线性信贷约束的证据可能是徒劳无益的。更直接来测试信贷约束的方法，是试图找出最有可能受信贷限制的群体。其用子代收入作为能力的代理变量，并使用分位数回归该模型来测算，理论上，信贷约束应该意味着，特别是低收入父亲的儿子，在更高的条件分位数下，代际收入弹性更高。事实上，其得出结论认为加拿大数据没有证据表明信贷限制，对于任何给定的父母收入，高能力的孩子更可能受到信贷限制，但这种方法的一个缺点是收益取决于投资和能力，因此对于信贷限制的存在是内生的。

在另一个测试信贷限制证据的努力中，Mulligan(1997)使用 PSID 数据并通过遗赠行为分割样本，通过谁收到或预计会收到遗

赠至少 $25,000(1989 美元)，创建一个“不受约束”的子代群体。他发现这个群体没有显现更大的代际流动性，这表明信贷约束并不重要。作为一种可能的解释，Mazumder(2005)指出，那些“不受约束”的小组成员在年轻时实际上受到经济上的限制，这可能减轻这种影响。相反，他使用 SIPP 数据通过净值(低于或超过中位数)将家庭分开，虽然他为低净值家庭找到更大的代际收入弹性，但这种差异不具有统计显著性，很显然，用更大的数据集进行这些测度可以获得更高的精度，但是，即使精度问题得到解决，更普遍的问题是，任何两个群体(例如，高净值人群和低净值群体)都会在多个维度上有所不同，简单的得出代际收入弹性的差异来自信贷约束而不是其他一些因素，是需要进一步论证的。

3.2.3 代际教育传递与代际收入传递

除了收入之外，教育的代际流动也非常重要，因为大量的证据显示，教育与一系列的因素相关，比如个体收入、个体健康、个体寿命等，有关教育代际传递的文献也日渐增多。实际上，代际教育回归系数的估算相比收入有许多优势，首先，与收入相比，对教育的测算要简单得多，因为个体往往会在二十多岁左右完成其正规教育，对教育回归系数的测算往往在生命周期相对较早阶段就可以进行分析；其次，就业状态也不会成为测量的困扰，因为人们通常会清楚地知道自己的受教育水平，因此教育的观测误差较少。

如上所述，与收入相比，在研究代际关系的教育时，估计难度较小。一种策略是将教育成就视为一个连续变量，并计算代际相关关系。相比之下，回归系数受到代际教育的相对差异的影响，如果父母一代的教育标准差低于子代标准差，孩子的回归系数超过相关系数。因为最近教育程度大幅度提高，这个问题很实际，这些往往导致教育差异的长期增加。实际上，Hertz 等(2007)表明，近几十年来，这种长期增长的速度在减缓，相关性随时间的变化往往比回归系数的变化更积极(或更少负)，因此回归系数和相关系数均有必要测度。

有许多可能会导致父母教育对子代教育产生直接影响的机制：受过良好教育的父母的子代会倾向于选择高等教育，这是因为拥有更多受过教育的父母的直接影响(这可以被解释为因果效应)和具有较高能力的间接效应。首先，受过较高教育的父母一般收入较高，收入可能影响教育程度；其次，父母教育可能影响父母的时间分配和家长在提高儿童能力方面所具备的相关技能和生产力；第三，教育可能会改变家庭的讨价还价能力，受过更多教育的母亲可能会在对儿童的相关活动和投资支出中更成功。目前研究的重点是建立父母与子女教育之间的联系；了解基础机制，明确未来研究的方向。

Chevalier 等(2009) 发现欧洲国家和美国样本中发现大致相似的结果，他们发现在教育回报率较高的国家中代际教育传递也较高，在公共教育投资更高的国家代际教育传递更低，这和理论预期一致。其他研究发现学校系统的特点与代际收入流动性一致，Bauer 和 Riphahn (2006)发现利用瑞士各州学校跟踪的数据的横截变化，发现早期的学校跟踪增加了代际教育持久性。Bauer 和 Riphahn (2009) 也使用瑞士的数据来检验学校开学年龄对教育代际传递之间的作用，发现早期入学会增加代际收入教育流动性。这部分是因为家庭背景不平等对孩子上学后的影响较小。

一个有趣的问题是代际持久性是否发生了变化，因为教育程度随着时间的推移而增加，Hertz 等(2007)对 42 个国家的代际教育回归系数和相关系数进行了测算，南美国家的相关系数在 0.6，美国为 0.46，西欧国家约为 0.4，北欧国家最低，世界平均的代际教育相关系数稳定在 0.4 附近，回归系数随着时间的推移往往下降，但相关系数没有显示时间趋势。

Guell 等 (2007) 采取了一种特别有创意的方法来研究西班牙的代际教育流动的变化，其采用了姓氏研究。他们发现西班牙的姓氏信息含量随着时间的推移而增加，这表明尽管教育程度大幅度提高，教育持久性有所增加。Clark(2012) 解释了如何使用姓氏分布来衡量当代社会和历史社会的社会流动率，其使用总体姓氏的分布和在某些精英阶层或下层阶级中姓氏的分布来分析。例如，对于英格兰来说，这样的信息可以追溯到 1300 年，瑞典可以追溯到 1700 年，姓氏分布显示出与传统估计不同的更基本的流动性类型。

Clark(2013)指出，在传统方法估计上，现代瑞典具有较高的社会和经济流动性。其通过分析姓氏在精英中的分布——律师，医生，大学生和学者，指出传统方法大大夸大了社会流动性，其指出1700年的瑞典精英阶层仍然是精英阶层，而且逐渐变得平均。与传统研究中发现的0.25~0.40相比，其测算的代际传递性在0.7~0.8，这说明传统研究夸大了广义或长期的社会流动率。Clark(2014)年指出通常情况下，父代与子代之间的社会经济相关特征的相关系数在0.2~0.6之间，然而，姓氏证明表明，代际之间的关系要高得多。以英格兰1170—2012年的教育状况为例，社会地位的真实相关性在0.73~0.9之间，社会地位比身高等具有更强烈的持续性，这种相关性在数个世纪内保持不变。这意外地暗示这种代际传递受政府干预的影响很弱，2012年英格兰的社会流动性比前工业时代略高，其他国家的姓氏证据表明，流动率基本类似。

Daude (2011，2015)对拉美地区18个国家的教育代际流动性展开研究，发现代际教育相关系数在0.6附近，拉美地区代际教育不平等程度较高，这种代际教育不平等的持久性源于多个方面：教育的高回报率、人力资本的公共投资低累进特征、缺乏对穷人和中等收入家庭适当的金融支持以及其他的教育和社会政策。HPirmin等(2012)对澳大利亚的研究发现父代和子代教育程度存在着显著的正相关关系。Azam，Bhatt(2015)对印度的分析表明随着时间的推移，印度教育程度的流动性有所增加，印度教育的平均代际相关性为0.523。Checchi等(2008)使用意大利的数据发现代际教育相关系数从1910—1914年出生群组的0.58下降至1970年的出生群组的0.47。Chevalier等(2009)发现欧洲和美国类似，在教育回报率高的国家，代际教育传递性较高；在教育公共支出较高的国家，教育传递性较低。

教育是最重要的代际收入传递机制，富裕家庭的孩子会获得更多的教育投资，会得到更高教育水平的收入。Anna (2007)认为教育是影响代际收入流动性的重要因素，教育的差异会在代际之间持续。代际流动性不佳也会在其他方向得到体现，比如职业、财富等，这均会在代际间延续，加剧不平等。对儿童和家庭的早期持续性的投资有助于增加流动性，其中关键是早期儿童的教育和健康。Pekkal 等(2007)估计了芬兰的代际收入流动性，指出 1930—1950 年的出生的子代的代际收入弹性呈下降趋势，通过对代际收入弹性的分解发现早期的下降是中等教育扩张的结果。Bauer 和 Riphahn (2009)使用瑞士数据来检验学校起始年龄在代际教育传递中的作用，他们发现早期入学率的增长提高了代际流动性，并指出这部分是因为一旦孩子入学，家庭背景不平等对孩子的影响减少。Blanden 和 Machin (2004)指出高等教育的扩张对富裕家庭的子代最为有利。

四、收入和教育代际传递因果关系识别

研究人员一直在研究父母与子女的收入和教育之间的关系，最近的许多研究旨在更好地理解代际传递的因果机制。最早的关于这方面的文献试图分解由于遗传因素(预先确定的)和由于个体的成长环境所导致的组成部分。虽然普遍的看法是，观察到的代际关联至少一部分是由于家族之间的遗传基因差异造成的，但是量化先天和后天培育的程度仍然是一个悬而未决的问题(Sacerdote，2008)。最近，经济学家已经超越了先天遗传/后天培养的争论，实际上已经开始尝试确立父母特征对其子女成果的影响，本文重点关注的是研究父母收入和教育影响的相关文献。了解代际关系的决定因素对于制定适当的公共政策至关重要，因为其中许多父母特征数据不能被观察到，当通过一些可行的数据，相关研究仍试图找出其因果关系。

4.1 同胞和邻里相关

兄弟姐妹在收入上的相关性提供代际影响的度量，正相关意味着共有的遗传和环境因素导致兄弟姐妹比两个随机成员更相似。兄弟间对数收入相关系数约为 0.4，自 Solon(1999)以来似乎没有太大变化。Mazumder (2008)发现兄弟相关系数用 NLSY 数据计算约为 0.5，用 PSID 数据计算约为 0.4。Bjorklund et al. (2002)比较了

几个国家的同胞相关性，发现美国的估计值刚刚超过 0.4，并且与代际收入弹性调查结果一致，北欧国家的估计值则要低很多。使用挪威样本，Raaum、Salvanes 和 Sorensen（2006）发现兄弟对数收入相关系数为 0.2，而姐妹为 0.15。这些兄弟姐妹的相关性说明在美国，家庭背景因素比在北欧国家更为重要。我们可以用这些估计来对代际收入弹性进一步分析，收入中同胞相关系数可以表示为 $\rho=\beta^2+s$，其中 β 是代表代际收入弹性，而 s 代表由兄弟姐妹共享的所有与父母收入无关的变量(Solon，1999)。如果我们假设美国的代际收入弹性约为 0.5，而同胞相关系数为 0.4，公式暗示大概八分之五的兄弟姐妹相关系数可以归因于父亲的收入，其余则为其他共享变量所解释，已经研究过的组成部分便是邻里。Page 和 Solon(2003a)指出兄弟在收入上的相关程度可以归因于兄弟在同一个社区长大的事实，他们利用基于群集的抽样程序(数据中包括同一小区域的几个家庭)，使用 5 年的对数收入平均值，并对生命周期中的年龄进行调整。他们估计，在同一社区长大的非兄弟子代的收入相关系数为 0.16，约为兄弟相关系数的一半。有趣的是，大部分邻里相关是因为出生在城市地区的孩子更倾向于留在城市地区，而城市收入较高。邻里相关性是真实邻里效应的上限，因为其他家庭特征也可能在社区内相互关联。

Raaum，Salvanes 和 Sorensen（2006）使用更大样本的挪威登记数据进行了类似的分析，他们发现，在挪威邻里相关系数要低很多，约为 0.05。Oreopoulos（2003）发现邻域相关性非常接近零，教育中邻里关系的发现也显示出非常小的影响。Solon 等(2000)使用 PSID 数据发现教育成就的邻里相关系数约为 0.1. 总的来说，在解释兄弟相关性上邻里效应的作用不大。重要的是，没有一个兄弟姐妹或邻里关系研究试图区分因果关系。鉴于兄弟姐妹之间的相关性，可能来自共同的遗传或环境因素(或两者之间的相互作用)，它们对于确定因果机制并不是很有帮助。非常低的邻里关系排除了地理因素的优势，但为什么家庭内部高度相关的问题仍未解决。

Chetty(2016a)通过对跨越美国通勤区和县的超过 700 万个家

庭的研究表明，儿童成长的社区塑造了他们的收入，大学出勤率、生育率和婚姻形态。在家庭搬迁时探索儿童年龄的变化，他们发现邻里对儿童有显著的影响：根据已经生活在那里的儿童的成果衡量，家庭迁移到更好社区的儿童的成果与他们在该地区长大的时间成比例地线性增长，年增长率约为4%。其从混杂因素中分离家庭内兄弟姐妹的结果来区分社区的因果效应，利用预测位置的急剧变化对出生队列、性别和分位数的影响来检验过度识别，调查结果显示社区主要通过童年接触影响收入流动。Chetty(2016b)估计了美国每个县对子代收入的影响。其通过固定效应模型，分析不同年龄的儿童跨县迁移的家庭，然后使用这些固定效应估计值来分析，其一，量化代际流动的重要性；其二，对每个县的因果效应进行预测，可以用来指导求更多发展机会的家庭；其三，表征哪些类型的区域会产生更好的结果，对于在低收入家庭中成长的儿童，儿童每年接触更好的县每增加一个标准差(SD)，其成年人的收入增加了0.5%，因此，从出生到成长一个较好的县会使孩子的收入增加约10%。子代的结果存在很大的局部区域差异：例如，在芝加哥西郊(杜佩奇县)长大，相对于库克县长大，特定儿童的收入会增加约30%。贫困少、收入不平等不严重的地区、更好的学校、更多的双亲家庭和更低的犯罪率倾向于为贫困家庭的儿童带来更好的结果。男孩的结果在不同地区的差异大于女孩，而男孩在高度隔离的地区尤其会产生更为严重的负面结果。黑人和白人收入差距的五分之一可以由黑人和白人儿童长大的地区差异所解释。但产生更好结果的地区平均房价更高，但他们的方法揭示了许多“机会交易”，存在可以产生良好结果但成本不是非常高昂的地方。

4.2 不同类型兄弟姐妹的结构分析

兄弟姐妹和邻里关系对区分先天和后天用处不大，但Bjorklund等(2005)在研究先天遗传/后天培养差异方面取得重大进展，他们使用极其丰富的瑞典数据，利用各种各样的兄弟姐妹类型之间的相关性，包括相同(也称为同卵双胞胎)和不同(异卵双胞胎)双胞胎、全兄弟姐妹、半兄弟姐妹，和被收养的兄弟姐妹，均存在共同抚养和分开抚养的样本，以便区分先天和后天因素。要了解该方法，首先考虑以下的简单模型：

$$y_i = gG_i + sS_i + uU_i \tag{18}$$

其中 G 代表遗传因子，S 代表至少部分由兄弟姐妹共享的环境因子，U 代表是一个对个人的环境因素(即兄弟姐妹根本不分享)，这些变量中的每一个与收入 y 一起被标准化为均值为 0，方差为 1，这三个因素是不可观测的。参数 g、s、u 也是如此，它们决定了每个因素的相对重要性，该模型假定这三个因素线性和累加性地影响对数收入。在他们最基本的模式中，他们做出以下强有力的假设：其一，G、S 和 U 对于每个个体是彼此独立的，在兄弟对样本内，所有的交叉协方差都是零。这个假设暗示着拥有更好的遗传禀赋并不会更为可能有一个更好的环境，或者兄弟姐妹有更好的环境；其二，同卵双胞胎是遗传上相同的，异卵双胞胎分享他们一半的基因，半兄弟姐妹拥有四分之一相同的基因，收养的孩子没有遗传联系；其三，在一起抚养的兄弟姐妹享有相同的 S，分开抚养的兄弟姐妹有不同的环境因素。

使用这些假设，很容易计算出以下协方差：cov(y_i，y_j)等于 g^2+s^2 代表一起抚养的同卵双胞胎，0.5(g^2+s^2)为一起抚养的异卵双胞胎和和非双胞胎兄弟姐妹，0.25(g^2+s^2)代表一起抚养的半兄弟姐妹，s^2 代表其中有被收养的兄弟姐妹，g^2 代表分开抚养的同卵双胞胎，0.5g^2 代表分开抚养的异卵双胞胎和非双胞胎兄弟姐妹，0.25g^2 分开抚养的半兄弟姐妹，另外，请注意样本中的收入差异等于 $g^2+s^2+u^2$。根据相关经验，可以从中计算出 g、s、u 的值，作者使用最小距离估计和通过观察次数的权重来有效地解决方程组的过度识别问题，他们估计 g^2 为 028，s^2 为 0.04，这意味着基因比共享的环境因素更为重要。

鉴于严格的假设，该模型非常适用经验分析。但是现实中，如果具有良好遗传禀赋的人也更有可能拥有特权环境，假设 1 被违反，假设 2 违背了婚姻匹配(人们倾向于与具有相似特征的人结婚，因此可能共享基因特性)。鉴于此，作者估计了几个限制较少的模型，模型 2 估计基因与共享环境之间具有相关性，而不是假设它为零。模型 3 估计异卵双胞胎和非双胞胎兄弟姐妹之间、半兄弟姐妹和收养兄弟姐妹的遗传相关性，而不是假设他们是0.5，0.25和0。模型4放宽了所有一起抚养兄弟协方差 cov(s_i，s_j)为1，所有分开抚养兄弟 cov(s_i，s_j)为零的假设，而是为不同的兄弟类型估计单独的参数。他们发现模型4是唯一能够提供与模型1估计值完全不同的估计值 g^2 为0.20，s^2 为0.16，但是这些参数的估计并不精确。

作者还发现，虽然遗传和共享环境均有作用，迄今为止最大的作用仍是非共享环境因素，但是他们只有3年的数据信息，因此由短暂的测量误差导致的相关性的向下偏差，部分地对结果起作用。

这种分离遗传与环境影响的方法依赖于强大的假设，另外，正如 Sacerdote(2008)强调的那样，这种类型的方法仅限于分解存在于样本中的差异，结果不会外推到超出此范围的政策变更。在这个特殊情况下，瑞典的环境变化相当有限，迄今为止的证据表明，先天遗传和后天的抚养在确定收入方面都非常重要，随着更好的数据集的使用，这些因素的相对作用会得到更精确的估计。

4.3 代际传递性的分解

许多研究都对代际收入弹性进行了分解以评估中间变量的作用。基本的方法是测算代际收入弹性可以被父母收入对中间变量的影响，及中间变量对子代收入的影响所解释。Bowles 和 Gintis (2002)指出代际收入相关性可以分解为直接影响，直接影响是父母的收入直接影响子代收入，间接影响是父母的收入通过中间变量最终影响子代收入。Bowles 和 Gintis(2002)把智商测试分数和教育作为中间变量来分解。

考虑子代的对数收入 y_1 对父代对数收入 y_0 的回归，子代教育 s_1 和子代的智商 c_1，假设所有这些变量已经被标准化为均值为0，方差为1，考虑如下回归：

$$y_1 = \beta_{y_1y_0} y_0 + \beta_{y_1s_1} s_1 + \beta_{y_1c_1} c_1 + \varepsilon_{y_1} \tag{19}$$

由此，我们可以将对数收入的代际关联分解为：

$$\rho_y = \beta_{y_1y_0} + r_{s_1y_0}\beta_{y_1s_1} + r_{c_1y_0}\beta_{y_1c_1} \tag{20}$$

其中 $r_{s_1y_0}$ 代表父代对数收入与子代教育之间的相关性，而 $r_{c_1y_0}$ 是代表父代的收入与子代智商之间的相关性。使用这个简单的分解结合对相关标准化参数和相关性的估计，Bowles 和 Gintis（2002）得出的结论是智商和教育程度至多可以解释代际收入传递的五分之三。此外，通过对智商分数的遗传度做出假设，他们表明遗传传递只能解释一小部分，智商高低对收入的解释力不强。但是，这并不意味着其他遗传因素不重要。Blanden，Gregg 和 Macmillan（2007）细致地分析了影响代际收入持久性的原因：能力、非认知性的技能以及教育，其发现家庭收入和后义务教育程度之间的关系有助于解释代际流动性的下降，其研究了英国的非认知技能和能力在代际收入传递中的作用，可以解释代际收入弹性的一半左右。这些分解很难解释，因为中间变量既有遗传基础又有环境基础，而且这种方法很难获得因果效应，因为有很多遗漏变量的存在，以 OLS 回归为基础的方法很难提供一致估计，但该分解仍具有很大的启发性。

4.4 兄弟姐妹和双胞胎的差异

使用简单的回归方法来识别我们观察到的代际相关性的来源，其忽略了变量偏差，估计结果会不一致，一种解决方案是控制足够多的协变量，只留下一个或几个可识别的变化来源。为了接近这一点，文献已经转向寻找兄弟姐妹对，从而消除了由于缺乏固定家庭特征而造成的偏差。这个领域中的“黄金标准”被认为是使用同卵双胞胎的外生的教育差异，来研究母亲教育对子女教育的作用，通过使用双胞胎母亲的数据，不仅可以有效地区分固定的家庭特征，还可以区分由于母亲的遗传因素造成的任何差异。

一个简单的模型如下：

$$S_{1\,ij}=\delta_1 S_{0j}+\tau_1 h_{0j}+\varepsilon_{ij} \tag{21}$$

对于家庭 j 中的子代 i，S_{0j} 代表母亲的教育年限，h_{0j} 代表母亲其他与子代上学有关的禀赋(有些可以观测到，有些未观测到)，ε 代表子代的个体特征。在某种程度上，母亲的未观察到的禀赋与她的学业成绩相关，OLS 对 δ_1 的估计将有偏差。在这种情况比较相同的双胞胎母亲，将使人们能够区分出来 $\tau_1 h_{0j}$，但到 δ_1 的一致估计(假设 S_{0j} 与固定效应条件下的误差项不相关)。但是这留下了父亲的教育和收入的作用，如果存在婚姻匹配的话，δ_1 的估计将会受到父亲的影响，为了减少婚姻匹配的影响，可以控制父亲的教育等。需要注意的是，在双胞胎母亲固定效应的背景下，是基于双胞胎母亲的配偶之间的教育差异来确定父亲的影响。Behrman 和 Rosenzweig (2002) 使用来自明尼苏达州注册的同卵双胞胎数据，控制父亲的教育年限和收入，使用 OLS 回归，估计表明父代和子代的教育年限之间有正向的显著影响，单独使用母亲数据，系数为 0.33，单独使用父亲数据，系数为 0.47。但是，一旦他们添加双胞胎母亲的固定效应，则母亲教育年限的系数变为负数，几乎是显著的。使用父亲同卵双胞胎的数据，则与 OLS 估计值大致相同。一个可能的解释是，受过更多教育的女性更有可能参与劳动力市场，这对他们的孩子有负面影响，但也有学者持不同意见，认为该结果对数据较为敏感(Antonovics 和 Goldberger，2005)。Bingley 等(2009)利用丹麦双胞胎注册数据检查父母教育对子女教育获得的短期和长期影响，他们发现父母教育和子女教育关系随着时间而转变，对于1945 年以前出生的父母，父亲的教育对子代的教育获得有正向影响，母亲的教育没有影响。然而对于更近期的出生群组，他们发现母亲教育对子代教育有积极的作用，但父亲的教育没有任何影响。

表 2 汇总了基于双胞胎父亲或母亲数据对代际传递的研究结果，但是其依赖于强有力的假设。比如假定双胞胎在教育方面的不同，不受其他特征或经验的影响，但实际上这可能会影响他们后代教育的差异，因为即使单卵双生也可能在人格和家庭方面有所不同。或者是双胞胎父母会根据他们的天赋进行不同的对待，进行不同的人力资本投资。在计算代际传递时，子代的教育程度受到双胞胎及其配偶的影响，但完全控制配偶的所有特征是不可能的，配偶无法观测到的特征可能与两者的教育相关。而且双胞胎两者的互动也有不同，比如双胞胎姐妹比双胞胎兄弟更近，这可能会产生偏差，降低母亲教育相对于父亲的影响，这可能也导致了文献中母亲教育影响较弱。

表 2　　基于双胞胎数据的代际因果效应估计

文献	因变量	配偶影响	OLS 估计		差分估计	
			父亲	母亲	父亲	母亲
Behrman(2002)	子代教育年限	未控制	0.47***	0.33***	0.36***	-0.25
		控制	0.33***	0.14***	0.34***	-0.27
Antonovics(2005)	子代教育年限	未控制	0.49	0.28	0.48	0.03
		控制	0.5	0.1	0.48	-0.003
Bingley, Myrup (2009)	子代教育年限	未控制	0.18***	0.18***	0.08***	0.05
		控制	0.12***	0.14***	0.07***	0.03
Pronzato(2009)	子代教育年限	控制	0.21***	0.24***	0.16***	0.1**
Holmlund 等 (2009)	子代教育年限	未控制	0.21***	0.25***	0.12**	0.06**
		控制	0.15***	0.18***	0.11***	0.04

注：***、** 和 * 分别表示 1%、5%和 10%的置信水平。

4.5　养父母/养子女分析

还有一类文献利用养父母/养子女的数据来研究因果关系，假设被收养的婴儿被随机分配到家庭，被收养的子代与血缘关系的子代抚养方式一样，则收养可以被认为一个随机分配孩子到家庭中的干预实验，这种干预非常大。收养需要一个孩子在婴儿期分配给一个家庭，这个过程在很大程度上确定了他们将住在什么类型的地区，他们将会有什么类型的朋友，以及他们将选择什么类型的学校。

对养父母养子女的分析一般采取双变量回归法，分别估计收养子女及其非收养兄弟姐妹的以下二元回归：

$$y_1 = \alpha + \lambda y_0 + \varepsilon \tag{22}$$

其中 y_1 是子代的结果变量(比如对数收入等)，y_0 是收养父母的类似变量，然后比较收养者与非收养者的 λ。如果后天培养不重要，我们会认为收养者 λ 为零，而非被收养者为正(因为父代与子代之间的遗传相关性)。如果婴儿期的遗传和禀赋并不重要，我们预计

λ 为正，且在收养者与未被收养者之间相等。两组 λ 的相对值表明了先天与后天的重要程度。方程在研究收入时的一个很好的特征就是，其恰恰是用于估计代际收入弹性的方程式，如果所有的遗传影响都没有，被收养者的估计数是对代际收入弹性的估计。

然而，大多数情况下，被收养者并非随机分配。Sacerdote (2007)使用 1970 至 1980 年期间被收养到美国家庭的韩裔美国人数据，收养机构采用先到先得的政策将收养人随机分配到具有收养资格的家庭中，研究结果表明，未被收养者的代际教育回归系数为 0.32，而被收养者为 0.09，这表明在确定教育程度时遗传因素和婴儿禀赋比后天教育更为重要。相比于分配到低教育程度、大家庭规模的子代，被分配到高教育程度、低家庭规模的子代其上大学的概率增加了 16%，这说明家庭类型也很重要。但 Plug(2004)利用威斯康星州高中毕业的收养子女样本发现养母教育的系数约为 0.28。

还有学者利用养父母和生物学父母的数据来分析，

$$y_1 = \alpha + \lambda_a y_{0a} + \lambda_b y_{0b} + \varepsilon \tag{23}$$

其中 a 代表收养父母，b 代表生物学父母。这个模型允许直接比较生物学父母和养父母的特征影响。Bjorklund 等(2006) 使用瑞典收养人口数据估计了父代和子代教育和收入的代际传递，当研究的因变量是教育年限或大学学位时，他们发现生物学上的父亲和养父的效应类似，在教育方面生物学母亲比养母的影响要大。然而，在收入方面，养父比生物学父亲影响更大。

一个有趣的结果是，生物学父母和养父母的影响总和大体上与父母对亲生子女的影响相似，这与生物和养父母的特征之间缺乏重要的相互作用是一致的。然而，当作者将这些相互作用包含在回归中时，它们通常是正的且具有统计意义，这表明先天与后天相互作用的存在。这是一个重要的结果，因为它暗示着这一点，遗传和环境因素的加总模型(如双胞胎固定效应方法)是有待改进的。相反，Bjorklund 等(2007)使用瑞典数据，证明线性相加模型是适用的。进一步的研究肯定是必要的。总体而言，从这些研究的结果以及更广泛地相关收养文献中发现，环境因素和遗传因素都很重要。

表 3　　基于收养数据的因果关系分析

文献	因变量	配偶影响	基于血亲关系的估计		基于收养关系的估计	
			父亲	母亲	父亲	母亲
Sacerdote (2000)	子代教育年限	未控制	0.28***	0.35***	0.16***	0.22***
		控制			0.04**	0.11
Plug (2004)	子代教育年限	未控制	0.39***	0.54***	0.27***	0.28***
		控制	0.3***	0.3***	0.23***	0.1**
Sacerdote (2007)	子代教育年限	未控制		0.32***		0.09***
Björklund 等 (2006)	子代教育年限	未控制	0.24***	0.24***	0.11***	0.07***
		控制	0.17***	0.16***	0.09***	0.02***
Holmlund (2008)	子代教育年限	未控制	0.23***	0.28***	0.04***	0.04***
		控制	0.15***	0.20***	0.05**	0.03***

注：***、** 和 * 分别表示 1%、5%和 10%的置信水平。

4.6　自然实验/工具变量法估计

尽管关于父母与子女收入之间相关性的文献丰富，但父母收入对儿童结果的直接因果作用仍然很少引人关注，这无疑是因为很难将“随机”冲击与家庭收入隔离开来。虽然离婚、裁员和死亡对家庭收入产生了一些冲击，但这些也可能直接影响到子代的收入或教育等。文献试图找出父母收入对子代收入和更普遍的子代各项产出的因果作用，第一是测算通过福利计划提供的收入对子代获得的影响，第二是侧重于分析收入冲击对子代获得的整体影响。

Dahl 和 Lochner（2005）、Morris，Duncan 和 Rodrigues（2004）利用美国的数据找到了通过福利或所得税抵免(EITC)福利对子代收入产生影响的证据。还有文献关注由父母的劳动力市场状况所带来的收入冲击的作用。Shea(2000)试图通过使用其认为是“运气”的诱因——工会地位，行业和工作岗位流失来分析收入在子代人力资本中的作用。他得出结论认为，尽管对受过低等教育的父亲的孩子有一些影响，但整体而言，由于运气而导致父母收入的变化对儿童的人力资本几乎没有影响。

Oreopoulos，Page 和 Stevens（2008）使用加拿大管理小组数据检查父亲因工作免职对孩子获得的影响，他们仔细地注意到这不仅包含家庭经历对收入的冲击，还包括相关的心理成本，例如灰心等。他们发现比起父亲没有经历就业冲击的类似儿童，父亲的免职使子代的年收入降低了大约 9%，他们也更有可能领取失业保险，这些估计是由家庭收入处于收入分配底部的儿童的经历所引起的。

Rege，Telle 和 Votruba（2007）使用挪威数据估计由于工厂关闭导致父母失业对子代的影响，其发现父亲的失业导致子代毕业 GPA 下降，但是，他们认为这不是由于收入损失、离婚或重新安置造成的。他们还发现，母亲失业导致子代学校成绩提高，表明时间投入可能比财务投入更重要。总的来说，意外失业的长期后果也会对一个孩子最终的劳动力市场结果产生影响。但是，鉴于失业除了对收入的影响外，还有很多其他影响，这些结果并不能确定地表明家庭收入对儿童收入的因果效应。

在识别父母和子代的代际教育传递关系中，工具变量方法已经被广泛应用。在这种情况下，父母的教育被某种外生力量(如政策变化)“冲击”，以此来分析相关的代际传递。

Black 等(2005)使用来自挪威的登记数据来分析，在 20 世纪 60 年代，影响中小学校的义务教育法发生了改变，在改革之前，要求儿童上七年级；在改革之后，要求上九年级，增加了两年的义务教育。另外，改革的实施发生在不同时期不同城市，从 1960 年开始至 1972 年结束，其考虑了区域及时间的变化，改革提供了父母教育的变化，因此，通过工具变量能够确定父母教育增加对子代教育的影响。其研究发现父代教育和子代教育之间的因果关系不大，但有一个例外：当母亲的教育程度增加时，其子代也将受到更多的教育，这些结果具有稳健性。Opoulos 等（2006）利用 1960 年，1970 年和 1980 年的美国人口普查数据，检查父母义务教育对 7—15 岁儿童的留级状况的影响。他们发现父母教育增加 1 年会降低孩子留级 2 到 7 个百分点的概率。Maurin 和 McNally（2008）使用因 1968 年 5 月在巴黎发生学生暴动，学生和当局为了当年更宽松的考试标准进行谈判，所引起的大学生出勤的变化。结果是，当年通过率大幅度提高，更多的学生能够上大学。对于那时能够上大学的子代来说，工资显著提高，同比增长约 14%。此外，这些回报被转移到下一代，受影响队列孩子的留级概率显著下降。Carneiro 等(2007)使用美国 NLSY79 数据来分析由于学校教育成本变化而引起的母亲教育差异，来分析这种差异对子代的影响，包括子代的行为问题，子代成就和肥胖。他们发现，在 7—8 岁的儿童中，母亲的教育增加一年，子代数学标准化测试成绩提高 0.1 个标准差。

表 4　**基于工具变量的代际因果关系分析**

文　献	工具变量	因变量	OLS 估计		IV 估计	
			父亲	母亲	父亲	母亲
Black 等(2005)	挪威义务教育法改革	子代教育年限	0.21***	0.21***	0.04	0.12***
Oreopoulos 等(2006)	美国义务教育法改革	留级率	-0.04***	-0.04***	-0.07***	-0.06***
Maurin, McNally (2008)	法国大学改革	留级率	-0.08***		-0.03***	
Carneiro et al (2007)	美国学费、失业率和工资	留级率		-0.023***		-0.028**

注：***、** 和 * 分别表示 1%、5%和 10%的置信水平。

工具变量也有许多局限性，其一，是工具变量的可信度，工具变量的排除性本质不具有可测性。例如：义务教育法的变化往往伴随着课程设置的变化、学校基础设施的变化、师资结构的变化等，其中任何一个都可能对子代教育产生直接的影响。此外，大学的开放可能会对当地的教育需求做出反应，因此尽管研究人员做出了巨大的努力，但结果的可信度总是会受到质疑。其二，尽管工具变量有效，但估计的普遍性也是一个问题。工具变量估计提供了一个局部的平均处理效应，影响的只是行为上实际受工具变量影响之人的因果效应。例如，在义务教育法的情况下，受义务教育法立法变化的通常是教育程度较低的人，而这个群体只占整个人口的一部分，因此估计结果不能一概而论。

实际上，双胞胎、养父母/养子女、工具变量三种估计方法结果差异较大。Holmlund 等(2008)同时使用三种方法应用于瑞典，结果表明使用双胞胎的数据父亲的教育比母亲的教育更重要，而使用义务教育作为工具变量结果则相反，表明不同的结果之间，至少部分原因是因为方法上的差异。三种不同的方法倾向于冲击教育分配的不同部分，整个父母教育分布中，双胞胎分布相当均匀；收养家庭对子代教育的影响一般来源于教育分配的较高端；相反，义务教育法的变化大多影响到低教育水平的人。

4.7 其他家庭背景的代际传递的分析

4.7.1 智商、能力的代际传递

在经济学界中，关于智力代际传递的文献很少，但在不断增多。最近的数据创新，尤其是在斯堪的纳维亚国家，使研究者能够测算智力得分随时间的相关性。Black 等(2009)使用挪威的军事数据来检验父亲和儿子的智商分数之间的关系，数据均是在 18 岁时测量的。其用 1952 年和 1953 年征兵入伍的父代和 1984 年至 2005 年期间入学的男性子代，其发现智商分数有相当大的代际传递，父亲的智商得分上升了 10%，则子代的智商得分提高了 3.2%。Bjorklund，Eriksson 和 Jantti(2010)使用来自瑞典的类似数据进行扩展研究，研究代际和兄弟姐妹之间的智商关系。他们得出的智力代际关系和 Black，Devereux 和 Salvanes 得出的相似。然而，当他们检测兄弟之间智力的相关性时，发现智商差异的一半是由兄弟中所共同的家庭和社区因素所导致的，表明家庭比代际相关性承担了一个更重要的角色。

Anger 和 Heineck (2009)使用来自德国社会经济追踪研究的数据，研究男性和女性在认知技能方面的代际相关性，当分别使用父亲和母亲的智商得分进行估计时，结果表明母亲对子代智商的影响比父亲的影响略微增强。当分别对儿子和女儿的子样本进行研究

时，研究发现了自我性别效应，即母亲对女儿的影响较强，父亲对儿子的影响较强。Gronqvist，Ockert 和 Vlachos（2009）使用瑞典全民草案数据检测认知和非认知的代际传递。因为全民草案中征兵入伍的只有男性，仅限于使用兄弟们的数据预测父亲或母亲认识或非认知能力。发现父母的能力和教育与子代劳动力市场产出有很大的相关性。父母的认知能力比教育年限更重要，父母的非认知能力比收入更重要。事实上，认知能力也是受基因和环境因素的双重影响，也和家庭背景特征相关，并没有明确的因果关系机制。当可获得更多数据时，这个领域将在未来的研究中受益。

这些智力得分和认识技能的文献非常有趣，因为它使我们更清晰地理解子代从父辈那里继承了什么。然而，假设基因、与其他许多家庭背景特征相关的环境因素影响技能，这些文献没有揭示出清晰的因果机制。

4.7.2　工作、职业的代际传递

一些研究检测了职业的代际流动性，发现父亲的职业和儿子的职业有很大的相关性。Hellerstein 和 Morrill（2008）表明，在近代，有 30%的儿子和 20%的女儿与他们的父亲职业相同。然而，研究得出的百分比对职业定义的精细程度很敏感。因此，许多研究都创造了父母或孩子一些职业级别或连续测量职业声望的度量标准。使用这种方法，Ermish 和 Francesconi（2002）利用了英国家庭追踪调查数据，发现了代际相关性，父辈-子代配对范围从 0.4-0.75，母亲-子代配对从 0.3～0.5，并发现这些效应是非线性的，有更高社会经济地位的父母的更高的弹性。他们也发现最近同期群的流动性比前期同期群的流动性更强。Carmichael（2000）使用些微不同的方法，利用英国家庭追踪调查（BHPS）数据；Di Pietro 和 Urwin（2003）使用意大利数据，发现父亲和儿子职业之间有很强的相关性。Ferrie（2005）表明美国的职业流动性在 19 世纪末比 20 世纪要强。

最近的研究越来越深入，Corak 和 Piraino（2010）使用加拿大的数据显示，到 30 岁左右，大约 40%的男性子代曾经和在某个时候也同雇用过他们的父亲的雇主一起工作过，当父亲是高收入者时，这种情况更频繁发生。这一发现与其他研究显示的结果一致，比如以家庭为基础的继承在大公司中很常见，新任首席执行官往往是离职首席执行官或大股东的子女(Pérez，2006)。

4.7.3　福利的代际传递

一些文献关注于福利收入的代际传递，大量的证据表明，福利参与有很强的代际相关性。然而，几乎没有因果关系的证据。Levine 和 Zimmerman (1996)认为从政策角度上看，区分贫困陷阱和福利陷阱很重要。贫困陷阱源于收入的代际持续性。低收入父母的家庭更有可能成为福利领取者，更有可能有低收入的孩子，他们也更有资格享受福利。在这个例子中，在福利领取人中，儿童领取福利金的发生率较高，这完全是由于福利的经济状况测试性质，经济状况与收入的代际传递相关。

从政策角度看，更令人关切的可能是福利陷阱的概念。在这种情况下，不是经济测试政策的机制特点，这些经济政策测试机制导致父母和孩子存在相关性，而是项目本身的一些特点。这方面的一个例子是，那些靠福利长大的孩子们相信靠福利生存是社会可接受的。因此，作为一个成年人在既定收入水平下，更可能申请福利。很难区分这两种代际持续性。尽管如此，Levine 和 Zimmerman (1996)应用了许多不同的方法区分贫困陷阱和福利陷阱，这些方法包括：(1)比较儿童实际参与程度和根据父母的收入预测的参与程度；(2)使用各州福利支出程度的差异。得出结论认为几代人之间福利的持续性大部分原因是由于贫穷的陷阱；至少四分之三(也可能是全部)的相关性可以归因于预期的代际收入与其他家庭特征之间的相关性，很小一部分可以用福利陷阱解释。

其他一些研究主要关注于已经接受福利的儿童的暴露强度，以检查暴露强度是否导致成年后福利接受的变化。在这些论文中，Beaulieu 等(2005)使用加拿大行政数据，Mitnik (2008)使用加州的行政数据。这两篇论文使用了不同的计量经济学方法，得出了非常不同的结论，Beaulieu 使用结构方法发现，父母增加福利使用会导致儿童福利接受增多，总的来说，福利接受的代际相关性是明确的，但很少有证据表明存在因果关系。

4.7.4　代际健康传递

健康的代际转移也是最近研究的焦点。许多论文认为不同的健康状况有积极的代际相关性。Coneus 等（2008）最近的一项研究使用了德国社会经济追踪数据和不同的人口学特征（即体重、身高、体重指数）和健康状况自我报告，发现父母和大于 4 岁的年轻子代之间存在健康的代际传递。

Akbulut 和 Kugler（2007）使用 NLSY79 检查身高、体重、BMI、抑郁和哮喘在美国的代际相关性。发现儿童从母亲一侧继承了很大一部分健康（人体特征和情感）。Loureiro（2006）等人用 BHPS（1994—2002）数据研究吸烟习惯的代际传递，发现父母双方都是烟民的 18 岁的子代比父母双方都不吸烟的 18 岁子代，其吸烟的可能性大一倍。

很少研究者试图揭示健康代际传递的因果关系。确定因果关系的一个关键问题是其他家庭特征（如贫困）是否影响父母和子女的出生体重。如果这样的话，尽管父母与婴儿出生体重之间存在明显的相关性，但可能不存在因果关系。Curri 和 Moretti（2007）为了研究这个问题，通过比较有兄弟姐妹的母亲，区别出固定的家庭特征。使用加州的个人出生记录的数据，发现即使控制了家庭的固定效应，如果母亲自己的出生体重较低，孩子的出生体重偏低的可能性就会高出近 50%。估计低出生体重代际传递弹性为 0.2，表明母亲和孩子的出生体重有很强的代际相关性。

一些研究以双胞胎母亲为研究对象。双胞胎出生体重差异与家庭特征无关（因为两对双胞胎都有相同的家庭环境），在同卵双胞胎中，遗传基因无差异。Black，Devereux 和 Salvanes（2007）使用挪威的数据，发现一对双胞胎母亲代际体重传递弹性大约 0.18，这个结果对双胞胎固定效应结论不敏感。当样本仅限于同卵双胞胎母亲时，发现双胞胎固定的弹性系数为 0.18。Royer（2009）利用加利福尼亚的数据发现，使用双胞胎固定效应，体重的代际传递存在正向但较小的影响。

4.7.5　态度和社会行为的代际传递

最近的文献也有研究态度和社会行为的代际传递。用这种类型的变量估计因果效应很困难，所以大部分文献估计相关关系。Altonji 和 Dunn (2000)使用 NLS 的面板数据研究工资和工作偏好的代际可持续性，认为工作时间的代际相关性主要是由于偏好。Mayer 等(2005)使用 NLSY 的数据，发现母亲和女儿的性格、行为和态度之间有很强的相关性，其中相关性的一小部分可由家庭社会经济状况来解释。表明他们本身的态度很重要。Wilhelm 等(2008)使用 PSID 数据对慈善捐赠代际传递进行研究，对世俗的奉献和宗教的奉献进行分别研究。发现宗教弹性大于世俗弹性，宗教弹性在 0.26~0.31 之间，世俗弹性在 0.08~0.14 之间。Dohmen 等 (2008)使用德国社会经济追踪数据(SOEP)发现承担风险的意愿与信任程度存在代际相关。

Almond，Edlund 和 Milligan (2009)认为文化在代际之间存在持久性。为了检验这个假说，他们研究了到加拿大的亚洲移民。因为这些移民既不贫穷，也不在一个容忍性别选择的社会，事实上，他们观察男性子代的偏好(如果以前没有儿子，男孩和女孩的比例会随着性别的增长而上升)。表明这些对男性子代的偏好是代际传递的。进一步验证这些结果，显示出不同宗教信仰之间有显著差异，这些差异与有关婴儿的信仰的历史差异相吻合。

这一领域的研究主要集中在代际相关性上。然而，除此之外，Fernandez，Fogli，和 Olivetti(2004)研究认为，母亲的行为对儿子关于婚姻市场的偏好有决定性的影响。第二次世界大战对女性劳动力参与率有重要冲击，如果母亲工作，这对儿子妻子工作的可能性有积极影响。这表明，越来越多的男性在家庭中长大，家庭中母亲工作或许是增加女性劳动力参与率的重要因素。越来越多关注文化和政治经济在研究中的基因性，这显然是未来研究的一个有趣的领域。

4.7.6 消费和财富的代际传递

一些论文试图使用消费和拥有的财富量研究经济结果的代际传递性，而不是使用收入。这些研究的例子之一是 Waldkirch，Ng 和 Cox (2004)利用美国收入动态研究(PSID)中父母和子女的消费信息。纯粹估计表明，源自家庭的食物消费(消费的一种衡量标准)

的代际相关性范围在 0.14～0.20 之间。作者试图区分这些中有多大一部分是由于与收入相关的对食物的偏好不同造成的，结论表明父母的收入和对食物的偏好对孩子的消费的影响存在统计上的显著性。

此外，Charles 和 Hurst（2003）收入动态追踪调查中的财富数据估计财富的代际弹性。控制父母和孩子的年龄，对孩子财富和父母财富分别取对数进行回归，得出代际财富弹性为 0.37，高于以前的研究结果。结果还显示，父母财富在底层 1/5 的孩子，其他财富收入有可能进入前 2/5。同样，财富分布在前 1/4 的父母，其孩子财富也可能在后 1/2。有趣的是，结论得出的代际财富弹性比政府间的要低，并进一步研究它们之间的关系很有价值。

五、教育代际传递的测算与比较

与收入代际传递的估计相比，代际教育相关系数和回归的估计较少，这部分是因为估计代际教育回归系数与时间和计量相关的困难较少，与代际收入弹性相比，代际教育回归系数测算方法简单明了。Hertz 等（2007）使用可比样本和变量测算了 42 个国家的代际教育相关系数和回归系数，如下表 5，其发现南美洲的相关性在 0.6 左右为最高，西欧通常为 0.4，最低估计值为北欧国家，约为 0.2，美国的估计为 0.46。

表 5　**各国或地区代际教育回归系数和相关系数**

国家或地区	回归系数	回归系数排名	相关系数	相关系数排名
东帝汶	1.27	1	0.39	27
埃及	1.03	2	0.5	11
巴基斯坦	1	3	0.46	14
巴西	0.95	4	0.59	5
尼泊尔	0.94	5	0.35	33

续表

国家或地区	回归系数	回归系数排名	相关系数	相关系数排名
秘鲁	0.88	6	0.66	1
尼加拉瓜	0.82	7	0.55	7
哥伦比亚	0.8	8	0.59	6
印度尼西亚	0.78	9	0.55	8
埃塞俄比亚(农村)	0.75	10	0.1	42
巴拿马	0.73	11	0.61	3
厄瓜多尔	0.72	12	0.61	2
加纳	0.71	13	0.39	25
大不列颠	0.71	14	0.31	37
爱尔兰	0.7	15	0.46	17
南非(夸祖鲁)	0.69	16	0.44	18
意大利	0.67	17	0.54	9
智利	0.64	18	0.6	4
斯里兰卡	0.61	19	0.48	13
匈牙利	0.61	20	0.49	12
斯洛伐克	0.61	21	0.37	29
北爱尔兰	0.59	22	0.32	36
越南	0.58	23	0.4	20
荷兰	0.58	24	0.36	31
孟加拉国	0.58	25	0.38	28
瑞典	0.58	26	0.4	24
斯洛文尼亚	0.54	27	0.52	10
爱沙尼亚	0.54	28	0.4	23
丹麦	0.49	29	0.3	39
瑞士	0.49	30	0.46	16

续表

国家或地区	回归系数	回归系数排名	相关系数	相关系数排名
波兰	0.48	31	0.43	19
芬兰	0.48	32	0.33	35
美国	0.46	33	0.46	15
捷克	0.44	34	0.37	30
比利时	0.41	35	0.4	22
菲律宾	0.41	36	0.4	21
新西兰	0.4	37	0.33	34
挪威	0.4	38	0.35	32
马来西亚	0.38	39	0.31	38
乌克兰	0.37	40	0.39	26
中国(农村)	0.34	41	0.2	41
吉尔吉斯斯坦	0.2	42	0.28	40

由于 Hertz 等(2007)数据调查于 1994 年至 2004 年，除秘鲁(1985 年)，马来西亚(1988 年)和巴基斯坦(1991 年)外，因此我们用 2000 年各国的人均国民收入(用 2011 的指数平价所得)来对代际传递与收入关系进行研究。

我们分别画出代际教育相关系数和回归系数与人均 GNI 的散点图(图 3、图 4)。由散点图可以看出，其一，高收入国家的代际回归系数和相关系数较为集中，而中低收入国家较为分散，我们按照 2010 年世界银行标准，当收入低于 12275 美元时，定为中等收入国家，其中收入位于 3995~32275 美元之间定为中高收入国家，收入高于 12275 美元则定义为高收入国家。可以看出，中低收入国家代际教育系数较为分散，高收入国家代际教育回归系数集中在 0.4~0.7，代际教育相关系数集中在 0.3~0.5。其二，代际回归系数和相关系数均与人均收入负相关，简单的 OLS 回归也显示其负相关。

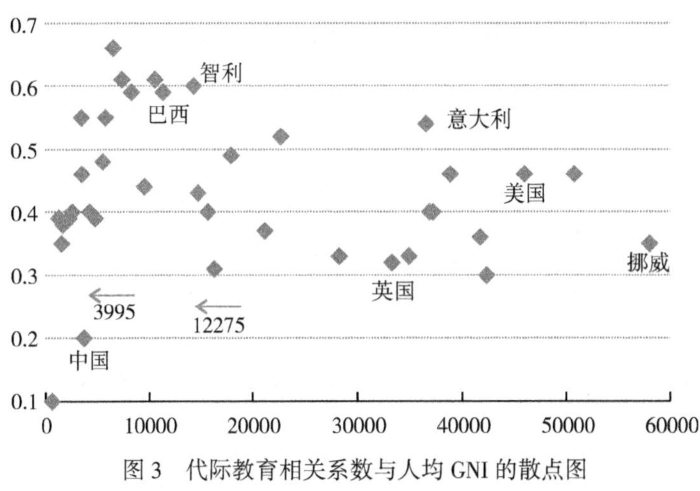

图 3　代际教育相关系数与人均 GNI 的散点图

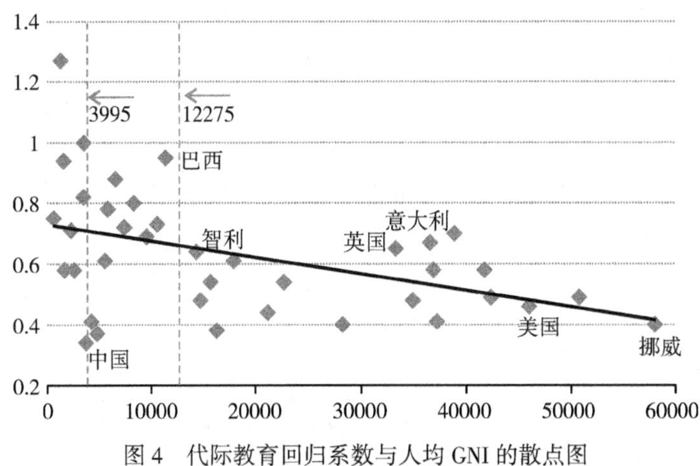

图 4　代际教育回归系数与人均 GNI 的散点图

六、中国代际传递的相关研究概述

6.1　中国代际传递测算

目前针对中国代际收入流动的研究还处在起步阶段，中国代际收入流动的水平和趋势还没有定论，不同的微观数据和处理方法得出的结论不尽相同。

李路路、朱斌(2015)指出我国总体社会流动性在上升，但是跨阶层的循环流动越来越困难。陈琳、袁志刚(2012)利用中国家庭收入调查(CHIP)和中国社会综合调查数据(CGSS)计算的中国1988—2005年中国的代际收入弹性呈现出从大幅下降到逐步稳定的特征，代际收入弹性的下降主要原因在于低收入子代相对收入上升，其采用了父代单年的收入。徐晓红(2012)采用中国居民收入调查(CHIP)和中国家庭追踪调查数(CFPS)数据采用双样本工具变量法计算的中国城镇居民代际收入弹性在2002年，2007年，2012年分别为0.4720，0.4130，0.3590，农村居民代际收入弹性在2010，2012年分别为0.3558，0.2703 。王海港(2002)利用CHIP数据，计算的中国1988和1995年代际收入弹性分别为0.384和0.424。王学龙、袁易明(2016)中国城镇居民代际流动性在60后、70后、80后群组中呈现先降后升的趋势，并指出教育不平等对不同年龄群组的代际流动性变迁具有重要影响。李路路、朱斌(2015)指出我国总体社会流动性在上升，但是跨阶层的循环流动越来越困难。从表6可以看出对中国代际收入弹性的测度，最低的0.22，最高的达到0.66。代际收入弹性的测度的大幅差异提醒我们进一步研究的必要性。

表6　　　　**中国代际收入流动的测度文献**

作　者	代际收入弹性	使用数据
何石军、黄桂田(2013)	2000、2004、2006、2009年分别为0.66、0.49、0.35、0.46	其使用CHNS数据，采用父代多年收入均值
徐晓红(2015)	2007、2012年城镇居民代际收入弹性为0.41、0.36，农村居民的为0.36、0.27	利用CHIP和CFPS数据，采用双样本工具变量法
陈琳、袁志刚(2012)	1988、1995、2002、2005年城镇居民代际收入弹性分别为0.51、0.42、0.33、0.30，农村居民分别为0.42、0.28、0.22、0.24	利用CHIP和CGSS数据，采用父代单年收入数据

续表

作　者	代际收入弹性	使用数据
王海港(2005)	1988、1995 年城镇居民代际收入弹性分别为 0. 38、0. 42.	利用 CHIP 数据，采用了父代单年收入数据
秦雪征、王天宇(2014)	传统方法估计系数为 0. 38，控制人力资本之后为 0. 48	利用 CHNS 数据，并采用联立方程来进行计算

6. 2　中国代际传递机制分析

对中国代际传递的机制进行分析中的文献十分有限。刑春冰(2005)指出代际之间工作机会的传递通过户主对子女的人力资本投资来进行，姚先国、赵丽秋(2010)年将代际相关性分解为教育、健康和社会关系网络三条路径，但这三条路径只解释了城市地区代际相关系数中的 9%，其中教育和社会关系网络的贡献相当，健康的贡献为零。教育、健康和社会关系网络解释了农村地区代际相关系数的 15. 9%，社会关系网络仍是主要的传递路径。陈琳、袁志刚(2012)选取了代表人力资本、社会资本和财富资本的中间变量，代表了父代通过不同种类的投资，最终对子代收入的影响过程，其三者对代际收入流动的解释力达到 60%以上，其中用教育年限代表的人力资本对代际收入流动的解释力在 10%左右，社会资本的解释力在 2005 年也接近 10%，以房产价值和金融资产作为代表的财富资本的解释力在观测年份分别达到了 40%和 30%。龙翠红，王潇(2014)对我国代际收入的传递路径从人力资本、社会资本两个方面进行了分析，其中人力资本利用教育年限和健康水平作为指标，而社会资本采用职业类型来代理，其结果显示教育年限对代际收入有较大影响，而健康重要性相对较低，社会资本的解释力则小于教育和健康等因素。

七、总　　结

关于代际流动的文献已取得很大进展，但是要解析代际传递的机制和因果关系，还有很长的路要走。Solon(1999)建议研究兄弟姐妹在收入上的相似性如何根据不同的兄弟姐妹类型而变化，由于兄弟姐妹在一定程度上分享共同的基因和环境，因此可以为因果关系提供一些论据。由于北欧国家的登记数据的可获得性，近年来的研究在这方面取得了显著进步。创造性地使用被收养者和不同的兄弟姐妹类型数据有力地证明了，先天和后天的抚养对于孩子未来的收入都是非常重要。Bjorklund 等人(2005)的研究处于这类文献的前沿，很明显由于拥有更好的数据(这些数据就包括个体的潜在基因结构)，使研究得以取得突破。未来研究的一个重要途径是研究基因环境的相互作用和政策干预的中介效应。

Solon(1999)还指出，既然我们知道父母的收入对于子代的收入有相当强的预测性，发现因果机制相当重要，这个因果机制主要对可观察的经验性代际相关性起作用。这也被证明是有预兆的，或许文献的最主要突破就是发现了这样的因果机制。使用被收养者、双胞胎，工具变量方法使我们在理解为什么我们能够观察到这样的相关性方面有所突破。

我们还了解了什么类型的政策变化会导致代际传递性的减弱。北欧的一些证据表明：代际持续性的变化可能会受到延长义务教育时间等教育政策的影响。有趣的是，这些改革作用也表明，教育程度较低的人对下一代的教育溢出程度有限。我们希望未来更进一步的研究政策变化对代际关系的直接影响。最近对代际收入弹性和兄弟姐妹关系的高水平估计表明，家庭背景在美国是非常重要的，但在北欧国家重要程度较低。美国和挪威的研究都表明，邻里关系并不是最重要决定因素。然而，为确定哪些家庭背景因素是重要的，还有很多工作要做。

此外，尽管已经有一些关于教育代际传递的研究，但是关于是母亲的教育还是父亲的教育对后代来说更重要，关于家庭收入因果效应的证据还非常有限。此外，关于健康、体重、行为和偏好的代际传递等论题，也还有很大的拓展空间。

对中国代际教育和收入传递研究中，由于缺少大量长期的连续对双胞胎、养父女、养子女及兄弟姐妹的追踪调查数据，进行直接的因果关系研究并不现实。但在数据并不完美的情况下，许多研究者仍试图去寻找中国代际教育和代际收入传递的特征，通过建立理论模型部分消除了遗漏变量问题来对中国代际教育传递进行理论和实证分析，通过对代际收入弹性的分解来剖析代际传递的渠道。这些研究将会为代际收入传递、收入的跨代不平等，以及机会不平等等问题给出更多、更丰富的理论分析和实证结论。

参考文献

[1] Aaberge R, Mogstad M, Peragine V. 2011. Measuring Long-term Inequality of Opportunity[J]. Journal of Public Economics, 95(3): 193-204.

[2] AiyagariS R, Greenwood J, Seshadri A. 2002. Efficient Investment in Children[J]. Journal of Economic Theory, 102(2): 290-321.

[3] Akbulut M, Kugler A D. 2011. Inter-generational Transmission of Health Status in the U.S among Natives and Immigrants [R]. Mimeo, University of Houston.

[4] Anger S, Heineck G. 2010. Do smart parents raise smart children? The intergenerational transmission of cognitive abilities[J]. Social Science Electronic Publishing, 23(3): 1105-1132.

[5] Anna Christina D'Addio, 2007. Intergenerational Transmission of Disadvantage: Mobility or Immobility Across Generations? [R]. OECD Social, Employment and Migration Working Papers 52, OECD Publishing.

[6] Arnaud Chevalier, Gauthier Lanot. 2002. The relative effect of family characteristics and financial situation on educational achievement. Education Economics, 10(2), 165.

[7] Ashish Singh. 2010. Inequality of opportunity in India[R]. University Library of Munich, Germany. MPRA Paper 32971.

[8] Azam M, Bhatt V. 2015. Like Father, Like Son? Intergenerational Educational Mobility in India[J]. Demography, 52(6): 1-31.

[9]Barro R. J. , Salaimartin X. I. . 1993. Economic Growth [M]. Boston, MIT Press.

[10]Barro, R. J. 2000. Inequality and growth in a panel of countries. Journal of Economic Growth, (5): 5-32.

[11]Becker G S, Tomes N. 1986. Human Capital and the Rise and Fall of Families, Journal of Labor Economics, (4): 1-39

[12]Becker G S, Tomes N. 2007. An Equilibrium Theory of the Distribution of Income and Intergenerational Mobility[J]. China Labor Economics, 87(6): 1153-1189.

[13] Becker GS. 1964. Human Capital, A Theoretical and Empirical Analysis, with Special Reference to Education [M]. University of Chicago Press.

[14]Becker G. 2012. Growing human capital investment in China compared to falling investment in the United States[J]. Journal of Policy Modeling, 34(4): 517-524.

[15]Becker, G. S. , Lewis, H. G. 1984. On the interaction between the quantity and quality of children. Philippine Review of Economics & Business, 21(1-2), 113.

[16]Behrman J R, Rosenzweig M R. 2002. Does Increasing Women's Schooling Raise the Schooling of the Next Generation? [J]. American Economic Review, 92(1): 323-334.

[17]Behrman J, Taubman P. 1985. Intergenerational earnings mobility in the United States: some estimates and a test of Beckers intergenerational endowments model. Review of Economics and Statistics, (67): 144-151.

[18]Behrman J. R, Gaviria A, Székely M, et al. 2001. Intergenerational Mobility in Latin America [with Comments] [J]. Economía, 2(1): 1-44.

[19]Behrman J. R, Pollack, Robert A, Taubman, Paul. 1982. Parental preferences and provision for progeny. Journal of Political Economy, 90(11), 52-73

[20]Bénabou R, Ok E A. 2000. Mobility as Progressivity: Ranking Income Processes According to Equality of Opportunity[J]. Social Science Electronic Publishing, 29.

[21]Bhattacharya D, Mazumder B. 2007. Nonparametric analysis of intergenerational income mobility with application to the United States [R]. Federal Reserve Bank of Chicago Working Paper, WP-07-12.

[22]Bingley, Paul, Kaare Christensen and Vibeke M. Jensen. 2009. Parental schooling and child development: Learning from twin parents, SFI Working paper no. 07.

[23]Bjorklund A, Hederos Eriksson K, Jantti M. 2009. IQ and Family Background: Are Associations Strong or Weak? [J]. Social Science Electronic Publishing, 10(1).

[24]Björklund A, Jäntti M, Lindquist M J. 2007. Family background and income during the rise of the welfare state: Brother correlations in income for Swedish men born 1932-1968 [J]. Journal of Public Economics, 93(5): 671-680.

[25]Bjorklund A, Jantti M, Solon G. 2007. Nature and Nurture in the Intergenerational Transmission of Socioeconomic Status: Evidence from Swedish Children and Their Biological and Rearing Parents [J]. B. E. Journal of Economic Analysis & Policy, 7(2): 1753-1753.

[26]Björklund A, Jäntti M. 1997. Intergenerational Income Mobility in Sweden Compared to the United States[J]. American Economic Review, 87(5): 1009-1018.

[27]Björklund, Anders, Markus Jäntti, and Gary Solon. 2005. Influences of nature and nurture on earnings variation: A report on a study of various sibling types in Sweden [M]. Princeton University Press, 145-164.

[28]Black S E, Devereux P J, Salvanes K G. 2005. The More the Merrier? The Effect of Family Size and Birth Order on Children's Education [J]. Quarterly Journal of Economics, 120 (2): 669-700.

[29] Black S E, Devereux P J, Salvanes K G. 2005. Why the Apple Doesn't Fall Far: Understanding Intergenerational Transmission of Human Capital[J]. American Economic Review, 95(1): 437-449.

[30] Black S E, Devereux P J, Salvanes K G. 2008. Like father, like son? A note on the intergenerational transmission of IQ scores[J]. Economics Letters, 105(1): 138-140.

[31] Blanden J, Gregg P, Macmillan L. 2007. Accounting for Intergenerational Income Persistence: Non-Cognitive Skills, Ability and Education[R]. Institute for the Study of Labor, IZA Working Paper, 40.

[32] Blanden J., Machin S. 2004. Educational inequality and the expansion of UK higher education[J]. Scottish Journal of Political Economy, (51): 230-249.

[33] Blanden, J., Gregg, P., Macmillan, L. 2007. Acconting for intergenerational income persistence: noncognitive skills ability and education[J]. The Economic Journal,, 117 (3), 43-60.

[34] Blanden, Jo, Alissa Goodman, Paul Gregg and Stephen Machin. 2004. Changes in intergenerational mobility in Britain. M. Corak (ed.) Generational Income Mobility in North America and Europe. Cambridge University Press.

[35] Blanden, Jo, Goodman, A., Gregg, P., Machin, S. 2002. Changes in Intergenerational Mobility in Britain[R]. Royal Economic Society Conference. Royal Economic Society, 26.

[36] Blau P M, Duncan O D, Tyree A. 1978. The American occupational structure [M. The American occupational structure, Free Press,: 534.

[37] Böhlmark A, Lindquist M J. 2006. Life-Cycle Variations in the Association between Current and Lifetime Income: Replication and Extension for Sweden[J]. Journal of Labor Economics, 24(4): 879-896.

[38] Bound J, Solon G. 2000. Double trouble: on the value of twins-

based estimation of the return to schooling[J]. Economics of Education Review, 18(2): 169-182.

[39] Bourguignon, F., F. Ferreira, and M. Menéndez. 2007. Inequality of Opportunity in Brazil.. Review of Income and Wealth, (53): 585-618.

[40] Bowles S, Gintis H. 2002. The inheritance of inequality[J]. Journal of Economics Perspectives, (16): 3-30.

[41] Bowles Samuel and Herbert Gintis. 2002. The Inheritance of Inequality. Journal of Economic Perspectives[J]. 16: 3-30.

[42] Bratsberg B, Røed K, Raaum O, et al. 2007. Nonlinearities in Intergenerational Earnings Mobility: Consequences for Cross-Country Comparisons [J]. Economic Journal, 117(519): 72-92.

[43] C. Jencks, M. Smith, H. Acland, M. J. Bane, D. Cohen, H. Gintis, B. Heyns, S. Michaelson. 1972. Inequality: A Reassessment of the Effect of Family and Schooling in America [M]. Basic Books, NewYork.

[44] Cameron S V, Heckman J J. 1998. Life Cycle Schooling and Dynamic Selection Bias: Models and Evidence for Five Cohorts of American Males [J]. Journal of Political Economy, 106(2): 262-333.

[45] Carneiro P, Meghir C, Parey M. 2007. Maternal Education, Home Environments and Child Development[J]. Journal of the European Economic Association, 11(1): 123-160.

[46] Chadwick L, Solon G. 2002. Intergenerational Income Mobility among Daughters [J]. American Economic Review, 92(1): 335-344.

[47] Champernowne D G. 1953. A Model of Income Distribution[J]. Economic Journal, 1953, 63(250): 318-351.

[48] Chantreuil F, Trannoy A. 2013. Inequality Decomposition Values: The Tradeoff between Marginality and Consistency[J]. The Journal of Economic Inequality, (11): 83-98.

[49] Checchi D, Fiorio C V, 2013. Leonardi M. Intergenerational persistence of educational attainment in Italy [J]. Economics Letters, 118(1): 229-232.

[50] Checchi D, Peragine V. 2010. Inequality of opportunity in Italy [J]. Journal of Economic Inequality, 8(4): 429-450.

[51] Checchi, D, Peragine, Serlenga L.. 2010. Fair and Unfair Income Inequalities in Europe. IZA Working Papers, No. 174.

[52] Chen Y, Naidu S, Yu T. 2015. Intergenerational mobility and institutional change in 20th century China[J]. Explorations in Economic History, 58: 44-73.

[53] Chetty R, Hendren N. 2016. The Impacts of Neighborhoods on Intergenerational Mobility II: County-Level Estimates[J]. Social Science Electronic Publishing.

[54] Chetty R, Hendren N. 2017. The Impacts of Neighborhoods on Intergenerational Mobility I: Childhood Exposure Effects[J]. Social Science Electronic Publishing.

[55] Chetty, R., Hendren, N., Kline, P., Saez, E. 2014. Where is the land of opportunity? the geography of intergenerational mobility in the united states[N]. Nber Working Papers, 129(4), 1553-1623.

[56] Chetty, R., Hendren, N., Kline, P., Saez, E., & Turner, N. 2014. Is the united states still a land of opportunity? recent trends in intergenerational mobility. American Economic Review, 104(5), 141-147(7).

[57] Chevalier A, Denny K, Mcmahon D. 2003. A Multi-Country Study of Inter-Generational Educational Mobility [R]. ISSC Working Papers, No. 06.

[58] Chul-In Lee and Gary Solon. 2009. Trends Intergenerational Income Mobility[J]. The Review of Economics and Statistics, November, 91(4): 766-772.

[59] Chunli Shen, Jing Jin, Hengfu Zou. 2012. Fiscal decentralization

in China: history, impact, challenges and next steps[J]. Annals of Economics and Finance, 13-1: 1-51.

[60] Clark G, Cummins N, Hao Y, et al. 2015. Surnames: A new source for the history of social mobility[J]. Explorations in Economic History, 55(1): 3-24.

[61] Clark G, Cummins N. 2014. Surnames and Social Mobility in England, 1170-2012[J]. Hum Nat, 25(4): 517-537.

[62] Corak M. 2013. Income inequality, equality of opportunity, and intergenerational mobility. J EconPerspect 27(3): 79-102.

[63] Corak M, Heisz A. 1999. The Intergenerational Earnings and Income Mobility of Canadian Men: Evidence from Longitudinal Income Tax Data [J]. Journal of Human Resources, 34 (3): 504-533.

[64] Corak M. 2006. Do Poor Children Become Poor Adults? Lessons from a Cross Country Comparison of Generational Earnings Mobility [J]. Iza Discussion Papers, 13(06): 143-188.

[65] Corak M. 2013. Income Inequality, Equality of Opportunity, and Intergenerational Mobility[J]. Journal of Economic Perspectives, 27(3): 79-102.

[66] Corak, M. 2013. Income inequality, equality of opportunity, and intergenerational mobility. Journal of Economic Perspectives, 27 (3), 79-102.

[67] Corak, M., & Piraino, P. (2010). Intergenerational Earnings Mobility and the Inheritance of Employers. Institute for the Study of Labor, IZA Discussion Paper, No. 4876.

[68] Currie, Janet, Moretti, Enrico. 2017. Biology as destiny? short and long-run determinants of intergenerational transmission of birth weight. Journal of Labor Economics, 25(id: 194), 231-263.

[69] Daude C, Robano V. 2015. On intergenerational (im)mobility in Latin America[J]. Latin American Economic Review, 24(1): 9.

[70] Daude C. 2011. Ascendance by Descendants?: On Intergenerational

Education Mobility in Latin America [R]. Oecd Development Centre Working Papers, No. 297.

[71]Doan H Q, Nguyen A N. 2016. Intergenerational Income Mobility in Vietnam[M]. Mpra Paper.

[72]Duncan, G. J., Kalil, A., Ziol-Guest, K. M. 2017. Increasing inequality in parent incomes and children's schooling. Demography, (1), 1-24.

[73]Dunn C E. 2007. The Intergenerational Transmission of Lifetime Earnings: Evidence from Brazil [J]. B. e. journal of Economic Analysis & Policy, 20077(2): 1782-1782.

[74] Ermisch J, Francesconi M, Siedler T. 2006. Intergenerational Mobility and Marital Sorting [J]. Economic Journal, 116(513): 659-679.

[75]Ermisch J, Francesconi M, Sq C C. 2004. Intergenerational Mobility in Britain: New Evidence from the BHPS [J]. Labour, (53): 105-133.

[76]Ermisch, J., Francesconi, M. 2001. Family matters: impacts of family background on educational attainments. Economica, 68 (270), 137-156.

[77]Featherman D L., Hauser, R. M. 1978. Opportunity and Change [M]. New York: Academic Press.

[78]Feinstein, L. 2003. Inequality in the early cognitive development of british children in the 1970 cohort. Economica, 70 (277), 73-97.

[79]Ferreira FHG, Gignoux J 2013 The Measurement of Rducational Inequality: Achievement and Opportunity. World Bank Econ Rev 28(2): 210-246.

[80]Ferreira S, Veloso F. 2006. Intergenerational mobility of wages in Brazil[J]. Brazilian Review of Econometrics, 26(2): 181-211.

[81]Ferreira, F. and J. Gignoux. 2011. The Measurement of Inequality of Opportunity: Theory and An Application to Latin America[J].

The Review of Income and Wealth, 57(4): 622-657.

[82]Ferreira, F. H. G., Gignoux, J. 2011. The Measurement of Inequality of Opportunity: Theory and An Application to Latin America. Review of Income & Wealth, 57(4), 622-657.

[83]Ferreira, F. H. G., Leite, P. G., & Ravallion, M. 2010. Poverty reduction without economic growth?: explaining brazil's poverty dynamics, 1985-2004[J]. Journal of Development Economics, 93(1), 20-36.

[84]Ferreira, F., 2001. Education for The Masses? The Interaction between Wealth, Educational and Political I nequalities[J]. The Economics of Transition, (9): 533-552.

[85]Fields G S, Hernάndez R D, Freije S, et al. 2007. Intragenerational Income Mobility in Latin America [with Comments][J]. Economía, 7(2): 101-154.

[86]Fiona Carmichael. 2000. Intergenerational mobility and occupational status in Britain[J]. Applied Economics Letters, 7(6): 391-396.

[87]Gaer D V D, Schokkaert E, Martinez M. 2010. Three Meanings of IntergenerationalMobility[J]. Economica, 68(272): 519-538.

[88]Goldberger A S. 2002. Does Increasing Women's Schooling Raise the Schooling of the Next Generation? Comment[J]. American Economic Review, 92(5): 1738-1744.

[89]Grawe Nathan. 2004. Intergenerational Mobility for Whom? The Experience of High and Low Earning Sons in International Perspective[M]. in M. Corak (ed.), Generational Income Mobility in North America and Europe. Cambridge, MA: Cambridge University Press. 58-89.

[90]Grawe, N. 2001. Intergenerational Mobility in the US and Abroad: Quantile and Mean Regression Measures[D]. PhD thesis, Department of Economics, University of Chicago.

[91]Gronqvist, E., Öckert, Björn, & Vlachos, J. 2011. The intergenerational transmission of cognitive and non-cognitive abilities.

Working Paper, 52(7908).

[92]Haider, S., Solon, G. 2006. Life-cycle variation in the association between current and lifetime earnings. American Economic Review, 96(4), 1308-1320.

[93]Hassine. N. B. 2012. Inequality of Opportunity in Egypt[J]. The World Bank Economic Review, 26(2): 265-295

[94]Heineck, G., & Riphahn, R. T. 2009. Intergenerational transmission of educational attainment in germany — the last five decades. Jahrbücher Für Nationalökonomie Und Statistik, 229(1), 36-60.

[95]Hellerstein, J. K., Morrill, M. S. 2011. Dads and daughters: the changing impact of fathers on women's occupational choices[J]. Journal of Human Resources, 46(2), 333-372.

[96]Hertz, T., Jayasundera, T., Piraino, P., Selcuk, S., Smith, N., Verashchagina, A. 2007. The inheritance of educational inequality: international comparisons and fifty-year trends [J]. B. E. Fournal of Economic Analysis & Policy, 7(2), 1775-1775.

[97]Hirvonen, L. H. 2008. Intergenerational earnings mobility among daughters and sons: evidence from sweden and a comparison with the united states[J]. American Journal of Economics & Sociology, 67(5), 777-826.

[98] Holmlund H, Lindahl M, Plug E. 2011. The Causal Effect of Parent's Schooling on Children's Schooling: A Comparison of Estimation Methods [J]. Journal of Economic Literature, 49(3): 6615-51.

[99]Ichino A, Karabarbounis L, Moretti E. 2011. The Political Economy of Intergenerational Income Mobility [J]. Economic Inquiry, 49(1): 47-69.

[100]Jantti, M., Bratsberg, B., Roed, K., Raaum, O., Naylor, R., Osterbacka, E., et al. 2005. American exceptionalism in a new light: a comparison of intergenerational earnings mobility in

the nordic countries, the united kingdom and the united states. Social Science Electronic Publishing, 6(2).

[101]Javed S A, Irfan M. 2012. Intergenerational Mobility: Evidence from Pakistan Panel Household Survey[J]. Poverty & Social Dynamics Paper, 53(1): 105-133.

[102]Jencks C. 1972. Inequality: a reassessment of the effect of family and schooling in America [M]. Harper Torchbooks, 28 (1): 121-123.

[103]Knight, J., Sicular, T., Yue, X. 2011. Educational inequality in china: the intergenerational dimension, CIBC Working Paper, No. 13.

[104]Koenker, R., Bassett, G. 1978. Regression quantiles [J]. Econometrica, 46(1), 33-50.

[105]Lauer, C. 2003. Family background, cohort and education: a french-german comparison based on a multivariate ordered probit model of educational attainment. Labour Economics, 10 (2), 231-251.

[106]Lauer. 2002. A Model of Education Attainment: Application to the German Case [R], ZEW Discussion Paper, NO. 0206.

[107]Lee C. I., Solon, G. 2006. Trends in intergenerational income mobility. Review of Economics & Statistics, 91(4), 766-772.

[108]Lefranc, A., Pistolesi, N. Trannoy A.. 2008. Inequality of Opportunities vs. Inequality of Outcomes: Are Western Societies All Alike? [J]. Review of Income and Wealth, (54): 513-546.

[109]Lefranc, A., N. 2009. Equality of Opportunity and Luck: Definitions and Testable Conditions, with an Application to Income in France [J]. Journal of Public Economics, (93): 1189-1207.

[110]Leigh, Andrew. 2007. Intergenerational mobility in australia. B. E. Journal of Economic Analysis & Policy, 7(2), 1781-1781.

[111]Levine, P. B., Zimmerman, D. J. 2001. the intergenerational

correlation in afdc participation: welfare trap or poverty trap? IRP Discussion Paper No. 1100-1196.

[112] Li H, Meng L, Shi X, B Wu. 2013. Poverty in China's Colleges and the Targeting of Financial Aid[J]. China Quarterly, 216(216): 970-992.

[113] Li, Hongbin, Meng, Lingsheng, Shi, Xinzheng, Wu, Binzhen. 2013. Poverty in China's Colleges and the Targeting of Financial Aid. The China Quarterly, 216, 970-992.

[114] Loureiro M L, Sanz-De-Galdeano A, Vuri D. 2006. Smoking Habits: Like Father, Like Son, Like Mother, Like Daughter? [M]. Institute for the Study of Labor, IZA Discussion paper no. 2279.

[115] Mare R D. 1981. Change and Stability in Educational Stratification [J]. American Sociological Review, 46(1): 72-87.

[116] Marrero A. G., Rodríguez J. G.. 2013. Inequality of Opportunity and Growth [J]. Journal of Development Economics, (104): 107-122.

[117] Marrero, A. G., Rodríguez J. G.. 2012. Inequality of opportunity in Europe [J]. Review of Income and Wealth, 58(4): 597-621.

[118] Marrero, A. G., Rodríguez J. G. 2011. Inequality of Opportunity in the U. S.: Trends and Decomposition [J]. Research on Economic Inequality, (19): 217-246.

[119] Maurin, E., Mcnally, S. 2008. Vive la révolution! long-term educational returns of 1968 to the angry students. Journal of Labor Economics, 26(1), 1-33.

[120] Mayer S. E., Lopoo L. M. 2008. Government spending and intergenerational mobility [J]. Journal of Public Economics, 92 (1), 139-158.

[121] Mayer, S. E.., Lopoo. L. M 2005. Has the intergenerational transmission of economic status changed? [J]. The Journal of Human Resources, (40): 169-185

[122] Moreno Ternero, J. D. 2007. On the design of equal-opportunity policies [J]. Investigaciones Económicas, 31(3), 351-374.

[123] Nicoletti C, Ermisch J F. 2008. Intergenerational Earnings Mobility: Changes across Cohortsin Britain[J]. B. e. journal of Economic Analysis & Policy, 7(2): 259-277.

[124] Nunez J, Miranda L. 2011. Intergenerational Income and Educational Mobility in Urban Chile[J]. Estudios De Economia, 38(1): 195-221.

[125] Olivetti C, Paserman D. 2013. In the Name of the Son (and the Daughter): Intergenerational Mobility in the United States, 1850-1930[J]. Social Science Electronic Publishing, 105(8).

[126] Oreopoulos, P., Page, M. E., Stevens, A. H. 2006. The intergenerational effects of compulsory schooling [J]. Journal of Labor Economics, 24(4): 729-760.

[127] Oreopoulos, P., Page, M., & Stevens, A. H. 2005. The intergenerational effects of worker displacement [J]. Journal of Labor Economics, 26(3): 455-483.

[128] Page M. 2006. Father's Education and Children's Human Capital: Evidence from the World War II GI Bill [R]. University of California, Department of Economics Working Papers, No. 0633.

[129] Page, M. E., Solon, G. 2003. Correlations between brothers and neighboring boys in their adult earnings: the importance of being urban [J]. Journal of Labor Economics, 21(4): 831-855.

[130] Page, M. E., Solon, G. 2003. Correlations between sisters and neighbouring girls in their subsequent income as adults [J]. Journal of Applied Econometrics, 18(5), 545-562.

[131] Pekkala S, Robert E. B. Lucas. 2007. Differences across Cohorts in Finnish Intergenerational Income Mobility [J]. Industrial Relations A Journal of Economy & Society, 46(1): 81-111.

[132] Pekkala, S., Robert E. B. Lucas. 2007. Differences across co-

horts in finnish intergenerational income mobility[J]. Industrial Relations A Journal of Economy & Society, 46(1): 81-111.

[133] Peragine, V. 2004. Ranking income distributions according to equality of opportunity [J]. Journal of Economic Inequality, 2 (1), 11-30.

[134] Peragine, V. 2004. Ranking of Income Distributions According to Equality of Opportunity[J]. Journal of Income Inequality, (2): 11-30.

[135] Pistolesi, N. 2009. Inequality of Opportunity in the Land of Opportunities, 1968-2001 [J]. Journal of Economic Inequality, (7): 411-33.

[136] Plug E. 2004. Estimating the Effect of Mother's Schooling on Children's Schooling Using a Sample of Adoptees[J]. American Economic Review, 94(1): 358-368.

[137] Raaum O, Salvanes K G, Sorensen E O. 2006, The neighborhood is what it used to be [J]. Economic Journal, (116): 200-222.

[138] Rawls, J. 1971. A Theory of Justice, Harvard University Press, Cambridge, MA.

[139] Rodríguez, J. G. 2008. Partial Equality-of-Opportunity Orderings [J]. Social Choice and Welfare, (31): 435-56.

[140] Roemer J E. 2002. Equality of opportunity: A progress report [J]. Social Choice & Welfare, 19(2): 455-471.

[141] Roemer J. E., Aaberge R., Colombino U., Fritzell J., Jenkins S., Marx I., Zubiri I. 2003. To what extent do fiscal regimes equalize opportunities for income acquisition among citizens? Journal of Public Economics, (87): 539-565.

[142] Roemer J. E.. 1998. Equality of Opportunity [M]. Cambridge: Harvard University Press.

[143] Roemer, J. E. 1993. A Pragmatic Approach to Responsibility for the Egalitarian Planner [J]. Philosophy &Public Affairs, (10): 146-66.

[144] Romer C D. 1990. The Great Crash and the Onset of the Great Depression [J]. Quarterly Journal of Economics, 105 (3): 597-624.

[145] Roy, A. D. 1950. The Distribution of Earnings and of Individual Output [J]. The Economic Journal, 60(3): 489-505.

[146] Sacerdote B. 2007. How Large are the Effects from Changes in Family Environment? A Study of Korean American Adoptees[J]. Quarterly Journal of Economics, 122(1): 119-157.

[147] Sastre, M., Trannoy A.. 2002. Shapley Inequality Decomposition by Factor Components: Some Methodological Issues[J]. Journal of Economics, (9): 51-89.

[148] Sen, A. 1980. Equality of What? inTanner Lectures on Human Values [M]. Cambridge University Press.

[149] Shorrocks A F. 1978. The Measurement of Mobility[J]. Econometrica, 46(5): 1013-1024.

[150] Shorrocks A F. 2013. Decomposition procedures for distributional analysis: a unified framework based on the Shapley value[J]. Journal of Economic Inequality, 11(1): 99-126.

[151] Solon G, Page M E, Duncan G J. 2000. Correlations between Neighboring Children in Their Subsequent Educational Attainment [J]. Review of Economics & Statistics, 82(3): 383-392.

[152] Solon G. 1992. Intergenerational Income Mobility in the United States[J]. American Economic Review, 82(3): 393-408.

[153] Solon G. 1999. Intergenerational Mobility in the Labor Market [J]. Handbook of Labor Economics, 3 (1): 1761-1800.

[154] Solon G. 2002. Cross-country Differences in intergenerational earnings mobility[J]. Journal of Economic Perspectives, (16): 59-66.

[155] Solon G. 2004, A model of intergenerational mobility variation over time and place[J], in: Miles Corak, ed., Generational income mobility in North America and Europe (Cambridge Uni-

versity Press: Cambridge), 38-47.

[156] Taubman, P. 1976. The determinants of earnings: genetics, family, and other environments; a study of white male twins [J]. American Economic Review, 66(5): 858-870.

[157] Theil H. 1972. Statistical decomposition analysis: with applications in the social and administrative sciences[J]. Journal of the Royal Statistical Society, 136(3): 462.

[158] Thomas A, Sawhill I. 2002. For Richer or for Poorer: Marriage as an Antipoverty Strategy[J]. Journal of Policy Analysis & Management, 21(4): 587-599.

[159] Van de Gaer, D., Schokkaert, E., Martinez, M. 2001. Three Meanings of Intergenerational Mobility [J]. Economica, (68), 519-538

[160] Vignoles, A., Galindo-Rueda, F., Feinstein, L. 2010. The labour market impact of adult education and training: a cohort analysis. Scottish Journal of Political Economy, 51(2), 266-280.

[161] W. Greene, Econometric Analysis [M]. Prentice Hall, 4th Ed, 2000.

[162] Wu, X., Zhang, Z. 2010, Changes in educational inequality in China, 1990-2005: Evidence from the population census data [J]. Research in Sociology of Education, 17, 123-152.

[163] Zhang Y, Eriksson T. 2010. Inequality of opportunity and income inequality in nine Chinese provinces, 1989-2006 [J]. China Economic Review, 21(4): 607-616.

[164] Zimmerman D J. 1992. Regression Toward Mediocrity in Economic Stature [J]. American Economic Review, 82(3): 409-429.

处理效应分析在区域经济学研究中的应用
——效应评估计量经济学的前沿发展追踪

武汉大学经济发展研究中心　肖光恩　吕佳琦　田丁彬

一、引　　言

政策驱动的经济发展模式不仅是一国政府推动整体经济发展的重要抓手，而且也是企业或公司等经营个体成长和壮大的重要方式。因此，不论是国家发展的重大“战略性国策”或“基础性制度”，还是个体企业成长的“独特方案”或“具体行动”，对它们在实施一定阶段之后的成效或效果的测量或评价，是检验或判定这些“战略性国策”“基础性制度”“独特方案”“具体行动”成败或是否继续执行的重要方法。

最早对政策效果①评价方法进行研究的是“实验项目效果”评

① 本文中的“政策”(Policy)是一个泛称，因学科和应用领域的不同也可以称之“方案”(Program)、“项目”(Project)、“实验”(Trail)、“计划”(Plan)、“培训”(Training)、“干预”(Intervention)、“经历”(Experience)、“冲击”(Impact)等，这些行为、事件或方案可能是随机的、半随机的或准实验的、或者是一个非随机的行为。从组织行为学的角度看，它们就是一个“行动”(Action)或“行为”(Behavior)；从制度学的角度看，它们就是一个政策或计划方案，从统计学或计量学的角度看，它们就是一个“处理”(Treatment)。本文均抽象统一表述为“处理”。而对“处理”效果的估计、测量或评估，不同学科也有不同的专业术语称谓或话语表达，计量经济学均抽象称之为“处理效应分析”(Treatment Analysis)或“项目评估计量经济学”(Econometrics Evaluation of Program)；统计学则称之为“方差分析”(ANOVA)或“实验结果评估”(Trail Evaluation)，经济学则称之为“影响评估”(Impact Evaluation)或“效应评估”(Effect Evaluation)，本文沿用计量经济学的传统和学术规范，均统称为“处理效应分析”。

估方法。近年来，政策效果评估方法开始在经济学研究中流行起来，特别是在区域经济学研究中具有越来越重要的地位。同时，当一项公共管理政策或公共政治经济制度成为国家经济发展或国家治理的重要内容之后，处理效应的分析方法开始被引入公共治理领域，成为公共项目效果评估和量化分析的重要工具。因此，政策效应评估就是处理效应分析的一个典型应用。

政策效果评估方法与传统相关回归分析(即对单向或双向因果关系进行研究的方法)的一个重要区别是它能对一个政策项目的净效果(即单向因果关系)进行识别、估计、分解甚至能进行详细地对比分析，并把政策净效应的评估结果作为政策项目继续实施、项目绩效考核、政绩评估的重要依据。政策效果评估的重点体现在识别和估计在众多复杂的相关关系中的单向因果关系效应，从而为政策实施效果提供数量化分析结果或实证分析证据，为政策或项目的可持续性或修正、反思提供量化分析标准或实际经验证据。因此，政策效应评估的关键在于从复杂的相关关系中识别出“政策实施”(行动)与“政策效果”(行动结果)之间的单向因果关系。

若用统计学或计量学的话语表达，一般认为，“相关关系”度量是两个(或多个)变量共同变动的基本规律，“单向因果关系”度量的则是一个变量的变动导致了另一个(或多个)变量变动的基本规律。如果两个变量共同变动的规律是由第三个变量的变动所引起的，则第三个变量称之为“调节变量”(Confounder，也称之为“调和因素”、“干扰因素”或“混杂因素”)。如何区分这些变量之间共变规律或变动的内含解释？也是处理效应分析的一个重要任务，即在控制调节变量影响的条件下，寻求一个变量变动对另一个变量变动的单向净影响。

总之，处理效应分析的基本逻辑和应用基础就是在众多复杂的相关关系中找出识别和估计单向影响净效应的基本分析方法，并同时剥离或控制“干扰因素”的影响。

二、处理效应分析的基本逻辑和数学话语表达

清晰和准确地理解处理效应分析的基本概念是应用处理效应基本分析方法的重要前提条件。根据计量经济学的传统概念，处理效应评估是一种事后评估方法。事后评估分析包括定性分析和定量分析，事后定性分析侧重于专家和受益方(或利益相关方的反馈或反应)对政策实施效果的评价、舆论、反馈或态度；事后定量分析则重于对“处理”与“处理效果”之间单向净效果的数量化识别、度量与估计，重点是对处理净效果的因果机制进行数量化识别与数学表达。

一般认为，处理效应评估的量化分析仍离不开定性分析，仍至少要考虑以下几个重要的定性的前提条件：

其一，政策实施的政治制度、经济制度和法律环境的稳定性，这是一项政策或处理的环境变量，它决定了政策效果或处理效应的是由环境变量变动导致的？还是由政策或处理直接所致的？这是处理效应分析一个重要前提条件。

其二，实施政策或执行处理对相关利益方(或当事主体)的激励机制以及其动机的影响，这是评估处理净效应另一个重要前提条件，即参与处理的相关方与非参与方之间是否独立？

其三，处理净效果的直接效应与间接效应的量化标准，它决定了净效应的构成及其分解渠道。只要在上述定性分析前提条件下，才能更好地构建处理效应评估量化分析的基本框架或重要概念意涵。

根据以上处理效应评估分析方法的前提条件，在过去的近二十年中，统计学家或计量经济学家开始用数学话语来构建处理效应量化分析的基本概念和分析方法(Millimet et al.，2008；Imbens and Wooldridge，2009)。比较系统化和体系化的处理效应评估计量经济学可能始于“健康医学统计学”“流行病学统计学”以及所谓的“干预

效应评估"①的大量文献(Neyman, 1923; Angrist, 1991; Rothman et al., 2008; Husted et al., 2000)。简单地说,一旦排除了"影响原因"和效果之间联系的任何潜在的"干扰因素","处理效应"应被定义为特定"处理"(或"干预")变量对"结果"(或"目标")变量的影响程度。因此,处理效应评估就是要用数学话语构建处理效应分析的内在因果效应的逻辑和基本概念意涵。

具体说来,处理效应分析(或"处理效应评估")的逻辑分析起点就是构建一个"反事实控制组",② 以此来度量处理实施与否在结果变量上所体现出来的差异程度,并在众多复杂的相关关系中找到识别出处理与处理效应之间的单向因果净效应程度的基本方法。在处理效应分析的数学话语中,首先要度量和比较观测单位(i)参与一项处理或一项政策与其没有参与这项处理或这项政策之间的效果差异,可以表达为:

$$TE_i = Y_{1i} - Y_{0i}$$

其中,若观测单位 i 参与这项处理或政策的结果用变量 Y_{1i} 表示;若观测单位没有参与这项处理或政策的结果用变量 Y_{0i} 表示,这两种情况下的结果变量之间的差异则用 TE_i 表示。处理效应分析的核心就是估计和比较这个处理或政策实施与否的结果变量差异 TE_i 值的大小。

在计量经济学中,估计结果变量差异 TE_i 的一个重要困难就是分析者完全不可能同时看到或获取一个观测单位参与一项处理的结果变量 Y_{1i} 和其没有参与这项处理的结果变量 Y_{0i}。对处理效应的分析者来说,一个观测单位只能观测其参与一项处理的结果变量 Y_{1i}

---

① 除非特别说明,本文中"干预效应""政策效应""处理效应"是都同意表达,可以交叉使用,在概念意涵上没有区分,尽管在不同学科中它们的指的行为具有具体的含义。例如,"干预"变量在医学领域它可能是一种新药或是一种新型的物理治疗方法,在经济学研究中它也可能是为失业工人提供的培训计划或是一项地区资本投资项目等。

② 尽管不同文献对此有不同的术语表达,如,有的称之为"反事实因果关系",有的称之为"反事实比较组",还有称之为"反事实对照组",但它们的基本内含是相同的。

或者观测单位没有参与这项处理的结果变量 Y_{0i}，不可能同时观测到一个单位既参与一项处理的结果变量 Y_{1i}，又观测到没有参与这项处理的结果变量 Y_{0i}。正如“一个人不可能同时踏入两条河流”的情况一样，处理效应的评估者或分析者不可能同时获取观测单位在“参与”和“不参与”这两种状态下的结果变量。因此，分析者如果观测到一个观测单位参与一项处理的结果变量 Y_{1i}，同时又想对这项处理的结果进行评价，那只能通过构建这个观测的“反事实”结果变量，即作为或替代这个观测单位在没有参与处理后的结果变量 Y_{0i}。这个虚拟构建的结果变量值就是“反事实控制组”中的要素，在其他条件不变的情况下用以度量观测单位在没有参与这项处理的结果效应的大小，用这种方法来构建“反事实”的效果。

因此，在实践中，“反事实”指的是与已有事实相反的结果，或与现有事实不同的事件发生后可能出现的潜在结果。换言之，如果一项处理被执行，其“反事实”就是这项处理不被执行，这项处理执行与不执行的结果之间差异，就是处理净效应。总之，“反事实”就是当前已有事实的一种反像镜像，它是当前事实的一种“反像”，也是当前已有事实结果的反向潜在的可能结果，这种反向潜在结果未必真的发生，但在评估这项处理的结果时，这种反向的潜在结果必须估计出来，否则没有办法去评估这项处理的单向净效应。

总之，处理效应分析基本方法的构建或拓展核心都是围绕着“反事实”结果变量 Y_{0i}的估计而展开的。

为了把一个观测单位 i 的“可观测结果变量”Y_{1i}与“不可观测结果变量”Y_{0i}(即可观测结果的“反事实”结果)纳入到一个统一的分析框架中，可建立以下数学表达式：

$$Y_i = Y_{0i} + D_i(Y_{1i} - Y_{0i})$$

其中，假设等式右边的两种结果变量 Y_{1i}和 Y_{0i}均是独立同分布的($i.i.d.$)随机变量，则等式左边表示的是一个观测单是否参与处理的总体效应，这个总体效应变量被分解为可观测结果变量(Y_{1i})、不可观测的“反事实”的结果变量(Y_{0i})及观测单位是否参与处理的指示变量①(D_i)等三个部分。对于一个观测单位(i)是否参与处理这个指示变量(D_i),若观测单位 i(个体)参与这一项"处理"(或"干预"),则其值为"1";否则,其值为"0"。用这个指示变量来构建观测单位 i 参与"处理"的"处理组"及其"反事实"的"控制组"。

从统计学的角度看,若知道观测单位参与处理的可观测的结果变量以及不可观测"反事实"的结果变量的数学分布②,则处理效应分析重点就是估计出处理组的结果变量与"反事实控制组"(下文称"非处理组")③的结果变量在平均意义上的差异程度(TE_i)。这种在总体平均意义上的处理净效应可以表达为:

$$\mathrm{ATE}=E(\mathrm{TE}_i)=E(Y_{1i}-Y_{0i})$$

其中,$E(\cdot)$是平均算子。需要估计的处理效应参数就是这两组结果变量之差的平均值,或者是处理组的结果变量的平均值(Y_{1i})与非处理组的结果变量的平均值(Y_{0i})之间的差值④。

进一步地分析,也可以把总体处理效应进行分解。即根据观测单位是否参与处理(D_i)来估计处理组(即 ATET,$D_i=1$)和非处理组(即 ATENT,$D_i=0$)的总体平均处理效应,它们的数学表达式分别为:

$$\mathrm{ATET}=E(Y_1-Y_0 \mid D=1)$$

$$\mathrm{ATENT}=E(Y_1-Y_0 \mid D=0)$$

其中,ATET 是处理组($D=1$)子样本的平均处理效应,ATENT 则是非处理组子样本($D=0$)的平均处理效应。用这两个平均处理效应的估计参数可以提供关于处理变量 D 和结果变量 Y 之间的单向因果关系的附加信息。

根据以上的分析,总体平均处理效应可以分解为处理组的总体平均效应和非处理组的总体平均效应。因此,ATE、ATET 和

① 也有计量经济学用 T 来表达"处理变量",其取值通常是二值变量(即表达一项"处理"),也可以是有限的连续变量(即表达多项"处理")。

② 若不是同分布,则可以用其他方法估计,如用分位数方法来估计在不同分位数上的"处理效应"。

③ 根据学科的不同,非处理组也称之为"控制组"、"比较组"或"对照组"。

④ 为了表达的简洁性,除非必要,下文不再使用观测单位"i"这一下标。

ATENT 之间的关系可以表示为：

$$\text{ATE}=\text{ATET}\cdot p(D=1)+\text{ATENT}\cdot p(D=0)$$

由上式可知，实际上，总平均处理效应(ATE)可以表示为处理组的总体平均处理效应(ATET)和非处理组的总体平均处理效应(ATENT)的加权平均值，权重 $p(D=1)$ 表示观测单位参与“处理”的行为在统计意义上的概率，权重 $p(D=0)$ 表示观测单位没有“处理”的行为在统计意义上的概率。

更进一步地分析，若考虑观测单位参与处理的环境条件及其对处理效应的影响，就需要把这些环境条件变量进行量化或进行数学表达。因此，在实际的处理效应建模中，除了对结果变量、处理指示变量以及加权变量进行设置外，还要在总体平均处理效应分析模型中加入对环境条件变量，从而控制环境条件变量对结果变量的重要影响，即分析者在模型中还要加入其他可观测的条件变量作为控制变量(x)。例如，在处理效应模型中加入观测单位的个体特征变量(在培训项目效果评估分析模型中，若要控制好能体现劳动者个体特征的“年龄”“性别”“职业”“教育”等不同变量的影响)。因此，控制了观测单位个体特征变量或其他条件变量的处理效应分析模型可更进一步地表达为：

$$\text{ATE}(x)=E((Y_1-Y_0\mid x)$$

$$\text{ATET}(x)=E((Y_1-Y_0\mid D=1,\ x)$$

$$\text{ATENT}(x)=E((Y_1-Y_0\mid D=0,\ x)$$

由上式可知，模型中的这些需要估计的参数不再仅仅处理指示变量的函数，而且还是观测单位个体特征变量(x)的函数，这种处理效应分析模型也被称之为具有个体特征的总体平均处理效应模型。因此，总体处理效应及其分解模型又可以表达为：

$$\text{ATE}=Ex\{\text{ATE}(x)\}$$

$$\text{ATET}=Ex\{\text{ATET}(x)\}$$

$$\text{ATENT}=Ex\{\text{ATENT}(x)\}$$

在上式中，表达式 ATE(x)、ATET(x)和 ATENT(x)的重要优势在于它们还可以提供关于观测单位参与处理的额外有用信息，这对处理效应的具体分析具有重要的理论与现实意义，更有利于处理效应的分析者做出更准确和更可靠的分析结论。

在处理效应分析模型的构建中，还需要注意的一个重要问题就是有关观测单位的假设条件，即观测单位之间不存在相关性（即观测单位的独立性假设，也称之为“稳定的单位处理效应值假设”①（SUTVA））。当然，对于处理效应分析的不同方法，其基本假设和应用条件都是不尽相同的，它取决于具体分析方法本身和应用条件。

总之，构建处理效应分析模型的关键就是：在满足一定条件下，不仅要构建观测单位的处理组和非处理组，而且要估计出处理组的总体平均处理效应和非处理组的总体平均处理效应，更要估计出处理组与非处理组的总体平均效应的差异。只有这样才能识别和估计观测单位参与一项处理之后所得到的净总体平均处理效应。

三、处理效应分析的几种主要方法及其应注意的问题

处理效应分析的关键就是要估计出处理组对应的“反事实控制组”的非观测结果变量的值及其总体平均处理效应。因此，围绕着“反事实控制组”子样本的构建及其总体平均处理效应的估计，目前主要有两大类方法。

第一类是基于不可观测变量来构建“反事实控制组”并估计其总体平均处理效应，如工具变量法（Instrumental-Variables）和差分法（Difference-in-difference）；第二类是基于可观测变量来构建“反事实控制组”并估计其总体平均处理效应，主要有匹配法（Matching）、重新加权法（Reweighting）和回归分析调整法（Regression-adjustment）；此外，断点回归法是一种特殊的构建“反事实控制组”的方法。在断点回归法中，清晰断点回归法（Sharp

① SUTVA（Stable Unit Treatment Value Assumption），其基本含义是，当观测单位参与一项处理时，其观测到的结果变量与其他观测单位的结果之间是相互独立的，不存在其他干扰因素导致因不同观测单位参与这项处理时会得到不同的观测结果（Cox，1958）。

RD)是基于可观测变量来构建“反事实控制组”的，而模糊断点回归法(Fuzzy RD)则是基于不可观测变量来构建“反事实控制组”的。

在数据要求方面，有些处理效应分析方法只要有横截面数据(cross-section data)就可以进行分析，而有些处理效应分析法(如差分法)则要求使用追踪数据(longitude data，也称面板数据，panel data)或重复横截面数据(混合面板数据，pooled data)，即它不仅要进行横截面水平上的横向比较，而且要求在处理实施前后进行比较研究或进行长期的处理效应对比分析研究。

根据处理效应分析模型的发展变化和应用条件，重点分析以下几种基本方法。

(一)基于工具变量的线性回归分析法

最简单的处理效应评估模型就是基于因果推论的线性回归分析法。在传统回归分析模型的系列假设条件下，基于工具变量的线性回归分析法的重点在于构建观测单位参与处理的“因果推论”的数学表达式，而且其中一个重要的前提条件就是“处理”(D)行为与处理效应分析模型的误差项(ε)不相关，其数学表达式为：

$$\mathrm{Cov}(D,\ \varepsilon)=0$$

这一假设在计量经济学中被称之为“外生性”假设，它也是处理效应分析的一个重要基本假设。基于这一假设，可以把基本线性回归模型转化为处理效应分析的基本模型框架。即

$$Y_{0i}=\beta_0+\varepsilon_i$$

$$Y_{1i}=\beta_0+\beta_1+\varepsilon_i$$

在上式中，Y_{1i}是观测单位参与一项处理的结果变量，Y_{0i}则是观测单位没有参与这项处理的结果变量(即反事实不可观测的结果变量)。若把两个结果变量写进一个模型框架，则可以表达为：

$$Y_i=\beta_0+\beta_1 D+\varepsilon_i$$

由上式可知，二值指示变量 D 表示观测单位是否参与一项处理行为，若参与这项处理 D 的取值为 1，否则为 0。因此，如果没有潜在的“干扰因素”，则最终处理组的总体平均处理效应就可以表达为：$\mathrm{ATT}=E(\beta_1)$，它也是无偏的估计。

进一步地，假设存在潜在的“干扰因素”对处理的结果变量产

生了影响，则处理效应分析的模型框架可以表达为：

$$Y_{0i}=\beta_0+\beta_2X+\varepsilon_i$$

$$Y_{1i}=\beta_0+\beta_1+\beta_2X+\varepsilon_i$$

在上式中，变量Y_{0i}和Y_{1i}的含义与前面的界定相同，而向量 X 则是其他系列控制变量，用以控制“干扰因素”的影响。若把处理组和非处理组的两个结果变量纳入到一个分析模型中，则可以表达为：

$$Y_i=\beta_0+\beta_1D+\beta_2X+\varepsilon_i$$

在上式估计的过程中，首先，对方程进行转换，即令被估计的模型为$Y_i=\widetilde{\beta_0}+\widetilde{\beta_1}D_i+\widetilde{\varepsilon_i}$，则估计的误差项为 $\widetilde{\varepsilon_i}=\beta_2X_i+\varepsilon_i$。其次，根据处理效应分析模型的基本假设，则可以获得：

$$\text{Cor}(D,\ \widetilde{\varepsilon})=\text{Corr}(D,\ \beta_2X+\varepsilon_i)=\text{sign}(\beta_2)\text{Corr}(D,\ X)$$

在实际的回归分析中，如果二值指示变量 D 与“干扰因素”向量 X 存在相关性，即 $\text{Corr}(D,\ X)\neq 0$，则可以推导出：$\text{Cor}(D,\ \widetilde{\varepsilon})\neq 0$。

同时，也可以证明待估计的处理效应参数可以表达为下式：

$$E(\widetilde{\beta_1})=\beta_1+\beta_2\alpha\neq\beta_1,$$

其中，参数 α 为向量 X 对二值变量 D 的回归斜率。

根据上式可知，除非$\beta_2=0$，或 $\alpha=0$，否则。参数β_1的最小二乘估计法(OLS)结果是有偏的。

因此，在上述情况下，处理效应($E(Y_{1i}-Y_{0i})=E(\widetilde{\beta_1})=\beta_1+\beta_2\alpha$)的估计结果，不仅取决于观测单位是否参加这项处理的选择(D)，而且取决于观测单位参与这项处理时的其他条件，即向量 X 及其性质，特别是观测单位的特征变量(X)与是否参与一项处理的选择(D)。

为了解决上述情况所带的问题，即当 $\text{corr}(D,\ X)\neq 0$ 出现时，可以使用工具变量(IV)的估计法来解决。主要是寻找与向量 X 相关的变量 Z 来解决上述问题，即把变量 Z 作为向量 X 的解释变量并求出 X 的估计值，以 X 的估计值替代向量 X 来解释结果变量 Y 之间的差异。此时与向量 X 相关但与结果变量 Y 不相关的变量 Z

被称之为工具变量。

在使用工具变量(IV)估计时，一个重要的基本假设是 $\mathrm{Cov}(Z, \varepsilon \mid X)=0$。在这种条件下再通过最小二乘法来估计以下两个方程：

$$X=\gamma_1+\gamma_2 Z+\mu$$

$$Y=\beta_1+\beta_2 X+\varepsilon$$

其中，参数β_2的工具变量最小二乘法估计(IV)为：

$$\widetilde{\beta_2}=\{\mathrm{Cov}(Z, Y)\}/\{\mathrm{Cov}(Z, X)\}$$

估计的参数$\widetilde{\beta_2}$就可以看成是工具变量 Z 对结果变量 Y 的解释的成分。

为了进一步地把观测单位参与“处理”的指示变量 D 和工具变量(Z)同时纳入到处理效应分析模型，用指示变量 D 的二值①分别表示观测单位参与“处理”和不参与“处理”这两种互斥的状态；用工具变量 Z 的二值分别表示观测单位的个体特征变量有利于促进其参与这项“处理”或不利于其参与这项“处理”。

因此，根据这两个变量的取值及其组合情况，可以得到以下这四种情况：

第一种情况：当 $D=0$ 且 $Z=0$ 时，则表示观测单位个体没有参与这项“处理”，同时观测单位的个体特征变量与这项“处理”的选择行为之间也没有任何相关关系。在这种情况下，处理效应的分析模型就退变为传统的计量回归分析模型。

第二种情况：当 $D=1$ 且 $Z=1$ 时，则表示观测单位个体参与了这项“处理”，且其观测单位的个体特征变量有助于观测单位个体选择参与这项“处理”。在这种情况下，就可以使用“工具变量法”来解决观测单位参考处理的选择与其个体特征相关性的问题，并进而估计出观测单位参与这项处理的总体平均处理效应。

第三种情况：当 $D=0$ 且 $Z=1$ 时，则表示尽管观测单位的个体

① 处理变量的二值(binary)分别是“1”和“0”，分别指代互斥的两种状态，在本文中主要指参与处理和不参与处理这两种状态。因此，二值指示变量也称之为二分类变量或二元变量。

特征有助于参与这项“处理”，但观测单位个体却并没有参与这项“处理”。在这种情况下，处理效应分析模型就演变成了传统的工具变量回归分析法。

第四种情况，当 $D=1$ 且 $Z=0$ 时，则表示尽管观测单位的个体特征不利于参与这项“处理”，但仍被迫参与了这项“处理”。在这种情况下，仍然用传统的最小二乘回归分析法。

总之，为了更好地估计是否参与一项处理的二值指示变量 D 对结果变量 Y 的影响，可以用工具变量来估计参与这项处理的局部平均效应（LATE，Imbens and Angrist，1994）。其表达式可以写成：

$$\text{LATE}=\hat{\beta}=\frac{E(Y\mid X,\ Z=1)-E(Y\mid X,\ Z=0)}{\Pr(D=1\mid Z=1)-\Pr(D=1\mid Z=0)}$$

由上式可知，需要估计的参数 LATE 则表示观测单位参与一项处理时的局部平均处理效应。

需要注意的是，参与一项“处理”与不参与一项“处理”的观测单位之间的界限或边界是很难区分的，特别是在区域经济学的研究中。当观测单位是地理空间单位时，“处理组”与“非处理组”之间的空间观测单位有时在地理边界上是连续的，如何确定处理组与非处理组之间的地理边界通常是研究者的一个主观选择问题，这在具体的实证分析中也是很重要的。

（二）断点回归分析方法

当一项“处理”是外生给定时，要想估计出这项处理的净效应，就需要根据外生变量的阈值（亦即“门槛值”）来构建处理组及非处理组，并估计它们的平均处理效应。这种用外生变量阈值来构建处理组和非处理组并估计处理效应的方法称之为断点回归分析法。

一般说来，断点回归分析法通常要满足以下几个基本前提条件：

其一，要有明确的实施“处理”的基本规则，而且这项基本规则及其阈值是外生给定的。

其二，观测单位个体不能自我选择参与这项“处理”的阈值，只能被动地接受外生给定的门槛值，并由此来判定观测单位个体是属于“处理组”还是属于“反事的”非处理组。因此，观测单位个体只能被动地接受这个外生的“处理规则”。

其三，断点回归分析法还需要有一个游动变量(Z_i)(running variable)，以此对观测单位个体进行对比分组。排序的规则为：若游动变量(Z_i)大于外生给定的门槛值(z_0)时，则观测单位个体归类于“处理组”；若游动变量的值小于外生给定的门槛值(z_0)，则观测单位个体就归类于反事实的“非处理组”。因此，外生给定的门槛值使得游动变量存在一个“断点”(把这种情况称之为“不连续设计”，Discontinuity Design)，在这个被称之为“设计断点”的门槛值的两侧的一定范围内(用Δ表示这个范围)构建“处理组”和反事实的“非处理组”，进而比较结果变量在这两个组之间的差异，即处理的“总体平均效应”，以此度量这种外生的“门槛值”设计的净效应。

为了更好地用数学话语来表达断点回归分析的基本思想，其公式可以表达为：

$$Y_i=\alpha+D_i\beta+X_i\delta+U_i+\varepsilon_i$$

上式中，D_i为二值指示变量，用以表示观测单位个体参与“处理”的状态，X_i为观测单位个体可观测的协变量，U_i为不可观测的观测单位的个体异质性变量，ε_i则为模型的干扰项。

根据上述模型中门槛值的设定方法，断点回归分析可以分为以下两种基本方法：

第一种是清晰断点回归分析(Sharp RD)。在断点回归分析中，最为关键的是如何构建观测单位的属性组别，即观测单位个体是按何种标准归类于“处理组”和反事实的“非处理组”。按上述规则，当游动变量Z_i大于门槛值(z_0)时，观测单位被分配到“处理组”；反之，则分配到“反事实组”。观测单位个体按这种“分配规则”来进行分组也称之为“清晰的断点回归”。

在这种模型设定下，在门槛值两侧附近的处理效应差异(ATE)可以表达为：

$$
\begin{aligned}
\text{ATE} &= E[Y_{1i} \mid Z_i = z_0 + \Delta] - E[Y_{0i} \mid Z_i = z_0 - \Delta] \\
&= \beta + \{E[X_i\delta \mid Z_i = z_0 + \Delta] - E[X_i\delta \mid Z_i = z_0 - \Delta]\} \\
&\quad + \{E[U_i + e_i \mid Z_i = z_0 + \Delta] - E[U_i + e_i \mid Z_i = z_0 - \Delta]\}
\end{aligned}
$$

在上式中，需要注意以下几个问题是：

其一，在这种条件的总体平均效应 ATE 仅仅适用于在门槛值附近(Δ)①的观测个体。

其二，协变量X_i和游动变量Z_i的联合分布必须是必须连续的，只有这样，公式$\{E[X_i\delta \mid Z_i = z_0 + \Delta] - E[X_i\delta \mid Z_i = z_0 - \Delta]\}$才可以忽略不计，进而确保观测单位个体的组别“处理组”和反事实的“非处理组”中的观测单位个体在门槛值附近(Δ)具有相似的可观测的个体特征，即保证这两个组别中的观测单位个体具有足够的相似性，而不是异质性，这样才能确保估计出来的总体平均处理效应差异 ATE $=\beta$，这也是构建“断点设计”回归分析方法的一个重要原因。

其三，模型中不可观测的成分($U_i + \varepsilon_i$)和游动变量Z_i的联合分布也必须是连续的，这样才能使得公式$\{E[U_i + \varepsilon \mid Z_i = z_0 + \Delta] - E[U_i + \varepsilon \mid Z_i = z_0 - \Delta]\}$可以忽略不计，尽管这种假设是无法检验的。根据以上这种基本假设，当外生地给定游动变量的门槛值，观测单位个体就能分配归类到“处理组”或反事实的“非处理组”，并确保这种分配方法也是外生的。

第二种断点回归是模糊断点回归分析(Fuzzy RD)。在某种情况下，如果断点的选择规则是不确定的，即不像清晰断点回归那样有明确的门槛值或门槛值的“带宽”(Δ)，而是知道观测单位个体归类于“处理组”或反事实“非处理组”的概率方程。因此，观测单位个体参与一项“处理”变量(D_i)的状态模型可以设定为下式：

$$D_i = \theta_0 + \theta_1 G_i + u_i$$

上式中，当游动变量Z_i大于其门槛值z_0时，$G_i = 1$；否则，其值为 0。模型中其他变量的设定及其含义同上，这样就可以把处理变

① 只有 Δ 的取值或“带宽”足够小，“处理组”与反事实“非处理组”才有可比性；否则，分配到“处理组”或反事实的“非处理组”的观测单位个体具有极大的异质性。

量融入到结果变量方程之中，则最终的处理效应分析模型可以表达为：

$$Y_i = \alpha + \beta\theta_0 + G_i\beta\theta_1 + u_i\beta + X_i\delta + U_i + e_i$$

由上式可知，在门槛值附近的处理变量的处理效应估计可以表达为下式：

$$\begin{aligned} \text{ATE} &= E[Y_{1i} \mid Z_i = z_0 + \Delta] - E[Y_{0i} \mid Z_i = z_0 - \Delta] \\ &= \beta\theta_1 + \beta\{E[u_i \mid Z_i = z_0 + \Delta] - E[u_i \mid Z_i = z_0 - \Delta]\} \\ &\quad + \{E[X_i\delta \mid Z_i = z_0 + \Delta] - E[X_i\delta \mid Z_i = z_0 - \Delta]\} \\ &\quad + \{E[U_i + e_i \mid Z_i = z_0 + \Delta] - E[U_i + e_i \mid Z_i = z_0 - \Delta]\} \end{aligned}$$

为了更好地估计出参数β，首先要估计参数θ_i，其形式如下：

$$E[T_i \mid Z_i = z_0 + \Delta] - E[T_i \mid Z_i = z_0 - \Delta] = \theta_1 + \{E[u_i \mid Z_i = z_0 + \Delta] - E[u_i \mid Z_i = z_0 - \Delta]\}$$

因此，观测单位个体归类于“处理组”和“非处理组”之间的局部平均处理效应（LATE）差异就可以表达为：

$$\text{LATE} = \beta = \frac{E[Y_{1i} \mid Z_i = z_0 + \Delta] - E[Y_{0i} \mid Z_i = z_0 - \Delta]}{E[T_i \mid Z_i = z_0 + \Delta] - E[T_i \mid Z_i = z_0 - \Delta]}$$

由此可知：首先，断点回归分析模型的局部平均处理效应，就是一个类似于传统工具变量的局部平均处理效应估计。

其次，模糊断点回归分析的有效性依赖于以下几个基本假设：

其一，在门槛值附近可随机分配观测单位个体到“处理组”和反事实的“非处理组”。

其二，在第一阶段可以先估计参数θ_i的值。

其三，模型中要存在一个排除性限制，使其满足下列条件，即公式$\{E[u_i \mid Z_i = z_0 + \Delta] - E[u_i \mid Z_i = z_0 - \Delta]\}$可以忽略不计。

从估计的过程看，模糊断点回归与工具变量回归法的局部平均处理效应非常相似，有时也被解释为随机分配的局部平均处理效应，但它与工具变量处理效应分析法的一个重要不同，就在于它的观测单位个体在门槛值附近是随机分配到“处理组”或反事实的“非处理组”。因此，模糊断点回归设计可以视为更为合适的局部处理效应的随机工具变量法。

综上所述，清晰断点回归和模糊断点回归都提供了一个近似的随机实验设计(准随机实验设计)模型，而随机化正是实证研究的重要前提。但是断点回归分析与随机化实证分析的一个重要区别是断点回归分析模型中断点设计的外部性。另一个重要区别在于：断点回归分析仅仅对那些接近门槛值附近的观测单位个体才会产生“处理”，并根据一定的外生规则找到这些门槛值附近观测单位个体的反事实“非处理组”的对比对象。而实现这种分类组方法的关键是依赖于可以观测的游动变量(Z_i)和外生给定的门槛值(z_0)，根据一定的规则来观测单位个体归类于“处理组”与反事实的“非处理组”。

更进一步地，断点回归分析的一个重要拓展方向，是可以考虑观测单位个体的一些异质性个体特征(Becker et al.，2013)的影响，进而可以构建异质性断点回归分析模型（HLATE)，其表达式可以写为：

$$\begin{aligned}\text{HLATE}(Z_i=z_0,\ T_i) &= \text{HLATE}(z_0,\ T_i)\\ &= E[Y_{i1}\mid z_0,\ T_i]-E[Y_{i0}\mid z_0,\ T_i]\end{aligned}$$

在其中，变量T_i是表示有助于观测单位个体参与一项“处理”的异质性个体特征变量与“处理”变量的交互项。

在异质性断点回归分析模型中，若要有效地识别异质性的局部平均处理效应，这一模型还必须要满足以下两个条件：

其一，交互变量T_i在外生给定的门槛值上是连续的。

其二，当外生条件门槛值给定时，交互变量T_i与结果变量模型中的误差项不相关。

其三，假设条件期望$E(Y_i\mid Z_i,\ T_i)$服从一个加法过程。

在上述条件下，则可以从异质性断点回归分析模型中分别得到反事实的“非处理组”和“处理组”的平均处理效应方程为：

$$E[Y_{i0}\mid Z_i,\ T_i]=\alpha+f_0(\widetilde{Z}_i)+h_0(\widetilde{T}_i)$$

$$E[Y_{i1}\mid Z_i,\ T_i]=E[Y_{i0}\mid Z_i,\ T_i]+\beta+f_0^*(\widetilde{Z}_i)+h_0^*(\widetilde{T}_i)$$

在上式中，参数α是常数项，参数β是二值处理变量的估计系数，参数$\widetilde{Z}_i$是“游动变量”在门槛值附近的偏离程度；参数$\widetilde{T}_i$是观测

单位 i 的交互变量在门槛值附近的偏离程度。函数方程 $f_0(\widetilde{Z}_i)$、$h_0(\widetilde{T}_i)$、$f_0^*(\widetilde{Z}_i)$ 和 $h_0^*(\widetilde{T}_i)$ 都是充分平滑的多项式；且 $f_1^*(\widetilde{Z}_i)=f_1(\widetilde{Z}_i)-f_0(\widetilde{Z}_i)$；$h_1^*(\widetilde{T}_i)=h_1(\widetilde{T}_i)-h_0(\widetilde{T}_i)$。

根据以上内容，则具有异质性特征的平均处理效应分析模型可以表达为：

$$E[Y_i \mid Z_i, T_i]=E[Y_{i0} \mid Z_i, T_i]+D_i[\beta+f_1^*(\widetilde{Z}_i)+h_1^*(\widetilde{T}_i)]$$

总之，局部平均处理效应（LATE）是由估计系数 β 来界定的，而具有异质性特征的局部平均处理效应（HLATE）则是由 $\beta+h_1^*(\widetilde{T}_i)$ 来界定的。

由此可知：

如果是清晰的断点回归设计，则可以用简单的 *OLS* 得出下列方程的无偏参数估计。

$$y_i=\alpha+f_0(\widetilde{Z}_i)+h_0(\overline{T}_i)+D_i[\beta+f_1^*(\widetilde{Z}_i)+h_1^*(\overline{T}_i)]+\varepsilon_i$$

如果模糊断点回归设计，则可以用二阶段最小二乘回归来获得无偏参数估计，其中第一阶方程为：

$$D_i=g_0(\widetilde{Z}_i)+l_0(\overline{T}_i)+R_i[\delta+g_1^*(\widetilde{Z}_i)+l_1^*(\overline{T}_i)]+v_i$$

在上式中，所有变量均为多项式函数，把第一阶段方程代入到清晰断点回归模式，就能获得模糊断点回归的简式方程，并进而得到其局部平均处理效应的无偏估计。

（三）倾向得分匹配分析法

在进行处理效应分析的过程中，若通过观测单位的个体特征来分配观测单位个体到“处理组”和反事实的“非处理组”，从而构建处效应分析的模型框架，这种方法称之为倾向得分匹配法（Propensity Score Matching，PSM）。

倾向得分匹配分析法一个重要的优势它是通过观测单位的个体特征变量来构建“处理组”的反事实“非处理组”，从而分别估计出结果变量在这两个组别之间平均差异。这种方法的基本分析步骤主要为：首先，根据观测单位个体的相似的特征为“处理组”构建一个反事实的“非处理组”；其次，要估计结果变量在“处理组”与“非处理组”之间的平均差异。

因此，倾向得分匹配法主要依赖于以下几个关键性假设：

其一，条件独立假设(CIA)①。若用数学话语表达，则为：

$$E[Y_i(0) \mid T=0, X]=E[Y_i(0) \mid T=1, X]$$

上式的基本含义是“处理”变量是观测单位可观测的个体特征变量的函数，同时，观测单位个体是否参与这项“处理”，它取决于观测单位个体的这些可观测的特征变量。如果是观测单位个体不可观测的特征变量决定了参与这项“处理”的观测单位个体的分配方法，就违反了条件独立的假设。此时，若用倾向得分匹配法来估计模型的参数，则这些参数的估计都是有偏的。

其二，共同支持假设，也称之为“重叠假设条件”(Overlap)。同样地，用数学话语进行描述，就是观测单位的协变量$[X \mid T=1]$和$[X \mid T=0]$的数学分布必须具有共同的支持基础$(0<P(X)<1)$，特别是在：

$$0<P(T=1 \mid X)<1$$

上式中，T是取值为二值的指示变量，来表示观测单位个体是否参与这项“处理”，其他变量的定义与上文相同。

共同支持假设的主要意涵就是“处理组”中的观测单位个体在反事实的“非处理组”中也有相似个体特征的观测值或观测单位个体，而且它具有“相似的概率”$(p(x))$可能被分配到“处理组”。这个可能的“相似概率”被称为“倾向得分”(propensityscore)，这个倾向得分可以用观测单位个体的外生特征变量X_i用probit模型或logit模型来进行估计，即$p(x)=E[T=1 \mid X_i]$。估计了倾向得分以后，就可以用下列方法来构建反事实“非处理组”的观测单位个体。这些方法主要有：

一是k个最近邻匹配法。这个方法就是只包含距离$p(x)$最近的k个观测值来构建处理组观测单位对应于“非处理组”中的匹配

① CIA：Conditional Independence Assumption，也称之为“条件均值独立假设”(Conditional Mean Independence，CMI)。

对象，即“非处理组”中的观测单位个体样本；这种方法主要适用于“处理组”与“非处理组”的观测单位个体都具有相似的“倾向得分值”。若这些观测单位个体的“倾向得分”差异很大，这种方法就不适合构建“处理组”观测单位个体在“非处理组中”的匹配对象。

二是卡尺匹配法。这种方法只用含了距离 $p(x)$ 的一个门槛值范围之内的所有观测单位个体。当“处理组”和“非处理组”中的观测单位个体的倾向得分很大时，就可以用到一个门槛值的距离来构建反事实的“非处理组”中的样本个体。使用这种匹配方法要注意的是：若设定的门槛值很大，就会导致反事实的“非处理组”中的样本个体匹配的质量很差；若设定的门槛值很小，也会导致删除过多的观测单位个体，很容易产生严重的样本选择偏误，使最终的平均处理效应的估计是有偏的。

三是核匹配法。这种方法就是设计一个权重来估算平均处理效应的值，这个加权的权重形式表达为：

$$w_{ji} = \frac{k(p(x_i) - p(x_j))/h}{\sum_j k(p(x_i) - p(x_j))/h}$$

上式中，变量 $p(x_i)$ 和 $p(x_j)$ 为观测单位个体的 i 和 j 的倾向得分，k 是一个实用的核函数，h 为预设的带宽参数。在大样本条件下，可以证明核匹配是一个渐近的线性估计。

核匹配的方法主要是通过核分布函数的相似度来构建特定的反事实的“非处理组”中的观测单位个体，在一定程度上克服了选择样本小的问题。

当然，根据倾向得分的数值，还有其他的匹配方法，这里不再详细列出。

其三，是平衡假设(Balance)。在倾向得分匹配法中，这一假设关系到“处理组”和“非处理组”观测单位个体匹配的精度。有时根据特定的特征变量或倾向得分值在“处理组”和“非处理组”很难找到相对应的观测单位个体，即两个组中的对应观测单位分布是不平衡的，此时的结果变量在两个组中的处理效应的估计通常是有偏的。

总之，倾向得分匹配法的关键是构建和估计观测单位个体的倾向得分，并以此来构建反事实的“非处理组”中的观测样本个体。

(四)双重差分法

若比较观测单位个体在一个间节点参与一项处理和不参与一项处理前后的处理效应的差异时，双重差分法(Difference-in-difference，DID，也称之为“倍差法”)就具有无与伦比的分析优势(Abadie，2005；Angrist and Pischke，2008)。双重差分法的另一大重要优势就是它并不需要通过寻找工具变量或变量的分布假设条件来解决或处理内生性选择问题。双重差分法的这些优势使得它在社会科学或自然实验结果分析中具有广泛的应用基础，受到研究者的喜爱。

双重差分法(DID)主要适用于对参与处理和未参与处理的观测单位个体在处理前后处理效应的对比变化及相互之间的差异分析。也就是说，双重差分法可以比较处理效应在时间维度与空间维度两个方面的平均差异；同时，双重差分法还可以处理在一定时间内不会发生变化的个体异质性特征的重要影响，以减少因这些不可观测异质性所导致的平均处理效应的估计偏误。还可以证明，在重复面板或追踪面板数据条件下，在满足一定的假设条件下对平均处理效应的估计是一致的。

一般认为，双重差分法中的平均效应估计量的估计取决于数据结构，它的数据结构通常有两种情况：第一种情况是纵向面板数据。在这种数据结构条件下，相同的观测单位个体(无论是参与处理的观测单位还是没参与处理的观测单位)在处理实施前后都是可以观测到的。第二种情况是重复横截面数据。在这种数据结构条件下，无论是否参与处理的观测单位个体，其在处理实施前后所能观测到的观测单位个体可能是不完全相同的。

尽管在这两种数据结构条件下，观测单位个体在处理前后有所不同，但这两种条件下的双重差分的识别假设都是相同的。双重差分法的假设条件主要有以下几个方面：

其一，稳定的单位处理效应值假设(SUTVA)。它主要指观测单位相互独立，即每一个观测单位只能观测到一个潜在的结果，或者说，观测单位的处理效应值之间是相互独立的，且可完全观测到。

其二，观测单位个体的协变量与处理变量之间的不相关性假设：即 $\mathrm{Cov}(X, T)=0$。

其三，一项处理的行为不会影响预处理之前的结果变量。

其四，共同趋势假设。也就是说，处理之前的结果变量与处理实施或执行的条件并不相关，可用数学表达为：

$$E(y_1^0 \mid X=x, T=1)-E(y_0^0 \mid X=x, T=1)$$
$$=E(y_1^0 \mid X=x, T=0)-E(y_0^0 \mid X=x, T=0)$$
$$=E(y_1^0 \mid X=x)-E(y_0^0 \mid X=x)$$

由上式可知，如果一项处理的观测单位没有被“处理”，则其与反事实的“非处理组”中的观测单位将经历相同的趋势，这一假设就能确保反事实的“非处理组”中观测个体的选择是基于其能捕捉到的潜在时间趋势的概率。

在以上条件下，双重差分模型可以表达为：

$$Y_{it}=\alpha+\beta \mathrm{POS}T_t+\gamma T_i+\delta D_{it}+\varepsilon_{it}$$

在上式中，Y_{it}是观测单位个体 i 在时间 t 的可观测到的结果变量。

POS T_t为时间虚拟变量，其是一个二值指示变量，观测单位个体接受处理后的时间其取值为“1”，之前则取值为“0”。

T_i同样是一个二值指示变量，用以表达观测单位个体是否接受处理。若观测单位个体接受“处理”，则其取值为“1”，否则其值为“0”。

变量$D_i=\mathrm{POS}\ T_i \cdot T_i$，当其值为“1”时，表示是观测单位个体在接受处理之后的时间状态；而其他状态，则其值为“0”。

同时假设干扰项ε_i为服从独立同分布(iid)；系数 α、β、γ、δ 则为估计的参数。

因此，双重差分的平均处理效应可以表达为以下四种状态：

$$E(y \mid \mathrm{POS}T=0, T=0)=\alpha$$
$$E(y \mid \mathrm{POS}T=0, T=1)=\alpha+\gamma$$
$$E(y \mid \mathrm{POS}T=1, T=0)=\alpha+\beta$$
$$E(y \mid \mathrm{POS}T=1, T=1)=\alpha+\beta+\gamma+\delta$$

由上式可知，重点关注的参数是 δ，它就双重差分估计平均处理效应的估计结果，这是因为：

$$\begin{aligned}\text{ATE} &= [E(y \mid POST=1,\ T=1)-E(y \mid POST=1,\ T=0))] \\ &\quad -[E(y \mid POST=0,\ T=1)-E(y \mid POST=0,\ T=0)] \\ &=[\alpha+\beta+\gamma+\delta-\alpha-\beta]-[\alpha+\gamma-\alpha] \\ &=\delta\end{aligned}$$

因此，δ 就是重要的处理效应的估计参数。它可以用随机效应估计或固定效应估计的方法进行估计，前者可以解决非时间的协变量的影响，后者在估计中可以消除处理变量T_i的影响；或出现结果变量在组内和组间存在相关性，则可以用修正的标准误来解决误差项中因观测单位聚集或自回归结构所导致的估计偏误。

（五）合成控制分析法

当分配到“处理组”的观测单位个体的数量有限（例如，只有一个观测单位个体），并且分配到反事实的“非处理组”中的观测单位个体数量很多时，通常会采用合成控制分析法（Synthetic Control Approach，Abadie et al.，2003；2010；2013）来估计出平均处理效应。这种合成控制分析法对“先行先试”的政策或“政策试点”的效果评估具有重要的应用意义。

合成控制分析法的使用，也必须满足一些基本假设条件。这些假设为：

其一，尽管假设有 $K+1$ 个观测单位个体，但其中只有一个观测单位个体参与了“处理”或者“实施”，即只对一个观测单位个体实施了“处理”行为或者“实施干预”。

其二，假设 Y_{it}^N是“非处理组”中在没有参与“处理”的观测单位个体 i 在时间 t 上的潜在结果变量，上标 N 表示没有参与“处理”。其假设在不同的时间段 $T(t=1,\ \cdots,\ T)$ 上有 $K+1$ 个潜在结果（$i=1,\ \cdots,\ K+1$）。

其三，假设设置 Y_{it}^I为“处理组”中参与“处理”的观测单位个体 i 的潜在结果，上标 I 表示“处理的”实施。

其四，若令在 T_0+1 的时间上开始实施一项“处理”，则 T_0 就表示为“处理”实施之前的时间，而 T_0+1 则表示为“处理”实施之后的时间，也就是说，在时间T_0+1开始对观测单位 i 进行了某种“处理”行为，直到 T 时。

其五，假设一项“处理”行为在实施前不会影响任何观测单位个体的观测结果。这是一个重要的基本假设，它能确保一项“处理”行为（如政策）在实施之前不会产生任何预期效应（Anticipated Effect）；否则，就不能很好地估计处理的一项“处理”后的平均处理效应。其中一个重要的控制方法，就是调整时间节点T_0，也就是说，要新定义时间T_0为一项“处理”行为可能产生任何预期效应之前的一个时间节点，其重要的动机就是消除“处理”行为在实施之前所生产的预期效果。

其六，假设“政策处理”对没有参与“政策处理”的观测单位是没有影响的，否则就会对政策效应估计的扭曲，并产生有偏的估计结果。

基于以上这些基本假设，就可以把合成控制分析法中的“处理”这个指示变量表达为：

若观测单位个体 $i=1$ 且 $T>T_0$时，则可令$D_{it}=1$；否则，令$D_{it}=0$。

因此，就可以把一个观测单位个体可观测到的结果变量表达为下式：

$$Y_{it}=Y_{it}^N+\alpha_{it}D_{it}$$

由上式可知，当一项“处理”在实施之前，参与这项“处理”和没有参与这项“处理”的观测单位个体的观测结果变量均为 Y_{it}^N；而当一项“处理”在实施之后，“处理组”中观测单位个体的可观测结果变量则为 $Y_{it}^N+\alpha_{it}$。

因此，所关注的一项处理效应的估计结果可以表达为：

$$\alpha_{it}=Y_{it}^1-Y_{it}^N$$

当 $t>T_0$时，如果关注的一项“处理”在时间序列上的处理效应的估计结果为α_{1T0+1}，α_{1T0+2}，…，α_{1T}时，则可以得到下式：

$$\alpha_{1t}=Y_{1t}^1-Y_{1t}^N=Y_{1t}-Y_{1t}^N$$

在上式中，Y_{1t}^1是一项“处理”实施后可以观测到的结果变量，而 Y_{1t}^N则是没有参与这项“处理”的观测单位个体所不能观测到的潜在结果变量，但它却是可以估计的，而合成控制分析的一项重要任务就是要估计不可观测到的潜在结果变量 Y_{1t}^{N}。此时，需要估计的参数 Y_{1t}^{N}的公式可以设定为：

$$Y_{1t}^{N}=\delta_t+\theta_t Z_i+\lambda_t\mu_i+\varepsilon_{it}$$

其中，δ_t 是面对所有观测单位的未知共同常数项；Z_i 是一个 $r\times1$阶的不受这项“干预”影响的可观测的协变量($r\times1$ 阶)的向量，θ_t 是一个 $1\times r$ 阶的未知参数向量，λ_t 是一个 $1\times F$ 阶不可观测的共同因素的参数向量，μ_i 是一个 $F\times1$ 阶的未知因子载荷向量，ε_{it}则是一个服从独立同分布(iid)且均值为零的误差向量。

为了估计不可观测的潜在结果变量 Y_{1t}^{N}，则需要构建一个 $K\times1$ 阶的权重矩阵：

$$W=(w_2,\ w_3,\ \cdots,\ w_{K+1})'$$

这个权重矩阵必须满足以下两个条件：

其一，当 $K=2$，…，$K+1$ 时，$W_k\geqslant0$；

其二，令 $W_2+W_3+\cdots+W_{K+1}=1$。

在上述基本假设条件下，就可以用这个权重矩阵来构建一个综合控制的潜在结果变量：

$$\sum_{k=2}^{K+1}w_kY_{kt}=\delta_t+\theta_t\sum_{k=2}^{K+1}w_kZ_k+\lambda_t\sum_{k=2}^{K+1}w_k\mu_k+\sum_{k=2}^{K+1}w_k\varepsilon_{kt}$$

在上式中，它的最优的权重(w_2^*，w_3^*，…，w_{K+1}^*)必须满足：

$$\sum_{k=2}^{K+1}w_k^*Y_{k1}=Y_{11}$$

$$\sum_{k=2}^{K+1}w_k^*Y_{k2}=Y_{12}$$

……

$$\sum_{k=2}^{K+1}w_k^*Y_{kT_0}=Y_{1T_0}$$

$$\sum_{k=2}^{K+1}w_k^*Z_k=Z_1$$

根据 Abadie 等(2010)的研究可知，下式等号右边的均值为“0”。即

$$Y_{it}^{N}-\sum_{k=2}^{K+1}w_k^{*}Y_{kt}=\sum_{k=2}^{K+1}w_k^{*}\sum_{s=2}^{T_0}\lambda_t\left(\sum_{n=1}^{T_0}\lambda_t'\lambda_t\right)^{-1}\lambda_s'(\varepsilon_{js}-\varepsilon_{1s})$$
$$-\sum_{k=2}^{K+1}w_k^{*}(\varepsilon_{jt}-\varepsilon_{1t})$$

则对于 $t\in\{T_0+1,\ \cdots,\ T\}$ 时，合成控制估计量α_{1t}就可以表达为：

$$\hat{\alpha}_{1t}=Y_{1t}-\sum_{k=2}^{K+1}w_k^{*}Y_{kt}$$

若定义一个 $1*T_0b$ 阶的向量 $Q=(q_1,\ \cdots,\ q_{T_0})'$，则可以得到

$$\overline{Y}_i^{Q}=\sum_{s=1}^{T_0}q_sY_{is}$$

更进一步地，如果把“处理”实施之前的所有时间设置相同的权重，就可以得到：

$$q_1=q_2=\cdots=q_{T_0-1}=q_{T_0}=\frac{1}{T_0}$$

则在一项“处理”实施前所有时期中的结果变量的简单算术平均值可以表达为：

$$\overline{Y}_i^{Q}=\frac{1}{T_0}\sum_{s=1}^{T_0}Y_{is}$$

相反地，如果把一项“处理”实施之前的所有时期的权重均设为 0，就可以得到下式：

$$q_1=q_2=\cdots=q_{T_0-1}\text{，且 }q_{T_0}=1$$

因此，观测单位个体在时段T_0中的结果变量可以表达为：

$$\overline{Y}_i^{Q}=Y_{iT_0}$$

通过定义K_1，K_2，…，K_M，则存在一个 M，可以把处理组观测单位个体在“处理”前的特征变量纳入到以下向量中，即

$$X_1=(Z_1',\ \overline{Y}_1^{Q_1},\ \cdots,\ \overline{Y}_1^{Q_M})$$

在上式中，X_1是一个 $q*1$ 阶的向量，其中，$q=r+M$，又因为Z_1是一个 $r*1$ 阶的向量，且 $\overline{Y}_1^{Q_i}$ 仅包含一个元素，则对参与一项“处理”的观测单位就可以定义 k 个相似的向量$(Z_1',\ \overline{Y}_1^{Q_1},\ \cdots,\ \overline{Y}_1^{Q_M})$，让其成为 $q*K$ 阶矩阵X_0中的一列元素。

为了提高反事实"非处理组"的样本个体的质量，合成控制分析一个重要目标就是选择一个矩阵 W^* 使得 X_1 到 X_0W 之间的距离最小，即使 $\| X_1 - X_0W \|$ 最小化，其约束条件为：对于 $K=2$，…，$K+2$ 时，$W \geqslant 0$；且 $W_1+W_2+\cdots+W_{K+1}=1$。

由此可以得到：

$$\| X_1 - X_0W \| = \sqrt{(X_1 - X_0W)'V(X_1 - X_0W)}$$

上式中，矩阵 V 是一个 $q*q$ 阶的对称正定矩阵。矩阵 V 的选择是在正定矩阵和对角矩阵之间进行的，进而使得一项"处理"在实施之前的结果变量的均方预测误差最小。

综上所述可知，合成控制分析法与双重差分法(DID)之间的一个重要区别在于：双重差分法允许不可观测"干扰因素"的存在，但必须保持其在其时间上的恒定性，即共同趋势假设；而合成控制分析法则允许非恒定的不可观测"干扰因素"的存在，但却可以通过选择以下权重对"干扰因素"进行控制。这些权重可以表达为：

$$\sum_{k=2}^{K+1} w_k^* Z_k = Z_1$$

$$\sum_{k=2}^{K+1} w_k^* \mu_k = \mu_1$$

根据这些权重设计，就可以得到结果变量 Y_{1t}^N 的无偏估计。

因此，在标准的假设条件下，只要能拟合出参数 Z_1 和 μ_1，就能用合成控制法来估计 Z_1 和系列处理的结果变量 Y_{11}，…，Y_{1T_0}，上述这两个方程就可以近似地被估计出来。总之，合成控制分析法不仅很好地处理非恒定的不可观测"干扰因素"的影响，而且通过选择合适的权重可以对处理效应的参考进行无偏估计。

综合以上各种处理效应分析的基本方法，就可以了解和掌握工具变量线性回归分析法、断点回归分析法、倾向得分匹配法、双重差分法以及合成控制分析法的基本概念、数学表达及估计的基本原理。尽管每一种处理效应分析方法都有自己的独特的优势，也各自有不同的假设条件，但它们却能分别估计不同条件下的平均处理效应的参数，对评估一项特定"处理"的实施结果具有重要的应用意义。

（六）处理效应分析方法应注意的几个问题

尽管不同的处理效应分析方法在其具体的假设条件下都能获得一致有效的处理效应的估计值，但是在实际具体的分析和应用中，由于一项具体的“处理”行为可能并不能完全满足某种具体处理效应分析方法的假设条件，就会导致会出现这些处理效应估计的有偏性，这些不能满足的假设条件让这些处理分析方法可能面临的一些挑战。这些共同的挑战总结起来，主要有以下几个方面的问题。

第一，异质性处理效应问题。如果要估计一项“处理”对全部群组观测单位个体的总体平均处理效应时，这种问题就会出现，因为研究者可能忽略在全部群组中接受这项“处理”的不同观测单位个体对这一项“处理”的不同反应（Heterogeneous Treatment Effects），即异质性处理效应。尽管很多处理效应分析方法都想当然地假设这一项“处理”对总体中所有观测单位个体的影响都是简单线性的方式，但实际上总体中的观测单位个体可能以不同的方式甚至更为复杂方式响应（非线性或二次项关系）对这一项“处理”进行反应。例如，在总体中，不同观测单位个体可能形成不同的群组，一个群组内部的观测单位个体可能以相同的方式对这一项“处理”进行反应，而不同的群组就会以不同的方式去响应这一项“处理”进行。此时，就必须考虑到不同群组对同一项“处理”行为的不同反应方式。当处理这种情况时，一种解决方法就是用“分组抽样”且尽量扩大每一组组别样本容量的方式去估计这种异质性的处理效应。

因此，在进行处理效应分析过程中，特别要重视总体中观测单位个体不可预测的特殊的对一项“处理”的异常响应。总结起来，主要有以下几种异质性处理效应行为。

其一是霍桑效应（Hawthorne Effect）。这是著名的一个管理学实验。它主要指，当观测单位个体因接受一项“处理”而分配到实验组中时，这个观测单位个体因为自己感觉到受到“特别待遇”而表现出不同于总体中其他观测单位的异常反应或努力程度。这种受重视的“处理”行为能激发受“处理”观测单位个体的潜能。总之，霍桑效应强调的是在“处理组”中的观测单位个体的异常反应。

其二是约翰·亨利效应（John Henry Effect）。它指当观测单位个体知道自己分配到控制组而且要与实验组的观测单位个体进行竞赛时，通常会表现出“超常发挥”的效应。总之，这种效应正好与“霍桑效应”相反，约翰·亨利效应强调的则是“非处理组”中观测单位个体的异常反应或特殊效果。

其三是预期效应（Anticipation Effect）。这是在处理效应分析中导致观测单位个体对这一项“处理”所产生的一种不可预期的异常反应的重要原因之一。即使在随机的实验设计研究中，若观测单位个体已经提前预期到将来自己会接受这一项“处理”时，他可能会在这一项“处理”实施之前就已经开始改变自己的行为。这种观测单位个体的自我预期通常会导致其在接受“处理”之后就有更好的表现或“自我加速”的“处理效果”，即观测单位“自我预期”驱动的加速效应。

其四是替代偏误效应（Substitution Bias）。这是在处理效应分析过程中，把观测单位个体如何归类于“处理组”或“非处理组”时经常会出现的一种异常性响应。当观测单位个体自我发现有更好的一种替代选择时，这个观测单位个体就会通过“自我调整”动机或行为，从而避开被选择作为“处理组”或“非处理组”的样本个体。观测单位个体的这种“自我选择行为”可能会导致“处理组”与“非处理组”的样本出现系统性的选择性偏误（Selection Bias）。

总之，总体中这些观测单位个体对一项“处理”的异常性反应，不仅会影响“处理组”和“非处理组”样本的容量，而且会影响这一项“处理”在这两个组别总体平均处理效应之间的差异，即总体平均效应的估计结果。因此，如何准确地把握对观测单位个体这一项“处理”的这些异常反应？以及如何正确地基于这些异常性反应的不同情况来构建“处理组”和“非处理组”？这些都是提高处理效应分析质量的重要前提条件。在处理效应分析的过程中，如果研究者已经认为总体中这些观测单位个体的这些异常效应确实存在，就应该努力重新构建更好质量的“处理组”和“非处理组”样本个体，并更好地控制这些“异常效应”对总体平均效应估计的影响。

第二，不完全相符的问题（Imperfect Compliance）。通常，“不完全相符”问题主要是指分配到将要接受这一项“处理”的在“处理组”中的观测单位个体与在“处理组”中实际接受这一项“处理”的观测单位个体之间的差异。在实际处理效应分析的过程中研究者经常会面临这一种问题，即当一项“处理”在具体的实施过程中，如果分配到“处理组”中的一些观测单位个体有时并没有实际接受这一项“处理”，而分配到“非处理组”中的一些观测单位个体却有可能反而接受了这一项“处理”时，这就会导致“不完全相符”问题的出现。总结起来，主要有以下几种原因会导致这一问题的发生。

其一，并不是所有打算参加这一项“处理”的观测单位个体最终都会选择实际参与这一项“处理”。有时这些分配到“处理组”中的观测单位个体却会因为自己的原因自愿放弃参与这一项“处理”，它是参与者的“自我放弃”行为。

其二，有时一些愿意参与这一项“处理”的观测单位个体却被排除参与或接受这一项“处理”。有时因为这一项“处理”执行者因管理方面的原因或实施条件的限制，从而导致有意愿参与这一项“处理”的观测单位个体没有机会去接受这一项“处理”，它是这一项“处理”执行者无意或有意排除一些有意愿参与这一项“处理”的行为。

其三，有时这一项“处理”的执行者强制性或错误地把这一项“处理”施加给一些无意愿参与这一项“处理”的观测单位个体的行为。这种行为也会导致一个观测单位个体强迫性加入到“处理组”，它导致在“处理组”中存在一些自我无意愿且被迫参与这一项“处理”的观测单位个体。

其四，一些分配到“非处理组”中的观测单位个体因意识到这一项“处理”的重要性而会通过其他“自我选择”的方式参与了这一项“处理”。也就是说，在一项“处理”执行的过程中，“非处理组”中的观测单位个体“自我选择”参与了这一项“处理”的行为。

其五，有时这一项“处理”是按照一个连续合适的指数(Eligibility Index)来分配“处理组”和“非处理组”中的观测单位个体，但是这个合适指数的断点(界限)却并没有被严格地执行，从而导致观测单位个体在分配时会出现偏差，进而导致“处理组”或“非处理组”观测单位个体分配出现系统性偏误。

其六，选择性移动问题(Selective Migration)。在进行处理效应分析时，一旦确定了这一项“处理”的状态，一些观测单位个体就会“预先评价”或“提前比较”参与这一项“处理”和不参与这一“处理”的结果，特别是在区域经济学的研究中，如果一个观测单位提前知道这个城市将实施某一项政策时，就会根据自己的喜好或利益得失通过用“脚投票”的方式迁出或迁入这个城市。这种“选择性移动”问题就会导致处理效应的估计产生偏误。

因此，当出现以上各种不同原因导致的“不完全相符”问题之后，尽管标准的处理效应分析方法可以筛选出“有意参与处理”的观测单位个体，并能估计出它们的平均处理效应，但是对一些局部平均处理效应的估计来说，就需要通过使用诸如工具变量这类方法来处理。也就是说，要通过一定的方法来“修正”或“弥补”由“不完全相符”问题所导致的一些估计问题。

第三，溢出效应问题(Spillover Effects)。在处理效应分析过程，溢出效应也是经常遇到的一个重要问题，特别是当使用随机实验方法、断点回归分析以及双重差分法的时候。当一项“处理”影响了一些没有参与这一项“处理”的观测单位个体时，这种溢出效应就会发生(Di Maro，2015)。总结起来，主要有以下几种溢出效应。

其一，外部溢出效应(Externalities)。当这一项“处理”由“处理组”中的观测单位个体“接受”潜在地转变到由“非处理组”中的观测单位个体“接受”时，这种外部溢出效应(可能是正效应也可能是负效应)就产生了。例如，当对在一种流行病发生地区中的人们实施一种疫苗接种时，这个地区的流行病就会得到有效控制，与这个地区相邻近的地区即使没有接受“疫苗接种”这种“处理”，这些邻近地区感染这种流行病的概率也会大大降低，这就是一个地区实施了一项“处理”而对“非处理”地区观测单位个体生产的正向溢出效应。因此，这种外部效应的存在就会对“非处理组”中观测单位个体产生影响，使得处理效应估计具有一定的有偏性。

其二，社会互动效应(Social Interaction)。如果归类于“处理组”和“非处理组”中的观测单位个体由经济政治等方面原因或联系而产生了互动，这种跨组别的观测单位个体之间的相互影响就称之为“社会互动效应”。例如，一名接受“培训”的学生把自己在“培训”时获得的学习内容或资料共享给其“亲朋好友”(即“非处理组”中的观测单位个体)，这就是一种“社会互动效应”，它是通过“亲朋好友”这个社会关系网络而把这项“培训”福利(即处理效应)共享出去了，而且有时这种“社会互动效应”是不可避免的。

其三，局部均衡效应(Context Equilibrium Effect)。主要是指当一项“处理”影响到一个给定群组内部的行为准则或价值观念时，这项“处理”就对当地内部的观测单位个体产生了重大影响。即这一项“处理”行为的当地化扩展(Treated Locality)。

其四，一般均衡效应(General Equilibrium Effects)。主要是指当一项“处理”在“处理组”产生了广泛使用效果之后，这一项“处理”就被推广使用到总体中所有的观测单位个体。即这一项“处理”行为的一般化扩展(Treated Generality)。

因此，若一个“非处理组”中的观测单位个体经历过或接受了这一项“处理”所产生的溢出效应时，这种溢出效应的存在，实际上就会导致违反处理效应分析方法的一个重要的基本假设条件“SUTVA”，如果这一假设条件不能遵守，就会导致处理效应估计有偏。

直觉上，如果“非处理组”中的观测单位个体受到了“处理组”中观测单位个体所接受的这一项“处理”的间接影响，则“非处理组”中的观测单位个体就不再具有很好的代表性。如果受到这一项“处理”间接影响的观测单位个体不是“非处理组”中的样本个体，那么尽管“非处理组”仍能提供很好的“反事实”的平均处理效应估计，但“处理组”中的处理结果变量的估计不再是最优的无偏估计。因此，估计“处理组”的平均处理效应时，通常必须考虑这一项“处理”对其他实际接受这一项“处理”且又不在“处理组”中观测单位个体所在群组的影响。

总之，要根据溢出效应的具体情况，设计好一种考虑到溢出效应影响的处理效应分析方案。这种处理效应分析方案主要有：

其一，是设计一个度量直接处理效应的标准评估程序。这种方法只度量一项“处理”对接受这一项“处理”的关注结果变量的直接影响，这种直接处理效应只作用于接受这一项“处理”的这些观测单位个体。此时，必须选择那些没有受溢出效应影响的观测单位个体来构建“处理组”样本。

其二，是设计一个度量间接处理效应的附加评估程序。这种方法只度量一项“处理”对没有接受这一项“处理”的观测单位个体的间接影响，这种间接处理效应只作用于“非处理组”中没有接受这一种“处理”的观测单位个体。此时，必须选择那些接受这一项“处理”的外部溢出效应影响且又不在“处理组”中的观测单位个体来构建新的附加群组的样本，而这个新的附加群组又不同于“非处理组”。

因此，对具有溢出效应的观测单位个体的处理效应进行估计时，就会面临着很多重要的挑战。首先，若溢出效应是存在的，则必须弄清楚这种溢出效应发生的机制。其次，对具有溢出效应的处理效应进行估计时，还必须收集更多的观测单位个体的数据，以扩充分析数据集的样本容量和更多有关观测单位个体的有用信息。

第四，观测单位耗损消散的偏误问题(Attrition)。在处理效应分析过程中，特别是在随机实验设计、断点回归分析以及双重差分法的应用过程中，研究者面临的一个重要的挑战是一些观测单位个体在接受“处理”过程中出现消失的问题，即研究者发现一些开始出现在“处理组”或“非处理组”中的观测单位个体在经过一段时间之后却消失了。

观测单位个体消失的原因是多样和复杂的，例如，在数据追踪调查过程中，一些研究者无法继续追踪以前的观测单位个体；还有的是在追踪数据调查过程中，“处理组”和“非处理组”中的观测单位个体不可能保持平衡。总之，观测单位个体耗损消散问题，对“处理组”和“非处理组”样本容量的影响是很大的。

面对处理效应分析中出现的观测单位个体耗损消散的问题，通常通过两种方法来检验观测单位个体耗损的严重程度。

其一，检验耗损消散的观测单位个体的初始基本特征与保留在研究总体中的观测单位个体的初始基本特征是不是完全相同的。只要这两种观测单位个体的初始基本特征没有出现系统性的差异，这些保留在研究总体中的观测单位个体就具有代表性，对后续研究就没有太大的影响。否则，就要对这些耗损消散的观测单位个体进行修正或补充。

其二，检验“处理组”与“非处理组”观测单位个体耗损消散的程度或比例是不是相同的。如果这两者的耗损消散的程度是相同的，则保留在研究总体中的观测单位个体就具有代表性。否则，就需要用其他统计方法来校正这一差异。一个常用的方法就是通过逆概率加权的方法来校正这种因数据个体缺失不成比例所导致的估计差异。

第五，处理实施的时机及处理效应的持续性。一项“处理”的实施过程通常是很复杂的，例如，一个实验通常涉及“投入”、“实验过程”、“实验结果”以及“实验的持续性”，而且这一系列的活动有的是立即完成的，有的是需要一定时间才能发生转换，有的则需要长时间才能观测到实验结果。因此，一项“处理”的渠道、过程以及处理结果的出现具有不同的实现机制、因果逻辑关系或发生路径，要很好地评估这一项“处理”的效果，必须要考虑处理的实施时机以及处理效应的持续性。通常要注意以下两个方面的问题。

其一，一项“处理”在开始实施后没有必要一定要得到观测结果。此时这项处理的管理者或执行者必须要有足够的耐心，因这一项“处理”的实施与执行必须通过相关参与方在一定机制作用下才能发挥作用或取得效果。

其二，当一项“处理”在实行了一段时间之后不再继续执行，但研究者观测这一项“处理”的实际结果仍然需要一定时间。因为这一项“处理”执行之后，即使它的实施停止了，但参与这一项“处理”的机制以及相关利益方不可能立即终止，它们仍会沿着既有路径或渠道运行一段时间。因此，必须要有足够的时间去观察那些可能已经停止执行的“处理”的后期效果。

总之，正确地处理在处理效应分析过程中出现的一些共同性问题，不仅有利于更好地选择“处理组”和“非处理组”的样本个体，而且有利于克服因上述问题所导致的处理效应估计偏误问题。只有这样，才能更好提高处理效应分析的质量与效果。

四、处理效应分析应用的基本过程及其重点问题

尽管处理效应分析的主要方法具有不同的适用环境和具体的应用对象，但处理效应分析的基本逻辑使得处理效应分析方法应用都有相同的基本过程或面临的共同问题。

（一）处理效应分析应用的基本过程

一般认为，一个好的处理效应分析过程，通常包括以下几个必需的步骤：

第一，处理效应分析的基本设计。处理效应分析设计是处理效应分析的前提和开始，其重点就是要确立处理效应分析的研究目的，处理分析不同方案的选择，处理的实施过程与实施方式，处理实施结果的测量及评价，处理效应分析结果的理解与解读，处理效应估计结果稳健性的检验，以及处理效应评估报告方法的选择。这些都是处理效应分析设计的基本内容。

第二，处理及其效应的理论机制。也就是一项处理导致变化的理论机制（Theory of Change）。其中，这一变化理论内容的关键是处理及其导致变化结果的内在机制或渠道，它也是设计处理效应实证分析框架以及对处理效应实证分析结果理解和解读的重要基础。它不仅包括这一项处理及其导致的变化的基本假设条件、变化的逻辑机制及实施过程，而且包括参与一项处理的相关利益方以及监测和度量这一项处理变化结果的方法。它是处理效应分析的理论基础。

第三，处理效应分析方法的选择。每一项处理的实施都涉及很多资源的使用，它不仅涉及这一项处理所需要的物质资源，而且涉及众多的人力资源，特别是参与这一项处理的利益相关方，更会涉及这一项处理实施所需要的制度设计及执行程序或规则。针对这一项处理的具体实施方案，要想科学而准确地估计出其总体平均处理效应，不仅要根据这一项处理的具体实施条件来选择处理效应的分析方法，还要根据这一项处理的具体实证方案与方法确定参与处理

的“处理组”和“非处理组”。因此，处理效应分析方法的选择，它不仅决定了处理效应分析的质量，而且决定了处理效应估计的准确性和实证结果的解读方式。它是处理效应分析的重点。

第四，处理实施的管理与处理效应的评估。一项处理的具体实施，除了处理的执行团队要统一管理和集中协调之外，还需要研究团队的跟踪、观测、研判与分析。这两支团队的相互配合，才能使这一项处理被很好地执行。首要是，这两个团队要明确各自具体的职责与目标，相互之间要进行信息共享与交流，细化在这一项“处理”不同实施阶段的具体的任务与特征，随时讨论这一项处理的实施进度、时间安排、实施效果与参与的利益相关方(包括处理组与非处理组中的观测单位个体)的变化情况。执行团队重点负责这一项处理的管理职能，控制好这一项处理的执行预算、时间进度、实施进程以及这一项处理执行后的监测与管理；而研究团队则重点负责这一项处理的研究功能，搞好这一项处理的数据收集、分析方法选择与应用、分析结果的检验与解读、分析报告的撰写与发布等工作。

第五，处理好处理效应分析中伦理与科学问题。在处理效应分析过程中，一项处理的实施可能因涉及不同的相关参与方和相关的公共领域，有时会引发道德伦理方面的冲突或其他社会公共秩序维护或公共治理问题。因此，一项处理的方案设计者和治理者一定要坚持处理方案的公正、公开、透明，特别是这一项处理方案的执行者团队和研究团队，一定要承担维护社会伦理道德的责任，即这项处理的制定、执行与评估一定要符合公众道德标准，不能引发公众的强烈抗议或舆论批评。根据这些社会伦理道德的约束，每一项“处理”的方案制定、执行和评估，不仅要符合社会科学的一些原则与规则，而且还要符合自然科学的一些标准或自然科学方法的基本要求。例如，在医学领域的一些医学实验项目，一定要在符合社会伦理道德条件进行。因此，处理好伦理道德问题也是处理效应分析成败的一个关键因素。

(二)处理效应分析过程中的重点问题

一般说来，一项“处理”方案的制定、执行、评估与反思通常都具有长期性、复杂性和综合性。要想全面科学地分析这项“处理”的净效应及其实现机制，必须要重点关注以下两个重要问题。

第一，处理效应分析过程中变革理论的构建。变革理论重点描述的是一项“处理”实施后在未来可能产生的结果及其背后机理，即研究者对一项“处理”实施后未来结果预期的描述。变革理论不仅要探索这一项“处理”执行所需要满足的基本假设条件和实施的逻辑机制与渠道过程，还要描述执行这一项“处理”的相关当事方的动机与激励响应路径及互动关系。一个逻辑严谨的变革理论，不仅可以帮助澄清和说明这一项“处理”的执行与发展路线图，而且有助于改进这一项“处理”的实施进程执行效率。因此，变革理论是处理效应分析设计的关键与前提。

一般说来，变革理论的最佳制定时机是在处理效应分析设计的开始阶段。在这个阶段，与这一项“处理”相关的利益相关方可以聚集在一起进行讨论，共同制定这一项“处理”方案的目标愿景和实现这些目标愿景的途径，同时，对这一项“处理”在未来实施过程中可能出现的问题进行提前控制或采取预防措施。

第二，处理效应分析中因果逻辑关系链条的推演。在处理效应分析过程中另一个重点问题是因果逻辑关系链条的推演。一般认为，处理效果分析的核心是估计这一项“处理”所产生的单向因果关系的结果及影响程度，如果这一项“处理”与可观测的结果变量之间没有严格的因果逻辑关系，那么所有的处理效应分析的估计结果都是不可靠的。因此，确保这一项“处理”与可观测结果之间具有严谨的因果逻辑链条关系，是处理效应分析过程中的至关重要的环节，同时，因果逻辑关系链条也是描述变革理论的一个重要方式。

根据处理效应分析过程的要求，一个严谨的因果逻辑关系链条通常要满足以下几个条件：

其一，处理效应评估要有合理的因果逻辑分析框架，即结果关系链条(Results Chain)。简单地说，一个具有因果逻辑关系的链条必须经过“投入——过程——产出——结果实现”等几个必要的环节，从而构成一个内在因果逻辑关系链条。

“投入”环节通常包括这一项“处理”可以支配的相关资源，如投入的劳动力及资本预算等。

“过程”环节通常指把“投入”转化为“产出”的过程或活动，最重要的是从投入到结果的转换过程。

“产出”环节通常指这一项“处理”执行后的转换结果，一般要求这些结果是可以观测到的，处在这一项“处理”执行团队的监控之下。

“结果实现”环节主要指这些结果惠及到参与这一项“处理”的相关利益方，它可能是即期的，也可能是长期的，一般也是处在这项“处理”执行团队的观测和监控之下。

尽管可以根据以上几个相关的基本环节来形成一个因果循环的逻辑链条，但是这种单向的逻辑链条仍然需要其他条件的约束。

其二，处理效应评估的外部约束条件。要想获得一项“处理”效应估计，就必须让这一项“处理”的执行与实施满足一些外部条件约束，否则，其他“混合因素”就会导致这项“处理”的总体平均净效应估计是有偏的或者不一致的。因此，任何一项“处理”的执行或效果评估都是在一定外部条件约束下进行的，也就是说，处理效应分析的估计必须都是有条件的估计。当然，这种“处理”总体效应估计条件在不同估计方法下是不尽相同的。

其三，处理效应的实现必须要有合理的机制和渠道。在一项“处理”具体的实施过程中，尽管可能存在合理的因果逻辑关系链条或者满足一定的外部条件，但如果这项“处理”方案设计缺乏必要的内在机制去激发相关利益相关方根据自己的利益需求或收益成本分析，从而沿着一定的方向或通过一定的渠道去实现或参与这项“处理”，此时，就会面临前面所描述的“被迫参与者”或“自愿退出者”的情况，这就会导致很多异质性处理效应的出现，甚至整个因果逻辑关系链条因缺乏必要的激励机制而失去实现的意义。因此，尽管有相对完善的因果逻辑关系链条，如果缺乏必要的激励机制，这项看似很好的“处理”设计方案也可能流于形式而无法被执行。

综上所述，一个严谨的因果逻辑关系链条至少要满足以上三个基本条件，也只有这样，才能把一个良好的“处理”方案从蓝图变为具体实施行动，才能很好地选择不同的处理效应分析方法去估计这项“处理”的总体平均处理效应或局部平均处理效应。

五、处理效应分析在区域经济学研究中的应用

处理效应分析在人文社会科学、哲学社会科学以及自然科学研究中都具重要的地位，它能对一项政策、一个项目、一次培训、一场实验等许多社会行为或自然科学实验行为的效果进行识别、估计和检验。

近年来，随着区域经济的快速发展，特别是城市规模的急剧扩张，许多促进区域经济增长和城市扩张的政策日益受到社会各界的广泛关注，如何评价这些政策效果？就是一个很重要的现实问题。因此，处理效应分析在区域经济学研究中有着广泛的应用需要。根据国外的一项研究（Nathaniel Baum-Snow et al.，2014），在期刊《城市经济学杂志》发表的文章中，实证分析所占的比重已经从1990年的40%增加到2010年的71%；同时，在1990年以前被广泛应用的横截面回归分析在2010年之后基本被研究者所弃用，转而把大量的研究聚焦于工具变量、面板回归分析、非线性模型等方法的使用上，研究重点也从探索变量间复杂的相关关系或线性关系转移到变量间单向因果关系或精确的非线性关系上，研究视角已经从关注观测个体的随机分布转移到观测个体的非随机选择上。此外，区域经济学研究人员开始关注区域经济政策对区域经济发展的重要贡献，他们特别重视经济政策、地区规划和项目开发等对区域经济增长的影响。因此，处理效应分析方法是区域经济学研究者最好的分析工具之一。

处理效应分析在区域经济学研究中的应用主要体现在以下几个方面：

（一）区域政策实施效果真实性的评价

政策制定者对政策实施效果进行严谨和真实的评估，不仅是“政策制定周期”的重要组成部分，而且也是政治经济学公共政策分析的重要基础和参考，更是国家许多公共政策制定程序不可缺少

的组成部分，很多国家的宪法甚至把政策评估作为其规范和管理的重要对象，因为一项政策执行所付出的金钱都是来自于纳税人。对政策实施效果进行评估，不仅仅是对纳税人负责，更是在政府财政预算约束条件下，国家公共资金优化使用的重要手段。也正因为如此，政策评估，特别是基于政策实施后的事实而进行的政策项目评估已经成为很多国家政策制定的一个不可分割的组成部分。因为政策评估可以为政策制定者提供已有政策的各种改进方案，可以为该项政策的利益相关方提供更好的利益协调机制。

一般说来，政策实施后的政策评估是一种事后分析法，不管是定性的事后评估，还是定量的事后评估，大多是基于可以观测的基本事实来进行分析，例如传统的如监督分析法，但是这些传统的监督分析法有时很难真实地反映政策实施的真实效果。而处理效应分析的一个重要逻辑是构建政策实施群组的“反事实”群组，进而比较政策实施效果在“处理组”与“反事实组”之间的差异。因此，“反事实”的分析逻辑更能真实地评价政策实施的效果。

为了更好地说明“反事实因果关系”在政策实施效果评价的重要作用，可以用下例来说明。

例如，若一个地区实施了一项经济增长计划，在实施该项经济增长促进计划之前预设的经济增长率为10%；然而在该项计划执行了一年之后，该地区的实际经济增长率仅为7%。如何评估该地区实施的这项经济增长促进计划呢？

传统的监督评论分析法，是根据已观测到的实际经济增长率与计划预设的经济增长率进行比较的，显然这项经济政策并没有达到预定的目标，但该地区这项经济增长促进计划就没有效果吗？

如果用处理效应分析的方法就是要构建并估计出该地区“反事实”的增长率，如果“反事实”的增长率仅为5%，则这项经济增长促进计划仍然是有显著效果的。因为若在这个地区不实施该项经济增长促进计划，其实际的经济增长率只有5%，仍小于实施该项计划之后可观测到的真实增长率5%。显然，基于“反事实”的处理效应分析更有利于真实地识别和评价在这个地区实施经济增长促进计划的真实效果。

因此，全面地对经济政策实施效果进行评估，不仅要考虑到可以观测到的变量指标，如用监督评估法分析经济政策项目实施的达标率，而且还要用处理效应分析中的不可观测但又可以估计的“反事实”来定量和定性地分析政策实施后的真实效果。

总之，基于“反事实”分析的政策评估分析(即处理效应分析法)重构了区域经济政策实施效果的评估逻辑与评估思路。

(二)政策实施效果评价中的非随机性与不可观测性

在政策实施效果评价的过程中，通常会遇到两个难题。

第一，经济政策实施效果的第一大难题是政策制定实施的非随机性。

经济政策特别是区域经济政策与科学实验的一个重大区别是其非随机性。经济政策实施的非随机性是多方面的，不仅表现在经济政策设计本身的非随机性，而且表现在参与政策实施的个体(公司、政府或区域行政单位)的非随机性。因为一项经济政策实施的代价或成本是十分高昂，政策制定者不可能用“随机试验”的方法去随机地设计政策和选择参与政策实施的主体。因此，政策规划有时很难选择受“干预”的个体，而这种非随机性正是政策本身所固有的特征。

具体说来，政策实施的非随机性特征具有两个方面的重要原因：

首先，政府机构制定政策的非随机性。作为政策制定者的政府，为了促进地区经济社会发展，在制定一项经济政策之前都经过了长期的民意收集、社会调查、专家咨询、权力机关的议事等程序以及政策制定与发布，每一项政策的出台都是一个有目的、有计划、有步骤的过程，政策制定决然不是随机事件和随机过程；与此同时，政策实施的参与方也更不是随机选择的，它必须满足政策实施的一些选择标准和选择程序，也就是说，参与政策“处理组”的个体样本不是随机确定的。

其次，参与政策实施的相关方具有自我选择效应。当一项经济政策具体实施时，参与该项政策的相关主体具有很强的自我选择效应，他们通常会根据自身的成本收益或其他约束条件来选择参与该项经济政策实施过程中的深度与广度。因此，一项经济政策的实施对于这些参与方来说都是外生的，但他们参与该项经济政策的实施程度却是内生的，通常都具有“战略性”或“策略性”。因此，经济政策参与方不具备随机选择或随机分配的特征。

第二，政策实施效果评估的另一个难题是不能全面地观测到参与经济政策相关主体的一些个性特征。

由于政策制定及其参与方的非随机性，对于政策评估分析人员来说，有时很难全面地或精确地观测到推动这些个体自主选择或政府政策制定的决定因素，在这种情况下，研究者就很难保证满足传统定量分析(如最小二乘法回归分析)的基本要求，如对观测个体要具有随机独立分布的要求。因此，即使用传统的定量分析来评估经济政策实施的真实效果，基于以上两个方面的难题，政策处理效应的估计在很多情况下都是有偏的。

前面介绍的几种处理效应分析方法都能很好地解决以上问题，它们通过构建“反事实”的统计量来进行比较分析，在一定程度上也能很好地解决非随机性和不可能观测异质性的影响或选择偏误问题。

正如诺贝尔经济学奖获得者 James J. Heckman(2001)所说，把“反事实”的分析方法纳入到传统计量经济学，它为传统估计方法开辟了一个新的研究视角，它从另一个方向对结构计量经济学模型中的“单向因果关系”(即处理效应)的概念化和度量做出了重要贡献。

总之，“反事实因果关系”的模型化对丰富传统计量经济学在区域经济研究中的应用具有重要的意义。

首先，它丰富了传统回归分析的基本框架，使得结构模型分析在区域经济研究中的地位不断提升，更为重要的是通过设置一个二值或有限多值的“处理变量”来构建处理效应分析模型，以此来识别传统计量分析中变量间复杂多变相关关系中的单向“因果关系”，把“因果关系”的识别与估计作为片效应评估的重点。

其次，基于“反事实”的处理效应分析框架更加简洁，它重点估计和检验与“政策处理”相关的“因果关系”的参数，同时为“因果关系”参数提供了更多和更丰富的见解，使得“政策处理”等“处理”行为的净效应在计量分析中有更清晰的量化表达。

第三，处理分析效应模型能更好地处理非随机性或非实验框架中的“因果关系”和不可以观测性因素的度量。“反事实”这一创新概念及其量化方法，成功地解决了传统计量经典假设对数据和模型设定的要求，也使得处理效应分析模型与现实区域经济政策评估研究的实际语境有很好结合与表达。可以预见，处理效应分析在未来区域经济学的研究中将大放异彩。

参考文献

[1] Abadie, A., Angrist, J., & Imbens, G. (2002). Instrumental variables estimates of the effect of subsidized training on the quantiles of trainee earnings. Econometrica, 70, 91-117.

[2] Abadie A, Gardeazabal J (2003). The economic costs of conflict: a case study of the Basque country. American Economic Review, 93 (1): 112-132.

[3] Abadie A, Diamanod A, Hainmueller J (2010). Synthetic control methods for comparative case studies: estimating the effect of California's tobacco control program. Journal of the American Statistical Association, 105(490).

[4] Abadie A, Diamanod A, Hainmueller J (2012). Comparative politics and the synthetic control method. MIT Political Science Department Research Paper No. 2011-25.

[5] Althaus, C., Bridgman, P., & Davis, G. (2007). The Australian policy handbook. Sydney: Allen & Unwin.

[6] Angrist, J. D. (1991). Instrumental variables estimation of average treatment effects in econometrics and epidemiology (NBER Technical Working Papers No. 0115

[7] Angrist, J. D., & Imbens, G. W. (1995). Two-stage least squares estimation of average causal effects in models with variable

treatment intensity. Journal of the American Statistical Association, 90, 431-442.

[8]Angrist, J. D., & Pischke, J. S. (2008). Mostly harmless econometrics: An empiricist's companion. Princeton, NJ: Princeton University Press.

[9]Baltagi B (2003). Econometric analysis of panel data. Wiley, New York.

[10]Bertrand M, Duflo E, Mullainathan S (2004). How much should we trust differences-in-differences estimates? Quarterly Journal of Economics, 119(1): 249-275.

[11]Heckman, J. J. (2000). Causal parameters and policy analysis in economics: A twentieth century retrospective. Quarterly Journal of Economics, 115, 45-97.

[12]Imbens, G. W. (2000). The role of the propensity score in estimating dose-response functions. Biometrika, 87, 706-710.

[13]Imbens, G. W. (2004). Nonparametric estimation of average treatment effects under exogeneity: A review. The Review of Economics and Statistics, 86(1), 4-29.

[14]Imbens, G. W., & Wooldridge, J. M. (2009). Recent developments in the econometrics of program evaluation. Journal of Economic Literature, 47, 5-86.

[15]Rosenbaum, P. R. (2007). Interference between units in randomized experiments. Journal of the American Statistical Association, 102(477), 191-200.

[16]Rosenbaum, P., & Rubin, D. (1983). The central role of the propensity score in observational studies for causal effects. Biometrika, 70, 41-55.

[17]Rothman, K. J., Greenland, S., & Lash, T. L. (2008). Modern epidemiology. Philadelphia: Lippincott Williams & Wilkins.

[18]Lee DS, Lemieux T (2010). Regression discontinuity designs in economics. J. Econ. Lit, 48(2): 281-355.

[19]Lee DS, Lemieux T (2010). Regression discontinuity designs in economics. J. Econ. Lit, 48(2): 281-355

[20]Percoco M (2013). The impact of European cohesion policy on regional growth: how much do strategy and local economic structure matter? . Università Bocconi, Mimeo.

[21]PercocoM (2013). Strategies of regional development in European regions: are they efficient? Cambridge Journal of Regions Economy and Society, 6(2): 303-318.

[22]Frolich, M., & Melly, B. (2013). Unconditional quantile treatment effects under endogeneity. Journal of Business & Economic Statistics, 31(3): 346-357.

[23]Manski, C. F. (2013). Identification of treatment response with social interactions. The Econometrics Journal, 16(1): S1-S23.

[24]范子英,《如何科学评估经济政策效应》,《财经智库》, 2018年第3期。

2017 年 ESI 经济学与商学学科热点分析*

武汉大学经济与管理学院　李　斌　石　钰　孙　橙

1 引　　言

1.1 ESI 热点与高被引简介

基本科学指标数据库(Essential Science Indicators，ESI)是基于 Web of Science 核心合集 SCIE(Science Citation Index Expanded，科学引文索引扩展版)和 SSCI(Social Science Citation Index，社会科学引文索引)数据库的深度分析工具，ESI 将两个数据库所收录的期刊分为 22 个学科，每种期刊只会被分入一个学科，再依学科对论文数、论文被引频次、论文篇均被引频次、高被引论文、热点论文和前沿论文六大指标分项统计。通过分析 ESI 的统计结果，可以从多个角度衡量国家/地区、高校/研究机构、科学家以及期刊的国际学术水平及影响力，具体来看有四个维度：以论文数量评估科研生产力，以被引次数、高被引论文数、进入 ESI 排名学科数评估科研影响力，以热门论文数量评估科研创新力，以高被引论文占有率评估科研发展力。学者也可以通过研究近期的热点论文，发现科学研究前沿内容、跟踪科学发展趋势。

* 感谢武汉大学图书馆的欧懿和何汶提供的 2017 年经济学与商学领域 ESI 高被引论文和热点论文集，感谢武汉大学经济与管理学院金融系邵新月、潘慧丽、李玥阳、邓世豪和舒嗣嘉在本文所做的文献整理工作。

在对我国高校的国际学术影响力、学科建设与发展状况进行评价的时候，常常会统计一所高校有多少学科进入了 ESI 学科排名前 1%，即在某一学科领域，一所机构的被引频次位于全球所有机构的前 1%。艾瑞深中国校友会网每年公布的“中国大学评价研究报告”和 2017 年教育部、财政部、国家发展改革委公布的“双一流大学”名单均将高校 ESI 排名作为评价高校的重要参考。ESI 指标已经成为我国学术领域科研产出评估的一个重要标准。

在运用 ESI 数据库对学科影响力进行综合评价的体系中，通常会统计发表文章进入 ESI 热点和高被引论文的数量。ESI 热点论文是指近两年内发表且在近两个月内被引次数在前 0.1%内的论文。ESI 高被引论文是在其发表年份，在学科领域内被引次数位于前 1%的论文。考虑到被引次数会受到时间因素的影响，因此 ESI 数据库每两个月滚动更新，取 10 年的论文数据进行数据对比。进入 ESI 热点和高被引论文的门槛条件说明了其在学科领域内的重要地位，一方面显示了该研究在该领域内的受关注程度；另一方面显示了研究结果的影响程度，被引用次数越多，证明被认可的程度越高。

1.2 经济学与商学学科介绍

ESI 数据库由 SCIE 收录的自然科学、工程技术领域期刊和 SSCI 收录的社科领域期刊发布的论文构成，因此 ESI 收录的总期刊数超过 11000 种，包含一千万多条文献记录。所有的期刊会被划分入 22 个学科中的一门，即生物学与生物化学、化学、计算机科学、经济与商业、工程学、地球科学、材料科学、数学、综合交叉学科、物理学、社会科学总论、空间科学、农业科学、临床医学、分子生物学与遗传学、神经系统学与行为学、免疫学、精神病学与心理学、微生物学、环境科学与生态学、植物学与动物学、药理学和毒理学。

经济与商学学科包含了我国一级学科中的经济学和管理学。广泛地说，与商业发展、管理相关的研究内容都可以划入商学研究范畴，如会计与财务管理、银行学、商业咨询、保险、商业管理、市场行销、销售、物流、商业行政、金融、人力资源管理、电子商务，甚至包括经济学。

2018 年 5 月 11 日发布的最新 ESI 数据(数据覆盖时间 2008 年 1 月 1 日—2018 年 2 月 28 日)显示，经济学与商学学科共有 306 所研究机构进入 ESI 全球前 1%，其中中国大陆共有 5 所高校上榜，依次为北京大学、清华大学、中国人民大学、上海交通大学、西安交通大学。具体情况见表 1。

表 1　　**中国大陆高校 ESI 经济学与商学学科排名**

序号	高校名称	世界排名	论文总被引次数
1	北京大学	124	8627
2	清华大学	185	6272
3	中国人民大学	296	4000
4	上海交通大学	299	3972
5	西安交通大学	302	3960

自 2016 年以来，在全球机构排名中，无论是各年度间的横向同比，还是同年度月份间的纵向环比，中国大学在该领域的绝对排名与百分比排名总体都呈现稳步上升的发展态势，上榜数量也从两所大学增加至五所，发展趋势良好。但是，如表 2 所示，与其他学科领域相比，经济学与商学学科领域进入全球前 1%的高校数量稀少，排名较为靠后，表明我国在经济学与商学学科领域的科研能力与全球水平还有一定的距离。

表 2　　**全国学科进入前百/千分之一的高校数量统计表**

学　　科	全球 1%高校数	全球 1‰高校数
计算机科学	45	6
工程科学	125	23
材料科学	102	18
生物与生化	57	0

续表

学　　科	全球 1%高校数	全球 1‰高校数
环境与生态学	33	1
微生物学分子生物与遗传学	11	0
一般社会科学	32	0
经济学与商学	5	0
化学	129	22
地球科学	22	3
数学	28	0
物理学	33	3
空间科学	0	0
农业科学	49	7
植物与动物科学	45	5
临床医学	86	8
免疫学	18	0
神经科学与行为	28	0
药理学与毒物学	48	6
精神病学与心理学	4	0

学科建设是“双一流”大学建设的关键环节，而 ESI 学科排名是评价一所大学学科建设的重要维度，因此增加 ESI 排名中的入围学科、提高 ESI 学科排名是高校提升国际影响力的一个方向。弱势的学科具有庞大的潜在发展空间，加强经济学与商学学科建设可以扩大高校优势学科影响力、缩短我国与发达国家的学术距离。而研究 ESI 高被引论文和热点论文，一方面可以发现学术影响力较强的期刊和研究机构。在权威的期刊上发表论文，可以提高论文的被引频次；与权威的研究机构进行论文合作，可以提高学校知名度和研究结果的信服度。另一方面有助于掌握前沿知识，明确研究热点，发现未来研究方向。掌握前沿知识的学者可以在巨人的肩膀上进行

更深层次的研究，也可以举一反三提出不同观点。研究学科热点不仅可以对我国学者的研究内容有所启发，还可以增加研究结果的关注度。综合上述原因，本文对 2017 年经济学与商学领域 ESI 的高被引和热点论文进行分析，得到研究主体的影响趋势和研究内容的发展趋势，两个趋势隐含的信息会对未来研究会有所帮助。

1.3 分析思路与研究方法

本文以 ESI 经济学与商学领域 2017 年 176 篇高被引论文、27 篇热点论文为研究对象，① 主要运用文献计量学相关的方法及信息可视化技术，② 结合论文研究的内容，分析 2017 年经济学与商学领域的研究热点及学科发展趋势。本文的数据来源于武汉大学图书馆。③

图 1 总结了本文的分析思路和框架。具体来看，本文将研究分为对研究发表的主体和研究内容两部分进行分析。研究发表的主体包括国家、大学、作者和期刊，一方面通过抽取高被引、热点论文的主体信息，展示经济学与商学领域研究主体的学术水平和学术影响力；另一方面对主体之间的合作信息进行可视化，直观展示经济学与商学领域的主体合作情况。在对期刊主体进行分析时，检验了期刊 H 指数与影响因子在 2017 年的热点、高被引论文中是否有效。研究发表的内容主要包括关键词分析、热点分析和学科分析。关键词分析通过对关键词的频次统计挑选提及频次较高的热门关键词，再分析关键词的共现关系并进行聚类分析，以此探究经济与商学研究领域的焦点和趋势。热点分析通过对原始论文内容的研读，对高被引论文、热点论文的研究主题和方法进行归类，具体综述各类别下的关键主题，分析经济与商学研究领域的研究热点。学科分析以 Web of Science 的学科分类为基础，不仅探究经济学与商学领

① 2017 年经济学与商学领域的高被引文献和热点文献之间存在交叉，其中 16 篇文献既是高被引文献，又是热点文献。

② 万姗姗．经济学与商学学科文献计量与可视化分析[D]．中国科学技术大学，2017.

③ 感谢武汉大学图书馆的欧懿和何汶提供的 2017 年经济学与商学领域 ESI 高被引文献和热点文献集。

域研究成果展示出的跨领域融合情况，还分析了该领域内的热点学科。

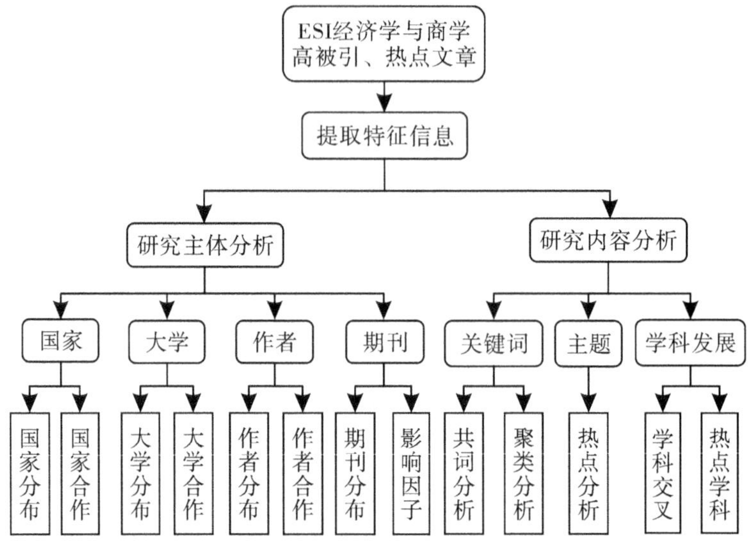

图 1　分析思路与框架

本文采取的研究方法结合定性方法与定量方法，包括文献计量法、统计分析法与信息可视化技术，如共现分析中的共词分析以及多元统计分析中的聚类分析，使用的分析工具有 SPSS 统计软件、Excel、SCI^2 和 Pajek 可视化应用软件等。

统计分析是本文使用的基本分析方法，通过 Excel 软件统计研究主体、跨学科研究的高被引、热点论文数量，以定量的结果展示出 2017 年经济学与商学领域内高产的、学术影响力大的国家、机构、学者和期刊以及其他研究领域和经济学与商学领域的融合程度。结合 SCI^2 和 Pajek 可视化软件把主体合作、学科交叉情况通过图片展现出来，直观、清晰地展示经济学与商学领域热点分布情况。

同时本文采用 H 指数来评价研究主体的科研绩效。本文对 H 指数的定义如下：若一个研究主体的指数为 h，说明他 2017 年发表的所有的文章中，有 h 篇获得了不少于 h 次引用，其他文章的引用次数都不高于 h 次。结合 H 指数可以进一步分析研究主体的科研能力。

1.4 研究发现

通过对经济学与商学领域的 ESI 高被引、热点论文的主体统计分析，本文发现美国在该领域有绝对优势，其次是英国、中国，其中美国在 2017 年经济学与商学领域高被引论文中发表过 3 篇及以上的高校有 9 所，英国有 2 所，中国只有 1 所。在合作方面，高产国家、大学、作者之间的合作较为紧密，但是合作具有区域局限性，即欧美、亚洲两个区域内部的合作频繁，跨区域的合作较为稀少。从期刊分布来看，影响因子越高的期刊，H 指数和 ESI 热点、高被引论文数量越高。我们的研究也证明了 H 指数和被引频数在评价主体的学术影响力时具有一致性。

在研究内容方面，本文通过关键词统计分析得到高频关键词，频率最高的前五个关键词依次是创新、企业社会责任、中国、气候变化和可持续发展。进一步聚类成六个大类，结合对论文内容的解读整理出七个热点主题，即宏观经济管理、企业制度与绩效、国际金融与全球金融危机、行业经济管理、创新、全球生态环境、经济理论与研究方法。这些研究大多属于跨学科研究成果，其中经济学与商学和心理学的学科交叉最为频繁。

本文下面会从三个方面围绕经济学与商学的热点论文进行讨论，第二部分从国家分布与合作、大学分布与合作、作者分布与合作和期刊分布与期刊影响对发表主体的科研产出能力进行分析，第三部分从关键词、主题、学科类别对论文进行归类和综述，第四部分对分析结果进行总结和评述，为我国经济学与商学领域的学科建设、学术交流、科研创新提供参考。

2 论文发表主体分析

本章将从论文发表主体的类别出发，首先，根据经济学与商学热点论文和高被引论文所属的国家、大学、作者和期刊进行分类，通过统计国家、大学、作者以及期刊的热点和高被引论文数量，分析 2017 年学术生产、创新能力较高的研究主体。其次，通过国家、大学和作者的共现分析来探究经济学与商学领域内的学术交流情况。最后，对国家、大学和作者的 H 指数、期刊的影响因子与高被引论文数量建立回归关系，检验期刊 H 指数与影响因子在 2017 年的热点、高被引论文中是否有效。上述分析可以展现出 2017 年经济学与商学热点研究分布的基本情况。

2.1 国家分布与合作分析

2.1.1 高被引论文的国家分布

表 3 按照每个国家/地区发表的论文数量对原始数据的 176 篇 2017 年经济学与商学领域高被引论文进行了分析。我们发现，共有 40 个国家/地区发表了高被引论文。其中，美国发表的高被引论文数达到了 76 篇，超过高被引论文总量的 40%，英国发表了 36 篇高被引论文，中国大陆地区发表了 19 篇高被引论文，后面依次是德国 16 篇、意大利 16 篇、澳大利亚 15 篇、荷兰 14 篇、加拿大 12 篇、西班牙 10 篇和瑞士 9 篇，上述这些国家占据前十位。除中国外，其他国家均是发达国家，而且大部分位于北美洲和欧洲。美国、英国、中国在高被引论文的发文量上位列前三，而且是仅有的在 2017 年所发高被引论文中最大引文数超过 20 篇的三个国家。

我们选择本年度 H 指数来评估各个国家在 2017 年的科研产出与学术影响力，在后面的部分我们还会使用 H 指数评价相应的大学、作者、期刊的学术成就与影响力。本文基于 Web of Science 数据库，获取原始 176 篇论文在 2017 年被引用的次数，对应到各个国家，计算一种 40 个国家/地区的 H 指数。与高被引论文发文数量具有一致性，美国与英国的 H 指数高于其他国家，分别为 10 和 9。

图 2 显示了各个国家高被引论文篇数(TP)与 H 指数的散点图和回归趋势线。TP 和 H 指数之间的相关系数为 0.6024，存在较高的正相关性，反映了 TP(高被引论文发文量)与 H 指数用来评价国家学术影响力有一定的相互支撑性，可以作为评价学术影响力方面的指标。

表 3　　2017 年经济学与商学领域 176 篇高被引论文国家分布

国家/地区	发文量	排名	最大被引数	H 指数
USA(美国)	76	1	27	10
England(英国)	36	2	27	9
China(中国)	19	3	24	6
Germany(德国)	16	4	15	8
Italy(意大利)	16	4	15	6
Australia(澳大利亚)	15	6	11	6
Netherlands(荷兰)	14	7	15	7
Canada(加拿大)	12	8	15	6
Spain(西班牙)	10	9	15	7
Switzerland(瑞典)	9	10	15	5
France(法国)	8	11	11	6
Denmark(丹麦)	6	12	15	5
Japan(日本)	6	12	19	5
Sweden(瑞典)	6	12	15	5
Norway(挪威)	6	12	15	4
Finland(芬兰)	5	16	11	4
Scotland(苏格兰)	5	16	12	4
South Korea(韩国)	4	18	5	3
Ireland(爱尔兰)	4	18	7	2
Austria(澳大利亚)	3	20	15	3
Singapore(新加坡)	3	20	4	2
India(印度)	2	22	11	2
Israel(以色列)	2	22	4	2
Lebanon(黎巴嫩)	2	22	6	2
Malaysia(马来西亚)	2	22	6	2

续表

国家/地区	发文量	排名	最大被引数	H 指数
Portugal(葡萄牙)	2	22	3	2
South Africa(南非)	2	22	5	2
Brazil(巴西)	1	28	7	1
Greece(希腊)	1	28	4	1
Indonesia(印度尼西亚)	1	28	8	1
Iran(伊朗)	1	28	5	1
Lithuania(立陶宛)	1	28	5	1
Luxembourg(卢森堡)	1	28	6	1
North Ireland(北爱尔兰)	1	28	7	1
Poland(波兰)	1	28	4	1
Russia(俄罗斯)	1	28	8	1
Serbia(塞尔维亚)	1	28	4	1
Slovenia(斯洛文尼亚)	1	28	4	1
Thailand(泰国)	1	28	12	1

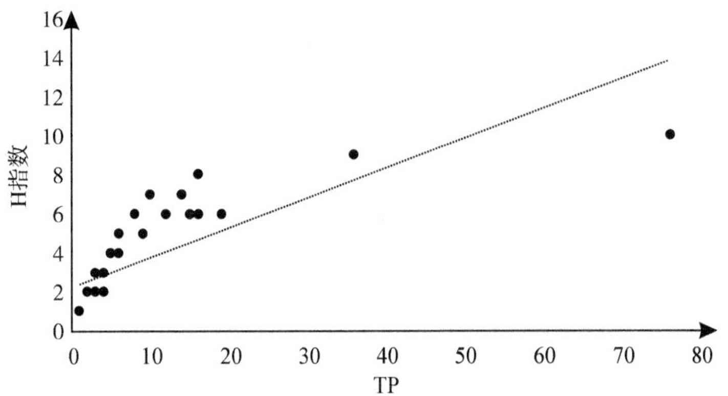

图 2　高被引论文 H 指数与国家高被引论文篇数(TP)的散点图及趋势线

2.1.2 高被引论文国家合作分析

我们接下来分析了发表高被引论文的国家/地区之间的合作关系。将 176 篇高被引论文的国家/地区信息进行标准化处理后，录入 SCI²进行国家/地区共现分析，分析各个国家/地区之间的合作情况，得到网络图谱如图 3 所示。

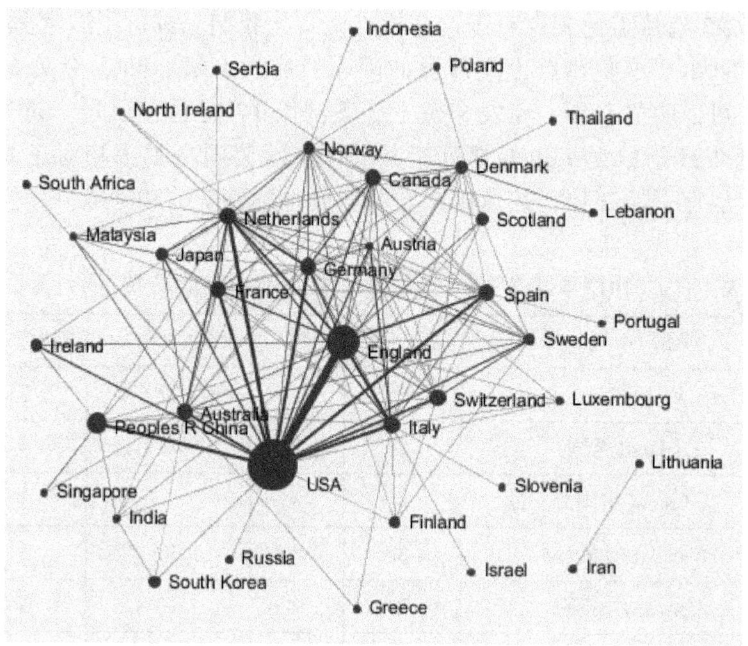

图 3　2017 年经济学与商学领域 176 篇高被引论文国家合作可视化图谱

注：其中节点的大小表示国家发文数量，连线的粗细表示国家之间合作的次数。

图 3 中，国家发文量越多，节点图形越大；国家之间的合作次数越多，节点间的连线越粗。可以清楚地看到，美国发文 76 篇，节点最大，另外两个明显更大的节点是英国与中国。而连线的粗细可以表明，美国与英国的合作次数非常多，远远超过其他国家之间的合作。并且，美国与其他国家的合作总体而言最为频繁，从美国节点伸展出的粗线也最多。这表明了在经济学与商学领域，2017

年美国的学术影响力远超其他国家。除此之外，我们还发现国家之间的合作具有区域局限性，即欧洲、美洲的合作关系密切，亚洲的合作关系密切，亚洲与欧美的合作频繁程度明显不如各自内部的合作程度。

2.1.3 热点论文的国家分布

除 176 篇高被引论文外，我们还获取到 2017 年经济学与商学领域 27 篇热点论文，对于这些热点论文，我们也进行了国家分析。表 4 列出了这些热点论文涉及的国家对应发文数、热点论文 H 指数。可以明显看到，在发文数上，美国以 17 篇遥遥领先，同时热点论文 H 指数为 7 也明显高于其他国家。英国与中国相对于其他国家也有一定优势，热点论文发文量分别达到 7 篇和 4 篇。

表 4　**2017 年经济学与商学领域 22 篇热点论文国家分布**

国　家	发文量	排名	最大被引数	H 指数
USA(美国)	17	1	27	7
England(英国)	7	2	27	4
China(中国)	4	3	8	3
Canada(加拿大)	3	4	10	3
Germany(德国)	3	4	10	3
Switzerland(瑞士)	2	6	13	2
Australia(澳大利亚)	1	7	2	1
Japan(日本)	1	7	19	1
Lebanon(黎巴嫩)	1	7	3	1
Pakistan(巴基斯坦)	1	7	3	1
Spain(西班牙)	1	7	14	1

我们同样对热点论文的 TP(国家热点论文篇数)和 H 指数进行比较，绘制出散点图和回归趋势线如图 4 所示，可以看到，正向相

关关系非常明显。TP 和 H 指数的相关系数为 0.9196，说明这两项指标评价国家的学术影响力能够互为支撑，能够对国家的学术实力和影响力进行一定程度的评估。

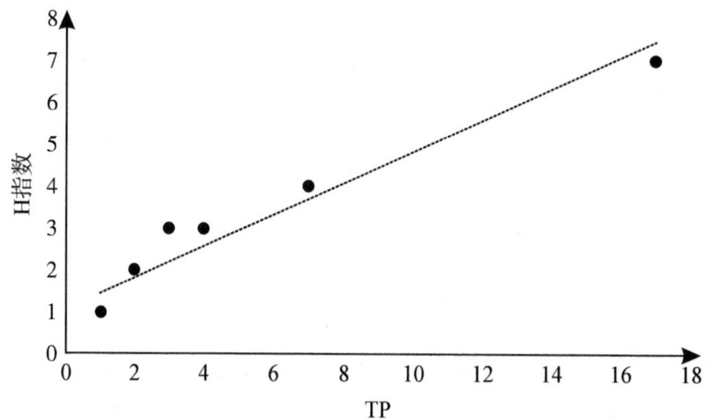

图 4 热点论文 H 指数和国家热点论文篇数(TP)的散点图及趋势线

2.1.4 热点论文国家合作分析

对于热点论文的国家合作情况，我们也绘制了可视化图谱，将热点论文的对应国家数据标准化后录入 SCI²，绘制成如图 5 中所示的可视化图谱。图中节点代表国家，国家发表的热点论文越多，节点越大；国家之间的合作次数越多，节点之间的连线越粗。

由图中可见，美国、英国、中国的节点最为明显，他们是发文量的前三。美国延伸出的连线最多，表明美国的合作国家最多。从连线粗细来看，美国与英国、德国与加拿大的合作最频繁。综合而言，美国的热点论文学术影响力也是排在最前的。同时德国与加拿大的合作关系也十分紧密，可以与英美的合作密切程度相提并论。

2.2 大学分布与大学合作分析

2.2.1 高被引论文大学分布

对经济学和商学领域高被引论文的机构进行分析时，考虑到研究机构比如美国国民经济研究局(The National Bureau of Economics Research，NBER)，美国经济政策研究中心(The Centre for

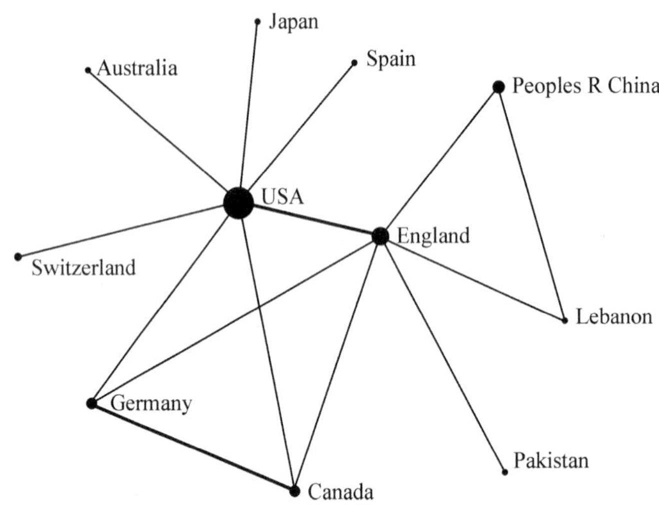

图 5　2017 年经济学与商学领域 27 篇热点论文国家合作可视化图谱

注：节点的大小表示国家发文数量，连线的粗细表示国家之间合作的次数。

Economic Policy Research，CEPR）以及世界银行（World Bank）等研究机构的人员十分复杂，一般在大学都有任职，因此研究机构和正规的大学没有可比性，在分析时我们剔除研究机构，仅对大学进行分析。表 5 列出了 2017 年高被引论文发文量在 3 篇以上的 17 所大学，英国的剑桥大学、美国的哈佛大学、南加州大学、纽约大学以及丹麦的哥本哈根商学院在 2017 年的商学与经济学高被引论文中的发文量都是 5 篇。在前 17 个大学中，有 10 所美国大学，2 所英国大学，2 所丹麦大学，1 所意大利大学，1 所澳大利亚大学，1 所中国大学，1 所荷兰大学和 1 所瑞典大学。这表明美国的科研实力十分强大。为了综合考虑大学的产出量和被引频次的影响，我们同样引入了 H 指数，由于 H 指数同时受到发文量和被引频次的影响，因此可以全面地衡量大学的学术能力。H 指数排名最高的 6 所大学依次为宾夕法尼亚大学（15），剑桥大学（12），哈佛大学（11），悉尼大学（11），武汉大学（11），德州农工大学（10），剩下的 11 所大学的 H 指数均在 10 以下。

表 5　**2017 年商学与经济学高被引论文发文量为 3 篇及以上的大学**

大　学	国　家	发文量	排名	H 指数
Univ Cambridge	UK(英国)	5	1	12
Harvard Univ	USA(美国)	5	1	11
Univ So Calif	USA(美国)	5	1	9
Copenhagen Business Sch	Denmark(丹麦)	5	1	7
New York Univ	USA(美国)	5	1	4
Univ Pennsylvania	USA(美国)	4	6	15
Bocconi Univ	Italy(意大利)	4	6	7
Erasmus Univ	Denmark(丹麦)	4	6	7
Univ Sydney	Australia(澳大利亚)	3	9	11
Wuhan Univ	China(中国)	3	9	11
Texas A&M Univ	USA(美国)	3	9	10
George Mason Univ	USA(美国)	3	9	9
Michigan State Univ	USA(美国)	3	9	9
Univ Groningen	Holland(荷兰)	3	9	9
Linköping Univ	Sweden(瑞典)	3	9	7
Univ Exeter	UK(英国)	3	9	7
Louisiana State Univ	USA(美国)	3	9	6
Rutgers Univ	USA(美国)	3	9	2

2.2.2　高被引论文高产大学合作关系

将高产大学的高被引论文的合作数据导入 SCI^2 进行大学共现分析，经过调整优化后，得到如图 6 所示。为了研究高产大学之间的合作关系，先仅对表 5 的 17 所高产大学之间的合作关系进行了展示，发文量少于 3 的大学不在图中显示。每一个节点代表一所大学，节点的大小代表发文量的大小，节点之间边的粗细代表合作的次数。图中剑桥大学，哈佛大学、南加州大学、纽约大学以及哥本哈根商学院的节点最大，它们的发文量都是 5 篇。在合作方面，发文量高的大学都不是孤立的，而是和其他高产大学或多或少有合作关系，尤其是和它们同样顶尖的大学。发文量最高的南加州大学和其他 3 所高产大学有合作关系，剑桥大学也和其他 3 所高产大学有合作关系。同时可以观察到伯克利大学和埃克塞特大学有过 2 次合作关系，埃克塞特大学 2017 年发表的 3 篇高被引论文中有 2 篇是和伯克利大学合作的，格罗宁根大学和悉尼大学有过 2 次合作关系，它们在 2017 年发表的 3 篇高被引论文中有 2 篇是和对方合作的。

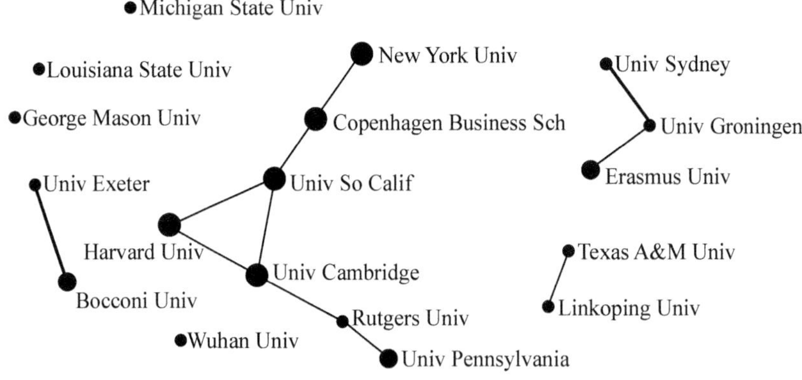

图 6　高被引论文高产大学(发文量大于 2)合作分析可视化图谱

注：节点的大小表示大学发文数量，连线的粗细表示大学之间合作的次数。

由于剔除了发文量小于 2 的大学，图 6 中的图谱显示的关系不是非常密切，于是将发文量小于 2 的大学加入可视化图谱中，图 7 中显示 17 所高产大学和其他大学的联系也很密切，除高产大学外的其他大学相互之间也有较多合作关系，总体来看，高被引论文涉及的大学之间的合作较为密切，这有利于资源的互补，促进学术的交流与进步。

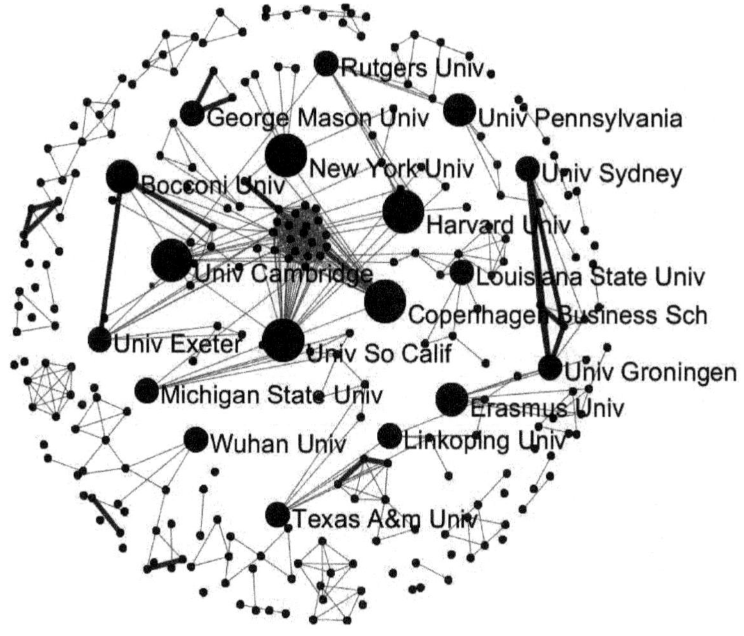

图 7　高被引论文大学合作分析可视化图谱

注：节点的大小表示大学发文数量，连线的粗细表示大学之间合作的次数。

2.2.3　热点论文大学分布

在对热点论文的大学分布进行分析时，我们同样剔除研究机构，仅对大学进行分析。表 6 展示了大学的热点论文发文数量。27 篇热点论文共涉及 52 所大学，其中热点论文发文量最高的为美国的加州大学伯克利分校，发文量为 3 篇，其次热点论文发文量为 2 篇的为英国的剑桥大学，加拿大的不列颠哥伦比亚大学，美国的纽约大学，剩下的 48 所大学发文量均为 1 篇。在 52 所大学中，有 9 所英国大学，7 所中国大学，3 所加拿大大学，3 所德国大学，2 所西班牙大学，1 所丹麦大学，1 所日本大学以及 1 所瑞士大学，其余 24 所大学全部是美国大学。这表明美国的大学学术实力强大，并且发表的论文所讨论的话题较容易成为热点。同样，为了综合衡量大学的科研水平，我们引入 H 指数，H 指数最高的前 3 所大学为哥本哈根商学院(16),中南大学(15),剑桥大学(12)。

表 6　　　　商学与经济学热点论文涉及大学

大　　学	发文量	国　　家	排名	H 指数
Univ Calif-Berkeley	3	USA(美国)	1	10
Univ Cambridge	2	UK(英国)	2	12
Univ British Columbia	2	Canada(加拿大)	2	10
New York Univ	2	USA(美国)	2	4
Copenhagen Business School	1	Denmark(丹麦)	5	16
Central South Univ	1	China(中国)	5	15
Harvard Univ	1	USA(美国)	5	11
Univ Michigan	1	USA(美国)	5	11
Wuhan Univ	1	China(中国)	5	11
Cornell Univ	1	UK(英国)	5	10
Tongji Univ	1	China(中国)	5	10
Univ Chicago	1	USA(美国)	5	10
Univ Pittsburgh	1	USA(美国)	5	10
George Mason Univ	1	USA(美国)	5	9
Ohio State Univ	1	USA(美国)	5	9
Univ Colorado Boulder	1	USA(美国)	5	9
Univ Minnesota	1	USA(美国)	5	9
Boston Univ	1	USA(美国)	5	8
McGill Univ	1	Canada(加拿大)	5	8
Princeton Univ	1	USA(美国)	5	8
The Univ Liverpool	1	UK(英国)	5	8
Univ Birmingham	1	UK(英国)	5	8
Univ Georgia	1	USA(美国)	5	8

续表

大　学	发文量	国　家	排名	H 指数
Univ Manchester	1	UK(英国)	5	8
Univ Warwick	1	UK(英国)	5	8
Univ Calif-Davis	1	USA(美国)	5	8
Brunel Univ	1	UK(英国)	5	7
Yale Univ	1	USA(美国)	5	7
Univ Calif-San Diego	1	USA(美国)	5	7
American Univ Beirut	1	USA(美国)	5	6
Auburn Univ	1	USA(美国)	5	6
City Univ London	1	UK(英国)	5	6
Univ Hamburg	1	Germany(德国)	5	6
Memorial Univ Newfoundl	1	Canada(加拿大)	5	5
Old Dominion Univ	1	USA(美国)	5	5
Univ Bonn	1	Germany(德国)	5	4
Nanjing Audit Univ	1	China(中国)	5	4
Barcelona GSE	1	Spain(西班牙)	5	3
Florida A&M Univ	1	USA(美国)	5	3
Keele Univ	1	UK(英国)	5	3
Univ Sindh	1	Pakistan(巴基斯坦)	5	3
Hunan Univ Commerce	1	China(中国)	5	3
Fairfield Univ	1	USA(美国)	5	2
Rutgers Univ	1	USA(美国)	5	2
Technische Universität München	1	Germany(德国)	5	2
Univ Scranton	1	USA(美国)	5	2
The Hong Kong Polytechnic Univ	1	China(中国)	5	1
Universitat Pompeu Fabra	1	Spain(西班牙)	5	1
Univ Pennsylvania	1	USA(美国)	5	1

续表

大　　学	发文量	国　　家	排名	H 指数
Xi'an Jiaotong-Liverpool Univ	1	China(中国)	5	0
Tokyo Institute of Technology	1	Japan(日本)	5	0
Swiss Federal Institute of Technology Zurich	1	Switzerland(瑞士)	5	0

2.2.4　热点论文大学合作关系

将大学的热点论文的合作数据导入 SCI²进行大学共现分析，经过调整优化后，得到如图 8 所示。图 8 展示了热点论文中大学之间合作的次数。为了保证图谱的简洁性和可读性，图 8 中仅对发文量大于 1 以及部分和高产大学有合作关系的大学进行了显示。图中加州大学伯克利分校和剑桥大学的合作较为频繁，加州大学伯克利分校 2017 年发表的 3 篇热点论文中有 2 篇是和剑桥大学合作完成的，并且加州大学伯克利分校、芝加哥大学、剑桥大学、普林斯顿大学、罗格斯大学的合作较为紧密。不列颠哥伦比亚大学和纽约大学作为热点论文高产的大学也和其他大学有合作的关系。整体上来看，发表热点论文的大学都和其他大学有合作关系，没有孤立的大学，并且发文量较高的大学和其他大学的合作更为密切。

2.3　作者分布与作者合作

2.3.1　高被引论文作者分布

表 7 展示了经济学和商学领域高被引论文作者的分布情况。统计结果显示，15 位作者在 2017 年度发表 2 篇高被引论文(无一年内发表高被引论文超过 2 篇的作者)。这 15 位作者中，澳大利亚和德国分别有 3 位，此外还有 9 位分别来自黎巴嫩、丹麦、美国、意大利、荷兰和英国。以上国家中除黎巴嫩为发展中国家外，均为发达国家。来自该国的 Jamali D 的主要研究方向为商务经济，在其 31 篇出版物中，共有 2 篇高被引论文，且均在 2017 年发表。他的 H 指数为 3，表明在其之前发表的所有论文中，至少有 3 篇在 2017 年获得了不低于 3 次的引用。

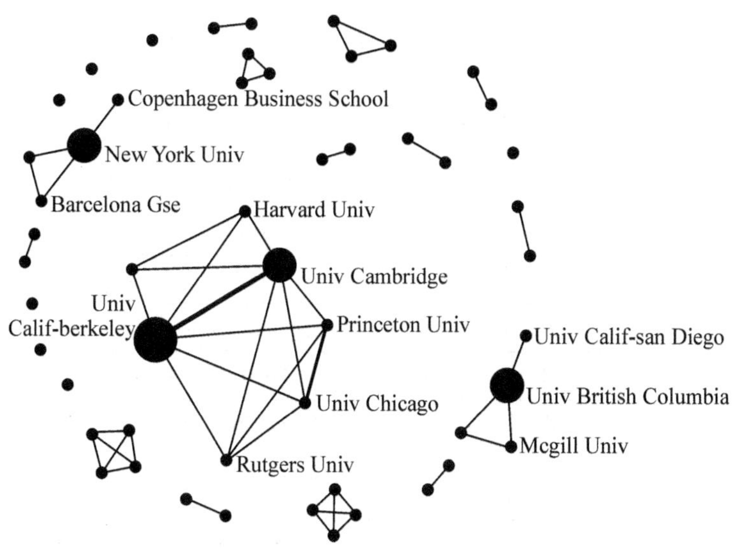

图 8　热点论文大学合作分析可视化图谱

注：节点的大小表示大学发文数量，连线的粗细表示大学之间合作的次数。

表 7　　　　　**经济学与商学领域高被引论文高产作者**

作　者	国　家	隶属机构	H 指数
Luderer G	Germany(德国)	Potsdam Institute for Climate Impact Research	5
Ciani O	Italy(意大利)	Bocconi University	4
Lenzen M	Australia(澳大利亚)	The University of Sydney	4
Geschke A	Australia(澳大利亚)	The University of Sydney	3
Jamali D	Lebanon(黎巴嫩)	American University of Beirut	3
Los B	Holland(荷兰)	University of Groningen	3
Scholz Y	Germany(德国)	Institute of Engineering Thermodynamics	3

续表

作　者	国　家	隶属机构	H 指数
Taylor RS	UK(英国)	University of Exeter Medical School	3
Banks GC	USA(美国)	University of North Carolina at Charlotte	2
Kanemoto K	Japan(日本)	Shinshu University	2
Lund-Thomsen P	Denmark(丹麦)	Copenhagen Business School	2
Petruzzelli AM	Italy(意大利)	Politecnico di Bari	2
Rahman MDA	Malaysia(马来西亚)	Universiti Putra Malaysia	2
Ueckerdt F	Germany(德国)	Potsdam Institute for Climate Impact Research	2
Xiao Y	Australia(澳大利亚)	the university of Sydney	2

高产作者中 2017 年度 H 指数最高的 Luderer G 是波茨坦气候影响研究所的高级科学家。作为一名跨学科研究者，他的研究领域除经济学和商学外，还包括环境科学、生态学。其主要发文时间为 2011 年及之后年份，在他的 86 篇出版物中共有 13 篇高被引论文，且 2017 年发表的 3 篇文章均为高被引论文以及所在领域热点论文，具有极强的学术影响力。

2. 3. 2　高产作者合作分析

图 9 中利用可视化图谱直观地展示了 11 位高产作者之间的合作关系，图中每条连线代表作者在 2017 年度中的一次合作，此外为了避免图形冗杂，未展示 15 位高产作者与其余 537 位作者间的合作关系。从图中可以看出，Banks GC 和 Petruzzelli AM 的研究相对独立，与其他高产作者间均不存在合作关系。而在图形左侧，则形成了由 Xiao Y、Kanemoto K、Los. B、Geschke A、Rahman MDA 和 Lenzen M 六位研究者组成的合作网络，在 1 年内合作完成了 2 篇高被引论文。此外，Luderer G、Ueckerdt F 和 Scholz Y，Jamali D

和 Lund-Thomsen P，Taylor RS 和 Ciani O 也分别在一年中进行了两次合作。

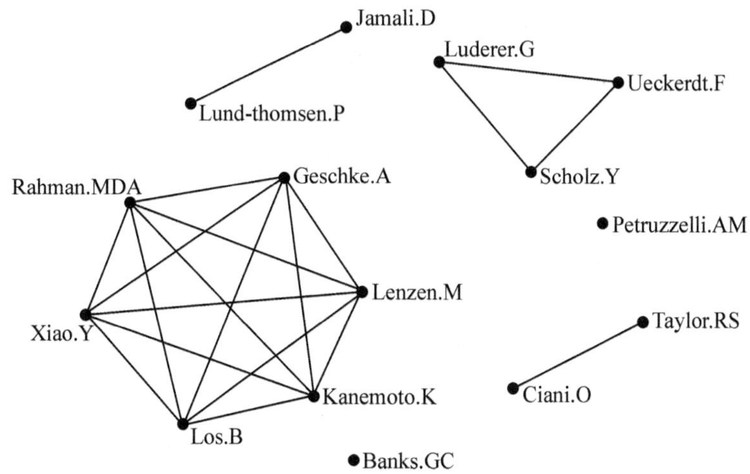

图 9　高产作者合作可视化图谱

注：节点的大小表示作者发文数量，连线的粗细表示作者之间合作的次数。

此外，我们进一步探究了 2017 年度全部 541 位高被引论文作者之间的合作关系，结果如图 10 所示。图中较大的节点代表 15 位高产作者，其余每个节点分别代表 1 位高被引论文作者(为保证图形的直观性，这里仅列出 15 位高产作者的名称)，节点连线代表作者间的合作关系。同时，在 563 位高被引论文作者中，有 25 位作者独立成稿，未与其他作者进行合作。图中结果显示，一方面，在经济学和商学领域，高被引作者之间的合作相对松散，作者间的独立性较高；另一方面，高被引论文的合作规模主要集中在 2~4 人，多人合著的情形在此领域相对少见。

2.3.3　作者数量与高被引论文数量关系

统计结果表明 2017 年经济学和商学领域的 176 篇高被引论文共包含 552 位作者，表 8 中列示了合著人数所对应的论文数量，同时计算了用于衡量学术文章合作程度的合作率和合作度指标。如表所示，2017 年年度合作度和合作率分别为 3.20% 和 85.80%，此

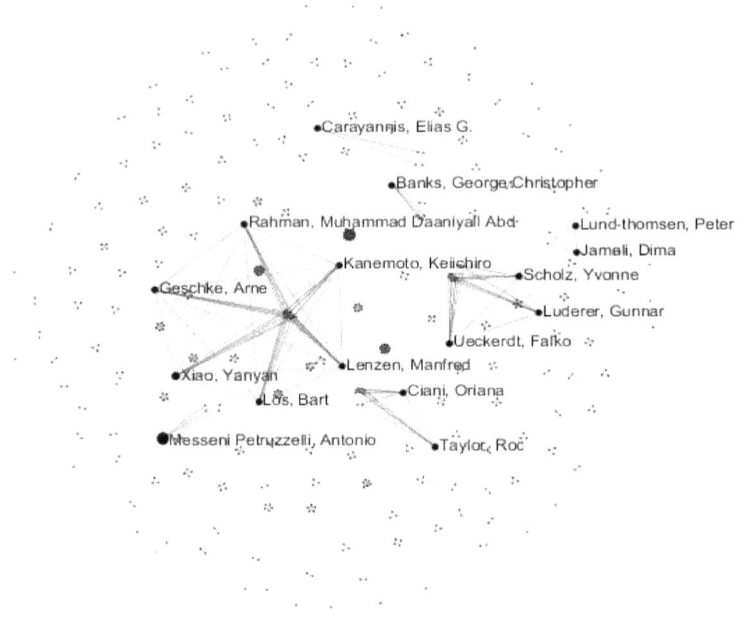

图 10　全体高被引作者合作可视化图谱

注：较大的节点代表 15 位高产作者，其他节点代表其他高被引论文作者，节点连线代表作者间的合作关系。

外，2~3 人合作的文章数量最多，占总体 57.39%，表明在此领域中整体合作程度较高但规模总体不大，7 人以及 7 人以上合作的文章总数仅为 8 篇，表明多作者现象在经济学和上学领域并不普遍。

表 8　　**高被引论文合作情况**

合著人数	论文数量	占比(%)	累计占比(%)
1	25	14.20	14.20
2	51	28.98	43.18
3	50	28.41	71.59
4	29	16.48	88.07

续表

合著人数	论文数量	占比(%)	累计占比(%)
5	6	3.41	91.48
6	7	3.98	95.45
7	2	1.14	96.59
9	1	0.57	97.16
11	1	0.57	97.73
12	2	1.14	98.86
17	1	0.57	99.43
23	1	0.57	100.00
合作度	3.20	(合作度为作者总数与论文总数之比)	
合作率	85.80%	(合作率为合著论文总数与论文总数之比)	

为了更清晰地展示作者数量与论文数量的关系，这里将表 8 中的论文数量取自然对数后作为因变量与合著者数量进行最小二乘回归分析，回归结果列示于图 11 中。此外，由于合著者数量超过 6 人后论文数量均仅为 1~2 篇，因此此处将 6 人以上合著的论文作为整体展开分析。从图中可以看出，论文数量和合著者数量呈现出极强的负指数相关关系，且回归系数和常数项在 95%的显著性水平上均显著异于 0，表明随着合著者数量的上升论文数量呈现出明显的下降趋势。

2.3.4 热点论文作者分布

表 9 统计了 2017 年度经济学和商学领域 27 篇热点论文共 82 位作者的分布情形。结果表明，有 2 位作者在一年内发表了 2 篇热点论文(无一年内发表热点论文超过 2 篇的作者)，分别为 Sueyoshi T 和 Yuan Y，均为来自美国新墨西哥矿业及科技学院的学者，且两人均为跨学科研究者，研究领域除经济学和商学外，还包括计算机科学和工程学等学科。Sueyoshi T 和 Yuan Y 的 H 指数分别为 4 和 8，具有很高的学术地位。此外，进一步统计发现，在 82 位作

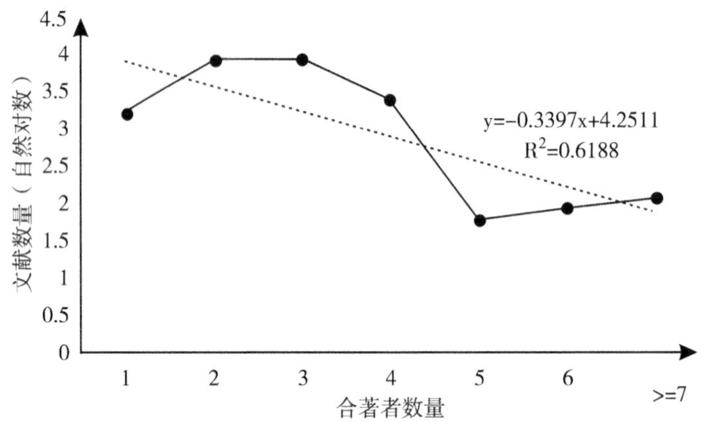

图 11　高被引文献合著者数量与文献数量回归分析

者中，除以上两位作者合著 2 篇论文外，其余作者间均不存在合作关系或仅有 1 篇合著论文。

表 9　**经济学与商学领域热点论文高产作者**

作　者	国　家	隶属机构	H 指数
Yuan Y	USA(美国)	New Mexico Institute of Mining & Technology	8
Sueyoshi T	USA(美国)	New Mexico Institute of Mining & Technology	4

与高被引论文研究方式相同，图 12 中展示了 82 位热点论文作者之间的合著关系，图中未包含 2 位独立成稿的作者(Nordhaus WD 和 Carey C)。如图 12 所示，热点论文作者间的合作网络相对稀疏，合著者数量集中在 2~4 人，独立成稿以及多人合作的情形都相对少见，表明热点论文作者通常会进行小规模的团体合作。

2.3.5　作者数量与热点论文数量关系

采用与高被引论文中相同的分析方式，表 10 对 27 篇热点论文中作者数量进行分类汇总。结果显示，热点论文中 2~4 人合著的

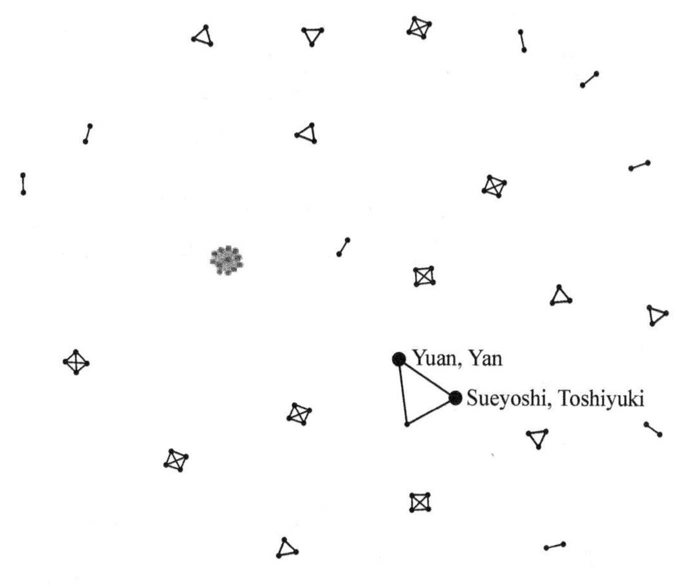

图 12 全体热点论文作者合作可视化图谱

注：节点的大小表示作者发文数量，连线的粗细表示作者之间合作的次数。

论文数量占总体的 88.89%，表明经济学和商学领域的合作相对普遍，但规模普遍较小，这一结论与先前对高被引论文的分析保持一致。为了更清晰地展示这一关系，图 13 中展示了论文数量取自然对数后作为因变量与合著者数量的最小二乘回归结果。在合著者数量超过 1 人后，随着合著者数量的上升，论文数量呈现出显著的下降趋势。

表 10 **热点论文合作情况**

作者数量	论文数量	占比(%)	累计占比(%)
1	2	7.41	7.41
2	9	33.33	40.74

续表

作者数量	论文数量	占比(%)	累计占比(%)
3	8	29.63	70.37
4	7	25.93	96.30
12	1	3.70	100.00
合作度	3.11	(合作度为作者总数与论文总数之比)	
合作率	92.59%	(合作率为合著论文总数与论文总数之比)	

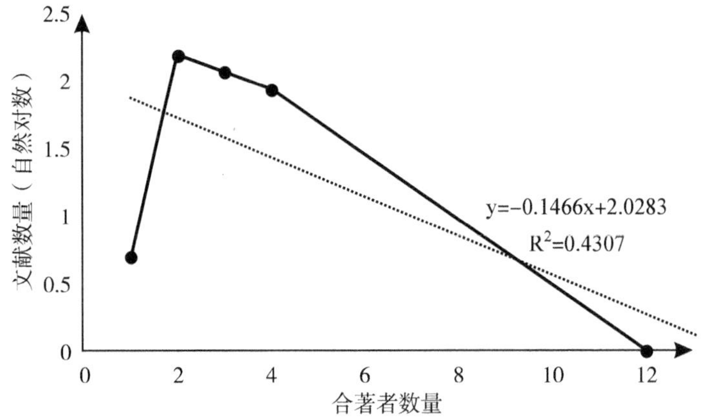

图 13 热点文献合著者数量与文献数量回归分析

2.4 期刊分布

2.4.1 高被引论文期刊分布

从 ESI 数据库收集到的 176 篇高被引文章来自于 77 份不同的期刊，其中有 45 份美国期刊，22 份英国期刊，6 份荷兰期刊，1 份瑞士期刊，1 份德国期刊，1 份新西兰期刊和 1 份捷克期刊。表 11 列出了 2017 年商学与经济学高被引论文发文量为 3 篇及以上的期刊和相应的 2016 年影响因子(TF),① 其中刊载高被引文章数最多的期刊是 *Journal of Management*，数量高达 19 篇，期刊影响因子(influence factor，IF)为 7.733。

① 由于每年的影响因子于次年 6 月份公布，因此表中的影响因子滞后一年。

表11　**2017年商学与经济学高被引论文发文量为3篇及以上的期刊**

期刊名称	国　家	载文量	排名	IF	H指数
Journal of Management	USA(美国)	19	1	7.733	10
Journal of Business Ethics	Netherlands(荷兰)	11	2	2.354	8
Health Economics	UK(英国)	8	3	2.301	7
Ecological Economics	Netherlands(荷兰)	6	4	2.965	6
Business & Society	USA(美国)	6	4	3.298	6
Energy Economics	Netherlands(荷兰)	6	4	3.199	6
Omega-The International Journal of Management	UK(英国)	5	7	4.029	5
Industrial Marketing Management	USA(美国)	5	7	3.166	5
Strategic Management Journal	USA(美国)	4	9	4.461	4
Journal of Technology Transfer	USA(美国)	4	9	2.631	4
Asian Economic Policy Review	USA(美国)	4	9	0.75	4
Journal of Business Research	USA(美国)	4	9	3.354	4
International Journal of Management Reviews	UK(英国)	3	12	5.578	3
Econometrica	UK(英国)	3	12	3.379	3
Journal of Financial Stability	USA(美国)	3	12	1.946	3
Economic Systems Research	UK(英国)	3	12	2.691	3
Journal of Management Studies	USA(美国)	3	12	3.962	3
Journal of the Academy of Marketing Science	USA(美国)	3	12	5.888	3

在2017年高被引论文所属的期刊中，*Science* 和 *Proceedings of the National Academy of Sciences* 为综合性期刊，影响因子高达37.20和9.661。由于综合性期刊与经济学与商学领域内的期刊缺乏可比性，故不予考虑。在除去这两份期刊的情况下，2016年影响因子

最高的是*Academy of Management Annals*，达到11.11。在H指数的排名中，排名第一的期刊是载文量最多的*Journal of Management*，其H指数高达10。从对高被引论文的整体分析来看，美国在这一领域占据绝对优势。

2.4.2 热点论文期刊分布

从ESI数据库收集到的27篇热点文章来自于23份不同的期刊。如表12所示，其中有14份美国期刊，5份英国期刊，3份荷兰期刊，1份瑞士期刊。其中2017年刊载热点论文数量最多的期刊是*Energy Economics*，有3篇热点文章，其影响因子为3.199。

表12 **经济学与商学领域内热点论文期刊分布**

期刊名称	国　家	载文量	排名	IF	H指数
Energy Economics	Netherlands(荷兰)	3	1	3.199	3
Review of Financial Studies	USA(美国)	2	2	3.689	2
Organizational Research Methods	USA(美国)	2	2	4.783	2
Journal of Political Economy	USA(美国)	1	4	3.923	1
Nber Macroeconomics Annual Conference	USA(美国)	1	4	—	1
Journal of Management	USA(美国)	1	4	7.733	1
Academy of Management Review	USA(美国)	1	4	9.408	1
Journal of Applied Econometrics	USA(美国)	1	4	2.117	1
Journal of Business Research	USA(美国)	1	4	3.354	1
Strategic Management Journal	USA(美国)	1	4	4.461	1
Journal of World Business	USA(美国)	1	4	3.758	1
Science	USA(美国)	1	4	37.205	1
Applied Economics Letters	UK(英国)	1	4	0.478	1

续表

期刊名称	国　家	载文量	排名	IF	H 指数
Journal of Project Management	UK(英国)	1	4	4.034	1
Journal of Financial Economics	Switzerland(瑞士)	1	4	4.505	1
Omega-The International Journal of Management Science	UK(英国)	1	4	4.029	1
Proceedings of the National Academy of Sciences	USA(美国)	1	4	9.661	1
Economic Policy	UK(英国)	1	4	9.661	1
International Journal of Research in Marketing	Netherlands(荷兰)	1	4	1.775	1
Business & Society	USA(美国)	1	4	3.298	1
Journal of Public Policy & Marketing	USA(美国)	1	4	1.786	1
Journal of Business Ethics	Netherlands(荷兰)	1	4	2.354	1
Food Policy	UK(英国)	1	4	3.086	1

与高被引论文期刊分布分析类似，去除综合性期刊的影响，2016 年影响因子最高的是 *Academy of Management Review*，其影响因子达 9.408，所刊载的热点文章数为 1 篇，H 指数为 1。需特别说明，由于 JCR 未统计 *NBERMacroeconomics Annual Conference* 的影响因子，表格中此项空缺。在 H 指数的排名中，排名第一的期刊是载文量最多的 *Energy Economics*，其 H 指数为 3。从对热点论文的整个分析来看，美国在这一领域依然占据绝对优势。

3　经济与商学研究内容分析

本章从经济与商学高被引和热点论文的内容出发，从关键词、主题和学科分类三个维度对热点问题进行深度挖掘。在关键词分析中，运用统计分析方法计算高频关键词，运用共词分析和聚类分析对高频关键词进行分类。在主题分析中，基于聚类分析的结果，结合论文的具体内容，对论文的主题进行归类，然后对各个主题类别的高被引、热点论文进行综述评论，探索 2017 年经济与商学领域的研究热点，预测未来的研究趋势。在学科分析中，对论文所涉及的学科类别进行统计，一方面展示高被引和热点论文中不同学科类别融合的情况，另一方面分析经济与商学领域的热点学科。

3.1 关键词分析

3.1.1 高频关键词分析

关键词分析是以关键词为分析对象，用词频分析法统计各个关键词出现的次数，继而发掘出高频关键词，并通过高频关键词分析研究领域内的热点问题和热点主题的一种定性分析方法。关键词作为一篇文章内容的总结和浓缩，具有一定的代表性和总结性。一般情况下，在一定时间内，如果某些关键词在论文中反复出现，或某类主题的关键词在论文中反复出现，则意味着这一研究主题就有可能成为热点问题。因而，进行关键词分析有助于直观地发掘研究的热点问题。

为了更加直观地反映出关键词的出现情况，图 14 绘制了所有论文的关键词云图，关键词出现次数越多，在云图中越大、越处于中间位置。可以直观地看到，出现频次最多的关键词包括“创新”、“企业社会责任”、“可持续发展”和“中国”等。为了进行更准确地分析，本文接下来进行了关键词的描述性统计分析，并进行了关键词词频的统计。

在统计词频的同时，本文将 2017 年经济学与商学领域中高被引论文和热点论文的关键词提取出来，并进行描述性统计，处理出来的频次不小于 3 的关键词有 28 个，表 13 按频率从高到低展示了这些关键词。可以看到，总体排序同云图中的结果一致。其中，热点关键词中词频最高的是“创新”一词。创新是人类进步的根本，大到国家、小到企业都需要以创新为进步和发展的原动力，在新形势下获得发展的先机。其次是“企业社会责任”。在经济高速发展

图 14　关键词云图

的现在，许多企业只关注于自身盈利情况，但却一直忽视自身应当承担的社会责任，“企业社会责任”成为关键词词频第二位正展现了国家和社会对企业的高度关注，企业如何承担起社会责任逐渐成为当前研究的热点。接下来的关键词为“中国”。中国作为发展迅猛的国家之一，也是世界第二大经济体，其国际影响力日益提升，因此吸引了研究领域的大量关注，使得关键词“中国”的频率在关键词榜中排第三位。词频并列第四的关键词是“气候变化”和“可持续发展”。其中“气候变化”作为人类现今所面对的重大问题之一，一直是近些年来研究者们的重点关注对象。而“气候变化”词频数相同的“可持续发展”则是一个来自于中国的词汇，是中国所提出的应对气候变化的发展方式，且中国也按照这一发展方式取得了不俗的成果，因此许多研究者将目光聚焦于可持续发展，希望通过研究这一发展方式来找寻在气候变化的大环境中发展经济的长久之计。其他的高频关键词如“公司治理”、“组织变革”和“绩效”等则表示研究者们仍旧对公司治理领域有较多的关注，“中小企业”和“跨国公司”则表明研究者们对不同公司规模的关注。

表 13　　高频关键词词频表

序号	关键词	词频	序号	关键词	词频
1	创新	9	14	道德	3
2	企业社会责任	8	15	复制	3
3	中国	6	16	公司业绩	3
4	气候变化	5	17	绩效	3
5	可持续发展	5	18	跨国公司	3
6	健康	4	19	框架	3
7	可持续性	4	20	循环经济	3
	模型	4	21	知识	3
8	服务化	4	22	制度理论	3
9	公司治理	4	23	中小企业	3
10	CEO	3	24	组织变革	3
11	边界跨越	3		健康技术评估	3
12	产业	3		工作	3
13	创业	3		中介作用	3

注：关键词序号与下图中序号一致，没有序号的关键词由于没有同其他高频关键词同时出现，在后面系统聚类分析中被剔除。

3.1.2　关键词共词分析和聚类分析

在共词分析方法中，共现矩阵和聚类分析方法通常同时使用。作为关键词研究中的定量分析方法，聚类能够和词频分析结合，提高分析结果的准确度。因此，在上述词频分析的基础上，我们进行了相应的聚类分析，直观展示这些高频关键词的亲疏程度，并进一步挖掘热点问题。在上节所提取的 28 个高频关键词中剔除没有和其他高频关键词一同出现的高频关键词之后，剩下了 24 个可供聚类分析的高频关键词，并在此基础上生成了 24×24 的共词矩阵。

在构造共词矩阵后，再将共词矩阵转换为相关性矩阵，进而将该相关性矩阵进行聚类分析得出如图 15 的聚类谱系图。其中，最左边的数字代表高频关键词的排序，最上方的数字标尺为分类对象间的距离。聚类开始时，每一个关键词都为一个小类，随着分类对象距离的增加，两组相关性较高的关键词“绩效”与“中小企业”和“道德”与“制度理论”被聚成了两小类。而当分类对象的距离达到最大时，就只剩下了一个大类。因此距离的选择影响了系统聚类的结果。通过对谱系图的分析，本文认为将分类距离定为 18 比较合适。在分类距离为 18 的分类标准下，高频关键词被分为 6 个大类。

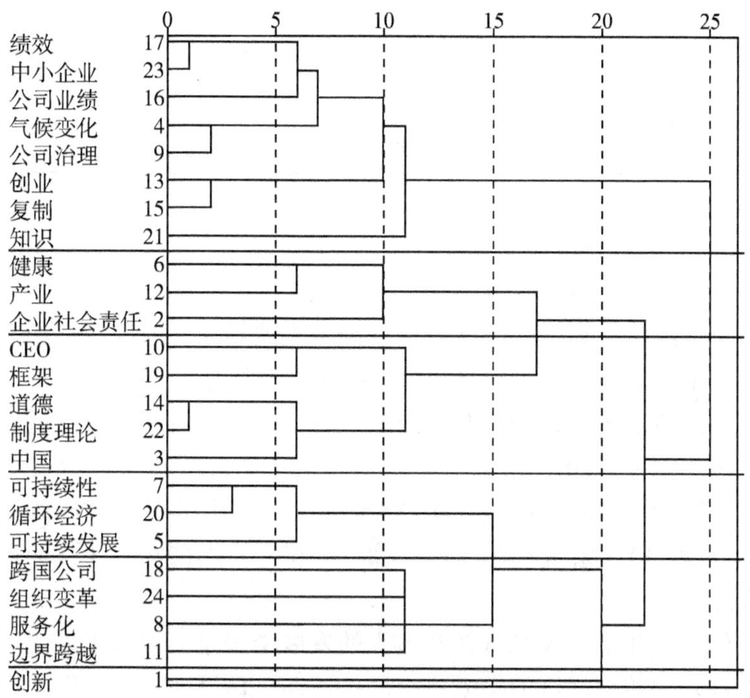

图 15　高频关键词系统聚类谱系图

根据高频关键词系统聚类谱系图以及对原始论文的研读分类，我们将经济学与商学的研究热点概括为表 14 中的七个方面：

表 14　　经济学与商学的研究热点分类表

序号	名称	数量	主　　题
1	宏观经济管理	22	经济体制改革、财政政策，收入分配，社会保障
2	企业制度与绩效	53	公司治理，员工工作激励与绩效，身份经济学，服务
3	国际金融与全球金融危机	14	国际贸易，跨国公司，系统性风险
4	行业经济管理	18	医疗卫生，文化体育，交通运输，农业
5	创新	12	知识管理，社会网络，创业
6	全球生态环境	42	可持续发展，环境保护，企业社会责任
7	经济理论与研究方法	16	经济统计，研究方法
8	其他	10	
合　计		187	

3.2　主题分析

3.2.1　宏观经济管理

宏观经济管理是一国政府遵循经济发展规律，为保障市场正常运转所采取的经济政策、法律和必要的行政手段，是从总体上对全社会的经济活动进行控制和调节的一种方法，其目的是促进一国国民经济的发展。2017 年经济学与商学 ESI 高被引和热点论文中宏观经济管理主题相关的论文有 22 篇，主要关注于中国经济体制转型改革（4 篇）、宏观经济政策（8 篇）、收入分配（2 篇）和社会保障（8 篇）。

作为全球第二大经济体和最大的发展中国家，中国正处于一个非常重要的转型经济节点上，金融业改革、国企改革都吸引了众多学者的目光，以探究中国经济转型的进程和成果。Okazaki（2017）①

① Okazaki，K.（2017），"Banking System Reform in China：The Challenges to Improving Its Efficiency in Serving the Real Economy"，*Asian Economic Policy Review*，Vol. 12，No. 2，pp. 303-320.

研究了中国上市商业银行的财务报表，报告显示加入世界贸易组织以来，中国银行体系改革取得了显著成效，但是近来非盈利企业和地方政府的债务不断膨胀对中国银行业的业绩造成了一定的影响。文章提出在经济增长放缓、金融自由化的情况下，银行之间的竞争将更加激烈，银行和监管当局必须继续加大改革力度，以改善银行的治理和风险管理体系。Naughton（2017）①认为为国有企业分配新的发展任务的目标体现在设立新的国有投资公司，这些公司旨在逐步接管现有机构的所有权职能，而新机构的结构和功能破坏了企业层面公司治理改革的潜力。Huang and Wang（2017）②认为目前中国已经建立了一个较为全面的金融体系，但还未让市场机制自由运作。因此，他们提出政府在金融改革中需要采取的三个步骤：创造一个公平竞争的市场环境、开放市场机制以及提高监管水平。Liang 等（2017）③通过对城投债券和企业杠杆率的实证检验，发现地方政府债务的扩张大大挤出了非国有企业的杠杆作用，而国有企业则挤占了这种杠杆作用，特别是上游的国有企业。由此看来，中国的经济体制改革遇到了瓶颈，改革成果在一定程度上遭受逆转，需要政府和监管当局加大改革力度和开放市场。

2008 年金融危机后，越来越多的学者认为应该建立更贴近现实的经济交互模型，如何建立这个模型成为宏观经济研究的最大挑战之一，政策制定者可以利用这个模型更好地理解货币政策、财政

---

① Naughton, B. (2017), "The Current Wave of State Enterprise Reform in China: A Preliminary Appraisal", *Asian Economic Policy Review*, Vol. 12, No. 2, pp. 282-298.

② Huang, Y. & Wang, X. (2017), "Building an Efficient Financial System in China: A Need for Stronger Market Discipline", *Asian Economic Policy Review*, Vol. 12 No. 2, pp. 188-205.

③ Liang, Y., Shi, K., Wang, L. & Xu, J. (2017), "Local Government Debt and Firm Leverage: Evidence from China", *Asian Economic Policy Review*, Vol. 12 No. 2, pp. 210-232.

政策和宏观审慎政策之间的相互作用。Jorda 等(2017)①对商业周期进行深入研究后发现，商业周期的性质随着经济的金融化而改变。尤其在金融杠杆上升的战后时期，宏观经济总量相互关联的方式随着杠杆率的上升而演变，信贷对理解整体经济动态起着关键作用。Chudik 等(2017)②分析了 1965—2010 年期间 40 个国家的历史数据，结果表明公共债务与经济增长之间的关系不具有普遍适用的阈值效应，这个关系会受国家的负债情况、政治制度、金融深化程度等国家特性的影响而不同，但是公共债务增长对产出增长具有显著的负面影响。Cavallari and Romano(2017)③以欧洲财政政策为研究对象探究财政政策的可预期性和预期的刺激作用，研究结果认为财政政策在很大程度上是可预期的，并且其效果取决于政策能够影响预期的程度，即一个突然的逆转赤字预期的财政政策可能会挤出私人支出，而预期的财政政策刺激可以促进国内活动，且财政政策具有跨境溢出影响。Cerutti 等(2017)④和 Bruno 等(2017)⑤均研究了宏观审慎政策的有效性，试图提出逆周期监管策略，解决传统货币政策无法解决的问题。前者对比了不同经济体使用宏观审慎政策的效果，发现在发达国家、开放经济体中效果甚微，经济萧条时期的政策效应也不理想。后者研究了关于货币政策与宏观审慎政策的相互作用，研究结果表明，当宏观审慎政策通过加强货币紧缩来补

① Jorda, O., Schularick, M. & Taylor, A. M. (2017), "Macrofinancial History and the New Business Cycle Facts", *NBER Macroeconomics Annual*, Vol. 31, No. 1, pp. 213-263.

② Chudik, A., Mohaddes, K., Pesaran, M. H. & Raissi, M. (2017), "Is There a Debt-Threshold Effect on Output Growth?", *Review of Economics and Statistics*, Vol. 99, No. 1, pp. 135-150.

③ Cavallari, L. & Romano, S. (2017), "Fiscal policy in Europe: The importance of making it predictable", *Economic Modelling*, Vol. 6081-97.

④ Cerutti, E., Claessens, S. & Laeven, L. (2017), "The use and effectiveness of macroprudential policies: New evidence", *Journal of Financial Stability*, Vol. 28203-224.

⑤ Bruno, V., Shim, I. & Shin, H. S. (2017), "Comparative assessment of macroprudential policies", *Journal of Financial Stability*, Vol. 28183-202.

充货币政策时，作用比它们在相反方向时更为有效。Kang 等(2017)①分析了美国和非美国石油生产冲击对经济政策不确定性的动态影响，美国石油供应中断导致 CPI 预测不确定性上升。Robertson(2016)②探究了英国房地产金融化带来的社会变化，英国现在的房地产政策会增加业主占有权模式的脆弱性。Apergis 等(2017)③构建了一个电力市场价格的价格增长模型，通过这个模型可以知道哪些市场结构可以实现价格收敛以及需要多长时间才能实现。上述研究表明现代宏观经济环境已经发生了改变，在新的时代应该适当调整宏观经济管理政策。

国家的经济增长不是国家的唯一目标，越来越多的国家关注于维护社会公平、提升国民幸福感，建立有效的收入分配机制和完善的社会保障制度对于现代国家建设来说是必不可少的一个部分。在收入研究方面，Stockhammer(2017)④的研究发现，全球化不仅在生产方面对发达经济体和发展中经济体都产生了强烈的负面影响，而且也引起了工资份额大幅度下降和福利减少的现象。Roca and Puga(2017)⑤发现大城市和小城市的工人初始时并无差异，但是大城市的工人获得了在大城市即时的静态溢价，如更多的教育和技能

① Kang, W., Ratti, R. & Vespignani, J. (2017), "Oil price shocks and policy uncertainty: New evidence on the effects of US and non-US oil production", *Energy Economics*, Vol. 66536-546.

② Robertson, M. (2016), "(De) constructing the financialised culture of owner-occupation in the UK, with the aid of the 10Cs", *New Political Economy*, Vol. 22, No. 4, pp. 398-409.

③ Apergis, N., Fontini, F. & Inchauspe, J. (2017), "Integration of regional electricity markets in Australia: A price convergence assessment", *Energy Economics*, Vol. 62411-418.

④ Stockhammer, E. (2017), "Determinants of the Wage Share: A Panel Analysis of Advanced and Developing Economies", *British Journal of Industrial Relations*, Vol. 55, No. 1, pp. 3-33.

⑤ Roca, J. & Puga, D. (2017), "Learning by Working in Big Cities", *The Review of Economic Studies*, Vol. 84, No. 1, pp. 106-142.

经验，这种大城市经历带来的附加价值在离开大城市后依然存在，因此大城市的个人收入较高，且不随工作地点改变而降低。在社会幸福感方面，Reeves 等(2017)①探究了英国的最低收入制度和个人健康的关系，研究表明最低收入制度通过减少低薪工人的经济压力，提高工资显著改善了工人的心理健康，但对于血压问题、听力问题和吸烟数量的改善作用不明显。Genicot and Ray(2017)②提出了一个社会决定的愿望和经济不平等之间相互作用的理论，认为经济收入决定了个人愿望，个人愿望反过来又决定了投资激励和社会收入，因此愿望和收入是共同发展的，运用该理论可以通过改变收入分配推动经济增长。该理论同时提出，适度高于个人当前生活水平的愿望倾向于鼓励投资，而更高的愿望可能会导致挫折感。Cheng 等(2017)③用福利方程的一阶导数性质提供了中年人“U 形”幸福感的证据。在社会保障制度方面，Kousky and Michel-Kerjan (2017)④分析了洪水区的影响、房屋特征、个人和集体减灾、重复损失属性等因素和决定索赔支付款之间的定量关系。Sirven and Rapp(2017)⑤探讨了 2012 年 65 岁及以上的法国社区居民卫生保健支出(health care expenditure，HCE)的增加成本，结果表明增加成

① Reeves, A., Mckee, M., Mackenbach, J., Whitehead, M. & Stuckler, D. (2017), “Introduction of a National Minimum Wage Reduced Depressive Symptoms in Low-Wage Workers: A Quasi-Natural Experiment in the UK”, *Health Economics*, Vol. 26, No. 5, pp. 639-655.

② Genicot, G. & Ray, D. (2017), “Aspirations and Inequality”, *Econometrica*, Vol. 85, No. 2, pp. 489-519.

③ Cheng, T., Powdthavee, N. & Oswald, A. (2017), “Longitudinal Evidence for a Midlife Nadir in Human Well-being: Results from Four Data Sets”, *Economic Journal*, Vol. 599, No. 127, pp. 126-142.

④ Kousky, C. & Michel-Kerjan, E. (2017), “Examining Flood Insurance Claims in the United States: Six Key Findings”, *Journal of Risk and Insurance*, Vol. 84, No. 3, pp. 819-850.

⑤ Sirven, N. & Rapp, T. (2017), “The cost of frailty in France”, *The European Journal of Health Economics*, Vol. 18, No. 2, pp. 243-253.

本随个体健康的衰减而增加，衰弱前期患者的增加成本为 750 欧元，而已经衰弱个体的增加成本为 1500 欧元。Zhang 等(2017)①发现中国收入较低的人群纳入医疗保险的可能性较低，受教育程度较低、年龄较大、离婚/丧偶妇女和农村户口人员的受保机会较低，同时计划中医疗保险的保费和报销率有很大差异。Clemens and Gottlieb(2017)②的研究显示医疗保险政策对私人保险公司向医生提供的偿付服务存在正向影响，在保险公司和竞争性医疗市场集中的地区，医疗保险的影响力更强。Shi and Pan(2017)③通过构建一个局域性社会成本函数下的社会宽容的动力学演化模型，证明局域性社会成本函数下经济交互模型在拓扑空间是可积的，动态演化的均衡解与群体人口密切相关。该研究拓展了现有社会宽容的动力学演化模型，在博弈论、公共政策的效果评估等领域具有重要的应用价值。总而言之，上述研究为提升人类社会福祉提供了新的思路和方向。

从全球的宏观经济环境来看，经济周期越来越多地受到杠杆的影响，财政政策和宏观审慎政策都有使用的局限性，政府制定宏观政策需要关注更多的影响因素。收入分配和社会福利依旧是关注的热点，政府可以通过最低收入制度、保险制度、大城市效应等提高个人收入，进而提高社会福利。另一个值得注意的是利用经济交互模型研究社会宽容度的动态演化是近年来经济学和社会学的新兴话题。

---

① Zhang, C., Lei, X., Strauss, J. & Zhao, Y. (2017), "Health Insurance and Health Care among the Mid-Aged and Older Chinese: Evidence from the National Baseline Survey of CHARLS", *Health Economics*, Vol. 26, No. 4, pp. 431-449.

② Clemens, J. & Gottlieb, J. (2017), "In the Shadow of a Giant: Medicare's Influence on Private Physician Payments", *Journal of Political Economy*, Vol. 125, No. 1, pp. 1-39.

③ Shi, Y. & Pan, M. (2017), "Evolutionary dynamics of social tolerance in the economic interaction model with local social cost functions", *Applied Economics Letters*, Vol. 24, No. 2, pp. 75-79.

3.2.2 企业制度与绩效

第二个热点研究企业作为一个有机组织，为了更好地实现企业既定目标和实现内部资源与外部环境的协调，使企业本身和企业员工积极运转从而创造更高的绩效，在财产关系、组织结构、运行机制和管理规范等方面作出的一系列制度安排。2017 年关于企业制度与绩效的高被引和热点论文共计 52 篇，其中公司治理 14 篇、企业员工工作激励与绩效 8 篇、身份经济学 7 篇，企业服务 12 篇，还有其他相关研究 12 篇。

其中一个研究角度是从董事会、股东、CEO 等不同管理层级的角度研究了公司领导和治理的问题，分析了领导者的能力、道德、情绪和行为方式对企业绩效的影响。Balsmeier 等(2017)①总结发现，独立的董事会能有效降低代理成本和改善公司治理，但对创新的影响却有多个维度。拥有更独立的董事会的公司会创造更多专利，但从被引用的情况来看，这些专利的探索性和突破性不强。Boateng and Huang(2017)②采用 2001 至 2013 年 2341 家中国公司的样本数据，相对控股股东而言，多个非控股大股东的存在降低了超额杠杆政策的采用和隧道效应，即某些股东为了谋取自身的利益而牺牲其他股东利益的现象，增强了资本投资的能力。他们还发现政府作为控股股东能够发挥显著的影响力并降低多个大股东的监督效力(monitoring effectiveness)。Christine 等(2016)③研究为什么董事会明知临时 CEO 会对绩效产生负面影响也依然做此决定的原因，主要原因是先前的 CEO 被迫离职且没有继承人，或者前任首席执

① Balsmeier, B., Fleming, L. & Manso, G. (2017), "Independent boards and innovation", *Journal of Financial Economics*, Vol. 123, No. 3, pp. 536-557.

② Boateng, A. & Huang, W. (2017), "Multiple Large Shareholders, Excess Leverage and Tunneling: Evidence from an Emerging Market", *Corporate Governance: An International Review*, Vol. 25, No. 1, pp. 58-74.

③ Mooney, C., Semadeni, M. & Kesner, I. (2016), "The Selection of an Interim CEO", *Journal of Management*, Vol. 43, No. 2, pp. 455-475.

行官任职期短。Li 等(2016)①调查团队导向的授权型领导层如何跨层影响个人层面，发现组织支持气氛是一把双刃剑，组织支持环境气氛高并不总具有统一的积极效果。Heave and Simsek(2016)②认为交互式记忆为高层管理团队提供了一个基于团队成员专业领域的知识生成、分发和整合系统，从而增强组织的双元性，即同时具有管理当前业务和适应于未来变化的能力。Lindebaum and Raftopoulou(2017)③认为使用神经科学的理论和方法可以更好地预测什么构成了好的领导阶层，但负面的心理和生理作用可能会使得神经科学方法无法在工作中无风险使用。Friedrich and Wustenhagen(2017)④对独立组织领导的情绪在一个行业向可持续发展变革的过程中产生的影响进行了理论分析。Mackey 等(2016)⑤分析了上级辱虐管理的破坏性领导带来的消极影响。Takacs 等(2016)⑥通过实证研究发现企业 CEO 贪婪的特质与股东回报负相关，但当公司引入董事会独立性、管理层自由裁量权及 CEO 任期制度时，这种负向关系会有所减弱。

① Li, N., Chiaburu, D. & Kirkman, B. (2016), "Cross-Level Influences of Empowering Leadership on Citizenship Behavior", *Journal of Management*, Vol. 43, No. 4, pp. 1076-1102.

② Heavey, C. & Simsek, Z. (2016), "Distributed Cognition in Top Management Teams and Organizational Ambidexterity", *Journal of Management*, Vol. 43, No. 3, pp. 919-945.

③ Lindebaum, D. & Raftopoulou, E. (2017), "What Would John Stuart Mill Say? A Utilitarian Perspective on Contemporary Neuroscience Debates in Leadership", *Journal of Business Ethics*, Vol. 144, No. 4, pp. 813-822.

④ Friedrich, E. & Wüstenhagen, R. (2016), "Leading Organizations Through the Stages of Grief", *Business & Society*, Vol. 56, No. 2, pp. 186-213.

⑤ Mackey, J. D., Frieder, R. E., Brees, J. R. & Martinko, M. J. (2016), "Abusive Supervision: A Meta-Analysis and Empirical Review", *Journal of Management*, Vol. 43, No. 6, pp. 1940-1965.

⑥ Takacs Haynes, K., Campbell, J. T. & Hitt, M. A. (2016), "When More Is Not Enough", *Journal of Management*, Vol. 43, No. 2, pp. 555-584.

在现代公司治理的过程中，越来越多地提及大数据、信息系统和信息技术的使用对公司绩效的促进作用。Fu 等(2017)①将人力资源管理实践与企业绩效联系起来，研究了高性能工作系统(high-performance work systems，HPWS)对专业服务公司(professional service firms，PSFs)绩效的影响机制。Wamba 等(2017)②提出了一个大数据分析能力(big data analytics capability，BDAC)模型，并通过研究 BDAC 对公司业绩(firm performance，FPER)的直接影响，以及面向过程的动态能力(process-oriented dynamic capabilities，PODC)对 BDAC 和 FPER 关系的中介效应，进一步扩展了该研究领域。Martin 等(2017)③则从反面研究了客户数据管理不当可能造成的不良后果，分析了数据隐私对客户和公司绩效的影响。Ng and Wakenshaw(2017)④提出物联网作为资源信息、数字资源、服务系统和模块、交易与服务等四个概念，并展示其对未来营销研究的影响，涉及了信息系统、设计和创新、数据科学和网络安全以及组织研究和经济学等多个方面。

企业管理的过程中一个值得重视的研究问题是通过提升员工的工作技能、积极性和归属感来提高企业员工个人的工作绩效从而促

---

① Fu，N.，Flood，P. C.，Bosak，J.，Rousseau，D. M.，Morris，T. & O'Regan，P. (2017)，"High-Performance Work Systems in Professional Service Firms：Examining the Practices-Resources-Uses-Performance Linkage"，*Human Resource Management*，Vol. 56，No. 2，pp. 329-352.

② Wamba，S. F.，Gunasekaran，A.，Akter，S.，Ren，S. J.，Dubey，R. & Childe，S. J. (2017)，"Big data analytics and firm performance：Effects of dynamic capabilities"，*Journal of Business Research*，Vol. 70356-365.

③ Martin，K. D.，Borah，A. & Palmatier，R. W. (2017)，"Data Privacy：Effects on Customer and Firm Performance"，*Journal of Marketing*，Vol. 81，No. 1，pp. 36-58.

④ Ng，I. & Wakenshaw，S. (2017)，"The Internet-of-Things：Review and research directions"，*International Journal of Research in Marketing*，Vol. 34，No. 1，pp. 3-21.

进公司的发展。Wihler 等(2014)①研究了个人主动性如何促进工作绩效。Van 等(2017)②以小学教师为样本，发现组织干预对个人工作投入和绩效有积极影响。Bailey 等(2017)③通过系统的证据检验发现员工的高参与度可同时提高组织绩效和个人效用。他们认为可以通过提高员工的参与度和主动性来鼓励员工的工作投入、提高工作绩效。Shah 等(2017)④以一个大型公共部门组织的数据作为样本，应用结构方程模型(Structural Equation Modelling，SEM)确定工资、工作晋升、组织忠诚度和组织身份对员工工作满意度的影响，然后提出一个结合大数据、实施方法和管理承诺要求的框架，把该方法作为人力资源预测分析(HR predictive analytics，HPA)方法的一部分，可以更有效地管理员工的态度和行为。Taylor 等(2016)⑤将工作场所的不文明行为判定为一种人际现象，分析其与员工工作倦怠和离职行为的序列相关性。Kurtessis 等(2016)⑥基于组织支持

① Wihler, A., Blickle, G., Ellen, B., Hochwarter, W. A. & Ferris, G. R. (2013), "Personal Initiative and Job Performance Evaluations: Role of Political Skill in Opportunity Recognition and Capitalization", *Journal of Management*, Vol. 43, No. 5, pp. 1388-1420.

② Van Wingerden, J., Derks, D. & Bakker, A. B. (2017), "The Impact of Personal Resources and Job Crafting Interventions on Work Engagement and Performance", *Human Resource Management*, Vol. 56, No. 1, pp. 51-67.

③ Bailey, C., Madden, A., Alfes, K. & Fletcher, L. (2017), "The Meaning, Antecedents and Outcomes of Employee Engagement: A Narrative Synthesis", *International Journal of Management Reviews*, Vol. 19, No. 1, pp. 31-53.

④ Shah, N., Irani, Z. & Sharif, A. M. (2017), "Big data in an HR context: Exploring organizational change readiness, employee attitudes and behaviors", *Journal of Business Research*, Vol. 70366-378.

⑤ Taylor, S. G., Bedeian, A. G., Cole, M. S. & Zhang, Z. (2016), "Developing and Testing a Dynamic Model of Workplace Incivility Change", *Journal of Management*, Vol. 43, No. 3, pp. 645-670.

⑥ Kurtessis, J. N., Eisenberger, R., Ford, M. T., Buffardi, L. C., Stewart, K. A. & Adis, C. S. (2016), "Perceived Organizational Support: A Meta-Analytic Evaluation of Organizational Support Theory", *Journal of Management*, Vol. 43, No. 6, pp. 1854-1884.

理论(organizational support theory, OST)提出感知组织支持理论(perceived organizational support, POS),认为员工对组织评估他们的贡献程度和组织对员工福利的关心程度形成了一种共识,且 OST 根据领导力、员工组织背景、人力资源实践和工作条件对员工关于组织和工作的定位、员工绩效和福祉的预测上取得了成功。Bareket-Bojmel 等(2016)①研究了三种类型的奖金(现金、家庭餐券和口头奖励)如何影响员工在高科技制造工厂的生产力,Baranik 等(2016)②则调查了顾客不公正对待的行为对员工情绪、健康和工作效率造成的影响。Flammer and Luo(2017)③发现企业社会责任也可以用作员工治理工具,能帮助企业激励并吸引员工。

企业制度与绩效的研究中另一个重要的研究主题是身份经济学(identity economics),这是现代经济学中一个较为新颖的研究方向。每个人都隶属于民族、种族、性别、职业等多种社会身份,拥有不同的教育背景、成长经历和政治关联,每种身份都有与其相对应的行为规范或较为一致的行为模式,这些构成了经济产出的社会机制。将"身份"引入经济学分析框架后,身份研究渗透到经济分析的多个层面。Knights and Clarke(2017)④对管理和组织研究中有关

---

① Bareket-Bojmel, L., Hochman, G. & Ariely, D. (2016), "It's (Not) All About the Jacksons", *Journal of Management*, Vol. 43, No. 2, pp. 534-554.

② Baranik, L. E., Wang, M., Gong, Y. & Shi, J. (2016), "Customer Mistreatment, Employee Health, and Job Performance", *Journal of Management*, Vol. 43, No. 4, pp. 1261-1282.

③ Flammer, C. & Luo, J. (2017), "Corporate social responsibility as an employee governance tool: Evidence from a quasi-experiment", *Strategic Management Journal*, Vol. 38 No. 2, pp. 163-183.

④ Knights, D. & Clarke, C. (2017), "Pushing the Boundaries of Amnesia and Myopia: A Critical Review of the Literature on Identity in Management and Organization Studies", *International Journal of Management Reviews*, Vol. 19, No. 3, pp. 337-356.

身份研究的论文进行了总体评论。Stead(2017)①和 Seierstad 等(2017)②都探究了女性角色在公司治理的系统中发挥的独特作用。其中，Stead(2017)③探讨了创业背景下女性的归属问题，确定了五种形式的女性归属表现，详细说明女性如何战略性地适度使用合法实践和身份认证工作来强化和挑战性别规范。Seierstad 等(2017)④通过观察、访谈和文本分析，研究推动和决定这些政策制度的关键参与者，以及促使他们推动女性参与董事会的变革动机。除了关于性别的讨论，Leslie(2017)⑤提出了关于企业种族多样性的理论，认为种族多样性可能会限制企业绩效。Du(2017)⑥发现中国家族企业具有宗教信仰的企业家更有可能参与政治事务，宗教信徒通过其成员组织或参与宗教活动的经验获得公民技能，同时，企业慈善事业会削弱宗教信仰与政治参与之间的积极联系。Wry and York(2017)⑦分析了不同类型的企业家和创业者面临社会福利

① Stead, V. (2017), "Belonging and women entrepreneurs: Women's navigation of gendered assumptions in entrepreneurial practice", *International Small Business Journal*, Vol. 35, No. 1, pp. 61-77.

② Seierstad, C., Warner-Søderholm, G., Torchia, M. & Huse, M. (2017), "Increasing the Number of Women on Boards: The Role of Actors and Processes", *Journal of Business Ethics*, Vol. 141, No. 2, pp. 289-315.

③ Stead, V. (2017), "Belonging and women entrepreneurs: Women's navigation of gendered assumptions in entrepreneurial practice", *International Small Business Journal*, Vol. 35, No. 1, pp. 61-77.

④ Seierstad, C., Warner-Søderholm, G., Torchia, M. & Huse, M. (2017), "Increasing the Number of Women on Boards: The Role of Actors and Processes", *Journal of Business Ethics*, Vol. 141, No. 2, pp. 289-315.

⑤ Leslie, L. M. (2016), "A Status-Based Multilevel Model of Ethnic Diversity and Work Unit Performance", *Journal of Management*, Vol. 43, No. 2, pp. 426-454.

⑥ Du, X. (2017), "Religious Belief, Corporate Philanthropy, and Political Involvement of Entrepreneurs in Chinese Family Firms", *Journal of Business Ethics*, Vol. 142, No. 2, pp. 385-406.

⑦ Wry, T. & York, J. G. (2017), "An Identity-Based Approach to Social Enterprise", *Academy of Management Review*, Vol. 42, No. 3, pp. 437-460.

和商业效率的冲突时将如何管理和解决。Mathias and Williams (2016)①则分析了角色身份对企业家创业过程和企业成长的影响作用。

研究还越来越重视服务对企业绩效的影响。Yuen and Thai (2017)②提出客户满意度或不满意度是评估服务质量(service quality, SQ)属性的直接体现，讨论和测试了客户对 SQ 属性评估的交互作用。Baines 等(2017)③把服务化转型作为一个组织变革的过程，系统回顾了组织变革管理相关的论文，总结这一领域的研究情况。Kowalkowski 等(2017)④探讨综述了产品公司的服务增长这一活跃的服务研究领域。Valtakoski(2017)⑤发现制造商可以通过提供更好服务、与客户更密切的互动而受益，并为服务化失败和非服务化提供了多种解释。Harmeling 等(2017)⑥强调企业有意识地

① Mathias, B. D. & Williams, D. W. (2016), "The Impact of Role Identities on Entrepreneurs' Evaluation and Selection of Opportunities", *Journal of Management*, Vol. 43, No. 3, pp. 892-918.

② Yuen, K. F. & Thai, V. (2017), "Service quality appraisal: a study of interactions", *Total Quality Management & Business Excellence*, Vol. 28, No. 7-8, pp. 730-745.

③ Baines, T., Bigdeli, A., Bustinza, O., Shi, V., Baldwin, J. & Ridgway, K. (2017), "Servitization: revisiting the state-of-the-art and research priorities", *International Journal of Operations & Production Management*, Vol. 37, No. 2, pp. 256-278.

④ Kowalkowski, C., Gebauer, H. & Oliva, R. (2017), "Service growth in product firms: Past, present, and future", *Industrial Marketing Management*, Vol. 6082-88.

⑤ Valtakoski, A. (2017), "Explaining servitization failure and deservitization: A knowledge-based perspective", *Industrial Marketing Management*, Vol. 60138-150.

⑥ Harmeling, C. M., Moffett, J. W., Arnold, M. J. & Carlson, B. D. (2017), "Toward a theory of customer engagement marketing", *Journal of the Academy of Marketing Science*, Vol. 45, No. 3, pp. 312-335.

激励和提高顾客参与度是一种有效营销方式。Pinto 等(2017)①讨论了企业服务中较为特别的一个领域：供水服务，评估了各国不同的供水服务绩效。Benedettini 等②则挑战了普遍流行的观点，认为制造商不应该期望通过专注于产品相关的服务来提高企业本身的生存机会。Nuttavuthisit and Thøgersen (2017)③、Pansari and Kumar (2017)④和 Hult 等(2017)⑤都讨论了顾客管理的问题。其中，Nuttavuthisit and Thøgersen(2017)研究信任如何以及多大程度上能影响消费者购买新绿色产品的决策；Pansari and Kumar(2017)讨论如何获得忠诚的客户以及如何最大化企业绩效；Hult 等(2017)分析如何才能确保管理者了解他们的客户如何看待以及为什么这样看待公司的产品和服务，从而促进营销的成功。Braxand Visintin (2017)⑥分析了 154 篇有关服务化的研究文章，提出了一个整合的服务化元模型，解决了相关文献中概念不可通的缺陷，为比较不同

① Pinto, F. S., Costa, A. S., Figueira, J. R. & Marques, R. C. (2017), "The quality of service: An overall performance assessment for water utilities", *Omega-The International Journal of Management Science*, Vol. 69115-125.

② Benedettini, O., Swink, M. & Neely, A. (2017), "Examining the influence of service additions on manufacturing firms' bankruptcy likelihood", *Industrial Marketing Management*, Vol. 60112-125.

③ Nuttavuthisit, K. & Thøgersen, J. (2017), "The Importance of Consumer Trust for the Emergence of a Market for Green Products: The Case of Organic Food", *Journal of Business Ethics*, Vol. 140, No. 2, pp. 323-337.

④ Pansari, A. & Kumar, V. (2017), "Customer engagement: the construct, antecedents, and consequences", *Journal of the Academy of Marketing Science*, Vol. 45, No. 3, pp. 294-311.

⑤ Hult, G., Morgeson, F., Morgan, N., Mithas, S. & Fornell, C. (2017), "Do managers know what their customers think and why?", *Journal of the Academy of Marketing Science*, Vol. 45, No. 1, pp. 37-54.

⑥ Brax, S. A. & Visintin, F. (2017), "Meta-model of servitization: The integrative profiling approach", *Industrial Marketing Management*, Vol. 6017-32.

的服务系统提供了一个参考。*Böhm* 等(2017)①则检验了制造企业向服务业转型的过程中，财务状况可能对改革的成功产生的影响。

部分文献对创业企业获取投资的问题进行了研究。Bi 等(2017)②分析了在线信息对网络众筹过程中投资者决策的影响，Drover 等(2017)③分析风险投资和众筹投资的不同属性如何影响风险投资家们尽职调查时认证风险投资的质量的行为，Cumming 等(2017)④考察了政府和私营独立风险投资对创业企业出口绩效的影响。还有文献研究了库存物流相关的管理机制。Sarkar and Mahapatra(2017)⑤通过同时优化系统的周期长度、再订货点和提前期来最小化预期的年度总成本。Li 等(2017)⑥制造商和可靠供应商的成本分摊激励在不同场景条件下的差异。Liu 等(2017)⑦研

---

① Böhm, E., Eggert, A. & Thiesbrummel, C. (2017), "Service transition: A viable option for manufacturing companies with deteriorating financial performance?", *Industrial Marketing Management*, Vol. 60101-111.

② Bi, S., Liu, Z. & Usman, K. (2017), "The influence of online information on investing decisions of reward-based crowdfunding", *Journal of Business Research*, Vol. 7110-18.

③ Drover, W., Wood, M. S. & Zacharakis, A. (2017), "Attributes of Angel and Crowdfunded Investments as Determinants of VC Screening Decisions", *Entrepreneurship Theory and Practice*, Vol. 41, No. 3, pp. 323-347.

④ Cumming, D. J., Grilli, L. & Murtinu, S. (2017), "Governmental and independent venture capital investments in Europe: A firm-level performance analysis", *Journal of Corporate Finance*, Vol. 42439-459.

⑤ Sarkar, B. & Mahapatra, A. S. (2017), "Periodic review fuzzy inventory model with variable lead time and fuzzy demand", *International Transactions in Operational Research*, Vol. 24, No. 5, pp. 1197-1227.

⑥ Li, G., Li, L., Zhou, Y. & Guan, X. (2017), "Capacity restoration in a decentralized assembly system with supply disruption risks", *International Transactions in Operational Research*, Vol. 24, No. 4, pp. 763-782.

⑦ Liu, R. L. R., Liu, S. L. S., Zeng, Y. Z. Y. & Wang, L. W. L. (2017), "Optimization model for the new coordinated replenishment and delivery problem with multi-warehouse", *The International Journal of Logistics Management*, Vol. 28, No. 2, pp. 290-310.

究了一种新的多仓库协调补货和交货问题的决策支持模型，以提高供应链的绩效。Martens and Carvalho(2017)①从经济、社会和环境三个维度来看可持续发展，确定项目管理背景下可持续发展的关键点，并从项目经理的角度分析其重要性。另外还有几篇文章也探讨了企业管理的相关问题。Wolf and Floyd(2016)②对战略规划进行了概念化并提高了对战略规划如何影响组织结果的认知。Harrison 等(2016)③审查了发表偏见存在于战略研究中的原因，并检查了有关该领域发表偏见影响的实证证据。Ibsen and Tapia(2017)④回顾和评估了工会在劳动力市场和社会中的作用、工会目前的衰落和工会振兴的相关研究。Toubiana and Zietsma(2017)⑤探讨情绪如何影响体制复杂的组织。Lumineau (2016)⑥则讨论了一系列关于契约如何影响信任的命题。

总体来说，企业制度与绩效这一领域的研究中，大量文献关注研究企业领导的个人特征对企业成长和发展的影响、员工的工作积极性和参与度对个人绩效和福利的影响以及身份经济学和顾客服务，可以看出这一部分越来越侧重于对企业活动中“人”的研究，“人”本身是企业制度的制定者和服从者，也是企业绩效、企业发

① Martens, M. & Carvalho, M. (2017), “Key factors of sustainability in project management context: A survey exploring the project managers' perspective”, *International Journal of Project Management*, Vol. 35, No. 6, pp. 1084-1102.

② Wolf, C. & Floyd, S. (2016), “Strategic Planning Research: Toward a Theory-Driven Agenda”, *Journal of Management*, Vol. 43, No. 6, pp. 1754-1788.

③ Harrison, J., Banks, G., Pollack, J., Boyle, E. & Short, J. (2016), “Publication Bias in Strategic Management Research”, *Journal of Management*, Vol. 43, No. 2, pp. 400-425.

④ Ibsen, C. L. & Tapia, M. (2017), “Trade union revitalisation: Where are we now? Where to next?”, *Journal of Industrial Relations*, Vol. 59, No. 2, pp. 170-191.

⑤ Toubiana, M. & Zietsma, C. (2017), “The Message is on the Wall? Emotions, Social Media and the Dynamics of Institutional Complexity”, *Academy of Management Journal*, Vol. 60, No. 3, pp. 922-953.

⑥ Lumineau, F. (2013), “How Contracts Influence Trust and Distrust”, *Journal of Management*, Vol. 43, No. 5, pp. 1553-1577.

展最主要的创造来源。

3.2.3　国际金融与全球金融危机

当今世界，科学技术的迅猛发展，已经让社会生产力的发展达到了空前的高度，生产全球化、资本全球化产生了巨大的能量，冲破国家、民族的界限，推动经济全球化。2017 年关于国际金融的 ESI 高被引和热点论文共计 10 篇，其中有 3 篇关注于全球经济问题，5 篇研究跨国公司或者全球性组织，2 篇关注于对全球经济有重大影响的欧盟组织。

在对全球经济问题的研究中，Eabrooke and Wigan(2017)①提出了一个理论框架来解释如何创建、维护和管理全球财富链，重点介绍了全球财富链如何与价值链相交叉。Lenzen 等(2017)②则创建了全球多区域输入输出(Multiregional input-output，MRIO)实验室，提供对区域间贸易，经济，结构，工业相互依存以及环境和社会影响的全面表征，以期绘制世界经济图表。Chan(2017)③使用随机波动率来考虑均值模型的时变参数，并且应用在美国、英国、德国的通货膨胀上。在经济全球化的背景下，不仅经济无国界，企业也无国界，跨国公司和全球性组织应运而生，跨国公司在全球经济中的发挥着重要作用，Birkinshaw 等(2017)④对一家跨国公司进行了为期 5 年的纵向案例研究，展示了跨国公司总部管理人员的边界跨越

① Eabrooke, L. & Wigan, D. (2017), "The governance of global wealth chains", *Review of International Political Economy*, Vol. 24, No. 4, pp. 739-740.

② Lenzen, M., Geschke, A., Abd Rahman, M. D., Xiao, Y., Fry, J., Reyes, R., Dietzenbacher, E., Inomata, S., Kanemoto, K., Los, B., Moran, D., Schulte In Den B Umen, H., Tukker, A., Walmsley, T., Wiedmann, T., Wood, R. & Yamano, N. (2017), "The Global MRIO Lab-charting the world economy", *Economic Systems Research*, Vol. 29, No. 2, pp. 158-186.

③ Chan, J. C. C. (2017), "The Stochastic Volatility in Mean Model With Time-Varying Parameters: An Application to Inflation Modeling", *Journal of Business & Economic Statistics*, Vol. 35, No. 1, pp. 17-28.

④ Birkinshaw, J., Ambos, T. C. & Bouquet, C. (2017), "Boundary Spanning Activities of Corporate HQ Executives Insights from a Longitudinal Study", *Journal of Management Studies*, Vol. 54, No. 4, pp. 422-454.

活动是什么，并且确定了四种通用的边界跨越活动。Schotter 等(2017)①研究了影响边界跨度函数的复杂性和有效性的因素，提出了一个在全球性组织中有效的边界跨越模型。Tippmann 等(2017)②研究了跨国公司的知识管理，提出了跨国公司知识转化的概念，并分析了它与创意解决方案之间的关系。Monteiro and Birkinshaw(2017)③通过对一家跨国公司海外考察单位进行为期七年的纵向研究，展示了跨国公司识别和利用外部知识来源的过程。Marano et al. (2017)④考察了新兴市场制度空缺与新兴市场跨国企业运用企业社会责任报告的之间的关系，提出了制度空缺与企业社会责任报告之间的正相关关系，认为母国的制度欠缺促使跨国公司更多的使用企业社会责任报告来缓解在发达国家遇到的合法性挑战。欧盟是在全球中起着重要作用的经济体，Orenstein and Kelemen(2017)⑤对欧盟的外交和安全政策进行了深入的研究。2013 年英国首次提出脱离欧盟组织，2017 年英国正式启动“脱欧”程序，这期间英国“脱欧”一直是热点话题，Barnard(2017)⑥对构

① Schotter, A., Mudambi, R., Doz, Y. & Gaur, A. (2017), “Boundary Spanning in Global Organizations”, *Journal of Management Studies*, Vol. 54, No. 4, pp. 403-421.

② Tippmann, E., Sharkey Scott, P. & Parker, A. (2017), “Boundary Capabilities in MNCs: Knowledge Transformation for Creative Solution Development”, *Journal of Management Studies*, Vol. 54, No. 4, pp. 455-482.

③ Monteiro, F. & Birkinshaw, J. (2017), “The external knowledge sourcing process in multinational corporations”, *Strategic Management Journal*, Vol. 38, No. 2, pp. 342-362.

④ Marano, V., Tashman, P. & Kostova, T. (2017), “Escaping the Iron Cage: Liabilities of Origin and CSR Reporting of Emerging Market Multinational Enterprises”, *Journal of International Business Studies*, Vol. 48, No. 3, pp. 386-408.

⑤ Orenstein, M. A. & Kelemen, R. D. (2017), “Trojan Horses in EU Foreign Policy”, *JCMS: Journal of Common Market Studies*, Vol. 55, No. 1, pp. 87-102.

⑥ Barnard, C. (2017), “Law and Brexit”, *Oxford Review of Economic Policy*, Vol. 33, No. 1, pp. S4-S11.

成英国脱欧谈判的部分法律问题提出了新看法。

总体来说，国际金融领域的以上 10 篇论文主要对全球经济、跨国公司、欧盟问题进行了讨论，学者们对全球经济的内部机制以及全面表征较为关注，并且学者们侧重研究跨国公司的边界跨越行为，组织管理行为，知识转化方式，对跨国公司的研究有利于理解跨国公司的各种行为，为未来进一步研究跨国公司作铺垫，并且为跨国公司的组织管理提供了建议。欧盟作为重要经济体，近年来在话题上较为热点，学者们对欧盟面临的英国"脱欧"以及外交问题进行了研究，提供了法律意见以及国际政治形势的分析。

世界各国贸易互联、经济发展息息相关，这也带来了金融风险在全球的传递和影响。2008 年全球金融危机的蔓延，给世界经济、商业的发展带来了巨大的冲击，人们都深刻意识到了系统性风险爆发可能带来的摧毁性后果，切实防范系统性金融风险已成为各国重要任务之一，经济学与商学的专家学者也纷纷撰文研究这一领域相关的问题。2017 年关于系统性风险的论文共计 4 篇，他们对系统性风险提出了不同的度量方式。

Gradojevic and Caric(2017)①研究了使用基于熵来量化系统性风险的新方法，使用的两个基本信号是深度虚值期权的偏度溢价和深度虚值期权的隐含波动率，研究证实两个基本信号出现的同时性以及熵方法在市场风险管理中的可预测性，其可预测性的程度与熵的类型和基本信号的性质密切相关。Brownlees and Engle(2016)②引入 SRISK(A Conditional Capital Shortfall Measure of Systemic Risk)来衡量金融公司对系统性风险的贡献，并在 2008 年金融危机的各个阶段根据 SRISK 对金融公司排名。实证结果显示，房利美、房地美、摩根士丹利、贝尔斯登和雷曼兄弟在 2005 年第一季度被列

① Gradojevic, N. & Caric, M. (2017), "Predicting Systemic Risk with Entropic Indicators", *Journal of Forecasting*, Vol. 36, No. 1, pp. 16-25.

② Brownlees, C. & Engle, R. F. (2016), "SRISK: A Conditional Capital Shortfall Measure of Systemic Risk", *Review of Financial Studies*, Vol. 30, No. 1, pp. 48-79.

为系统性风险的最大贡献者，证明了SRISK方法的有效性。Li and Perez-Saiz(2018)①测量了金融市场基础结构(financial market infrastructures，FMIs)网络中的系统性风险，发现一些参与者会对FMIs造成较大的影响，导致更大程度的系统性风险。他们认为对FMIs的适当监督有益于金融体系的宏观审慎监管。Acharya等(2016)②也提出了一个测量系统性风险的经济模型，认为每个金融机构对系统性风险的贡献可以用系统性预期缺口衡量，实证结果表明系统性预期缺口的组合能够预测2007—2009年金融危机期间出现的系统性风险。

上述对全球金融危机的研究通过不同的方法度量了整体的系统性风险以及不同市场参与者对系统性风险的贡献程度，这有助于未来的学者使用不同的风险度量方式，建立完备的风险预警模型，由此加强对系统性风险的预测和预防，有效避免金融危机的再度发生。

3.2.4 行业经济管理

行业经济管理主要是指专门行业内的管理制度、方法研究，主要涉及医疗卫生、农业、文化体育和交通运输等行业。2017年行业经济管理方面论文共计18篇，其中医疗卫生行业11篇，农业3篇，文化体育行业2篇，建筑行业1篇，交通运输行业1篇。

随着人们生活物质水平的提高，人们对健康问题也有了更多的关注，高科技的医疗器械在重大疾病治疗方面发挥着重要的作用，在生产过程中，医疗器械质量以及效果的评估显得尤为重要。Rothery等(2017)③描述了医疗器械评估中的不确定性并确定未来

---

① Li, F. & Perez-Saiz, H. (2018), "Measuring systemic risk across financial market infrastructures", *Journal of Financial Stability*, Vol. 341-11.

② Acharya, V. V., Pedersen, L. H., Philippon, T. & Richardson, M. (2016), "Measuring Systemic Risk", *Review of Financial Studies*, Vol. 30, No. 1, pp. 2-47.

③ Rothery, C., Claxton, K., Palmer, S., Epstein, D., Tarricone, R. & Sculpher, M. (2017), "Characterising Uncertainty in the Assessment of Medical Devices and Determining Future Research Needs", *Health Economics*, Vol. 26109-123.

的研究需求。Ciani 等(2017)①对医疗设备监管程序进行了回顾，同时对当前的卫生技术评估(health technology assessment, HTA)进行了调查，并将药物的卫生技术评估报告和医疗器械的许可要求(licencing requirements for medical devices, MDS)进行实证比较，发现评估医疗设备面临诸多挑战，全球的设备监管流程远不如药品严格。Schnell-Inderst 等(2017)②对全髋关节置换案例的研究为医疗器械有效性提供有力的证据。Tarricone 等(2017)③讨论了在实践中如何评估医疗设备以确定需要解决的缺陷，最后解决存在的缺陷，同时改进对医疗设备的评估方法。医疗费用也是被普遍关注的话题。Johar 等(2017)④通过研究表明，在无管制的收费环境中，专科医生根据患者的收入状况实行价格歧视，专科医生向高收入患者收取比低收入患者高的费用。Nasseh 等(2017)⑤和 van der Schans 等(2017)⑥分析了不同疾病情况下费用对治疗可能产生的影响，以

---

① Ciani, O., Wilcher, B., van Giessen, A. & Taylor, R. S. (2017), "Linking the Regulatory and Reimbursement Processes for Medical Devices: The Need for Integrated Assessments", *Health Economics*, Vol. 2613-29.

② Schnell-Inderst, P., Iglesias, C. P., Arvandi, M., Ciani, O., Matteucci Gothe, R., Peters, J., Blom, A. W., Taylor, R. S. & Siebert, U. (2017), "A bias-adjusted evidence synthesis of RCT and observational data: the case of total hip replacement", *Health Economics*, Vol. 2646-69.

③ Tarricone, R., Callea, G., Ogorevc, M. & Prevolnik Rupel, V. (2017), "Improving the Methods for the Economic Evaluation of Medical Devices", *Health Economics*, Vol. 2670-92.

④ Johar, M., Mu, C., Van Gool, K. & Wong, C. Y. (2017), "Bleeding Hearts, Profiteers, or Both: Specialist Physician Fees in an Unregulated Market", *Health Economics*, Vol. 26, No. 4, pp. 528-535.

⑤ Nasseh, K., Vujicic, M. & Glick, M. (2017), "The Relationship between Periodontal Interventions and Healthcare Costs and Utilization. Evidence from an Integrated Dental, Medical, and Pharmacy Commercial Claims Database", *Health Economics*, Vol. 26, No. 4, pp. 519-527.

⑥ van der Voet, J., Steijn, B. & Kuipers, B. S. (2017), "What's in it for others? The relationship between prosocial motivation and commitment to change among youth care professionals", *Public Management Review*, Vol. 19, No. 4, pp. 443-462.

及整体医疗系统收费机制对医生和病人的影响。Staats 等(2017)①调查了电子监测对改善卫生保健方面的有效性，研究表明，通过对个体进行电子监控，卫生保健合规性大幅增加。Wright 等(2017)②运用定性方法研究急诊科医生与其他医院专家的相互作用，探究急诊部门工作过程中的情绪诱发因素，分析其职业价值观和道德情感。McColl-Kennedy 等(2017)③利用 1151 个健康护理的客户数据进行研究，模拟了医务人员的积极互动对幸福感的影响，发现如果与医疗专业人员的互动和活动能以客户导向的活动为补充，则对幸福感的积极影响将显著增强。Van der Schans 等(2017)对慢性阻塞性肺疾病(chronic obstructive pulmonarydisease，COPD)药物维持治疗的成本效用分析进行了系统评价与质量评定，大多数研究显示 COPD 药物维持治疗是有成本效益的，但这些研究并没有反映现实生活中的药物使用情况。

农业是第一产业，说明了农业是国家发展的基础，是国家经济发展的物质后盾，各国学者也在农业发展的问题上进行了研究。Seufert et al. (2017)④讨论了有机农业相关的问题，提出建立有机

① Staats, B., Dai, H., Hofmann, D. & Milkman, K. (2017), "Motivating Process Compliance Through Individual Electronic Monitoring: An Empirical Examination of Hand Hygiene in Healthcare", *Management Science*, Vol. 63, No. 5, pp. 1563-1585.

② Wright, A. L., Zammuto, R. F. & Liesch, P. W. (2017), "Maintaining the Values of a Profession: Institutional Work and Moral Emotions in the Emergency Department", *Academy of Management Journal*, Vol. 60, No. 1, pp. 200-237.

③ Mccoll-Kennedy, J. R., Hogan, S. J., Witell, L. & Snyder, H. (2017), "Cocreative customer practices: Effects of health care customer value cocreation practices on well-being", *Journal of Business Research*, Vol. 7055-66.

④ Seufert, V., Ramankutty, N. & Mayerhofer, T. (2017), "What is this thing called organic? -How organic farming is codified in regulations", *Food Policy*, Vol. 6810-20.

法规以确保有机农业能够实现可持续发展目标。Sheahan and Barrett(2017)①关注了较为落后的撒哈拉以南非洲地区的农业发展，利用跨国农业综合调查(Living Standards Measurement Study-Integrated Survey on Agriculture，LSMS-ISA)，分析该地区六个国家(埃塞俄比亚、马拉维、尼日尔、尼日利亚、坦桑尼亚和乌干达)超过 22000 个家庭和 62000 个农业用地的数据，发现非洲现代农业投入利用效果不佳。Schneider(2017)②则考察了中国农业的“龙头企业”在农业企业转型过程中的政治轨迹。

随着体育运动的蓬勃发展，文化体育与经济的关系越来越紧密，因为对经济投入的依赖愈发强烈，文化体育领域涌现出大量的经济问题，从而产生了体育经济学。在魔球理论中，人们假设棒球劳动力市场低估了特定的球员技能。Weimar and Wicker(2016)③研究发现足球运动中也存在低估魔球理论现象，即足球劳动力市场低估了特定的球员技能。这意味着职业足球决策者应该更多地咨询球员的统计数据。Warren and Dinnie(2018)④研究了文化中介机构的品牌塑造，将布迪厄的文化中介理念扩展到地方品牌领域，关注负责设计和实施地方品牌战略的促销人员所采用的倾向策略和职业资源。

建筑行业作为经济的一大支柱，它和整个国家经济的发展，人民生活的改善有着密切联系。学术界对建筑行业中的建筑项目管理

---

① Sheahan, M. & Barrett, C. B. (2017), “Ten striking facts about agricultural input use in Sub-Saharan Africa”, *Food Policy*, Vol. 6712-25.

② Schneider, M. (2017), “Dragon Head Enterprises and the State of Agribusiness in China”, *Journal of Agrarian Change*, Vol. 17, No. 1, pp. 3-21.

③ Weimar, D. & Wicker, P. (2016), “Moneyball Revisited”, *Journal of Sports Economics*, Vol. 18, No. 2, pp. 140-161.

④ Warren, G. & Dinnie, K. (2018), “Cultural intermediaries in place branding: Who are they and how do they construct legitimacy for their work and for themselves?”, *Tourism Management*, Vol. 66302-314.

也有一些讨论。Cao et al.(2017)①以制度理论和创新扩散理论的相关文献为基础，确定了设计师和总承包商在建筑项目中实施建筑信息化模型(building information modeling，BIM)的动机，并研究了不同动机如何受组织的BIM能力和其他背景因素的影响。

交通运输行业关系着各行各业能否高效率运转，其中机场的交通管理对于国际业务非常重要。Samà et al.(2017)②提供了在交通拥堵的情况下终端控制区域实时起飞和着陆操作的优化方案，并且通过模拟各种随机着陆和起飞的干扰，对意大利两大机场——米兰马尔彭萨机场和罗马菲乌米奇诺机场进行了实验。

总的来说，在行业经济管理方面，大量文献关注的是医疗卫生行业。在医疗卫生行业，最受关注的是医疗器械的评估问题，其次是医疗费用和公共卫生问题，以及医护人员之间、医生患者之前的相互影响。这表明研究更趋向于解决"人"的切实需求——疾病治疗的需求。在医疗器械的有效性评估方面，这些研究启发后来的学者需要寻找到更加强有力的实验证据以支撑结论。

3.2.5 创新

从文献关键词词频统计中，我们发现"创新"是出现频次最高的，"知识"位列第13位。由此可以看出，在人类文明迅速发展、信息爆炸的当代，人们不再满足于传统模式的生产生活，而是追求不断的技术突破和有效的知识管理方法，这就促使专家学者们将研究目光投向了"创新"。

创新相关的研究共13篇，其中知识流动和组织中的知识管理3篇、社会网络5篇、创业3篇，还有2篇研究其他创新问题。

① Cao, D., Li, H., Wang, G. & Huang, T. (2017), "Identifying and contextualising the motivations for BIM implementation in construction projects: An empirical study in China", *International Journal of Project Management*, Vol. 35, No. 4, pp. 658-669.

② Samà, M., D Ariano, A., D Ariano, P. & Pacciarelli, D. (2017), "Scheduling models for optimal aircraft traffic control at busy airports: Tardiness, priorities, equity and violations considerations", *Omega-The International Journal of Management Science*, Vol. 6781-98.

Capaldo et al.(2016)①提出创新的科学价值会随着基础知识的成熟而变化，技术距离和地理距离对知识管理和创新有较为显著的影响。Scuottoet et al.(2017)②和 Rosenzweig(2017)③都强调了知识和创新的结合。其中，Scuotto et al.(2017)对来自全球 215 家知识密集型和劳动密集型中小企业进行了分析，建议中小企业应该加强创新。Rosenzweig(2017)则考察了计算机和通信行业以及药物和生物技术行业中的 97118 项专利，分析了多元化知识对技术创新的影响。

Perry-Smith and Mannucci(2017)④、Soto-Acosta 等(2017)⑤和 Huang and Li(2017)⑥从社会网络分析的角度研究了知识和创新在网络中的分享和传播。其中 Perry-Smith and Mannucci(2017)研究了社交网络如何影响个人的创造力和创新兴趣，Soto-Acosta et al.(2017)建立了一个综合研究模型来评估不同因素对社会网络知识共享的影响及其对制造业中小企业创新绩效的影响，Huang and Li(2017)分析了绿色创新的影响因素，结论显示绿色产品和流程创

① Capaldo, A., Lavie, D. & Messeni Petruzzelli, A. (2016), "Knowledge Maturity and the Scientific Value of Innovations", *Journal of Management*, Vol. 43, No. 2, pp. 503-533.

② Scuotto, V., Del Giudice, M. & Carayannis, E. G. (2017), "The effect of social networking sites and absorptive capacity on SMES' innovation performance", *The Journal of Technology Transfer*, Vol. 42, No. 2, pp. 409-424.

③ Rosenzweig, S. (2017), "The effects of diversified technology and country knowledge on the impact of technological innovation", *The Journal of Technology Transfer*, Vol. 42, No. 3, pp. 564-584.

④ Perry-Smith, J. E. & Mannucci, P. V. (2017), "From Creativity to Innovation: The Social Network Drivers of the Four Phases of the Idea Journey", *Academy of Management Review*, Vol. 42, No. 1, pp. 53-79.

⑤ Soto-Acosta, P., Popa, S. & Palacios-Marqués, D. (2017), "Social web knowledge sharing and innovation performance in knowledge-intensive manufacturing SMEs", *The Journal of Technology Transfer*, Vol. 42, No. 2, pp. 425-440.

⑥ Huang, J. & Li, Y. (2017), "Green Innovation and Performance: The View of Organizational Capability and Social Reciprocity", *Journal of Business Ethics*, Vol. 145, No. 2, pp. 309-324.

新对环境绩效和组织绩效均具有积极影响。Sciandra et al. (2017)① 分析了高共识和低共识的共享信息，发现即使在低共识的情况下决策者也可能发现成功激励行为的改变。Allcott and Gentzkow (2017)②关注了社交媒体传播的虚假故事(“假新闻”)在美国总统大选过程中产生的影响。

创业也是创新的一个重要研究主题。Wasserman(2017)③研究发现创始人的愿景和能力是创业早期成功的关键因素。然而，随着创业公司的成长，创始人对创业公司及其重要决策保持太多控制权反而可能会损害创业公司的价值。Spigel (2017)④ 和 Nabi 等(2017)⑤则分别通过建立创业生态系统和促进高等教育中的创业教育这两项不同的措施来鼓励和帮扶创业。Carayannis 等(2017)⑥通过对创新生态系统和智能专业化进行了研究，发现集群智能专业化和开放创新的成果之间紧密联系，这使得我们可以在创新过程的不

① Sciandra, M. R., Lamberton, C. & Reczek, R. W. (2017), “The Wisdom of Some: Do We Always Need High Consensus to Shape Consumer Behavior?”, *Journal of Public Policy & Marketing*, Vol. 36, No. 1, pp. 15-35.

② Allcott, H. & Gentzkow, M. (2017), “Social Media and Fake News in the 2016 Election”, *Journal of Economic Perspectives*, Vol. 31, No. 2, pp. 211-236.

③ Wasserman, N. (2017), “The throne vs. the kingdom: Founder control and value creation in startups”, *Strategic Management Journal*, Vol. 38, No. 2, pp. 255-277.

④ Spigel, B. (2017), “The Relational Organization of Entrepreneurial Ecosystems”, *Entrepreneurship Theory and Practice*, Vol. 41, No. 1, pp. 49-72.

⑤ Nabi, G., Liñán, F., Fayolle, A., Krueger, N. & Walmsley, A. (2017), “The Impact of Entrepreneurship Education in Higher Education: A Systematic Review and Research Agenda”, *Academy of Management Learning & Education*, Vol. 16, No. 2, pp. 277-299.

⑥ Carayannis, E. G., Meissner, D. & Edelkina, A. (2017), “Targeted innovation policy and practice intelligence (TIP2E): concepts and implications for theory, policy and practice”, *The Journal of Technology Transfer*, Vol. 42, No. 3, pp. 460-484.

同阶段同时实现所有这些成果。Bogers 等(2017)①概述开放式创新研究中出现的主要观点和主题，提出了一些新的研究方向以及未来可能研究的问题。

创新这一大类的研究主要关注于分析基于社交网络等关系而建立的日益复杂的社会网络和应对信息爆炸的知识管理办法，并且倾向于研究创业的话题，探究如何才能更好地鼓励和扶持创业。

3.2.6 全球生态环境

在 2017 年经济学与商学领域高被引和热点论文中有 42 篇研究了全球生态环境领域的相关内容，仅次于研究企业制度与绩效的论文数量。这一领域关注的主题主要包括企业社会责任(13 篇)、可持续发展(12 篇)、环境保护(8 篇)、能源(7 篇)和气候变化(2 篇)等方面。

伴随着社会经济极度繁荣，人们越来越多地意识到企业社会责任的有效履行对生态环境的重要意义。Gupta 等(2017)②通过引入组织政治意识形态的概念解释了组织成员的政治信仰如何促进企业社会责任(Corporate Social Responsibility，CSR)的提升，并说明不同类型企业在面对 CSR 时采取不同态度的原因。Ansal and Song (2017)③解释了企业责任和可持续发展两个相似研究领域的不同点，认为分别深化对以上两个领域的研究并探索其互补性和交叉点

① Bogers, M., Zobel, A., Afuah, A., Almirall, E., Brunswicker, S., Dahlander, L., Frederiksen, L., Gawer, A., Gruber, M., Haefliger, S., Hagedoorn, J., Hilgers, D., Laursen, K., Magnusson, M., Majchrzak, A., Mccarthy, I., Moeslein, K., Nambisan, S., Piller, F., Radziwon, A., Rossi-Lamastra, C., Sims, J. & Ter Wal, A. (2017), "The open innovation research landscape: established perspectives and emerging themes across different levels of analysis", *Industry and innovation*, Vol. 24, No. 1, pp. 8-40.

② Gupta, A., Briscoe, F. & Hambrick, D. C. (2017), "Red, blue, and purple firms: Organizational political ideology and corporate social responsibility", *Strategic Management Journal*, Vol. 38, No. 5, pp. 1018-1040.

③ Ansal, P. & Song, H. (2017), "Similar but not the Same: Differentiating Corporate Responsibility from Sustainability", *Academy of Management Annals*, Vol. 11, No. 1, pp. 105-149.

是必要的。Tian 等(2017)①研究了简化中智语言的多标准群体决策方法(Neutrosophic Linguistic Multi-criteria Group Decision-Making Approach)在绿色产品开发中的运用，并通过说明性范例证明了所提出的方法被用于选择最佳的绿色产品设计的有效性。Jamali et al. (2016)②和 Jamali et al. (2017a)③都着眼于发展中国家的中小企业，系统阐述了其履行社会责任的方式并举例说明其中存在的一些制度化误区。Jamali et al. (2017b)④采用两步分析框架来追溯发展中国家企业社会责任的含义，并以中国、印度、尼日利亚和黎巴嫩为例说明在发展中国家塑造企业社会责任的文化嵌入和微妙的制度逻辑。Ramus and Vaccaro (2017)⑤探讨了企业面对使命漂移(Mission Drift)时的应对策略，文章依托对两家意大利社会企业的比较研究，展示了利益相关者如何与会计相结合从而促进企业重新平衡财富创造与社会价值创造之间的定位。Yin(2015)⑥设计了一个内外部制度框架，用以解释在中国新兴国家背景下内外部制度因

① Tian, Z., Wang, J., Wang, J. & Zhang, H. (2017), "Simplified Neutrosophic Linguistic Multi-criteria Group Decision-Making Approach to Green Product Development", *Group Decision and Negotiation*, Vol. 26, No. 3, pp. 597-627.

② Jamali, D., Lund-Thomsen, P. & Jeppesen, S. (2016), "SMEs and CSR in Developing Countries", *Business & Society*, Vol. 56, No. 1, pp. 11-22.

③ Jamali, D., Lund-Thomsen, P. & Khara, N. (2017a), "CSR Institutionalized Myths in Developing Countries: An Imminent Threat of Selective Decoupling", *Business & Society*, Vol. 56, No. 3, pp. 454-486.

④ Jamali, D., Karam, C., Yin, J. & Soundararajan, V. (2017b), "CSR logics in developing countries: Translation, adaptation and stalled development", *Journal of World Business*, Vol. 52, No. 3, pp. 343-359.

⑤ Ramus, T. & Vaccaro, A. (2017), "Stakeholders Matter: How Social Enterprises Address Mission Drift", *Journal of Business Ethics*, Vol. 143, No. 2, pp. 307-322.

⑥ Yin, J. (2015), "Institutional Drivers for Corporate Social Responsibility in an Emerging Economy: A Mixed-Method Study of Chinese Business Executives", *Business & Society*, Vol. 56, No. 5, pp. 672-704.

素对企业担负社会责任所起到的促进作用。Yawar and Seuring (2017)①对供应链中社会问题的文献研究进行总结回顾，提供了一个总体概念框架并指出未来研究方向，同时指出将企业社会责任与供应链管理联系起来，有助于理解供应链管理中的社会问题。Kim et al. (2013)②基于工作团队中的多层次动机模型，从公民责任和社会责任行为的结构功能主义视角出发，开发和测试了一个多层次的工作场所自愿绿色行为模型，阐明了员工在工作中自愿参与绿色行为的部分原因。Flammer and Luo(2017)③证明将企业社会责任作为战略管理工具，特别是一种员工治理工具，可以提高员工敬业度并降低出现不良行为的可能性，因此管理者可以考虑将企业社会责任纳入其战略规划中。Valentinov(2017)④以罗尔斯的功利主义批判(The Rawlsian Critique of Utilitarianism)为基础，指出了尼克拉斯卢曼的社会系统理论(Social System Theory)的道德含义，文中所提出的系统理论观点阐明了经济以及其他社会系统在环境、社会和生态等方面的可持续性的道德含义。Hamann et al. (2016)⑤通过对南非葡萄酒公司的调查数据和案例比较分析，从制度背景以及各驱动因素之间的影响的角度解释了发展中国家中小企业从事环保责任行

---

① Yawar, S. A. & Seuring, S. (2017), "Management of Social Issues in Supply Chains: A Literature Review Exploring Social Issues, Actions and Performance Outcomes", *Journal of Business Ethics*, Vol. 141, No. 3, pp. 621-643.

② Kim, A., Kim, Y., Han, K., Jackson, S. E. & Ployhart, R. E. (2013), "Multilevel Influences on Voluntary Workplace Green Behavior: Individual Differences, Leader Behavior, and Coworker Advocacy", *Journal of Management*, Vol. 43, No. 5, pp. 1335-1358.

③ Flammer, C. & Luo, J. (2017), "Corporate social responsibility as an employee governance tool: Evidence from a quasi-experiment", *Strategic Management Journal*, Vol. 38, No. 2, pp. 163-183.

④ Valentinov, V. (2017), "The Rawlsian Critique of Utilitarianism: A Luhmannian Interpretation", *Journal of Business Ethics*, Vol. 142, No. 1, pp. 25-35.

⑤ Hamann, R., Smith, J., Tashman, P. & Marshall, R. S. (2016), "Why Do SMEs Go Green? An Analysis of Wine Firms in South Africa", *Business & Society*, Vol. 56, No. 1, pp. 23-56.

为的动因。

在生态环境迅速恶化的大背景下，可持续发展的相关社会问题进一步凸显，众多学者从不同角度对这一矛盾进行了深入探究。Linder and Williander（2017）①指出基于再制造的循环经济模式创新有望大幅降低对环境的负面影响，并调查了这一商业模式未能在工业企业获得广泛应用的原因。Murray et al.（2017）②通过追溯循环经济的经济学本源探讨其商业运作方式，发现了循环经济自身存在的部分局限性，并在此基础上提出了一种修正的循环经济定义。Voegtlin and Scherer(2017)③认为解决可持续发展问题的一个有效途径是负责任的创新，并举例证明基于审议的全球治理计划是促进负责任的创新的重要手段。Fletcherand Büscher(2017)④重新审视了生态环境服务付费(Payment for Ecosystem Services，PES)与新自由主义(Neoliberalism)保护间的关系，指出 PES 不具有现实性的原因，认为解决这一问题需要通过政治经济分析进一步研究 PES 的主要管理机构。Belz and Binder(2017)⑤基于四个经典案例说明了可持续性创业(Sustainable Entrepreneurship)的具体流程，通过构建一个两路径收敛模型对可持续创业和社会创业精神的新兴领域做出

---

① Linder, M. & Williander, M. (2017), "Circular Business Model Innovation: Inherent Uncertainties", *Business Strategy and the Environment*, Vol. 26, No. 2, pp. 182-196.

② Murray, A., Skene, K. & Haynes, K. (2017), "The Circular Economy: An Interdisciplinary Exploration of the Concept and Application in a Global Context", *Journal of Business Ethics*, Vol. 140, No. 3, pp. 369-380.

③ Voegtlin, C. & Scherer, A. G. (2017), "Responsible Innovation and the Innovation of Responsibility: Governing Sustainable Development in a Globalized World", *Journal of Business Ethics*, Vol. 143, No. 2, pp. 227-243.

④ Fletcher, R. & Büscher, B. (2017), "The PES Conceit: Revisiting the Relationship between Payments for Environmental Services and Neoliberal Conservation", *Ecological Economics*, Vol. 132224-231.

⑤ Belz, F. M. & Binder, J. K. (2017), "Sustainable Entrepreneurship: A Convergent Process Model", *Business Strategy and the Environment*, Vol. 26, No. 1, pp. 1-17.

了理论贡献。Genovese et al.（2017）①和 Varsei and Polyakovskiy（2017）②都着眼于可持续供应链网络，以案例研究的形式说明了可持续供应链管理存在的问题并对其进行了可行性分析。Sueyoshi et al.（2017）③系统地总结了近年来应用于能源和环境领域的数据包络分析（Data Envelopment Analysis，DEA）的研究成果，并解释了DEA 环境评估的概念和方法。而 Sueyoshi and Yuan（2017）④则依托于传统 DEA 环境评估概念，结合径向方法和非径向化方法的分析特征，开发了一种新型 DEA 环境评估，并将其应用于中国 30 个省份的可持续发展水平检验。Schlüter et al.（2017）⑤提供了一个人类行为建模（Modeling Human Behavior，MoHuB）的框架，从而能够在分析社会系统时更加明确和包容人类决策理论以弥补自然资源管理（Natural Resource Management，NRM）目前的缺陷。Siano et al.（2017）⑥利用大众汽车集团 2012—2014 年的相关数据探究了一种

① Genovese，A.，Acquaye，A.，Figueroa，A. & Koh，S. C. L.（2017），"Sustainable supply chain management and the transition towards a circular economy：Evidence and some applications"，*Omega-The International Journal of Management Science*，Vol. 66344-357.

② Varsei，M. & Polyakovskiy，S.（2017），"Sustainable supply chain network design：A case of the wine industry in Australia"，*Omega-The International Journal of Management Science*，Vol. 66236-247.

③ Sueyoshi，T.，Yuan，Y. & Goto，M.（2017），"A literature study for DEA applied to energy and environment"，*Energy Economics*，Vol. 62104-124.

④ Sueyoshi，T. & Yuan，Y.（2017），"Social sustainability measured by intermediate approach for DEA environmental assessment：Chinese regional planning for economic development and pollution prevention"，*Energy Economics*，Vol. 66154-166.

⑤ Schlüter，M.，Baeza，A.，Dressler，G.，Frank，K.，Groeneveld，J.，Jager，W.，Janssen，M. A.，Mcallister，R. R. J.，Müller，B.，Orach，K.，Schwarz，N. & Wijermans，N.（2017），"A framework for mapping and comparing behavioural theories in models of social-ecological systems"，*Ecological Economics*，Vol. 13121-35.

⑥ Siano，A.，Vollero，A.，Conte，F. & Amabile，S.（2017），"'More than words'：Expanding the taxonomy of greenwashing after the Volkswagen scandal"，*Journal of Business Research*，Vol. 7127-37.

新型漂绿(Greenwashing)行为，即欺骗性操纵(deceptive manipulation)，大众集团通过在企业报告中进行虚假的环保宣传影响雇员的行为，让雇员实际上承担了企业的社会责任。他们提出如何识别这种企业不负责任行为，并在此基础上提出了一些防范措施。Slawinskiet al.(2017)①提出的一个多层次框架指出不确定性规避可以解释企业对气候变化不作为的现象，并讨论了这种多层次框架对企业可持续性研究的影响。

另一方面，生态领域的另一重要议题——能源，也成为近期的热点之一。Moshiri and Aliyev(2017)②使用 1997—2009 年家庭支出调查数据估算了乘用车效率的提高对加拿大汽油消费的反弹效应(Rebound Effect)，结果显示平均反弹效应很高为 82%~88%，但在收入群体、省份和汽油价格上存在显著差异。Angelsen(2017)③回顾了基于结果的援助(Results Based Assistance，RBA)体系在设计和实施过程中的主要挑战以及挪威与坦桑尼亚、巴西、圭亚那和印度尼西亚签署的减少发展中国家砍伐森林和森林退化导致的温室气体排放(Reducing Emissions from Deforestation and Forest Degradation，REDD+)协议，为未来设计和实施 REDD+机制提供了宝贵的经验。Conde(2017)④通过对 200 多篇文章、书籍和报告的学术评论揭示了人们抵制采矿的动机和形式，以及他们的抵抗形式随着时间推移的变化情况，同时探讨了国家和矿业公司对这些冲突的反应，提出

① Slawinski, N., Pinkse, J., Busch, T. & Banerjee, S. (2017), "The Role of Short-Termism and Uncertainty Avoidance in Organizational Inaction on Climate Change: A Multi-Level Framework", *Business & Society*, Vol. 56, No. 2, pp. 253-282.

② Moshiri, S. & Aliyev, K. (2017), "Rebound effect of efficiency improvement in passenger cars on gasoline consumption in Canada", *Ecological Economics*, Vol. 131330-341.

③ Angelsen, A. (2017), "REDD+ as Result-based Aid: General Lessons and Bilateral Agreements of Norway", *Review of Development Economics*, Vol. 21, No. 2, pp. 237-264.

④ Conde, M. (2017), "Resistance to Mining. A Review", *Ecological Economics*, Vol. 13280-90.

了监管变革或企业社会责任计划等应对措施。Nordhaus(2017)①根据经修订的气候与经济的动态综合模型(DynamicIntegrated model of Climate and the Economy, DICE model)对碳的社会成本(Social Cost of Carbon, SCC)进行了重新估算，并将这种估计与其他来源的估计结果进行了比较分析。Pietzckeret al.(2017)②研究了可变的可再生能源(Variable Renewable Energy, VRE)在气候变化综合评估模型(Integrated Assessment Models, IAM)中的影响，并设计了一个包含18个特征的框架对风能和太阳能集成系统进行了综合评估。Ueckerdt et al.(2017)③介绍了在全球能源-经济-气候模型中可变可再生能源的两项进展：计算了在短期储存影响下八个世界特定地区面临的挑战，从而将其应用到能源经济气候模型REMIND(Regional Model of Investments and Development)模型中，以更加深入地了解电力行业脱碳的本质和相关的经济影响。Zhang et al.(2017)④利用1994—2012年间的年度数据，依据指数分解模型和工业部门的能源反弹效应研究了产出增长对中国工业部门能源消费的影响，证明工业产出增长是促进工业能源消费的主要因素。

同时，各项环保政策的出台以及家庭、企业层面的环保措施也

① Nordhaus, W. D. (2017), "Revisiting the social cost of carbon", *Proceedings of the National Academy of Sciences*, Vol. 114, No. 7, pp. 1518-1523.

② Pietzcker, R. C., Ueckerdt, F., Carrara, S., de Boer, H. S., Després, J., Fujimori, S., Johnson, N., Kitous, A., Scholz, Y., Sullivan, P. & Luderer, G. (2017), "System integration of wind and solar power in integrated assessment models: A cross-model evaluation of new approaches", *Energy Economics*, Vol. 64583-599.

③ Ueckerdt, F., Pietzcker, R., Scholz, Y., Stetter, D., Giannousakis, A. & Luderer, G. (2017), "Decarbonizing global power supply under region-specific consideration of challenges and options of integrating variable renewables in the REMIND model", *Energy Economics*, Vol. 64665-684.

④ Zhang, Y., Peng, H. & Su, B. (2017), "Energy rebound effect in China's Industry: An aggregate and disaggregate analysis", *Energy Economics*, Vol. 61199-208.

成为国内外学者的关注重心。Czajkowski et al.(2017)①和 Freire-González et al.(2017)②着眼于家庭环保，前者的研究以波兰家庭废物合同和回收行动的选择为例，证明社会规范，道德和自利是环境友好行为的决定因素；后者则从实证角度对能源效率的提升与经济结构之间的关系以及直接反弹效应与间接反弹效应之间的关系进行了研究，并基于加泰罗尼亚家庭用电效率的提高证明了在评估直接和间接反弹效应方面投入产出方法的局限性。在环保政策方面，Hsiang et al.(2017)③开发了一个集成气候科学、计量经济学分析和过程模型的损失计算框架，依据气候的变化构建对美国经济下滑的空间显性分析以及概率性和经验性估计。Hepburn and Teytelboym(2017)④探究了英国脱欧对英国和欧盟的气候政策带来挑战和机遇。Marchiori et al.(2017)⑤通过将一个典型的联盟形成阶段博弈纳入特殊利益集团的游说现象，研究了国内政治对国际环境政策的影响，结果表明对排放的游说可能会以违反直觉的方式影响稳定联盟的规模，游说的目的和时间都对于成员决策、排放量和福利受到

① Czajkowski, M., Hanley, N. & Nyborg, K. (2017), "Social Norms, Morals and Self-interest as Determinants of Pro-environment Behaviours: The Case of Household Recycling", *Environmental and Resource Economics*, Vol. 66, No. 4, pp. 647-670.

② Freire-González, J., Font Vivanco, D. & Puig-Ventosa, I. (2017), "Economic structure and energy savings from energy efficiency in households", *Ecological Economics*, Vol. 13112-20.

③ Hsiang, S., Kopp, R., Jina, A., Rising, J., Delgado, M., Mohan, S., Rasmussen, D., Muir-Wood, R., Wilson, P., Oppenheimer, M., Larsen, K. & Houser, T. (2017), "Estimating economic damage from climate change in the United States", *Science*, Vol. 6345, No. 356, pp. 1362-1368.

④ Hepburn, C. & Teytelboym, A. (2017), "Climate change policy after Brexit", *OXFORD REVIEW OF ECONOMIC POLICY*, Vol. 33, No. 1, pp. S144.

⑤ Marchiori, C., Dietz, S. & Tavoni, A. (2017), "Domestic politics and the formation of international environmental agreements", *Journal of Environmental Economics and Management*, Vol. 81115-131.

影响的方式有重要影响。Hintermann(2017)①对欧盟排放交易体系最大的 10 家最大电力公司操纵价格的实证结果表明，在考虑到投入和产出市场之间的相互作用时，即使占支配地位的企业仅在许可证市场中感知到市场支配力，关于排放许可证市场中的市场力量可以通过完全免费分配给占支配地位的公司，从而实现效率的结论将不再成立。Schulz et al.(2017)②揭示了水治理概念和具体实践中所依据的基于多重价值的价值基础，并利用来自经济学、哲学、心理学和其他社会科学的资料，从多个角度剖析了现有的价值研究。Van der Voet et al.(2017)③研究了在青年关爱专业领域中，亲社会动机(Prosocial Motivation)与变革承诺(Commitment to Change)之间的关系。实证结果表明亲社会动机与变革承诺之间存在正向关系，并证明了亲社会动机、客户价值与变革承诺之间的可替代性。

着眼于气候变化的主题，Ben-Amar et al.(2015)④研究了董事会中的女性代表对于公司应对利益相关方自愿披露有关气候变化相关风险的公共报告的意愿的正向促进作用，从而认为应当促进公司治理中性别的多元化。Zhang et al.(2017)⑤利用中国 1980—2010

---

① Hintermann, B. (2017), "Market Power in Emission Permit Markets: Theory and Evidence from the EU ETS", *Environmental and Resource Economics*, Vol. 66, No. 1, pp. 89-112.

② Schulz, C., Martin-Ortega, J., Glenk, K. & Ioris, A. A. R. (2017), "The Value Base of Water Governance: A Multi-Disciplinary Perspective", *Ecological Economics*, Vol. 131241-249.

③ van der Voet, J., Steijn, B. & Kuipers, B. S. (2017), "What's in it for others? The relationship between prosocial motivation and commitment to change among youth care professionals", *Public Management Review*, Vol. 19, No. 4, pp. 443-462.

④ Ben-Amar, W., Chang, M. & Mcilkenny, P. (2015), "Board Gender Diversity and Corporate Response to Sustainability Initiatives: Evidence from the Carbon Disclosure Project", *Journal of Business Ethics*, Vol. 142, No. 2, pp. 369.

⑤ Zhang, P., Zhang, J. & Chen, M. (2017), "Economic impacts of climate change on agriculture: The importance of additional climatic variables other than temperature and precipitation", *Journal of Environmental Economics and Management*, Vol. 838-31.

年的县级农业数据，探讨了温度和降水以外的其他气候变量在对农业的经济影响方面的重要性。此外，Smart et al.（2017）①调查了基因工程作物获批花费的时间趋势以及在美国和欧盟批准基因工程（Genetic Engineering，GE）作物的总时间以探究 GE 作物受监管情况。

总体来看，全球生态环境领域的热点话题主要集中在可持续发展的实现方式、企业社会责任的履行以及能源消耗和环境保护方面，强调企业在发展过程中管理理念和信息技术的双重创新对环境的促进作用。站在公民和国家层面，相关政策的出台以及个人环保意识的提高都是促进生态建设的有效手段。

3.2.7 经济理论与研究方法

经济理论与研究方法是进行学术研究的基础，在 2017 年经济学与商学领域的高被引、热点论文中，主要关注的问题有数据来源（3 篇）、研究理论（6 篇）和研究方法（7 篇）。

在许多社会科学学科中，越来越多的实验技术方法得到应用，数据的来源不再拘泥于传统的数据库。Kees et al.（2017）②从广告学学术研究的角度评价分析了亚马逊 Mechanical Turk（MTurk）数据所具有的优势、劣势，与传统样本数据相比具有更好的数据质量。Chaffin et al.（2016）③系统地研究了可穿戴式传感器技术在个人和团队级别捕捉行为模式的效果，并提供了一个验证可穿戴式传感器对行为模式测度结果的模型，研究结果提示使用可穿戴式传感器技

---

① Smart, R. D., Blum, M. & Wesseler, J. (2017), "Trends in Approval Times for Genetically Engineered Crops in the United States and the European Union", *Journal of Agricultural Economics*, Vol. 68, No. 1, pp. 182-198.

② Kees, J., Berry, C., Burton, S. & Sheehan, K. (2017), "An Analysis of Data Quality: Professional Panels, Student Subject Pools, and Amazon's Mechanical Turk", *JOURNAL OF ADVERTISING*, Vol. 46, No. 1, pp. 141-155.

③ Chaffin, D., Heidl, R., Hollenbeck, J. R., Howe, M., Yu, A., Voorhees, C. & Calantone, R. (2016), "The Promise and Perils of Wearable Sensors in Organizational Research", *Organizational Research Methods*, Vol. 20, No. 1, pp. 3-31.

术进行实验的组织者注意可能会发生的数据错误。Rahman et al.(2017)①研究了世界投入产出数据库(World Input-Output Database)提供的世界投入产出表(world input-output tables, WIOTs)的时间序列,结果表明利用该数据库不仅易于创建和维护 WIOTs,而且能直观地与原始的世界投入产出信息对比,还能灵活地按照用户需求作出调整。

研究理论依然是普遍关注的热点。Shipman et al.(2017)②讨论了倾向评分匹配(propensity score matching, PSM)相对于传统多元回归分析方法的有效性和局限性,研究结果显示该方法在会计研究中的使用利大于弊。He et al.(2017)③提出了一个无限代理模型,用"无处等价"的条件来刻画用于模拟许多经济主体的度量空间。Azevedo and Gottlieb(2017)④提出了一个完全竞争的逆向选择市场模型,在模型中契约特征是内生决定的,消费者可能拥有多个私人信息维度,并且一直存在着均衡。Ghorabaee et al.(2017)⑤研究了区间 2 型模糊集(interval type-2 fuzzy sets, IT2FS)背景下的多准则决策(multi-criteria decision-making, MCDM)问题,提出了一个扩展

---

① Rahman, M. D. A., Los, B., Geschke, A., Xiao, Y., Kanemoto, K. & Lenzen, M. (2017), "A flexible adaptation of the WIOD database in a virtual laboratory", *Economic System Research*, Vol. 29, No. 2, pp. 187-208.

② Shipman, J. E., Swanquist, Q. T. & Whited, R. L. (2017), "Propensity Score Matching in Accounting Research", *The Accounting Review*, Vol. 92, No. 1, pp. 213-244.

③ He, W., Sun, X. & Sun, Y. (2017), "Modeling infinitely many agents", *Theoretical Economics*, Vol. 12, No. 2, pp. 771-815.

④ Azevedo, E. M. & Gottlieb, D. (2017), "Perfect Competition in Markets With Adverse Selection", *Econometrica*, Vol. 85, No. 1, pp. 67-105.

⑤ Ghorabaee, M. K., Amiri, M., Zavadskas, E. K. & Turskis, Z. (2017), "Multi-criteria group decision-making using an extended edas method with interval type-2 fuzzy sets", *E&M Ekonomie a Management*, Vol. 20, No. 1, pp. 48-68.

的基于距离平均解法(EDAS)的解决方法。Meng et al. (2017)①对区间模糊偏好关系(interval fuzzy preference relations, IFPRS)和以前的一致性概念进行对比分析，显示了 IFPRS 的可行性和有效性。Coglianese et al. (2017)②用预期行为解释了在汽油价格内生的条件下，汽油消费对汽油价格变化的反应的最小二乘估计趋向于零。他们还发现因为消费者根据税收政策的预期改变汽油消费行为，所以税收工具是内生的。

还有学者对如何开展研究展开了讨论。Busse et al. (2017)③明确了边界条件(boundary conditions, BC)的概念，探索"谁、何时、何时"的边界条件促进了理论发展，增强了研究的有效性。Clemens (2017)④研究了经济学中常用的复制检验，指出失败的复制也有对研究人员的激励意义。Bergh et al. (2017)⑤指责了实证研究的违规造假行为，并对作者、评论者和编辑给予提示和建议，认为应当测试和识别实证研究的准确性以保护研究的可信度。O'Boyle et al. (2016)⑥着眼于"发表偏见"问题，认为发表的论文并不代表这一研究问题的总体面貌，并从方法、动机和机会三个维度对缓解非代

① Meng, F., Tan, C. & Chen, X. (2017), "Multiplicative consistency analysis for interval fuzzy preference relations: A comparative study", *Omega-The International Journal of Management Science*, Vol. 6817-38.

② Coglianese, J., Davis, L., Kilian, L. & Stock, J. (2017), "Anticipation, Tax Avoidance, and the Price Elasticity of Gasoline Demand", *Journal of Applied Econometrics*, Vol. 32, No. 1, pp. 1-15.

③ Busse, C., Kach, A. P. & Wagner, S. M. (2017), "Boundary Conditions", *Organizational Research Methods*, Vol. 20, No. 4, pp. 574-609.

④ Clemens, M. A. (2017), "The Meaning of Failed Replications: A Review and Proposal", *Journal of Economic Surveys*, Vol. 31, No. 1, pp. 326-342.

⑤ Bergh, D. D., Sharp, B. M. & Li, M. (2017), "Tests for Identifying 'Red Flags' in Empirical Findings: Demonstration and Recommendations for Authors, Reviewers, and Editors", *Academy of Management Learning & Education*, Vol. 16, No. 1, pp. 110-124.

⑥ O Boyle, E. H., Banks, G. C. & Gonzalez-Mulé, E. (2016), "The Chrysalis Effect", *Journal of Management*, Vol. 43, No. 2, pp. 376-399.

表性论文问题提出了相关建议。Wiedmann(2017)①对与工业生态虚拟实验室(Industrial Ecology Virtual Laboratory, IELab)应用相关的论文或者会议论文进行了结构化综述，结果表明 IELab 具有协作式云计算、可持续性评估的优势，在新的研究中发挥了作用。Savino et al.(2017)②对创新管理领域的 87 篇实证文章进行了系统的文献回顾，表明知识元素的多样性对创造突破性创新至关重要。Cortina et al.(2017)③检验了已发表论文模型的自由度(degree of freedom, df)，发现大多数论文的 df 与重新计算出的频率相匹配，不匹配在结构模型(而不是测量模型)中特别常见，并且通常数量级差异较大。

上述研究为处于研究之中的学者、正在写作的作者、编辑和审稿人提供了进行学术创新、开展学术研究和鉴别学术作品的新的参考。科技的发展使得数据获取更加日常化，每个人的信息都能被及时地记录下来。在大数据的驱动下学者们拥有丰富的数据来源，编辑和审稿人也可以运用云平台对文章进行比对和鉴定。

3.2.8 其他

除去上文论述的 7 类热点话题，还有 5 篇不同领域论文的研究内容在近期被给予广泛关注。Ashlagi et al.(2017)④探究了具有随机异质偏好和各方代理人数量不同的匹配市场中竞争的斯塔克效应

① Wiedmann, T. (2017), "An input-output virtual laboratory in practice-survey of uptake, usage and applications of the first operational IELab", *Economic System Research*, Vol. 29, No. 2, pp. 296-312.

② Savino, T., Messeni Petruzzelli, A. & Albino, V. (2017), "Search and Recombination Process to Innovate: A Review of the Empirical Evidence and a Research Agenda", *International Journal of Management Reviews*, Vol. 19, No. 1, pp. 54-75.

③ Cortina, J. M., Green, J. P., Keeler, K. R. & Vandenberg, R. J. (2017), "Degrees of Freedom in SEM", *Organizational Research Methods*, Vol. 20, No. 3, pp. 350-378.

④ Ashlagi, I., Kanoria, Y. & Leshno, J. D. (2017), "Unbalanced Random Matching Markets: The Stark Effect of Competition", *Journal of Political Economy*, Vol. 125, No. 1, pp. 69-98.

(The Stark Effect of Competition)，结果表明任何匹配市场都可能存在一个小核心。Vinnari and Laine(2017)①通过对芬兰工业化动物生产案例研究发现，反击言论群体通过展现受压迫群体经历的事实，引起大众对受压迫群体的同情，从而使其产生道德参与感。Huotari and Hamari(2017)②将游戏化(Gamification)与服务营销理论联系起来，将消费者概念化为服务的共同生产者，并对游戏化重新定义以突出它的体验性。Haberma(2017)③把欧盟理解为一种基于混合制宪权(Pouvoir Constituant Mixte)的复合组织，每位公民都发现自己作为欧盟公民和国家公民的双重角色，并分析了在此背景下，投票权对公民的平等代表权的偏离是否合理。Dellavigna et al.(2017)④从行为经济学的角度出发，探究了"可能被询问是否投票"对投票率的正向激励作用。

在金融领域，保险、投资以及信息不对称问题则占据了近一年来学者的关注重心。Kang et al. (2017)⑤采用多元 DECO-GARCH 模型和溢出指数考察了六种商品期货市场——黄金、白银、西德克萨斯中质原油、玉米、小麦和大米之间的动态溢出效应(Dynamic

① Vinnari, E. & Laine, M. (2017), "The moral mechanism of counter accounts: The case of industrial animal production", *Accounting, Organizations and Society*, Vol. 571-17.

② Huotari, K. & Hamari, J. (2017), "A definition for gamification: anchoring gamification in the service marketing literature", *Electronic Markets*, Vol. 27, No. 1, pp. 21-31.

③ Habermas, J. (2017), "Citizen and State Equality in a Supranational Political Community: Degressive Proportionality and thePouvoir Constituant Mixte", *Journal of Common Market Studies*, Vol. 55, No. 2, pp. 171-182.

④ Dellavigna, S., List, J. A., Malmendier, U. & Rao, G. (2017), "Voting to Tell Others", *The Review of Economic Studies*, Vol. 84, No. 1, pp. 143-181.

⑤ Kang, S. H., Mciver, R. & Yoon, S. (2017), "Dynamic spillover effects among crude oil, precious metal, and agricultural commodity futures markets", *Energy Economics*, Vol. 6219-32.

Spillover Effects)，为信息传播渠道提供了新的见解。Chung et al.(2017)①利用韩国股票市场的相关数据考察了外国投资者交易与信息不对称程度的关系，结果表明外国投资者的积极交易往往会加剧信息变化。Sawada(2017)②探究了亚洲人民遭受各种灾害以及这些灾害对他们决策和福利情况的影响，证明在亚洲加强以市场、政府和社区为基础的保险机制用以分散个人、国家和地区各层级面临的综合灾难风险是很有必要的。Ho and Lee(2017)③研究了保险公司竞争对医疗保健市场的影响，结论证明保险公司的竞争可能会增加消费者的盈余，但也可能会导致医院内租金的重新分配以及部分医疗支出的增加。Carey(2017)④探究了在技术变革的情形下，风险调整与保险公司对预期成本不同的客户提供公平的利益之间的关系。实证结果显示，在技术变化的情况下，风险调整并不能完全抵消保险公司选择对不同类型客户设计不同产品的动机。

3.3 学科分析

3.3.1 跨学科研究分析

Web of Science 上的论文会显示两种学科分类：研究方向和 Web of Science 类别，一篇论文可能会同时有两个及两个以上的学科分类，本文基于这两种学科分类进行学科分析。Web of Science 中将研究方向分为生命科学与生物医学、自然科学、应用科学、艺术与人文科学和社会科学五大类，并在此基础上扩展为 151 个小

① Chung, C. Y., Kim, H. & Ryu, D. (2017), "Foreign investor trading and information asymmetry: evidence from a leading emerging market", *Applied Economics Letters*, Vol. 24, No. 8, pp. 540-544.

② Sawada, Y. (2017), "Disasters, Household Decisions, and Insurance Mechanisms: A Review of Evidence and a Case Study from a Developing Country in Asia", *Asian Economic Policy Review*, Vol. 12, No. 1, pp. 18-40.

③ Ho, K. & Lee, R. S. (2017), "Insurer Competition in Health Care Markets", *Econometrica*, Vol. 85, No. 2, pp. 379-417.

④ Carey, C. (2017), "Technological Change and Risk Adjustment: Benefit Design Incentives in Medicare Part D", *American Economic Journal: Economic Policy*, Vol. 9, No. 1, pp. 38-73.

类。在进行学科融合的文献计量方面，本文首先使用研究方向分类来研究经济学与商学领域与其他研究领域之间的交叉关系。表15为其他学科与经济学与商学方向合作的具体情况。经济学与商学领域在151个研究方向中对应的是商业与经济(Business & Economics)。经过统计，在2017年高被引论文中，除了86篇论文的研究内容仅涵盖经济学与商学学科的内容，其余90篇均为跨学科研究，占比51.14%，即经济学与商学领域的研究体现出了较强的学科融合。

表15 **2017年经济学与商学高被引文章交叉关联学科类别**

序号	研 究 方 向	记录数
1	Psychology(心理学)	22
2	Social Sciences(社会科学)	15
3	Environmental Sciences & Ecology(环境科学与生态学)	13
4	Health Care Sciences & Services(保健科学与服务)	11
5	Operations Research & Management Science(运筹与管理科学)	8
6	Mathematical Methods In Social Sciences(社会科学中的数学方法)	5
7	Public Administration(公共管理)	5
8	Mathematics(数学)	4
9	Engineering(工程学)	4
10	Agriculture(农学)	3
11	International Relations(国际关系)	3
12	Government & Law(政府与法律)	3
13	Education & Educational Research(教育与教育研究)	2
14	Food Science & Technology(食品科学与技术)	2
15	Nutrition & Dietetics(营养与营养学)	2
16	Communication(传播学)	1
17	Pharmacology & Pharmacy(药理学和药学)	1
18	Science & Technology(科学与技术)	1

从表中可以看到，商业与经济研究方向与18个研究方向均存在学科交叉现象。心理学与该方向的关联最为密切，2017年内发

表的高被引论文中同时涉及这两个方向的有 22 篇；社会科学、环境科学、医疗科学和商业与经济方向的交叉关联度也较强，同时涉及两个方向的高被引论文在 10～15 篇之间；相比之下，药理学、传播学、营养学、食品科学、教育学与该方向的交叉比较少，2017 年内跨学科的高被引论文篇数均少于 3 篇。从五大类别研究方向来看，商学与经济方向属于社会科学类别，研究结果体现出的学科融合也主要集中在社会科学类别，其次是生命科学与生物医学、应用科学和自然科学，和艺术与人文科学的学科融合在高被引论文中没有得到体现。

图 16 展示了商业与经济与其他研究方向的交叉关联情况，①图中连线上的数字表示 2017 经济学与商学高被引论文中与其他学科交叉的数目。可以看到，研究结果最多涉及了四个方向的内容，多方向(大于 2 个方向)融合的研究在 2017 年经济学与商学高被引论文中体现得不够显著，更多的是涉及两个学科的交叉研究。

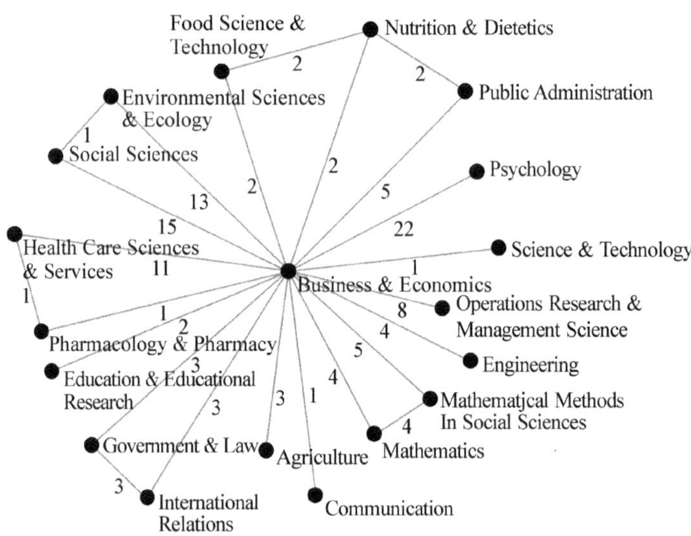

图 16　2017 年经济学与商学高被引文章交叉关联学科网络图

① 学科交叉网络图基于 Pajek 软件绘制。

类似的，在 2017 年的 27 篇经济学与商学热点论文中，有 18 篇论文研究方向单一，占比 66.67%，与高被引论文相比，热点论文的学科集中度更高。具体合作情况见下表 16。

表 16　**2017 年经济学与商学热点文章交叉关联学科类别**

序号	研究方向	记录数
1	Psychology(心理学)	3
2	Social Sciences(社会科学)	2
3	Operations Research & Management Science(运筹与管理科学)	1
4	Mathematical Methods In Social Sciences(社会科学中的数学方法)	1
5	Public Administration(公共管理)	1
6	Agriculture(农学)	1
7	Food Science & Technology(食品科学与技术)	1
8	Nutrition & Dietetics(营养与营养学)	1
9	Science & Technology(科学与技术)	1

在经济学与商学热点论文中，与不同研究方向学科合作的程度较为相似，其中与心理学方向合作程度最高，社会科学次之，27 篇热点论文中分别有 3 篇、2 篇涉及心理学方向、社会科学研究内容，热点论文中涉及其他方向的均只有 1 篇论文。经济学与商学热点中跨学科合作程度次序与高被引中跨学科合作程度次序一致，值得注意的是高被引论文中只有一篇涉及科学和技术方向，这篇论文同时也是热点论文，所以可以看出商业与经济、科学和技术方向的学科合作虽然少，但是受到的关注度非常高。

3.3.2 热点学科分析

Web of Science 类别(以下简称 WOS 分类)涵盖了 252 个学科，相比于 151 个类别的研究方向的划分更为细致，在 2017 年经济学与商学领域高被引论文中，经济学与商学领域对应的 WOS 分类是商学、管理学、经济学、金融学、农业经济与政策，其相应的记录数见表 17。

表 17　**2017 年经济学与商学高被引文章的 WOS 分类**

序号	WOS 分类	记录数
1	Business（商学）	74
2	Management（管理学）	73
3	Economics（经济学）	71
4	Business，Finance（金融学）	10
5	Agricultural Economics & Policy（农业经济与政策学）	3

从表中可以看到，在 2017 年经济学与商学领域高被引论文中，商学、管理学、经济学学科的篇数较多，均大于 70 篇，金融学和农业经济与政策相比发布的非常少，但是金融学实际上属于应用经济学，农业经济与政策也是经济学的一个分支学科。文章被划入金融学、农业经济与政策学的同时也会被划分进入经济学学科，因此主要关注 WOS 分类的商学、管理学、经济学学科。可以看到经济学与商学领域的高被引论文在学科上的分布较为均衡，没有特别明显的学科倾斜。在经济学高被引论文中，金融学占 14.08%，农业经济与政策占 4.23%，金融学相对于农业经济与政策学科而言被引用的次数更多。

表 18 展示了经济学与商学领域热点论文中，经济学与商学对应的学科分布与高被引论文相比有更为明显的倾斜倾向。可以看出，与经济学和管理学相比，商学热点文章更多，在经济学与商学领域关注度更高。而在经济学的 8 篇热点文章中，金融学学科占 3 篇，农业经济学与政策学科占 1 篇，两门学科的热点文章占经济学热点文章的二分之一，结合对高被引论文分布的分析，可以得出结论：金融学、农业经济学与政策学科在经济学领域是两个备受关注的热点学科。

表 18　　2017 年经济学与商学热点文章的 WOS 分类

序号	WOS 分类	记录数
1	Business(商学)	13
2	Economics(经济学)	8
3	Management(管理学)	7
4	Business, Finance(金融学)	3
5	Agricultural Economics & Policy(农业经济学与政策)	1

金融学学科的热点研究主题是系统性风险、公司治理以及宏观审慎政策。在系统性研究方面，Brownlees and Engle(2016)①在市场下跌的条件下衡量企业的资本缺口，用企业的规模、杠杆和风险的函数来表示，以此来量化系统性风险；Li and Perez-Saiz(2018)②对金融市场基础设施(financial market infrastructures，FMIs)网络进行了更深入的研究，不仅考虑一个个体违约对 FMIs 网络中其他个体的影响，而且考虑了个体违约对该个体所在的所有 FMIs 网络的影响，通过计算多个个体联合违约概率能够更准确地量化信用风险暴露。在公司治理方面，Cumming，Grilli and Murtinu(2017)③对比了政府与独立风险投资(VC)从创业企业退出的绩效，来自欧洲的实证数据表明独立风险投资比政府风险投资的退出绩效更高；Balsmeier et al.(2017)④研究了董事会的独立性与企业创新之间的

① Brownlees, C. & Engle, R. F. (2016), "SRISK: A Conditional Capital Shortfall Measure of Systemic Risk", *Review of Financial Studies*, Vol. 30, No. 1, pp. 48-79.

② Li, F. & Perez-Saiz, H. (2018), "Measuring systemic risk across financial market infrastructures", *Journal of Financial Stability*, Vol. 341-11.

③ Cumming, D. J., Grilli, L. & Murtinu, S. (2017), "Governmental and independent venture capital investments in Europe: A firm-level performance analysis", *Journal of Corporate Finance*, Vol. 42439-459.

④ Balsmeier, B., Fleming, L. & Manso, G. (2017), "Independent boards and innovation", *Journal of Financial Economics*, Vol. 123, No. 3, pp. 536-557.

关系，认为董事会独立性越高，企业在其熟悉的领域创新性越强；Boateng and Huang(2017)①用中国市场的数据表明非控股大股东的增多遏制了控股股东对超额杠杆的决策权力并提高了资本投资，而作为控股股东的政府降低了非控股大股东的这种监管效力。在宏观审慎政策方面，Bruno et al.(2017)②对 2004 年至 2013 年的 12 个亚太经济体宏观审慎政策的有效性进行了比较评估，发现银行业资本流动管理政策和债券市场资本流动管理政策分别有效地减缓了银行流入和债券流入，而且这种政策存在外溢效应；Cerutti et al.(2017)③扩大了研究对象范围，研究了 2000 年至 2013 年间 119 个国家使用宏观审慎政策的情况，发现新兴经济体相比于发达经济体更常使用宏观审慎政策，但是在经济衰退中效果并不理想。

农业经济学与政策学科的研究热点主要集中在对农业政策的研究，Smart et al.(2017)④对比了美国和欧盟基因工程作物批准时间。美国和欧盟对基因工程的批准流程是有区别的，在欧盟的批准从一个特定成员国的申请开始，然后进行科学风险评估，并以政治决策阶段(风险管理)结束；在美国，批准从科学(现场试验)开始，到“官僚”决策阶段结束。结果显示，在两种批准制度下，欧盟的总体平均完成时间比美国更短，其中欧盟的是 1763 天，美国的是

---

① Boateng, A. & Huang, W. (2017), "Multiple Large Shareholders, Excess Leverage and Tunneling: Evidence from an Emerging Market", *Corporate Governance: An International Review*, Vol. 25, No. 1, pp. 58-74.

② Bruno, V., Shim, I. & Shin, H. S. (2017), "Comparative assessment of macroprudential policies", *Journal of Financial Stability*, Vol. 28183-202.

③ Cerutti, E., Claessens, S. & Laeven, L. (2017), "The use and effectiveness of macroprudential policies: New evidence", *Journal of Financial Stability*, Vol. 28203-224.

④ Smart, R. D., Blum, M. & Wesseler, J. (2017), "Trends in Approval Times for Genetically Engineered Crops in the United States and the European Union", *Journal of Agricultural Economics*, Vol. 68, No. 1, pp. 182-198.

2467 天；Seufert et al.(2017)①研究了有机农业在各国法规中的定义，现有定义更多地表达了消费者的观点，而忽略了有机理论学者提出的环境保护主义原则；Sheahan and Barrett(2017)②关注了农业投资在撒哈拉以南非洲地区的低效问题，认为当局者应该对农业投入高但利用率低的问题引起重视，有效地推进农业现代化。

4 总结和启示

本文从研究主体和研究内容对经济学与商学 2017 年 ESI 高被引和热点论文进行分析得出了很多具有启示性的结论。首先，从研究主体的分布和合作情况来看，不管是国家、大学、作者还是期刊层面，美国在经济学与商学领域的表现都遥遥领先，中国在经济学与商学领域的科研学术水平与美国、英国等发达国家相比还有一定的距离。

国家分布与合作分析结果显示美国发表的高被引论文 76 篇，超过高被引论文总量的 40%。高被引论文发表数量前十的国家中，除中国外，其他国家均是发达国家。我们还发现国家之间的合作具有明显的地区性，欧洲和美洲的合作关系密切，亚洲的合作关系密切，但亚洲与欧美的合作频次明显较低。从国家角度来看，经济学和商学领域主要研究成果的产出非常集中，美国的学术影响力远超其他国家。与发展中国家相比，发达国家在科研水平上还是有非常大的领先优势。

高被引和热点论文的大学分布也从一定程度上体现了发达国家经济学和商学领域优越的学术研究水平，其中，武汉大学是唯一一所发表量超过 2 篇的中国高校。发表高被引和热点论文大学之间的

① Seufert, V., Ramankutty, N. & Mayerhofer, T. (2017), "What is this thing called organic? -How organic farming is codified in regulations", *Food Policy*, Vol. 6810-20.

② Sheahan, M. & Barrett, C. B. (2017), "Ten striking facts about agricultural input use in Sub-Saharan Africa", *Food Policy*, Vol. 6712-25.

合作都较为密切，且发文量较高的大学和其他大学的合作更为密切，此类合作有利于各大学间资源互补，促进学术交流与进步。

通过对作者分布与合作的分析发现，发表高被引论文数量最多的 15 位作者几乎全部来自发达国家。在经济学和商学领域，高被引和热点论文作者之间的合作相对松散，作者间的独立性较高，合作的情形中很多时候都源于经济学和商学与其他学科结合进行跨学科研究的需要。论文的合作规模主要集中在 2~4 人，多人合著的情形相对少见。

另外，我们还统计了高被引和热点论文期刊的分布情况，从结果来看，美国期刊占一半以上。其中 2017 年刊载高被引文章数最多的期刊是 *Journal of Management*，数量高达 19 篇，刊载热点论文数量最多的期刊是 *Energy Economics*，有 3 篇热点文章。

其次，从研究内容来看，研究主题贴近全球关注的热点，趋势明晰。从关键词的词频分析结果来看，出现次数最高的是“创新”，大到国家、小到企业都需要致力于创新作为发展的原动力，寻求进步和突破。其次是“企业社会责任”，越来越多的人意识到，企业作为市场中关键的组织形式，除获取利润之外，还应当承担起对员工福祉、生产就业、生态环保等更多方面的责任，因此企业如何承担起社会责任逐渐成为当前研究的热点。词频排名第三的关键词为“中国”，中国作为世界第二大经济体，其国际影响力日益提升，吸引了研究领域的大量关注。紧随其后，研究者还关注“气候变化”、“可持续发展”、“健康”和“可持续性”。这几个关键词表明，人们不再只关心经济价值的创造，还意识到气候变化、生态环境和健康的重要性，试图寻找可持续的发展模式促进人与自然的和谐发展。

通过对具体文本内容的研读，我们对经济学与商学的研究热点分为七个方面进行了概括和总结。宏观经济管理方面的研究告诉我们，我国现处于一个非常重要的转型经济节点上，现阶段部分产能过剩、效率降低，面临一系列新的经济发展战略问题。由于多方面的原因，中国国有企业和银行业改革虽然取得了一定的进展，但总体来说较为缓慢。与此同时，收入分配的公平与效率问题依然是经济与商学领域的热点话题，在经济全球化背景下，生产要素不再局限于一国之内，收入分配会在一定程度上影响劳动力在国家之间的流动。还有研究聚焦人口老龄化和医疗保险等社会保障与福利问题，尝试为提升人类社会福祉提供新的建议和方案。

企业制度与绩效这一领域的研究中，大量研究关注企业领导的个人特征对企业成长和发展的影响、员工的工作积极性和参与度对个人绩效和福利的影响，以及身份经济学和顾客服务，可以看出这一部分越来越侧重于对企业活动中"人"的研究，"人"本身是企业制度的制定者和服从者，也是企业绩效、企业发展最主要的创造来源。

国际金融领域的论文主要对全球经济、跨国公司、欧盟问题进行了讨论，世界各国贸易互联、经济发展息息相关，这也带来了金融风险在全球的传递和影响。全球金融危机领域的几项研究通过不同的方法度量了整体的系统性风险以及不同市场参与者对系统性风险的贡献大小，有助于建立完备的风险预警模型，由此加强对系统性风险的预测和预防，有效避免金融危机的发生。

行业经济管理方面，大量论文关注医疗卫生行业，其中，最受关注的是医疗器械的评估问题，其次是医疗费用和公共卫生问题，以及医护人员之间、医生患者之间的相互影响。这表明研究更趋向于解决"人"的切实需求——疾病治疗的需求。

创新是人类进步的根本，人类文明迅速发展、信息爆炸的当代，人们期待不断的技术突破和有效的知识管理，追求创新、鼓励创业，促进各行各业的发展和社会整体的进步。这一大类研究主要关注于分析日益复杂的社会网络和高效的知识管理办法，并且倾向于研究创业的相关的问题，探究如何才能更好地鼓励和扶持创业。

全球生态环境领域的热点话题主要集中在可持续发展、企业社会责任以及能源消耗和环境保护方面，相当数量的论文强调了管理创新和技术创新对环境保护的促进作用，企业社会责任的履行、相关环保政策的出台以及可再生能源的投入使用等措施都能够有效降低人类活动对生态环境的负面影响，在保证经济利益的同时实现可持续发展。

金融领域的重心则表现在保险、投资以及信息不对称问题三个维度。可以预期各种类型保险产品的设计，采取相应保险机制的必要性，信息不对称程度的影响因素以及对影响股票、期货市场收益率因素的进一步探究都仍将是金融领域的热点话题。没有划分进入明确主题的热点也都围绕着“群体”、“竞争”、“消费”等关键词展开。对各种情形下群体性决策特点的探究、群体利益与个人利益的冲突问题、市场竞争所带来的团体效应以及对消费者相关行为的深入探寻都有广阔的研究前景。

总体来说，经济学与商学领域的研究一方面继续关注全球宏观经济的管理，包括经济稳定、经济增长和经济改革，同时分析企业制度绩效和重点行业的管理；另一方面，也有越来越多的学者将研究范围放得更宽更长远，在致力于保持经济发展的同时，寻找让人类生活更幸福、让自然环境负担更轻的创新和可持续发展方式，这是人类共同追求的目标，也是未来开展研究的主流趋势。

关于数字货币法律问题研究的最新进展

武汉大学法学院　冯　果　张　梁　高郦梅

引　　言

数字货币、区块链等新生事物与金融科技、互联网技术相融合，正在逐渐颠覆原有的金融秩序和货币概念，引发了资本市场领域的新一轮变革。数字货币并非源自于传统金融，其伴随着互联网信息技术应运而生，也正是互联网本身的去中心化特质，为数字货币及分布式记账技术的发展提供了土壤。数字货币不仅仅是科技与创新的成果，还是货币体制的一次变革。借助于对货币与网络的有效融合，数字货币展现出了诸多相较于传统货币的优势，体现了其活力与精神。

但是，历史数次证明，金融领域的创新始终伴随着金融风险。数字货币交易费用少，参与度高，自由特点显著，这种基于网络金融的特殊性，直接冲击着当前的货币体制，对当前金融与经济基础带来风险因素。区块链及数字货币所带来的新金融革命如何进行、如何引导、何如监管，是所有政府面临的机遇与挑战，疏于监管，放任自流，则金融诈骗、投机之风盛行。同时，数字货币正面临着技术风险、支付风险和维权风险。一个典型的例子是在 2017 年盛行的 ICO(Initial Coin Offering)，其通过“巧妙”的机制设计，以“物物交换”的形式，规避了“非穿透式”监管下的政府对股权众筹、非法集资、非法发行股票等行为的规制，严重影响了金融市场的健康有序运行。① 人民银行等七部委联合发布《防范代币发行融资风险的公告》，认为ICO融资活动中投机炒作盛行、涉嫌从事非法金融活动，予以叫停。此次监管的加码证明对数字货币市场风险控制已经到了亟待解决的关键时刻，在监管风暴下数字货币的溢出风险也已经到了急需防控的重要关头。目前，我国已停止比特币场内交易，但其危害依旧存在，地下数字货币交易禁而不止，扰乱金融与外汇市场；在监管重压下，场外交易与资金“出海”或将成为新的隐患，给后续监管增加了难度。

他山之石，可以攻玉。在以美国为代表的西方发达国家，货币理论已有长足的发展，给了数字货币研究和实践实以充分的理论支撑。哈耶克早在《货币的非国家化》一书中就引用了John Porteous对其第一版的评论：“三百年前，没有一个人相信政府将会放弃它对于宗教的控制，因而，我们也许会在未来三百年中看到，政府将会准备放弃其对货币的控制权。”②数字货币的发展似乎就因应了这种货币理论的预言。当前国际上对数字货币的使用在不断增加，域外国家对其也给予了很大关注，将比特币当做技术依据与逻辑起点开始了较为全面的探究与研发。以区块链为代表的金融科技浪潮不可阻挡，中国必须抓实时代机遇，研究梳理域外数字货币的前沿发展成果对于数字货币在我国的发展应用与风险防控有着重大理论价值和现实意义。

一、域外数字货币法律性质研究

（一）域外数字货币研究的具体对象

在着眼于对数字货币就行研究，尤其是对域外的数字货币研究进行梳理和归纳时，特别需要注意研究对象的界定。实际上，正是

① 陈一稀、魏博文：《ICO新政影响、本质问题和政策建议》，载《金融发展评论》2017年第10期。

② ［英］弗里德里希·冯·哈耶克：《货币的非国家化》，姚中秋译，新星出版社2007年版，第192页。

由于各界难以对数字货币达成一致的定义，也导致了打着“数字货币”名义的研究其实质内容五花八门，再加上“数字货币”一词本身就是舶来品，国内对什么是数字货币也没有达成共识，这就更需要对域外主流数字货币研究中的研究对象及其可能的外延进行梳理，才不至于引起逻辑上的混乱。

1. 域外“数字货币”的术语使用

事实上，美国、欧盟等数字货币研究热点地区在研究数字货币中的所使用的术语就存在着一定区别，主要存在“Cryptocurrency”、“Digital Currency”及其“Virtual Currency”三种术语用法。在欧盟，欧洲央行在其 2012 年发布的《数字货币发展计划》中将采用了“Virtual Currency”的表述，并从三方面对数字后壁进行界定：第一，从形式上来说，数字货币是基于计算机技术开发出来的，存在于虚拟空间不以物理介质为载体的非实物货币；第二，从本质上来说，数字货币是由严格的数学算法或者加密技术来保证其安全性、专有性的；第三，从效力范围来说数字货币是一种不受监管的虚拟货币，它由其开发者发行和控制，并在特定虚拟社区的成员中使用和接受。① 英国金融行为监管局(FCA)发布的相关文件中普遍使用的也是“Virtual Currency”这一术语，一般译为“虚拟货币”，欧洲银行业管理局(EBA)则将其定义为同样使用了“Virtual Currency”这一术语，将其定义为价值的数字化表示，不由央行或当局发行，也不与法币挂钩，但由于被公众所接受，所以可作为支付手段，也可以电子形式转移、存储或交易。② 而在美国，学者研究中“Cryptocurrency”(直译为加密货币)与“Digital Currency”(直译为数字货币)，“Virtual Currency”(直译为虚拟货币)三个术语均被频繁使用。例如 Sarah Jane Hughes & Stephen T. Middlebrook(2015)在其研究中使用

① See, European Central Bank, Virtual Currency Schemes, 2012, p. 13.

② See, Opinion of the European Banking Authority on the EU Commission's proposal to bring Virtual Currencies into the scope of Directive (EU) 2015/849 (4AMLD).

了"Cryptocurrency"用来指比特币，莱特币等，① 而 Jeffrey E. Glass (2017)则用"Digital Currency"来指代在美国资本市场中活跃的比特币及其"山寨币"。② 同样采用"Digital Currency"表述并且研究对象相似的还有 Blachly, Victoria(2015)。③ Mark E. Matthews(2017)则在其研究中用"Virtual Currency"用来指代以区块链技术为基础，采用点对点支付的数字货币，④ 同样采用该表述并且指代相同的还有 Gary E. Kalbaugh(2016)⑤以及 Hak J. Kim(2016)。⑥

2. 数字货币及其近似研究对象的学术讨论

对于与法定货币相对应的货币分类，有不同的研究视角。数字货币研究中的不同表述实质上对应了法定货币外与具有某一类特性(不存在实体介质)的货币的分类。有学者主张，在非法定货币的分类中，存在本地货币和电子货币两种类型。前者是指在一定区域中获得货币认同的非国家货币，后者为数字货币的同义类型。⑦ 另有学者认为，数字货币(digital currency)、虚拟货币(virtual currency)和密码货币(cryptocurrency)通常被视为同义词，但需要澄清的是，

① Sarah Jane Hughes & Stephen T. Middlebrook, Feature: Advancing a Framework for Regulating Cryptocurrency Payments Intermediaries, 32 Yale J. on Reg. 495.

② 山寨币是指在比特币热潮下运用与比特币相同或者高度相似的基础技术研发出来的与比特币具有相似特征的其他数字货币，如莱特币(Litecion)、猎人币(Huntercoin)等。

③ Blachly, Victoria, Uniform Fiduciary Access to Digital Assets Act: What UFADAA Know, Probate and Property, Vol. 29, Issue 4 (July/August 2015), pp. 8-20.

④ Mark E. Matthews, Summary of Offshore Compliance Options, SZ012 ALI-ABA 975.

⑤ Gary E. Kalbaugh, Virtual Currency, Not a Currency, 16 J. Int'l Bus. & L. 26 (2016).

⑥ Hak J. Kim, Virtual Currency Is Becoming Reality: Is It Opportunity or Disaster, 16 J. Int'l Bus. & L. 75.

⑦ Cohen Benjamin, The Future of Money, Princeton University Press, 2004, pp. 179-192.

虚拟货币和密码货币是数字货币项下概念,① 三者之间既相互联系又相互区别。一方面，数字货币以电子化的方式存储和流通，是一种依靠互联网进行流通的货币形式，虚拟货币和密码货币就是典型例子，所有的虚拟货币和密码货币都可称为数字货币。另一方面，虚拟货币的不可兑换性是与数字货币不同之处，持有虚拟货币的目的并不在于转换为现实世界中的法定货币，而数字货币隐含可兑换性，即可兑换成其他法定货币。② 如此区分的意义在于对监管的要求不同。还有学者认为，以比特币为代表的数字货币即是指虚拟货币，同时还体现为一种以区块链为基础的货币形式。③ Sarah Jane Hughes & Stephen T. Middlebrook(2015)专门指出"Virtual Currency"是指完全以无形的形式存在的非法定货币但可代替法定货币的交换媒介，其不属于"法定货币"的纸质货币及其替代品等传统形式，它只以电子或数字形式存在，仅用作在线或虚拟货币社区成员之间的交换媒介，例如其可用于在线游戏，社交媒体或企业忠诚度计划中购买或兑换奖品。④ 数字货币的分类研究不仅有利于解决术语学的问题，更在于所提出的区分标准可能有助于对这种现象的进一步描述和理解。⑤

3. 现阶段域外"数字货币"研究对象的两点特征

对域外关于数字货币法律问题的相关研究进行归纳，不难发现可以从域外关于数字货币法律问题研究的具体对象所具有的典型特征对其进行范围界定。具有两个显著特征：第一，其对于数字货币的研究主要以私人数字货币为对象。对于"数字货币"这一研究对

---

① Nicole Julie Fobe, Bitcoin as a Parallel Currency-An Economic Vision and Multiple Legal Consequences, São Paulo, 2016, p. 22.

② https://bitcoinmagazine.com/15862/digital-vs-virtual-currencies/.

③ Trevor I. Kiviat, Beyond Bitcoin: Issues in Regulating Blockchain Transactions, Duke Law Journal, 2015, p. 588.

④ Sarah Jane Hughes & Stephen T. Middlebrook, Feature: Advancing a Framework for Regulating Cryptocurrency Payments Intermediaries, 32 Yale J. on Reg. 495.

⑤ IMF, Virtual Currencies and Beyond: Initial Considerations, Jan. 2016.

象的加以厘清，很大程度上在于研究侧重“数字”二字还是“货币”二字，如果落脚于“数字”，则具备数字化原理发行的货币均属于“数字货币”的研究对象，如果落脚于“货币”，则唯有具备货币属性的才是“数字货币”。域外对于数字货币的研究，很大程度上侧重于其发行原理的数字化，并且其研究的数字“货币”并不是由国家发行的法定货币，而是一种私人货币，这主要是因为英美等国对比特币等数字货币的监管采用一种较为灵活的态度，同时发达国家货币理论的长久发展，货币非国家化的观点具有一定影响力，使得与“公钱”(国家发行的法定货币)相对“私钱”(不是由国家发行的但是客观上充当了交易媒介)也易于为法学学者所接受并成为研究热点。① 第二，域外数字货币法律问题研究对象集中于比特币上。域外大多研究文献围绕比特币的法律性质、实际交易中产生的风险以及政府对应的监管策略进行研究讨论。在某种程度上比特币及其衍生问题实际成为了域外关于数字货币法律问题研究的核心内容。本报告中对于域外的符合这两点特征的研究无论其原用术语为何，均采用数字货币的统一表述。

(二)数字货币的法律性质

在美国及欧盟对于数字货币法律性质的研究较为比较丰富，从最近一段时间的研究发展态势来看，关于数字货币的法律性质域外学术研究呈现出三种不同的观点——“商品说”、“货币说”、“证券说”与“财产说”。围绕着四种观点展开了一系列的论证与反驳，但总体而言，“商品说”更为契合域外相性法律规定，拥有实证法基础，并且被诸多域外行政机构接受，成为了现行监管体制下的对策，财产说则更像是一种折衷的说法，“货币说”与“证券说”更侧重于比特币等数字货币的未来发展导向。

1. 数字货币法律性质之“商品说”

“商品说”认为比特币等数字货币属于现行法中规定的商品，并且其符合商品的基本特性。Mitchell Prentis(2015)从比特币等数

① Sean Greenwalt, Bitcoin: The Conflicting Currency, 4 Lincoln Mem'l U. L. Rev. 81 (2016).

字货币的具有商品的内在价值和其符合 CEA 对于商品的定义两方面论证了比特币等数字货币的商品性质。① Nicholas Godlove(2014)认为把比特币当作商品并不合适，因为它没有固有的使用价值，而这种使用价值往往被认为是被认为是商品的必要品质。② 对此观点 Mitchell Prentis 认为与谷物或其他日常消耗品不同，比特币不能像其他商品那样使用。虽然表面上看来，这个论点似乎对比特币属于商品的观点来说是致命的，但它却过于狭隘地解释了固有价值的概念。比特币的内在价值在于它能够降低在线产权交易的交易成本。在比特币出现之前，唯一真正的在线交易方式是通过使用可信中介，如银行或 PayPal。这些第三方必须要跟踪交易并确保转让的财产真实存在。对于该项服务第三方固定地或按比例地收取费用。但随着比特币的出现，第三方不需要再对交易进行跟踪，区块链的作用是确保每个比特币都实际存在，并且一次只能由一个人持有。这意味着比特币的内在价值可以在网上三方交易所和双方交易所之间的交易成本差异中体现。另一方面，比特币符合美国《商品交易法案》中对于商品的定义。美国《商品交易法案》中对于"商品"的定义非常宽泛，涵盖"所有其他货物和物品以及未来交付合同的所有服务，权利和利益"。③ 根据《商品交易法案》Mitchell Prentis 认为比特币可能最适合被归入免税商品类别，这主要是因为比特币和贵金

① Mitchell Prentis, Digital Metal: Regulating Bitcoin as a Commodity, 66 Case W. Res. L. Rev. 609 (2015).

② Nicholas Godlove, Regulatory Overview of Virtual Currency, 10 OKLA. J. L. & TECH. 71, *9 (2014).

③ The only exclusions are onions and motion picture box office receipts. Commodity Exchange Act § la(9). Futures trade in either is illegal. 7 U. S. C. § 13-1. For the history behind the onion exclusion, see Keith Romer, The Great Onion Corner and the Futures Market, NATIONAL PUBLIC RADIO (Oct. 23, 2015), http://www. npr. org/2015/10/22/450769853/the-great-onion-comer-and-the-futures-market. The exclusion of and prohibition of futures trading in motion picture box office receipts were added by sections 721(a) and 721(e)(10) of the Dodd-Frank Wall Street Reform and Consumer Protection Act ("Dodd-Frank Act"), Pub. L. No. 111-203 (2010).

属之间的具有相似性：两者在供应量上都存在限制，都能够以现实交付，并且都可以作为一种资本储备。此外，CFTC 已将无形商品归类为免税商品，其要件是“商品的所有权可以以某种方式传递并且商品可以被消费”。比特币可以被消费，因为它们可以被用作支出或交易。最后，将比特币分类为“免税商品”将符合 FinCEN 的指导原则，因为比特币不会被严格意义上认为是货币或金融工具。Mitchell Prentis 认为将比特币视为商品的主要税收优势之一是比特币交易商和交易商可以选择按照公允价值计价。美国《国内税收法》第 475(e) 节允许商品交易商和贸易商在纳税年度结束时再确认他们持有商品的收益或损失。① 法律允许纳税人将这些收益或损失视为普通收益或亏损，而不是资本收益或亏损。美国《国内税收法典》将经销商定义为在正常经营过程中向客户购买商品或向其销售商品的任何人。相比之下，交易者是一般个人，他们通常只是买卖商品，从市场的日常波动中获利。

Gary E. Kalbaugh 对美国商品期货交易委员会(下称 CFTC)等机构将比特币等数字货币定义为商品的做法进行了细致研究。虽然像比特币这样的数字货币具有传统货币的属性，即可以作为交易媒介，记账单位和价值储存形式，但在任何国家它们都不是法定货币。然而，由于美国《商品交易法》限制或排除了 CFTC 对某些类别的商品的管辖权，因此将商品分类为商品并不足以确定 CFTC 对其的管辖范围。② 美国相关法律授权美国国会有指定法定货币的权力，这一点毋庸置疑。但是，在商品交易法下的“货币”的概念则有所不同，因为该法案中的“货币”不限于美国的法定货币，在规定外汇远期交易和外汇掉期时，《商品交法案》中涉及两种不同的货币，这意味着在此时一种货币应当属于外汇，并且这种货币也不

① 26 U. S. C. § 475 (2002).

② See Commodity Exchange Act § § 2(a), (c), (d), and (f)-(i). Major exclusions of CFTC exist, for example, with respect to securities. Commodity Exchange Act § § 2(a)(1)(D)&2(c)(1). For the limitations on CFTC jurisdiction over foreign exchange transactions as compared to transactions involving commodities more generally, see the table infra.

一定必须有主权国家发行。因此 Gary E. Kalbaugh 在研究中指出，因为美国法律没有规定比特币的法定货币地位，故而其必定不是本国货币，但是可以从其是否属于外汇的角度进行探讨。2014 年初，同样有 45 名瑞士议员联署议案，试图将比特币视作一种“外国货币”，在不突破欧盟政策基调的同时，又能将比特币纳入更加确定的法律层面管理，以达到保有新的金融机会与反洗钱等规范管理的目的。

然而，CFTC 认为，比特币等虚拟货币从 CFTC 市场监管的视角来看应当被定义为大宗商品而非货币。在针对 Coinflip 的执法行动中，CFTC 指出，比特币是一种“虚拟货币”，是价值的数字表示形式，其可以作为交换媒介、价值单位和价值存在，但其在任何司法管辖区都不具有法定货币地位。比特币和其他虚拟货币与“真实”货币不同，这些“真实”的货币通常是美国或另一个国家发行的硬币和纸币，是获得法律承认并为有权机构指定的法定货币，这种货币在该国内拥有无限法偿并由法律保证其被必须被接受。① 除了比特币和 CFTC 所主张的真实货币”之间的区别之外，CFTC 间接从其做法中间接反映了比特币的商品属性。CFTC 称当 Coinflip 满足要求时，其可以获得所谓的“贸易选择”豁免。然而该豁免仅适用

① In re Coinflip, Inc., CFTC No. 15-29, n. 2 http: //www. cftc. gov/idc/groups/public/@ lrenforcementactions/documents/legalpleading/enfcoinfliprorder09172015. pdf (Sept. 17, 2015); See also CFTC Orders Bitcoin Options Trading Platform Operator and its CEO to Cease Illegally Offering Bitcoin Options and to Cease Operating a Facility for Trading or Processing of Swaps without Registering, CFTC Press Release pr7231-15, http: //www. cftc. gov/PressRoom/PressReleases/pr7231-15 where it is noted in the subtitle that “In First Action against an Unregistered Bitcoin Options Trading Platform, CFTC Holds that Bitcoin and Other Virtual Currencies Are a Commodity Covered by the Commodity Exchange Act.” See infra note. In addition the CFTC has issued an order related to an enforcement action against a provisionally-registered swap execution facility for a failure to enforce prohibitions on wash trades occurring on its facility and in relation to a non-U. S. trading platform trading contracts treated for regulator purposes as futures contracts for illegally trading commodity futures of exchange and failing to register as futures commissions.

于非场外商品期权，并不适用于场外外币期权。① 基于以上两点，CFTC 认为“虚拟货币”以“货币”冠名只是一种对于“货币”的朴素的口语化的理解，并不必然意味着其具有货币的法律性质。并且 CFTC 主张虚拟货币是一种商品而不是法律意义上的货币更符合“商品交易法”的立法目的。除却 CFTC 外，美国金融犯罪执法网络根据反洗钱法规将货币定义为：“美国或任何其他国家的硬币和纸币，这些货币被国家指定为法定货币进行流通，广泛被使用和接受作为发行国的交换媒介，其中美国国内货币还包括美国白银证书，美国票据和美联储票据。境外货币包括通常在外国使用并接受为外汇交易媒介的官方外国法币。② 与 CFTC 一样，金融犯罪执法网强调货币必须是“法定货币”。美国国内税收局也认为虚拟货币不是“虚拟货币”咨询中“常见问题”部分所述的“国内税收法典”的货币。③ CFTC 声称比特币等虚拟货币是一般商品而非货币所带来的直接后果是：(1)排除证券交易所上市比特币期权的可能；(2)给联邦监管机构的更大的监管权限和空间，例如银行和证券经纪交易商进行实物结算的虚拟货币掉期和远期交易；(3)比特币的“交易期权”例外情况下允许某些场外期权基本上不受监管；(4)以牺牲零售客户与某些联邦政府监管金融机构以外的实体之间的某些杠杆或保证金交易的监管权为代价，实现针对现货交易更加有力的反欺诈和市场操纵监管。④ 然而，由于 CFTC 对于比特币是商品的认定很大程度上基于没有任何虚拟货币在任何司法管辖区具有“法定货币地位”这一事实，故而任何其他主权国家一旦确定比特币法定货币地位，CFTC(以及金融犯罪执法网络)将数字货币(比特币等)认定为是商品而非货币的基础都会遭到破坏。在制定未来的政策时，

---

① See 17 C. F. R. § 32. 3(a)(3).

② 31 U. S. C. § 1010. 100 (m); See also Financial Crimes Enforcement Network, Application of FinCEN's Regulations to Persons Administering, Exchanging, or Using Virtual Currencies (Mar. 18, 2013), https://www.fincen.gov/statutes-regs/guidance/html/FIN-2013-G001.html.

③ I. R. S. Notice 2014-21, 2014-16 I. R. B. 938.

④ See Commodity Exchange Act § § 2(a)(1)(A) & 4(a).

如果没有国会的立法支撑，监管机构可能会考虑将为其将比特币等虚拟货币定义为商品的观点寻找其他的替代性基础支撑。Gary E. Kalbaugh 认为一种更好的方法是将比特币定义为一种货币，因为根据货币的功能、结构和通用定义，将比特币定义为货币具有合理性。

2. 数字货币法律性质之"货币说"

"货币说"对现行法律中的"货币"的定义出发，认为 Gary E. Kalbaugh(2016)针对美国商品期货交易委员会(下称 CFTC)通过其规则将比特币解释为"商品"的做法进行了研究，认为 CFTC 从货币与商品在《商品交易法案》的定义出发基于比特币没有在任何一个主权国家获得法定货币地位而将其视为商品的做法缺乏牢固的基础支撑，倾向于将从比特币功能角度出发将其定义为货币。① Gary E. Kalbaugh 认为"货币"定义的核心是"作为交换媒介流通的东西(如硬币，国库券和钞票)。"而且，在反洗钱法规和相关规定的背景下，比特币已被认定为"金钱"，具有一定的货币属性。首先，一般语境下的"金钱"通常被认为是交换媒介，价值衡量标准或支付手段，比特币显然有资格被认为是"金钱"，例如比特币可以很容易地实现与法定货币之间的互换，作为价值的衡量尺度或者是进行金融交易清算。并且地方司法判例也认为"比特币是一种电子货币形式，不受任何真实资产和货币的影响，例如硬币或贵金属。"与 Gary E. Kalbaugh(2016)观点相似的还有 Martin Tillier(2015)。② 其认为比特币已经被诸多主体接受并使用，成为了一种事实上的货币。金融诈骗一直以来都在发生，这种金融诈骗并不是只存在于比特币这种虚拟货币交易之中，不应当以金融诈骗频发为由而拒绝比特币。政府不承认比特币的作为货币的法律地位一方面是基于其背后利益集团的影响，例如部分银行业巨头认为比特币的发展会损害

---

① Gary E. Kalbaugh, Virtual Currency, Not a Currency, J. Int'l Bus. & L. 26 (2016).

② Martin Tillier, Accept That Bitcoin is a Currency and Stop Blaming the Victims of Crime, NASDAQ (Feb. 10, 2015, 9: 49 AM) http://www.nasdaq.com/article/accept-that-bitcoin-is-a-currency-and-stop-blaming-the-victims-of-crime-cm442726[https://perma.cc/58HC-82B5].

其利益。另一方面，政府在面对比特币等虚拟货币是存在一种傲慢和懒惰的态度。Martin Tillier 指出政府往往认为美元作为法定货币已经足够了，能够完成法定货币所需完成的任务，不需要引入一种新的货币。同时政府承认比特币是一种货币很有可能会引起私人数字货币与法定货币之间的竞争，影响国家对于货币的控制权。同时，若比特币等数字货币定义为法律意义上的货币将必须起草大量的新的法规，并且需要在新技术理解和运用上投入巨大成本。

Jeffrey E. Glass(2017)在其研究中则对比特币这类数字货币应当认定为法律意义上货币的这种观点进行了批判。① 其认为这种推论的主要依据是比特币和法定货币之间的相似性，即两者都可以用来购买商品并且作为交易媒介。虽然比特币和传统货币的功能经常重叠，但由于货币的定义，将比特币作为货币来对待是不恰当的。在美国联邦法规中，美国财政部将货币定义为“美国或任何其他国家的硬币和纸币，并且其被国家指定为法定货币进行流通，通常被用作发行国的交换媒介”。② 虽然这个定义关于货币的定义看起来非常宽泛，但定义的核心是作为货币的特定交换媒介必须获得政府的承认。比特币并不符合这样定义，因为没有任何政府声称比特币是其官方交易媒介。Jeffrey E. Glass 进一步认为，如果政府认可的障碍可以被克服或忽略，比特币仍然难以符合货币的定义，因为比特币本身所固有的不稳定性。Nicholas Godlove(2014)也认为由于对可以既存的比特币数量进行内在限制，比特币的价值将继续大幅波动并且趋向通缩。这种价格不稳定性可能会使比特币很难成为任何国家的“习惯使用和认可的交换媒介”。③ Seth Litwack(2015)认为虽然根据“印花税法”，比特币可以说是合法的，但如果比特币被视为货币“印花税法”可能会成为其合法性和监管的障碍。

---

① Jeffrey E. Glass, What Is a Digital Currency, 57 IDEA 455 (2017).

② General Definitions, 31 C. F. R. § 1010. 100 (m) (2014) (defining currency).

③ Nicholas Godlove, Regulatory Overview of Virtual Currency, 10 OKLA. J. L. & TECH. 71, *9 (2014).

3. 数字货币法律性质之“证券说”

Ruoke Yang(2013)认为比特币等数字货币实质上是一种证券。① 其认为将比特币视为证券有一定的优益性，因为美国强大的证券监管规则旨在保护投资者免受欺诈，并为投资者提供足够的信息进行知情投资，这一系列既有而出色的监管体系可以直接用以比特币监管中。同时，美国《证券法》列举了一系列受美国证券法规约束的金融工具，包括“任何票据，股票，债券……和投资合同”。② 其中，属“投资合同”与其形式最为相近。在 SEC(美国证监会)诉 W. J. Howey Co. 案中，美国最高法院首次阐明了投资合同构成的标准，在该案中，法院认为，美国《证券法》中的投资合同是需要满足三个要件，第一投资者有实际投入；第二，投资指向一个共同企业；第三，预期利润完全来自发起人或第三方的努力。③ Ruoke Yang 认为比特币满足 Howey 案中标准的第一部分，即存在实际投入。因为，大多数比特币投资者通过在交易所复制法定货币来兑换比特币。即使那些通过采矿获取比特币的公司也可能被认为是通过比特币进行货币投资，因为采矿过程要求比特币用户花费电力和计算能力来生成比特币。第二个标准共同性上，法院根据几种不同的标准分析共同性，核心分析路径包括横向共性和纵向共性。横向共性检查企业中所有投资者之间的关系，以及所有投资者的集合资金是否面临同样的风险。相比之下，垂直共同性检验了投资者和发起人之间的关系，以及投资者的利润与发起人的努力密切相关的程度。Ruoke Yan 认为比特币符合横向共通性标准，通过购买比特币，每个人在比特币系统的运行中的一份子，如果比特币系统作为一个整体变得更加理想，每个比特币就变得更有价值。

---

① Ruoke Yang, When Is Bitcoin A Security Under U. S. Securities Law? 18 J. TECH. L. & POL'Y 99, 102 (2013).

② 15 U. S. C. § 77b (2012).

③ SEC v. W. J. Howey Co., 328 U. S. 293, 294 (1946). An investment contract is “a contract, transaction or scheme whereby a person [1] invests his money [2] in a common enterprise [3] and is led to expect profits solely from the efforts of the promoter or a third party.”

Mitchell Prentis(2015)对这个观点进行了反驳，认为这个产生这个观点的原因可能来自于购买比特币作为投资并将其添加到投资组合中这种现象的流行。然而，根据美国证券法对比特币进行监管并不合适，因为比特币不具有证券的基本属性。证券之定义的关键因素之一就是证券代表着对发行实体的某种权利。① 由于比特币没有机构作为其发行实体，故而比特币的持有者也就无法主张其上的或有权利。尽管购买比特币存在实际投入，但比特币本身无法满足 Howey 案标准的第二个要求——共同性。在比特币中寻找共同性问题的主要困难在于无法确定"企业"本身是什么。同时 Mitchell Prentis 认为比特币也不符合横向共同性标准。人们出于各种原因购买比特币，有些人希望将他们作为投资，而其他人只是试图将他们用作在线购买东西的方式以避免传统支付下的困境。虽然这些不同类别的用户面临一些相同的风险，但他们的风险类型并不相同。比特币投资者可能会长期关注比特币作为一个整体的价值，而一般消费者只希望使用比特币购买东西，可以说更关心短期定价，以及他们想要交易的零售商是否会接受比特币。不同于其动机的买方风险对于传统证券并不是问题，因为在 Howey 案标准下这也导致比特币不符合"利润预期是投资成为证券的先决条件"这一要件。

Seth Litwack(2015)也认为比特币等数字货币不应当被视为一种证券。② 如果根据美国法律比特币被视为一种证券，它将受到诸多监管法之下广泛报告义务制约。美国国税局目前将比特币归类为"财产"，具有广泛的报告义务，这种做法已经受到了大量批评。③ 如果比特币被归类为证券，它将受美国证券交易委员会规则约束并受其监管，这需要比特币交易所，公司甚至用户向美国证监会进行注册并提交相应报告。而根据美国证监会规则交易所、公司等相关

① Richard Scott Carnell, Jonathan R. Macey & Geoffrey P. Miller, The Law of Financial Institutions 130 (5th ed. 2013).

② Seth Litwack, Bitcoin: Currency or Fool's Gold: A Comparative Analysis of the Legal Classification of Bitcoin, 29 Temp. Int'l & Comp. L. J. 309 (2015).

③ Jose Pagliery, New IRS Rules Make Using Bitcoin a Fiasco, CNN MONEY (Mar. 31, 2014, 7: 01 AM), http: //money. cnn. con/2014/03/31/technology/irs-bitcoin (criticizing the IRS labeling of bitcoin).

方可能会对用户的任何欺诈行为承担责任，这会限制比特币的交换和创新的数量。而所有这些要求将大大增加比特币的交易成本，使得比特币等数字货币交易成本与其他支付手段达到同一水平，极大地抵消了比特币等数字货币的创立优势。尽管这些法规还可以增加比特币的合法性，并保护投资者或消费者免受欺诈事件的影响，美国还是应该遵循其他一些国家所采用的分类方法，而不是将比特币仅仅归类为一种证券。

4. *数字货币法律性质之"财产说"*

Stephanie A. Lemchuk(2017)对存在与美国部分政府部分规定与司法实践中将数字货币定义为财产的观点进行了分析。① 美国国内税务局(IRS)发布的指导文件宣称，基于税收政策考量，比特币等数字货币应被认定为财产。这一官方意见获得了普遍的欢迎，因为它有助于数字货币成为可靠的金融资产，为其提供了更为合法性支撑。作为财产，数字货币将更接近于投资者持有的投资品而非一般用于进行日常商品交易的货币。② 此外，像其他所有美国税法中所规定的财产一样，个人将不得不为购买或出售比特币而产生的收益纳税。③ 美国国税局还宣布，比特币矿工将被视为是比特币生

① NOTE: Virtual Whats?: Defining Virtual Currencies in the Face of Conflicting Regulatory Guidances, Cardozo Pub. L. Pol'y & Ethics J. 319, 2017.

② Rachel Abrams, IRS Takes a Position on Bitcoin: It's Property, Dealbook, N. Y. Times (Mar. 25, 2014), http://dealbook.nytimes.com/2014/03/25/i-r-s-says-bitcoin-should-be-considered-property-not-currency/?_r=0.

③ The IRS guidance memorandum announced that wages paid to employees using virtual currency are taxable to the employee, must be reported by an employer, and are subject to federal income tax withholding and payroll taxes, that payments using virtual currency made to independent contractors and other service providers are taxable and self-employment tax rules generally apply, and that Bitcoin is treated as property for federal tax purposes, and, as such, the character of gain or loss from the sale or exchange of virtual currency depends on whether it is a capital asset in the hands of the taxpayer and on the taxpayer's taxable basis in the Bitcoin; announcing that the position of the IRS is that Bitcoin acquired in an exchange for goods or services has a taxable basis equal to the market price at the time of the exchange, and Bitcoin that is purchased has a taxable basis equal to the purchase price.).

产、销售业务从业者，因此他们出售或交换的其挖出的比特币所获的任何收益均被视为一般应纳税所得额。有人担心数字货币市场和交易活动会因此受到扼杀，因为人们会因此更倾向于储存而不去消费比特币，以规避潜在的被税成本。Stephanie A. Lemchuk 认为该规定澄清税收政策下数字货币的性质问题，但它也令该行业感到恐慌。在法规发布之际，许多用户将比特币视为货币，并主要将其用作支付方式。但国税局明确重申，比特币不是货币，因为它不在任何一个行政区内享有法定货币地位。一些学者和加密货币爱好者质疑是否将虚拟货币认定为财产是为了避免比特币成为主要数字货币并进一步成为是传统货币潜在竞争对手。

Stephanie A. Lemchuk 引用 Adam Livitin(2014)研究中的观点对将比特币等数字货币定义为财产的做法提出了质疑，其认为财产与货币不同，财产不可替代的，美元是可替代的，这也是美元作为货币的内在要求，因而每当任何人使用或者收到美元时，都不必考虑美元的票面成色、新旧程度。因为美元无论在实际存在形式上表现如何，其所代表的购买力和内在价值都是稳定而相同的。但是如果你是以汽车作为报酬，那么由于个人喜好和其他因素，得到哪辆车会很重要。① Adam Levitin 解释说，如果数字货币被视为财产，那么它们也变得不可替代，某种程度上成为特定物。从而在法律意义上，不同的比特币甚至可能产生不同的法律效果。

Steven C. Reingold &Timothy J. Durken(2018)结合在 Hash Fast 管理人诉 Marc Lowe 一案中裁判规则，认为“财产说”与“货币说”的分界核心是“货币认同”。② 比特币不是法定货币，并不具备强制通用力，也就是说社会公众一般不负有接受其作为货币的义务。但是，因为比特币的去中心化特质，无需第三方信用的支持，只要当

---

① Adam Livitin, Bitcoin Tax Ruling, Credit Slips (Mar. 26, 2014), http://www.creditslips.org/creditslips /2014/03/bitcoin-tax-ruling.html.

② Steven C. Reingold and Timothy J. Durken, Bitcions are not U.S. Dollars: What Does the Ruling in the Hash Fast Bankruptcy Mean? http://documents.jdsupra.com/07f4e63d-9ee7-4f53-9889-5bfd4d, Mar 4, 2018.

事人明确表示认可比特币的货币地位，就可将其视为货币。也就说，私人货币只在具有“货币认同”的群体内或者当事人之间等同于法定货币，应当依照货币关系处理当事人之间的权利义务关系。比特币具有一定的财产价值，如果当事人之间对其不存在“货币认同”，则可视其为一种无形资产，按照财产法规则处理。上述规则，在不存在虚构事实、隐瞒信息以及当事人未履行告知义务的前提下，应该属于私法上的自我责任范畴。

二、数字货币引发的相关法律适用及完善问题研究

（一）数字货币发展下的税法回应

以比特币为首的数字货币的出现是互联网技术对传统金融货币体系的冲击。技术的迅猛发展而国家立法的相对滞后，各国政府尚未采取全面的方法来解决数字货币所带来的税务问题，这一问题的政策缺失必将在实践中造成困扰。域外最新数字货币相关税法问题研究一方面针对为数不多比特币交易课税的既有实践展开了进一步的分析探讨，另一方面从比特币对整个金融体系的巨大冲击展望了数字货币将对税收制度带来的颠覆性变革。

1. 税法中的数字货币的“财产”属性及其规则完善

美国关于数字货币税法问题的诸多研究都围绕美国税务局2014-21号公告展开。在2014-21号公告中，美国国税局宣布，比特币等数字货币将被视为财产而不是外汇，并因此适用所得税目分类中的对应的规定。因此，纳税人每次出售或消费数字货币时都可能产生纳税义务。Nika Antonikova（2015）的研究认为该美国国税局应该更加狭义地界定可兑换的虚拟货币，将纯粹在游戏中使用的虚拟币从以从法规规范对象中移除。其认为像比特币这样的开放系统中的数字货币应该被视为外币，在其他允许真实货币交易与游戏中虚拟币交易的半开放系统中的虚拟货币应该被视为财产。①

① Nika Antonikova, REAL TAXES ON VIRTUAL CURRENCIES: WHAT DOES THE I. R. S. SAY?, 34 Va. Tax Rev. 433, 2015.

Sam Hampton(2016)在研究中认为，虽然有人称赞这项新规定为数字货币合法性提供了进一步的支撑，但美国国税局的做法严重削弱了数字货币的在交易中的经济效用。美国现行税收规则以传统财产交易为范本，这种税收规则阻碍了数字货币创立是作为交易成本更低的交换媒介的主要目的。按照该项税收规范比特币等数字货币的持有者需要计算和支付资本利得税，这就需要记录所有数字货币的买入卖出情况。这可能会抑制数字货币的发展，或者会变相促使逃税、漏税等行为的产生。比特币这样的去中心化数字货币带来了新的监管问题，但是机械地应用旧规则将导致不理想的结果。即存的税收规定并没有建立一个有效的机制在鼓励合规适用数字货币的同时，减少个人和企业的监管负担。最好的解决方案是立法设计新的税收制度，使其专门适用于数字货币带来的新问题，既可以促进数字货币在交易中的使用，又可以从数字货币投资者处获得税收收入。①

Adam Chodorow(2017)研究认为美国国税局的决定使得纳税人可以通过选择处置的数字货币的方式以及币种来减轻或者规避他们的纳税义务。但是，允许纳税人在不改变其经济收益或损失的情况下操纵税收结果会削弱税收制度，并使得纳税人可以利用数字货币在不同时段价值不同来减轻其纳税义务。其研究认为税务机关应当要求纳税人建立包含其持有的所有数字货币的数字货币池，以确保税收收益和损失与已实现的经济收益和损失相匹配。虚拟货币的崛起为重新审视其他可替换资产的征税基本规则提供了难得的机会。Adam Chodorow 建议美国国会或税务机关行使其监管权力，要求纳税人为其所持有的各种可替代资产(包括证券和现货)建立集中的基础资产池并进行申报，以防止纳税人在没有实际经济损益的情况下操纵纳税结果。②

---

① Sam Hampton, UNDERMINING BITCOIN, 11 Wash. J. L. Tech. & Arts 331, 2016.

② Adam Chodorow, RETHINKING BASIS IN THE AGE OF VIRTUAL CURRENCIES, 36 Va. Tax Rev. 371, 2017.

Deidre A. Liedel(2018)认为美国国税局将数字货币应认定为财产，这一立场与包括法院和监管机构在内的其他几个联邦利益相关者的观点相矛盾。美国国税局的立场同样与比特币等数字货币使用者对数字货币的认识和现行市场对于数字货币的惯常使用方法相违背。美国国税局决定将数字货币归为财产主要是基于美国法定货币只能由联邦控制的考虑，但它实际上忽视了数字货币所承担的经济性功能，并且基于税收政策强制使数字货币使用者承担繁重的跟踪与记录要求，不利于数字货币的快速发展。①

2. 涉及数字货币交易课税方法

Kelly J. Winstead(2017)则从北卡罗来纳州税法对比特币等数字货币的态度进行了分析。② 2016 年 6 月，北卡罗来纳州众议院修订了该州的《货币服务商条例》。再次修正案中明确指出代表他人管理数字货币的货币服务商必须符合北卡罗莱纳州货币服务商法案的要求。州众议院这种做法证明其认识到数字货币具有货币性价值。然而，北卡罗来纳州尚未确定如何对使用数字货币进行的交易征税，或者是否应当针对数字货币自身价值的收益和损失征税。北卡罗来纳州新修订的《货币服务法令》承认数字货币具有货币价值。但是，该州的税法并没有反映这种变化。

Kelly J. Winstead 认为州税法需要基于此进行更新，以防止某些个体利用数字货币现在在州税法中的不确定状态规避纳税义务。尽管大多数已经发布指导的州都遵循了每日过国税局在 2014-21 号公告的做法，并将数字货币视为交易税税法下的财产，但北卡罗莱纳州不应采取这种做法。相反，北卡罗来纳州效仿加利福尼亚州和

① Deidre A. Liedel, THE TAXATION OF BITCOIN: HOW THE IRS VIEWS CRYPTOCURRENCIES, 66 Drake L. Rev. 107, 2018.

② Kelly J. Winstead, The North Carolina State Tax Treatment of Virtual Currency: An Unanswered Question, 21 N. C. Banking Inst. 501, 2017.

华盛顿州使用的"宣传价格法"①来确定数字货币在交易中的纳税问题，因为：(1)联邦政府的做法与最近北卡罗来纳州简化税法的努力背道而驰；(2)"宣传价格法"能够更加准确地描述用数字货币购买物品的价值；② (3)"易货交易法"会阻碍创新，打击其他数字货币的发展。因为这种办法会激励零售商只接受市场份额最大的数字货币(目前是比特币)。③ 值得注意的是，"宣传价格法"别硅谷所在地州以及与硅谷相邻的州接受并使用，这表明"宣传价格法"更适合技术产业密集地区的需求。考虑到北卡罗来纳州在 Research Triangle Park 中强调自己将建设成为技术密集型产业区，北卡罗来纳州效仿加利福尼亚州采用"宣传价格法"的销售税处理模式是合

---

① Ky. Dep't of Rev., Ky. Sales Tax Facts (June 2014); TAX POLICY Div. of Mich. Dep't of Treas., 1 Mich. Treas. Update 1, 2 (Nov. 1, 2015) [hereinafter Mich. Dep't of Treas.]; N. J. Dep't of Taxation, Technical Advisory Memorandum TAM-2015-1(R) July 28, 2015); N. Y. Dep't of Taxation, Technical Memorandum TSB-M-14(5)C, (7)I, (17)S (Dec. 5, 2014); Wis. Dep't of Rev., News for Tax Professionals (Mar. 28, 2014).

② 在美国部分州税法中，当消费者以虚拟货币购买应税货物或服务时，销售税的基础将取决于零售商在客户使用传统付款方式时会收到的金额(美元)。一般来说，商品和服务的价格没有经过协商，所以销售税的基础是商品或服务的宣传价格，这种方法被称为"宣传价格法"。经销商必须保存交易记录，详细记录他们在交易中为某件商品或类似商品收取的价格(以美元计)。

③ 肯塔基州，新泽西州，纽约州和威斯康星州都选择遵循联邦税制，并将数字货币视为财产。因此，涉及比特币的交易被视为易货交易，其中商品或服务用于其他商品或服务的交易。在此制度下，当可兑换数字货币用作有形财产或服务的对价时，适用销售税中的相关规范，通常需要缴纳销售税。通过在购买时将数字货币转换成其等值美元来确定销售税额，并根据美元金额计算销售税。在以应税货物或服务交换其他应税货物或服务的易货交易中，销售税根据交易双方的价值计算。但是，数字货币被视为无形资产，不需缴纳销售税。因此，数字货币的易货交易不需要两端纳税。相反，只有应税物品或服务一端才会被征税。这种税收处理方法被称为"易货交易法"。同样，鉴于其作为无形资产的地位，使用实际货币购买数字货币不会产生销售税。与联邦制度一样，"易货交易法"下的应税货物或服务的价值被认为是数字货币的公允价值。根据联邦税收待遇，数字货币的公允价值在购买时确定。因此，经销商在接受数字货币以换取应纳税商品或服务时必须保留数字货币公允价值的详细记录。

理的。

3. 数字货币与税法中"货币"范畴

Steven Stern(2017)的研究建议澳大利亚政府重视金融科技快速发展对政府通过税收制度进行经济调控效果的冲击，并认为"货币"的定义正在发生变化，而货币又是税收的核心要素，必须重视比特币等数字或对税法和税收制度带来的冲击。① 澳大利亚企业越来越多地使用数字货币进行国内和国际交易。但是，数字货币的愈发频繁地使用为税收制度带来了挑战。澳大利亚税收立法中"货币"的定义似乎并没有将数字货币视为"货币"的一种。因此，涉及数字货币的交易在现行税法中面临的监管即纳税负担与澳大利亚政府促进技术创新和经济增长的承诺不相符。数字货币和税法上同意以上认定的货币之间的汇率变化可能会产生意外的资本利得税(CGT)。如果数字货币本身被视为资本资产，那么使用数字货币付款销售和采购可能会产生"双重资本利得税"。

Steven Stern 认为针对双重征税问题不需要对澳大利亚现行的税法进行全面修改，只要明确地将数字货币认定为"货币"即可。在考虑是否将数字货币认定为税法意义上的"货币"时的态度不应过于犹疑。澳大利亚税务局(ATO)拒绝承认数字货币为"货币"，主要是基于数字货币(比如比特币)的供应最终是有限的，广泛使用数字货币可能会导致经济中的通货紧缩，产生不合理的货币价格波动。尽管如此，数字货币正在越来越具有货币属性。"货币"的概念对税收制度来说至关重要。因此，Steven Stern 认为数字货币全面认定为税法中的"货币"这一问题应该立即得到解决，而不是在立法修正过程中被一再推迟。

(二)数字货币发展下的刑事犯罪新动态研究

数字货币不仅在金融体系、财政体系产生了巨大的冲击，其作为一种新型支付手段与价值存在形式，同样作用于刑事犯罪领域，

① STEVEN STERN，DIGITAL CURRENCY：MAY BE A 'BIT PLAYER' NOW，BUT IN THE LONGER TERM A 'GAME CHANGER' FOR TAX，19 Journal of Australian Taxation 1，2017.

使刑事犯罪的形态发生了新的发展，域外对于数字货币涉及刑事犯罪最新动态的研究主要集中于洗钱和黑市违禁品、非法服务交易两个方面。

1. 数字货币与洗钱犯罪

Robert Stokes（2014）认为比特币固有的几项特征使其成为洗钱的新兴手段。① 在其研究中指出比特币用户可以在没有任何第三方（包括银行及其他金融机构）介入的情况下将其财产在多个账户间进行转移。然而，反洗钱的传统监管方法高度依赖于银行或其金融机构的中介作用，需要银行或其他专业人士通过举报可疑活动来防范洗钱行为。考虑到比特币生态系统的固有特征，固有监管模式能难发挥作用。同时，用户匿名交易也是一大阻碍。比特币私钥保持匿名，并且公共地址与个人用户之间不存在记录。这使得用户可以轻松获得新的公共地址。比特币用户通常拥有多个电子钱包和多个地址，因此使执法人员很难有效地对洗钱犯罪进行取证。此外，比特币交易的便捷高效也增加其被洗钱犯罪利用的风险。与现金交易不同，利用比特币的洗钱者不必担心繁琐的物理限制，可以通过数字货币系统便捷地实现其洗钱的目的。

Nicholas J. Ajello（2015）研究认为重点研究了比特币等数字货币的特点及用途如何增加洗钱犯罪的发生风险，认为监管机构用过去的思维来打击新形势下的洗钱犯罪无异于将一个方形的钉子钉如圆形的钻孔。② Nicholas J. Ajello 认为为了有效规范比特币固有的洗钱风险，美国政府可能需要数字货币拥护披露部分关键信息。政府很可能会要求比特币管理员、交易商或用户披露私钥来解密他们的数字货币钱包。第一，美国政府最近把注意力转向了比特币和利用比特币进行洗钱行为。第二，政府已经承认比特币的加密在获取有

① Dr. Robert Stokes, Anti-Money Laundering Regulation and Emerging Payment Technologies, BANKING & FIN. SERVICES POL'Y REP., May 2013, at 1, 2014.

② Nicholas J. Ajello, Fitting a Square Peg in a Round Hole: BITCOIN, MONEY LAUNDERING, AND THE FIFTH AMENDMENT PRIVILEGE AGAINST SELF-INCRIMINATION, 80 Brooklyn L. Rev. 435, 2015.

价值的证据和收缴犯罪收益方面造成的困难。第三，政府已经暗示他们将利用现有的法规和法律打击比特币洗钱。要求被指控的比特币洗钱者披露他们的私钥或解密他们的虚拟钱包，根据美国判例法所确定的“自证其罪”的判定标准,① 这种做法很可能与美国宪法第五修正案相矛盾，违反了不得强迫自证其罪的原则。② Nicholas J. Ajello 进一步认为法院很可能会保护第五修正案中规定的不得自证其罪的原则，从而对于相关监管机构要求被起诉人提供私钥的要求不予支持，甚至宣布相关法律违宪。

Kavid Singh(2015)对可兑换虚拟货币的指导标准进行了分析和评价，提出了一个完善的监管框架，它既能阻止通过比特币进行的洗钱活动，又能使这种数值货币从创新抑制的监管中解放出来，试图在这些经常冲突的利益之间提供最佳的平衡。③ 金融犯罪执法网络(FinCEN)是美国财政部的一个部门，它站在比特币监管的前沿。FinCEN 是第一个着手可转换数字货币监管的联邦机构，其解释了银行保密法如何适用于可转换数字货币。比特币是一种新兴技术，有许多潜在的有益用途。正如美国财政部反金融犯罪执法网络(Financial Crimes Enforcement Network，下称 FinCEN)所言，数字货币的有点应当被看到，但与此同时，比特币可能被用于洗钱，因此需要监管。FinCEN 通过监管对数字货币带来的风险和利益进行平衡，但到目前为止，这种平衡似乎还不够。

---

① See In re Grand Jury Subpoena Duces Tecum Dated March 25, 2011, 670 F. 3d 1335 (11th Cir. 2012); United States v. Fricosu, 841 F. Supp. 2d 1232 (D. Col. 2012); In re Grand Jury Subpoena to Sebastien Boucher, No. 2: 06-mj-91, 2009 WL 4246473 (D. Vt. Feb. 29, 2009).

② 美国宪法第五条修正案规定：“无论何人，除非根据大陪审团的报告或起诉，不得受判处死罪或其他不名誉罪行之审判，惟发生在陆、海军中或发生在战时或出现公共危险时服现役的民兵中的案件，不在此限。任何人不得因同一罪行为而两次遭受生命或身体的危害；不得在任何刑事案件中被迫自证其罪；不经正当法律程序，不得被剥夺生命、自由或财产。不给予公平赔偿，私有财产不得充作公用。”

③ Kavid Singh, The New Wild West: Preventing Money Laundering in the Bitcoin Network, 13 Nw. J. Tech. & Intell. Prop. 37, 2015.

2. 数字货币与黑市支付业务

Lawrence J. Trautman 和 Alvin C. Harrell(2017)对比特币等数字货币在黑市中涉嫌犯罪的违禁品与服务交易中提供支付业务的情况进行了实证研究，指出由于比特币等数字货币的匿名特征，数字货币的发展与犯罪活动呈现出紧密联系。各国刑法应当对此作出回应，而国际合作在打击通过数字货币进行的刑事犯罪中将起到重要的作用。① Mythili Raman(2014)则更早指出数字货币存在促进黑市交易的问题，并提出司法部(DOJ)应当在涉嫌犯罪的黑市交易中对数字货币进行管控。② Lawrence J. Trautman 和 Alvin C. Harrell 在其研究中援引美国司法部的报告，指出数字货币服务商 Liberty Reserve 在 2013 年 5 月关闭其业务之前，在全球拥有超过 100 万用户，其中包括美国超过 20 万用户，他们通过其系统进行了大约 5500 万笔交易，用于涉及交易支付的数字货币价值超过 60 亿美元，交易内容则涵盖麻醉品、毒品贩运等。采用比特币等数字货币的支付形式给查处这些黑市交易带来更大的困难。

三、域外数字货币的监管理论

比特币等数字货币的发展给金融体系带来了新的发展契机，数字货币在促进金融业改革、社会经济发展等方面的积极作用是显而易见的，同时也使得现在的金融监管体系对于其发展产生了滞后性，数字货币带来的诸多风险同样不能忽视。域外今年前就存在针对数字货币风险的相关研究。Hüsler 等(2012)构建理论的模型——正反馈效应指出，它的作用能够使资产价位的超指数增

① Lawrence J. Trautman and Alvin C. Harrell, Bitcoin Versus Regulated Payment Systems: What Gives?, 38 Cardozo L. Rev. 1041, 2017.

② Mythili Raman, Beyond Silk Road: Potential Risks, Threats, and Promises of Virtual Currencies: Hearing Before the S. Comm. on Homeland Sec. and Governmental Affairs, 113th Cong. 64 (2013).

大从而产生泡沫。① Tyler(2013)也采用实证方法对比特币交易平台的风险进行预测和评估，得到的结论是：比特币交易平台数据越高，相对不容易关闭，并且平台交易量越高，被黑客攻击的风险越大。② 美银美林(2013)对比特币内在价值的评估是：比特币将来能够成为电子商务中主要支付的方式，其得益于本身设计上的优点，而且也许会是传统货币进行交易的最大竞争者，并且具有相对高的投资价值。该报告同时指出，每个比特币从它的发展潜力估算，合理价值大约是 1300 美元，而比特币目前最高的峰值价位其实早已超出它的理论价值。③ 围绕着数字货币带来的风险，域外政府针对比特币现存风险问题进行了许多监管模式实践，学界也针对数字货币风险及其监管实践进行了大量研究，形成了一系列的监管理论。

(一)数字货币的宏观监管理论

在比特币兴起之初，域外就陆续开展了基于数字货币监管的研究。M. Nikolei (2012)指出很多投资者会将手中的比特币转换成法币。所以需要从第三方交换平台出发，对比特币进行监管。④ Craig K. Elwell(2013)指出比特币是无国界的，需要根据税收条例、反洗钱政策、期货贸易管制、数字资金转让法等综合性监管措施。⑤ Akins B. Jennifer(2014)根据所得税法，将数字货币挖矿的营收具

① Hülsler A, Sornette D, Hommes C H. Super-exponential bubbles in lab experiments: Evidence for anchoring Over-optimistic expectations on price. Journal of Economic Behavior & Organization, 2012. 92: 304-316.

② Moore T, Christin N. Beware the Middleman: Empirical Analysis of Bitcvin-Exchange Risk. Financial Cryptography and Data SecurityLNCS7859. Berlin: Springer-Verlag, 2013.

③ Woo D, Gordon L, Iaralov V Bitcoin: A first assessment. Bank of America Merrill Lynch, 2013.

④ Nikolei M. Kaplanov, Nerdy money: Bitcoin, the private digital currency and the case against its regulation. Loyola Consumer Law Review. 2012, 25, (1).

⑤ Craig K. Elwell, M. Maureen Murphy. Michael V. Seitzinger. Bitcoin: Questions, Answers and Analysis of Legal, Congressional Research Service Reports 843339. 2013.

有服务收益特性，使数字货币对服务和商品、以及法定货币交换的盈亏，皆归入监管层面。① Aleksandra(2014)通过对监管难度与成本及实现效果方面的研究，提出应该对数字货币施行减免税收。② Malte(2014)经过对比特币公布的总体交易额与笔数及被盗案例的数据进行实证分析，得出了交易风险可通过平台上的总交易频次、交易总量和地址更换等数据来判定。他还指出风险的防控上有必要对交易平台上投资者以提醒，把握"存少兑快"的总原则。③ 以比特币为代表的数字货币在近几年无论是在规模还是形式上有着快速的发展，近三年以来的域外研究又呈现出新的态势。

1. 数字货币监管态度研究

Seth Litwack(2015)认为对于比特币的监管力度不应该过于严格。即使比特币被认为是非法的，基于比特币等数字货币去中心化特征，政府也很难彻底禁止比特币的流通，任何压迫式监管都会进一步推动比特币专项地下发展。比特币如果被迫完全转入地下，其将会带来更大的风险，因此政府有必要承认比特币。比特币在非法市场上的实际运用已经通过"丝绸之路网站"案得到证明，而进一步禁止数字货币的使用实际上可能会增加对非法交易的需求。正如之前如在禁酒期间用酒精看到的那样，政府禁令旨在促使人们饮酒节制，结果反而加剧了多度饮酒。④

Eric Engle(2016)则在其研究中认为比特币等数字货币将被证明只是一个金融潮流，一个金融泡沫，随着现实中的过度投机，这

① Akins B. Jennifer, L. Chapman. Jason M. Gordon. A Whole New World: Income Tax Considerations of the Bitcoin Economy, http://works.bepress.com/benjamin_akinsi1, 2014.

② Aleksandra Bal. Should Virtual Currency Be Subject To Income Tax? http://ssrn.com/abstract=2438451. 2014.

③ Malte Moser Towards Risk Scoring of Bitcoin Transactions. Financial Cryptography and Data Security LNCS8438. Berlin: Springer-Verlag. 2014.

④ Seth Litwack, Bitcoin: Currency or Fool's Gold: A Comparative Analysis of the Legal Classification of Bitcoin, 29 Temp. Int'l & Comp. L. J. 309 (2015).

种泡沫终将破灭并主张通过严格限制比特币以便其尽早退出市场。① Eric Engle 集合心理学与行为经济学，认为市场泡沫由于心理偏差而出现，由行为心理学描述。行为经济学(BFE)旨在从跨学科角度理解市场活动，特别是从心理学和市场分析中吸取经验。与新古典经济理论不同，新古典经济理论假定人们是理性行为者，并试图最大化他们的幸福感，但行为经济学认识由于情绪因素和认识偏见，人们并不总是以合乎理性的方式行事，并过分重视交易无关紧要信息。这些不合理的偏见会产生经济泡沫并导致这些泡沫最终的破灭。Eric Engle 进一步认为比特币等数字的非生产性本质导致了比特币并非良好的投资资产，于监管层面应该被直截了当地认定为非法。比特币等数字货币对国内和国际安全以及对投资者资产和市场本身构成威胁，破坏了投资者的信心。因此，最好的监管方式是穷尽现行法中所有法律手段，将数字货币定义为非法资产予以没收，并通过证券交易委员会加强管制来增加比特币等数字货币的交易成本，以逐步实现其市场退出。

Samantha J. Syska(2017)认为现在对比特币等数字货币进行监管还为时过早。② 比特币是一项突破性技术，但是比特币还处于早期阶段，一些潜在的功能尚未开发或发现。事实上，改变我们社会的其他技术在被监管之前有更多时间来发展。就目前而言，比特币尚未对现行货币体系造成巨大冲击，其在全球的总价值低于 40 亿美元每日美元交易量还不到信用卡平台每日交易量的百分之一。同时，监管机构还需要时间和实践反馈来进一步研究和理解这种与前所未有的技术。监管机构可以利用监管方面的延迟来确定比特币的特有性质，并随后制定适当的法规来处理实际和特定的风险。监管机构应该放慢比特币监管干预的步伐，并允许技术进一步发展，因

① Eric Engle, IS BITCOIN RAT POISON? CRYPTOCURRENCY, CRIME, AND COUNTERFEITING (CCC), 16 J. High Tech. L. 340, 2016.

② Samantha J. Syska, EIGHT-YEARS-YOUNG: HOW THE NEW YORK BITLICENSE STIFLES BITCOIN INNOVATION AND EXPANSION WITH ITS PREMATURE ATTEMPT TO REGULATE THE VIRTUAL CURRENCY INDUSTRY, 17 J. High Tech. L. 313, 2017.

为“市场本身可能就监管机构何时以及如何介入这一问题提供最佳指导。”

2. 数字货币监管路径研究

Marian O. A(2015)联系犯罪心理学，建议让数字货币参与者显示辨别代号来实现非匿名化，进而提高清除匿名的违法行为，对通过比特币的匿名性进行违法活动者诉诸法律。① Brito J.(2015)分析发现，接下来对比特币的管控应着眼于金融衍生品层面，指出假如风险防控与法规执行的代价很高，当局就要从实际考虑，实施与时俱进和灵活多变高弹性的全新举措。②

Kevin 和 Michael(2015)认为分散的虚拟货币模糊了传统金融服务、支付系统和投资监管之间的界限。③ 虚拟货币的创新性质使得它可以在许多方面被应用于与现有监管制度相关的产品和服务。然而，虚拟货币是一种全新的支付和投资媒介。与其他技术创新一样，比特币也带来了新的监管挑战，并对已建立的监管框架施加压力，监管往往落后于这样的一种新技术的快速发展。对比特币的监管是合理的，虽然不同监管规范对应的风险问题不尽相同，但其立法目的都集中于规范去中心化的数字货币。然而 Kevin 和 Michael 的研究表明，美国针对数字后壁监管的现行办法仅仅是对既有法律进行扩充，以应对现有的支付系统、金融服务和投资工具所带来的风险，这种简单的法律的扩充不能应对数字货币所带来的系统性变革。其指出不应单纯局限于对现有法律是否适用于数字货币技术这一问题，而应当采取更全面的治理方法。Kevin and Michael 认为构建一个有效的监管框架，需要相关部门之间更为密切的沟通协作，共同应对数字货币带来的广泛的监管需求，并统一监管目的与监管

① Marian O. A Conceptual Framework for the Regulation of Cryptocurrencies, University of Chicago Law Review Dialogue. 2015, (82).

② Brito J, Shadab H. B, Castillo A. Bitcoin Financial Regulation: Securites, Derivatives. Prediction Markets. And Gambling. Columbia Science and Technology Law Review. 2015, (1).

③ Kevin V. Tu and Michael W. Meredith, RETHINKING VIRTUAL CURRENCY REGULATION IN THE BITCOIN AGE, 90 Wash. L. Rev. 271, 2015.

尺度，防止制度内耗和监管套利。具体而言，第一，尝试不仅仅从传统的支付系统或投资工具监管系统下来定义去中心化的数字货币；第二，评估现行立法的政策目标能否适用于具有特殊性的熟悉货币。基于此，政策制定者可以确定数字货币监管中的特殊价值选择，并制定适当的监管计划。同时，该研究并没有不忽视比特币这类数字货币所带来的风险与机会，也不主张一种特别的监管回应。研究的核心在于指出应当避免一场立足于现有的监管结构和规范语言局限性下不必要的关数字货币法律性质的狭隘辩论，应当以务实的方法追求一种更可行、更全面、更有一致性的数字货币监管机制。

Sarah 和 Stephen T.（2015）认为数字货币供应商应由类似监管经验最充足的政府机构监管，无论其是联邦机构还是州政府机构。① 例如，在美国，出于审慎监管以及鼓励交易交易的私法原则，对非交存监管和监管私法交易情况最为熟悉的国家监管机构应该率先行事。其他公法上的行为，如税收，证券登记，打击洗钱和恐怖主义融资以及执行经济制裁制度似乎更适合由联邦政府统一开展。另一方面，监管应该旨在提高市场参与者的参与便利，这将有利于数字货币及其金融科技尽快、尽早地受到监管，合乎规范。此外，明确规定和指导的范围至关重要。创新者利用监管的空白进行创新本身并不必然带来恶果。利用监管空白进行金融服务和金融服务技术创新是金融创新的本质。同时，监管要立足于风险事件管理。立足于风险事件的监管能够减少规则的频繁修订给所有市场参与者带来的高昂合规成本。立足于风险事件的监管方法最大的优益性在于其具有很强的适应性，比通过成文法规定一刀切的方法更加灵活，因此可以降低制度成本，同时可以基于特殊目的对权利和责任进行再分配。

Trevor I. Kiviat（2016）认为在法律数字货币法律问题的学术讨

① Sarah Jane Hughes, Stephen T. Middlebrook, Advancing a Framework for Regulating Cryptocurrency Payments Intermediaries, 32 Yale J. on Reg. 495, 558-559, 2016.

论中，比特币(即数字货币本身)被过分强调，而区块链技术——比特币协议背后的真正创新——几乎无人提及。① Trevor I. Kiviat 认为区块链技术通过启用“无信任”交易解决了一个棘手的网络交易问题：通过计算机网络进行的价值交换可以在没有中央机构(如银行)的情况下进行验证、监控和执行。一个以区块链为基础的货币的经济特性进行研究表明，该技术的真正价值在于它能够促进更有效的数字资产转移。例如，在法律层面有意义的应用包括更有效的文书真实性和权利人身份验证、所有权转让和合同执行。尽管围绕数字货币的监管已经开始形成一定体系，但是围绕比特币性质的巨大争议揭示了区块链技其技术运用在法律性质上的巨大不确定性，政策制定者必须仔细界定其视为监管目标值行为的法律性质。

Carla L. Reyes(2016)在其研究中提出了一种以全面地、有机地基于区块链技术本身规制规制数字货币的方案。② 其认为目前，现阶段美国的数字货币监管方案不能很好地与数字货币发展的新情况向适应，主要是因为：第一，监管手段无法适应新技术；第二，缺乏高效的针对市场变化和既有治理模式失效应对机制；第三，以预防犯罪和保护消费者的名义抑制金融创新的压倒性态度。因此，迄今提出的监管方案往往并不有效。大多数此类替代方案都集中在监管数字货币(如比特币)的支付应用，忽视了这种监管对区块链技术对其他创新应用的造成的附带损害。现有研究只关注了数字货币作为支付手段的这一个新特性，忽视了区块链技术其他潜在的新特质及其发展潜力。目前，分散的虚拟货币和分散的分类账技术面临的监管困境，不仅仅是由于将过时的法律应用于革命性技术所导致的不匹配。它还源自于金融创新中长期存在的不良行业生态，例如时常有消费者遭受巨额经济损失，以及由于匿名性而使得犯罪分

① Trevor I. Kiviat, BEYOND BITCOIN: ISSUES IN REGULATING BLOCKCHAIN TRANSACTIONS, 65 Duke L.J. 569, 2016.

② Carla L. Reyes, ARTICLE: MOVING BEYOND BITCOIN TO AN ENDOGENOUS THEORY OF DECENTRALIZED LEDGER TECHNOLOGY REGULATION: AN INITIAL PROPOSAL, 61 Vill. L. Rev. 191.

子使用区块链技术躲避惩罚的谣传。要消除这种误解，并制定一个新的行业发展规划，需要行业参与者和监管机构之间的合作。通过共同努力并利用区块链技术的共识机制，行业参与者和监管机构都能很好地进行技术监管。这种内生规制提供了独特的合规激励和利益相关者的支持，其可以成为一种更有效的事前监管，同时减少强制执行中的高昂成本。最后，如果能够实现去中心化的区块链技术的内生调控，它可能为一种全新的金融监管方式铺平道路——技术型监管，绕过事前监管和事后监管的机械两分，实现对数字货币和区块链的实时监管。

Jeffrey E. Glass(2017)认为银行支持的数字货币虽然只处于起步阶段，但可能被证明是更大的威胁，历史充斥着银行家和政府对货币供应的竞争。阿根廷危机揭示了私人货币中的风险。如果没有政府批准的货币支撑经济，那么中央银行和其他联邦监管机构将很难维持对货币供应的控制。每当信贷危机发生时，风险就会加剧，这会激励个人和机构在资金短缺的情况下寻求替代方式。21 世纪的数字货币可以理解一种市场对基于纸币金融体系的高成本和低效率的一种自发性回应。因此，那么联邦政府的最佳行动方案就是与私营部门合作开发数字化国家货币。美元货币体系可能会提供私人部门所需的功能，同时维持由中央银行支持的本国货币附带的相对安全性。①。Jeffrey E. Glass 认为对于现在比特币的监管，监管机构应当抓住智能合约和数字货币，作为金融科技监管的两个重要突破点。对金融科技的这种概念性理解将使监管机构能够超越金融机构和其他相关方固有的思维模式，并根据其功能和用途来识别金融科技。过度的监管可能会减缓创新速度，因此监管机构应该高度重视有效整合非系统的监管计划。

Hilary J. Allen(2017)在其研究中指出比特币(以及其他数字货币)有可能彻底改变付款的处理方式，但前提是必须在支付市场中占有较大规模。只有数字货币在市场支付中北大规模使用才会对金融体系的稳定构成威胁。如果比特币这种私人数字货币被大规模使

① Jeffrey E. Glass, What Is a Digital Currency, 57 IDEA 455 (2017).

用，金融稳定将会受到冲击，因为数字货币虽然具有货币属性，但是这种属性十分脆弱——只要当人们对比特币有信心时，其才会被广泛接受为支付手段，比特币就能够具有货币属性。相较于以国家政府和中央银行为后盾的美元和欧元(欧元实际上是以欧洲央行和欧盟为后盾的)，在金融恐慌的情况下，没有任何实体可以增强人们对比特币或者其他私人数字货币的信心。Hilary J. Allen 认为遏制比特币等数字货币带来的风险的最佳方式是目前监管体制内的金融机构通过提供更好的支付服务来与数字货币竞争，从而将适用数字货币支付的市场份额限制在一个小小的范围内。其进一步认为，比特币开创的分布式账本技术可以帮助受监管框架内的金融机构为主权货币计价交易提供更为有效的支付服务，同时又能有效地给这些传统垄断性金融服务机构带来一定竞争压力，从而更好地促进支付市场的发展。比特币最大的贡献是其分布式账本技术，应当将该技术从比特币中剥离以实现技术效益的最大化。通过中央银行管理分布式账本来处理以主权货币计值的交易支付，可以优化现阶段的支付服务，而不会增加金融体系内的系统性风险。①

Christopher Burks(2017)认为应当从证券法角度对比特币等数字货币甚至其底层的区块链技术进行监管。② 从证券法角度对比特币等数字货币进行监管具有三方面制度构建的优势。首先，保护公众不受犯罪侵害是政府的当务之急。其次，如果比特币被视为一种证券，那么现行的证券监管体系就可以作为一种具有操作性的监管框架，可以低成本高效率地执法并保护公众。第三，将比特币视为证券为政府提供了额外的应税收入来源，这种收入可以支持其监管机构部门的存在，甚至为监管部门的存在提供正当性基础。具有稳定性的证券法将使所有使用比特币的企业受益，因为证券法可以提供明确的易于理解的规则。当企业参与到有时有风险的投资时，明确的规则可以提供很大程度的可预测性，以避免政策变化带来的商

① Hilary J. Allen, $=<euro〉=BITCOIN?, 76 Md. L. Rev. 877, 2017.

② Christopher Burks, BITCOIN: BREAKING BAD OR BREAKING BARRIERS?, 18 N. C. J. L. & Tech. On. 244, 2017.

业风险。从中这一点看，稳定的制度环境无疑会获得发展中行业、它们的投资者和潜在消费者的欢迎。此外，将比特币纳入证券法体系下，实行统一而明确的监管，可以有力地阻止利用比特币进行的欺诈和其他犯罪活动，从而使公众受益。如果没有这些监管，比特币将为此类犯罪活动提供便利。尽管对法律的无知从来都不是违法借口，但对于那些将比特币用于犯罪用途的人来说，法律的可操作性与统一性的提高，将对他们起到更有效的威慑作用。比特币不具备被正确归类为一种公认的"货币"的基本要素。它的价值和被接受程度不受任何政府的担保，其价值也不受任何国家的监管。它不受银行或其他金融机构的担保，也不被广泛接受。由于这些原因，比特币的价值仍然不稳定并剧烈波动，将比特币纳入货币监管计划是没有必要的。

3. 数字货币监管竞争问题

Gregory V. Ficcaglia(2017)在其研究中分析了对于比特币等数字货币监管竞争的问题。① 关于比特币的法律地位，目前还没有国际共识，不过德国和英国已经发布了初步规定，目的是将比特币作为一种类似于传统法定货币的支付方式。相比之下，美国国税局将比特币和其他"可兑换虚拟货币"定义为一种财产。其在研究中认为，为了给比特币作为一种以低成本支付手段创造发展空间，并确保美国的比特币公司在未来保持竞争力，美国必须重新考虑其目前对比特币的定义。比特币和相关的区块链技术标志着个人和企业在国际上转让价值的方式发生了革命性转变。尽管美国领导世界在其早期阶段对比特币实施监管框架，但国际社会的发展要求重新审视比特币的当前定义。随着比特币的发展，美国和欧洲的监管机构应该密切合作，制定更统一的监管体系，为比特币和技术的发展提供一个稳定的环境。将比特币定义为一种货币，可以让个人和企业充

① Gregory V. Ficcaglia, HEADS OR TAILS: HOW EUROPE WILL BECOME THE GLOBAL HUB FOR BITCOIN BUSINESS IF THE UNITED STATES DOES NOT REEXAMINE ITS CURRENT REGULATION OF VIRTUAL CURRENCY, 40 Suffolk Transnat'l L. Rev. 103, 2017.

分利用潜在的市场变化转移技术，将数字时代的创新延伸至金融交易。英国和德国最近的监管态度反映了一种广泛的国际趋势——允许企业利用比特币作为快速跨境支付系统。尽管将比特币定义为一种货币并非没有风险，但在降低成本和加快跨境交易速度方面，促进基于比特币算法的支付系统有着潜在的长期性优势，其优势所带来的利益远大于风险。为了在以比特币和区块链为核心的新金融技术开发中保持竞争优势，美国必须将比特币定义为一种货币。

Scott D. Hughes(2017)认为区块链与数字货币野蛮生长的时代已经结束，监管竞争的时代已经到来。① 作为目前监管的回应，一些领跑的数字货币相关业务公司离开了美国对数字货币运行需要一些需要额外的法律许可的州。一些公司，如 Ethunm 和 SoeStHIFTH，由于美国等国家的友好法律环境而完全离开了瑞士。立法者面临的挑战是设计法律，鼓励创新，同时保护数字货币给消费者带来的福利和便利，哪一个政府满足以上条件，就将在监管竞争中领先。

Elizabeth Sara Ross(2017)认为区块链技术的自治性、自给自足和去中心化特征表明，基于规则而不是基于原则的监管方法更适合区块链技术，因为计算机很难理解法律的细微差别和立法精神。② 英国的金融监管体系由英国金融市场行为监管局(FCA)、英国审慎监管局(PRA)和英国财政部组成。2016 年 5 月，FCA 启动了“创新项目”，这是一个针对市场进入者和现有金融机构的监管沙箱，目的是通过颠覆性创新促进竞争，促进英国金融服务市场的创新。这种监管方案是的英国它在支付业务发展方面取得了迅速的成功，与美国各州的许可制度形成鲜明对比的是，欧盟为成员国提供了“护照监管”，为金融科技公司提供跨境电子转账的许可。Elizabeth

① Scott D. Hughes, Cryptocurrency Regulations and Enforcement in the U. S. , 45 W. St. L. Rev. 1, 2017.

② Elizabeth Sara Ross, NOBODY PUTS BLOCKCHAIN IN A CORNER: THE DISRUPTIVE ROLE OF BLOCKCHAIN TECHNOLOGY IN THE FINANCIAL SERVICES INDUSTRY AND CURRENT REGULATORY ISSUES, 25 Cath. U. J. L. & Tech. 353, 2017.

Sara Ross 认为美国应当效仿英国在联邦层面建立统一的"监管沙箱"类似的规则以避免在监管竞争中落后。

(二)数字货币监管中的具体问题

除却从宏观层面对比特币等数字货币的监管态度和监管路径进行探索之外，域外文献中还涉及数字监管中的一些具体问题，在最近研究中谈论较多的具体问题包括数字货币支付中介的监管，ICO的监管以及比特币牌照(BitLicense)监管模式的评析等。

1. 数字货币支付中介监管问题

Sarah 和 Stephen T.(2015)基于市场主体在交易支付中越来越多地使用数字货币的倾向，有必要准备起草一套基本规则来规范这些交易中各方的义务包括发起人，尤其是各类的中介机构，包括数字货币钱包服务提供商，交易所和其他服务提供商。Sarah 和 Stephen T. 还指出对于支付业务和数字货币存储业务等中介机构的审慎监管应当尽可能保持一致步调，避免这些中介机构进行监管套利，同时针对中介机构的监管应当尊重商业法中的原则，坚持审慎的态度，以便这些数字货币支付服务蓬勃发展。①

Kavid Singh(2015)认为由于大多数犯罪分子希望将比特币转换为真实货币，特别是美元，所以应当以数字货币与法定货币兑换服务提供者为关键来打击比特币的洗钱行为，只要提供兑换服务的这些企业遵守了反洗钱法中的相关规定，那些想用比特币兑换真实货币的洗钱者就会露出马脚，因而受到审查。②

Michael Sherlock(2016)在其研究中主张比特币不应该被强制纳入传统的监管框架，这些传统监管框架不能适当地平衡比特币等数字货币所带来的安全风险与便捷实用的特性。③ 比特币不应该在联

① Sarah Jane Hughes, Stephen T. Middlebrook, Advancing a Framework for Regulating Cryptocurrency Payments Intermediaries, 32 Yale J. on Reg. 495, 558-559, 2016.

② Kavid Singh, The New Wild West: Preventing Money Laundering in the Bitcoin Network, 13 Nw. J. Tech. & Intell. Prop. 37, 2015.

③ Michael Sherlock, BITCOIN: THE CASE AGAINST STRICT REGULATION, 36 Rev. Banking & Fin. L. 975, 2016.

邦一级受到监管。相反，国家监管应侧重于比特币相关服务供应商，因为他们可以单方面转移或禁止转移其旗下用户的数字货币。国家监管机构应要求此类服务供应商在其指定的州注册，其账簿和相关记录应当真实完整，需要求其符合严格的网络安全标准，并对其业务进行审计，向州监管机构提交报告。在制定这些监管规定时，监管机构应当避免对金融创新的扼杀。

Lawrence 和 Alvin(2017)认为对于数字货币监管的一者重要问题就是数字货币支付中介监管，应当为第三方提供有关数字或虚拟货币的金融服务的中介机构制定一个合理的经营许可制度，纽约的数字货币管理框架(BitLicense)是一个较为合适的尝试，适合作为统一法律的参照模板。①

2. ICO 最新监管理论

Joan MacLeod Heminway(2017)认为 ICO 是金融创新下互联网相结合的一种替代性融资(alternative finance)模式。② ICO 是针对初创企业或者网上项目的一种融资方式，使其可以在不出发行股票或寻求向风险投资的情况下筹集资金，这实质上是一种新的众筹模式。最近，众筹和 ICO 的出现和快速增长代表了由先进技术进步和社会需求催化的企业融资的大革命。在网络环境快速变化的情况下，现有法律法规承受压力，这种压力反过来影响着监管机构对众筹和初始硬币产品的监管方式。在联邦及州法中，对金融交易的监管一般基于投资者所获得的投资回报性质不同而适用不同的法律。③ 替代性融资实质性问题是联邦和州证券法是否能

① Lawrence J. Trautman and Alvin C. Harrell, Bitcoin Versus Regulated Payment Systems: What Gives?, 38 Cardozo L. Rev. 1041, 2017.

② Lawrence and Alvin, PROFESSIONAL RESPONSIBILITY IN AN AGE OF ALTERNATIVE ENTITIES, ALTERNATIVE FINANCE, AND ALTERNATIVE FACTS, 19 Transactions 227, 2017.

③ Michael P. Mosher & Alexander C. Campbell, Crowdfunding in the Tax-Exempt Sector--Legal and Practical Considerations, 26 TAX'N EXEMPTS 36, 40 (May/June 2015).

够适用于替代性融资工具及其相关交易。具体而言，即确定众筹或 ICO 中出售的代币或者其他份额所来的特定融资利息是否构成证券。

Jin 和 Ngoc(2017)认为在现有市场参与者(特别是银行)不愿意或无法贷款的环境和情况下，ICO 可以为企业提供资金和金融支持。其认为 ICO 从本质上讲是一种新型的数字证券，同样反映了一种特殊的融资选择，通过数字货币直接向公众发行，因此 ICO 在英国可以适用众筹规则。在英国，FCA 规定了两种类型的众筹——贷款众筹和股权众筹，这两种规则都将根据情况对 ICO 进行监管。然而，处于审慎监管的目的，由法人实体进行的 ICO 可能会被视为一种非正规众筹类型。在 ICO 没有法人实体作支撑的情况下，“区块链”被看做是单纯的 P2P 计算机软件，而不是一个法律实体。在这种情况下，目前众筹规则的适用性值得怀疑。尽管上市要求和金融促进法案为获取资本创造了一定的障碍，但通过 ICO 寻求融资的公司可能会根据英国现行立法申请豁免。此外，金融促进法案只适用于高净值个人或有经验的投资者。①

Jay Preston(2018)认为初创企业通过 ICO 筹款的合法性依旧是一个悬而未决的问题。虽然 ICO 可能很快就会被纳入美国证券法监管体系，但证券法即存制度并不适应 ICO，因为它抹杀了初创公司通过 ICO 筹资的独特优势，更重要的是，遏制了美国投资者参与投资将很有可能引领时代变化的创新公司，会遏制创新的发展。② 鉴于在美国高昂的注册费用和注册制带来的其他障碍，ICO 在美国未来的发展形势不容乐观。尽管现有的一些豁免条款可供使

① Jin Enyi, Ngoc Dang Yen Le, Regulating initial coin offerings, (2017) 8 JIBFL 495.

② Jay Preston, INITIAL COIN OFFERINGS: INNOVATION, DEMOCRATIZATION AND THE SEC, 16 Duke L. & Tech. Rev. 318, 2018.

用，但通过 ICO 筹集资金的附带优势（如网络效应和客户获取）① 使得数字货币公司即使获得豁免，也不能享受到 ICO 带来的附带优势。美国应该考虑针对 ICO 提出一个新的监管体系，而不是简单地强迫 ICO 进入更适合传统资本筹集的监管框架。

Paul Sinclair（2018）认为现有的文献只针对各种类型的 ICO 监管路径进行讨论而忽视了对投资者权利的研究，其从这一视角立足于英国法认为，任何性质的 ICO 都受普通法的约束。因此，投资者可以诉诸失虚假陈述法案，并且可以依据 1977 年“不公平合同条款法”和 2015 年“消费者权利法案”中有关不公平条款的规定对 ICO 中存在的欺诈行为提起诉讼。② 同时，大多数 ICO 都属于回报型众筹（reward crowdfunding）股权众筹。如果 ICO 类似于回报型众筹，其合同条款和普通法将决定资金是否是捐赠或者以利润份额的形式让投资者获得某种回报。这类 ICO 基本采用证券化，其中的代币类似于证券。因此，参与者的合法权利与传统证券化中的权利类似。在已知发行人身份的情况下，投资者应该能够根据证券法原则享有其权利。如果 ICO 类似于“股权”众筹，这些代币实际上就是

① 许多 ICO 除了筹集资金之外，还创建了一个专有市场，用户在这种市场中只能使用一种付款方式。这种支付方式（也即持有代币）的持有者面临选择，要么寻找有意向的买主将其代币兑换成其他形式的货币，要么参与由代币发行人创造的市场。虽然他们也可能无限期地持有代币，希望最终实现其价值，但最后持有者依然会面临相同的选择。因此，在参与新市场时代币的持有人面临高昂的转换成本，因为其不能使用任何其他货币在市场进行交易。相反，考虑到网络效应的影响，市场越大，代币拥有的价值就越高。转换成本高导致对潜在客户深刻认识到，他们将代币的利益最大化的最佳途径是参与创业公司的市场。因此，公司有强烈的意愿去开展 ICO，不仅可以筹集资金，还要需要尽可能多地吸引代币买家，创建一个规模庞大，影响力强的市场。代币的持有者越多，创业公司新市场的潜在参与者就越多，参与者越多，发行人的收入就越多。如果市场运作良好，并提供优质产品或服务，那么对数字硬币的高需求将随之而来。ICO 带来的高转换成本和网络效应使得这些初创公司从 ICO 中获得的利益远比传统创业公司的资本筹集要多得多。

② Paul Sinclair, The English law rights of investors in Initial Coin Offerings, (2018) 4 JIBFL 214.

业务中的股权份额。Paul Sinclair 认为投资者面临的真正危险是受到 ICO 的技术魅力和发展前景的诱惑，从而在没有正确理解他们获得的回报的情况下统一转移资金。

3. 比特币牌照监管模式研究的理论反馈

2015 年 6 月，纽约州金融服务局公布了简称为“比特币牌照”的《虚拟货币监管法案》(下称《法案》)，它被编入《纽约金融服务局法律法规》第 200 节，法案名称为“虚拟货币”。《法案》第二条对“虚拟货币”的定义如下：虚拟货币是指任何一种作为交易媒介或者作为数字形式存储价值的数字单元，虚拟货币应当被广义解释为可交易数字单元，包括：(1)有集中的储藏处和管理者的；(2)去中心化、没有集中储藏处和管理者的；(3)可通过计算机或人工创造和获得的。传统货币转移法的宗旨主要是消费者权益保护和反洗钱，而针对虚拟货币特有的网络安全风险，还需要进行特殊的网络安全监管，因此，《法案》的监管重点包括了反洗钱、网络安全和消费者保护这三个方面。从近 3 年域外文献所来看，总体上对于纽约州的 BitLicense 监管模式都持否定态度。

Sarah and Stephen(2015)在 BitLicense 实行之初对其进行了简评。① 其指出 BitLicense 是美国甚至全球首个针对数字货币服务的许可和监管框架，BitLicense 的定位是其他数字货币监管模式的标准和参照。然而，尽管 BitLicense 监管范围广泛，却并没有解决数字货币中重要支付交易执行问题。鉴于其是监管数字货币市场参与者方面的先行者，如果不研究其数字货币的关键特征并对其监管模式进行反复的权衡，这样的冲锋陷阵很容易失败。

Brian Knight(2017)的研究反映了 BitLicense 在监管过程中的被监管人的一些实际情况。② 其提出数字货币市场参与者抱怨牌照申

① Sarah Jane Hughes and Stephen T. Middlebrook, Feature: Advancing a Framework for Regulating Cryptocurrency Payments Intermediaries, 32 Yale J. on Reg. 495, 2015.

② Brian Knight, Federalism and Federalization on the Fintech Frontier, 20 Vand. J. Ent. & Tech. L. 129, 2017.

请的和合规成本超过了纽约州数字货币市场的潜在价值。其他一些人则不满缺乏针对小规模企业在纽约开展业务的“快捷通道”。还有一些人对冗余的反洗钱要求持怀疑态度。从 BitLicense 的制度实施情况看，只有三家公司（Circle、Coinbase 和 Ripple）获得了 BitLicenses，几乎宣告了 BitLicense 的失败。

Samantha J. Syska（2017）专门对纽约州比特币牌照监管模式（下称 BitLicense）进行了分析，其认为 BitLicense 并非一种行之有效的数字货币监管模式。① BitLicense 的监管模式，就其监管内容和方式而言，更适合基于中央银行系统的金融市场。BitLicense 需要美国的担保债券或信托账户来支撑和保护客户资产，这与中央结算系统中的法定货币非常相似。比特币旨在通过限制可开采比特币的数量来模拟黄金的提取。而 BitLicense 未能理解比特币底层技术，并且错误地要求虚拟货币得到某种法定货币的支撑。BitLicense 事实上是将比特币与传统的中央银行系捆绑挂钩，这种监管模式阻碍比特币的发展，因此很少有其他国家或政府采取这种模式。同时，BitLicense 要求被许可人披露个人身份信息，这与比特币的匿名设计相矛盾。此外，即使纽约比特币业务申请者获得 BitLicense 许可，这种许可本身也阻碍了业务的扩展，因为该许可规定比特币业务的交易对象只能是持牌消费者和企业，这大大限制了比特币的交易业务。持有执照的纽约比特币企业只允许与其他持牌企业进行交易，这意味着这些比特币企业必须在纽约州。再者，比特币牌照申请在经济上负担沉重。每份许可证申请至少需要 5000 美元，并且律师和合规部门对研究、完成申请还需要额外的成本。企业需要花费在 BitLicense 上的时间和成本远远超过企业在获得许可后获得的收益，这对初创企业来讲尤其不利。Samantha J. Syska 进一步认为监管机构无法理解区块链的特性——监管机构未能看到比特币是

① Samantha J. Syska，EIGHT-YEARS-YOUNG：HOW THE NEW YORK BITLICENSE STIFLES BITCOIN INNOVATION AND EXPANSION WITH ITS PREMATURE ATTEMPT TO REGULATE THE VIRTUAL CURRENCY INDUSTRY，17 J. High Tech. L. 313，2017.

自我调节的——是导致无效监管主要原因，这种监管依旧是因为传统中央银行监管的思维下的产物。

4. 新实践：数字货币对冲基金监管问题

Edmund 和 Lindgren(2018)在研究中敏锐地发现专门交易比特币等数字货币的对冲基金并不在现有监管范围之内的问题，并基于此提出了新的监管建议。① 其在研究中指出，在过去的几年中，数字货币如比特币带来的高额回报导致了投资活动的狂热，引起了传统投资者的兴趣。这种兴趣反过来又催生了几十个以数字货币为中心的对冲基金来满足这种不断增长的需求。虽然这种交易活动具有高度投机性，但几乎不受监管。美国国税局，美国商品期货交易委员会和证券交易委员会最近才建立了一个针对数字货币的监管框架。值得注意的是，该框架是一个功能性框架，根据数字货币的特定用途将其分贝定义为证券或商品。然而，大多数已建立的和交易频繁的数字货币，比如比特币和以太币，都有被认定为商品而不是证券，因此它们不受证券法的约束。交易这些数字货币或的对冲基金几乎完全不受监管传统对冲基金的庞大的证券法监管体系制约。

Edmund 和 Lindgren 认为这些加密基金构成了一种新型的金融机构，基于数字货币的独特运营方法和技术特征，它不应当由也不能够由传统对冲基金监管的约束。对冲基金在关键领域的现有规则和最佳实践(如投资者资产托管，资本形成和收益分配)常常在数字货币基金中毫无意义，甚至适得其反。在没有监管指导的情况下，数字货币基金本身需要并有机会成为一种适合数字货币交易的最佳实践。与此同时，数字货币基金也为数字货币市场急需的金融创新和问题解决提供了一个重要的机会。然而，由于数字货币市场缺乏传统证券市场的流动性，稳定性和监管确定性，因此数字货币的欺诈或投资者损失风险远高于传统对冲基金。Edmund 和 Lindgren

① Edmund Mokhtarian and Alexander Lindgren, Rise of the Crypto Hedge Fund: Operational Issues and Best Practices for an Emergent Investment Industry, 23 Stan. J. L. Bus. & Fin. 112.

认为当前面临的最显著的，数字货币独有的问题包括(1)可供交易的数字货币类型；(2)可进入该市场的适格投资者；(3)保护客户资产的内部控机制；(4)优化基金及其投资者的税务待遇；(5)数字货币基金的信息披露问题。其认为，通过鼓励数字货币基金行业制定统一的最佳实践，监管机构能够从中探寻一种既能够解决投资者保护问题，又不会扼杀数字货币市场创新的政策。

四、域外最新数字货币研究的几点总结

网络技术的发展催生了数字货币，通过区块链技术得来的数字货币有着低成本和效率高的优点，数字货币出现以后也受到了很多国家金融机构的重视，希望通过一些制度和法律的制定来对数字货币的产出和流通进行监管。在数字货币自身及其监管机制发展上，我国已经稍有落后，域外针对数字货币展开了一些列的监管实践，并形成了一些监管理论但是总的来说现阶段数字货币发展仍以比特币等私人货币为主导，其监管模式也与之对应，数字货币未来还有很大的发展潜力。前文已经对数字货币法律问题最近三年的域外文献(主要是英文文献)作了相对全面的综述，本部分主要对这些文献研究所反映的应变思维(即以什么样的态度，秉持什么样的精神处理数字货币带来的问题)以期对我国有所启示。

(一)域外数字货币最新研究体现的应变思维

除却域外文献中大量关于监管进路的讨论外，文献中还有隐含着对比特币等数字货币所带来冲击的应变方式的选择。事实上，这种对数字货币变革的应变方式中体现的价值选择与思维路径更值得总结借鉴。

1. 价值选择：创新与监管的谨慎权衡

在近三年来涉及数字货币法律问题的近百篇文献中，除却极少数观点较为偏激，认为比特币等数字货币只是一个金融泡沫之外，①

① Eric Engle, IS BITCOIN RAT POISON? CRYPTOCURRENCY, CRIME, AND COUNTERFEITING (CCC), 16 J. High Tech. L. 340, 2016.

近乎所有的文献都表达了对于数字货币的监管不能扼杀数字货币及其带来的金融创新这一观点，甚至认为金融创新是监管红线，监管的最终目的是规范而非抑制数字货币的发展，一旦监管模式有碍于金融创新，就应该做出改变。① 大多数学者倾向于提一个完善的监管框架，它既能阻止通过比特币进行的不法活动，防范数字货币带来的系统性风险，又能使这种数值货币从创新抑制性监管中解放出来，在这些经常冲突的利益之间提供最佳的平衡。这种监管和创新之间的如此审慎的权衡，正是基于美国把创新作为提升国家竞争力的根本源泉，是美国经济发展和国家竞争力的基础。正如美国前总统奥巴马在国情咨文中提到的根植于美国人基因之中的创新精神可以说是铸就美国强劲的经济增长成就和经济复苏的能力重要的动因所在。

2. 应对态度：竞争意识与务实精神

在数字货币的监管的研究中，域外学者，尤其是美国学者在其研究中显出充分的竞争意识与务实精神。在他们的研究中对因监管力度带来的发展机遇及公司、人才、机会流动表现出莫大的关切。例如，在纽约州 BitLicense 监管模式出台后，有些研究指出其监管过于严格，不利于数字货币初创企业发展，将使其丧失在数字货币变革中的领先位置，而后的加利福利亚州则敏锐地根据此改变了自己的监管模式。事实上，监管竞争在美国并不罕见，之前的公司法竞争就凸显了这一点，特拉华州充分意识到公司法中的公司监管中的“服务属性”，从而赢得了州际监管竞争。这种竞争意识也体现在美国学者主张学习欧洲的数字货币监管模式，以重新为美国赢的

① Seth Litwack, Bitcoin: Currency or Fool's Gold: A Comparative Analysis of the Legal Classification of Bitcoin, 29 Temp. Int'l & Comp. L. J. 309 (2015); Kelly J. Winstead, The North Carolina State Tax Treatment of Virtual Currency: An Unanswered Question, 21 N. C. Banking Inst. 501, 2017 ; Kavid Singh, The New Wild West: Preventing Money Laundering in the Bitcoin Network, 13 Nw. J. Tech. & Intell. Prop. 37, 2015, etc.

数字货币公司青睐的观点上。① 同时，在面对数字货币法律性质难以停息的争论时，美国部分学者对不同机构数字货币不同定性下的监管运行情况进行了分析，指出应当以监管运行实际情况为标注，不应当拘泥于纯粹法律性质的问题。②

（二）域外数字货币最新研究中监管路径的新方向

数字货币的监管一直关于数字货币法律问题中讨论最激烈，著述最丰富的部分，也是现实针对性最强的问题。而在监管理论重，监管路径又是直接解决监管问题的抓手。在最近三年的数字货币监管理论发展中，呈现出一种抛弃既有中心化传统银行业监管模式，以市场和技术为导向的理念。

1. 针对数字货币特性将监管在区块链上进行

一些学者不约而同的在数字货币监管中提到了区块链的重要性，并且这些文献集中在最近一年间。例如有学者认为监管机构无法理解区块链的特性——监管机构未能看到比特币是自我调节的——是导致无效监管主要原因，这种监管依旧是因为传统中央银行监管的思维下的产物。③ 新的监管模式应该理解并且适应数字货币的底层技术——区块链，并且通过区块链，在其之上建立一种针对区块链上数字货币的监管体系。通过共同努力并利用区块链技术的共识机制，行业参与者和监管机构都能很好地进行技术监管。这种内生规制提供了独特的合规激励和利益相关者的支持，其可以成为一种更有效的事前监管，同时减少强制执行中的高昂成本。最

① Gregory V. Ficcaglia, HEADS OR TAILS: HOW EUROPE WILL BECOME THE GLOBAL HUB FOR BITCOIN BUSINESS IF THE UNITED STATES DOES NOT REEXAMINE ITS CURRENT REGULATION OF VIRTUAL CURRENCY, 40 Suffolk Transnat'l L. Rev. 103, 2017.

② Kevin V. Tu and Michael W. Meredith, RETHINKING VIRTUAL CURRENCY REGULATION IN THE BITCOIN AGE, 90 Wash. L. Rev. 271, 2015.

③ Samantha J. Syska, EIGHT-YEARS-YOUNG: HOW THE NEW YORK BITLICENSE STIFLES BITCOIN INNOVATION AND EXPANSION WITH ITS PREMATURE ATTEMPT TO REGULATE THE VIRTUAL CURRENCY INDUSTRY, 17 J. High Tech. L. 313, 2017.

后，如果能够实现去中心化的区块链技术的内生调控，它可能为一种全新的金融监管方式铺平道路——技术型监管，绕过事前监管和事后监管的机械两分，实现对数字货币和区块链的实时监管。①

2. *以市场为导向寻求最佳治理实践*

现行监管体制出现的种种问题使得在最近一段时间不少文献中开始反思这种监管是否与当前市场发展程度不相适应。有些学者认为比特币是一项突破性技术，但是比特币还处于早期阶段，一些潜在的功能尚未开发或发现。事实上，改变我们社会的其他技术在被监管之前有更多时间来发展，而现在介入的监管力度与现在数字货币的市场发展程度不相适应。② 监管应当同样以市场本身为导向，以市场发展程度来确定监管的力度和范围，这也是为什么在资本主义发展早期国家一般都不介入经济的原因。同时，在机械搬用现有的监管模式之外，有些学者提出新的主张，认为数字货币市场本身具有内在的调节机制，应当通过市场寻求市场中存在的最佳治理实践，并以这种模式为基础，在其上进行监管模式的选择和构建。③

（三）域外最新研究的中国启示

世界各国对比特币的性质认识不一，对比特币的监管态度也不同。到目前为止世界上仍有个别国家禁止比特币，但多数国家正逐步将比特币纳入本国的监管体系之中。前期对比特币明令禁止的俄罗斯也转变了监管态度，至此世界主要经济体都不同程度地展现了

---

① Carla L. Reyes, ARTICLE: MOVING BEYOND BITCOIN TO AN ENDOGENOUS THEORY OF DECENTRALIZED LEDGER TECHNOLOGY REGULATION: AN INITIAL PROPOSAL, 61 Vill. L. Rev. 191 Jeffrey E. Glass, What Is a Digital Currency, 57 IDEA 455 (2017).

② Samantha J. Syska, EIGHT-YEARS-YOUNG: HOW THE NEW YORK BITLICENSE STIFLES BITCOIN INNOVATION AND EXPANSION WITH ITS PREMATURE ATTEMPT TO REGULATE THE VIRTUAL CURRENCY INDUSTRY, 17 J. High Tech. L. 313, 2017.

③ Edmund Mokhtarian and Alexander Lindgren, Rise of the Crypto Hedge Fund: Operational Issues and Best Practices for an Emergent Investment Industry, 23 Stan. J. L. Bus. & Fin. 112.

对数字货币的包容性。然而，我国作为世界第二大经济体对以比特币为代表的数字货币无论在监管体系适应进度还是金融体系开放程度上，相较于其他主要经济体都显得较为滞后，故而从域外最近新研究中寻找中国启示显得尤为必要。

1. 稳定、创新与竞争：价值选择与监管态度的多元平衡

在域外最新研究中，西方资本市场发达国家及其学者表现出对金融创新的高度重视，同时将数字货币的发展上升到新一轮金融体系发展竞争甚至是新一轮综合国力竞争。① 在我国，金融稳定被提到首要位置，这与我国金融市场多年来“一放就乱”的现象密切相关，金融体系中的试错空间较小。虽然最近年监管机构在给予了金融创新相当程度的支持，但是在面对数字货币这种变革性技术时，仍然显得较为保守，并未明显意识到围绕数字货币在世界范围内开展的新一轮竞争，也未充分意识到这种竞争可能带来金融体系主导权甚至话语权变革。域外研究充分提示了我们这一点：对数字货币监管的态度与其中的价值选择必须体现金融稳定、金融创新、金融发展竞争三者的平衡，同时这种平衡应当是动态的，在不同时期亦有所侧重。

2. 监管路径启示：契合数字货币特性的监管模式

域外最近研究进一步提出了针对数字货币特性的特殊监管模式，这种模式对于我国目前依然从商品角度监管比特币等数字货币并且基于现有法律框架进行监管的基本监管模式具有很强的启示意义。第一，针对数字货币本身的运营模式进行监管介入：一方面，监管的关键切入点是数字货币服务提供平台，以数字货币服务提供平台为核心目标进行监管才是构建整个数字货币行业法律监管的正确入手点；另一方面，在密码技术的背景下，利用数字货币平台的自我监管较传统货币的集中式中心监管更有利于金融科技的发展，

① Gregory V. Ficcaglia, HEADS OR TAILS: HOW EUROPE WILL BECOME THE GLOBAL HUB FOR BITCOIN BUSINESS IF THE UNITED STATES DOES NOT REEXAMINE ITS CURRENT REGULATION OF VIRTUAL CURRENCY, 40 Suffolk Transnat'l L. Rev. 103, 2017.

将以比特币为代表的数字货币视为一种创新型货币，放松对比特币的国家管制，建立以数字货币平台自我监管为核心直接治理模式，这种相对宽松的监管环境对扩大用户基础、增加货币所获得的经济收益都是有益的。第二，其监管法应当具有独立性，以应对全新的数字货币的监管问题。对于依靠区块链技术发展而来的数字货币，需要在银行安全法和传统法律框架之外制定额外的指导意见和监管规范。同时，规范制定者必须准确定位数字货币的法律属性，仔细界定对不同货币的监管范围。①

① Trevor I. Kiviat, Beyond Bitcoin: Issues in Regulating Blockchain Transactions, Duke Law Journal, 2015, p. 607.

国际环境法的晚近发展

武汉大学环境法研究所　卜睿德
胡斌　译

1　概　　述

国际环境法已经成为环境法领域中一个最重要的二级学科之一。它还在持续快速的发展，涉及世界上所有国家，在很大范围内影响着人类活动。本文旨在研究国际环境法的最新发展，特别是在环境与自然资源方面，国际和区域环境措施和政策的实施情况。本文介绍了相关机制和政策的发展历程，特别是联合国环境大会和《联合国可持续发展目标》(2015 年)，以及《蒙特利尔议定书》的《基加利修订书》。本文在采取国际视野的同时，有意识地挑选了亚太地区的多个案例。

2　国际环境法的制定

国家作为象征着主权和独立的主体，一直以来都是制定国际法的最重要主体。但是，在最近数十年以来，国际政治格局发生了改变，越来越多的非国家组织和机构也参与到国际环境法的制定之中。①

---

① Thilo Marauhn, 'Changing Role of the State', in Daniel Bodansky, Jutta Brunnée and Ellen Hey (eds), *The Oxford Handbook of International Environmental Law* (Oxford University Press, 2007) 738.

国际法院和地区法院的判决也越来越多地影响到国际环境法的制定。在联合国及其附属机构和项目的支持下，越来越多的政府间组织也参与其中。参与的其他主体还包括那些涉及环境法和自然资源方面的公约秘书处及缔约方大会。在此过程中，一些政府间国际组织和非政府组织的工作也同等重要，例如世界自然保护联盟、绿色和平组织、世界自然基金会等。另外，还有其他一些民间组织也为本领域国际法的制定做出了贡献。近些年，在《联合国可持续发展目标》①和关于气候变化的《巴黎协定》②的磋商及出台过程中，都体现出了非政府组织的贡献。这些政府间组织和非政府组织在制定法律本身的同时，还推动各成员国积极开展国内立法，以履行国际环境公约所规定的国际义务。③

3 国际和区域环境法的发展

自从20世纪七十年代以来，全世界范围内，国际环境法取得了几何级的增长，主要原因就是众多政府间组织的高速发展及积极作为，这些组织在1972年的斯德哥尔摩大会后如雨后春笋般地成长起来。《斯德哥尔摩宣言》④被认为是当代国际环境法的起源。需要特别指出的是，发展中国家在国际环境法的发展过程中发挥了举足轻重的作用和影响力。它的原因在于，20世纪六十年代以来，

---

① United Nations General Assembly Resolution 70/1 (21 October 2015), incorporating the 17 Sustainable Development Goals and associated 169 Targets.

② Paris Agreement, C. N. 63. 2016. TREATIES-XXVII. 7. d 2015.

③ See further, Mark Drumbl, /Actors and Law-Making in International Environmental Law/ Malgosia Fitzmaurice et al (eds) Research Handbook of International Environmental Law (Routledge 2010); Ben Boer, International Law-Making, in Elisa Morgera and Kati Kulovesi, *Research Handbook on International Law and Natural Resources* (Edward Elgar, 2016).

④ Stockholm Declaration on the Human Environment 1972, done in Stockholm, 16 June 1972, (1972) 11 ILM 1416.

摆脱殖民统治的南南国家不断涌现,① 这些国家对其国土上的自然资源的永久主权也得到了承认。② 发展中国家(亚洲、非洲和南美洲国家)的参与对国际环境法和政策的发展起到了不可替代的积极作用，一直到今天还是如此。③

考虑到世界各区域及子区域之间差别巨大，各国之间的差别也同样巨大，因此在接受与实施国际及区域环境保护机制及措施方面，会不可避免地存在着差异。南北差异即发展中国家与发达国家之间的差异还将持续存在。这一差异对区域及国家层面环境政策和法律的发展都产生了深远的影响。当然，在世界范围内，自从 20 世纪八十年代以来，区域环境法律制度也在不断呈现，这也成为了新地方主义浪潮的一部分，它将区域合作的范围拓展到一些新的领域，例如环境问题和人权问题。④ 国际环境法发展的另外一个重要特点是，国际环境法的基本原则越来越受到重视，不论是在联合国层面，还是在各种非政府组织中。

国际及区域环境法律制度的有效性无疑有赖于它们在全球和区域的具体实施进展，但是，最根本的评判标准还是在于它们对国家层面环境保护所产生的最直接影响。目前，国际社会的广泛共识是必须进一步加强环境治理。例如，在亚太地区，许多国家的环境法律制度及机构仍显不足，这就导致政策回应不足，法律及规范实施

---

① See Declaration on the Granting of Independence to Colonial Countries and Peoples, UNGA 1514 (XV) 14 December 1960 (Decolonisation Resolution)

② See UNGA 1803 (XVII) of 14 December 1962, Permanent Sovereignty over Natural Resources) 14 December 1962 (Permanent Sovereignty Resolution).

③ See, Karin Mickelson, 'The Stockholm Conference and the Creation of the South-North Divide in International Environmental Law and Policy', in Shawkat Alam, Sumudu Atapattu, Carmen. C Gonzalez and Jona Razzaque (eds), *International Environmental Law and the Global South*, (Cambridge 2015), 109; Parvez Hassan, 'Role of the South in International Environmental Law' (2017) 1 *Chinese Journal of Environmental Law* 133.

④ Werner Scholtz and Jonathan Verschuuren, 'Introduction' in Werner Scholtz and Jonathan Verschuuren, *Regional Environmental Law: Transregional Comparative Lessons in pursuit of Sustainable Development*, Edward Elgar 2015, 3.

乏力，对多边环境条约履行不力。①非洲②和西亚③也存在类似情况。泛欧洲区域总体来讲在环境法的执行和实施上表现不错，④ 但是，东欧国家、高加索和中亚地区，主要环境问题的应对还是显得比较迟缓。⑤

4 环境法治的出现

自从 2012 年以来，联合国环境署(以前称为联合国环境规划署，UNEP)就一直在推广环境法治这一概念，其核心内容是促进正义、治理和法律以保障环境的可持续性，⑥ 这也是为了支持可持续发展之倡议。⑦世界自然保护联盟环境法委员会进一步发展了环境法治这一理念，在 2016 年 4 月于巴西里约热内卢召开的世界自然联盟首届世界环境法大会上，它起草了《世界自然联盟关于环境法治的世界宣言》。这个宣言包含有 13 条基本原则，这些原则构成了这个宣言的核心内容，旨在通过环境法治来推进并实现生态

---

① For Asia：*UNEP* 2016. *GEO-6 Regional Assessment for Asia and the Pacific*. United Nations Environment Programme (internal footnotes omitted), xix, http：//web. unep. org/geo/assessments/regional-assessments/regional-assessment-asia-and-pacific, pages xix, 8, 39, 50 and 105.

② *UNEP* 2016, *GEO-6 Regional Assessment for Africa*, http：//wedocs. unep. org/handle/20. 500. 11822/7595pages 88 and 125.

③ *UNEP* 2016. *GEO-6 Regional Assessment for West Asia http：//wedocs. unep. org/handle/*20. 500. 11822/7668, pages 63, 64, 65, 73 and 75.

④ *UNEP* 2016, *GEO-6 Regional Assessment for the Pan-European Region*http：//wedocs. unep. org/handle/20. 500. 11822/7735.

⑤ See *UNEP* 2016, *GEO-6 Regional Assessment for the Pan-European Region*, page 48.

⑥ See also Decision 27/9, on Advancing Justice, Governance and Law for Environmental Sustainability, https：//www. informea. org/en/decision/advancing-justice-governance-and-law-environmental-sustainability#decision-body-field.

⑦ UN Environment, https：//www. unenvironment. org/explore-topics/environmental-governance/what-we-do/strengthening-institutions/promoting.

正义。

环境法治可以被看作是传统法治概念在环境语境下的应用。它提出了一个程序和实体性权利及义务框架，这一框架体现了生态可持续的基本原则。宣言指出：

加强环境法治是保护、保存及恢复环境整体性的根本手段。如果没有环境法治，环境治理和权利及义务的执行就会变得随心所欲、主观任性、不可预测。①

环境法治同样适用于国家、区域和国际层面，而且它将在决策过程中变得日益重要，更广泛地被这些层面的法院所逐步采纳。

5　联合国环境大会

近些年来，在全球范围内，机制建设所取得的最重大成果之一就是建立了联合国环境大会。② 在此之前，联合国环境署的管理机构是联合国环境规划署理事会。联合国环境大会的代表来自于联合国的所有成员，而联合国环境规划署理事会的成员则是轮流替换的形式，成员数量受到很大程度的限制。因此，两者相比较而言，联合国环境大会的参与度和广泛性无疑要更高，参会代表包含了政府首脑、环境部部长、民间团体、私营部门的代表，以及科技和学术界的代表。联合国环境大会的设想开始于 2012 年，其主要目的在于加强并提升联合国环境署的功能。

联合国环境大会代表了一个崭新的时代，即环境问题已经成为国际社会关注的焦点问题，其受重视的程度已经等同于和平、贫穷、健康和安全问题。联合国环境大会的建立实际上是国际社会数十年坚持不懈努力的成果，在 1972 年斯德哥尔摩联合国大会上就

① IUCN World Declaration on the Environmental Rule of Law, https://www.iucn.org/sites/dev/files/content/documents/world_declaration_on_the_environmental_rule_of_law_final_2017-3-17.pdf.

② UN Environment Assembly and Governing Council http://web.unep.org/environmentassembly/un-environment-assembly-and-governing-council.

提出了倡议，其目的是为国际环境治理制定一个连贯的体系。①

6 《联合国可持续发展目标》(2015 年)

当今时代，世界面临的一个重要挑战是如何实现新的可持续发展议程，这一议程在联合国 2015 年通过的决议《转变我们的世界：2030 年可持续发展议程》中有明确的表述。它包含了 17 项可持续发展目标和 169 项相关目标②，这些都经由联合国大会通过。这些可持续发展目标替代了本世纪初制定的千年发展目标。联合国决议认为“良好治理、法治和一个国家及国际层面的有利环境对实现可持续发展至关重要，包括持续性及有包容性的经济增长”。③议程还重新确认了关于环境与发展问题的《里约宣言》,④ 并特别强调了共同但有区别责任这一基本原则。这些可持续发展目标，是建立于时间跨度长达四十余年的早期文件基础之上的，它们被当作是全球可持续发展进程中的一个重要里程碑。

这些目标中的多项内容与国际及区域环境法的实施有着直接关系。包括目标 12“确保可持续的消费和生产方式“，目标 13“应对气候变化及其影响”，目标 14“海洋环境”，目标 15“陆地环境”，目标 17“增强所有目标的实施手段”。许多国家和政府间组织已经开始制定发展战略来解决这些发展目标的实施问题。它们必将长期推动国际及国家层面的环境法律与政策的进一步发展。

---

① History of the United Nations Environment Assembly, http://web.unep.org/environmentassembly/un-environment-assembly-and-governing-council.

② The SDGs are included in the resolution *Transforming our World: the 2030 Agenda for Sustainable Development and the Sustainable Development Goals*, adopted by the General Assembly on 25 September 2015 A/RES/70/1 http://www.un.org/ga/search/view_doc.asp?symbol=A/RES/70/1&Lang=E accessed 27 August 2017.

③ See *Transforming our World* note 20.

④ Rio Declaration on Environment and Development, UNGA Res. 47/190 (1992).

7 《世界自然保护联盟环境与发展国际盟约》(2015 年)

《世界自然保护联盟环境与发展国际盟约》,① 旨在为建立一个有约束力的环境与发展问题国际法律机制提供一个协商文本。盟约可以追溯到 1982 年联合国大会通过的《世界自然宪章》, 以及世界环境和发展委员会(又称布伦特兰委员会)专家工作组的建议。为了把软法文件转化为具有国际约束力的条款, 世界自然保护同盟环境法委员会(CEL)与环境法国际理事会(ICEL)合作, 起草了第一版并提交给 1992 年召开的联合国环境与发展大会。在它的第五版中, 增加了新的内容, 使得政府、国会议员以及其他主体可以继续把盟约当作一种权威来源来确保国际环境法的基本原则和规范得以在各国的立法与政策中得以体现。② 当前, 在联合国于 2015 年制定的新的可持续发展目标这一背景下, 盟约被认为是一个在所有社会层面实现可持续发展的总体框架。

8 热点环境法问题

本部分主要介绍国际及区域环境法近些年的发展情况, 主要包括以下几个领域的问题: 大气保护, 包括不同类型的大气污染和气候变化所造成的影响, 生物多样性的减少及森林的减少等。

8.1 全球和区域大气污染

8.1.1 全球大气污染

在人类发展的历史长河中, 气候变化曾经是一个发展极度缓慢

① *Draft International Covenant on Environment and Development-Implementing Sustainability*, Fifth Edition: Updated Text, Environmental Law Programme of IUCN, International Union for Conservation of Nature and Natural Resources in cooperation with the International Council of Environmental Law, *IUCN Environmental Policy and Law* Paper No. 31 Rev. 4; see https://portals.iucn.org/library/node/46647.

② See Covenant, page xiii.

的进程，历时了多个世纪。然而，自从十八世纪工业革命开始以后，人类活动所造成的矿物燃料燃烧开始以几何方式大幅度增长。工业化进程、交通、森林的砍伐以及取暖是温室气体排放(也称人为排放)的主要来源。以上这些活动导致了气候变化的进程大幅度增速。近些年来，温室气体排放造成负面影响的极端表现是使得地球变得更加脆弱，因为海平面的上升，影响到了低海拔的海岸地区和地势低洼的岛国，另一方面，山区正在面临越来越严重的降雪量减少问题，这就导致了夏天融雪量的下降和江河水流量的减小。这一问题引起了国际社会的广泛关注，世界上每一个主要区域都更加重视气候变化这一现象，并采取减缓和适应战略来应对这一挑战。到 2050 年，将会有多个国家会受到海平面上升的影响，在 10 个受影响最严重的国家中，有 7 个国家坐落于亚太地区。①所有的环境媒介都受到了不利影响：大气造成了越来越多的极端天气；缺水及干旱问题；土地与土壤的退化；生物多样性以及森林生态系统的减少；对海洋及海岸造成的各种影响等等。气候变化导致的这些后果在很多方面影响到了全人类的生存，例如气候难民不得不移民，农业减产，食品及水安全问题。这些问题也就导致了一系列与人权相关的问题，包括财产权、获得庇护权、谋生的权利、获取食物和水的权利等。

为了应对上述问题，过去数十年，国际社会制定了多个气候变化应对机制，而最新和最有力的无疑是 2015 年通过的《巴黎协定》。②《巴黎协定》是在 1992 年《联合国气候变化框架公约》③和 1997 年《京都议定书》的基础之上制定的。《京都议定书》只是针对发达国家规定了减少温室气体排放的具体义务，而《巴黎协定》则是具有全球约束力的，它针对所有国家规定了减排义务。《巴黎协

① Abstracted from *UNEP* 2016. *GEO-6 Regional Assessment for Asia and the Pacific*. (n 14), 32.

② Paris Agreement, UN Regn. No. 54113, in force 4 November 2016.

③ UN Framework Convention on Climate Change (1992) in force 21 March 1994, 31 ILM 849.

定》旨在结合可持续发展和消除贫困的努力，加强对气候变化威胁的全球应对，包括：(a)把全球平均气温升幅控制在工业化前水平以上低于2°C之内，并努力将气温升幅限制在工业化前水平以上1.5°C之内，同时认识到这将大大减少气候变化的风险和影响；(b)提高适应气候变化不利影响的能力并以不威胁粮食生产的方式增强气候抗御力和温室气体低排放发展；(c)使资金流动符合温室气体低排放和气候适应型发展的路径。①根据《巴黎协定》，虽然所有国家都有减排义务，它还是规定了一个条款来区分发达国家和发展中国家的不同能力，即"本协定的执行将按照不同的国情体现平等以及共同但有区别的责任和各自的原则"。②

另外，协定规定，"各缔约方应编制、通报并保持它计划实现的下一次国家自主贡献。缔约方应采取国内减缓措施，以实现这种贡献的目标。"③与《联合国气候变化框架公约》相比而言，《巴黎协定》更加强调采用适应战略来应对气候变化，即"缔约方兹确立关于提高适应能力、加强抗御力和减少对气候变化的脆弱性的全球适应目标，以促进可持续发展，并确保在第二条所述气温目标方面采取适当的适应对策。"④

《联合国可持续发展目标》(2015年)是与《巴黎协定》在同一年达成的，它也包含了一项专门针对气候变化的条款。可持续发展目标13规定缔约国有义务立即采取行动来应对气候变化及其影响。这一目标与《巴黎协定》所规定的减缓温室气体排放之义务是完全相一致的，这一目标下的子目标的具体内容也充分体现出了这一点。可持续发展目标13的第一条和第二条要求所有缔约国增强其适应性和适应能力以应对气候灾难和自然灾害，并将气候变化应对措施纳入各国的政策、战略和规划之中。但是，目前看来，各国在这个方面的进展还不容乐观，针对可持续发展目标13的进展报告

---

① Paris Agreement Article 2(1)(a).

② Paris Agreement Article, Article 2(2).

③ Paris Agreement Article 4(2).

④ Paris Agreement Article, 7(1).

指出“需要做出更大的努力以便建设适应性并限制气候灾难和自然灾害”。①

8.1.2 臭氧层空洞：《蒙特利尔议定书》的《基加利修订书》

1985年《保护臭氧层维也纳公约》②以及它的《蒙特利尔议定书》③在应对逐步淘汰消耗臭氧层物质的制造及使用方面，被认为是非常有效的。④ 2016年的《基加利修订书》⑤是对《蒙特利尔议定书》的修订及补充，这已经是对议定书的第五次修订了。它的目的是逐步减少氢氟碳化物（HFCs）的使用。氢氟碳化物被当作是消耗臭氧层物质的替代品来使用。虽然氢氟碳化物本身并非臭氧消耗物质，但是，它们仍然是强大的温室气体，也导致了全球气候变暖及气候变化。⑥ 因此，本次修订与其他修订是不同的，它并非仅仅针对臭氧消耗物质。《基加利修订书》规定了具体的目标和时间表，目的是用环境友好型替代品来替代氢氟碳化物的使用。根据它的规定，禁止或限制那些已经批准《蒙特利尔议定书》或其修订书的国家与那些尚未批准议定书的国家进行受控物品的贸易。《基加利修订书》还包含了这样一项协议，即富裕国家同意为贫困国家向安全的替代产品的转型提供财政支持。

《基加利修订书》将国家分成了三个组团，每一组团的目标各不相同。富裕国家，例如欧盟国家、澳大利亚、加拿大和美国，必须从2019年开始减少氢氟碳化物的生产和消费。其余绝大部分国

① See Progress of Goal 13 in 2017 https://sustainabledevelopment.un.org/sdg13

② Vienna Convention for the Protection of the Ozone Layer 1513 UNTS 293.

③ Montreal Protocol on Substances that deplete the Ozone Layer, 1522 UNTS 28.

④ Francesca Romanin Jacur, ‘Convention for the Protection of the Ozone Layer 1985’ in Fitzmaurice et al (eds.) *Multilateral Environmental Treaties*, Volume 5, page 313 (Edward Elgar 2017).

⑤ Amendment to the Montreal Protocol on Substances that Deplete the Ozone Layer, Kigali, 15 October 2016, C. N. 872. 2016. TREATIES-XXVII. 2. f.

⑥ See Briefing Note ‘Ratification of the Kigali Amendment’, Ozone Secretariat, 2017, page 1.

家，例如中国、巴西以及整个非洲大陆，将于 2024 年以前停止使用氢氟碳化物。小部分热带国家例如那些中东国家，它们对空调使用的需求量较大，必须在 2028 年以前停止氢氟碳化物的消费。①

8.1.3 汞污染

事实上，汞（水银）这种重金属的生产和使用所造成的大气污染问题长期存在，但是，直到 20 世纪五十年代在日本水俣发生了著名的汞中毒事件，对人类健康和环境都造成了严重损害，汞污染问题才第一次真正引起了人类的重视。适用于欧洲地区的《1979 年远程越境大气污染公约》有一项议定书专门针对的就是汞污染问题。近些年来，为了应对汞污染问题，国际社会呼吁制定一个全球公约的呼声日益高涨。2013 年《关于汞的水俣公约》（简称《汞公约》）②是全球第一个在 21 世纪协商并完成的环境协定。这一公约在 2017 年 8 月正式生效，目前已经获得 98 个缔约方的批准。公约的秘书处设在联合国环境署。③

《汞公约》的序言指出"汞可在大气中作远距离迁移、亦可在人为排入环境后持久存在、同时有能力在各种生态系统中进行生物累积、而且还可对人体健康和环境产生重大不利影响，此种化学品已成为全球关注问题"。《汞公约》针对的是人为原因造成的汞排放，而非自然排放。就这一点来说，《汞公约》与气候变化公约相类似。值得注意的是，《汞公约》涉及了水银这一重金属物质的全生命周期。公约的目标是"保护人体健康和环境免受汞和汞化合物人为排放和释放的危害"。④ 公约禁止开发新的汞矿，支持逐步淘汰现有汞矿，并且逐步淘汰和减少汞在产品生产和生产工艺中的使用。公约制定了防止汞向大气、土地和水进行排放的控制措施。公约还涉

① Summarised from 'The Kigali Amendment to the Montreal protocol: another global commitment to stop climate change' UN Environment, https://www.unenvironment.org/news-and-stories/news/kigali-amendment-montreal-protocol-another-global-commitment-stop-climate.

② http://www.mercuryconvention.org/

③ http://www.mercuryconvention.org/Convention/tabid/3426/Default.aspx.

④ Minamata Mercury Convention, Article 1.

及了手工和小规模采金业(个体采金工人或资本投资和产量有限的小型企业进行的金矿开采)的管理。一旦汞成为废物，公约针对汞的暂时存储和处置，以及受汞污染的场地做出了规定。在适当的时候，针对受汞污染的场地的管理，结合人类健康和环境风险评估，国际社会将会制定具体的操作指南。①

公约还特别强调了对人类健康的保护。公约鼓励缔约方"推动制定并落实战略和方案，以查明和保护处于风险之中的群体、尤其是那些脆弱群体，其中可包括在公共卫生部门及其他相关部门的参与下：针对接触汞和汞化合物的问题，制定以科学为依据的健康导则；在适用情况下确立减少汞接触的目标；以及开展公共教育"。②

公约与 1989 年《控制危险废料越境转移及其处置巴塞尔公约》③、《关于在国际贸易中对某些危险化学品和农药采用事先知情同意程序的鹿特丹公约》④以及《关于持久性有机污染物的斯德哥尔摩公约》⑤都有关联。这些公约一同构建了一个全球体制来应对化学品和危险废物的生产、运输、利用、存储及处置问题。⑥

8.1.4 区域大气污染

应对跨境大气污染的区域机制最早是起源于欧洲。其中，最重要的就是《远距离跨界大气污染公约》。⑦ 正是因为认识到欧洲各个地区工业化进程中的硫排放造成了北欧国家湖泊的酸化，才起草了

---

① Minamata Mercury Convention, Article 12(3).

② Minamata Mercury Convention, Article 16 (1).

③ Basel Convention on the Control of Transboundary Movements of Hazardous Wastes and Their Disposal 1672 UNTS 57.

④ Rotterdam Convention on the Prior Informed Consent Procedure for Certain Hazardous Chemicals and Pesticides in International Trade, 2244 UNTS 337.

⑤ Stockholm Convention on Persistent Organic Pollutants 2001 40 ILM 532.

⑥ See further 'Integrated Regulation: Mercury', inPierre-Marie Dupuy and Jorge E Viñuales, *International Environmental Law* second edition (Cambridge University Press 2018), page 283; see also Philippe Sands and Jacqueline Peel, *Principles of international Environmental Law* Fourth Edition (Cambridge University Press 2018) page 276.

⑦ Convention on Long-Range Transboundary Air Pollution 1979 1302 UNTS 217.

这一公约。目前，针对特定污染物，公约还制定了八项议定书。①公约认为有必要开展合作监控和评估以应对欧洲大气污染物远距离传输。公约明确指出了减轻大气污染所开展国际合作的总则，制定了一个同时涵括科研和政策的制度框架。② 同时，在欧洲③、非洲地区④和亚洲地区⑤，也存在着其他区域大气污染防治机制和政策。本文主要关注亚洲地区，举例说明某一区域应对跨境大气污染的措施。

亚洲地区的大气污染⑥

亚洲不同地区面临的一个主要问题是跨境大气污染，这些污染主要由工业生产活动、交通、森林和泥炭地的燃烧造成的。在亚洲工业化地区，大气污染物每年造成了成千上万人的过早死亡。⑦ 在亚洲层面，具有约束力的大气污染防治机制的制定和实施依然处于初级阶段。

南亚

在南亚地区，《关于南亚大气污染（及其可能的跨境影响）控制与防治的马累宣言》得到了南亚环境合作协会成员国的一致同意，这一宣言被认为是南亚第一个区域环境协定，旨在通过区域合作的

---

① See 'Protocols to the Convention' http://www.unece.org/fileadmin//DAM/env/lrtap/status/lrtap_s.htm.

② 'Convention on Long-range Transboundary Air Pollution' http://www.unece.org/fileadmin//DAM/env/lrtap/lrtap_h1.htm.

③ For example, the Nordic Convention on the Protection of the Environment 1974, 1092 UNTS 279.

④ SADC Regional Policy Framework on Air Pollution 2008.

⑤ See further below for air pollution in the Asian region.

⑥ The following section has been extracted and modified from Ben Boer 'Environmental Law and Sustainability', in Simon Chesterman, Hisashi Owada, Ben Saul (eds) *The Oxford Handbook of International Law in Asia and the Pacific*, (Oxford University Press, forthcoming 2019).

⑦ World Health Organization, Deaths attributable to ambient air pollution 2012, http://gamapserver.who.int/mapLibrary/Files/Maps/Global_aap_deaths_2012.png.

方式来应对跨境大气污染。① 宣言指出，南亚环境合作协会的每个成员国都应在本国开展大气污染防治的科研与项目。宣言还提倡改进国家报告制度，并增强科研及专业技术上的努力以便更好地了解并应对该地区的大气污染问题。《马累宣言》的工作报告表明，大量的监测、模型化和其他科学分析以及培训和会议等相关工作正在有序进行，这些都是对这一合作机制的具体实施和操作，所获取的资料信息也为将来的区域合作提供了良好的基础和动力。② 但是，没有迹象表明，这一宣言将会被当作是刺激各成员国开展国内立法活动的一个基础。

东南亚

在东南亚，自从20世纪九十年代以来，跨境大气污染问题就一直反复发生。主要原因是，为了获取棕榈油而砍伐燃烧树木所造成的二氧化碳排放。在清除森林的过程中，泥炭地的排水和燃烧所排放的二氧化碳甚至比燃烧森林本身还要多。③ 这不仅对人类健康造成了严重不利影响，还影响到飞机和轮船的通行能见度。尽管早在《1985年关于自然及自然资源保护的东盟协定》就谈及这一问题，④ 但是直到2002年，东盟各国才最终达成了《关于跨境雾霾污染的东盟协定》。⑤ 然而，印度尼西亚直到2014年才正式批准这一

---

① ICIMOD http：//www. icimod. org/? q=467.

② See Malé Declaration Reports：http：//www. sacep. org/? page_id = 5586；the latest report is Malé Declaration 1998-2013：A Synthesis-Progress and Opportunities http：//www. sacep. org/pdf/Male-Declaration-Publications/2013. 09-Male-Declaration-Progress-&-Opportunities-Synthesis-Report. pdf.

③ Koh Kheng-Lian ‘A Survey of ASEAN Instruments relating to Peatlands, Mangroves And Other Wetlands：The REDD+ Context’, *International Journal of Rural Law and Policy* http：//epress. lib. uts. edu. au/journals/index. php/ijrlp/article/view/3349 ‘Stop Burning Rain Forests for Palm Oil’ *Scientific American*, https：//www. scientificamerican. com/article/stop-burning-rain-forests-for-palm-oil/.

④ ASEAN Agreement on the Conservation of Nature and Natural Resources；this Agreement is not in force.

⑤ ASEAN Agreement on Transboundary Haze Pollution, done on 10 June 2002, Kuala Lumpur, in force 25 November 2003.

协定，而印度尼西亚实际上是该地区森林砍伐和燃烧导致的大气污染的最大责任国。这一协定的目标是预防和监测由土地或森林燃烧造成的跨境雾霾污染，要达成缓解污染的目的，需要相关国家的同步努力及紧密的区域和国际合作。这一目标的实现不仅必须契合可持续发展的宏观背景，而且还必须遵守协定第二条之规定。基于早期努力所创造的基础，东盟跨境雾霾污染控制协调中心在印度尼西亚得以成立。① 协定的第 11 条规定，签约国必须确保采取适当的立法、行政和财务手段。而印度尼西亚似乎尚未开始履行协定，其在国家相关立法上并未有实质性的进展。② 虽然在 2017 年上半年通过了一项旨在减少泥煤燃烧的法规，③ 但是，印度尼西亚最高法院在 2017 年下半年宣布此项法规无效。④

东北亚

在东北亚地区长期以来都存在着跨境大气污染问题，这一问题主要存在于俄罗斯、中国和日本之间，一直没有得到解决，直到 2014 年成立了东北亚清洁空气伙伴关系这样一个自愿性亚区域合作框架。伙伴关系的目标是保护东北亚地区的环境和人类健康免受

---

① 14th ASEAN Ministerial Meeting on the Environment and the 13th Meeting of the Conference of the Parties to the ASEAN Agreement on Transboundary Haze Pollution http://asean.org/14th-asean-ministerial-meeting-environment-13th-meeting-conference-parties-asean-agreement-transboundary-haze-pollution/.

② Dio Herdiawan Tobing, 'Indonesia drags its feet on ASEAN haze treaty' *The Conversation*, September 8, 2017, https://theconversation.com/indonesia-drags-its-feet-on-asean-haze-treaty-81779; for further discussion see Roda Mushkat, 'Creating Regional Environmental Governance Regimes: Implications of Southeast Asian Responses to Transboundary Haze Pollution' (2013) 4 *Washington and Lee Journal of Energy, Climate and Environment* 103, 137 ff.

③ Regulation of the Minister of Environment and Forestry Republic of Indonesia, Amendment to Regulation Number P. 12 / Menlhk-Ii / 2015 concerning Development of Industry Plantation Forests, PermenLHK no. 17/ 2017.

④ 'Indonesian Supreme Court strikes down regulation on peat protection' https://news.mongabay.com/2017/11/indonesian-supreme-court-strikes-down-regulation-on-peat-protection/.

大气污染。它致力于补充并完善东北亚远程跨境大气污染物防治机制以及东亚酸沉降监测网络，同时，高度重视开展基于科学研究和政策导向的新合作项目。① 东北亚清洁空气伙伴关系已经启动了形式多样的科学研究和能力建设工作。它的关键项目包括信息和数据的交换，通过现有的项目和框架开展大气污染监测，国家及区域大气污染运输和沉积模型研究，提出潜在的技术和政策措施建议，在综合评估模型和预测的基础上开发共同的技术与政策模板，开展新兴技术的信息交换，开发减缓污染技术合作的潜能，分享各国环境治理的实践经验等。② 另一方面，东北亚清洁空气伙伴关系在促进自愿性参与和贡献的同时也强调了机制的灵活性，其目的在于建立一个新的亚区域合作框架，并强调本身的法律和政治属性。③

8.2 生物多样性和保护区

8.2.1 生物多样性机制

生物多样性保护领域的国际法包含了多个全球公约。其中最重要的几个是 2001 年的《国际重要湿地公约》④、1972 年的《世界遗产公约》⑤、1973 年的《国际濒危物种贸易公约》⑥、1979 年的《迁徙动物物种保护公约》⑦和 1992 年的《生物多样性公约》⑧。虽然这些公约相互之间是独立存在的，但是，所有这些机制和进程又是相互关联和相互影响的，促进它们之间的联系与合作有利于增强政策

① Summarised from ‘Transboundary air pollution’ http：//www.neaspec.org/our-work/transboundary-air-pollution.

② Transboundary Air Pollution in North-East Asia，NEASPEC/SOM(21)/1，6 March 2017，14-16.

③ Ibid. 6.

④ 996 UNTS 245.

⑤ 1037 UNTS 151.

⑥ 983 UNTS 243.

⑦ 1651 UNTS 333.

⑧ 1760 UNTS 197.

的连贯性。① 同时，在区域层面，在生物多样性领域也有多个公约和协定。

《联合国可持续发展目标》(2015 年)中的目标 15 针对的就是生物多样性问题，其覆盖面相当广泛。主要内容涵括了陆地生态系统的保护、恢复和可持续利用水平的提升，森林的可持续管理方式，荒漠化的应对，土地退化的延缓及修复，以及如何延缓生物多样性的减少。想要顺利实现目标 15，以上这些机制都是不可或缺的。但是，目标 15 及其子目标在实施的过程中，不同方面问题的实施进度及所获成果却是不均衡的。森林减少的步伐得到有效遏制，生物多样性敏感地区的保护、森林的可持续管理等方面不断取得进展。但是，土地生产力的退化、生物多样性的减少、非法狩猎及野生动植物的非法交易等问题仍然十分严重，形势不容乐观。②

8.2.2　保护区

保护生物多样性的一种空间手段就是建立并维护自然保护区。虽然涉及保护区的大多是国内法，但是，涉及保护区的国际公约也在保护区治理中发挥着重要作用。《生物多样性公约》第 8 条第 1 款规定，各缔约国应尽可能并酌情建立保护区系统或需要采取特殊措施以保护生物多样性的地区，在必要时，制定准则数据以选定、建立和管理保护区或需要采取特殊措施以保护生物多样性的地区。

《世界遗产公约》③对于生物多样性保护来说意义重大，这是源于自然遗产的定义。④ 这一定义指的是从审美或科学角度看具有突出的普遍价值的由物质和生物结构或这类结构群组成的自然面貌；从科学或保护角度看具有突出的普遍价值的地质和自然地理结构以及明确划为受威胁的动物和植物生境区；从科学、保护或自然美角

① Liaison Group of Biodiversity-related Conventions：https：//www. cbd. int/blg/ and COP Decision VII/2：https：//www. cbd. int/decision/cop/default. shtml？id=7763.

② Progress of Goal 15 in 2017 https：//sustainabledevelopment. un. org/sdg15.

③ World Heritage Convention（n 69）.

④ Article 2，World Heritage Convention（note 69）.

度看具有突出的普遍价值的天然名胜或明确划分的自然区域。①

《拉姆萨尔公约》②对于生物多样性保护来说也是至关重要的，它是通过建立保护区来实现对生物多样性的保护。它关注的主要是湿地和水鸟的保护，它针对湿地及其资源的保护及合理利用制定了一项国家行动及国际合作框架。③ 公约要求所有缔约方至少指定一个湿地列入拉姆萨尔湿地名录。截止到 2018 年，共计有 2315 个指定湿地入选，占地面积约 24.6 亿公顷，④ 从入选拉姆萨尔湿地名录中的湿地数量而言，英国（170 个）和墨西哥（142 个）占据前两位。

多年以来，人类已经意识到了生物多样性保护与气候变化之间的紧密联系，特别是在森林保护这一问题上。气候变化及其影响直接导致了大量涉及毁林的管理战略的出台，包括 REDD+，即减少毁林和森林退化所致排放。国际社会曾尝试制定一项国际机制以应对森林保护问题，但是，截止到目前为止，这一尝试尚未获得成功。目前，在森林保护问题上，有一项软法，即《联合国森林机制》，⑤ 这一机制以前被称作《不具法律约束力的所有类型森林机制》，起初是在 2007 年通过的，在 2016 年改为现在的名称。这一机制"明文规定了一系列在国际及国家层面达成共识的政策与措施，以便加强森林的治理、技术及机构能力、政策和法律框架、林业投资开发以及利益相关者的参与"。⑥

8.2.3 濒危物种贸易

在世界范围内，野生动植物的非法贸易一直以来都是对生物多样性保护的主要威胁。在亚洲，动植物的非法贸易导致的生物多样性消亡主要发生在印度尼西亚、马来西亚和缅甸这几个国家。因

---

① See below, section on 'World Heritage'.

② Convention on Wetlands of International Importance especially as Waterfowl Habitat 996 UNTS 245.

③ 'About Ramsar' https://www.ramsar.org/.

④ 'Sites number and area by year' https://rsis.ramsar.org/?pagetab=2.

⑤ UN Resolution A/RES/70/199, 16 February 2016.

⑥ ICIMOD, http://www.icimod.org/?q=467, accessed 22 January 2018.

此，《濒危物种国际贸易公约》(CITES)①对这一地区具有至关重要的意义。许多亚洲和太平洋地区的国家都是这一公约的缔约国，②全球环境展望亚太区域评估报告(GEO-6)明确指出，国际需求的无效管控和非法贸易是一个持续存在的重大威胁，应当维持森林覆盖率和保护自然保护区以防止栖息地的丧失。③ 当前，动物需求市场主要位于欧盟和日本。④

8.3 海洋和海岸环境

针对海洋环境的管理，联合国环境署的区域海洋项目目前已经在全球 18 个区域开展了相关工作。例如，亚太区域拥有许多漫长的海岸线，并拥有许多群岛国家。因此，亚太区域的海洋和海岸环境对整个区域的渔业、水产业、交通和旅游而言至关重要。它们直接关系到食品安全、经济发展、文化和自然遗产的保护。海鲜产品为亚太地区的大量人群提供了一个重要的蛋白质来源。⑤ 该区域海洋项目包含了东亚海域、太平洋、南亚海域、东南太平洋海域。⑥亚太海域存在着较为严重的海洋及海岸线污染，包括源自船舶的污染和源自陆地的污染。源自陆地的污染源占到了全部海洋污染的

① Convention on International Trade in Endangered Species of Wild Flora and Fauna (1973) 983 UNTS 243.

② Convention on International Trade in Endangered Species of Wild Flora and Fauna (1973) 983 UNTS 243.

③ GEO-6 (note 10) 125.

④ ICIMOD (note 36) 107.

⑤ The percentages of populations that depend on seafood for protein range from 37% in Cambodia to 2% in India: Steve Needham & Simon Funge-Smith *The consumption of fish and fish products in the Asia-Pacific region based on household surveys* (FAO 2015) 5 http://www.fao.org/3/a-i5151e.pdf, accessed 14 February 2018.

⑥ Only the East Asian Regional Seas programme is directly administered by UN Environment; the other are administered by their regional organisations: UN Environment, *Regional Seas programmes*, *Regional Seas Programmes*, https://www.unenvironment.org/explore-topics/oceans-seas/what-we-do/working-regional-seas/why-does-working-regional-seas-matter accessed 14 February 2018; see also Marsden (n 14) 215.

70%左右。① 在亚太的部分地区，这一问题尤其显得突出和严重，原因是随着工业的发展，沿海岸线的社区扩张速度很快，其他原因还有包括农业生产导致的富营养物污染，南亚和东亚部分国家海岸线的拆船工业，以及新的旅游开发等。特别是在海洋环境敏感地区（例如珊瑚礁），这些行为更是导致了极其严重的后果。联合国环境署的区域海洋项目也关注到了《联合国可持续发展目标》（2015年）的实施问题。② 可持续发展目标 14 针对的是海洋和海洋资源的保护及可持续利用，因此必须把气候变化、海洋酸化、过度捕捞、海洋污染等因素都考虑在内。《联合国海洋法公约》针对海洋环境的保护问题也规定了一些重要的条款。③

当前，有一个问题必须引起国家社会的特别关注，这就是海洋中的塑料污染问题日益严重，触目惊心。据估计，每年大约有八百万吨的塑料污染物被投进了海洋。④ 2016 年，联合国环境大会通过了一项决议，针对的就是海洋塑料垃圾和塑料微粒。这项决议强调，必须采取预防及最小化战略来应对塑料污染对海洋环境造成的污染，还必须制定环境友好型废物管理制度并采取清洁行动。⑤《巴塞尔公约》缔约方大会在其 2018—2019 年的工作计划中，将海洋塑料垃圾和塑料微粒列为重要事项。⑥近几年，国际社会已经开

---

① See Donald R Rothwell and Tim Stephens, 'UNEP Regional Seas Programme', *The International Law of the Sea*, 2nd edn. (2015 Hart) 529.

② UN Environment, 'Moving to Strategy and Action: Regional Seas Outlook for the implementation of the Sustainable Development Goals' Regional Seas Reports and Studies No. 200, accessed 13 February 2018.

③ 1833 UNTS 3961; see Part XII Protection and Preservation of the Marine Environment.

④ See UN Environment, 2018, 'UN Declares War on Ocean Plastic' http://web.unep.org/unepmap/un-declares-war-ocean-plastic.

⑤ UN Environment Assembly 2/11 resolution, 2016 'Marine plastic litter and microplastics'.

⑥ Basel Convention on the Control of Transboundary Movements of Hazardous Wastes and Their Disposal, http://www.basel.int/Implementation/MarinePlasticLitterandMicroplastics/Overview/tabid/6068/Default.aspx.

始讨论建立一个新的国际机制以应对塑料污染的必要性，但是截止到目前为止，尚未提出具体的意见。

8.4 土地退化

土地退化是一个长期存在的问题。但是，只是在最近几年，《土地退化法》才受到了国际社会前所未有的关注。人类开始意识到土壤侵蚀和土地污染问题日益严重，这已经威胁到食品安全和人类的食品权，因此国际社会对涉及土地退化的政策与法律的重要性的认识也逐步提升。土地和土壤的退化和气候变化之间是相互联系并相互影响的，因此，在探讨气候变化问题时，土地退化问题也引起了越来越多的重视。世界上最大的碳存储地排名第一的是海洋，排名第二的就是土壤。土壤作为天然的碳汇发挥着重要的功能，同时土壤也向大气中排放碳。因为不可持续的农业和畜牧业生产，土地退化问题正在成为影响全球①和区域气候变化政策的一个重要因素。② 世界上许多区域都面临着土壤退化问题，而在非洲大陆，这一问题尤其严重，据估算，非洲大陆有超过五十万平方公里的土地面积已经发生了退化。其原因包括土壤侵蚀、盐碱化、荒漠化、滥砍滥伐、森林火灾、过度开发、低效灌溉、过度放牧、对资源和矿产品的过度开采和无节制开采等。③

目前，在应对土地退化问题上，世界上绝大多数国家的立法都是不足的。国际社会已经提出了多个全球性倡议，它们对建立国际规范意义重大，而这些国际规范如果能被转化成国内立法，则将会直接影响到土地退化的预防和控制。涉及土地退化的最重要的多边

---

① Charlotte Streck and Agustina Gay 'The Role of Soils in International Climate Change Policy' in Harald Ginsky, Irene L Heuser, Tianbao Qin, Oliver C Ruppel and Patrick Wegerdt (eds) *International Yearbook of Soil Law and Policy* 2016 (Springer 2017) 105.

② Verschuuren, J. (2018). Towards an EU Regulatory Framework for Climate-Smart Agriculture: The Example of Soil Carbon Sequestration. Transnational Environmental Law, 1, at doi: 10.1017/S2047102517000395.

③ Geo-6 Global Environment Outlook, Africa 2016, http://web.unep.org/geo/assessments/regional-assessments/regional-assessment-africapage 45.

机制是《联合国在发生严重干旱和/或荒漠化的国家，特别是在非洲防治荒漠化的公约》，简称《联合国防治荒漠化公约》。①但是，这一公约在地理上存在局限性，它所针对的只包括世界上干旱地、半干旱地、干燥的半湿润地区。公约为不同地区分别制定了区域附件，包括非洲、亚洲、拉丁美洲和加勒比海地区、北地中海和中东地区。附件明确规定了在每一个地区，公约应当如何实施，并为各区域和子区域制定了具体的行动计划。但是，与其他环境问题相类似，绝大多数的环境保护行动必须是在国家层面才能真正得以落实。②

早在本世纪初期，国际社会就有呼声建立一个国际机制来从整体上应对土地退化问题，而不是仅仅限于应对荒漠化。但是，进过十多年的发展，此项工作进展依然缓慢，还有待于国际社会的进一步努力。③

8.5 文化和自然遗产

近些年来，文化和自然遗产保护已经逐步成为环境法这一整体框架下的一个专门研究领域。有许多公约都涉及了遗产的保护与保存问题。其中最著名的就是 1972 年的《世界遗产公约》。另外，1954 年的《武装冲突期间文化财产保护公约》④及其议定书⑤，一

---

① United Nations Convention to Combat Desertification (UNCCD) 33 ILM 1328 (1994).

② The role of regions under the UNCCD, https://www.unccd.int/convention/regions.

③ See Ben Boer, Harald Ginsky and Irene L Heuser, 'International Soil Protection Law: History, Concepts, and Latest Developments', in Ginsky et al (eds.) International Yearbook of Soil Law and Policy, 50; see also Ben Boer and Ian Hannam, 'Developing a Global Soil Regime', in *International Journal of Rural Law and Policy*, Special Edition 1 (2015) 'Soil Governance'.

④ Convention for the Protection of Cultural Property in the Event of Armed Conflict, (1954) 249 UNTS 24.

⑤ Protocol for the Protection of Cultural Property in the Event of Armed Conflict, 14 May 1954, in force 7 August 1956, 249 UNTS 358; Second Protocol to the Hague Convention for the Protection of Cultural Property in the Event of Armed Conflict, 38 ILM (1999) 769.

直以来都是一个重要机制，适用于那些国内及各国之间发生武装冲突的地区。最新的一些机制包括《水下遗产公约》①、《非物质遗产公约》②、《文化表达多样性保护和提升公约》，它们都吸引了众多缔约国加入。此外，涉及可移动文化遗产的非法交易还有两个公约，即《1970 年联合国教科文组织公约》③和《1995 年国际统一私法协会关于被盗或者非法出口文物的公约》④。在本文中，《世界遗产公约》主要用来阐释文化遗产法领域的动态发展。

《世界遗产公约》

一直以来，《世界自然遗产公约》⑤对文化遗产和自然遗产的保护都发挥着十分重要的作用。目前，这一公约拥有 193 个成员，167 个国家有遗产入选名录。遗产总计有 1092 项，包括 844 项文化遗产和 209 项自然遗产。有些国家的注册数量较大，例如中国、意大利、德国和西班牙，而另外一些国家则仅仅注册了一到两项。⑥

依据这一公约所成立的世界遗产委员会现在改为每四年改选一次，而非以前的六年改选一次，这样就可以让更多的成员国能够更频繁地在国际舞台发声。委员会的主要功能是针对缔约国所提名的遗产候选地做出是否入选的决定，决定遗产名录上的遗产是否应纳入濒危遗产名单，监测世界遗产的现状，从世界遗产基金划拨专款进行特定遗产的维护或恢复工作等。⑦

---

① Convention on the Protection of the Underwater Cultural Heritage, 2001, 41 ILM 40 (2002).

② Convention on the Safeguarding of the Intangible Heritage 2003 2368 UNTS 1.

③ Convention on the Means of Prohibiting and Preventing the Illicit Import, Export and Transfer of Ownership of Cultural Property, 14 November 1970, in force 24 April 1972, 823 UNTS 231.

④ UNIDROIT Convention on Stolen or Illegally Exported Cultural Objects, (1995) 34 ILM 1322.

⑤ Convention Concerning the Protection of the World Cultural and Natural Heritage 1972 1037 UNTS 151.

⑥ World Heritage List https://whc.unesco.org/en/list/.

⑦ Article 19 to 26.

《世界遗产公约》应当与其操作指南结合起来理解,① 世界遗产委员会负责定期评估这一操作指南。这些指南具体规定了应当如何实施公约。尤其重要的是，指南规定了十条标准来判断某一世界遗产候选地是否具有“突出的普世价值”。② 如果某一遗产候选地不具备一个或多个这种价值，它就不会被列入名录。前六条标准针对的是文化遗产，而后四条标准针对的则是自然遗产。另外，候选地还必须满足完整性、真实性的要求，同时还应当具备一个适当的保护和管理制度以确保它受到有效保护。③

值得注意的是，一旦某国提名某项遗产申请入选世界遗产名录，即使世界遗产委员会并未将其收入名录，法律意义上也会意味着该国有义务将该项遗产当作目录遗产来加以保护。④

世界遗产委员会指出，名录上的遗产面临着各种各样的威胁。这些威胁包括建设和开发活动、交通基础设施、公用事业或服务设施基础建设、各种污染、对生态资源的利用和改变、对物质资源的提取(例如开矿、油气开发)、可能影响到遗产实体建筑的地方环境状况、对遗产的社会和文化利用、气候变化和极端天气事件、生态或地质事件(例如火灾、雪崩和地震)、外来物种的入侵，以及管理和制度因素(包括适当的法律框架)。⑤ 当威胁变得十分严重并构成特定的危险，根据公约第 11 条第 4 款之规定，遗产委员会可以将此项遗产列为濒危世界遗产名录。这是一项强有力的手段，目的是确保各国能尽力保护各自名下的世界遗产。还有一点特别重

---

① Operational Guidelines for the Implementation of the World Heritage Convention 2017 https：//whc. unesco. org/en/guidelines/.

② Operational Guidelines, paragraph 77.

③ Operational Guidelines, paragraphs 78-95.

④ *State of Queensland and v. Commonwealth of Australia* [1980] High Court of Australia 36; See also Stefan Gruber V. 5 Convention concerning the protection of the world cultural and natural heritage, in Malgosia Fitzmaurice et al (eds.) *Encyclopedia of Environmental Law* Volume V, (Edward Elgar 2017) Page 64.

⑤ ‘List of factors affecting the properties’ https：//whc. unesco. org/en/factors/.

要，世界遗产委员会无需通过当事国的同意，就可以将某项遗产列入濒危世界遗产名录。① 在 2018 年，涉及多个国家的 55 项遗产被列入濒危世界遗产名录。通过将某项世界遗产列入濒危世界遗产名录，就会引起更多的国际关注，也会对当事国施加更大的压力，以便提升当事国的保护努力，在进行基础设施开发等威胁到遗产保护的项目时，当事国的决策也会更加谨慎。

谈及适当的法律框架这一问题，就有必要提及缔约国在公约下的国家义务，公约第 5 条第 4 款做出了一项重要规定，即各缔约国应视该国具体情况尽力采取为确定、保护、保存、展出和恢复这类遗产所需的适当的法律、科学、技术、行政和财政措施。操作指南同样指出，世界遗产名录上的所有遗产必须受到适当和长效的立法上、管理上、制度上的有效保护或传统保护及管理，以确保遗产受到安全妥善的保护。需要指出的是，虽然公约在 1974 年就开始生效，到目前为止，也只有少数几个国家制定了某种形式的特定立法来实施公约。这些国家包括澳大利亚、匈牙利、意大利、马其顿、罗马尼亚、南非、苏里南和美国。

近些年来，世界遗产委员会也注意到了可持续发展与世界遗产之间的联系，并对公约的操作指南做出了相应的调整。在 2005 年，操作指南指出，自然和文化遗产的保护对可持续发展来讲是一项重大贡献。② 在 2015 年，世界遗产委员会又制定了一项政策，将可持续发展和《世界遗产公约》的进程整合在一起。③ 其总体目标是为了帮助各缔约国、实践者、机构、社区和网络，在适当的指导下，综合治理世界遗产名录上的遗产，为可持续发展做出贡献，同时增

① Operational Guidelines, paragraph 177 ‘Guidelines for the inscription of properties on the List of World Heritage in Danger’.

② Decision: 34 COM 5D (2010) ‘World Heritage Convention and sustainable development’.

③ *Policy on the integration of a sustainable development perspective into the processes of the World Heritage Convention adopted by the General Assembly of the State Parties* 20 GA 13 (Paris, 2015).

加公约的有效性和相关性。① 这一政策制定的背景是，许多缔约方和世界遗产中心都试图将文化遗产列入可持续发展目标(2015 年)的具体目标之一。② 目前，虽然可持续目标提及了与遗产保护相关的内容，但是并未将遗产保护列为一项单独的目标。③

同时，国际社会针对世界遗产与人权之间的联系也投入了越来越多的关注。以往，遗产候选地的提名、入选和保护进程往往忽略了遗产所在地社区居民应有的权利，特别是在参与决策上。近几年，在提名遗产的官方文件中，更明确地提及到了当地居民的权利问题。④ 世界遗产委员会新制定的可持续发展政策也明确承认了这一点，⑤ 它指出，从遗产的提名到管理都应当符合并支持人权。但是，操作指南尚未体现出这一发展趋势，因此需要进一步协调。⑥

9 享有实质性环境权

在一个国际机制中，是否能够承认一个实质性环境权，这个问题在国际社会引发了多年的争论。⑦ 联合国这一层面承认环境权的标志是 1972 年《联合国人类环境会议的宣言》(《斯德哥尔摩宣言》)

① World Heritage and Sustainable Development, https: //whc. unesco. org/en/sustainabledevelopment/.

② The sustainable development goals are part of United Nations resolution A/RES/70/1 (2015) *Transforming our world: A New Agenda for Global Action.*

③ See Ben Boer, ‘Culture, Rights and the Post-2015 Development Agenda’, in Andrea Durbach and Lucas Lixinski (eds), *Heritage*, *Culture and Rights*, (Hart Publishing, 2017) 35.

④ Peter Bille Larsen (ed), ‘*World Heritage and Human Rights: Lessons from the Asia-Pacific and Global Arena*, (Routledge 2018) page 9.

⑤ See above (note 117).

⑥ See also Peter Bille Larsen, above (note 121), ‘Caux call for action on rights-based approaches’ at page 317.

⑦ See further, Ben Boer, ‘Environmental principles and the right to equality environment’ in Ludwig Kramer and Emanuela Orlando(eds) *Principles Of Environmental Law* (Edward Elgar 2018).

的序言，它指出，人类环境的两个方面，自然环境和人为环境，对人类的福祉及享受基本的人权—生命权至关重要。《斯德哥尔摩宣言》的第一条原则指出，人类拥有基本的自由权、平等权，以及适当的生活条件，人类有权生活在一个体现尊严和福利的良好环境中，同时，人类还担负有一个神圣的义务，就是为当代和后代保护及提升环境。这是针对人权和环境保护两者之间联系的首次正式表述。自此以后，国际社会针对环境权这一概念的探索不断向纵深发展。

1992 年《里约环境与发展宣言》(简称《里约宣言》)①发布于《斯德哥尔摩宣言》20 年之后，并未明确承认人类拥有良好环境的权利。《里约宣言》原则一指出，人类处在关注持续发展的中心。他们有权同大自然协调一致从事健康的、创造财富的生活。然而，这一表述略显苍白无力，因为"有权"这一词汇的使用还是不及"权利"这一词汇所能阐释出的深刻涵义。

在 2007 年，针对世界上的原住民，联合国通过了《原住民权利宣言》。② 宣言针对环境权规定了一项实质性条款，即"原住民拥有保存和保护环境及其土地、领地和资源之生产能力的权利。各国应当无歧视地为原住民开展此类保护行动制定并实施援助项目"。③但是，这一权利的表述还是过于宽泛，而且宣言也无法得到直接实施，它本质上仅适用于原住民社区和个人。

曾经有建议将这一项环境权纳入到 1966 年《经济、社会和文化权利国际公约》的修订版中。④ 另外一个更直接的做法是，基于非洲、美洲国家组织、东南亚地区现有的构想，围绕人类的环境权专

① Rio Declaration on Environment and Development, note 22, above.

② United Nations Declaration on the Rights of Indigenous Peoples, UNGA Res 61/295.

③ United Nations Declaration on the Rights of Indigenous Peoples Article 29. 1.

④ See Patricia Birnie, Alan Boyle and Catherine Redgwell, International Law and the Environment Oxford 2010) 281-282; see also Alan Boyle 'Human Rights and the Environment: Where Next?' in Ben Boer (ed.) Environmental Law Dimensions of Human Rights (Oxford 2015) 222 to 227.

门制定一项特有的国际机制。在这些讨论的基础之上，2011 年，联合国人权理事会指派了一位特别报告人来负责环境权问题。国际社会也逐步认识到，近些年来，人权与环境两者之间的联系大幅度增强，而且“有关人权与环境两者关系的国际和国内法律、司法判决、学术研究成果的数量和范围都得到了迅猛的发展”。①

经过六年的工作，关于环境权问题的特别报告人向联合国人权理事会提交了最终报告书，提出了 16 条框架原则，这些原则勾勒出了人权法附加于国家的基本义务，这些义务事关一个安全、清洁、健康和可持续的环境。②特别报告人还向联合国人权理事会提出建议，建议其支持在一个全球机制中正式承认人类享有一个良好环境这样一项人权。2018 年 3 月，联合国人权理事会通过了关于人权与环境的 37/8 号决议，主要内容是授权特别报告人在将来的三年时间里，通过与政府部门、相关国际组织和政府间组织展开协商，继续研究与环境权相关的人权保护义务。

另外，法国顶尖法律智库“法律人俱乐部”(The Club des Juristes)在 2017 年提出了一项倡议，建立一个名称为《全球环境公约》全球性机制，这一公约也将包含有环境权的内容。这一倡议缘起于 2015 年气候变化巴黎大会之后，法国法律界人士希望在全球有效实施《巴黎协定》并实现联合国可持续发展的目标。《全球环境公约》的目标是成为一项具有法律约束力的公约，旨在通过确立环

---

① ‘Special Rapporteur on Human Rights and the Environment’ https://www.ohchr.org/EN/Issues/Environment/SREnvironment/Pages/SRenvironmentIndex.aspx.

② John H. Knox, Special Rapporteur on the issue of human rights obligations relating to the enjoyment of a safe, clean, healthy and sustainable environment, Statement to Human Rights Council, 37th Session 5 March 2018, http://srenvironment.org/wp-content/uploads/2018/03/Knox-presentation-to-HR-Council-final.pdf, accessed 11 April 2018; see also John H Knox, *Framework Principles on Human Rights and the Environment*, UN Environment 2018; John H Knox, ‘The United Nations Mandate on Human Rights and the Environment’ Chinese Journal of Environmental Law 2 (2018) 80-89.

境保护的基本原则来巩固全球环境治理的框架。公约草案对环境权的定义是：每个人都有权生活在一个生态友好型环境里，该环境应当满足他们的健康、福利、尊严、文化及成就。①

2017 年 6 月 23 日，"《全球环境公约》起草专家组内部会议"在法国宪法委员会召开。会议由法国宪法委员会主席、《气候变化公约》第 21 次缔约方大会主席 Laurent Fabius 先生主持，来自联合国国家委员会的委员、联合国环境规划署和世界自然保护联盟的官员，巴西、比利时、印度、英国等国家的大法官，以及中国、澳大利亚、波兰、巴基斯坦、俄罗斯、哥伦比亚、德国、加拿大、美国、挪威、突尼斯、土耳其、瑞士、意大利、印度以及东道主法国等国家的环境法教授 40 余人参加了本次会议。6 月 24 日，在法国巴黎索邦大学举行了"迈向《全球环境公约》大会"，来自法国和世界各界人士 400 余人参加了本次会议。

《全球环境公约(草案)》的起草者希望该公约能够尽快成为一个正式的、有约束力的国际条约。为达成这一目标，欧盟委员会理事会在 2018 年 3 月授权围绕《全球环境公约》开始协商工作。②

2018 年 3 月，作为对《全球环境公约》这一倡议的回应，联合国大会同意建立一个工作组来探讨后续措施，以便采纳法国的倡议来制定一个全球公约，并将其作为一项宏伟计划的一部分，用以调研分析可能的解决方案来弥补国际环境法以及与环境相关的国际机制可能存在的缺陷。③

这样的一些进展充分说明国际社会对这一问题都表现出了高度的关注和热心，希望能够通过联合国来协商制定一个国际机制，以

---

① 'The Project', available at: http://pactenvironment.org/aboutpactenvironment/the-project/.

② European Commission, Recommendation for a Council Decision authorising the opening of negotiations on a Global Pact for the Environment, Article 1, 19 March 2018 COM (2018) 138 https://eur-lex.europa.eu/legal-content/EN/TXT/?qid=1521649434083&uri=CELEX%3A52018PC0138, accessed 15 April 2018.

③ UN General Assembly Resolution 72/277, 'Towards a Global Pact for the Environment', 10 May 2018. 2.

便明文规定人类有权安全地享有一个清洁、健康和可持续的环境。如果这样一个公约能够通过协商，开放签署并最终获得足够多缔约方的批准，它将会对国际环境法多个方面的发展和实施产生重大而深远的影响，同时，也将会深刻影响到法律实践的发展，因为国际及各国法院必将对这一公约进行各种司法解释。同时，这样一个公约也将会鼓励越来越多的国家在其宪法和国内立法中承认环境权。

10 结　　论

本文概述了国际环境法近期发展的多个重要方面的问题，涉及基本原则、制度创新、国际机制的实施等。伴随着国际政治、经济、社会形势的发展，国际环境法的研究领域以及所需研究的问题也不断拓展，复杂性进一步增强。伴随着科学技术的发展，人类对环境各个媒介之间的内部联系有了更深的了解，因此，有必要采取更加综合和整体的方法来实施过去数十年达成的大量国际及区域环保公约及机制。

需要特别指出的是，为了让国际环境法的基本原则和概念切实发挥效力，我们必须谨记的是，必须在各国的国内立法和政策中纳入并体现这些原则和理念，同时还必须通过各国政府部门、法院、私营部门和民间团体的切实行动来具体落实这些原则和理念。最后，随着国际层面对环境权这一问题的日益重视，律师和立法者应当更深刻地了解环境恶化导致的社会和经济后果，同时，在进行那些可能影响到当地环境、居民健康、生计和福利的项目开发时，有必要确保社区和个人能够参与到决策过程中。

参考文献

以下列表包含了近期出版或即将出版的国际和区域环境法领域的书籍：

[1] Daniel Bodansky, Jutta Brunnée and Lavanya Rajamani, *International Climate Change Law*, (Oxford University Press 2017).

[2] *The Oxford Handbook of International Law in Asia and the Pacific*, (Oxford University Press, forthcoming 2019).

[3] Pierre-Marie Dupuy and Jorge E Viñuales, *International Environmental Law* second edition (Cambridge University Press 2018).

[4] Malgosia Fitzmaurice, Attila Tanziwith Angeliki Papantoniou et al (eds.) *Encyclopedia of Environmental Law* Volume V (Edward Elgar 2017).

[5] Suzanne Kingston, Veerle Heyvaert and Aleksandra Čavoški, *European Environmental Law*, Cambridge University Press 2018).

[6] Philippe Sands and Jacqueline Peel, *Principles of international Environmental Law*Fourth Edition (Cambridge University Press 2018).

[7] Werner Scholtz and Jonathan Verschuuren, *Regional Environmental Law: Transregional Comparative Lessons in Pursuit of Sustainable Development*, (Edward Elgar 2015).

2017 年海外国际法研究前沿追踪

武汉大学国际法研究所　李沣桦

2017 年依然是全球化与逆全球化相互角力、旧秩序与新秩序相互抗衡、旧格局向新格局过渡的富有戏剧性的一年。鉴于法学研究出版的滞后性，2017 年海外国际法研究的前沿问题，主要还是反映了自 2015 年以来国际政治、经济与文化等领域的变动与变革对国际法律秩序的影响。一方面，观察者对变动与变革所带来的不稳定性与不确定性将如何长期影响国际法在未来数载甚至数十载的发展走向持谨慎态度；另一方面，2017 年这一年海外国际法学界在国际法研究上也取得了一些成就，特别是在面对强权国家和强势公司利益时对法治的维护上。

本文是对 2017 年海外国际法研究前沿所进行的追踪。首先，考虑到国际法领域的不断拓展和国际法体系发展愈发庞杂，本文无法对所有国际法领域在 2017 年的发展进行综述，而是选取了包括以中国为代表的新兴国家的崛起对传统国际法格局的冲击、中东地区持续的战乱对国际战争法和国际人权法等的挑战、各国为获取海洋和极地等资源影响力而进行的角逐、大型区域贸易与投资协定的发展等具有重大意义的议题进行展示。其次，由于海外国际法学者背景的多元化，本文无法穷尽国际法所有语言完成的文献追踪，而是以英文文献为主，辅以部分其他语种文献；主要以牛津大学出版社、剑桥大学出版社、普林斯顿大学出版社等主流出版社出版的著作和以美国国际法杂志、欧洲国际法杂志、哈佛国际法杂志和斯坦福国际法杂志等业界主流杂志为主。最后，本文研究的文献为 2017

年国际法学者发表的著作和论文，但有一篇 2016 年出版、两本 2016 年出版的著作因获得 2017 年度国际法学界颁发的奖项而被选入本次追踪。

一、国际法基本问题

(一) 新兴国家崛起与国际法

1. 国际法是法吗

新兴国家的崛起与国际法的互动关系，是近年来海外国际法研究的焦点问题之一。对这个既具有理论探寻价值、又具有实践指引意义的国际法议题的研究，海外国际法学者在 2017 年成果显著。美国国际法协会将 2017 年度的图书大奖(ASIL Book Awards)授予了三本图书，其中获得原创学术卓越贡献奖的是澳大利亚国立大学 Anthea Roberts 教授撰写的《国际法是法吗?》。① 该书通过对国际法学术的全面审视，揭示了持国际法具有普遍性这一观点的三种模式，即差异模式、主导模式以及瓦解模式(Patterns of Difference, Dominance and Disruption)。在当前地缘政治权力转移的世界，探究国际法是否是法这一问题对国际律师具有启发性与挑战性。首先，在差异模式上，该书展示了来自不同国家、地区和地缘政治集团的国际律师如何经常受制于他们可期之影响力与超出可期范围之影响力的差异，这一受制影响了他们对国际法的理解与方法。其次，在主导模式上，基于案例研究和视觉表现，该书展示了来自一些国家和团体的主体及其物力如何主宰特定的跨国流动与论坛，从而使得他们在构建“国际”时具有不成比例的影响力。在一般意义上，这一论断对于西方主体、物力以及方法而言显然是成立的，特别是对英美而言。最后，在瓦解模式上，该书认为，上述两种模式最终都将趋于瓦解。随着世界从经历了一个西方主导的时代走向多极化，国际律师必须了解来自不同背景的人的观点。通过对不同的国际法

① Anthea Roberts, *Is International Law International*? (Oxford University Press, 2017).

学术和文本进行比较研究，该书鼓励国际律师通过他人的眼睛看世界——这是一个在民族主义日益上升的世界中迫切需要的方法。总体来说，该书认为当前对“国际”的认定在性质通常是带着西方、特别是英美的印记，但是随着世界走向多极化，比较方法下的国际法将会获得更多的存在空间。

英国曼彻斯特大学和法国巴黎政治学院 Jean d'Aspremont 教授撰写的《作为信仰体系的国际法》考虑的是我们如何在关于国际法的所有法律论证的中心来构建国际法律话语与自我指涉性这一问题。该书探讨了例如来源、责任、国家、人格、解释和强制法等基本原则如何通过发明自己的起源和支配其功能的性质来约束法律推理，这些过程被作者认为构成了信仰体系的标志。① 与该书相关的论文《国际法院和系统设计讽刺》②获得《国际争议解决杂志》2017 年度 James Crawford 奖。

2. 国际法与政治

在跨国经济主体和国际机构这些似乎脱离民主合法化进程的国际法主体日益推动人权、国际贸易法和发展项目等各种形式的全球治理的时候，国际法和帝国之间的关系问题更加值得讨论。芬兰赫尔辛基大学 Erik Castrén 国际法和人权研究中心 Martti Koskenniemi 教授、Walter Rech 博士后和 Manuel Jiménez Fonseca 博士研究员主编的《国际法与帝国》通过考察从早期现代到现今的历史背景下的国际法与帝国之间的关系，深化了当前对国际法律制度、实践和叙述如何塑造帝国主义对世界治理理念和结构的理解。该书探索了国际法律话语在殖民地和欧洲背景下运作的基本方式，就国家现代法律参与帝国项目进行激烈辩论。通过阐明国际法和帝国之间关系的复杂性和矛盾性，作者扩大了对西方帝国主义的批判，同时承认了

---

① Jean d'Aspremont, *International Law as a Belief System* (Cambridge University Press, 2017).

② Jean d'Aspremont, 'The International Court of Justice and the Irony of System-Design', Journal of International Dispute Settlement, Vol. 8 (2), 366-387 (2017).

国际法律话语的细微差别和模糊性，并且在某些情况下通过国际法的语言阐明了反霸权主张的可能性。但是，在表明国际法律论证有时可能被用来对抗帝国企业的情形下，该书认为国际法几乎不可能摆脱构思国际主义渐进愿望的欧洲中心框架。①

美国南加州大学 Wayne Sandholtz 教授和美国加州大学 Irvine 分校 Christopher A. Whytock 教授主编的《国际法的政治研究手册》探究了政治与国际法之间的关系。该研究手册不是通过国际关系理论主流范式(即现实主义、自由主义和建构主义)来探索这个问题，而是提出了一种不同的方法。受到比较政治学和社会法学研究的启发，该研究手册发展了一个新的框架，用来比较分析不同治理阶段和不同治理体系中政治与国际法的关系。该研究手册将这一框架应用于广泛的国际法领域——从人权和环境标准到网络冲突和知识产权——以展示政治和国际法之间的关系如何取决于具体的领域。②

3. 亚洲与国际法

与此同时，随着中国等亚洲国家的复兴，当前以西方为中心的国际法在 21 世纪正在发生变化。因此，有必要在国际法研究中反映这些变化，并克服现有强国和新兴大国之间潜在的冲突。显然，此种结构转型需要改变对现有理念和制度的理解。日本东京大学 Onuma Yasuaki 荣休教授撰写的《跨文明世界中的国际法》正是对这一变化的回应。该书探讨了国际法的“跨文明”(transcivilizational)方法，补充和修改了其他两个当前流行的观点，即“国际”(international)和“跨国”(transnational)方法。通过考虑这三个层面的观点，该书强调了围绕在国际法历史和发展上的复杂现象。此外，Yasuaki 还考察了国际法在外交谈判、国际组织和国内政治进程等多种论坛中的运作和职能。③

---

① Martti Koskenniemi, Walter Rech & Manuel Jiménez Fonseca (eds.), *International Law and Empire: Historical Explorations* (Oxford University Press, 2017).

② Wayne Sandholtz & Christopher A. Whytock (eds.), *Research Handbook on the Politics of International Law* (Edward Elgar Publishing, 2017).

③ Onuma Yasuaki, *International Law in a Transcivilizational World* (Cambridge University Press, 2017).

美国宾夕法尼亚拉斐特学院 Seo-Hyun Park 助理教授则为东亚安全辩论中一个重要的概念——主权自治，以及主权自治如何在区域秩序中重现层级提供了一个理论和实证的分析。作者认为，当代东亚的战略辩论是基于国际层级的共享背景认知，这一认知在19世纪末重构。再现此种层级结构的机制是国内的合法性政治；在这种政治中，处于困境的政治领导人会争辩主权自治的意义。寻求地位的观念一直嵌入在主权自治的概念之中，并通过截然不同的替代安全框架来持续，这些框架继续为东亚当代战略争论提供依据。①

(二)国际法的作用

1. 国际法与冲突

美国密歇根大学 Monica Hakimi 教授在对当前关于国际法在全球秩序中的作用的显著观点进行阐述的前提下，对其进行了批判。这一观点被作者称为“合作论点”(Cooperation Thesis)，该观点认为国际法主要通过两种方式来推动全球行为者进行合作，即遏制他们的争议和促进他们的共同目标。合作论点往往作为国际法积极的一面出现，它试图解释或描述国际法的作用。同时，合作论点也具有规范力；如果国际法不能满足合作论点的要求则将导致功能障碍。尤其是在激烈或难以控制的冲突被认为是背离了国际法界限的情形中，国际法未能发挥其职能。Hakimi 认为，此种对国际法的观点在概念上存在缺陷。它错误地认为冲突是国际法的障碍或者冲突是国际法需要缓解的问题。然而，正如其他学科的学者所表明的那样，冲突与合作论点所标榜的国际法的功能是共生的。即使国际法能够让全球行为体遏制他们的争端并为实现共同目标而努力，国际法也可以让他们做出相反的事情：磨合他们的分歧和不同意见，此种磨合有时甚至是激烈的、且问题最后没能解决。国际法确实是这样做的，因为这两种相互作用是相互依存的、两者的法律机制也是相同的。更明确地说，冲突并不一定表明国际法存在缺陷，因为这

① Seo-Hyun Park, *Sovereignty and Status in East Asian International Relations* (Cambridge University Press, 2017).

是国际法项目所固有的。①

英国伦敦政治经济学院 Christine Chinkin 荣休教授和 Mary Kaldor 教授撰写的《国际法与新战争》一书则认为国际法未能解决当代出现的“新战争”，例如叙利亚、乌克兰、利比亚、马里、刚果民主共和国和苏丹等地的武装冲突和暴力事件。当前的国际法主要形成于 19 世纪和 20 世纪，在很大程度上取决于如今看来已经过时的欧洲战争(国家间常规和可识别的武装部队之间的战争)概念。作者的研究展示了不同的方法如何与国际法的不同解释联系在一起，在一些情形下这已经危险地削弱了 1945 年以后建立的对战争的法律限制。该书最后提出了第二代人类安全并分析了其对国际法带来的影响。②

德国法兰克福和平研究中心 Lisbeth Zimmermann 高级研究员撰写的《全球规范与地方面貌：法治推动与规范翻译》探究了在冲突后国家，外部主体所推动的全球法治规范在何种程度上本土化，以及谁来决定适用全球标准还是本土规定这些问题。该书为全球政治如何处理全球规范传播与其本地化之间的困境提供了一种新的方法。通过对危地马拉促进儿童权利、获取公共信息以及反对有罪不罚国际委员会的研究，作者认为法治促进会触发国内竞争，从而改变外部主体采取的方法，最终改变全球规范翻译的方式。然而，本土翻译的余地取决于全球准则的精确度。基于创新的理论方法和对法治翻译的深入研究，作者主张对规范的促进应当从语境敏感度转向民主适当性，向国际关系、和平建设、民主化研究、国际法政治理论等领域的学者发声。③

2. 协议设计

国际研究协会国际法分部 2017 年度图书大奖(ILAW Book Award)

---

① Monica Hakimi, ‘The Work of International Law’, Harvard International Law Journal, Vol. 58(1), 1-46 (2017).

② Christine Chinkin & Mary Kaldor, *International Law and New Wars* (Cambridge University Press, 2017).

③ Lisbeth Zimmermann, *Global Norms with a Local Face: Rule-of-Law Promotion and Norm Translation* (Cambridge University Press, 2017).

授予了两本图书，其中一本是美国密歇根大学政治学院 Barbara Koremenos 副教授撰写的《国际法大陆：解释协议设计》。① 每年国家都会谈判、缔结、签署并实施数百项新的国际协议。这些协议的详细设计对于决策者、学者和公众所关心的国际合作何时发生并如何得到维护这一问题至关重要。在理论上，该书提出了一种假设，即通过法律的详细设计规定可以应对和缓和合作中出现的问题。在实证上，该书利用了随机抽样的经济、环境、人权和安全国际协议组成的数据集。基于理论分析和实证测试，该书的一个重要发现（国际法大陆）是，考虑到国际政治的变幻莫测，国际合作看起来比无政府状态更像法律，而相应的国际法的具体规定则会增加合作的前景和稳健性。此种细致而复杂的"国际法大陆"可以适用于任何学科，只要在这些学科重视制度及制度设计。

（三）国际法渊源

1. 国际法渊源基本理论

国际法渊源不可避免地引发了一些众所周知的学术争议：首先，国际法规则从何而来？更确切地说，他们通过哪些流程，如何确定国际法律秩序的开始和结束？这是国际法律规则系谱的静态问题和国际法律秩序的界限。其次，这些规则的制定过程是什么？这是制定这些规则和在国际法中行使公共权力的动态问题。英国曼彻斯特大学和法国巴黎政治学院 Jean d'Aspremont 教授、瑞士弗里堡大学 Samantha Besson 教授主编的《牛津国际法渊源手册》是第一本专门讨论国际法渊源的综合性著作。手册为围绕国际法渊源的关键问题和辩论提供了一个方便和系统的概述，来自不同传统、民族和拥有不同观点的国际法学者和理论家撰写的一系列原创论文反映了该领域丰富且多样化的学术成果。②

2. 习惯国际法

美国内布拉斯加大学 Brian D. Lepard 教授主编的《重新审视习

---

① Barbara Koremenos, *The Continent of International Law: Explaining Agreement Design* (Cambridge University Press, 2016).

② Jean d'Aspremont & Samantha Besson (eds.), *The Oxford Handbook of the Sources of International Law* (Oxford University Press, 2017).

惯国际法》一书，是 2017 年度美国国际法协会国际法律理论研究丛书之一。该书对围绕在习惯国际法历史、理论和实践的复杂问题和争议进行了研究，重新审视习惯国际法在世界事务中日益重要的作用。该书结合了各位作者的专业知识，探讨了许多关于习惯法学说仍未解决的难题。同时，该书对习惯国际法在各种重要领域的实际作用进行了深入探讨，其中包括人道主义法、人权法和空间法。①

欧洲国际法协会 2017 年图书大奖颁发给了英国雷丁大学 James A. Green 教授撰写的《国际法中的持续异议者规则》。② 国际法上的持续异议者规则被视为为国家提供了一种与具有普遍约束力的习惯国际法相抵触的逃生舱。该规则规定，如果国家在新近出现的习惯国际法准则的形成过程中持续提出异议，则一俟该准则被具体化为法律时该提出异议的国家将免于受到该法律的约束。对持续异议者规则的概念作用可简单归纳为：为了维护原教旨主义的实证主义观念，任何国际法规范只能约束一个同意受其约束的国家。然而，实际上，关于持续异议者规则在实践中起作用的方式存在诸多未解难题。通过对国家实践的重点分析，该书详细阐述了持续异议者规则是如何产生并运作的、应该如何概念化，以及该规则对习惯国际法约束性的影响。作者认为，在支撑国际法的同意和共识的混合中，持续异议者规则发挥着重要作用。

3. 强行法

获得国际研究协会国际法分部 2017 年度图书大奖的另一本著作是美国乔治城大学 Thomas Weatherall 撰写的《强行法：国际法与社会契约》。③ 作为当代国际法中最为复杂的理论之一，强行法（Jus Cogens）是第二次世界大战后国际社会社会化的产物。然而，这一理论不可避免地在一个具有数百年历史的法律传统中引起共

① Brian D. Lepard, *Reexamining Customary International Law* (Cambridge University Press, 2017).

② James A. Green, *The Persistent Objector Rule in International Law* (Oxford University Press, 2016).

③ Thomas Weatherall, *Jus Cogens: International Law and Social Contract* (Cambridge University Press, 2017).

鸣，而此种传统限制了一般国际法对强行法的认可。为了使这种以个人为导向的公共秩序准则的现代理论与传统的基于国家形式的国际法形式相融合，该书将社会契约理念应用于对强行法的分析，并将分析结构分为四个领域：权威、资源、内容和执法。此种分析的法律和政治意义赋予了强行法作为一种跨关系结果的形式，是一种跨越个人导向的规范框架、基于国家的法律秩序、整个国际社会共同价值观之间的相互关系的结果。该书从国际和国内法两个层面，审查了法院如何适用强行法以及此种适用引至的后果。单就该书对国内法院判决的编纂，就足以令人印象深刻。①

二、国 际 公 法

（一）国际法院和法庭

1. 国际法庭的作用

英国剑桥大学法学院 Eyal Benvenisti 教授和美国艺术与科学学院 George W. Downs 教授撰写的《在分裂与民主之间：国内法庭和国际法庭的作用》探讨了在管辖权重叠和边界模糊的国际机构泛滥之后国际法和全球治理分散的现象。作者认为，这个问题有可能破坏一个更民主和平等主义体系的演变，并确定全球机构未能保护政治上较弱选民利益的结构性原因。该书全面理解新的民主赤字来源如何日益剥夺个人和集体保护自身利益和塑造机会的能力。此外，该书还考虑法院在减轻全球化影响方面的作用以及界定和重新界定机构和权利的斗争。②

---

① Review by Dinah Shelton, Editor of the American Journal of International Law, available at http://admin.cambridge.org/academic/subjects/law/public-international-law/jus-cogens-international-law-and-social-contract#j1FmHBWy6p5u1f4J.97 (accessed on 17 May 2018).

② Eyal Benvenisti & George W. Downs, *Between Fragmentation and Democracy: The Role of National and International Courts* (Cambridge University Press, 2017).

2. 属时管辖权

在具体问题上，国际法庭的属时管辖权(Temporal Jurisdiction)存在诸多可深入研究的事项，例如在法庭的管辖权被接受之前开始且在管辖权确立之后继续进行的行为应当如何处理？在法庭管辖权确立之前发生的行为能在多大程度上影响法庭对管辖权确立后发生的行为的裁断？Three Crowns 律师事务所巴黎办公室 Nick Gallus 律师撰写的《国际法庭的属时管辖权》深入审查了这些问题。作者认为，法庭经常混淆管辖权的不同方面，拒绝听取本应由其审理的案件，或者同意聆讯其不应该审讯的案件。该书通过澄清国际法庭的时间管辖权的不同限制以及这些限制的重要区别来减少这种混淆。

3. 临时措施

英国 Gray's Inn 律师事务所的 Cameron A. Miles 律师撰写的《国际法院和法庭的临时措施》是当前关于主要国际法院和法庭处理临时措施的最新成果。① 自国际法院在 *LaGrand* (*Germany v. United States of America*)案中作出裁决以来，关于临时措施的法律无论是从裁决数量还是从说理的复杂性方面都急剧地扩展了。该书试图描述和评估此种扩展，并对一系列重要国际法院和法庭的临时措施判例进行比较分析，以便在这些审判机构的更广泛程序中设立临时救济。该书是十多年来首次对临时措施法律进行的全面审查，并首次将投资者与国家间的仲裁理论和实践与传统的国家间法院和法庭进行比较研究。

(二)国际组织法

1. 国际组织权力的扩展

新西兰惠灵顿维多利亚大学 Guy Fiti Sinclair 高级讲师出版的《改造世界：国际组织与现代国家的建构》一书探讨了国际组织如何在不正式修改其创始条约的情况下，随着时间的推移而扩大权力。当前，国际组织干预军事、金融、经济、政治、社会和文化事

① Cameron A. Miles, *Provisional Measures before International Courts and Tribunals* (Cambridge University Press, 2017).

务，越来越多地承担法律未明确规定的角色。Sinclair 认为，此种“使命蔓延”使得国际组织能够以一种方式进行国际干预，这种方式使他们能够在一个广泛的西方自由主义模式中重塑国家、社会和人民之间关系的制度。采用历史和跨学科的社会法律方法，Sinclair 通过详细调查涉及三个不同组织的历史事件来支持这一说法：两次战争期间的国际劳工组织、第二次世界大战后的 20 年间的联合国以及从 20 世纪五十年代到 20 世纪九十年代的世界银行。基于大量机构和档案资料，该书揭示了国际组织活动鲜为人知的方面，确定了 20 世纪国际治理理念和实践的连续性，并阐述了当今国际法和国际关系中一系列迫切的理论问题。①

美国北卡罗来纳大学教堂山分校 Liesbet Hooghe 教授和 Gary Marks 教授、德国哥廷根大学 Tobias Lenz 助理教授、英国苏格兰政府 Jeanine Bezuijen 统计员、美国戴维森学院 Besir Ceka 助理教授和美国科罗拉多大学 Svet Derderyan 讲师撰写的《衡量国际权威》则为从 1950 年（或该组织成立之时）至 2010 年成立的 76 个国际组织制定了一个权威标准，可以让研究人员测试国际治理性质、来源和后果的期望。该书所考虑的国际组织包括区域性的（例如欧盟、安第斯共同体、北美自由贸易协定）、跨区域的（例如英联、伊斯兰合作组织）和全球性（例如联合国、世界银行和世贸组织）组织。首先，该书详细介绍了国际组织行使权限范围和深度的估计。这些估计值在其比较范围、特别性和时间跨度上是独一无二的。其次，该书描述了国际组织权威的广泛趋势。最后，该书通过讨论 47 个国际组织的国际权威来说明这些机构如何组成、作出什么决定以及如何作出决定等问题。②

2. 国际组织的责任

近年来国际组织的国际责任成为海外国际法学研究中的热点问

① Guy Fiti Sinclair, *To Reform the World: International Organizations and the Making of Modern States* (Oxford University Press, 2017).

② Liesbet Hooghe, Gary Marks, Tobias Lenz, Jeanine Bezuijen, Besir Ceka & Svet Derderyan, *Measuring International Authority* (Oxford University Press, 2017).

题之一。德国联邦外交部法律官员 Moritz P. Moelle 从维和行动中的合作这一视角，分析了国际组织的国际责任问题。Moelle 撰写的《国际组织的国际责任：维和行动中的合作》聚焦于国际组织对维和行动部署期间违反国际法行为的共同责任。更具体地说，该书研究了就控制的概念而言，国际组织是否能够以及在何种情况下可以共同负责。Moelle 分析了包括联合国、北约、欧盟、非盟和西非国家经济共同体等这些国际组织之间的实践，认为参与维和行动的国际组织之间的责任可能性和分配受不同层次的可适用的主要规范影响。这些主要规范包括安全理事会授权、国际组织内部法律、国际人道主义法和人权法等。虽然外部压力可能有助于增强国际组织共同责任的效力，但任何实质性措施和机制只有在各国和国际组织的参与下才能实施。①

德国奥托·弗里德里希·班贝格大学 Monika Heupel 教授和德国柏林社会科学研究中心 Michael Zürn 教授的研究认为，国际组织通过制定机构条款来确保其政策不会侵犯人权。尽管国际组织比以往任何时候拥有促进集体利益的行动范围和能力，但同时它们也有更大的能力去进行违反人权的行为。依据与联合国和欧盟制裁政策、联合国和北约维和行动以及世界银行和国际货币基金组织的贷款相关的十个案例研究，两位作者考察了国际组织的行为而不是国家的行为可能引发的侵犯人权的行为。该著作进一步解释了国际组织如何引入人权保护条款，并分析了这些条款的特点，包括其设计和质量的差异。②

联合国安理会受联合国宪章委托，主要负责维护和恢复国际和平；它是唯一有权授权合法进行军事干预，并在其决定的地方实施国际制裁的机构。然而，联合国安理会的决策过程迄今一直晦涩难

① Moritz P. Moelle, *The International Responsibility of International Organisations: Cooperation in Peacekeeping Operations* (Cambridge University Press, 2017).

② Monika Heupel & Michael Zürn, *Protecting the Individual from International Authority: Human Rights in International Organizations* (Cambridge University Press, 2017).

懂，而且安全理事会针对潜在国际威胁的反应被认为存在政治偏见。虽然安全理事会议程存在十多年的法治，2012 年联合国大会也宣布了法治应在联合国内部适用，但安理会尚未在其决策过程中制定或纳入法治框架。国际和平与安全研究中心主任 Sherif A Elgebeily 博士撰写的《联合国安理会决策过程中的法治》一书认为，在分析现有文献和联合国关于国内和国际法治文件以寻求适合转移到安全理事会的概念之前，有必要分析安全理事会的法治框架。作者认为，存在八个核心组成部分，构成安全理事会定制的法治框架。在这个框架下，冷战结束后安全理事会的决策过程得到了认真评估，从而明确了法治在安理会决策过程中的何处被体现，又是在何处被破坏或忽视，最终结论认为，安理会和其他机构不愿意或无法适当地按照合适的法治框架对决策进程进行管理，并认为因此有必要对理事会的决策惯例进行外部规制，并允许对安理会的决策进行司法审查。①

(三)国际刑法

1. 国际刑事法庭的正当性

随着特设法庭完成其指令和常设性的国际刑事法院承受着巨大压力，当代国际刑事司法正处于关键时刻。其中，最值得关注的问题之一是国际刑事法庭的正当性。在事实和法律上，国际刑事法庭的正当性并不能视为理所当然。挪威奥斯陆大学 Nobuo Hayashi 和 Cecilia M. Bailliet 教授主编的《国际刑事法庭的正当性》一书，通过跨学科的研究角度，探究国际刑事法庭正当性的关键问题。② 这些问题涵括了刑事问责制、规范发展、真相发现，互补性、区域主义和司法合作。在结构上，该书共分为五大主题，包括"理论与角度"、"规范与目标"、"互补性与区域性"、"程序当事人"和"国家与非政府组织"。该书的学术价值体现在四个方面。首先，该书是

---

① Sherif Elgebeily, *The Rule of Law in the United Nations Security Council Decision-Making Process*: *Turning the Focus Inwards* (Routledge, 2017).

② Nobuo Hayashi, Cecilia M. Bailliet (eds.), *The Legitimacy of International Criminal Tribunals* (Cambridge University Press, 2017).

最早将正当性这一复杂概念应用于国际刑事法庭的出版物之一。尽管目前在一般意义上探究国际法和国际法庭正当性的论著已经汗牛充栋，但是将研究聚焦于国际刑事法庭正当性的论著却鲜有问世。该书在第一主题部分，设置了一个理论框架使得对正当性的评估能否符合国际刑事法庭的具体特征。其次，在整该书以及每个主题之间，该书达到了研究正当性议题的不同学科、不同方法之间的平衡。再次，该书不仅审视了国际刑事法庭作为整体的正当性问题，同时将正当性适用于具体的国际刑事法庭，例如第三主题"互补性与区域性"就探讨了具体的国际刑事法庭的正当性问题。最后，该书对国际刑事法庭正当性的审查并非是孤立的，而是在更广泛的概念范围内加强该书的相关性。一方面，在整本书中，作者在审查正当性时都在一定程度上与国际刑事法庭正当性评估的其他类别和概念(例如法治、国家之同意、效力和效率)相关联。另一方面，该书采用一种更为全面的正当性评估方法来审视国际刑事法庭与其他国际法主体和国际关系行为体之间的关系。①

美国范德堡大学 Larry May 和 Shannon Fyfe 博士研究员则从规范辩护的角度，为国际刑事法院和法庭的正当性进行辩护。作者认为，在过去二十年中，国际刑事法院和法庭迅速崛起，与此相应的是对国际刑事法院和法庭的批判同样逐渐加强。如今，很难找到支持国际刑事法院和法庭的强有力的辩护。《国际刑事法庭：规范性辩护》一书试图对为国际刑事法院和法庭提供一种有差异的辩护，在接受诸多批评者观点的同时，作者认为可以从国际刑事法院和法庭提供了最公平的在全球层面上处理大规模暴行罪的方式这一角度来捍卫国际刑事法院和法庭的构想。公平和道德合法性将成为此种辩护的核心。作者对批判者强势表达的经济和政治论点，以及有关主权、惩罚、责任和证据的观点进行反驳，表明这些论点并不能打

① Juan Pablo Perez-Leon-Acevedo, 'Book Review: The Legitimacy of International Criminal Tribunals', Nordic Journal of Human Rights, Vol. 35: 2, 164-166 (2017).

败国际刑事法院和法庭的构想。①

2. 其他显著研究

以色列耶路撒冷大学 Yuval Shany 教授从人权的角度考察了全球战场中的拘留，并提出现在是时候重新考虑无限期拘留问题。具体而言，Shany 的论文讨论了未经审判的拘留中的一个重大挑战，即国际人权法规范要求对拘留期限设定一个上限，以使其不是无限期的拘留。论文的第一部分描述了美国在“9·11”恐怖袭击发生后立即采取的关于安全拘留的“强硬”立场(随后，包括英国和以色列在内的其他国家在进行适当变通的情况下也采取了类似措施)，据此国际恐怖主义犯罪嫌疑人在与其所属组织有关的武装冲突期间可以不经审判而被剥夺自由。论文的第二部分分析了对“强硬”立场的司法和准司法挑战。第三部分考察了共同适用国际人道法和国际人权法、特定国际人权法规范的治外法权等领域的最新发展，特别是与安全拘留相关的国际人权法适用的发展。第四部分提供了一个以国际人权法为基础的安全拘留政策，特别是导致事实上无限期拘留的政策。②

前南斯拉夫问题国际刑事法庭 Colleen Rohan 律师和挪威奥斯陆大学挪威人权研究中心 Gentian Zyberi 教授主编的《国际刑事司法辩护观》探究了辩护在国际刑事司法中的作用。具体而言，该书审查了国际刑事诉讼不同阶段辩方的作用、设法确保被告获得公正审判的辩护、职业道德、联合国国际法庭剩余机制、定罪后的救济以及与服刑人员有关的问题。③ 卡内基基金会 Steven van Hoogstraten、荷兰莱顿大学 Nico Schrijver、荷兰乌特勒支大学 Otto Spijkers 和荷兰莱顿大学 Anneleen de Jong 主编的《促进和平的艺术：和平条约的

① Larry May & Shannon Fyfe, *International Criminal Tribunals: A Normative Defense* (Cambridge University Press, 2017).

② Yuval Shany, 'A Human Rights Perspective to Global Battlefield Detention: Time to Reconsider Indefinite Detention', International Law Studies, Vol. 93, 102-131 (2017).

③ Colleen Rohan & Gentian Zyberi, *Defense Perspectives on International Criminal Justice* (Cambridge University Press, 2017).

经验》研究了国际和平条约及其结果、效力和失败。① 澳大利亚拉筹伯大学 Gideon Boas 和 Pascale Chifflet 研究了国际刑事正义问题。② 美国明尼苏达大学的 Neha Jain 探究了国际刑事审判中的激进异议问题。③ 爱尔兰圣三一大学 Rosa Aloisi 和美国北德克萨斯大学 James Meernik 则研究了国际刑事法院的司法裁决。④ 丹麦哥本哈根大学法学院 Mikkel Jarle Christensen 副教授和加拿大多伦多大学全球事务学院 Ron Levi 副教授主编的《国际刑事司法实践：社会和法律视角》审视了正在改变刑事司法与国际治理之间关系的从业人员、实践和机构。⑤

（四）国际人道法

1. 国际人道主义理论

在灾难性的洪水和地震、或由于武装冲突造成的大规模强迫流离失所的背后，是个人和家庭所面临的真正痛苦。从 2004 年印度洋海啸到叙利亚持续不断的冲突，近年来关于在这种人道主义危机中保护人的国际法律机制的争论越来越多。爱尔兰科克大学法学院 Dug Cubie 讲师认为，通过现有和正在出现的国际、区域和国家法律、政策和做法的相互联系的网络来保护陷入人道主义危机的人员，可以达成人道主义成就。事实上，缓解所有可能发生的痛苦的人道主义迫切需要贯穿国际法的各个分支，体现在各国和其他主体在武装冲突、人口流离失所和灾难时期开展的广泛人道主义活动

① Steven van Hoogstraten, Nico Schrijver, Otto Spijkers & Anneleen de Jong (eds.), *The Art of Making Peace: Lessons Learned from Peace Treaties* (Brill | Nijhoff, 2017).

② Gideon Boas & Pascale Chifflet, *International Criminal Justice* (Edward Elgar Publishing, 2017).

③ Neha Jain, 'Radical Dissents in International Criminal Trials', European Journal of International Law, Vol. 28, 1163 (2017).

④ Rosa Aloisi & James Meernik, *Judgment Day: Judicial Decision Making at the International Criminal Tribunals* (Cambridge University Press, 2017).

⑤ Mikkel Jarle Christensen & Ron Levi (eds.), *International Practices of Criminal Justice: Social and Legal Perspectives* (Routledge, 2017).

中。Cubie 认为，通过澄清人道主义成就的概念框架和规范性内容，可以确定差距和缺陷并加强对人的全面保护。①

自第二次世界大战以来，内战已成为大部分武装冲突中的主要形式。这些内战往往伴随着外国对一个或多个政党的干预。这种干预提出了关于国际人道法冲突分类的各种一般性问题。这些问题非常重要，因为适用的相关法律取决于冲突是否归类为国际或非国际。香港城市大学法学院 Noam Zamir 助理教授撰写的《国际人道法中冲突的分类：国外干预在内战中的法律影响》对国际人道法冲突分类的理论基础进行了全面审查，特别关注了外国武装干涉内战（例如 2011 年利比亚内战、2012—2015 年马里内战以及也门正在进行的内战等）的法律影响。②

2. 红十字与国际人道法

在过去的 150 年中，红十字国际委员会一直是国际人道法逐步发展的主要推动力之一，同时在将战争法人道化方面发挥着诸多不同的作用。英国格拉斯哥大学 Robin Geiß 教授、德国波茨坦大学 Andreas Zimmermann 教授和德国红十字会国际法部法律官员 Stefanie Haumer 主编的《将战争法人道化：红十字与国际人道主义法的发展》批判性地评估了红十字国际委员会在国际规范创建中的独特影响力。本书详细分析了国际红十字会、红新月会运动和红十字国际委员会的运作情况，阐述了这一领域里程碑式的成就以及长期以来的失败、缺点和争议。至关重要的是，本书探索了国际人道法发展的未来挑战。③

英国林肯大学 Christy Shucksmith 高级讲师对红十字国际委员

① Dug Cubie, *The International Legal Protection of Persons in Humanitarian Crises: Exploring the Acquis Humanitaire* (Hart Publishing, 2017).

② Noam Zamir, *Classification of Conflicts in International Humanitarian Law: The Legal Impact of Foreign Intervention in Civil Wars* (Edward Elgar Publishing, 2017).

③ Robin Geiß, Andreas Zimmermann & Stefanie Haumer (eds.), *Humanizing the Laws of War: The Red Cross and the Development of International Humanitarian Law* (Cambridge University Press, 2017).

会及其保护和协助使命进行了研究。①

Blackstone Chambers 律师事务所伦敦办公室 Jason M. Pobjoy 律师撰写的《国际难民法中的儿童》认为，儿童是国家制裁和私人侵犯人权中一些最具破坏性例子的受害者。越来越多的国家正在试图寻求国际上对难民的保护，并被迫采取复杂的行政和法律程序，但这些程序未能考虑到程序独特的需求和脆弱性。国家在确定难民保护权利方面面临的主要挑战是确定权利的不可见性和不正确评估的风险。本书借鉴对主要普通法国家判例的广泛和原创分析，评估在何种程度上国际难民法与国际儿童权利法之间更广泛的联系可以克服这些挑战。本书是首次全面研究这两个相辅相成的法律制度如何相互作用，以加强对难民儿童的保护。②

（五）国际海洋法

1.《联合国海洋法公约》评注

《联合国海洋法公约》于 1994 年生效，至今已得到约 160 个国家的批准，其中包括欧盟和欧盟所有成员国。公约界定了各国在使用海洋方面的权利和义务。由于《联合国海洋法公约》综合了习惯国际法和以前由国际社会通过的各项公约，该条约是有史以来最全面的海洋条约，通常被称为“海洋宪法”。德国特里尔大学 Alexander Proelß 教授主编的《〈联合国海洋法公约〉评注》特别关注《联合国海洋法公约》与欧洲法律秩序之间的相互作用，例如二者在预防或减少环境污染和公平分配自然资源领域上的相互关系。③

2. 其他显著研究

澳大利亚麦格理大学 Aline L. Jaeckel 研究员探究了国际海底管理局和预防原则。随着向商业规模开采深海海底矿物过渡，国际海底管理局保护海洋环境的义务正在被实践所测试。在国际海底管

---

① Christy Shucksmith, *The International Committee of the Red Cross and its Mandate to Protect and Assist: Law and Practice* (Hart Publishing, 2017).

② Jason M. Pobjoy, *The Child in International Refugee Law* (Cambridge University Press, 2017).

③ Alexander Proelß (eds.), *United Nations Convention on the Law of the Sea: A Commentary* (C. H. Beck/Hart/Nomos, 2017).

理局和预防原则方面，Jaeckel 的研究是首次深入分析了国际海底管理局在规制和管理深海海底矿物方面的工作。本书考察了管理局在实践中是否以及在多大程度上实施了预防原则。管理局的实践包括制定适时的环境保护标准以及促进风险评估和风险管理的程序保障和决策过程。①

意大利国家研究委员会 Gemma Andreone 副研究员主编的《海洋法的未来》研究了海洋法的动态发展。② 英国爱丁堡大学法学院 James Harrison 高级讲师则从国际海洋环境保护法律框架的角度，分析如何通过法律拯救海洋。③

(六)国际环境法

1. 跨界水资源和自然资源

美国太平洋大学法学院 Stephen C. McCaffrey 教授、CMPartners 事务所 John S. Murray 博士和独立顾问 Melvin Woodhouse 主编的《促进跨界水域和自然资源管理领域的公平、合作与创新》是为了纪念 David J. H. Phillips 博士而作。David J. H. Phillips 博士是一位卓越的科学家，致力于海洋、淡水或虚拟水生环境的实践研究。他的工作开辟了许多新的研究途径，并继续激励海洋生物学和污染、淡水问题以及跨界水资源冲突领域的科学家和研究人员。本书收录了他在全球范围内广泛研究的精心成果，并提供了同仁对其学术遗产的解读。④

---

① Aline L. Jaecke, *The International Seabed Authority and the Precautionary Principle: Balancing Deep Seabed Mineral Mining and Marine Environmental Protection* (Brill | Nijhoff, 2017).

② Gemma Andreone (eds.), *The Future of the Law of the Sea: Bridging Gaps Between National, Individual and Common Interests* (Springer, 2017).

③ James Harrison, *Saving the Oceans Through Law: The International Legal Framework for the Protection of the Marine Environment* (Oxford University Press, 2017).

④ Stephen C. McCaffrey, John S. Murray & Melvin Woodhouse, *Promoting Equity, Cooperation and Innovation in the Fields of Transboundary Waters and Natural Resources Management: The Legacy of Dr. David J. H. Phillips* (Brill | Nijhoff, 2017).

意大利博洛尼亚大学 Attila Tanzi 撰写的《国际水法的整合》首先考虑由两项公约合并的国际水法法律话语的基本原则，然后分别考虑两个公约的属事理由和属人理由。本书随后在条约和习惯法的框架内进行评估，以期最大限度地发挥这两项公约对共同关系中的河流边界国家和跨界水道的实际指导作用。此种作用具有双重性质：两项公约的管理框架既要求通过关于水道使用、保护和养护的国内立法和行政措施，也需要就新的水道协定进行谈判，以便就具体国际水道进一步开展合作。①

美国爱荷华大学法学院 Christopher Rossi 对因位于阿塔卡马沙漠中的 Silala / Siloli 水域而引起的跨界争议进行了研究。Silala / Siloli 水域起源于玻利维亚，在玻利维亚流经四公里后流入智利，在智利境内流经四公里后与圣佩德罗支流混合，进入太平洋。这个小小的盆地位于地球上最偏远和最荒凉的地方之一，但却形成了联合国称之为世界上最具水力流域脆弱性的盆地之一。玻利维亚声称智利特许经营人在 1908 年人为地转移了水域，而在玻利维亚终止特许权协议后很长的一段时间内，智利仍非法从该水域引水。智利声称，这些水域形成了一条自然的跨界水道，即使这些水域从未被运河扩大或定向，也会流入智利。有关法律和事实的问题模糊了这些水域的法律地位、它们与跨界含水层的可能关系，以及习惯性适用的公平合理使用河流标准（如果 Silala / Siloli 确实是一条河流的话）。随着这一争议交由国际法院审理，Rossi 的论文研究了这些历史上陷入困境的河岸所有人之间的演变关系，借鉴欧文戈夫曼的社会学框架分析以调查国际争议解决机制如何受国内民众的挑战，而不是和平解决结果。在人类纪（Anthropocene）时代，对淡水和不通航河道的严重关切有可能爆发成国家间的重大冲突。这些冲突引起

① Attila Tanzi, *The Consolidation of International Water Law: A Comparative Analysis of the UN and UNECE Water Conventions* (Editoriale Scientifica, 2017).

了民众对地下水和地表水体之间不断演变的关系的关注。①

南非开普敦大学的 Rémy Kinna 和英国诺森比亚大学的 Alistair Rieu-Clarke 则以《联合国水道公约》和《联合国欧洲经济委员会跨界水道和国际湖泊的保护和利用公约》为基础，与 1995 年湄公河协定进行比较研究，认为两项公约所规定的国际法律原则和程序可以使湄公河协定更加及时、稳健和实用。②

Foley Hoag 律师事务所的 Lawrence Martin、Constantinos Salonidis 和 Christina Hioureas 三位律师主编的《自然资源和海洋法：对国家管辖范围及以外地区自然资源的开发、分配与开采》则关注了如何将《海洋法公约》适用于自然资源、协调商业与国家之间的利益，同时确保对海洋环境的问责与保护。③

2. 全球水务市场监管

全球水务市场的监管问题近年来也成为了海外学者研究的热点问题。饮用水和废水服务必须由许多国家经济部门来监管，这些部门包括工业、商业和住宅等。这一论断形成了水行业活动的范围，并解释了为什么水卫生和供水服务私有化已成为一个巨大的市场，并成为许多司法管辖区一个备受争议的问题。从历史上看，水业一直作为地方或国家政府拥有的公共服务运营，但最近的趋势表明私营部门的作用正在增加。随着最近对水和卫生设施的人权的承认，对人权的保护与水和污水处理服务日益增长的经济利益不可避免地产生冲突。香港中文大学 Julien Chaisse 教授主编的《全球水务市场

① Christopher R. Rossi, 'The Transboundary Dispute Over the Waters of the Silala/Siloli: Legal Vandalism and Goffmanian Metaphor', Stanford Journal of International Law, Vol. 53(1), 55-87 (2017).

② Rémy Kinna & Alistair Rieu-Clarke, *The Governance Regime of the Mekong River Basin: Can the Global Water Conventions Strengthen the 1995 Mekong Agreement?* (Brill | Nijhoff, 2017).

③ Lawrence Martin, Constantinos Salonidis and Christina Hioureas, *Natural Resources and the Law of the Sea: Exploration, Allocation, Exploitation of Natural Resources in Areas under National Jurisdiction and Beyond* (JURIS, 2017).

监管》关注的正是人权与经济规则之间的冲突关系。本书审查了形成全球水务管理的所有国际规则，提出了对提出对水务监管的整体法律分析，对处理水务问题的投资仲裁裁决进行了全面的、具有批判性的评论，同时提供了适用于供水服务的硬性法律和软性法律的详细分析。①

（七）国际气候变化法

1. 国际气候变化法理论

美国国际法协会 2017 年度图书大奖中的国际法专业领域优异奖授予了美国亚利桑那州大学法学院 Daniel Bodansky 教授、加拿大多伦多大学法学院 Jutta Brunnée 教授和政策研究中心 Lavanya Rajamani 教授撰写的《国际气候变化法》。② 气候变化是当今世界面临的基本挑战之一，也是能够引起国际重大关注的事项。对此，各国建立了国际气候制度。1992 年《联合国气候变化框架公约》、1997 年《京都议定书》和 2015 年《巴黎协议》建立了应对气候变化及其影响的治理体系。本书为气候制度以及其他相关国际法律规则提供了清晰的分析指南。首先，本书在国际法和国际环境法的大背景下确定国际气候变化法。它考虑了国际气候变化制度的演变以及立法进程，审查了《联合国气候变化框架公约》、《京都议定书》和《巴黎协议》的主要条款。同时，本书分析了支撑气候制度的原则和义务，以及在历次国际会议上为发展承诺和促进透明度和遵守而创建的详尽的制度和治理结构。本书的最后两章阐述了国际气候变化法的多中心性质，以及国际气候变化法与其他国际监管领域的相互关系。可以说，作者以他们独特的学术专长和在气候制度领域的实践经验，带来了关于国际气候变化法律的权威著作，而且肯定会被奉

① Julien Chaisse, *The Regulation of the Global Water Services Market* (Cambridge University Press, 2017).

② Daniel Bodansky, Jutta Brunnée and Lavanya Rajamani, *International Climate Change Law* (Oxford University Press, 2017).

为即时经典(instant classic)。①

联合国气候变化框架公约秘书长 Daniel Klein、哥斯达黎加和平大学 María Pía Carazo 教授、加拿大达尔豪斯大学 Meinhard Doelle 教授、联合国气候变化框架公约法律官员 Jane Bulmer 和 2020 任务首席执行官 Andrew Higham 主编的《巴黎气候变化协议:分析与评论》认为《巴黎气候变化协议》是历史上最重要的气候协议,代表了世界各国致力于解决和遏制气候变化的承诺。本书第一部分讨论《巴黎协议》的一般背景,详述其背后的科学、政治和社会驱动因素,概述现有制度并跟踪谈判历史。同时,审查了诸如共同但有区别的责任等关键概念的演变,并分析了协议的法律形式及其规定的性质。第二部分包括关于协议各条款的单独章节,并详细说明了各条款的重点,这些条款突出了谈判历史和义务的法律性质。同时,描述了国家实施的体制安排和考虑因素,为未来的发展提供了切实可行的建议和前景。第三部分反映了整个《巴黎协议》的优点和缺点、进一步发展的潜力以及与国际公法和治理其他领域的关系。②此外,英国剑桥大学 Jorge E. Viñuales 教授也就巴黎气候变化协议的构架等问题进行了研究。③

随着气候变化、跨国环境保护等受到国际社会越来越多的关注,对国际法上共同责任的内涵和意义等问题探究也愈显必要。荷兰阿姆斯特丹大学 André Nollkaemper 教授和荷兰乌特勒支大学 Ilias Plakokefalos 助理教授主编的《国际法上的共同责任实践》是由剑桥大学出版社出版的"国际法共同责任"系列中的第三本书,其中第

---

① Review by Catherine Redgwell, Chichele Professor of Public International Law, University of Oxford, available at: https://global.oup.com/academic/product/international-climate-change-law-9780199664290? cc=cn&lang=en&# (accessed on 17 May 2018).

② Daniel Klein, Maria Pia Carazo, Meinhard Doelle, Jane Bulmer & Andrew Higham (eds.), *The Paris Agreement on Climate Change: Analysis and Commentary* (Oxford University Press, 2017).

③ Jorge E. Viñuales, 'The Paris Agreement on Climate Change: Less is More', German Yearbook of International Law, Vol. 59, 11-45 (published in 2017).

27 章提名了美国国际法协会下的武装冲突利伯协会(Lieber Society on the Law of Armed Conflict)2017 年 Richard R. Baxter 军事奖。① 本书审查了多个国家和其他行为者之间责任分配的问题。国际法委员会在其关于国家和国际组织责任的工作中认识到，将行为归于一个行为者并不排除同一行为可能归于另一个国家或组织。认识到适用的共同责任规则和程序可能在特定问题领域存在差异，本书回顾了国家、国际组织、法院和其他机构在处理多种不法行为人的国际责任问题的实践，这些实践领域包括能源、引渡、投资法、北约领导的行动和渔业。这些分析共同评估了国际责任主流原则的适当性，并为改革和进一步发展国际法提供基础。

2. 国际气候融资

《国际环境协议：政治、法律和经济》在 2017 年推出了“管理新兴的国际气候融资体系中的分散性和复杂性”(Managing Fragmentation and Complexity in the Emerging System of International Climate Finance)专题。② 其中，比利时安特卫普大学发展政策与管理研究所 Carola Betzold 和英文肯特大学 Florian Weiler 探究了适应气候变化中援助的分配问题，具体分析了弱势国家是否获得更多支持。③ 德国柏林赫提管理学院 Nina Hall 追问了什么是适应气候变化，并阐释了气候融资体系中的认识模糊性。④ 德国发展研究院 W. Pieter Pauw 则从发达国家的视角论述了如何发挥私人主体在气

① André Nollkaemper and Ilias Plakokefalos (eds.), The Practice of Shared Responsibility in International Law (Cambridge University Press, 2017).

② Jonathan Pickering, Carola Betzold & Jakob Skovgaard, ‘Managing Fragmentation and Complexity in the Emerging System of International Climate Finance’, International Environmental Agreements: Politics, Law and Economics, Vol. 17(1), 1-16 (2017).

③ Carola Betzold & Florian Weiler, ‘Allocation of Aid for Adaptation to Climate Change: Do Vulnerable Countries Receive More Support?’, see ibid, 17-36.

④ Nina Hall, ‘What is Adaptation to Climate Change? Epistemic Ambiguity in the Climate Finance System’, see ibid, 37-53.

候融资中的作用问题。① 相较于上述三篇论文聚焦于适应融资（Adaptation Finance），美国波士顿大学 Laurence Delina 关注了减缓融资（Mitigation Finance），基于对亚洲开发银行将能源融资置于优先事项的考察，研究了在分散的气候系统中的多边发展银行问题。②

此外，瑞典德隆大学政治学研究所 Jakob Skovgaard、③ 澳大利亚堪培拉大学 Jonathan Pickering 和澳大利亚皇家墨尔本理工大学 Paul Mitchell④ 的研究则以国家政府为视角，对气候融资的复杂性和分散性进行了论述。专题最后由美国布朗大学气候和发展实验室 J. Timmons Roberts 和比利时布鲁塞尔自由大学可持续发展研究中心 Romain Weikmans 进行总结。在对专题所有主题进行回顾后，两位作者认为缺乏国际商定的气候融资会计准则使得无法确定工业化国家的承诺是否得到执行，以及气候融资是否正在流动。此种不明确反过来削弱了对气候变化谈判的信任，并造成了重复和协调的严重问题。他们认为，只有一套明确界定的确保透明度的会计准则，才能解决上述提到的问题。⑤

① W. Pieter Pauw, 'Mobilising Private Adaptation Finance: Developed Country Perspectives', see ibid, 55-71.

② Laurence Delina, 'Multilateral Development Banking in a Fragmented Climate System: Shifting Priorities in Energy Finance at the Asian Development Bank', see ibid, 73-88.

③ Jakob Skovgaard, 'Limiting Costs or Correcting Market Failures? Finance Ministries and Frame Alignment in UN Climate Finance Negotiations', see ibid, 89-106.

④ Jonathan Pickering & Paul Mitchell, 'What Drives National Support for Multilateral Climate Finance? International and Domestic Influences on Australia's Shifting Stance', see ibid, 107-125.

⑤ J. Timmons Roberts & Romain Weikmans, 'Postface: Fragmentation, Failing Trust and Enduring Tensions over What Counts as Climate Finance', see ibid, 129-137.

(八)网络空间法

1.《塔林手册 2.0》

《塔林手册 2.0》涉及国家主权、管辖权、不干涉内政、和平解决国际争端、国际责任、国际组织的责任、审慎义务等内容，虽然只是一个建议性指南，但手册的出版标志着网络空间国际法的逐步完善，也体现了北约卓越合作网络防御中心试图构建健全一个和平时期网络空间体系规则的努力。《德克萨斯法律评论》2017 年第 95 卷组织了“塔林手册 2.0 关于可适用于网络行动的国际法”专题。这一专题讨论了《塔林手册 2.0》之后的国家责任和网络侵入归因问题、① 国家如何解释《塔林手册 2.0》中的国际人权章节、② 网络空间解读、③ 尽职调查的网络义务、④ 俄罗斯对 2016 年大选的网络干扰是否违反国际法、⑤《塔林手册 2.0》中的人权视角、⑥ 对塔林手册必要性概念的批判性评估⑦以及尊重网络空间主权⑧等问题。

2.“低于门槛”的国际法应用

美国印第安纳大学 Scott J. Shackelford 副教授的研究认为，学

① William Banks，‘State Responsibility and Attribution of Cyber Intrusions After Tallinn 2.0’，Texas Law Review，Vol. 95(7)，1487-1513 (2017).

② Robert E. Barnsby & Shane R. Reeves，‘Give Them an Inch，They'll Take a Terabyte：How States May Interpret Tallinn Manual 2.0's International Human Rights Chapter’，see ibid，1515-1530.

③ Rebecca Ingber，‘Interpretation Catalysts in Cyberspace’，see ibid，1531-1555.

④ Eric Talbot Jensen & Sean Watts，‘A Cyber Duty of Due Diligence：Gentle Civilizer or Crude Destabilizer?’，see ibid，1555-1577.

⑤ Jens David Ohlin，‘Did Russian Cyber-Interference in the 2016 Election Violate International Law?’，see ibid，1579-1598.

⑥ Dinah PoKempner，‘Squinting Through the Pinhole：A Dim View of Human Rights from Tallinn 2.0’，see ibid，1599-1617.

⑦ Chistian Schaller，‘Beyond Self-Defense and Countermeasures：A Critical Assessment of the Tallinn Manual's Conception of Necessity’，see ibid，1619-1639.

⑧ Michael N. Schmitt & Liis Vihul，‘Respect from Sovereignty in Cyberspace’，see ibid，1639-1671.

者和决策者愈加关注国际法在加强全球网络安全方面的应用。但是，这项研究的大部分内容都集中在利用国际人道法来规范网络战行为。这也导致了这项研究的大部分内容大是理论性的，因为如果适用国际人道法中关于武装攻击的法律的话，网络攻击显然无法满足武装攻击的门槛。通常说来，公共和私营部门面临的大部分网络风险都在网络犯罪和间谍活动领域。越来越多的学者将"低于门槛"的国际法应用于这些问题，但这项研究仍有许多工作需要去完成。Scott J. Shackelford 的研究则提供了综合并扩展该领域工作的路线图。如今是时候重新审视将有助于我们更好地管理多方面网络威胁的现行国际法律工具，只有这样，才能通过规范、习惯甚至新的协议来填补空白。①

3. 国家和私人主体的角色

法国格勒诺布尔大学 Karine Bannelier 副教授和 Theodore Christakis 教授撰写的《网络—攻击，预防—反应：国家和私人主体的角色》旨在扼要地概念化和提出国际法领域中关于国家和私人主体在预防和应对网络攻击方面的作用。该书是在 2017 年由国防和安全秘书长和法国国家网络安全局(ANSSI)发起的法国网络安全倡议的框架内编写的，并提交至联合国教科文组织于 2017 年组织的国际会议，会议专题为"在数字社会中建立国际和平与安全-公共主体和私人主体：责任与义务"。该书的出发点是，涉及国家和非国家主体的网络攻击的急剧上升可能构成对国际和平与安全的真正威胁。2013 年，联合国专家组成员已经认识到国际法在网络空间中的应用。网络空间不是"没有法律的土地"；相反，它可以由国际法来管理的，这和几乎所有的国际活动都是如此的一样。但是这个领域的任务非常复杂，不仅因为网络空间的本质，而且还因为参与者的多样性。这些主体包括网络攻击的潜在肇事者(国家、"代理人"、各国支持或容忍的私人主体、恐怖分子、网络罪犯、从事间谍活动或希望获得竞争优势的公司、个人黑客、爱国黑客团体

① Scott J. Shackelford, ‘The Law of Cyber Peace’, Chicago Journal of International Law, Vol. 18(1), 1-47 (2017).

等)、网络攻击的潜在受害者(国家、行政部门和社区、公司、媒体和个人等)、参与网络攻击的主体(例如网络攻击由该国过境的国家、公司和个人的系统被攻击者利用而不知道系统的所有权人),最后是那些可能参与应对网络攻击的主体(国家、代表他们自身利益的私营公司、代表另一家公司采取回应的私营公司等)。这种情况产生了令人印象深刻的组合数量,这些组合在各自的转折中会影响对网络攻击回应的类型和适当性。

该书的第一部分着重于预防问题,认为根据现行国际法以及任何国家不得故意允许在其领土内进行违反其他国家权利的行为的义务而建立的"网络勤勉"(Cyber-Diligence)概念,为各国对私人主体在其领土发展起来的网络行动中保持警惕这一问题提供了令人满意的答案。第二部分考察了可以根据国际法发展的网络攻击对策。这一部分对网络攻击的可能反应进行分类,为希望在国际合法性范围内作出反应的受害国提供一种用户手册。该书的第三部分,作者着重讨论私人主体在这一领域发挥的举足轻重的作用——从防止网络攻击和确保数字基础设施转为"积极的网络防御"。网络安全领域的私人主体活动引发了政治、道德、技术和法律等方面的问题和争议。作者回答了私人主体是否可以依法单方面采取网络攻击措施的问题,并且研究了国家在多大程度上可以授权积极防卫(反骇行为)和/或依靠私人主体进行反击。各国应当在国际法(特别是人权法)的框架内采取行动,加强其主动性和反应性能力,以避免给人一种国家未能做出适当法律形式的反应或做出的反映不充分的印象。事实上,在网络安全领域中政府关注不足和效率低下的印象,正好符合那些呼吁网络警惕主义者的利益。如有必要,各国可以依靠私人主体在某些情况下进行反击,反击应当在各国严密控制下进行,并且应意识到反击有可能触发其国际责任。①

① Theodore Christakis & Karine Bannelier, *Cyber-Attacks-Prevention-Reactions: The Role of States and Private Actors* (Les Cahiers de la Revue Défense Nationale, 2017).

4. 隐私保护

爱德华·斯诺登等人揭露了由现代技术支持的庞大的政府间谍网络，这引发了欧盟和美国在面对日益严重的政府监督时如何保护隐私的重大关切。美国乔治城大学 David D. Cole 教授、爱尔兰都柏林城市大学 Federico Fabbrin 教授和美国纽约大学 Stephen Schulhofer 教授主编的《监视、隐私和跨大西洋关系》汇集了美国和欧盟在宪法、刑法和人权等领域的领先专家，研究数字时代的隐私保护问题以及政府间反恐合作的挑战对人权构成的威胁。本书审查了大西洋两岸的隐私保护状况、保护隐私的最佳机制，以及欧盟和美国是否应该发展联合跨国机制以在互惠基础上保护隐私。随着技术使各国政府越来越多地了解其公民和其他国家的公民，本书就如何最好地回应 21 世纪最具挑战性的事态发展提供了重要观点。①

（九）极地法

作为一个日益重要地区的北极，目前面临着重大挑战，这些挑战不仅因气候变化而引起，而且也受到对其生物和非生物资源日益增长的利益、作为旅游新目的地和航行线路的影响。不仅八个北极国家对该地区给予了更高的关注，来自亚洲和欧洲的一些非北极人也试图在北极高地获得更多的影响力。与此同时，不断演变的北极地区法律和政策架构最近在政治和学术辩论中发挥了更加突出的作用。与被统一的南极条约体系管理国际合作的南极洲不同，北极事务的法律体系以国际公法、国内法和“软法”为基础。这三大支柱相互交织、相互作用，使北极治理更加多元化和高度复杂化。德国波恩大学 Kristina Schönfeldt 研究员撰写的《国际法与政策中的北极》旨在提供对北极治理的分析性介绍以及一系列涵盖广泛问题的重要材料，例如海洋边界的划定和划界、环境保护、土著权利、航运和渔业。该书的论述包括多边和双边条约、联合国文件、官方声

① David Cole, Federico Fabbrini & Stephen Schulhofer (eds.), *Surveillance, Privacy and Trans-Atlantic Relations* (Hart Publishing, 2017).

明、非正式文书、国内法律和外交信函。①

芬兰拉普兰大学 Timo Koivurova 教授、中国武汉大学 Qin Tianbao 教授、瑞士伯尔尼大学 Sebastien Duyck 研究员以及芬兰拉普兰大学 Tapio Nykänen 研究员主编的《北极法律和治理：中国和芬兰的角色》聚焦于中国和作为欧盟成员国的芬兰在北极法律和治理立场上的异同。该书比较了中国和芬兰在与北极相关的具体政策领域的法律和政策立场，包括海洋主权、科学研究、海洋保护区、斯瓦尔巴特条约和北极理事会的合作。基于这些发现，该书提供了芬兰和中国在北极治理和国际法方面的一般结论，以及关于北极治理的新理论见解。②

三、国际私法

（一）国际私法编纂、评注和重述

美国国际法协会 2017 年度图书大奖中的精湛技艺和实用性奖授予了德国马克斯·普朗克比较法和国际私法所 Jürgen Basedow 教授、德国耶拿大学 Giesela Rühl 教授、美国纽约大学 Franco Ferrari 教授和西班牙马德里康普顿斯大学 Pedro de Miguel Asensio 教授主编的《国际私法百科全书》。③ 该书代表了国际私法领域权威的参考书目。来自 57 个国家和地区的 195 位作者在本书中阐明了全球国际私法的发展和现状，提供了对国际私法学科及其如何受到全球化和持续增强的区域一体化影响的独特见解。在过去数十载中，国际私法的作用和实质发生了巨大的变化。随着全球和区域相互联系的稳健增强，国际私法学科的实践意义也在不断增长，国家层面、国际层面以及最为重要的欧洲层面的国际私法立法活动亦此起彼伏。

---

① Kristina Schönfeldt, *The Arctic in International Law and Policy* (Hart Publishing, 2017).

② Timo Koivurova, Qin Tianbao, Sébastien Duyck & Tapio Nykänen (eds.), *Arctic Law and Governance: The Role of China and Finland* (Hart Publishing, 2017).

③ Jürgen Basedow, Giesela Rühl, Franco Ferrari and Pedro de Miguel Asensio (eds.), *Encyclopedia of Private International Law* (Edward Elgar Publishing, 2017).

在这一大背景下，该书共设有四卷，前两卷以 247 个按字母顺序排列的条目形式全面介绍了国际私法的主题。第三卷详细介绍了 80 个不同国家的国家国际私法制度。第四卷是这些国家国际私法的编纂和规定的英文译文。

由德国汉堡大学 Ulrich Magnus 荣休教授和 Peter Mankowski 教授编辑的欧洲国际私法评注第二卷《罗马条例 I：评注》是对《罗马条例 I》最翔实的英语评注，是欧洲国际私法的主要支柱之一，也是欧洲跨境贸易的基础。评注对当事人的法律选择、第 4 条中的客观联结、消费者合同、雇佣合同、保险合同等主题进行了深入剖析。①

《拉贝尔比较法和国际私法杂志》2017 年出版的第 81(1)卷包括了“私法的国际统一化”专题。② 其中，德国马克斯·普朗克比较法和国际私法所 Jürgen Basedow 教授撰写了全球化时代私法的国际统一化问题，认为近年来在欧盟内部法律统一化的实践上，欧盟已经超越了国际私法统一学会、联合国国际贸易法委员会以及海牙国际私法会议等国际组织。这些国际组织必然会将其活动中心转移到欧洲以外的普遍领域，而欧盟作为普遍公约的一方当事人而非统一法的制定者也将在这一领域发挥积极作用。统一法的解释在很大程度上被理解为自主解释，并考虑到比较法提供的见解。关于填补空缺，应该寻求适用于有关法律领域的一般原则。从长远来看，如果没有诸如向国际法庭提出初步问题等制度安排，就无法实现统一法律适用的目标。由于批准程序固有的不确定性和耗时性，修改议定书的传统做法已被证明不能令人满意地促进年代久远的公约适应新的环境。相比较而言，一些公约采取的新方法表明，简化的修订程

---

① Ulrich Magnus & Peter Mankowski (eds.), *Rome I Regulation-Commentary* (OttoSchmidt, 2017).

② The English translation of the abstract of papers included in this volume is available at: http://conflictoflaws.net/2017/rabelsz-vol-81-2017-no-1/(accessed on 18 May 2018).

序的做法不仅具有可能性，亦具有可期性。① 此外，瑞士巴塞尔大学 Ulrich G. Schroeter 教授探讨了统一销售法的现状与未来、② Stefan Huber 通过跨国的视角研究了担保交易法、③ Andreas Maurer 研究了国际货物运输统一法，④ 以及 Alexander Peukert 从结构、主体和目标三个角度探究了知识产权法的统一化。⑤

卢森堡大学 Gilles Cuniberti 教授撰写的《冲突法：比较法-文本和案例》系统地介绍和比较了四个司法管辖区的法律，即美国、欧盟、法国和英格兰（欧盟未涉及部分）。该书同时提供了有关中国和日本适用规则的更多信息，并讨论了在意大利、德国、荷兰、加拿大和突尼斯等广泛司法管辖区采用的有效解决方案。所有来自非英语国家和地区的资料均已翻译成英文。⑥

日本京都大学 Yuko Nishitani 教授主编的《外国法的处理：趋同的动力》对各种司法管辖区的外国法律现有规则和特点进行了全面审查。国际私法（冲突法）和关于适用和确定外国法的民事诉讼程序规则在不同的司法管辖区存在显著差异。该书结合一般和个别国家报告，说明何时以及如何对外国法律进行适用、确定、解释和审查。传统上，冲突法律师已经面临两种对比的方法。民法法系司法

① Jürgen Basedow, 'Internationales Einheitsprivatrecht im Zeitalter der Globalisierung (The International Unification of Private Law in the Era of Globalization)', Rabels Zeitschrift für ausländisches und internationales Privatrecht (RabelsZ), Vol. 81(1) 2017.

② Ulrich G. Schroeter, 'Gegenwart und Zukunft des Einheitskaufrechts (Present and Future of Uniform Sales Law)', see ibid.

③ Stefan Huber, 'Transnationales Kreditsicherungsrecht (Secured Transactions Law: A Transnational Perspective)', see ibid.

④ Andreas Maurer, 'Einheitsrecht im internationalen Warentransport (Uniform Law in the International Transport of Goods)', see ibid.

⑤ Alexander Peukert, 'Vereinheitlichung des Immaterialgüterrechts: Strukturen, Akteure, Zwecke (Unification of Intellectual Property Law: Structures, Actors and Aims)', see ibid.

⑥ Gilles Cuniberti, *Conflict of Laws: A Comparative Approach-Text and Cases* (Edward Elgar Publishing, 2017).

管辖区将外国法定性为“法律”，并规定法官依职权适用和确定外国法律。普通法系司法管辖区认为外国法律是“事实”，并要求当事人诉求和证明外国法律。然而，通过仔细研究各种报告，可以发现大陆法系辖区之间对待外国法的细微差别，以及普通法管辖区对待外国法与其他事实的区别。这挑战了传统的“法律—事实”二分法的适用性。该书进一步考察了促进获得外国法的必要性。在仔细分析现有途径的利弊后，该书探讨了增加获得外国法的其他方法，并考虑了获取外国法信息的实际途径。世界各地的法律体系是否以及在何种程度上将整合并统一对待外国法律仍有待观察。①

此外，《杜克国际法与比较法杂志》2017 年出版的第 27(3) 卷组织了关于国际法和比较法对美国法律研究所新的冲突法重述项目的重要性专题。②

(二)实体规范

1. 商人法

Allen and Overy 律师事务所 Orsolya Toth 博士在对商人法(Lex Mercatoria)是否作为贸易惯例所确立的自治的、超越国家的和普遍的法律体系而存在的辩论中，为商人法提供了合乎理论与实务的概念。③ 这项新的工作有助于国际商事仲裁员和律师在实践中承认和适用商人法。Toth 认为，如果商业社会中存在多数一致行为，处于这个商业社会的人将不会批判这个行为，且有意愿去批判与之有偏差的行为；这两个要素推动了商人法规则的确立，增加了法律确定，并可能减少了证明规则的时间和成本。通过案例研究，Toth 阐明了此种分析方法的实践意义，并论述了举证责任、可接受的证据和书面协调措施的作用等难题。Toth 的研究方法减少了商人法概念

---

① Yuko Nishitani (ed.), *Treatment of Foreign Law-Dynamics towards Convergence?* (Springer, 2017).

② See, eg, Ralf Michaels & Christopher A. Whytock, ‘Internationalizing the New Conflict of Laws Restatement’, Duke Journal of Comparative & International Law, Vol. 27, 349-359 (2017).

③ Orsolya Toth, *The Lex Mercatoria in Theory and Practice* (Oxford University Press, 2017).

的难以捉摸之处，为学者和实务者提供了更为清晰的商人法分析。

2. 国际货物销售合同

法国斯特拉斯堡大学 Nicolas Nord 和西班牙马德里自治大学 Gustavo Cerqueira 主编的《国际货物销售——中欧关系的国际私法比较与前瞻性分析》对国际货物合同领域的国际私法推理进行了深入研究。该书连接了欧洲和中国法律，并就此提供了前所未有的横向和比较法律研究。该书的主要目的是确定欧洲规则对中国公司的影响，反之亦然。该书第一部分论述了管辖权冲突和冲突法规则；第二部分详细阐述了仲裁的实际重要性和影响；第三部分着重于《维也纳国际货物销售合同公约》和《统一私法协会国际商事合同原则》，并仔细分析其使用；最后一部分探究了涉及消费者的合同。①

(三)程序规范：礼让和不方便法院

英国伦敦国王学院 Thomas Schultz 教授和 Niccolò Ridi 博士研究员对国际公法和国际私法中的礼让(Comity)进行了研究。其论文旨在澄清国际法院和法庭使用礼让的重要性、现状和潜力。研究结果表明，尽管对礼让的具体内涵尚无定论，礼让仍可能是程序法中新兴出现的一个原则。作者认为，只要没有其他解决办法，礼让原则就可以成功地用来协助国际法院和法庭通过平衡协调努力和个案司法诉求来解决彼此之间的管辖权冲突。礼让可以作为国际司法机构之间协调的一个元原则，用于追求有效和公平的国际争议解决制度的共同利益。作者同时提出了预测，即礼让最有可能被视为中心原则去进一步诠释国际审判协调的方方面面。这一问题的探索急俟更多的研究工作。当前作者的研究仅限于一个更简单和更重要的任务，即试图将礼让原则作为解决国际司法管辖之间不同类型冲突的原则，并质疑将礼让原则视为一个无益复杂化的传统假设。②

① Niicolas Nord & Gustavo Cerqueira (eds.), *International sale of goods-A Private International Law Comparative and Prospective analysis of Sino-European Relations* (Springer, 2017).

② Schultz, Thomas and Ridi, Niccolo, 'Comity and International Courts and Tribunals', *Cornell International Law Journal*, Vol. 50(3), 578-610 (2017).

美国加州大学戴维斯分校 William S. Dodge 教授从比较的视角分析了国际礼让。作者认为，在美国，调解不同法律制度之间关系的许多理论被视为国际礼让的表现形式。欧洲大陆各州有相似的教义，但没有通过礼让的形式而存在。作者通过分析美国国际私法奠基人斯托雷（Joseph Story）和欧洲法律关系本座说提出者萨维尼（Friedrich Carl von Savigny）在美国和欧洲的影响，解释了两种不同对待礼让的方法的差异。国际礼让虽然并不排斥规则的通过或学说的编纂，但作者认为国际礼让强调了国内法与国际法之间的区别，强调了每个国家根据自己的意愿塑造这些教义的自由，同时可以更易于察觉到这些教义之间的相互关系。①

美国哈佛大学法学院 Maggie Gardner 讲师认为，谈及联邦法院的跨国诉讼，现在是时候放弃不方便法院原则了。这一原则允许法官在认为一个案件可以在外国法院更好地审理时拒绝对该案件行使管辖权，其目的是促进国际礼让并保护被告公平。然而，这一原则从来不是为了国际礼让而设计的；同时，鉴于最高法院的新近发展，出于保护被告公平的目的而采用不方便法院原则是多余的。Gardner 的论文试图除去不方便法院原则的神话色彩，质疑该原则的持续相关性，并鼓励法院和国会缩小该原则的适用范围，以便在适当的时候完全放弃该原则。②

（四）普遍民事管辖权和协议选择法院

1. 普遍民事管辖权

加拿大多伦多大学 Anna Su 助理教授提出了一个问题，即为什么普遍民事管辖权相对于普遍刑事管辖权而言存在着衰落趋势。长久以来，普遍管辖权在很大程度上只是在刑事情形下才能被理解，而民事普遍管辖权被单独认可的情况与《外国人侵权法》在美国最

① William S. Dodge, ‘International Comity in Comparative Perspective’, in Curtis A. Bradley (ed.), *The Oxford Handbook of Comparative Foreign Relations Law* (2018, forthcoming), available at: https://papers.ssrn.com/sol3/papers.cfm?abstract_id=3045451 (accessed on 25 May 2018).

② Maggie Gardner, ‘Retiring Forum Non Conveniens’, New York University Law Review, Vol. 92(2), 390-460 (2017).

高法院 2013 年审理的 *Kiobel v. Royal Dutch Petroleum* 中所受到的待遇一样。Su 的论文旨在解释普遍民事管辖权如何以及为何采取了与普遍刑事管辖权不同的历史轨迹。在过去二十年中，全球正义的普遍愿望几乎成为追求国际刑事责任的同义词。但是，国际刑法对一些历史事件的抢占先机和特权，使得这些事件被错误地归入国际刑事法庭的进步历史中，从而掩盖了国际民事责任在处理侵犯人权问题上可以发挥的独特和补充作用。本文认为，鉴于日益增多的复杂人权诉求，普遍民事管辖权的衰落根源于国内法院不愿质疑其国家政府的立场。①

2. 协议选择法院

英国兰卡斯特大学 Mukarrum Ahmed 讲师撰写的《协议选择法院的性质与执行：比较研究》考察了国际商事诉讼中协议选择法院的基本司法性质、分类和执行。该书是首次将《布鲁塞尔条例 I》、《海牙协议选择法院公约》和英国普通法管辖制度纳入一个理论框架，进而对协议选择法院进行比较和理论分析。在这方面，该书分析了国际私法多边和监管概念对在英国法院进行协议选择法院的私人执行的影响。在这个过程中，该书为《布鲁塞尔条例 I》和《海牙公约》下体系下可能出现的问题提供了创新的解决方案。这项重要的新研究旨在填补当前文献中存在的与协议选择法院相关研究的不足，并将国际法律理论与法律实践的争论重新联系起来。②

（五）国际商事仲裁

1. 国际仲裁文化

美国西雅图大学 Won L. Kidane 副教授对国际仲裁文化进行了探析。尽管国际仲裁已经成为解决涉及多元文化各方的跨国争议的可靠手段，但文化对国际仲裁的准确性、效率、公平性和合法性的

---

① Anna Su, ‘The Rise and Fall of Universal Civil Jurisdiction’, Harvard International & Global History Seminar (HIGHS), 5 April, 2017; available at: https://papers.ssrn.com/sol3/papers.cfm?abstract_id = 3001921 (accessed on 25 May 2018).

② Mukarrum Ahmed, *The Nature and Enforcement of Choice of Court Agreements: A Comparative Study* (Hart Publishing, 2017).

影响在现有文献中是一个令人惊讶地被忽视的话题。Kidane 撰写的《国际仲裁文化》通过深入研究文化在现代仲裁程序中的作用填补了这一空白。该书详细分析了当仲裁员和当事人及其律师和证人来自不同的法律传统和文化时，文化沟通错误如何影响国际商事仲裁和投资仲裁的准确性、效率、公平性和合法性。该书提供了一个全面的文化定义，并有条不紊地记录和检验在各种法律传统中确定事实的认识论以及混合的传统如何影响仲裁结果。基于此，该书表明急需增加仲裁员和律师之间的文化多样性，同时确保适当水平的文化能力。为了提供准确的信息，Kidane 采访了来自不同法律传统的主要国际法学家，并亲身体验了法律诉讼中文化复杂化的影响。鉴于关于各种法律传统的规则和期望以及它们在现代国际仲裁实践中趋同的见解和信息，该书挑战了各种假设，为所有从业人员、学者、决策者和国际仲裁学生提供独特而实用的视角。①

以色列耶路撒冷大学 Moshe Hirsch 教授则从社会学的角度分析了国际仲裁文化，特别是国际投资仲裁文化问题。国际仲裁的社会分析始于一个前提，即人的行为和规范选择受到社会文化因素和过程的显著影响。因此，参与国际仲裁的主体的行为并不与其社会背景分离，相反其行为深深嵌入各种社会学因素和过程(如规范、社会化或社会控制)中。Hirsch 的研究主要关注投资仲裁，分析国际投资仲裁界的社会特征与两个重要问题之间的相互关系。这两个问题分别是仲裁员对人权法的适用和涉及非首席仲裁员的其他仲裁员公正性的规范约束性。第一个问题侧重于仲裁界的特点及其与另一个社会组织(人权界)的相互关系，关于仲裁员公正性的第二个问题则通过采用社会学文献里与结构—机构辩论有关的理论见解来论述。②

---

① Won L. Kidane, *The Culture of International Arbitration* (Oxford University Press, 2017).

② Moshe Hirsch, 'The Sociological Dimension of International Arbitration: The Investment Arbitration Culture' in Thomas Schultz & Federico Ortino (eds.), *The Oxford Handbook of International Arbitration* (forthcoming), available at: https://papers.ssrn.com/sol3/papers.cfm?abstract_id=2999259 (accessed on 24 May 2018).

2. 国际仲裁程序

新加坡国立大学 Alec Stone Sweet 教授和法国国家科学研究中心研究员、英国伦敦国王学院 Florian Grisel 高级讲师主编的《国际仲裁的演变：司法化、治理和正当性》一书中表明，国际仲裁已经经历了一个自我维持的制度变革过程，这一过程逐渐增强了仲裁权力。此种司法化进程得益于因贸易和投资的迅猛增长而引起的一系列高风险争议，以及精英仲裁员和主要仲裁中心将建设仲裁作为国内法院诉讼的可行替代品的努力。国家官员（作为立法者和条约制定者）和国家法官（作为仲裁裁决的执行者）不仅适应了仲裁的扩展，他们同时通过自身资源扩大了仲裁裁定和裁决的范围和效力。然而，仲裁的成功也提出了关于其作为跨国治理模式的正当性问题。通过使用原创数据和分析，以及对仲裁秩序演变的广泛的、相对而言非技术性的审视，该书提供了一个明确的司法化因果理论。本书讨论的主题包括：程序的演变、先例的发展和上诉的需求、公共利益的平衡、系统改革的正当性辩论和建议。①

Schellenberg Wittmer 律师事务所苏黎世办公室 Annabelle Möckesch 律师对国际仲裁中的律师—客户特权进行了研究。在国际仲裁程序中，律师—客户特权经常被援引作为辩护理由。但参与者对适用特权标准的期望常常有很大不同，因为不同司法管辖区的国家对律师—客户特权的规定存在很大差异。由于机构仲裁规则不包括关于律师—客户特权范围的规定，也没有规定如何确定适用的国家特权法的冲突法规范，使得适用律师—客户特权的情况更加复杂。因此，在实践中特权的适用程度由仲裁庭决定。该书借鉴了对三十多位国际领先的仲裁从业人员的采访和广泛的学术研究，首次为仲裁法庭确定适用的律师—客户特权标准提供明确指导。该书比较了来自主要普通法系和大陆法系的律师—客户特权，分析了法庭

① Alec Stone Sweet & Florian Grisel (eds.), *The Evolution of International Arbitration: Judicialization, Governance, Legitimacy* (Oxford University Press, 2017).

的先例，并最终提出了对该领域法律框架的修改建议。①

瑞士巴塞尔大学 Kathrin Betz 博士研究员对如何在国际仲裁中证明贿赂、欺诈和洗钱行为进行了探索。② 法国国家科学研究中心 Florian Grisel 从跨国法律职业诞生的角度，论述了国际商事仲裁中的竞争与合作。③

3. 国际商事仲裁裁决的执行

Shearman & Sterling 律师事务所巴黎办公室 Emmanuel Gaillard 合伙人和美国哥伦比亚大学 George A. Bermann 教授撰写了《1958 年承认与执行外国仲裁裁决纽约公约指南》。指南根据 45 个缔约国的判例法，详细分析了《纽约公约》的司法解释和适用。指南明确表达了广泛研究的主要结论，即各缔约国以基本一致的方式解释和适用了《纽约公约》，并且法院仅在一些特殊的情况下偏离了判例法的一般趋势。因此，《纽约公约》继续尽最大可能实现促进世界范围内承认和执行仲裁裁决的目的。④

White & Case 律师事务所法兰克福办公室 Maximilian Clasmeier 博士对当前国际商事仲裁是否可以视为一项投资进行了研究。当前国际投资仲裁的兴起，促成了一系列有趣的法律和政治挑战，其中之一就是国际商事仲裁裁决是否可以依据现有投资条约而被认定为一项适格投资。在解决这个问题时，理论和实践之间的相互关系提供了一个可行方案。Clasmeier 的著作详细分析了国际仲裁

① Annabelle Möckesch, *Attorney-Client Privilege in International Arbitration* (Oxford University Press, 2017).

② Kathrin Betz, *Proving Bribery, Fraud and Money Laundering in International Arbitration: On Applicable Criminal Law and Evidence* (Cambridge University Press, 2017).

③ Florian Grisel, 'Competition and Cooperation in International Commercial Arbitration: The Birth of a Transnational Legal Profession', Law & Society Review, Vol. 51(4), 790-824 (2017).

④ Emmanuel Gaillard & George A. Bermann, *Guide on the Convention on the Recognition and Enforcement of Foreign Arbitral Awards, New York*, 1958 (Brill | Nijhoff, 2017).

庭迄今为止对这个问题的处理方法，并对仲裁庭的解释结果进行了剖析。①

四、国际经济法

(一)国际贸易法

1.(大型)区域贸易协定的谈判和签署

当前区域经济合作一体化的进程正在日益推进，合作形式虽然仍以自由贸易区为主，但合作方式展现了由低层级向"WTO plus"等高层级发展的趋势；在世界大格局尚未完全转变的形势下，各大国已经开始争夺区域经济规则的主导权。由奥地利萨尔斯堡大学 Stefan Griller 教授、奥地利因斯布鲁克大学 Walter Obwexer 教授和维也纳经济与商业大学 Erich Vranes 教授主编的《大型区域贸易协定 CETA、TTIP 和 TiSA：欧盟对外关系的新定位》，以加拿大和欧盟间的综合性经济贸易协议(CETA)、美国和欧盟间的跨大西洋贸易与投资伙伴协议(TTIP)和国际服务贸易协定(TiSA)这些"大型区域"协定为主要例子，分析这些协定对国际经济法、特别是欧盟对外经济关系的新定位的重大作用。② 除了将重点放在 CETA、TTIP 和 TiSA 等对欧盟至关重要的区域和大型区域协议上，本书亦将对这些区域和大型区域的分析置于其他大型区域项目(例如跨太平洋伙伴关系协定)的更广泛背景之下。

在第一和第二章中，该书探讨了谈判大型区域协定与改变国际经济法构想的主要动机。在接下来的九章中，国际专家考察了这些大型区域协定中的投资、贸易和争议解决等部门性问题，同时分析了在知识产权保护方面取得的进展、与数据保护相关的问题、金融

---

① Maximilian Clasmeier, *Arbitral Awards as Investments: Treaty Interpretation and the Dynamics of International Investment Law* (Wolters Kluwer, 2017).

② Stefan Griller, Walter Obwexer and Erich Vranes, *Mega-Regional Trade Agreements: CETA, TTIP, and TiSA: New Orientations for EU External Economic Relations* (Oxford University Press, 2017).

服务、人权、劳工和环境标志、透明度和正当性问题，以及CETA、TTIP和TiSA与欧盟法的关系问题。最后，该书从经济、政治和法律的角度讨论了围绕这些大型区域协定的基本问题。总体而言，本书分析的大型区域贸易协定的谈判构成教科书式的范例，这一范例不仅涉及贸易和民主之间具有不确定性的关系，而且涉及欧盟对外关系中复杂的权限分配、双边主义，地区主义和多边主义之间复杂的相互作用、国际贸易和投资法的改革，以及经济和非经济关注之间错综复杂的、也可以说是无法解决的冲突关系。鉴于在谈判这些大型协定项目的过程中诸多参与者和广大公众所取得的经验，国际贸易和投资协定至少在相当长的一段时间内不会被以同样的方式讨论、谈判和达成。①

由澳大利亚卧龙岗大学 Colin Picker 教授、澳大利亚新南威尔士大学 Heng Wang 副教授和澳大利亚新南威尔士大学 Weihuan Zhou 高级讲师主编的《中国—澳大利亚自由贸易协定：21 世纪范本》聚焦于自 2015 年 12 月投入使用且当前处于该领域前沿的新的区域贸易协定——中澳自由贸易协定(ChAFTA)。这一新的协定反映了国际经济法律秩序中的许多现代和最新方法，这些方法应当存在于与20 世纪八年代末和九十年代早期创建世界贸易组织时截然不同的环境中。因此，该书探讨了世贸组织或早期区域贸易协定谈判时未出现的许多新特征。本书提供了关于 21 世纪新的重要贸易问题的见解和经验教训，例如投资管理的最新方法、21 世纪的服务和新兴的数字/知识经济。此外，本书还提供了有关中国和澳大利亚区域贸易协定最新方法的新认识。本书的撰稿人均来自这一领域的知名学者，他们都探讨了在 ChAFTA 中纳入许多传统贸易和投资协议特征，显示了它们在现代环境中的持续关联性。②

以色列耶路撒冷大学法学院 Tomer Broude 教授、Yoram Z. Haftel 副教授和美国俄亥俄州大学 Alexander Thompson 副教授的研

---

① Ibid, para 324.

② Colin Picker, Heng Wang and Weihuan Zhou (eds.), *The China-Australia Free Trade Agreement: A 21st-Century Model* (Hart Publishing, 2017).

究关注了跨太平洋伙伴关系协定(TTP)。这一签署于 2016 年 2 月的协定是一项雄心勃勃的努力，旨在确定“大型区域”级别的高标准。三位教授的论文考察了 TPP 的投资条款，重点讨论了其最具争议的部分，即限制东道国的国家监管空间(State Regulatory Space)的程度。作者采用文本数据方法，研究 TPP 以及 TPP 各方成员签署的其他投资协定在国家监管空间上的设计特性。根据数据，作者首先将 TPP 与其他协定进行比较，发现 TPP 在国家监管空间方面得分相对较高，尽管它落在现有协定的范围内且似乎没有在这方面规划新的领域。随后，作者调查了现有协定中哪些协定在国家监管空间规定上与 TTP 最相似和最不相似。通过分析，作者考虑了许多因素来解释此种差异，并发现 TPP 与涉及美国的协定、西半球国家之间签署的协定、包含有投资章节的其他自由贸易协定以及最近达成的协定最为相似。但是，如果只关注与投资者—国家争议解决相关的条款而非实体性条款，则其他不同的因素似乎更重要，这意味着在比较研究时需要区分协议的实体性和程序性条款。①

西班牙巴塞罗那大学 Patricia Garcia-Duran 教授和 Leif Johan Eliasson 教授的研究则关注美国和欧盟间的跨大西洋贸易与投资伙伴协议(TTIP)的辩论。② TTIP 谈判已成为欧盟贸易政策辩论的中心，欧盟委员会和民间团社组织则是主要参与者。两位教授认为，TTIP 引起重大争议的一个关键原因与各方使用的论点的性质有关。支持 TTIP 的主要论点强调经济和地缘战略的好处，而 TTIP 的主要批评集中在所谓的对产品安全和公共政策的负面影响上。确定这些论点背后的基本假设，两位教授表明这场辩论是特殊的，因为支持者和反对者的前提是基于不同观点的假设而出现的：反对者认为欧

① Tomer Broude, Yoram Z. Haftel & Alexander Thompson, ‘The Trans-Pacific Partnership and Regulatory Space: A Comparison of Treaty Texts’, Journal of International Economic Law, Vol. 20(2), 391-417 (2017).

② Patricia Garcia-Duran, Leif Johan Eliasson, ’The Public Debate over Transatlantic Trade and Investment Partnership and Its Underlying Assumptions’, Journal of World Trade, Vol. 51(1), 23-42 (2017).

盟将屈服于美国式的新自由主义偏好，而支持者关注的是针对第三国而言美国和欧盟联合市场所带来的潜力。由于这些假设并不一定相互矛盾，所以辩论不在于收益是否超过成本，而在于这种成本是否可能，这让 TTIP 支持者处于防御性地位。作为一个重要因素，这也解释为什么 TTIP 反对者会主宰公众辩论。然而，两位教授的发现也表明，TTIP 反对者的主张之所以赢得公众支持是因为美国是 TTIP 的合作伙伴；如果是与其他国家签署贸易协定，此种反对协定的公众调动将不太可能奏效。

2. 区域贸易协定新问题

除了上述从整体上对区域贸易协定进行全面的研究，2017 年海外学者对区域贸易协定的研究也聚焦于协定中蕴含的新问题的剖析。在数字贸易问题上，TPP 是世界上首部全面规定了数字贸易当代政策问题的贸易协定，为跨国数据流、在线隐私、网络中立、网络安全、垃圾邮件监管和互联网中介保护港口等问题引入了新的学科。这些规则并非贸易协定的传统规定，但却很重要，因为它们对互联网政策具有直接的影响。澳大利亚墨尔本大学的 Neha Mishra 认为，TPP 不能有效地适应更为广泛的互联网生态系统，因为它没有将贸易自由化的目标与重要的互联网政策问题(例如促进互联网用户的信任和数字化创新)协同起来。然而，尽管存在缺陷，TPP 还是为数字贸易规则树立了新的基准，因为其规定涉及数字经济中的若干当代问题。因此，TPP 内的数字贸易条款将有助于世界贸易组织和其他地区机构今后的谈判。更重要的是，TPP 提醒人们，贸易协定在影响互联网政策的关键方面日益重要。特别是在制定影响跨境数据流动、在线隐私和消费者保护、网络中立和网络安全等问题的数字贸易规则时，贸易谈判者以及律师需要全面评估这些规则在数字贸易自由化中的相关性，及其对互联网生态系统的更广泛影响。①

① Neha Mishra，'The Role of the Trans-Pacific Partnership Agreement In the Internet Ecosystem：Uneasy Liaison or Synergistic Alliance?'，Journal of International Economic Law，Vol. 20(1)，31-60 (2017).

澳大利亚墨尔本大学法学院 Tania Voon 教授探究了大型区域作为实现多边规则的途径。当前，国际经济法中的悲观主义盛行。世界贸易组织在 2015 年内罗毕部长级会议后面临着一个不确定的未来。国际投资法在世界各国受到冲击，而跨大西洋贸易组织和跨大西洋贸易投资伙伴关系受到全球事件的困扰，例如美国的联邦选举和英国退欧。然而，许多国家仍然希望继续进行多边贸易和投资交易，这为人们带来了希望。与联合国贸易和发展会议和联合国国际贸易法委员会的共识建设工作等其他机构发展情况一起看，现在可能存在可靠的投资法多边规则运动的潜力。尽管世贸组织当前的谈判僵局突出表明 164 个成员国达成协议存在困难，但国际贸易法为在国际投资法领域实现多边主义提供了经验教训。除了关于世界投资法庭的非正式讨论外，大型区域为未来的多边投资规则提供了一种手段，特别是通过加拿大和欧盟之间的全面经济和贸易协定以及目前正在亚洲谈判的区域全面经济伙伴关系。①

世界贸易组织法律官员 Pamela Apaza Lanyi 和德国马克斯·普朗克公共财富研究所研究员 Armin Steinbach 研究了通过系统整合来促进特惠贸易协定(Preferential Trade Agreements，PTAs)和世界贸易组织之间的一致性问题。近年来特惠贸易协定的增多导致了世贸组织成员之间适用贸易规则的异质制度。特惠贸易协定和 WTO 规则之间的相互作用具有重大启示，这些启示包括两种制度之间法律关系冲突和不一致的风险，以及特惠贸易协定之间重叠网络的风险。因此，区域 PTA 和全球 WTO 争端解决机制下的司法机构越来越多地面临为解释目的而考虑到外部法律渊源的问题。PTA 和 WTO 规则之间的一致性因而取决于 PTA 和 WTO 这两个层次允许整合外部法律渊源的程度。作者的研究探讨了系统整合作为国际公法下解释方法的作用，这一作用允许裁断机构处理可能的冲突并促进国际贸易法的一致性。文章追溯了 WTO 和 PTA 裁决所采用的有

① Tania S. L. Voon, ‘Consolidating International Investment Law: The Mega-Regionals as a Pathway Towards Multilateral Rules’, World Trade Review, Vol. 17 (1), 33-63 (2018), published online on 25 April 2017.

关国际贸易规则的各种系统整合方法。尽管系统整合提供了一个减少实质性法律碎片化的国际公法工具，但在司法实践中仍然存在为了解释的目的而采用系统整合的不同做法。文章发现了通过系统整合来促进未来争议解决一致性的可能途径，以及在纳入多边和特惠规则时可考虑的相关因素。文章最后还提出了关于 PTA 如何能够促进两个层级的司法机构应用系统整合的见解。①

3. 世界贸易组织

一般认为，世界贸易组织的争端解决机构运作良好，其谈判机制经历长时间的危机阶段。但是，瑞士伯尔尼大学世界贸易研究所 Manfred Elsig 教授、欧洲大学学院 Bernard Hoekman 和瑞士日内瓦高等研究院 Joost Pauwelyn 教授主编的《评估世界贸易组织》克服了此种短视的见解，并肯定了世贸组织成就的同时，考量了跨学科的叙述。本书探讨了诸如多边体系的起源、加入进程和世贸组织与其他国际组织的互动等重要问题。这些贡献批判性地回顾和展示了现有的学术，并为未来一代贸易学者勾勒出新的研究途径。②

瑞士日内瓦 WTO 法律咨询中心 Vitaliy Pogoretskyy 律师认为，天然气运输依赖于网络，如果没有过境国境内管道基础设施的存在或有权获取此种基础设施，则不能建立天然气运输网络。尽管如此，在区域间层面上，如今并没有足够的管道网络允许天然气从供应商自由流动到利润最丰厚的市场。现有的网络通常由私人或国家控制的垂直一体化垄断企业运营，这些垄断企业通常不愿意将未使用的管道能力释放给潜在的竞争对手。天然气过境的这些障碍可能会减少赋予天然气资源国家(包括发展中的内陆国家)的贸易收益，并且会削弱世贸组织成员的能源安全及其可持续发展的努力。

① Pamela Apaza Lanyi, Armin Steinbach, 'Promoting Coherence Between PTAs and the WTO Through Systemic Integration', Journal of International Economic Law, Vol. 20(1), 61-85 (2017).

② Manfred Elsig, Bernard Hoekman & Joost Pauwelyn, *Assessing the World Trade Organization: Fit for Purpose?* (Cambridge University Press, 2017).

Pogoretskyy 撰写的《WTO 法律下过境和获取天然气管道网络自由》解释了世贸组织如何在国际天然气运输监管中发挥更加突出的作用，并促进国际天然气市场的发展。①

瑞士日内瓦国际贸易中心的 Marion Jansen、瑞士日内瓦高等研究院的 Joost Pauwelyn 和瑞士日内瓦高等研究院的 Theresa Carpenter 主编的《经济学在国际贸易和投资争议中的适用》认为 21 世纪的贸易协定日益成为投资和竞争方面的国际法律来源。该书借鉴了投资者与国家间仲裁和竞争/反托拉斯争端，重点关注经济学在国际贸易法、特别是 WTO 法律中的应用问题。②

美国加州大学洛杉矶分校政治学系 Margaret E. Peters 助理教授以移民和重塑全球化的视角，研究了贸易壁垒问题。③ 加拿大拉瓦尔大学政治学系 Jean-Frederic Morin、瑞士日内瓦高等研究院 Joost Pauwelyn 和 James Hollway 从贸易协定中环境规范的探索与开发的角度，论述了贸易制度作为一个复杂适应性体系的问题。④ 欧洲委员会 DG Trade H1 主任 Wolfgang Müller 对 WTO 补贴与反补贴措施协议进行了评注。⑤ 澳大利亚墨尔本大学法学院 Tania Voon 通过对特惠贸易协定下澳大利亚义务进行分析评估，论述了平衡监管自治

---

① Vitaliy Pogoretskyy, *Freedom of Transit and Access to Gas Pipeline Networks under WTO Law* (Cambridge University Press, 2017).

② Marion Jansen, Joost Pauwelyn & Theresa Carpenter (eds), *The Use of Economics in International Trade and Investment Disputes* (Cambridge University Press, 2017).

③ Margaret E. Peters, *Trading Barriers: Immigration and the Remaking of Globalization* (Princeton University Press, 2017).

④ Jean-Frederic Morin, Joost Pauwelyn & James Hollway, 'The Trade Regime as a Complex Adaptive System: Exploration and Exploitation of Environmental Norms in Trade Agreements', Journal of International Economic Law, Vol. 20 (2), 365-390 (2017).

⑤ Wolfgang Müller, *WTO Agreement on Subsidies and Countervailing Measures: A Commentary* (Cambridge University Press, 2017).

与服务贸易自由化。① 英国女王大学 Oisin Suttle 讲师通过国际贸易监管的政治理论，分析了分配正义与世界贸易法。② 国际货币基金组织 Alexei Kireyev 高级经济师和世界贸易组织 Chiedu Osakwe 贸易官员主编的《二十一世纪的贸易多边主义》考察了以 WTO 为基础的更新和强大的基于规则的多边框架对于最大限度地发挥全球经济一体化的好处以及恢复世界贸易不可或缺的作用。③

(二) 国际投资法

1. 国际投资仲裁的改革

随着投资者—国家争议解决(ISDS)案件数量呈现上升趋势，ISDS 机制也因其制度缺陷为人批判。批评者声称的 ISDS 缺陷包括这一机制缺乏合法性和透明度、仲裁员和律师身份混同等导致的独立性和公正性受到质疑、基于相同或相似案情作出的仲裁裁决有时存在相互矛盾的情形、纠正存在错误的仲裁裁决并非易事，以及仲裁程序成本过高(特别是对发展中国家而言)和时间过长等。

美国耶鲁大学法学院 W. Michael Reisman 教授认为，作为 ISDS 基础的大契约(The Great Compact)是当代国际投资体系的核心。现今面临的主要挑战来自发达国家，这些国家似乎忽视了投资者—国家争议解决所包容的好处(inclusive benefits)。④

英国曼彻斯特大学法学院的 Nicolette Butler 教授和英国利兹大

---

① Tania S. L. Voon, 'Balancing Regulatory Autonomy with Liberalisation of Trade in Services: An Analytical Assessment of Australia's Obligations under Preferential Trade Agreements, Melbourne Journal of International Law, Vol. 18 (2), 373-406 (2017).

② Oisin Suttle, *Distributive Justice and World Trade Law: A Political Theory of International Trade Regulation* (Cambridge University Press, 2017).

③ Alexei Kireyev & Chiedu Osakwe (eds.), *Trade Multilateralism in the Twenty-First Century: Building the Upper Floors of the Trading System through WTO Accessions* (Cambridge University Press, 2017).

④ W. Michael Reisman, 'The Empire Strikes Back: The Struggle to Reshape ISDS', White & Case International Arbitration Lecture (The Lamm Lecture) at University of Miami School of Law on February 9, 2017, available at: https://papers.ssrn.com/sol3/papers.cfm?abstract_id=2943514 (accessed on 21 May 2018).

学法学院 Surya Subedi 教授认为，随着外国投资的增加和在国外投资的公司数量的增加，国际公法的一般原则的适用不足以管理外国投资，而且迄今为止还没有对外国投资进行监管的全面国际条约投资。因此，各国采取了双边投资条约(BIT)，区域贸易和国际投资协定(IIAs)以及自由贸易协定，以补充外国投资者的保护制度。在没有国际投资法庭的情况下，投资东道国选择了投资者—国家争议解决机制。由于仲裁庭对国际投资法关键原则的适用和解释不一致，这一机制给国际投资法律带来了自身的挑战，而且缺乏上诉机制导致法律体系缺失一致性。因此，学者们提出了各种各样的建议来应对这些挑战，其范围从调整到双边投资协定和国际投资协定、建立上诉机制以及仅仅就多边条约谈判改革提案。在对这些建议的优缺点进行评估之后，作者进一步提出，争取建立一个具有解决投资争议的常设机制的世界投资组织，以确保法律的确定性、可预测性和促进外国投资的流动以可持续和负责任的方式进行。①

澳大利亚新南威尔士大学法学院 Jonathan Bonnitcha 讲师、英国伦敦大学学院 Lauge Poulsen 高级讲师和英国剑桥大学法学院 Michael Waibel 高级讲师主编的《投资条约制度的政治经济分析》认为国际投资仲裁的公共利益正在增加，一些发达国家和发展中国家正在开始重新审视其投资条约政策。该书通过法律、经济和政治视角对这一问题进行审视。根据对投资条约赋予的实体和程序权利的分析，本书提出了四个基本问题：(1)对于投资者、国家和其他利益相关者而言，投资条约有哪些成本和收益？(2)为什么发达国家和发展中国家签署这些条约？(3)为什么要允许私人仲裁员审查各国通过的公共规定？(4)投资条约制度与管理国际投资的更广泛的政权体系之间是什么关系？本书通过简洁而全面的分析，填补了不同学科学者许多“盲点”中的一些问题，是律师、投资者、决策者和利益相关者尝试理解这些管理投资者与国家关系的重要工具，有

① Nicolette Butler & Surya Subedi, ‘The Future of International Investment Regulation: Towards a World Investment Organisation?’, Netherlands International Law Review, Vol. 64(1), 43-72 (2017).

利于从跨学科的角度审视投资者—国家仲裁的改革。①

此外，新加坡国立大学国际法中心组织了关于投资者—国家争议解决中的上诉机制问题，包括 ICSID 秘书长 Meg Kinnear 等会议参与者的 10 篇论文以专题形式发表在《ICSID 评论：外国投资法杂志》。②

2. 国际投资仲裁与可持续发展

随着联合国 2030 年可持续发展议程的推进和气候变化巴黎协议的签署，以投资条约仲裁来解决环境争议成为国际投资仲裁与可持续发展研究中的重要部分，也是 2017 年度国际投资法的热点问题。这一系列研究的目的主要在于，如何通过投资条约仲裁来重塑或改革未来的实践，使得未来的实践能够在保护正当的外国投资利益的同时，也能促进环境的可持续发展。③

---

① Jonathan Bonnitcha, Lauge N. Skovgaard Poulsen & Michael Waibel, *The Political Economy of the Investment Treaty Regime* (Oxford University Press, 2017).

② Meg Kinnear & Christine Sim, 'Introduction to the Collection'; J. Christopher Thomas & Harpreet Kaur Dhillon, 'The Foundations of Investment Treaty Arbitration: The ICSID Convention, Investment Treaties and the Review of Arbitration Awards'; Elsa Sardinha, 'The Impetus for the Creation of an Appellate Mechanism'; Mark Feldman, 'Investment Arbitration Appellate Mechanism Options: Consistency, Accuracy, and Balance of Power'; Mark Huber & Greg Tereposky, The WTO Appellate Body: Viability as a Model for an Investor-State Dispute Settlement Appellate Mechanism'; Chester Brown, 'Supervision, Control, and Appellate Jurisdiction: The Experience of the International Court'; N. Jansen Calamita, 'The Challenge of Establishing a Multilateral Investment Tribunal at ICSID'; Elsa Sardinha, 'The New EU-Led Approach to Investor-State Arbitration: The Investment Tribunal System in the Comprehensive Economic Trade Agreement (CETA) and the EU-Vietnam Free Trade Agreement'; Colin M. Brown, 'A Multilateral Mechanism for the Settlement of Investment Disputes. Some Preliminary Sketches'; Lucy Reed & Christine Sim, Potential Investment Treaty Appellate Bodies: Open Questions', ICSID Review: Foreign Investment Law Journal, Vol. 32(3), 2017.

③ Daniel Behn and Ole Kristian Fauchald, 'Adjudicating Environmental Disputes Through Investment Treaty Arbitration', Journal of World Investment & Trade, Vol. 18(1), 9 (2017).

挪威奥斯陆大学 Daniel Behn 博士后和 Malcolm Langford 副教授对所有涉及环境保护措施的投资条约仲裁案件进行了全面的定量分析。对这些案例进行评估的规范基准是一套包含五个与投资仲裁相关的正当性批判，即不对称和过度的结果、民主正当性和监管自治、环境政策空间、分配不公平和系统反应。总体而言，他们发现虽然个别案例中法庭对外国投资者财产保护与国内环境保护之间的平衡把握不当，但迄今为止环境案件不会对环境保护构成重大威胁，而且大多数可能被视为存在问题的案例中东道国都成功抗辩了与环境相关的争议。Behn 和 Langford 的主要贡献在于，确定了投资条约仲裁的正当性问题，以及实证方法如何能加强对规范性问题的研究。①

国际法院法官官员 Amelia Keene 对 2010—2015 年期间签署的国际投资协定进行了实证研究，以评估近来的协定在多大程度以及何种效力上纳入了环境友好型规定。Keene 特别关注在新一代国际投资协定中纳入 GATT 和 GATS 式(GATT-and GATS-style)的例外条款。她发现，接近 45%的国际投资协定包含了这样的条款。基于此，她认为环境友好型规定正在被主流化。②

Allen & Over 律师事务所伦敦办公室 Jeff Sullivan 合伙人和 Valeriya Kirsey 律师对在涉及环境因素的案件中使用投资条约仲裁来解决争议进行了研究，并评估了环境案件启动方式转变的趋势。他们的贡献在于，摆脱了传统背景下投资条约仲裁中典型地出现的环境问题，即被诉国在抗辩外国投资者诉称投资协定条款被违反时的正当理由。他们的研究表明，投资条约仲裁确实可以用来挑战各国未能有效实施的本国环境政策。同时，他们还指出，近年来出现了被诉国在投资条约仲裁中使用环境反请求来抵消其违反国际投资

① Daniel Behn and Malcolm Langford, 'Trumping the Environment? An Empirical Perspective on the Legitimacy of Investment Treaty Arbitration', Journal of World Investment & Trade, Vol. 18(1), 14-61 (2017).

② Amelia Keene, 'The Incorporation and Interpretation of WTO-Style Environmental Exceptions in International Investment Agreements', Journal of World Investment & Trade, Vol. 18(1), 62-99 (2017).

协定行为的趋势。①

加拿大渥太华大学 Graham Mayeda 副教授探讨了在东道国环境影响评估(Environmental Impacts Assessment, EIA)过程受到挑战的环境案例中使用投资条约仲裁的问题。Mayeda 研究的目的是探索国际投资协定在维护东道国环境影响评估流程完整性方面的作用。他认为，国际投资协定可以通过纳入各种有关环境监管的外国投资保护的规定或者提供例外来更好地保障各国管理外国投资的环境影响的能力。他还建议，在启动投资条约仲裁之前，可以通过要求潜在的索赔人用尽当地救济来弥补在环境影响评估相关案件中使用投资条约仲裁的许多问题。他认为，对环境影响评估程序的行政和司法审查是复杂的国内行政制度的必要组成部分，而投资法庭没有适当的条件来处理这些问题。②

加拿大可持续发展法中心和英国剑桥大学的 Markus Gehring、加拿大可持续发展法中心的 Sean Stephenson 和加拿大可持续发展法中心和剑桥大学 Marie-Claire Cordonier Segger 的研究从投资条约仲裁在解决环境争议中的作用，转向投资协定制定过程对国际投资协定发展的作用及其解决未来投资条约争议的可能解释力。他们的研究对欧盟在贸易和投资协定谈判进程中使用可持续发展影响评估(Sustainability Impact Assessments, SIAs)进行了详细分析。他们认为，在谈判国际投资协定时，可持续发展影响评估是贸易和投资目标以及社会和环境考虑之间的重要桥梁。通过对可持续发展影响评估的两个案例研究，他们表明，这种评估可以成为协定谈判人员的强有力工具，也可能是仲裁员评估投资条约仲裁违约行为时潜在的解释性方法。他们建议，欧盟应当将可持续发展影响评估作为一个法律要求。同时，他们还为通过更加明确地关注环境与投资之间的

① Jeff Sullivan and Valeriya Kirsey, 'Environmental Policies: A Shield or a Sword in Investment Arbitration?', Journal of World Investment & Trade, Vol. 18(1), 100-130 (2017).

② Graham Mayeda, 'Integrating Environmental Impact Assessments into International Investment Agreements: Global Administrative Law and Transnational Cooperation', Journal of World Investment & Trade, Vol. 18(1), 131-162 (2017).

联系并纳入更多关于可持续发展目标和气候变化目标提供建议。他们指出，如果能够正确执行可持续发展影响评估，可持续发展影响评估可以提供一个更加相互支持的投资和环境框架，这一框架能够进一步促进可持续发展目标。①

3. 其他显著研究

美国密歇根大学法学院 Steven R. Ratner 教授就投资条约世界中的征收补偿问题进行了研究。② 英国杜伦大学则从外国投资者权利背后的原因分析了新兴的全球投资权。③ Curtis, Mallet-Prevost, Colt & Mosle 纽约办公室 Simon Batifort 律师和美国国务院法律官员 J. Benton Heath 从遏制多边化的角度展开了关于投资条约中最惠国条款解释的新辩论。④ 巴西南大河州联邦大学 Fabio Morosini 副教授和巴西 FGV Direito SP 大学 Michelle Ratton Sanchez Badin 副教授主编的《从全球南部角度概念化国际投资法》认为尽管北方发达国家为了更有效地推动新自由主义政策而设法建立替代性制度空间，但南方发展中国家对这一版本的经济秩序越来越怀疑，并正在试验其他版本的法律秩序。⑤

① Markus Gehring, Sean Stephenson and Marie-Claire Cordonier Segger, 'Sustainability Impact Assessments as Inputs and as Interpretative Aids in International Investment Law', Journal of World Investment & Trade, Vol. 18 (1), 163-199 (2017).

② Steven R. Ratner, 'Compensation for Expropriations in a World of Investment Treaties: Beyond the Lawful/Unlawful Distinction', American Journal of International Law, Vol. 111(1), 7-56 (2017).

③ Nicolás M. Perrone, 'The Emerging Global Right to Investment: Understanding the Reasoning Behind Foreign Investor Rights', Journal of International Dispute Settlement, Vol. 8(4), 673-694 (2017).

④ Simon Batifort & J. Benton Heath, 'The New Debate on the Interpretation of MFN Clauses in Investment Treaties: Putting the Brakes on Multilateralization', American Journal of International Law, Vol. 111(4), 873-913 (2017).

⑤ Fabio Morosini & Michelle Ratton Sanchez Badin, *Reconceptualizing International Investment Law from the Global South* (Cambridge University Press, 2017).

(三)国际金融法

1. 银行与主权联结

国际金融法依然是2017年海外国际经济法研究中重要的一环。在银行与主权联结问题上，美国印第安纳大学 Kelley 商学院 Matthew C. Turk 通过法律、经济和政策的跨学科分析方法，考察了国际货币基金组织与巴塞尔银行监管委员会巴塞尔委员会之间被忽视的政策相互依存关系(Policy Interdependence)，此种忽略是由与“银行—主权联结”(Banking-Sovereign Nexus)相关的经济动态造成的。法学在国际金融监管上往往难以阐释“银行-主权联结”，这是造成忽略的原因之一，因为私营银行部门(受巴塞尔委员会规定管辖)与主权国家政府(在国际货币基金组织范围之内)的公共财政之间的联系历来一直是全球金融体系全球金融体系不稳定的主要根源。本文的主要发现是，国际货币基金组织和巴塞尔委员会的干预作为监管补充来起作用，同时二者通过多种渠道相互微妙地增强彼此的功能。

为了利用这种互补性，本文提出了两部分政策建议。第一部分是，巴塞尔委员会通过增加银行作为资产持有的主权债券的风险权重来提高其资本要求的财政紧缩。第二部分是国际货币基金组织修改其贷款标准，允许那些已经有效实施更严格版本的《巴塞尔规则》的国家能够预先取得信贷资格。此外，本文更广泛的贡献是对国际金融结构提供更为一体化的视角，该视角涵盖了正式的法律类别，以确定影响系统作为一个整体运行的市场和法规之间的功能关系。①

2. 金融监管

在国际货币基金组织和金融监管问题上，一种被普遍接受的说法认为，国际金融监管框架不依赖传统的国际法律机构或安排。但是，这种传统的看法错误地理解了国际货币法的范围和基于条约的

① Matthew C. Turk, ‘The Banking-Sovereign Nexus: Law, Economics & Policy’, Columbia Journal of Transnational Law, Vol. 55, 592-648 (2017).

国际机构——国际货币基金组织的作用。事实上，尽管国际货币基金组织主要以其有条件借贷功能而闻名，但它是一个监管机构，负责执行其成员(涵盖绝大部分国家)的正式义务，包括成员在其财务政策方面的义务。国际货币基金组织的主要监管职责是对其成员履行这些义务进行双边监督，以及对“监督国际货币体系以确保其有效运作”进行多边监督。因此，监督是一种执法模式，尽管主要依赖于说服而不是强制性的制裁。通过误解这种监管职能，学者和评论员低估了国际货币基金组织对其成员的国内和国际金融政策的潜在影响，以及对全球治理的影响。美国杜伦大学法学院 Adam Feibelman 教授的文章在国际金融监管框架内重新安置国际货币基金组织的位置，并阐述了国际货币基金组织“金融监督”(Financial Surveillance)职能。文章指出，国际货币基金组织对其成员的财务政策有重大影响，并提出这种影响至少部分是由于其监管职责及其成员义务的正式法律基础。①

21 世纪初的全球危机已经对国际金融架构进行了检验。为了确保稳定，政府管理着金融和资本市场。这又反过来牵涉到国际投资法，投资者曾利用政府的监管措施作为抵御债务重组、救助或纾困的盾牌。英国格拉斯哥大学 Christian J. Tams 教授、荷兰阿姆斯特丹大学 Stephan W. Schill 教授和德国法兰克福大学 Rainer Hofmann 教授主编的《国际投资法与全球金融架构》探讨了投资法是否应该防范此类监管措施，以及哪些措施得到多边机构的支持。本书作者认为，应当在合理的监管和对投资者权利的不当干预之间划定界限，同时，更为同重要的是，由谁来划定这一界限。在该书不同章节中，国际专家和学者评估决策者面临的关键挑战，分析仲裁和条约实践，并评估金融部门均衡投资保护体系的方式。在此过程中，他们详细分析了投资保护与金融监管之间在主权债务重

① Adam Feibelman, ‘Law in the Global Order: The IMF and Financial Regulation’, New York University Journal of International Law and Politics, Vol. 49 (3), 687-745 (2017).

组和银行救援措施等领域的相互作用。① 本书结合高层次分析和对有争议的法律问题的详细评估，将为从事国际经济法、国际仲裁、投资法、国际银行业和金融法工作的学者和法律从业人员提供指导。

3. 其他显著研究

英国女王大学法学院 Federico Lupo-Pasini 讲师分析了金融民族主义的逻辑，阐释了合作的挑战和国际法的作用。② 美国乔治城大学 Chris Brummer 教授研究了人民币和系统风险问题。③

(四)国际知识产权法

知识产权一直是国际经济治理的核心之一。事实上，1883 年巴黎公约和 1886 年伯尔尼公约通常被认为是国际经济管理的第一批实例。因此，谈判和通过世贸组织与贸易有关的知识产权协定(TRIPS 协定)，以及国际投资协议中常常将知识产权涵盖在“投资”中，这些做法虽然令人惊讶，但此种融合似乎在这个问题的谱系中刻画出来了。很多学者已经关注了贸易、知识产权和投资之间的关系，但是知识产权投资仲裁(在国家、区域和国际层面监管)可能产生的“技术”问题显然没有被注意到。意大利博科尼大学 Gabriele Gagliani 教授认为，由于技术上的原因，两种制度在争端解决层面上的进一步整合并不可取。知识产权法和治理高度分散，并在国际层面上分属于不同的论坛。当前的情况也反映在各国在几个知识产权问题上缺乏一致意见。投资争端中的知识产权诉讼进一步加剧了这种分散化，而不是减少它，它似乎试图不恰当地规避政

① Christian J. Tams, Stephan W. Schill & Rainer Hofmann (eds.), *International Investment Law and the Global Financial Architecture* (Edward Elgar Publishing, 2017).

② Federico Lupo-Pasini, *The Logic of Financial Nationalism: The Challenges of Cooperation and the Role of International Law* (Cambridge University Press, 2017).

③ Chris Brummer, ‘The Renminbi and Systemic Risk’, Journal of International Economic Law, Vol. 20(3), 447-507 (2017).

府之间对知识产权问题的讨论。①

《关于为盲人、视力障碍者或其他印刷品阅读障碍者获得已出版作品提供便利的马拉喀什条约》是知识产权与人权领域的分水岭。作为建立强制性版权例外的第一部国际法律文书，《马拉喀什条约》使用版权的法律和政策工具来推进人权。美国杜克大学法学院 Laurence R. Helfer 教授、美国康涅狄格大学法学院和人权研究所 Molly K. Land 教授、美国明尼苏达大学法学院 Ruth L. Okediji 教授和美国杜克大学法学院 Jerome H. Reichman 教授撰写的《世界盲人联盟马拉喀什条约指南》为解释马拉喀什条约提供了一个全面的框架，以增强印刷品阅读障碍者创造、阅读和分享无障碍格式的书籍和文化材料的能力。本指南还向参与马拉喀什条约在国内实施的政府官员、决策者和残疾人权利组织提供具体建议。②

其他显著的研究包括美国范德堡大学 Daniel J. Gervais 教授对国际版权改革的全面路径进行的研究。③

五、海外国际法研究对中国学者开展前沿研究的启示

(一) 合理应用国际法，捍卫崛起大国国家利益

对于崛起大国而言，倘若能合理应用国际法，则有可能减弱或消除国家上升过程中所遇之阻碍，更好地提升国家国际形象，进而维护崛起大国的国家利益。2017 年海外国际法前沿研究已经对以中国为代表的新兴崛起国家与国际法的互动关系展示了可期之路径。获得主流国际法学界认可(美国国际法协会 2017 年度图书大

---

① Gabriele Gagliani, 'International Economic Disputes, Investment Arbitration and Intellectual Property: Common Descent and Technical Problems', Journal of World Trade, Vol. 51(2), 335-355 (2017).

② Laurence R. Helfer, Molly K. Land, Ruth L. Okediji & Jerome H. Reichman, *The World Blind Union Guide to the Marrakesh Treaty: Facilitating Access to Books for Print-Disabled Individuals* (Oxford University Press, 2017).

③ Daniel J. Gervais, *(Re) structuring Copyright: A Comprehensive Path to International Copyright Reform* (Edward Elgar Publishing, 2017).

奖)的《国际法是法吗?》表明，随着世界从经历了一个西方主导的时代走向多极化，对国际法的认知需要来自亚洲等国家的比较法视野。《跨文明世界中的国际法》同样认为，有必要在国际法研究中反映中国等国家的复兴，并克服现有强国和新兴大国之间潜在的冲突。显然，海外国际法学界期待来自中国的声音，此种声音对从法律规范的角度展开中国政治、经济等领域的辩论意义非凡。如何谱写中国崛起的国际法话语，是当前中国国际法学者无从回避、亦不应望而却步的关口。

(二)国际公法领域的启示

国际公法博大精深，历来是海外国际法学者产出成果颇多的阵地。在国际法院和法庭以及国际刑法领域，虽然目前国际法院和国际刑事法庭正在审理的案件不涉及中国作为申请人或被申请人的情形，但对国际法院和法庭以及国际刑法的研究却不可或缺。2017年海外国际法学者对这两个领域进行了全方位、多角度的研究；尽管如此，在这两个领域仍然存在诸多未解难题，特别是对国际法庭的作用和国际刑事法庭的正当性问题这两项研究工作，值得中国学者进一步探究。

在国际组织法领域，国际组织权力扩展和国际组织的责任问题是 2017 年海外国际法研究的前沿问题。随着中国国力提升，不仅越来越多的中国人执掌国际组织(例如武汉大学校友柳芳担任联合国国际民用航空组织秘书长，同时校友黄解放担任该组织国际法律事务与对外关系局局长)，亦有由中国推进的国际组织将总部设立在中国(例如政府间国际组织亚洲基础设施投资银行总部设在北京)。对国际组织权力扩展、国际组织的责任等国际组织法的研究，不仅有利于促进更多国人任职国际组织，而且对总部设立在中国的国际组织的运作裨益颇深。此外，如何通过增强中国在国际组织的影响力，也是中国学者需要进行研究的重要问题。

在国际人权法和国际人道法领域，2017 年最显著的研究聚焦于两方面：其一是国际人权法是否正在衰落，其二是将法律多元主义、国际法律主义等引入国际人权法的研究中。这两种的研究趋势，表明肇始于西方国家的传统国际人权法可能开始出现颓势，同时法律多元主义等将被考虑纳入对人权基准的考量中。由于人权问题历来是国际政治中争论较为激烈的问题之一，这两种研究趋势对一贯主张不应当照搬西方人权制度，而应充分考虑本国国情和本土资源，形成不断扬弃和逐渐丰富的人权法律规范的中国而言，无疑是利好的风向。中国学者应跟进这两种研究趋势，结合中国国情就正确处理改革、发展和稳定和保障人权之间的关系，维护经济、社会和文化权利以及公民权利和政治权利等方面进行拓深研究。

在国际环境法、国际气候变化法和极地法领域，2017 年海外学者就跨界水资源和自然资源、国际气候融资和北极地区法律和政策架构等问题做出了显著成果。随着美国退出《气候变化巴黎协议》，中国正逐渐成为欧洲从自由贸易到应对气候变化等多个领域的全球伙伴，将在全球环境治理中发挥领导作用。因此，国际环境法和气候变化法学者不仅应跟进海外学者在这些领域的最新研究进展，更应以此为契机做出原创性成果，方能彰显中国在应对气候变化上的领导作用。此外，基于国家战略，如何参与北极治理、在北极高地获得更多的影响力以及作为海洋大国的中国应当如何具体应对北极治理法律框架、管理机制以及目前还存在的问题和挑战，也应当是国内该领域的学者应当义不容辞攻克的研究议题。

(三)国际私法领域的启示

2017 年海外国际私法学者对国际私法编纂、评注和重述等问题进行了研究，这对我国学者研究国际私法在我国民法典体系中的定位等问题具有一定的参考作用。在程序问题上，2017 年海外国际私法学界对礼让、不方便法院原则、普遍民事管辖权、协议选择法院和国际商事仲裁等问题的研究，对我国建立起一个公平、全面和可行的“一带一路争端”解决法庭研究同样具有借鉴意义。根据 2018 年中央全面深化改革领导小组第二次会议审议通过的文件包括《关于建立“一带一路”争端解决机制和机构的意见》，最高人民法院将在西安、深圳各设一个国际商事法庭；其中，西安面向陆上丝路，深圳面向海上丝路；此举旨在为“一带一路”建设营造良好的营商环境，并推动诉讼、仲裁、调解三位一体的多元化争端解决机制的建立。此外，根据有关部署，中国贸促会正在按照共商共建共享原则，联手国外的工商组织共同发起成立新的国际争端预防与解决组织。随着“一带一路”战略的纵深推进，我国国际私法学者更应肩负起建立“一带一路”司法服务与保障的智库型合作研究机制。

（四）国际经济法领域的启示

在国际贸易法领域，2017 年海外国际法研究的主要议题之一是（大型）区域贸易协定的谈判与签署。不论是从整体上研究区域贸易协定，还是聚焦于协议谈判中出现的新问题，关于区域贸易协定的研究可谓硕果累累。这些前沿研究显然对我国学者进行中国自贸区研究具有重大启示。目前，中国已签署了 15 个自贸区协定，涉及 23 个国家和地区；① 正在谈判以及升级谈判的自贸区协定有 10 个；② 而正在研究的自贸区协定则包括 11 个。③ 无论是新建自贸区协定抑或自贸区升级协定，都涵括了货物贸易、服务贸易、原产地规则、贸易便利化等内容，2017 年海外国际贸易法前沿研究正是对这些问题进行了深入探索。通过签署区域性贸易协定来推进区域经济一体化，以带动区域性经济发展是中国扩大对外开放的一个重要方面，而海外学者对区域贸易协定的研究为我国学者进行对

① 中国已签署了自贸区协定包括中国—格鲁吉亚自贸区协定、中国—韩国自贸区协定、中国—巴基斯坦自贸区协定、中国—澳大利亚自贸区协定、中国—新加坡自贸区协定、中国—冰岛自贸区协定、中国—秘鲁自贸区协定、中国—新西兰自贸区协定、中国—智利自贸区协定、中国—瑞士自贸区协定、中国—哥斯达黎加自贸区协定以及中国—东盟自贸区协定等。

② 中国正在谈判的自贸区协定包括中国—海合会自贸区协定、中国—以色列自贸区协定、中国—挪威自贸区协定、中国—新加坡自贸区协定升级谈判、中日韩自贸区协定、中国—斯里兰卡自贸区协定、中国—马尔代夫自贸区协定、中国巴基斯坦自贸区协定第二阶段谈判、中国—新西兰自贸区协定升级谈判以及中国—智利自贸区协定升级谈判。

③ 中国正在研究的自贸区包括中国—巴新自贸区协定、中国—加拿大自贸区协定、中国—哥伦比亚自贸区协定、中国—摩尔多瓦自贸区协定、中国—斐济自贸区协定、中国—尼泊尔自贸区协定、中国—毛里求斯自贸区协定、中国—蒙古自贸区协定、中国—孟加拉自贸区协定、中国—秘鲁自贸区协定升级联合研究以及中国—瑞士自贸区协定升级联合研究。

外贸易发展和升级研究提供了经验和借鉴。

在世界贸易组织方面，2017 年海外研究对 WTO 法各项规则的研究对中国当前面临的问题具有现实参考意义。基于中美贸易巨大的贸易差，美国于 2018 年不顾中方和国际社会反对，坚持搞单边主义和贸易保护主义行径，意图挑起中美之间的贸易战。虽然从目前形势来看，中美贸易战暂时以谈判和平收场；但是，中国如何采取新的综合应对措施、捍卫国家和人民的利益，如何继续扩大改革开放、维护多边贸易体制、推动全球贸易投资自由化和便利化，依然急待国内学者贡献研究智慧。

在国际投资法领域，2017 年海外学界的研究重点集中在国际投资仲裁的改革问题，对当前投资仲裁机制的改革涉及如何平衡国家主权、投资者利益以及第三方(以可持续发展的视角)等多方之间的相互关系。当前，包括中国政府指派的 ICSID 仲裁员和调解员在内的学者已经开始深度介入正处于争议和改革焦点的国际投资仲裁机制。特别是考虑到，在“一带一路”倡议下中国企业对存在较大政治风险和商业阻力的亚非国家的投资不断攀升，具有争议的国际投资仲裁机制仍然是作为投资者的中国企业可资利用的潜在有利武器。与此同时，由中国国际经济贸易仲裁委员会制定的《国际投资争端仲裁规则》填补了我国自主制定投资仲裁规则的空白。显然，2017 年海外国际投资法研究前沿对我国学者进一步研究国际投资仲裁问题具有重要参考意义。此外，关于国际投资法其他议题的海外研究，亦对我国正在进行的中美、中欧等双边投资条约等具有启示。

在国际金融法、国际知识产权法等其他国际经济法领域，银行与主权联结、金融监管和国际知识产权保护等问题是 2017 年海外国际金融法学者研究的重要问题，有利于引导我国学者对在中国的倡议下建立的亚洲基础设施投资银行进行具有针对性的研究。在国际金融法领域，由我国主导推出的亚投行是中国为世界金融创新做出的一大贡献。亚投行的成立与人民币国际化、“一带一路”倡议的大规模融资、国内基础设施建设过剩产能的输出等现实问题存在关联，因此也曾受到来自传统秩序受益国的质疑。对亚投行的研究毋庸置疑是未来国内国际金融法学者的核心研究问题之一。同时，对海外国际知识产权法研究前沿的追踪，也有助于我国更有选择地参考与吸收国际知识产权制度中符合我国国情、对我国更有益的内容。

参考文献

[1] Anthea Roberts, *Is International Law International?* (Oxford University Press, 2017).

[2] Jean d'Aspremont, *International Law as a Belief System* (Cambridge University Press, 2017).

[3] Jean d'Aspremont, 'The International Court of Justice and the Irony of System-Design', Journal of International Dispute Settlement, Vol. 8(2), 366-387 (2017).

[4] Martti Koskenniemi, Walter Rech & Manuel Jiménez Fonseca (eds.), *International Law and Empire: Historical Explorations* (Oxford University Press, 2017).

[5] Wayne Sandholtz & Christopher A. Whytock (eds.), *Research Handbook on the Politics of International Law* (Edward Elgar Publishing, 2017).

[6] Onuma Yasuaki, *International Law in a Transcivilizational World* (Cambridge University Press, 2017).

[7] Seo-Hyun Park, *Sovereignty and Status in East Asian International Relations* (Cambridge University Press, 2017).

[8] Monica Hakimi, 'The Work of International Law', Harvard International Law Journal, Vol. 58(1), 1-46 (2017).

[9] Christine Chinkin & Mary Kaldor, *International Law and New Wars* (Cambridge University Press, 2017).

[10] Lisbeth Zimmermann, *Global Norms with a Local Face: Rule-of-Law Promotion and Norm Translation* (Cambridge University

Press, 2017).

[11] Barbara Koremenos, *The Continent of International Law: Explaining Agreement Design* (Cambridge University Press, 2016).

[12] Jean d'Aspremont & Samantha Besson (eds.), *The Oxford Handbook of the Sources of International Law* (Oxford University Press, 2017).

[13] Brian D. Lepard, *Reexamining Customary International Law* (Cambridge University Press, 2017).

[14] James A. Green, *The Persistent Objector Rule in International Law* (Oxford University Press, 2016).

[15] Thomas Weatherall, *Jus Cogens: International Law and Social Contract* (Cambridge University Press, 2017).

[16] Review by Dinah Shelton, Editor of the American Journal of International Law, available athttp://admin.cambridge.org/academic/subjects/law/public-international-law/jus-cogens-international-law-and-social-contract#j1FmHBWy6p5u1f4J.97 (accessed on 17 May 2018).

[17] Eyal Benvenisti & George W. Downs, *Between Fragmentation and Democracy: The Role of National and International Courts* (Cambridge University Press, 2017).

[18] Cameron A. Miles, *Provisional Measures before International Courts and Tribunals* (Cambridge University Press, 2017).

[19] Guy Fiti Sinclair, *To Reform the World: International Organizations and the Making of Modern States* (Oxford University Press, 2017).

[20] Liesbet Hooghe, Gary Marks, Tobias Lenz, Jeanine Bezuijen, Besir Ceka & Svet Derderyan, *Measuring International Authority* (Oxford University Press, 2017).

[21] Moritz P. Moelle, *The International Responsibility of International Organisations: Cooperation in Peacekeeping Operations* (Cambridge

University Press, 2017).

[22] Monika Heupel & Michael Zürn, *Protecting the Individual from International Authority: Human Rights in International Organizations* (Cambridge University Press, 2017).

[23] Sherif Elgebeily, *The Rule of Law in the United Nations Security Council Decision-Making Process: Turning the Focus Inwards* (Routledge, 2017).

[24] Nobuo Hayashi, Cecilia M. Bailliet (eds.), *The Legitimacy of International Criminal Tribunals* (Cambridge University Press, 2017).

[25] Juan Pablo Perez-Leon-Acevedo, 'Book Review: The Legitimacy of International Criminal Tribunals', Nordic Journal of Human Rights, Vol. 35: 2, 164-166 (2017).

[26] Larry May & Shannon Fyfe, *International Criminal Tribunals: A Normative Defense* (Cambridge University Press, 2017).

[27] Yuval Shany, 'A Human Rights Perspective to Global Battlefield Detention: Time to Reconsider Indefinite Detention', International Law Studies, Vol. 93, 102-131 (2017).

[28] Colleen Rohan & Gentian Zyberi, *Defense Perspectives on International Criminal Justice* (Cambridge University Press, 2017).

[29] Steven van Hoogstraten, Nico Schrijver, Otto Spijkers & Anneleen de Jong (eds.), *The Art of Making Peace: Lessons Learned from Peace Treaties* (Brill | Nijhoff, 2017).

[30] Gideon Boas & Pascale Chifflet, *International Criminal Justice* (Edward Elgar Publishing, 2017).

[31] Neha Jain, 'Radical Dissents in International Criminal Trials', European Journal of International Law, Vol. 28, 1163 (2017).

[32] Rosa Aloisi & James Meernik, *Judgment Day: Judicial Decision Making at the International Criminal Tribunals* (Cambridge University Press, 2017).

[33] Mikkel Jarle Christensen & Ron Levi (eds.), *International Prac-*

tices of Criminal Justice: *Social and Legal Perspectives* (Routledge, 2017).

[34] Ingrid B. Wuerth, 'International Law in the Post-Human Rights Era', Texas Law Review, Vol. 96, 279 (2017).

[35] Kathryn Sikkink, *Evidence for Hope*: *Making Human Rights Work in the 21st Century* (Princeton University Press, 2017).

[36] Stephen Hopgood, Jack Snyder & Leslie Vinjamuri (eds.), *Human Rights Futures* (Cambridge University Press, 2017).

[37] Giselle Corradi, Eva Brems, Mark Goodale (eds.), *Human Rights Encounter Legal Pluralism*: *Normative and Empirical Approaches* (Hart Publishing, 2017).

[38] Geoff Dancy and Christopher J. Fariss, 'Rescuing Human Rights Law from International Legalism and Its Critics', Human Rights Quarterly, Vol. 39(1), 1-36 (2017).

[39] Adamantia Rachovitsa, 'The Principle of Systemic Integration in the Human Rights Law-A Critical Appraisal', International and Comparative Law Quarterly, Vol. 66(3), 557-588 (2017).

[40] Mikael Rask Madsen, 'Bolstering Authority by Enhancing Communication: How Checks and Balances and Feedback Loops Can Strengthen the Authority of the European Court of Human Rights', in Joana Mendes & Ingo Venzke (eds.), Allocating Authority (Hart Publishing, 2018); available at: https://papers.ssrn.com/sol3/papers.cfm?abstract_id=3016337 (accessed on 25 May 2018).

[41] Krešimir Kamber, *Prosecuting Human Rights Offences*: *Rethinking the Sword Function of Human Rights Law* (Brill | Nijhoff, 2017).

[42] Surya P. Subedi, *The Effectiveness of the UN Human Rights System*: *Reform and the* Judicialisation of Human Rights (Routledge, 2017).

[43] Katharine Fortin, *The Accountability of Armed Groups under Human Rights Law* (Oxford University Press, 2017).

[44] Katerina Linos & Tom Pegram, 'What Works in Human Rights Institutions?', American Journal of International Law, Vol. 111 (3), 628-688 (2017).

[45] Dug Cubie, *The International Legal Protection of Persons in Humanitarian Crises: Exploring the Acquis Humanitaire* (Hart Publishing, 2017).

[46] Noam Zamir, *Classification of Conflicts in International Humanitarian Law: The Legal Impact of Foreign Intervention in Civil Wars* (Edward Elgar Publishing, 2017).

[47] Robin Geiß, Andreas Zimmermann & Stefanie Haumer (eds.), *Humanizing the Laws of War: The Red Cross and the Development of International Humanitarian Law* (Cambridge University Press, 2017).

[48] Christy Shucksmith, *The International Committee of the Red Cross and its Mandate to Protect and Assist: Law and Practice* (Hart Publishing, 2017).

[49] Jason M. Pobjoy, *The Child in International Refugee Law* (Cambridge University Press, 2017).

[50] Christopher R. Rossi, 'Treaty of Tordesillas Syndrome: Sovereignty ad Absurdum and the South China Sea Arbitration', Cornell International Law Journal, Vol. 50(2), 231-283 (2017).

[51] Bill Hayton, 'When Good Lawyers Write Bad History: Unreliable Evidence and the South China Sea Territorial Dispute', Ocean Development & International Law, Vol. 48(1), 17-34 (2017).

[52] Yen Hoang Tran, 'The South China Sea Arbitral Award: legal implications for fisheries management and cooperation in the South China Sea', Cambridge International Law Journal, Vol. 6(1), 87-94 (2017).

[53] Alexander Proelß (eds.), *United Nations Convention on the Law of the Sea: A Commentary* (C. H. Beck/Hart/Nomos, 2017).

[54] Aline L. Jaecke, *The International Seabed Authority and the Pre-*

cautionary Principle: *Balancing Deep Seabed Mineral Mining and Marine Environmental Protection* (Brill | Nijhoff, 2017).

[55] Gemma Andreone (eds.), *The Future of the Law of the Sea*: *Bridging Gaps Between National*, *Individual and Common Interests* (Springer, 2017).

[56] James Harrison, *Saving the Oceans Through Law*: *The International Legal Framework for the Protection of the Marine Environment* (Oxford University Press, 2017).

[57] Stephen C. McCaffrey, John S. Murray & Melvin Woodhouse, *Promoting Equity*, *Cooperation and Innovation in the Fields of Transboundary Waters and Natural Resources Management*: *The Legacy of Dr. David J. H. Phillips* (Brill | Nijhoff, 2017).

[58] Attila Tanzi, *The Consolidation of International Water Law*: *A Comparative Analysis of the UN and UNECE Water Conventions* (Editoriale Scientifica, 2017).

[59] Christopher R. Rossi, 'The Transboundary Dispute Over the Waters of the Silala/Siloli: Legal Vandalism and Goffmanian Metaphor', Stanford Journal of International Law, Vol. 53(1), 55-87 (2017).

[60] Rémy Kinna & Alistair Rieu-Clarke, *The Governance Regime of the Mekong River Basin*: *Can the Global Water Conventions Strengthen the* 1995 *Mekong Agreement*? (Brill | Nijhoff, 2017).

[61] Lawrence Martin, Constantinos Salonidis and Christina Hioureas, *Natural Resources and the Law of the Sea*: *Exploration*, *Allocation*, *Exploitation of Natural Resources in Areas under National Jurisdiction and Beyond* (JURIS, 2017).

[62] Julien Chaisse, *The Regulation of the Global Water Services Market* (Cambridge University Press, 2017).

[63] Daniel Bodansky, Jutta Brunnée and Lavanya Rajamani, *International Climate Change Law* (Oxford University Press, 2017).

[64] Review by Catherine Redgwell, Chichele Professor of Public Inter-

national Law, University of Oxford, available at: https: //global. oup. com/academic/product/international-climate-change-law-9780199664290? cc=cn&lang=en&# (accessed on 17 May 2018).

[65] Daniel Klein, Maria Pia Carazo, Meinhard Doelle, Jane Bulmer & Andrew Higham (eds.), *The Paris Agreement on Climate Change: Analysis and Commentary* (Oxford University Press, 2017).

[66] Jorge E. Viñuales, 'The Paris Agreement on Climate Change: Less is More', German Yearbook of International Law, Vol. 59, 11-45 (published in 2017).

[67] André Nollkaemper and Ilias Plakokefalos (eds.), The Practice of Shared Responsibility in International Law (Cambridge University Press, 2017).

[68] Jonathan Pickering, Carola Betzold & Jakob Skovgaard, 'Managing Fragmentation and Complexity in the Emerging System of International Climate Finance', International Environmental Agreements: Politics, Law and Economics, Vol. 17(1), 1-16 (2017).

[69] Carola Betzold & Florian Weiler, 'Allocation of Aid for Adaptation to Climate Change: Do Vulnerable Countries Receive More Support?', International Environmental Agreements: Politics, Law and Economics, Vol. 17(1), 17-36.

[70] Nina Hall, 'What is Adaptation to Climate Change? Epistemic Ambiguity in the Climate Finance System', International Environmental Agreements: Politics, Law and Economics, Vol. 17(1), 37-53.

[71] W. Pieter Pauw, 'Mobilising Private Adaptation Finance: Developed Country Perspectives', International Environmental Agreements: Politics, Law and Economics, Vol. 17(1), 55-71.

[72] Laurence Delina, 'Multilateral Development Banking in a Fragmented Climate System: Shifting Priorities in Energy Finance at the Asian Development Bank', International Environmental

Agreements: Politics, Law and Economics, Vol. 17(1), 73-88.

[73]Jakob Skovgaard, 'Limiting Costs or Correcting Market Failures? Finance Ministries and Frame Alignment in UN Climate Finance Negotiations', International Environmental Agreements: Politics, Law and Economics, Vol. 17(1), 89-106.

[74]Jonathan Pickering & Paul Mitchell, 'What Drives National Support for Multilateral Climate Finance? International and Domestic Influences on Australia's Shifting Stance', International Environmental Agreements: Politics, Law and Economics, Vol. 17 (1), 107-125.

[75]J. Timmons Roberts & Romain Weikmans, 'Postface: Fragmentation, Failing Trust and Enduring Tensions over What Counts as Climate Finance', International Environmental Agreements: Politics, Law and Economics, Vol. 17(1), 129-137.

[76]William Banks, 'State Responsibility and Attribution of Cyber Intrusions After Tallinn 2.0', Texas Law Review, Vol. 95 (7), 1487-1513 (2017).

[77]Robert E. Barnsby & Shane R. Reeves, 'Give Them an Inch, They'll Take a Terabyte: How States May Interpret Tallinn Manual 2.0's International Human Rights Chapter', Texas Law Review, Vol. 95(7), 1515-1530.

[78]Rebecca Ingber, 'Interpretation Catalysts in Cyberspace', Texas Law Review, Vol. 95(7), 1531-1555.

[79]Eric Talbot Jensen & Sean Watts, 'A Cyber Duty of Due Diligence: Gentle Civilizer or Crude Destabilizer?', Texas Law Review, Vol. 95(7), 1555-1577.

[80]Jens David Ohlin, 'Did Russian Cyber-Interference in the 2016 Election Violate International Law?', Texas Law Review, Vol. 95 (7), 1579-1598.

[81]Dinah PoKempner, 'Squinting Through the Pinhole: A Dim View of Human Rights from Tallinn 2.0', Texas Law Review, Vol. 95

(7), 1599-1617.

[82]Chistian Schaller, 'Beyond Self-Defense and Countermeasures: A Critical Assessment of the Tallinn Manual's Conception of Necessity', Texas Law Review, Vol. 95(7), 1619-1639.

[83]Michael N. Schmitt & Liis Vihul, 'Respect from Sovereignty in Cyberspace', Texas Law Review, Vol. 95(7), 1639-1671.

[84] Scott J. Shackelford, 'The Law of Cyber Peace', Chicago Journal of International Law, Vol. 18(1), 1-47 (2017).

[85]Theodore Christakis & Karine Bannelier, *Cyber-Attacks-Prevention-Reactions: The Role of States and Private Actors* (Les Cahiers de la Revue Défense Nationale, 2017).

[86]David Cole, Federico Fabbrini & Stephen Schulhofer (eds.), *Surveillance, Privacy and Trans-Atlantic Relations* (Hart Publishing, 2017).

[87] Kristina Schönfeldt, *The Arctic in International Law and Policy* (Hart Publishing, 2017).

[88]Timo Koivurova, Qin Tianbao, Sébastien Duyck & Tapio Nykänen (eds.), *Arctic Law and Governance: The Role of China and Finland* (Hart Publishing, 2017).

[89] Jürgen Basedow, Giesela Rühl, Franco Ferrari and Pedro de Miguel Asensio (eds.), *Encyclopedia of Private International Law* (Edward Elgar Publishing, 2017).

[90]Ulrich Magnus & Peter Mankowski (eds.), Rome I Regulation-Commentary (OttoSchmidt, 2017).

[91]Jürgen Basedow, 'Internationales Einheitsprivatrecht im Zeitalter der Globalisierung (The International Unification of Private Law in the Era of Globalization)', Rabels Zeitschrift für ausländisches und internationales Privatrecht (RabelsZ), Vol. 81(1) 2017.

[92] Ulrich G. Schroeter, 'Gegenwart und Zukunft des Einheitskaufrechts (Present and Future of Uniform Sales Law)', Rabels Zeitschrift für ausländisches und internationales Privatrecht (Ra-

belsZ), Vol. 81(1) 2017.

[93] Stefan Huber, 'Transnationales Kreditsicherungsrecht (Secured Transactions Law: A Transnational Perspective)', Rabels Zeitschrift für ausländisches und internationales Privatrecht (RabelsZ), Vol. 81(1) 2017.

[94] Andreas Maurer, 'Einheitsrecht im internationalen Warentransport (Uniform Law in the International Transport of Goods)', Rabels Zeitschrift für ausländisches und internationales Privatrecht (RabelsZ), Vol. 81(1) 2017.

[95] Alexander Peukert, 'Vereinheitlichung des Immaterialgüterrechts: Strukturen, Akteure, Zwecke (Unification of Intellectual Property Law: Structures, Actors and Aims)', Rabels Zeitschrift für ausländisches und internationales Privatrecht (RabelsZ), Vol. 81 (1) 2017.

[96] Gilles Cuniberti, *Conflict of Laws: A Comparative Approach-Text and Cases* (Edward Elgar Publishing, 2017).

[97] Yuko Nishitani (ed.), *Treatment of Foreign Law-Dynamics towards Convergence?* (Springer, 2017).

[98] Ralf Michaels & Christopher A. Whytock, 'Internationalizing the New Conflict of Laws Restatement', Duke Journal of Comparative & International Law, Vol. 27, 349-359 (2017).

[99] Orsolya Toth, *The Lex Mercatoria in Theory and Practice* (Oxford University Press, 2017).

[100] Niicolas Nord & Gustavo Cerqueira (eds.), *International sale of goods-A Private International Law Comparative and Prospective analysis of Sino-European Relations* (Springer, 2017).

[101] Schultz, Thomas and Ridi, Niccolo, 'Comity and International Courts and Tribunals', Cornell International Law Journal, Vol. 50(3), 578-610 (2017).

[102] William S. Dodge, 'International Comity in Comparative Perspective', in Curtis A. Bradley (ed.), *The Oxford Handbook of*

Comparative Foreign Relations Law (2018, forthcoming), available at: https://papers.ssrn.com/sol3/papers.cfm?abstract_id=3045451 (accessed on 25 May 2018).

[103] Maggie Gardner, 'Retiring Forum Non Conveniens', New York University Law Review, Vol. 92(2), 390-460 (2017).

[104] Anna Su, 'The Rise and Fall of Universal Civil Jurisdiction', Harvard International & Global History Seminar (HIGHS), 5 April, 2017; available at: https://papers.ssrn.com/sol3/papers.cfm?abstract_id=3001921 (accessed on 25 May 2018).

[105] Mukarrum Ahmed, *The Nature and Enforcement of Choice of Court Agreements: A Comparative Study* (Hart Publishing, 2017).

[106] Won L. Kidane, *The Culture of International Arbitration* (Oxford University Press, 2017).

[107] Moshe Hirsch, 'The Sociological Dimension of International Arbitration: The Investment Arbitration Culture' in Thomas Schultz & Federico Ortino (eds.), *The Oxford Handbook of International Arbitration* (forthcoming), available at: https://papers.ssrn.com/sol3/papers.cfm?abstract_id = 2999259 (accessed on 24 May 2018).

[108] Alec Stone Sweet & Florian Grisel (eds.), *The Evolution of International Arbitration: Judicialization, Governance, Legitimacy* (Oxford University Press, 2017).

[109] Annabelle Möckesch, *Attorney-Client Privilege in International Arbitration* (Oxford University Press, 2017).

[110] Kathrin Betz, Proving Bribery, *Fraud and Money Laundering in International Arbitration: On Applicable Criminal Law and Evidence* (Cambridge University Press, 2017).

[111] Florian Grisel, 'Competition and Cooperation in International Commercial Arbitration: The Birth of a Transnational Legal Profession', Law & Society Review, Vol. 51(4), 790-824 (2017).

[112] Emmanuel Gaillard & George A. Bermann, *Guide on the Conven-*

tion on the Recognition and Enforcement of Foreign Arbitral Awards, *New York*, 1958 (Brill | Nijhoff, 2017).

[113] Maximilian Clasmeier, *Arbitral Awards as Investments*: *Treaty Interpretation and the Dynamics of International Investment Law* (Wolters Kluwer, 2017).

[114] Stefan Griller, Walter Obwexer and Erich Vranes, *Mega-Regional Trade Agreements*: *CETA*, *TTIP*, *and TiSA*: *New Orientations for EU External Economic Relations* (Oxford University Press, 2017).

[115] Colin Picker, Heng Wang and Weihuan Zhou (eds.), *The China-Australia Free Trade Agreement*: *A 21st-Century Model* (Hart Publishing, 2017).

[116] Tomer Broude, Yoram Z. Haftel & Alexander Thompson, 'The Trans-Pacific Partnership and Regulatory Space: A Comparison of Treaty Texts', Journal of International Economic Law, Vol. 20 (2), 391-417 (2017).

[117] Patricia Garcia-Duran, Leif Johan Eliasson, 'The Public Debate over Transatlantic Trade and Investment Partnership and Its Underlying Assumptions', Journal of World Trade, Vol. 51 (1), 23-42 (2017).

[118] Neha Mishra, 'The Role of the Trans-Pacific Partnership Agreement In the Internet Ecosystem: Uneasy Liaison or Synergistic Alliance?', Journal of International Economic Law, Vol. 20 (1), 31-60 (2017).

[119] Tania S. L. Voon, 'Consolidating International Investment Law: The Mega-Regionals as a Pathway Towards Multilateral Rules', World Trade Review, Vol. 17 (1), 33-63 (2018), published online on 25 April 2017.

[120] Pamela Apaza Lanyi, Armin Steinbach, 'Promoting Coherence Between PTAs and the WTO Through Systemic Integration', Journal of International Economic Law, Vol. 20(1), 61-85 (2017).

[121] Manfred Elsig, Bernard Hoekman & Joost Pauwelyn, *Assessing the World Trade Organization: Fit for Purpose?* (Cambridge University Press, 2017).

[122] Vitaliy Pogoretskyy, *Freedom of Transit and Access to Gas Pipeline Networks under WTO Law* (Cambridge University Press, 2017).

[123] Marion Jansen, Joost Pauwelyn & Theresa Carpenter (eds), *The Use of Economics in International Trade and Investment Disputes* (Cambridge University Press, 2017).

[124] Margaret E. Peters, *Trading Barriers: Immigration and the Remaking of Globalization* (Princeton University Press, 2017).

[125] Jean-Frederic Morin, Joost Pauwelyn & James Hollway, 'The Trade Regime as a Complex Adaptive System: Exploration and Exploitation of Environmental Norms in Trade Agreements', Journal of International Economic Law, Vol. 20 (2), 365-390 (2017).

[126] Wolfgang Müller, *WTO Agreement on Subsidies and Countervailing Measures: A Commentary* (Cambridge University Press, 2017).

[127] Tania S. L. Voon, 'Balancing Regulatory Autonomy with Liberalisation of Trade in Services: An Analytical Assessment of Australia's Obligations under Preferential Trade Agreements, Melbourne Journal of International Law, Vol. 18 (2), 373-406 (2017).

[128] Oisin Suttle, *Distributive Justice and World Trade Law: A Political Theory of International Trade Regulation* (Cambridge University Press, 2017).

[129] Alexei Kireyev & Chiedu Osakwe (eds.), *Trade Multilateralism in the Twenty-First Century: Building the Upper Floors of the Trading System through WTO Accessions* (Cambridge University Press, 2017).

[130] W. Michael Reisman, 'The Empire Strikes Back: The Struggle to Reshape ISDS', White & Case International Arbitration

Lecture (The Lamm Lecture) at University of Miami School of Law on February 9, 2017, available at: https://papers.ssrn.com/sol3/papers.cfm?abstract_id=2943514(accessed on 21 May 2018).

[131] Nicolette Butler & Surya Subedi, 'The Future of International Investment Regulation: Towards a World Investment Organisation?', Netherlands International Law Review, Vol. 64 (1), 43-72 (2017).

[132] Jonathan Bonnitcha, Lauge N. Skovgaard Poulsen & Michael Waibel, *The Political Economy of the Investment Treaty Regime* (Oxford University Press, 2017).

[133] Meg Kinnear & Christine Sim, 'Introduction to the Collection', ICSID Review: Foreign Investment Law Journal, Vol. 32 (3), 2017.

[134] J. Christopher Thomas & Harpreet Kaur Dhillon, 'The Foundations of Investment Treaty Arbitration: The ICSID Convention, Investment Treaties and the Review of Arbitration Awards', ICSID Review: Foreign Investment Law Journal, Vol. 32(3), 2017.

[135] Elsa Sardinha, 'The Impetus for the Creation of an Appellate Mechanism'; Mark Feldman, 'Investment Arbitration Appellate Mechanism Options: Consistency, Accuracy, and Balance of Power', ICSID Review: Foreign Investment Law Journal, Vol. 32(3), 2017.

[136] Mark Huber & Greg Tereposky, The WTO Appellate Body: Viability as a Model for an Investor-State Dispute Settlement Appellate Mechanism', ICSID Review: Foreign Investment Law Journal, Vol. 32(3), 2017.

[137] Chester Brown, 'Supervision, Control, and Appellate Jurisdiction: The Experience of the International Court', ICSID Review: Foreign Investment Law Journal, Vol. 32(3), 2017.

[138] N. Jansen Calamita, 'The Challenge of Establishing a Multilateral Investment Tribunal at ICSID', ICSID Review: Foreign Invest-

ment Law Journal, Vol. 32(3), 2017.

[139] Elsa Sardinha, 'The New EU-Led Approach to Investor-State Arbitration: The Investment Tribunal System in the Comprehensive Economic Trade Agreement (CETA) and the EU-Vietnam Free Trade Agreement', ICSID Review: Foreign Investment Law Journal, Vol. 32(3), 2017.

[140] Colin M. Brown, 'A Multilateral Mechanism for the Settlement of Investment Disputes. Some Preliminary Sketches', ICSID Review: Foreign Investment Law Journal, Vol. 32(3), 2017.

[141] Lucy Reed & Christine Sim, Potential Investment Treaty Appellate Bodies: Open Questions', ICSID Review: Foreign Investment Law Journal, Vol. 32(3), 2017.

[142] Daniel Behn and Ole Kristian Fauchald, 'Adjudicating Environmental Disputes Through Investment Treaty Arbitration', Journal of World Investment & Trade, Vol. 18(1), 9 (2017).

[143] Daniel Behn and Malcolm Langford, 'Trumping the Environment? An Empirical Perspective on the Legitimacy of Investment Treaty Arbitration', Journal of World Investment & Trade, Vol. 18 (1), 14-61 (2017).

[144] Amelia Keene, 'The Incorporation and Interpretation of WTO-Style Environmental Exceptions in International Investment Agreements', Journal of World Investment & Trade, Vol. 18(1), 62-99 (2017).

[145] Jeff Sullivan and Valeriya Kirsey, 'Environmental Policies: A Shield or a Sword in Investment Arbitration?', Journal of World Investment & Trade, Vol. 18(1), 100-130 (2017).

[146] Graham Mayeda, 'Integrating Environmental Impact Assessments into International Investment Agreements: Global Administrative Law and Transnational Cooperation', Journal of World Investment & Trade, Vol. 18(1), 131-162 (2017).

[147] Markus Gehring, Sean Stephenson and Marie-Claire Cordonier

Segger, 'Sustainability Impact Assessments as Inputs and as Interpretative Aids in International Investment Law', Journal of World Investment & Trade, Vol. 18(1), 163-199 (2017).

[148] Steven R. Ratner, 'Compensation for Expropriations in a World of Investment Treaties: Beyond the Lawful/Unlawful Distinction', American Journal of International Law, Vol. 111 (1), 7-56 (2017).

[149] Nicolás M. Perrone, 'The Emerging Global Right to Investment: Understanding the Reasoning Behind Foreign Investor Rights', Journal of International Dispute Settlement, Vol. 8(4), 673-694 (2017).

[150] Simon Batifort & J. Benton Heath, 'The New Debate on the Interpretation of MFN Clauses in Investment Treaties: Putting the Brakes on Multilateralization', American Journal of International Law, Vol. 111(4), 873-913 (2017).

[151] Fabio Morosini & Michelle Ratton Sanchez Badin, *Reconceptualizing International Investment Law from the Global South* (Cambridge University Press, 2017).

[152] Matthew C. Turk, 'The Banking-Sovereign Nexus: Law, Economics & Policy', Columbia Journal of Transnational Law, Vol. 55, 592-648 (2017).

[153] Adam Feibelman, 'Law in the Global Order: The IMF and Financial Regulation', New York University Journal of International Law and Politics, Vol. 49(3), 687-745 (2017).

[154] Christian J. Tams, Stephan W. Schill & Rainer Hofmann (eds.), *International Investment Law and the Global Financial Architecture* (Edward Elgar Publishing, 2017).

[155] Federico Lupo-Pasini, *The Logic of Financial Nationalism: The Challenges of Cooperation and the Role of International Law* (Cambridge University Press, 2017).

[156] Chris Brummer, 'The Renminbi and Systemic Risk', Journal of

International Economic Law, Vol. 20(3), 447-507 (2017).

[157] Gabriele Gagliani, 'International Economic Disputes, Investment Arbitration and Intellectual Property: Common Descent and Technical Problems', Journal of World Trade, Vol. 51(2), 335-355 (2017).

[158] Laurence R. Helfer, Molly K. Land, Ruth L. Okediji & Jerome H. Reichman, *The World Blind Union Guide to the Marrakesh Treaty: Facilitating Access to Books for Print-Disabled Individuals* (Oxford University Press, 2017).

[159] Daniel J. Gervais, *(Re)structuring Copyright: A Comprehensive Path to International Copyright Reform* (Edward Elgar Publishing, 2017).

全球教育研究的新热点和趋势
——基于2015—2017年ESI高被引论文的文献研究

武汉大学教育科学研究院
吴 青 廖 蓉 胡怡涵 孙 畅

ESI高被引论文，指在Web of Science数据库中同年度同学科领域中被引频次排名位于全球前1%的论文。本文通过分析2015至2017年间教育科学领域的ESI高被引论文，总结出全球近三年教育研究的新热点、新趋势，从而为我国学者深化教育科学研究提供参考。

一、数据来源和研究方法

本研究收集2015年至2017年间教育科学领域的ESI高被引论文(收集时间2018年3月12日)，总计96篇。其中，2015年有21篇，2016年有42篇，2017年有33篇。按照第一作者工作单位所处的国家分布，统计如表1所示。其中，超过43%的高被引论文来自美国，由此可见美国教育机构在引领全球教育研究趋势上具有重要的作用。此外，英国、澳大利亚和新西兰的学者，总计贡献了33%的高被引论文。中国大陆和中国香港均只有1篇论文入选ESI高被引论文。

统计高被引论文中的高频关键词，词频出现6次及以上的关键词包括：学生(18次)，知识(11次)，干预(11次)，教育(10次)，儿童(9次)，表现(9次)，科学(8次)，技术(8次)，课堂(7次)，个体差异(7次)，元分析(7次)，动机(7次)，模型(6次)，

表 1　**ESI 高被引论文来源国家及地区(仅统计第一作者单位)**

国家	2015 年	2016 年	2017 年	总计
美国	13	17	12	42
英国	0	7	5	12
澳大利亚	3	5	3	11
新西兰	3	1	5	9
爱尔兰	1	2	0	3
日本	0	0	3	3
瑞典	0	2	1	3
中国台湾	1	2	0	3
德国	0	1	1	2
加拿大	0	1	1	2
法国	0	0	1	1
芬兰	0	1	0	1
瑞士	0	1	0	1
意大利	0	1	0	1
中国大陆	0	0	1	1
中国香港	0	1	0	1

解剖学(6 次)，感知(6 次)，政策(6 次)，执行功能(6 次)，学校(6 次)，工作记忆(6 次)，教师(6 次)。由此可见，全球教育研究依然以学生为中心，探索知识建构、个体感知、学习动机、执行功能等方面的群体规律和个体差异。其中，科学、技术、解剖学的课堂教学以及学校和政策干预是分析重点。此外，在综述类型文献中，研究者普遍使用基于元分析的文献分析方法。

利用 Cite Space 开展关键词共现分析，构建关键词共现图谱如图 1 所示。由此可见，并不存在相对集中的全球教育研究热点。因此，后文对教育领域 ESI 高被引论文开展文献分析，总结归纳出八大研究热点和四大研究趋势。

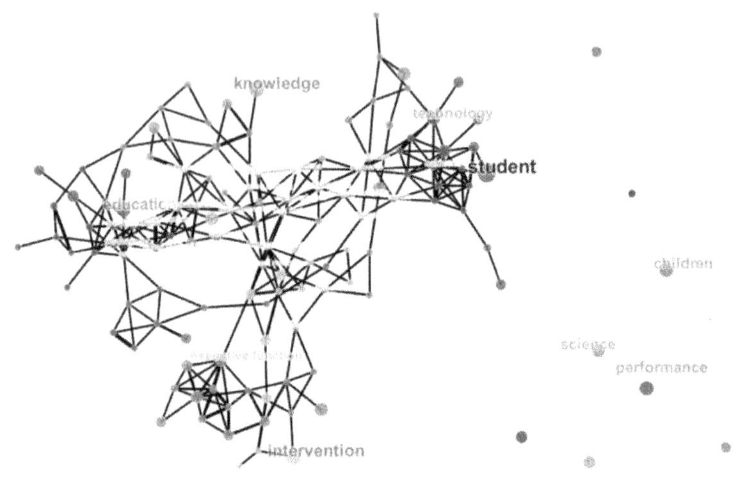

图 1　ESI 高被引论文关键词的共现图谱

二、全球教育研究的新热点

(一) 课程与教学

课程与教学的研究对象为课程与教学活动、教学制度与教学思想，研究目的是描述课程与教学现象、检讨课程与教学价值、指导课程与教学实践、变革课程与教学现实。目前，教育专家主要侧重翻转课堂、协作教学和 BIM 实践教学三个方面的研究。

1. 翻转课堂

翻转课堂也称颠倒课堂，通过重新规划课堂的使用时间，实现传统教学模式的革新。翻转课堂具有改变课内外使用时间、课内外活动翻转、强调主动学习和同侪学习、问题解决以及充分利用教育技术辅助学习的特点。① 研究者主要关注翻转课堂相对于传统教学模式而言，在课程完成率、学生学习动机、学生学习行为转变、学生能力提升等方面的优势。

部分学者指出翻转课堂的授课方式能够有效提高学生的学习成绩、到课率和课程满意度。例如，美国宾夕法尼亚州约克学院(York College of Pennsylvania)的学者杰西卡法奇(Jessica M. Fautch)发现，翻转课堂的授课方式能有效培养学生的学习自控能力，更有利于形成批判性思维和培养问题解决能力，使成绩较差的学生也能坚持完成课程学习。② 此外，美国加州大学河滨分校(University of California-Riverside)的学者杰克艾希勒(Jack F. Eichler)指出使用翻转课堂授课，能够提高学生的课程满意度、课程平均成绩和课程完成率，降低课程不及格率。③

部分学者研究翻转课堂对学生学习动机和认知负荷的影响。例如，澳大利亚莫纳什大学(Monash University)的学者拉克马尔阿贝塞克拉(Lakmal Abeysekera)指出，一方面，翻转课堂能满足学生对能力、自主性和知识关联性的基本认知需求，产生更积极的学习动机。另一方面，在翻转课堂中，学生可以自定学习步调，减轻认知负担，更好地管理认知负荷。④

部分学者认为翻转课堂能够改善学生的学习行为。例如，加拿

① Dawson P. Motivation and cognitive load in the flipped classroom: definition, rationale and a call for research[J]. Higher Education Research & Development, 2015, 34(1): 1-14.

② Jessica M. The flipped classroom for teaching organic chemistry in small classes: is it effective? [J]. Chemistry Education and Practice, 2015, 16(1): 179-186.

③ Eichler J F, Peeples J. Flipped Classroom Modules for Large Enrollment General Chemistry Courses: A Low Barrier Approach to Increase Active Learning and Improve Student Grades[J]. Chemistry Education Research & Practice, 2016, 17(1): 197-208.

④ Dawson P. Motivation and cognitive load in the flipped classroom: definition, rationale and a call for research[J]. Higher Education Research & Development, 2015, 34(1): 1-14.

大西部大学(Western University)学者莎拉麦克林(Sarah McLean)指出，学生在翻转课堂中，更倾向于综合应用多种学习方法、反思自我学习进展，提高自主学习能力。学生们在上课时较少查看社交媒体或与朋友闲聊，愿意与同伴合作交流，分享学习经验，在自主学习时多选择深度学习，注重学习反思。因此，大多数受访者对翻转课堂的课程体验有着积极评价。①

部分学者认为翻转课堂能够提升学生的学习能力，包括沟通合作能力、自我管理能力等。例如，澳大利亚南澳大学(University of South Australia)的学者杰奎琳奥弗莱厄蒂(Jacqueline O'Flaherty)指出翻转课堂重视团队合作和课堂参与，能够给学生提供更多提升沟通技巧的机会。② 同时，美国宾夕法尼亚州约克学院(York College of Pennsylvania)的杰西卡法奇(Jessica M. Fautch)认为在翻转课堂中的学生更愿意参与大型团体讨论。③ 加拿大安大略省伦敦西部大学(Western University)的莎拉麦克林(Sarah McLean)在调查中发现，大多数学生认为翻转课堂有利于学生提升自主学习技能，有助于学生使用时间管理策略和深度学习策略完成课后作业。④

部分学者研究翻转课堂的应用程度对学生学习效果的影响。例如，美国西部华盛顿大学(Western Washington University)的学者乔治安娜康奈尔(Georgianne L. Connell)发现，广泛使用翻转课堂，相比一般程度的使用该教学模式，更有助于学生学习。学者将

---

① Mclean S, Attardi S M, Faden L, et al. Flipped classrooms and student learning: not just surface gains. [J]. Advances in Physiology Education, 2016, 40 (1): 47-55.

② O'Flaherty J, Phillips C. The use of flipped classrooms in higher education: A scoping review[J]. Internet & Higher Education, 2015, 25(C): 85-95.

③ Jessica M. The flipped classroom for teaching organic chemistry in small classes: is it effective? [J]. Chemistry Education and Practice, 2015, 16(1): 179-186.

④ Mclean S, Attardi S M, Faden L, et al. Flipped classrooms and student learning: not just surface gains. [J]. Advances in Physiology Education, 2016, 40 (1): 47-55.

2014 年冬季生物学课程的学生分成实验组和对照组。其中，实验组广泛使用翻转课堂教学模式，包括活动学习和小组学习，并且实施形成性评价。对照组以讲座为主，较少使用形成性评价。在数据获取阶段，学者记录和编码学生的课堂表现。随后，使用项目反应理论(Item Response Theory)，综合考虑试题难度、试题区分度和猜测系数对学生答题正确率的影响，估算出学生真实的学习能力。最后，学者使用科学调查表(生物卷)评估学生学习科学的态度。在数据分析阶段，学者比较了实验组和对照组在课堂表现、学习能力和学习态度上的差异，并且使用多元回归模型考虑年级、科学课程数目等其他因素对学生知识能力的影响。研究发现，广泛使用翻转课堂，更有助于提高学生的知识掌握水平、元认知和解决问题的能力，也有助于提高学生的学习积极性。①

此外，学者们还特别关注翻转课程在实施过程中需要注意的事项。

首先，澳大利亚南澳大学(University of South Australia，Australia)学者杰奎琳奥弗莱厄蒂(Jacqueline O'Flaherty)认为翻转课堂对时间成本、经济成本和人员配置具有较高要求。教师设计和准备课程内容，例如开办讲座、开发视频库等，需要耗费大量的时间。同时，翻转课堂需要一定的资金以开发课前资源并保证持续的 IT 支持。此外，需要课程研发人员进入课堂，指导教师合理使用不同类型的教学方法，并且需要技术团队辅助教师开发电子教学材料。②

其次，加拿大安大略省伦敦西部大学(Western University)学者沙拉麦克莱恩(Sarah McLean)认为翻转课堂对师生的适应能力提出较高要求。一方面，部分教师缺乏对翻转课堂理念的理解，无法在实践中有效地应用，从而易产生较大的工作压力。另一方面，部分

---

① Connell G L，Donovan D A，Chambers T G. Increasing the Use of Student-Centered Pedagogies from Moderate to High Improves Student Learning and Attitudes about Biology[J]. The Life Sciences Education，2016，15(1)：ar3.

② O'Flaherty J，Phillips C. The use of flipped classrooms in higher education：A scoping review[J]. Internet & Higher Education，2015，25(C)：85-95.

学生更习惯于传统教学方法，教师需要针对翻转课堂的特点给予学生明确的指导，避免学生在课前学习中浪费时间。

同时，该学者认为翻转课堂对学生提出更加严格的要求。例如，要求学生在规定时间内完成作业并充分理解课程内容，便于为课堂讨论做准备，还要求学生增强独立学习能力和自我管理能力，做好时间管理和任务管理。①

2. 协作教学

当代教育界大力倡导协作式智力参与，部分学者指出协作是人类为实现群体利益最大化，而对自我观点的调整。教育专家主要从协作过程监管、协作特征和协作教学成效三个方面，对生生协作学习和教师协作教学展开研究。

在生生协作学习领域，由于协作学习的效果受协作任务的实施条件，协作任务类型和协作任务结构等因素的影响。② 特别在计算机支持的协作学习（Computer Supported Collaborative Learning，CSCL）环境中，成功的协作学习还需要进行社交共享监管学习（socially shared regulation Learning，SSRL）。SSRL 是小组成员共同管理小组学习活动、相互协调和共享优质学习服务的监管过程。因此，芬兰奥卢大学（University of Oulu）学者莎娜贾维拉（Sanna Jarvela）重点研究 SSRL 在协作学习中的作用，及其 CSCL 监管工具的使用。

该学者指出，现有的研究大多关注 CSCL 中的活动频率，却较少关注 CSCL 中的自我调节活动和社交共享监管活动。因此，该学者基于 Biggs 的 SOLO 分类标准，对协作学习结果进行编码和分类，研究在不同协作学习阶段中，自我调节学习活动和社会共享监管活动的变化趋势及其对学习结果的影响。该学者通过 CSCL 中在线聊

① Mclean S，Attardi S M，Faden L，et al. Flipped classrooms and student learning：not just surface gains[J]. Advances in Physiology Education，2016，40(1)：47-55.

② Kuhn D. Thinking Together and Alone.[J]. Educational Researcher，2015，44(1)：46-53.

天和学习反思日志数据跟踪学习过程，将协作学习阶段划分为开始、执行和结束三个阶段；将自我调节学习活动划分为任务理解、计划、监控和评估四个维度；将社交共享监管活动(Socially shared regulation activities)划分为任务理解、计划、策略使用和动机监控四个方面以开展分析。分析结果表明，随着合作的深入，自我调节学习活动中理解类型活动减少，监控类型活动增加，而社交共享监管活动中动机监管类型活动增多。当学生学习动机下降时，可以通过社交共享监管，维持小组成员的整体学习动力。其中，个体学生的自主学习活动侧重于学习的元认知，如任务理解和监控。而社会共享监管活动则涉及协作学习中的协调活动，如计划和策略选择。特别是，社交共享的动机监管对维持高效合作至关重要。例如，学生的任务认知质量与其使用的监控活动数量呈负相关。此外，社会共享监管对协作学习成果存在显著影响。学习成绩较好的群体更倾向于参与社会共享计划，具有更强的社会共享动机，并且表现出更多的交互行为，例如学习成绩较好的团队成员之间有更多共同的计划和动机管理活动，而学习成绩较差的群体则倾向于自我调节学习。①

此外，该学者为增强 SSRL 开发了一套 CSCL 监管工具。② 通过借鉴社会学习互动的理论，该学者提出了三个设计原则，包括增强学习者对自己和他人学习过程的认识、支持学习过程中的共享和交流、制定和执行监管程序。并且从学习认知、学习动机和情感因素三个方面，对学生的意识、外化和提示性规约提出监管要求。具体而言，首先，使用雷达图，提升个人自我调节学习和 SSRL 意识，从而识别出阻碍小组合作的因素并提出应对策略。其次，小组成员填写计划表，促使团队开发 SSRL 策略，从而促进任务理解，

① Järvelä S, Malmberg J, Koivuniemi M. Recognizing socially shared regulation by using the temporal sequences of online chat and logs in CSCL[J]. Learning & Instruction, 2016, 42: 1-11.

② Järvelä S, Kirschner P A, Panadero E, et al. Enhancing socially shared regulation in collaborative learning groups: designing for CSCL regulation tools[J]. Educational Technology Research & Development, 2015, 63(1): 125-142.

目标设定，计划编制和策略使用。最后，完成学习任务后，小组成员填写评估表，用于评估小组成员的工作，包括工作努力程度，反思监管过程中需要改善的方面。试验结果表明，利用该工具，小组成员制定了更加先进的监管策略，能够协调团队成员行为，实现情感交互。

部分学者认为教师协作教学有利于提高教师教学技能。特别是专业学习社群(Professional Learning Communities)能够打破教师孤立的学习状态，增强教师专业发展的动力，为教师营造合作学习的氛围，提高教师自我效能与集体效能。例如，香港中文大学教育学院(The Chinese University of Hong Kong)学者张佳(Jia Zhang)和彭新强(Nicholas Sun-Keung Pang)采用混合研究的方法，对上海的七所学校进行调查，探索中国专业学习社群的特点及其原因，以寻求提升教师教学技能的方法。研究发现，中国的学校的专业学习社群具有集体学习，共同的个人实践，共享和支持性领导和支持条件等特征。但是存在一定特殊性，例如集体学习和共同的个人实践两个特征合并为协作学习这一特征，而支持条件的特征分化为结构支持和文化障碍这两个特征。特别是，共同愿景和价值观这一特征在中国专业学习社群被专业能力这一新特征取代。该学者发现，中国专业学习社群更容易成功开展的原因是，中国学校的领导比西方学校更重视教师的集体成就和协作学习，有助于形成“教学研究体系”。其次，强调集体主义的社会文化，有助于中国学校实现合作学习，中国学校专业学习社群发展的文化障碍相对较低。最后，教师合作被教育界高度认可，对发展教师的专业能力和形成合作学习具有关键作用。①

虽然学术界普遍认为，教师之间具有高质量合作时，其学生的

① Zhang J, Pang S K. Exploring the Characteristics of Professional Learning Communities in China: A Mixed-Method Study [J]. The Asia-Pacific Education Researcher, 2016, 25(1): 11-21.

学业成绩将更好。① 然而，较少有研究关注不同类型的教师合作，对学业成就的影响是否存在差异。而且，以前的研究缺乏大规模跟踪调查。学者们较少关注教师合作与学业成就之间是否存在因果关系。因此，美国密歇根大学(University of Michigan)学者马修伦菲尔德（Matthew Ronfeldt)利用调查和行政数据，对 336 所迈阿密戴德县公立学校的 9000 多名教师，进行超过 2 年的调查和追踪。研究发现，虽然不同类型的教师和学校具有不同的合作质量，但平均合作质量与学生成绩有关。当教师合作质量更高时，学生的数学和阅读成绩更好。而且，当教师在合作质量较好的学校工作时，教师的工资提高幅度较大。然而，无法证明教师合作质量与学生学业成绩之间存在因果关系。这是由于，教师或学校特征对教师合作与学生成绩存在显著影响。而且成就收益反过来也会促使教师更好地合作。②

3. BIM 实践教学

建筑信息模型(Building Information Modeling，BIM)，是一种集成了建筑工程项目各种相关信息的工程数据模型，可以辅助各个角色之间实现信息沟通，完成建筑物协同设计。BIM 实践教学主要应用于高校工程管理类专人才培养。而教育专家更加注重如何基于 BIM 实践教学，设计出保障教学方法和教学活动成功开展的学习环境。

在学习环境的设计过程方面，荷兰马斯特里赫特大学(Maastricht University)的学者耶罗恩(Jeroen J. G.)提出一种参与式设计过程(Participatory Design Process)，以实现教学法与学习环境的匹配。参与式设计过程包含三个阶段，每个阶段之间互为迭代关系。第一

① Goddard，Yvonne L. | Miller，Robert | Larsen，Ross | Goddard，Roger | Madsen，Jean | Schroeder，Patricia. Connecting Principal Leadership，Teacher Collaboration，and Student Achievement. [J]. Online Submission，2010：32.

② Ronfeldt M，Farmer S O，Mcqueen K，et al. Teacher Collaboration in Instructional Teams and Student Achievement. [J]. American Educational Research Journal，2015，52(3)：475-514.

个阶段，从学习任务(Learning Tasks)，支持性信息(Supportive Information)，程序性信息(Procedural Information)和部分任务练习(Part-Task Practice)四个教育组件定义教学法。其中，学习任务指学生在模拟的任务环境(学校)或在现实生活中的任务环境(例如日常生活或职业和职业教育，工作场所)中执行的任务。支持性信息帮助学生激活预备知识，在新知识和既有知识之间构建联系，并且提供认知反馈，鼓励学生将自我心智模式和认知策略与专家、教师和同学的心智模式和认知策略开展批判性比较，用于帮助学生完成学习任务。程序性信息在学生需要的时候提供，引导学生正确执行学习任务。部分任务练习为需要反复操练的核心学习任务，提供重复练习的机会；第二个阶段，根据四大教育组件的特点，设计需要的座位布置和物理学习空间。例如，学习任务是基于问题的形式提出，解决该学习任务需要能同时容纳 10 到 15 名中等规模学习团队的座位，因此需要一个开放式广场的物理学习空间。当学生需要支持性信息时，学生可能是自主导向，学生可以在图书馆、家中或者传统讲座中寻找需要的学习资料。当学生需要程序性信息时，可以通过移动设备咨询导师意见，或者遵循参考手册或参考指南上提供的学习路径，甚至利用 Google 眼镜等增强现实技术获得相关讲解。为实现部分任务练习，可能需要构建专业点“技能实验室”，方便学生在教师的直接监督下练习技能；第三阶段，建造学校建筑和布置室内装饰。在该阶段学校管理人员，教师和学生监控建造过程中出现的变化并跟踪设计的实施情况。①

建筑师和工程师作为建筑物制造者，学校管理者、教师和学生作为建筑物使用者，对于开展学习环境建设都至关重要。例如，荷兰马斯特里赫特大学(Maastricht University)学者凯伦科宁斯(Karen D. Konings)强调，建筑设计需要考虑不同利益相关者的需求。设计一座新的学校建筑自由度较高，让利益相关者参与可以对不同群体的需求做出假设。这样做能够有效防止创新想法被“群体思维”

① Van Merriënboer J J G, Mckenney S, Cullinan D, et al. Aligning pedagogy with physical learning spaces[J]. European Journal of Education, 2017, 52.

和部分利益主体阻挠。利益相关者包括教师、学生、建筑师、教育出版商、信息和通信技术专家等。该学者提出一种参与式建筑设计的跨学科模型(Towards An Interdisciplinary Model Of Participatory Building Design)。该模型包括设计、实验、实施、使用四个阶段，每个阶段都是一个迭代过程，需要所有角色共同参与。不同的利益相关者在不同周期中，关注的重点和表现出的重要性各不相同。①

不同涉众对学习环境的关注点存在差异。例如，建筑师、工程师和 AECO(Architecture, Engineering, Construction, Operation 建筑，工程，施工，运营)专业人员专注技术问题，而教师和学生仅仅将建筑视作教育环境。荷兰代尔夫特理工大学(Delft University of Technology)的学者亚力大库塔曼尼斯(Alexander Koutamanis)基于 BIM 及其可视化工具，将设计、实施、运营管理过程的信息整合到一个统一的建筑模型，从而实现各阶段各角色之间的信息共享和传递。建造学习环境包括设计、开发、实现、操作四个阶段。② 设计阶段，教师、学生以及教育政策制定者等要明确学校特色、地理位置、预算、简介等信息。开发阶段，需要由设计师、工程师和顾问开发学校建筑的设计以满足设计阶段的需求。实现阶段，学校建筑按照开发阶段的规定建造。操作阶段，完成的建筑由教师和学生负责具体部署，AECO 专业人员进行维护。一方面，该模型为不同利益相关者提供了更全面、更有效的合作，以优化最适合教学和学习的学校建筑设计。③ 适当的信息技术可以使用户(如学校管理人员，

① Könings K D, Bovill C, Woolner P. Towards an interdisciplinary model of practice for participatory building design in education [J]. European Journal of Education, 2017, 52(4).

② Koutamanis, A. (2014). Computer-mediated briefing for architects. Hershey, PA: Engineering Science Reference, an imprint of IGI Global.

③ Koutamanis A, Heuer J, Könings K D. A visual information tool for user participation during the lifecycle of school building design: BIM[J]. European Journal of Education, 2017, 52.

教师和学生)充分参与一所学校建筑的整个设计周期,① 并确保在学校建筑生命周期的所有阶段都能正确地解释他们的需求;另一方面,通过使用该模型,让建筑使用者而不是设计者决定学校建筑的最终形态。鼓励教师和学生参与 AECO 流程,既能保障学校建筑顺利构建,又能提升教育质量。

(二)教师专业发展

教师专业发展是当代教师教育研究领域的热点话题,既涉及政府的教师管理,也涉及学校的教师队伍建设,主要包括提升教师知识、教师精神和教师能力等。目前,学术界主要从改善教师学科教学知识(Pedagogical Content Knowledge, PCK)、分析教师复原力的影响因素两个方面展开研究。

PCK 是指教师“综合运用专业学科知识和教育学知识去理解特定教学主题,并针对学生的不同兴趣和能力加以组织、调整并最终呈现的知识”,包括教师对学生的理解以及教师对教学策略的理解。② 教师对 PCK 的理解,对于教师掌握关键学习目标,设计和实施教育过程非常重要。③ 然而,由于 PCK 是一种隐含的和高度情境化的知识,使得教师很难表达他们的想法。并且,课堂环境的多样性和学生思想的多样性会影响教师对 PCK 的使用。④ 因此,美国波士顿大学(Boston College)的学者凯瑟琳麦克尼尔(Katherine L. McNeill)构建了一个 PCK 评估框架。该学者以科学实践课为例,

---

① Bryde, D., Broquetas, M., & Volm, J. M. (2013). The project benefits of Building Information Modelling (BIM). International Journal of Project Management, 31, 971-980.

② Park S, Oliver J S. Revisiting the Conceptualisation of Pedagogical Content Knowledge (PCK): PCK as a Conceptual Tool to Understand Teachers as Professionals [J]. Research in Science Education, 2008, 38(3): 261-284.

③ Schneider R M, Plasman K. Science Teacher Learning Progressions: A Review of Science Teachers' Pedagogical Content Knowledge Development. [J]. Review of Educational Research, 2011, 81(4): 530-565.

④ Loughran J, Mulhall P, Berry A. In search of pedagogical content knowledge in science: Developing ways of articulating and documenting professional practice[J]. Journal of Research in Science Teaching, 2004, 41(4): 370-391.

扩展国家研究委员会(National Research Council，NRC)的评估三角形提出一个三阶段评估框架，用于评估教师对学生和教学策略的认知、观察和理解，该评估框架包括：评价教师表达知识和开发能力的模型；评价教师课堂观察任务的表现；评价数据的解释过程。凯瑟琳通过与使用过该框架的24位中学教师开展结构访谈以及10位顾问的交流反馈发现，PCK评估需要明确描述目标观点，重点关注教师在分析学生话语时应该做些什么，并选择适当的教学措施来构建课堂文化。此外，该框架的迭代式设计过程表明，评估PCK应该考虑使用课堂情境(如小插图、学生写作和视频)的经验能否促进教师在课堂教学中合理应用PCK。并且，每个学习任务都必须围绕特定的学生需求开展以解决教学困境。①

此外，比利时运动与健康研究小组(Sports and Health Research Group)的学者彼得伊斯伯特(Peter Iserbyt)研究PCK在羽毛球教学中的应用。该学者重点研究参与PCK研讨会，对教师和学生的影响。研究结果显示，参与PCK研讨会的教师会提供更多的示范，更懂得如何更好地呈现学习任务，以及根据学生表现选择适当的学习任务。并且，实验组学生的技能水平成绩显著优于对照组。②

增强教师复原力是促进教师专业发展的重要方式，因此，部分学者开展教师复原力影响因素分析。具有复原力的教师被形容为那些有能力在困难环境中茁壮成长的人，他们擅长行为管理，能够同情有困难的学生，能够抑制负面情绪并专注于积极情绪，体验到自豪感和成就感，并增加对学校和职业的认同。③ 澳大利亚默多克大

① Mcneill K L，González-Howard M，Katsh-Singer R，et al. Pedagogical content knowledge of argumentation：Using classroom contexts to assess high-quality PCK rather than pseudoargumentation[J]. Journal of Research in Science Teaching，2016，53(2).

② Iserbyt P，Ward P，Li W. Effects of improved content knowledge on pedagogical content knowledge and student performance in physical education[J]. Physical Education & Sport Pedagogy，2015，22：1-18.

③ Howard S，Johnson B. Resilient teachers：resisting stress and burnout[J]. Social Psychology of Education，2004，7(4)：399-420.

学(Murdoch University)的学者曼斯菲尔德卡洛琳(Caroline F. Mansfield)指出：在教学的专业背景下，复原力可以被定义为教师利用个人和情境资源来应对挑战的能力。教师复原力是教师个人和职业背景的特点随着教师使用特定策略而相互作用，从而使教师经历职业接触和成长，履行职业承诺，体验职业热情、满意和幸福的动态过程。该学者认为影响教师复原力的因素包括个人资源、情境资源、策略、福利四个方面。其中，个人资源方面包括动机和情绪。情境资源包括各种人际关系，例如教师领导关系、师生关系、同事关系等。此外，导师的积极关系、学校文化等因素也十分重要。策略包括平衡工作与生活关系、解决问题、专业学习、目标设置、设置边界、反思、幽默、通讯、求助、信仰实践、时间管理、持久性、情绪调节、寻求新机会、信念。福利包括物质和竞赛激励以及积极的情绪状态。

(三)教育政策

随着信息化技术的迅猛发展，积累了大量的教育数据，因此基于数据的教育治理成为全球教育管理热点。特别是为提高学生学业成就的学校干预政策研究，是教育政策专家讨论的热点。此外，研究与实践的伙伴关系同样是研究重点。

英国斯特林大学(University of Stirling)的学者本威廉姆森(Ben Williamson)指出，基于先进的信息处理技术，能够将海量教育数据资源转化为切实可行的教育政策，有利于教育政策的科学化制定。应用教育数据挖掘技术和数据可视化技术，能够激励用户积极参与创建教育数据，实现教育问题可定位、可追踪、可解释，从而促进教育政策的制定和实施。例如，培生教育集团(Pearson Education)开发的学习曲线(Learning Curve)系统，通过分析 PISA 等全球 60 多个数据集，能够从空间和时间两个维度，评估各个国家的受教育程度和认知技能水平。同时，学习曲线系统作为一种互动式和共同创造的政策分析工具，能够满足个体用户开展宏观教育政策分析的需求，从而将复杂的教育现象简化为直观可理解的图表，推动教育政策实施。此外，教育分析预测是核心目标。例如，克牛顿(Knewton)公司的学习分析平台，从儿童的教育活动中获取数据，并且追踪、监控和评估儿童的发展、学业成就和学习倾向，能够为儿童制定个性化教育方案提供参考。因此，这种数据驱动型治理模式将成为当前和未来教育治理的重点，实现社会性人类行为的量化、跟踪和预测，成为科学和社会的新范式。①

部分学者研究学校干预政策对学生学业成就的影响。例如，美国马萨诸塞州韦尔斯利学院（Wellesley College）学者帕特里克麦克尤恩（Patrick J. McEwan）分析学校干预对发展中国家小学生学习的影响。该学者在经济、教育和公共卫生领域进行文献检索，收集了77个随机实验，总计111个治疗组。其中，校内干预活动主要包括三种形式，第一种包括财政拨款、教师培训、教学技术改进、班级规模变化；第二种包括驱虫治疗、学校膳食和微量营养补充等校本保健干预措施；第三种包括教师绩效激励、灵活的教师合同及学校管理改革。通过对文献开展元分析发现，增加财政拨款可以持续提高入学率和学习成绩，但对学习成绩的影响取决于学校自身的教学质量。此外，驱虫治疗、营养、信息和管理相关的干预措施，对学习成绩的影响不显著。教师绩效激励措施可以提高学生的学习效率，合同制教师拥有更强的教学动机，能够提供更有效的教学指导。②

部分研究发现长期睡眠不足会导致体重超标、运动量减少、抑郁症甚至自杀倾向等严重的身心健康问题，从而影响学业成就。因此，美国国家疾病预防控制中心（National Center for Chronic Disease Prevention and Health Promotion）的学者阿格惠顿（AG Wheaton）提出延迟学校开课时间以解决青少年睡眠不足的问题，从而改善学生的健康状况并提高学生成绩。该学者通过 PubMed 搜索“学校开课时间”、“青少年”、“睡眠时间”等词收集到320篇文章和38份关于

① Williamson B. Digital education governance: data visualization, predictive analytics, and ‘real-time’ policy instruments[J]. Journal of Education Policy, 2016, 31(2): 1-19.

② Connell G L, Donovan D A, Chambers T G. Increasing the Use of Student-Centered Pedagogies from Moderate to High Improves Student Learning and Attitudes about Biology: [J]. Cbe Life Sciences Education, 2016, 15(1).

学校开课时间变化的记录表。研究发现，延迟学校开课时间后，青少年睡眠时间增加，学习成绩有小幅度提升。开课半小时内的迟到率降低，学生出勤率提高，学生课内打盹次数减少，抑郁症表现较之前有所减少，并且青少年交通事故率也显著下降。①

研究与实践的伙伴关系（Research-Practice Partnerships，RPPs）指学者和实践者之间的合作关系。政策制定者、资助者和研究人员普遍认为，改善 RPPs 有利于研究和实践的整合，将研究结论应用到教育实践中。公共卫生、心理健康和犯罪学等领域较为关注 RPPs，例如评估学者和实践者之间的需求，研究 RPPs 的合作策略和组织架构等。然而，教育领域较多关注研究效果，例如教学干预对学生的影响，却很少关注 RPPs 本身。因此，美国西北大学（Northwestern University）的学者辛西娅科本（Cynthia E. Coburn）指出需要研究教育学者和教育实践者之间的 RPPs，其中包括个人和组织的变化、研究结论的应用规模和传播渠道、失败的 RPPs 原因调查，以及 RPPs 具体战略的针对性和适用性。研究 RPPs 有助于深入理解研究过程，帮助学校和地区领导人将研究成果运用于教育决策，促进教育系统的可持续发展。②

（四）教育心理学

教育心理学主要涵盖学习心理和教学心理两部分。其中，学习动机一直是学习心理研究的热点和重点，也是学生学习过程中最重要的心理动力机制。学习动机是指激发和维持个体学习活动，并使活动朝向特定学习目标的内部动力，是一种非智力因素。目前，教育专家主要开展学习动机的影响因素分析、探索学习动机的干预方法，以及分析执行功能对学业成就的影响。

部分学者围绕自决理论（Self-Determination Theory，SDT），探

① Wheaton A G，Chapman D P，Croft J B. School Start Times，Sleep，Behavioral，Health，and Academic Outcomes：a Review of the Literature[J]. Journal of School Health，2016，86(5)：363-381.

② Coburn C E，Penuel W R. Research-Practice Partnerships in Education[J]. Educational Researcher，2016，45(1).

索学习动机在现实生活中的具体表现以及如何影响个人行为。自决理论关注个人行为在多大程度上是自愿的或自我决定的，强调个体在一定情境下的行为主体性。基于自决理论将学习动机划分为自主动机和外部动机两种类型。例如澳大利亚科廷大学(Curtin University)学者马丁哈格(Martin S. Hagger)考查了体育教学中学生的具体情境能力、环境能力和整体能力，提出了自主动机的跨环境模型。该模型整合了自决理论、内外动机层次理论以及计划行为理论，分为三个部分，包括学生外在学习动机向内在学习动机的内化过程、学习动机迁移以及期望价值判断，研究结果表明，课堂干预是提高学生积极性的关键手段之一。自主动机较高的学生，其学业投入和效率都较高。并且，学生的自主动机将成为学习过程中一个重要的推动力，产生预期的学习行为。①

部分学者认为，个体行为会受到自己对未来的态度和看法的影响。英国伦敦大学学院心理与教育学院(Faculty of Psychology and Educationof University College London)学者玛莉亚娜弗瑞奈(Mariane Frenay)基于社会情绪选择理论，试图通过职业未来时间观点(Occupational Future Time Perspective，OFTP)解释年龄与学习动机之间的关系。该学者从 LinkedIn 等社交网站中，抽取 560 名年龄在 21~64 岁之间的员工。参与者是在比利时的国企或私企工作且母语为法语的人士。按照年龄变量将参与者分为三个年龄组。基于职业未来时间视角，从对机会的关注、感知剩余时间两个维度，测量参与者的学习动机。研究发现，年轻人和老年人的偏好差异不是年龄造成的，而是由于未来时间观念导致的。未来时间观念是一个与年龄有关的变量，人们倾向于认为自己的未来受到年龄限制，并且年龄和 OFTP 呈正相关。当员工感知未来时间有限时，优先选择调节情绪；反之，则偏向选择获取知识。并且，工作的复杂性与教育水平有关，受过高等教育的工人更重视学习。此外，参与者可以通过

① Hagger M S, Chatzisarantis N L D. The Trans-Contextual Model of Autonomous Motivation in Education: Conceptual and Empirical Issues and Meta-Analysis[J]. Review of Educational Research, 2016, 86(2): 360-407.

观察其他人成功完成类似任务的经历，提高参与者的学习动机。外部激励同样能够影响参与者产生较强的学习动机，例如为参与者提供培训或晋升的机会。①

部分学者发现自我调节学习(Self-Regulated Learning，SRL)与学习动机呈正相关，越来越多的学者研究 SRL 在在线学习环境中的作用。例如，英国公开大学(Open University)学者埃里森利特尔约翰(Allison Littlejohn)探究如何利用自我调节学习提高 MOOC 参与者的学习动机。重点研究学习者在 MOOC 中应使用何种自我调节学习策略以更好地提高学习动机，并探讨不同 SRL 测量得分者的行为差异。该学者认为自我调节学习最初是在正式的、离线的教学环境中进行研究的，它指的是“自我产生的思想、感觉和行为，这些思想、情感和行为都是经过计划和周期调整以实现个人目标的”。该学者研究了 788 位课程参与者的学习行为，并且在课程留言板上发布调查以收集定量数据。研究发现，SRL 分数较高的 MOOC 参与者与 SRL 分数较低的参与者，在动机与目标设定、自我效能感、任务策略、任务兴趣与价值、与评价相结合的自我满意度五个方面的行为存在差异。其中，影响学生学习动机的两大因素，包括动机和目标设置，以及自我满足和评估。研究发现，SRL 分数高的学习者参与 MOOC 的动机是为了提升专业技能。同时，SRL 分数高的学习者更习惯采用“掌握目标导向”，围绕专业知识发展的目标来学习。该学者进一步指出，内在动机与自我调节有关，那些兴趣导向的学习者，比那些被分数激励的学习者具有更好的认知能力。②

部分学者关注如何加强学习动机干预，帮助学习者提高学习积极性，从而改善学习成绩。例如，美国詹姆斯麦迪逊大学(James

① Kochoian N，Raemdonck I，Frenay M，et al. The Role of Age and Occupational Future Time Perspective in Workers' Motivation to Learn[J]. Vocations & Learning，2016，10(1)：1-19.

② Littlejohn A，Hood N，Milligan C，et al. Learning in MOOCs：Motivations and self-regulated learning in MOOCs[J]. Internet & Higher Education，2016，29：40-48.

Madison University)的学者罗里拉佐夫斯基(Rory A. Lazowski)研究发现，通过心理干预手段，能培养学生积极的学习动机，以有效且低成本的方式提高教育成果。教育政策制定者应推进心理干预手段进入课堂并实行问责制，重视培养学生的持续竞争力以适应全球化发展；教师应思考如何将心理干预措施融入教学实践，接受心理干预的专业知识培训；社会心理学的研究者应与教师建立平等的合作关系，进行有效的课程创新。①

执行功能(Executive Function)是有机体对思想和行动进行有意识控制的心理过程。个人在工作或学习过程中，当需要集中精力、设定计划、解决问题、协调或进行选择时，就会调用执行功能。②然而，较少有学者探讨执行功能与学业成就之间的关系。因此，密歇根大学(University of Michigan)学者罗宾雅各布(Robin Jacob)研究可否通过提高执行功能以提高学生的阅读成绩和数学成绩。③ 执行功能有工作记忆、注意力控制、注意力转移和反应抑制四个子成分。④ 其中，工作记忆被定义为在相对较短的时间内维持和操纵信息的能力。它与短期记忆相关但有所区别，短期记忆是短时记忆信息的能力，而工作记忆要求长期且熟练记忆。注意力控制指集中注意力和忽略令人分心的刺激的能力，即自己选择关注点和忽略点。注意力转移被定义为灵活地转移注意力的能力，同时忽略分散注意力的信息。反应抑制(Response Inhibition)被定义为覆盖优先或自动

① Light R J, Pillemer D B. Summing Up: The Science of Reviewing Research Harvard University Press: Cambridge, MA, 1984, xiii + 191 pp [J]. Educational Researcher, 1986, 15(8): 16-17.

② Bialystok E, Craik F I M. Lifespan cognition: Mechanisms of change. [M]// Lifespan cognition: mechanisms of change. Oxford University Press, 2006.

③ Jacob R, Parkinson J. The Potential for School-Based Interventions That Target Executive Function to Improve Academic Achievement: A Review[J]. Review of Educational Research, 2015, 85(4).

④ Senn T E, Espy K A, Kaufmann P M. Using path analysis to understand executive function organization in preschool children. [J]. Developmental Neuropsychology, 2004, 26(1): 445-464.

响应的能力(例如，学生对于“BLUE”一词能优先反应本意而不是字体颜色)。该学者从 ERIC、Web of Science 等数据库搜索文献抽取了 2000 年之后的 19000 篇文章，开展相关文献的元分析。研究发现，执行功能与学业成就之间存在关联关系。其中，整体执行功能和数学成绩和阅读成绩之间存在着显著相关关系(相关系数均超过 0.3)。但是，执行功能各个子成分与学业成绩之间的联系存在差异。例如，注意力控制和反应抑制与数学成绩关联度更高，而工作记忆和注意力转移与阅读成绩的关联度更高。而且上述关联关系对于不同年龄组同样适用。此外，无法证明执行功能和学业成就之间存在因果关系。

(五)STEM 教育

STEM 是科学(Science)、技术(Technology)、工程(Engineering)、数学(Mathematics)四门学科英文首字母的缩写。STEM 教育是当今最具基础性、综合性、创造性和经济性的教育，是各国教育竞争力、改革力和发展力的爆发点。教育研究者主要关注 STEM 教育理论、STEM 教育教学方法、STEM 教育学校变革、STEM 教育课程连贯性等方面。当前研究热点主要集中在，STEM 教育中存在的性别差异和种族差异以及由此引发的教育机会不均衡等问题。此外，STEM 教育中科学教育的教学方法，也是教育专家共同关注的话题。

为促进女性特别是有色人种女性的 STEM 学习，部分学者指出政策鼓励能够提升有色人种女性参与 STEM 学习的积极性并促使其有更好的表现。例如，国际 SRI 技术学习中心(Center for Technology in Learning SRI International)的学者凯莉艾伦(Carrie D. Allen)在一项民族志长期研究的基础上，从美国两所四年制高中选取四名热衷 STEM 学习的有色人种高中女生，并且进行长达五年的跟踪调查。在研究的前三年，研究团队通过对学生、家长和学校人员开展访谈和课堂观察等方式，收集学生的高中表现和成绩信息。在研究最后两年，通过在线调查收集学生相关数据。研究发现，政策鼓励，学校支持和坚定的自我意识能够帮助有色人种的青年女性在 STEM 学习中明确自我定位，从而提高参与 STEM 学习的可能性。①

部分学者从课程设计的角度，探究何种课程有利于改善有色人种和女性在 STEM 学习中的表现。例如，美国德保罗大学(DePaul University)的学者尼克平卡德(Nichole Pinkard)提出的数字青年迪瓦计划(Digital Youth Divas)。研究者选取两所中学中 17 名有色人种女学生，使用合作设计、田野调查和数字民族志以及半结构式访谈的方法，收集课程实施者和被访者的学习经历和未来计划。学者让被调查者参与以设计为基础的工程和计算机科学活动，引发她们在参与过程中对种族和性别偏见的思考。研究发现，将参与式设计过程应用于 STEM 学习有助于提升有色人种女性学生对 STEM 学习的积极性和热情，促进其在 STEM 相关领域产生更好的表现。②

部分学者认为带有种族化的 STEM 学习环境，将影响 STEM 学习的公平性。例如，美国加州大学伯克利分校(University of California)的学者纳伊拉亚苏阿德纳西尔(Na'ilah Suad Nasir)采用民族志的方法，通过对比数学科学学院和技术学院中学生学习 STEM 的状态，探究种族和性别对 STEM 学习环境使用的影响，其中，数学科学学院由白色和亚洲人种构成，而技术学院的学生种族更加多样化。研究发现，学习环境对有色人种和女性 STEM 学习的公平性有双面影响，一方面，STEM 学习环境为不同种族的学生提供种族化学习途径的同时也加深了种族和性别不平等。另一方面，特别设计的 STEM 学习环境有助于减少种族化和不平等现象，实现公平的 STEM 教育。

STEM 教育中的科学教育一直是研究者格外关注的重点。一方

---

① Allen C D, Eisenhart M. Fighting for Desired Versions of a Future Self: How Young Women Negotiated STEM-Related Identities in the Discursive Landscape of Educational Opportunity[J]. Journal of the Learning Sciences, 2017.

② Pinkard N, Erete S, Martin C K, et al. Digital Youth Divas: Exploring Narrative-Driven Curriculum to Spark Middle School Girls' Interest in Computational Activities[J]. Journal of the Learning Sciences, 2017, 26(1).

面，科学教育帮助人们理解科学研究如何进行，产生什么样的知识，以及如何使用这些知识。另一方面，提高科学素养，能够帮助人们建立有关科学问题的理性视角并参与社会决策。部分学者认为理解科学本质(Nature Of Science，NOS)是各国科学教育的重要目标。然而，由于教师对 NOS 的认识存在差异，难以实现清晰的科学描述。而且，NOS 的通识定义没有注重学科差异性，难以完全覆盖科学研究各个过程。因此，瑞士日内瓦大学(University of Geneva)的学者科斯塔斯坎普鲁基斯(Kostas Kampourakis)提出一个 NOS 教学途径的有效框架，包括学科 NOS 通识概念、学科特定概念以及特定学科的特定概念。NOS 教学要从通识概念入手，逐渐深入到特定学科，使学生清晰地明白学科特征和学科之间的差异。

部分学者指出，科学教育的目标要从学生学习科学知识，转变为学生开发和使用这些知识去认识世界。因此，将科学实践作为学习目标和教学方法，促使教育者更加关注学生对知识的开发和使用，不仅仅是学习碎片化的科学知识，而是支持学生参与科学实践，帮助他们改变死记硬背的学习方式，参与有意义的知识建构。① 美国威斯康星大学(University of Wisconsin)的学者利马伯兰(Leema K. Berland)提出了一种实践认识论框架，包括四个基本内容，② 事物的本质和原因，概括性的知识体系，解释结论的信息，交流观点并解决分歧的同伴。使用该框架有助于学生理解基于证据的推理实践，促进学生对科学知识的掌握，进而促进科学教育的发展。

部分研究者指出目前的科学教育过于注重陈述性知识，缺乏程序性知识和认知知识，进而阻碍科学推理，造成科学教育的目标和实际不一致。因此，英国达勒姆大学(Durham University)的学者波

① Barton A C, Tan E, Rivet A. Creating Hybrid Spaces for Engaging School Science among Urban Middle School Girls[J]. American Educational Research Journal, 2008, 45(1): 68-103.

② Berland L K, Schwarz C V, Krist C, et al. Epistemologies in practice: Making scientific practices meaningful for students[J]. Journal of Research in Science Teaching, 2016, 53(7): 1082-1112.

尔凯德(Per Kind)提出将六大类推理模型作为科学教育的文化基础。其中包括：(1)数学演绎，以数学形式表示世界中的实体并进行演绎论证；(2)实验评估；(3)假设建模，使用类比和假设的建构模型来代表世界；(4)比较和分类；(5)概率推理；(6)基于历史的演化推理，是对物种，地球，太阳系，宇宙，元素等的历史发展进行推导和叙述。科学推理对科学教育具有重要意义。首先，推理模型为课程主题的选择提供框架基础。其次，缺乏科学推理的程序性或认知性因素会使学生缺乏科学论证的能力。① 再次，科学推理有助于学生了解推理模式的用途和价值，并发展使用这些模式的基本能力。最后，了解推理过程有助于促进学生的批判思维。

(六)教育语言学

教育语言学是语言学及语言相关学科同学校教育或其他教育形式的交汇点。主要研究内容包括，计算机辅助语言教学研究、语言行为和社会网络、文化身份之间的关系研究，语言课程教学研究，双语(多语)社区与学校研究等。目前，教育专家主要关注计算机辅助语言教学、第二语言教育和阅读理解三个方面的研究。

1. 计算机辅助语言教学

随着信息技术的飞速发展，各种形式的计算机辅助语言教学(computer-assisted language learning，CALL)在语言教学领域得到广泛的应用。因此，部分学者梳理了 CALL 的应用现状，同时，部分学者介绍了词汇复杂度评价工具和阅读率跟踪评估工具。

二语学习指母语之外的第二种语言的学习。美国加州大学(University of California)学者多萝西春(Dorothy Chun)②采用文献调查法总结了语言教师在课堂教学中对技术的使用情况，认为技术为

---

① Ryder J. Identifying Science Understanding for Functional Scientific Literacy [J]. Studies in Science Education，2001，36(1)：1-44.

② Chun D，Kern R，Smith B. Technology in Language Use，Language Teaching，and Language Learning[J]. Modern Language Journal，2016，100(S1)：64-80.

语言、文化和世界提供了新的表现方法和理解方式。分析发现，教师大多要求学生在网络学习和社交过程中，使用第二语言开展学习交流和意义建构。并且，现有的语言教学资源已相对成熟。例如，自动语音识别技术和自动书写评估工具能够提高语言学习效率。值得注意的是，技术并非语言学习的灵丹妙药，而是实现具体学习目标的手段。虽然可以采取多种形式开展学生学习评估，但应该把注意力集中在如何有效推进语言学习，而不仅仅是得到评估成绩。

目前，开发了许多 CALL 工具，包括 VocabProfile 软件，语言查询和字数统计以及 CohMetrix 等。这些工具能帮助学习者提高写作质量和词汇的掌握程度，但无法评估词汇复杂度。因此，美国佐治亚州立大学(Georgia State University)学者凯尔(K. Kyle)①开发了一套词汇复杂性评价工具，用于评价学习者的词汇掌握程度。首先该学者选取了 135 个词汇复杂度评价指标，筛选出统计学意义较高的指标，并基于指标之间的相关性分析，将词汇复杂性评价指标划分为频率指数、范围指数、N-gram 指数、学术名单指数、字信息索引五大类。其中，应用词频指数预测整体质量和熟练度得分；使用范围指数的强度评估学习者词汇熟练程度；使用 N-gram 频率指数判别整体口语能力得分的差异，该指标是解释词汇能力得分差异的有力预测因子；应用学术名单指数记录学术词汇表和学术公式列表；建立字信息索引用于比较回归模型的差异。基于上述五类指标，该学者开发了词汇复杂度自动分析工具(Tool for the Automatic Analysis of Lexical Sophistication，TAALES)。使用该工具发现，频率指数等五个指标能够解释 47.5%的词汇效率整体分数变异和 48.7%的整体语言效率分数变异。因此，频率指数等五个指标，是词汇掌握程度和口语熟练程度的重要指标。

部分学者指出通过了解学生的阅读率，可以掌握学生的阅读行

① Kyle K，Crossley S A. Automatically Assessing Lexical Sophistication：Indices，Tools，Findings，and Application[J]. Tesol Quarterly，2015，49(4)：757-786.

为，从而在整个阅读过程中提供适当的指导。例如使用眼动追踪技术，记录读者的注视位置和持续时间，以掌握文本信息的获取过程。① 部分学者跟踪电子书阅读平台中的阅读行为，认为阅读率与理解程度呈正相关。② 然而，现有研究并未揭示阅读率能否正确反映用户的实际阅读行为和理解结果。因此，中国台湾成功大学（National Cheng Kung University）学者黄月敏（Yueh-Min Huang）③开发了交互式电子图书学习系统（Interactive Electronic Book Learning System，IELS）的阅读率跟踪技术，该技术具备跟踪、记录和分析功能。该学者从43名五年级学生的阅读资料中收集到500份定量记录，分为出声阅读和默读两组。在阅读活动中，对照组学生进行出声阅读，实验组学生默读电子书。两组学生的普通话成绩基本相同，从而确保每个班的学生具有相似的语言能力。最后对学生进行20分钟的理解测试，以评估他们对电子书的理解程度。该学者发现阅读率可以准确反映学生的阅读行为，阅读率和理解程度之间的某种正相关性仅在默读小组中发现。在阅读方式方面，每个人有适合自己认知能力的阅读方式，而阅读率是区分使用何种阅读行为的有用指标。该研究帮助教师深入的了解学生的电子书阅读行为，便于提供相应的指导和开展个性化教学。④

---

① Cole, M. J., Gwizdka, J., Liu, C., Bierig, R., Belkin, N. J. & Zhang, X. (2011). Task and user effects on reading patterns in information search. Interacting With Computers, 23, 4, 346-362.

② Liang, T-H. & Huang, Y-M. (2014). An investigation of reading rate patterns and retrieval outcomes of elementary school students with e-books. Educational Technology & Society, 17, 1, 218-230.

③ Huang Y M, Liang T H. A technique for tracking the reading rate to identify the e-book reading behaviors and comprehension outcomes of elementary school students [J]. British Journal of Educational Technology, 2014, 46(4): 864-876.

④ Huang, Y-M., Liang, T-H., Su, Y-N. & Chen, N-S. (2012). Empowering personalized learning with an inter-active e-book learning system for elementary school students. Educational Technology Research and Devel-opment, 60, 4, 703-722.

2. 第二语言教育

全球化的流动性和多样化成为当今世界的主要特征，第二语言学习也需要适应新的变革。① 2006 年，英国文化协会(British Council)的大卫格拉多尔(David Graddol)预测在本世纪的第二个十年“英语作为外语”学习者的数量将开始下降，因为英语在全球已成为一种基本技能。该学者进一步指出，掌握英语之外的语言将在全球就业市场中占有竞争优势。② 在此背景之下，部分学者从学习者对英语学习和其他语言学习的态度差异、影响第二语言学习的因素以及如何促进第二语言学习，三个方面展开研究。

部分学者研究英语学习者和其他语言学习者的态度差异。德国奥尔登堡大学(Carl von Ossietzky University Oldenburg)学者薇拉布斯（Vera Busse)③通过对保加利亚、德国、荷兰和西班牙进行的2255 项定性反应的数据分析发现，大多数学生认为他们对英语学习与其他语言学习的态度不同，英语学习会影响其他语言学习的态度。其次，四个国家的学生都高度认可英语的全球地位，并且认为学习英语与他们的未来有着极为密切的关系。此外，德国和西班牙学生普遍对多语学习保持较高的兴趣。

部分学者研究了不同学习阶段的学习者对第二语言学习的态度差异。英国约克大学(University of York)学者厄休拉兰弗斯(Ursula Lanvers)④的研究报告指出，在小学阶段，第一母语的学习动机较高。中学生第二语言学习动机普遍较低。大学及以上学历的学生对

① Group T D F. A Transdisciplinary Framework for SLA in a Multilingual World [J]. Modern Language Journal, 2016, 100(S1): 19-47.

② Graddol D. Why global English may mean the end of ‘English as a Foreign Language’[J]. Language Problems & Language Planning, 2008, 32(2): 203-207.

③ Busse V. Plurilingualism in Europe: Exploring Attitudes Toward English and Other European Languages Among Adolescents in Bulgaria, Germany, the Netherlands, and Spain[J]. Modern Language Journal, 2017, 101(3): 566-582.

④ Lanvers U. Contradictory Others and the Habitus of Languages: Surveying the L2 Motivation Landscape in the United Kingdom[J]. Modern Language Journal, 2017, 101(3): 517-532.

第二语言学习存在较强的内部动机。

部分学者认为教师单语言信仰程度会影响学生的第二语言学习。比利时根特大学(University of Ghent)学者莱因希德普林克斯(Reinhilde Pulinx)对弗兰德斯48所学校中774名教师发放问卷,对教师单语言信仰程度进行调查。① 该学者发现,参与研究的绝大多数教师都支持佛兰德教育目前的单语政策,只有少数教师(约5%)赞成双语教育。

部分学者从内外部两个因素,开展第二语言学习动机影响因素分析。其中,内部因素包括学生自身的能力信念、学生的年龄和学年等;外部因素包括教师、家长、同龄人和社会经济背景等。

德国奥尔登堡大学(Carl von Ossietzky University Oldenburg)学者薇拉布斯(Vera Busse)②研究表明,部分学生认为能力信念的不同影响语言学习。年龄和学年是影响学习动机的重要变量。③ 动机和自我效能在语言学习的初级阶段较高,之后逐步下降。然而,如果学生处于强制学习语言阶段,则学习动机和自我效能均很低。良好的师生关系对于培养积极的第二语言学习态度非常重要。例如,教师的教学质量、教学风格和个人语言学习信念都会影响学生语言学习的动机。④

① Pulinx R, Avermaet P V, Agirdag O. Silencing linguistic diversity: the extent, the determinants and consequences of the monolingual beliefs of Flemish teachers [J]. International Journal of Bilingual Education & Bilingualism, 2017.

② Busse V. Plurilingualism in Europe: Exploring Attitudes Toward English and Other European Languages Among Adolescents in Bulgaria, Germany, the Netherlands, and Spain[J]. Modern Language Journal, 2017, 101(3): 566-582.

③ Lanvers U. Contradictory Others and the Habitus of Languages: Surveying the L2 Motivation Landscape in the United Kingdom[J]. Modern Language Journal, 2017, 101(3): 517-532.

④ Busse V. Plurilingualism in Europe: Exploring Attitudes Toward English and Other European Languages Among Adolescents in Bulgaria, Germany, the Netherlands, and Spain[J]. Modern Language Journal, 2017, 101(3): 566-582.

英国华威大学(University of Warwick)的学者艾玛埃希奥达(Ema Ushioda)①结合宏观社会学和第二语言习得(Second language acquisition, SLA)框架，从政治、经济、文化三个角度，开展第二语言学习动机的影响因素分析。政治上，多语言教育政策是促进第二语言学习的重要影响因素。例如，多数发达国家对少数族裔儿童和移民儿童的语言教育政策有明确规定，并且强制学生遵守移民地的语言学习政策。② 经济上，学者认为语言的经济和实用价值、就业能力、社会声望等因素会影响第二语言的学习动机。文化上，多元文化主义和多语言主义的全球现象，也会促进学习英语以外语言的动机。

部分学者研究第二语言学习的促进策略，例如，瑞典西部大学(University West)学者阿拉斯泰尔亨利(Alastair Henry)③结合第二语言自我动机系统(L2 Motivational Self System)提出了第二语言自助指南。第二语言自我动机系统，包涵第二语言动机对学习的影响，包括"理想第二语言自我、现实第二语言自我和第二语言学习体验。理想第二语言自我，指想要达到的应用第二语言能力的理想状态，它是个体学习者学习第二语言的动力，能够帮助减少理想自我和现实自我的差别。该学者认为，教师需要帮助学生创造和维持一个正确的"自我二语"形象，鼓励学生生成理想第二语言自我，帮助学生有针对性地体验多种语言。通过提升学生学习第二语言的自信心，努力改变学生的信念和态度，将令人害怕的双语自我转化为令人满意的双语自我。最后，将注意力从语言学习者转移到语言

---

① Ushioda E. The Impact of Global English on Motivation to Learn Other Languages: Toward an Ideal Multilingual Self[J]. Modern Language Journal, 2017, 101(3): 469-482.

② Kibler, A. K., & Valdés, G. (2016). Conceptualizing language learners: Socioinstitutional mechanisms and their consequences. Modern Language Journal, 100 (Supplement 2016), 96-116.

③ Ushioda E. The Impact of Global English on Motivation to Learn Other Languages: Toward an Ideal Multilingual Self[J]. Modern Language Journal, 2017, 101(3): 469-482.

教师身上，便于使用以多语种自我指导为中心的激励策略。

部分学者认为词汇量的大小是判断单语和双语儿童整体语言能力的重要标准，有助于识别后期言语障碍儿童。①

由于双语儿童的词汇量分布在母语和第二语言中，美国迈阿密大学(University of Miami)学者芭芭拉祖瑞尔皮尔森(Barbara Zurer Pearson)②分别利用西班牙语和英语的交际发展清单(Communicative Development Inventories，CDI)，观察和报告25个年龄在8~30个月的西班牙语—英语双语儿童的词汇发展。他们运用概念词汇计算儿童的词汇量，认为双语儿童的词汇量与使用单语的同龄人相当。然而，加拿大麦吉尔大学的托尔达多托尔(Thordar-dottir)等人③研究法语-英语双语和美国华盛顿大学的辛西娅可儿(Cynthia Core)等人研究西班牙语-英语双语者发现，使用概念词汇作为儿童词汇量的评价标准时，双语儿童的得分显著低于单语说英语的儿童。④ 此外，儿童获取词汇的环境差异也会导致词汇量的不同。

爱尔兰科克大学(University College Cork)学者席亚拉奥特里亚(O'Toole Ciara)⑤试图找出影响词汇量的因素，以降低和避免儿童

① Ellis，E. M.，and D. J. Thal. 2008. "Early Language Delay and Risk for Language Impairment." Language Learning and Education 15 (3): 93-100. doi: 10.1044/lle15.3.93.

② Pearson，B. Z.，S. Fernández，and D. K. Oller. 1993. "Lexical Development in Bilingual Infants and Toddlers: Comparison to Monolingual Norms." Language Learning 43 (1): 93-120.

③ Thordardottir，E. T.，A. Rothenberg，M. Rivard，and R. Naves. 2006. "Bilingual Assessment: Can Overall Proficiency be Estimated from Separate Measurement of Two Languages?" Journal of Multilingual Communication Disorders 4 (1): 1-21. doi: 10.1080/14769670500215647.

④ Core C，Hoff E，Rumiche R，et al. Total and Conceptual Vocabulary in Spanish-English Bilinguals From 22 to 30 Months: Implications for Assessment [J]. Journal of Speech Language & Hearing Research Jslhr，2013，56(5): 1637-1649.

⑤ O'Toole C，Gatt D，Hickey T M，et al. Parent report of early lexical production in bilingual children: a cross-linguistic CDI comparison [J]. International Journal of Bilingual Education & Bilingualism，2017，20: págs. 124-145.

语言延迟问题。他们比较了 250 名年龄在 24～36 个月的双语者如何使用工具获取六种不同语言的词汇，每个研究小组都使用麦克阿瑟-贝茨交流发展库存词语和句子的改编 CDI，并使用特别设计的语言背景问卷调查收集语言障碍、人口统计和语言变量的风险因素信息。结果显示，父母受教育程度、父母对儿童语言发展的重视程度以及第二语言环境是影响词汇量的主要问题。

3. 阅读理解

阅读理解是学生的必备技能，是影响学业发展以及成年后职业成长的关键技能。部分学者探究了形态结构意识，形态解码和形态分析对儿童阅读理解的影响。① 形态结构意识是儿童语意的最小单位意识。形态解码和形态分析是语素在阅读和理解词汇中的应用。加拿大达尔豪西大学（Dalhousie University）亚历克斯惠兰（Alex Whelan）发现，在控制儿童年龄、语音意识、非语言推理和单词阅读技能之后，形态结构意识、形态解码和形态分析能够较好解释儿童阅读理解的差异。此外，中国台南市政府教育局（Bureau of Education，Tainan City Government）学者梁宗豪（Tsung-Ho Liang）②发现，社会研究和语言艺术课程可以在不同程度上促进词汇和阅读理解学习。

由于复合词在中国汉字中占据主导地位，北京师范大学（Beijing Normal University）学者程亚华（Yahua Cheng）③考察复合意识与阅读理解之间的关联机制，以及复合意识对中国青年学生阅读理解的影响。该学者选取中国山西 149 名小学生，开展课堂观察。

① Deacon S H，Tong X，Francis K. The relationship of morphological analysis and morphological decoding to reading comprehension [J]. Journal of Research in Reading，2015，40(1)：1-16.

② Huang Y M，Liang T H. A technique for tracking the reading rate to identify the e-book reading behaviors and comprehension outcomes of elementary school students [J]. British Journal of Educational Technology，2014，46(4)：864-876.

③ Cheng Y，Zhang J，Li H，et al. Growth of Compounding Awareness Predicts Reading Comprehension in Young Chinese Students：A Longitudinal Study From Grade 1 to Grade 2[J]. Reading Research Quarterly，2017，52(1).

研究发现，复合意识的初始状态和增长率将极大影响阅读理解水平，可以通过强化中国青年学生的复合意识，提高阅读效率和阅读理解能力。

美国纽约州立大学(State University of New York)学者埃里卡巴尼斯(Erica M. Barnes)①跟踪头脑开发项目中52名教师的授课行为和489名儿童的语言能力发展水平。研究发现，教师运用信息性评论比回应性评论具有更强解释性，而且评论内容比词汇或技能本身更重要。其次，回应性评论和概念性评论有利于儿童的词汇增长，并且增长速度受到儿童初始语言能力的影响，存在明显的马太效应。最后，在书本阅读环节中整合教学评论时，根据儿童的初始词汇量来实施个性化教学，能够提高学生的词汇量。

(七)医学教育

医学教育研究主要集中在高等医学教育、医学继续教育和医学普及教育。在高等医学教育中，解剖学课程是不可或缺的一部分，解剖学学习也是医生培训的重要组成部分。传统解剖课程完全依赖尸体教学。随着科技进步，解剖教学开始利用各种技术取代真实解剖场景,② 例如应用二维和三维的多媒体技术、电子图书、社交媒体、讲座网播、3D 打印等技术。英国利兹大学(University of Leeds)学者布朗斯温纳顿(Swinnerton B J)③调查大规模开放在线课程(MOOC)对解剖学课程的影响。研究发现，MOOC 课程是补充传统教学的一种手段，可以帮助学生巩固和复习知识。MOOC 的使用率很高，特别是女性学习者学习课程的方式更个性化。尽管学生群体认为 MOOC 材料有使用价值，但并不支持 MOOC 替代校园课程。

---

① Barnes E M, Dickinson D K, Grifenhagen J F. The role of teachers' comments during book reading in children's vocabulary growth[J]. Journal of Educational Research, 2017, 110(5): 1-13.

② Wright SJ. 2012. Student perceptions of an upper-level, undergraduate human anatomy laboratory course without cadavers. Anat Sci Educ 5: 146-157.

③ Swinnerton B J, Morris N P, Hotchkiss S, et al. The integration of an anatomy massive open online course (MOOC) into a medical anatomy curriculum[J]. Anatomical Sciences Education, 2016, 10(1): 53-67.

教师可以使用视频剪辑和动画，传授解剖学课程中的关键概念。这种将社交媒体和教育体验融合的教学方式，特别适合“YouTube 一代”的大学生。在高等教育领域，提出了“YouTube to You 大学”的概念，例如，爱尔兰都柏林圣三一学院(Trinity College Dublin，Ireland.)学者丹尼斯巴里(Denis S Barry)①对医疗和放射治疗专业本科二年级学生进行调查，探究学生使用社交媒体学习解剖学的方式和态度。学者发现绝大多数学生从网络平台获取信息，78%的人将 YouTube 作为学习解剖学的主要视频来源。此外，YouTube 等社交软件和 eHealth 论坛等数字平台融入解剖学教学实践，AskDrWiKi 等专业网站的出现满足了专业人员和患者的需求。

3D 打印是一种新兴的技术，能够轻松生成精确的解剖模型。而且，3D 打印零件成本低，易于使用，可作为数字储存库在任意地点打印，还可将零件解剖和重新组合。3D 打印技术不断扩展，将成为未来 5 到 10 年内解剖教育的必备工具，并对解剖学教学产生深远的影响。② 部分学者在解剖学课程中，使用 3D 打印模型替代真实尸体。例如澳大利亚莫纳什大学(Monash University)学者利姆(K. H. Lim)，③ 将 3D 打印模型应用到本科心脏解剖学课程中，参与者随机分配到三个学习小组，即尸体材料组、3D 打印组或二者组合的材料组，开展学习课程。通过一段时间学习后发现，与尸体材料小组或组合材料小组相比，3D 打印小组的后测分数显著更高。其次，前后两次测试中 3D 打印组分数提高最为显著，其他两组检测分数没有明显改善。

---

① Barry D S，Marzouk F，Chulak-Oglu K，et al. Anatomy education for the YouTube generation[J]. Anatomical Sciences Education，2015，9(1)：90-96.

② O'Reilly M K，Reese S，Herlihy T，et al. Fabrication and assessment of 3D printed anatomical models of the lower limb for anatomical teaching and femoral vessel access training in medicine[J]. Anatomical Sciences Education，2016，9(1)：71-79.

③ Lim K H，Loo Z Y，Goldie S J，et al. Use of 3D printed models in medical education：A randomized control trial comparing 3D prints versus cadaveric materials for learning external cardiac anatomy[J]. Anatomical Sciences Education，2015，9(3)：213-221.

部分学者研究“强调独立学习”(Emphasis independent learning, EIL)和“促进主动学习”(Facilitate active learning, FAL)两种不同学习方式对解剖学课程学习的影响。加拿大达尔豪西大学(Dalhousie University)学者亚历克斯惠兰(Alex Whelan)①研究发现，EIL 能够改善学生协作和沟通技巧，但由于缺乏导师对于问题和困惑的指导和反馈，学生容易缺乏课程目标而阻碍学生进步。同时，FAL 方法能够促进学生的积极学习，但是学生的能力提升主要依赖导师的教学风格。该学者认为，FAL 学生在实际考试解剖学尤其是知识应用项目上，表现优于 EIL 学生。

此外，医学继续教育(continuing medical education, CME)用于帮助医疗领域的人员提高专业能力，并随时跟进本领域的新动态，目的在于“促进医师在专业工作的多样化实践中的成功表现②”。针对 CME 是否优化医师表现和改善患者健康状况，美国乔治亚大学(University of Georgia)学者罗纳德塞维罗(Ronald M. Cerveroer)③收集了 2003 年之后与 CME 相关的 39 篇系统评价，开展元分析法。研究发现，CME 的确提高了医生的表现和患者健康结果。CME 改善了医生的表现，包括开处方、戒烟咨询、饮食和指导依从性。“教育会议或其他干预措施可以改善医师表现，实现患者治疗目标④”。并且，互动方法在改善患者表现和健康结果方面是最有效的。CME 过程中临床实践指导方针和意见领袖，对改善医生的表

① Whelan A, Leddy J J, Mindra S, et al. Student perceptions of independent versus facilitated small group learning approaches to compressed medical anatomy education[J]. Anatomical Sciences Education, 2016, 9(1): 40-51.

② Houle CO. Continuing Learning in the Professions. San Francisco, CA: Jossey-Bass; 1980.

③ Cervero R M, Gaines J K. The impact of CME on physician performance and patient health outcomes: an updated synthesis of systematic reviews. [J]. Journal of Continuing Education in the Health Professions, 2015, 35(2): 131-138.

④ Forsetlund L, Bjorndal A, Rashidian A, et al. Continuing education meetings and workshops: effects on professional practice and health care outcomes. Cochrane Database Syst Rev. 2009(2): CD003030.

现和患者健康状况具有适度效果，而说教性的演讲和印刷材料几乎没有或根本没有益处。此外，该学者认为社会、政治和组织因素，同样对医生表现和患者健康状况发挥着重要作用。

(八)特殊教育

特殊教育是针对残疾儿童的教育，具体研究内容包括特殊教育的教师专业发展、特殊教育教学实践、特殊教育法律与政策等。

荷兰莱顿大学(Leiden University)的学者克莉丝汀埃斯平(Christine A. Espin)①提出通过考察特殊教育教师对基于课程的测量图(Curriculum-Based Measurement，CBM)的理解和解释程度，评判教师的专业素养。CBM 是一种以图形化方式，监测学习困难学生学习进展的评价方法。教师基于学生 CBM 的评价结果，可以及时更改教学方式、教学计划或教学目标，帮助学习困难学生提高学习成绩。该学者使用有声思维程序(think-aloud procedure)检查教师对 CBM 数据的理解和解释。研究人员从连贯性、特异性、反射率和准确度四个方面，将教师对 CBM 的理解程度进行编码和打分。研究发现，得分较高的教师具有更一致、更具体、更准确的思考能力，他们非常擅长描述和解释 CBM 开发数据，能够从图表中选择相关信息并整合和解释数据中的关系，构建解决方案。此外，分数较高的教师具有更强的自我反思意识。

注意缺陷多动障碍(Attention Deficit Hyperactivity Disorder，ADHD)即多动症，是儿童期常见的一类心理障碍。具体表现为与年龄和发育水平不相称的注意力不集中和注意时间短暂、活动过度和冲动，常伴有学习困难和环境适应性较差等现象。荷兰格罗宁根大学(University of Groningen)凯泽(M. -L. Kaiser)②发现 ADHD 儿

---

① Espin C A，Wayman M M，Deno S L，et al. Data-Based Decision-Making：Developing a Method for Capturing Teachers' Understanding of CBM Graphs [J]. Learning Disabilities Research & Practice，2017，32(1).

② Kaiser M L，Schoemaker M M，Albaret J M，et al. What is the evidence of impaired motor skills and motor control among children with attention deficit hyperactivity disorder (ADHD)? Systematic review of the literature. [J]. Research in Developmental Disabilities，2015，36(36)：338-357.

童的感官运动技能与学业成绩之间存在重要的关系。超过一半的ADHD儿童在运动技巧和技能方面存在困难。注意力不集中型的ADHD儿童，在复杂的任务中表现出更多的精细运动技能受损，反应时间缓慢和运动控制能力差。

阅读障碍(reading disorder，RD)和数学障碍(mathematics disorder，MD)的高并发性表明，虽然两者的核心认知缺陷不同，但是具有相同的认知风险因素。德国路德维希马克西米利安大学(Ludwig-Maximilians University)的克里斯蒂娜摩尔(Kristina Moll)，① 调查RD和MD儿童的处理速度，处理时间和记忆技能，以及上述三者与注意力缺陷的相关性。结果表明，上述三种风险因素与注意力缺陷相关，并且处理速度，处理时间和记忆技能同样反映了注意力缺陷的程度。

瑞典林平大学(Linköping University)的肯尼斯卡格伦(Kenny Skagerlund)②调查具有不同数学障碍特征的儿童，研究他们发展性计算障碍(developmental dyscalculia，DD)的认知起源。该学者将儿童分为算术事实计算障碍(Arithmetical fact dyscalculia，AFD)和一般性计算障碍(General dyscalculia，GD)。研究发现，GD组在符号和非符号数字处理存在缺陷，而AFD组仅在符号数字处理存在不足。

尽管有国家政策保障残疾学生参与普通教育，但美国范德堡大学(Vanderbilt University)学者瑞贝卡菲尔德曼(Rebecca Feldman)③发现严重残疾的学生即使参加同样的课程，仍然较少参与合作和交

---

① Moll K，Göbel S M，Gooch D，et al. Cognitive Risk Factors for Specific Learning Disorder：Processing Speed，Temporal Processing，and Working Memory. [J]. J Learn Disabil，2016，49(3)：272-281.

② Skagerlund K，Träff U. Number Processing and Heterogeneity of Developmental Dyscalculia：Subtypes With Different Cognitive Profiles and Deficits. [J]. Journal of Learning Disabilities，2016，49(1)：36.

③ Feldman R，Carter E W，Asmus J，et al. Presence，Proximity，and Peer Interactions of Adolescents with Severe Disabilities in General Education Classrooms. [J]. Exceptional Children，2016，82(2).

流。残障学生必须人在现场，还要积极接近同龄人，才能实现同伴互动和共享学习。此外，残疾学生较少参与学术要求较高的课程(如数学，科学，语言艺术)，更偏向参与学术要求较低的课程(如选修课，相关艺术)。

部分学者发现残疾学生自我决定状态与毕业成就之间存在直接关系。美国伊利诺伊大学(University of Illinois)学者卡里亚肖格伦(Karrie A. Shogren)①追踪了6个州50个学区的779名残疾学生，研究自主干预措施、自我决定状态与未来成就之间的关系。其中，自主干预措施包括改善自我决定能力、自主学习教学模式、自决的步骤以及对未来的预期。调查发现，残疾学生高中毕业后的自我决定状态，预示着毕业后一年内的就业可能性，独立生活能力和生活质量。而自主干预措施有助于提高残疾学生自我决定状态。

三、全球教育研究的新趋势

(一)以学习者为中心的教育理念

随着人文主义教育复兴的潮流和趋势，以学习者为中心再次成为全球高等教育改革的重点。例如，2010年OECD组织发布的《学习的本质》，2016年联合国教科文组织发布《反思教育：向“全球共同利益”的理念转变》，均强调了在高等教育阶段，必须以学生发展为中心，以学生学习为中心，以学习效果为中心的核心教育理念。

在理论基础上，研究者越来越趋向结合认知科学、心理学、脑科学和学习科学，开展跨学科研究。基于认知科学视角，大脑通过构建认知模型来认识与应对外部世界。高等教育的作用是帮助学生在头脑中构建特定领域的专业认知模型，尤其注重抽象思维能力的培养。所以，只能由学生自己构建认知模型，老师不能代替学生构

① Shogren K A. Relationships between Self-Determination and Postschool Outcomes for Youth with Disabilities. [J]. Journal of Special Education, 2013, 48(4): 256-267.

建模型，教学必须以学习者为中心。

部分学者利用各类认知模型，研究以学习者为中心的教学方式对学生学习成效的影响，特别是在促进学习者心智和大脑发展，塑造良好的学习习惯和培养学习能力方面的突出作用。例如，部分学者关注翻转课堂对学生学习成绩、到课率、课程满意度、学习行为、学习动机和认知负荷、学习能力等方面的影响。

部分学者利用教育心理学理论，关注学习情绪、学习动机、学习认知对学习成效的影响。例如，基于自决理论探索学习动机对学习行为的影响，基于自我调节理论研究学习动机干预，以及探讨执行功能对学业成绩的影响等。

在研究内容上，教育专家目前主要研究以学习者为中心的课程体系和教学体系。

以学习者为中心的课程体系，将育人价值作为高等教育阶段课程内容选择的核心要素。因此，课程体系内容丰富，除了核心专业课程外，还包括科学，技术，工程，数学(即STEM课程)等。教育专家未来将重点探讨STEM教学与其他学科教学的差异性，强调STEM学习过程中的科学实践要求，以及如何实现学生的内容知识、程序性知识和认知知识共同提升。此外，STEM课程学习过程中存在的性别差异和种族差异，以及由此引发的受教育机会不公平问题，也将被持续关注。

以学习者为中心的教学体系，体现在教学模式灵活多样，课堂生活丰富民主。虽然传统班级授课方式，依然是主要的教学形式，但为了满足学习者个性化需求以及课程内容特殊性需求，部分教室选择更加多样化的授课形式，应用翻转课堂、学生协作学习等方式，打造出高质量的课堂生活。在翻转课堂的相关研究中，教师不再是知识的传授者，而是课程设计师和问题解决专家。学生在课前完成相对容易的理解、记忆类知识学习，在课堂上专注培养分析、应用、综合、评估等高阶学习能力。然而，翻转课堂并非万能的教学模式，并不适合小学教学以及理论知识教学。因此，教育专家未来需要结合学习对象的特点和知识类型的特征，研究翻转课堂的适用范围、应用程度、具体操作方法等。在学生协作学习的相关研究中，研究者大多基于维果斯基的“社会交互可以促进个体知识建构”观点，将小组成员作为基本研究单元，强调协作学习过程和小组认知的整体优势。特别是，CSCL 成为协作学习与计算机技术的汇合点，越来越多的学者关注 CSCL 环境中协作学习的新特征和新规律，例如知识建构过程、学习交互模式和学习成效，以及三者之间的影响机制。同时，关于 CSCL 协同监管机制的探讨，将继续成为未来研究重点。

值得注意的是，虽然类似理念(例如学生中心论)，在 20 世纪初就提出，然而学习者为中心的主体地位并为在教学实践中真正落实，原因在与，并没有形成以学习者为中心的管理体系和评价体系。例如，学校资源配置、教师绩效评价、教学辅助措施大多从管理者和教师的角度制定。因此，随着以学习者为中心理念的不断深入和强化，以学习者为中心的教育管理体系和评价体系或将成为未来研究重点。

(二)虚拟环境构建和学习行为分析并重的技术支持

计算机辅助教学技术，极大促进了学习环境和教学方式的变革。对于情境性要求较高的课程教学中，如何利用新兴技术创设虚拟学习环境依然是研究重点。例如，在医学解剖学课程中，如何利用 3D 多媒体技术重建人体解剖结构，如何基于 3D 打印技术制作人体解剖标本，使得学习者不用完全依赖真实的人体尸体开展课程教学，依然是未来研究热点。然而，由于虚拟学习环境缺乏真实感的操作感，很难培养学生的动手能力和操作技能，因此如何将虚拟学习环境和真实学习环境相结合，实现学生的知识储备和实践能力的同时提升，将成为学者们未来关注的重点。

对于在线学习、移动学习和泛在学习而言，由于支撑技术相对成熟，所以构建虚拟学习环境不再是教育专家关注的热点。教育专家转向分析学习平台中记录的学习行为数据，挖掘学习行为和学习成效之间隐含的规律，为开展个性化学习过程指导提供数据支撑。例如，部分学者开发词汇复杂度评价工具，用于评估学习者词汇掌握程度和口语熟练程度，部分学者开发阅读率跟踪评估工具，发现阅读率、阅读行为和理解程度之间的依赖关系，帮助学生找到最适合自己的阅读方式。

随着计算机辅助教学等技术的普及，海量学习行为数据积累在学习平台中，学习行为分析将是教育专家越来越注重的话题，由此产生的学习行为自动化监管将逐步成为未来研究重点。目前虽然有学者研究 CSCL 环境下的社交共享活动监管，然而目前研究主要依赖人工判读实现在线学习活动的分类，研究者工作量太大无法大面积推广。因此，大多研究者基于单一的研究实验得出具有局限性的研究结论，无法保障研究结论的普适性和可推广性。随着自然语言处理、图像识别和语音识别技术的高速发展，相关技术瓶颈被逐步突破，越来越多的教育专家和计算机专家可开展跨学科研究，实现学习行为自动化监管，推动虚拟学习环境从数字化到智能化的变革。

此外，大数据分析、人工智能等先进技术在工业界得到广泛应用，改变了人们的生活和工作方式。然而，上述先进技术较难直接应用到教育研究领域。一方面，部分教育数据难以观测和收集，例如大规模问卷调查数据不过上万条，在线学习系统中的数据不过 GB 级别，远远没有达到 PB 级大数据分析的要求。另一方面，人工智能算法的适用前提是拥有大量人工标注的训练集，然而大部分的教育数据缺乏人工标注，不具备人工智能技术的实施前提。此外，教育领域更加关注教育要素之间的关联关系，对于结果预测的要求并不高。然而，以机器学习、深度学习为代表的人工智能技术大多为黑盒模型，能够准确预测结果，强调预测结果的查全率和查准率，却无法解释背后的机制，导致训练出来的教育模型无法被教育专家识别和解读。因此，对于缺乏技术背景的教育专家不必盲目追求使用新兴技术，应该从教育问题出发选择合适的技术。

(三)从单一化到多样化的教育研究方法

借助新兴技术的数据采集和分析方法，教育科学开始从传统“软科学”向“数据密集型科学”转变。相关分析和回归分析是教育专家主要使用的定量分析方法，用以梳理教育要素之间的相关关系，以及教育目标和教育要素之间的依赖关系。例如，探讨执行功能与学业成就之间的关联关系，分析复合意识与阅读理解之间的关联程度，研究翻转课堂对学生学习能力和学习态度的影响，研究教师接受 PCK 培训对教师专业技能和学生成绩的影响等。教育专家通过控制年级、性别、家庭环境、课程数目等协变量对教育目标的干扰，避免研究结论出现伪回归现象。

然而，相关分析和回归分析，只能刻画各个教育要素之间的双向关联程度或单向依存关系，只能描述教育现象无法解释导致教育现象的原因。越来越多的学者试图解答，教育干预是不是教育目标发生变化的根本原因，即教育干预与教育目标之间的因果关系。例如，探讨教师合作质量与学生学业成绩是否存在因果关系，学习者的执行功能和学业成就之间是否存在因果关系。需要分析教育干预对教育目标是否存在显著影响，若存在显著影响，影响是正向还是负向，影响程度如何。因此，因果判断逐渐成为教育过程分析、教育政策评估的新趋势。

虽然相关分析、回归分析和因果判断同样隶属统计分析范畴。然而，由于复杂世界中教育要素之间相互作用，不存在满足高斯定理的理想化数据，容易产生解释变量内生性问题和自选择问题，导致相关分析和回归分析的分析结果往往存在严重偏误。因此，教育研究者未来可以重点关注因果判断研究方法，识别因果关系的外生变化开展识别策略，从而识别出外生变化以估算因果效应，具体包括随机试验、自然实验、断点回归模型、倾向分数配对法、双重差分模型等多种方法。

同时，基于元分析的教育文献也是当前教育专家常用的研究方法。通过综合同一教育目标的研究结果再次开展统计分析，从而获得该教育目标普遍性、概括性的结论。例如，学校干预政策对学生学业成就的影响分析、医学继续教育对医生表现和患者健康的影响分析等。此外，教育专家未来还可以借鉴其他学科领域常用的分析方法。例如，借助文献计量学和知识图谱技术探索知识产生、发展、传播和演变的规律，借助社会网络分析技术和模式识别技术抽取学习交互模式和学习行为序列模式等。

质性研究方法主要包括民族志研究，人类学研究，论述分析，访谈研究等。例如数字青年迪瓦计划中运用的田野调查和数字民族志以及半结构式访谈。质性研究注重人与人之间的意义理解、交互影响、生活经历和现场情景，在自然状态中获得整体理解的研究态度和方式。

由于教育科学的研究对象是一个开放而复杂的系统，教育规律的认识存在盲点，影响教育的因素具有变化性。定量方法与质性方法相结合的混合方法可能被越来越多的教育专家使用。这两种方法属于不同的研究范式，例如，定量研究者假设真理是一个独立于观察者的客观事实，等待研究者去发现。而质性研究者认为事实会随着人们经验的变化而不断变化，在这个演化过程中，研究者作为研究工具与被研究对象是共同作用、无法分开的。研究范式的选择取决于研究者对事实的假设和认知，以及研究事实的方法，便于更好地解释教育现象。因此，未来研究将更加注重多种教育研究方法的综合应用，实现教育规律的深度挖掘。

（四）小样本和全样本相结合的教育数据

教育数据主要来源于传统问卷调查或课堂观察，例如学习态度评估问卷调查，语言背景问卷调查等，以及观察学生的阅读行为，观察学习者的协作学习行为等。采集的数据能够直接反映教育研究目标，解决待研究的教育问题。然而，由于此类数据采集需要耗费大量的人力，大多基于班级层面或学校层面的小样本数据，研究结论具有一定的局限性和专属性，较难大规模推广和应用。

因此，部分教育专家注重建立常态化数据搜集机制，开展大规模、多年跟踪性教育实验。例如，美国密歇根大学学者利用利用调查和行政数据，对 336 所迈阿密戴德县公立学校的 9000 多名教师，开展超过 2 年的调查和追踪。这样做可以为教育专家提供充足的研究样本和时间序列数据，然而由于需要借助一定的行政手段，对教育专家自身提出较高的要求。

随着教育信息化的全面实施，借助 MOOC 等先进的教学平台，眼球跟踪等先进的技术手段，学者们开始关注记录在各类学习管理软件中的全样本数据。例如，电子阅读器记录了学习者的阅读行为，MOOC 平台记录了全部学习行为。特别是，全球基础数据平台和各类教育大数据中心的成立，能够自下而上汇聚各种教育数据，例如，培生教育集团研制的学习曲线系统，保存了 PISA 等全球 60 多个教育数据集。然而，由于软件系统只能记录相对表象，可观测的用户行为，无法获取主观意识、学习动机等相对内隐的用户特征，采集的数据过于扁平化，价值密度较低。此外，由于部分教育数据的敏感性，存储在各级政府部门和研究机构，无法被教育研究者获取。部分存储在各类教育企业的教育数据，又由于存储结构各异和所属权限等问题，很难统一收集和全面整合，同样极大地限制了教育大数据的收集和使用。

未来教育专家可能同时使用小样本数据和全样本数据，探索隐含的教育规律。此外，教育专家未来还可以探索各种教育数据以及其他社会行业数据之间的内在联系，从而推动国家教育政策科学化制定。例如，研究 PISA 成绩与人力资本存量、经济产能之间的关系，增强民众对教育政策的理解和支持，有助于教育政策制定和实施。

四、研究结论

全球教育研究新热点包涵八个方面：在课程和教学研究领域，重点关注翻转课堂、协作教学和 BIM 实践教学。在教师专业发展领域，侧重提升教师学科教学知识和分析教师复原力的影响因素。在教育政策领域，强调基于数据的教育治理，特别是用于提高学生学业成就的学校干预政策以及研究-实践的伙伴关系研究。在教育心理学领域，学习动机的影响因素分析和学习动机的干预措施一直是研究重点。在 STEM 教育领域，STEM 教育中存在的性别和种族差异，以及科学教育的教学方法成为教育专家共同关注的话题。在教育语言学领域，计算机辅助语言学习、第二语言教育和阅读理解成为研究重点。在医学教育领域，主要围绕新兴技术在解剖学课程中的应用及其效果评估。在特殊教育领域，主要围绕特殊教育教师的专业发展，残疾儿童的教学治疗和校内干预等方面展开。

全球教育研究呈现出四大趋势：首先，以学习者为中心再次成为全球高等教育改革的重点。在理论基础上，研究者越来越趋向结合认知科学、心理学、脑科学和学习科学，开展跨学科研究。在研究内容上，研究者目前主要围绕以学习者为中心的课程体系和教学体系展开研究。例如STEM课程教学方法、翻转课堂的个性化教学方法，协作教学过程监管都将成为未来研究的重点。其次，教育研究者主要利用新兴技术构建虚拟环境和开展学习行为分析。对于情境性要求较高的课程教学中，如何利用新兴技术创设虚拟学习环境依然是研究重点。由于虚拟学习环境让学习者缺乏真实操作感，如何将虚拟学习环境和真实学习环境相结合，培养学生的动手能力和操作技能，将成为学者们未来关注的重点。对于在线学习等支撑技术相对成熟的领域，教育专家通过分析学习行为数据，挖掘学习行为和学习成效之间隐含的内在规律，为开展个性化学习过程指导提供基础。再次，教育研究方法从单一化转向多样化。定量方法与质性方法相结合的混合方法可能被越来越多的教育专家使用。定量分析方法也越来多样化。其中，相关分析和回归分析是教育专家常用的定量分析方法。然而，越来越多的学者试图解答，教育干预是不是教育目标发生变化的根本原因，所以因果判断或将成为未来研究的重点。此外，元分析法、文献计量分析法、知识图谱技术、社会网络分析法、模式识别技术可能逐步被研究者使用。最后，教育研究未来可能综合使用小样本和全样本教育数据。教育数据主要来源于传统问卷调查或课堂观察，数据能够直接反映教育研究目标，基于小样本的研究结果具有一定的局限性不利于推广。然而，各类教学平台中记录的大样本数据，价值密度较低，以及部分教育数据的敏感性和归属权限问题，很难得出较为深入的研究结论。因此，教育专家未来可能综合使用小样本和全样本数据，或者从各类教育数据和其他社会行业数据之间挖掘隐含的内在规律。

如何书写“现代”“中国”的文学史
——英语世界中国现代文学史书写的新进展

武汉大学中国传统文化研究中心　余来明

近年来英语学界出现了一股“重写中国文学史”的风潮，2016年、2017年相继出版了四部极具分量的现代中国文学史著作：加州大学圣地亚哥分校张英进教授主编的《中国现代文学指南》(*A Companion to Modern Chinese Literature*, London: Wiley-Blackwell, 2016)，杜克大学罗鹏(Carlos Rojas)和康奈尔大学白安卓(Andrea Bachner)主编的《牛津中国现代文学手册》(*The Oxford Handbook of Modern Chinese Literature*, Oxford: Oxford University Press, 2016)，俄亥俄州立大学邓腾克(Kirk Denton)教授主编的《哥伦比亚中国现代文学指南》(*The Columbia Companion to Modern Chinese Literature*, New York: Columbia University Press, 2016)，哈佛大学王德威教授主编的《新编中国现代文学史》(*A New Literary History of Modern China*, Cambridge, MA: Belknap/Harvard University Press, 2017)。对于向来不喜欢集体编撰文学史著作的欧美汉学界来说，在短时间内推出四部文出众手的现代中国文学史著作，实属异常之举。然而从另一个方面来说，海外现代中国文学研究在经过几代人长时间的探索之后，回归“文学史”这一中国文学研究领域最具代表性的著述方式，又实属必然。正如其中之一的王德威教授所说：“当代中国对文学史的关注为国际学界所仅见。这不仅是因为传统对‘文’、‘史’的重视其来有自，也和目前学科建制、知识管理、甚至文化生产息息相关。尤其当代文学史的编写与阅读、更与政治氛围形成微妙对话。在这样的情形下，我们对中国现代文学史书写的反思，诚为值得关注的问题。”①在中外学术交流日益频繁和深入的当下，海外学人也同样试图通过“文学史”这一具有权威性的著述形式向中国学界传递其文学史研究理念。以下拟通过对四部著作的分析，探视英语世界关于现代中国文学研究和文学史书写的最新动向。

一、王德威主编《新编中国现代文学史》

2017 年出版的《新编中国现代文学史》(以下简称《新编》)是一部非常特别的著作。无论其日后会收获怎样的评价，至少在以下几点上体现出它的“不同凡响”：其一，这部书的作者共有 140 余位，其身份有作家、文学史家、历史学家等，写作群体角色之复杂、多样，为任何一部文学史著作所无；其二，尽管是一部标明为“现代中国”(Modern China)的文学史著作，然而其时代的上限却要推远到 1635 年，一个无论是文学时间还是历史叙述都不会被作为“现代”开端的年代；其三，构成全书的 160 余篇文章，其内容广泛涉及一般意义的文学、历史、哲学、美术、音乐、电影、雕刻等各个领域。凡此几点，无一不是打破传统文学史书写的畛域，而使之带上了“变革”的色彩。自 20 世纪 80 年代以来时兴的“重写文学史”思潮，在理论讨论和书写实践上虽然都颇有进展，但要论其“重写”的幅度，恐都要以此书最见突出。他日译成中文出版，必将引起国内学界又一场大的讨论。

在哈佛大学王德威教授主编的这部著作中，包含了四个关键词：“现代”(Modern)、“中国”(China)、“文学”(Literature)和“历史”(History)。从某个方面来说，正是基于对这四个关键词的不同理解，才造就了这部独特的文学史著作，实现了真正意义上的“新编”。一如他在书前导论中所期许的：“《新编现代中国文学史》……为‘中国’、‘现代’、‘文学’、‘历史’打造一个不同以往

① ［美］王德威：《“世界中”的中国文学》，《南方文坛》2017 年第 5 期，第 5 页。

的论述模式。”①

1. 何谓“现代”

何谓“现代”的讨论，国内外学界已关注多年，也有各种不同的说法。当下一种颇为流行的看法是，中国文化、文学“现代性”的产生，并不只是在现代西方文化“冲击”背景下生成，同时也是中国文化、文学内部“现代性”因素的重新发现。由此出发，学界对中国文化“现代性”因素的发掘，也就成了中国“现代性”书写的一项重要内容。中国“现代”文学史的研究与书写，也在此义下展开。

与此相关，文学史书写进程中的中国“现代”文学开始时间，也经历了变迁。1917 年的文学革命，1919 年的“五四”运动，1911 年的辛亥革命，又或者是属于模糊时间概念的晚清，都曾被视为中国现代文学的开端。近来又多有学者提出不再以“现代”作为接续中国文学古典时期之后的时间概念，转而提出了“民国文学”、“20 世纪文学”等多个不同名称。② 然而如此等等，都基本不脱“五四”以来关于中国文学古今分野的总体格局。《新编》则从根本上打破了这种历史时间的划分，为中国文学的“现代”提供了多种可能的“开端”，一如全书第一篇标题所显示的《现代中国“文学”的多重开端》，标记的时间点为 1635 年、1932 年和 1934 年。其中最引人关注的，自然是被全书引为中国文学“现代”开端的 1635 年，一个在任何关于“现代”的历史书写中都未曾被作为开始的时刻。该年为杨廷筠(1557—1627)去世之后八年，一本由他撰写介绍西学的《代

① 王德威：《“世界中”的中国文学》，《南方文坛》2017 年第 5 期，第 17 页。该篇虽为《新编现代中国文学史》的中文导论，但在内容上较英文版著作导论有一定改动。

② 相关著作，如周维东《民国文学：文学史的“空间”转向》(山东文艺出版社 2015 年版)、张福贵《民国文学：概念解读与个案分析》(花城出版社 2014 年版)、李怡等编《民国文学讨论集》(中国社会科学出版社 2014 年版)、张中良《民族国家概念与民国文学》(花城出版社 2014 年版)、严家炎主编《20 世纪中国文学史》(高等教育出版社 2010 年版)等。汉语学界也曾就相关概念的使用问题进行过多次学术讨论。

疑续篇》刊刻行世。正如文章在“1635”之下所提示的，之所以将这一年视为中国现代文学的开始，关键即在于“杨廷筠以‘文学’定义Literature”。① 然而杨氏此处所用“文学”及其对应词 Literature，无论是概念内涵还是学科史含义，都与现代所谓“文学”有很大差别。从杨廷筠的角度来看，他并未建构任何与现代意义“文学”概念内涵接近的“文学”思想。他对“西教”之学的描述，其思想来源是当时来华传教的耶稣会士艾儒略等对西方教育、学科的介绍。关于这一点，下文讨论“文学”概念时将予专门论述。

即便如此，晚明仍为中国“文学”现代性的生成提供了丰富的思想资源。这不仅仅是因为“五四”以后的新文化学人将现代中国的文学和思想追索至晚明，一如《新编》中提供的另外两个现代中国“文学”开端的时间节点——1932 年、1934 年；同样重要的是，这一时期同样也是中国遭遇西方的真正开始，来自于欧洲的耶稣会士带来了西方古典时期的科学、思想、文化、宗教和文学。凡此种种，都为中国士人打开了通向西方的窗口，中西知识的接触，西学思想、文化、观念的传入，为中国文化、文学提供了更新的力量。无论从何种意义（现代性/启蒙/抒情，或者王教授所说的“世界中”）上来说，晚明对于中国文化、文学都是无法避开的重要时间节点。

从另一个层面来看，《新编》提供的关于中国文学“现代”开端的诸种可能，虽然都是源于对中国文学内部蕴藏的“现代性”因子的开掘：“1635 年”杨廷筠对西方“文学”概念的引述，“1792 年”问世的《红楼梦》“写尽帝国盛极必衰的命运，从而为不可知的‘现代’启动‘预期式乡愁’（anticipatory nostalgia）”②，抑或是“1932 年、1934 年”周作人、嵇文甫将中国现代文学和思想的渊源追溯至晚

① Sher-shiueh Li（李奭学），*The Multiple Beginning of Modern Chinese “Literature”*，David Der-wei Wang，ed.，*A New Literary History of Modern China*，Cambridge，Massachusetts：The Belknap Press of Harvard University Press，2017，p. 29.

② 王德威：《“世界中”的中国文学》，《南方文坛》2017 年第 5 期，第 12 页。

明；但从本质上来说，又都与现代“中国”形成对应的“西方”有着难以割舍的关联：杨廷筠关于“文学”的论述，和他接触耶稣会士艾儒略等人输入的西方古典学科观念不无关系；1792 年被视为“现代”开端意义的建立，也与英国使臣马戛尔尼来华直接相关；周作人、嵇文甫等引晚明文学为同道，更是以现代的“文学”观念对中国传统的再发现。

从目前的现代中国文学史写作来看，学界对文学现代化进程的描述通常都是按照历史的先后顺序展开，也因此有了“近代文学”、“现代文学”、“当代文学”等标示不同发展阶段的文学史概念。《新编》则试图打破这样一种单线直进的历史思维模式：“本书的思考脉络并不把中国文学的现代化看作是一个根据既定的时间表、不断前进发展的整体过程，而是将其视为一个具有多个切入点和突破点的坐标图。……在任一历史时刻，以‘现代’为名的向往或压力都可能催生出种种创新求变可能。”①欧美学界一直将“现代性”作为中国文学进入“现代”(Modern)的重要标示，而不是像中国大陆学界一样以历史的线性时间为划分的依据。尽管近年来对于这样的划分学界曾有专门讨论，然而其认识并没有根本的改变。

从历史演进的序列来说，“现代”对于当下的中国来说，也仍然还是一个进进未已的过程(英语学界“Modern China”的概念在时间一直延续到我们所谓的“当代”)，而文学恰恰为这种未来的演变提供了想象的空间。《新编现代中国文学史》选择以 2066 年——韩松的科幻小说《火星照耀美国：2066 年之西行漫记》作为中国文学“现代”的下一个节点，又或者是中国或世界现代化的节点。作为中国甚至是世界其他国家现代化进程的重要参照，而在现代化进程中，美国始终是世界各国共同追赶的目标。然而在韩松的小说中，美国的命运并不是步入更高阶段的文明，而是最终走向了毁灭。从这个意义来说，通过“文学”透视下的中国对现代性的追求，也依旧处于不断探索和演变的历史进程，当中也充满了种种诱惑与危

① 王德威：《“世界中”的中国文学》，《南方文坛》2017 年第 5 期，第 7-8 页。

险。"文学"与历史、与未来之间，产生了一种奇妙的关联与互动。一如王教授在导论中所言："《新编中国现代文学史》力求通过中国文学论述和实践——从经典名作到先锋实验，从外国思潮到本土反响——来记录、评价这不断变化的中国经验，同时叩问影响中国(后)现代性的历史因素。"①从这一层面来说，"文学"又有着超越审美之外的意义。由此也就促使我们重新去思考长期以来已经习用的"文学"概念。

2. 什么是"文学"

在中国现代文学史书写中，什么是"文学"原本并不成为问题。尽管几十年来研究的视野和角度经历不断变换和调整，"文学"历史书写的对象和内容大体不脱小说、戏曲、诗歌和文学性散文的范围。然而《新编》却志在突破这样的文学史格局和框架，就内容看，"从晚清画报到网络游戏，从伟人讲话到狱中书简，从红色经典到离散叙事，这部文学史包罗各种文本和现象。传统文类自不待言，书中也展现"文"的各种媒介衍生，如书信、随笔、日记、政论、演讲、教科书、民间戏曲、少数民族歌谣、电影、流行歌曲、连环漫画和网络文学等。"②"文化"视野已经不再只是文学史研究的一种角度或者方法，而是成为了中国现代文学史书写的一种方式，或者说成为了中国现代文学史书写本身。由此，《新编》重新定义了"文学"。其意义正如王德威教授在导论中所说的：

> 在这漫长的现代流程里，文学的概念、实践、传播和评判也经历前所未有的变化。19世纪末以来，进口印刷技术，创新行销策略，识字率的普及，读者群的扩大，媒体和翻译形式的多样化以及职业作家的出现，推动了文学创作和消费的迅速发展。随着这些变化，中国文学——作为一种审美形式、学术

---

① 王德威：《"世界中"的中国文学》，《南方文坛》2017年第5期，第11页。

② 《一部"文"的文学史——王德威教授专访》，《联合早报》2017年9月25日。http：//www.zaobao.com/news/fukan/celebrities-interview/story20170925-797859。

> 科目和文化建制，甚至国族想象——成为我们现在所理解的“文学”。“文学”定义的变化，以及由此投射的重重历史被动，的确是中国现代性最明显的表征之一。①

《新编》对“文学”的理解，在某种程度上是试图回应和接续中国传统“文”的概念：“尽管采取小说、散文、诗歌、戏剧等文类，或奉行由现实主义到后现代主义的话语，中国现代文学与传统概念的‘文’和‘文学’之间对话依然不绝如缕。也就是说，现代文学作家和读者不仅步武新潮，视文学为再现世界存在的方式，也呼应传统，视文学为参与彰显世界变化的过程。这一彰显过程由‘文心’驱动，透过形体、艺术、社会政治和自然律动层层展开。因此，中国现代文学所体现的不只是(如西方典范所示)虚构与真实的文本辩证关系，更是人生经验方方面面所形成的，一个由神思到史识、由抒情到言志不断扩张的丰富轨迹。”②古今“文学”(包括古代的“文”、“文章”、“文艺”等)概念的内涵虽然有很大差异，然而彼此之间也并非毫无干涉，“传统”与“现代”之间有着为我们所从未意料的联系。基于这样的认识，《新编》不再局限于将诗歌、小说、散文、戏剧视为“文学”的现代流行观念，而将种种蕴含“文心”、彰显内心、铭记自身与世界的文字、图像、音乐、表演等都纳入现代“文学”历史的书写范围。

如前所述，正是基于对“文学”概念的不同理解，《新编》为现代中国“文学”提供了多个开端。其中之一，即是作为全书开篇的1635年。根据该篇作者李奭学的论述，这一时间点之所以被视为现代中国文学的起始，是缘于杨廷筠在《代疑续编》中以汉语“文学”对应西方 Literature。③《代疑续编》涉及“文学”的那段文字是这样说的：

---

① 王德威：《“世界中”的中国文学》，《南方文坛》2017 年第 5 期，第 7 页。

② 王德威：《“世界中”的中国文学》，《南方文坛》2017 年第 5 期，第 8 页。

③ 参见李奭学：《中国“文学”现代性与明末耶稣会的文学翻译》，见氏著《明清西学六论》，浙江大学出版社 2016 年版，第 115-126 页。

西教……有次第，……最初有文学，次有穷理学，……其书不知几千百种也。①

杨廷筠作为明末中国天主教三大柱石之一，与来华耶稣会士利玛窦、金尼阁、艾儒略等都有密切交往。不但他自己和家人都受洗入教，对耶稣会士传入的知识、思想也多有了解，曾为《七克》、《西学凡》、《涤罪正规》等西书作序，并撰写《天释明辨》、《鸮鸾不并鸣说》、《代疑篇》、《代疑续篇》等阐教著述。

而被认为是他以中国“文学”作为 Literature 对应概念的论述，源出于意大利传教士艾儒略《西学凡》、《职方外纪》等关于欧洲教育和学术分科的介绍。《职方外纪》成书于天启三年(1623 年)，当年秋刻印，署“西海艾儒略增译，东海杨廷筠汇记”；《西学凡》同样刊行于天启三年(1623 年)，收入李之藻编《天学初函》，杨廷筠1623 年曾为之作序。《西学凡》中有关于欧洲古典时期学术分科的详细介绍，其中关于“文科”的论述，可见出现代“文学”的影子。《西学凡》将“文科”称作“文艺之学”，包含四个方面：一、古贤名训；二、各国史书；三、各种诗文；四、自撰文章议论。又说：“自幼习文学者，先于一堂试其文笔，后于公所试其议论。”“文学已成，即考取之，使进于理学。”②显而易见的是，此处所谓的“文学”，虽含有现代“文学”的因子，然而却仍属不同的概念。一方面，即使是在西方的文学传统中，此时的 Literature 也尚未完成向现代概念的转变；另一方面，这样的“文学”因子，在中国传统的论述中事实上同样存在，六朝时期关于“文”和“文章”的论述，同样也被认为是中国“文学”自觉的标志。然而这并不妨碍《新编》将其作为视为中国“文学”萌生“现代性”的开端。《新编》所关注的现代中国“文学”并不局限于现代的“纯文学”，因而其在文学史的书写上有特别期待，而不仅仅是文学作品赏析和作家人物传的汇编。

① 杨廷筠：《代疑续篇》，钟鸣旦等编《法国国家图书馆明清天主教文献》第 26 册，台北利氏学社 2009 年版，第 419-420 页。

② 艾儒略：《西学凡》，台湾学生书局 1978 年影《天学初函》本。

作者所要思考的，是近世中国文学“遭遇”世界后所显现的常与变。而明末耶稣会士输入的西方知识与观念，正是中国与西方相遇最好的注解。“文学”不过只是其中之一。

文学史的书写，历来都比较强调其作为“史”的一面：真实可靠的材料、时间的序列、文学背后的事实真相，等等；而对其作为“文学”的特征则颇为淡薄。王教授在设计《新编》的写作思路时，有着与不同一般的对“文学史”的理解：“众所周知，一般文学史不论立场，行文率皆以史笔自居。本书无意唐突这一典范的重要性——它的存在诚为这本《新编中国现代文学史》的基石。但我以为除此之外，也不妨考虑‘文学’史之所以异于其他学科历史的特色。我们应该重新彰显文学史内蕴的‘文学性’：文学史书写应该像所关注的文学作品一样，具有文本的自觉。但我所谓的‘文学性’不必局限于审美形式而已；什么是文学、什么不是文学的判断或欣赏，本身就是历史的产物，必须不断被凸显和检视。唯此，《新编中国现代文学史》的作者们以不同风格处理文本内外现象，力求实践‘文学性’，就是一种有意识的‘书写’历史姿态。”①按照王教授的期望，《新编》作为一部“文学”研究著作，不应当只是史料的堆积与苦涩的叙事，而是篇篇都有极强可读性的美文。这样的期许，与百余年前王国维的一番论述暗合。王国维在《国学丛刊序》中说：

> 学之义广矣。古人所谓学，兼知行言之。今专以知言，则学有三大类：曰科学也，史学也，文学也。凡记述事物，而求其原因，定其理法者，谓之科学；求事物变迁之迹，而明其因果者，谓之史学；至出入二者间，而兼有玩物适情之效者，谓之文学。然各科学有各科学之沿革，而史学又有史学之科学（如刘知几《史通》之类）。若夫文学，则有文学之学如（《文心雕龙》之类）焉，有文学之史（如各史文苑传）焉。而科学、史学之杰作，亦即文学之杰作。故三者非斠然有疆界，而学术之

① 王德威：《“世界中”的中国文学》，《南方文坛》2017 年第 5 期，第 6 页。

蕃变，书籍之浩瀚，得以此三者括之焉。①

以现代标准来说，中国传统经、史、子的许多经典都不在今天"文学"定义的范围之内，然而其文学性较之文学作品却不遑多让。此义之下，在近代"文学"概念下属于不同学科的作品，也就没有它们表面上看上去的那样差异明显，优秀学术著作与文学作品之间，在文学性方面具有共通之处。后世的绝大多数学术著作之所以渐失文学性，在某种程度上即与学术与文学之间的分野有直接关系，由此也造成了学者之文与文人之文逐渐呈现不同面貌。《新编》以历史之姿态回归文学本身，力图实现"文学"与"历史"的沟通与融合。从这种意义上来说，《新编》以书写现代中国文学历史的文本，构筑了一道别具韵味的"文学"风景。

3. 多面的"历史"

《新编》以不同一般的"文学"观念建构"现代"中国文学的历史图像，实现"文学"与"历史"之间的相互沟通，其意义不仅在于表现"文学"，同样也意在重构"历史"：一方面，作为事实存在的"历史"是多面的，无论从哪个角度出发，看到的都只是历史的一个侧面；另一方面，对历史本身的建构可以是多元、多角度的，历史的叙述也不必时时追求对真相的索解，而不妨以更加丰富的样态将历史的多面性展现在读者面前。《新编》试图重新呈现中国传统"文"与"史"之间的对话关系，"通过重点题材的配置和弹性风格的处理，我希望所展现的中国文学现象犹如星罗棋布，一方面闪烁着特别的历史时刻和文学奇才，一方面又形成可以识别的星象坐标，从而让文学、历史的关联性彰显出来。"②因此我们可以看到，《新编》采用了与现有任何一种文学史都有截然不同的书写方式：许多篇章的作者，或具有非常的"特别"的身份，包括莫言、王安忆、

① 王国维：《观堂别集》卷四，《王国维全集》第14卷，浙江教育出版社2009年版，第129-130页。

② 王德威：《"世界中"的中国文学》，《南方文坛》2017年第5期，第10页。

余华等在现代中国的文学史上具有重要地位的作家；或采用十分独特的书写方式，如美国华裔作家哈金关于鲁迅《狂人日记》的论文。

在注明时间为"1918 年 4 月 2 日"的《周豫才用"鲁迅"的笔名写〈狂人日记〉》(*Zhou Yucai Writes "A Madman's Diary" under the Pen Name Lu Xun*)的一文中，哈金认为鲁迅是作家，不能用文学评论的方式写，所以就揣测鲁迅当时的心情，用创作的方式写了一篇像是小说的文章——1918 年的某一天，一个叫鲁迅的人百无聊赖，突然想到写《狂人日记》，这个写《狂人日记》的过程就变成一个故事。哈金所用材料的每个细节都是真的，但是组织起来，就变成一部小说。这样的研究方式，或许可以称之为"想象历史的方法"。当然，这里的"想象"，并不是凭空臆想，作为"历史"的书写，其中的细节都源于事实和材料。只是在书写方式上，采用了小说这种颇具"想象力"的体裁。

作为著名作家，王安忆出生于一个不同一般的文学家庭，母亲是著名作家茹志鹃(1925—1998)，父亲是著名导演王啸平(1919—2003)。在《新编》中，王安忆撰写的是一篇关于她母亲的文章——《我母亲茹志娟文学生涯的三个具有讽刺意义的时刻》(*Three Ironic Moments in My Mother Ru Zhijuan's Literary Career*)，时间定格在 1962 年 6 月茹志娟在《上海文学》发表的《逝去的夜》。在这篇文章中，王安忆以一个身边人的视角讲述影响于茹志娟文学创作背后的历史故事与细节。

《新编》中存在的如上情形，似乎都在有意无意地提醒读者：历史的本真并不如后人描述的那般一致而清晰，以不同的形式展现历史的某一个侧面，反而更见其真实和可爱之处。由 160 余篇文章组成的《新编中国现代文学史》，并不志在展现一段时间上连续、有规律可循的文学历史，而是试图以多姿态的文本形式，生动地向读者展示现代中国文学多面、丰富的历史。

站在"世界"的立场，现代中国的"文学"常会呈现不同图景。《新编》对由旅行(包括时空移动和概念、情感、技术的传递嬗变)所产生的跨文化现象关注尤多，由此也更丰富地展现了"世界中"

的现代中国文学面相。如普林斯顿大学古柏(Paize Keulemans)教授所写的《荷兰戏剧，中国小说和开放世界的想象》一文，关注的是明朝灭亡这一事件在跨越重洋之后成为了1666年两部荷兰戏剧的创作题材。① 斯坦福大学王班教授所写的《中国革命与西方文学》一文，对1940—1942年间周立波在鲁迅艺术学院教授西方文学名著选读课程作详细考察，以探讨一个红色作家如何由革命立场阐释世界文学。② 哈佛大学李欧梵教授的《张爱玲在香港》一文，则着重考察张爱玲香港经历的文学意义，认为正是这样一段不长却又别有内容的人生旅程，造就了现代中国文学史上的张爱玲。③ 如此等等内容，都体现出编者、作者不同一般的现代文学史视野和认识，由此建构一种“世界中”的中国现代文学史图像。

与此同时，现代中国文学的历史又与政治变动、思想文化演变、社会变迁等息息相关，或者毋宁说在现代中国的历史长河中，政治的变动、社会的变迁、思想文化的演变本身即构成文学的历史。因此在《新编》中能看到许多看似与“文学”无多少关联的篇章，如美国普林斯顿大学艾尔曼(Benjamin A. Elman)教授撰写的《公羊想象与从儒学的过去看改革》④，美国卫斯理学院宋明炜教授撰写的《在现代中国发现青年》⑤，如此等等，都与《新编》不同一般的“文学”观念、“现代”视野密切相关，也因此展现出不同既往的多面、丰富的中国现代文学“历史”图像。

---

① Paize Keulemans, *Dutch Plays, Chinese Novels, and Images of an Open World*, David Der-wei Wang, ed. , *A New Literary History of Modern China*, pp35-45.

② Ban Wang, *Chinese Revolution and Western Literature*, David Der-wei Wang, ed. , *A New Literary History of Modern China*, pp. 473-478.

③ Leo Ou-Fan Lee, *Eileen Chang in Hong Kong*, David Der-wei Wang, ed. , *A New Literary History of Modern China*, pp. 478-483.

④ Benjamin A. Elman, *Gongyang Imaginary and Looking to the Confucian Past for Reform*, David Der-wei Wang, ed. , *A New Literary History of Modern China*, pp. 478-483.

⑤ Mingwei Song, *Inventing Youth in Modern China*, David Der-wei Wang, ed. , *A New Literary History of Modern China*, pp. 248-253.

4. 怎样的"中国"

以现代"中国"文学为对象的历史书写应该展现怎样的"中国"，或者说哪些作家、作品应当纳入到现代文学史范围从而使其具有"中国"的意义，这在以往的中国现代文学史写作中似乎并未成为问题。因此我们可以看到，无论是初期关于"新文学"历史书写的文学史著作(如王瑶《中国新文学史稿》)，抑或曾经产生过很大影响的唐弢等人的《中国现代文学史》，还是新近出版的各种以汉语写作的中国现代文学史著作，在文学史的空间结构上都没有超出作为民族国家形态的"中国"范围。然而这却非意味着问题并不存在。在一篇题为《文学地理与国族想象：台湾的鲁迅、南洋的张爱玲》的演讲中，王德威教授向传统意义上的"中国"论述发问：

> 在 20 世纪文学发展史上，"中国"这个词作为一个地理空间的坐标、一个政治的实体、一个文学想象的界域，曾经带给我们许多论述、辨证和启发。时间到了 21 世纪，面对新的历史情境，当我们探讨当代中国文学的时候，对眼前的"中国"又要做出什么样的诠释？而这些诠释又如何和变动中的阅读和创作经验产生对话关系？①

王教授发出这样的种种疑问，自有其作为海外中国文学研究者的现实关怀，却也与新时期中国文学创作主体的空间、地域特征息息相关："过去 60 年来在大陆中国以外，也有许多文学创作热切地进行着。包括中国香港、中国台湾，马来西亚华人的社群，还有欧美的离散作家群等。因为政治和历史的原因，1949 年之后，这些不同地域的中文创作尤其形成蓬勃发展的现象，而这些现象以往都被称为'华侨文学'、'海外华人文学'或者是'世界华人文学'等。时间到了 21 世纪，这样的分野是不是仍然有效呢？当我们谈论广义的中国文学时，要如何对待这些所谓'境外'文学生产的现象和

① 王德威：《现当代文学新论：义理、伦理、地理》，三联书店 2014 年版，第 117 页。

它们的成果呢？难道仍然需要用过去的‘华文’、‘世界’、‘华侨’等一系列名词来定义这些作家和作品，以及他们和中国内地文学之间的关系吗？”①正是基于这样的思考，在为《新编》撰写的导言中，王教授提出了一个对现代文学研究来说具有创造性的概念——“世界中”(Worlding)，以此将过去不在中国现代文学史书写范围的“华语”文学创作纳入“现代中国文学史”写作当中。

《新编》一改过去以民族国家立场建构中国现代文学的做法，“跨越时间和地理的界限，将眼光放在华语语系内外的文学，呈现出更宽广复杂的‘中国’文学。”②正如王教授在导论中所揭示的，其所关注的是“世界中”的中国文学，也就是他一直以来都致力于宣扬的“华语语系文学”。所谓“华语语系文学”，“原泛指大陆以外，中国台湾、中国香港和中国澳门地区，南洋马来西亚、新加坡等国的华人社群，以及更广义的世界各地华裔或华语使用者的言说、书写总和。”③通过将这一概念引入中国现代文学史书写当中，由此呈现与汉语世界的中国现代文学史书写完全不同的格局：

> 《新编中国现代文学史》所导向的华语语系视野也可能引起异议。如上所述，这本文学史在海外编纂，自然受到客观环境和资源的局限，难以和大陆学界的各种宏大计划相比拟。英语世界的读者也未必有充分的知识准备，因而必须做出适当因应。然而当我们将中国文学置于世界文学的语境里，一个不同以往的图景于焉出现。近年中国史学界流行“从周边看中国”的论述即在提醒，中国历史的建构不仅是“承先启后”的内烁过程，也总铭记与他者——不论是内陆的或是海外的他者——

① 王德威：《现当代文学新论：义理、伦理、地理》，三联书店2014年版，第118-119页。

② 王德威：《“世界中”的中国文学》，《南方文坛》2017年第5期，第11页。

③ 王德威：《“世界中”的中国文学》，《南方文坛》2017年第5期，第16页。

的互动经验。更何况中国现代文学的兴起，原本就是一个内与外、古与今、雅与俗交错的现象。①

作为《新编》编纂理念和整体框架的设计者，王教授长期关注海外华语语系文学（Sinophone Literature），视野所及，包括中国大陆之外的中国香港、中国台湾、马来西亚、新加坡等地以华语创作的文学作品，其中一个重要话题是关于"中国性"的讨论。②

海外语境自然是作者试图以更广阔的"中国"视野来观照中国现代文学的原因之一，更重要的原因是，在与传统中国相比更广阔的时空结构中，王教授试图以更开放的视野建构现代中国的文学世界："有鉴于本书所横跨的时空领域，我提出华语语系文学的概念作为比较的视野。此处所定义的'华语语系'不限于中国大陆之外的华文文学，也不必与以国家定位的中国文学抵牾，而是可成为两者之外的另一介面。本书作者来自中国大陆、台湾、香港、日本、新加坡、马来西亚、澳洲、美国、加拿大、英国、德国、荷兰、瑞典等地，华裔与非华裔的跨族群身份间接说明了众声喧'华'的特色。我所强调的是，过去两个世纪华人经验的复杂性和互动性是如此丰富，不应该为单一的政治地理所局限。有容乃大：唯有在更包容的格局里看待现代华语语系文学的源起和发展，才能以更广阔的视野对中国文学的现代性多所体会。"③在"华文文学"、"华语文学"等概念被广泛指称中国大陆之外的汉语文学写作的背景下，王教授突破这一框架而将世界范围内的汉语写作纳入"中国"名义之下作整体思考，在体现其以"世界中"的视野建构"中国"文学现代

① 王德威：《"世界中"的中国文学》，《南方文坛》2017 年第 5 期，第 6 页。

② 参见王德威《华夷风起：马来西亚与华语语系文学》（《世界华文文学论坛》2016 年第 1 期）、《华语语系的人文视野与新加坡经验：十个关键词》（《华文文学》2014 年第 3 期）、《华语语系文学：花果飘零，灵根自植》（《文艺报》2015 年 7 月 24 日第 3 版）、《文学地理与国族想象：台湾的鲁迅，南洋的张爱玲》（《扬子江评论》2013 年第 3 期）、《"根"的政治，"势"的诗学——华语论述与中国文学》（《扬子江评论》2014 年第 1 期）等。

③ 王德威：《"世界中"的中国文学》，《南方文坛》2017 年第 5 期，第 7 页。

世界的追求。无论其是否能获得广泛的认同，却体现出一种书写中国现代文学历史的不同视角。

另一不容忽视的因素是长期以来海外华裔学者关于“文化中国”的讨论。① 自近代以降，对不断散居世界各地的汉语人群来说，地理空间的疏离与文化上的向心力二者之间形成张力，不断丰富着“文化中国”的内涵。而以此为基础生长的“华语语系文学”概念，也同样承载着这一使命：“中国作家的异乡、异域、异国经验是中国文学现代性最重要的一端……‘中国’文学地图如此庞大，不能仅以流放和离散概括其坐标点。因此‘华语语系文学’论述代表又一次的理论尝试。”②自清末以后，汉语文学创作的版图不断向外延伸，无论从哪个层面来说，“中国”现代文学史都应当包含中国台湾、中国香港以及中国澳门的汉语写作。然而这样的内容，在以往的中国现代文学史中是缺位的，只能是以地域文学史的形式予以专门讲述。如此做法，在“中国”概念之下都不免存在种种遗憾。而在此地域之外的汉语文学创作，又往往被冠以“海外中国文学”、“世界华文文学”等名目，被排除在现代“中国”的文学之外。《新编》试图突破这种二元模式，而以“华语语系文学”作为观照点：“华语语系观点的介入是扩大中国现代文学范畴的尝试。华语语系所投射的地图空间不必与现存以国家地理为基础的‘中国’相抵牾，而是力求增益它的丰富性和‘世界性’。当代批评家扛着‘边缘的政治’、‘文明的冲突’、‘全球语境’、‘反现代的现代性’等大旗，头头是道地进行宏大论述，却同时又对‘世界中’的中国现代性和历史性的繁复线索和非主流形式视而不见，这难道不正是一个悖

① 较早关注这一话题的如杜维明（Tu Wei-ming, *The Living Tree: The Changing Meaning of Being Chinese Today*, Stanford, California: Stanford University Press, 1994）、王赓武（Wang Gungwu, *The Chinese of China*, Selected Essays, Hong Kong, Oxford University Press, 1991）等。

② 王德威：《“世界中”的中国文学》，《南方文坛》2017年第5期，第15-16页。

论吗?”①突破地理的局限，带来的是“中国”现代文学史书写的新“世界”。

在“文化中国”或者“文学中国”的思考当中，另一重要的层面在过去的文学史、文化史书写中也常被忽略，这就是明末以来来华传教士的汉语创作和翻译，由他们所带来的关于世界文化、文学的不同面相和声音。“中国文学”对应的是汉语书写的文学作品，不但地理上处于“中国”之外的汉语文学(华语文学)写作在文学史书写中无处存身，进入中国的传教士的汉语写作(包括翻译成汉语的作品)也未能受到关注。而这种种内容，都是构成“文化中国”、“文学中国”不可分割的部分。于是在《新编》中，我们看到了许多非常有意思的篇章，如关于英国罗伯特·马礼逊的中国文学和翻译现代性问题的论述(1807 年 9 月 6 日)②，英国翻译文学先驱威妥玛觐见同治皇帝提出建立翻译体制(1873 年 6 月 29 日)③，等等，都可以看出编者所致力于重新发现的中国现代文学所蕴含的广阔空间，一个“世界中”的过程。

二、张英进主编《中国现代文学指南》

2016 年，英国 Wiley Blackwell 出版社出版了张英进主编的《中国现代文学指南》(*A Companion to Modern Chinese Literature*)，是该社出版的“指南”系列丛书当中的一种。张英进是美国加州大学圣地亚哥分校文学系主任、比较文学和中国研究特聘教授，其主要研究领域为中国现代电影与文化，主要著作包括《中国文学和电影中

---

① 王德威:《“世界中”的中国文学》,《南方文坛》2017 年第 5 期，第 17 页。

② John T. P. Lai, *Robert Morrison's Chinese Literature and Translated Modernity*, David Der-wei Wang, ed., *A New Literary History of Modern China*, pp. 56-62.

③ Uganda Sze Pui Kwan, *The Politics of Translation and the Romanization of Chinese into a World Language*, David Der-wei Wang, ed., *A New Literary History of Modern China*, pp119-125.

的城市》(*The City in Modern Chinese Literature and Film*),《影像中国》(*Screening China*),《中国国家电影》(*Chinese National Cinema*),《全球化中国的电影、空间和多地性》(*Cinema, Space, and Polylocality in a Globalizing China*)等。

按照张英进的说法，Wiley Blackwell 出版社的“指南”系列丛书，编纂宗旨是“全面反映学科的发展，梳理走向”。而他在编纂《中国现代文学指南》一书时又有自己独特的设计和期待：“想要完整地把握中国现代文学的发展走向，以及将来需要进一步发展的课题。”因而所谓的“指南”，也就有了不同一般的意义：“这本书并不是中国现代文学的入门，而是对整个中国现代文学研究领域的概括。”①可以说是一部以特殊体例和视角编写而成的中国现代文学史著作。而这样的书写方式及其理论思考，又是在 20 世纪以来中国现代文学史写作的兴盛及海外中国学者的反思中展开的：“中国现当代文学史研究中，‘中国学界和北美学界五十年来最大的不同就在于文学史的编撰’：在中国，从 1951 年到 2007 年出版了 119 部中国现代文学史著作；而英文的中国现代文学史只有夏志清编写《中国现代小说史》，这部著作仅讨论 1961 年以前的现代小说。而且不只是数量悬殊这一点。张英进分别阐释了由于意识形态和批评方法不同而呈现的文学史写作的不同：‘在国内，文学和政治一直紧密结合。’在海外，则为我们呈现了中国现代文学史的多元与复杂局面。”②《中国现代文学指南》正是张英进“重绘”中国现代文学史地图的努力和尝试。

《中国现代文学指南》共收录 29 位作者的 29 篇文章，另有张英进撰写的导论，每篇文章之后又都列参考书目，在内容编排上分为四大部分：

第一部分“历史与地理”(History and Geography)，是关于文学史和文学的地域问题，时间从晚清、民国、中华人民共和国成立到

---

① 《中国现代文学如何更好地“走出去”》,《深圳商报》2017 年 7 月 10 日。

② 李涵：《张英进：重绘文学史“地图”》,《社会科学报》2015 年 2 月 5 日第 5 版。

改革开放新时期，范围从中国大陆文学扩大到华语语系文学。收录七篇文章：张隆溪《文学现代性观察》(*Literary Modernity in Perspective*)、胡缨《1890年代—1910年代的晚清文学》(*Late Qing Literature, 1890s-1910s*)、黄心村(Nicole Huang)《战争、革命与城市转型：1920年代—1940年代民国时期的文学》(*War, Revolution, and Urban Transformations: Chinese Literature of the Republican Era, 1920s-1940s*)、陈晓明《激进现代性驱动下的社会主义文学：1950—1980》(*Socialist Literature Driven by Radical Modernity, 1950-1980*)、陶东风《新时期文学三十年：从精英化到去精英化》(*Thirty Years of New Era Literature: From Elitization to De-Elitization*)、张诵圣(Sung-sheng Yvonne Chang)《文学现代体制的建立：以台湾为例》(*Building a Modern Institution of Literature: The Case of Taiwan*)和廖炳惠《华语语系文学》(*Sinophone Literature*)。

第二部分"体裁与类型"(Genres and Types)，包括主要的文学分类，以及对文学形态的表述，分类包括小说、诗歌、散文、戏剧、女性文学、通俗文学、少数民族文学、翻译文学等。收入八篇文章：奚密(Michelle Yeh)《现代汉语诗歌：挑战与机遇》(Modern Poetry in Chinese: Challenges and Contingencies)、陈小眉《现代中国戏剧研究及其漫长的历史》(*Modern Chinese Theater Study and its Century-Long History*)、钱锁桥《"文"与"质"：从白话到语录体、大众语》(*Literariness (Wen) and Character (Zhi): From Baihua to Yuluti and Dazhongyu*)、王一燕《现代中国虚构文类：故事讲述中的现代性》(*Fiction in Modern China: Modernity through Storytelling*)、查明建《现代中国翻译文学》(*Modern China's Translated Literature*)、杜爱梅(Amy Dooling)《书写中国女性主义》(*Writing Chinese Feminism(s)*)、郑怡《二十世纪中国通俗小说世界：从〈上海快车〉到〈笑傲江湖〉》(*The Word of Twentieth-Century Chinese Popular Fiction: From Shanghai Express to Rivers and Lakes of Knights-Errant*)、马克·本德尔(Mark Bender)《少数民族文学》(*Ethnic Minority Literature*)。

第三部分"文化与媒介"(Cultures and Media)，主要关注的是与中国现代文学有关的文化和媒介问题，包括西方美学思想、语言学转向、城市、视觉文化、出版、网络等。收录七篇文章：王斑《无用之用：西方美学如何使中国文学日益政治化》(*Use in Uselessness: How Western Aesthetics Made Chinese Literature More Political*)、陈建华《语言学转向与20世纪中国文学场域》(*The Linguistic Turns and Literary Fields in Twentieth-Century China*)、孔海立《东北沦陷区作家的意义：1931—1945》(*The Significance of Northeastern Writers in Exile, 1931—1945*)、宋伟杰《书写城市》(*Writing Cities*)、魏朴(Paul Manfredi)《中国现代文学与视觉文化的分裂聚合：现代女郎、木刻与当代画家—诗人》(*Divided Unities of Modern Chinese Literature and Visual Culture: The Modern Girl, Woodcuts, and Contemporary Painter-Poets*)、傅朗(Nicolai Volland)《所有的文学都适合出版：印刷文化视角下的中国现代文学》(*All the Literature That's Fit to Print: A Print Culture Perspective*)、冯进《滋生的文类：网络穿越小说与当代中国新媒体》(*The Proliferating Genre: Web-Based Time-Travel Fiction and the New Media in Contemporary China*)。

第四部分“问题与论争”(Issues and Debates)，主要关注一些议题和有争议的问题，如民族、文学运动、现代女性、身体写作等，并附有陈思和、张英进分别撰写的中文、英文学界关于中国现代文学研究的综述。收录七篇文章：罗鹏(Carlos Rojas)《形式的偏执：民族、文学运动与黄锦树的小说》(*The Persistence of Form: Nation, Literary Movement, and the Fiction of Ng Kim Chew*)、桑梓兰(Tze-lan D. Sang)《中国现代文学中的摩登女郎》(*The Modern Girl in Modern Chinese Literature*)、韩瑞(Ari Larissa Heinrich)《作为现象的身体：中国现代文学与文化中身体的第二文学综论》(*Body as Phenomenon: A Brief Survey of Secondary Literature of the Body in Modern Chinese Literature and Culture*)、陈绫祺(Lingchei Letty Chen)《日常生活中的历史创伤书写》(*Writing Historical Traumas in the Everyday*)、陈思和《汉语学界中国现代文学研究综述》(*A Brief Overview of Chinese-Language Scholarship on Modern Chinese Literature*)、张英进《走向中

国文学现代性的拓扑学：英语学界中国现代文学研究综述》（*Toward a Typology of Literary Modernity in China*：*A Survey of English Scholarship on Modern Chinese Literature*）等。

自20世纪八十年代末以来，国内外学者致力于重写文学史，无论在理论探讨还是写作实践上都有积极尝试，及至当下这一思潮也仍然方兴未艾。张英进主编《中国现代文学指南》体现了海外中国现代文学研究者颇不相同的学术理念：

> 进入90年代以来，似乎中外学界都在为怎样书写文学史寻找着自己的答案。中国的高校竞相推出自己的文学史版本，出现了"重绘中国文学地图"的雄伟景观，同时这一领域的繁荣强化了将文学史"从整体性上考察中华民族文学的总体特征"这一特点。"而北美文学史学则出现了另外一种视野。"张英进介绍说，进入全球化时代，随着当代史学研究范式的变化，文学史研究也出现了相关的变化，比如不再刻意追求整体性，不再强调其中的连续性和线性发展的关系，而重视其断续性。文学史的书写出现了两种范式，即百科全书式的文学史和比较文学史。百科全书式的文学史承认文本的多样性、复杂性，不再强调其内在观点、逻辑的一致性，片段之间可以相互质疑和讨论，可以直接呈现矛盾冲突，不下定论，拒绝封闭的结论。比较文学史近些年逐渐成为一门显学，它的特点是不放弃大的叙事结构，但不从起源、成长、成熟、衰落这一线性方式叙事，它利用"枢纽点"的概念，把文学事件看成若干个枢纽，更强调不同枢纽之间的组合与互动，由此建立起新的文学架构。①

从《中国现代文学指南》反映的实际情况来看，编者似乎是有意将两种文学史范式有机地结合起来，以便能够从多层面、多角度

① 李涵：《张英进：重绘文学史"地图"》，《社会科学报》2015年2月5日第5版。

观照中国现代文学的历史图像。具体来说，在书中我们既可以看到对中国现代文学历史的概要式描述，胡缨、黄心村、陈晓明、陶东风等人的文章，叙述了从19世纪九十年代一直到20世纪九十年代一百多年的文学史历程；同时更多的篇幅是借助不同的视角对百余年间文学史的种种现象进行切片式分析，以展现彼时众声喧哗的文学史图像。

张英进主编《中国现代文学指南》的一个重要理念是站在海外的立场“重新想象”（reenvisioning）中国现代文学的“边界”（Boundaries），而其理论基点则是对其中涉及的三个关键词“现代”、“中国”、“文学”的重新理解。①

在“现代”一词的理解上，张英进认为它不同于欧洲国家的“现代”概念，毕竟相对中国传统几千年的文明来说，中国的“现代”只不过是历史的一瞬。而我们所理解的“中国现代文学”，从某种意义上来说就是所谓的“新文学”，从语言来说也就是所谓的“白话”。而随着学界研究的逐渐深入，中国“现代”的文学又常被上推至晚清时期。尽管近年来出现了诸如试图以“二十世纪文学”等概念取代“中国现代文学”的做法，然而在张英进看来，这一概念难以覆盖1900年以前的晚清时期，以及2000以后新世纪的文学发展，从根本上也不能反映“现代文学”的“现代”特征。

“中国”一词在现代文学史的书写中，常被等同于“中文”或者“汉语”，而其地理范围又往往指国家层面的中国大陆，中国香港、中国台湾地区往往不被纳入其中。而在海外学者的视野中，中国现代文学中的“Chinese”一词对应的应当是“华”或者“中华”，不仅应当包括中国台湾、中国香港的文学书写，新加坡、马来西亚甚至其他欧美地区的汉语写作都应纳入其中。同时他们又希望打破那种以大陆地区的现代文学作为中国现代文学史书写中心的做法，一改通常被使用的“华文文学”、“海外华文文学”等用法，转而使用“华语语系文学”（Sinophone Literature）这一中性的概念。

① 参见该书书前导论。又见张英进：《五十年来海外中国现代文学的英文研究》，《文艺理论研究》2016年第4期。

谈到“文学”一词，张英进认为尽管中国传统“文”的概念源远流长，而“文学”概念则是现代中国自西方输入的新术语，其文类主要由诗歌、散文、小说、戏剧构成。与此相关，不同文类的升降也是中国现代“文学”领域最突出的表现：小说取代诗歌成为服务于文化、社会、政治变革、革命的主导文类。从“新文学”到“中国现代文学”，“文学”历史的书写大部分都由精英文学所构成。只有到了新媒体尤其是互联网的流行，网络文学作为一种新的文学样态，文学史书写精英文学的格局才开始逐渐打破。

《中国现代文学指南》中贯穿于始终的一个重要理念是关于中国文学“现代性”的理解。从李欧梵的“现代性的追求”(*In Search of Modernity: Some Reflections on a New Mode of Consciousness in Twentieth-Century Chinese History and Literature*)、“未完成的现代性”到王德威的“被压抑的现代性”、“没有晚清，何来五四”，以“现代性理论”解读中国现代文学历史，已经成为 20 世纪 90 年代以后海外中国现代文学研究的主流话语，也逐渐为汉语学界所接受并被广泛使用。① 从某种意义来说，寻找“现代性”成了中国文学史书写无法回避的内容。而作为在海外从事中国现代文学研究的学者，张英进在主编《中国现代文学指南》时，也处处体现出其对中国现代文学“现代性”的关注。张英进在概述英语学界的中国现代文学研究时，将其概括为“五种现代性”(five phases of modernity)：以衰退(Decadence as De-cadence)为特征的晚清现代性，表现为一种众声喧哗(heteroglossia)的文化逻辑和在颓废和模仿中的充满希望的放纵(indulgence)；以启蒙(Enlightenment and its Discontents)为特征的五四现代性，也被称作翻译的现代性，以启蒙修辞学(enlightenment rhetoric)和激进的革命二元对立(radical binarism of revolution)为特征；以跨国主义(Cosmopolitanism)和混杂性(Hybridity)为标志的城市现代性，表现最为突出的是作为“半殖民地”(semicolonial)的上海，那种对混杂性毫不掩饰的炫耀，对物质性虚有其表的追求，由

① 参见孙太、王祖基：《异域之镜：哈佛中国文学研究四大家——宇文所安、韩南、李欧梵、王德威》，科学出版社 2016 年版。

此带来不断更新的城市魅力；以革命为核心(Revolution as Ecstasy)的社会主义现代性，擅长于表演宏伟场面的辉煌生活，归纳革命乌托邦的狂热经验；以尚知主义和消费主义(Intellectualism and Consumerism)为表征的后社会主义现代性，也称作审美现代性，前十年是回归“五四”时期以文化压倒政治的启蒙修辞学，后十年则由乌托邦式的尚知主义(utopian intellectualism)走向一种全能的消费文化。在此认识之下，一部中国现代文学的演化史，也就是各种现代性因素不断在现代中国的舞台上轮番表演。正如他在《走向中国文学现代性的拓扑学》一文的结论中所说的：“就中国文学而言，我们可以看到在现代中国，现代性走过了一条充满否定(negation)、变异(mutation)和转型(transformation)的曲折之形道路。”①以“现代性”话语建构中国现代文学的历史图像，是《中国现代文学指南》书写中国现代文学史的重要思想扭结。

三、邓腾克主编《哥伦比亚中国现代文学指南》

在2016年、2017年出版的四部中国现代文学史中，邓腾克(Kirk A. Denton)主编的《哥伦比亚中国现代文学指南》(*The Columbia Companion to Modern Chinese Literature*)规模最小，然而也有将近500页，收录文章57篇。邓腾克是美国俄亥俄州立大学教授，是美国现当代中国文学与中国文化研究领域的重要学者，尤其是在中国现代(1911—1949)的小说和文学批评研究方面卓有成绩。他硕士毕业于美国伊利诺伊大学，博士毕业于加拿大多伦多大学。编、撰的学术著作有《中国现代文学中的问题自我：以胡风与路翎例》(*The Problematic of Self in Modern Chinese Literature*：*Hu Feng and Lu Ling*，Stanford University Press，1998)、《中国现代文学思想》(*Modern Chinese Literary Thought*：*Writings on Literattue*，1893-1945，Stanford University Press，1996)、《中国：一个旅行者的文学指南》

---

① Zhang Yingjin ed.，*A Companion to Modern Chinese Literature*，London：Wiley-Blackwell，2016，p. 493.

(*China: A Traveler's Literary Companion*, Whereabouts, 2008)、《中国民国时期的文学社团》(*Literary Societies in Republican China*)、《展览过去:中国大陆、台湾、香港博物馆的政治与意识形态》(*Exhibiting the Past: Politics and Ideology in Museums in the People's Republic of China, Taiwan, and Hongkong*)等,同时还主编有美国中国现代文学研究的重要刊物《中国现代文学与文化》(*Modern Chinese Literature and Culture*)。①

《哥伦比亚中国现代文学指南》(以下简称《中国现代文学指南》)作为哥伦比亚大学出版社出版的众多"指南"类著作之一,其编写的最初意图,用 Kirk 先生在书前导论中的话说,并不是要建构完整意义的中国现代文学的历史,而是出于便于教学的目的:为大学课堂提供成果丰硕的阅读中国现代文学作品的指南。因此在全书主题文章的选择方面,《指南》聚焦于中国现代文学中许多最有意义的话题,如文学发展的趋势,文体,作者,与语言等问题相关的争论,文学机构,媒介,以及社会经济的转变等。② 而与张英进主编的《中国现代文学指南》一样,邓腾克的《指南》一书同样是集体合作的结果,参与撰写的共有 48 位学者,几乎全为有海外学术背景(包括香港)的中国现代文学研究者,其中也有部分作者出现在其他三部中国现代文学史的写作队伍当中(如张英进、宋明炜、王斑、陈小眉、罗鹏、胡缨、陈建华等)。

邓腾克主编的《中国现代文学指南》一书共收录文章 57 篇,其中有不少出现在 2003 年由哥伦比亚大学出版社出版的《哥伦比亚东亚现代文学指南》(*Columbia Companion to Modern East Asian Literature*)当中。该书由 Joshua S. Mostow(总编)、Kirk A. Denton、Bruce Fulton 和 Sharalyn Orbaugh 等四人合编,其中关于中国的部分

---

① 参见俄亥俄州立大学东亚语言文学系的介绍(https://deall.osu.edu/people/denton.2),以及王桂妹《北美汉学家 Kirk Denton(邓腾克)访谈录》(罗靓译,《武汉大学学报》2011 年第 6 期)。

② Kirk A. Denton, ed., *The Columbia Companion to Modern Chinese Literature*. New York: Columbia University Press, 2016, p. viiii.

即由 Kirk A. Denton 协助编辑完成。二书在内容编排也有一致性，均分为“专题文章”(Thematic Essays)和“作者、作品、流派”(Authors, Works, Schools)两部分。

邓腾克主编的《中国现代文学指南》“专题文章”部分共收录 8 篇文章，其中 4 篇出现在《东亚文学指南》的中国部分，只是编排的顺序略有不同：(1) Kirk A. Denton 撰写的《历史概述》(Historical Overview)；(2) Charles Laughlim(罗福林，弗吉尼亚大学东亚语言、文学与文化系教授)撰写的《语言与文学形式》(Language and Literary Form)；(3) Michel Hockx(贺麦晓，伦敦大学亚非学院教授)撰写的《文学社团与文学生产》(Literary Communities and the Production of Literature)(4)张英进撰写的《作为制度的中国现代文学：经典与文学史》(Modern Chinese Literature as an Institution: Canon and Literary History)。

此外，《中国现代文学指南》多出的 4 篇文章，分别为：(1)吴盛青(美国卫斯理安大学东亚语言文学系副教授)撰写的《传统与现代性之间：竞争的古典诗歌》(Between Tradition and Modernity: Contested Classical Poetry)；(2)孔书玉(加拿大西门菲沙大学人文学系终身教授)撰写的《中国现代文学中的离散》(Diaspora in Modern Chinese Literature)，出现在《东亚现代文学指南》的第二部分，题目为《离散文学》(Diaspora Literature)；(3) Brian Bernards (南加利福尼亚大学东亚语言文化系副教授)撰写的《华语语系文学》(Sinophone Literature)；(4) Hsiu-Chuang Deppman(蔡秀妆，美国欧柏林学院艺术与科学学院教授)撰写的《中国文学与电影改编》(Chinese Literature and Film Adaptation)。

《东亚现代文学指南》的中国部分收录了 42 篇文章，其中有 39 篇出现在邓腾克主编的《指南》“作者、作品、流派”部分，部分文章调整了编排顺序，有的则是以其他题目出现在“专题文章”部分：

(1)陈建华(美国哈佛大学博士，香港科技大学人文学部教授)撰写的《晚清诗界革命：梁启超，黄遵宪与中国文学现代性》(*The Late Qing Poetry Revolution: Liang Qichao, Huang Zunxian, and Chinese Literary Modernity*)；

(2) Alexander Des Forges(戴沙迪，美国马萨诸塞大学波士顿分校现代语言系副教授)撰写的《小说的作用：梁启超和他的同代人》(*The Uses of Fiction*：*Liang Qichao and His Contemporaries*)；

(3)胡缨(美国加州大学尔湾分校东亚语言与文学系教授)撰写的《晚清小说》(*Late Qing Fiction*)；

(4)陈建华撰写的《周瘦鹃的爱情故事与鸳鸯蝴蝶派小说》(*Zhou Shoujuan's Love Stories and Mandarin Ducks and Butterflies Fiction*)；

(5) John A. Crespi(江克平，美国科尔盖特大学中国和亚洲研究副教授)撰写的《形式与革命：新诗与新月派》(*Form and Reform*：*New Poetry and the Crescent Moon Society*)；

(6) Amy D. Dooling(杜爱梅，美国康涅狄格学院东亚系教授)撰写的《重新认识中国现代女性书写的起源》(*Reconsidering the Origins of Modern Chinese Women's Writing*)；

(7)邓腾克撰写的《浪漫情怀与主体问题：以郁达夫为例》(*Romantic Sentiment and the Problem of the Subject*：*Yu Dafu*)；

(8) Ann Huss(何素楠，香港中文大学东亚研究中心教授)撰写的《阿 Q 式的狂人：鲁迅小说中的传统与现代性》(*The Madman That Was Ah Q*：*Tradition and Modernity in Lu Xun's Fiction*)；

(9)张京媛(原北京大学教授)撰写的《女权主义与革命：丁玲的作品和生活》(*Feminism and Revolution*：*The Work and Life of Ding Ling*)；

(10) Charles Laughlim(罗福林)撰写的《革命文学的争论》(*The Debate on Revolutionary Literature*)；

(11) Hilary Chung(美国奥克兰大学艺术学院教授)撰写的《茅盾，现代小说与女性典型》(*Mao Dun*，*the Modern Novel*，*and the Representation of Women*)；

(12) Nicholas A. Kaldis(柯德席，美国纽约州立大学宾汉姆顿分校亚洲与亚美研究副教授)撰写的《巴金的〈家〉：小说，典型与相关性》(*Ba Jin's Family*：*Fiction*，*Representation*，*and Relevance*)；

(13) Steven L. Riep(美国杨百翰大学亚洲与近东语言学系副教

授)撰写的《中国的现代主义：新感觉派》(*Chinese Modernism*: *The New Sensationists*)；

(14)Jeffrey C. Kinkley(金介甫，美国纽约圣若望大学历史系教授)撰写的《沈从文与想象的乡土社会》(*Shen Congwen and Imagined Native Communities*)；

(15)Amy D. Dooling(杜爱梅)撰写的《萧红的〈生死场〉》(*Xiao Hong's Field of Life and Death*)；

(16)陈小眉(美国加利福尼亚州立大学戴维斯分校东亚文化与语言系教授)撰写的《表演国家：中国的戏剧与剧场》(*Performing the Nation*: *Chinese Drama and Theater*)；

(17)Jonathan Noble(刘战，美国圣母大学教授)撰写的《曹禺与〈雷雨〉》(*Cao Yu and Thunderstorm*)；

(18)Thomas Moran(穆润陶，美国明德学院中国语言文学教授)撰写的《勉为其难的虚无主义：老舍的〈骆驼祥子〉》(*The Reluctant Nihilism of Lao She's Rickshaw*)；

(19)Nicole Huang(黄心村，美国威斯康辛大学麦迪逊分校亚洲语言与文化系教授)撰写的《张爱玲与选择性的战时叙事》(*Eileen Chang and Alternative Wartime Narrative*)，出现在《中国现代文学指南》中的文章题目为《张爱玲与城市和世界叙事》(*Eileen Chang and Narratives of Cities and Worlds*)；

(20)Kirk A. Denton(邓腾克)撰写的《文学与政治：毛泽东〈延安文艺座谈会上的讲话〉与党内整风运动》(*Literature and Politics*: *Mao Zedong's "Yan'an Talks" and Party Rectification*)；

(21)王斑(美国斯坦福大学东亚系与比较文学系教授)的《革命现实主义与革命浪漫主义：〈青春之歌〉》(*Revolutionary Realism and Revolutionary Romanticism*: *Song of Youth*)；

(22)Richard King(加拿大维多利亚大学)撰写的《百花齐放》(*The Hundred Flowers*)，出现在《中国现代文学指南》中的文章增加了副标题：《百花齐放：秦兆阳、王蒙和刘宾雁》(*The Hundred Flowers*: *Qin Zhaoyang*, *Wang Meng*, *and Liu Binyan*)；

(23)Di Bai 撰写的《文化革命样板戏》(*The Cultural Revolution*

Model Theater)；

(24) Christopher Lupke(陆敬思，美国华盛顿州立大学外国语言及文化系副教授)撰写的《台湾本土作家》(*The Taiwan Nativists*)，收入《中国现代文学指南》时改题《台湾文学中的本土主义与地方主义》(*Nativism and Localism in Taiwanese Literature*)；

(25) John Christopher Hamm(韩倚松，美国华盛顿州立大学东亚语言系副教授)撰写的《物质艺术小说与金庸》(*Martial-Arts Fiction and Jin Yong*)；

(26) Miriam Lang 撰写的《台湾罗曼史：三毛与琼瑶》(*Taiwanese Romance*：*San Mao and Qiong Yao*)；

(27) Michelle Yeh(奚密，美国加州戴维斯分校东亚语言系和比较文学系教授)撰写的《朦胧诗》(*Misty Poem*)；

(28) Sabina Knight(桑禀华，美国史密斯大学中国文学与比较文学教授)撰写的《伤痕文学与创伤记忆》(*Scar Literature and the Momory of Trauma*)；

(29) Mark Leenhouts(林格，荷兰莱顿大学汉学系博士)撰写的《反政治文化：寻根文学》(*Culture against Politics*：*Roots-Seeking Literature*)；

(30) Yomi Braester(柏右铭，美国西雅图华盛顿大学)撰写的《莫言与〈红高粱〉》(*Mo Yand and Red Sorghum*)，收入《中国现代文学指南》时改题《莫言》(*Mo Yan*)；

(31) Andrew F. Jones(美国加州大学伯克利分校东亚语言文化系教授)撰写的《中国的先锋小说》(*Avant-Grade Fiction in China*)，收入《中国现代文学指南》时题目改为(*Avant-Grade Fiction in Post-Mao China*)；

(32) Michelle Yeh(奚密)撰写的《台湾的现代诗歌》(*Modern Poetry of Taiwan*)；

(33) Robin Visser(美国北卡罗尼亚大学中国语言文学副教授)和 Jie Lu 合作撰写的《当代城市小说：重新书写城市》(*Contemporary Urban Fiction*：*Rewriting the City*)；

(34) Daisy S. Y. Ng 撰写的《西西与香港故事》(*Xi Xi and Tales*

of Hong Kong)；

(35)Lingchei Letty Chen(美国圣路易斯华盛顿大学东亚语言文化系副教授)撰写的《书写台湾的末世繁华：朱天文与朱天星》(*Writing Taiwan's Fin-de-siècle Splendor*：*Zhu Tianwen and Zhu Tianxin*)；

(36)王玲珍(美国布朗大学东亚研究副教授)撰写的《王安忆》(*Wang Anyi*)；

(37)Jonathan Noble(刘战)撰写的《王朔与文学的商业化》(*Wang Shuo and the Commercialization of Literature*)；

(38)Esther M. K. Cheung(张美君，香港大学比较文学系教授)撰写的《二十世纪后期香港文学中的谈判之声》(*Voices of Negotiation in Late Twentieth-Century Hong Kong Literature*)，收入《中国现代文学指南》中的文章题为《香港声音：从二十世纪后期到新千禧年的文学》；

(39)Mabel Lee(陈顺妍，澳大利亚悉尼大学中文系名誉教授)撰写的《重返隐士文学：高行健》(*Returning to Recluse Literature*：*Gao Xingjian*)，收入《中国现代文学指南》时改题《词语与想象：高行健》(*Word and Image*：*Gao Xingjian*)。

见于《东亚现代文学指南》中有1篇题为《近年中国文学中的同性之爱》(*Same-Sex Love in Recent Chinese Literature*)，《中国现代文学指南》中Thomas Moran(穆润陶)撰写的《中国现代文学中的同性爱欲》(*Homoeroticism in Modern Chinese Literature*)。相较之下，《中国现代文学指南》中增加的篇目则有：

(1)Christopher G. Rea(雷勤风，加拿大不列颠哥伦比亚大学亚洲研究系副教授)撰写的《钱钟书与杨绛：一场文学姻缘》(*Qian Zhongshu and Yang Jiang*：*A Literary Marriage*)；

(2)Christopher Lupke(陆敬思)撰写的《台湾的冷战小说和现代主义作家》(*Cold War Fiction from Taiwan and the Modernists*)；

(3)Rossella Ferrari(伦敦大学亚非学院高级讲师)撰写的《中国大陆、台湾和香港的当代经验戏剧》(*Contemporary Experimental Theaters in the People's Republic of China*, *Taiwan*, *and Hong Kong*)；

(4)宋明炜(美国卫斯理学院东亚语言文化系副教授)撰写的《通俗文类小说：科学小说与幻想作品》(*Popular Genre Fiction: Science Fiction and Fantasy*)；

(5)Maghiel van Crevel(柯雷，荷兰莱顿大学中国语言文学教授)撰写的《中国 1980 年代以来的先锋诗》(*Avant-Garde Poetry in China Since the* 1980*s*)；

(6)Michael Berry(白睿文，美国加州大学圣巴巴拉分校东亚系教授)撰写的《后戒严时代的台湾文学》(*Taiwan Literature in the Post-Martial Law Era*)；

(7)Carlos Rojas(罗鹏)撰写的《从边缘发声：阎连科》(*Speaking from the Margins: Yan Lianke*)；

(8)Heather Inwood(殷海洁，英国曼彻斯特大学中国文化研究讲师)撰写的《网络文学：从 YY 到 MOOC》(*Internet Literature: From YY to MOOC*)。

在这部由 50 余篇文章组成的《中国现代文学指南》中，第一部分主要是一些有关中国现代文学背景性的研究，第二部分则基本上是按照年代的顺序进行编排，聚焦于特殊的作家、作品和流派，涉及的文体主要有小说、戏曲、诗歌，而没有论及中国现代文学中的文学性散文这一体类。根据编者的说法，之所以不涉及散文(essay)这一文体，并非是因为在他的看法中将散文视为边缘文类，最主要的原因在于在西方的中国现代文学课堂中很少讲授散文。

尽管无论从结构的完整性，关涉文体的丰富性，以及历史叙述的严谨性等方面，《中国现代文学指南》与文学史书写的体例都有很大的不同；然而其编纂的理念和对中国现代文学历史的基本认识，却鲜明体现了近二三十年来西方世界构建中国现代文学历史图像的主流结构：中国现代文学历史的起点一般都会被推远至晚清时期，“现代性”论述成为中国现代文学叙述的核心观念，华语语系文学、世界性视野已成为中国现代文学历史建构的普遍话语，等等，都无不在改变中国现代文学史书写的面貌。

由邓腾克撰写的《历史概观》(Historical Overview)①一文，虽然只是简略万余字的概述，却能从中看出海外学界在中国现代文学史书写方面的普遍认识。从20世纪九十年代以后，“现代性”叙述逐渐成为中国现代文学史书写的主流话语。在邓腾克看来，有关中国现代文学起源问题的论述，都与政治和政治化的现代性定义纠缠不清，以往将“五四”运动或者鲁迅《狂人日记》作为中国现代文学起点重要标志的论述正在被逐渐修正，在一波接一波的“重写文学史”浪潮中，诸如晚清文学、鸳鸯蝴蝶派等都重新被纳入到中国现代文学史的叙述当中。由此我们可以看到，在邓腾克的中国现代文学史分期中，居于第一个阶段的同样是晚清时期(1895—1911)，是中西文学文化交汇集中而深入，各种现代性话语众声喧哗的一段时期。

除在文学史分期方面反映近二十余年的主流观念之外，在中国现代文学史的地域性问题上也与海外的主流声音互为呼应。在邓腾克看来，中国台湾、中国香港的文学尽管自有其自身的发展的历程，但也并非与中国大陆的文学发展没有联系，因而中国现代文学史自然就不能将台湾、香港的文学排除在外。与此同时，在过去十余年的中国现代文学史研究中，“华语语系文学”正在成为改变其格局的重要发展方向。这一概念试图超越以往国家—民族文学史书写的基本框架，而将语言、文化作为建构“华语语系文学”的重要理论支撑，进而为建立“世界中国文学”提供一个新的批评框架。

四、罗鹏、白安卓主编《牛津中国现代文学手册》

由罗鹏(Carlos Rojas)和白安卓(Andrea Bachner)共同主编的《牛津中国现代文学手册》(*The Oxford Handbook of Modern Chinese Literatures*)是四部文学史中规模最大的一部，总页数多达1000余页，参与撰写的学者共有47位，大部分为具有海外学术背景的学

① Kirk A. Denton, ed., *The Columbia Companion to Modern Chinese Literature*. New York: Columbia University Press, 2016, pp. 3-26.

者，也有少数中国学者、作家参与其事，如北京大学的陈平原、夏晓红、清华大学的汪晖、复旦大学的葛兆光、苏州大学的季进、著名作家阎连科等。

《牛津中国现代文学手册》(以下简称《手册》)上下两册，共收录文章 45 篇，分为“结构”(Structure)、“分类学”(Taxonomy)、“方法论”(Methodology)三个部分，每个部分各收录论文 15 篇，另有主编之一的 Carlos Rojas(罗鹏)所撰写的导论。其中第一部分“结构”中收录的论文分别为：

(1)Kirk A. Denton(邓腾克)《鲁迅、返乡与五四现代性》(*Lu Xun, Returning Home, andMay Fourth Modernity*)；

(2)廖炳惠(美国加州大学圣地亚哥分校教授)《现代中国的旅行：从章太炎到高行健》(*Travels in Modern China: From Zhang Taiyan to Gao Xingjian*)；

(3)夏晓红(北京大学中文系教授)《中国现代“戏剧”概念的建构》(*The Construction of the Modern Chinese Concept of Xiju(“drama”)*)；

(4) Nathaniel Isaacson(美国北卡罗莱纳大学助理教授)《晚清中国的东方主义、科学实践和大众文化》(*Orientalism, Scientific Practice, and Popular Culture in Late Qing China*)；

(5)陈平原(北京大学中文系教授)《文学史的故事》(*The Story of Literary History*)；

(6)Andrea Bachner(白安卓，康奈尔大学比较文学副教授)《语言的秘密：陈黎的汉语变位作品》(*The Secrets of Language: Chen Li's Sinographic Anagrams*)；

(7)Michael Gibbs Hill(韩嵩文，南卡罗莱纳大学副教授)《有关未知：翻译、知识工作与现代文学》(*On Not Knowing: Translation, Knowledge Work, and Modern Literature*)；

(8)MEI Chia-ling(梅家玲，台湾大学中文系教授)《中国文学中声音与现代性追求》(*Voice and the Quest for Modernity in Chinese Literature*)；

(9)Shelby Kar-yan Chan(香港恒生管理学院副教授)，Gilbert C. F. Fong(香港恒生管理学院教授)《香港之声：粤语与陈钧润的翻译戏剧》(*Hongkong-Speak: Cantonese and Rupert Chan's Translated Theater*);

(10. 陈小眉《歌唱〈国际歌〉:从"红色丝绸之路"到红色经典》(*Singing "The Internationale": From the "Red Silk Road" to the Red Classics*);

(11) John A. Crespi(江克平,美国科尔盖特大学中国和亚洲研究副教授)《超越讽刺:张光宇 1945 年〈西游漫记〉的图画想象》(*Beyond Satire: The Pictorial Imagination of Zhang Guangyu's* 1945 *Journey to the West in Cartoons*);

(12) Laikwan Pang(彭丽君,美国华盛顿大学比较文学博士,香港中文大学文化及宗教研究系教授)《时空的寓言:大跃进时期田汉的历史剧》(*The Allegory of Time and Space: Tian Han's Historical Dramas in the Great Leap Forward Period*);

(13) 阎连科《中国审查制度体系的检查》(*An Examination of China's Censorship System*);

(14) 李洁(美国哈佛大学东亚语言文明系助理教授)《"我们的抽屉是空的吗":聂绀弩的档案文学》(*"Are our drawers empty?": Nie Gannu's Dossier Literature*);

(15) Juning Fu(美国康奈尔大学比较文学博士候选人)《梦回 1997:中国网络奇幻文学的现象学》(*A Dream of Returning to* 1997: *The Phenomenology of Chinese Web Fantasy Literature*)。

第二部分"分类学"(Taxonomy)同样收录了 15 篇文章:

(1) David Porter(博达伟,美国密歇根大学文理学院英文系和比较文学系教授)《文学早期现代性的早期现代比较方法》(*Early Modern Comparative Approaches to Literary Early Modernity*);

(2) 王晓珏(美国罗格斯大学副教授)《冷战时期中国的边界与边疆叙事》(*Borders and Borderlands Narratives in Cold War China*);

(3) 田晓菲(美国哈佛大学东亚语言文明系教授)《浩然与文化大革命》(*Hao Ran and the Cultural Revolution*)

(4) Matthew Fraleigh(美国布兰迪斯大学东亚文学与文化系副教授)《中国文学的边界:十九世纪文字文化圈的诗性交流》(*At the*

Borders of Chinese Literature：*Poetic Exchange in the Nineteenth-Century Sinosphere*)；

(5)Kwok-Kou Leonard CHAN(陈国球，香港教育学院中国文学讲座教授)《地域感觉与城市想象：由香港诗歌阅读香港》(*Sense of Place and Urban Images*：*Reading Hong Kong in Hong Kong Poetry*)；

(6)Sung-sheng Yvonne Chang(张诵圣，美国德克萨斯大学奥斯汀分校亚洲研究系教授)《战时台湾：一个东亚模式的现代文学机构的缩影?》(*Wartime Taiwan*：*Epitome of ab East Asian Modality of the Modern Literary Institution?*)

(7)CHANG Cheng(张正，中国台湾《四方报》总编辑)，LIAO Yung-chang(廖云章，中国《台湾立报》副总编)《流亡歌，〈四方报〉：台湾东南亚移民的血汗书写》(*Song of Exile*，*Four-Way Voice*：*The Blood-and-Sweat Writings of Southeast Asian Migrants in Taiwan*)；

(8)Shuang Shen(美国宾夕法尼亚州立大学比较文学与中国研究副教授)《当"跨越太平洋"遇见中国文学》(*Where the "Trans-Pacific" Meets Chinese Literature*)；

(9)Belinda Kong(美国鲍登学院亚洲研究副教授)《郭小橹与当代中国的英语语系小说》(*Xiaolu Guo and the Contemporary Chinese Anglopone Novel*)；

(10)Mark Bender(美国俄亥俄州立大学中国文学和民俗学教授)《晚夏玉米诗人：阿库乌雾与当代彝族诗歌》(*Poet of the Late Summer Corn*：*Aku Wuwu and Contemporary Yi Poetry*)；

(11)季进(苏州大学教授)《文学翻译与中国现代文学》(*Literary Translation and Modern Chinese Literature*)；

(12)Chris Hamm(美国华盛顿大学东亚语言文学系副教授)《中国现代小说的类型：现代时期的正义英雄》(*Genre in Modern Chinese Fiction*：*Righteous Heroes of Modern Times*)；

(13)宋明炜《无形的表现：21 世纪中国的科幻小说》(*Representations of the Invisible*：*Chinese Science Fiction in the Twenty-First Century*)；

(14)Rey Chow(周蕾，美国杜克大学 Firor Scott 文学教授)《梁

秉钧：抒情与空间遐想》(*Leung Ping-kwan*：*Shuqing and Reveries of Space*)；

(15)Nick Admussen(安敏轩，美国康奈尔大学亚洲研究系助理教授)《文类阻隔文类的诞生：冰心、泰戈尔和散文》

第三部分为"方法论"(Methodology)篇，也收入15篇文章：

(1)王德威(美国哈佛大学东亚系教授)《现代时期中国的文学思想：三次相遇》(*Chinese Literary Thought in Modern Times*：*Three Encounters*)；

(2)刘剑梅(美国哥伦比亚大学东亚系博士，香港科技大学人文学部终身教授)《高行健：现代庄子的典范》(*Gao Xingjian*：*The Triumph of the Modern Zhuangzi*)；

(3)Haun Saussy(苏源熙，美国芝加哥大学比较文学教授)，葛兆光(复旦大学历史系教授)《中国二十世纪的历史编纂学》(*Historiography in the Chinese Twentieth Century*)；

(4)张英进《文学历史与文学历史编纂的结构与断裂》(*Structure and Rupture in Literary History and Historiography*)；

(5)Viren Murthy(美国威斯康辛大学麦迪逊分校亚洲语言与文化系助理教授)《读鲁迅早期马克思主义相关文章》(*Reading Lu Xun's Early Essays in Relation to Marxism*)；

(6)汪晖(清华大学教授)《直觉、重奏与革命：阿Q生活中的六个时刻》(*Intuition*，*Repetition*，*and Revolution*：*Six Moments in the Life of Ah Q*)；

(7) Chaoyang Liao(廖朝阳，美国普林斯顿大学东亚研究所博士，台湾大学外文系教授)《从羞愧到自由：解开李昂〈看得见的鬼〉中幽灵的身份》(*From Shame to Freedom*：*Undoing Spectral Identity in LiAng's Seeing Ghosts*)；

(8)王斑《革命中的激情与政治：丁玲的精神分析学解读》(*Passion and Politics in Revolution*：*APsychoanalytical Reading of Ding Ling*)；

(9) Tze-lan Deborah Sang(桑梓兰，美国密歇根州立大学中国文学与媒体研究教授)《张爱玲与失败的天才艺术》(*Eileen Chang*

and the Genius Art of Failure)；

(10) E. K. Tan(陈荣强，美国纽约州立大学石溪分校比较文学与文化研究副教授)《从流亡到不适的回归：陈雪的〈人妻日记〉》(*From Exile to Queer Homecoming*：*Chen Xue's A Wife's Diary*)；

(11) Karen Thornber(唐丽园，美国哈佛大学亚洲研究中心主任、东亚语言与文明系、比较文学系教授)《关心、脆弱性与恢复力：中国文学中的艾滋病生态学》(*Care*，*Vulnerability*，*Resilience*：*Ecologies of HIV/AIDS in Chinese Literature*)；

(12) Brian Bernards(南加尼福尼亚大学东亚语言文化系副教授)《马来西亚作为方法：小黑与民族语言文学的分类学》(*Malaysia as Method*：*Xiao Hei and Ethnolinguistic Literary Taxonomy*)；

(13) Chien-hsin Tsai(美国德克萨斯大学奥斯汀分校亚洲研究副教授)《遥远的海岸：谢裕民〈安汶假期〉中的移居、吞咽与后忠诚》(*A Distant Shore*：*Migration*，*Intextuation*，*and Postloyalism in Chia Joo Ming's "Abon Vacation"*)；

(14) 罗鹏《关于时间：董启章小说中预期的乡愁》(*On Time*：*Anticipatory Nostalgia in Dung Kai-Cheung's Fiction*)；

(15) 白安卓《结论：连接中的中国文学》(*Conclusion*：*Chinese Literature in Conjunction*)。

由以上40余篇文章所涉及的主题来看，《手册》除了关注海外中国现代文学研究所共同关注的现代性、翻译、华语语系文学等主题之外，仍在有些方面表现出自己独特的视角：对民族语言文学、疾病与文学主题的关注，对中国现代文学中英语语系文学的关注，对汉字文化圈汉语文学写作的关注，等等。在罗鹏为全书撰写的导论，他提出了自己建构中国现代文学的一个核心概念——"文"，一个基于中国传统文学的概念，同时又在新的历史语境和文本形式中发生了变异：

> 就如同《说文解字》对于'文'的解释，本书的目标并不是要界定什么是现代华文文学，也不是要对这一概念可能涵盖的东西做一个全面的调查，而是提倡通过一系列策略性的介入来

阐明决定现代华文文学如何出现，如何被认识，以及如何被理解的结构性条件。换句话说，我们的目标是展示一系列能在处理现代华文文学文本的同时提供不同方式以重估什么是现代华文文学的方法论。我们主张现代华文文学不是一个静态的概念而是一个动态的实体，其意义和局限在解读的过程中被不断重塑。同理，它也不是一个单一、统一的概念，而是关于什么是现代华文文学的不同概念相互重合所形成的复合体。①

从这种意义上来说，《手册》与其说是一部“现代中国”文学史，还不如说是一部“现代华文”文学史，其关注的对象是世界范围内的华语语系文学。一如作者在导论中所欢呼雀跃的：“在位于中国历史中心地带的古老书写系统与位于边缘的最当代的书写系统这两个对立的极限点之间，我们发现了一系列驳杂多样的文本产物可以视为‘现代的’、‘华文的’和‘文学的’。这一混杂多元的现代华文文学概念正是我们的关注所在，而我们尤其感兴趣的是这些文本如同黄锦树小说(即《刻背》)中的纹身那般对分析解读既邀请又抗拒的方式。”②站在特定的时代立场，“中心”与“边缘”之间的转换，构成了含义复杂的现代文学史意义上的“中国”/“华文”(Chinese)，由此，“现代中国/华文”文学史在某种程度上也已经被重新定义。其做法虽不必为人人所接受，然而却可以由此窥见近年来海外中国现代文学研究的基本趋向。

五、小　　结

以上分四部分对近两年来海外出版的四部中国现代文学史著作予以简单厘述，尽管在王德威等编的这四部中国现代文学史著作中，相互之间在内容上有所重复，作者群体也有所重合，然而各自以不同理念观照下的中国现代文学历史图像，以及对“现代”“中

① 罗鹏：《导论：“文”的界限》，《南方文坛》2017年第5期，第20页。

② 罗鹏：《导论：“文”的界限》，《南方文坛》2017年第5期，第28页。

国”文学的想像，又集中反映了近些年来海外尤其是英语世界中国现代文学史书写的主流趋势。“他山之石，可以攻玉”，将海外学者书写中国现代文学史的成果与汉语世界有关中国现代文学史书写的讨论进行比照，对当下方兴未艾的“重写文学史”思潮的进一步推进，以及重写文学史实践的不断展开，产出更多不同视角、不同理念的中国现代文学史著作，都必将带入到一个不同以往的世界。

应用语言学海外前沿研究追踪

武汉大学文学院　赵　亮　阮桂君

引　言

应用语言学是一个研究语言和现实世界相关问题，并对其做出解答的学科。它主要关心的是如何应用语言学的理论、方法和成果，来对其他领域遇到的语言问题进行阐释和解答。应用语言学从发展之初，最关注和发展最充分的领域是语言习得。但除此之外，它还涵盖一系列应用领域，包括语言教育、语言障碍、语言翻译、语言风格、计算语言学、数理语言学等。应用语言学和语言学的其他学科有许多交叉，并对其他学科产生重要影响：语言政策和语言规划是社会语言学在实践层面的应用，为社会语言学的研究提供实践材料；第二语言教学中对于语言间对比的要求，为历史比较语言学中的语言共性和亲缘关系等提供了应用平台；对语言习得的研究，从另一种角度为生成语法提供思考；其他语言应用的实践和普通语言学的各种理论，也都有相互促进的作用。因此，应用语言学虽然是一个边界比较模糊的领域，但对其他领域的研究都有重要意义。

应用语言学发端于1925年美国语言学学会(Linguistics Society of America，LSA)学术刊物《语言》(*Language*)的刊行。Collitz(1925)在该刊物的创刊号中，明确提出了语言学的三大领域：普通语言学、历史语言学及应用语言学。美国著名语言学家布龙菲尔德(Bloomfield, 1925)也提出了语言的应用问题，他认为语言研究应该在诸如基础教育、拼写改革、语言规范以及本土语言描写应用层面有所行动。

应用语言学最初只涉及语言理论派所忽视的语言习得和语言教育领域。后来，许多学者认为，语言学除了研究普遍性的规则和理论以外，也应该与现实世界产生更多联系。这种想法为理论派所不屑，于是便自然地划入了应用范围，也成了应用语言学的一部分。看起来应用语言学好像是专门接收普通语言学所摒弃的部分，但也正因为如此，应用语言学有了自己的研究领域，并逐渐发展为与普通语言学分庭抗礼的一个学科。现在，海外的许多高校不再把应用语言学项目单纯归于语言专业，而是将它作为一个横跨语言、教育和文学的跨学科项目，有的高校甚至为应用语言学或第二语言习得设置了专门的机构。

1964 年，法国南锡大学的语言学家倡议成立了国际应用语言协会(Association Internationale de Linguistique Appliquée,① AILA)。AILA 现已发展成为拥有 8000 多名成员的组织，每三年举办一次世界应用语言学大会(World Congress of Applied Linguistics)。其官方刊物是《AILA 通讯》(*AILA News*)和《AILA 评论》(*AILA Review*)。此外，常见的应用语言学期刊还有:《应用语言学》(*Applied Linguistics*)、《应用语言学年度评论》(*Annual Review of Applied Linguistics*)。

我们收取了应用语言学领域 2017 年度影响因子最高的几种期刊，包括《应用语言学》(*Applied Linguistics*)、《语言学习与技术》(*Language Learning & Technology*)、《年度应用语言学评论》(*Annual Review of Applied Linguistics*)、《第二语言习得研究》(*Studies in Second Language Acquisition*)、《语言》(*Language*)、《计算语言学》(*Computational Linguistics*)、《语言教学》(*Language Teaching*)、《认知语言学》(*Cognitive Linguistics*)等。通过对 Web of Science 中以上期刊 2016—2017 年所刊载文章(共 564 篇)的分析，我们用

① 此处为法语。

VOSviewer 软件选取了出现次数超过 12 次的关键词①，来直观表现这一阶段研究的热点。

按出现次数(occurrence)排序，前 20 个关键词分别是：研究(research)、学习者(learner)、第二语言(second language)、影响(effect)、模型(model)、结构(structure)、类型(type)、言者(speaker)、模式(pattern)、学习(learning)、句法(grammar)、系统(system)、练习(practice)、知识(knowledge)、作品(work)、语言学(linguistic)、案例(case)、问题(issue)、年(year)、习得(acquisition)。按相关度(relevance)排序，前 20 个关键词分别是：第二语言习得(SLA)、结构(construction)、动词(verb)、教室(classroom)、评论(review)、第二语言习得(second language acquisition)、使用(usage)、教师(teacher)、语言学习(language learning)、声明(claim)、教学(teaching)、基础(basis)、性质(property)、研究者(researcher)、方面(respect)、细节(detail)、形态(modality)、概念(notion)、评估(assessment)、学生(student)。

从图 1 可以看出，研究主要围绕语言习得和语言教学进行，即图中上部和右部。语言习得主要包括学习者、学习进程、语言输入、语言熟练度等，语言教学主要包括教师、学习者、教学实践、语言发展等。语言习得和语言教学这两个领域的研究又都与语言本体相关，主要是句法结构、语言形式、语言模型等。

图 2 是基于时间变量的覆盖可视化图，时间范围是 2016 年 1 月至 2017 年 12 月。图 2 中偏蓝的表示接近时间起点，偏黄的表示接近时间终点。从图 2 中可以看出，出现频率高的关键词在时间上并没有太显著的倾向。有部分研究较新颖，比如语言空间(space)、

① 将出现次数限定为 12 次以上，是出于对所收录关键词数量的考虑。VOSviewer 提倡将关键词的数量控制在 100 个以下。当我们限定在 12 次的时候，符合要求的关键词有 94 个；若限定为 11 次，则有 106 个。

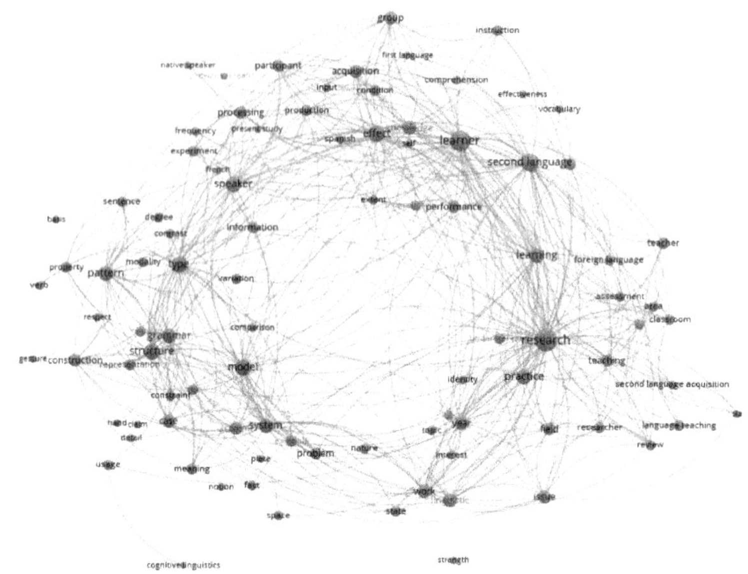

图 1　网络可视化图(Network Visualization)

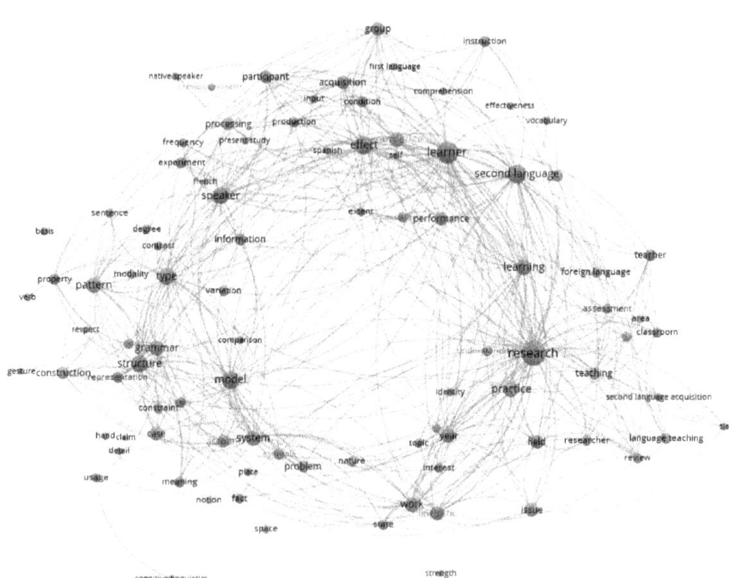

图 2　覆盖可视化图(Overlay Visualization)，基于时间变量

概念(notion)、进程(processing)等；而有些研究在 2017 年则关注度下降，比如意义(meaning)、状态(state)、熟练度(frequency)等。

由图 3 可见，共现次数最多的关键词主要是语言(language)、英语(English)、习得(acquisition)、学习者(learners)、言语(speech)等，由此可见研究主要的对象是英语作为第二语言的习得和教学，主要涉及的语言技能是听说。这也为汉语作为第二语言的教学提供了研究空间和方法借鉴。

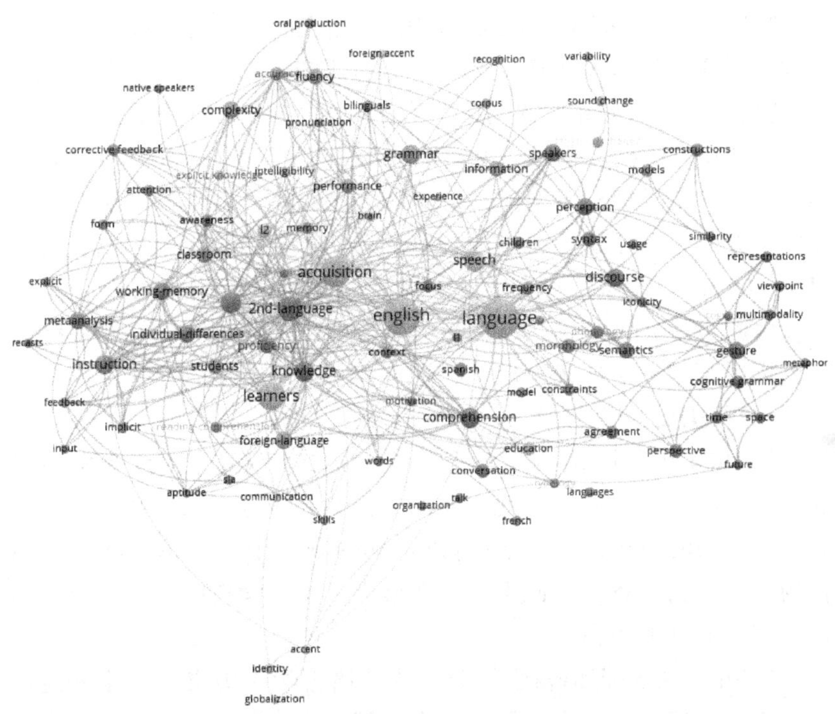

图 3　关键词共现可视图(Keywords Co-occurance Visualization)

基于以上对应用语言学前沿研究内容的宏观考察，本文将重点放在第二语言习得和语言教学两个领域的最新研究进展上，归纳总结该领域的研究范式和对中国语言研究的启示。

1 第二语言习得

1.1 引论

第二语言习得研究是一个典型的跨学科领域，向来与语言学、心理学、教育学、认知学等密切相关。近些年来，虽然随着科学技术的发展，研究者开始借助网络平台、大数据等手段来研究学习的行为、认知的习惯等课题，但最终落实到语言本身的问题，依然还是需要借助语言学研究的手段。比如，针对英语作为第二语言习得(English as a Second Language，ESL)的输入问题，有时间和空间分布两个因素对语言发展产生影响，这与认知心理学有很大关系。有的研究者将它作为研究的动因，有的则将它作为研究的结论。但Rogers(2017)提出，第二语言习得和认知心理学这两个领域之间的不一致性，要求研究者对时空分布的关键结构采取不同的试验手段和衡量方式。对于这个问题的理解，有助于英语作为第二语言习得(ESL)的研究更具系统性，对于时间和空间的研究也可以相互促进。由此可见，无论跨学科的研究多么热门，但语言的问题最终还是要用语言学的手段来解决。

1.2 历史回顾

从1924年美国语言学学会创立，1925年《语言》首刊发布时起，第二语言习得的研究就在应用语言学领域居于核心地位。在布龙菲尔德(Bloomfield，1925)对语言学的阐释中，他单独将语言习得的假说列为一条。由此可见，在整个语言学学科中，语言习得都扮演着关键性的角色。

Collitz(1925)把语言学划分为普通语言学、历史语言学和应用语言学三大领域。其中应用语言学领域的许多分支都包含有教育学上的应用意义：外语学习(简单来说就是英语母语者学习外语)、口语和书面语的关系、语法术语、拼写改革、人造语言等。

因此可以说，在近一个世纪以前，美国语言学学会的创始人们，就很明确地把应用语言学作为语言学的主要分支，同时，在这一分支中，第二语言习得和语言教育又是最核心的研究内容。

第二语言习得从何时开始成为一个跨学科领域，很难找到一个确切的日期。然而，有两个概念在现代第二语言习得研究的发展中起到了至关重要的作用：Corder(1967)提出“学习者的错误的意义”(the significance of learners' errors)，驳斥了SLA的行为主义观点，建议学习者利用内在的语言进程；Selinker(1972)提出“中介语”(interlanguage)的概念，认为第二语言学习者拥有独立于第一语言和第二语言的独立语言系统。

Corder(1967)和Selinker(1972)的观点在20世纪七十年代成为第二语言习得领域的主流思想，语言习得的行为主义理论收到驳斥。在这一阶段，学者们提出了偏误分析(error analysis)，第二语言能力过渡阶段(transitional stages of second-language ability)，以及调查学习者获得语言特征顺序的语素研究(morpheme studies)。20世纪七十年代的英语作为第二语言习得领域，推崇的是以自然主义来进行学习。

到了20世纪八十年代，克拉申(Stephen Krashen)的理论已经成为第二语言习得的重要范例。他的理论中，最主要的无疑是输入假说。克拉申认为语言习得完全由可理解性输入驱动，也就是学习者可以理解的语言输入。克拉申的假说在第二语言习得领域具有极大影响力，对语言教学也有很大的影响，但是其中一些习得过程，就连克拉申本人也承认难以解释清楚其原因。20世纪八十年代的其他研究试图填补这些空白。比如White(1987)对学习者能力进行描述，Pienemann(1984，1987，1989)使用语音处理模型和词汇功能语法来解释学习者的输出。这一时期也出现了以其他学科为基础的方法，如心理学上的联结主义(connectionism)方法。

20世纪九十年代，许多新理论被引入这一领域，如Long(1996)的相互作用假说，Swain(1995)的输出假说和Schmidt(1990)的注意假说。然而，两个主要的研究领域，一是基于乔姆斯基(Chomsky)的普遍语法，二是基于一些心理学方法，比如技能获取理论(skill acquisition theory)和联结主义等。后者在这一时期还提出了可加工性和输入处理的新理论。社会文化理论也被引入这一领域，这是一种从学习者的社会环境角度出发，来解释第二语言习得的方法。

进入 21 世纪以后，第二语言习得的研究与 20 世纪九十年代相比并没有实质改变，研究还是主要集中在语言学和心理学的方法上。VanPatten & Benati(2012)认为这种情况在可见的时间内不会发生什么变化，心理学和语言学这两个领域会因第二语言习得而产生更多的结合。

1.3 取得的成就

近一个世纪以来，第二语言习得在许多方面取得了创造性的突破，以下 7 条受到学界广泛认同，至今仍对第二语言习得的研究产生深远影响：

(1)双语有利于人类认知发展。双语者做决定的时候思维更清晰(Keysar, Hayakawa & An, 2012)，创造力更高(Kharkurin, 2012)，患阿尔兹海默症的几率更低(Craik, Bialystok & Freedman, 2010)。

(2)相对于单语来说，人类大脑更适合于双语思维(Petitto & Kovelman, 2003)。

(3)除了传统的语音、音系、形态、句法等，第二语言习得研究还要扩展到词汇、语用和社会语言学等。这种扩展对“语言能力”这一所谓的基础性结构提出了新的思考(Cook, 2012)。母语(native language, NL)和目的语(target language, TL)也受到新的关注(Ortega, 2013)。

(4)第二语言学习者的言语是目的语的一种语言变体。Han & Tarone(2014)进行了一项长达 40 年的研究，最终发现第二语言学习者的语言确实是目的语的系统的变体。

(5)显性知识和隐性知识在第二语言习得中不应一概而论，二者有不同的意义和作用(VanPatten, 2014)。

(6)成功的第二语言习得行为是一种社会行为。语言习得的行为主义假说(Bloomfield, 1925)被社会文化学习理论而取代，学习者的语言在社会交际中得到发展，习得也由此产生(Lantolf & Thorne, 2006)。

第二语言学习者的目的是第二语言习得进程中至关重要的因

素。特定的学习目的要求特定的交际功能，因此对于不同学习者来说，会从不同的语言形式中受益(Schleppegrell，2004)。

1.4 最新进展

近些年，随着大数据云计算研究的介入，第二语言习得研究领域，出现了新的材料、新的观点和话题，也对以往研究的结论提出了新的质疑，并在语言习得理论、语言政策和语言实践方面阐述了新的理解。

1.4.1 研究对象的拓展

近年来，第二语言习得的研究对象呈现出多样化的趋势：一是年龄群体多样化，二是语言背景多样化。

(一)年龄群体多样化

在语言习得研究领域，通常按年龄将研究对象粗略分为成人、青少年和儿童三个群体，虽然 Paradis(2007)、Thompson(1998)等学者都曾指出，三者在自然特征、学习进程等方面都存在巨大差异，但是以往的研究依然更多地集中在成人和青少年的第二语言习得上，对儿童第二语言习得的研究，相对关注较少。

这一问题近年来有所改观，2017 年的研究中，除了成人第二语言习得外，也有相当比重的一部分关注于儿童和青少年语言习得，比如 Coyle，Prieto & Rico(2017)、Paradis，Rusk，Duncan & Govindarajan(2017)、Fortune & Ju(2017)、Alcon-Soler(2017)等。这些研究涵盖了许多方面，包括不同的理论透视，兼具相互作用研究和社会文化研究；还有不同的教学设置，比如第二语言教学、外语教学、沉浸、CLIL 等。研究维度上也非常全面，既有纵向的轨迹追踪，也有横向的比较研究。研究手段上，有案例分析、试验分析、自然研究等。我们择取成人、青少年和儿童三个群体各一例来介绍当前的研究近况。

1. 成人第二语言习得的语法判断测试

Bell(2017)探讨了成人在接触以意义为基础的第二语言材料的情况下，能否在显性和隐性两方面同时习得第二语言的句法结构以及不同类型的学习(显性或隐性)会对之后的语言学习表现带来什么影响。在这一研究中，81 位英语母语者充当被试，他们先通过训练接触了一种半人为的语言（英语词汇+德语句法）中，然后完成了一系列的理解性任务。研究者利用语法判断测试（grammaticality judgement test，GJT）来衡量被试对于这一半人为语言的掌握程度，该测试包括 72 个条目，其中 24 个是需要掌握句法才能理解的，另外 48 个则不需要。结果表明，63 个参与者既表现出了显性学习范畴，也表现出了隐性学习范畴。尽管学习者的整体语言学习表现都不尽人意，但这两种学习类型之间也没表现出显著差异，不能说明其中哪一种的影响更大。

2. 语用引导对青少年海外第二语言学习的影响

Alcon-Soler（2017）研究了青少年第二语言学习者在国外学习时，是如何从语用引导中得到帮助的。研究者对 60 个在英格兰学习的西班牙青少年用英文撰写的邮件请求进行了分析，来考察间接请求策略和对内部修饰频率的指导的影响。这一研究测量了语用引导对青少年海外二语学习者的即时影响，还有当青少年学习者从引导下的环境转向真实邮件交流的时候，他们所遵循的语用发展轨迹。此外，该研究还定性分析了两个学习者的语用轨迹，这一轨迹涵盖他们海外学习经历中的四个不同场合。结果发现，青少年们想要被社群接受的愿望和必须表达请求的需要，能对他们的语用发展做出最佳说明。

3. SCMC 在儿童第二语言习得教学中的设置研究

Coyle，Prieto & Rico（2017）利用实证研究，对 16 名 10 岁儿童的第二语言学习轨迹进行了追踪，这些被试的母语都是西班牙语。该研究关注了他们学习英语的过程中，在同步电脑中介沟通（synchronous computer mediated communication，SCMC）中对交际策略的运用、摄取，以及词汇习得。此外，这些西班牙语儿童还与同样年龄、同样英语熟练度的英语母语儿童一起，进行了为期五周的三个交际性拼图任务。结果表明，在任务过程中，儿童们的相互协商和面对面交流相比起来，有相同也有不同之处。尽管儿童的词汇知识在这期间得到了显著提高，在相互协商中也使用到了一些高频词汇，但对于词汇的摄取却并不经常发生。他们之间的交流策略最常见的几种分别是图片描述（18.2%）、自我重复（16.3%）、询问图片信息(14.5%)和日常社交(11.9%)。对于聊天文本的分析表明，学习者注意到要使用某些附加的词汇项目，也会刻意尝试使用它们。这些词汇项目被嵌入到任务里，是交际中需要使用的。它们虽然并不是交际的焦点，但是对于完成任务会起到作用。在 SCMC 中，儿童们逐渐认识到，他们彼此间的词汇知识存在差距，这激励他们去在课堂外努力填补这些差距。虽然结果还有许多没解决的问题，但它至少表明了 SCMC 在儿童第二语言习得的教学设置中的重要性。

(二)语言背景多样化

除了研究对象的年龄划分以外，研究对象的语言背景也趋于多样化。被试的母语(native language)包括但不限于：英语、土耳其语、日语、法语、西班牙语、阿拉伯语、加泰罗尼亚语、巴斯克语、希伯来语、泰语、汉语普通话等。不同的母语背景会对第二语言习得产生不同的影响。学习者在学习第二语言的时候，往往会主动从母语中寻求帮助，或被动地受到母语显性范畴的影响。Lado (1957)将母语对第二语言学习的影响(迁移)分为产出性和接受性两类，前者指的是母语中的语言要素和文化要素在形式和意义两个层次上迁移到目的语中，后者指的是用母语的语言和文化视角来理解目的语的语言和文化表达。

1. 不同母语背景的特殊性

第二语言的习得势必会受到母语的迁移影响。迁移不是非黑即白的问题，而是会根据具体情况，产生不同的结果。对于被试母语背景的细化，有利于具体问题具体分析，并可以在不同母语背景的学习者之间进行对比研究。Philp, Borowczyk & Mackey(2017)对此前一些关于儿童第二语言习得的研究做了回顾，选取了 5~18 岁不同年龄的学习者作为被试，他们的母语背景包含汉语普通话、阿拉伯语和巴斯克语等，第二语言有英语、希伯来语、西班牙语和泰语等。试验话题包括：儿童第二语言习得的独特性、成年人语言课堂、双语学校的实践、认知语言学、年轻学习者的第二语言习得等。他们根据这些研究中被试的不同年龄和语言背景，做了测试和评估，为儿童第二语言发展的研究提供了方法论贡献。

2. 环境输入对双语儿童语言发展的影响

除了单一母语以外，还有双语的学习者。早期儿童的语言技能发展得十分迅速，对于双语儿童来说，两种语言的发展都对环境输入高度敏感。因此，对于研究者来说，捕捉早期的双语是很有挑战的，尤其是检测双语和其他领域发展的关联性(比如自我管理、其他知识的习得等)。研究儿童语言发展的学者已经把双语当做一个类别变量来研究。Melzi，Schick & Escobar(2017)比较了抓取儿童双语样本的不同方式，展现了这些手段如何对儿童双语研究产生不同的影响，以及它们如何在不同程度上与儿童自我管理技能相关，对双语学习者的第二语言学习做了方法论上的贡献。

3. 美国双语政策的利弊

针对双语的现象，Flores & Garcia(2017)提出了语言政策层面的问题。他们认为，美国把双语教育变得制度化，其实是和种族问题相关的。这一政策是对有色人种教育不公平现象所做出的补偿。在美国的种族构造的现实情况下，将双语教育发展为一种制度，为的是少数族裔的学生能够通过对本族语的学习而产生一种“民族自豪感”；通过这种精神上的自豪感，来弥补他们事实上所面临的语言不公。举例来说，美国左派的双语教育者努力为拉丁学生创造一个受重视的环境，用类似的双语项目来代替原本给白人开设的双语沉浸式项目。这些项目得到了一定的推广，或许可能对种族和社会阶级问题产生帮助，但目前下结论还为时尚早。

1.4.2　研究手段丰富

第二语言习得的研究，从纵向和横向上，都有许多最新研究成果。

(一)纵向维度

纵向的维度，主要是追踪第二语言学习者的学习轨迹。

1. 零基础儿童学习者交际能力发展研究

Cekaite(2017)考察了在瑞典语的第二语言课堂上，零基础儿童学习者如何发展其交际能力。研究者对两个7岁女孩的瑞典语学习进行了为期一年的追踪，记录下了这两个女孩从大量重复且刻板的输出，到正式且语义多样化的输出的转变，以及她们在课堂中交际能力的提高。她们逐渐开始参与其他师生的交际，也会主动去和他们交流，并且参与的课堂活动也越来越多。这一研究还考虑到一些其他因素，比如她们的二语资源和其他技能，还有她们此前是否曾有过成功学习其他第二语言的经历。这一研究表明，这两个孩子在零基础学习者能力、第二语言特征和学习者身份认知这三个要素之间，展现出了复杂且协同的非单向关系。

2. 手语作为二语习得的纵向追踪考察

Williams，Darcy & Newman(2017)选取的研究题目则比较新颖，对手语作为第二语言的习得进行了追踪考察。他们对 25 个手语作为第二语言的成人学习者进行了一个学期的追踪。这些被试来自美国手语协会，听觉完好。他们参加了两次认知语言学的测试，分别在手语学习的学期初和学期末进行。测试包括一系列的非文字记忆、语音分类任务以及词汇知识，并用线性回归分析来判定他们是否达到了预期的熟练度。结果显示，被试的词汇知识和自我熟练度都得到了肯定的增长，但记忆能力却没有表现出显著提高。这些结果表明，尽管母语和第二语言的形态和情态都可能有所不同，但母语的语言技能还是直接影响了第二语言的学习输出，即使第二语言是手语，母语是口头表达的语言。

总体而言，纵向追踪学习轨迹的主要实现手段是观察。观察法有一个难以回避的缺点，就是 Labov(1966)指出的"观察者悖论"：如果在研究对象面前不暴露观察者的身份，那么有可能会得不到自己想要的数据。但如果暴露了身份，又可能会导致得到的数据不自然，真实性大打折扣。从这一角度出发，通过观察法获取数据，其真实性和自然性都是相对的。

(二)横向维度

横向的比较则几乎是大部分论文都使用了的方法。这既是研究者课题设计的缘故，也是科学的实验手段的内在要求。即使是以纵向为纲，追踪学习轨迹的研究，也常引入对照组来获取结论。

母语习得的研究始终不是语言习得研究的重点，但作为第二语言习得研究中第二语言学习者的参照，母语者经常被拿来进行对比，以此观察第二语言习得的情况。第二语言学习者和母语者的对比是许多研究常用的思路。由于对比焦点、被试属性和语言背景广泛且复杂，这一类型的研究常做常新，每一年都有许多新的材料推出。有的只是对以往理论做了佐证，或是对实践提供指导；有的则会质疑已有的理论，提出新的思考。

1. 同一语言的母语者和二语学习者的实验对照

Paradis，Rusk，Duncan & Govindarajan(2017)将第二语言是英语的儿童和母语是英语的儿童进行了比较，考察二者对于层次各异的复杂句的习得和使用，其中包括关系从句等在母语中习得较晚的结构。其目的在于衡量母语儿童和第二语言儿童在复杂句习得上的异同，以及影响儿童习得第二语言复杂句的个体差异的因素。被试是 187 个第二语言为英语的儿童，母语背景各异，平均年龄 5 岁零 10 个月，英语学习时间 17 个月。当暴露在第二语言环境中的时候，他们使用了不同的复杂句，层次各异，包括有关系从句的句子。很多复杂句式对于母语儿童来说也是习得顺序靠后的结构。混合逻辑回归模型的结果表明，有助于更好地使用复杂句的因素有很多，包括在校时英语接触时间更长，在校外英语环境更丰富，第二语言词汇量更大，非文字记忆更出众，视觉分析推理能力更强等。总体来说，第二语言儿童(5~10 岁)在数月的英语接触之后，对复杂句的使用水平超过了母语幼童(2~4 岁)，这体现出高龄儿童习得语言的优势。此外，在考察了输入、认知和词汇等要素对儿童习得第二语言复杂句的影响后，文章认为这种习得行为所反映出的理论背景，更接近于结构主义，而非生成语法。

2. 母语与非母语大学生书面语句法的历时考察

Mancilla，Polat & Akcay(2017)基于数据库，对母语和非母语学生在不同学习时期的语言产出做了比较研究。他们选取了五年时期(2009—2013 年)内的 486 条文本，分析了母语和非母语大学生写作时句法复杂性的十个衡量标准，分为四个类别，分别是产出单位的长度、主从关系的用量、并列的用量、短语的复杂程度等。十个衡量标准中有四个结果显著：母语者的主从关系用得更多，非母语者的并列关系和复杂短语用的更多。各组之间的比较显示，母语者和高水平非母语者在数据上没有太显著的差别，而母语者和低水平的非母语者在主从关系上有一定的差别。他们还做了性别和英语熟练度关系的比较，发现男、女写作者之间也有一些差别。这些结论整体来看，说明了语言教学中语言手段介入的重要性，比如主从关系之于大学阶段的非母语大学生。因此对语言教学提出了一个要求，即在不同时期的学习环境中，教师应该多关注任务设计的个性化。

3. 母语和高级二语学习者博客写作与传统课堂作业写作的差异

Elgort(2017)对比了英语母语者和高级的英语第二语言学习者的博客写作和传统课程作业写作的不同。38 个被试都处于硕士阶段，他们产出了 152 个文本。通过分析其表层符号、文本特征和情境模型等级(situation model levels)，发现两类被试的文本类型在词汇复杂性、句法复杂性、衔接和动因等方面都存在差别。传统的课程作业写作语体更加正式，所用词汇更复杂，句式也更高级；博客写作则包含了更多语义和情境上的冗余(redundancy)，好处是带来了更高的可读性，传递出的动因也更加清晰。对比母语者和二语者的文本，可以看出一个明显的差异是，二语者的文本更具有传统的学术写作风格，虽然他们的博客写作在语言运用上的评级也比其传统学术任务写作要低，但和母语者相比起来，甚至有过之而无不及。

4. 基于眼动实验的研究

Cunnings, Fotiadou & Tsimpli(2017)在英语母语者和母语为希腊语的英语第二语言学习者之间做了比较，利用眼动实验，来研究母语是空主语(null subject，比如希腊语)的第二语言学习者能否在非空主语(nonnull subject，比如英语)的第二语言学习过程中，自然地习得并学会使用显性主语代词(overt subject pronouns)；还研究了当视觉环境中的信息序列产生偏差的时候，第二语言学习者能否修正处于某个结构首位(initial)的模糊代词。结果表明，英语母语者和母语为希腊语的英语第二语言学习者都能快速地通过“性”(gender)范畴来完成分辨代词的任务，两组也都能把模糊代词跟句子主语和话题联系起来。(在希腊语中，显性的主语代词指向的是话题转变。)虽然第二语言学习者还是不能像母语者那样修正全部的范畴，但这些结果表明，母语为空主语的第二语言学习者，至少能够习得二语中非空主语的范畴。

5. EI+practice 语言教学模式

虽然针对母语习得本身的研究并不多，但许多关于第二语言习得的研究，则引入了母语作为研究手段或比较对象。McManus & Marsden(2017)探讨了在法语作为第二语言教学实践中，用母语提供明确信息(explicit information，EI，practice+EI)对法语教学中过去未完成式的影响。这种影响更精准，见效也更快。该研究设置了两种不同的教学条件，一是只使用第二语言，不论是教学内容还是其他 EI 内容；二是母语和第二语言相结合，即同样提供第二语言教学内容，但同时还使用母语提供 EI。50 个法语作为第二语言的学习者被随机分进以上两组或一个控制组，他们要完成线上的自控阅读(self-paced reading)和线下的上下文句子搭配(context-sentence matching)阅读这两个任务。学前测验、学后测验和延迟测试的结果表明，在提供了母语 EI 的情况下，线下第二语言使用的精确度得到了提高，同时，线上第二语言任务的进展速度也有所提高。这一研究为 EI+practice 这一模式提供了支撑，也让 EI 在线上语言教学中的角色得到重视。

6. 母语环境对第二语言习得的影响

母语环境在第二语言习得中是一个重要的影响因素。Tsai & Chu(2017)考察了两组汉语作为第二语言的学习者的口语流畅性。其中一组在汉语环境中生活和学习，另一组则处于非汉语环境中。在这一研究中，他们转录了 220 分钟的在线汉语课程，这些课程由 27 个汉语第二语言学习者和 5 个汉语作为母语的教师所提供。有一半的转录数据是从中国台北的学生中获得的，他们生活在汉语环境中，同时也把汉语作为第二语言来学习。另一部分转录数据是从住在非汉语环境中的学习者中收集的，他们除了课堂学习之外，很少能在课外接触到汉语。对转录的分析支持了一个假说，即个人话语标记的使用频率影响学习者目的语使用的能力。理解和运用话语标记的能力，可以作为一个有价值的指标来衡量和评定口语水平，也有助于教学法的发展。

7. 元语言意识对语言理解的影响

最近的研究中，还有用第二语言习得的眼光反过来考察母语的。对第二语言的接触程度是否会影响母语水平，这是许多研究都在关注的问题。Milicevic & Kras(2017)对比了翻译人员和普通的母语者，通过观察显性代词主语(overt pronominal subject)来看第二语言对母语的影响。这一实证研究与翻译领域和语言习得领域都有关，关注焦点在于辨别意大利语句子内部的复指(intra-sentential anaphora)和下指(cataphora)。实验对象是两组母语者，一组是英语—意大利语实习翻译，一组是控制组，都是普通的母语者，不从事翻译工作。被试要完成一个图片选择任务，这一任务要求他们分辨第三人称先行词(antecedents of third person)是作空主语还是首主语代词，任务在复指和下指有歧义的条件下进行。最初的假设是，翻译们的母语会存在损耗，因为他们对第二语言的接触过多。然而事实上，翻译们没有表现出首代词同质化的特征，也就是说没有表现出第二语言(此处是英语)的影响。事实上，他们在选择不合适的先行词时，和控制组相比，表现还更好。因此可以说，在语言理解的问题上，元语言意识(metalinguistic awareness)对翻译们的影响超过其他因素，第二语言的影响很小。

8. 母语退化

与翻译人员母语是否退化类似的假设是：如果学生的所有课程都用外语来上，那么即使在自己的国家，他们的母语会退化吗？Aycicegi-Dinn，Sisman-Bal & Caldwell-Harris(2017)就考察了在不同程度地接触第二语言后，学习者的母语土耳其语是否会退化。该研究选取了91个土耳其学生，这些学生在学校学习心理学、经济学或英文专业，都用英语上课。该研究在测试成绩、用词熟练性测试和自我评价等方面进行测试，并将测试结果和74个选了标准土耳其语课程的学生做比较。对于英文专业的学生来说，其中很多人都想找一个英文教师或者翻译的工作。这些学生土耳其语入学考试的成绩较低，在用词准确性测试上，英语的成绩也比土耳其语高，但其他学生则相反。英文专业的学生，在三年的时间里，土耳其语写作能力有轻微下降。因此，该研究表明，密集的外语接触会对母语造成暂时的威胁和消耗，但是把外语当做教学手段则不会造成显著的损害。

9. 话语分析技术在二语习得研究中的应用

随着应用语言学、语言学习和评估等领域的研究日益增加，越来越多的论文用话语分析技术来评估语言运用的准确性。无论是纵向追踪还是横向对比，研究者都要对自己所获取的数据进行处理和分析。理想情况下，所采取的研究手段要尽可能有效且可靠地得到准确性的指标。但现在所采用的各种手段在细节上还有待检测，其效果也尚待讨论，因此也有一些文章是针对方法论的研究。Foster & Wigglesworth(2016)系统地回顾了这一领域内的各种研究手段，有整体的也有部分的，并展现了一个可以对不同等级的语言错误进行分类的研究手段。也就是说，有的错误会严重损害交际，有的会在一定程度上影响交际，有的则根本不影响交际。通过对第二语言写作和口语产出数据的样本进行分析，他们试图提出如何分辨这些等级的可靠性。这一新手段，根植于对该领域此前实践的理解性回顾，使用起来相对便捷，衡量的是熟练度而不是语言错误，还能衡量到一些微小的进步。像这样的针对方法论的研究文章，既考察了第二语言习得的问题，也对研究本身提供了参考意义。

1.4.3　语言技能全面

我们通常所说的"语言技能"主要是指语言的交际技能，它包括四大项：听到一段言语能够理解并给予反馈的技能；口头上表达某种语言并能传递信息的技能；阅读某以文本并能理解其所表达意思的技能；书面表达某种语言的技能。通常简称为"听说读写"四项基本技能。

从交际媒介来说，听说是口头交际技能，读写是书面交际技能；从信息加工过程和特点来看，听和读是接受性、理解性技能，说和写是产出性、表达性技能。在实际的交际中，从语言技能上来说，要求不同语言技能的有机结合。我们所说的"交际能力"，通常指的是一个人运用各种语言的和非语言的手段来达到特定交际目的的能力，它包括语言交际能力和非语言交际能力。语言能力属于语言范畴，语言交际能力属于言语范畴。形成相当于母语者的目的语言交际能力，是语言习得的目标。所为培养语言交际能力，说的就是要培养学习者听说读写等语言技能的综合运用能力。

(一)听说层面的研究

听力在语言习得中的重要性是显而易见的。听是理解，说是表达和反馈，要理解对方的意思，才能作出反馈，完成交际。听力一方面是被动的，从听话人的角度来看，他们对听力过程的控制很有限，这也常常会引起听话人的焦虑。而另一方面，听力有不是完全被动的，它也是听话人主动构建意义的过程。听话人根据自己的兴趣选择关注的焦点，基于自己的语境知识和相关图示对听到的话语做出自己的阐释，推断对方的观点和意图，并在必要的时候做出主动的反馈。

听是输入，说是输出，要有输入才会有输出。从输入上来讲，听力技能和阅读技能都承担着类似的功能。此前的研究很少把听力技能和阅读技能放在一起来考量，这或许是因为它们分属不同的体系，但是二者同样都体现出了对第二语言结构复杂性的理解。Yamashita & Shiotsu(2017)关注到了第二语言习得中听力技能和阅读技能之间的关系。基于此，该研究将第二语言的潜在影响因素分成两个层次，考察了母语阅读和第二语言听力结合的影响。通过用拉希分析(Rasch Analysis)对325个母语为日语的大学生的变量指标做了考察，再用结构方程模型测量变量指标的相关权重，结果表明，在第二语言阅读技能的影响因素中，第二语言听力技能处于极其重要的地位。

口语在听说读写四项技能中是使用频率最高的一种技能，它是一种表达性技能。在日常交际中，口语表达受到言语输出的认知过程、语言使用的社会文化环境等多种因素的影响。对于第二语言学习者来说，口语表达能力又与其口语语法能力、语篇能力、社会语言能力和策略能力密切相关。口语习得的目标不仅是要发展学习者的语言能力，也要提高学习者的交际技能，二者并不矛盾。不同国家和地区的第二语言学习者在学习目的语的时候，会遇到不同程度困难。其中的原因除了学习者个人的文化水平、知识素养、接受能力、努力程度甚至生理特点等各种个性化原因之外，学习者的母语背景和目的语语音系统自身特点是具有共性的原因。每一种语言都有自己的语音系统，对目的与语音系统和母语与目的语之间的对比，在目的语语音习得中是一个必要的前提。

1. 母语与第二语言音位变体的研究

Solon(2017)探讨了第二语言学习者对于某个存在于自己母语中，同时又存在于第二语言中，但音位和音位变体表现形式不同的要素的习得。研究对象是 85 个母语为英语的西班牙语第二语言学习者对于边音/l/的习得情况。这些被试的学习水平不同，互相之间可以比较；他们的第二语言西班牙语产出和母语者的西班牙语产出之间可以作比较；也可以把学习者的第二语言产出和他们的母语英语的产出作比较。此外，边音在某些特定环境中的产出也可以相互对比，来检测第二语言学习者对音位变体的习得，因为西班牙语中的边音变体，属于英语中边音变体的子集。结果表明，西班牙语边音/l/及其音位变体，都会受到学习者母语的影响，向着学习者的母语方向发展。

2. 混合效应模型的应用

Terry(2017)使用了混合效应模型(mixed-effect model)来检测目标音韵学变体模式(target-like patterns of phonological variation)的习得。研究对象是 17 个法语作为第二语言的英语母语者，他们在法国学习，这对于他们来说是国外学习环境。研究获取了他们的自然言语材料，以此来解释学习者初期的对特定音韵变体(第三人称主语附着代词的元音省略)的习得，这些变体在母语者言语中属于社会性变体。在对比言语材料的基础上，通过为国外学习环境而设计的社会网络强度模式(social network strength scale)可以发现，音韵变体模式可以按照一个设计好的顺序来学习，这一顺序根据表征类型和搭配来确定。此外，母语者的社会网络对于音韵变体模式也有着数据显著的影响。

(二)阅读层面的研究

阅读是学习者获得语言输入的另一重要途径。阅读和听力同为输入型的语言技能，相对于听力，学习者在阅读过程中有更多的主动性。阅读是学习者通过符号来进行信息获取的过程，虽然是接收信息，但并不是完全被动。阅读理解能力与语法能力、社会语言能力和策略能力均有关系。阅读能力的发展并不仅仅是在培养阅读技能，更重要的是发展语言能力。对于第二语言学习者来说，阅读技能的发展通常可以分为四个层次：字面理解(literal comprehension)、推断性理解(inferential comprehension)、评价性理解(evaluative comprehension)和欣赏性理解(appreciative comprehension)。字面理解属于浅层理解，学习者依靠基本的语言知识即可完成。推断性理解属于深层理解，则需要学习者具备一定的语言能力和阅读技巧才能完成。评价性理解和欣赏性理解则是更高层次，前者从思辨上、后者从艺术上对学习者提出要求。评价性理解和欣赏性理解除了语言技能外，还对学习者的其他能力提出要求。

1. 早期沉浸式普通话语言项目的实证研究

Fortune & Ju(2017)对早期完全沉浸式普通话语言项目做了实证研究。其选取的K-5学习者，分别来自三个早期完全沉浸式普通话项目，他们的母语①都是英语。研究者采用截面的评估数据对比来测量学习者第二语言的口语流利度，被试涵盖了幼儿园、二年级和五年级学生。结果表明，在幼儿园和二年级之间，各领域的中位数都有显著区别，然而在二年级和五年级之间就没有中位数差别。通过对三个口语样本的复杂性分析得出，随着年纪增长，被试的语法复杂性逐渐提高。然而，五年级样本的词汇复杂性比幼儿园高，但比二年级低。这些发现质疑了现有的口语熟练度评估的效力，即它们是否能捕捉到中级和中高级阶段多维度的口语熟练度。这些发现也强调了细粒度复杂性测量在第二语言评估实践中的重要角色。

2. 外语知识对阅读的作用研究

在以往的文献中，对于外语知识对阅读的作用，看法存在分歧，比较复杂。尽管对语言自然结构的认知逐渐提高，但在措辞对阅读理解的影响这个问题上，领域内还缺乏系统的研究。

① 这篇论文中的“母语”用的是home language的说法，我们将它和first language同样看待。

Kremmel, Brunfaut & Alderson(2017)考察了外语知识对该语言的第二语言学习者的阅读表现的作用，检测了广义的语言知识(包括措辞等要素)对于解释阅读表现差异的影响。在选取的 418 名 EFL 学习者中，阅读表现的差异主要是源于措辞知识，而非传统认为的句法和词汇因素。他们还额外关注了 15 名 EFL 学习者的措辞知识，并对此作了言语拟定分析(verbal protocol analysis)。这些被试做了一系列的阅读理解题目，以此考察他们习语的表达能力。结果表明，措辞知识对于第二语言阅读技能来说，是一个受到低估却具有决定性的要素，它除了能评估第二语言学习者的阅读技能，还可以被用来评估第二语言教师的教学能力。

(三)写作层面的研究

写作技能是语言习得成果的综合性展现，它与目的语的语法能力、语篇能力、交际能力、策略能力等各种语言能力都紧密相关。写作是一种输出性技能。在日常交际中，书面表达除了语言技能外，还对第二语言学习者的认知能力、社会文化背景等提出多重要求。传统的书面交际与口头交际在使用情境、涉及对象、反馈形式等方面都存在差异。书面写作更适合时间和空间不一致的交流，口头更适合当时当地的交际。随着信息技术的发展，写作的样式也日益多元化，比如网络聊天、博客等。这些新的写作样式在文体上很接近于口语，因此对目的语的写作技能提出了新的要求。对于第二语言学习者来说，区分书面语和口语本身就比较困难，写作不同语体就更感到挑战。因此在第二语言习得的过程中，写作始终是很有难度的技能。

Mayo & Labandibar(2017)研究了 60 名母语为巴斯克语和西班牙语的英语第二语言学习者在写作时的注意事项。他们将写作任务分成三个层面，分别是输出、比较和延迟修正，还探讨了对这些层面的关注和反馈如何影响被试进行自我修正。结果表明，被试虽然也会关注内容特征，但主要注意到的还是词汇使用；其中，高水平的学习者和受到指导的学习者会注意到更多的内容特征。总体来说，学习者对写作和模板的态度是消极的，其中那些态度较积极的学习者会在自我修正中得到更大提高。此外，该研究还探讨了一系列教学法上的发现，对第二语言教学提出了一些建议。

除了第二语言习得领域自身的研究，计算语言学领域也有很多与语言习得相关的研究。Shutova，Sun，Gutierrez & Lichtenstein (2017)对在半监督和无监督条件下的学习试验，做了多语隐喻处理。Irvine，Callison-Burch(2017)对双语词汇做了归纳性的综合分析。Rozovskaya，Roth & Sammons(2017)研究了如何在监督最小化的情况下，发现语言学习者的错误。

2 语言教学

从广义上讲，语言教学也是语言习得的一部分。针对语言教学的研究，近几年已经发展成应用语言学领域最热门的话题。Rose & Mckinley(2017)对应用语言学领域的十本主流期刊于2015年刊发的336篇研究文献进行了分析，发现有32%的研究都直接或间接与语言教学相关。仅在两年前，Hellermann(2015)在对比了1980—1984年和2009—2013年的文献后，还得出结论，认为语言教学已经不是应用语言学领域的主流，因为它所占比例从19%已下降到8%。然而，短短几年之内，语言教学又重新成为了应用语言学领域受到关注最多的话题之一。

语言教学包含两大主体，分别是学习者和语言教师。通过VOSviewer可视化(图4，图5，图6，图7)可以看出，从学习者出发的研究要比从教师出发的研究内容更广，与“学习者”(learner)和“学习”(learning)相关的关键词，要比与“教师”(teacher)和“教学”(teaching)相关的关键词多出很多。

关于语言教学的最新研究主要体现在几个方面：一是教学方法，二是教学情境，三是语言技能，四是语言测试，五是语言政策。

2.1 教学方法

教学方法始终是语言教学中极富话题性、极具创新空间的领域。谈到语言教学，人们就会自然地想到教学法。所谓教学方法，考虑的主要是如何在语言教学中处理目的语言形式与意义的关系。

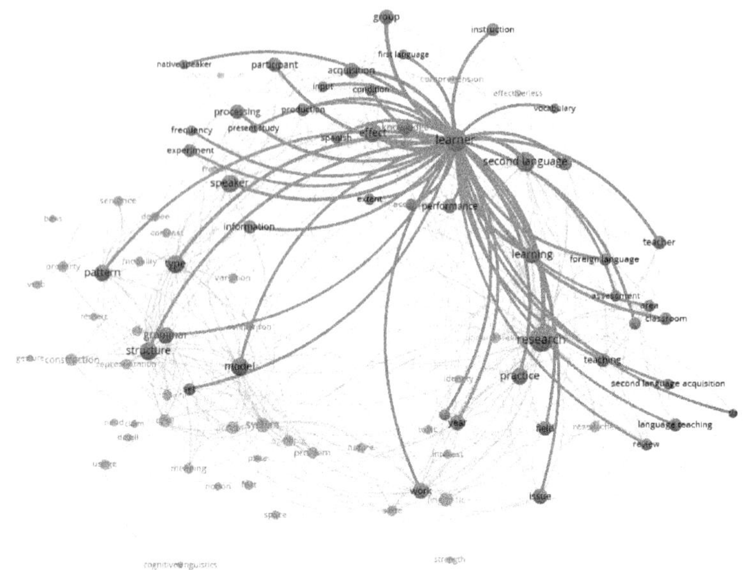

图 4　与“学习者”(learner)相关的关键词

图 5　与“学习”(learning)相关的关键词

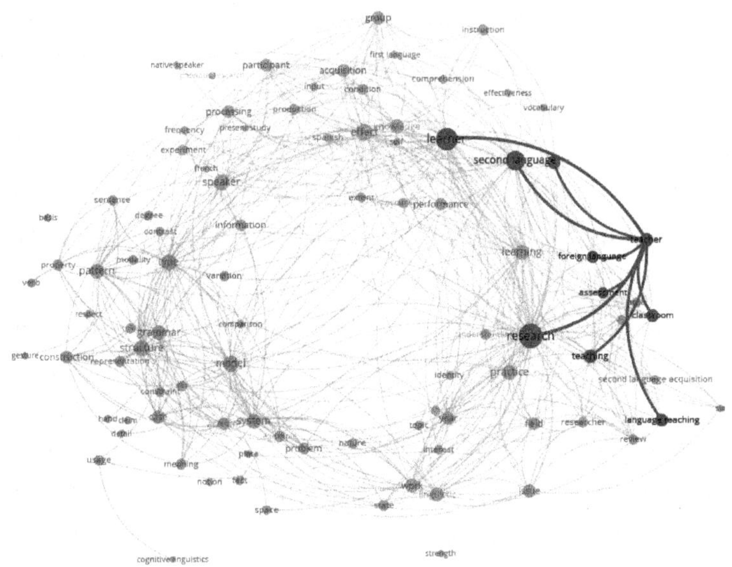

图 6　与“教师”(teacher)相关的关键词

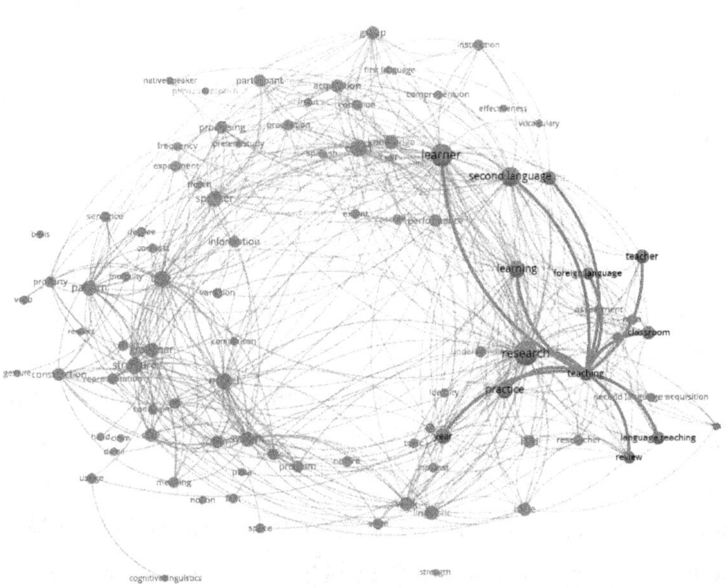

图 7　与“教学”(teaching)相关的关键词

2.1.1 交际法仍是主流思想

当前语言教学领域推崇的具体教学方法不一而足，但各种教学方法所遵循的理念都不外乎“交际”二字。Wilkins(1972)将语言意义划分为意念范畴和交际功能范畴两大类，前者如时间、数量、顺序和频度等概念，后者如请求、邀请、拒绝等概念。他依次制定了交际教学的大纲，并于1976年出版了《意念大纲》(National Syllabus)。此后，交际逐渐成为语言教学领域的主流思想。

交际法和早期教学法的区别可以用Long(1991)提出的两种语言教学类型来概括。这两种类型分别是focus on form和focus on forms，二者看似相似，所差的只是有没有复数形式，但其实表达出本质上的区别。没有复数形式的focus on form指的是早期教学法，也就是以语言形式为教学内容和目的，课堂上通过反复操练来掌握目的语的句法结构。而focus on forms虽然也关注形式，但形式的习得是在交际中完成的，学习者在特定的交际训练中习得交际背后隐含的语言形式。形式仍然是重点，但它处于交际为主的教学框架之内，不再是专门的教学内容，也不再是系统的以形式为纲的教学思路。

说起交际法，那么以任务为基础的语言教学(又称“任务法”，task-based language teaching，TBLT)则是其中尤为突出的操作方法。在过去的几十年间，学界对TBLT的关注只增不减。无论是研究者还是教育者，都对TBLT有着浓厚的兴趣。TBLT作为一种教学手段，现在已经处于引领地位。随之而来的则是对TBLT各个方面的研究，包括其效力、开展方式、理论基础等，都被用来支撑和辅助第二语言教学。

最新的TBLT研究在以往的基础上做了许多细节补充。Philp & Duchesne(2016)探讨了学习者如何在语言课堂上参与到任务中，并利用认知、行为、社会和情感等因素来衡量任务参与度。Li，Ellis & Zhu(2016)比较了以任务为基础(TBLT)和以任务为支撑(task-supported language teaching，TSLT)这两种语言教学模式，通过对五组(共150个)EFL学习者的试验研究，证明在句法结构的教学上，TSLT比单一的TBLT效果更好。Skhan(2016)对任务特性和完成任务的条件这两个要素进行了比较，前者包括任务前规划、任务副本、任务次级活动等，后者包括时间特征、任务元素数量等。Gilabert，Manchon & Vasylets(2016)在 TBLT 条件下对比了口头模式和写作模式对第二语言习得的进程有什么不同影响，整体描述了面向第二语言习得的进程所设计的任务。他们建立了一个模型，把学习进程和任务特征在以上这两个模式下进行关联，提倡在同一个交际任务中混合使用两种模式。

Revesz & Gurzynski-Weiss(2016)对 16 名 EFL 教师进行了调查，让他们判断学习者需要具备哪些语言能力，才能完成四个特定的教学任务。在被试思考的过程中，他们按要求自言自语，并且有设备捕捉到他们的眼动。教师们自言自语的内容表明，他们的评定任务难度时，语言学要素是他们最根本的考虑；概念需求(conceptual demand)是提高任务难度最常用的方法，而当想要降低任务难度时，语言学要素和概念需求要素都会被教师们所采用。教师们的眼动数据总体上和自言自语的内容相吻合。这些发现可以指导 TBLT 的任务分级，对具体的任务设计也有帮助。

Nguyen(2018)研究了课上的任务练习在实际生活和工作中能产生怎样的效用。他研究了一个案例：一个在药店工作的第二语言初学者，在学习任务(角色扮演)中做过医生和病人的练习，然后在实际工作中也为病人提供咨询。文章首先描述了这个初学者的语言连贯性是如何在任务练习中得到发展的，然后分析她是否能在实际的咨询工作中用到这些，以及以何种方式来使用。结果表明，角色扮演这一任务类型作为一种语言教学模式，既有好处也有局限，并不能保证在现实中的使用效果，还需要更多的纵向研究来进一步探索。

当然，TBLT 除了得到认可之外，受到的批评和质疑也从未间断。比如 Rastelli(2014)认为语言学习和乐器学习、驾驶训练等不同，熟练未必能够生巧；Swan(2005)用无意识的习得来反驳注意假说(noticing hypothesis)；Bruton(2005)和 Fotos(2002)对 TBLT 成功的条件产生质疑，认为这一教学法只能在第二语言丰富的环境中实现，而对于非目的语环境中的外语学习，TBLT 的效果则十分有限。Long(2016)总结了 14 个针对任务和 TBLT 的批评，将它们划分为心理语言学问题(5 个)、教师水平问题(6 个)和特定环境下实施问题(3 个)，并作出回应。他认为，有一些批评确实触碰到了最核心的问题，但大多数的问题都是源于对任务和 TBLT 的不了解。他在文章中解决和反驳了一些问题，但也着重提及了仍然有待探索的问题。

Li, Ellis & Zhu(2016)探讨了基于任务的语言教学(task-based language teaching, TBLT)和任务支撑的语言教学(task-supported language teaching, TSLT)在英语被动结构习得中的影响。被试是 150 个英语作为第二语言的学习者，他们在中国的中学就读。英语被动结构是一个对于他们来说较新的语言结构。被试被随机分成五组，其中一个是控制组，只参加学前考试和期末测验；四个实验组则会参与一个两小时的特别环节，在这一环节中，他们以组为单位完成两个合作听写任务。每个听写任务都有一个汇报阶段，学习者会轮流和报听写的人进行交流。在四个试验组中，第一组只是直接开展这两个口头任务；第二组在开展任务前会收到明确的指令；第三组在任务进行中收到反馈，但是没有在任务前收到明确指令；第四组既有明确指令又有任务中的反馈。这一特别环节用语法判断测试(grammaticality judgment test, GJT)和引发模仿测试(elicited imitation test, EIT)来进行测量。在 GJT 中，明确指令和/或反馈的条件，使得二者相结合的最大影响显著增加。在 EIT 中，三组的整体数据没有表现出显著影响。然而，如果按照学前测试的 EIT 成绩对学习者进行分组，把他们细分为完全零基础和有一点基础，那么明确指令和反馈的结合就会比其他的方式对学习者的效果更好。因此，他们认为，在语法结构教学方面，TSLT 比单纯的 TBLT 更可靠。

近些年来，内容和语言相结合的教学(content and language integrated learning, CLIL)模式被更多学校和语言教师所接纳，面向 CLIL 教学的研究也逐渐增加。许多研究者和语言教师都认为，CLIL 能够极大提高学习者的外语能力，同时还不会影响其他学科内容的学习。然而，也一直有人质疑，CLIL 的作用究竟在多大程度上得以体现呢？Lasagabaster & Doiz(2017)对 304 名中学生做了纵向研究，来分析 CLIL 在不同要素上的影响程度，以及学习者对于 CLIL 的情感立场。他们发现，数据并不能证明参加了 CLIL 的学习者比没参加的更有热情，并且所谓的“热情”也多体现在对于内容的兴趣上，而非对于语言本身的兴趣。这就说明，CLIL 对于学习者的积极性影响并不显著，其效用还有待考证。

无独有偶，另一研究也对 CLIL 的效用提出了质疑。Roquet & Perez-Vidal(2017)做了基于数据库的研究，比较了两种学习环境的不同影响，一是正规教学(formal instruction，FI)，二是内容和语言相结合的教学(content and language integrated learning，CLIL)。他们的研究对象是母语为加泰罗尼亚语(Catalan)的西班牙青少年，这些被试都是中级的第二语言学习者，第二语言为英语。研究测试了他们的第二语言写作产出技能。研究者从一学年的两个作文数据库中抽出样本，用定性和定量的方法分别研究其复杂性、准确性和流畅性，以及任务完成程度、组织性、语法和词汇。最后发现 CLIL 的优越性无法得到确认。尽管 FI+CLIL 组有较好表现，但也是只在准确性这一个方面比较显著。

2.1.2　技术应用受到关注

越来越多的研究者关注到现代化设备和手段在语言教学中的应用。其实，对于语言教师来说，在课上或课下引入现代化手段辅助教学，早已不是新鲜事。表面上看，在传统语言教学的基础之上，使用现代化手段作为教学辅助取得了一定效果。然而，有一些问题仍有待我们思考，比如现代化手段在语言教学中的角色，如何具体实施，如何与传统教学方法相结合，其效果究竟如何等。近几年来，这方面的研究在数量上有很大增长，在范围上更宽广，在细度上更具体。

Warner & Chen(2017)探讨了 Facebook 在语言交际中的作用，并据此做出教学设计。Han & Shin(2017)考察了在韩国 EFL 大学生中级英语学术教学中，使用谷歌检索技术(Google search techniques，GSTs)对于第二语言学术写作的影响。Ryshina-Pankova(2017)针对线上聊天场景，比较了不同小组之间在言语和跨文化沟通上的异同。Bikowski & Casal(2017)利用 Thorne(2003)提出的“文化使用概念框架”(cultures-of use conceptual framework),拓展了关于数字教科书和移动设备对学习者阅读表现和学习进程的研究。Chen, Carger & Simth(2017)对不同背景的英语学习者进行了为期四周的调查,考察他们使用 iPad 来学习记叙文写作的情况。Godwin-Jones(2017)认为移动智能设备有潜力从根本上改变教与学,无论是母语还是第二语言的读写能力都能因此得到发展。他提出了“移动设备辅助的语言教学”(Mobile Assisted Language Learning, MALL),就此呼吁大家拥抱这一潮流。

近十年来,随着科学技术的发展和在教育领域的应用,电脑辅助下的语言教学(computer-assisted language learning, CALL)也得到了快速发展,语言课堂对各种教学技术的集成使用提出了要求。随着各领域的逐渐成熟,TBLT 和 CALL 都在寻求一种互利的关系,比如技术如何支撑和整合语言教学,以及 CALL 如何在 TBLT 的框架下来为语言教学服务。Ziegler(2017)提供了一个以技术为媒介的 TBLT 实施思路,以此来促进学习者第二语言的发展。他阐述了技术如何为 TBLT 服务,并讨论了任务设计和任务实现方式如何影响二语习得的成功与否。

有许多研究着眼于以现代化技术作为教学媒介的尝试。Yim & Warshauer(2017)通过案例分析来讨论社交软件对第二语言协作写作的作用。他们注意到,尽管现阶段衡量协作写作的方法对理解第二语言学习者互动模式和感知经验很有价值,但是对于捕捉在线环境下写作的质量和数量等数据,则效率非常低下。另一方面,大数据分析技术的进化已经改变了生活中的很多领域,从信息搜集一直到购物消费,然而,利用数据和文本挖掘来理解语言学习中的写作进程则还有很大空间以待发掘。因此,他们综合了现阶段研究协作写作的方法,设想如何利用新的文本挖掘工具提高研究能力。这些最先进的方法可以帮助研究者通过分析学习者行为来阐释写作能力的发展过程,还能通过大样本来进行写作输出。

Hsu(2017)讨论了两种教学中任务设置的条件,一是复述(rehearsal)和详细在线规划(careful online planning, OP)相结合,二是只有后者。这一研究是在基于文本的同步性电脑媒介交际(text-based synchronous computer-mediated communication)情境下进行的。研究对象是33个中高级的成人第二语言学习者，他们在两周的时间内，完成了四组以图片为叙述材料的任务。结果表明两种任务设置都对及时反馈的复杂性有影响，但是OP在动词句法形式准确性上的作用更大，同时对掌握句法复杂的动词和避免普遍性错误也都有更好的效果。

还有学者将现代化技术作为获取教学资源的一个手段。Li & Zhu(2017)对两组EFL学习者的协作写作进行了比较研究，其写作材料的来源是维基百科。Lenko-Szymanska(2017)着眼于语言教师培训，探讨了如何培训语言教师在教学中使用数据库，提高他们的基本技术运用能力和数据库使用的技能，并在教学中加以运用。

Golonka，Tare & Bonilla(2017)利用数据库研究了25个中级水平成人俄语学习者在和同伴进行文本聊天时的自然互动，发现学习者会自发地参与到不同的互动行为中，这些行为都有可能带来更好的语言学习效果。比如提供语言相关的辅助，如自我修正、同伴修正、探讨语义等；或是利用同伴资源，借此明晰信息、示范语言运用、在生词上提供帮助等；以及给予鼓励，包括对任务做出积极反应，相互之间鼓励、从搭档处获得信息等。结果表明，这些行为中最常见的是积极反馈、自我修正和同伴修正。

Cotos，Link & Huffman(2017)也对DDL进行了研究，以期更进一步了解DDL在语言学习进程和目的语输出中可能产生的影响。研究材料基于网络平台Research Writing Tutor(RWT)，它包含有英语语料库，语料库有注释，以提供修辞输入上的帮助；有索引，为修辞提供查询功能；还有一个自动写作评估工具，可以形成修辞反馈。在特定的模型下，他们测量了RWT数据库能不能，且在多大程度上对初学者的写作修辞产生影响。通过对学习者内部、组内部和组之间定性和定量的比较，研究发现数据库可以鼓励写作者独立探索和应用修辞规约(genre convention，即惯例)，提高修辞的正式性和程序性。

Kulavuz-Onal & Vasquez(2017)从Facebook特定群组页面中获

取了 1206 条发布和评论的内容，来研究与网络多语状况相关联的动允性(affordance)。动允性近些年已经引起了很多学者的兴趣，它对传统的语码转换概念提出了挑战，拓宽了语码转换的概念。在这篇文章中，两位 EFL 语言教师为学生们创建了一个 Facebook 群组。成员在群组里使用多语，其中英语(目的语)是用来交流的基本语言。文章描述了多语者如何、何时、为何在 Facebook 群组中使用多语。用电脑媒介的话语分析手段来分析了数据，并对教师做了访谈，还收集了教师远程写作的在线文档。结果显示，虽然这个 Facebook 群组是所谓的"英文空间"，由教师为学生练习英语而创建，但所有的参与者最终都打破了规则，教师也不例外。他们用西班牙语或阿拉伯语来完成一系列交际目的，比如团队建设等。

新的试验设备也被引入语言习得的研究，作为获取实验数据的手段。McDonough, Trofimovich, Dao & Dion(2017)利用眼动实验，来研究第二语言学习者对形态句法模式的习得，以及该习得模式与一对一学习活动之间的关系。所谓"一对一学习活动"，指的是学习者有机会去理解和产出目的模型，并获得对话者的反馈，且通过自我发起的或对话者发起的眼动行为来专注于目的模型的意义。他们选取了 48 个英语作为第二语言的学习者，让他们学习世界语的及物结构(transitive construction)，学习任务中涵盖针对对话者的理解和产出的活动，并以语言重铸(recast)的形式收到反馈，纠正学习者的世界语错误，然后用已知的和新学的词汇项来测试学习者，获取他们的产出数据。结果显示，"宾语—谓词—主语"(object-verb-subject, OVS)这一结构的测试表现与学习者自我发起的图解 OVS 模式的眼动有关，还与语言产出时 OVS 句子的准确性有关。这一发现证实了眼动行为和产出机会在第二语言学习中的重要作用。

在这些研究中，学者们面对的情况十分复杂。教学对象的个体差异自然仍是一大难题，除此之外，面对新的技术，所收集到的材料如何进行处理也需要许多创新性的方法。对此，Helm & Dooly(2017)总结了不同模式的数据所提出的挑战，尤其是音频、图像和视频数据，并通过一个案例分析，来展示如何针对某一特定研究题目获取和转录所需的材料。Cunningham(2017)也针对在线协作，在方法论层面讨论了如何利用其语言产出的材料。

虽然技术手段逐渐成为语言教学的主流趋势之一，但也有学者在思考教育技术的使用是否能产生如期的效果。Dooly(2017)综合考量了许多研究后认为，教育技术能否真正增强语言学习的进程，还需要许多细节上的检验。他用社会性的符号学的观点，来检测学习者在语言课堂上参加远程协作式学习(telecollaborative)时，多模式互动(multimodal interaction)所产生的数据。这一研究的目的在于，从细节化的视野来看待语言教师根据不同技术设计的教学任务是否符合任务法的一些要求。通过把教师的教学设计、不同教育技术支持下的任务的预期目的和学习者与工具实际互动的方式相比较，结果表明学生经常以一种非预期的——有时甚至极具创新力的——方式来使用这些教育技术，最后经常会偏离任务的设计和预期目标。

2.2 教学情境

面向教学情境的最新研究主要是针对线上环境为语言教学带来的新的可能性，衡量不同的以技术为媒介的教学手段的效果，并对语言教学在方法论上提出指导意义。

2.2.1 语言课堂

Li & Li(2017)关注到以电脑为中介的同伴互评(peer review)。同伴互评本身有诸般好处，但它在第二语言学习者学习过程中的效用还有提高空间，科技的发展可以对此带来有益的启发。Turnitin是一个可以检测学术写作抄袭的平台，它最新开发了一个PeerMark模块，目的是促进同伴互评。在这篇文章中，研究者分享了自己的经验，说明如何在英语作为第二语言的学术写作课程中使用Turnitin，来为同伴互评服务，并讨论了其优势和局限，以及PeerMark为解决此前第二语言写作课堂上同伴互评所开发的功能。被试在一个学期的时间里，通过Turnitin完成三个同伴互评任务。根据教师的经验和学生提供的报告，结果显示Turnitin能帮助学生把写作时的注意力从部分转移到整体上去，让学生努力提供更多有效的评价，并且把对具体方面的建议和对写作整体的建议联系起来。此外，它还能在同伴互评期间保证课堂管理效果。

Lee，Warschauer & Lee(2017)调查了在装备了电子文本索引的数字阅读环境下，两种不同的词汇学习条件的影响。在第一个条件下，学习者可以获取目的词汇项的电子索引行，如此一来便可以根据参考句来推断出词汇意义。在第二个条件下，学习者参考了电子索引行以后，又可以获取该词汇的解释，这样一来，学习者就得以确认其语义。被试是 138 名 EFL 学习者，他们完成了语义回想(meaning-recall)的词汇前期测试和三个不同的阅读任务。这些阅读任务紧随词汇测试之后，用控制变量进行重复测量设计。整体上看，结果表明第二个条件对词汇学习效果更好。此外，如果更仔细地考察学习者的互动(包括参与者的点击行为、索引行的难度、目的词汇的前后文以及参与者对目的词汇的先验知识)，就会发现对不同的目的词汇采取不同的处理方式，才能让电子文本索引在第二语言教学中表现出最佳的效果。

传统的课堂情境也在寻求改变。翻转课堂(flipping classroom)是对传统课堂的一个改变，它既可以在线下使用，也适用于线上教学。Yang，Yin & Wang(2018)对翻转课堂的应用进行了一个案例研究，通过定性和定量的手段，分析了翻转课堂的优势和挑战，尤其是在初级的对外汉语教学阶段。参加测试的两个一年级汉语班级，一个是传统课堂，一个是翻转课堂。通过调查这两个班级的语言输出和学生满意度，发现翻转课堂的学生在口语方面表现得更好，因为他们在课堂上花了更多的时间来进行可理解性的交际；学生最满意的几个方面分别是自学水平得到提高、课堂练习体量大和相关联学科兴趣受到激发。

课外环境为语言学习提供了不同于课堂的情境。在教室中，第二语言学习者是被统一打了标签的“学习者”，然而在教室之外，如 Hutchins(1995)所说的，是在“野生状态”和“自然环境”(in the wild)下学习，他们身份上的任何标签都可能成为显著特征。Eskildsen & Theodorsdottir(2017)根据教室内和教室外两个场景的数据，通过两个相互作用的例子，展现了它们如何使课堂活动在课外得以落地实施。在两个案例中，参与者们合作共建学习/教学空间。

文中展现了两种情境，并说明它们都分别需要哪些不同资源来完成构建。

2.2.2 教师角色

教师是语言教学情境中必不可少的要素之一，对于教师角色的研究并不是应用语言学和语言教学领域研究的重点，但受到教学情境转变的影响，近期对于教师的研究受到了更多的重视。Alghbban, Salamh & Maalej(2017)研究了在沙特阿拉伯国王大学语言与翻译学院的第二语言教学中，教师的隐喻示范的作用。该研究将教师的教学理念陈述(teaching philosophy statements)作为材料，目的是分析潜在的教学概念、教师对于学生的看法以及教师对于自己的看法。为此，研究者采用了定性和定量相结合的办法，利用了 Lakoff & Johson(1980)的隐喻认知理论框架，以及语言学上的一些基础的概念，比如隐喻能够凸显还是掩盖经验，以及隐喻的蕴含推论系统(inferential system of entailment)。此外，研究者还从教育哲学的角度衡量了一些第二语言习得领域的理论，比如以教师为中心、以学生为中心、以教学为中心和成本效益分析等，对这些理论给出了自己的看法。

新的教学方法带来了教师角色的转变，也对教师在各方面提出了新的需求。对此，需要有相应的培养理念和培训手段来促使教师的素质得到提高。Satar & Akcan(2018)从线上参与、在线互动和社会临场感(social presence, SP)几个方面，研究了岗前培训中的 EFL 教师在线上社区的表现。该研究对论坛登录次数、发言数量、互动模型等做了定量分析、内容分析和社会网络分析。登录次数、发言数量等直接记录次数，互动模型用定性和定量的方法来衡量，社会临场感等级则用内容分析来处理。结果表明，针对辅导技巧的在线课程和针对社会临场感的培训，都提高了 EFL 教师的在线参与技能。随着课程的进行，研究对象之间的互动也在增加，且逐渐形成了更有凝聚力的社会网络。基于此，他们对 EFL 教师的培训提出了建议，认为通过提高 EFL 教师的在线参与度，可以使语言教师体验和发展在线学习的意识，并在将来的语言教学中把这种意识传达给学习者。

Branden(2016)总结了 TBLT 的文献，认为在此前对于 TBLT 的研究中，教师的角色也一直没有受到足够的关注。针对于此，他提出可以从三个方面来阐释教师在 TBLT 中的角色：首先，教师是学习者语言发展的中介人，对 TBLT 这种第二语言习得教学手段产生决定性的影响；其次，教师是 TBLT 实现过程中的关键角色，也是第二语言习得革新的关键角色；最后，教师是研究者，他们对把 TBLT 改进为一种兼具研究性的教学法，可以做出活跃的贡献。

随着语言课堂被重新定义，教师的专业发展要包括如何让学习者成功完成线上任务的训练。以科技为中介的 TBLT 教学是科技和 TBLT 的合并，但当多样化的资源出现在 TBLT 课堂中时，它们对于语言教学来说能起到多大作用，还有待论证。这部分原因是因为对于教师的训练被严重忽略，迄今为止，还没有针对教师的方法论指导出版，培训教师如何通过线上视频互动来进行 TBLT 教学。Baralt & Gomez(2017)将 TBLT 和线上语言教学两种模式相结合，为该情境下的语言教师提供指导。在这篇文章中，他们强调了创建 TBLT 线上的方法论框架的重要性。从对 TBLT 简单的回顾开始，说明如何采用 Willis(1996, 2012)的任务型教学法框架来进行同步的线上视频教学互动，并说明如何应用这一框架来培养语言社区建设。此外，该研究还指出了教师开展线上 TBLT 时面临的独特挑战，提出了解决办法，以期克服挑战并把语言教学的效力最大化。

除了技能上的转变，教师在心态上也会发生变化。Hiver & Dornvei(2017)提出了一个新的概念——教师免疫力(teacher immunity)。这一免疫力是因为教师在教学环境中面对压力，产生了焦虑和问题，长期累积而形成的。教师免疫力的形成通常会经历三个步骤。这对于语言教师来说，在压力下的课堂环境中是不可或缺的。该研究在生物学的免疫力和心理学的免疫力之间寻找平行性，从复杂的自我组织角度来为这个免疫性建立框架。与生物学免疫力相类似，教师免疫力也会有潜在的负面影响。一旦它逐渐适应了压力下的教学环境，就容易陷入死板和保守，拒绝接受教学方法的变化和创新。

2.2.3 学习者角色

新的语言教学环境，除了改变教师角色外，对学习者也提出了新的要求。语言习得的主体是具体的人，是人对母语或第二语言进行习得，因此学习者的因素在语言习得中是最关键的。第二语言习得的最终形态有许多种假说，但简单来说，讨论的都是第二语言学习者能否达到目的语母语者的水平。这些假说虽然建立在对研究对象一概而论的基础上，但其背后学习者的个体差异当然不能忽略。从生成语法来看，把语言能力作为研究目标，就会忽略具体言语，也就不强调具体的说话的人这样一个事实。然而对于语言教学来说，学习者的问题其实是无法忽略的。学习者个体因素很复杂，主要的包括情感、学能、动机、学习风格和学习策略等。

情感是个体对某人或某事的感觉或感情，是对客观事物是否符合自身需要而产生的态度体验。在语言学习中，情感指的是学习者对所学的语言、说这种语言的人和这种语言所代表的文化所持的态度。情感会直接影响学习动机。Skehan(1989)认为，动机在预测语言学习效果的影响因素中，处于极重要的地位。所谓动机，就是“趋使人做出选择、采取行动、付出努力、坚持行动”①的动力。Courtney，Graham，Tonkyn & Marinis(2017)对小学五年级到初中一年级的英语第二语言学习者进行了口语产出的研究，他们的母语都是法语。研究者用两个口头任务来衡量语言的产出，一个是句子重复，一个是图片描述。这两个任务都在三个时间点上进行记录，并通过问卷收集了学习者的情感和动机的纵向数据，同时也获取了教师对于被试的母语读写能力的评估数据。结果显示，学习者的情感和产出之间存在关系，但也受到其他一系列变量的影响，比如母语读写能力、学习者自信心、性别和成就感。举例来说，在性别因素上，总体上女孩比男孩的态度更积极，语言学习也更成功。此外，对于动机和产出的研究表明，第二语言学习者的语言学习成功与否，还会受到学习者此前其他学习经历的影响。

---

① Dornyei，Z.，& Ushioda，E.（2011）. Teaching and researching motivation. Harlow：Longman.

除了情感和动机以外，在许多的外语学习环境中，自我管理也逐渐被看成是第二语言习得的一个关键的变量。以教师为中心的语言教学可能无法为学习者提供足够的输入，因此，想要成功习得语言，学习者就要负起责任，管理好自己的学习进程。此外，还要有积极的激励性心态。Csizer & Tanko(2017)描述了英语专业的学生在学习学术写作的情境下的自我管控策略，并研究了控制策略运用、激励性心态和焦虑、自我效能、信念之间的关系。为了达到这些目标，他们设计了一个标准化测试和铅笔问卷调查，来收集学生自我管控策略的数据，以及他们对第二语言的动机倾向，还有他们的写作焦虑和自我效能信念。被试是 222 个大一的英语专业学生，来自布达佩斯的一个大型匈牙利大学。通过描述性分析、相关性分析和聚类分析，主要的结果表明，尽管英语专业的学生总会受到激励，要提高他们的专业写作能力，但只有三分之一的人看上去真正能达到一定水平。这些达到水平的学习者，通常都是愿意管理自己写作进程的人。研究认为，自我管理策略的使用，和提高动机与自我效能呈正相关，并和写作焦虑呈负相关。

2.2.4 研究者角色

语言教学情境的转变，与新技术在语言教学中的运用，对语言教学的研究者也提出了很多新的挑战，要求研究者在研究方法和试验手段上都进行创新。以数字化的游戏教学为例。对于数字游戏语言教学的研究近年来很多，研究数字游戏需要许多条件，这些条件面临的挑战就是研究者在新技术面前要解决的。

数字游戏当然是课外的，因此，这导致研究者很难直接观察学习者的活动。研究者不能再像传统模式一般，在语言教室中直接收集材料，而要采取其他方法。Scholz & Schulze(2017)对一个玩了四个月“魔兽世界”的语言学习者进行了观察。在这一研究中，他们通过复杂的自适应系统来检测学习者通过游戏所完成的语言学习，并且用定性模式来抓取学习者发生的共时和历时的变化，以及他们在游戏中进行语言学习的非线性轨迹。这要求其数据有较高的密度水平，并且要覆盖到相当的时间长度。

对数字游戏的研究只是一个缩影。语言教学的情境转变，会不断对这一领域内的研究提出更多的方法论要求。这些研究有一部分应更加关注对领域内研究方法发展的贡献，而非对于学习者的反馈或教学方法本身效度等方面研究的意义。

2.3 语言技能

和语言习得方面的研究类似，语言教学的研究也关注到听说读写各个技能。

2.3.1 听说教学

听力教学受到不同的语言学理论、学习理论和心理学理论的影响，经历了一个不断发展和演化的过程。20世纪五十年代到六十年代，语言教学受到行为主义心理学的影响，认为学习者对语言的加工是一种“自下而上”的线性加工过程，这时的听力教学注重对声音感知能力和对语言解码能力的培养。20世纪七十年代到八十年代，听力教学受到了交互主义和社会语言学的影响，认为听力是一种自上而下的过程，而且非常重视上下文语境和图示知识在听力理解中的作用。20世纪九十年代至今的听力教学把培养学生的元认知能力放在了比较重要的位置，注重认知在听力教学中的作用，认为听力策略的使用可提高学习者的理解能力。

语言的交际途径是多元的，但口语是最常用、最基本的手段。语言课堂上的口语教学主要任务就是训练学生运用汉语进行口语交际的能力，通俗来讲，就是“说话”的能力。为了进行口头交际，学生要掌握目的语的语音、语法规则和表达的先后顺序、层次结构等，又要知道如何针对不同的交际任务，采取正确的交际策略。在第二语言教学中，口语教学的目标包括第二语言知识的学习、操练和口语交际技能的培养。在实际的教学实践中，不同的教师和教材会对口语教学的目标有不同的侧重。有的更强调学习者的语言知识和准确度，有的则更偏重口语交际技能的培养。相应地，口语教学的模式主要分为三大类。首先是以听说法为代表的口语教学，强调语言规则和语言知识的学习和操练；其次是以交际法为代表的口语教学，强调运用目的语来完成交际目标，根据学习者的实际交际需求，教师设计仿真场景和活动，让学习者完成任务；最后是以任务法为代表的口语教学，将语言学习和交际能力培养相结合，要求学习者通过完成特定的交际任务来学习语言知识。不论教学模式如何，口语教学都应当注重学习者输入与输出的互动，既考虑任务中的语言形式教学，又考虑任务的交际内容。

Bailey(2017)从细节上考察了学龄儿童在不同年级的口头语言和语篇特征(discourse characteristics)的形成和发展，尤其是那些英语作为第二语言的学习者。解释技能是这一研究重点关注的内容，它包含许多口头语言和语篇特征的发展特点。研究所用的材料是学前班(5~6岁)和三年级(8~9岁)的语言学习者的口语解释文本，用以描绘语言发展的顺序。这些学生在学校学习英语，他们的主要母语是西班牙语。同时，还有一组母语是英语的单语背景学生和精通英语的学生作为对照，和每个年级的第二语言学习者做语言习得轨迹的对比。调查结果通过一个测试框架来展现，这个测试框架有一定的结构，可以让教师和学习者把不同复杂性的解释进行定位。结果表明，语篇特征可以有效促进学生的口语技能提高。

2.3.2 读写教学

20世纪前半期，在行为主义理论的影响下，阅读教学以提高词语识别能力和语法分析能力为主要目标，阅读的目的就是为了进一步学习语言，这种阅读教学形式目前也在语言教学中比较常见。到了20世纪60年代，现代认知心理学为阅读理解提供了新的理论框架，更加强调阅读的交互性和理解的重新建构，认为阅读活动是读者调动头脑中的已有知识，采取合适策略，并结合文章提供的信息和阅读情境的暗示进行的意义重构过程。学习者已有的知识和学习者在阅读中采取的策略使得阅读的速度大幅提高，理解不一定是建立在对语言完全解码的基础之上的。阅读的目的是为了快速获取信息，语言学习知识成功理解的产物。因此，阅读教学开始转向以培养阅读理解技能为目的。阅读教学的目标可以概括为：通过强化复线提高阅读理解能力，培养阅读策略和技巧，通过阅读全面提高学生的语言水平。承担输入型教学任务，通过阅读学习语法，扩大词汇量。

Hadley & Charles(2017)针对在泛读项目中提高阅读速度，及加强词汇和语法学习，研究了如何用数据驱动学习(data-driven learning，DDL）来激励低熟练度学习者。试验组的学习者（12人）使用Oxford Bookworms Graded Readers数据库生成的DDL材料，而控制组的学习者（10人）则没有DDL输入。在16周的时间内，每周都有90分钟的课程时间，两组都要至少阅读200000字。还有一个设计好的嵌入式实验，既有定性又有定量，定量数据来自于词汇等级测试、速读测试和C-test，后者是为高水平的“书虫”（bookworm）设计的；定性数据来自课堂上的观察测量。定性数据则说明了试验组为何没有得到足够的DDL输入。结果显示，两组的词汇和语法都有很大提高，但控制组的提高更加显著。

在第二语言的写作教学中，书面语的学习与操练、写作过程中的策略与技能的培养都是教学的重要目标。前者以语言学习与巩固为基础，后者以语言运用为主，因此在第二语言教学中，写作既是语言学习的一种方式，又是语言运用的一种方式。在世纪的教学中，不同教师活教材对这两个目标各有侧重。有的更偏重语言学习，将写作看做一种以学习、操练和巩固语言知识为主要目的的活动，更关注写作者文本中语言的准确性。另一种则更偏重写作技能的教学，将写作看成一种以操练书面语交际能力和策略为目的的活动，更关注写作者的写作过程以及写作中的各类策略和技能。

Saeed & Ghazali（2017）展现了一个关于异步的议论文在线小组的实证研究。被试是9个以英语为第二语言的阿拉伯大学生，他们在某机构参加了一、二、三年的英语课程。在研究在线交际、评论模式以及如何促进学习者文本修正等方面，该研究做了三个等级的分析，分别用来分析学习者根据语言功能、自然属性和关注点而作出的评论，还有与后续文本修正的联系。学习者提供了1792条评论，这些评论很值得深入探究。它们包括“有脚手架”（scaffolding）和“无脚手架”（72%）、程序化（11%）、社会化（17%）等。与自然属性和关注点相关的评论中，53%是修正导向的，关注学习者作品中的整体（n=799；84%）和局部（n=149；16%）问题。然而，47%的非修正导向评论关注的则是学习者的社会关系空间（74%）、任务管理（23%）和技术挑战（3%）。研究发现也表明，46%的评论涉及的是整体文本修正（global text revision），而局部的只占10%，这说明整体修正导向评论对学习者的促进作用。在三组之间，这些评论模型有所不同。这一发现表明整体文本修正需要语言教师做更多的引导。

2.4 语言测试

简单地说，语言测试就是语言教学活动中的考试这一环节。而考试，就是为了测试学生的两方面情况：一是阶段性的学习成绩，这是教学活动中经常使用的，比如随堂考试、学期考试等；二是学生通过一段时间学习后获得的语言能力，并对学生的水平加以认定。如英语的雅思、托福、GRE，汉语的 HSK、中检(日本)等。合格的语言测试通常要符合几个指标，包括效度(validity)、信度(reliability)、区分度(discrimination)、实用性(practicality)和影响力(back-wash effect)。这些也是语言测试方面的研究所关注的内容。

2.4.1 测试所用论证

Long，Shin，Geeslin & Willis(2018)利用 Bachman(2005)的"测试所用论证"(Assessment Use Argument，AUA)框架，来对设计的线上西班牙语定级测试成绩进行评估。测试有 100 道题目，包括语音区分、语法、听力、阅读理解和词汇五个部分，共有 2201 个准一年级大学生参加了测试，他们是从一些大型的公立大学中选出的。内部一致性和有效性分析表明，从函数性、考试所覆盖的内容和一致性等维度来看，其测试可靠有效，研究结果为 AUA 模型提供了佐证，还为大学的语言项目教师和测试负责人提供了具有操作性的建议。

2.4.2 TBLA 测试模型

在 TBLT 作为一种课堂教学手段的基础上，相应地出现了以任务法来做语言评估的 TBLA(task-based language assessment)。TBLA 正逐渐形成其相对成熟的测试模型，成为 TBLT 课堂教学的配套环节。TBLA 的不同应用等级分别是以任务作为语言政策制定的标准、以任务来进行熟练度测试、以任务来对语言有要求的招聘认证以及以任务来进行语言教学评估。事实上，过去二十年来，语言评估领域主要的创新就发生在把任务引入评估设计中。这在很大程度上满足了检测被试者语言运用能力的要求，同时，任务法为语言教师、测试者、学习者都提供了一个有意义的空间来检测、理解和提高语言学习。Norris(2016)回顾了 TBLA 当前的运用，举实例说明了不同的测试类型，强调了任务作为测试设计、演示和预期结果的基本元素所扮演的不同角色。此外，该研究还认为，任务法提供了一个根本性的依据，使得语言评估变得更加有效；当然，这并不是唯一的依据。TBLA 虽然充满挑战，但是值得尝试。

2.4.3 以表现为驱动的教学评估

Arispe & Burston(2017)提出，以表现为驱动的教学评估能帮助高水平的学习者关注并提高口语表达的技能。学习者可以在课外用 Adobe Spark Video 练习口语技能，这是一个社交媒体内容生成的工具。任务的设计、实施和检测，要符合学习者的意识、选择、反应和目标设定。这一研究面向高年级的西班牙语专业的学生，但其模型同样适用于其他中高级的学习者，不论学习的语言是什么。研究中包含有步骤的引导，还有案例和对学生感知的调查结果。

2.4.4 GJT 测试模式

Vafaee, Suzuki & Kachisnke (2017) 对语法判断测试(grammaticality judgment test, GJT)构造的有效性进行了分析，来判断这一测试能否真正检测被试的语法是否符合规范。结论是不定时的 GJT 衡量了显性知识(explicit knowledge, EK)，GJT 衡量了隐性知识(implicit knowledge, IK)。若不考虑时间条件，那么在 GJT 中，语法性的句子关联的是隐性知识，非语法性的句子关联的是显性知识。该研究还采用了两个更细节化的 IK 衡量手段：一个是自定进程(self-paced)的阅读任务，一个是检测词汇的任务。分析的结果表明，调整 GJT 的时间条件和句子语法性，或改变上述两个条件中的一个，都不会导致 EK 和 IK 测量的不同。根据这些研究，可以说明 GJT 对于衡量 IK 来说过于粗糙，且不同类型的 GJT 衡量不同等级的 EK。

2.4.5 TGJT 与 OEIT 的比较

Kim & Nam(2017)比较了定时语法判断测试(timed grammaticality judgment test, TGJT)和口头引发模仿测试(oral elicited imitation test，OEIT)，二者都是测试隐性语言知识有效且可靠的手段。TGJT 和 OEIT 需要不同的进程，前者需要理解，后者需要产出。研究表明，因为 OEIT 需要更多的隐性知识，因此它相较于 TGJT 能够更有效地测量到隐性知识的程度。此外，该研究还为 TGJT 添加了听觉形式，给 OEIT 赋予了施加压力。结果表明，在对 OEIT 进行时间控制，或对 TGJT 使用听觉刺激的时候，这两种测试都能更有效地测量隐性知识的水平。

2.5 语言政策

语言政策是政府正式通过立法、法院决策或政策来确定语言的使用方式，培养满足国家某些情况下所需的语言技能或确立个人或团体使用和维护语言的权利。语言政策的范围因国家而异。同样，各国在执行特定语言政策方面的程度也不同。语言政策也是应用语言学领域中一个热度有所提高的话题，而语言教育方面的研究也对语言政策有许多指导意义。

2.5.1 临界值假说、传递假说和任务时间假说

Macswan，Thompson，Rolstad，Mcalister & Lobo(2017)用实证分析来验证了三个第二语言习得理论模型：临界值假说(threshold hypothesis)、传递假说(transfer theory)和任务时间假说(time-on-task theory)。该研究尤其关注了不同的学习者的学习成就中，语言要素所扮演的角色。参与者是 196 名六年级学生，母语是西班牙语，从幼儿园开始学英语，然后进入美国学校学习。通过对学习者西班牙语和英语的读写能力分别进行测试，研究者对双语的语言政策和"唯英语论"的语言政策做出了自己的评价。

2.5.2 双语教育项目

在双语教育项目(dual language bilingual educaiton，DLBE)中，学生们用母语和外语一起来学习学术内容，在内容学习的过程中也学习了语言。这一项目已经在美国的许多学校进行了推广和普及，除了最普遍的西班牙语和中文项目之外，双语教育项目现在也涵盖更小众的语言，吸引到了新的学习者。Menken(2017)对一家最近开办了希伯来语双语教育项目的纽约公立中学做了定性研究，发现小众的双语教育项目无论在设计还是启动上，都对传统的双语教育

项目提出了挑战，为21世纪双语教育做出了新的突破。然而，从语言政策上，这一项目还缺乏政策和引导。美国许多学校所提供的奖学金，其实是建立在“语言纯净性(linguistic purism)”的思想上的，这种守旧的思想无法满足当今双语项目的发展要求，亟待更正。

3 对汉语研究的启发

3.1 可进一步研究的课题

3.1.1 关注不同背景的汉语作为第二语言的学习者

成人是对外汉语作为第二语言习得领域研究较多的对象，儿童和青少年还留有很大研究空间。研究对象因受研究条件所限，以往的许多研究都针对在中国学习汉语的学习者，儿童和青少年较少，外国留学生群体较多。但若有条件，海外环境中的学习者亦可作为研究对象，如Alcon-Soler(2017)研究了语用引导对青少年海外二语学习的影响；Melzi，Schick & Escobar(2017)研究了环境输入对双语儿童语言发展的影响。不同语言背景的学习者都具有研究价值，如Philp，Borowczyk & Mackey(2017)对不同母语背景的儿童第二语言习得做了研究。再如Flores & Garcia(2017)对双语背景学习者给予关注，进而对国家政策提出建议。随着对外汉语事业在全球不断拓展，不同背景的学习者群体已经有了相当的积累，研究者若关注到不同群体的特殊性，则能找寻到丰富且广阔的研究空间。

3.1.2 关注技术发展带来的教学情境改变

对外汉语教学中大量使用到了现代化教学手段，这为传统教学增加了新的情境，同时也带来新的研究内容。Warner & Chen(2017)的研究利用了Facebook，Han & Shin(2017)使用了Google检索技术，Ryshina-Pankova(2017)针对的是线上聊天场景，Bikowski & Casal(2017)关注了数字教科书，Chen，Carger & Simth(2017)把iPad作为写作教学工具。Ziegler(2017)提出了一个思路，把任务法教学和技术为媒介的教学相结合。这两种教学思路的结合也是汉语教学研究可以借鉴的。

3.1.3　对主流理论进行反思

利用实证研究重新考察主流理论，也往往有新的发现。Dooly(2017)质疑教育技术能否真正增强语言学习的进程，Roquet & Perez-Vidal(2017)对 CLIL 的效用提出疑问，Lasagabaster & Doiz(2017)分析了 CLIL 在语言学习的不同要素上的影响，Li，Ellis & Zhu(2016)认为 TSLT 比一贯推崇的 TBLT 更可靠。主流的第二语言习得理论和教学法通常是基于英语的研究，若以汉语为研究对象，在许多方面会提出质疑和补充。

3.1.4　语言政策

对语言习得和语言教学的研究，可以延伸到语言政策上。Flores & Garcia(2017)针对双语现象提出了美国语言政策上的问题，主要面向的是拉丁语的双语政策；同样的语言政策化也适用于汉语。汉语在许多国家都是少数族裔语言，各国的态度也差别较大，如泰国的中小学把汉语列为必修课，毛里求斯官方将汉语以纳入国民教育体系，而美国的汉语教育处境则比较微妙。关注语言政策的学者，除了中国国内的语言政策外，也应放眼至汉语在全球的语言角色和语言政策。

3.2　可资借鉴的研究方法

这几年在海外应用语言学领域所使用的若干种研究的范式，其使用的语言材料大部分是非汉语的，汉语丰富的语言资源能给我们提供更大的研究纵深。

3.2.1　语言习得的隐性和显性范畴区分

Bell(2017)让被试利用电脑操作完成了一系列任务，并区分他们是利用隐性范畴还是显性范畴来进行的判断。所有理解性的条目只会出现 10 秒钟。完成任务后，被试要说明自己作答的根据，有四个选项，分别是利用规则(rule)、记忆(memory)、直觉(intuition)和猜测(guess)。其中规则和记忆指向的是显性范畴，直觉和猜测指向的则是隐性范畴。利用这种方法，我们可以研究汉语习得的隐性和显性范畴，也可以对语言潜能测试提供参考。

3.2.2　研究汉语学习者中文邮件写作的环节

Alcon-Soler(2017)对海外青少年第二语言邮件写作的研究持续

了四周，每周进行不同的环节。第一周是对教师提供的某种写作模式进行演绎；第二周是对教师提供的一系列邮件文本进行归纳；第三周是被试用母语写作邮件，为第二语言邮件写作提供内容参考；第四周是被试分组对邮件写作中需要注意的项目进行总结。这一试验设计可供我们借鉴。

3.2.3 对双语儿童语言行为的抓取

儿童的双语行为通过四种方式来进行抓取：一是在家所用语言的熟练度；二是在教室所用语言的熟练度(由教师提供)；三是儿童在两种语言之间的接受度和表达；四是两种语言的不同地位(比如哪一种处于支配地位)。这一研究主要是衡量儿童现有双语的水平和使用情况，实际上还可以进一步关注双语背景的学习者习得其他外语的情况。许多学习汉语的儿童都有双语背景，比如毛里求斯的儿童多数会法语和克里奥尔语，同时还会一些英语，汉语按顺序排通常是第四门语言，因此抓取他们的语言行为是很有特色的。

3.2.4 追踪记录学习轨迹

一定时间长度的学习轨迹追踪，汉语研究者完全有能力做到，也有价值去做。Cekaite(2017)用音频和视频记录了瑞典语学习者一年的学习进程。Williams, Darcy & Newman(2017)利用前期和后期的测试来考察手语学习者一学期的学习效果。这些长期追踪的方法可以直接用来对汉语学习者进行观察。

3.2.5 母语者和二语学习者的比较

语言比较的关键在于材料的收集和利用方式。Paradis, Rusk, Duncan & Govindarajan(2017)将第二语言是英语的儿童和母语是英语的儿童进行了比较。其试验对儿童在学校和家中的语言进行了取样，然后编码，并对家长做了问卷收集，还给儿童做了认知测试和词汇测试。Mancilla, Polat & Akcay(2017)在对母语和非母语的语言产出做比较时，则使用了数据库，选取了五年时期(2009-2013)内的486条文本。汉语也有很多可资利用的数据库，利用该研究的衡量标准，可以来考察汉语学习者的写作产出。

3.2.6 基于眼动试验的研究

Cunnings, Fotiadou & Tsimpli(2017)利用眼动试验，考察英语

学习者的显性范畴习得。在试验中，被试听到一个句子，从电脑屏幕上选出相应的图片，眼动仪记录下这一过程中被试的眼动轨迹。眼动试验实际上是对被试心理的外化的捕捉，在心理学中应用得也较多。汉语研究中，我们也可以利用眼动设备来观测学习者的思考进程。

海外前沿研究对汉语研究的指导还有很多，本文只在思路上提供一些启发，并不希求囊括全部内容。在应用语言学的研究中，本国学者在了解、借鉴海外研究的基础上，可“以我为主，为我所用”，既贡献领域内高质量的研究，也对汉语教学等应用模式给予助益。

4 结　语

近些年来，中国学者的国际视野和国际意识越来越凸显，各个领域的中国素材、中国方法、中国经验也越来越受到海外同行的认可。应用语言学作为一门与社会生活、科技发展紧密相关的学科，在理论的构建和研究范式的探索之路上，离不开中国学者的参与。通过定期对海外相关领域的研究追踪，有利于我们把握世界的动态，把准研究的脉动，从而推进语言研究的世界步伐。

参考文献

[1] Alcon-Soler, E. (2017). Pragmatic development during study abroad: an analysis of Spanish teenagers' request strategies in English emails. Annual Review of Applied Linguistics, 37, 77-92.

[2] Alghbban, M., Salamh, S., & Maalej, Z. (2017). Metaphoric modeling of foreign language teaching and learning, with special reference to teaching philosophy statements. Applied Linguistics, 38, 559-580.

[3] Arispe, K., & Burston, J. (2017). Making it personal: performance-based assessments, ubiquitous technology, and advanced

learners. Language Learning & Technology, 21, 44-58.

[4] Aycicegi-Dinn, A., Sisman-Bal, S., & Caldwell-Harris, C. (2017). Does attending an English-language university diminish abilities in the native language? Data from turkey. Applied Linguistics, 38, 540-558.

[5] Bachman, L. (2005). Building and supporting a case for test use. Language Assessment Quarterly, 2, 1-34.

[6] Bailey, A. (2017). Progressions of a new language: characterizing explanation development for assessment with young language learners. Annual Review of Applied Linguistics, 37, 241-263.

[7] Baralt, M., & Gomez, J. (2017). Task-based language teaching online: a guide for teachers. Language Learning & Technology, 21, 28-43.

[8] Bell, P. (2017). Explicit and implicit learning: exploring their simultaneity and immediate effectiveness. Applied Linguistics, 38, 297-317.

[9] Bikowski, D., & Casal, J. (2017). Interactive digital textbooks and engagement: a learning strategies framework. Language Learning & Technology, 22, 119-136.

[10] Bloomfield, L. (1925). Why a linguistic society? Language, 1, 1-5.

[11] Branden, K. (2016). The role of teachers in task-based language education. Annual Review of Applied Linguistics, 36, 164-181.

[12] Brezina, V., & Gablasova, D. (2017). How to produce vocabulary lists? Issues of definition, selection and pedagogical aims. A response to Gabriele Stein. Applied Linguistics, 38, 764-767.

[13] Bruton, A. (2005). TBLT for the state secondary school classroom? Language Learning Journal, 31, 55-68.

[14] Cekaite, A., (2017). What makes a child a good language learner? Interactional, competence, identity, and immersion in a Swedish classroom. Annual Review of Applied Linguistics, 37, 45-61.

[15] Chen, Y., Carger, C., & Simth, T. (2017). Mobile-assisted narrative writing practice for young English language learners from a funds of knowledge approach. Language Learning & Technology, 21, 28-41.

[16] Collitz, H. (1925). The scope and aims of linguistic science: abstracts of the addresses delivered on Dec. 28, 1924. Language, 1, 14-16.

[17] Cook, V. (2012). The "native speaker" and "multicompentence". Routledge Encyclopedia of Second Language Acquisition. Routledge, 454-455, 447-450.

[18] Corder, S. (1967). The significance of learners' errors. International Review of Applied Linguistics in Language Teaching, 5, 161-170.

[19] Cotos, E., Link, S., & Huffman, S. (2017). Effects of DDL technology on genre learning. Language Learning & Technology, 21, 104-130.

[20] Courtney, L., Graham, S., Tonkyn, A., & Marinis, T. (2017). Individual differences in early language learning: a study of English learners of French. Applied Linguistics, 38, 824-847.

[21] Coyle, Y., Prieto, M., & Rico, D. (2017). Children's interaction and lexical acquisition in text-based online chat. Language Learning & Technology, 21, 179-199.

[22] Craik, F., Bialystok, E., & Freedman, M. (2010). Delaying the onset of Alzheimer disease: bilingualism as a form of cognitive reserve. Neurology, 19, 1726-1729.

[23] Csizer, K., & Tanko, G. (2017). English majors' self-regulatory control strategy use in academic writing and its relation to L2 motivation. Applied Linguistics, 38, 386-404.

[24] Cunningham, D. (2017). Methodological innovation for the study of request production in telecollaboration. Language Learning & Technology, 21, 76-99.

[25] Cunnings, I., Fotiadou, G., & Tsimpli, I. (2017). Anaphora resolution and reanalysis during L2 sentence processing-evidence from the visual world paradigm. Studies in Second Language Acquisition, 39, 621-652.

[26] Dooly, M. (2017). "I do which the question": Students' innovative use of technology resources in the language classroom. Language Learning & Technology, 22, 184-217.

[27] Dornyei, Z., & Ushioda, E. (2011). Teaching and researching motivation. Harlow: Longman.

[28] Elgort, I. (2017). Blog posts and traditional assisgnments by firtst-and second-language writers. Language Learning & Technology, 21, 52-72.

[29] Eskildsen, S., & Theodorsdottir, G. (2017). Constructing L2 learning spaces: ways to achieve learning inside and outside the classroom. Applied Linguistics, 38, 143-164.

[30] Flores, N., & Garcia, O. (2017). A critical review of bilingual education in the United States: from basements and pride to boutiques and profit. Annual Review of Applied Linguistics, 37, 14-29.

[31] Fortune, T., & Ju, Z. (2017). Assessing and exploring the oral proficiency of young Mandarin immersion learners. Annual Review of Applied Linguistics, 37, 264-287.

[32] Foster, P., & Wigglesworth, G. (2016). Capturing accuracy in second language performance: the case for a weighted clause ratio. Annual Review of Applied Linguistics, 36, 98-116.

[33] Fotos, S. (2002). Structure-based interactive tasks for the EFL grammar learner. In E. Hinkel & S. Fotos (Eds.]. New perspectives on grammar teaching in second language classrooms. Mahwah, NJ: Erlbaum.

[34] Gilabert, R., Manchon, R., & Vasylets, O. (2016). Mode in theoretical and empirical TBLT research: advancing research agen-

das. Annual Review of Applied Linguistics, 36, 117-135.

[35] Godwin-Jones, R. (2017). Smartphones and language learning. Language Learning & Technology, 21, 3-17.

[36] Golonka, E., Tare, M., & Bonilla, C. (2017). Peer interaction in text chat: qualitative analysis of chat transcripts. Language Learning & Technology, 21, 157-178.

[37] Hadley, G., & Charles, M. (2017). Enhancing extensive reading with data-driven learning. Language Learning & Technology, 21, 131-152.

[38] Han, S., & Shin, J. (2017). Teaching Google search techniques in an L2 academic writing context. Language Learning & Technology, 21, 172-194.

[39] Han, Z., & Tarone, E. (2014). Interlangauge: 40 Years Later. John Benjamins.

[40] Hellermann, J. (2015). "Three contexts for my work as co-editor: introduction to the special issue,". Applied Linguistics, 36, 419-424.

[41] Helm, F., & Dooly, M. (2017). Challenges in transcribing multimodal data: a case study. Language Learning & Technology, 21, 166-185.

[42] Hiver, P., & Dornyei, Z. (2017). Language teacher immunity: a double-edged sword. Applied Linguistics, 38, 405-423.

[43] Hsu, H. (2017). The effect of task planning on L2 performance and L2 development in text-based synchronous computer-mediated communication. Applied Linguistics, 38, 359-385.

[44] Hutchins, E. (1995). Cognition in the wild. Bradford Books.

[45] Irvine, A., & Callison-Burch, C. (2017). A comprehensive analysis of bilingual lexicon induction. Computational Linguistics, 43-2, 273-310.

[46] Keysar, B., Hayakawa, S., & An, S. (2012). The foreign language effect: thinking in a foreign tongue reduces decision bia-

ses. Psychological Science, 23, 661-668.

[47]Kharkurin, A. (2012). Multilingualism and creativity. Multilingual Matters.

[48]Kim, J., & Nam, H. (2017). Measures of implicit knowledge revisited: processing modes, time pressure, and modality. Studies in Second Language Acquisition, 39, 431-457.

[49]Kremmel, B., Brunfaut, T., & Alderson, J. (2017). Exploring the role of pharaseological knowledge in foreign language reading. Applied Linguistics, 38, 848-870.

[50]Kulavuz-Onal, D., & Vasquez, C. (2017). "Thanks, shokran, gracias": translingual practices in a Facebook group. Language Learning & Technology, 22, 240-255.

[51]Labov, W. (1966). The social stratification of English in New York City. Washington, D. C.: The Center of Applied Linguistics.

[52]Lado, R. (1957). Linguistics Across Cultures. Ann Arbor: University of Michigan Press.

[53]Lakoff, G., & Johnson, M. (1980). Metaphors we live by. University of Chicago Press.

[54]Lantolf, J., & Thorne, S. (2006). Sociocultural Theory and the Genesis of L2 Development. Oxford University Press.

[55]Lasagabaster, D., & Doiz, A. (2017). A longitudinal study on the impact of CLIL on affective factors. Applied Linguistics, 38, 688-712.

[56]Lee, H., Warschauer, M., & Lee, J. (2017). The effects of concordance-based electronic glosses on L2 vocabulary learning. Language Learning & Technology, 21, 32-51.

[57]Lenko-Szymanska, A. (2017). Training teachers in data-driven learning: tackling the challenge. Language Learning & Technology, 21, 217-241.

[58]Li, J., & Li, M. (2017). Turnitin and peer review in ESL academic writing classrooms. Language Learning & Technology, 22,

27-41.

[59] Li, M., & Zhu, W. (2017). Explaining dynamic interactions in wiki-based collaborative writing. Language Learning & Technology, 21, 96-120.

[60] Li, S., Ellis, R., & Zhu, Y. (2016). Task-based versus task-supported language instruction: an experimental study. Annual Review of Applied Linguistics, 36, 205-229.

[61] Li, S., Ellis, R., & Zhu, Y. (2016). Task-based versus task-supported language instruction: an experimental study. Annual Review of Applied Linguistics, 36, 205-229.

[62] Long, A., Shin, S., Geeslin, K., & Willis, E. (2018). Does the test work? Evaluating a web-based language placement test. Language Learning & Technology, 22, 137-156.

[63] Long, M. (1991). Focus on form: a design feature in language teaching methodology. Foreign Language Research in Cross-cultural Perspective, 179-192. Amsterdam: John Benjamins.

[64] Long, M. (1996). The role of the linguistic environment in second language acquisition. In S. M. Gass & C. G. Madden (Eds]. Input in second language acquisition, 377-393. Rowley, MA: Newbury House.

[65] Long, M. (2016). In defense of tasks and TBLT: nonissues and real issues. Annual Review of Applied Linguistics, 36, 5-33.

[66] Macswan, J., Thompson, M., Rolstad, K., Mcalister, K., & Lobo, G. (2017). Three theories of the effects of language education programs: an empirical evaluation of bilingual and English-only policies. Annual Review of Applied Linguistics, 37, 218-240.

[67] Mancilla, R., Polat, N., & Akcay, A. (2017). An investigation of native and nonnative English speakers' levels of written syntactic complexity in asynchronous online discussions. Applied Linguistics, 38, 112-134.

[68] Mayo, M., & Lanbandibar, U. (2017). The use of modles as written corrective feedback in English as a foreign language (EFL) writing. Annual Review of Applied Linguistics, 37, 110-127.

[69] McDonough, K., Trofimovich, P., Dao, P., & Dion, A. (2017). Eye gaze and production accuracy predict English L2 speakers' morphosyntactic learning. Studies in Second Language Acquisition, 39, 851-868.

[70] McManus, K., & Marsden, E. (2017). L1 explicit instruction can improve L2 online and offline performance. Studies in Second Language Acquisition, 39, 459-492.

[71] Melzi, G., Schick, A., & Escobar, K. (2017). Early bilingualism through the looking glass: latino preschool children's language and self-regulation skills. Annual Review of Applied Linguistics, 37, 93-109.

[72] Menken, K., & Avni, S. (2017). Challenging linguistic purism in dual language bilingual education: a case study of Hebrew in a New York City public middle school. Annual Review of Applied Linguistics, 37, 185-202.

[73] Milicevic, M., & Kras, T. (2017). Translation between L2 acquisition and L1 attrition: anaphora resolution in Italian by English-Italian trainee translators. Applied Linguistics, 38, 21-42.

[74] Nguyen, H. (2018). Interactional pratices across settings: from classroom role-plays to workplace patient consultations. Applied Linguistics, 39, 213-235.

[75] Norris, J. (2016). Current uses for task-based language assessment. Annual Review of Applied Linguistics, 36, 230-244.

[76] Oliver, R. (2017). Review of child second language acquisition (SLA): examing theories and research. Annual Review of Applied Linguistics, 37, 62-76.

[77] Ortega, L. (2013). Ways forward for a bi/multilingual turn in

SLA. The Multilingual Turn: Implications for SLA, TESOL and Bilingual Education. Routledge, 32-52.

[78] Paradis, J., Rusk, B., Duncan, T., & Govindarajan, K. (2017). Children's second language acquisition of English complex syntax: the role of age, input, and cognitive factors. Annual Review of Applied Linguistics, 37, 148-167.

[79] Petitto, L., & Kovelman, I. (2003). The bilingual paradox: how signing speaking bilingual children help us to resolve bilingual issues and teach us about the brain's mechanisms underlying all language acquisition. Learning Languages, 3, 5-18.

[80] Philp, J., & Duchesne, S. (2016). Exploring engagement in tasks in the language classroom. Annual Review of Applied Linguistics, 36, 50-72.

[81] Philp, J., Borowczyk, M., & Mackey, A. (2017). Exploring the uniqueness of child second language acquisition (SLA): learning, teaching, assessment, and practice. Annual Review of Applied Linguistics, 37, 1-13.

[82] Pienemann, M. (1984). Psychological constraints on the teachability of langauges. Studies in Second Language Acquisition, 6, 186-214.

[83] Pienemann, M. (1987). Determining the influence of instruction on L2 speech processing. Australian Review of Applied Linguistics, 10, 83-113.

[84] Pienemann, M. (1989). Is language teachable? Psycholinguistic experiments and hypotheses. Applied Linguistics, 10, 52-79.

[85] Rastelli, S. (2014). Discontinuity in second language acquisition. The switch between statistical and grammatical learning. Bristol, UK: Multilingual Matters.

[86] Revesz, A., & Gurzynski-Weiss. (2016). Teachers' perspectives on second language task difficulty: insights from think-alouds and eye tracking. Annual Review of Applied Linguistics, 36,

182-204.

[87] Rogers, J. (2017). The spacing effect and its relevance to second language acquisition. Applied Linguistics, 38, 906-911.

[88] Roquet, H., & Perez-Vidal, C. (2017). Do productive skills improve in content and language integrated learning context? The case of writing. Applied Linguistics, 38, 489-511.

[89] Rose, H., & Mckinley, J. (2017). The prevalence of pedagogy-related research in applied linguistics: extending the debate. Applied Linguistics, 38, 599-604.

[90] Rozovskaya, A., Roth, D., & Sammons, M. (2017). Adapting to learner errors with minimal supervision. Computational Linguistics, 43-4, 723-760.

[91] Ryshina-Pankova, M. (2017). Discourse moves and intercultural communicative competence in telecollaborative chats. Language Learning & Technology, 21, 218-239.

[92] Saeed, M., & Ghazali, K. (2017). Asynchronous group review of EFL writing: interactions and text revisions. Language Learning & Technology, 21, 200-226.

[93] Satar, H., & Akcan, S. (2018). Pre-service EFL teachers' online participation, interaction, and social presence. Language Learning & Technology, 22, 157-183.

[94] Schleppegrell, M. (2004). The language of schooling. A Functional Linguistics Perspective. Lawrence Erlbaum Associates.

[95] Schmidt, R. (1990). The role of consciousness in second language learning. Applied Linguistics, 11, 129-158.

[96] Scholz, K., & Schulze, M. (2017). Digital-gaming trajectories and second language development. Langauge Learning & Technology, 21, 100-120.

[97] Selinker, L. (1972). Interlanguage. Product Information International Review of Applied Linguistics in Language Teaching, 10, 209-241.

[98]Shutova, E., Sun, L., Gutierrez, E., & Narayanan, S. (2017). Multilingual metaphor processing: experiments with Semi-Supervised and unsupervised learning. Computational Linguistics, 43-1, 71-123.

[99] Skehan, P. (1989). Individual differences in second-language learning. London: Edward Arnold.

[100]Skhan, P. (2016). Tasks versus conditions: two perspectives on task research and their implications for pedagogy. Annual Review of Applied Linguistics, 36, 34-49.

[101] Solon, M. (2017). Do learners lighten up? Phonetic and allophonic acquisition of Spanich /l/ by English-speaking learners. Studies in Second Language Acquisition, 39, 801-832.

[102]Stein, G. (2002). Developing your English vocabulary. Stauffenburg.

[103]Swain, M. (1995). Three functions of output in second language learning. In Susan M. Gass and Carolyn G. Madden (Eds). Input in second language acquisition, 235-253. Rowley, MA: Newbury House.

[104]Swan, M. (2005). Legislation by hypothesis: the case of task-based instruction. Applied Linguistics, 26, 376-401.

[105] Terry, K. (2017). Contact, context, and collocation. Studies in Second Language Acquisition, 39, 553-578.

[106] Thompson, R., & Jackson, S. (1998). Ethicaldimensions of child memory research. Applied Cognitive Psychology, 12, 218-224.

[107]Thorne, S. (2003). Artifacts and cultures-of-use in intercultural communication. Language Learning & Technology, 7, 38-67.

[108]Tsai, P., & Chu, W. (2017). The use of discourse markers among Mandarin Chinese teachers, and Chinese as a second language and Chinese as a foreign language learner. Applied Linguistics, 38, 638-665.

[109] Vafaee, P., Suzuki, Y., & Kachisnke, I. (2017). Validating grammaticality judgment tests-evidence from two new psycholinguistic measures. Studies in Second Language Acquisition, 39, 59-95.

[110] Vanpatten, B. & Benati, A. (2015). Key terms in second language acquisition. London: Bloomsbury Publishing Plc.

[111] VanPatten, B. (2014). The limits of instruction: 40 years after "interlanguage". Interlanguage: 40 Years Later. John Benjamins.

[112] Warner, C., & Chen, H. (2017). Designing talk in social networks: what Facebook teaches about conversation. Language Learning & Technology, 21, 121-138.

[113] White, L. (1987). Against comprehensible input: the input hypothesis and the development of L2 competence. Applied Linguistics, 8, 95-110.

[114] Wilkins, D. (1972). Linguistics in Language Teaching. London: Edward Arnold.

[115] Williams, J., Darcy, I., & Newman, S. (2017). The beneficial role of L1 spoken language skills on initial L2 sign language learning. Studies in Second Language Acquisition, 39, 833-850.

[116] Willis, J. (1996). A framework for task-based learning. Essex, UK: Longman.

[117] Willis, J. (2012). A framework for task-based learning. Intrinsic Books E-books.

[118] Yamashita, J. & Shiotsu, T. (2017). Comprehension and knowledge components that predict L2 reading: a latent-trait approach. Applied Linguistics, 38, 43-67.

[119] Yang, J., Yin, C., & Wang, W. (2018). Flipping the classroom in teaching Chinese as a foreign language. Language Learning & Technology, 22, 16-26.

[120] Yim, S., & Warschauer, M. (2017). Web-based collaborative

writing in L2 contexts: methodological insights from text mining. Language Learning & Technology, 21, 146-165.

[121] Ziegler, N. (2017). Taking technology to task: technology-mediated TBLT, performance and production. Annual Review of Applied Linguistics, 36, 136-163.

全球化背景下的
法国人文社会科学发展概况

武汉大学外国语言文学学院
王　战　李阳竹　刘天乔

导　言

20 世纪六七十年代，法国的人文社科领域受到了全球知识界的瞩目：雅克·勒高夫、弗朗索瓦·傅勒、埃马纽埃尔·勒华拉杜里、米歇尔·福柯、皮埃尔·布尔迪厄、阿兰·图海纳、雷蒙·阿隆、路易·阿尔都塞、让·鲍德里亚、雅克·德里达、保罗·利科、克劳德·列维-斯特劳斯、莫里斯·古德利尔、雅克·拉康、朱丽娅·克里斯蒂娃、罗兰·巴特等杰出人物在历史学、社会学、哲学、人类学、精神分析学及符号学等领域做出的贡献，让他们在全世界范围内享有盛誉。这些人的影响力已大大超越了自身研究领域，其学说及理论在国际上被广泛讨论和学习。

而在法国本土，人文社科也成为了当时整个学界的焦点，以《新观察者》周刊为代表的一众出版物见证了思想界与政治活动之间的紧密联系。通常来说，对某种思想的传播及交流往往不止于校园、研究院等专业场所，学者们也时常相互阅读借鉴。伴随着这种学习和交流，各种流派和方法论得以在研究中被广泛传播及应用，结构主义者、马克思主义者、功能主义者等观点各异者也能够在不断的辩论中展现出不同的思考方式及表达模式。

转眼当下，法国人文社科领域仍在蓬勃发展，占据着世界关注的中心，现在的法国相较于半个世纪前，研究人文社科的学者人数有了可观的增长。这代人大多受过良好教育，而且较为国际化。然而，他们大致分为以下几类：一类不善于将问题普遍化，只专注于自己的专业方向，更不愿意触及到政治性话题；一类热衷于否认前人的成果，不断进行质疑或谴责，但却提不出更有建设意义的观点；还有一类已成为专家和顾问的，能力出众，却并不再贡献新的知识和研究。所以，虽然研究者的数量不少，但法国人文社科领域再没有出现过像过去那般影响力巨大的人物了。世界正在飞速发展，法国也在不断进步，尽管在经济学等方向展现出了更进一步的能力，但法国人文社科研究追赶时代发展的步伐仍显得有些吃力。造成这种结果的根本原因是什么？又有什么措施可以帮助法国重新拾起曾经人文社科领域的辉煌呢？

本文首先从法国对于大型国际性学术交流活动的参与度(单学科及跨学科的)、类似欧洲研究委员会一类的奖学金项目获得数量以及法国对外来研究者的吸引力等方面来审视现今的法国人文社科研究，尤其是将其置于国际社会及欧洲整体的大环境下，来分析其发展现状究竟如何。接下来着手分析以上结果产生的原因：为何法国人文社科继 20 世纪六七十年代的辉煌后，再也不复往日光彩。最后提出建议，思考如何让法国人文社科研究恢复昔日影响力，重返国际学术舞台的中心。

关于本文中数据的来源，对于法国人文社会研究在国际上所取得的成就，目前还没有非常系统的评价体系。而且根据所涉及的领域及专业的不同，可供参考的信息也数量不一。

法国国家科学研究中心(CNRS)于 2011 年推出了一个名为“法国人文社科研究活动信息汇集处(RIBAC)”①的平台。在这里，超过 1800 名人文社科领域的研究者们每年要注明自己的学术发表成果、参加的学术论坛、授课情况以及出版活动。与大学自身和组织稍欠协调的自主机构相比，该平台不失为一个稳定且相对准确的数

① 原注：为人文社科研究观察中心所进行的信息收集，Recueil d'informations pour un observatoire des activités de recherche en SHS

据来源。

一、法国对欧洲项目的参与度

要了解法国人文社科学界，首先要观察他们对于来自欧洲联盟的各类学术号召的反应及表现。这个出发点虽然样本有限，但范围清楚便于划分，也有相应的数据支持。

这样一来，最需要关注的实际上就是三个切入点，而这三点是欧洲为促进人文社科领域发展而设立的最具有代表性的项目：第一是为应对 7 项大型研究挑战计划的专项研究资助项目；第二是欧洲研究委员会所提供的奖学金项目，第三是被通称为“玛丽-居里”奖学金的“玛丽 · 斯克沃多夫斯卡—居里”行动。法国在这三个项目中的参与情况，直接反映了其人文社科领域的发展现状。

(一) 应对“变化中的欧洲”研究项目

“地平线 2020”是一项由欧盟委员会领导，包含了 7 项研究挑战计划的项目，其中 6 项都是以其他领域研究为主人文社科研究为辅的方式进行。之所以会定下这种指导方针，是期望人文社科在其中起到画龙点睛的作用，并想在肯定人文社科研究重要性的同时，实现各种研究方法之间的融合，尤其是不同学科间学科的交流与借鉴，这样做的初衷是“在各个领域中充分地植入人文社科研究”，即“跨学科合作”。①

然而，这个以“植入”为关键词的方针不但没有起到预想中的作用，反而使人文社科被边缘化，甚至被完全忽视了，其贡献也难以获得认可：因为在实际运用时，以交通、能源为代表的许多竞争力超群的领域所获的预算都要远远多于人文社科研究。

令人惋惜的是，在可以对这些研究挑战计划进行结构性调整

---

① 参阅欧洲联盟委员会，《“地平线 2020”项目中人文社科研究的植入：参与者、预算及学科。“社会挑战”及“行业领导”名下资助相关人文社科标志项目 2014 年监测报告》，Laura Hetel，Tom-Espen Møller et Julia Stamm(编辑)，卢森堡，欧洲联盟出版办公室，2015，第 4 页。

时，法国负责人表现得无动于衷，反倒是德国与北欧负责人们提出了建议，希望可以创立一项完全针对人文社科研究的挑战来平衡"植入"方针对该领域的忽视。为了能让这个针对人文社科研究的挑战成功立项，一个聚集了来自全欧洲 30 多个研究协会及 40000 多名研究者的非正式组织，欧洲人文社科联盟（EASSH，Alliance européenne des sciences humaines et sociales），于 2012 年发起了一项强有力的动员。该动员的请愿书上收集了超过 28000 个签名，终于促成了对第 6 项计划的重新调整。而新诞生的"变化中的欧洲"，即"创造多元型、创新型及自省型社会"计划，就是一项完全致力于人文社科研究的计划。然而，在这整场动员事件中，法国研究者基本没有参与。这反映出了法国人文社科研究相较昔日的相对边缘化，也说明在人文社科相关学科的研究上，法国人对"欧洲科研一体化"并不感兴趣。

在一份法国人文社科专题联盟（ATHENA，Alliance thématique nationale des sciences humaines et sociales）发表的记录中，① 关于法国人文社科学界参与第 6 项挑战时的表现，以下数据非常具有说服力：入选的方案共 58 个，每个方案的总负责人是负责联系来自欧洲各地的研究搭档，并协调各方工作的，而在入选方案的总负责人中没有一位是法国人；在所有入选方案的研究团队中，法国研究人员只占总人数的 36%；在已经分发的 1.17 亿欧元中，法国研究者接收的资金支持仅有 510 万欧元，即只占 4.3%，这个比例是非常低的；如果法国国家科学研究中心（CNRS，参与了四项方案），巴黎政治大学（FNSP，即 Sciences Po，参与了两项方案）以及国家发展研究院（IRD，参与了两项方案）都从这个项目中撤出的话，那么剩下的法国大学只有四所：图卢兹经济学院（TSE）、巴黎第一大学、塞尔吉-蓬图瓦兹大学和艾克斯-马赛大学。这几所大学接收的资金支持仅为 60 万欧元。最后，数据还显示，在参与到入选团队中的法国研究者中，有三分之一是来自专业的咨询公司，而非大学

① 参阅 Olivier Bouin，《法国人文社科学界于"地平线 2020"项目首年中的表现及研究》，巴黎，法国人文社科专题联盟，2015，共 19 页。

内的研究团队。

根据以上的数据及论证，我们发现：法国的人文社科研究人员对于欧洲的合作性项目缺乏参与热情；相比于其他国家的同行而言，法国学者们加入到入选方案研究团队的人数更少，担任团队总负责人职位的更是一个也没有。如果将这个现象与法国在上一次研究项目中的表现相结合的话，结论将更加明确：在上一次项目，也就是第七次框架方案中，根据参与人数、预算份额以及最终成果等指标来衡量的话，法国名列第四，而现如今，在“地平线 2020”项目中，法国的名次遭遇了直线下滑，落后于英国、德国、荷兰、意大利、比利时及西班牙，跌至第七位。①

（二）法国人文社科学界在欧洲研究委员会的表现

欧洲研究委员会（ERC，European Research Council）自 2006 年起就开始资助各种以研究者个人名义提出的研究计划。候选者由他们同专业的审查小组检验（人文社科学科相关共有六个小组），而且委员会也没有预设研究主题。如此一来，研究的发起都是自下至上的。一个由 22 名成员构成的科学理事会对研究计划的资助及成果衡量方案拥有决定权，该理事会对研究委员会的执行机构（ERCEA）直接负责。欧洲研究委员会所提供的合约一共有四种：“初级型”（“起步拨款”），针对的是最年轻的一拨研究人员，4 年间总共发放 150 万欧元；“进阶型”（“强化拨款”），针对的是在 7 到 12 年前取得学位的研究人员，5 年间共发放 200 万欧元；至于已有一定名望的学者，可以考虑“资深型”（“高等拨款”），5 年间共发放 250 万欧元；最后还有“概念验证”型，提供 15 万欧元，用于将研究成果商业化的尝试。

每个经过批准的计划都可以招收 3 到 5 人相关方向的博士生及

① 参阅前文引用欧盟委员会《“地平线 2020”项目中人文社科研究的植入》的第二版：《“地平线 2020”项目中人文社科研究的植入：参与者、预算及学科。社会挑战”及“行业领导”名下资助相关人文社科标志项目 2015 年监测报告》，Bogdan Iustin Birnbaum，Philippe Keraudren，Tobias Strom et Theodoros Vavikis（编辑），卢森堡，欧盟出版办公室，2017 年。

博士后，以此组成一个研究团队。带着他们与委员会的合同，计划负责人便能够较顺利地由一家研究所转到另一家。合同不但会给接收他们的研究所带来资金，还使研究所对他们的学术进展更加放心，而对于负责人来说，合同也给了自己的团队更大的自由度。不过要注意的是：欧洲研究委员会投入在人文社科研究上的预算只占总预算的 17%，远远算不上人文社科研究在欧洲的主要资助方。

《世界报》刊登的一篇文章①指出，法国人文社科领域在欧洲研究委员会的平庸表现已经引起了注意，而在英国，许多高校都取得了非常理想的成绩，在人文社科审查小组中更是占取了 60% 的席位。同样的，法国的国家联络点（PCN），也就是专门传播欧洲研究委员会相关信息的机关，于 2014 年发布了一份有关第七次框架方案（2007 年至 2013 年）②的令人担忧的总结。如果将法国人文社科研究者在这个阶段的计划申请数量和整体数据相比较，会发现法国申请者的占比自 2010 年至 2013 年从 7.4%降到了 4.1%，而这种持续下降使法国落后于英国，意大利，荷兰，德国以及西班牙，位居第六。报告还指出，这种下降的趋势在年轻研究者中尤其明显。平均下来，来自法国的“起步拨款”申请只占总申请数的 5%，而申请“高等拨款”的有 7.5%。不过有一点还是值得肯定，即参与到研究团队中的人数虽然比较少，但研究结果的成功率却是相对较高，甚至是较为理想的。

然而，最新数据③又表明：在法国各研究所接收的欧洲研究委员会资助中，只有 7%是用于人文社科领域的，而用于生命科学的占据 11%，用于理科及工科的达到了 17%；而实际上，用于人文社科研究的这部分资金自 2007 年起每年都在减少。在此期间，和“高等拨款”（针对资深学者）相关的数据与其他研究领域大致相当，

① 参阅 Michel Wieviorka，《社会科学，法国的衰落》，世界报，2012 年 9 月 10 日。

② 参阅欧洲研究委员会国家联络点，《法国在第七次框架方案中对欧洲研究委员会项目征集的参与总结》，2014 年 10 月，共 28 页。

③ 参阅 Olivier Bouin，《法国人文社科学界于“地平线 2020”项目首年中的表现及研究》，*op. cit.*

不理想的情况主要集中于年轻研究者身上，即“起步拨款”和“强化拨款”，而且这种状况自欧洲研究委员会成立之初就存在了。至于欧洲研究委员会所提供的资金，大部分都集中于少数几家机构中。法国国家科学研究中心(CNRS)拥有总金额的32%，图卢兹经济学院(TSE，诺贝尔经济学奖获得者让·梯若尔所处院校)拥有13%，巴黎政治大学(FNSP)有12%，社会科学高等学院(EHESS)有6%，高等师范学校(ENS)以及巴黎经济学院(PSE，Paris School of Economics)各占5%；在各大高校中，接收欧洲研究委员会人文社科研究项目资助的数量寥寥，而研究委员会在其他领域的项目资助则非常欢迎；选择法国研究机构进行研究的外国资助接收者非常少，大约只有十来人，与英国和荷兰相比要落后不少。不同于法国，这些国家的著名大学都非常活跃，并且很清楚如何将那些本想在法国展开研究的资助持有者吸引到自己国家去。

从以上的数据中，我们也可以从三个不同的方面归纳出一份总结。首先，法国研究人员在竞争来自欧洲的资助时是迟疑的：该问题在其他领域并不存在，而且在年轻一代研究者中尤为突出。其次，在人文社科领域内部，各个学科的表现也不尽相同：对于经济学、语言学、考古学等学科，法国学界的表现和国内其他科研领域相比并无太大出入，但在涉及社会学、人种学及人类学、人口学、哲学，文化研究及教育科学等学科时，表现就比较差强人意。最后，与其他欧洲国家相比，法国对于外国研究者缺乏吸引力。在以英国及荷兰为首的一些欧洲国家，许多高校及研究机构都知道如何才能获得资助持有者的青睐：这同时也是一个体制上的问题。显而易见，对于如何吸引获得了欧洲研究委员会资助的学者这项任务，法国的高校和大型机构还非常生疏。

(三)“玛丽·斯克沃多夫斯卡—居里”行动

“玛丽·斯克沃多夫斯卡-居里”行动，也被通称为“玛丽—居里”行动，是一项旨在促进世界学术流动的国际交流项目。该项目包含对国际研究网络的组建、国际人员之间的交流以及对增进国际流动的课程的资助，以及其中最重要的一项即针对个人奖学金的发放，项目期限在一到两年。

要获得“玛丽—居里”的奖学金需要通过竞选，但该项目对职称没有要求，候选人只要拥有不低于四年的研究经历即可。如此一来，无论是较年轻的还是已经有一定资历的研究员，只要足够优秀，就有机会在享用良好的生活条件的同时，到外国的研究中心以及企业进修。对于已经在欧洲以外的第三世界国家游历过的学者们来说，这也不失为一个再次融入当地的好机会。对于研究者们来说，“玛丽—居里”项目可以把他们介绍给本国学术圈之外的圈子，相当于进入国际学术舞台的一封介绍信。

关于这个项目的奖学金，我们所掌握的数据不像之前讨论欧洲研究委员会时那样详尽。该奖学金涉及各个学科，并没有做过专门针对人文社科领域情况的总结。因此，即使从已有的数据上来看情况还算理想，但谁也不敢妄下断言。

自 2007 年至 2014 年，如果把所有学科的成果都放到一起来看的话，相对于全国 6500 万的人口，法国在这段时期所接收的“玛丽—居里”奖学金有 4.53 亿，而在和法国人口数量相当的英国（2013 年调查为 6300 万），其接收的奖学金是法国的两倍还有余。荷兰总人口约为 1600 万，而奖学金金额有 3.2 亿欧元，500 万人口的丹麦拥有 1.54 亿欧元，1100 万人口的比利时则有 1.85 亿。从总人口与总金额的比例上来看，其他国家的获益大大超过法国。

此外，在人文社科领域，与来法国求学的外国研究人员数量相比，从法国申请“玛丽—居里”奖学金去外国长期游学的研究人员数量较少。然而，尽管像社会科学高等学院（EHESS）这样的法国重要人文社科机构每年都会定期接收拥有“玛丽—居里”奖学金的外国研究员，但在人员接收以及管理上都存在不少问题。法国高校现存的财政及行政体系都存在较大限制，与欧洲标准存在不少出入，而且为了旅法学者的利益考虑，学校本应该安排足够数量的专业管理人员来帮助他们，但学校无法拿出足够的预算来设置这样的岗位。这样一来，法国人文社科领域便面临着种种困难：在特定的相关机构遭遇的一些问题，在其他研究领域或许根本算不上问题，但在这里却能阻碍法国内外研究人员的交流，从而限制法国人文社科领域的发展。

此外，从法国“出口”的研究人员，比如说从社会科学高等学院(EHESS)去外国交流的奖学金获得者人数少之又少(平均每年少于1人)，而且这些受益者中也是非法国籍的外国留学生居多。法国申请者不但数量稀少，还大多不清楚如何像他们的外国同行一样准备申请相关的文书。尽管项目规定清楚明了，但大多法国研究者都未能明确掌握这些条目。他们更不知道如何展示自己，如何“包装”自己，也不知道如何向他人证明自己对法国以外的国际著作的了解。

尽管我们能接触到的数据不足以帮助我们量化这个结论，但至少列出的种种迹象都表明，法国研究机构在接待“玛丽—居里”奖学金拥有者时是有一定困难，也是有所保留的。而法国研究人员在国际(至少是欧洲)学术事务上投入精力较少这一点又一次得到了证实。

二、法国人文社科研究国际化的其他模式

当然，法国对上文中欧洲种种学术号召的应对态度并不能反映全部，法国人文社科学界在国际学术舞台上还有不少其他表现，参与的形式也多种多样。

(一)国际会议、论坛及机构

目前，针对法国人文社科研究界在一些大型的国际学术平台上的表现，例如学术会议及论坛(国际社会学协会、国际人类学协会等)、跨学科场合(例如联合文教科文组织)以及由外国的国家大型组织所展开的会议(尤其是美国的，因为受众是全球性的)，还没有非常系统、以数据作为基础的专门研究。然而一切证据都表明，在这些场合中，各个学科的表现和当时在申请欧洲研究委员会项目资助时的表现如出一辙：在涉及社会学，以及其他之前提到在欧洲研究委员会中表现同样不算突出的学科时，担任相关研究协会及机构负责人的法国研究者少之又少。与之形成对比的只有经济学、语言学中的特定几个分支以及政治科学。

通常而言，在这些学术场合，最令人担心的还不单单是出席的

次数变少，而是法国研究界在相关学科上影响力的逐渐流失：如此一来，尽管国际应用语言学协会最初是由几位法国研究者创立的，在最新一次召开的有关该学科的会议上，已经难觅法国学者的踪影了。

与昔日相比，法国人文社科领域目前在联合国教科文组织的影响力也大不如前了。过去，有克劳德·列维斯特劳斯坐镇国际社会科学理事会，他还曾应教科文组织之邀于 1952 年和 1971 年分别撰写了著名的《种族与历史》以及更富争议性的《种族与文化》。转眼现今，直至 2016 年 10 月，教科文组织在法国的人文社科委员会才得以创立。参与编写《2016 世界社会科学报告》这类教科文组织内的大型项目的法国学者屈指可数。同样的，在欧洲学院内部，法国人文社科领域学者非常少见，而如果说到管理层，就更是寥寥无几了。

根据以上现状得出的结论并不仅仅聚焦于法国研究者流动性的缺乏、学界对国际科研事务的投入有限、或是法国对外国学者的吸引力在不断下降这些简单的片面评价上：真正的问题是，法国人文社科领域中的某些学科以及特定机构并未参与到目前占据主流的国际化浪潮中。这一浪潮以英语世界为主导，而且被许多人视为北美在知识界所实行的霸权主义的表现。尽管欧洲也有不少项目被牵涉其中，但它们看上去更像是来自旧大陆的一些点缀，其作用只是为了增强国际科研活动的多样性罢了。

不过近年来，来法国访问的外国研究者人数逐渐增多，一部分是为了参加论坛、会议，还有不少是来进行短期的学术交流的（时限短于一个月）。在各地，高等学术研究所（IEA）的创立①带来了可观的进步，这些机构每年都要招收超过 120 名外国资深学者，他们会在法国停留近一年的时间以进行学术研修与交流。此外，直属

① 原注：该研究所先在巴黎、马赛、南特及里昂创立，随后在图卢兹及斯特拉斯堡也有其分所。2008 年，高等学术研究所网络（RFIEA）的构建也一路陪伴了其发展。获得更多资讯，请访问<http://rfiea.fr>。

于人文社科之家基金(FMSH, Fondation Maison des sciences de l'homme)①的世界研究学院自2011年起就对法国及外国的研究人员提供超过二十个教职，以巴黎为根基，创造出了生机勃勃的国际化研究氛围。在社会科学高等学院(EHESS)及高等研究应用学院(EPHE)等机构，也逐渐开始注重国际化。可以说，法国系统中所存在的缺陷终于开始为人们所注意了。而于1990年代与2000年代建立起来的23所人文社科之家也构建成了一个较为系统的网络，②同样可以在促进学术国际化的过程中献一份力，其中的特定几所也有能力确保应有作用的发挥。相应地，在以上提到的这些机构中进修的外国学者也为这样的良好环境作出了贡献。

此外，在高校与研究机构共同体(COMUE, Communautés d'universités et établissements)内部，目前已经开始设置相关的监察与陪同部门，专门帮助有机会申请各种欧洲奖学金的教研人员来完善并递交相关文件。然而，如果要和其他国家(例如英国)一些优秀大学内的同类部门相比，法国在专业性和效率上亟需加强。

在海外，法国人文社科相关研究机构的分布并不算平衡，但其存在还是有一定分量的。在一些国家，法国的研究机构显得尤为突出，例如西班牙的卡撒·德·维拉兹克学院(Casa de Velazquez)、法国远东学院(École française d'Extrême-Orient)以及一众法国海外研究所(IFRE, Institut français de recherche à l'étranger)。

目前的27家法国海外研究所(IFRE或UMIFRE)通常接收的是非常受法国外交部青睐的，即能够为"外交影响力"作出贡献的研究者，接待时限在一年到四年以内。起初，也就是在19世纪末，这个项目主要扶植的是人类学，法国名扬海外的重点学科之一。尽管在当时，著名的发掘委员会(Commission des fouilles)所拥有的预算一直在下降，但因为背后有外交部的大力支持，还是有200万欧元左右的资金。第二次世界大战之后，法国海外研究所(IFRE)的

① 获得更多咨询，请访问<http://www.fmsh.fr>。

② 原注：获得更多资讯，请访问人文社科之家网络官方网站：<http: www.msh-reseau.fr>

创建目的就开始变得多种多样了起来，其中最为突出的应该是法国对于当时纷纷独立的“第三世界”国家所实行的科研援助外交。这些海外研究所之间可以互相展开学术上的竞争，而更重要的是，他们可以帮助法国在海外开拓出一片新的科研天地。此外，法国国家科学研究中心（CNRS）下属的三、四所国际综合机构（UMI，unités mixtes internationales，不属于海外研究所体系）也扮演类似的角色。

法国海外研究所（UMIFRE）能够在其所在地建立起一个以流动性为基础的科研环境，而构成这个基础的法国研究者们大多来自法国国家科学研究中心（CNRS）、或是为了项目被学校委派到科研中心名下。此外，研究所也接收来自其他国家的相关人员，如博士后、博士生以及访问学者：2015 年，研究所总计有 146 名研究人员、244 名博士生以及 180 名当地的学术同仁。这些成员不断地扩大与巩固已有的国际学术网络，也为研究所自 2014 年起开始汇编的《法国海外研究所手册》贡献力量。

但是，在近十多年以来，法国海外研究所获得的预算一直在被缓慢地削减——在过去的五年里，预算至少下降了 25%，而 2016 年得到落实的拨款只有 2500 万欧元。由于预算的减少，将有影响力的科学成果与外交手段相结合这一策略愈发难以实施，就拿波兰的法国文明与法语研究中心为例（Centre de civilisation française et d'études francophones en Pologne，CCFEF），米歇尔·福柯曾于 1958 年担任过该研究中心第一届主席，而该中心用于法国研究传播的预算在 2011 年为 60840 欧元，到了 2016 年只有 38500 欧元。

无论如何，法国外交部在学术推广中所仍起到了不可替代的作用。尽管相关预算日益下降，但外交部一直在与许多研究机构，尤其是法国国家科学研究中心（CNRS）合作，而且部内还提供了各种援助方式：从巴黎直接援助，或是深入当地，还有的通过其海外机构提供帮助。此外，在推动法国研究者出国访问、促进当地学术研究进步、鼓励法国人文社科著作的翻译以及支持相关机构发展等方面，没有其他国家的外交部能与法国外交部比肩。

要融入到国际学术研究的圈子里，就要和众多的合作项目以及各种网络打交道。如果其中出现了与预算无关的问题，那么往往是由信息延迟或是文化差异造成的，将其归结于结构性缺陷上的情况则较少。面对英语国家全面占领语言与科研优势这一现状，法国在人文社科领域上的弱势到底是由什么造成？原因是应该归结到英美国家在语言及科研方面越来越突出的霸权主义，还是因为有越来越多的国家参与到知识生产的大军中，所以尽管法国是研究某些学科的先驱国家之一，在这片大潮中也受到了不小冲击呢。

如何找到对研究的资助，这一直是一个决定性问题。然而在法国，关于研究资助及组织的制度从来都不甚清晰。所以对于目前的困境，除了外部原因，最终还是要从内部寻找根源。尽管法国国家学术研究社(ANR，Agence nationale de la recherche)对于人文社科领域并没有太多特殊照顾，但它的存在也为有意愿加入国际或欧洲各类项目竞争的研究者们提供了直接资助，使得他们能够去争取更多的研究资金。这里或许有一个值得深究的特例：与“地平线2020”项目相比，之前在第七次框架方案期间，尤其是在方案刚开始实行时，来自法国的申请者从比例上来看是比“地平线 2020”要更高的，但直至最近，在“地平线 2020”项目的准备期，法国国家学术研究社(ANR)在法国才真正开始起作用，成为了比起申请欧洲项目而更青睐本国项目的研究者的首选。此外，一些由地方性政府(如巴黎市政府)——或是由媒体(如《世界报》的“《世界报》学术研究大奖”)所提供的机会也非常可贵。这些评审的关注视角并不拘泥于纯学术，而且对优秀者给出的奖励和支持都非常可观。

针对申请欧洲研究委员会项目资金失败的研究者们，法国国家学术研究社(ANR)目前开设了一项专门帮助他们进行再申请的服务。而研究社的工作机制又出现了另一个额外问题：这家筹资机构足够规范吗？因为在分析法国学界在“地平线 2020”项目中令人失望的表现时，原因被主要归结为申请者们在准备相关文书时遇到的行政上的问题以及过于复杂的流程。而对于人文社科研究，申请法国国家学术研究社(ANR)资金援助的方式与申请欧洲各种项目的方式十分相近。如此一来，之前所分析的原因便被削弱了。

不过，尽管法国人文社科学界在国际舞台上露面不多，法国的吸引力似乎也在下降，但这并不意味着他们就一定在走下坡路。相对于过去二十年中在欧洲及国际上登场的各种学术项目，他们可能只是把精力转换到了其他的参与方式上。

(二)作品的出版及传播

借助"法国人文社科研究活动信息汇集处"这一平台，法国国家科学研究中心(CNRS)为我们提供了非常有说服力的数据。在法国国家科学研究中心的研究员们与2013年、2014年及2015年发表的著作中，用英语发布的平均每年略高于40%。在2015年，研究员们在大型期刊上发表的文章占总发表文章的50%~80%，根据学科的不同有所变化，平均下来在62%。而对于署名中至少有一名外国研究者的文章，不同学科的数据差异极大(最低为宗教及神学的2.4%，最高为生物人类学的75%)，平均数据在22.5%。

在人文社科领域各个学科的大型刊物中，极少能在编委会中看到法国学者的名字。为了更好地了解法国人文社科研究的国际化之路，首先要清楚国际科研出版体系在这二十来年内所发生的巨大转变。对于研究者而言，作品得到出版是至关重要的，因为只有这样才能让别人了解到他的劳动成果，同行也才能对他作出评价。在整个学术评价体系中，出版物的数量和质量占有决定性的位置，不过对于法国社会科学领域，这并不是绝对的。

今天，随着互联网的发展，出现了衡量研究者个人、研究机构、期刊、网站和博客，乃至国家的影响力辐射范围的专业指数表。将测量出来的结果进行排列就得到了排名表，即所谓的rankings，而且这些数据还可以从时间和空间的维度上进行比较。书目计量学在成为这套衡量标准的关键的同时，也变成了一门专门的学问。此外，"开放获取(open access)"，即不受任何限制地获取出版物，这一概念也在当下引起了非常激烈的讨论：如果出版物被划分到了开放获取的领域，那么该作品的出版该由谁资助，又该如何资助呢？是公众、实验室、图书馆、还是广告呢？

通常而言，在科学界占主导地位的模式是在国际性期刊上发表文章，但对于人文社科领域中的某些学科，发表一部作品——也就是我们统称的"专著(monographe)"，还是非常有必要的。然而，这对法国人文社科领域的研究者来说并不容易，往往受以下不足所限制。

第一项不足与语言相关——英语目前在世界语言中的绝对主导地位，尽管英语并不比法语更独特，但就作品在国际上影响力的辐射范围而言，法语是无法与英语比肩的。此外，许多国家与地区都有专属于自己的指数表，而在法国，尽管法语国家大学署(AUF，Agence universitaire de la Francophonie)曾经提出过关于构建一个专门衡量法语著作及引用情况指数表的提议，但大家都明白，一旦计划成功，它也很有可能变成法国学术固步自封、保护主义盛行的源头，因此该计划遭到了搁浅 。

第二项不足与人文社科出版物的流通方式相关。数字化发行还在成长与推广阶段，虽然法国目前还不存在规模能和英美的大型出版商抗衡的跨国出版社，但随着数字时代的发展，出版物的传播既广泛又迅速，法国可以参与到有关数字化发行的国际性政策制定中。对于研究者而言，如何让自己的作品能被更多的人接触到是一个根本性问题，答案也往往并不局限在偏爱经典印刷版的读者群中。然而，法国人文社科研究有关的作品在国际上却极少以数字形式传播，而无论现存期刊划分得有多精细，也改变不了这个事实。

此外，无论是电子出版的还是传统出版行业的法国从业者，都极少参与到国际学术场合中去，对“开放获取”这一类问题的思考也并不多。除去那些致力于将法国宝贵的印刷物文化遗产数字化的大型网站(Gallica 及 Persée)，法国的学术出版类网站主要分为以 CAIRN 和 OpenEdition 为代表的两种模式，而读者可以通过这些网站来获取主要发布在期刊及专著上的当代科研成果。

OpenEdition 所推崇的就是“开放获取”，这使它在国际层面上比起 CAIRN 占有一定优势，也让它成功地推出了一批迎合数字时代要求的“年轻”出版物，如《VertigO》(以法语发行，来自蒙特利尔)、《Cybergeo》(在巴黎第一大学创刊，以法语和英语发行)、《Nuevo Mundo Mundos Nuevos》(三语刊物，包含法语、英语以及西班牙语)——至于这最后一份刊物，这种对三种主要语言都开放的典型应该被提出来作为榜样。为了支持这类发行，OpenEdition 开发出了一个颇有新意的项目，也就是所谓的 OpenEdition Freemium。

该项目在海外颇受瞩目，主要内容是让图书馆资助进入了“开放获取”领域的出版物，以及对图书馆的读者们、教师们、研究者及学生们免费推广相关期刊及书籍。参与到 OpenEdition Freemium 的国外大学日益俱增，而且其中不乏哈佛 、耶鲁、伯克利等优秀学府。只是，对于这种发展模式来说，资金支持是必不可少的，而 OpenEdition 也的确需要各类外部借助以及补贴。至于以法国国家学术研究社(ANR)为首的一众筹资类机构，它们现存的规定与原则实际上是难以满足 OpenEdition 的诉求的。

CAIRN 所采用的盈利模式则又有不同。在创立之初，它只发布四家出版社的期刊内容，其中还有一家是比利时的，今天，通过该平台发表的出版社数量达到了 450 家，而在 CAIRN 平台上，目前主要负责杂志(尤其是《经济选择》及《人文科学》)以及 7000 本相关著作的发布，这些著作中包括学术专著、深度研究，但也有更容易为大众接受的通俗化读物。对于期刊发行，CAIRN 提出了三种模式，首先是将一切发行都置于“开放获取”模式之中(目前采取这种模式的有三十来本期刊，大多是由相关机构及行政系统主办的，例如法国国家津贴基金主办的《社会信息》一刊)。第二种发行方式只针对付费读者了(采取这种模式的同样也有三十多家期刊，例如《辩论》、《摩登时代》、《精神》、《评论》以及《批判》)，而费用是由相关机构承担的，尤其是订阅了这些刊物的图书馆。最后，对于大部分出版物，CAIRN 提出了一种折中的办法，也就是订阅最新内容仍需收费，但较早的作品都能随着时间推移逐渐进入“开放获取”领域。从一部作品被出版以来，它可能要经历一年，两年或者是三年才会从收费变为免费。

为了更好地衡量这两个平台的国际影响力，就必须要找出非常具有代表性的数据，此外，因为二者所采用的模式是不同的，比较起来也就更加困难了。OpenEdition 的竞争目标直指英语国家的大型发行网站。为了能让法国在国际数字出版业中占据一席之地，在制定人文社科领域专用指数表时拥有一定话语权，OpenEdition 一直在不断地从公众中寻求支持。该平台之所以会对人文社科学科如此重视，应该是出于人文社科类读者受众面较广的缘故：在其他领域，学术著作的阅读者大多是相关专业的研究人员及学生，但如果涉及人文社科研究的话，只要看一看社交网络上公众对于相关著作的大量引用方可知晓。然而，公众并不总是有意愿或能力去推动 OpenEdition 在国际上的发展的。如此一来，尽管国际上已有类似“开放获取期刊目录”（DOAJ，Directory of Open Access Journals）这类专门查询参考文献的索引，但这一创立于瑞士的数据库一直被发达国家，尤其是欧美国家所主导。在 OpenEdition（以及其荷兰合作者 OAPEN）的推动下，一个类似的系统“开放获取书籍目录”（DOAB，Directory of Open Access Books）得以建立。这一数据库以人文社科类科研书籍为主，但目前的发展状况令 OpenEdition 的负责人感到担忧：就缺乏公共领域支持这一点，他们谈到，与其说问题出在资金的缺乏上，倒不如说根源是相关制度的僵化及不合理，对国际化合作形成了阻碍。OpenEdition 在世界各地都有传播，而在美国及德国都有很高的访问量，与 CAIRN 相比成绩更为突出。总体而言，尽管优势不如过去明显了，但就搜索结果数量来看，OpenEdition 还是比 CAIRN 更出色的。还值得一提的是，OpenEdition 同 9 个国家 19 个合作伙伴一起，加入了针对开放获取领域的欧洲数字出版与发行基础设施的建设项目，OPERAS。为了支持该项目建设，OpenEdition 承担了“地平线 2020”项目中两项方案的总负责人职位，一心投身于学术国际化，而该平台所具有独特的战略性眼光也为法国人文社科研究发展提供了作用。

全面分析了法国对于作品的出版和传播方式以后，我们可以得出结论，虽然两大出版类网站为法国人文社科研究发展提供了渠道，但法国现存机制还不足以支撑它们进行更进一步的扩展。在出版与发行日益数字化的国际舞台上，法国人文社科领域自身的投入从各个角度来看都比较少。除此之外，对于法国研究者而言，无论是出版还是发行，只要是和著作编校相关的事务，法国基本只和法语国家的圈子打交道。而尽管法国与亚洲许多国家有双边关系，双方相较从前也更为亲近了一些，但对于法国科研出版界来说，亚洲仍是一块陌生的土地。

三、法国人文社科学界的不足

在这一章中，法国人文社科学界的真正弱点将会得到披露。那么，这些弱点都是有关哪些方面的呢？首先，我们要从学术争论、研究对象、范例及研究手段等方面来粗略地分析一下自 20 世纪七十年代以来，法国知识界所发生的转变。

尽管过去法国最突出的矛盾就是劳动者与雇主之间的对立，但自冷战结束以来，国际社会就不再以冲突作为主题了，至少在法国已经不再是了。而在过去大大改变了人文社科学界，使法国成为学术界指明灯的重要研究对象，如革命、去殖民化、共产主义、马克思主义、第三世界国家、附属国等主题，已经发生了变化和转移，人文社科领域也进入了一个新的时代——全球化。

新的时代也创造出了不少新的研究范畴——如全球化、跨国主义、主体性等，昔日的主题也得到了更新。社会的排他性、不公正以及不稳定似乎比劳动剥削更值得关注，根据德国社会学家乌尔利希·贝克的看法，目前最为时兴的学术潮流是对“方法论化的民族主义”进行评价。随着新技术的发展，网络及各种数字化工具在改变研究对象及方法的同时，也改变了研究结果的传播方式。而法国知识界那一套既能介入公众讨论、影响政策制定，又能受到学术界广泛肯定的行事方法或许在其最辉煌的时刻，也就是 20 世纪六七十年代，还能行得通，但放到当下，要产生这样的影响已经非常困难了。

20 世纪六七十年代时，法国社会所面临的问题以及由此产生的各种讨论深刻地影响了当时的法国学界。与其他国家的知识界相比，这种更深层的介入也使他们在融入新时代时面临更多问题。此外，他们对于既定概念有或多或少的依赖，同时却又无法察觉世界学术环境的变化，这也会给他们带来不小的挑战。

至此，我们对人文社科领域，或至少是其中的一些学科所具有的特点有些认识了：接下来要探讨的所有问题都是针对人文与社会的，而非自然科学或生命科学，更不是所谓的“硬”科学。

然而，尽管以上的解释十分值得探讨，但只聚焦于世界上与国家内部的思想运动是不够的。要想对现状做出一份详尽的分析，就必须要从多个角度考虑问题。

(一)语言问题

在过去，法语在世界学术舞台上占据绝对主导地位——从国际社会学协会(AIS)召开的第三次会议开始，伊曼纽尔·沃勒斯坦见证了它自1959年到2014年的变化历程："最开始时，协会的官方语言是英语和法语，而到了1959年，法语已经得到了大规模运用，基本上不需要翻译，因为参会者基本都能懂法语。在1959年时，参会者只有300人左右，但多数时候都在讲法语，而到了2014年，虽然协会规模大了许多(约有5000名成员)，但法语却用得少了。今天，如果有演讲者使用法语，即使是较为重要的议程，也会有许多英语使用者直接离开会场。①"同样的，在参加欧洲研究委员会的竞选时，尽管从理论上来说，参与者本可以用法语来完成介绍的，但在实际流程中，他们一定要使用英语进行口头表达及书面写作，才能够过关。这对有机会参选的法国研究者是很大的劣势，也使他们中的很多人望而却步。

即便在国际学术界仍有像国际法语社会学家协会(AISLF)这样的，以法语为主要语言的人文社科期刊、机构或组织，它们以法语国家大学为根据地不断推广法语的使用，法语也仍是许多国际组织的官方语言，但无法否认的是，英语还是占据着支配地位。

像许多其他国家的研究者一样，尽管年轻一代对英语的使用更加得心应手，法国研究人员从总体上来看并不擅长这门语言。这样一看，既然年轻研究者们英语这么好，那么为什么在申请欧洲研究委员会资金这种需要专门用到英语的事务上，申请比例反倒比年长者少呢？这难道不是自相矛盾吗？对此我们只能设想，在法国学者们需要克服的困难中，语言问题并没有那么关键。

在一些不说英语的国家和地区，像是北欧、荷兰，英语都隶属

---

① 参阅 Michel Wieviorka，《回归本意——告别衰落论》，巴黎，Robert Laffont 出版社，2015，第114页。

于它们文化中的一部分；而在其他国家，例如德国，尽管英语没有普及到这种程度，但至少也是被大量使用的。而在意大利，对法语的使用越来越频繁了——这里需要指出的是，因为意大利本国的研究环境以及高校的研究条件都变得愈发困难，国际市场条件相较之下要更好，因此该国有许多研究人员都在国际上寻求条件优于自己国家的研究岗位。

用英语来参加会议、写文章、筹备会谈等已经超出一些人的能力范畴了，而如果要用英语来参加那些安排紧密的国际学术日程，则又把难度提升了不止一个台阶：除了全程使用英语交流之外，他们还必须用英语修改文章，再将根据审查委员会要求作出的改动以口头方式呈现出来。如果不是对英语掌握到纯熟的申请者，在评审委员会前的表现就很难理想。对于欧洲研究委员会资金的大多数竞选者而言，这就是他们遇到的困境：鉴于筛选分为两个阶段，即先从一众计划书中挑出最优者，接着再由一个国际化的审查小组就获选计划当面提出问题，如此一来，获选者的英语水平要足以及时应对那些最微妙的问题，而这已经不是学校里教授的英语能涵盖得了。除了原本就来自英语国家的竞争者，比起那些在使用英语的学校里生活过、学习过或是交流过的非英语国家同行，法国学者们也不占任何优势。图卢兹和巴黎的经济学院，还有巴黎政治大学之所以能够取得今天的成绩，也和他们长期在生活及学习中同时使用法语和英语有关。通过对外国留学生的大量接收（在巴黎政治大学，2016 年注册的博士在读生中有 39%都是外国人）以及对外籍教师的聘用（目前在巴黎政治大学，有 30%的助理教授是外国籍，其中一部分拥有双重国籍），为法国学生提供的长时间交流机会，这几所学校营造出了师生共享的良好的国际化氛围。

要真正让大众习惯国际化，从中学起就要注意相关的培养，如果参照英国和荷兰的经验，那么硕士阶段便无论如何都要注重国际化体验了：对于这些未来的研究员们，在进入博士阶段之前就要让他们习惯出国交流，至少也要能够运用英语生活。此外，在《影响因子》的期刊评价中，法国研究者们也有不小的劣势。根据该期刊的算法，英语期刊所占的权重要远远大于法语期刊，最大可达到三至四倍，而根据这一套影响力计算系统得出结果，研究人员及机构被划分成了各个等级。

这些现象提出了两个问题：首先，法国人文社科研究严重受到英语挑战这一概念究竟是建立在什么基础上的？其次，为何与西班牙、意大利等同样来自非英语国家的研究人员相比，法国研究者收到的冲击似乎更大呢？

我们发现在人文社科类的某些学科中，语言问题要比其他学科更加尖锐。法国的经济学家们就非常习惯对英语的运用，能够用英语发表文章，甚至是毫无障碍地参加国际学术活动。但在其他学科，尤其是和人文科学相关的学科，即便要求研究者们用母语之外的语言来思考、写作或是陈述，能达到标准的人数也远远不够。

英语的主导对法国研究者们带来了这两大影响：一方面，在介绍观点或分析结果时，如果涉及语言上一些微妙的地方，那么研究者们成果及观点的传播就会被打上折扣：如何才能把雅克·拉康这种心理分析学家或是罗兰·巴特这类符号学家的作品完美地翻译出来呢？如此一来，语言成为了人文社科理念传播路上的阻碍，学术多样性则被放在了一旁，而在大力推动特定科研概念发展的同时，整个学术环境也遭到了一定的损害；换言之，在英语主导下，有可能会造成创造力及独创性的缺失，使得学术土壤变得贫瘠。

说到底，这个问题的根本取决于研究者们是否有必要掌握一门法语以外的语言，不管该门语言是否为英语。对于需要研究他国情况的人种学家，以及需要研读历史文献的历史学家而言，只要他们对研究对象国语言的熟悉程度让他们能够深入了解当地的社会与文化状况，并且可以毫无障碍地参加国际学术交流的话，那么放弃英语也是可行的。但事实上，对于研究他国文化或历史的法国专家们而言，完全地掌握该国语言的人并不多，在他们的著作中可以看到，有不少人都止步于法语及英语中已有的相关文献。法国似乎一直有一种特殊的气场，可以让它与其他国家交流时不必由英语做媒介。而如果一个国家本就对法国有一定兴趣，而法国的学者们又对它颇有研究，比如越南(出于历史原因)，那么这种现象就愈发突出。像法国国立东方语言文化学院(Inalco)这样既教授东方语言，又进行相关研究的机构，就拥有能够运用这些语言及法语开展研究、进行国际交流、发表相关文章的学者们。这里所涉及的就是不需英语介入的双边交流，而对于掌握了这些外国语言，也就是能够直接接触一手资料、用该语言进行采访，甚至是主动参与到观测当中。

可以肯定的是，在全球范围内，越来越多的高校及研究机构更加注重于发展多边的合作伙伴关系，而不是把自己局限于同单个机构的优先关系中。尤其要注意的是，如果法语与英语以外的语言发展双边关系，即便这样做对相关专业有决定性的帮助，也很难把它推而广之，使其进入国际学术界视野。

同样的，对于只用英语来思考及生活的研究者们，他们身上所体现的语言上的种族中心主义，甚至可以说是一定程度上的地方主义也是让他们思维枯竭的根本原因。如果一个用英语做研究的学者要研究汉娜·阿伦特在巴黎的经历，却不引用任何法语文献，那么能使这篇文章更加深刻的各种法语资料就对他没有任何用处；而自20世纪70年代就存在在人文社科学界内部，有关多元文化主义的辩论，让北美、欧洲的部分国家、澳大利亚以及新西兰都意识到了自身存在的问题：在涉及其他地区时兴的研究课题，例如说在拉丁美洲非常受瞩目的当地文学，如果以上的问题国家愿意更多地接触西班牙语或是葡萄牙语的文本，那么它们对拉美文学的研究将大有精进。

(二)大学制度的缺陷

在人文社科领域，法国大学在国际学术界话语权较弱，其所实行的种种制度和准则虽然已经开始和执行运用，但并不普及。

在法国大学内，即使学者拥有本可以给自己加分的国际学术经验，法国高校实行的标准也往往不把这一因素纳入考虑范围内，对这种海外学术经验能够带来的影响无动于衷，甚至有些抵触。与这类标准相比，英国和荷兰的高校的评价侧重点正好相反，在招聘时有一套从各个角度全面系统地分析应聘者的标准，而其中就包括国际学术经验。

从总体上来说，法国的大学系统并没有完善到能够支持法国在国际学术界的发展：对于国际性会议以及论坛，提供给教师、研究者、或是博士生的参与机会远远不足。至于人事资源，像是能够与欧洲研究委员会资金获得者们合作机会的这一类职位，目前也很缺乏。

对于外国研究者，法国的大学很难提供与国际标准一致的条件，最后只能另辟蹊径。这些另类的手段包括更长时间的学术休假、更受人尊敬的教职位、以及非常规性奖金及薪水的发放。最后这项举措是先从经济学界开始的，实行者有图卢兹经济学院，或者是其他一些资助数额相对更小的机构，例如巴黎政治大学，以及资助更为有限的艾克斯-马赛大学——这种为了招揽人才而想出的所谓的“灵活性”策略，只有借助私有基金的力量才能够达成。

法国的大学机构很少为来访的外国学者提供住处或是签证，他们的配偶子女则更少享受到工作及生活上的便利。这些旅法的研究员们往往连自己的办公室都没有，更不用说助手或是秘书了。

而对于法国本土的研究者而言，在国际学术经历这一项上，现行的制度也并未对此做出相应的鼓励，尤其是涉及他们博士毕业之后的这段时期：如果研究者们在博士毕业后选择去国外进行长时间游历的话，他们需要拥有很大的勇气。因为应聘讲师或是教授一类职业的经历，并不会受到应有的重视。在评审者们眼中，这种国际学术流动往往被视为是弊大于利的，甚至是候选人学术道路上的阻碍。在《讲师候选人资质要求》(以下简称《要求》)中，国家高校理事会(Conseil National Des Universités，CNU)下的人文社科分支没有对候选人提及任何有关国际学术经验的规定，连最基本的鼓励都难觅痕迹。如此一来，相对于其他国家而言，法国较晚才开始启用FUNDIT平台也就不足为奇了。FUNDIT平台①于2015年建立，资助者是法国高等研究机构网专属基金会(Fondation RFIEA)，与法国国家人文社科联盟拥有合作关系，在不少国家就很早存在类似的

① 获取更多相关资讯，请访问<http：//www. fundit. fr/fr>。

工具了。该平台致力于为研究者提供在欧洲以至国际范围内各种奖学金及博士后项目的信息，时长从六个月到两年的各类外国奖学金项目都有非常及时的介绍，同时还会告知研究者欧洲以至整个国际学术界的各式独立及合作型研究资助项目。

与其他学科不同，人文社科领域所拥有的博士生资源是较为匮乏的，所以即使有意愿攻读博士的候选人没有相应的资金，仍然是能够注册的，这导致了博士生数量的增长。此外，由于学术任务繁重，博士生及年轻的研究者们的社交活动非常远远不足，再加上途径的匮乏，他们往往很少有机会参加国际学术交流。

总体而言，由于没有大量接收来自外国的人文社科研究者，大多数法国高校未能给年轻的研究者们提供足够的与外国学术思想及研究模式接触的机会。不过值得一提的是，卓越资金(financements dits d'excellence)与卓越实验室(LABEX，Laboratoires d'excellence)的合作，取得了不小的进步。LABEX 项目在海外聘用的博士后研究人员能够享受所谓的"未来投资 Investissements d'avenir"——一笔相当可观的资助，而根据国家学术研究社(ANR)所提供的数据，聘用这类研究者的百分比在 2012 年大概占据了 40%，2013 年达到了 60%，而在 2014 年又回落到了 35%。

此前我们看到，在欧洲研究委员会项目中，法国人文社科学界表现较差的集中在"起步拨款"项目，也就是在年轻研究者身上：如果从组织和机构的角度来分析这个问题，我们或许会获得决定性的启示。在高校内，讲师职位的竞争是十分激烈的——常常是多个候选人竞争同一个职位——而博士生们，无论有多么优秀，往往都要在获得该职位之前经历一段时间的"闲置期"，他们在这段时间过的是一种艰难的"学术上的无产阶级"生活，随之而来的辛酸与不满并不利于他们科研能力的成长。同时他们也清楚，如果离开法国，他们获得职位的机率就会更小。而在博士毕业后，他们终于获得了讲师职位时(2009 年至 2015 年，文学及人文科学博士从毕业到成为讲师的时长平均为三年零四个月，法律及政治科学博士为两年零一个月)，他们发现已经没有足够的时间参加国际学术活动了：各种事务不但繁重，而且极消耗时间——教学、学生监督、校务管理，等等。虽然这些优秀的人才都是通过严苛的选拔才获得现今职位的，但他们却发现自己的工作条件相当艰苦：要面对的常常是人满为患的阶梯教室、刚踏入大学校门的无数学生、必须承担的行政责任，在这种单调又费力的环境下，他们在学术上的创造性在一点点被耗尽，单看他们每年的课时数，198，就已经非常能反映问题了。此外，在招聘时，评审委员会也会更青睐那些能默默承受这些艰巨任务，不会表露出不满的候选人，至于表现出自己爱好四处游历的候选人，就不那么容易受到委员会的信赖了。

在人文社科领域富于盛名的学校及研究机构，例如社会科学高等学院，讲师就职的时间往往都较晚，基本都是在三十好几岁得到聘用，甚至还有到四十岁才被录用的；这些研究人员往往都对学术游历非常有经验，而且多数是希望在投入繁重的教学任务之前，先留些时间好好收整一番。值得一提的是，在一些已经意识到该问题的高校内部，新上任的讲师们能够在就职后的头两年先适当地减轻一些工作量。

此外，高校内对博士课题方向的要求也构成了未来研究者们漫漫求学路上的障碍，对于有意愿进军国际学术界者尤为严重。和英语国家的大学相比，在法国，这类已经被定下的课题需要大量的前期准备时间，大大限制了论文作者出国交流的机会。同时，与英语国家相反的是，法国并不太鼓励这些作者在准备课题论文的期间发表其他文章。如此一来，等到答辩时，他们不但毕业时间较英语国家的同行们更晚，名下文章数量也较少。

同样的，为了取得特许任教资格（HDR），候选人也需要花很长的时间来酝酿用于申请的文章。然而，他们花在文章上的时间越多，自己的流动性就越受限，能够参加国际学术活动的机会也越少。某些因为调动有休假机会以及被法国国家科学研究中心（CNRS）外派的申请者们本可以选择去国外进修，例如参加欧洲研究委员会所资助的各类项目，但他们却往往为了准备文章而不得不放弃类似机会。

像“卓越实验室”（LABEX）以及“卓越计划”（IDEX，Initiative d'excellence）于近期带来的资金援助一样，高校与研究机构共同体

(COMUE)的存在也提供了新的资源，而资源的丰富也促进了高校环境的改善，人文社科学界的国际化也得到发展。

在法国国家科学研究中心(CNRS)、国家发展研究院(IRD)这样的研究机构，以及类似巴黎政治大学(Sciences Po)和社会科学高等学院(EHESS)这样的高等学府内部，在迎接外国和法国教学研究人员方面，它们所提供的条件还是优于大部分高校的。然而，终生研究员这一职位可能带来的问题也值得人深思——该工作多由法国国家科学研究中心(CNRS)及国家发展研究院(IRD)这类机构提供，没有任何教学要求。然而在法国以外，绝大部分国家是不存在类似机构的，研究人员基本上都是教师，但他们照样能够产出优秀的研究成果。

尽管招收外国教研人员对于高校的开放性及多样性都有好处，但法国高校并没有对此进行重视。不过在法国国家科学研究中心(CNRS)这类机构，招收外国研究者的情况却很常见：有三分之一的受聘者都是人文社科领域的。不过，对于熟悉"杜蓬法"(loi Toubon，其中要求法国研究机构内部必须使用法语)的外国人而言，他们在面对需要用法语教学的职位时可能会有所退缩，然而从实际上来看，该规定的弹性很大。此外，相较于法国，其他国家对外国学者的接收要热情不少：在葡萄牙，对于从国外过来访问的教研人员，国家是可以给予一定税收优惠的①。

最后值得一提的是一个在世界范围内都存在，但在法国尤为突出的问题：就是在欧洲研究委员会评审以及"地平线 2020"项目都占据重要地位的跨学科理念。从官方口径看来，跨学科这一概念在法国经常被拿来夸耀，但在应用时，由于大学系统内部学科结构的问题，真正的跨学科研究实际上遭受了不小阻碍。如此一来，那些有意在学术界有一番作为的年轻博士生们不得不受制于该系统，他们不但失去了用英语进行国际交流的需求和可能性，而且只能一心扎根在自己的专业内，无法做到跨学科研究。

---

① 获取更多资讯，请访问<http://www.village-justice.com/articles/Expatriation-Portugal-nouveau，21297.html>。

在人文社科领域的某些学科内，如果博士生们在毕业后没能直接获得高校的教研员职位，还有一条路就是参加中学教师资格会考，进入中学任教后，再继续寻找更好的机会。然而，从法国目前大学校(grande école)预科班来看，这类班级并不是知识界在充分发展后自然产生的教育方式，而是为了培养一群与英语国家学术习惯脱节，并且跟不上当代学术演化主流进程的“未来精英”而存在的。所以对于参加中学教师资格会考的人文社科领域的博士们来说，如果只满足于“能胜任中学教师”这一标准的话，情况只会越来越糟，只有选出具有研究能力的候选人，才能够让知识真正地渗透到学生的认识里，实现真正的“教学”，而非简单的知识传授。

四、法国理想的人文社科研究模式

从根本而言，人文社科领域是几个西方国家于 19、20 世纪逐渐建设起来的。德国历史学家沃尔夫·勒佩尼斯甚至在书里写到，社会学可以说就是从法国、英国及德国起源的①。在当下，人文社科研究已经在国际上得到了充分的传播，而且似乎已经开始遵循一种主要的发展模式。但在法国，过去的研究模式还在试图对这种趋势进行抵挡，更没有放眼未来的意思。

(一)国际主导模式

在以英语国家高校作为代表的国际学术界中，中国、韩国、日本、前苏联国家等都遵循了一种高度竞争化的新自由主义管理模式：招聘范围得到了大大扩张；高校人才市场也进行了全球化，要随时融入北美及英联邦国家更是没有任何问题；而且无论是从研究理念还是研究成果来评定，都会有相关的标准以及衡量体系，哪怕是人文社科领域也不例外。

在这种模式下，大学校长们最看重就是自己学校在国际竞争的

① 参阅沃尔夫·勒佩尼斯，《三种文化——在科学与文学之间，社会学的诞生》，由 Henri Plard 自德语版翻译，巴黎，人文科学出版社，1990 年。

表现以及资金筹措的成果，对校内研究者及其成果的评估也成为大学排名的标准之一。现在，评估结果成为了衡量一切的唯一标准：通过一些量化工具，国家、单位、院系、实验室、期刊以及研究者自身都被划分为了三六九等。在招聘过程中，应聘者之前的游历经历以及发表作品影响因子的高低成了最重要的考核指标。在美国及英国的大学中，如果没有充足的国际学术游历经历，应聘者是不可能得到助理教授的职位的，参与大型的国际学术会议的经历也是很有必要的。目前在国际学术界内，在相关出版物及作者署名上，将人文社科研究与其他领域挂钩是越来越风靡的现象：相较于出版成书的著作，期刊上的文章更青睐这种形式，而且在作者署名方式上也更倾向多人的合作。

(二)欧洲模式

欧洲模式不同于国际主流模式，两者之间的差别可以通过以“地平线 2020”为首的欧盟各类框架方案与国际上流行的，即在美国主导下的高校系统主持的项目之间的差异来体现。

值得肯定的是，对于人文社科领域而言，在欧洲以外，再没有其他地区能够提供类似的研究政策。欧洲研究委员会项目尤为瞩目，它批准的方案并不特意迎合政治及公众领域的热点话题，而且全都是自下而上，由学者自发提出的：只有专业的评审会来评价方案的质量，对于那些从事前沿研究以及钻研有一定风险性课题的研究者而言，高风险也意味着高回报。而在常见模式下，课题往往已经指定好了，研究者们只是根据该课题给出自己的考虑，指出其发展的可能性。此外，因为“地平线 2020”项目中的“社会挑战”要求同一小组的研究者们来自不同国家，甚至对国籍数量有硬性规定，因此营造出了“欧洲化”的氛围，构建起了欧洲范围内的学术网络，使得来自不同国家学者之间的合作成为习惯，对促进欧洲学术合作也作出了不小贡献。

最后要提的是，在欧洲许多声名显赫的高校，尤其是荷兰与英国的大学内部，有助于研究者们申请国内及国际研究资助的工具可谓数不胜数：有实时跟进各种资助项目的、有帮助编辑方案内容的、有负责包办一切行政手续的，如果候选人的申请得到批准，那么还有陪同的。在法国，随着国家联络点(PCN)的建立，相关政策也逐渐成形，但法国却不愿将本国联络点加入欧洲联络点网络，说明相关政策还有许多亟待完善的地方。

在人文社科学界的国际化过程中，欧洲一直有自己的特色，而就法国对“地平线2020”计划的回应来看，法国学术界对建立一个“欧洲化”的人文社科学术圈可能是缺乏热情，甚至怀有抵触情绪的。

(三)经典的法国模式

如此看来，法国人文社科学界既对国际主流模式有所抗拒，又对欧洲范围内的各类项目兴趣寥寥。有许多法国研究者及负责人认为，前文提及的两种模式容不下研究的独创性及丰富性——而就欧洲研究委员会所严格遵循的“自下而上”原则而言，他们的这一观点显然有失偏颇：研究者有权决定自己的兴趣范畴，委员会在研究方向上也没有任何要求、建议和偏向性。这些法国研究者及负责人又认为，目前盛行的国际模式象征了新自由主义的胜利，金钱大于一切——但是鉴于法国的学术研究大多由公共领域资助，而欧洲的各种项目也是从所纳税费种获得资金，他们的这种批评也没有太多根据。法国这些研究者及负责人还担心当主流思想不断增强时，批判性思想就会渐行渐远。对于欧洲研究委员会所推行的研究模式，即在一个名义上掌握资金的“首席研究员”的带领下，一队年轻研究者们根据他的指导开展研究这种模式，这些研究者及负责人看到的是它对博士生造成的不利局面：如果要听命于首席研究员，这些年轻人自己的论文不就被搁置一旁了吗？如果他们自己想展开新的研究该如何做？他们会不会失去对于研究者而言极其重要的自主性呢？而如果一个人文社科领域的研究者在其学术生涯的头些年只有参与欧洲研究委员会研究项目这一成就，或是把它作为主要成就，这利于他作为博士生或是博士后融入整个学术界吗？

在一些情况下，批评主要针对的是，在面对为研究带来了革命性改变的现代工具及方法时，产生的质疑与不安的声音。像大数据、数据银行、互联网、社交网络、现代通讯技术等等，都对哪怕是最传统的人文学科带来了极其深刻的影响①。此外，还有一些批评听上去更像是谴责，像高校与研究机构共同体(COMUE)这样有意参与国际学术模式以期推广自身“品牌”的行为，就曾遭到过指责。联合署名对于排名的影响也遭到过质疑，因为这样一来获益者就不是一个，而是多个，如此一来，质疑者们也在法国学术界自身以及相关研究机构身份和特点的丧失上做了不少文章。

顺着这样的思路，法国自称相较于其他国家，国内现行的运作模式对于年轻一代的独立思考能力以及创造力更加有利——然而就我们之前看到的种种情况而言，该说法完全不成立。单是年轻研究者们在欧洲研究委员会内的表现就能对该说法提出否定，而找不到工作的博士生们所遭遇的“无产生活”似乎被彻底抛到了脑后，即使他们找到了工作，任务之繁重也常常使他们不堪重负。同样的，这些批评似乎并不怎么关注高校内呈现出的更加实际的问题：人满为患的阶梯教室、对教师及学生们数量可怜的投入、缺质又缺量的行政工作，等等。

从根本而言，这里所提到的种种批评都建立在这样一个观点上：占据中心位置的应该是个人研究，而团队研究，以及合作研究还是受到了或多或少的抵制。从这种角度来看，一个由“首席研究员”指导的项目所涉及的并不仅仅是单纯的“教授-学徒”关系，而是一种会带来束缚，甚至是剥削的模式。这些批评的声音还要求人们正视研究的多样性，他们认为欧洲研究委员会所推出的“首席研究员”模式更适合根据收集来的数据进行数量分析的定量分析，而非能够让博士生真正自主发挥自身才能的定性研究。

浏览法国批评家们针对国际主流模式的评论后，大家也能认识到为何法国在国际大型学术会议及组织中表现如此不积极：这些组织越不强调它们的学术性和智力性，它对于法国的受众就越缺乏吸

---

① 原注：此处可参阅《社会》期刊第 4 期中的《数字化的转角路口……之后如何?》一文，由 Dana Diminescu 及 Michel Wieviorka 指导，2015 年发表；以及 Michel Wieviorka，《数字技术，社会科学的强加条件还是崭新时代》，巴黎，法国国家科学研究中心出版社，2013 年。

引力，因为对于后者来说，法国的高校系统及出版系统能更好地满足他们的要求。

然而，即便国际主流学术界的确没有这么看中学术性和智力性，它仍有其他值得肯定之处：它使得学术资料更加社会化和普及，年轻的研究者们也不再局限于自己的国家或地区，而是有机会去了解外面的情况；它为思想之间的碰撞与对峙提供了平台；它还能使得研究者们有了进入更大、更新的学术网络的机会。

并不是所有针对国际模式的评价都是负面的，在评论者眼中，相较于国际上的主导模式，他们还是更倾向于欧洲的方案。然而，目前法国国内体制所存在的漏洞和面临的问题已经足够使人警醒了。上文的种种评论非常充分地展现出了一种思想上的防备性，而尽管这些评论者所抵制的模式还有其不足之处，它照样能为人文社科知识的生产及传播带来不小的贡献。

要把法国学界内部的这种种抵触归结为对研究者创造性和独立性的保护，以思想自由来为其正名当然不是难事，但事实上，这种说法往往是为了掩盖住另一层事实：目前主导学术界的并不是任人唯贤或是创新为王，而是方法的极度缺乏、官僚主义的盛行、对年轻教研者缺乏支持以及以各种形式出现的集团主义等。以上的种种乱象聚结在一起，并不能构成欧洲与国际主流之外的另一种模式，只能体现出傲慢与地方主义结合的后果罢了。简单来说：国际人文社科学界的主流标准有不少值得商榷之处，但法国研究者们对于欧洲项目的抗拒，以及人文社科领域内部发展的不平衡，都明确地指出，法国走的路并不足以构成另一种令人满意的模式。这类研究大多还是拘泥于知识界内部，总给人以空中楼阁之感，连在国内取得一定影响力都有难度，国际上则更不必考虑了。

法国现存的不足已经很明显，而国际学术体制的运作模式也确实应该得到重新审视。但可以明确的是，法国各类问题的主要根源是其在对过去继承下来的那一套做法不愿做改变。相较于他们别国的同行而言，法国的研究者们更喜欢提及法国知识界的传统，还会把早期人文社科界只有极少数研究者时(20 世纪六十年代早期，从事相关研究的只有几十人)的工作模式作为参照。

让人感到非常矛盾的是，法国目前所存在的问题一方面要归结到自 20 世纪六十年代起取得的成功，另一方面也和领域内学生数量庞大有关。学生一多，需要的教师也多，而在教学需求被放在首位时，研究又处在什么位置呢？除此以外，尽管法国人文社科研究经历过辉煌，目前也仍有不少值得夸奖之处，如看重创造性、强调批判精神，但如今它既找不到充分实现这些抱负的途径，应对挑战时也较为吃力，有些特点放在过去或许是能帮助扩大影响，但继续放在当下就导致自我重复和封闭的后果了。

哲学家茨维坦・托多洛夫曾经宣传过一个理念：对于身为知识分子的研究者，本质上最需要的就是一把摇椅和好的图书馆的通行权。然而在其他国家的人文社科学界以及法国本土的其他领域，至少都会有制度建设、人事帮助以及对研究者的定期评估：这就表明，法国的人文社科学界非常看重研究者个人的自由度，而对集体研究连相关的评价机制都没有。可以说，在一些相对极端的情况下，无论研究者及机构是否产量高、创新能力强，是否能回应社会期待，是否会更新自己的研究方法，是否会研究国际学术思潮中最受瞩目的问题等，都不重要：在法国模式中，研究者及相关机构可以宣布自己就是研究成果质量以及研究流程优秀程度的唯一判定者。在这样的局限之下，一本专业书籍购买者稀少，会被看做是其学术性强、内容严密的体现，那些所谓的“大众传媒化”的面向市场的作品，则被看做是可以拿来批评的。

在法国人文社科领域的传统中，科研主要还是个人独立完成的工作，会加入研究小组中的研究者相对很少见，参加到国际性的合作项目中的研究者就更少了，因为法国研究者知道自己可以通过类似法国学术研究社（ANR）这样的机构获取研究资金：那么为何还要投入到难度更大的国际竞争中呢？他们担心自己要将大量的精力消耗在行政和管理工作上，更担心在精心准备后却仍在国际性的竞赛中失利，这对他们的打击将会是非常巨大的。这样一来，他们对与他人同台竞争的逃避心理会愈发强烈——到最后，就直接以法国人文社科过于出众为借口来掩盖心里对这类对决的抗拒了。

还要提及的是，有别于美英等国家，法国的人文社科学者可以直接加入到公众辩论当中，学界也并不会将其看做什么错误或是将该学者边缘化，因为该学者的定位不完全是“科研人员”，而是“知识分子”。与为了在期刊上发表文章排上一两年的队相比，他更愿意在《世界报》这样的刊物上发表一篇热气腾腾的书评。从这种角度来看，该研究者已经自愿进入了一种批判性模式，甚至可能会有些吹毛求疵。相较于他批判的热情而言，他在思考和解决问题上的热情就淡了许多。这里我们也可以看到亚历西斯·德·托克维尔在《旧制度与大革命》中提到过的，在他那个时代就存在的英国与法国学者的区别：法国哲学家大多具有革命精神，有一种纯粹的激进，因为法国学界的传统就是要远离对权力的操控的；而他们的英国同行们大多都是改革派，因为已经习惯呆在权力周围，也习惯各种交易了。

这里或许最好谈一谈历史这门学科在法国的地位。毫无疑问的是，它是具有特殊性的。与其他国家相比，法国的历史学科与人文社科领域学科的关系，比与其他学科更为亲近，这也是当年建立年鉴学派时依循的主要准则。对于那些跨学科的研究机构，像是社会科学高等学院（EHESS）和人文科学之家基金会（FMSH），历史学科的参与也使得它们内部研究更加活跃。然而现在，不单在法国，历史学科曾具有的优势遭遇了整体的危机。套用恩里科·贝林格的话来说，历史过去有一种“推进力”，而现在已经难觅其踪迹了。它曾经想要为其他学科的发展历程提供背景，但今天也越来越难做到了。在法国，历史一直是与国家叙事分不开的。此外，在过去这四十多年间，关于历史的各种思潮开始涌现，在全球史这一块尤其明显，法国历史学家们也不再像过去那样占据国际学术权威的位置。这样的结果就是，法国的历史学也不像过去一样能在国际学术舞台上鼓舞人心了。

在历史学界还有一个严峻的问题，其中牵扯到教师资格会考。对于历史学的研究者而言，这场会考不仅仅是单纯的选拔中学教师的考试，它还会直接关系到他的高校与研究生涯。我们前面已经说过，这类考试准备时间长，非常耗费心力，研究者在准备期基本与外面的学术界隔绝，也无法参与国际学术活动：教学看重的是对知识的掌握程度，继而对其加以传授，而非对知识的产出能力。而是否将该会考作为研究者进入高校、从事研究、进行高等教育的必备条件，是非常值得商榷的，这对于法国现已渐显颓势的历史学科又是一种不小的负担。

最后需要提及的是，法国在某些学科以及某些机构，包括某些研究者自己针对国际学术主流做出了各种反抗，却并未能提供另一个可行的模式。在当下，如果一项研究挂靠的单位不够声名显赫，那么不管该研究多么一针见血、新颖独到、内容丰富，要受到关注都是一件难事，所以能受到瞩目的往往也只有那些已经有一定国际地位的专家们的成果。高等研究应用学院(École pratique des hautes études，EPHE)就可以印证我们的观点。该学院于1868年成立，历史悠久，聚集在这里的研究者多是一些冷门生僻领域的大家。为了能够使这类研究保持在世界一流水平，学院就要招收国内外最优秀的大学生，让国外的顶尖教师愿意在学院内工作至少一段时间，国内的教师不被外国开出更好条件的研究单位所吸引过去，还要让国内的公共权力机构看到，院内的整体环境并不是陈腐又自我中心的。要使得该学院继续生存下去，就不能在研究条件已极大地受到全球化的影响下时，再走以前的老路。举例来说，院内为行政人员和研究者们提供了英语课程，但只在语言上下工夫也是不够的。2010年时，院内又针对项目申请设立了专门的助手。对于博士生，院内还有专门的资助，尽管数目不大，但足以让他们参与国际学术论坛及会议，或是参加海外参加联合培养项目了：对于这一类研究机构而言，如果它们还想继续坚守自己的特点，就必须要在国际上获得关注度。然而，对于学科小众到大多集中在一所学院内，连国际排名都没有的学校，要如何获得关注度？对于那些渴望有一定流动性，却又希望能在自己的简历添上些优势的研究者，学校要如何勾起他们的兴趣？还有想卓越计划(INEX)和卓越实验室(LABEX)这样意不在帮助困难机构，而是支持表现突出的单位的项目而言，学校又要如何吸引它们的注意？这些问题很难回答，而在可行的方案中，有一个解决方法就是把类似的机构集结起来，作为一个整体更容易获得关注度，也能从中获益。这也就是像高等研究应用学院

(EPHE)这样的研究单位加入高校与研究机构共同体(COMUE)的意义所在。

建议及总结

对于法国人文社科学界的研究还存在很多不足，相关课题也很有待更深入的探究，不过，本文所得出的结果已经可以让我们提出一些建议了。

首先，由于缺乏相应的工具，我们难以对法国人文社科领域研究现状的种种不足进行恰当的评估，这也牵涉到了我们在文章开始提出的建议：要对法国人文社科研究活动信息汇集处(RIBAC)进行改善，从大学开始，把这一平台更好地应用在整个高等教育及研究系统中，同时，在涉及博士论文及法国的论文及特许研究资格(HDR)论文时，法国大学文档系统(SUDOC)和 theses. fr 等工具要与其直接挂钩。同样的，针对类似玛丽-居里奖学金的项目，也应该定时收集具体信息，例如奖学金拥有者在法国国内有关机构的就读以及离开情况等。总之，法国人文社科研究活动信息汇集处(RIBAC)平台应该得到完善，使其为公众、研究机构、研究员、教研人员服务，得到更加充分的应用，成为所有人都必须使用的工具，而不是只对法国国家科学研究中心(CNRS)的研究者们开放。

其次，在面对欧洲项目时，之所以年轻的法国研究者参与申请“地平线 2020”项目的比例非常小，人文社科领域的尤其小，与该领域内部并没有任何鼓励性措施有关。目前，法国公共权力机构急需联合其他部分国家，例如德国，向布鲁塞尔那边施加压力，不要再让人文社科研究再被所谓的“植入”方针继续破坏了，毕竟该方针并不利于人文社科的发展。同样的，欧洲研究委员会的生存与发展关乎整个学界的生息，对于人文社科研究则更是关键，应该受到法国的大力支持。只有这样才能够增强学界对“欧洲化”的信心，也会帮助建立欧洲内部人文社科知识产出的重要框架。此外，需要反思的还包括国家政策，如国家学术研究社(ANR)的功能就非常值得被仔细审视，它与现存的欧洲方面的政策衔接也值得探讨。

从目前法国高校的情况看来，国际学术流动性以及学界思想开放性还没有得到足够的鼓励。为了改善此现象，首先，人文社科学术网络应当鼓励教师开放双语制，并鼓励大学生们使用英语。其次，为了保证博士论文的创作能拥有相对理想的条件，要拒绝没有确切资金保障做基础的博士生注册，导师指导的博士生数量也应该有所限制——这可以通过国家的强制规定来完成，也可以通过研究机构自己规定。在读博期间，应鼓励博士生多发表文章，尤其是在英语类的国际性期刊上发表。

在培养学生为未来研究做准备时，除了相关的学术训练，还应该教授他们如何适应国际学术界，包括如何起草项目申请书、如何融入国际优秀学术人才网络以及各种沟通策略等。这些知识的传授应该从硕士阶段就开始，并要求学生参与各种出国交流。在招聘高校教研人员时，评审委员会要重视候选人之前的国际交流经历以及在期刊上发表的英语文章。法国可以要求获得了某些特定机构，如卓越实验室(LABEX)资助的博士后们必须出国进修，或者让他们对来法的外国学生进行帮助。每逢聘用及提拔时，良好的国际流动性或是长期的外国学习经历都应该成为重要参考标准。在研究者们受到聘用后，教学任务、行政任务，再加上研究机构提出的学术要求，种种堆叠在一起，常常使他们面临超负荷工作。所以，公共权力应该减少新上任讲师的教学与行政负担，让他们有更多精力投入到研究上，促进学术方面的发展。

在进行学术研究的方式上，尽管跨学科的优势已经得到了承认，但大学内的实际运作原则，以及学科内部制度采取的决定大大超过研究者本人的话语权，对跨学科模式的发展并没有利。目前亟须出台相应的措施(如果已有措施，便对其进行加强巩固)，在不否认单学科的同时，能够使投身于跨学科项目中的研究者们的职业生涯同单学科研究者的学术生涯一样正常发展。

在人文社科领域内部，法国的相关高等教育与研究机构大多很难吸引到最优秀的外国研究者，甚至在自己的研究者收到外国高校邀请时(例如申请到了欧洲研究委员会奖学金)都不太容易留住人，甚至面对玛丽-居里奖学金获得者这些高校都不知如何恰当地来接收，因为相关的问题多而繁杂。首先，这些机构要尽可能多地帮助研究者们申请相关的项目，而在有候选人入选之后，则要懂得把他们安排到适合展开工作的环境中：社会科学高等学院(EHESS)之前就有过令人惊讶的两个案例，即学院内的研究者申请到了欧洲研究委员会的奖学金，最后学院却没有能力甚至是没有意愿把人继续留在院内。FUNDIT平台，还有为奖学金候选人提供熟知项目的工作人员来帮助前者准备相关文件的《ERC+》平台等，都应该受到公共权力机构的大力支持。高校与研究机构共同体(COMUE)目前有朝这个方向发展的趋势，这种行为应该受到强烈鼓励。有了国家和大型机构的支持，这些措施就可以从法国国家科学研究中心(CNRS)开始实施。对于接受过相关培训，又能够讲英语的工作人员，应该让他们来确保对来法访问者的迎接，包括住宿的安排、手续的办理等，这些措施是从机构层面上讲是实行"主人心态"，同时也是在法国国内及欧洲相关法规约束下的一种灵活应对。目前从全球范围内来看，高校系统的竞争越来越激烈，如果不能提供有竞争力的薪酬及各种条件，学校就很难招到或是留住人才。但法国目前的大学系统从文化到制度都还很难应对这种竞争，所以为了能够使法国吸引更多人文社科领域最优秀的外国研究者，国家必须为他们提供能与国际标准抗衡的薪酬、良好的职业前景以及令人满意的接待与工作条件。

法国学术研究在世界范围内受到的关注度的提高，以及它的国际化能力的发展，与法国学术出版物在网络上的大量出现也有关，而这都主要归功于CAIRN和OpenEdition这两个平台。OpenEdition的模式完全遵循"开放获取"的原则，因此它一直需要外界的帮助与支援。针对该平台所作出的贡献，公共权力机构亟须提供高效的支持，为法国人文社科研究在国际上的推广与传播献一份力。与前些年，尤其是与法国国家学术研究社(ANR)所采取的模式相比，这种网络平台在行政上的灵活以及反应上的迅速等特点就显得尤为突出，可以将其作为未来法国人文社科传播的主要平台。

为了促进研究的国际化，法国在海外的研究机构(尤其是法国海外研究所(UMIFRE))以及法国本土接收外国研究者的机构(高等学术研究所(IEA)、全球研究学院(Collège d'études mondiales)、杰出奖学金计划(chaires d'excellence)等),这两者之间要做好衔接,以便法国发展科技文化外交政策。目前的经济困难并没有让外交部放弃对法国海外研究所(UMIFRE)及其他法国在海外的研究机构的支持,只是预算有所下降,这些支持既能帮助"影响力外交"的推行,也能提高法国研究者在国际学术舞台上的参与度。所以,对这些机构的支持要被放在首位,并给它们尽量增加预算,而至于法国负责"人才出口"和"人才进口"的机构,尤其应当开设在人文社科领域未来会具有全球影响力的地方,比如说中国。

法国虽然已经存在国际视野的研究中心如巴黎政治大学的欧洲研究中心,但这些中心往往难以达到研究机构预先设定的标准 。高等研究与教学机构在做决定时,应将能参与高质量国际学术活动的能力设立为重要的评判标准。在美国,一些高校排名榜会将学生的流动性纳为学校的评价指标之一,法国也应效仿这种做法,以鼓励高校人员的流动。各个研究机构也应该与自己接收的外国研究者保持长久而紧密的关系,因为研究中心都有扩大规模的前景,甚至可以发展分院,与原来的机构形成合作伙伴关系——创造力和革新力也从中而来。

在出版的作品上,要将法语文章及著作尽量多地翻译成英语,尽管有《历史与社会科学年鉴》(剑桥大学出版社)这样的值得一提的正面例子,但总体上数量远远不够。在期刊中,拿英语编写的摘要也都往往太短,很难说对阅读体验产生了什么实际影响。有一种解决方案,就是鼓励写长篇幅摘要,以两到三页的篇幅来概括一篇文章,这样一来,英语国家的研究者就可以借助它对文章内容有一个较为清晰的了解,并对其加以运用。这种方法需要相关的途径来完成,同时也应该被推广到西班牙语上。法国公共权力机关和大型研究机构应制定相应的计划,在国际上积极推广多语制。

如此一来,本文中的种种分析引出的意见及提议,都指向了高等教育研究机构以及公共权力机构——法国毕竟还是一个非常中央集权的国家。对于教研人员,包括博士生,这些提议也能促使他们进行进一步思考。

然而，我们还没有在以上的建议中提及最主要，也是最复杂的一个问题：国际学术界主流模式、被包含其中但具有自身特点的欧洲模式和法国模式，三者之间的对立，应该如何看待呢？

这种对立首先是文化上的，在漫长的政治与学术历史中就已经扎下根了，但它也同时在各个机构的职能作用中得到了表现。就像前文所提到的，坚持法国模式的人有一些非常有价值的论点，但提出这些论点的背后也反映了法国在人文领域的弱点：研究能力不足；因为地方主义，甚至因为自大而拒绝参与国际学术交流与讨论；为了维持现状而提出方案让研究机构不停重复自己，止步不前；对于欧洲一体化的项目建设，尤其是人文社科领域的“欧洲化”建设心怀抵触。如何能找到一种模式既能接轨国际，又具备批判精神、创造力、革新精神等法国人文社科学界最为看重的特性呢？这是法国人文社科领域亟须解决的问题。

日本学界关于安倍政权对华政策的研究追踪

武汉大学历史学院　牟伦海　张　亮
武汉大学外国语言文学学院　李圣杰

2006年9月，安倍晋三首次出任日本内阁首相，2012年12月安倍再次当选。两届安倍政权的对华政策，发生显著变化。第一次任首相的安倍晋三对中国表现出了积极友好的态度，与时任中华人民共和国国务院总理温家宝就中日两国共同构建“战略互惠关系”达成一致。然而，安倍晋三再次当选首相后，安倍政权对华态度趋于强硬，以提出“价值观外交”为契机，加强日美同盟，编织对华包围网，意图在中日战争历史问题、钓鱼岛领土争端等中日双方高度关注的问题上迫使中方让步。安倍晋三再任首相期间为何与其首任首相期间在对华政策上产生巨大反差，这引起了中日两国学界的关注。近年来，日本学界在政治、外交、经济等领域都对此进行了深入的分析。这些研究与成果反映了怎样的研究趋势？在阐述我们自己的观点之前，我们有必要先深入了解并掌握日本学界的研究动向。

安倍晋三也是一个非常重视对外文化政策①的首相。2006年9月，上任伊始的安倍便在发表的题为“美丽国家—日本”的“所信表

① 在日语中表述对外文化政策的词语除了“对外文化政策”之外，类似的表述方式有“文化外交”“広報外交”“広報文化外交”“パブリック・ディプロマシー”等。本文中非有特别说明，皆作为与“对外文化政策”同等意思使用。

明演说”中强调了要极力推动日本的公共外交工作。① 而在2012年底，第二任安倍内阁成立之后，安倍继续强化日本的对外文化政策。安倍对外文化政策的核心理念可以归纳为“价值观外交”，其本人也毫无掩饰地公开宣扬其价值观外交理念。而这一带有明显意识形态的外交理念很大程度上源于安倍个人浓厚的民族主义性格特征。随着安倍执政迈入第六个年头，包括外交在内的各领域执政的理念、机构、施策都逐渐得到完善。与此相应，以日本国内学者为主，对于安倍内阁各项政策的研究也日渐体系化。本文还将通过对日本学界关于安倍晋三执政理念、价值观外交、对华文化政策的实践及其影响三个领域内的已有研究的梳理，揭示出日本国内关于安倍政权对华文化政策研究的概况。

一、地缘政治视野下的考察

近年来，日本学界就第二次安倍政权的对华政策，从政治角度进行了多方的探讨与研究。饭田将史在《中日关系与今后的对华外交——“韬光养晦”的结束》中指出，虽然中国飞速发展，综合实力迅速增强，但日本不应敌视中国。日本一方面要加强日美同盟，另一方面也要与中国改善关系，这符合日本的长远利益；日本应与中国在政治、经济等多方面进行合作和交流。对于困扰两国关系的主要障碍即历史问题，日方应本着实事求是的原则，不可以谎言来改变事实。② 津上俊哉在其专著《中国崛起的终止》中，试析了中国的崛起对东亚地区的安全环境构成“威胁”的可能性。津上认为，中国在军事领域的扩充不会止步，东亚安全保障环境仍将处于不稳定

① 安倍晋三：“第165回国会における安倍内閣総理大臣所信表明演説”，2006年9月29日。(https://www.kantei.go.jp/jp/abespeech/2006/09/29syosin.html，2018年4月27日)。

② 飯田将史《日中関係と今後の中国外交「韜光養晦」の終焉?》，《国際問題》，2013-04。

状态，中日两国关系"理想"与"现实"存在背离，两国关系仍将长期处于不稳定的阶段。①

细谷雄一在《关于"二十年后亚洲太平洋秩序与日本的作用"的研究会报告书》中指出，日本面对着中国的快速发展，日本唯恐其东亚地缘战略地位下降，引起美国对日本战略定位的担忧。细谷还指出，日本未来在东亚战略格局中如何定位，成为政府决策者面临的一个基础性问题。② 川岛真在《二十一世纪的"中华"——习近平执政下的中国与东亚》中指出，在东亚问题上，日本与中国有领土争端，但在经济层面上日本依赖中国。除日本外，G7 各国和中国在经济上都有密切的合作，日本在东亚国际问题上，应致力于取得他国的理解和支持。当今东亚遭遇的各种问题，若不考虑世界第二大经济体中国的立场，就很难获得东亚地区整体的发展与繁荣，因此日本应与中国构筑长期稳定的合作关系。③ 佐野淳也也在其论文《中国的新成长战略——"一带一路"的构想》中，也提出中国实力的增强讲直接带动其国际影响力的提升，进而带动东亚整体实力的提升。④

安倍第二次执政后，日本政府对其国家战略做出了一系列调整，对此日本各家智库相继出台了具有分量的研究报告。其中与安倍政权对华政策密切相关的，主要有《从中国的崛起与国际秩序的观点看"一带一路"》⑤、《中国的新"丝绸之路构想"——是现实的

---

① 津上俊哉：《中国台頭の終焉》，日本経済新聞出版社 2013 年。

② 細谷雄一：《「20 年後のアジア太平洋地域秩序と日本の役割」に関する研究会報告書》，《外务省》，2015-04。

③ 川島真：《21 世紀の「中華」習近平中国と東アジア》，中央公論新社 2016 年。

④ 佐野淳也：《中国の新成長戦略としての「一帯一路」構想》，《Research Focus》，2015-12。

⑤ 山本吉宣：《中国の台頭と国際秩序の観点からみた「一帯一路」》，《PHP Policy Review》，2015-08。

考量，还是不切实际的梦想》①、《海洋安全与平时自卫权》②、《东亚地区秩序的动向：现实主义的视角》③等。日本国际问题研究所出版的《国际问题》月刊，是讨论日本对外国际政治、地区热点问题具有重要影响力的门户杂志。近年来，该杂志刊载了大量分析中国政治、外交现状与走向的论文，从中可见，日本学界对于中国政治、外交现状的高度关注。

川岛真指出，中国在东亚地区的迅速崛起，是牵动东亚秩序变动的核心变量，中国崛起所引发的地区效应，将进一步影响东亚乃至世界格局，世界各国必须改变战略思路，予以积极应对。从美国的战略东移与日本加速"右倾"的现象中不难发现，世界各国对中国乃至东亚地区的关注正在持续升温。东亚国际格局中不仅存在发达国家日本、韩国，崛起中的大国中国，发展中的诸多小国之间的利益博弈，还存在域外大国对各国施加的各种无形有形的影响力，故而应综合考察力量之间的博弈与平衡。川岛特别强调，日本应关注东盟在东亚地区的作用与影响力。④

西村豪泰在其著作《米中经济战争 AIIB 对 TPP——留给日本的重要逆袭机会》一书中指出东亚权力转移和秩序转型充满着不确定性，中美主导的地区秩序也具有不确定性，安倍政权下的日本需要为自己未来的选择保留适当的政治空间。⑤ 山本吉宣在其论文《竞争且相互渗透的秩序的存在可能性——围绕东北亚的安全保障环境问题》中指出，东亚是否会形成中美主导的、相互竞争的、相互交

① ジェイコブ・ストークス：《中国の新シルクロード構想——現実的構想か見果てぬ夢か》，《フォーリン・アフェアーズ・リポート》，2015-06。

② 東京財団政策研究所：《海洋安全保障と平時の自衛権ー安全保障戦略と次期防衛大綱への提言》，公益財団法人東京財団 2013 年版。

③ 神谷万丈：《東アジア地域秩序の動向 リアリズムの立場から》，《国際問題》，2013-07、08。

④ 川島真：《21 世紀の「中華」習近平中国と東アジア》，中央公論新社 2016 年。

⑤ 西村豪太：《米中経済戦争 AIIB 対 TPP ー日本に残された大逆転チャンス》，東洋経済新報社 2015 年。

叉的、遵循新规则和规范的“竞争性的复杂秩序”，仍是充满变数和有待考察的问题。① 西村与山本的观察与分析不论是否合理，但似可代表日本学界的某种认识趋向：即东亚秩序正在发生变革，日本应对未来中美对亚洲局势的掌控预留应对之策。

随着东亚地区局势的变化，日本对东亚地缘安全问题和地区结构的研究也不断出现。其重要论调之一，即第二次安倍政权下的亚太再平衡战略将是“抗衡”中国的重要支点。当前快速崛起的中国与寻求“正常国家化”的日本，同时存在于东亚地区的时空进程之中，东亚已呈现出中日两强并立的地区结构，中日间的结构性矛盾日渐凸显。特别是中日双方对彼此的战略发展，均怀有深切的疑虑。这又进一步加剧了两国对“安全困境”的认知。支持这一观点的相关著作与论文，主要有高畑昭男的《重返亚洲的美国：外交安全政策的研究》②、藤田明史的《安倍首相的国联演说—有关“积极的和平主义”》③、柳泽协二的《亡国的安保政策：安倍政权与“积极和平主义”的圈套》④等论文，谷内正太郎编著的《日本的安全与防卫政策》⑤与远藤诚治的《日米安保和自卫队》⑥等专著。

2013 年 9 月安倍晋三在参加联合国大会并顺访美国时，在联合国大会演讲中提出“积极的和平主义”政策是其内阁在国家安全战略上推行的基本理念。这一政策的基调在于，当今世界上任何一个国家，仅凭一国之力，难以维护自身的和平与安定局面，因此从保卫本国安全的角度出发，应积极参与国际和平环境的建设。藤田

---

① 山本吉宣：《競争的相互浸透秩序の可能性—北東アジアの安全保障環境をめぐって》，《PHP Policy Review》，2015-09。

② 高畑昭男：《アジア回帰するアメリカ：外交安全保障政策の検証》，NTT 出版 2013 年。

③ 藤田明史：《安倍首相の国連演説—”積極的平和主義“という言葉について》，《トランセンド研究》，2013-11。

④ 柳澤協二：《亡国の安保政策—安倍政権と”積極的平和主義“の罠》，岩波書店 2014 年。

⑤ 谷内正太郎編：《日本の安全保障と防衛政策》，ウェッジ2013 年。

⑥ 遠藤誠治：《日米安保と自衛隊》，岩波書店 2015 年。

明史在《安倍首相在联合国关于“积极的和平主义”的演说》①中也指出，安倍政府以“积极和平主义”的理念引导日本安全政策发生变轨，通过构筑安全保障的顶层政策设计，意图打通外交和安全问题之间的统筹机制，通过外交策略与地缘战略思想的结合来弥补日本安全政策中的短板，最终加强首相官邸的权力。

安倍政府于2013年12月17日颁布了《国家安全保障战略》，其中规定：“日本政府根据这一战略，在国家安全保障会议(NSC)的指挥下，依靠政治上强有力的领导，使政府从战略层面、更有体系地实施国家安全保障政策。② 春原刚在其著作《日本版的NSC为何物?》中指出，NSC为安倍政府国家安全政策改革“组合拳”中的重要的一环，其大大优化了日本安保政策的决策系统，将使日本对未来安保政策的调整及实施更富灵活性，而其也更具有隐蔽性和易操作性。建立安保和外交统筹一元体制的“国家安全保障会议”，是安倍政权对外政策的基石，这不仅使首相官邸的权力更为集中，也大大提升了安倍政权应对国家安全危机的效率。③

2015年9月日本出台的新安保法，使日本的安保能力及其安保的性质随之发生改变。在法理上为集体自卫权、对他国的援助活动、国际和平支援行动以及自卫队海外单独行动等“松绑”和“解禁”。根据石破茂在其著作《为了日本人的“集体自卫权”之入门》中的解释，日本自卫队的权限范围仅限于日本领土，在领土之外，只能参与联合国维和行动、国际紧急救援行动，且禁止携带武器。另外，自卫队在日本本土的权限也受到了很大程度的限制，按照以往日美安全条约的规定，自卫队只能提供后方的援助性行动。④

等雄一郎在其论文《从日美关系看关于集体自卫权的讨论——日美防卫合作的进展与集体自卫权》中指出，从巩固和维护日美同

① 藤田明史：《安倍首相の国連演説—"積極的平和主義"という言葉について》，《トランセンド研究》，2013-11。

② 内閣官房：「国家安全保障戦略について」(平成25年12月17日)，http://www.cas.go.jp/jp/siryou/131217anzenhoshou/pamphlet_jp_en.pdf。

③ 春原剛：《日本版NSCとは何か》，新潮社2014年。

④ 石破茂：《日本人のための「集団的自衛権」入門》，新潮社2014年。

盟的角度来看，新安保法确实起到了这一作用。不仅如此，新安保法还为日本干预国际事务提供了法律层面的操作空间与依据，丰富了日本政府施策的手段，从根本上突破了日本不能采取海外军事行动的限制。值得注意的是，修改后的新安保法具备了极强的解释能力，可以满足几乎日本当前、未来及潜在海外军事行动等所有热点问题法律层面的解释需求。①

也有一些学者对安倍晋三修改宪法的举动表示担忧。日本政治学家丰下楢彦和谷关彰一在共同撰写的《集体自卫权与安全保障》一书对于行使集体自卫权是否能够提升日本的海洋安全提出了疑问。通过借鉴宪法学者、政治学家、记者等多方面人士的观点，以及安倍在历次记者会与政府答辩中的发言，丰下认为，安倍试图通过修改宪法解释来解禁集体自卫权的行为，会彻底颠覆日本作为和平国家的根本，从而将日本变成“杀戮与被杀戮的国家”。②

半田滋在《集体自卫权的骗局与安倍改宪》中指出，“安倍首相为修改日本国宪法中的和平主义理念，故意使用了新的提法，这意味着美国与日本希望积极地行使武力，其中就包括了集体自卫权。“为了和平的战争”，不过是霸权者发动战争的传统借口罢了。“所谓的积极和平主义背离了真正的和平，它追求的不过是“对日本与美国有利的和平”，“甚至可以先发制人，行使武力夺取，与宪法的和平主义貌合神离，实际上已经偏离了方向”。③

二、从外交层面的考察

2012 年安倍晋三再次当选日本首相后，如何发展与中国的外交关系成为安倍政权最重要的课题之一。对此日本学界已有相当丰

---

① 等雄一郎：《日米関係から見た集団的自衛権論議—日米防衛協力の進展と集団的自衛権》，《レファレンス》，2015-03。

② 豊下楢彦、古関彰一：《集団的自衛権と安全保障》，岩波書店 2014 年。

③ 半田滋：《集団的自衛権のトリックと安倍改憲》，高文研 2013 年。

富的研究。谷内正太郎在《安保战略外交的核心——共享价值观哲学与合纵"亚洲"》中指出，安倍内阁一方面将中日两国关系定义为"21世纪日本外交与安保政策方面最大的课题"，安倍晋三本人发表了题为《世界范围的"安全钻石"构想》，提出构建亚洲"菱形安全共同体"，声称中国正向海洋大国的地位迈进，日本不能容忍中国在钓鱼岛周边海域常态化的威慑行动。因此，应以日美同盟为中心，组建美国(夏威夷)、日本、澳大利亚、印度在内的"菱形(四边形)安保钻石"。① 谷内正太郎则认为安倍还提出与法国、英国在该地区展开安全合作的可行性问题，安倍意图联合他国为手段共同阻遏中国的战略昭然若揭。② 山本吉宣《印度洋与海上丝绸之路——以政策为标志的竞争和国际秩序的形成》③与奥山真司《地政学的逆袭》④、《南中国海：中国海洋霸权的野心》⑤等著作支持安倍的观点。

日本学者白石隆在其著作《海洋亚洲对大陆亚洲》一书中指出，日本将中国的周边外交构想及带路倡议看做是中国试图主导东亚秩序构建并进而谋取地区主导的宏大计划的一部分，因而对此拒绝的部分也很多、排斥的反应非常明显。⑥ 日本学者谷内正太郎在《安倍政权的重要外交课题》一文中提出强大的经济振兴力与政权的长期稳定对于日本而言十分必要。他认为以往中国并未声称钓鱼岛的完全主权，然而随着中国经济实力的增强，开始以武力的形式声称"领有"钓鱼岛。谷内还认为日本"十年九相"虽然"事出有因"，但

① 安倍晋三：《全世界戦略「セキュリティ・ダイヤモンド構想」》，《国際NPO团体》，2012-12。

② 谷内正太郎：《安倍戦略外交の核心—価値観哲学を共有し『アジア』と合従する》，《外交》，2013-05。

③ 山本吉宣：《インド太平洋と海のシルクロード—政策シンボルの競争と国際秩序の形成》，株式会社PHP研究所2016年。

④ 奥山真司：《地政学の逆襲》，朝日新聞出版社2014年。

⑤ 奥山真司：《南シナ海　中国海洋覇権の野望》，講談社2014年。

⑥ 白石隆：《海洋アジアVS大陸アジア》，ミネルバ書房2016年。

是在外国看来，这毕竟是让人无法信赖的“现象”。①

钓鱼岛领土争议问题是中日外交中的重要课题。日本学界对此也有多方面的研究。安倍晋三本人在他的著作《走向美丽国家》中指出，“关于钓鱼岛及其附属岛屿问题，很多人主张通过‘以外交谈判的方式加以解决’，我认为这个问题根本没有外交谈判的余地。日本所追求的不是谈判，而是用实力确保对钓鱼岛的‘实效统治’，一经发现侵入该海域的中国船只，就立即将其驱逐。”安倍在钓鱼岛问题上的强硬态度可见一斑。② 秋山昌广在其论文《有关钓鱼岛的地政学的考察》中提到，日本希望借助美日同盟之力，在钓鱼岛问题上共同对中国施压，如日本拉拢美国举行演习，以提高岛屿防御的能力等。③

高原秀介在《中日关系所受美国之影响——以钓鱼岛问题为中心》中指出，一方面日本期待南海问题给中国带来战略压力，以此形成南海问题与钓鱼岛问题的政策联动；另一方面日本也将南海问题视为衡量中国在钓鱼岛问题上态度的试金石，以之观察各国对华态度之“风向”。因此，日本应密切关注中国对南沙群岛上的政策，以及中国维护岛屿主权的手段。④

川村范行在《有关钓鱼岛主权问题与日中关系构造变化的考察》中指出，尽管东南亚国家希望同样与中国存在领土主权争议的日本介入南海问题，然而“遗憾”的是，新安保法案虽然已获得国会通过，但其内容“非常克制”，仅对集体自卫权有限地接受，且对日本就国际维和行动海外派兵的条件做出了明确的界定，因此，日本要在现阶段向南海海域派遣海上自卫队则“相当困难”。此外，

① 谷内正太郎：《安倍政権の重要外交課題》，http：//www. jamp. gr. jp/academia/pdf/106/106_02. pdf。

② 安倍晋三：《「新しい国へ」「政権構想」発表》，《文藝春秋》，2013-01。

③ 秋山昌廣：《尖閣諸島に関する地政学的考察》，《島嶼研究ジャーナル》，2012-02。

④ 高原秀介：《日中関係におけるアメリカの影響—尖閣諸島問題中心に》，《京都産業大学世界問題研究所紀要》，2013-02。

川村认为，日本政府或许会考虑海上保安厅派遣船只向南海海域巡航，但鉴于海岸巡防队在东海应对钓鱼岛争端已渐至“能力极限”，实际上难有余力前往南海。①

安倍晋三再次出任日本首相之后，南海问题成为影响中日关系走向的另一重要课题。近年来研讨南海局势动态较有分量的研究成果，主要有西原正《再次崛起的日本、高度紧张的东、南海——年报 亚洲的安全保障(2014—2015)》②、海洋政策研究财团编《中国进入海洋：感到困惑的亚洲海洋圈及各国的对应》③等，分析了作为日本国家安全保障的东南亚地缘环境情况，以及中国划设东海防空识别区的意义，并以“天下”观念解读中国的海洋战略。奥山真司在《南海：中国海洋霸权的野心》④一书中，谈到南海不仅地下资源丰富，而且与印度洋、东海、日本海成为日本联通世界的大动脉，他还对南海岛屿主权声索国与中国的各项实力进行了较为细致的对比分析。

日本防卫省发表的《中国在南海的行动》，体现出日本对中国在南海岛礁活动的密切关注。⑤

2015 年出版的日本《防卫白皮书》提到，日本十分关注近年来中国军事力量“迅速提升”、在东海及南海海域活动的“急速扩大活跃化”、中国“进出”太平洋的常态化等问题，声称因中国的活动可能引发“不测事态”的行为“令人担忧”。⑥

齐藤哲郎的《现代中国的多国周边外交与海洋战略：围绕南海

① 川村範行：《尖閣諸島領有権問題と日中関係の構造的変化に関する考察》，《名古屋外国語大学外国語学部紀要第 46 号》，2014-02。

② 西原正：《再起する日本　緊張高まる東、南シナ海一年報　アジアの安全保(2014-2015)》，朝雲新聞社 2014 年。

③ 海洋政策研究財団：《中国の海洋進出一混迷の東アジア海洋圏と各国対応》，成山堂書店 2013 年。

④ 奥山真司：《南シナ海　中国海洋覇権の野望》，講談社 2014 年。

⑤ 日本防衛省：《南シナ海における中国の活動》，日本防衛省 2015 年。

⑥ 日本防衛省編：《防衛白書 平成 27 年版》，日経印刷，2015 年版。

的国际关系》①、西本健太郎的《中国在南海问题上的主张与国家法上的评价》②、川村纯彦的《中国在南海的军事战略》③等论文从中国的海洋法、南海战略、海洋战略、外交战略等角度对中国的南海政策进行了解读，并从国际法的视角分析了中国对南海诸岛提出的主权要求，认为研讨南海问题的解决模式，对于中日两国未来解决东海争议问题十分必要。

日本学界当然也有不和谐的声音。饭田将史在其论文《在南海挑战既存的秩序："霸道"中国的走向》中将中国政府近年来维护海洋权益的行为政策解读成"海洋帝国主义"的战略行为，声称中国欲在亚洲推行海洋霸权主义。④

林贤参在《第二次安倍晋三内阁的对中政治战略》中提出建设多边安全机制是日本东亚安全战略重要的辅助措施。日本希望藉此形成民主国家联盟、海洋国家联盟、价值观联盟等，以之制衡中国在东亚地区影响力的扩展。⑤

美国对南海的介入问题，也是近年来日本学界研究的重要研究课题之一。饭田将史《中日关系在南海的不断破裂》⑥、井尻秀宪《紧张的南海与中美冲突的可能性》⑦等论文通过对中美两国在南海地区地缘利益分析，认为南海问题对中美两国关系造成了冲突性

① 斉藤哲郎：《現代中国の多国間、周辺外交と海洋戦略：南シナ海をめぐる国際関係》，《大東文化大学紀要、社会科学》，2013-12。

② 西本健太郎：《南シナ海における中国の主張と国際法上の評価》，《法学》，2014-03。

③ 川村純彦：《南シナ海における中国の軍事戦略》，《日本戦略研究フォーラム季報》，2012-12。

④ 飯田将史：《南シナ海で既存秩序に挑戦「覇道」中国の行方》，《ウェッジ》，2014-08。

⑤ 林賢参：《第二次安倍晋三内閣の対中ヘッジング戦略》，《問題と研究》，2014-04、05、06 月号。

⑥ 飯田将史：《南シナ海で広がる日中の亀裂》，《問題と研究：アジア太平洋研究専門誌》，2014-10。

⑦ 井尻秀憲：《荒れる南シナ海と日米衝突の可能性》，《中央公論》，2012-09。

的影响，同时，他们认为，美国对南海地区的介入有利于“保障”日本南海海上通道的安全。

河原昌一郎的《有关菲律宾于南海问题诉讼的考察》①、小高泰的《越南围绕南海问题的安全保障政策：致力于成为大国的越南的思考及其国内问题的对应》②、诸永大的《东盟的威胁认识与协议规则：在南海纷争问题上对中国的应对》③等论文，对中国与东盟就南海问题的协商合作、域外大国介入南海问题、东盟组织内部对南海问题的意见分歧与应对、菲律宾在国际海洋法庭对中国提起的法律诉讼等问题进行了深入分析。平贺健一的《东中国海及南中国海的海洋纷争》④、太平洋总研的《在南海船舶自由航行的确保——特集围绕南中国海的安全保障问题》⑤等论文认为，一旦南海地区发生冲突，就会阻断日本的海上通道安全，影响日本经济的发展，并会影响冲绳诸岛与东海的地缘政治格局。因此，密切关注并维护南海地区的“安全”符合日本国家的长远利益。

船桥洋一在《新世界地政学》一书中指出，对于日本的外交与安全保障政策而言，中国是一大“矛盾”，但美国现阶段最大的“麻烦”来自俄罗斯，因而日本应从整体上稳定对华关系，不应采取明确的军事对抗措施。⑥ 汤浅博在《日本重生的方法——利用亚洲海

① 河原昌一郎的：《南シナ海問題におけるフィリピンの対中国提訴の考察》，《国防》，2014-02。

② 小高泰：《南シナ海問題をめぐるベとナムの安全保障政策：大国取り込むベとナムの思惑と国内問題の対応》，《海外事情》，2013-12。

③ 諸永大：《ASEANの脅威認識と協議ルール：南シナ海紛争における中国への対応》，《防衛学研究》，2013-03。

④ 平賀健一：《東シナ海及び南シナ海における中国の海洋紛争》，《海幹校戦略研究》，2014-02。

⑤ パシフィック総研：《南シナ海における船舶の自由航行の確保—特集 南シナ海をめぐる安全保障問題》，《日本戦略研究ファーラム季報》，2012-12。

⑥ 船桥洋一：《新世界地政学》，《文藝春秋》，2016-06。

洋同盟抑制中国》①一文中指出，日本在有关问题上与东南亚国家进行安全合作，其目标在于构建“亚洲海洋同盟”以抵制‘大陆国家向海洋的侵略”。日本时事评论家文谷数重则在《南海是否成为日本的生命线》②中指出，南海将成为中国海上力量面临的“黑洞”，日本积极介入南海将给中国带来强烈的不安全感。日本防卫省在《平成 27 年度防卫白皮书》中指出，日本对南海问题的积极介入，将加大中国在南海海域面临的海上安全压力，对围遏中国海军的“第一岛链”将起到强化作用，成为阻碍中国走出近海、打造具有远洋防御能力的“蓝水海军”的一大势力。③ 可以发现，这些“中国海军威胁论”的论调，意图丑化中国政府及中国海军的国际形象，对于形成中国海洋战略发展所需的良好国际舆论环境造成负面影响。日本海洋政策研究财团所编的《中国进出海洋》④一书中也提到，日本极力推动南海问题的国际化，在于意图利用多边机制与国际法压制中国。白石隆在其著作《海洋亚洲与大陆亚洲：日本的国家战略》⑤中指出，应从陆权和海权相互对立的角度分析亚洲地区的地缘政治格局。白石认为，随着以中国为代表的陆权势力的崛起，将可能改变以往日美主导的区域秩序，东亚地区将会形成新的区域格局。

2013 年 1 月安倍晋三在国会演说中首次提出“战略外交”的口号，日本学界在此前就有了涉及日本外交“战略性”问题的讨论，如冈崎久彦的《国际形势判断——半世纪》⑥等。谷内正太郎、兼原信克等安倍晋三身侧的智囊团人士的观点似对安倍晋三的“战略外

① 湯浅博《日本再生への処方箋—アジア海洋同盟で中国を抑止せよ—》，《正論》，2013-12。

② 文谷数重：《南シナ海は果たして日本の生命線か》，《軍事研究》，2015-03。

③ 防衛省編：《防衛白書 平成 27 年版》，日経印刷 2015 年。

④ 海洋政策研究財団：《中国の海洋進出一混迷の東アジア海洋圏と各国対応》，成山堂書店 2013 年。

⑤ 白石隆：《海洋アジアVS 大陸アジア》，ミネルバ書房 2016 年。

⑥ 岡崎久彦：《国際情勢判断一半世紀》，扶桑社 2015 年。

交”也产生了一定的影响。兼原信克的《战略外交原论》①直接以“战略外交”命名，而谷内正太郎的《日本的安全保障和防卫政策》②、《论集：日本的安全保障和防卫政策》③、渡边昭夫、秋山昌广《围绕日本的安全保障—未来十年的力量与体制》④等著作中，也不同程度地提到“战略外交”或“外交战略性”的问题。

三、从经济关系角度的考察

一些日本学者认为。安倍晋三在运用“安倍经济学”时，已将中国默认为重要的合作伙伴。外务省《外交》杂志总编铃木美胜在论文《安倍外交再挑战的位相》中指出，安倍将新内阁定位为“危机突破”之内阁，并提出了以积极的财政政策、大胆的货币量化宽松政策、经济增长战略为支柱的“安倍经济学”，冀图提振长期低迷的日本经济。然而实际上，安倍政权自身无法否认的是，日本经济的能否提振，与中国的发展息息相关。⑤

田中景在《对“安倍经济学”的考察》中提出，虽然安倍经济在政策力度上与高桥财政相似，但因两者的经济条件迥异，安倍政权不仅不具备当时的优越条件，且安倍经济学的出台不过是安倍晋三为赢得选举、博得支持率而采取的极端措施，并不完全是为了解决日本面临的现实经济问题。田中认为，日本建立中日韩自贸区才是当务之急。⑥

小林庆一郎在《安倍经济学之辩》中指出，安倍经济学很难解决日本顽固的通货紧缩问题，他还担心日本将因过激的货币政策而陷入不可控制的通货膨胀状态，从而使日本的公共债务呈现滚雪球

---

① 兼原信克：《戦略外交原論》，日本経済新聞出版社 2011 年。

② 谷内正太郎編：《日本の安全保障と防衛政策》，ウェッジ2013 年。

③ 谷内正太郎編：《論集日本の安全保障と防衛政策》，ウェッジ2013 年。

④ 渡邊昭夫、秋山昌廣《日本をめぐる安全保障　これから10 年のパワー．シフト》，亜記書房 2014 年。

⑤ 鈴木美勝：《安倍再チャレンジ外交位相》，《外交》，2013-03。

⑥ 田中景：《安倍経済学の考察》，《現代日本経済》，2013-06。

般地成长，增添安倍经济政策的不确定性。①

柯隆在《中国经济的可持续性与“中等收入国家的陷阱”》中指出，“安倍经济学”的实施将会为中国提供何种借鉴与参考，对中国经济发展由将产生怎样的影响，这是颇值得日方关注的问题。特别是，现阶段中国经济面临着结构转型与实现可持续、高质量增长的重要任务，中日关系也处在十分特殊的历史时期，考察日本经济的调整与发展前景能为中国经济带来怎样的挑战与机遇，尤为重要。②

关志雄在《中国经济的“新常态”》③中指出，日本经济的调整，从短期来看会对中国的对日贸易、外商直接投资、金融环境的稳定及总体经济增长带来一些负面效应，但长期来看则会为中国经济的结构调整与发展，提供富有价值的启示与新的机遇。

冈本厳在其论文《展望今后中日经济关系的课题》中指出，考虑到中国的经济实力不断提升，两国相对经济实力及其在国际分工体系中地位的变化，将导致两国经济关系的相应变动。在贸易领域，目前日本对华依赖程度实际上远高于中国对日依赖程度，这意味着两国在双边经济关系中的角色出现了某种程度的转换，中国在两国的经济关系乃至在两国对第三方经济关系中越来越占据主动地位。④

丸山知雄在《中所得时代中国经济的走向》中指出，尽管目前一些中国地方政府出于对经济增长减速的担忧开始再度鼓励吸引日本投资，不过从总体来看，日本企业正逐渐减少对中国的新增投资。当然也需注意的是，虽然日本对华投资增幅相对较低，但从对华直接投资的绝对金额来看，日本依然位居前列，故而在今后相当

---

① 小林慶一郎：《安倍経済学の辯》，《中国経済報告》，2013-06。

② 柯隆：《中国経済のサステナビリティーと「中所得国の罠」》，《国際問題》，2014-07・08。

③ 関志雄：《中国経済の「新常態」》，《国際問題》，2015-04。

④ 岡本巖：《日中経済関係の今後の展望と課題》，《国際問題》，2015-04。

长时间内，日本仍将是中国外资流入的主要来源地之一。①

有一些日本学者认为，从经济方面看日本更多的是从与中国争夺“地区经济主导权”而非互利共赢的视角来看待中国崛起。具体而言，第一，就中国倡导的对外经济合作举措，日本往往是从“地缘”、“战略”、“竞争”的视角看待之，并为此采取了不予配合甚至掣肘的应对方式；第二，日本不断唱衰中国经济，反映出日本的厌华情绪及其经济被超越后的嫉妒与焦虑心态。支持这些观点的主要有みずほ总研编的《明确中国的想法——“新丝绸之路的构想”的全貌——2014年度委托中国商务部国际贸易经济合作研究院的调查》②、山本吉宣的《从中国的抬头和国际秩序的观点看“一带一路”》③、田中菜采儿、汤野基生的《亚洲基础设施投资银行(AIIB)的概要》④、藤田哲雄《亚洲基础设施投资银行能否成为国际金融秩序的变革?》⑤等论文。

日本国际问题研究所出版的《国际问题》，在安倍晋三第二次组阁之后，发表了多篇有关中日经济关系的论文，除以上所介绍之外，还有津上俊哉《改革还是保守——改革开放后的中国经济政策和其之变迁》⑥、庄司智孝《围绕南海问题的安全保障与经济交

① 丸川知雄:《中所得国時代の中国経済のゆくえ》,《国際問題》,2013-04。

② みずほ総研編:《中国シンクタンクが明かす「新シルクロード構想」全容— 2014年度中国商務部国際貿易経済合作研究院への委託調査》,《みずほリポート》,2015-07。

③ 山本吉宣:《中国の台頭と国際秩序の観点からみた「一帯一路」》,《PHP研究所》,2015-08。

④ 田中菜採兒、湯野基生:《アジアインフラ投資銀行(AIIB)の概要》,《調査と情報》,2015-12。

⑤ 藤田哲雄:《AIIBは国際金融秩序変革の転換点と成り得るか》,《環太平洋ビジネス情報》2015-08。

⑥ 津上俊哉:《改革か保守か　改革開放後の中国の経済政策とその変遷》,《国際問題》,2014-05。

错——以菲律宾为中心》①、细川大辅《越南经济与领土保障 依赖中国与领土主权》②、河源昌一郎《中国粮食问题的选择》③、关志雄《中国经济的“新常态”》④、丸川知雄《世界经济的“中心”：中国》⑤等论文。

四、多元文化视角的考察

1. 关于安倍晋三执政理念的研究

安倍非常善于利用舆论为自己争取选票，也从不掩饰自己的执政理念。自从安倍 2006 年出任总理以来，安倍已出版多部著作阐释自己的执政理念。⑥ 在其著作之中，安倍毫不掩饰地将修改宪法、强化日本军事实力、巩固日美同盟、推行价值观外交等纳入其执政的核心目标之中。从安倍的自我表述中很明显地能窥视到安倍浓厚的民族主义、国粹主义特征。而关于安倍这种执政理念的来源、本质、走向等，日本学者从不同视角展开了研究。

正是安倍本人带有浓厚的民族主义、国粹主义思想，一些思想比较极端的右翼、民族主义日本学者纷纷著书立说对于安倍政权寄予厚望，极力鼓吹安倍执政对于促进日本国家发展的重要性。日本政治评论家、专栏作家屋山太郎便是极力鼓吹安倍政权的代表性人物之一。屋山早年进入日本时事通信社，后历任政治部 记者、罗

---

① 庄司智孝：《南シナ海問題をめぐる安全保障と経済の交錯　フィリピンの事例を中心に》，2014-09。

② 细川大輔：《ベトナムの経済と安全保障　中国依存と領土主権のはざまで》，《国際問題》，2014-09。

③ 河原昌一郎：《中国食糧政策の選択》，《国際問題》，2015-03。

④ 関志雄：《中国経済の「新常態」》，《国際問題》，2015-04。

⑤ 丸川知雄：《世界経済の「中心」としての中国》，《国際問題》，2017-09。

⑥ 安倍晋三的代表性著作：《美しい国へ》，文藝春秋 2006 年；《新しい国へ　美しい国へ》，文藝春秋 2013 年；《日本よ、世界の真ん中で咲き誇れ》(与百田尚樹合著)，ワック 2013 年(2017 年修订再版)；《日本の決意》，新潮社 2014 年。

马特派员、官邸俱乐部担当、日内瓦特派员、编辑委员等职。同时，在其后期积极参与日本政府内部行政调查、改革政策建言等政事活动。屋山是典型的保守派民族主义者，不仅极力主张修改教科书以及否认慰安妇等日本战争罪行，同时也不遗余力地鼓动对中韩强硬论。由此，屋山也曾获得过被誉为保守论坛的“正论大奖”。正是由于屋山与安倍在思想上高度一致，虽已年过八旬仍“笔耕不辍”为安倍政权摇旗呐喊。虽然著述颇丰，但其内容空洞无物，大多是重复地颂扬与怂恿安倍内阁否认战争罪行、参拜靖国神社、对中韩强硬、强化日美同盟等右倾言行。①

2015 年 8 月 14 日，时值第二次世界大战结束 70 周年，安倍晋三发表谈话。“安倍谈话”虽然一定程度上是为了迎合国内舆论，但作为正式的首相谈话无疑也是反映了安倍本人思想及其执政理念的缩影。安倍谈话在日本学界引起了广泛的讨论。川島真、西野纯也、渡部恒雄、细谷雄一就安倍谈话从舆论反响、与历代总理谈话的差异、国际关系中的历史认识、战后的国际关系与今后的国际政治四个方面加以分析。舆论反响方面无论是日本国内还是国际舆论（比如美国、韩国等）都呈现出批判与一定程度上的肯定两极分化现象。而相比于安倍此前的过激言行，安倍谈话被认为表达了“反省战争”的基本立场，代表了“大多数国民的意见”，是一个在国内舆论与国际舆论采取平衡的产物。在与此前“村山谈话”等历代总理谈话相比较而言，安倍谈话总体上体现出了继承与延续，但也有其独特的特征。安倍谈话呈现出大历史观特征，由原来的亚洲扩展到整个国际社会为对象。同时也不再简单地肯定战后否定战前，而是提出了 1931 年九・一八事变为近代日本历史转折点的观点。和解与和平成为安倍谈话的基调，明确表示日本遵守国际秩序，不会擅自挑战现有国际秩序与地域秩序。但学者们也对安倍的言行能够

① 第二次安倍内阁成立以来屋山的代表作有：《安倍政権で再び大国を目指す日本—価値観外交とTPPが成長のカギ》，海竜社 2013 年；《それでも日本を救うのは安倍政権しかない》，海竜社 2014 年；《安倍晋三興国論》，海竜社 2015 年；《安倍外交で日本は強くなる》，海竜社 2016 年。

多大程度上推动“和解”表示了忧虑。各位学者也从国际关系中的历史认识出发，提出日本若欲实现真正的和解，坦诚面对历史与近邻国家的宽容是关键。最后，各国学者在战后国际关系的历史轨迹基础上展望未来日本的发展时指出，求同存异、相互理解，尊重各国的历史、文化、国情差异，是未来日本与国际社会和平发展的根本原则。①

前首相村山富市也组织了一批学者、社会人士对安倍谈话作出了正面回应。村山抨击了安倍谈话“浅薄而好战”。认为虽然安倍谈话包括了“殖民地统治”、“侵略”、“深刻反省”、“致歉”等关键词，但相比村山谈话其“主语不明”，含混其词而非“安倍本人意见”。其中，山田朗更是激烈抨击了安倍谈话肯定“日俄战争”的“靖国史观”，认为“日俄战争”是导致日本走上吞并朝鲜、侵略中国、对美开战的侵略之路的原点。此外，村山还从安倍内阁推动安保法制、强化军事、对美从属、轻视亚洲等方面对安倍谈话展开了抨击。②

2. 关于安倍内阁价值观外交理念的研究

安倍上任后推行的价值观外交可谓是其对外文化政策的核心指导理念。早在 2006 年至 2007 年第一次安倍内阁时期，安倍便积极推动其构筑“自由与繁荣之弧”的“价值观外交”确定为外交新基轴，并积极构筑日美澳印“价值观同盟”。③ 安倍内阁的外相麻生太郎系

① 川島真，細谷雄一，西野純也，渡部恒雄：“東アジアの歴史認識と国際関係——安倍談話を振り返って”，五百旗頭薫［ほか］：《編戦後日本の歴史認識》，東京大学出版会 2017 年。

② 村山富市，山田朗，藤田高景編 ；鎌倉孝夫ほか著：《検証安倍談話：戦後七〇年村山談話の歴史的意義》，明石書店 2015 年。

③ 第一次安倍内阁时期的麻生太郎外务大臣于 2006 年 11 月 30 日发表题为“打造自由与繁荣之弧——扩大日本外交的地平线”的外交演说中提出：以自由、民主主义、基本人权、法治、市场经济等“普世价值”为基础构筑一个横跨亚欧大陆的安定的地域“自由与繁荣之弧”。（参考：《外交青書》2007 年版）。在其短暂的第一次内阁时期，安倍便遍访东南亚三国（提出“普世价值”为基础的对东盟【ASEAN】五原则、俄罗斯・中东三国、缅甸、英国等，以推销其价值观外交。

统地阐释了打造"自由与繁荣之弧"核心在于沿着中国形成一个包围圈，其战略目的十分明确。① 铃木美胜更是直接指出，安倍的价值观外交在于与美国的亚太战略遥相呼应，重点在于遏制迅速崛起的中国。② "价值观外交"与日美同盟并列为安倍内阁的两大基轴。③

而2012年底成立的第二次安倍内阁继承并强化了"价值观外交"理念。2013年初，安倍出访东南亚提出的"对东盟(ASEAN)外交五原则"便是其价值观外交的直接体现。日本外交防卫委员会调查室的调查报告指出第二次安倍内阁的首要外交方针便是继续推进"价值观外交"。而从地缘上而言，这种价值观外交被认为是一种"远交近攻"战略，主要针对对象依然是不断崛起的中国。④ 2014年3月，受日本外务省委托，公益财团法人日本国际论坛提出了题名为《关于"强化以价值观外交为基轴的日本外交"调查研究》的调查报告。该报告强调以"与日本价值观相同的各国相协调""游说价值观有差异的各国""向消极参与的国家输出价值观"为基本理念，指出了价值观外交对于日本的意义以及今后开展价值观外交的方向。⑤ 2015年3月，日本外务省资助主办的杂志《外交》以"'殉教'价值观"为题刊出了特辑论述价值观外交。⑥ 此举无疑也是在为安倍内阁的价值观外交寻求理论渊源。

---

① 麻生太郎：《自由と繁栄の弧について》，幻冬舎2007年。

② 鈴木美勝："倍外政論(2)新外交戦略'自由と繁栄の弧'"，《世界週報》2006年第87(49)号。

③ 周永生："日本安倍内阁外交框架透视"，《国际问题研究》2007年第5期，第60页。

④ 外交防衛委員会調査室："第2次安倍内閣の発足と戦略的外交の展開：第183回国会(常会)における外交論議の焦点"，《立法と調査》2013年9月第344号，第3-4頁。

⑤ 報告書：《"価値観外交を基軸とした日本外交の活性化"についての調査研究》，日本国際フォーラム，2014年3月(参考公益财团法人日本国际论坛主页：http：//www. jfir. or. jp/j/index. htm，2018年5月2日)。

⑥ "外交"編集委員会外交：《外交》【特集：価値観への"殉教"　一神中心主義イスラム対欧米民主主義】2015年3月第30期。

第二次安倍内阁的“价值观外交”在范围上有一定的扩大。由原先的印度、澳大利亚等国扩及了美韩等更大范围的国家。但是在针对性上安倍的“价值观外交”变得相对更加模糊。高桥一生认为价值观外交旨在构筑意识形态为基础的同盟及安全保障共同体的基础。而从历史的角度来看，近代欧洲的“文明圈”外交为名施行“二元价值观”外交；卡特推行的人权民主主义外交；马哈提尔提倡的“亚洲价值观”等都是价值观外交的典范。就日本而言，麻生太郎提出的“自由与繁荣之弧”价值观外交可谓与日本在凡尔赛会议上提出的“废除人种差别提案”以及在太平洋战争时期提倡的“八纮一宇”战略一脉相承。① 从高桥的分析中能看出日本价值观外交理念的历史延续性。若宫启文批判了安倍的价值观外交。若宫认为应当认可政治体制以及价值观的多样性，列举了冷战时期日中、日苏、日韩之间虽然存在巨大的价值观差异，但是双方最终还是能够超越“价值观的差异”并取得巨大政治成果的实例加以论证。若宫指出，安倍提倡脱离久经考验的“保守政治”而推行“价值观外交”以及过于偏重日美安保的策略，对于未来亚洲的和平发展带来了更多的变数。②

价值观外交是安倍内阁对外文化政策(尤其是对华文化政策)的核心理念。③ 毋庸赘言，安倍内阁的对外文化政策中也透着浓厚

① 高橋一生：“日本型価値観外交の構想”，《政策オピニオン》第 4 号，2013 年 11 月 20 日。

② 若宮啓文：“保守政治の変質と‘価値観外交’の罠”，《経済倶楽部講演録》2015-12。

③ 关于安倍内阁价值观外交的研究还有：石澤洋：“日本政府の新外交=価値観外交の考察”，《科学的社会主義》2007 年第 113 期；榊原博行：“特集 輝く安倍‘価値観外交’足を引っ張るマスメディア”，《政経往来》2013 年第 67(8)期；谷内正太郎：“安倍戦略外交の核心：価値観・哲学を共有し‘アジア’と合従する”，《外交》2013 年第 18 号；大畑龍次：“南シナ海の領有権問題と日本：平和的解決の最大のリスク要因は安倍政権の‘価値観外交’”，《労働運動研究》2014 年第 422 期；西部邁：“価値観外交という空理空論”，《Will：マンスリーウイル》2014 年第 109 期；松永裕方：“安倍首相の歴史認識・価値観を再考する”，《社会主義》2014 年第 629 期。

的价值观外交理念。对此，日本有学者从“新公共外交”、“二重性”等角度加以考察。安倍内阁的对外文化政策带有“新公共外交”特征。所谓新公共外交，指相比于传统只强调对外推进文化、宣传以促进国家利益的公共外交，新的公共外交同时也强调文化交流的相互性以及共生、共赢等价值理念。日本虽早在20世纪七十年代推行的“福田主义”中就提出了文化外交相互性理念，但新公共外交理念在日本的最终形成则是在21世纪初。①

安倍外交中对外文化政策的目的被认为具备“二重性”特征。战后日本对外文化政策目的二重性特征十分明显。亦即，向外国人阐释日本文化、价值观的特殊性同时，着力推动在海外构建有利于日本企业发展的安定经济环境。② 战后早期日本的对外文化政策两大目标便在于：改善战前日本军事侵略国家形象与为战后日本经济进军海外营造良好的国际环境。③ 这种理念在20世纪六十年代末七十年代初遭受到了来自美国、东南亚国家的激烈抨击，日本更是被讥讽为“经济动物”，国际形象遭受重大打击。1972年，战后日本对外文化政策的核心机构国际交流基金的设立为转折，战后日本对外文化政策的理念开始强调文化交流的双向性以及淡化其为日本国家利益服务的色彩。但是以振兴日本经济为首要任务的安倍内阁的对外文化政策不可能完全摆脱其各项对外政策以振兴日本经济等为国家利益服务为目的的务实理念。

3. 关于安倍内阁对外文化政策实践的研究

安倍内阁十分重视对外文化宣传政策。2007年，安倍内阁外务大臣麻生太郎设立了“国际漫画奖”，次年任命代表性动漫形象

---

① 李炅澤：“日本における‘新しい’パブリック・ディプロマシーの挑戦とその限界：民主党政権におけるパブリック・ディプロマシーの方向性とその転換を中心に”，《国際日本研究》2015年第7号。

② P. J. カッツェンスタン著，光辻克馬、山影進訳：《世界政治と地域主義：世界の上のアメリカ、ヨーロッパの中のドイツ、アジアの横の日本》，書籍工房早山2012年。

③ 参考：牟倫海著：《戦後日本の対外文化政策：1952年から72年における再編成の模索》，早稲田大学出版部2016年。

机器猫为“动漫文化大使”。2009 年外务省任命日本著名女演员为“日本流行文化信使”(又称“可爱大使”)。日本动漫、流行文化是日本推行文化政策的重点。2013 年 4 月，安倍内阁在“强化”野田内阁的“国际信息联络会议”基础上设立了“国际信息强化联络会议”。该机构的目的为，“对于国际信息相关重要且横跨省厅的各课题，(首相)官邸为司令塔统一、战略性应对，强化政府一体性高效率的国际信息活动”。① 从机构构成上看，该机构几乎囊括了所有日本省厅相关人员及国际协力机构、交流基金等重要半官半民、民间文化机构的负责人。2013 年 8 月 1 日，安倍设立了以内阁官房副长官负责的“对外信息战略策划小组”，以探讨如何通过跨省厅性的将对外信息宣传由传统的经济领域扩散到领土、历史认识等更广泛的领域。② 2015 年 10 月，为推动日本文化、艺术的继承以及向海外的宣传，安倍内阁设立了“‘日本之美’综合项目恳谈会”。安倍指出该会的目标便是“提高日本的国际社会存在感，积极开展推进日本文化艺术在海外影响力的文化外交”。③ 对于安倍内阁对外文化政策的实践及其效果日本学者也展开了广泛的研究。

中村登志哉关注了第二届安倍内阁开始后关于强化对外文化政策组织机构的问题。第二次安倍内阁将对外文化政策战略性地定位于日本的外交、安全保障政策之上。为此，安倍提出“日本复活”的执政口号。中村认为第二次安倍内阁系统性地强化了日本的对外文化政策组织体系。这种强化不仅仅是停留在对外文化宣传介绍

① 参考：“国際広報強化連絡会議の開催について”，平成 25 年 4 月 26 日 (https://www.kantei.go.jp/jp/singi/kokusaikouhou/pdf/konkyo.pdf，2018 年 4 月 27 日)

② 早在该小组成立之前，7 月 2 日，以西原正(和平·安全保障研究所理事长)为座长的日本有识者恳谈会便探讨了关于学术调查·研究的课题以及对内外启发·宣传的方策问题，并发表了提名为“–戦略的発信の強化に向けて–領土·主権をめぐる内外発信に関する有識者懇談会報告書”的报告(内阁官房：https://www.cas.go.jp/jp/houdou/130702kondankai.html，2018 年 5 月 3 日)。

③ “(第一回)議事要旨”2015 年 10 月 13 日(首相官邸·政策会議：https://www.kantei.go.jp/jp/singi/nihon_bi_sogoproject/)。

(富士山与和食的世界文化遗产·世界无形文化遗产申请、2020年东京奥运会申办等)以及推动日本文化产业的发展，在面上更是前所未有地将文化舆论影响力扩及到了领土、历史(中日、日韩领土争议，参拜靖国神社等)等更广阔的领域。此外，安倍本人顺应时代开通个人推特、脸书等网络工具，及时回应国内外舆论需求，取得了比较好的舆论效果。① 拓展了媒体舆论造势的波及范围是安倍内阁对外文化政策组织机构改革的重要特征。

自从美国学者道格拉斯·麦克格雷提出"日本酷"②之后，日本酷文化成为日本学者热议的问题。日本著名剧作家、广播督导、电影导演鸿上尚史探讨了"日本酷"问题。鸿上从2006年开始担任日本放送协会播出的综艺节目"发掘日本酷！可爱日本"主持，并以此为基础出版了探讨日本酷文化的著作《日本酷!? 外国人眼中的日本》。该书通过显示生活中的具体事例展示了日本人的性格、人际关系、礼仪、饮食、产品、流行文化、家庭以及与西洋的差异。而在这些事例的展示中鸿上指出了日本文化的独特性及其价值，同时为了让全世界感受到这种日本文化的价值及促进异文化交流，鸿上呼吁日本政府应当为日本文化的海外普及提供进一步的援助。③

日本外务省文化外交贤人会议委员樱井孝昌研究了日本的动漫外交并出版专著《动漫外交》。樱井不仅从事文化外交研究，还曾做过文化媒体产业制作人，尤其熟悉文化推广事务。为推广日本文化，樱井在世界各地开展关于"动漫外交"的系列演讲。樱井在世界各地开展关于日本动漫外交演讲过程中发现，很多国家的年轻人都是在日本动漫影响中成长起来的。对日本漫画的关注也随之带动了对于日语、日本传统文化的兴趣。由此，日本文化可以在政治、经济外交失灵的时候发挥独特性作用。最后，樱井提出了随着互联

① 中村登志哉："広報外交の組織的強化とその課題：第2次安倍政権を中心に，"《言語文化論集》2014-01。

② Douglas McGray, "Japan's Gross National Cool", *Foreign Policy*, May-Jun., 2002, No. 130.

③ 鴻上尚史：《クール・ジャパン!?：外国人が見たニッポン》，講談社2015年。

网的普及带来了日本漫画等流行文化的版权侵犯问题，由此也打击了漫画创造者的创作积极性。但过于严苛的限制无疑会打击全球范围内日益高涨的漫画热。① 继推行动漫之后樱井探讨日本流行文化在世界范围内的影响问题。日本的动漫真人秀、高中女生制服、萝莉服、流行音乐等在世界各地受到追捧。而这些不同的日本流行文化中又蕴含着“可爱”这一共通的日本特色。樱井呼吁日本应当进一步强化流行文化在世界范围内形成的日本独特的“可爱”形象及其价值观，以期掀起一场世界范围内的“可爱革命”。尤其是应当充分发挥民间人士通过商业渠道来推动日本流行文化在海外的影响力。② 而樱井对于日本文化在世界范围内发挥的作用界定为“跨越国家间利害关的”“沟通世界的桥梁”。这也正是樱井提出的日本“文化外交宣言”。③

理工科出生的川口盛之助从日本产品为什么获得全世界赞誉的角度探讨了日本的匠人精神。川口认为在日本获得“日本酷”称号的当下，产品不在于何处制造(made in Japan)而在于由谁制造(made by Japan)，融合了日本独特文化背景的商品是日本制品及文化产品享誉世界的根本原因。川口从多个方面阐释了日本文化对于日本商品的影响，并归纳认为日本生产的商品受到追捧关键不在于技术层面，更体现在其将商品当做“艺术”看待。而这种对于商品的独特价值判断则根源于日本文化的影响。④ 而在此之前，川口的另一部获得日本日经商业出版公司的第八届商业科技(BizTech)图书奖的著作实例性地探讨了日本文化对于日本产品的影响。具体而言，川口指出了日本产品的独特女性、孩童性格特征，阐释了日本

① 樱井孝昌:《アニメ文化外交》，筑摩書房 2009 年。

② 樱井孝昌:《世界カワイイ革命: なぜ彼女たちは“日本人になりたい”と叫ぶのか》，PHP 研究所 2009 年。

③ 樱井孝昌，上坂すみれ:《世界でいちばんユニークなニッポンだからできること: 僕らの文化外交宣言》，パルコエンタテインメント事業部 2013 年。

④ 川口盛之助:《世界が絶賛する“メイド・バイ・ジャパン”》，ソフトバンククリエイティブ2010 年。

文化对于日本产品的影响。川口认为单纯的技术立国所获得的成功是十分有限的，另一方面日本更应该充分将其独特的文化融入产品之中。①

日本对外文化政策不仅在提升国际文化软实力上意义巨大，同时通过推动文化产业的发展为日本带来了丰厚的经济收益。板越乔治认为日本的漫画、动漫等酷文化在海外虽然人气很高，但是从经济角度看日本并不算成功。网络上的诸多盗版影响了日本酷文化的经济收益。此外，日本酷文化主要停留在日本国内，缺乏国际视野，整体上日本还缺乏成熟的市场经济来运作日本酷文化战略。作者认为漫画、动漫等文化产业与其他产业也有共通之处，强调在国际竞争、市场开拓、全球化等各个领域应当加以不断完善。板越强调今后向海外推进文化产业的过程中要注重知识产权保护以及市场战略问题。② 板越的另一部著作则从企业战略的角度探讨了日本应当如何推动其文化产业在海外的发展问题。③ 曾任日本著名动漫制作公司疯屋(MADHOUSE)董事长的增田弘道重点探讨了动漫市场的开发问题。增田从动漫产业的市场开发到商业构造、发展史、日本动漫产业进军海外等角度系统阐释了日本的动漫商业，并重点分析了日本动漫产业中存在的诸多问题。最后增田提出了“动漫软实力”概念，指出日本应当战略性地推动其动漫软实力。④

2020年东京奥运会是安倍内阁正积极筹备的最大规模的对外文化事业之一。而对于2020年东京奥运会最大的期待之一便是振兴日本经济。日本的都市政策专家市川広雄综合东京都以及森纪念财团都市战略研究所的评估基础上，提出了2020东京奥运会能够带来至少18兆日元以上的经济效应。同时，随着奥运会还会带来产业振兴并创造出众多就业机会，日本经济的国际竞争力也必然会

① 川口盛之助：《オタクで女の子な国のモノづくり》，講談社2007年。

② 板越ジョージ：《結局、日本のアニメ、マンガは儲かっているのか?》，ディスカヴァー・トゥエンティワン2013年。

③ 板越ジョージ：《アニメ・グローバル競争戦略再考》，ディスカヴァー・トゥエンティワン2014年。

④ 增田弘道：《アニメビジネスがわかる》，NTT出版2007年。

有一个明显的提升。① 另一方面，从经济、舆论、政治等各个方面反对、抨击 2020 年东京奥运会的言论也有一定的影响力。②

四、关于安倍内阁对外文化政策批判的研究

在整体上对于日本政府大力推行流行文化外交带来的正面效果大加赞赏的同时，也有学者从各种视角提出了批判。津坚信之从动漫史的角度批判了现阶段日本国内盲目的“动漫热”。津坚从日本动漫发展的历史出发，分析指出日本国内对于以动漫为首的日本酷文化存在盲目的自信与误解。其最大的问题在于没有认识到动漫的普及最大的功臣是盗版动漫，而长此以往则日本动漫必将走向衰落。而为了振兴并推动日本动漫的可持续发展，津坚提出了“圣地巡礼”建言。具体而言，通过打造以作品舞台、模特构成的街道、建筑物等动漫圣地来吸引全世界的动漫迷。③ 而酒井亨则进一步从振兴地方经济的角度详细阐述了“圣地巡礼”战略的价值。④

原日本经济产业省“酷日本政策推进创新产业课”成员之一的三原龙太郎考察了网络舆论对于酷文化批判的问题。为什么在一致盛赞酷日本文化的同时还会存在对于日本酷文化的诸多不满与批判是三原该书的核心问题。对此，三原分析了日本国内媒体批判酷日本文化、酷日本文化在美国的发展以及日本政府的政策等三个层

---

① 市川宏雄：《東京オリンピックで日本はどこまで復活するのか》，KADOKAWA2013 年。

② 反对 2020 年东京奥运会的相关著作、舆论，参考：革新都政をつくる会編：《転換点にたつオリンピック：異議あり！ 2020 東京オリンピック・パラリンピック》，かもがわ出版 2014 年；小笠原博毅，山本敦久編：《反東京オリンピック宣言》，航思社 2016 年；森田浩之：“東京五輪、反対してもいいですか？‘やめる’を納得させる5つの理由”（http：//gendai. ismedia. jp/articles/-/50050）

③ 津堅信之：《日本のアニメは何がすごいのか》，祥伝社 2014 年。

④ 酒井亨：《アニメが地方を救う！？-聖地巡礼の経済効果を考える》，ワニブックス2016 年。

面，从文化、社会、历史、政策、海外实况等多角度加以全面考察了酷日本文化现状。三原认为政府为中心的推进海外酷日本战略是导致酷日本形象受到批判的主要原因，提出酷日本文化的推广应当进一步淡化政府意识形态色彩，而强化纯民间文化交流的成分。①

岩渊功一从文化多样性角度更加深入地批判了日本对外文化政策的局限性。岩渊首先梳理了日本流行文化兴起及其发展简史。20世纪八十年代之前日本的对外文化政策主要是以宣传、介绍日本传统文化为主。比如茶道、歌舞伎、日语教育、日本绘画艺术等。但随着日本影视、漫画、音乐等流行文化的兴起及其在国际社会带来的巨大影响力，日本开始重视利用兴起的流行文化提升国际影响力。而结果整体上也给国家形象带来了巨大的提升。在此基础上，21世纪初日本政府提出了“酷日本”战略，日本也成功地被赞誉为一个文化超级大国。不仅对于日本自身的国际形象改善作出了巨大贡献，日本的流行文化战略也带动了周边韩国等国家注重本国的对外文化战略。在周边国家也开始注重自身文化战略的同时，也带来了整个东亚地域范围内的文化竞争局面。第一次安倍内阁时期的外务大臣麻生太郎在发表的题为“文化外交新观”中进一步强调数字媒体推动的流行文化(特别是动漫、漫画等)对于进一步提升“酷日本”的国家形象的重要性。同时日本外务省还公开强调日本的文化外交不仅仅是功利性地开拓市场，更重要的是要表明日本的“文化立场”以及凸显“酷日本”战略。但是岩渊在此基础上指出日本推行的流行文化外交并非其表面上指出的“双向文化交流”，而大多是“单向文化输出”。因此，在具体功效方面(尤其是对改善中国、韩国对日认识问题上)并不十分明显，亦即，中韩国民在接纳日本流行文化的同时并未打消对于日本的负面认识。此外，日本政府强行推动的文化外交无疑也是在人为地塑造统一的国家形象外表。这一做法无疑间接压制、牺牲了国内文化的多样性。对于未来日本对外文化政策，岩渊认为需要进一步强化文化双向交流的同时，政府方

① 三原龍太郎:《クール・ジャパンはなぜ嫌われるのか:“熱狂”と“冷笑”を超えて》，中央公論新社2014年。

面也应当注重文化多样性问题。①

岩渊进一步论述指出日本今后应当强化文化多样性，而避免出现日本文化与海外文化两极对立的局面。21 世纪初期，国际文化交流更加频繁、深入展开的同时，文化间的相互排斥、冲突也趋于激化，也意味着文化多样性的衰落。就日本而言，随着日本老龄化、少子化程度加深，日本被迫必须接纳更多的外国人来日本工作、居住。但日本政府对此则明显持谨慎态度，害怕大量外国人的涌入会带来日本文化及日本民族特征受到威胁，因此对于移民政策持谨慎态度，不愿承认日本是一个“移民国家”。岩渊指责了日本政府在移民政策及日本的国际交流问题上的保守性，并从发展“文化公民权(Cultural Citizenship)”(除了政治权利、经济权利之外，强调的是文化交流与文化差异的权利)的视角强调构建多文化国家的发展方向。具体措施方面，岩渊认为首先应当发展适于多文化共生(multicultural co-living)的基层组织，比如促进国际交流的日本地方组织，各类型的非政府组织/非营利组织等。其次，岩渊认为应当摒弃“日本人”与“外国人”的两极观念，尝试推动日本社会与国际社会的融合。最后，岩渊提出重新定义日本民族(nation)，亦即从“文化公民权(Cultural Citizenship)”的视角促进日本与世界的交流，在进一步发展既有多文化共生理念基础上，推动日本向着一个更具包容性、民主性的社会方向发展。② 而在岩渊最近的一篇文章中其以东亚地区的流行文化交流为例进一步指出了文化交流的双向性以及多文化共生的重要性。③

---

① Koichi Iwabuchi (岩渕功一), “Pop-culture diplomacy in Japan: soft power, nation branding and the question of ‘international cultural exchange’”, *International Journal of Cultural Policy*, Jun 2015, Vol. 21 No. 4.

② Koichi Iwabuchi, “Cultural citizenship and prospects for Japan as a multicultural nation”, Y. Soysal, ed., *Making ad transnational trajectories: nation, citizenship, and region in East Asia*, (London: Routledge, 2015).

③ Koichi Iwabuchi, “East Asian popular culture and inter-Asian referencing”, Iwabuchi, K., Tsai, E. & Berry, C., eds., *Routledge Handbook of East Asian Popular Culture*(Abingdon Oxon UK: Routledge, 2017).

也有学者从国际上的文化大国经验出发为日本的对外文化政策建言献策。渡边靖认为美国的文化外交功能之一便是积极应对世界各地反美主义的盛行。渡边在研究欧美中韩各国的文化与外交融合战略的基础上，揭示其实态与内核思想，为日本的对外文化政策建言。① 曾任日本驻法大使馆信息文化公使的渡边启贵在研究法国的文化外交基础上，提出冷战后的国际社会日益重视达成合意的过程，对话以及共同价值观，亦即共通文化的重要性日益突出，未来必定是"文化的时代"。渡边指出今后日本应当重点推动日语教育振兴、酷日本文化以及整顿日本文化外交体制。② 曾任日本文化厅长官的青柳正规在考察全球化时代的文化特征、日本文化的特质、日本文化政策以及外国(尤其是法国)文化政策的基础上，提出了"文化立国"论。其认为在日本人口锐减、经济停滞的背景下，日本文化成为实现日本再次复活的关键因素。③

五、结　　语

日本学界普遍认为，安倍晋三第二次担任日本首相后，中日两国的关系并未能持续稳定进一步的发展。究其原因，日本学界大致认为主要有以下几点：首先，在政治方面，日本学界的研究主要集中在中国在东亚的崛起与日本的国家安全的关系等方面。随着中国在东亚地区的迅速崛起牵动着东亚秩序变动的核心变量，中国崛起所引发的地区效应，二次组阁后的安倍政府针对中国的崛起出台了一系列措施，2013 年日本制定二战后首个国家大战略计划《国家安全保障战略》与《防卫计划大纲》，并由此出台了对华方针与对华策略。2015 年，日美修订防卫合作指针及日本通过新安保法，进

① 渡辺靖：《文化と外交：パブリック・ディプロマシーの時代》，中央公論新社 2011 年。

② 渡邊啓貴：《フランスの"文化外交"戦略に学ぶ："文化の時代"の日本文化発信》，大修館書店 2013 年。

③ 青柳正規：《文化立国論：日本のソフトパワーの底力》，筑摩書房 2015 年。

一步加剧了双方联合制华的态势。其次，在外交方面，日本学界的研究主要是围绕钓鱼岛问题与南海问题中日两国产生了一系列的摩擦与博弈所展开的。安倍晋三多次在媒体与国际会议上强硬地表示钓鱼岛问题没有谈判的余地。这使得中日两国的外交关系急剧恶化。在美国将其战略目光重新聚焦到亚太以后，安倍晋三欲借助美国作为其“保护伞”，企图进一步加强日本同盟，使其在中日钓鱼岛领土争端问题上占据主动。另一方面，在南海问题上，安倍又试图联合以菲律宾为首的东盟各国给中国施压。中国与日本以及中国与亚洲各国在南海问题上的矛盾与摩擦，其根源是美国的“重返亚洲”战略所致，而日本亦甘为“马前卒”，以获取其利益。再次，在经济方面，日本学界主要围绕“安倍经济学”对中日两国经济的影响展开研究。安倍再次组阁后，为了赢得选举与支持率，提出了“安倍经济学”，这是其为了再次掌权所采取的极端手段。其提出了以积极的财政政策、大胆的货币量化宽松政策及经济增长战略为支柱的“安倍经济学”，以提振日本长期低迷的经济。但实际上，日本经济的振兴与否与中国息息相关。日本经济的调整，从短期来看会对中国的对日贸易、外商直接投资、流入、金融环境稳定及总体经济增长带来一些负面效应，但长期而言也会为中国经济的结构调整与发展提供有价值的启示与新的机遇。

最后，在文化与价值观输出方面，在安倍执政期间，日本的对外文化政策在提升日本国际形象以及促进日本文化产业经济发展方面发挥了巨大作用。全球前四大市场研究公司之一的安赫尔特·捷孚凯(Anholt-GfK)发布了 2017 年度的“国家品牌指数”(Nation Brands Index-NBI)中日本与加拿大并列高居第 4 位。而作为排名依据的六大指标无一例外皆可界定为文化软实力因素。① 足见日本文

① 六大指标为：公共管理(公众对于政府执政以及参与国际事务的评判)；文化(全球文化影响力与文化竞争力)；国民素质(竞争力、开放性、友好性以及其他诸如包容性等素质)；旅游观光(观光热度与自然、人造旅游吸引力)；投资移民(对于外国人移民及外国商业投资的吸引力)；出口(出口产品的公众形象)。参考安赫尔特·捷孚凯国家品牌指数主页：http：//nation-brands. gfk. com，2018 年 5 月 13 日)。

化软实力在提升日本国际形象中发挥的重要作用。日本在推动其文化普及的力度及方式方法等方面的经验都值得我们借鉴。

然而，另一方面也应对安倍内阁打着“价值观外交”的旗号，复辟冷战意识形态外交的思想保持高度警惕。安倍的言行举止将其延续岸信介外交理念的意图展露无遗。在全世界步入后冷战时代后，全世界各国的交流日益频繁，政治体制、经济模式、文化类别等各个领域的多样化与共生成为时代发展的主流。在此背景下，岸信介修改宪法、强化日美军事同盟的同时，用西方的“普世价值观”包围、孤立中国的冷战思维式做法早已落后于时代。2018 年初召开的博鳌亚洲论坛开幕式上，习近平主席发表的主旨演讲中指出，“和平与发展是世界各国人民的共同心声，冷战思维、零和博弈愈发陈旧落伍，妄自尊大或独善其身只能四处碰壁。只有坚持和平发展、携手合作，才能真正实现共赢、多赢”。① 对于安倍内阁借文化交流之名行包围、孤立中国之实的行为不仅应当毫无保留地予以揭露与批判，同时也应当在政治、军事、经济、文化等各个领域予以坚决抵制。

日本学界关于第二次安倍政权对华政策研究成果目录

一、专著

安倍晋三：《美しい国へ》，文藝春秋 2006 年。

麻生太郎：《自由と繁栄の弧について》，幻冬舎 2007 年。

増田弘道：《アニメビジネスがわかる》，NTT 出版 2007 年。

川口盛之助：《オタクで女の子な国のモノづくり》，講談社 2007 年。

櫻井孝昌：《アニメ文化外交》，筑摩書房 2009 年；《世界カワイイ革命：なぜ彼女たちは“日本人になりたい”と叫ぶのか》，PHP 研究所 2009 年。

① “中国国家主席习近平在博鳌亚洲论坛 2018 年年会发表主旨演讲”，2018 年 4 月 10 日(亚洲博鳌论坛主页：http：//www.boaoforum.org/sylbt/38651.jhtml)。

川口盛之助：《世界が絶賛する"メイド・バイ・ジャパン"》，ソフトバンククリエイティブ2010 年。

米春名幹男：《中冷戦と日本：激化するインテリジェンス戦争の内幕》，PHP 研究所 2012 年。

防衛省編：《防衛白書平成 24 年版》，佐伯印刷 2012 年。

滝田賢治：《21 世紀東ユーラシアの地政学》，中央大学出版部 2012 年。

山本吉宣 、納家政嗣、井上寿一、神谷万丈、金子将史：《日本の大戦略—歴史的パワーシフトをどう乗り切るか》，PHP 研究所 2012 年。

田村重信：《日本の防衛政策》，内外出版株式会社 2012 年。

クラウスドッズ著，野田牧人 訳：《地政学とは何か》，NTT 出版 2012 年。

小川榮太郎：《約束の日：安倍晋三試論》，幻冬舎 2012 年。

P. J. カッツェンスタン著，光辻克馬、山影進訳：《世界政治と地域主義：世界の上のアメリカ、ヨーロッパの中のドイツ、アジアの横の日本》，書籍工房早山 2012 年。

安倍晋三：《新しい国へ　美しい国へ》，文藝春秋 2013 年。

安倍晋三：《日本よ、世界の真ん中で咲き誇れ》(与百田尚樹合著)，ワック2013 年(2017 年修订再版)。

櫻井孝昌，上坂すみれ：《世界でいちばんユニークなニッポンだからできること：僕らの文化外交宣言》，パルコエンタテインメント事業部 2013 年。

末次俊之：《安倍晋三宰相論：革新主義的保守》，志學社 2013 年。

市川宏雄：《東京オリンピックで日本はどこまで復活するのか》，KADOKAWA2013 年。

大下英治：《安倍晋三と岸信介》，角川マガジンズ2013 年。

屋山太郎：《安倍政権で再び大国を目指す日本—価値観外交とTPPが成長のカギ》，海竜社 2013 年。

渡邊啓貴：《フランスの"文化外交"戦略に学ぶ："文化の時

代"の日本文化発信》，大修館書店2013年。

板越ジョージ:《結局、日本のアニメ、マンガは儲かっているのか?》，ディスカヴァー・トゥエンティワン2013年。

半田滋:《集団的自衛権のトリックと安倍改憲》，高文研2013年。

大下英治:《安倍晋三と岸信介》，《角川マガジンズ》2013年。

渡邉昭夫編:《2010年代の国際環境と日本の安全保障-パワー・シフト下における日本-》，防衛省防衛研究所2013年。

防衛省編:《防衛白書 平成25年版》，日経印刷2013年。

防衛年鑑刊行会編:《防衛年鑑2013》，防衛メディアセンター2013年。

防衛省防衛研究所:《東アジア戦略概観2013》，(有)成隆出版2013年。

防衛日報社編:《自衛隊年鑑2013》，防衛日報社2013年。

飯田敬輔:《経済覇権のゆくえ—米中伯仲時代と日本の針路》，中央公論新社2013年。

谷内正太郎編:《日本の安全保障と防衛政策》，ウェッジ2013年。

谷内正太郎編:《日本の安全保障と防衛政策》，ウェッジ2013年。

谷内正太郎編:《論集日本の安全保障と防衛政策》，ウェッジ2013年。

高畑昭男:《アジア回帰するアメリカ:外交安全保障政策の検証》，NTT出版2013年。

海洋政策研究財団:《中国の海洋進出—混迷の東アジア海洋圏と各国対応》，成山堂書店2013年。

進藤榮一:《アジア力の世紀:どう生き抜くのか，岩波書店2013年。

津上俊哉:《中国台頭の終焉》，日本経済新聞出版社2013年。

斎藤貴男:《安倍改憲政権の正体》，岩波書店2013年。

石破茂：《新しい自民党をつくる》，文藝春秋 2013 年。

藤井厳喜：《米中新冷戦、どうする日本》，PHP 研究所 2013 年。

伊藤元重：《日本経済を創造的に破壊せよ！》，ダイモンド社 2013 年。

外務省編：《外交青書 2013》，日経印刷 2013 年。

イアン・ブレマー，ジョセフ・ナイ，ハビエル・ソラナ，クリストファー・ヒル著：《新アジア地政学》，土曜社 2013 年。

アーロン・フリードバーグ著，佐橋亮監修：《支配への競争：米中対立の構図とアジアの将来》，日本評論社 2013 年。

ケント・E. カルダー著、杉田弘毅訳：《新大陸主義：21 世紀のエネルギーパワーゲーム》，潮出版社 2013 年。

ジェフリー・ A. ベーダー著，春原剛 訳《オバマと中国：米国政府の内部からみたアジア政策》，東京大学出版会 2013 年。

三原龍太郎：《クール・ジャパンはなぜ嫌われるのか："熱狂"と"冷笑"を超えて》，中央公論新社 2014 年。

津堅信之：《日本のアニメは何がすごいのか》，祥伝社 2014 年。

板越ジョージ：《アニメ・グローバル競争戦略再考》，ディスカヴァー・トゥエンティワン2014 年。

屋山太郎：《それでも日本を救うのは安倍政権しかない》，海竜社 2014 年。

革新都政をつくる会編：《転換点にたつオリンピック：異議あり！ 2020 東京オリンピック・パラリンピック》，かもがわ出版 2014 年。

安倍晋三：《日本の決意》，新潮社 2014 年。

奥山真司：《南シナ海　中国海洋覇権の野望》，講談社 2014 年。

奥山真司：《地政学の逆襲》，朝日新聞出版社 2014 年。

安倍晋三：《日本の決意》，新潮社 2014 年。

春原剛：《日本版 NSC とは何か》，新潮社 2014 年。

渡邊昭夫、秋山昌廣《日本をめぐる安全保障　これから10年のパワー.シフト》，亜記書房2014年。

防衛省防衛研究所：《東アジア戦略概観2014》，(株)時評社2014年。

豊下 楢彦、古関 彰一：《集団的自衛権と安全保障》，岩波書店2014年。

柳澤協二：《亡国の安保政策—安倍政権と”積極的平和主義“の罠》，岩波書店2014年。

入江昭：《歴史家が見る現代世界》，講談社2014年。

石破茂：《日本人のための「集団的自衛権」入門》，新潮社2014年。

添谷芳秀：《“普通”の国日本》，千倉書房2014年。

西原正：《再起する日本　緊張高まる東、南シナ海—年報アジアの安全保(2014-2015)》，朝雲新聞社2014年。

遠藤不比人：《日本表象の地政学：海洋・原爆・冷戦・ポップカルチャー》，流彩社2014年。

野口悠紀雄：《変わった世界 変わらない日本》，講談社2014年。

薬郎寺克行：《现代日本政治史—攻治改革と政権交代》，有斐閣2014年。

関志雄：《中国“新常態”経済》，日本経済新聞出版社2015年。

海洋政策研究財団：《海洋白書(2015)日本の動き世界の動き——「海洋立国」のための海洋政策の具体的実施に向けて》，成山堂書店2015年。

海上保安庁編《海上保安レポート(2015)特集離島周辺や遠方海域における海上保安庁の活躍》，日経印刷2015年。

日本防衛省：《南シナ海における中国の活動》，日本防衛省2015年。

西村豪太：《米中経済戦争AIIB対TPP—日本に残された大逆転チャンス》，東洋経済新報社2015年。

遠藤誠治:《日米安保と自衛隊》, 岩波書店 2015 年。

外務省:《政府開発援助(ODA)白書(2014 年版)日本の国際協力》, 文化工房 2015 年。

青柳正規:《文化立国論: 日本のソフトパワーの底力》, 筑摩書房 2015 年。

鎌倉孝夫ほか著:《検証安倍談話: 戦後七〇年村山談話の歴史的意義》, 明石書店 2015 年。

屋山太郎:《安倍晋三興国論》, 海竜社 2015 年。

鴻上尚史:《クール・ジャパン!?: 外国人が見たニッポン》, 講談社 2015 年。

斎藤充功[ほか]:《安倍晋三と岸信介の"日米安保":"戦争"に取りつかれた宿命の一族》, 双葉社 2015 年。

イアン・ブレマー(奥村準訳):『スーパーパワー——Gゼロ時代のアメリカの選択』, 日本経済新聞社 2015 年。

酒井亨:《アニメが地方を救う!? -聖地巡礼の経済効果を考える》, ワニブックス2016 年。

小笠原博毅, 山本敦久編:《反東京オリンピック宣言》, 航思社 2016 年。

岸井成格, 佐高信:《偽りの保守・安倍晋三の正体》, 講談社 2016 年。

屋山太郎:《安倍外交で日本は強くなる》, 海竜社 2016 年。

牟倫海:《戦後日本の対外文化政策: 1952 年から72 年における再編成の模索》, 早稲田大学出版部 2016 年。

白石隆:《海洋アジアVS 大陸アジア》, ミネルバ書房 2016 年。

川島真:《21 世紀の「中華」習近平中国と東アジア》, 中央公論新社 2016 年

山本吉宣:《インド太平洋と海のシルクロード—政策シンボルの競争と国際秩序の形成》, 株式会社 PHP 研究所 2016 年。

青木理:《安倍三代》, 朝日新聞出版 2017 年。

五百旗頭薫[ほか]:《編戦後日本の歴史認識》, 東京大学出

版会2017年。

菊池正史：《安倍晋三“保守”の正体：岸信介のDNAとは何か》，文藝春秋2017年。

二、论文

鈴木美勝：“倍外政論(2)新外交戦略‘自由と繁栄の弧’”，《世界週報》2006年第87(49)号。

石澤洋：《日本政府の新外交=価値観外交の考察》，《科学的社会主義》2007-09。

安保公人：《国際法と日本の海洋戦略》，《世界平和研究》，2012-01。

秋山昌廣：《尖閣諸島に関する地政学的考察》，《島嶼研究ジャーナル》，2012-02。

日本国際政治学会編：《安全保障・戦略文化の比較研究》，《国際政治》，2012-02。

井尻秀憲：《荒れる南シナ海と日米衝突の可能性》，《中央公論》，2012-09。

林芳正：《日本が考える『太平洋の世紀》，中央公論，2012-09。

パシフィック総研：《南シナ海における船舶の自由航行の確保一特集　南シナ海をめぐる安全保障問題》，《日本戦略研究フォーラム季報》，2012-12。

安倍晋三：《全世界戦略「セキュリティ・ダイヤモンド構想」，《国際NPO団体》，2012-12。

川村純彦：《南シナ海における中国の軍事戦略》，《日本戦略研究ファーラム季報》，2012-12。

安倍晋三：《「新しい国へ」「政権構想」発表》，《文藝春秋》，2013-01。

山下万喜：《日本の海洋安全保障への取り組み：海上自衛隊の歩みと将来への展望》，《海幹校研究》，2013-02。

高原秀介：《日中関係におけるアメリカの影響一尖閣諸島問題巻中心に》，《京都産業大学世界問題研究所紀要》，2013-02。

諸永大：《ASEANの脅威認識と協議ルール：南シナ海紛争に

おける中国への対応》，《防衛学研究》，2013-03。

飯田将史：《日中関係と今後の中国外交　「韜光養晦」の終焉？》，《国際問題》，2013-04。

丸川知雄：《中所得国時代の中国経済のゆくえ》，《国際問題》，2013-04。

城山英巳：《反日デモの社会構造　中国社会の「分裂」とその背景》，《国際問題》，2013-04。

興梠一郎：《習近平体制　新指導部の布陣と権力闘争の影》，《国際問題》，2013-04。

岡部達味：《習近平政権の課題》，《国際問題》，2013-04。

張蘊嶺・沈銘輝：《アジア太平洋におけるFTA　中国の展望》，《国際問題》，2013-06。

神谷万丈：《東アジア地域秩序の動向 リアリズムの立場から》，《国際問題》，2013-07・08。

林賢参：《日本の海洋戦略：シー・パワーの視点から論ずる》，《国立政治大学日本研究センター》，2013-09。

藤田明史：《安倍首相の国連演説—"積極的平和主義"という言葉について》，《トランセンド研究》，2013-11。

小高泰：《南シナ海問題をめぐるベとナムの安全保障政策：大国取り込むベとナムの思惑と国内問題の対応》，《海外事情》，2013-12。

湯浅博《日本再生への処方箋—アジア海洋同盟で中国を抑止せよ—》，《正論》，2013-12。

斉藤哲郎：《現代中国の多国間、周辺外交と海洋戦略：南シナ海をめぐる国際関係》，《大東文化大学紀要、社会科学》，2013-12。

外交防衛委員会調査室："第2次安倍内閣の発足と戦略的外交の展開：第183回国会(常会)における外交論議の焦点"，《立法と調査》2013-09。

榊原博行："特集 輝く安倍'価値観外交'足を引っ張るマスメディア"，《政経往来》2013-08。

高橋一生："日本型価値観外交の構想"，《政策オピニオン》第4号，2013-11。

谷内正太郎："安倍戦略外交の核心：価値観・哲学を共有し'アジア'と合従する"，《外交》2013-18。

大畑龍次："南シナ海の領有権問題と日本：平和的解決の最大のリスク要因は安倍政権の'価値観外交'"，《労働運動研究》2014-22。

中村登志哉："広報外交の組織的強化とその課題：第2次安倍政権を中心に，"《言語文化論集》2014-1。

西部邁："価値観外交という空理空論"，《Will：マンスリーウイル》2014-09。

松永裕方："安倍首相の歴史認識・価値観を再考する"，《社会主義》2014-09。

"外交"編集委員会外交：《外交》，2015-03。

李炅澤：《日本における'新しい'パブリック・ディプロマシーの挑戦とその限界：民主党政権におけるパブリック・ディプロマシーの方向性とその転換を中心に》，《国際日本研究》2015-07。

若宮啓文：《保守政治の変質と'価値観外交'の罠》，《経済倶楽部講演録》，2015-12。

河原昌一郎：《南シナ海問題におけるフィリピンの対中国提訴の考察》，《国防》，2014-02。

川村範行：《尖閣諸島領有権問題と日中関係の構造的変化に関する考察》，《名古屋外国語大学外国語学部紀要第46号》，2014-02。

平賀健一：《東シナ海及び南シナ海における中国の海洋紛争》，《海幹校戦略研究》，2014-02。

西本健太郎：《南シナ海における中国の主張と国際法上の評価》，《法学》，2014-03。

林賢参：《第二次安倍晋三内閣の対中ヘッジング戦略》，《問題と研究》，2014-04・05・06。

津上俊哉：《改革か保守か　改革開放後の中国の経済政策と

その変遷》,《国際問題》,2014-05。

及川淳子:《習近平政権下の社会変動 「維穩体制」をめぐる諸問題 》,《国際問題》,2014-05。

谷野作太郎:《中国の選択 保守か改革か》,《国際問題》,2014-05。

阿南友亮:《海洋に賭ける習近平政権の「夢」「平和的発展」路線の迷走と「失地回復」神話の創成》,《国際問題》,2014-05。

諏訪一幸:《習近平保守派論への疑問 権力集中は悪か?》,《国際問題》,2014-05。

浜口伸明:《新興国と「中所得国の罠」 ブラジルの事例》,《国際問題》,2014-07・08。

柯隆:《中国経済のサステナビリティーと「中所得国の罠」》,《国際問題》,2014-07・08。

ヴィラユース・カンチューチャット:《「中所得国の罠」をめぐる議論 現状分析と将来予測,《国際問題》,2014-07・08。

原洋之介:《「中所得国の罠」をどう捉えるか》,《国際問題》,2014-07・08。

庄司智孝:《南シナ海問題をめぐる安全保障と経済の交錯 フィリピンの事例を中心に》,2014-09。

細川大輔:《ベトナムの経済と安全保障 中国依存と領土主権のはざまで》,《国際問題》,2014-09。

シロウ・アームストロング:《経済が政治に先行し続ける日中関係》,《国際問題》,2014-09。

青山瑠妙:《防御的、積極的、そして攻撃的パブリック・ディプロマシー 中国における3つの要素》,《国際問題》,2014-10。

飯田将史:《南シナ海で広がる日中の亀裂》,《問題と研究:アジア太平洋研究専門誌》,2014-10。

矢嶋定則:《第 2 次安倍内閣の外交防衛政策》,《立法と調査》,2014-10。

相澤輝昭:《ペルシャ湾掃海艇派遣の意義と教訓一掃海部隊の歴史と海上防衛力整備の経緯からの考察》,《NIDS NEW》,

2014-12。

吉富望：《海上交通の安全確保における陸上自衛隊の役割——海洋国家の陸軍種として》，《国際安全保障》，2015-01。

黄洗姫：《東アジアの海洋安全保障における日米韓協力とその課題》，《海洋政策研究》，2015-01。

等雄一郎：《日米関係から見た集団的自衛権論議—日米防衛協力の進展と集団的自衛権》，《レファレンス》，2015-03。

河原昌一郎：《中国食糧政策の選択》，《国際問題》，2015-03。

松田康博：《習近平政権の外交政策：大国外交・周辺外交・地域構想の成果と矛盾》，《国際問題》，2015-04。

渡辺浩平：《中国社会とインターネット、そして習近平》，《国際問題》，2015-04。

関志雄：《中国経済の「新常態」》，《国際問題》，2015-04。

岡本巖：《日中経済関係の今後の展望と課題 》，《国際問題》，2015-04。

細谷雄一：《「20年後のアジア太平洋地域秩序と日本の役割」に関する研究会報告書》，《外务省》，2015-4。

ジェイコブ・ストークス：《中国の新シルクロード構想——現実的構想か見果てぬ夢か》，《フォーリン・アフェアーズ・リポート》，2015-06。

みずほ総研編：《中国シンクタンクが明かす「新シルクロード構想」全容—2014年度中国商務部国際貿易経済合作研究院への委託調査》，《みずほリポート》，2015-07。

倉田徹：《嵐のなかで自由を抱きしめる 「中国化」と香港の自由》，2015-07・08。

山本吉宣：《中国の台頭と国際秩序の観点からみた「一帯一路」》，《PHP Policy Review》，2015-08。

藤田哲雄：《AIIBは国際金融秩序変革の転換点と成り得るか》，《環太平洋ビジネス情報》2015-08。

山本吉宣：《競争的相互浸透秩序の可能性—北東アジアの安

全保障環境をめぐって》,《PHP Policy Review》, 2015-09。

宮玲子:《国際システムの変動と日中関係》, 目白大学「人文学研究」, 2015-11。

田中菜採兒、湯野基生:《アジアインフラ投資銀行(AIIB)の概要》,《調査と情報》, 2015-12。

佐野淳也:《中国の新成長戦略としての「一帯一路」構想》,《Research Focus》, 2015-12。

宇山智彦:《中央アジア諸国からみた国際環境の変化と対応　ロシアの政治的・軍事的影響力と中国の経済進出》,《国際問題》, 2015-12。

清水学:《習近平政権の中央アジア戦略　「一帯一路」との関係で》,《国際問題》, 2015-12。

阿古智子:《現代中国における「公民運動」のポテンシャル　定まらない「公」と「私」のはざまで》,《国際問題》, 2016-03。

佐々木智弘:《反腐敗闘争の政治学》,《国際問題》, 2016-03。

和田洋典:《対外経済上の「攻勢」がもつ潜在性　AIIBは多角主義と地域主義に何をもたらすか》,《国際問題》, 2016-03。

杜進:《成長減速、構造調整、体制改革の現段階》,《国際問題》, 2016-03。

中兼和津次:《「新常態」と新「中華帝国」の夢　習近平政権をどう捉えるか》,《国際問題》, 2016-03。

船桥洋一:《新世界地政学》,《文藝春秋》, 2016-06。

濬暁寧:《新たな変化示す共同世論調査結果》,《人民中国》, 2016-11。

厳善平:《中国の格差》,《国際問題》, 2016-12。

小谷哲男:《南シナ海仲裁判断後の東シナ海　南シナ海問題との相関関係》,《国際問題》, 2017-03。

兼原敦子:《南シナ海仲裁判断(本案)にみる国際法の妥当性の論理》,《国際問題》, 2017-03。

河野真理子:《南シナ海仲裁の手続と判断実施の展望》,《国際問題》, 2017-03。

高原明生:《仲裁判断後の南シナ海をめぐる中国外交》,《国際問題》,2017-03。

中谷和弘:《南シナ海比中仲裁判断と海洋における法の支配》,《国際問題》,2017-03。

ローズマリー・フット:《中国と国際人間保護レジーム　変化する規範的秩序における信念、パワー、地位》,《国際問題》,2017-05。

ジェラルド・チャン:《後発国から超大国へ　中国高速鉄道の"奇跡"を紐解く》,《国際問題》,2017-05。

角南篤:《「宇宙強国」中国とデュアルユース技術開発》,《国際問題》,2017-05。

窪田順平:《気候変動対策と中国　パリ協定批准によせて》,《国際問題》,2017-05。

高木誠一郎:《中国対外戦略・政策の新展開》,《国際問題》,2017-05。

丸川知雄:《世界経済の「中心」としての中国》,《国際問題》,2017-09。

関志雄:《トランプ政権下の米中通商摩擦の行方　人民元問題を中心に》,《国際問題》,2017-09。

梶谷懐:《中国経済のマクロ安定性　不動産市場の行方と地方財政》,《国際問題》,2017-09。

渡邉真理子:《プラットフォーム企業が起こすイノベーションアリババドットコムからみえてくる新しいかたち》,《国際問題》,2017-09。

河合正弘:《世界経済と人民元の国際化》,《国際問題》,2017-09。

菊池努:《米中関係を超えて　大国間の権力政治と東南アジア》,《国際問題》,2017-10。

川島真:《中国の対外政策目標と国際秩序観　習近平演説から考える》,《国際問題》,2018-01・02。

Douglas McGray, "Japan's Gross National Cool", *Foreign Policy*,

May-Jun., 2002, No. 130.

Koichi Iwabuchi (岩渕功一), "Pop-culture diplomacy in Japan: soft power, nation branding and the question of 'international cultural exchange'", *International Journal of Cultural Policy*, Jun 2015, Vol. 21, No. 4.

Koichi Iwabuchi, "Cultural citizenship and prospects for Japan as a multicultural nation", Y. Soysal, ed., *Making and transnational trajectories: nation, citizenship, and region in East Asia*, (London: Routledge, 2015).

Koichi Iwabuchi, "East Asian popular culture and inter-Asian referencing", Iwabuchi, K., Tsai, E. & Berry, C., eds., *Routledge Handbook of East Asian Popular Culture*, (Abingdon Oxon UK: Routledge, 2017).

记者比较研究的问题与方法

武汉大学媒体发展研究中心　单　波
武汉大学新闻与传播学院　张　洋

记者是新闻业的实践主体，个体新闻从业者经过“职业社会化”的训练后，成为新闻职业共同体的组成分子，在新闻职业意识的指导下进行日常工作实践，将社会现实剪裁为新闻报道，进而建构起社会大众对于周遭环境的认知与想象。同时，正是通过记者个体在工作中的实践与反思，新闻职业意识和新闻共同体规范才得以传承，不断因应新的实践情境进行再生产，形成新闻业的独特传统。新闻记者比较建立在新闻职业反思的基础之上，它既承认记者群体拥有共享的职业理念，同时也承认记者的职业意识植根于多元的社会文化土壤之中，是现代性思潮与地方性实践相互融合的产物，通过考察不同国家新闻记者的理念与实践特征，在对话中形成对新闻业历史与现实的多维观照，进而探讨记者如何在全球化时代超越自身的视野局限，以跨文化的态度来呈现变动不居的现代世界。

一、谁是记者？一个职业群体的界定

记者最早产生于16世纪的威尼斯，各国商人在当地进行商业活动，迫切需要了解涉及自身利益的消息。一批探报消息者应运而生，搜集政治事件、物价行情等信息，刊刻成报纸公开销售。这些专门搜集和出卖新闻的人构成了现代记者的前身。随着报业的发展和新闻界的激励竞争，新闻机构内的分工日益明确，才有了专职的记者、编辑和出版者。自 19 世纪后期以来，记者在新闻实践中逐渐摸索出了倒金字塔写作、新闻采访(interview)等操作技术，并且形成了以客观性、无偏性为代表的实践原则,① 新闻业初步积累起了自身的专业知识，并以此传授给新入行的从业者，使之不断延续并逐次积累。20 世纪以来随着世界各地相继建立起记者、编辑协会，并制定记者职业规范，记者作为一项正式的职业渐趋成熟，并在对两次世界大战、水门事件等历史性时刻的报道中逐渐积累起了全球性的声望。记者尽管受到来自制度和机构的种种约束，其背景和观点仍然影响着新闻报道的内容、形式与类型,② 同时塑造着受众对现实世界的认知。③ 因此，记者的职业群体特征在媒介系统和媒介内容之间建立起联系：宏观的媒介系统特征，正是通过对记者特征的整体塑造，才能在具体的新闻报道中体现出来。④

然而相比于医疗、法律、科技、心理等领域的专业从业者来说，从事新闻实践所需掌握的专业知识门槛相对较低，特别是在传播技术发达的 21 世纪，公民记者与专业记者之间的边界日益模糊。那么应当如何理解和界定记者群体呢？按照舒德森对记者的经典定义，一名记者是“一个忠于消息来源的人，一个同惯常的智慧相符的人，一个服从新闻机构政治文化的人，一个忠实于一定范围内的政治和文学表达的人”。⑤ 舒德森运用肯定性的话语，通过某些被认为是专属于新闻业的特性来界定记者，此外还有新闻学者和从业

---

① 迈克尔·舒德森，陈昌凤，常江译．发掘新闻[M]．北京大学出版社，2009.

② Shoemaker P J, Reese S D. Mediating the message White Plains[J]. NY: Longman, 1996.

③ Starck K, Soloski J. Effect of Reporter Predisposition in Covering Controversial Story[M]// Intuitionistic fuzzy information aggregation. Science Press, 1977: 120-125.

④ Dalen A V, Vreese C H D, Albæk E. Different roles, different content? A four-country comparison of the role conceptions and reporting style of political journalists[J]. Journalism, 2012, 13(7): 903-922.

⑤ Schudson M. The power of news[M]. Harvard University Press, 1996: 109.

者运用否定性的话语来强调自己与公民记者和业余评论家的区别，强调专业训练对于新闻实践的重要性，从而维持新闻业的专业边界和文化权威，这些建构性的话语也构成了为了维系新闻业权威所做的“边界工作”。①

在具体的比较研究实践中，对记者群体边界的界定至关重要，但正如汉尼茨所说，“记者的定义是一个移动的靶子”，新闻实践的飞速变革导致对其所做的任何理论界定都显得滞后。按照行动取向的视角，任何从事信息调查、传播和发布的个体都可以被纳入记者的范畴，这就导致了定义漫漶无边，最终无法操作。汉尼茨提倡运用制度取向的视角来规避这些问题，认为只要在特定的新闻业制度框架中行动的个体，才能够从概念上成为记者②。这种定义方式利弊互见，一方面将公民记者等飞速崛起的新兴群体排除在外，但同时也使得记者调查与比较的基础可以被清晰地界定，事实上也是被绝大多数记者比较研究者所遵循的研究路径。因此，本文也默认基于制度化取向的定义方式，关注不同国家的职业新闻从业者的异同。

二、规范与描述的两难：重新思考新闻专业主义

在关于新闻记者角色与规范的种种论述中，新闻专业主义(journalism professionalism)概念最具影响力。随着现代社会日益发达的劳动分工，新闻、法律、教育、医疗等现代职业相继兴起，专业(professional)逐渐意味着从业者声称对某些事务具有较他人较多的知识，从业者通过设置职业门槛，获得对职业准入和评估的管辖权，进而在职业竞争中获得相对优势地位。③ 与职业控制相伴随

① Boundaries of journalism: Professionalism, practices and participation[M]. Routledge, 2015.

② 李立峰编.《新闻业、新闻记者与全球比较研究》. 传播与社会学刊. 第39期，第1-27页.

③ [美]阿伯特. 职业系统[M]. 李荣山，译. 北京：商务印书馆，2016.

的，是专业知识的兴起和制度化，① 这些知识通过分化为各个学科的高等教育被发展和维系，并在职业工作过程中成为弥散着的权力，塑造并控制着人类生活的内容和过程。② 在此基础之上形成的专业主义，就是以超越性的价值引导专业知识运用的承诺，赋予了专业以意义并正当化其独立性。③

作为专业主义在新闻实践中的体现，新闻专业主义包含着不同维度的内涵：在知识技能层面要求在新闻写作过程中一切从事实出发，平衡多方信息来源，以实证科学的理性标准评判事实的真伪；在价值观念层面，意味着新闻业要客观公正报道社会现实，服务于公共利益；新闻专业主义作为新闻人的一套职业意识形态④，同时具有规范性理论和描述性理论的特征，既可以用作对特定报道风格和新闻文化的描述，又指明了新闻业的理想规范标准，旨在激发、引导并评判构成现实的新闻实践。⑤

陆晔和潘忠党在关于中国新闻从业者的经典研究《成名的想象》一文中，指出新闻专业主义在中国新闻实践中只能得到碎片而局部地呈现，得到强调的只是操作技能和表现形式上的专业水准以及实践中的新闻伦理，专业主义的其他部分被忽略，如媒体的社会责任和角色，新闻生产中的社会控制的成分等。专业主义的普适性内涵被赋予中国的地方化特色，在新闻从业者的实践中被混入中国知识分子启蒙民智的传统和新闻改革的现实矛盾。⑥《成名的想象》

① 彼得·伯克．知识社会史[M]．杭州：浙江大学出版社，2016.

② 刘思达．职业自主性与国家干预——西方职业社会学研究述评[J]．社会学研究，2006(1)：197-224.

③ 潘忠党，陆晔．走向公共：新闻专业主义再出发[J]．国际新闻界，2017(10)：91-124.

④ Deuze M. What is journalism?：Professional identity and ideology of journalists reconsidered [J]. Journalism，2005，6(4)：442-464.

⑤ 潘忠党、陈韬文．中国改革过程中新闻工作者的职业评价和工作满意度．[J]．中国传媒报告 2005 年第 1 期，41-55 页。

⑥ 陆晔，潘忠党．成名的想象．中国社会转型过程中新闻从业者的专业主义话语建构．新闻学研究，2002 年第 4 期．

一文自发表后，引发中国新闻学界和业界的大量探讨，深刻地启发了中国新闻生产社会学的相关研究，但这篇文章以及两位学者后续的文章①都将专业主义话语作为普适的理论理想型，只是强调专业主义实践则必须与特定历史和社会、文化场景下的新闻业形态发生勾连，却未能解决理论本身的历史性和情境性问题。

专业的概念在不同社会语境下有着不同的意涵和解释②。根据刘思达的梳理，在德语中专业意味着宗教的感召，在现代社会被转化为内在的职业观念，在法语中专业则基本等同于行业(occupation)，并不意味着具有高度的专业化知识，均不等同于英美语境下的意涵③。新闻专业主义并非凭空而来的超验理念，而是美国新闻界特定社会土壤的产物，伴随着报刊的产业化以及进步主义运动而产生，带有鲜明的美国化烙印④。正如舒德森通过历史梳理而指出，美国新闻业与其被当做新闻业的典范样本，不如视为美国独特社会环境的偶然产物⑤。尽管 20 世纪后期以来全球新闻记者的职业意识形态呈现出相互融合的倾向⑥，但是起源于美国的专业主义论述在移植入迥然不同的媒介生态和文化传统时，其内涵也会被当地的政治文化环境所塑造。新闻专业主义除了要因应变迁的传播技术和社会结构来进行重构(reinventing)⑦外，同样还应当纳

① 潘忠党，陆晔．走向公共：新闻专业主义再出发[J]．国际新闻界，2017(10)：91-124.

② Waisbord S R. Reinventing professionalism: journalism and news in global perspective[M]. Polity Press, 2013. 190.

③ 刘思达．职业自主性与国家干预——西方职业社会学研究述评[J]．社会学研究，2006(1)：197-224.

④ 王维佳．追问“新闻专业主义迷思”——一个历史与权力的分析[J]．新闻记者，2014(2)：16-22.

⑤ Schudson M. The US model of journalism: exception or exemplar? [M]// Making journalists. Routledge, 2006: 110-122.

⑥ Deuze M. What is journalism?: Professional identity and ideology of journalists reconsidered [J]. Journalism, 2005, 6(4): 442-464.

⑦ Waisbord S R. Reinventing professionalism: journalism and news in global perspective[M]. Polity Press, 2013. 3-6.

入跨文化比较的视野进行重新的审视与反思。比较研究的旨趣不在于考察美国式专业主义在地方新闻业的实践中得到了怎样的呈现，而是要以“同情之理解”的态度来考察地方新闻业的实践体现出怎样的专业化特征，这些特征又如何被赋予本土正当性。进而在主导性的新闻专业主义话语之外，想象替代性的实践原则和伦理规范。

以中国新闻业为例，芮必峰在考察中国新闻从业者的专业实践时，发现真正影响着中国记者的角色认同和专业判断的因素并非自西方传来的新闻专业主义思想，更多的仍是中国传统士人所具有的“为民请命”的知识底色。① 王海燕研究了当代中国的调查记者的身份认同，发现这些记者具有强烈的社会责任感，不满足于担任客观中立的社会记录者，而是倾向于直接参与到社会动员之中，推动社会问题的解决，这种行动式新闻业是中国独特媒体环境的产物，不能简单移植西方的专业主义规范进行衡量。②

将视野推广至“全球南方”(Global South)，我们可以发现众多第三世界国家的新闻实践各自形成了有别于西方却又贴合于本土的专业原则。阿根廷裔学者韦斯伯德在考察了南美洲的新闻监督(watchdog journalism)时发现，从事调查性报道的南美记者在实践中发展出了独特的传统，以倡导性和参与性的姿态监督社会权力，不同于英美语境下的看门狗新闻业的经典描述，也并不将英美调查性报道的实践原则奉为圭臬，而是基于南美独特的政治文化环境进行调适。③ 对南美洲早期的很多记者来说，新闻是一种政治参与形式而不只是通常的工作形式，在政治理想的激励而非经济奖励之下

---

① 芮必峰．描述乎？规范乎？——新闻专业主义之于我国新闻传播实践[J]．新闻与传播研究，2010(1)：56-62.

② Wang Haiyan. The Transformation of Investigative Journalism in China[M]. Lexington Books. 2016.

③ Waisbord S R. Watchdog journalism in South America：news，accountability，and democracy[M]. Columbia University Press，2000. 19.

辛勤工作。① 伯巴维在研究阿拉伯地区调查性报道发展时，也发现阿拉伯地区新闻业受到阿拉伯文学传统的深刻影响，讲求抒情和修辞，并在报道中抒发自身的观点。② 而梅里尔等考察非洲新闻业的伦理规范后发现，非洲记者在新闻实践中并未严格恪守西方记者所遵循的不收红包、防止与信源密切交往等原则，而是以公共利益为诉求，灵活地调整自身的实践策略。③ 这是由于非洲新闻记者面临困难的工作环境：低廉的工资、低下的社会地位、贫乏的资源和欠缺的训练限制了他们的专业实践，被迫依赖于当地的政治精英。但非洲记者仍然坚持向权力说出真相。④ 达雅·屠苏对印度记者的考察则说明，印度记者虽然受到英国新闻业传统的影响，但同时被印度的地方性经验所塑造，认为自己的角色是跟随行动者国家设置的发展议程。但由于政府对批评的宽容态度，印度媒体也逐步走向了专业独立的发展轨迹。⑤

记者本身是生活在特定文化中的个体，是其所报道的文化的一部分,⑥ 不可能存在完全普适性的标准来衡量生活在不同文化中的记者。正如法国传播学者麦格雷认为，记者拥有不同甚至是对立的立场，因为民主社会的价值观和角色在根本上就是多元的。⑦ 传统的新闻学研究者倾向于在西方民主框架内研究新闻角色，但正如泽利泽和韦斯伯德先后指出，新闻虽然是维系民主体制运转所不可或缺的要素，但新闻实践并非仅仅同民主运转相关，同样还关乎人

① Waisbord S R. Watchdog journalism in South America：news，accountability，and democracy[M]. Columbia University Press，2000. 175.

② Bebawi S. Investigative Journalism in the Arab World：Issues and Challenges[M]. Springer，2016. 133.

③ 戴比尔．全球新闻事业[M]. 华夏出版社，2010.

④ Rønning，H. African journalism and the struggle for democratic media[J]. Making journalists：Diverse models，global issues，2005：157-180.

⑤ Dayak，T. Adapting to globalisation：the changing contours of journalism in India[M]//Making Journalists. Routledge，2006：143-157.

⑥ Zelizer，B. What journalism could be[M]. John Wiley & Sons，2017.

⑦ 埃里克·麦格雷．传播理论史：一种社会学的视角[M]. 中国传媒大学出版社，2009：134.

与人的联系、人的发展以及社会功能。①② 相比于追寻抽象的"普世新闻记者"(Universal Journalist)③的幻象，我们更应当在文化比较的视野中获得对于"全球新闻记者"(Global Journalist)的全景认知。

本文尝试循此出发，以数十年来世界各国研究者针对记者群体的实证研究为基础，从地方性视野出发反思新闻实践的多样性和新闻规范的局限性，探讨不同的文化—政治—地理环境如何塑造出多样的新闻业类型，不同地区的新闻业又如何在不同的社会环境中发挥作用，旨在从文化地方性视野重新阐释专业主义的内涵，在互证异同中发掘出嵌入在新闻专业主义话语中的情境性因素。

三、中立与参与：现代新闻记者职业理念的二元差异

在关于记者职业规范和身份认同的种种分歧中，"中立"与"参与"的角色是一对恒久的二元对立，也是多元新闻理念的最深层差异。自社会理论看来，角色被看做是"为社会界定的身份及行为模式，其中有具体的规则、规范和期待存在，能规范和定向个体在社会情境中的互动、举止及实践"。④ 研究者发现记者对其自身角色的认知，显著地影响着其职业行为。⑤ 在西方学者对记者群体的早期调查研究中，除了对年龄、性别、种族、学历、婚姻状况、宗教

① Zelizer, B. What journalism could be[M]. John Wiley & Sons, 2017.

② 后学科状况下，我们应该如何继续研究？——与 Silvio Waisbord 对谈[J]. 国际新闻界，2018，40(2)：166-174.

③ Randall D. The universal journalist[M]. Pluto Press, 2011.

④ Hilbert, R A. Toward an improved understanding of "role"[J]. Theory & Society, 1981, 10(2): 207-226.

⑤ Zhu, J H, Weaver D, Lo V H, et al. Individual, organizational, and societal influences on media role perceptions: A comparative study of journalists in China, Taiwan, and the United States [J]. Journalism & Mass Communication Quarterly, 1997, 74(1): 84-96.

信仰等人口统计学信息的群体素描外,①② 记者对自身工作的角色认知历来是众多学者关注的焦点。Cohen 在研究华盛顿外交记者群体时，最早提出"中立者"(neutral)和"参与者"(participant)两种类型的划分，并且发现自视为中立者的记者往往会消极报道政府文件，被内化为体制的一部分。③ Dunn 在考察记者与政府发言人互动时，对记者角色进行了更细致的辨析，提出中立的信息传递者、政府解释与翻译、大众的代表以及政策制定的参与者四种类型。④

早期的记者角色研究仅基于印象式的总结，缺少坚实的经验依据。约翰斯通等基于美国记者问卷调查的结果，重新归纳出"中立"和"参与"的二元对立式角色认知，并进行了详细阐述。持中立立场的记者认为媒体的功能是忠实地记录社会过程，传递准确的信息，记者只要恪守客观报道的原则就算是尽到了社会责任。持参与立场的记者则认为应当在报道新闻时加入更多自己的分析，将事件放置在社会语境中进行解释。⑤ 韦弗等通过更系统的数据归纳，总结出美国新闻从业者所具有的传播者、解释者、对立者和公众动员者四种角色认知。⑥

在此基础上，唐斯巴赫与帕特森提出了记者角色认知的两个核心维度：消极/积极和中立/参与。消极与积极是方法论上的分歧：倾向消极维度的记者只负责客观传递信息，而倾向积极维度的记者

① Johnstone, J. W. C. The news people: A sociological portrait of American journalists and their work[J]. 1976.

② Weaver, D. H, Wilhoit G C. The American journalist: a portrait of U. S. news people and their work[M]. Indiana University Press, 1991.

③ Cohen, B. C. The press and foreign policy[M]. Princeton University Press, 1963.

④ Dunn, D. D. Public officials and the press[M]. Addison-Wesley Pub. Co., 1969.

⑤ Johnstone, J. W. C, Others A. The News People: A Sociological Portrait of American Journalists and Their Work[J]. Contemporary Sociology, 1976, 8(2): 273.

⑥ Weaver, D. H, Wilhoit G C. The American journalist: a portrait of U. S. news people and their work[M]. Indiana University Press, 1991.

则喜欢在报道中加入自己的评论与解释。中立与参与则是社会立场的差异：倾向中立维度的记者自视为社会的旁观者，而倾向参与维度的记者则热衷于参与到社会变革的行动之中。根据两个维度，可以将韦弗等总结出的四种角色类型编入两维矩阵之中，认同传播者角色的记者处于消极、中立象限，认同动员者角色的记者处于消极、参与象限，认同对立者角色的记者处于积极、参与象限，认同解释者角色的记者则处于积极、中立象限。①

唐斯巴赫与帕特森所提出的二维矩阵得到广泛采纳，后文我们将看到，迄今的记者比较研究仍然未脱此框架，只不过进行了更加细致和精确的阐释，并得到了更广泛经验数据的支持。值得注意的是，这一矩阵所包含的四个象限之间并无优劣之分，是纯粹的描述性框架，并不包含评判或规范的色彩。如果我们将新闻专业主义思想投射在角色认知的二维矩阵中，那么会发现在经典的专业主义框架中，从事日常报道的记者大多落在消极、中立象限，趋向认同客观传播者的角色，而很多调查性记者则属于积极、参与的对立者象限。② 那么拥有不同认知光谱的记者在现实新闻实践中究竟表现为怎样的倾向呢？我们首先需要回顾 20 世纪六十年代以来众多学者开展的记者比较研究。

四、从单一描述到多元比较：记者比较研究的产生与发展

比较研究的目的，一在求异，一在求同。求异法旨在发现不同文化群体表现出的差异，进而通过对相关因素的分析，发现能够解释这些差异的变量。求同法则并不关注不同对象间的差异，而是旨

① Donsbach, W, Patterson T E. Political news journalists [J]. Comparing political communication: Theories, cases, and challenges, 2004: 251-270.

② Burgh, H. D. Kings without Crowns? The Re-Emergence of Investigative Journalism in China[J]. Media Culture & Society, 2003, 25(6): 801-820.

在通过对不同文化情境中的对象进行归纳分析，控制与研究与问题无关的变量，进而考察核心的研究变量对结果的影响。① 求异法的旨趣是跨文化的，旨在比较不同的文化环境如何塑造出不同的表现结果；而求同法的目的不在于文化比较本身，而是将比较作为一种透视更深层次社会因素的方法。在跨国记者比较研究中，兼有求异性和求同性的思考路径。

分类是比较研究的第一步，亦即寻找比较的分析单位。尽管全球化的进程不断削弱着民族国家角色的重要性，但由于民族国家是划分政治体制和语言最常用的边界，而且从现实的可操作性上讲，国家也往往是各种调查研究和统计资料的权威来源。因此，正如知名比较新闻学者科恩的论断：民族国家是比较研究最合适的比较单位。②。各国学者数十年来开展的记者比较研究，绝大多数都是将国家作为分类单位，另有少量研究选取超越国家的宗教/地理区域或者国家内部的不同地域或媒体类型进行比较，有研究发现民族国家对记者职业认知和伦理判断差异的影响，要显著地高于新闻机构类型、记者出身背景等国家内部差异，③④ 但同样有研究揭示了同一国家内部主流记者与非中立派记者对于记者角色的认知大相径庭，这种差异甚至明显超过国家间的记者差异。⑤

---

① Wirth, W, Kolb, S. Designs and Methods of Comparative Political Communication Research[M]// Comparing political communication, 2004: 175-193.

② Roeh, I, Cohen, A A. One of the Bloodiest Days: A Comparative Analysis of Open and Closed Television News[J]. Journal of Communication, 2010, 42(2): 42-55.

③ Dalen, A V, Vreese, C H D, Albæk, E. Different roles, different content? A four-country comparison of the role conceptions and reporting style of political journalists[J]. Journalism, 2012, 13(7): 903-922.

④ Dan, B, Limor Y, Singer, J. B. A Cross-Cultural Look at Serving The Public Interest: American and Israeli Journalists Consider Ethical Scenarios [J]. Journalism Theory Practice & Criticism, 2004, 5(2): 159-181.

⑤ 勒米厄，施马尔波尔．法国与美国记者的中立与介入[M]．比较文化社会学的再思考：法国和美国的评价模式库．北京：中华书局，2005：193-220.

美国新闻学者麦克里奥德与拉什于 1969 年发表的两篇文章①②基于 115 位美国威斯康星州地方报社记者和 46 名南美记者的调查样本，对两地记者的专业化特征进行比较，是国际上首次真正的比较新闻学研究。③ 研究发现两地记者虽然在新闻实践的角色认知上存在一定分歧，但是都认同客观、真实报道社会现实的新闻伦理，相似性远多于差异。在此前学者对拉美、美国和加拿大记者研究的基础上，唐斯巴赫又对联邦德国记者进行调查，对四个国家数据进行比较后发现，相比于发达国家记者，拉美记者更看重职业前途和声望，而非对社会产生影响。据此，唐斯巴赫指出专业化既非普世概念，亦非价值中立，而是基于特定语境的文化建构。④ 唐斯巴赫随后从记者对自身与公众关系的认知入手，对英美德三国记者展开比较，发现德国记者更愿意扮演活跃的政治性角色，而英美记者则更愿意充当客观的信息传递者。⑤

早期的三次记者比较研究由不同的团队在不同的时间点进行，并未预先形成统一的比较意识，最终的调查结果也因而信度存疑。柯谢尔访谈了 450 名联邦德国记者和 405 名英国记者，比较两国记者在角色认知、职业动机和对待规范态度上的差异，首次对不同国家的记者进行对等性比较研究。研究发现英国记者和德国记者的职业角色定位不同，英国记者视自己为猎犬(bloodhounds)，扮演中立的社会记录者，倾向于使用变通的方式来发现对社会有利的信

① Markham, J. W, McLeod J, Rush R R. Professionalization of Latin American and US journalists[J]. Journalism Quarterly, 1969, 46(3): 583-590.

② McLeod, J. M, Rush R R. Professionalization of Latin American and US journalists: part II[J]. Journalism Quarterly, 1969, 46(4): 784-789.

③ 卡琳·沃尔-乔根森，托马斯·哈尼奇. 张小娅译. 当代新闻学核心[M]. 清华大学出版社，2014: 440.

④ Donsbach, W. Legitimacy through competence rather than value judgments: The concept of journalistic professionalization reconsidered [J]. Inter Communication Gazette, 1981, 27(1): 47-67.

⑤ Donsbach, W. Comparative Indicators for the Way British and German Journalists Define Their Relations to the Public [J]. International Communication Gazette, 1983, 32(1): 19-36.

息，且认为自己具有较强的政治影响力；而德国记者则自视为传教士(missionaries)，对待新闻伦理规范较为刻板，但政治参与的倾向性较强，在报道中富于价值判断。① 韦弗等学者则调查了美国记者和俄罗斯记者对于职业角色的认知，发现两国记者共同认可快速传递信息是记者的首要功能。但除此之外，俄罗斯记者认为议程设置是新闻记者的重要功能，而美国记者则更加支持调查政府公告的重要性。②

帕特森与唐斯巴赫调查了德国、英国、意大利、瑞典和美国五国记者后发现，德国记者的倾向性最强，而英国和美国记者的倾向性较弱。③ 美国新闻从业者将自身角色分解为报道者、编辑和评论员三种，彼此泾渭分明，而德国记者则倾向将这几种角色混为一体。④ 唐斯巴赫⑤的另一篇研究也发现，美国记者和英国记者更倾向于强调媒体是利益集团和公众之间的协调者，在不同社会团体间保持观点的平衡，将客观性作为报道的准则。德国和意大利的记者则更喜欢跳脱平衡报道的限制，将言论矛头对准特定利益集团，流露出较强的倾向性。两位学者进一步由此总结出两种不同的新闻职业文化，一是英美记者为代表的客观中立的信息型职业文化，二是以欧洲大陆记者为代表的立场鲜明的言论型职业文化。

曼奇尼概括了两种职业文化的典型差异。他指出，在意大利，

---

① Köcher, R. Bloodhounds or missionaries: Role definitions of German and British journalists [J]. European Journal of Communication, 1986, 1(1): 43-64.

② Wu, W, Weaver, D, Johnson, O. V. Professional roles of Russian and US journalists: A comparative study [J]. Journalism & Mass Communication Quarterly, 1996, 73(3): 534-548.

③ Patterson, T. E, Donsbach, W. News decisions: Journalists as partisan actors [J]. Political communication, 1996, 13(4): 455-468.

④ Donsbach, W. Lapdogs, watchdogs and junkyard dogs [J]. Media Studies Journal, 1995, 9(4): 17-30.

⑤ Donsbach, W, Klett, B. Subjective objectivity. How journalists in four countries define a key term of their profession [J]. International Communication Gazette, 1993, 51(1): 53-83.

基于客观、中立的专业主义新闻业模式得到广泛的尊重，因为记者强烈感到需要摆脱法西斯主义的遗产。他们虽然宣称与英语国家新闻业相同的话语，但其实践仍然在扮演其本文化的预期角色。① 欧洲大陆国家新闻业与英语国家有三点主要不同：与政治的关系；对真实性的价值；文学手法的使用。在瑞典，记者被补贴以保障多元观点，一方面政治化程度高一方面坚持专业主义；在地中海国家记者选择成为政治、文学、精英中的一个立场。媒体依赖资助、作为知识分子一部分、辩论新闻业的法国革命传统。

英美与欧洲大陆的两种新闻职业文化已经得到了众多经验调查的佐证，学者们又将焦点投注于欧洲国家间更为细致的差异。有学者调查了德国、英国、意大利、瑞典和美国五国政治记者，在对待新闻机构的角色、记者与政府官员的关系以及记者与舆论的关系等问题的态度有着明显差异，有的国家记者表现出专业主义特征，另外国家的记者则呈现更浓厚的党派色彩。② 此后又有学者运用近似的问题，对丹麦、德国、英国和西班牙四个国家政治记者展开调查③，发现西班牙记者往往与政治党派的关联更为密切，丹麦记者较为超然中立，英国记者则最具商业化的娱乐导向。这项研究在调查记者认知的同时，也对报道文本的风格进行分析，发现记者角色认知的差异显著影响着各国政治新闻的报道内容。至于为何在相似的条件下会产生不同的新闻文化轨迹，则有待更多小型的聚焦研究进行解答。④ 此外，有学者运用访谈法比较了荷兰、德国、英国、

---

① Making journalists: Diverse models, global issues[M]. Routledge, 2006. 9.

② Donsbach. Political news journalists: Partisanship, professionalism, and political roles in five countries[M]. Comparing Political Communication: Theories, Cases, and Challenges. 2004: 251-270

③ Dalen, A. V, Vreese, C. H. D, Albæk, E. Different roles, different content? A four-country comparison of the role conceptions and reporting style of political journalists[J]. Journalism, 2012, 13(7): 903-922.

④ 李立峰编.《新闻业、新闻记者与全球比较研究》. 传播与社会学刊. 第39期，第1-27页.

澳大利亚与美国五国记者。①

曾在印尼生活过五年的德国学者汉尼茨在其博士论文中考察印度尼西亚记者的工作状况，发现典型的印度尼西亚记者认为自己是新闻的中立传播者，而非政治行动者或社会变迁代理人，虽然他们不赞成不择手段进行报道，但是很多人在日常新闻工作中都有着腐败行为。② 有韩国学者则调查了在六方会谈期间韩国、美国和欧洲记者对媒体与政府关系的感知。研究发现不同国家和地区的记者对于在六方会谈中是做中立的信息传递者还是积极的参与者态度不一，相比于美国和欧洲记者，韩国记者更认为自己应当参与到协商的过程中，对新闻价值的评判也更容易受到政府的操纵。③

五、通向全球比较：记者比较研究的理论化

自 20 世纪九十年代以来，对记者群体的调查研究开始在全球范围内兴起，而不同国家研究者收集的研究数据为比较研究提供了丰富的经验素材。在 1998 年和 2012 年，以韦弗为首的研究团队相继出版了 *Global Journalists* 和 *Global journalists in 21st century*④⑤ 两本文集，各自收集了来自数十个国家总计数万名记者的调查结果，成为比较新闻研究领域的里程碑式的著作。根据各国记者的回答结果，韦弗将记者的角色认同概括成六种典型角色：快速报道新闻、

---

① Deuze M. National news cultures: A comparison of Dutch, German, British, Australian, and US journalists [J]. Journalism & Mass Communication Quarterly, 2002, 79(1): 134-149.

② Thomas Hanitzsch. Journalists in Indonesia: educated but timid watchdogs [J]. Journalism Studies, 2005, 6(4): 493-508.

③ Seo, H. Media and foreign policy: A comparative study of journalists' perceptions of press-government relations during the six-party talks [J]. Journalism, 2011, 12(4): 467-481.

④ Weaver, D. H, Wu, W. The global journalist: News people around the world[M]. Hampton Pr, 1998.

⑤ Weaver, D H, Willnat L. The global journalist in the 21st century [M]. The global journalist in the 21st century. Routledge, 2012.

客观报道现实、提供对事件的分析、扮演“看门狗”监督政府、为公众提供认知渠道、提供娱乐。这六种角色并非互斥，而是为不同国家记者所共享，至多是优先顺序的不同。在暗访、隐形拍摄、付费信息、纠缠信源、未经同意披露个人文件等新闻伦理性争议问题上，各国记者的回答未能达成共识，除了禁止泄露秘密信源这点被绝大多数记者否定之外，其他伦理规范都没有获得普世性的认可，即使在西方国家内部，英美等国记者表现出更强的实用主义取向，而德国记者则更坚守道德绝对主义，与各自国家的知识传统息息相关。

基于描述性的经验调查数据，记者比较研究者尝试在记者调查的各种指标之间建立相关关系，以期对不同国家记者群体的差异进行理论解释。研究者关心的主要问题是：什么因素影响着记者对自身角色的认知？韦弗根据国际组织“新闻自由之家”发布的新闻自由指数，对新闻自由程度和角色认知之间的关系进行相关性考察。研究发现在新闻自由程度较低的国家，记者持有较传统的新闻角色认知，赞同快速发布信息和为公众提供认知渠道的功能，但新闻自由程度与其他角色认知间的相关性并不显著，并未如研究者所期待，在新闻越自由的国家，记者越认同“看门狗”角色。① 关于暗访、隐形拍摄、付费信息、纠缠信源、未经同意披露个人文件等伦理问题，研究发现不同国家记者的态度差异并不像对待角色认知的分歧那么显著，但仍旧呈现出多样性。除了禁止泄露秘密信源这点被绝大多数记者否定之外，其他伦理规范都没有获得普世性的认可，即使在西方国家内部，英美等国记者表现出更强的实用主义取向，而德国记者则坚守道德绝对主义。

韦弗所汇编的两次记者比较研究成果，虽然开创了记者比较研究的全球化路径，但其研究设计上存在根本缺陷：其中多数研究都是基于二手数据，不同研究者在开展调查时并未预先形成比较研究的意识，不同数据来源所依赖的概念与方法前提截然不同，导致这

① Weaver, D. H, Willnat, L. The global journalist in the 21st century [M]. The global journalist in the 21st century. Routledge, 2012. 264.

些研究在研究人口的定义(究竟将哪些群体界定为记者?)、样本和抽样策略、量表和数据收集方法上都缺少共同点。此外，韦弗的全球记者调查虽然搜罗广泛，但依旧遗漏了非洲、南亚的声音，且在不同国家使用的问卷基本是韦弗早期美国记者调查的复刻版，没有将非西方世界新闻实践的独特性纳入考量。① 此外，韦弗的比较研究欠缺中层理论的指引，仅将记者群体的人口统计学变量(如年龄、性别、学历等等)和记者的角色认知、伦理判断等微观指标作为比较对象，在呈现出不同国家记者群体的异同后，缺少一个具有功能等价性的理论概念将其统领起来。

所谓功能等价性(functional equivalence)指的是在不同比较对象中扮演着类似角色、发挥着类似功能的事物或指标，是比较研究设计的基础。只有对具有功能等价性的要素进行比较分析，所得出的结果才具有社会科学上的理论意义。功能等价性并非本质化的要素，而是社会建构的产物，应当建立在文化特性的测量和建构之上，而非简单地将同一套指标扩散到跨国层面。② 相同的要素在不同社会文化情境中如果发挥的作用大相径庭，那么并不能成为可比的对象，相反，如果不同的要素在不同社会文化情境中发挥着类似的作用，那么这反而是更为合适的功能等价性指标。对功能等价性的追寻，是众多比较研究学者深感苦恼却又必须解决的理论命题，而不同学科持不同理论旨趣的学者，寻找功能等价性的途径亦自多元。例如比较法学的鼻祖赫尔曼便认为，比较法研究要从具有社会意义的法律问题入手，考察不同社会通过怎样的机构以何种方式来解决这些问题，在不同文化中哪些因素被强调或相对忽略，通常被认为最重要的法律社会问题包括四种：社会控制、冲突解决、适应社会变化以及规范实施。③

---

① 卡琳·沃尔-乔根森，托马斯·哈尼奇．张小娅．当代新闻学核心[M].清华大学出版社，2014：446.

② Wirth, W, Kolb S. Designs and methods of comparative political communication research[J]. Comparing political communication: Theories, cases, and challenges, 2004: 87-111.

③ H. W. 埃尔曼．比较法律文化[M]. 清华大学出版社，2002：18.

德国学者汉尼茨在借鉴先前关于记者角色论述的基础上，预先通过理论演绎的方式提炼出新闻文化概念，以此作为记者比较研究的理论框架。汉尼茨将新闻文化分解为体制角色、方法论和伦理意识形态三个维度。其中体制角色分为干涉主义、权力距离、市场导向三类，干涉主义强调记者应当介入现实的政治社会进程；权力距离则强调记者应当与权力保持距离，客观报道现实；市场导向则从强调新闻报道作为商品的属性，认为媒体应当谋求市场利益最大化。认识论维度包括主观主义和实证主义两类，前者强调记者应当在报道中彰显自己的主体性，渗透自己的观点；而后者认为记者的报道应当一切以事实材料说话，不必掺杂自己的价值判断。伦理意识形态维度由相对主义和理想主义构成，前者强调伦理的相对性，认为伦理准则应当视具体情境而定；后者则认为存在基本的新闻伦理准则，在不同情境中都应当恪守。①

汉尼茨继而组建了由二十多个国家的学者组成的研究团队，开展了名为“世界新闻业”（Worlds of Journalism）的调查计划。他的团队运用同样的研究设计调查了 18 个国家新闻从业者的现状。调查结果显示，在体制角色维度，非西方国家的记者更赞同干涉主义的必要性，强调记者的主体性，认为自己有推动社会变迁、影响公众舆论的功能。西方记者强调监督政府和商业，非西方国家记者则对政府监督不足，仅对商业精英持怀疑态度。在认识论维度，90%的记者都认同实证主义的重要性，认为事实本身就可以说话，不需要依赖记者现身发言。国家变量仅能解释 10%的差异，更多的差异来自于记者的个体心理和组织定位。在伦理意识形态维度，西方国家的记者相比非西方同行，倾向于新闻伦理的普遍化，较不认同有问题的报道方式和情境性的处置方式，但却较赞同为了公共利益而伤害个别人。

在众多显著的差异之外，这项研究也发现了不同国家新闻记者的共通之处：各国记者都较为认可超然（detachment）与无涉

① Hanitzsch, T. Deconstructing journalism culture: Toward a universal theory [J]. Communication theory, 2007, 17(4): 367-385.

(noninvolvement)的报道姿态，认为个人信仰不应该影响报道立场。在记者角色中，担任民主生活的看守人以及提供政治信息这两项角色同样被各国记者广泛接受。不同国家的记者都呼唤确立普遍性的伦理准则，反对各种有伦理问题的报道方式，强调报道应当以事实为基础，注重可靠性和无偏性等伦理规范。汉尼茨基于 18 个国家记者的调查数据进行集束分析，发现不同国家记者的新闻专业实践包含着四种职业圈子(milieu)：强调客观超然、用有趣的信息吸引最多受众的大众传播者；监督政府行为但并不直接介入的看守人；通过主动设置政治议程来影响公众舆论的变革代理人；政府在经济发展和政治转型过程中的建设性推动者。四个群体的总人数大致相当，在国家间的分布则极不平均，持看守人立场的记者在大多数西方国家占据主导，而建设性推动者则在发展中国家居多。①

与韦弗一样，汉尼茨同样关心究竟是什么因素导致了不同国家记者群体的差异。他考察了政治、经济、组织、专业、过程和参照群体六个因素对 18 个国家记者群体的影响，研究发现政治和经济因素是跨国记者比较中解释差异的最重要指标，其他四个层面在跨国比较研究中差异不大。② 在记者与政界的关系上，全世界的记者对政党和政客普遍缺少信任，西方记者普遍比非西方记者对制度信任度更高，对制度的信任水平与政治经济重要指标相关。相比于西方，非西方记者比普通公众更缺少对公共机构的信任。

基于经验数据，汉尼茨等勾勒出一幅新闻文化的世界地图，18 个国家的新闻业组成了三个新闻文化圈，其一是西方新闻文化，主要包括奥地利、澳大利亚、德国、西班牙、瑞士和美国，其二是边

---

① Hanitzsch T. Populist disseminators, detached watchdogs, critical change agents and opportunist facilitators: Professional milieus, the journalistic field and autonomy in 18 countries[J]. International Communication Gazette, 2011, 73(6): 477-494.

② Hanitzsch, T, Mellado C. What Shapes the News around the World? How Journalists in Eighteen Countries Perceive Influences on Their Work[J]. International Journal of Press/politics, 2011, 16(3): 404-426.

缘西方新闻文化(peripheral Western),与西方相似,但又不属于西方,如巴西、保加利亚、以色列、墨西哥和罗马尼亚等。其三是发展中国家新闻文化:智利、中国、埃及、印尼、俄罗斯、土耳其、乌干达。① 汉尼茨一贯倡导比较研究的去西方化,但倘若对他所提出的分类模式稍加审视,会发现其中仍然隐含着线性思维,认为新闻业差异的光谱是沿着西方(美国)而向外逐渐展开的,不免让人联想起启蒙时代对近东、中东、远东的划分,实则是在西方与非西方新闻业之间人为制造出距离感,将非西方记者进行了他者化处理。此外,汉尼茨的研究团队在问卷设计上仍是将同一套指标扩散到跨国层面,忽视了发展新闻学等在第三世界国家颇具影响的新闻实践形式,未能真正地将"客位"(etic)视角转换为"主位"(emic)视角,没有从第三世界新闻业内部出发提炼出有价值的理论问题。

六、超越实证的迷思:重构新闻文化

通过上文梳理不难发现,现有记者比较研究主要基于问卷调查等量化方法,辅之以深度访谈,关注不同国家记者的人口统计学特征、角色认知和伦理判断,并对国家间和文化间的差异进行解释。同时也可以看到,记者比较研究近年来日益呈现出"内卷化"(involution)的特征,研究的同质化日益明显,众多学者在对记者群体进行跨国比较时,习惯性地依附于现有的研究轨道,甚至连研究问卷的设计都绝大多数沿袭了韦弗在20世纪八十年代对美国记者的调查,而不再尝试去激发新的想象力,对现有的研究范式进行反思。

韦弗在早年的三次面向美国记者的大规模调查中,提炼出一个抽象化的典型美国记者形象:一位三十多岁的白人男性新教徒,已

① Hanitzsch, T., Seethaler J, Skewes E A., et al. Worlds of journalism: Journalistic cultures, professional autonomy and perceived influences across 18 nations [J]. The global journalist in the 21st century, 2013: 473-494.

婚，拥有本科学历。这种研究路径的方法论预设，源自统计学中的均值人假设①，亦即认为可以用典型的个体来代表群体，从而将不同群体的文化差异间约成测量指标所呈现的不同结果，最终将不同国家的记者嵌入到同一套数据评价体系之中，使其各归其位，却由此丧失了这些指标所未能涵括或体现的意义②。这种路径固然因其精确和可积累性而具有不可替代的功能，但同时也抹杀了群体内部包含的异质成分，以及新闻实践的动态历史过程。这些经过问卷调查而被收集的数据，只能揭示不同记者群体的“社会性”特征，即年龄、学历等人口学变量以及角色认知和伦理判断的结构性状况。反倒正是那些被统一化的指标所遮蔽的复杂意义，才体现了不同国家记者群体的“文化性”特征。或者按照格尔茨的经典论断，现有的记者比较研究，大多只是对不同文化中记者群体的特征进行浅层描述，用研究者先验的理解替代了研究对象自身的地方性理解，无法对不同文化中记者工作、生活于其中的意义网络进行细致的勾勒和深度的描绘。③。

目前在比较新闻研究中，最能够体现文化异质性并且最具备理论潜力的概念，当属汉尼茨所提出的新闻文化。相比于此前学者提出的强调由于社会变迁或技术变迁④而导致的特定新闻社群内部的实践规范转换的新闻范式（journalistic paradigm），⑤ 新闻文化更加侧重指涉不同国家新闻业实践传统的横向比较。但汉尼茨运用本质主义的方式来定义文化，却又陷入另一种僵化的困境。要想在记者比较研究中超越实证主义的迷思，注入新的理论想象力，则需对新

① 叶启政．实证的迷思[M]．生活·读书·新知三联书店，2018：147.

② 潘绥铭．论方法[M]．中国人民大学出版社，2011：186.

③ 克利福德·格尔茨，格尔茨，韩莉．文化的解释[M]．译林出版社，2008：23.

④ Sue Robinson. The Cyber-Newsroom：A Case Study of the Journalistic Paradigm in a News Narrative's Journey from a Newspaper to Cyberspace[J]. Mass Communication & Society，2009，12(4)：403-422.

⑤ 陈韬文，潘忠党．从媒体范例评价看中国大陆新闻改革中的范式转变[J]．新闻学研究，2004年第3期．

闻文化概念进行诠释性和互动性的重构。

"新闻文化"一词，在英文中则对应着 journalistic culture、journalism culture、news culture 等多种表述，对此也存在不同层次的解读。首先"文化"本身便是一个包罗广泛却含义模糊的概念，正如人类学家科塔克在整理各国学者们提出的文化定义时，发现总计超过两百种对文化的界定方式,①，既可以从精英主义立场将其界定为对特定知识技能和符号资本的掌握,② 又可以按照人类学的庶民研究取向，将文化理解为人们赖以实践的一整套知识、信仰、艺术、道德、法律、习俗体系。除了将文化当做与经济、政治、社会等概念并列的范畴的本质化解读外，更有格尔茨所代表的诠释主义立场，将文化理解为由人自己编织的意义之网，随着多元的实践情境而流动变化，对文化的分析不是寻求规律的实验科学，而是一种探求意义的解释科学，不追求在本质上厘清"文化是什么"，而是关心"文化是如何被阐释的"。③

新闻学研究中对新闻文化的界定，大体上也可分为本质主义和诠释主义两种路径。本质主义立场认为新闻文化是媒体机构中实际存在并且相对稳定的元素，例如大卫·兰德尔从新闻从业者视角出发，将新闻文化视为媒体组织在实践中所形成的惯例和风格，认为新闻文化决定了编辑判断何为好故事的标准，同时塑造了媒体的日常道德约束以及记者"寻找故事的嗅觉"。④ Deuze 以民族国家为语境，将新闻文化理解为在新闻从业者和媒体组织结构之间的中介性因素，是被特定国家语境中的新闻专业人士所塑造的，包括新闻记者、叙事风格和记者与信源间的关系等因素，并发现国家界限是新

① 康拉德·菲利普·科塔克．简明文化人类学：人类之镜［M］．上海社会科学院出版社，2011：72.

② 戴维·斯沃茨．文化与权力：布尔迪厄的社会学：the sociology of Pierre Bourdieu［M］．上海译文出版社，2006.

③ 克利福德·格尔茨，格尔茨，韩莉．文化的解释［M］．译林出版社，2008：64.

④ 兰德尔．全球新闻记者［M］．复旦大学出版社，2013：19.

闻文化的重要影响因素①。而汉尼茨则引入量化思维，将新闻文化界定为新闻从业者对包括体制维度、方法论和伦理意识形态在内的一整套价值观念，并通过大量实证研究予以验证。

相比之下，文化学者芭比·泽利泽则持诠释主义立场，将新闻业视为意义、仪式、惯例和符号系统的复杂网络，进而将新闻文化界定为新闻记者为世界赋予意义的集体知识和信仰系统②，诠释主义新闻文化分析的重点不在于对新闻机构风格和准则的静态描述，而是关注记者如何理解、诠释和建构关于新闻业的论述，如何在共同体的作用下诠释并塑造自己的职业权威③。在新闻学和传播学研究中，近年来学者们越发重视诠释主义的文化研究路径，以文化为透镜来观照新闻业的延续与变革。汉尼茨本人也在最新的研究中开始转向，将新闻业的角色理解为在话语关系协商的产物，关注媒体组织如何叙述自身新闻身份和社会地位的话语权威。④ 泽利泽虽然指出了新闻业实践与叙述的文化性特征，但她未能引入比较研究的维度，没有考察不同国家记者所构成的“诠释共同体”具有怎样的差异。

超越新闻文化的本质主义假设，也必然意味着突破封闭的文化边界，走向互动和融合的新闻文化研究。不管是韦弗还是汉尼茨所主导的记者比较研究，都是将民族国家作为分析单位，在区隔的语境中开展研究，但这种研究路径一方面忽视了特定国家内部新闻业的多元构成，一方面遮蔽了不同国家间新闻业的交流和互动。记者在长期实践中所积累而成的新闻文化也如同别的民族文化一样经历

---

① Deuze, M. National news cultures: A comparison of Dutch, German, British, Australian, and US journalists [J]. Journalism & Mass Communication Quarterly, 2002, 79(1): 134-149.

② Zelizer, B. What journalism could be[M]. John Wiley & Sons, 2017.

③ Barbie Zelizer. Journalists as interpretive communities[J]. Critical Studies in Mass Communication, 1993, 10(3): 219-237.

④ Hanitzsch T, Vos T P. Journalistic Roles and the Struggle Over Institutional Identity: The Discursive Constitution of Journalism[J]. Communication Theory, 2017, 27(2).

全球性的融合与重构，以英美为代表的专业主义新闻文化经过理论旅行而辐射到外围国家，同时非西方国家新闻业也会能动地接受和使用这些实践原则，并进行创造性的转换，形成自身独特的新闻实践文化，甚至在特定的情境中反作用于西方新闻业。

因此，本文认为未来的记者比较研究应当引入新的视野，努力超越实证主义的迷思，避免将总体性测量和解释因果关系作为理论建构的唯一目标，转而以诠释性的和开放流动的新闻文化作为分析的理论透镜，借鉴文化人类学的研究方法，对不同国家新闻从业者的实践状况和意义世界进行动态的勾勒，以掘井汲泉的态度对镶嵌在特定文化情境中的新闻业进行深描，发现地方性的文化价值和社会现状如何影响到记者对自身角色的认知，记者在实践中遭遇伦理问题时如何处理不同新闻观念之间的张力并最终抉择自己的行为。特别是在不同国家新闻业面临变革的焦点时刻(例如美国学者关注的水门事件、戴安娜王妃去世报道、马航事件报道，及近年来新媒体技术对不同国家新闻业所造成的共同冲击等)，各国记者所开展的范式修复话语呈现出怎样的异同？在全球新闻实践的进程中，不同国家新闻从业者组成的话语诠释共同体之间构成怎样的关系？不同国家的记者又如何认知与评价同行的实践表现？非西方国家记者作为全球媒介格局中的边缘者和后发者，又如何将西方新闻话语挪用至本土的语境中？对这些问题的讨论，既可以帮助我们细致地理解新闻实践的多样性与复杂性，又能够为渐趋平庸的比较新闻研究注入新的想象力。

近三年西方知名博物馆对中国文化的呈现

武汉大学历史学院　张昌平　王梦缘

引　言

近年来随着中国互联网、对外贸易等方面的发展，中国文化走出国门传播海外，为世人所熟知。中国是一个具有五千年悠久历史的文明古国，以其灿烂文明、独特的异国风情和近年来综合国力的迅速发展吸引了世界范围内的目光，西方观众对神秘的中国东方文化具有浓烈的好奇心。为了满足西方观众日益增长的好奇心和求知欲，西方博物馆成为了呈现中国文化的重要途径和前沿观景台。

作为中国学者，在目睹了西方博物馆这样的努力和改变后，十分有必要深入探讨西方博物馆对中国文化的呈现，这对于了解当今时代下中外文化的交流现状和西方世界如何看待中国文化等具有时代性的研究命题都有着重要意义。

本文主要选取大英博物馆、纽约大都会博物馆、旧金山亚洲艺术博物馆和芝加哥艺术博物馆四个西方的知名博物馆作为考察对象。本文选择这四座西方知名博物馆作为典型案例进行研究，主要考虑到这四座博物馆历史悠久，藏品丰富，管理完善，在西方博物馆界中拥有很高的地位。他们具有突出的典型性，能够代表主流的西方博物馆对中国文化的呈现方式；同时它们拥有数量庞大的受众群体，它们的举措能够对受灾产生广泛且深远的影响。在了解这四个博物馆的基本概况和历史传统的基础上，关注近三年西方博物馆针对中国文化举办的展览，通过观察展览的数量、规模、主题、内容等方面了解西方博物馆在呈现中国文化时的方式和重点关注的对象，以及未来的发展趋势。博物馆是为大众及社会发展服务的平台，博物馆的公众性和服务性决定了观众的好恶是博物馆选择展览的内容和主题的重要权衡要素。所以以博物馆里呈现的中国文化为切入口，能够帮助理解中国文化对西方观众最具有吸引力方面，以此研究海外中国文化未来在海外发展与传播的新动向。

一、西方博物馆中的中国展览

西方博物馆的起源最早可追溯至公元前 3 世纪的埃及亚历山大博物馆，它实际上是一个研究机构，还担任了图书馆和档案馆的角色。1683 年，英国牛津大学阿什莫林博物馆(Ashmoleam Museum) 对外开放，这是世界上第一座对外开放的公共博物馆，专门收集考古与艺术珍品，同时为学校提供医学和科研服务。20 世纪上半叶，西方世界的考古学家、收藏家以及投机的寻宝者开始大规模地对中国文物和藏品进行掠夺和收藏，导致大量中国文物和藏品流落海外，最后大多被安置到西方各大博物馆中。“1911 年，辛亥革命爆发，中国至此陷入长达近四十年的乱世。具有讽刺意味的是，这段乱世的前半段，竟可以被看做美国收藏中国艺术的黄金年代。”①

一百多年后时至今日，西方各大博物馆的中国收藏已经颇具气候，对中国藏品、中国文化的研究也取得了许多突破。近三年西方博物馆举办的中国文化展览数量和规模十分可观，这大力促进了中国文化在西方世界的舞台上展示自己价值和非凡潜力。知古鉴今，为了更好地了解西方知名博物馆近三年对中国文化的呈现与过去相比存在的差异、取得的成就。

首先应该对西方知名博物馆的建馆历史、收藏历史和发展轨迹

① Karl E. Meyer and Shareen Blaire Brysac, The China Collectors: America's Century-long Hunt for Asian Art Treasures, Palgrave Macmillan, 2015.

有大致的了解，才能对西方博物馆近三年针对中国文物进行的展览有更全面的认识。

（一）伦敦大英博物馆（The British Museum）

大英博物馆始建于 1753 年，是世界上最早成立的国立公共博物馆，它的创建不是依托当时皇室贵胄或政府机构，而是由当时著名的医生、博物学家和大收藏家汉斯·斯隆捐助个人藏品而发起的。1753 年汉斯·斯隆去世后遗留下来的个人收藏品达 79575 件，还有大批植物标本、书籍和手稿。1753 年 6 月 7 日，一项国会法案通过了建立大英博物馆的提案。之后在通过公众募款筹集建设资金后，大英博物馆最终于 1759 年 1 月 15 日在伦敦市区附近的蒙塔古大楼成立并对公众开放。①

大英博物馆最早的藏品主要是汉斯·斯隆捐赠的大批古物（钱币、奖章、印刷品和素描）、自然历史标本和大量藏书。1757 年，国王乔治二世捐赠了英国王室的“旧皇家图书馆”，并授予大英博物馆这些书籍文稿的版权。其后，大英博物馆陆陆续续接受了一系列来自社会上的捐赠，包括威廉·汉密尔顿爵士收藏的希腊花瓶——这是大英博物馆收藏的第一批古典文物；民族文字文物；木乃伊；一棵被海狸啃过的树干；一块状似石化的面包的石头；还有一只来自北美的活龟。一直到 19 世纪初，大英博物馆藏品的来源主要是社会捐赠为主，政府未提供资助。② 这一时间接受的捐赠藏品的类别较为单一，内容较为零散，包含大量自然标本，部分藏品的收藏价值不高，在建馆之初，大英博物馆并没有对收藏和展示进行系统的规划。

19 世纪早期，大英博物馆进行了一系列令人瞩目的收购——收购了一批珍贵的古典文物，例如罗塞塔石碑、帕特农神庙雕塑等，古物部于 1807 年成立。19 世纪中期，随着西方世界特别是英

① 洪霞，谢小琴：《从精英掌控到大众文化空间——19 世纪上半叶大英博物馆的建构与功能转换》，《史学集刊》，2012 年 5 月，第 3 期。

② Henry C. Shelley, The British Museum: Its History and Treasures, Boston: L. C. Page & Company, 1911.

国在中东的势力增长，西方开始进行亚洲藏品的收藏，包括两河流域国家的古物、手稿文献等等。在 19 世纪五十年代，收藏了第一批从中东发掘出土的文物——尼姆鲁德遗址的石雕。随着收藏视野开始扩展至亚洲地区，大英博物馆对古代中东的楔形文字和古埃及文字有了一定的理解和解读。

在 19 世纪后半叶，随着社会上希望更多尊重、展示本国文物的声音不断涌现，大英博物馆的收藏重点开始更多地聚焦于收购英国和中世纪的古董。1851 年，奥古斯都·沃拉斯顿·弗兰克斯爵士被任命为大英博物馆馆长，他不仅主持收藏英国和中世纪的古董材料，也开始收藏欧洲和其他地区的史前、民族志和考古学材料以及东方艺术和文物。1860 年，古物部被划分为三个新的部门：希腊和罗马的古物、硬币和奖章、东方古物，这样新的部门分类反映了大英博物馆关注的藏品的新重点。19 世纪八十年代，后来为了腾出更多的空间来收藏博物馆收藏的文物类藏品，19 世纪八十年代自然历史藏品被搬到了后来的自然历史博物馆。

19 世纪时，大英博物馆除了进行大量学术工作外，别的功能也开始得到拓展。馆长通过改进藏品展览和讲座的方式增强博物馆对公众的吸引力，还撰写了博物馆的藏品指南，这些具有创新性和建设性的工作使得大英博物馆在此时便初步具备了教育功能和服务功能。在经历了与自然博物馆的分离后，大英博物馆已经初步具备了现代博物馆的雏形，藏品的收藏开始逐渐聚焦于历史价值和文化价值更高的文物藏品，大英博物馆作为公共博物馆资源根据当时社会和观众的需求进行转变，体现了博物馆研究功能和服务功能。成立了分功明确的专门机构，进行不同方向文物研究，使得博物馆的研究功能更加明确。在这一时期，大英博物馆的职能已经从收藏扩展到研究，教育和公共服务功能。

进入 20 世纪后，大英博物馆在公共事业和教育事业方面有了长足的发展。1920 年大英博物馆内部设立研究实验室，这个部门专门负责文物的保存与修复工作。20 世纪七十年代开设了新的画廊，设置提供教育服务的活动中心，并于 1973 年成立了图书馆。

到了 21 世纪，大英博物馆继续扩大其公共设施，并于 2008—

2009年开放四个新的永久性展览馆：中国陶瓷馆、钟表馆、欧洲中世纪馆、古埃及馆。目前大英博物馆设立的研究部门有：非洲，大洋洲和美洲研究部；古埃及和苏丹研究部；亚洲研究部；硬币和奖牌研究部；文物保护和科学研究研究部；中东研究部；史前史和欧洲研究部；照片和图纸研究部。进入千禧年后，大英博物馆的收藏广度大大扩展，从古代文物扩展到了当代藏品，这类藏品来自世界各地，记载着世界政治、经济、社会、文化、艺术、科技等方面的变化。收藏这类现当代藏品的目的不光是为了扩展馆内收藏，也是出于对未来后代负责的态度，将当代文物与过去未来结合起来，为后代保留当代的经典艺术品和文化精髓，让博物馆可以继续为后代讲述世界文明的故事。①

大英博物馆从最初八万余件藏品，到现在有了超过800万件包含世界巨大多数文明的文物藏品。自18世纪建馆，大英博物馆便免费向公众开放，并始终坚持三条办馆原则：(1)保持收藏的永久性和完整性；(2)向一切愿意欣赏和学习馆藏的人开放；(3)馆藏由专职的专家负责保管。开放至今除了期间两次世界大战之外，博物馆一直保持开放的状态，最早每年参观大英博物馆的观众人数大概是5000人，如今每年约有600万观众从世界各地慕名而来。②

大英博物馆收藏的中国文物数量丰富，种类繁多，包括石器、玉器、青铜器、佛像经卷、书画、瓷器、俑、纺织品等，共约2.3万件。馆内展板标签标注着文物入藏大英博物馆的时间，每件文物的来源都有完整的记载，便于追根溯源。大英博物馆在成立之初便接受了汉斯·斯隆爵士捐赠的中国文物；1876年弗兰克斯爵士捐赠自己的私人收藏，其中包括大量精美瓷器；1880年左右威廉·安德森教授捐赠一百余件中国书画，20世纪收藏另一批书画，1903年约翰逊上尉捐赠著名的《女史箴图》。1919年藏入由斯坦因带到英国的敦煌文物；20世纪受到东方陶瓷学会的成员捐赠的大

---

① 大卫·威尔逊：《馆长的话》，《世界博物馆全集·大英博物馆》，台北锦绣出版社，1987年。

② 大英博物馆官网：http：//www. britishmuseum. org.

量瓷器和漆器。① 一般认为，20 世纪初到四十年代是中国文物向海外流失的高峰期，军阀混战和日本侵华造成中国社会的极度混乱，英法联军、八国联军从中国劫掠文物，穷极作恶的盗匪不惜将大批国宝贩卖给洋人，从中谋取私利。大英博物馆中国厅很多文物就是这个时段入藏的。但在中华人民共和国成立之后也有部分文物流落海外被大英博物馆收购。②

1. 何鸿卿爵士中国及南亚展厅里的中国文化展（Exhibition in Sir Joseph Hotung Gallery of China & South Asia）

2017 年 12 月 14 日，大英博物馆的何鸿卿爵士中国及南亚展厅正式向公众重新开放。何鸿卿爵士中国及南亚展厅原名 33 号展厅，主要陈列中国文物，包括中国书画、青铜、玉器、瓷器、织品、雕塑、金属、漆器、服饰在内的文物。在 1992 年时接受香港商人、收藏家何鸿卿的资助后更名为"何鸿卿爵士东方文物展厅"。展厅经过了 2016—2017 年的整修后，陈列有了较大调整，增加了来自南亚和东南亚文物藏品。正式更名为"何鸿卿爵士中国与南亚展厅"。

整修后的展品与过去相比数量新增 30%，在原有展陈基础上增添了部分书法、绘画、纺织品以及丝绸之路的文物，并展出了最新收藏的中国当代玉器、漆器和瓷器艺术品。将展品的年代跨度从过去的新石器时期到 18 世纪延伸到现当代。大英博物馆亚洲部项目主任辛文元女士在接受采访时表示："旧展厅中国这一部分止步于 18 世纪。但是在设计新展厅的时候，我们觉得大英博物馆不但要致力于展示中国的历史文化和传统，同时我们希望加入一些现当代的元素"。如今，中国馆按照年代顺序展出了从公元前 5000 年到现代的不同时期的中国文物。

中国馆展览形式也发生了很大改变，过去对藏品的展示是讲藏品堆砌在依次排开的透明玻璃柜里，进行整修后，文物没有按照文物类别划分，而是按照时间顺序将不同的历史时期的展品划分为一

---

① J. Rawson，"The BM book of Chinese Art"，British Museum Press，2007

② 藏海昆：《流失的血液——大英博物馆藏中国文物印象》，《世界知识》，2009 年第 6 期。

个个小隔间分开进行展示(如图 1 所示)，这种方式增强了展示的历史感，有助于观众近距离接触这些历史文物，从而能够更直观地了解不同历史时期的中国社会和中国文化的特点与差异。

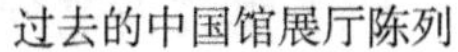

过去的中国馆展厅陈列　　修整后的中国展厅陈列

图 1　大英博物馆中国馆陈列对比图

2. 明代：皇朝盛世 50 年(Ming：50 Years That Changed China)

这个展览于 2014 年 9 月 18 日—2015 年 1 月 5 日开放。明代是中国历史上的一个重要时期，在这一盛世中，中国保持着闻名遐迩的世界强国势力，并创造着无与伦比的灿烂文明。展览以 1400—1450 年前后 50 余年间的明代为主题，这 50 年被认为是改变中国极为关键的 50 年。这半个世纪里，明朝的中央集权进一步加强，经济贸易快速发展，并且通过对外派出使节、积极的军事政策和宫廷赞助等方式拉近了与世界的距离，对外交流达到前所未有的高峰。展览选择的 1400—1450 年前后 50 余年间的明代文物，共同展示了高度发达的明代盛世。

此次展览的展品包括精致的瓷器、黄金、珠宝、家具、绘画、雕塑以及纺织品。展品近 1/3 为大英博物馆藏品，其余分别来自 10 家中国博物馆及 21 家世界各地的博物馆，其中大量展品是最新的考古发掘的发现且从未展出过的。展览共分为五个单元：宫廷生活、军事、文化艺术、信仰和外交贸易。讲述了一个开明、自信的帝国如何打开自己王朝的大门，向外接纳和输出文化。

展览探讨了明代帝国最发达的中央都城，揭秘了奢华的帝王生活，探讨明朝定都北京、建造紫禁城背后的重要社会文化变迁。同时还将视线投向了幅员辽阔的明代疆域不同区域地方上的文化，介绍来自中国东部(山东省)、西南部(四川省)和中部(湖北省)三个地区明代藩王墓出土的考古文物，藩地与帝国中心文物的对比显示了明代内部的文化多元性。

除了展示周边藩地的文化外，展览还介绍了明代社会内部也存在西方文化因素。展览展示了一组外国器皿——埃及的黄铜座与明代的陶瓷座、中东器皿与明代陶瓷仿品、叙利亚黄铜笔盒与明代陶瓷笔盒，这些中外文物成对出现，运用对比展示的方法向观众展示当时的中西方文化之间的存在的千丝万缕的联系。

大英博物馆希望“此次展览的目标之一是挑战过去过分强调的有关 16 世纪后西风东渐的中西交流史，把目光转向亚洲各地之间长久以来复杂密切的关系，以及这些关系对中国社会文化曾经造成的影响。同时，展览会探讨明代本身的多元文化，以及当时多样既非单一宫廷的重要性。通过近年来对藩王王室文化的精彩考古发现，让艺术和物质文化有力地改变我们以往对这个时期的看法。”①

(二)纽约大都会艺术博物馆(Metropolitan Museum of Art)

纽约大都会博物馆位于美国纽约第五大道的 82 号大街，是美国规模最大、影响力最大的艺术博物馆。最早提出建设大都会博物馆的设想是在 1866 年美国独立日活动上，美国律师约翰·杰伊提出应该在美国建立艺术博物馆。1870 年美国纽约的银行家、商人和艺术家提出建立纽约大都会艺术博物馆的倡议，在这一年《大都会艺术博物馆宪章》获得通过，此宪章规定大都会博物馆采取董事会管理模式。1872 年 2 月 2 日，纽约大都会艺术博物馆正式开馆。②

大都会创建的背景正值美国工业革命基本完成，美国独立战

① 大英博物馆 http://www.britishmuseum.org.

② 陈儒斌:《收藏与展览是艺术博物馆的核心竞争力——以纽约大都会博物馆为例》,《中国博物馆》，2013 年 1 期。

争、南北战争相继结束，进入繁荣发展阶段。但是在工业、金融等方面大放异彩之时，基于历史原因遗留的文化缺失使得美国在发展中出现了明显文化劣势。“当时是美国工业化快速推进的“镀金时代”。彼时南北战争的结束为美国工业化发展扫清障碍，伊利运河、新修筑的横贯美洲大陆的铁路交通促成了纽约作为美国国际性大都会的迅速崛起，经济的繁荣、财富的暴涨与纽约作为新兴移民城市的“文化短板”现象形成了强烈的反差。艺术能够促进人类道德与文化观念的提升，这是一个社会迈向成熟的文化根基。19世纪既是民族主义和政治运动风云激荡的时代，也是迈向独立的民族国家以博物馆为途径构建文化认同的黄金时代。”①大都会博物馆成立之初就确立了艺术品的两大来源方式：捐赠和购买。馆内最早的藏品是由美国铁路大亨兼美国知名艺术品藏家约翰·泰勒·约翰斯顿(John Taylor Johnston)捐赠的174幅欧洲的绘画和数具古代罗马的石棺。1873年，美国前陆军军官、驻塞浦路斯领事卢吉·帕尔玛·德·塞斯诺拉被任命为博物馆首任馆长，博物馆购买了塞斯诺拉收藏的古代文物。

在大都会博物馆的发展过程中，藏品不断丰富，博物馆的规模也在持续扩大。大都会博物馆最早位于纽约第14街西侧的道格拉斯大厦；1880年迁至纽约中央公园；1938年，大都会博物馆收购修道院博物馆；1946年收购服装艺术博物馆，慢慢形成现在的格局。

20世纪七十年代开始，大都会博物馆进入大规模扩建期，扩建了包括24个厅的美国馆(1980年)；新建了一系列展览例如埃及的丹铎神庙(1978年)，专藏非洲、大洋洲和美洲艺术品的迈克尔·洛克菲勒展厅(1982年)，专展现代艺术的华莱士展厅，专展欧洲雕塑艺术的克拉维斯展厅。到20世纪九十年代，先后投入了朝鲜艺术展厅(1998年)、古代近东艺术展等，大都会博物馆较之19世纪八十年代已经扩大了20倍，俨然变成美国“博物馆中的博物馆”。

① 江振鹏：《纽约大都会博物馆的历史及文化功能》，《光明日报》，2018年5月21日14版。

大都会艺术博物馆的展览大厅共有 3 层，有五大展厅：欧洲绘画、美国绘画、原始艺术、中世纪绘画和埃及古董。分服装、希腊罗马艺术、原始艺术、武器盔甲、欧洲雕塑及装饰艺术、美国艺术、古代近东艺术、中世纪艺术、远东艺术、伊斯兰艺术、19 世纪欧洲绘画和雕塑、版画、素描和照片、20 世纪艺术、欧洲绘画、乐器和临时展览 18 个陈列室和展室。藏品包括古今各个历史时期的建筑、雕塑、绘画、素描、版画、照片、玻璃器皿、陶瓷器、纺织品、金属制品、家具、古代房屋、武器、盔甲和乐器。①

大都会博物馆的中国艺术收藏开始于 1879 年，亚洲部所藏的中国藏品接近两万件，藏品包括多个不同历史时期的书画、青铜器、玉器、金银器、漆器、雕刻、陶瓷和纺织品等。大都会博物馆亚洲部中国艺术主任孙志新博士曾在《历史与实践：纽约大都会博物馆的中国艺术收藏》②中将大都会博物馆的中国艺术收藏分为了四个阶段。第一阶段，1879—1915 年，美国人对中国艺术认识的早期阶段，主要收藏中国明、清艺术品，这些藏品主要来自大都会博物馆的董事、收藏家的捐赠和购买。1879 年大都会艺术博物馆从艺术品经纪人兼收藏家塞缪尔·阿维瑞手中购得第一批一千三百件中国和日本瓷器，这是大都会进行中国收藏的开端。③ 埃弗利先生将他收藏的 1000 余件精美的中国明清瓷器转让给大都会；1902 年毕少普先生无偿捐赠约 1000 多件玉器；其后 1915 年奥特曼先生将收藏的中国瓷器、珐琅器和鼻烟壶等一并捐赠；藏品的风格类型深受收藏家眼光的影响，主要是色彩绚丽、工艺精巧的明、清瓷器和装饰美术。

第二阶段，1915—1945 年，远东部成立和中国藏品扩充时期。这一时期银行家摩根先生任大都会博物馆董事会主席，他对中国艺

① 纽约大都会艺术博物馆官网 https：//www. metmuseum. org.

② 孙志新：《历史与实践：纽约大都会博物馆的中国艺术收藏》，《东南文化》2011 年第 4 期。

③ 谈晟广：《1973 年：纽约大都会艺术博物馆如何开始建立世界一流的中国古画收藏》，《中国书画》。

术的浓厚兴趣对大都会博物馆的收藏产生很大影响。1915 年大都会博物馆成立远东部(如今的亚洲部)，荷兰陶瓷专家波世莱兹先生担任主任并指导大都会博物馆收藏中国历代的陶器、瓷器、青铜器、佛像和丝织品等。聘请福开森先生做收购代理，福开森先生帮助大都会收购了一批举世瞩目的珍贵青铜器。这一时期大都会博物馆有意识地对中国文物和艺术品进行收藏，并成立了专门进行中国收藏与研究的机构。

第三阶段，1945—1970 年，收藏扩充，唐代金银精品入藏。接收数批中国文物捐赠，有汉代釉陶建筑模型，唐宋佛像、石雕，明清官窑瓷器、丝织和刺绣。后又博物馆购入了一批重要的唐代三彩陶器、陶俑和金银器。

第四阶段，1970 年至今，中国书画收藏的黄金时期，建立并完善五千年中华文明序列。前美国财政部长狄龙先生任大都会董事主席，决定着重收藏中国书画，并聘请普林斯顿大学教授方闻先生担任远东部主任。在二人的支持和指导下大都会博物馆从纽约著名收藏家王季迁手中收购了大批宋元书画，另外收购了一批明清两代著名书画家与书画流派的作品，狄龙先生捐资赞助中国书画展厅的修建。1980 年大都会内部的中国古典园林“明轩”修建完成。20 世纪九十年代，在中国早期艺术展厅以及中国晚期艺术展厅在纽约收藏家的资助下先后建成。2000 年方闻先生退休后由屈志仁先生担任亚洲部部长，屈志仁先生指导收藏精美的漆器和纺织品。至此随着场馆的扩展和藏品的全面丰富，大都会博物馆建立了有系统性的完整的中国文化艺术序列。①

大都会艺术博物馆除了重视收藏、展示工作以外，对学术研究与公众教育公众十分看重。它始终坚持自己的使命：“跨越所有文化和时期收集人类最伟大的艺术成就。这些藏品中的精华既出现在十七个展览部门各自的永久展区，也出现在侧重特定主题、时期或艺术家的临时展览里。同一座博物馆内拥有如此丰富的素材，在看

① 陈儒斌：《纽约大都会博物馆的中国艺术——孙志新博文访谈》，《美术学报》，2003 年第 2 期。

似迥异的历史和传统之间创造出特别的对话，这使我们的访客在一次参观中就能真正地周游世界。”①

1. “秦汉文明”(“Age of Empire”)

图 2　纽约大都会艺术博物馆“秦汉文明”展览海报

“秦汉文明”展览于 2017 年 3 月 27 日至 7 月 14 日举行，展出 160 余件中国古代秦汉时期的文物藏品。展品包括陶器、金属制品、纺织品、雕塑、书画和建筑模型等，这些展品来自中国 32 个博物馆和考古机构，绝大多数是首次在西方世界亮相。秦汉时期，中国的大一统真正形成，社会形态和政治制度进入转型阶段，对后世产生深远影响。这一时期中国文化的基本格局得以奠定，中国文化开始成为东方文化中心，在中国和世界文明史上占据重要地位。

展览按照时间顺序展开，共分为三个单元：“秦定天下”、“大汉雄风”和“中国大宁”。第一单元秦定天下，讲述秦代建立统一国家的过程，及其政治措施和文化实践。② 分为四个小单元：(1)秦代的军事体系和社会组织，展示秦始皇陵出土的各式兵马俑；(2)秦代统一国家的政治策略，展示了铜车马模型、度量衡和货币；(3)秦代的建筑，展示秦代瓦当、铺地砖和建筑构件；(4)秦代的

① 托马斯·P. 坎贝尔：《大都会艺术博物馆指南·导言》(中文版)，北京联合出版公司，2012 年。

② 孙志新：《“秦汉文明”展览的策划与实施——兼论在海外策划中国展览和策展人负责制度》，《博物院》，2017 年第 5 期。

中外文化交流，展示陶塑百戏俑、武俑和首饰、日用品等文物。

第二单元"大汉雄风"，展示汉代继承和巩固统一的国家，以及汉代人的生死观。有四个小单元：(1)汉承秦制，展示寒冬的铜量器、木简和铜壶滴漏；(2)骑兵兴起和开拓西域，展示汉代兵马俑、漆木马等文物；(3)儒家思想成为治世的经典，展示洛阳出土的熹平石经；(4)汉代人的生死观，展示河北中山王墓金缕玉衣等随葬物品。

第三单元"中国大宁"，阐释政治统一与文化多元并行不悖，成为中国的国家模式，与此同时，外来文化促成了中华文化的多元，使之生生不息，历久弥新。共有五个板块：(1)政治统一和文化多元；(2)丝绸之路上的文化交流；(3)草原游牧族的艺术影响；(4)与东南亚和南亚的海上贸易；(5)民众对国家和文化的认同。展示的文物主要为反映地方与中心区域等差异、中外文化交流等文物，如不同造型的建筑构件、样式工艺各异的珠宝首饰等。

"秦汉文明"旨在阐述中国秦汉这一段重要的历史进程，呈现两个并行的主题：一个是中国统一国家的由来，另一个是秦汉时代的中外文化交流。大都会博物馆希望"通过这个展览探索艺术在创造一个新的、持久的中国文化身份方面的巨大作用。过去50年中，通过深入研究，结合新的考古发现，像全球观众介绍中国文明转型的帝国时代。"①因此，在文物的选取上，不仅注重其历史价值和艺术造诣，更有意挑选符合整个大的历史时期主题的文物。每一件文物不单纯是要让西方观众知道，中国人创造了精致的物质文化，而是每一件文物要讲述一个历史当中的一个环"②。

2."演绎与叙事：中国绘画中的故事"("Show and Tell：Stories in Chinese Painting")

2016年10月29日—2017年8月6日进行展览。在古代中国，

---

① 纽约大都会艺术博物馆官网 https：//www.metmuseum.org/exhibitions/listings/2017/age-of-empires/exhibition-galleries.

② 孙志新：《历史与实践：纽约大都会博物馆的中国艺术收藏》，《东南文化》2011年第4期。

绘画作品不单单是一直艺术形式，还具有承载社会政治需求、文化价值观和个人思想的作用，所以古代中国人常以画为媒介和载体对故事进行演绎与记叙。

展品共 91 件，约 60 幅绘画作品和 30 件装饰艺术作品，大部分藏品来自大都会博物馆，除了中国绘画作品外，还包括彩绘瓷器，兵器，马具，佩饰，玉石雕刻，古琴等。展览将这些藏品按照叙事对象进行集中展示呈现出一种全面的叙事风格，表达了中国古人用艺术品演绎故事这一主旨。

绘画作品的主题主要包括历史事件、季节更替、战争、游历、佛教和儒家思想、家庭与朋友等。展览展示了三类不同的中国画如何承载叙事的意义，展示不同的主题：多副绘画组合的长画卷，其中穿插文字段落进行叙事；画面呈现单一的标志性场景；带有文人画家题词的山水画、人物画或花鸟画。其中有一个小的展览叙述了一个宏大的军事事件：中国在 18 世纪五十年代与东土耳其斯坦之间的战争，这一段历史的叙事由三家博物馆提供的相关中国画、版画和武器共同完成。

展览还展示了部分当代绘画艺术，当代的中国艺术家延续了中国古画中的叙事传统，体现了艺术家对改革过程的反思，以及对现代科技和政府政策的批评。

3.“中国狗年主题展览”(“Celebrating the Year of the Dog”)

2018 年 1 月 19 日至 7 月 4 日举行的“中国狗年主题展览”(“Celebrating the Year of the Dog”)，狗在中国传统文化中是忠诚、积极的象征。这次展览的展品共六件，包括彩陶狗、十二生肖俑、彩陶仕女俑等。展示狗在中国古代艺术品中的形象。

这类中国生肖主题系列展览在中国传统新年的时候定期开设，主题与中国下一年的生肖相关。中国历法中十二年为一个轮回，分别对应着十二种动物。展览的立意便是介绍中国十二生肖鸡在中国文化中的寓意，让观众了解神秘悠久的中国文化。

4.“18 与 19 世纪清朝宫廷京剧戏服展”(“From the Imperial Theater：Chinese Opera Costumes of the 18th and 19th Centuries”)

2016 年 6 月 25 日—2017 年 10 月 9 日开放。18 世纪至 19 世纪

图 3　纽约大都会艺术博物馆“18 与 19 世纪清朝宫廷京剧戏服展”展览海报

的中国处于历史上的清王朝时期，这一时期京剧作为一种传统戏剧发展空前繁荣，受到上至皇亲贵胄下至黎明百姓的喜爱。这次展览展示大都会博物馆所收集的中国清代宫廷京剧戏服，从艺术和技术的角度审视这些奢侈的纺织品。戏服主要有两类：基于历史事件的戏服和由传说和神话衍生的戏服，每一件戏服都是为特定人物角色设计的。除了纺织品外，还展示绘制有中国经典戏曲曲目《西厢记》的瓷瓶和彩绘图书，绘制的人物形象与实物戏服交相辉映。

5. “宇宙的颜色：中国的玉石雕刻艺术”（“Colors of the Universe：Chinese Hardstone Carvings”）

图 4　纽约大都会艺术博物馆“宇宙的颜色：中国的玉石雕刻艺术”展览海报

2016 年 6 月 25 日—2017 年 10 月 9 日开放。玉石雕刻是中国最古老的艺术工艺之一，可追溯至公元前五千年。清朝时有了丰富的原料、积累的精湛工艺和皇权保护，玉石雕刻艺术得以蓬勃发展。在 18 世纪，随着世界海上贸易的开展，中国的玉石雕刻艺术品被运送至海外。本次展览展示了 50 余件中国清朝的玉石雕刻艺术品。展出翡翠、玛瑙、孔雀石、绿松石、石英、琥珀、珊瑚等形态各异，色彩丰富的宝石。探索这些玉石雕刻艺术品所表达的不同主题与风格，从而了解当时中国工匠的高超工艺和审美意趣。

6.“栩栩如生的动物：中国丝绸和漆器上的动物”(“Spirited Creatures：Animal Representations in Chinese Silk and Lacquer”)

2017 年 10 月 21 日至 2018 年 7 月 22 日举办。展览的主题是 13 至 19 世纪数百年间中国丝绸纺织品与漆器上的动物造型。在古代中国丝绸与漆器属于奢侈材料，上面往往有许多动物的形象，例如龙、凤凰、狮子、牛、蝴蝶、蝙蝠等。这次展览共展示 20 余件丝绸制品和 50 余件漆器，包括龙袍、徽章、挂毯、宫廷服饰、服装部件(补子)和各类漆器。展现了栩栩如生的动物形象是如何被中国古人运用到日常生活或礼仪事物上的。

(三)旧金山亚洲艺术博物馆(Asia Art Museum of San Francisco)

旧金山亚洲艺术博物馆成立于 1966 年，坐落在美国西太平洋海岸的加利福尼亚州，是一座以收藏亚洲文物特别是中国文物为主的艺术博物馆。馆藏来自中国、日本、朝鲜、印度尼西亚等亚洲国家和地区的各类艺术珍品 15000 余件。旧金山亚洲艺术博物馆以收藏中国艺术品最为令人瞩目，包括自新石器时代到明清时期的各个时期艺术作品。收藏的中国藏品有 2000 余件瓷器，1200 余件玉器，800 多件青铜器，以及大量书画、织绣、金银器、牙雕。

最早提出创建旧金山亚洲艺术博物馆的设想是在 1959 年，当时的芝加哥大实业家布兰德奇先生愿意将他收藏的大量亚洲艺术品捐赠给旧金山，条件是旧金山需要建一个博物馆来收藏和展示这些亚洲艺术品。① 1960 年，旧金山公民为了迎接这批藏品通过了利用

① 彭鸿远：《旧金山亚洲艺术博物馆》，《美术研究》，1982 年第 3 期。

发行公债券筹集资金建立新博物馆的决议案，筹集约272.5万美元，博物馆开始修建。布兰德奇先生在落成典礼上说“希望在旧金山展示这些藏品，帮助旧金山和海湾地区称谓世界上最伟大的东方文化中心之一”。1969年，布兰德奇先生提出给旧金山捐赠第二批藏品，但这一次的条件是成立一个独立自治的管理机构，专门负责收购、管理这批藏品，并为工作提供教育服务。同年7月，旧金山成立亚洲艺术与文化独立委员会，目标是使旧金山亚洲艺术博物馆成为西方世界最为重要的亚洲艺术中心，委员会的工作人员包括来自中国、日本、韩国等亚洲各个国家的研究专家。1973年，此前一直名为亚洲艺术文化中心的博物馆正式更名为旧金山亚洲艺术博物馆。①

旧金山亚洲艺术博物馆过去的对中国文化的展示，开创了许多西方世界的第一次，是最早一批将中国文化展示在西方观众面前的博物院。1975年6月，博物馆举办了第二次世界大战结束后的中国文物第一次大型国际展览：“中华人民共和国考古发现展览”，在短短八周的时间内，展览吸引了80万游客。1983年5月，由上海和旧金山友好城市关系推动了“上海博物馆馆藏珍品：中国艺术六千年”，这是旧金山亚洲艺术博物馆第一次与中国博物馆联合推出展览。1994年举办全美第一个中国秦代兵马俑展览“中国墓葬珍宝，古代西安的丧葬艺术”，引起全美瞩目。1995年7月的“蒙古：成吉思汗的遗产”是美国有史以来规模最大、藏品最丰富的蒙古艺术展。②

1.“帝王珍宝——台北故宫精品展”(“Emperors'Treasures”)

“帝王珍宝——台北‘故宫’精品展”是旧金山亚洲艺术博物馆于五十周年馆庆之际推出的年度大展，于2016年6月17日至9月18日展出。展览共展出来自宋、元、明、清各朝的精品文物，展品种类包括书画、青铜、陶瓷、漆器、玉器、织品、珐琅器和图书文献。共150余件(组)文物藏品，其中包括30件绝世珍品：八件

① 旧金山亚洲艺术博物馆官网：http：//www.asianart.org.

② 许杰：《美国旧金山亚洲艺术博物馆》，《美成在久》2016年第5期。

图 5　旧金山亚洲艺术博物馆“帝王珍宝——台北故宫精品展”展览海报

皇帝御笔作品、肉形石、北宋官窑汝窑瓶、定窑孩儿枕、明初西域舞乐人扁壶、红釉僧帽壶、成化斗彩鸡刚杯等。这些中国古代帝王珍藏大部分是首次在美国公开面世。

“帝王珍宝”展览由台北‘故宫博物院’与旧金山亚洲艺术博物馆合作策划，这次展览依照台北故宫博物院提议的“帝王品味”为主题，展示九位帝王皇后(北宋徽宗，南宋高宗，元代世祖忽必烈，明朝永乐、宣德帝，清朝康熙、雍正、乾隆帝，慈禧太后)的品位、艺术鉴赏与个人喜好。从藏品的风格、技术、工艺、题材等方面着手，探讨古代皇室的艺术美学对中国文化艺术的发展产生的影响。但同时考虑到美国观众的审美与兴趣，展览在以帝王品味为基点的基础之上，扩展内涵。展示在汉、蒙、满多民族文化背景下的古代帝国的艺术风尚，带领观众感受各个历史朝代的时代特色和多元化、包容性的中国文化艺术。

2.“王陵瑰宝：中国汉代考古新发现”(“Tomb Treasures：News Discoveries from China’s Han Dynasty”)

2017 年 2 月 17 日至 5 月 28 日举办。这次展览展出了包括金缕玉衣、青铜编织在内的 160 余件汉代珍贵文物，这是这批珍贵文物首次在美国亮相，这批文物出自江苏省两处保存较为完整的汉代陵墓，是中国近年来的重要汉代考古发现成果。在汉代，人们向死如生，墓葬中的设施与用具是模仿现世生活的，王陵便是汉代贵族生活最好的载体，对王陵的解读，可以了解汉代贵族的物质与精神生活，窥探 2000 年前辉煌的汉代文明。

图 6　旧金山亚洲艺术博物馆“王陵瑰宝：中国汉代考古新发现”展览海报

展览分为三个单元：(1)长乐未央，展示贵族生活和宫廷娱乐。观众可了解汉朝贵族的日常生活、饮食及娱乐，并体验宫廷音乐和舞蹈。(2)长生无极，展示古人对玉石的崇拜和对长生的追求。观众可进入到陵墓的氛围中，探索古人对来世的理解和想象。(3)长毋相忘，展示宫廷内的私密生活。该陈列将展示深宫内隐秘的起居生活并揭秘前人所不知的宫廷浪漫。

展览带领观众重回中国 2000 多年前的大汉盛世，跨越时空与文化的距离体验感受汉代贵族的物质生活与精神家园。

3. “中国漆器展”(“Chinese Lacquerware”)

2015 年 11 月 10 日至 2016 年 10 月 23 日举办。中国漆器是世界上最持久、最独特的工艺之一。这次展览将展示 8 件出自名家之手的精美漆器，它们的年代位于中国 13—20 世纪，这是这批漆器在旧金山亚洲艺术博物馆的首次亮相。这批漆器呈现了令人惊叹的中国漆器制作工艺，层层上漆后雕刻出精美浮雕，浮雕图案有人物、花卉图案、禽鸟、山水景致和各种吉祥符号。主题和整体造型风格传递了美好的理想追求，反映了中国传统儒家学者的美学。

(四)芝加哥艺术博物馆(Art Institute of Chicago)

芝加哥艺术博物馆坐落于美国中西部密歇根湖南部，芝加哥市中心。藏品数量极为庞大，种类繁多，以绘画作品和雕塑为主，另外还有建筑，摄影作品、手工艺品、纺织品等艺术品；以美国和欧洲特别是希腊、罗马的艺术品为主，兼收印度、东南亚、中国、日本、韩国、非洲与美洲的艺术品。丰富的艺术收藏品使得芝加哥艺术博物馆成为当之无愧的万国博物馆。

芝加哥艺术博物馆的前身是芝加哥艺术学院，芝加哥艺术学院于1879年在市民的倡议之下取代了成立于1866年的芝加哥设计学院，这所学院以“对艺术和设计学院的成立和维护，对艺术作品系列的创造和展示，并通过所有适当途径对艺术进行挖掘和延伸”为教育宗旨。1882年芝加哥艺术学院正式更名为芝加哥艺术博物馆，并于1893年12月正式对外开放。芝加哥艺术博物馆最早的一批收藏是古典雕塑和绘画作品，随着收藏品的不断扩张如今馆藏大约有30万件艺术品，覆盖从古代艺术、近现代艺术到当代艺术家的艺术作品。前身为艺术学院的芝加哥博物馆公共宣传与教育功能的发挥十分显著，与公立和私立学校、社区和商业组织以及高级团体有着密切合作。

芝加哥博物馆收藏的中国藏品主要有中国古代玉石、佛像雕塑、陶瓷器、书画等艺术品，并且收藏了中国当代雕塑作品。① 博物馆自20世纪便先后接受了几笔重要捐赠：尼克森夫妇捐赠了1300余件中国和日本艺术品；凯特·白金汉女士先后为芝加哥博物馆捐赠了大批瓷器和青铜器；罗素·泰森先生捐赠和遗赠中国艺术藏品千余件。这些早期的慷慨捐赠和遗赠成为了芝加哥艺术博物馆中国收藏的基础。

芝加哥博物馆的中国藏品主要集中在一条狭窄的展室，130号是古代青铜器展厅，130号到133号是玉器展厅，105号是唐三彩展厅，134号是中国瓷器展厅，芝加哥博物馆对中国文物藏品的展示更多的是按器类进行。从2015年2月起，芝加哥艺术博物馆开始提供普通话馆藏语音导读，并且还旨在增加中国艺术品馆藏的数量。据博物馆现任亚洲部馆长汪涛先生透露，芝加哥博物馆正在筹划建立亚洲博物馆。相信将来建成的亚洲馆会为我们在中国文化和教育上带来更多亮眼的篇章。②

---

① 芝加哥艺术博物馆官网：http：//www. artic. edu.

② 刘越：《脉络：美国中部四大博物馆馆藏中国瓷器》，《收藏》，2017年第9期。

1."吉金鉴古：皇室与文人的青铜器收藏"("Mirroring China's Past: Emperors and Their Bronzes")

1. 湖南省博物馆所藏青铜铙

2. 故宫博物馆所藏《宫廷美人图》

3. 上海博物馆所藏《愙斋集古图》

图7 "吉金鉴古：皇室与文人的青铜器收藏"展览的展品

2018年2月25日至5月13日开放。中国古代青铜器是承载中国古代政治、经济、文化、社会生活和艺术的物质载体，是认识中国历史文化和古人生活的重要遗产。在古代中国，人民喜欢青铜器不仅是因为青铜器是象征着身份地位的礼仪重器，还因为青铜器所具备的卓越艺术美感。

这次展览是芝加哥艺术博物馆与北京故宫博物院、上海博物馆以及美国多所重要博物馆和私人收藏机构进行合作，共同展出了约180件精美青铜器藏品。展览除了实物青铜器以外还有几幅18世纪中国清代乾隆皇帝的肖像画，肖像画展示了乾隆皇帝的日常生活场景，画面中出现的青铜器足以在一定层面上帮助观众了解古代君主对青铜器的珍爱，以及青铜器的在帝国上流社会重要地位。宫廷目录对藏品的精心分类、绘图与详细描述都能佐证青铜器在古代中国的非凡地位。展览通过向观众展示对古代青铜器的新认识及其意义，传递中国灿烂悠久的历史和发展现状。

2.“王冬龄书画艺术展”(“Wang Dongling”)

2018年2月25日至2018年5月13日举办。王冬龄是一位中国现代书法家和艺术家，以“书法绘画”的抽象艺术作品而闻名。他创造性地将中国文字、诗歌的内在精神气韵与书法相结合，形成独具特色的“抽象的水墨艺术”。这次展览展出了多幅以中国8世纪到16世纪的著名诗歌进行素材创作的艺术品，王冬龄用他自由飘逸的书法向中国隽永的古典诗歌致敬。

3.“山水游记：中国16—19世纪山水画”(“The Wandering Landscape：Chinese Topographical Paintings of the 16th through 19th Century”)

2017年11月8日至2018年4月8日举办。山水画是中国古代绘画艺术中一个重要分支。展览展示了一批中国明朝中期到清朝时文人墨客游历山水后绘制的山水画卷。这些山水画有着与地图、旅行指南、百科全书相类似的功能，不仅反映了不同地区的地形地貌、生态环境还记录了当时的人文景致，是现代人了解地理环境变迁和风土人情演变的珍贵文献资料。中国山水画除了纪实功能外，由于艺术家的自由创作，反映不同艺术家审美意趣，承载古人的精神寄托，体现了他们对理想家园的追求与向往，是我们了解中国古典文化的重要参考。

4.“画卷中的故事”(“As the Story Unrolls”)

2017 年 7 月 31 日至 2017 年 12 月 3 日举办，展示了一批中国古代的长轴画卷。中国古代绘画中常常可以见到在长轴画卷上绘制的或真实或虚拟的故事，长轴画卷成为故事能够动态演绎的载体。并且可以通过画面上的拼接，将不同事件、不同场景、不同人物融汇于同一画卷上，内容丰富多彩。展览通过展示这些画卷为观众讲述不同背景的故事，从而引领观众了解更全面更多元生动的中国古代社会。

5.“徐龙森：天光”(“Xu Longsen：Light of Heaven”)

图 8　芝加哥艺术博物馆“徐龙森：天光”展厅陈列

2018 年 2 月 1 日至 6 月 24 日举行展览。徐龙森是来自中国上海的现代画家，他的作品有国画、油画、雕刻，他最为出名的是大型山水画：运用传统的工具和材料在巨幅画面上进行山水画创作。中国山水画能够状物记景，描绘大自然的奇妙景致与山河之美，还能够承载艺术家的精神与理想。徐龙森继承了中国传统山水画的风格，开创性地在巨大尺寸的画卷上进行艺术创作(许多作品都超过 30 英寸)，将中国传统水墨山水画与当代现代建筑相结合。场馆内有有许多专为这次展览设计的展示山水画的立柱，能够利用空间和现代布展装令观众宛如游历于中国山水之中。

二、西方博物馆对中国文化的呈现

(一)展览的内容基础——展品的来源与组成

博物馆是一个为社会及其发展服务的、非盈利的永久性机构，并向大众开放。它为研究、教育、欣赏之目的征集、保护、研究、传播并展出人类及人类环境的物证。①

博物馆的藏品，就是博物馆根据本馆的性质、特点、任务，按一定标准计划入藏的具有历史价值、艺术价值和科学价值的有关文物、自然标本和其他实物资料、它是国家宝贵的科学文化财产、是博物馆业务活动的物质基础。② 博物馆展览的展品自身携带着典型的、珍稀的、不可再生的文化信息，展示着不同主体、不同时空、不同背景的物质和精神文明。对于一个博物馆或者一个展览来说，展品是支撑它们的骨肉，是进行有意义、有价值的展示和研究的基础。

中国的瓷器、纺织品、书籍、艺术品早在汉唐时便经海上丝绸之路和陆上丝绸之路远销海外进入西方视野，由于其神秘的东方风情和精湛的工艺，在上流社会刮起过“东方热”。19 世纪鸦片战争前后西方殖民者进入中国劫掠大批珍贵文物，当时的中国社会动荡、秩序崩溃，不计其数的文物经文物贩子、军阀之手流落海外，成为了资本家的私人珍藏，或被收藏机构收购。西方博物馆在成立发展之时，接受了社会上的收藏家的捐赠，借此许多流失海外的中国藏品得以重新出现在世人面前。

早期在欧美，中国艺术品只是被当作装饰性的艺术品。1893 年“世界哥伦布博览会”上，工业展品和艺术展品同展于芝加哥博物馆的建筑当中，但是中国的艺术品只能被安放在工业展览厅，而非艺术展览厅。随着中国艺术学者、藏家和古董商潮流般出现，他们在美国和欧洲展开各种中国艺术品专题展，对大众进行宣传教育，收藏家们才开始慢慢把兴趣从购买装饰艺术品为主转向于更加

① 国际博物馆协会 2007 年通过的《国际博物馆协会章程》规定“Museum. A museum is a non-profit, permanent institution in the service of society and its development, open to the public, which acquires, conserves, researches, communicates and exhibits the tangible and intangible heritage of humanity and its environment for the purposes of education, study and enjoyment.”

② 吕军编著，《藏品管理学》，吉林大学出版社，1996 年。

有历史价值的艺术品收藏。①

所以着眼于博物馆和展览在呈现中国文化时所展示的展品，观察展品的来源、展品的类别、一个展览的展品内部之间的联系等问题有助于探索西方博物馆呈现中国文化的物质基础和趋势。

从展品组成上看，西方博物馆举办的中国文化展览的展品主要来自两种组成方式。其一是有西方博物馆自身的馆藏组成，馆藏藏品主要来自社会捐赠和自发购买。展品来自博物馆自身馆藏的展览有 2017 年重新开放的大英博物馆的中国馆(何鸿卿爵士中国及南亚展厅)；还有纽约大都会艺术博物馆于 2015 年 10 月—2016 年 10 月举办的"大都会收藏的中国书画精品展"，主要展示大都会博物馆过去 40 年间收集的大量来自中国的宋、元时期的书画作品；"中国纺织品：大都会馆藏十个世纪的杰作"展示了大都会过去收藏的 17 件中国精美的纺织品；历年的"中国生肖主题年展"也依据中国新年的生肖展示馆内藏品中带有该生肖元素的文物藏品。

另一种组成方式是与其他博物馆或研究、收藏机构合作，借出文物藏品进行展览。随着中国文化更广泛地进入西方观众的视野，西方博物馆过去自身馆内收藏的藏品不能够完全满足观众们的好奇心和求知欲，这需要博物馆积极寻找外部资源，借助外部力量。

一、展览的展品全部从其他博物馆借展，例如 2016 年旧金山亚洲艺术博物馆与台北"故宫博物院"联合策划的"帝王珍宝——台北故宫精品展"，展览共展出来自宋、元、明、清各朝的精品文物共 150 余件(组)；例如大都会博物馆 2017 年举办的"秦汉文明"(Age of Empire)展览，展出 160 余件中国古代秦汉时期的文物和艺术品，这些展品来自中国 32 个博物馆和考古机构，绝大多数是首次在西方世界亮相。

二、向其他博物馆借出一部分文物藏品，填补自身收藏的不足，然后共同展出，例如芝加哥艺术博物馆的"吉金鉴古：皇室与文人的青铜器收藏"(Mirroring China's Past：Emperors and Their

① 刘越：《脉络：美国中部四大博物馆馆藏中国瓷器》，《收藏》，2017 年第 9 期。

Bronzes)展览，是芝加哥艺术博物馆与北京故宫博物院、上海博物馆以及美国的重要博物馆和私人收藏机构合作，共同展出了大约 180 件精美青铜器藏品。

观察近三年中国文化展的展品的背景我们可以发现一个明显的变化——西方博物馆开始将视野投向中国的最新考古发现和现代艺术的发展。西方博物馆十分关注中国新的考古工作动态，积极引进、展示中国最新的考古发现与成果。旧金山亚洲艺术博物馆举办的“王陵瑰宝：中国汉代考古新发现”共展示 160 余件汉代珍贵文物，这批文物出自江苏省两座汉代贵族墓葬，盱眙大云山西汉江都王刘非墓和徐州狮蓝山楚王墓，是中国近年来重要的考古发现成果。这一类文物展品依托于中国国内新的考古发现的，由于有完整的出土背景，所以文物的系统性关联性很强，对它们的展示往往与国内的历史博物馆的呈现方式相似，注重文物的史学价值，和其还原的中国古代历史。

近年，西方博物馆也为中国现当代的艺术发展提供了很好的平台，许多中国当代艺术家在西方博物馆举办了个人展览，例如芝加哥艺术博物馆举办的“王冬龄书画艺术展”、“ 徐龙森：天光”等展览，这些艺术家将中国古典文化与现代表现手法相融合，芝加哥艺术博物馆根据艺术作品的特性巧妙地发挥现代建筑的表现功能，给予艺术作品充分展示自身的舞台。

虽然各大知名的西方博物馆拥有丰富的中国文物收藏，但观众或博物馆自身意识到仅仅依靠过去已经有的物质资料是无法满足了解中国文化的渴求，所以需要不断拓宽，深入挖掘新的展品。对中国考古的最新动态和发现成果与对中国现当代艺术发展的关注，体现了西方博物馆和西方观众对中国文化的关注不仅仅停留在对文物藏品的鉴赏，而是试图探索其物质文化背后的历史价值、文化价值与精神价值，反映了西方世界渴望更全面、更深入地了解中国文化的事实。

(二)单打独斗与馆际合作——展览模式的多样性

展览模式主要有两类，一类是依靠自身藏品和自身研究力量独立策展；另一类是与其他博物馆或研究机构合作进行联合展览。

大英博物馆、美国大都会博物馆的中国收藏在世界范围内名列前茅，收藏的中国文物数目丰富、种类齐全、工艺精湛，前者的瓷器、后者的书画作品收藏更是行业翘楚。部分以中国文化为主题的展览依靠博物馆自身的馆藏文物便足以支撑。例如大英博物馆修缮后重新开放的中国馆(何鸿卿爵士中国及南亚展厅)，藏品众多，依据年代顺序讲述中国上下千年的历史。大都会博物馆收藏大量书画作品、纺织品，在近三年间大都会举办过数场中国传统书画展，服饰展。这些举措体现了博物馆在对藏品进行保护、修复、研究的同时积极地采取行动将这些文物展示给大众，让文物更大限度地发挥自身价值。

除了西方博物馆依赖自身力量独立策展以外，博物馆之间合作或西方博物馆与中国博物馆进行合的馆际合作展览模式近年来发展迅速。越来越多的博物馆突破了传统单打独斗式的策展方式，通过合作拓展文物藏品资源和博物馆资源的充分利用。

馆际合作举办陈列展览，指的是通过不同资源在不同博物馆间的流动与共享，从而合多馆之力推出一个展览，主要包括联展、巡展、借展、互展几个模式。联展，指两家或多家博物馆就某一内容共同举办展览；巡展，即一家或多家举办的展览，在不同的博物馆之间巡回展出；互展，即两家或多家博物馆相互交换同一类型或不同类型的展览；借展，即引进其他博物馆的展览，进行短期或长期的展出。① 这里讨论的案例主要是前两类：联展和巡展。②

2012年12月13日，国家文物局印发了《关于加强博物馆陈列展览工作的意见》文件，文件提出对博物馆六个方面的新要求——坚持公益属性、突出科学品质、强化教育功能、规范设计制作、提高策展能力、加强专业指导。其中第五项“提高策展能力”中明确指出“博物馆要不断完善基本陈列和展览，确保陈列展览与博物馆

① 单霁翔：《从“馆舍天地”走向“大千世界”——关于广义博物馆的思考》，天津大学出版社，2011年。

② 王龙，孙岱萌：《展览合作“让文物活起来”——博物馆馆际合作办展模式探析》，《中国博物馆》，2017年3期。

使命相一致。借鉴国内外先进经验，创新运行机制，探索实行策展人制度”、“要促进馆际交流与合作，支持省级博物馆特别是中央地方共建国家级博物馆发挥示范引领和辐射带动作用，整合区域藏品、展览、人才、技术、资金等资源，策划优秀展览项目巡回展出”①。同时中国文化和旅游部牵头设立了国家艺术基金，设立“传播交流推广资助项目”大力支持展览类的项目走出国门传播中国文化。得益于一系列政策的扶持与鼓励，中国文物走出国门变得更加安全、更加方便。

具体来看，本文选取的四大西方知名博物馆均有与中国或其他国家博物馆合作举办的联展。大英博物馆与来自 10 家中国博物馆及 21 家世界各地的博物馆联合举办的“明代：皇朝盛世 50 年”，从各大博物馆汇集了丰富的展品，包括瓷器、黄金、珠宝、家具、绘画、雕塑、纺织品，以及大量中国最新考古发掘的成果；纽约大都会博物馆的“秦汉文明”展览，160 余件展品来自中国 32 个博物馆和考古机构；旧金山亚洲艺术博物馆与台北“故宫博物院”合作策划的“帝王珍宝——台北故宫精品展”，将台北“故宫”的 150 余件珍贵藏品、30 件国宝级文物展现到西方观众的面前；芝加哥艺术博物馆的“吉金鉴古：皇室与文人的青铜器收藏”，展览是芝加哥艺术博物馆与北京故宫博物院、上海博物馆以及美国的重要博物馆和私人收藏机构合作，共同展出了约 180 件精美青铜器藏品。

除了联展外，西方博物馆还会采用巡展的方式，扩大展览的受众。例如为了配合“明代：皇朝盛世 50 年”展览，大英博物馆将于 2014 年借出馆藏精品明代宣德青花扁瓶，在英国四家博物馆格拉斯哥博物馆布雷尔收藏馆、谢菲尔德市西苑博物馆、布里斯托博物馆及城市美术馆 、贝辛斯托克威利斯博物馆进行巡回展出。旧金山亚洲艺术博物馆与台北“故宫博物院”联合策划的“帝王珍宝——台北故宫精品展”闭幕后，将到波士顿美术馆巡展，两个展的名称和展品基本一样，不过由于书画和刺绣类的作品质地脆弱，会更换

① 2012 年 12 月 13 日，国家文物局以文物博函〔2012〕2254 号印发《关于加强博物馆陈列展览工作的意见》。

展出。

在1960年联合国签署的《关于博物馆向公众开放最有效方法的建议》中提到“博物馆通过保护艺术品和科学资料并将其展示于众，有助于传播各种文化知识，并以此促进各国之间的了解”①馆际合作模式的开展无形中架构了一个博物馆藏品和文物的“共享平台”，在法律和制度的规范之下让文物有条件有机会作为人类共同的公共文化资源在更多平台上展示，供更多民众接受教育、进行学习和研究。对于博物馆而言，馆际合作模式的开展能够促进博物馆事业发展，更加充分地发挥博物馆教育功能和公益属性。对文物藏品而言，这种合理地共享文物和藏品资源的方式，提高了利用效率，扩大了受众面，鼓励进行更多的学术研究，也延展了它们作为人类共同宝贵财富的价值。

(三)展示怎样的中国文化——展览主题的选择

怎样选择主题将展品串联起来，从而传递出策展人想表达给观众的内容和思想，无疑是整个展览最重要、最核心的价值所在。

近三年来西方博物馆对中国文化展陈主题的选择，主要分为三大类：

第一类是百科全书式的展览。是一个包含着观念、想象与制度的百科全书式的概念②。展览以整个中国历史文明为主题，将中国上下五千年的文明历史娓娓道来。这类展览的藏品主要是来自社会捐赠和博物馆主动收购，藏品大多背景不详、来源各异，相互之间少有关联，但是藏品所述的年代跨度大、种类多种多样、数目极为丰富，能够系统全面地还原整个社会的历史沿革和文化面貌。博物馆整合这类藏品，按照时间顺序将不同的历史时期的展品分门别类进行展示，打造百科全书式的中国展。近三年来最有代表性的展览

---

① 《关于博物馆向公众开放最有效方法的建议》，联合国教育、科学及文化组织．大会于1960年12月有4日在巴黎通过。

② Paula Findlen. ” The Museum：Its Classical Etymology and Renaissance Genealogy”，B. Messias Carbonell，Museum Studies：An Anthologh of Contexts，Blackwell Publishing Ltd，2004，p. 23.

便是大英博物馆整修后的中国馆，中国馆展陈千余件中国文物，年代跨度为公元前 5000 年至现当代，展品种类囊括了中国书画、石器、青铜、玉器、瓷器、壁画、纺织品、雕塑、漆器、服装首饰等。所传递的内容更是包罗万象，涉及政治、经济、文化、科技等各个方面。

旧金山亚洲艺术博物馆与中国台北故宫博物馆联合策划的“帝王珍宝——台北‘故宫’精品展”也属于百科全书式中国展。展示了宋、元、明、清各朝的精品文物，展品的年代跨度跨越种类包括书画、青铜、陶瓷、漆器、玉器、织品、珐琅器和图书文献，展示了 1000 余年间中国文化精华。

百科全书式的展览规模宏大，叙事内容十分丰富，极具冲击力。在西方开设这样主题的中国文化展有助于西方观众清晰地认识中国文化整体，同时能够细致入微地探究不同领域不同方面的中国文化。

第二类是宏观叙事型展览，这类展览选择中国历史上某一时间段为背景，这段时期内的中国历史传统和文化内涵为主题，重点体现这一时期中国的宏观风貌。与第一类主题相比，这一主题的展览体量相对较小，展品的年代跨度较小，所选的时期往往根据政权划分——在古代中国政权的更替对文化和社会面貌有最直接最根本的影响。与之相同，第二类主题的展览展示的文物和藏品种类丰富，涉及当时中国社会的各个层面，展示这一时期的中国面貌。

例如大英博物馆的“明代：皇朝盛世 50 年”展示了公元 1400 年至 1450 年间的明代盛世。纽约大都会博物馆的“秦汉文明”，展示出 160 余件中国古代秦汉时期的文物和藏品，呈现出恢弘强盛的秦汉景象。旧金山亚洲艺术博物馆的“王陵瑰宝：中国汉代考古新发现”通过展示向死而生的中国汉代贵族墓葬随葬品，引领观众重回 2000 多年前的汉朝盛世。

这一类主题的展览对中国观众来说非常熟悉，因为与国内大多数公立博物馆相似，根据西方观众的视角、兴趣与相对薄弱的知识储备进行调整。有助于西方观众快速、清晰、完整地认识中国某一历史时期的发展历程和整体面貌。

第三类是主题文物展。是以某一类或某几类的文物藏品为核心，围绕它们的艺术、工艺、表达内容和表现手法展开，透物见人，见微知著，探索这他们背后所体现的文化信息或历史信息。例如；旧金山亚洲艺术博物馆的“中国漆器展”、芝加哥艺术博物馆的“中国16世纪至19世纪的山水画”，展览单独聚焦于漆器或山水画卷。这一类主题展览与过去的器物研究有一定相似之处，但是对器物的研究更加深入。

西方博物馆近年来的主题文物展还会运用多类文物藏品阐释主题。纽约大都会博物馆的“演绎与叙事：中国绘画中的故事”展览展示约60幅绘画作品和30件装饰艺术作品——包括彩绘瓷器，兵器，马具，佩饰，玉石雕刻，古琴等。将这些藏品按照叙事对象进行集中展示呈现出一种全面的叙事风格，从而探讨中国古代以艺术品为载体进行叙事的文化传统。以及大都会博物馆的“溪山无尽：中国传统山水画”展览，共展出86件藏品，包括山水画、瓷器、玉石雕刻等艺术品，通过这些艺术品上关于中国传统山水的内容，探索了古人对自然的向往和对精神家园的追求。在亚洲艺术博物馆举办的这一类的主题展览“吉金鉴古：皇室与文人的青铜器收藏”里展示了大量精美青铜器，同时也展示了几幅中国清代乾隆皇帝的肖像画，肖像画里真实地记录了青铜器在皇室贵族日常生活中出现的场景。这个展览的主题不是青铜器本身的工艺或艺术，而是通过青铜器和画像展示古代中国的礼仪制度和人民的审美情趣。

从一个较小的切入点入手，运用品类较为单一的展品，通过对这些文物藏品的组合、排列，发现它们的内在联系和蕴藏的历史、文化信息，诠释中国文化中的某一社会现象或文化现象。

(四)新的中国印象——中国文化呈现的效果

西方博物馆近三年进行的中国文化展览主题丰富，既有宏大的历史叙事，又有微观的艺术发展进程，跨域了时空界限，从千年前的秦汉时期迈进到中国现当代，涉及中国文化的方方面面，展示了不同历史背景下的中国文化和中国社会。这样的历史类展览吸引了大量西方观众，2017年大都会博物馆举办的“秦汉文明”中国文化专题展览时共吸引了35万余人参观，在西方世界引起了热烈讨论。

除了引起西方观众的关注外，西方博物馆举办的中国文化展览也正在冲击西方观众过去对中国文化存在的固有印象。观众们如果不是自己亲自走进这些展览，对中国的刻板印象始终停留在——古代中国是一个陈旧、封建、落后的国家。对中国文化的认识止步于文物藏品所传达的装饰性，不会深入探讨文物藏品背后的历史文化。早期在欧美，中国艺术品只是被当作装饰性的艺术品。例如1893 年"世界哥伦布博览会"上，工业展品和艺术展品同展于芝加哥博物馆的建筑当中，但是中国的艺术品只能被安放在工业展览厅，而非艺术展览厅。随着中国艺术学者、藏家和古董商潮流般出现，他们在美国和欧洲展开各种中国艺术品专题展，对大众进行宣传教育，收藏家们才开始慢慢把兴趣从购买装饰艺术品为主转向于更加有历史价值的艺术品收藏。①

近年来西方博物馆通过举办百科全书式展览和宏大历史叙述类展览更加改善了这一局面，它们展示了种类齐全、数目丰富的文物藏品，揭示了艺术、哲学、科技等精神文化领域，架构了清晰宏大的时空框架，并且对不同的文化因素进行比较，充分还原了这一历史时期的中国的完整面貌。

大英博物馆举办的大型明代特展"明：皇朝盛世五十年"开放之后，海外西方媒体给予了极高的评价。英国《卫报》称"18 和 19 世纪的欧洲评论家总是喜欢把中华帝国想像成为一个封闭的帝国。但是大英博物馆的新展览却给了我们一个新的表述，明朝时期的其实不是人们认为的那样。展览显示那时的皇帝鼓励货物的交换与交流，传播思想，从日本的京都到非洲的摩加迪沙他们走遍了世界，而且明代中国是一个多信仰、国际化的社会，他们的贸易影响着全世界。展览将这些历史展示一新。充分证明了那时的中国是世界上规模最大，最成功的国家，并让我们最直观地看到了明朝的人们享

① 刘越：《脉络：美国中部四大博物馆馆藏中国瓷器》，《收藏》，2017 年第 9 期。

受着舒适和精美的生活。"①《伦敦访者》(London Visitors)也发表社论认为"本次展会吸引了那些对中国历史有所了解的观众，同时也吸引了那些希望更多和更深了解那段不朽历史的观众。中国从一个封闭的国家成为了一个超级大国，我们可以看到它的航海以及国际贸易、外交关系等，这些很难不让我们与现代中国的发展画上等号。看着那些绝佳的文物，我们不得不称赞那真是一个黄金的年代。"②这样的展览会带给西方观众与他们刻板印象中截然不同、焕然一新的中国印象：强大的政治军事，发达的经济实力，丰富的物质生活，先进的工艺技术，高雅的艺术审美。新的中国印象会令西方观众更加尊重中国的悠久历史和灿烂文明，当他们对中国文化的兴趣愈加浓烈时，有助于中国文化更好更快得走出国门，在世界舞台上大放异彩。

西方博物馆除了介绍古代之中国外，也在关注中国现当代的艺术发展，近年来举办过多场当代中国艺术家的个人作品展。在2017年中国画家张华峰的个人艺术作品展上，伦敦亚洲艺术周总监弗吉尼娅·赖特在致辞中说：过去几年伦敦市场对中国当代艺术作品兴趣渐浓，销售额明显增长。齐仕阁拍卖行亚洲艺术部门主管拉扎勒斯·霍尔斯特德也表示，中国当代水墨画近年来成为伦敦艺术市场的新生力量，颇受瞩目。西方博物馆为中国现当代艺术家提供在西方观众、西方世界眼前展示艺术作品的平台，这样的举动促进了中国现当代艺术与西方世界的交流，在世界舞台上大放异彩。

目我前国制定了鼓励文化交流沟通的政策，积极促进馆际合作的开展，不仅将国内的文物和藏品送出国门展出吧，并且还与西方博物馆合作在中国联合策展。在这引进来与走出去的交互中，中国

① 英国《卫报》(The guardian) https：//www. theguardian. com/artanddesign/2014/sep/19/ming-dynasty-british-museum.

② 《伦敦访者》(London Visitors) http：//londonvisitors. wordpress. com/2014/09/16/exhibition-review-ming-50-years-that-changed-china-at-the-british-museum-from-18-sept-2014-to-5-jan-2015/.

文化才能豪迈自信地呈现在更多观众面前。

三、从馆内到馆外，西方世界对中国文化的改观

西方博物馆中国文化相关展览的数量和规模在近几年来呈现增长态势。与往年相比，每年都会举办中国文化主题展览，部分大型博物馆甚至会一年举办多场。这既体现了西方世界对中国文化的重视，也得益于中国政府对中国文化走出去的大力扶持。

于过去相比，西方博物馆的中国文化展览发生了一系列改变，经历了形式调整、内容扩充和年代延展，这些改变体现了西方世界对中国文化的态度和认识产生的最明显的两个变化：

其一，西方对中国的印象产生巨大转变。从展示形式的改变和文物的扩充可见，中国文化展不再是从展示奇珍异宝的目的出发，而是关注中国文物藏品背后的历史信息和文化价值，展示中国各个历史时期的文化面貌；文物的年代向后延展直到当代，体现了西方博物馆乃至西方世界已经将中国艺术、中国文化看做是向前发展的，开始关注当下和未来的中国。一百年前，西方开始进行中国收藏的时候，中国是一个分裂动荡的社会，完成工业革命的西方世界看待中国是高高在上的，他们眼中的中国保守、封建、落后。这种局面下的中国不会让西方世界期待中国的未来发展，西方人喜爱、研究中国过去的文物，仅把这些文物视做一个已经荣光不在的国家过去的灿烂。所以当西方世界开始关注中国现当代的艺术品这件事情的意义在于西方人开始讲中国视为一个强盛发展、茁壮成长的新兴势力，说明在西方眼中中国已经不再是过去一百年前的落后面貌，而是成为了可以和他们并驾齐驱的同伴，西方开始欣赏中国的现在，期待中国的未来。

其二，西方自发地重视中外文化的交流，从历史展望未来。从内容上看，近三年的博物馆展览中突出强调了历史上的中外文化交流的内容，体现了西方正在重新审视中国在世界文明发展和世界历史上的重要影响和突出地位。在过去西方世界认为中西方的主要外

交、贸易和文化交流起步得很晚，中国在过去是保守的封建帝国，在中西交流中处于被动地位。但是在西方博物馆近三年中的中国文化展中，策展人用文物藏品作为论据，论述了历史上的古代中国持续不断地与西方及其他周边国家进行交流，中国高度发达的古代文明技术对世界范围内的文明都产生了深远影响。大英博物馆整修后的中国馆增加了丝绸之路的文物；“明代：皇朝盛世 50 年”运用了一批中外文物的进行对比展示，阐释了明代对外的文化输出。纽约大都会艺术博物馆的“秦汉文明”展览中的两个单元“丝绸之路上的文化交流”和“与东南亚和南亚的海上贸易”展示了秦汉时代的中外文化交流。西方世界自发地探讨古代中国对世界文明发展的重要贡献，这种探讨对于提升当今中国文化在西方世界的地位，让更多西方观众了解中国文化的魅力有着积极的促进作用。

西方博物馆在关注过去中外文化交流的同时，当今的中西方也在积极交流，在西方世界对中国文化的“引进来”和中国政府积极扶持中国文化“走出去”的交互过程中，西方博物馆对呈现与弘扬中国文化所能发挥的重要作用和积极贡献。目前这种相互交流，加强合作的良好氛围为中国文化更全面、更深入地在西方世界传播提供了丰沃的土壤。

从未来的西方博物馆呈现中国文化的趋势来看，百科全书式的博物馆对博物馆的藏品资源要求极高，有资历策划这类展览的博物馆数量较少，在未来主题选择中重点更为集中的宏观叙事展览与透物见人的主题文物展览依然会是主流趋势。中国辉煌灿烂的五千年文明缔造出了一个个繁荣宏伟又独具特色的盛世华章，这些过去对于西方世界来说神秘陌生的历史在宏观叙事展览的娓娓道来中清晰、全面地呈现给观众。在中国悠久的历史进程中许多文明记忆已经湮灭在历史的尘埃中，但是通过研究、展示一部分得以保存下来的物质文化可以窥一斑而知全豹，对这类物质文化的艺术、技术方面有一定的认识；更重要的是可以透物见人见到物质文化背后所蕴藏的精神文化，从而了解古代中国人的精神世界和古代中国的文化面貌。

参考文献

[1] Henry C. Shelley, *The British Museum: Its History and Treasures*, Boston: L. C. Page & Company, 1911.

[2] 洪霞，谢小琴：《从精英掌控到大众文化空间——19 世纪上半叶大英博物馆的建构与功能转换》，《史学集刊》，2012 年 5 月，第 3 期。

[3] 大卫·威尔逊：《馆长的话》，《世界博物馆全集·大英博物馆》，台北锦绣出版社，1987 年。

[4] J. Rawson, *The BM book of Chinese Art*, British Museum Press, 2007。

[5] 藏海昆：《流失的血液——大英博物馆藏中国文物印象》，《世界知识》，2009 年第 6 期。

[6] 孙志新：《历史与实践：纽约大都会博物馆的中国艺术收藏》，《东南文化》2011 年第 4 期。

[7] 谈晟广：《1973 年：纽约大都会艺术博物馆如何开始建立世界一流的中国古画收藏》，《中国书画》，2017 年第 8 期。

[8] 陈儒斌：《纽约大都会博物馆的中国艺术——孙志新博文访谈》，《美术学报》，2003 年第 2 期。

[9] 托马斯·P. 坎贝尔：《大都会艺术博物馆指南·导言》(中文版)，北京联合出版公司，2012 年。

[10] 孙志新：《"秦汉文明"展览的策划与实施——兼论在海外策划中国展览和策展人负责制度》，《博物院》，2017 年第 5 期。

[11] 张岩：《博物馆的全球化思考—从世界三大博物馆几个临时展览说起》，《博物院》，2017 年第 6 期。

[12] 梁丹妮：《纽约大都会艺术博物馆理事会制度研究》，《上海文化》，2014 年第 6 期。

[13] 孙志新：《历史与实践：纽约大都会博物馆的中国艺术收藏》，《东南文化》2011 年第 4 期。

[14] 王鹤北：《纽约大都会艺术博物馆亚洲部中国艺术收藏》，《中

国美术》，2017 年第 6 期。
[15]彭鸿远：《旧金山亚洲艺术博物馆》，《美术研究》，1982 年第 3 期。
[16]温凯琳：《媒介与信息：美国旧金山亚洲艺术博物馆当代艺术五十年》，《美成在久》，2016 年第 5 期。
[17]许杰：《美国旧金山亚洲艺术博物馆》，《美成在久》，2016 年第 5 期。
[18]刘越：《脉络：美国中部四大博物馆馆藏中国瓷器》，《收藏》，2017 年第 9 期。
[19]单霁翔：《从"馆舍天地"走向"大千世界"——关于广义博物馆的思考》，天津大学出版社，2011 年。
[20]王龙，孙岱萌：《展览合作"让文物活起来"——博物馆馆际合作办展模式探析》，《中国博物馆》，2017 年第 3 期。
[21]尹凯：《珍宝、标本与艺术：西方民族志藏品的内涵演变与发展逻辑》，《中国博物馆》，2014 年第 3 期。
[22]尹凯：《西方博物馆史书写所引发的思考——兼论中国语境下的博物馆学体系建设》，《中国博物馆》，2015 年第 4 期。
[23]伊丽莎白·梅里特：《美国博物馆趋势观察：2017》，《中国博物馆》，2017 年第 3 期。
[24]张文立：《当代西方博物馆学研究的主流趋势》，《中国博物馆》，2014 年第 2 期。

基于2015—2017年社会科学总论健康领域"ESI热点和高被引论文"的分析报告

武汉大学健康学院　张志将

一、引　言

基本科学指标(Essential Science Indicators, ESI)是衡量科学研究绩效、跟踪科学发展趋势的基本分析评价工具，它是基于科睿唯安公司(Clarivate Analytics，原汤森路透知识产权与科技事业部)Web of Science数据库(SCIE/SSCI)所收录的全球12000多种学术期刊的1000多万条文献记录而建立的计量分析数据库，对数据库中近11年的数据进行统计，按照其划分的22个专业领域，通过论文发表数、论文被引频次、论文篇均被引频次、高被引论文、热点论文和前沿论文等6大指标，对国家/地区科研水平、机构学术声誉、科学家学术影响力、期刊学术水平进行衡量，按被引频次的高低给出研究机构、科学家、研究论文的排名。

"ESI高被引论文"和"ESI热点论文"的数量是评价一流大学和一流学科的两个重要指标。ESI高被引论文是指在某学科中，ESI的收录时间范围内，一篇论文的被引频次位于该学科所有论文的前1%；ESI热点论文是指近2年内发表的论文且在近两个月内被引次数排在相应学科领域全球前1‰以内。我国各级教育主管部门和大学越来越重视建设ESI全球前1‰或前1%的学科，因为这体现出一所机构的国际影响力和国际竞争力。高被引论文和热点论文的数量就是学科国际排名的两个重要指标。不仅在 ESI 学科国际排名上，国内第四轮学科评估也明确要求各参评学科须提供 ESI 高被引论文或高水平论文。因此，提高热点论文和高被引论文的发表数量，对于提高大学的国际、国内影响力具有重要的要义。

社会科学总论是 ESI 的 22 个学科领域之一，共收录了 SCI/SSCI 数据库中 1046 部学术期刊，涵盖了社会学、法学、政治学、传播学、公共卫生与管理、图书馆与情报科学、教育学、环境研究、康复学、社会工作与社会政策、人类学等多个人文社会科学学科，此外有关地区研究、城市研究、人口学、种族、家庭、妇女、老年、国际关系、历史、哲学、语言学等方面的研究论文也归在社会科学总论中。武汉大学的社会科学总论学科在 2013 年和 2015 年就已经进入全球前 1%，在 2018 年 3 月首次进入全球前 5‰，这与武汉大学人文社会科学研究重镇的地位相匹配，同时也对进一步挖掘社会科学总论热点研究方向提出了更高的要求。

随着人们对健康重视程度日益提高，健康成为多学科交叉研究项目。健康相关研究领域也成为社会科学总论的重要研究内容之一。相对于社会科学总论其他研究领域，健康领域的研究方法、结果解释、推广与应用在各国间的差异相对较小。因此，健康相关研究是现阶段我国社会科学总论建设的重要突破口，也是我国“双一流”创建工作的突破口之一。本研究拟分析社会科学总论健康领域近三年的“ESI 高被引论文”和“ESI 热点论文”的特征。在此基础上分析社会科学总论健康领域最前沿的研究热点、发展特点和发展趋势，并总结我国在社会科学总论健康领域研究的现状和特点，为提高我国在该学科领域的影响力提供决策依据。

二、数据来源与分析

本研究通过 Web of Science 数据库对社会科学总论学科的所有

SCI/SSCI 论文进行检索，限制发表时间范围为 2015-2017 年，挑选出所有的 ESI 高被引论文和热点论文，再通过阅读标题或摘要，确定属于健康领域的 ESI 高被引论文 236 篇、热点论文 23 篇(见附件)。分析发表年代、文献类型、论文作者、发表国家、载文期刊、论文高频词汇、论文引用关系的特点，计算这批论文之间的引用次数(TLCS)、在 Web of Science 中的被引次数(TGCS)。在此基础上分析社会科学总论健康领域最前沿的研究热点、发展特点和发展趋势，并为我校在社会科学总论健康领域发表 ESI 热点论文和高被引论文提供几条建议。

三、结 果

1. 发表时间

236 篇 ESI 高被引论文中，大部分发表在 2016 年，约占 46%(表 1)。

表 1　**ESI 高被引论文的发表年份**

出版年份	记录数	占比(%)
2015	89	37.7
2016	109	46.2
2017	38	16.1

与高被引论文相一致，热点论文集中发表于 2016 年，约占 60%(表 2)。

表 2　**ESI 热点论文的发表年份**

出版年份	记录数	占比(%)
2016	14	60.9
2017	9	39.1

2. 论文类型

ESI高被引论文的最主要体裁是ARTICLE，占总数的82.6%（表3），其中2015年共发表71篇，2016年共发表89篇，2017年共发表35篇。另外一种重要体裁是REVIEW，占总数的17.4%，其中2015年共发表15篇，2016年共发表18篇，2017年共发表3篇。

表3　**ESI高被引论文文献类型**

文献类型	记录数	占比(%)
ARTICLE	194	82.2
REVIEW	41	17.4
PROCEEDINGS PAPER	1	0.4

ESI热点论文的主要体裁是ARTICLE和REVIEW，所占的比例与ESI高被引论文相似(表4)。

表4　**ESI热点论文文献类型**

文献类型	记录数	占比(%)
ARTICLE	20	87.0
REVIEW	2	8.7
PROCEEDINGS PAPER	1	4.4

3. 作者分析

(1)ESI高被引论文的作者分析。

对236篇ESI高被引论文的作者信息进行汇总整理后，对排名前十位的作者进行了相关分析，结果如表5所示。研究结果显示高被引论文中最高发表量的作者为Peter Tugwell，共发表了8篇ESI

高被引论文，占比 3.39%。Tugwell 博士是渥太华大学流行病学与社区医学教授，主要研究方向为临床流行病学和全球健康问题。具体分析 Tugwell 发表的论文选题可发现，他发表的高被引文章几乎都来自对准实验研究设计(Quasi-experimental study designs)在人群中的应用进行的系列探索，包括设计、评估、方法、偏倚等方面。

排名第二的作者是 Till Baernighausen，共发表 7 篇高被引论文，其中有 5 篇是与 Tugwell 合作(准实验研究设计)。Baernighausen 博士是哈佛大学公共卫生学院全球健康的人口部门的兼职教授，同时也是非洲健康与人口研究中心的成员。

排名第三的作者是 Ioannidis，John P. A.，斯坦福大学预防医学研究中心主任，主要从事疾病预防、生物统计和循证医学方面的研究，共发表 7 篇高被引论文。

表 5　**ESI 高被引论文发表作者 TOP 10**

发表作者	记录数	占比(%)	TLCS	TGCS
Tugwell P	8	3.39	48	80
Barnighausen T	7	2.97	49	101
Ioannidis JPA	5	2.12	2	217
Montori VM	5	2.12	1	103
Rottingen JA	5	2.12	31	57
Cella D	4	1.70	0	117
Guyatt GH	4	1.70	1	80
Neumann I	4	1.70	1	80
Shemilt I	4	1.70	31	49
Sommers BD	4	1.70	1	77

(2)ESI 热点论文的作者分析。

Barnighausen T、Atun R、Shemilt I、Tugwell P、Barreto M 四位

作者无论从发表论文数量、本地被引用次数(TLCS)、总被引用次数(TGCS)都位居前列(表 6)。Rifat Atun 博士是哈佛大学全球卫生系统教授，哈佛大学公共卫生学院全球卫生系统集群主任。Ian Shemilt 是伦敦大学学院政策及实务资讯及协调中心(EPPI-Centre)的高级讲师、Cochrane 协作网成员。Mauricio Barreto 是巴伊亚联邦大学教授。

没有来自中国机构的作者。其中一位华人学者罗飞君(Luo FJ)是美国疾病预防控制中心健康经济学和政策研究团队的健康经济学家。主要工作是从经济的角度来研究伤害和暴力预防。

表 6　**ESI 热点论文发表作者 TOP 10**

发表作者	记录数	占比(%)	TLCS	TGCS
Barnighausen T	8	34.78	19	40
Atun R	7	30.43	14	31
Shemilt I	5	21.74	13	26
Tugwell P	5	21.74	14	31
Barreto M	5	21.74	9	23
Bor J	4	17.39	9	23
Daniels K	4	17.39	10	18
Grimshaw J	4	17.39	10	18
Luo FJ	4	17.39	0	93
Rockers P	4	17.39	9	23

4. 论文国家信息

(1)“ESI 高被引论文”国家信息。

ESI 高被引论文发表量位于前三位的国家分别为美国、英国和加拿大。这三个国家共占据了发表总量的 62.2%，被引用次数也位于前三位。这三个国家均以英语为母语。前二十位国家包括美洲、欧洲以及非洲国家，大多是以英语为母语或官方语言。

亚洲国家未能跻身前十位。印度、中国各发表 ESI 高被引论文 2 篇，占比 0.85%，并列第十八位。中国的 2 篇 ESI 高被引论文的作者来自于四川大学和兰州大学，均为系统评价类型研究。两篇论文分别题为"Systematic reviews experience major limitations in reporting absolute effects"和"Systematic review found AMSTAR，but not R(evised)-AMSTAR，to have good measurement properties"。两篇文章均发表于 *Journal of Clinical Epidemiology* 杂志，第一作者与通讯作者均非中国国籍。

表 7　　**ESI 高被引论文发表国家 TOP 10**

发表国家	记录数	占比(%)	TLCS	TGCS
USA	162	68.64	92	4283
UK	54	22.88	64	1323
Canada	39	16.53	68	1011
Netherlands	24	10.17	1	727
Australia	16	6.78	8	422
Germany	15	6.36	37	280
Norway	13	5.51	44	194
South Africa	13	5.51	51	186
Spain	9	3.81	0	255
France	8	3.39	2	143

(2)"ESI 热点论文"国家信息。

ESI 热点论文发表数量前三的国家为美国、英国、加拿大，没有来自中国的论文。

表 8　　**ESI 热点论文发表国家 TOP10**

发表国家	记录数	占比(%)	TLCS	TGCS
USA	18	78.26	27	458
UK	10	43.48	22	219
Canada	5	21.74	19	129
Germany	4	17.39	19	40
Norway	4	17.39	14	52
South Africa	4	17.39	19	40
Brazil	3	13.04	14	31
Netherlands	3	13.04	0	129
Australia	1	4.35	0	36
Denmark	1	4.35	0	26
Lebanon	1	4.35	5	9
Switzerland	1	4.35	5	10

5. 杂志信息

(1)“ESI 高被引论文”杂志。

发表高被引论文数量最高的杂志为 *Health Affairs*(卫生事务)，仅这一本杂志就发表了 2015—2017 年 ESI 高被引论文总量的 1/4。该杂志创建于 1981 年，影响因子 4.843 分，2 区期刊，是一个多学科、同行评议的期刊，致力于探索国内和国际卫生政策问题，并定期公布由全国知名的卫生政策专家代表广泛的学科、机构所讨论出的新观点。

排名第二的 *Journal Of Clinical Epidemiology*(临床流行病学杂志)是影响因子为 4.245 分的 2 区期刊，提供了从临床医学、流行病学、生物统计学和药物流行病学的相互关系中发展起来的权威研究。收录的文章多是面向方法学，临床研究或两者兼而有之。中国发表的 2 篇 ESI 高被引论文均发表于此期刊。*Journal of Clinical Epidemiology* 期刊与 *Health Affairs* 期刊的发文量不相上下，共占据了社会科学总论健康相关领域 ESI 高被引论文总量的 48.3%，显示了两期刊在社会科学总论健康相关领域的重要性。

排名第三的是 *Medical Care*（医疗保健）。发表 ESI 高被引论文的数量、TLCS、TGCS 值均大幅低于排名前两位的期刊。*Medical Care* 为 3 区期刊，影响因子为 3.338 分，该期刊为医疗保健管理类的前十位期刊，致力于发表关于卫生保健管理和政策传递各方面的研究。采取同行评议的形式，对有关卫生服务的研究、规划、组织、筹资、提供和评价等问题的原始调查结果进行报告。

排名第四位的期刊是 *Implementation Science*（实施科学），该期刊隶属英国，在 2015—2017 年间出版的论文中共有 14 篇为 ESI 高被引论文，占 ESI 高被引论文总数的 5.93%。该期刊为同行评议期刊，年影响因子为 4.345，医学分区为 2 区，主要发表与促进研究方法相关的科学研究成果。

排名第五的期刊为 *Health Services Research*（卫生服务研究），影响因子为 2.667，中科院分区为 3 区。该期刊与健康研究所和教育信托基金合作出版，主要涉及扩展读者对医疗保健领域的了解，并致力于改善个人和社区健康问题。由此可见，2015—2017 年度社会科学总论健康相关领域 ESI 高被引论文的发表期刊类型多与医疗保健方向相关，且 SCI 分区与影响因子间并无必然联系。

排名第六的期刊 *Quality of Life Research*（生命质量研究）是一门国际性的、多学科的杂志，该期刊为卫生保健与服务 3 区，影响因子为 2.392，致力于在所有的健康学科中快速地与原始研究、理论文章和方法报告等相关的生命质量领域进行业内交流，并提供社论、文学、书籍和软件评论、会议函件和摘要。

排名第七的期刊为 *Palliative Medicine*（姑息医学），所属分区为卫生保健与服务方向 2 区，年影响因子为 3.780，该期刊发表文章类型以论著为主，致力于在长远的疾病临床治疗实践中改善姑息治疗患者的知识，帮助临床医生正确对待姑息治疗患者。*Health*

Policy(卫生政策)期刊在出版2015—2017年度ESI高被引论文期刊中排名第八位，分区属卫生保健方向4区，影响因子2.293，该期刊旨在成为探讨卫生政策和卫生系统问题的工具，其目的是加强卫生政策与系统研究人员、立法者、决策者和与发展有关的专业人士之间的沟通。

排名并列第八的期刊为*Health Policy and Planning*(卫生政策与规划)，共出版了7篇ESI高被引论文，占比2.97%，该期刊隶属于牛津大学，影响因子为2.420，中科院分区为卫生保健服务3区，每年发表论文数为168篇，该期刊主要发表高质量的卫生政策和系统研究，目的是面向低收入和中等收入国家传播卫生政策，该期刊通过发表公共卫生研究人员和从业人员提供的高质量研究为卫生政策提出独创性意见，可改善低收入和中等收入国家卫生政策的设计、实施和评价。

排名第九的期刊为*Administration and Policy In Mental Health and Mental Health Services Research*(精神卫生与心理健康服务研究的管理与政策)，影响因子为2.821，该期刊旨在通过促进心理健康环境中的管理实践过程和服务过程来提高心理健康和相关卫生服务项目的有效性。该期刊由同行评议，多发表原始的实证研究类型文章和政策解读文章。

排名第十的期刊为*Health Expectations*(卫生展望)，该期刊为季刊，影响因子为2.173，发表论文类型以论著为主，分区属于卫生保健与服务方向3区以及公共卫生、环境卫生与职业卫生方向2区。该期刊旨在促进批判性思维和知情的辩论进展，主要内容包括公众参与卫生保健和卫生政策的各个方面，具体包括：以病人为中心的护理与质量改进、患者参与治疗决策、公众对卫生服务的认知、公民参与医疗政策制定与优先设置、监测和评价参与的方法以及病人在安全和质量方面的作用。该期刊提供了多学科和国际论坛，其中来自不同背景的研究人员可以向其他研究者、决策者、医疗保健专业人员、管理者和消费者倡导者展示他们的工作。

表 9　　ESI 高被引论文出版物信息

出版刊物	影响因子	中科院分区	记录数	占比（%）	TLCS	TGCS
Health Affairs	4. 843	1 区	59	25. 00	10	1627
Journal of Clinical Epidemiology	4. 245	1 区	55	23. 31	76	1453
Medical Care	3. 338	2 区	16	6. 78	1	445
Implementation Science	4. 345	2 区	14	5. 93	0	702
Health Services Research	2. 667	2 区	13	5. 51	1	269
Quality of Life Research	2. 392	3 区	11	4. 66	0	255
Palliative Medicine	3. 780	2 区	10	4. 24	1	245
Health Policy	2. 293	3 区	7	2. 97	9	235
Health Policy and Planning	2. 420	3 区	7	2. 97	2	109
Administration and Policy in Mental Health and Mental Health Services Research	2. 821		6	2. 54	2	254
Health Expectations	1. 669	2 区	5	2. 12	0	151
Health Research Policy and Systems	2. 179	/	5	2. 12	0	133
Journal of Community Health	0. 525	4 区	4	1. 70	0	89
Milbank Quarterly	4. 897	2 区	3	1. 27	0	145
Aids Care Psychological and Socio Medical Aspects of Aids Hiv	1. 994	/	2	0. 85	0	47
Bmc Palliative Care	1. 602	4 区	2	0. 85	0	33
Health Economics Policy and Law	1. 309	4 区	2	0. 85	2	16
Journal of Health Services Research Policy	1. 866	/	2	0. 85	0	33

续表

出版刊物	影响因子	中科院分区	记录数	占比(%)	TLCS	TGCS
Patient-Patient Centered Outcomes Research	2. 674	3 区	2	0. 85	0	48
Australian Journal of Primary Health	1. 246	4 区	1	0. 42	0	8
Bmc International Health and Human Rights	1. 762	/	1	0. 42	0	49
Disability and Health Journal	1. 858	4 区	1	0. 42	0	17
Gaceta Sanitaria	1. 768	4 区	1	0. 42	0	38
Health Care Management Review	2. 477	/	1	0. 42	0	23
Health Promotion International	1. 866	/	1	0. 42	0	42
International Journal for Quality in Health Care	2. 342	3 区	1	0. 42	0	23
Journal of Behavioral Health Services Research	2. 024	4 区	1	0. 42	0	19
Journal of Health Politics Policy and Law	1. 309	4 区	1	0. 42	0	15
Journal of Healthcare Management	1. 102		1	0. 42	0	18
Journal of Rural Health	1. 489	4 区	1	0. 42	0	22

(2)“ESI 热点论文”杂志。

热点论文的发表期刊排名第一的是 *Journal of Clinical Epidemiology*。排名第二的是 *Health Affairs*。排名第三的是 *Medical Care*(医疗保健)。本地被引用次数(TLCS)、总被引用次数(TGCS)也较其他杂志要高。

表 10　　**ESI 热点论文出版物信息**

出版刊物	5 年影响因子	中科院分区	记录数	占比(%)	TLCS	TGCS
Journal of Clinical Epidemiology	4. 245	1 区	9	39. 13	14	714
Health Affairs	4. 843	1 区	8	34. 78	54	212
Medical Care	3. 338	2 区	2	8. 70	42	249
Aids Care Psychological and Socio Medical Aspects of Aids Hiv	1. 994	/	1	4. 35	0	318
Health Research Policy and Systems	2. 179	/	1	4. 35	19	202
Implementation Science	4. 345	2 区	1	4. 35	2	323
Milbank Quarterly	6. 000	2 区	1	4. 35	1	251

6. 论文发表机构

(1)“ESI 高被引论文”发表机构。

汇总分析 236 篇 ESI 高被引文章的发表机构，整理如表 11 所示。前二十位中没有中国机构。排名第一的是 Harvard University(哈佛大学)，常春藤盟校成员。哈佛公共卫生学院成立于 1983 年，相对于哈佛大学的历史是一个年轻的学科，但该学院自成立以来在许多方面为美国乃至全球的公共卫生事业作出了基础性的突出贡献。公共卫生固有特性就是多学科，哈佛公共卫生学院具有最广泛交叉学科特征，在所有大学同类研究生院中具有鲜明特色，大部分教师的兴趣和专长延伸到社会学和政策科学等许多领域，关注人口健康，并始终将疾病预防置于公共健康的中心，积极利用政策科学和社会科学工具来了解各种因子如何塑造个体健康有关的行为以及社会对健康的影响。

排名第二的是 University Ottawa(渥太华大学)。是加拿大安大略省渥太华的一间研究型大学，是加拿大顶尖研究型大学组织 U15 成员之一，长期位列加拿大医博类大学的前十强。

排名第三的是 Boston University(波士顿大学)历史悠久，在全球有着很高的学术声誉，一直处于世界百强和北美前 50，2017—2018 年 QS 世界大学排名 82 位。

表 11　**ESI 高被引论文发表机构 TOP 20**

发表机构	记录数	占比(%)	TLCS	TGCS
Harvard University	25	10. 59	14	714
University Ottawa	14	5. 93	54	212
Boston University	13	5. 51	42	249
University N Carolina	12	5. 08	0	318
McMaster Univ	11	4. 66	19	202
Stanford University	10	4. 24	2	323
Mayo Clin	9	3. 81	1	251
University Michigan	9	3. 81	0	223
University Oslo	9	3. 81	37	101
University Oxford	9	3. 81	0	235
University Penn	9	3. 81	0	315
University Washington	9	3. 81	0	180
Brigham & Womens Hosp	7	2. 97	1	155
Emory University	7	2. 97	0	143
George Washington Univ	7	2. 97	1	367
Harvard TH Chan Sch Publ Hlth	7	2. 97	24	92
Johns Hopkins Bloomberg Sch Publ Hlth	7	2. 97	1	186
Johns Hopkins University	7	2. 97	1	235
University Med Ctr Utrecht	7	2. 97	0	193
University Toronto	7	2. 97	4	211

(2)"ESI 热点论文"发表机构。

与高被引论文的发表机构不同，发表热点论文数量前两位的机构是南非非洲健康研究所和德国海德堡大学医学院公共卫生研究所(表 12)。南非非洲健康研究所是一家致力于解决非洲人民健康问题的科学研究机构。德国海德堡大学全称是海德堡鲁布莱希特—卡尔大学(Ruprecht-Karls-Universitaet Heidelberg)成立于 1386 年，是德国最古老的大学。德国海德堡大学医学院同样历史悠久，在世界医学学术界地位显赫并且以出色的医疗服务赢得认可。

表 12　　**ESI 热点论文发表机构 TOP 10**

发表机构	记录数	占比(%)	TLCS	TGCS
Africa Hlth Res Inst	4	17.39	19	40
Heidelberg Univ	4	17.39	19	40
Boston Univ	3	13.04	14	31
Harvard TH Chan Sch Publ Hlth	3	13.04	14	32
UCL	3	13.04	14	26
Univ Ottawa	3	13.04	14	31
World Bank	3	13.04	14	31
3Ie	2	8.70	8	16
Ctr Dis Control & Prevent	2	8.70	0	93
McMaster Hlth Forum	2	8.70	10	19

7. "ESI 高被引论文" 资助机构

汇总 236 篇 ESI 高被引论文的资助机构信息情况，排名前十位的研究机构信息如表 13 所示。资助 ESI 高被引论文数排名第一的研究机构是 AHRQ(Agency for Healthcare Research and Quality，美国卫生健康研究与质量机构)。AHRQ 是致力于改善全美医疗的质量、安全、效率和有效性的联邦政府机构。

排名并列第二的是 Robert Wood Johnson Foundation(罗伯特伍德

约翰逊基金会)，共资助了 8 篇 ESI 高被引论文，该基金会也是致力于改善美国卫生保健事业的慈善机构。

排名第三的研究机构为 Commonwealth Fund(联邦基金会)，该基金是一个私人的美国基金会，其宗旨是促进建立一个高效的医疗保健系统，不断提高医疗保险的质量和效率，完善对弱势群体及老年人的医疗保健政策。

余下的研究资助机构分别为国立精神卫生研究所、卫生研究与质量代理、欧洲联盟、国立卫生研究院、威康信托基金、国立癌症研究所以及比尔和梅林达盖茨基金会。除欧盟外，其他资助 ESI 高被引论文的研究机构均隶属于美国。

表 13　　**ESI 高被引论文资助机构 TOP 10**

机　构　名	记录数	占比
Agency for Healthcare Research and Quality	8	3.39%
Robert Wood Johnson Foundation	8	3.39%
Commonwealth Fund	7	2.97%
National Institute of Mental Health	6	2.54%
Agency for Healthcare Research and Quality Ahrq	5	2.12%
European Union	5	2.12%
National Institutes of Health	5	2.12%
Wellcome Trust	5	2.12%
National Cancer Institute	4	1.70%
Bill and Melinda Gates Foundation	3	1.27%

8. 论文被引情况

(1)论文被引次数。

236 篇 ESI 高被引论文中，在 Web of Science 中被引频次总计为 6606，平均单篇被引次数为 28 次(数据截至 2018 年 5 月 16 日)，其中 2015 年 236 篇高被引论文被引频次总和为 294 次，2016 年上升至 1600 次，2017 年上升至 3430 次，呈直线上升趋势(图 1)。236 篇 ESI 高被引论文相互之间引用频次总计为 104，平均单篇被引次数为 0.4 次(数据截至 2018 年 5 月 16 日)，其中 2015 年 23 次，2016 年 10 次，2017 年 71 次(图 2)。

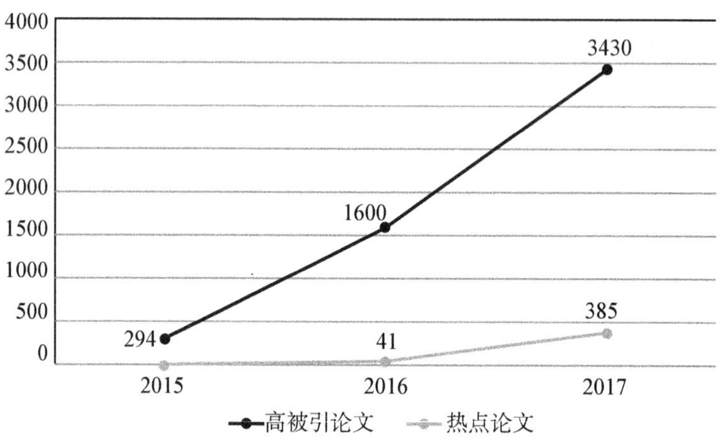

图 1　ESI 论文 2015—2017 年在 WOS 中被引情况

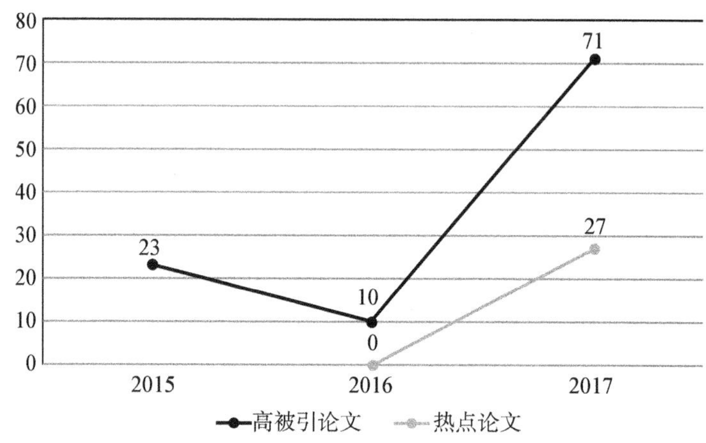

图 2　ESI 高被引论文和热点论文在 2015—2017 年相互之间的引用次数

23 篇热点论文被引频次总计为 644，平均单篇被引次数为 28

次(数据截至 2018 年 6 月 21 日)。被引频次由 2015 年的 1 次上升为 2016 年 41 次，2017 年上升为 385 次。23 篇热点论文相互之间引用频次总计为 27，平均单篇被引次数为 1.2 次(数据截至 2018 年 6 月 21 日)，27 次引用都发生在 2017 年(图 2)。

9. “ESI 高被引论文”研究方向

2015—2017 年间社会科学总论健康相关领域的 ESI 高被引论文，研究方向主要涵盖卫生保健与服务、卫生政策、公共环境职业卫生、内科学、社会科学生物医学、心理学、呼吸系统、医药法律、康复方向(表 14)。其中卫生保健与服务方向为近三年最热门的研究方向，在纳入的研究中共出现 211 条记录，占研究论文总数的 89.41%，卫生政策服务共出现 170 条记录，占比 72.03%，公共环境职业卫生共检索到 116 条记录，占研究总数的 49.15%。

表 14　**ESI 高被引论文研究方向**

研究类别	记录数	占比(%)
Health Care Sciences Services	211	89.41
Health Policy Services	170	72.03
Public Environmental Occupational Health	116	49.15
Medicine General Internal	10	4.24
Social Sciences Biomedical	3	1.271
Psychology Multidisciplinary	2	0.85
Respiratory System	2	0.85
Medicine Legal	1	0.42
Primary Health Care	1	0.42
Rehabilitation	1	0.42
Social Issues	1	0.42

卫生保健与服务(Health Care Sciences Services)、卫生政策服务(Health Policy Services)与公共环境职业卫生(Public Environmental Occupational Health)已成为社会科学总论有关健康领域目前最热门的三大研究方向。

23 篇热点论文均涉及卫生护理服务领域，12 篇论文涉及公共环境职业卫生。表明近三年来研究人员更加注重研究环境对人体健康的影响，通过研究环境从而改善环境，提供更好的公共卫生服务，实现全民健康的目标。无论是从高被引论文还是热点论文都可以看出卫生管理科学服务(Health Care Sciences Services)、卫生政策服务(Health Policy Services)与公共环境职业卫生(Public Environmental Occupational Health)都是近年来最热门的研究方向。

表 15　**ESI 热点论文研究方向**

研究类别	记录数	占比(%)
Health Care Sciences Services	23	100
Public Environmental Occupational Health	12	52. 17
Biomedical Social Sciences	1	4. 35
Psychology	1	4. 35
Respiratory System	1	4. 35

10. 论文的高频词汇

236 篇 ESI 高被引论文中，排名前 20 的引用词汇见表 16。排名第一的是 health；排名第二的是 care。其他高频词汇还包含了 patient、hospital 等医疗健康领域的相关名词，以及较多一般论文均会涉及的词汇，如 review、research、paper 等，另外还包括了 experimental、design 等研究方法类型词汇。

表 16　　**ESI 高被引论文高频词汇 TOP 20**

词汇名	出现文章数	出现率(%)
Health	70	29.66
Care	44	18.64
Review	37	15.68
Systematic	32	13.56
Research	19	8.05
Patient	18	7.63
Implementation	16	6.78
Evidence	15	6.36
Paper	15	6.36
Use	15	6.36
Based	14	5.93
Series	14	5.93
Outcomes	13	5.51
Data	12	5.08
Experimental	12	5.08
Impact	12	5.08
Designs	11	4.66
Hospital	11	4.66
Patients	11	4.66
Quasi	11	4.66

在 23 篇热点论文中出现频率排名前十的词汇见表 17。排名第一的是 Paper 和 Series。排名第二的是 Designs、Experimental、Quasi。还包括 Health、Opioid、Prescription 等卫生健康领域常见词汇。

表 17　　　　ESI 热点论文高频词汇 TOP 10

词汇名	出现文章数	出现率(%)
Paper	7	30.43
Series	7	30.43
Designs	6	26.09
Experimental	6	26.09
Quasi	6	26.09
Health	4	17.39
Evidence	3	13.04
Opioid	3	13.04
Prescription	3	13.04
Reviews	3	13.04

11. ESI 高被引论文之间的互引情况

236 篇高被引论文之间存在较多的互引。关系最紧密的 30 篇文献之间的引用关系如图 3 所示。每一个圆圈表示一篇文献，中间的数字是这篇文献在附表中的序号，圆圈越大表示被引用的次数越多，圆圈之间的箭头表示文献之间的引用关系。

编号为 36 的圆圈较大，且有许多箭头指向该文章，表示这篇文章在社会科学总论健康相关领域的受到较多关注。通过绘制出的关系图我们可以发现，除 36 号外，编号为 224、231、227 等的圆圈同样较大。对全部 236 篇文献进行 TLCS 排序可发现，这几篇文章都位于前列。将圆圈大小位于前五位的文献进行具体分析如下：

编号 36 的文章信息：题为“Inclusion of quasi-experimental studies in systematic reviews of health systems research”，是由 *Health Policy* 期刊 2015 年发表的一篇系统综述，作者为 Rockers，Peter C，而之前研究所提到的发表社会科学总论健康相关领域 ESI 高被引论

文数量最高的学者 Tugwell，Peter 也同为本文献的作者之一。该研究由 Harvard 大学提供资助，主要讲述在流行病学、政治学和经济学的实践基础上，研究设计的常用的五种方法：自然实验、仪器变量分析、回归分析、TIE 分析、间断时间序列研究和差异研究。由于该文献涉及方法学相关理论，故在发表后得到了众多引用。

编号 224 的文章信息：题为"Quasi-experimental study designs series-paper 4：uses and value"，作者是发表社会科学总论健康相关领域 ESI 高被引论文总数前两位的 Baernighausen，Till 和 Tugwell，Peter，发表于 2017 年的 *Journal of Clinical Epidemiology* 期刊，由 World Health Organization 进行资助，主题为准实验研究的系列方法，利用实验研究验证因果关系。

编号 231 的文章信息：题为"Quasi-experimental study designs series-paper 11：supporting the production and use of health systems research syntheses that draw on quasi-experimental study designs"。编号 229 的文章信息：题为"Quasi-experimental study designs series-paper 9：collecting data from quasi-experimental studies"。编号 228 的文章信息：题为"Quasi-experimental study designs series-paper 8：identifying quasi-experimental studies to inform systematic reviews"。编号 227 的文章信息：题为"Quasi-experimental study designs series-paper 7：assessing the assumptions"。由于以上论文均为准实验的系列研究方法。

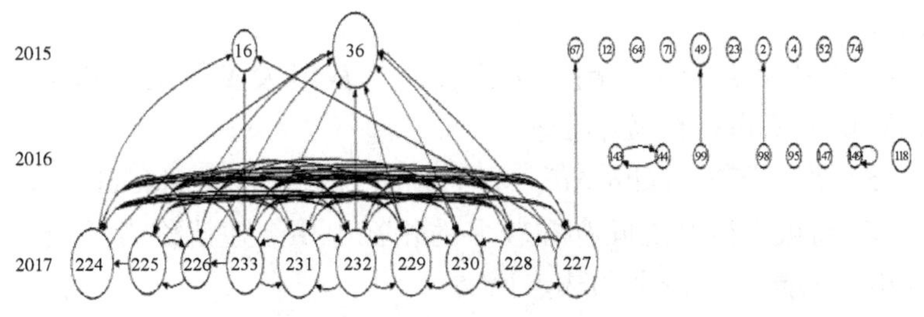

图 3　ESI 高被引论文互引情况

四、结论与建议

双一流建设与“985 工程”、“211 工程”的一个显著区别在于，“一流学科”与“非一流学科”之间的流动性增强，是一个动态的过程。原先较为固化的高校生态格局即将被打破。我校社会科学总论在国内处于较高的水平，需要继续深入挖掘社会科学总论的热点研究领域，促进发表更多的 ESI 高被引论文和热点论文。健康相关领域是社会科学总论里的一个重要研究方向。对打算在社会科学总论健康相关领域发表 ESI 高被引论文或热点论文的学者，提供如下建议供参考。

(1)在高影响因子、高分区的杂志上发表论文，一定程度上有助于成为高被引论文和热点论文，但相关程度并不紧密。相当一部分高被引论文和热点论文来自于影响因子和分区一般的杂志上。作者们需要在花费大量时间和精力追求高影响因子、高分区杂志与及早发表之间做出权衡。

(2)在社会科学总论的健康领域中，卫生保健与服务(Health Care Sciences Services)、卫生政策服务(Health Policy Services)与公共环境职业卫生(Public Environmental Occupational Health)近年来比较热门，发表的高被引论文和热点论文相对占比很高。

(3)ESI 热点论文反映的是短期人气聚集效应。ESI 高被引论文反映的是长期趋势，一般被引用的总次数比较大，且递增趋势较快。

(4)ESI 热点论文和高被引论文的体裁绝大多数是 Article，而 Review 论文所占得比例小很多。

(5)优先推荐 Health Affairs、Journal of Clinical Epidemiology。

(6)高被引论文之间存在较多的相互引用。建议作者适当引用已经出现的高被引论文和热点论文。

(7)英语为母语的国家发表更多的 ESI 高被引和热点论文。该现象可能有很多的作用因素，中国学者可能需提高论文的可读性。

附录

(1)高被引论文目录

1. HEALTH AFFAIRS. 2015 JAN; 34 (1): 78-86

2. HEALTH AFFAIRS. 2015 JAN; 34 (1): 150-160

3. HEALTH POLICY. 2015 JAN; 119 (1): 88-96

4. JOURNAL OF CLINICAL EPIDEMIOLOGY. 2015 JAN; 68 (1): 3-14

5. JOURNAL OF CLINICAL EPIDEMIOLOGY. 2015 JAN; 68 (1): 25-34

6. JOURNAL OF CLINICAL EPIDEMIOLOGY. 2015 JAN; 68 (1): 52-60

7. JOURNAL OF CLINICAL EPIDEMIOLOGY. 2015 JAN; 68 (1): 73-79

8. MEDICAL CARE. 2015 JAN; 53 (1): 95-101

9. QUALITY OF LIFE RESEARCH. 2015 JAN; 24 (1): 5-18

10. IMPLEMENTATION SCIENCE. 2015 JAN 16; 10: Art. No. 11

11. HEALTH AFFAIRS. 2015 FEB; 34 (2): 277-285

12. HEALTH SERVICES RESEARCH. 2015 FEB; 50 (1): 20-39

13. HEALTH SERVICES RESEARCH. 2015 FEB; 50 (1): 81-97

14. JOURNAL OF CLINICAL EPIDEMIOLOGY. 2015 FEB; 68 (2): 112-121

15. JOURNAL OF CLINICAL EPIDEMIOLOGY. 2015 FEB; 68 (2): 122-131

16. JOURNAL OF CLINICAL EPIDEMIOLOGY. 2015 FEB; 68 (2): 132-143

17. MEDICAL CARE. 2015 FEB; 53 (2): 153-159

18. IMPLEMENTATION SCIENCE. 2015 FEB 12; 10: Art. No. 21

19. HEALTH AFFAIRS. 2015 MAR; 34 (3): 398-405

20. HEALTH AFFAIRS. 2015 MAR; 34 (3): 423-430

21. HEALTH AFFAIRS. 2015 MAR; 34 (3): 431-437

22. HEALTH AFFAIRS. 2015 MAR; 34 (3): 477-483

23. HEALTH AFFAIRS. 2015 MAR; 34 (3): 484-492

24. HEALTH AFFAIRS. 2015 MAR; 34 (3): 502-510

25. HEALTH PROMOTION INTERNATIONAL. 2015 MAR; 30 (1): 174-183

26. JOURNAL OF CLINICAL EPIDEMIOLOGY. 2015 MAR; 68 (3): 280-289

27. MEDICAL CARE. 2015 MAR; 53 (3): 283-289

28. PALLIATIVE MEDICINE. 2015 MAR; 29 (3): 260-267

29. QUALITY OF LIFE RESEARCH. 2015 MAR; 24 (3): 599-606

30. HEALTH RESEARCH POLICY AND SYSTEMS. 2015 MAR 7; 13: Art. No. 3

31. HEALTH RESEARCH POLICY AND SYSTEMS. 2015 MAR 14; 13: Art. No. 16

32. HEALTH RESEARCH POLICY AND SYSTEMS. 2015 MAR 18; 13: Art. No. 18

33. IMPLEMENTATION SCIENCE. 2015 MAR 30; 10: Art. No. 42

34. HEALTH AFFAIRS. 2015 APR; 34 (4): 576-583

35. HEALTH POLICY. 2015 APR; 119 (4): 464-474

36. HEALTH POLICY. 2015 APR; 119 (4): 511-521

37. HEALTH SERVICES RESEARCH. 2015 APR; 50 (2): 418-439

38. JOURNAL OF CLINICAL EPIDEMIOLOGY. 2015 APR; 68 (4): 360-369

39. JOURNAL OF CLINICAL EPIDEMIOLOGY. 2015 APR; 68 (4): 435-441

40. MEDICAL CARE. 2015 APR; 53 (4): E16-E30

41. IMPLEMENTATION SCIENCE. 2015 APR 16; 10: Art. No. 49

42. IMPLEMENTATION SCIENCE. 2015 APR 21; 10: Art. No. 53

43. HEALTH POLICY. 2015 MAY; 119 (5): 628-639

44. JOURNAL OF CLINICAL EPIDEMIOLOGY. 2015 MAY; 68 (5): 574-583

45. QUALITY OF LIFE RESEARCH. 2015 MAY; 24 (5): 1033-1041

46. HEALTH AFFAIRS. 2015 JUN; 34 (6): 922-928

47. HEALTH AFFAIRS. 2015 JUN; 34 (6): 993-1000

48. HEALTH AFFAIRS. 2015 JUN; 34 (6): 1010-1018

49. HEALTH AFFAIRS. 2015 JUN; 34 (6): 1044-1048

50. HEALTH SERVICES RESEARCH. 2015 JUN; 50 (3): 871-882

51. JOURNAL OF CLINICAL EPIDEMIOLOGY. 2015 JUN; 68 (6): 617-626

52. JOURNAL OF CLINICAL EPIDEMIOLOGY. 2015 JUN; 68 (6): 627-636

53. MEDICAL CARE. 2015 JUN; 53 (6): 550-557

54. MILBANK QUARTERLY. 2015 JUN; 93 (2): 263-300

55. IMPLEMENTATION SCIENCE. 2015 JUN 11; 10: Art. No. 88

56. GACETA SANITARIA. 2015 JUL-AUG; 29 (4): 308-315

57. HEALTH CARE MANAGEMENT REVIEW. 2015 JUL-SEP; 40 (3): 237-253

58. HEALTH POLICY. 2015 JUL; 119 (7): 964-979

59. JOURNAL OF CLINICAL EPIDEMIOLOGY. 2015 JUL; 68 (7): 803-810

60. JOURNAL OF CLINICAL EPIDEMIOLOGY. 2015 JUL; 68 (7): 811-820

61. AIDS CARE-PSYCHOLOGICAL AND SOCIO-MEDICAL ASPECTS OF AIDS/HIV. 2015 JUL 3; 27 (7): 805-816

62. HEALTH AFFAIRS. 2015 AUG; 34 (8): 1281-1288

63. HEALTH AFFAIRS. 2015 AUG; 34 (8): 1312-1319

64. HEALTH AFFAIRS. 2015 AUG; 34 (8): 1407-1417

65. HEALTH EXPECTATIONS. 2015 AUG; 18 (4): 542-561

66. HEALTH SERVICES RESEARCH. 2015 AUG; 50 (4): 1211-1235

67. JOURNAL OF CLINICAL EPIDEMIOLOGY. 2015 AUG; 68 (8): 950-956

68. JOURNAL OF COMMUNITY HEALTH. 2015 AUG; 40 (4): 642-651

69. MEDICAL CARE. 2015 AUG; 53 (8): 686-691

70. IMPLEMENTATION SCIENCE. 2015 AUG 7; 10: Art. No. 109

71. ADMINIS TRATION AND POLICY IN MENTAL HEALTH AND MENTAL HEALTH SERVICES RESEARCH. 2015 SEP; 42 (5): 533-544

72. HEALTH POLICY. 2015 SEP; 119 (9): 1197-1209

73. JOURNAL OF CLINICAL EPIDEMIOLOGY. 2015 SEP; 68 (9): 1076-1084

74. MEDICAL CARE. 2015 SEP; 53 (9): E65-E72

75. QUALITY OF LIFE RESEARCH. 2015 SEP; 24 (9): 2195-2208

76. HEALTH AFFAIRS. 2015 OCT; 34 (10): 1779-1788

77. HEALTH EXPECTATIONS. 2015 OCT; 18 (5): 1151-1166

78. PALLIATIVE MEDICINE. 2015 OCT; 29 (9): 774-796

79. PATIENT-PATIENT CENTERED OUTCOMES RESEARCH. 2015 OCT; 8 (5): 373-384

80. QUALITY OF LIFE RESEARCH. 2015 OCT; 24 (10): 2333-2344

81. BMC INTERNATIONAL HEALTH AND HUMAN RIGHTS. 2015 OCT 28; 15: Art. No. 29

82. HEALTH AFFAIRS. 2015 NOV; 34 (11): 1830-1839

83. HEALTH AFFAIRS. 2015 NOV; 34 (11): 1858-1868

84. HEALTH POLICY AND PLANNING. 2015 NOV; 30 (9): 1207-1227

85. JOURNAL OF CLINICAL EPIDEMIOLOGY. 2015 NOV; 68 (11): 1312-1324

86. HEALTH AFFAIRS. 2015 DEC; 34 (12): 2104-2112

87. HEALTH AFFAIRS. 2015 DEC; 34 (12): 2174-2180

88. JOURNAL OF CLINICAL EPIDEMIOLOGY. 2015 DEC; 68 (12): 1463-1471

89. JOURNAL OF CLINICAL EPIDEMIOLOGY. 2015 DEC; 68 (12): 1512-1522

90. ADMINISTRATION AND POLICY IN MENTAL HEALTH AND MENTAL HEALTH SERVICES RESEARCH. 2016 JAN; 43 (1): 11-22

91. HEALTH AFFAIRS. 2016 JAN; 35 (1): 44-53

92. HEALTH AFFAIRS. 2016 JAN; 35 (1): 54-61

93. HEALTH AFFAIRS. 2016 JAN; 35 (1): 62-70

94. HEALTH AFFAIRS. 2016 JAN; 35 (1): 71-79

95. HEALTH AFFAIRS. 2016 JAN; 35 (1): 96-105

96. HEALTH AFFAIRS. 2016 JAN; 35 (1): 111-118

97. HEALTH AFFAIRS. 2016 JAN; 35 (1): 124-131

98. HEALTH AFFAIRS. 2016 JAN; 35 (1): 150-160

99. HEALTH AFFAIRS. 2016 JAN; 35 (1): 161-168

100. JOURNAL OF CLINICAL EPIDEMIOLOGY. 2016 JAN; 69: 79-88

101. JOURNAL OF CLINICAL EPIDEMIOLOGY. 2016 JAN; 69: 137-146

102. JOURNAL OF CLINICAL EPIDEMIOLOGY. 2016 JAN; 69: 170-173

103. JOURNAL OF CLINICAL EPIDEMIOLOGY. 2016 JAN; 69: 208-216

104. JOURNAL OF CLINICAL EPIDEMIOLOGY. 2016 JAN; 69:

225-234

105. JOURNAL OF RURAL HEALTH. 2016 WIN; 32 (1): 35-43

106. MEDICAL CARE. 2016 JAN; 54 (1): 98-105

107. PALLIATIVE MEDICINE. 2016 JAN; 30 (1): 6-22

108. QUALITY OF LIFE RESEARCH. 2016 JAN; 25 (1): 13-23

109. QUALITY OF LIFE RESEARCH. 2016 JAN; 25 (1): 125-133

110. IMPLEMENTATION SCIENCE. 2016 JAN 4; 11: Art. No. 2

111. BMC PALLIATIVE CARE. 2016 JAN 19; 15: Art. No. 6

112. BMC PALLIATIVE CARE. 2016 JAN 20; 15: Art. No. 8

113. HEALTH AFFAIRS. 2016 FEB; 35 (2): 199-207

114. HEALTH POLICY AND PLANNING. 2016 FEB; 31 (1): 75-82

115. HEALTH SERVICES RESEARCH. 2016 FEB; 51 (1): 220-239

116. JOURNAL OF CLINICAL EPIDEMIOLOGY. 2016 FEB; 70: 17-25

117. JOURNAL OF CLINICAL EPIDEMIOLOGY. 2016 FEB; 70: 111-122

118. JOURNAL OF CLINICAL EPIDEMIOLOGY. 2016 FEB; 70: 155-163

119. JOURNAL OF CLINICAL EPIDEMIOLOGY. 2016 FEB; 70: 214-223

120. JOURNAL OF COMMUNITY HEALTH. 2016 FEB; 41 (1): 87-96

121. JOURNAL OF HEALTH POLITICS POLICY AND LAW. 2016 FEB; 41 (1): 101-116

122. MEDICAL CARE. 2016 FEB; 54 (2): 110-117

123. MEDICAL CARE. 2016 FEB; 54 (2): 140-146

124. MEDICAL CARE. 2016 FEB; 54 (2): 180-187

125. PALLIATIVE MEDICINE. 2016 FEB; 30 (2): 104-116

126. HEALTH RESEARCH POLICY AND SYSTEMS. 2016 FEB 18; 14: Art. No. 12

127. HEALTH AFFAIRS. 2016 MAR; 35 (3): 431-439

128. HEALTH AFFAIRS. 2016 MAR; 35 (3): 520-527

129. HEALTH AFFAIRS. 2016 MAR; 35 (3): 528-534

130. HEALTH POLICY. 2016 MAR; 120 (3): 246-251

131. JOURNAL OF HEALTHCARE MANAGEMENT. 2016 MAR-APR; 61 (2): 105-127

132. PALLIATIVE MEDICINE. 2016 MAR; 30 (3): 212-223

133. PALLIATIVE MEDICINE. 2016 MAR; 30 (3): 224-239

134. PALLIATIVE MEDICINE. 2016 MAR; 30 (3): 296-302

135. QUALITY OF LIFE RESEARCH. 2016 MAR; 25 (3): 595-604

136. IMPLEMENTATION SCIENCE. 2016 MAR 10; 11: Art. No. 33

137. IMPLEMENTATION SCIENCE. 2016 MAR 17; 11: Art. No. 38

138. IMPLEMENTATION SCIENCE. 2016 MAR 22; 11: Art. No. 40

139. HEALTH AFFAIRS. 2016 APR; 35 (4): 575-582

140. HEALTH AFFAIRS. 2016 APR; 35 (4): 627-629

141. HEALTH AFFAIRS. 2016 APR; 35 (4): 662-670

142. HEALTH EXPECTATIONS. 2016 APR; 19 (2): 194-208

143. HEALTH POLICY AND PLANNING. 2016 APR; 31: 3-16

144. HEALTH POLICY AND PLANNING. 2016 APR; 31: 110-123

145. JOURNAL OF CLINICAL EPIDEMIOLOGY. 2016 APR; 72: 16-26

146. JOURNAL OF CLINICAL EPIDEMIOLOGY. 2016 APR; 72: 45-55

147. JOURNAL OF CLINICAL EPIDEMIOLOGY. 2016 APR; 72: 98-106

148. JOURNAL OF HEALTH SERVICES RESEARCH & POLICY. 2016 APR; 21 (2): 73-82

149. PALLIATIVE MEDICINE. 2016 APR; 30 (4): 327-337

150. PATIENT-PATIENT CENTERED OUTCOMES RESEARCH. 2016 APR; 9 (2): 171-180

151. INTERNATIONAL JOURNAL FOR QUALITY IN HEALTH CARE. 2016 APR 1; 28 (2): 150-165

152. ADMINISTRATION AND POLICY IN MENTAL HEALTH AND MENTAL HEALTH SERVICES RESEARCH. 2016 MAY; 43 (3): 292-296

153. ADMINISTRATION AND POLICY IN MENTAL HEALTH AND MENTAL HEALTH SERVICES RESEARCH. 2016 MAY; 43 (3): 309-315

154. ADMINISTRATION AND POLICY IN MENTAL HEALTH AND MENTAL HEALTH SERVICES RESEARCH. 2016 MAY; 43 (3): 394-409

155. ADMINISTRATION AND POLICY IN MENTAL HEALTH AND MENTAL HEALTH SERVICES RESEARCH. 2016 MAY; 43 (3): 410-425

156. HEALTH AFFAIRS. 2016 MAY; 35 (5): 760-768

157. HEALTH AFFAIRS. 2016 MAY; 35 (5): 805-812

158. HEALTH AFFAIRS. 2016 MAY; 35 (5): 832-837

159. JOURNAL OF CLINICAL EPIDEMIOLOGY. 2016 MAY; 73: 19-28

160. JOURNAL OF CLINICAL EPIDEMIOLOGY. 2016 MAY; 73: 82-86

161. JOURNAL OF CLINICAL EPIDEMIOLOGY. 2016 MAY; 73: 89-102

162. JOURNAL OF CLINICAL EPIDEMIOLOGY. 2016 MAY; 73: 112-118

163. PALLIATIVE MEDICINE. 2016 MAY; 30 (5): 423-433

164. QUALITY OF LIFE RESEARCH. 2016 MAY; 25 (5): 1103-1112

165. QUALITY OF LIFE RESEARCH. 2016 MAY; 25 (5): 1159-1168

166. AIDS CARE-PSYCHOLOGICAL AND SOCIO-MEDICAL ASPECTS OF AIDS/HIV. 2016 MAY 3; 28 (5): 561-565

167. HEALTH RESEARCH POLICY AND SYSTEMS. 2016 MAY 17; 14: Art. No. 36

168. IMPLEMENTATION SCIENCE. 2016 MAY 17; 11: Art. No. 72

169. HEALTH AFFAIRS. 2016 JUN; 35 (6): 1017-1021

170. HEALTH AFFAIRS. 2016 JUN; 35 (6): 1045-1051

171. HEALTH AFFAIRS. 2016 JUN; 35 (6): 1058-1066

172. HEALTH AFFAIRS. 2016 JUN; 35 (6): 1098-1105

173. HEALTH AFFAIRS. 2016 JUN; 35 (6): 1130-1135

174. HEALTH SERVICES RESEARCH. 2016 JUN; 51 (3): 1120-1134

175. JOURNAL OF CLINICAL EPIDEMIOLOGY. 2016 JUN; 74: 167-176

176. JOURNAL OF COMMUNITY HEALTH. 2016 JUN; 41 (3): 541-549

177. JOURNAL OF COMMUNITY HEALTH. 2016 JUN; 41 (3): 674-679

178. MILBANK QUARTERLY. 2016 JUN; 94 (2): 392-429

179. PALLIATIVE MEDICINE. 2016 JUN; 30 (6): 533-548

180. DISABILITY AND HEALTH JOURNAL. 2016 JUL; 9 (3): 457-463

181. HEALTH AFFAIRS. 2016 JUL; 35 (7): 1230-1236

182. HEALTH AFFAIRS. 2016 JUL; 35 (7): 1271-1277

183. HEALTH AFFAIRS. 2016 JUL; 35 (7): 1316-1323

184. HEALTH AFFAIRS. 2016 JUL; 35 (7): 1324-1332

185. JOURNAL OF CLINICAL EPIDEMIOLOGY. 2016 JUL; 75: 40-46

186. HEALTH AFFAIRS. 2016 AUG; 35 (8): 1416-1423

187. HEALTH SERVICES RESEARCH. 2016 AUG; 51 (4): 1546-1560

188. JOURNAL OF CLINICAL EPIDEMIOLOGY. 2016 AUG; 76: 89-98

189. JOURNAL OF CLINICAL EPIDEMIOLOGY. 2016 AUG; 76: 175-182

190. HEALTH AFFAIRS. 2016 SEP; 35 (9): 1638-1642

191. MEDICAL CARE. 2016 SEP; 54 (9): E55-E64

192. MILBANK QUARTERLY. 2016 SEP; 94 (3): 485-514

193. HEALTH AFFAIRS. 2016 OCT; 35 (10): 1876-1883

194. HEALTH AFFAIRS. 2016 OCT; 35 (10): 1918-1923

195. HEALTH SERVICES RESEARCH. 2016 OCT; 51 (5): 1735-1771

196. MEDICAL CARE. 2016 OCT; 54 (10): 901-906

197. IMPLEMENTATION SCIENCE. 2016 OCT 19; 11: Art. No. 141

198. JOURNAL OF CLINICAL EPIDEMIOLOGY. 2016 NOV; 79: 70-75

199. AUSTRALIAN JOURNAL OF PRIMARY HEALTH. 2017; 23 (1): 15-22

200. HEALTH AFFAIRS. 2017 JAN; 36 (1): 40-48

201. HEALTH AFFAIRS. 2017 JAN; 36 (1): 166-176

202. JOURNAL OF HEALTH SERVICES RESEARCH & POLICY. 2017 JAN; 22 (1): 12-19

203. MEDICAL CARE. 2017 JAN; 55 (1): 12-18

204. HEALTH EXPECTATIONS. 2017 FEB; 20 (1): 11-23

205. HEALTH POLICY AND PLANNING. 2017 FEB; 32 (1): 141-145

206. HEALTH SERVICES RESEARCH. 2017 FEB; 52: 437-458

207. HEALTH SERVICES RESEARCH. 2017 FEB; 52 (1): 56-73

208. HEALTH SERVICES RESEARCH. 2017 FEB; 52 (1): 191-206

209. MEDICAL CARE. 2017 FEB; 55 (2): 191-198

210. QUALITY OF LIFE RESEARCH. 2017 FEB; 26 (2): 489-503

211. IMPLEMENTATION SCIENCE. 2017 FEB 15; 12: Art. No. 21

212. HEALTH AFFAIRS. 2017 MAR; 36 (3): 553-563

213. HEALTH AFFAIRS. 2017 MAR; 36 (3): 564-571

214. HEALTH POLICY AND PLANNING. 2017 MAR; 32 (2): 283-291

215. HEALTH ECONOMICS POLICY AND LAW. 2017 APR; 12 (2): 125-137

216. HEALTH ECONOMICS POLICY AND LAW. 2017 APR; 12 (2): 159-177

217. HEALTH EXPECTATIONS. 2017 APR; 20 (2): 243-259

218. JOURNAL OF BEHAVIORAL HEALTH SERVICES & RESEARCH. 2017 APR; 44 (2): 177-194

219. JOURNAL OF CLINICAL EPIDEMIOLOGY. 2017 APR; 84: 105-113

220. HEALTH AFFAIRS. 2017 JUN; 36 (6): 1119-1128

221. HEALTH SERVICES RESEARCH. 2017 JUN; 52 (3): 984-1004

222. MEDICAL CARE. 2017 JUL; 55 (7): E51-E58

223. JOURNAL OF CLINICAL EPIDEMIOLOGY. 2017 AUG; 88: 7-13

224. JOURNAL OF CLINICAL EPIDEMIOLOGY. 2017 SEP; 89: 21-29

225. JOURNAL OF CLINICAL EPIDEMIOLOGY. 2017 SEP; 89: 30-42

226. JOURNAL OF CLINICAL EPIDEMIOLOGY. 2017 SEP; 89: 43-52

227. JOURNAL OF CLINICAL EPIDEMIOLOGY. 2017 SEP; 89: 53-66

228. JOURNAL OF CLINICAL EPIDEMIOLOGY. 2017 SEP; 89: 67-76

229. JOURNAL OF CLINICAL EPIDEMIOLOGY. 2017 SEP; 89: 77-83

230. JOURNAL OF CLINICAL EPIDEMIOLOGY. 2017 SEP; 89: 84-91

231. JOURNAL OF CLINICAL EPIDEMIOLOGY. 2017 SEP; 89: 92-97

232. JOURNAL OF CLINICAL EPIDEMIOLOGY. 2017 SEP; 89: 98-105

233. JOURNAL OF CLINICAL EPIDEMIOLOGY. 2017 SEP; 89: 106-110

234. JOURNAL OF CLINICAL EPIDEMIOLOGY. 2017 SEP; 89: 160-167

235. HEALTH POLICY AND PLANNING. 2017 OCT; 32: 6-20

236. JOURNAL OF CLINICAL EPIDEMIOLOGY. 2017 OCT; 90: 6-10

(2)热点论文目录

1. JOURNAL OF CLINICAL EPIDEMIOLOGY. 2016 JAN; 69: 79-88

2. JOURNAL OF CLINICAL EPIDEMIOLOGY. 2016 JAN; 69: 225-234

3. HEALTH AFFAIRS. 2016 FEB; 35 (2): 199-207

4. MEDICAL CARE. 2016 FEB; 54 (2): 140-146

5. IMPLEMENTATION SCIENCE. 2016 MAR 10; 11: Art. No. 33

6. HEALTH AFFAIRS. 2016 JUN; 35 (6): 958-965

7. HEALTH AFFAIRS. 2016 JUN; 35 (6): 1045-1051

8. HEALTH AFFAIRS. 2016 JUL; 35 (7): 1324-1332

9. HEALTH AFFAIRS. 2016 SEP; 35 (9): 1638-1642

10. MILBANK QUARTERLY. 2016 SEP; 94 (3): 485-514

11. HEALTH AFFAIRS. 2016 OCT; 35 (10): 1842-1848

12. HEALTH AFFAIRS. 2016 OCT; 35 (10): 1876-1883

13. MEDICAL CARE. 2016 OCT; 54 (10): 901-906

14. AIDS CARE-PSYCHOLOGICAL AND SOCIO-MEDICAL ASPECTS OF AIDS/HIV. 2016 NOV; 28 (11): 1355-1364

15. HEALTH AFFAIRS. 2017 MAR; 36 (3): 441-450

16. HEALTH RESEARCH POLICY AND SYSTEMS. 2017 APR 26; 15: Art. No. 35

17. JOURNAL OF CLINICAL EPIDEMIOLOGY. 2017 AUG; 88: 7-13

18. JOURNAL OF CLINICAL EPIDEMIOLOGY. 2017 SEP; 89: 21-29

19. JOURNAL OF CLINICAL EPIDEMIOLOGY. 2017 SEP; 89: 53-66

20. JOURNAL OF CLINICAL EPIDEMIOLOGY. 2017 SEP; 89: 67-76

21. JOURNAL OF CLINICAL EPIDEMIOLOGY. 2017 SEP; 89: 77-83

22. JOURNAL OF CLINICAL EPIDEMIOLOGY. 2017 SEP; 89: 92-97

23. JOURNAL OF CLINICAL EPIDEMIOLOGY. 2017 SEP; 89: 98-105

国外关于老年人家庭照料者福利的研究综述

武汉大学社会保障研究中心　周艺梦　张奇林

一、问题的缘起

赡养老人是家庭的一项重要功能，无论在中国还是西方国家，家庭成员都是老年人照料责任的主要承担者。随着老龄化程度的加深以及西方国家养老政策从机构向社区的转变，家庭照料者及其所创造的价值越来越受到西方学术界的关注。各国研究均表明，家庭照料者创造了巨大的社会价值，但并未得到足够的认可。2013 年，美国约有 4000 万家庭照料者向生活无法自理的家庭成员提供了约 370 亿小时的无偿照料，折合经济价值约为 4700 亿美元(Reinhard et al.，2015)。2015 年，美国家庭照料者增加到 4350 万人，其中照料 50 岁及以上失能家庭成员的照料者有 3420 万人，约占美国人口的 14%(AARP & NAC，2015)。2015 年，英国每 8 个人中就有一位非正式照料者，其总数达到 680 万人，其无偿付出在当年所创造的经济价值约合 1320 英镑，接近英国全年的卫生费用支出，较 2001 年增长近一倍。高龄老人的快速增长正是非正式照料价值不断攀升的主要原因之一(Buckner & Yeandle，2015)。加拿大 2012 年共有非正式照料者 810 万人(Sinha，2012)，70%~80%的社区老人照料由他们完成，按照 2007 年物价折算的老年人照料的市场价值约为 241 亿美元(Hollander，2009)。即使是在老年人社会服务发展成熟的瑞典，也有五分之一的成年人在为疾病或残障的亲戚朋友提供无偿照料。可见，家庭这一全球性照料资源是应对老龄化挑战的重要屏障。

然而，家庭成员在提供照料、无偿创造社会价值的同时，也可能在蒙受着福利损失。照料老年人使家庭照料者的财务状况、心理健康、生理健康和社会参与四方面福利面临风险(George & Gwyther，1986)，这些福利损失除了对照料者自身生活质量和主观幸福感造成负面影响(van den Berg，et al.，2014)，还可能导致照料质量的下降，甚至发生虐待老人等恶性事件(Nolan et al.，1996)。另外，照料者福利损失也是诱发老年人改变养老模式选择、加速入住养老机构的重要因素(Spillman & Long，2009)，也就是说，这种对家庭照料资源的消耗不利于家庭养老的可持续发展，从而增加社会养老的经济成本。再者，因照料老年人所导致的就业问题不仅是照料者必须承担的机会成本，也会对劳动力市场供给产生不同程度的抑制作用。鉴于此，对老年人家庭照料者福利状况的研究显得极为必要。

国外关于照料者福利的研究可谓汗牛充栋，国内学术界在该领域的研究则相对较少。然而，关于老年人家庭照料者的研究在我国老龄化快速发展、社会养老服务滞后、家庭结构嬗变等现实国情下具有其特殊的意义。随着老龄化程度的加深，尤其是高龄化趋势的发展，我国失能、半失能老年人的规模和比重也在不断扩大。截止 2015 年，全国失能、半失能老年人已达到 4063 万人，占老年人口比重约为 18.3%。我国社会养老服务起步较晚，发展较缓，难以满足不断增长的老年人照料需求。悠久的家庭养老传统所承袭下来的文化基因也决定了在未来较长一段时间内，家庭仍是老年人照料责任的最主要承担者。然而，在现代化进程中，家庭养老功能出现弱化的趋势，家庭养老面临诸多挑战。生育政策和生育文化导致的少子化，严重削减了家庭赡养老人的人力、财力和物力，到 2013 年平均每个家庭户的人口数已不足 3 人,① 持续低迷的生育率将使未来家庭养老资源进一步缩减。加之城镇化过程中的人口流动、年轻人独立居住观念的影响，老年人“空巢”家庭比例不断攀升，我国空巢老人占老年人人数比例已过半。② 据老龄办预测，空巢老人还将持续递增到 2020 年的 1.18 亿，2030 年的 1.8 亿，2050 年的 2.62 亿。可见，家庭小型化、核心化、少子化、空巢化在不同程度上削减了老年人家庭照料的资源，平均每个家庭成员需承担的照料责任更加沉重(曾毅等，2012)。与此同时，社会成员在工业化、城镇化、现代化高速发展过程中面临着日益繁重的工作和生活压力，这可能导致一些有家庭照料任务的个体难以兼顾，有的放弃工作，有的身心疲惫。如何帮助家庭成员更好地承担起照料老人的责任，增强家庭养老能力，既是在现阶段社会条件下强化和传承养老文化的政策工具，更是应对未来老龄化冲击的最经济手段，关注老年人家庭照料者福利正是对这一议题的首要切入点。

照料老年人究竟会给家庭成员的福利带来哪些方面的影响？这些影响在不同的照料情景中是否存在差异？以及这些影响是如何发生的？西方国家为老年人家庭照料者提供了哪些社会支持来应对其中的不良影响，帮助他们更好地照料老人？这些政策是否发挥了作用？为回应这些问题，本研究将对国内外相关文献进行回顾，从经济福利、健康福利、闲暇福利等方面来论述照料老年人对家庭成员就业与收入、心理健康、身体健康、闲暇活动所产生的影响，并分析这些影响的调节因素及生成机理，梳理国外老年人家庭照料者支持政策及其效果。最后，对我国老年人家庭照料者福利领域的研究作出展望。

---

① 据《中国统计年鉴》(2014)年数据计算，2013 年我国家庭人口规模为 2.98 人/户。

② 国家卫计委发布的《中国家庭发展报告(2015 年)》显示空巢老人占老年人总数的一半，其中，独居老人占老年人总数的近 10%，仅与配偶居住的老人占 41.9%。第四次中国城乡老年人生活状况抽样调查报告指出空巢老年人占老年人口的比例为 51.3%。结论近似。

二、老年人家庭照料者的经济福利

照料老年人对家庭照料者经济福利的影响主要表现在劳动参与和工资收入两个方面，经济学家利用替代效应和收入效应来解释方向不同的两种影响，并利用大量的经验数据对这一问题加以验证，结论并未一致。学者们进一步使用劳动力供给理论剖析照料者的就业决策过程，分析照料对就业的影响机理，并提出在劳动力市场上客观存在的对照料者的“工资惩罚”。

（一）照料老年人对家庭照料者就业与收入的影响：替代效应和收入效应

Carmichael 和 Charles（1998）将照料老年人对家庭成员就业的影响分解为两个部分：一方面，由于时间的有限性，照料者往往通过减少在劳动力市场上的时间投入来获取照料老年人所需要的时间，这就形成了照料对就业的替代效应；另一方面，照料失能或者罹患疾病的老年人不可避免地会产生相关医疗、护理等费用，这些费用会成为照料者继续留在劳动力市场、赚取收入的动机，这就形成了照料对就业的收入效应。照料老年人对家庭成员的最终影响就是替代效应与收入效应中和作用后的净效应。另外，Carmichael 和 Charles 补充说明了在影响照料与就业关系中的一个特殊因素——喘息效应（respite effect），即照料者愿意选择一份工作负荷较低的工作，作为照料老年人过程中获取短暂休息的一种方式，这种效应也会在一定程度上抵消替代效应的作用。

西方经济学界早在20世纪八十年代已开始关注从事非正式照料活动对照料者就业的影响。美国1982年长期护理和非正式照料者调查数据显示，照料父母的子女中，分别有40.8%的女儿和29.6%的儿子辞去了工作或者通过减少工作时间、请假、调整工作计划等方式来协调照料与工作的矛盾（Stone, et al., 1987）。紧接着有不少研究通过数据分析验证了这种关系（McLanahan & Monson, 1990），但由于早期的研究忽视了照料老年人与照料者就业之间可能存在的内生性，实证结果因可能存在的偏误而受到质疑。Boaz

和 Muller(1992)意识到提供照料和就业的决定是同时发生的，两者之间潜藏着相互因果关系，因此他们采用联立方程模型，发现从事全职工作与照料时间之间存着显著的相互关系，且就业对照料的影响更大。但由于他们的研究样本仅限于照料者，可能存在样本选择偏误，Wolf 和 Soldo(1994)使用 1987—1988 美国家庭和住户调查(National Survey of Families and Households)的截面数据，将样本拓展到非照料者，并在使用结构方程模型的基础上，采用双重选择模型(double selection)克服内生性，开启了严谨探讨照料老年人对家庭成员就业影响的计量经济学研究。之后，学者们分别使用工具变量法(Ettner，1995；1996；Heitmueller，2007；Heitmueller & Inglis，2007；Bolin et al.，2008；Nguyen & Connelly，2014；Nishimura & Oikawa，2017)、面板数据处理方法(Heitmueller，2007；Kotsadam，2011；Van Houtven et al.，2013)来控制照料与就业关系中的内生性问题，以获取更加可靠的研究结论。

即便如此，提供照料活动对照料者是否就业、劳动时间、工资收入的影响在各国不同的研究中并未得到一致结论。对劳动参与率和劳动时间的研究经常是同时进行的，在这方面，Heitmueller(2007)利用英国家庭调查数据(British Household Panel Study)验证了照料对劳动参与率的负面影响，照料责任使照料者劳动参与率显著降低 6%。Bolin 及其团队(2008)利用欧洲健康与养老调查(Survey of Health，Ageing，and Retirement in Europe)数据也发现，照料者每周照料时间每增加 10%，其就业概率下降 3.7%，在业照料者的劳动时间下降 2.6%。但也有研究否认了照料与就业之间的关系，认为两者的关系不具有统计学意义(Wolf & Soldo，1994)。出现这种差异既是方法的不同所致，更是样本的不同造成的。正如 Heitmueller(2007)所强调的，照料对就业的影响并不存在于所有类型的照料活动中，对于女性照料者(Ettner，1996；Nishimura & Oikawa，2017)、与老年人同住的照料者(Ettner，1995；Heitmueller，2007)、每周照料时间高于 20 小时的高强度照料者(Carmichael & Charles，1998；Heitmueller，2007)、承担主要照料责任的家庭成员(Nguyen & Connelly，2014)而言，照料对劳动参与率和劳动时间的影响更为显著。同样，对就业的定义也会影响到研究结果，Boaz 和 Muller(1992)的研究结果指出照料老年人对女性参与全职工作有显著负面影响，但对其从事兼职工作的概率没有影响。另外，由于数据来自不同国家，研究结果的不同也与各国的文化、正式养老服务供给等差异有关(Kotsadam，2011；Manuela，et al.，2016)。

关于照料者工资收入的研究相对较少，结论也不一致。Carmichael 和 Charles(1998；2003)发现无论男性还是女性，照料者的工资率都相对非照料者较低；Bolin 及其团队(2008)的研究却否认了这种差异；另有研究证明这种工资差异仅存在于长期从事照料活动的女性(Van Houtven et al.，2013)。英国的一项研究不仅证实了这种工资差异，还对工资差异进行了进一步分析，该研究指出照料者比非照料者平均工资低 6%，其中 3%是不能被资历差异所解释的，也就是说，对照料者存在 3%的“工资惩罚”(Heitmueller & Inglis，2007)。

近期，另有研究开始关注照料老年人对子女退休决定的影响。加拿大的一项研究发现，从事高强度照料的老年人家庭照料者更有可能提前退休(Jacobs et al.，2013)，但该研究并未考虑照料与退休的内生性问题。Van Houtven 及其团队(2013)应用面板数据的固定效应模型、Niimi(2017)应用工具变量法发现照料对退休决策的影响在美国和日本都仅限于女性。

(二)照料老年人对家庭成员就业与收入的影响机制

1. 潜在家庭照料者就业决策过程

要了解照料老年人对家庭成员就业的影响，首先应该清晰地勾勒出潜在家庭照料者的就业决策过程。面对老年人的照料需求，家庭成员会有很多选择，他会首先根据自己和其他可提供照料的家庭成员的情况，确定是否承担照料责任；一旦决定承担照料责任，下一步则是要思考是否退出劳动力市场；如果继续留在劳动力市场，那么是否需要减少劳动时间来满足照料需求(Lilly，et al.，2007)。Heitmueller(2007)将一般劳动力市场上劳动力供给行为分析方法用于上述潜在照料者就业决策过程的第二个步骤，他指出只有当实际支付工资高于潜在照料者的保留工资时，他们才会选择继续留在劳动力市场。对于潜在照料者来说，考虑到需要照料的家人的福利，其劳动力供给的保留工资会提高，在既定的实际支付工资标准下，潜在照料者的劳动参与率或者劳动时间可能下降。

另外，潜在家庭照料者的就业决策过程的描述也揭示了照料与就业之间可能存在的反向因果关系，照料老年人既可能使照料者放弃工作或减少工作时间，同时，照料者的工作与收入作为潜在照料者照料家人的机会成本，也会对其是否承担照料责任的决定产生影响。因此，内生性的妥善处理是保证实证研究结果可信度的关键因素之一。

2. 工资惩罚

Heitmueller 和 Inglis(2007)认为，照料老年人的机会成本除了因为退出劳动力市场或者减少劳动时间所导致的收入减少，还包括因劳动力市场中对照料者的工资歧视而产生的经济损失。相对于同等资历的非照料者而言，照料者工资率较低，这种隐含在劳动力市场上的工资歧视被称为对照料者的工资惩罚(wage penalty)。Carmichael 和 Charles(1998)从以下几个方面分析了这种现象的原因：第一，照料责任可能会使照料者更容易迟到、早退、休假，工作效率可能下降，从而导致其相对同等资历的非照料者更不容易获得职业的晋升；第二，由于照料者对工作时间、工作方式有更多的要求，所以劳动力市场中向其开放的工作也是有限的，这就可能导致照料者直接被排除在高薪工作的招募范围之外；第三，照料者可能仅仅将工作看做是照料时间之外的一种临时休息，因此主动地倾向于选择低要求、自然也就低收入的工作。工资惩罚不仅仅是活跃在劳动力市场上的照料者的一部分机会成本，而且还因为降低了闲暇的机会成本而进一步降低照料者的劳动参与率，扩大照料老年人对就业的替代效应(Heitmueller & Inglis，2007)。

三、老年人家庭照料者的健康福利

健康一般分为身体健康和心理健康两个方面，照料老年人对家庭照料者健康福利的影响也同样包括二者。在心理健康方面，照料老年人对家庭照料者的影响既因为压力而产生消极的一面，也因为成就、情感等因素而产生积极的一面。“压力—应对”模型常被用来作为解释这些影响产生的过程，并在有关照料者心理健康的学术讨论中被不断完善。在身体健康方面，学者们主要从自评健康、身体症状、疾病发生、医疗服务使用、死亡率几个方面来评价照料老年人对家庭照料者的影响，并在照料者压力过程模型的基础上结合相关医学理论分析了照料老年人对家庭照料者身体健康产生影响的机制。总体来说，照料活动对家庭照料者心理健康的影响比身体健康的影响更大(Pinquart & Sörensen，2003a)。

(一)照料老年人对家庭照料者心理健康的影响：消极因素和积极因素

1. 照料老年人对家庭照料者心理健康的消极影响

20世纪七八十年代开始，西方老年学、心理学开始关注照料老年人给家庭成员心理健康带来的影响，早期的研究多将照料老年人与压力、负担等词汇联系在一起，更多的关注照料活动给照料者心理健康带来的负面影响(Zarit，et al.，1980；Haley et al.，1987)。这方面的实证研究主要分为两类：一是通过比较照料者与非照料者之间的差异，研究从事照料活动与照料者心理健康的关系；二是仅考察老年人家庭照料者群体，通过比较照料者群体内部的差异，研究老年人家庭照料者心理健康的影响因素。Pinquart和Sörensen(2003a，2003b)使用元分析的方法对两类文献分别进行了整理和统计。

关于第一类研究，他们搜集并筛选出1987—2002年的84篇相关文献，尽管由于样本选择、概念界定和研究质量的差异导致研究结论有所不同，但整体来看，照料者与非照料者之间在抑郁、压力、自我效能和主观幸福感上都存在显著差异，照料者的心理健康状况处于劣势(Pinquart & Sörensen，2003a)。

关于第二类研究，他们整理出228篇相关文献进行元分析，进一步验证了被照料者的功能损害程度、认知损害程度、行为问题严重程度以及每周提供照料的时间、照料任务的种类都与照料者的负担、抑郁呈显著负相关，其中行为问题的影响最大(Pinquart & Sörensen, 2003b)。除此以外，包括年龄、性别、婚姻状况、受教育程度、工作、收入、健康状况、人格特质等在内的照料者的个人特征和照护资源(Cameron et al., 2008)，表现为居住安排、关系类别、关系质量等方面的照料者与被照料者之间的关系(Savage & Bailey, 2004)，来自其他家庭成员、朋友或社会服务的帮助与支持(Zarit et al., 1980; Han et al., 2014)，以及照料活动所处的阶段(Hirst, 2005)都可能对照料者的心理健康产生影响。另外，通过对照料活动的跨文化研究发现，照料者传承的文化基因也会在照料活动中潜移默化地影响照料者心理状态的变化(Knight et al., 2002)。

2. 照料老年人对家庭照料者心理健康的积极影响

照料活动除了与压力、焦虑、抑郁等不良心理状态相关，也蕴含着对心理健康产生正面影响的积极因素，比如生活意义、个人成就、情感回报等。大部分照料者都能够在照料老年人的过程中体验到这种积极因素(Cohen et al., 2002; Farran et al., 1991)，对照料老年人这一活动作出正面的评价，坦然地接受并适应照料责任。研究表明，这种积极因素对减少照料的心理负担，降低抑郁等心理疾病的发生(Cohen et al., 2002; Pinquart & Sörensen, 2003b)作用显著，因此日益引起学界的关注。这既是对照料相关理论的完善，也是对照料者心理干预实践的有益借鉴。

老年人照料中的积极因素本质上是家庭照料者对照料活动的一种主观评价(Kramer, 1997)，因此对其概念界定及由此拓展的测量方法是该领域的重点和难点问题。Lawton 及其团队(1989)最早将满意度引入到照料者评价系统中，照料者对照料活动的满意度量表也是早期最为广泛使用的衡量照料活动积极方面的工具。开心与烦心判别量表(Caregiving Hassles and Uplifts Scale)是另一个早期常用工具，与照料者满意度不同，该量表不再是对照料角色作出总体性评价，而是让受访者对照料活动中的 110 个相关问题作出开心或者烦心的评判，这个量表将照料的积极和消极两方面因素均囊括在内(Kinney & Stephens, 1989)。随着研究的深入，学者越来越意识到照料活动的积极因素是一个内涵丰富的概念，绝不应该简单的被满意、愉快所替代，因此学者们纷纷在文献梳理的基础上对照料活动积极因素的概念与测量展开研究。Tarlow 及其团队(2004)按照自我肯定与生活态度两个维度，设计了照料活动积极因素量表；Carbonneau 及其团队(2010)将照料活动的积极因素概括为照料者与被照料者关系质量的提升、照料者成就感的实现以及对生活意义的构建三个方面，并指出照料角色帮助照料者寻求生活意义是照料老年人积极因素的核心方面；Nolan 及其团队(1996)则将照料活动的积极因素按照其来源分解为三个维度：一是在照料者与被照料者的互动中产生的满足感，二是照料者个人内心世界的满足感，三是对改善被照料者福利这一结果的满足感。本文认为 Nolan 团队作出了较为全面和合理的界定，而且这一界定得到了最新研究的呼应与肯定(Lloyd et al. , 2016)。

(二)照料老年人对家庭照料者心理健康的影响机制

1. 家庭照料者压力过程模型

尽管西方国家很早就开始关注照料老年人对家庭成员形成的心理压力，但由于理论研究与方法研究的缺失，早期大量描述性研究在理论概念和测量方法上不统一，研究结论不一致，缺乏共同探讨和比较的平台(Pearlin et al. , 1990)。因此，Pearlin 及其团队(1990)认识到理论构建的重要性，并以阿尔茨海默病照料者为例，提出了一个详尽的照料者压力过程理论模型。他们将家庭照料者的压力看做是与其经历、资源、应对、所处环境等一系列条件相互联系、并随着时间发展变化的过程，而不再将其作为一个单一的、静止的现象。家庭照料者压力过程模型有四个部分组成：照料背景、照料压力源、调节因素、照料结果。其中，照料者压力源按照是否直接与被照料者需要或照料需求相关细分为初级压力源(primary stressors)和次级压力源(secondary stressor)，前者包括被照料者客观存在的认知障碍、行为障碍、行动障碍和照料者主观感受到的负荷感、亲密关系丧失感，后者包括因家庭冲突、工作冲突、经济困难、社交限制带来的角色负担和一系列有损积极自我概念的心理负担，照料者长期处于初级压力源的刺激下就容易遭遇次级压力源，两者在影响效力上讲并无大小之分。压力源会对照料者产生一系列影响，在心理健康方面主要表现为抑郁、焦虑、易怒和认知损害。在这个过程中，由照料者的个人特征尤其是社会经济地位、照料经历、社会网络以及社会服务项目供给等构成的照料资源将以照料者的应对策略和社会支持的形式表现出来，对压力影响的发生起到调节作用。

面对大致相同的照料需求和情景，有的照料者无法适应，有的照料者却能维持健康的心理状态，两者除了在 Pearlin 压力过程模型(Pearlin et al.，1990)中提到应对策略上存在差异，在对照料活动的评价上也表现出不同。因此，对照料活动的评价也是照料者压力过程中重要组成部分(Lawton et al.，1989，1991)。Lawton 及其团队(1991)根据 Lazaru 和 Folkman 的“压力—评估—应对”(stress，appraisal，coping)理论框架提出，照料者对照料活动的评价是压力源与压力结果之间的中介变量，照料者对照料需求产生不同的评价，进而对照料者心理健康产生不同的影响。Braithwaite(1996)指出，照料者评价在照料者压力过程中的调节作用也不容忽视，这一点也被后来的研究所证实(Goode et al.，1998)。实际上，Pearlin 及其团队(1990)并未忽略照料者评价，而是将其作为压力源的主观指标植入照料者压力模型中。Lawton 及其团队(1991)将照料者评价提炼为压力过程中的一个组成要素，使照料者压力形成和发展过程更加明晰，各要素之间的关系也更加清楚。Yates 及其团队(1999)进一步将照料者评价划分为初次评价(Primary appraisal)和二次评价(secondary appraisal)，前者是照料者基于被照料者需求对照料工作量作出的判断；后者是照料者在综合考虑各种照料资源后，对照料负担是否超出自己承受范围的看法。另外，Yates 将照料者压力模型进行了简化，排除了很少被研究的次级压力源(Pinquart & Sörensen，2003b)，使每个要素更具可操作性。

经过不断完善，照料者压力模型的框架基本形成，其基本思想是将照料活动视为潜在的压力事件，其压力既直接来自于照料需求，又源于与其相关的角色负担及心理负担。照料者会基于被照料者情况与照料者自身情况对照料活动进行初步的评估，然后再根据

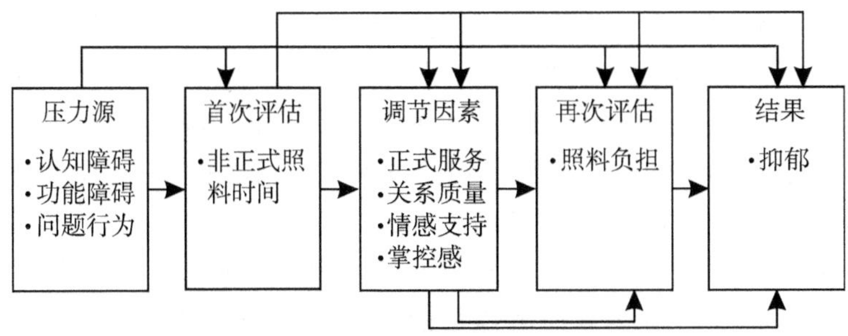

图1 照料者压力过程模型(Yates et al., 1999)

可获取的社会支持与自身的应对策略对照料活动进行再次评价，如果照料者自身及其社会网络所能提供的照料资源无法满足被照料者的需要，照料者的应对策略也无法缓解这一矛盾带来的压力，那么最终将会对照料者的心理健康产生不良影响。

2. 家庭照料者适应过程模型

随着对家庭照料积极因素研究的深入，学者们尝试将其融入到家庭照料者压力过程模型中，往往将照料的积极因素作为调节照料负担、抵消消极情绪的中介因素，来完善家庭照料对照料者心理健康影响的理论模型。比如，Noonan 和 Tennstedt(1997)采用 Pearlin 压力过程模型研究照料活动的意义对照料者心理健康的影响，结果显示，照料者对照料活动意义的感知能够降低照料者抑郁的风险。Cohen 及其团队(2002)利用他们的改良的模型，进一步证明了照料活动中的积极因素可以缓冲压力对照料者心理健康形成的不良影响，感受到照料活动积极因素越多，照料者发生抑郁的可能性越低。Pinquart & Sörensen(2003b)通过元分析的方法，为照料活动积极因素降低照料者负担、改善照料者心理健康提供了进一步的实证支持，但研究同时指出，照料活动的积极因素与压力源并不相关，而往往源于照料者的动机、人格及其与被照料者的关系，因此简单地将照料活动积极因素置于压力过程模型可能有失妥当。

另外，一些研究发现照料活动的积极因素与照料负担是相互独立的，两者对心理健康产生的影响也是不同的(Rapp & Chao,

2000)，照料活动的积极因素与正面情绪相关，照料负担则是与抑郁等负面情绪相关(Lawton et al.，1991)，可见，二者作为照料者对照料活动作出的两种评价，并非单一维度上的两极，而是照料体验中的两个不同维度(Kramer，1997)。因此，学者认为简单的融合不能胜任照料收获与照料负担两方面对照料者心理健康影响的理论阐释，必须对压力过程模型进行改造，家庭照料的双因素模型(Lawton et al.，1991；Kramer，1997)就是这一改造工程的成果。

家庭照料的双因素模型最早由 Lawton 团队(1991)提出，他们根据 Bradburn 心理健康的双因素理论对照料者压力过程模型进行修正，认为照料者对照料活动的正面与负面评价会分别导致照料者的积极情绪与消极情绪，平行效应大于交叉效应。Kramer(1997)通过对照料活动积极因素的文献梳理，进一步明晰了照料者双因素模型，并将其更名为照料者适应过程模型，这一命名更能体现照料者心理健康研究的全部内容和最终目的。该模型指出，照料者的适应过程由三部分组成：照料情景、中介过程、福利结果。被照料者和照料者的特征会决定照料态度和照料付出，基于照料资源的调节，照料者会对照料活动产生照料收获的和照料负担的双重评价，这两种评价对心理健康的两个维度——积极方面和消极方面——分别产生影响。另外，本文根据以上文献回顾，补充照料者与被照料者的关系和社会文化基础作为照料情景中不可缺少的内容。

(三)照料老年人对家庭照料者身体健康的影响

国外已有大量研究证明：照料活动使照料者更倾向于报告较差的身体健康水平(Berglund et al.，2015；Chan et al.，2013)，更容易出现身体疼痛(Yiengprugsawan et al.，2012)、免疫力下降(Kiecolt-Glaser et al.，1991)、血压升高(Kim & Knight，2008)等不良身体反应，生病与就诊次数因而增加(Chan et al.，2013)，身体底子较差的照料者还会提高心血管疾病发病率(Buyck et al.，2013)，高强度的照料活动甚至成为提升死亡率的风险因素之一(Perkins et al.，2013)。另一方面，也有一些研究显示照料活动与身体健康没有显著相关性(Hiel et al.，2015；Schmitz & Westphal，2015)。

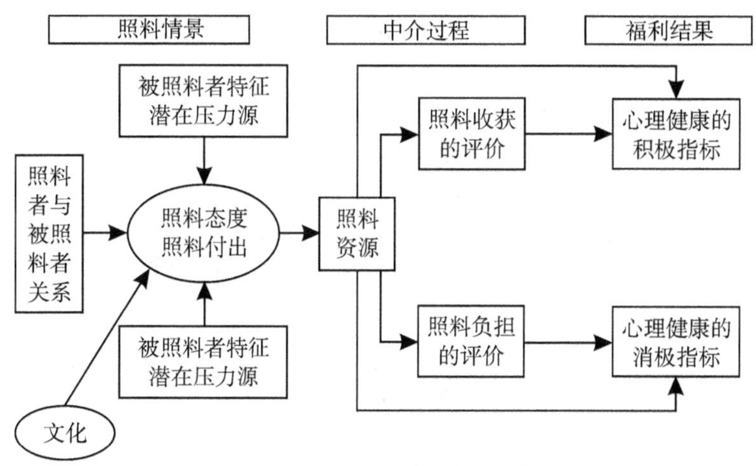

图 2　照料者适应过程模型(Kramer，1997)

Vitaliano 与其团队(2003)对 23 篇比较失智老人照料者与非照料者健康状况的相关文献进行梳理，将照料者身体健康指标归纳为 11 种类别，包括五类自报健康指标——总体性自评健康、慢性病、体征、用药情况、医疗服务使用情况——和描述照料者应激激素、免疫系统、心血管系统、代谢系统等方面的六类客观生理健康指标。通过元分析方法统计发现，照料者相比于非照料者而言，总体性自评健康状况较差、出现不良身体症状的概率较高、且服药概率提高。同时，照料者应激激素水平较非照料者高 23%，抗体反应水平低 15%，前者是引起高血压的重要诱因，后者将降低身体抵御病毒侵害的能力。

(四)照料老年人对家庭照料者身体健康的影响机制

国外很多研究将身体健康与心理健康视作健康的两个组成部分同时考察(Berglund et al.，2015；Schulz & Sherwood，2008；Pinquart & Sörensen，2003a)。Vitaliano 与其团队(2003，2004)以心身疾病相关理论为基础，结合照料活动对身体健康影响的相关文献，构建了照料者身体健康变化模型，认为照料活动通过改变照料者的心理压力和健康习惯而引起身理反应，从而影响照料者的疾病发生，进而影响其死亡率，在这个过程中，照料者自身化解损害的能力和从周围能够获得的资源起到重要的调节作用。

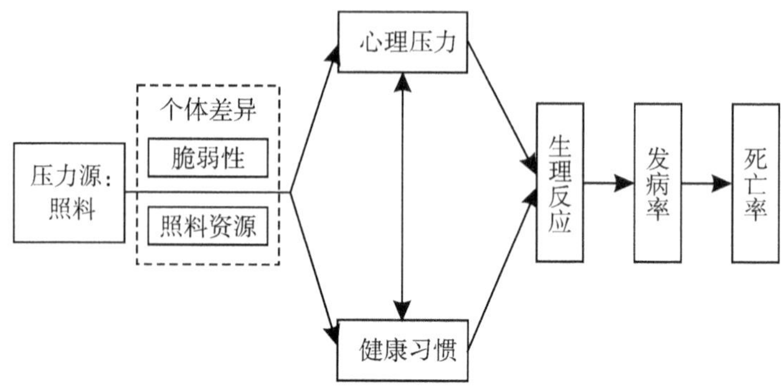

图 3　照料与身体健康关系的理论模型(Vitaliano et al. , 1999)

四、老年人家庭照料者的闲暇福利

闲暇，是人们扣除谋生活动时间、睡眠时间、个人和家庭事务活动时间之外剩余的时间，对人们的生活质量具有重要意义。古希腊哲学家亚里士多德就认为“幸福存在于闲暇”，这样的论断在现代社会仍然适用，因此，闲暇被认为是个体福利的重要组成部分。照料老年人会占用家庭照料者大量的时间，可能削减其闲暇活动的参与时间和参与种类。

被国外学界广泛使用的扎瑞特负担调查问卷(The Zarit Burden Interview)向照料者询问了 22 项关于照料活动的主观感受，其中包括如下两个问题：“你是否因为照料你的家属而觉得自己时间不够用”、“你是否感到你的社交生活因为照料你的家属而遭受损害”。(Zarit et al. , 1980) 可见，照料活动对照料者闲暇时间和社交活动的影响早就引起学界关注，相关实证研究也逐渐展开。White-Means 和 Chang(1994)利用 1982—1984 年美国卫生与公共服务的长期照料渠道评估项目中的基期调查数据，统计发现在 1929 名非正式照料者中，69%的照料者因为照料家属而限制了自己的自由时间与社交活动。1996—1997 年加拿大曼尼托巴省日间照料项目的数据显示，在 517 个非正式照料者样本中，53 位照料者退出了至少一种闲暇活动，134 位照料者减少了至少一种闲暇活动的参与时间，还有 62 位照料者同时减少参与和退出了至少一种闲暇活动，其余 268 位照料者的闲暇活动未因照料家属或朋友而受到影响。也就是说，48%的照料者因为非正式照料活动而限制了自己的闲暇活动(Dunn & Strain，2001)。比较发现，日间照料服务使用者的照料者因为照料活动对闲暇时间与社交活动的影响小于一般居家老人的照料者，受限人数比例低 21%。

以上研究均说明并非所有照料者的闲暇时间和社交活动会因为照料活动而受到限制。因此，学界更关心哪些因素导致了这种关系在不同照料者身上的差异。进一步研究发现，被照料老年人依赖性越强、照料需求越高、照料资源越少、照料任务越重，照料者社交越可能受限，另外，作为女儿、妻子的女性照料者的社交受限程度高于作为丈夫、儿子的男性，与老人共同居住的照料者闲暇时间更容易受到限制(Miller & Montgomery，1990；White-Means & Chang，1994)。

后期更多研究关注照料者闲暇活动受限对照料者心理健康的影响(Schüz et al.，2015；Wakui et al.，2012)。照料者闲暇时间的减少使他们无暇顾及自己的爱好，身心难以得到较好的放松与满足；同时，照料者也没有充分的时间进行社交活动，一方面使其脱离原有的社会关系，越来越孤单；另一方面也使其失去了获取社会支持的一条重要途径。因此，帮助照料者获得闲暇、享受闲暇、提高闲暇质量已成为照料者支持的重要手段之一(Schryer et al.，2016；Schüz et al.，2015)。

五、西方国家家庭照料者的支持政策

随着老龄化的发展，也出于经济的考虑，西方国家老年福利政策越来越关注照料者的福利，希望通过改进照料者的福利来鼓励和支持家庭成员为老年人提供更为持久的照料，延缓老年人进入养老机构的时间，节省社会照料成本，也帮助老年人更好地实现“就地养老”。同时，为照料者的工作、家庭矛盾提供缓冲，使照料者为老年人提供家庭照料的同时，尽可能减少对劳动力市场参与的负面影响，这也是照料者支持政策的题中之义。因此，探寻有效的方法来支持和维护家庭照料的供给被视为实现老年人、家庭照料者和社会“三赢”(win-win-win)的潜在途径(Colombo et al.，2011b)。

西方国家为老年人照料者提供多种支持服务，在学界暂未形成统一的政策类型划分。欧洲家庭照料项目组(EUROFAMCARE)(Mestheneos & Triantafillou，2005)通过对23个欧洲国家老年人照料者服务的梳理，将家庭照料者服务内容细分为如下方面：需求评估、照料规划、咨询与建议、照料者培训、自助小组、老年人保姆、自愿组织到家照料、照料者喘息服务、照料津贴、危机管理、特殊群体服务。在此基础上，将照料者支持政策概括为三种类型，即为老年人或其家庭照料者提供的财务支持、向老年人提供的照料服务、向照料者提供的支持服务。Glendinning(2003)基于对英国、德国、瑞典、荷兰及澳大利亚老年人照料者支持政策的比较，将老年人照料者支持手段总结为以下五类：面向老年人提供的基于评估的正式家庭照料服务、面向照料者提供的喘息服务、照料者津贴、处理照料与工作矛盾的措施、咨询和照料者小组等方面的软性支持(“soft” forms of support)。另有学者按照政策目标的不同，将照料者支持手段划分为三类：一是解决照料与就业矛盾的措施，如护理假期、弹性工作制；二是改善照料者身心健康福祉的措施，如喘息服务、咨询与培训服务、信息与协调服务；三是照料者经济补偿措施，如照料者津贴、税收优惠、老年人补贴等(Colombo et al.，2011b)。

除了对上述照料者支持政策进行描述、比较，西方国家也对各类照料者支持政策实施的效果和存在的问题进行了分析。下文将照料者支持政策分为财务支持、工作支持、服务支持与其他服务四个方面来阐释国外情况。

(一)财务支持

直接向有照料需求的老年人及其照料者提供护理津贴是照料者

财务支持的主要手段。由于直接对照料者提供津贴容易出现目标对象定位困难的问题，直接向老年人提供变得越来越受欢迎(Sipilä, 1995)。尽管面向老年人的护理津贴主要是为了解决老年人因照料引起的财务危机，增加其自由选择的能力，但补偿和鼓励家庭照料者也是该政策的目的之一(Colombo et al., 2011b)。

不同国家由于基本理念和经济条件不同，津贴水平也存在差异。斯堪的纳维亚国家将家庭成员为老年人提供的照料视同工作对待，将护理津贴视作对照料者的薪酬回报，因此津贴水平较高(Glendinning, 2003)。其他提供照料者津贴的国家多是基于家计调查的，仅向照料需求最强烈、家庭经济较困难、因照料而放弃了工作收入的照料者提供，因此覆盖率很低。2008年，英国仅1%的人口享受了护理津贴，澳大利亚、爱尔兰护理津贴的覆盖率低于0.5%，新西兰当年共计5246人享受到相关补贴(Colombo et al., 2011b)。

关于护理津贴对非正式照料的激励作用，说法不一。三分之二的德国人将长期护理保险视为鼓励提供非正式照料的政策手段，长期护理保险实施十年间，平均每个照料依赖者所拥有的非正式照料者显著增加，没有非正式照料者的照料依赖者比例减半(Glendinning, 2003)。然而，欧洲家庭照料项目组(Mestheneos & Triantafillou, 2005)对瑞士的研究中却对这个问题提出了质疑。

另一个关于护理津贴的争论就是，给予照料者津贴是否意味着将家庭内部劳务视同工作，其价值是否计成货币经济形式?(Sipilä, 1995; Mestheneos & Triantafillou, 2005)家庭内部责任为何转移给国家?(Keefe, Glendinning, & Fancey, 2008)这些是照料者接受护理津贴需要解决的理论问题。

间接财务支持手段包括税收减免、养老金及其他社会保障权益(Keefe & Fancey, 1999)。目前，关于这种政策手段对非正式照料者的激励效果暂无充分的实证研究来论证。

(二)工作支持

照料老年人不仅会影响劳动参与率，也会对在业照料者的工作状态产生影响，比如迟到早退、工作专注力低、打乱工作计划等

(Gautun & Hagen, 2010), 因此如何支持有工作的照料者实现照料与工作间的平衡, 越来越受到学界和政策制定者的关注。Arksey (2002)提出的在业照料者支持模型包括以下要素: 假期政策、照料者友好型工作安排(carer-friendly working arrangement)、办公场所设施(如使用电话)、能够给予支持和帮助的上级与同事。其中, 假期、照料者友好型工作安排作为两种政策选择, 备受关注。

照料者假期包括应急性照料假期和较长时间的带薪或不带薪休假。OECD 国家中提供带薪照料者假期的大多限制在一个月以内, 比利时带薪照料假期最为慷慨, 长达一年。休假期间的工资水平不等, 日本约为正常工资水平的 40%, 挪威瑞典则高达 100% 和 80%。同时也有部分 OECD 国家为照料者提供停薪留职的权利, 工作保留时间不等, 从三个月到一年或者更长。由于这种不带薪照料者假期时间较长, 准入资格也是非常严格的, 比如奥地利仅对临终关怀照料者提供。另外, 这种长期休假一般只有公共部门和大型企业的雇员才能享受。(Colombo et al., 2011b) 荷兰的一项关于照料者带薪假期的调查结果显示, 60%想要享受假期的照料者预计这一举措能够减轻其负荷, 进而改善其工作业绩(Woittiez & van Gameren, 2010)。同时, 照料者假期对于照料者持续就业也有积极作用(Pavalko & Henderson, 2006)。然而, 照料者假期在实践中应用并不广泛, 照料者往往更愿意使用他们所熟悉的休假方式, 如年假。一方面, 照料者假期很难申请(Pickard, 2004), 雇主基于商业利益考虑, 常常会利用各种理由拒绝雇员的要求; 另一方面, 雇员担心对职业发展和家庭收入产生影响而不得不放弃休假权利(Colombo et al., 2011b)。

照料者友好型工作安排包括使工作时间灵活的弹性工作制、年工作时间制、压缩工作周、在家办公, 也包括使工作时间缩短的兼职工作、工作分担和在短期内缩短工作时间(Pickard, 2004), 还包括便于照料者照顾家人而设计的较长的午间休息、按时下班等。弹性工作制度能够让照料者为老年人提供更多的照料(Bryan, 2012)的同时, 能够更好地维持现有的工作、生活(Pavalko & Henderson, 2006), 是平衡照料与工作的有效方式, 受到照料者的青睐(Gautun & Hagen, 2010)。是平衡照料与工作的有效方式，受到照料者的青睐(Gautun & Hagen, 2010)。

用于生育与照料孩子的父母假期常被用作与老年人照料者假期的比较研究，尽管两者在很多方面都存在本质的差异，但前者已有的丰富研究成果和实践经验确实值得后者借鉴(Hoskins, 1993)。

(三)服务支持

服务支持是指为缓解照料者压力，公共部门、志愿组织、私营部门为有需要的老年人提供的照料服务，既包括面向老年人提供的上门照护服务，也包括为照料者提供的喘息服务。后者包括日间照料、居家喘息服务、机构喘息服务。喘息服务往往被认为是最有价值、最被需要、广受好评的照料者支持政策(Hancock & Jarvis, 2005; Harris et al., 2015; Koopmanschap, et al., 2004; Stoltz, et al., 2004)，也是被西方国家广泛采用的政策手段(Mestheneos & Triantafillou, 2005)。

学者一般从对照料者的影响、对被照料老人的影响和对照料资源使用的影响三个维度来分析以上照料服务的有效性，并结合政策支出分析其成本效益。无论是向老年人提供的上门照护服务，还是日间照料及机构喘息服务，都在一定程度上起到了缓解照料者压力、改善照料者福利水平的作用，并且获得了照料者极高的满意度评价，在缓解老年人进入机构养老的时间方面因服务类型的不同与接受服务的对象的不同而存在差异(Pickard, 2004; Mason et al., 2007; Vandepitte et al., 2016b)。对老年人而言，喘息服务可能会导致其福利损失，因为有些老年人并不希望接受日间照料中心或者养老机构的照料服务，哪怕是临时的(Pickard, 2004; Twigg, 1996)，但这种假设并未得到实证研究的支持(Mason et al., 2007)。Davies 及其团队(2000)利用优化分析的方法对喘息服务的成本效益展开研究，他们认为在预算一定的情况下，日间照料与机构喘息服务是降低照料者压力、延长居家养老时间最有效率的手段，而且，增加对照料依赖度较高老年人的日间照料投入将进一步提高喘息服务的成本效益。目前，学术界对居家喘息服务的研究较少，Vandepitte 及其团队的研究正在弥补这一缺憾(Vandepitte, et al.，2016a）。

但是，喘息服务最为引人关注的问题在于其使用率。整体来看，照料者对喘息服务的需求是比较高的，尤其是对照料强度较大的照料者（Van Exel，et al.，2007）。但是由于喘息服务信息提供不畅通、办理流程不清晰、对照料质量的担心，喘息服务使用率并不算高（Neville，et al.，2015；Robinson et al.，2012）。Van Exel 及其团队（2006）认为阻碍荷兰喘息服务使用的最主要原因在于老年人对正式服务的抵触。Rose 及其团队（2015）在评估美国喘息服务政策时指出，由于民众对照料服务认识不足，总会等到照料压力已不堪重负甚至危机爆发才会选择使用喘息服务，所以美国喘息服务没有得以充分使用，其危机防范功能也无法得以发挥。因此，政策宣传、信息提供、流程简化、质量保证——尤其是基于照料者与老年人需求双重视角的质量改进，被认为是提高喘息服务使用率的完善措施。

（四）其他服务

除了财务支持、工作支持、服务支持外，信息与协调、咨询与培训等“软性支持”也是西方国家照料者支持政策的重要组成部分。

由于信息不畅通，照料者可能无法全面了解自己可获得的权益；即使了解了政策，也可能因为难以协调而导致最终无法顺利地享受到相关福利。因此，为照料者服务的信息中心、协调机制非常重要，很多西方国家已建立此类组织，比如法国的地区信息协调中心、德国柏林的社会服务中心等（Colombo et al.，2011b）。

另外，专业的咨询与培训服务也是照料者的需求之一。一方面，照料者需要了解被照料者病情相关的医学常识和护理知识；另一方面，照料者需要掌握科学的方法来舒缓自身心理压力，维护自身生理健康（Silva，et al.，2013）。这种服务或由志愿组织中的专业社工提供，或以照料者小组的形式开展，使照料者共同分享彼此的经验、情绪（Mestheneos & Triantafillou，2005），以达到获得知识、舒缓情绪的效果。

这些“软性支持”是被西方国家最为广泛采用的照料者支持手段，几乎在所有开展照料者支持项目的国家都能见到它们的身影。

这些服务项目大都扎根于社区，由志愿组织在各种无偿捐赠、项目基金、政府资助的支持下提供(Glendinning，2003)。这些软性支持被认为是缓解照料者压力有效且性价比较高的手段(Pickard，2004)。

六、结论与启示

在西方国家，随着老龄化的深入和社区养老服务的发展，家庭照料者被视为重要养老资源而受到越来越广泛的关注，因此关于照料活动对家庭照料者福利影响的研究已有近五十年历史，形成深厚积累。整体看来，照料老年人对家庭成员的福利产生了如下影响：在经济方面，照料老年人可能降低家庭成员的劳动参与率，减少其劳动时间，进而减少其劳动收入，但收入效应在一定程度上缓解了这种替代效应；在心理健康方面，积极影响和消极影响同在，照料老年人既是压力也有收获；在身体健康方面，照料活动通过改变照料者健康习惯和心理压力而对照料者身体健康产生不利影响；在闲暇活动方面，照料老年人使部分照料者闲暇活动受到限制，疲惫又孤独。照料活动所带来的福利损失对照料需求更大、照料任务更重、照料资源更少的家庭成员更加明显。西方国家以积极的心态为非正式照料者提供了包括财务补贴、工作环境支持、社区养老服务、照料者咨询培训在内的全方位的社会支持，来帮助其缓解经济和身心压力，从而更好、更持久地照料家中的老人。

国内学界对老年人家庭照料者福利损失的关注始于21世纪(Wang & Xia，2001)，较西方国家晚近三十年，且后期发展较慢。考虑到家庭照料者作为满足我国当前和未来老年人照料需求的最主要资源，其福利状况对老年人照料质量、老年人养老方式选择、老年人晚年幸福将产生直接影响，本文认为学界需要重视对中国老年人家庭照料者的研究，对其福利状况给予更多关注，进一步对其支持政策进行探索与论证。西方国家丰富的研究成果为我们提供了很好的经验。

横向来看，照料者福利损失的研究主要包括照料老年人对家庭照料者就业与收入、心理健康、身体健康、闲暇与社交等方面影响，涉及经济学、社会学、心理学、医学、老年学等多个学科，因此，家庭照料者各方面福利损失研究的范式与方法呈现出各学科自身的特点。由于这种跨学科的特质，对照料者福利整体性、理论化的研究(Colombo et al.，2011)尚不充分，比如照料者福利损失的内涵界定、各项福利损失的衡量指标和标准、各类福利损失和影响要素之间的相互关系，导致照料活动对照料者福利的影响众说纷纭，有时会让读者陷入概念谜团，也很难将不同的研究成果进行比较。

纵观西方国家关于照料者福利损失的相关研究，可见其理论不断完善、方法不断改进的研究轨迹。在理论建构和概念测量方面，心理学对照料者心理健康的研究作出了典范，经历了从照料者压力过程模型到照料者适应过程模型的演变，照料压力源、照料负担、照料积极因素等测量工具也不断发展。在计量方法上，经济学对照料者经济福利的研究表现出明显优势，经历了简单统计分析到控制内生性的严格计量经济学分析的发展路径，使研究结果更具说服力。因此，对照料者各福利领域的研究，也应该充分借鉴其他领域研究的经验和优势，不断完善理论基础、改进研究方法。

我国关于老年人家庭照料者福利损失的研究可以说处于起步阶段，在广度和深度上均有较大发展空间：

在研究内容上看，重视对经济福利的研究，而忽略对健康、闲暇福利的研究。我国经济学领域开展的关于照料者机会成本的研究成果较多，方法严谨，国内相关研究结论一致(蒋承，2009；刘岚等，2010；黄枫，2012；刘柏惠，2014；马焱、李龙，2014；陈璐等，2016；陈璐、范丽红，2016a)。与此相反，我国对照料者由于承担照料责任对其身心健康、闲暇社交方面的改变却关注不足：关于照料老年人对家庭照料者身体健康影响的文献均局限在对女性样本的研究(刘岚，陈功，2010；顾和军，刘云平，2012；陈璐，范红丽，2016b)；关于照料老年人对家庭照料者心理健康的影响的研究主要包括一篇综述(苏薇，郑钢，2007)和少量的实证研究(唐咏，2014；袁小波，2009)，其中质性研究占主导；关于照料老年人与家庭照料者闲暇社交的关系的研究更是罕见。

在研究对象方面，存在照料者性别、与被照料者关系类型的偏向性选择。如上所述，关于照料活动对身体健康的影响目前局限在对已婚女性的研究上，虽然女性承担了大部分照料工作，但男性在老年人照料上做出的贡献和受到的损失也是不可忽视的。近年来，美国国家照料联盟的照料者报告就有专门的男性照料者情况汇报（NAC & AARP Public Policy Institute，2015）。因此，我国男性照料者福利状况的研究也不容忽视。除了以上谈到的性别偏向，现有研究在照料者类型上偏重于对照料父母的成年子女的研究，而忽略了作为配偶提供照料的老年照料者。然而，配偶在老年人的照料者中占有较大比例，在老年人照料方面发挥了重要作用，而且由于照料配偶的老年人自身年龄较大，身体等方面条件较中青年子女差，其福利受损情况可能会更加严重。

在研究方法上，照料者福利损失的研究尚需要更多严谨的定量分析和系统的调查数据。目前，我国经济学学者在克服内生性的基础上就照料活动对就业和收入影响进行了定量研究，得出可信且一致的结论。然而，在其他福利损失方面或者以质性研究为主，研究结论无法代表全国老年人照料者的情况；或者仅开展了初级的定量分析，研究结论可能存在偏误，可信度不足。因此，对照料者其他福利领域的研究需要借鉴经济学的计量方法，提升研究质量。另外，目前多以截面数据开展照料者福利的研究，没有将照料老年人对照料者福利产生的影响放在一个较长的时空中考虑，然而照料活动的影响很多会在照料者年老后呈现，比如养老金水平、健康程度、晚年生活质量等，因此需要更多高质量的跟踪数据来呈现照料活动对照料者福利影响的全貌。最后，关于照料者福利的测量手段有待提高，比如照料者身体健康的测量不能仅仅停留在自评健康水平上，需要采集更多客观生理指标对其身体健康作出更加客观、全面的评估。

在政策研究方面，西方国家照料者支持政策的研究主要包括了政策介绍、政策比较、政策评价三个方面，政策介绍与比较均已详尽，但在政策评价方面还需要更为严谨、全面的研究。目前国内关于照料者支持政策的研究主要是对国外政策介绍与借鉴（朱浩，

2014；马焱、张黎，2013；袁小波，2010a）以及对我国照料者支持体系的构建（袁小波，2010b）。整体看来，这方面的研究属于起步阶段，国外经验的介绍在广度和深度上都有发展的空间，我国照料者支持体系的构建则须在历史唯物主义世界观的指导下更加细致地分析我国国情后再开药方。

构建老年人家庭照料者福利研究的理论框架，推进国内照料者福利调查研究，是进一步研究老年人家庭照料者支持举措、完善我国老龄政策的基础，是对"加强家庭建设"、"构建养老、孝老、敬老政策体系和社会环境"的理论回应与研究突破口，是本研究综述之意旨。

参考文献

[1] AARP Public Policy Institute & NAC. (2015). Caregiving in the U.S. 2015. http://www.caregiving.org/wp-content/uploads/2015/05/2015_CaregivingintheUS_Final-Report-June-4_WEB.pdf.

[2] Arksey, H. (2002). Combining informal care and work: Supporting carers in the workplace. *Health and Social Care in the Community*, 10(3), 151-161.

[3] Berglund, E., Lytsy, P., & Westerling, R. (2015). Health and wellbeing in informal caregivers and non-caregivers: a comparative cross-sectional study of the Swedish general population. *Health and Quality of Life Outcomes*, 13(1), 109-119.

[4] Boaz, R. F., & Muller, C. F. (1992). Paid work and unpaid help by caregivers of the disabled and frail elders. *Medical Care*, 30(2), 149-158.

[5] Bolin, K., Lindgren, B., & Lundborg, P. (2008). Your next of kin or your own career? . Caring and working among the 50+ of Europe. *Journal of Health Economics*, 27(3), 718-738.

[6] Braithwaite, V. (1996). Between stressors and outcomes: Can we simplify caregiving process variables? *Gerontologist*, 36(1),

42-53.

[7]Bryan, M. L. (2012). Access to Flexible Working and Informal Care. *Scottish Journal of Political Economy*, 59(4), 361-389.

[8]Buckner, L., & Yeandle, S. (2015). Valuing Carers 2015: the Rising Value of Carers Support. https://www.carersuk.org/for-professionals/policy/policy-library/valuing-carers-2015.

[9]Buyck, J.-F., Ankri, J., Dugravot, A., Bonnaud, S., Nabi, H., Kivimäki, M., & Singh-Manoux, A. (2013). Informal caregiving and the risk for coronary heart disease: the Whitehall II study. *The Journals of Gerontology: Biological Sciences And Medical Sciences*, 68(10), 1316-1323.

[10]Cameron, J. I., Steward, D. E., Tomlinson, G. A., Franche, R. L., Hyman, I., & Cheung, A. M. (2008). Emotional Distress among Family Caregivers in Canada: Longitudinal Analysis of the National Population Health Survey. *Arch Public Health*, 66(1), 35-45.

[11]Carbonneau, H., Caron, C., & Desrosiers, J. (2010). Development of a conceptual framework of positive aspects of caregiving in dementia. *Dementia*, 9(3), 327-353.

[12]Carmichael, F., & Charles, S. (1998). The labour market costs of community care. *Journal of Health Economics*, 17(6), 747-765.

[13]Carmichael, F., & Charles, S. (2003). The opportunity costs of informal care: Does gender matter? *Journal of Health Economics*, 22(5), 781-803.

[14]Chan, A., Malhotra, C., Malhotra, R., Rush, A. J., & Østbye, T. (2013). Health impacts of caregiving for older adults with functional limitations: results from the Singapore survey on informal caregiving. *Journal of Aging and Health*, 25(6), 998-1012.

[15]Cohen, C. A., Colantonio, A., & Vernich, L. (2002). Positive aspects of caregiving: Rounding out the caregiver experience. *Interna-*

tional Journal of Geriatric Psychiatry, 17(2), 184-188.

[16] Colombo, F., Llena-Nozal, A., Mercier, J., & Tjadens, F. (2011a). The impact of caring on family carers, in *Help Wanted?: Provinding and Paying for Long-Term care*. OECD Publishing.

[17] Colombo, F., Llena-Nozal, A., Mercier, J., & Tjadens, F. (2011b). Policies to support family carers. In *Help wanted?: Providing and paying for long-term care*. OECD Publishing.

[18] Davies, B., Fernández, J. L., & Nomer, B. (2000). Equity and efficiency policy in community care: Needs, service productivities, efficiencies, and their implications. Ashgate.

[19] Dunn, N., & Strain, L. (2001). Caregivers at risk?: Changes in leisure participation. *Journal of Leisure Research*, 33 (1), 32-55.

[20] Ettner, S. L. (1995). The Impact of "Parent Care" on Female Labor Supply Decisions. *Demography*, 32(1), 63-80.

[21] Ettner, S. L. (1996). The Opportunity Costs of Elder Care. *The Journal of Human Resources*, 31(1), 189-205.

[22] Farran, C. J., Keane-Hagerty, E., Salloway, S., Kupferer, S., & Wilken, C. S. (1991). Finding meaning: an alternative paradigm for Alzheimer's disease family caregivers. *The Gerontologist*, 31(4), 483-489.

[23] Gautun, H., & Hagen, K. (2010). How do middle-aged employees combine work with caring for elderly parents? Community, *Work and Family*, 13(4), 393-409.

[24] George, L. K., & Gwyther, L. P. (1986). Caregiver well-being: a multidimensional examination of family caregivers of demented adults. *The Gerontologist*, 26(3), 253-259.

[25] Glendinning, C. (2003). Support for carers of older people-some intranational and national comparisons. Audit Commission. London.

[26] Goode, K. T., Haley, W. E., Roth, D. L., & Ford, G. R.

(1998). Predicting longitudinal changes in caregiver physical and mental health: a stress process model. *Health Psychology*, 17(2), 190-198.

[27] Haley, W. E., Levine, E. G., Brown, S. L., & Bartolucci, A. A. (1987). Stress, appraisal, coping, and social support as predictors of adaptational outcome among dementia caregivers. *Psychology and Aging*, 2(4), 323-330.

[28] Han, J. W., Jeong, H., Park, J. Y., Kim, T. H., Lee, D. Y., Lee, D. W., ...Kim, K. W. (2014). Effects of social supports on burden in caregivers of people with dementia. *International Psychogeriatrics*, 26(10), 1639-1648.

[29] Keefe, J., & Fancey, P. (1999). Compensating Family Caregivers: An Analysis of Tax Initiatives and Pension Schemes. *Health Law Journal*, 7, 193-204.

[30] Keefe, J., Glendinning, C., & Fancey, P. (2008). Financial payments for family carers: Policy approaches and debates. In A. Martin-Matthews & J. Philips (Eds.), *Aging and caring at the intersection of work and home life: Blurring the boundaries.* (pp. 185-206). New York: Lawrence Eribaum.

[31] Hancock, P. J., & Jarvis, J. A. (2005). Evaluation of the Australian Commonwealth Respite Care Program: A case study from Western Australia and the Australian Red Cross. *Evaluation and Program Planning*, 28(3), 301-311.

[32] Harris, M., Diminic, S., Marshall, C., Stockings, E., & Degenhardt, L. (2015). Estimating service demand for respite care among informal carers of people with psychological disabilities in Australia. *Australian and New Zealand Journal of Public Health*, 39(3), 284-292.

[33] Heitmueller, A. (2007). The chicken or the egg? . Endogeneity in labour market participation of informal carers in England. *Journal of Health Economics*, 26(3), 536-559.

[34] Heitmueller, A., & Inglis, K. (2007). The earnings of informal carers: Wage differentials and opportunity costs. *Journal of Health Economics*, 26(4), 821-841.

[35] Hiel, L., Beenackers, M. A., Renders, C. M., Robroek, S. J. W., Burdorf, A., & Croezen, S. (2015). Providing personal informal care to older European adults: Should we care about the caregivers' health? *Preventive Medicine*, 70, 64-68.

[36] Hirst, M. (2005). Carer distress: A prospective, population-based study. *Social Science and Medicine*, 61(3), 697-708.

[37] Hollander, M. J., Liu, G. P., & Chappell, N. L. (2009). Who Cares and How Much? The Imputed Economic Contribution to the Canadian Healthcare System of Middle-aged and Older Unpaid Caregivers Providing Care to the Elderly. *Law & Governance*, 12, 42-49.

[38] Hoskins, I. (1993). Combining Work and Care for the Elderly: An Overview of the Issues. *International Labour Review*, 132, 347-370.

[39] Jacobs, J. C., Laporte, A., Van Houtven, C. H., & Coyte, P. C. (2014). Caregiving intensity and retirement status in Canada. *Social Science and Medicine*, 102, 74-82.

[40] Kiecolt-Glaser, J. K., Dura, J. R., Speicher, C. E., Trask, O. J., & Glaser, R. (1991). Spousal caregivers of dementia victims: longitudinal changes in immunity and health. *Psychosomatic Medicine*, 53(4), 345-362.

[41] Kim, J. H., & Knight, B. G. (2008). Effects of caregiver status, coping styles, and social support on the physical health of Korean American caregivers. *Gerontologist*, 48(3), 287-299.

[42] Kinney, J. M., & Stephens, M. A. (1989). Hassles and uplifts of giving care to a family member with dementia. *Psychology and Aging*, 4(4), 402-408.

[43] Knight, B. G., Robinson, G. S., Flynn Longmire, C. V.,

Chun, M., Nakao, K., & Kim, J. H. (2002). Cross cultural issues in caregiving for persons with dementia: Do familism values reduce burden and distress? *Ageing International*, 27 (3), 70-94.

[44] Koopmanschap, M. A., Van Exel, N. J. A., Van Den Bos, G. A. M., Van Den Berg, B., & Brouwer, W. B. F. (2004). The desire for support and respite care: Preferences of Dutch informal caregivers. *Health Policy*, 68(3), 309-320.

[45] Kotsadam, A. (2011). Does Informal Eldercare Impede Women's Employment? The Case of European Welfare States. *Feminist Economics*, 17(2), 121-144.

[46] Kramer, B. J. (1997). Gain in the Caregiving Experience: Where Are We? What Next? *The Gerontologist*, 37(2), 218-232.

[47] Lawton, M. P., Moss, M., Kleban, M. H., Glicksman, A., & Rovine, M. (1991). A two-factor model of caregiving appraisal and psychological well-being. *Journal of Gerontology*, 46 (4), 181-189.

[48] Lawton, P. M., Kleban, H. M., Moss, M., Rovine, M., & Glicksman, A. (1989). Measuring caregiving appraisal. *Journal of Gerontology*, 44(3), 61-71.

[49] Lilly, M. B., Laporte, A., & Coyte, P. C. (2007). Labor market work and home care's unpaid caregivers: A systematic review of labor force participation rates, predictors of labor market withdrawal, and hours of work. *Milbank Quarterly*, 85 (4), 641-690.

[50] Lloyd, J., Patterson, T., & Muers, J. (2016). The positive aspects of caregiving in dementia: A critical review of the qualitative literature. *Dementia*, 15(6), 1534-1561.

[51] Manuela, N., Emmanuele, P., & Cristina, S. (2016). Does caring for the elderly affect mid-life women's employment? Differences across care-work regimes. *Economia & lavoro*, (3), 79-96.

[52] Mason, A., et al. (2007). A systematic review of the effectiveness and cost-effectiveness of different models of community-based respite care for frail older people and their carers. *Health Technology Assessment*, 11(15), 1-157.

[53] McLanahan, S. S., & Monson, R. A. (1990). *Caring for the Elderly: Prevalence and Consequences*.

[54] Mestheneos, E., & Triantafillou, J. (2005). Supporting family carers of older people in Europe-The Pan-European background report (Vol. 1). Siglo del Hombre Editores.

[55] Miller, B., & Montgomery, A. (1990). Family caregivers and limitations in social activities. *Research on Aging*, 12(1), 72-93.

[56] NAC & AARP Public Policy Institute. (2015). Caregiver Profile: The Male Caregiver.

[57] Neville, C., Beattie, E., Fielding, E., & MacAndrew, M. (2015). Literature review: use of respite by carers of people with dementia. *Health & Social Care in the Community*, 23(1), 51-63.

[58] Nguyen, H. T., & Connelly, L. B. (2014). The effect of unpaid caregiving intensity on labour force participation: Results from a multinomial endogenous treatment model. *Social Science and Medicine*, 100, 115-122.

[59] Niimi, Y. (2017). Does Providing Informal Elderly Care Hasten Retirement? Evidence from Japan.

[60] Nishimura, Y., & Oikawa, M. (2017). Effects of Informal Elderly Care on Labor Supply: Exploitation of Government Intervention on the Supply Side of Elderly Care Market.

[61] Nolan, M., Grant, G., & Keady, J. (1996). *Understanding family care: a multidimensional model of caring and coping*. Open University Press.

[62] Noonan, A. E., & Tennstedt, S. L. (1997). Meaning in caregiving and its contribution to caregiver well-being. *The Gerontologist*,

37(6), 785-794.

[63]Pavalko, E. K., & Henderson, K. A. (2006). Combining Care Work and Paid Work: Do Workplace Policies Make a Difference? *Research on Aging*, 28(3), 359-374.

[64]Pearlin, L. I., Mullan, J. T., Semple, S. J., & Skaff, M. M. (1990). Caregiving and the stress process: An overview of concepts and their measures. *Gerontologist*, 30(5), 583-594.

[65]Perkins, M., Howard, V. J., Wadley, V. G., Crowe, M., Safford, M. M., Haley, W. E., ...Roth, D. L. (2013). Caregiving strain and all-cause mortality: Evidence from the REGARDS study. *Journals of Gerontology: Psychological Sciences and Social Sciences*, 68(4), 504-512.

[66]Pickard, L. (2004). The effectiveness and cost-effectiveness of support and services to informal carers of older people. Audit Commission, London.

[67]Pinquart, M., & Sörensen, S. (2003a). Associations of Stressors and Uplifts of Caregiving With Caregiver Burden and Depressive Mood: A Meta-Analysis. *The Journals of Gerontology: Psychological Sciences*, 58(2), 112-128.

[68]Pinquart, M., & Sörensen, S. (2003b). Differences between caregivers and noncaregivers in psychological health and physical health: A meta-analysis. *Psychology and Aging*, 18(2), 250-267.

[69]Rapp, S. R., & Chao, D. (2000). Appraisals of strain and of gain: Effects on psychological wellbeing of caregivers of dementia patients. *Aging and Mental Health*, 4(2), 142-147.

[70]Reinhard, S. C., Feinberg, L. F., Choula, R., & Houser, A. (2015). Valuing the Invaluable: 2015 Update. https://www.aarp.org/content/dam/aarp/ppi/2015/valuing-the-invaluable-2015-update-new.pdf.

[71]Robinson, A., Lea, E., Hemmings, L., Vosper, G., Mccann, D., Weeding, F., & Rumble, R. (2012). Seeking res-

pite: issues around the use of day respite care for the carers of people with dementia. *Ageing and Society*, 32(2), 196-218.

[72] Rose, M. S., Noelker, L. S., & Kagan, J. (2015). Improving policies for caregiver respite services. *Gerontologist*, 55 (2), 302-308.

[73] Savage, S., & Bailey, S. (2004). The impact of caring on caregivers' mental health: a review of the literature. *Australian Health Review*, 27(1), 111-117.

[74] Schmitz, H., & Westphal, M. (2015). Short-and medium-term effects of informal care provision on female caregivers' health. *Journal of Health Economics*, 42, 174-185.

[75] Schryer, E., Mock, S. E., Hilbrecht, M., Lero, D., & Smale, B. (2016). Use of Leisure Facilities and Wellbeing of Adult Caregivers. *Leisure Sciences*, 38(1), 17-33.

[76] Schulz, R., & Sherwood, P. R. (2008). Physical and Mental Health Effects of Family Caregiving. *Journal of Social Work Education*, 44(3), 105-113.

[77] Schüz, B., Czerniawski, A., Davie, N., Miller, L., Quinn, M. G., King, C., ... Scott, J. L. (2015). Leisure Time Activities and Mental Health in Informal Dementia Caregivers. *Applied Psychology: Health and Well-Being*, 7(2), 230-248.

[78] Silva, A. L., Teixeira, H. J., Teixeira, M. J. C., & Freitas, S. (2013). The needs of informal caregivers of elderly people living at home: An integrative review. *Scandinavian Journal of Caring Sciences*, 27(4), 792-803.

[79] Sinha, M. (2012). Portrait of Caregivers 2012. http://www.statcan.gc.ca/pub/89-652-x/89-652-x2013001-eng.pdf.

[80] Sipilä, J. (1995). Financial-Support for Information Care in Britain, Finland and Michigan-a Comparison of System Functions. *International Social Work*, 38(2), 177-189.

[81] Spillman, B. C., & Long, S. K. (2009). Does high caregiver

stress predict nursing home entry? *Inquiry*, 46(2), 140-161.

[82] Stoltz, P., Uden, G., & Willman, A. (2004). Support for family carers who care for an elderly person at home-a systematic literature review. *Scandinavian Journal of Caring Sciences*, 18(2), 111-119.

[83] Stone, R., Cafferata, G. L., & Sangl, J. (1987). Caregivers of the Frail Elderly: A National Profile. *Gerontologist*, 27(5), 616-626.

[84] Tarlow, B. J., Wisniewski, S. R., Belle, S. H., Rubert, M., Ory, M. G., & Gallagher-Thompson, D. (2004). Positive Aspects of Caregiving. *Research on Aging*, 26(4), 429-453.

[85] Vandepitte, S., Van Den Noortgate, N., Putman, K., Verhaeghe, S., & Annemans, L. (2016a). Effectiveness and cost-effectiveness of an in-home respite care program in supporting informal caregivers of people with dementia: design of a comparative study. *BMC Geriatrics*, 16(1), 207.

[86] Vandepitte, S., Van Den Noortgate, N., Putman, K., Verhaeghe, S., Verdonck, C., & Annemans, L. (2016b). Effectiveness of respite care in supporting informal caregivers of persons with dementia: a systematic review. *International Journal of Geriatric Psychiatry*, 31(12), 1277-1288.

[87] Van Exel, J., De Graaf, G., & Brouwer, W. (2007). Care for a break? An investigation of informal caregivers' attitudes toward respite care using Q-methodology. *Health Policy*, 83(2-3), 332-342.

[88] Van Exel, J., Morée, M., Koopmanschap, M., Goedheijt, T. S., & Brouwer, W. (2006). Respite care-An explorative study of demand and use in Dutch informal caregivers. *Health Policy*, 78(2-3), 194-208.

[89] Van Houtven, C. H., Coe, N. B., & Skira, M. M. (2013). The effect of informal care on work and wages. *Journal of Health E-*

conomics, 32(1), 240-252.

[90] Vitaliano, P. P., Young, H. M., & Zhang, J. (2004). Is Caregiving a Risk Factor for Illness? *Current Directions in Psychological Science*, 13(1), 13-16.

[91] Vitaliano, P. P., Zhang, J., & Scanlan, J. M. (2003). Is Caregiving Hazardous to One's Physical Health? A Meta-Analysis. *Psychological Bulletin*, 129(6), 946-972.

[92] Wakui, T., Saito, T., Agree, E. M., & Kai, I. (2012). Effects of home, outside leisure, social, and peer activity on psychological health among Japanese family caregivers. *Aging & Mental Health*, 16(4), 500-506.

[93] Wang, M., & Xia, C. (2001). The Current State of the Burden of Family Support for the Elderly in China An Analysis and Discussion. *Chinese Sociology and Anthropology*, 34(1), 49-66.

[94] White-Means, S. I., & Chang, C. F. (1994). Informal caregivers' leisure time and stress. *Journal of Family and Economic Issues*, 15(2), 117-136.

[95] Woittiez, I. B., & van Gameren, E. (2010). The effect of care leave on burden and job performance. *Applied Economics*, 42(2), 249-266.

[96] Wolf, D. A., & Soldo, B. J. (1994). Married Women's Allocation of Time to Employment and Care of Elderly Parents. *The Journal of Human Resources*, 29(4), 1259-1276.

[97] Yates, M. E., Tennstedt, S., & Chang, B.-H. (1999). Contributors to and Mediators of Psychological Well-Being for Informal Caregivers. *Journal of Gerontology: Psychological Sciences*, 54(1), 12-22.

[98] Yiengprugsawan, V., Harley, D., Seubsman, S., & Sleigh, A. C. (2012). Physical and mental health among caregivers: findings from a cross-sectional study of Open University students in Thailand. *BMC Public Health*, 12(1), 1111-1119.

[99]Zarit, S. H., Reever, K. E., Bach-Peterson, J. (1980). Relatives of the impaired elderly: Correlates of feeling of burden. *Gerontologist*, 20(6), 649-655.

[100]陈璐，范红丽，赵娜，等.2016. 家庭老年照料对女性劳动就业的影响研究[J]. 经济研究(3)：176-189.

[101]陈璐，范丽红.2016a. 家庭老年照料会降低女性劳动参与率吗？——基于两阶段残差介入法的实证分析[J]. 人口研究(3)：71-81.

[102]陈璐，范红丽.2016b. 家庭老年照料对女性照料者健康的影响研究[J]. 人口学刊，38(4)：48-59.

[103]顾和军，刘云平.2012. 照料父母对中国农村已婚妇女健康状况的影响[J]. 妇女研究论丛(5)：23-27.

[104]黄枫.2012. 人口老龄化视角下家庭照料与城镇女性就业关系研究[J]. 财经研究，38(9)：16-26.

[105]蒋承.2009. 中国老年照料的机会成本研究[J]. 管理世界(10)：80-87.

[106]刘柏惠.2014. 我国家庭中子女照料老人的机会成本_基于家庭动态调查数据的分析[J]. 人口学刊(5)：48-60.

[107]刘岚，陈功.2010. 我国城镇已婚妇女照料父母与自评健康的关系研究[J]. 人口与发展，16(5)：52-59.

[108]刘岚，董晓媛，陈功，等.2010. 照料父母对我国农村已婚妇女劳动时间分配的影响[J]. 世界经济文汇(5)：1-15.

[109]马焱，李龙.2014. 照料老年父母对城镇已婚中青年女性就业的影响[J]. 人口与经济(2)：39-47.

[110]马焱，张黎.2013. 对女性老年家庭照料者提供公共政策支持的国际经验借鉴[J]. 山西师大学报(社会科学版)，40(2)：8-13.

[111]苏薇，郑钢.2007. 家庭照料对照料者心理健康的影响[J]. 心理科学进展，15(6)：908-915.

[112]唐咏.2014. 压力与应对[M]. 中国社会科学出版社.

[113]袁小波.2009. 成年子女照料老年父母的积极体验研究[J].

人口与发展，15(4)：65-69，81.

[114]袁小波 . 2010a. 美国家庭照料者社会支持体系及对我国的启示[J]. 黑河学刊(9)：144-146.

[115]袁小波 . 2010b. 构筑家庭照料者社会支持体系[J]. 社会福利(6)：27-28.

[116]曾毅、陈华帅、王正联 . 2012.《21 世纪上半叶老年家庭照料需求成本变动趋势分析》,《经济研究》, 第 10 期。

[117]朱浩 . 2014. 西方发达国家老年人家庭照顾者政策支持的经验及对中国的启示[J]. 社会保障研究(4)：106-112.

语义出版研究综述

武汉大学信息管理学院　王晓光　宋宁远　徐　雷

1　语义出版概述

1.1　语义出版的概念

语义出版(Semantic Publishing)的概念最早由 David Shotton 在 2009 年提出，他认为语义出版的目标是实现在线文档资源中数据、信息和知识的识别、抽取、整合与再利用①。之后，语义出版的概念逐渐扩散开来，并得到学界认同。Peroni 在分析了多人关于语义出版的观点之后，指出语义出版就是要借助语义网技术及其他相关技术对科学文献进行语义增强，以实现对文章信息可操作性和交互性的提升，文章关联度的增强，文献内知识资源聚合程度的提高以及出版流程的改进，进而在机器可读的基础上实现知识的自动发现。② 2011 年，语义出版的概念被引入国内，王晓光介绍了语义出版形式和研究进展，并指出语义出版是运用语义网相关技术向用户提供科学知识的智能发布、个性化获取和共享处理的一种新兴科学交流系统模型，它有四种明显的特点，分别是内容结构化、数据融

① Shotton D. Semantic publishing: the coming revolution in scientific journal publishing[J]. Learned Publishing, 2009, 22(2): 85-94.

② Peroni S. Semantic Publishing: issues, solutions and new trends in scholarly publishing within the Semantic Web era[D]. Universita`di Bologna 2012.

合化、信息可视化以及对象关联化。①② 同年，徐丽芳等人在总结全球科技出版发展趋势时认为语义出版理想状态是在庞大语义网基础之上，利用相关技术将科学论文文献与数据关联，并引入相应的领域本体，支持用户的非线性阅读。③ 张晓林认为语义出版需要在科学内容创作与出版时，对其中的知识对象与知识关系进行鉴别和标引，并把解析逻辑与结果作为内容出版的有机组成部分。④

自 2016 年以来，语义出版基础理论研究得到了国内诸多学者的重视。王晓光、宋宁远等⑤⑥⑦在比较分析纳米出版物、微型出版物及增强型出版物模型的基础上，对语义出版物和增强型出版物模型的概念与差异进行了辨析和定义，指出语义出版物模型是一种全新的出版物架构，主要用于增强出版物内容对机器的可理解性。增强型出版物则通过提高内容表达能力、关联外部资源等方式实现科学论文内容语义增强，其目标是提高读者对内容的理解程度。尽管两类模型的出发点不同，近年来语义出版物模型却正在向人机都可以读取的方向发展。徐雷⑧⑨对目前语义出版相关的标准与规

① 王晓光，陈孝禹．语义出版的概念与形式[J]．出版发行研究，2011(11)：54-58.

② 王晓光，陈孝禹．语义出版：数字时代科学交流系统新模型[J]．出版科学，2012，20(4)：81-86.

③ 徐丽芳，丛挺．数据密集，语义，可视化与互动出版：全球科技出版发展趋势研究[J]．出版科学，2012，20(4)：73-80.

④ 张晓林．颠覆数字图书馆的大趋势[J]．中国图书馆学报，2011，37(05)：4-12.

⑤ 王晓光，宋宁远．语义出版物的内容组织架构研究——基于纳米出版物和微型出版物的比较分析[J]．出版科学，2017，25(4)：20-27.

⑥ 宋宁远，王晓光．增强型出版物模型比较分析[J]．中国科技期刊研究，2017，28(7)：587-592.

⑦ 喻琪琛，王晓光．科学论文摘要语义增强形式调查研究[J]．数字图书馆论坛，2017(8)：8-15.

⑧ 徐雷．语义出版应用与研究进展[J]．出版科学，2016，24(3)：33-39.

⑨ 徐雷．几个值得关注的语义出版研究热点[J]．出版科学，2018，26(2)：33-39.

范、出版物关联数据集现状、语义出版流程与技术需求，以及语义出版的应用场景等进展情况进行了梳理，认为实现语义出版数据的开放共享、去中心化语义出版实践等是当前语义出版领域的研究热点。苏静、曾建勋①研究了语义出版的基本表现形式，认为语义出版具备外部内容集成、内部内容增强、内部内容分析及数据融合四种表现形式。李航②探讨了语义出版对传统出版在评价机制、盈利模式及出版内容等方面的影响。张伟伟等③从宏观的期刊定位、微观的出版流程及具体参与者的角色转变等三个方面，分析了语义出版环境下学术期刊的发展，并对国内学术期刊的发展方向及路径进行了探讨。王莉莉等④从基础架构、应用环境、出版模式、作用效果等四个维度对动态语义出版与数字出版进行了对比分析，认为语义出版能够在多个领域得到广泛运用，尤其可以进一步提升科研工作者的知识发现与创新效率。Hallo Maria 等人⑤提出了利用语义技术评价开放存取期刊的方法。Pellegrini 等人⑥探讨了富语义元数据在出版业内的运用及其影响。Santarem Segundo 等人⑦以 VIVO 平台的运用为例分析了语义网环境对科学合作网络的影响。

---

① 苏静，曾建勋．国内外语义出版理论研究述评[J]．中国科技期刊研究，2017，28(1)：33-38.

② 李航．浅析语义技术对传统出版的影响及发展策略[J]．出版发行研究，2017(1)：35-38.

③ 张伟伟，李燕，赵文义，等．供给侧视域下的学术期刊数字出版发展路径[J]．中国科技期刊研究，2017，28(2)：151-155.

④ 王莉莉，栾冠楠．英国广播公司(BBC)动态语义出版模式研究[J]．图书情报工作，2017(8)：126-132.

⑤ Hallo M, Luján-Mora S, Maté A. Evaluating open access journals using Semantic Web technologies and scorecards[J]. Journal of Information Science, 2017, 43(1): 3-16.

⑥ Pellegrini T. Semantic metadata in the publishing industry - technological achievements and economic implications[J]. Electronic Markets, 2017, 27(1): 9-20.

⑦ Santarem Segundo J. E, Coneglian C. S, de Oliveira. L. Concepts and technologies of the semantic Web for academic-scientific cooperation: A study within the Vivo platform[J]. Transinformacao, 2017, 29(3): 297-309.

这些研究深化了语义出版概念，进一步明确了语义出版是以语义技术为基础，以实现文献内容语义化、智能化、关联化为核心，以满足用户信息与知识需求为目的的综合性、系统性工程，对知识服务与科学交流具有重大意义。同时，这些研究也显示发展语义出版的关键是促进文献内容的富语义化，实现多模态内容的机器可理解、可操作、可组织，进而提升用户的知识获取效率与理解效果。因此，为了促进语义出版进一步发展，在探索语义技术创新性应用的同时，更需要深化对科技文献内容语义结构和用户认知模式的理解。语义出版的概念虽然产生时间不长，但其目标是信息资源组织者的长期追求。从本质上讲，语义出版是对文献学家 Paul Otlet、情报学先驱 Vannevar Bush、情报学家 Bertram C. Brookes 等人的知识宇宙和认知网络概念的具象化实现。在实际操作上，语义出版借助数据清洗、数据挖掘等手段，使用自然语言处理、本体、语义网等技术，自动识别文本中出现的实体、概念术语、命题观点，并建立跨篇章的语义链接，在词汇、句子、篇章等多个层面和粒度上实现期刊论文的精确分析和关联。①

语义出版在自然科学和人文领域的应用，正在配合 e-science、数字学术(Digital Scholarship)、开放数据(Open Data)以及数字人文(DigitalHumanities)的发展推动现代科学知识生产和科学交流走向新的阶段。②

1.2 语义出版的模型

构建语义出版的系统模型是实现语义出版系统落地的基础。从语义出版概念产生之初，研究者就十分关注核心的语义出版系统模型。Anita de Waard③ 在关于语义出版的介绍性文章中提到了语义出版的发展路径，并指出了语义出版的层次体系。他认为语义出版

① 周杰，曾建勋．数字环境下的语义出版研究[J]. 情报理论与实践，2013，08：32-35.

② 王晓光．科学交流需要发展语义出版[J]. 数字图书馆论坛，2017(8)：1-1.

③ de Waard A. From proteins to fairytales：directions in semantic publishing [J]. Intelligent Systems，IEEE，2010，25(2)：83-88.

的基础是经过语义增强后的实体，这些语义实体之间以三元组(triples)的形式互相连接，而在这些基础之上需要更加深入的理解科学文献语篇的结构及构成，提供一种结构化的实体重组方式。Shotton①在有关论文评价研究中，将文章内容一项按照增强程度，分为了无增强内容(no enhancement)、动态网页链接内容(active web links)、文本语义增强内容(semantic enrichment of the text)、实时内容(“Lively” content)、数据聚合内容(data fusions，“mash-ups”)等几种层次，显示了内容增强的层次差异。Stefan Gradmann②则在对文献(Document)深入理解的基础上，指出传统出版到语义出版的过程，是一种由容器(Container)到内容(Content)再到情境(Context)的转变，即是一种由传统的文献个体的链接，到文献内容的链接，最后到更细粒度的实体链接的发展。由此可见带有语义标注的实体是构建语义出版系统的根基。

在国内学者看来，语义出版物中的实体也就是长期以来所谓的知识单元或者知识元的具体表现形式。李楠、孙济庆③等人在论述语义出版技术体系时指出语义出版技术存在“特征描述—特征抽取—知识关联”三层架构，其中文献特征的定义和描述是基础，文献特征的抽取方法是关键。然而，应当看到语义出版系统的构建是一个系统工程，它不同于以往的科学交流系统。基于多粒度的实体构建的知识网络是一个全域关联、分布耦合的知识资源存储与利用系统，为了开发此类系统，我们需要更整体性系统认知和设计，为此王晓光等人曾提出了一个更为宏观的语义出版系统层次模型，将语义出版系统的架构分为了四层，分别为数据层(Data)、业务层(Business)、交互层(Interaction)和用户层(User)，简称 DBIU 模

---

① Shotton D. The five stars of online journal articles：a framework for article evaluation[J]. D-Lib Magazine，2012，18(1)：1.

② Gradmann S. From containers to content to context：The changing role of libraries in eScience and eScholarship[J]. Journal of Documentation，2014，70(2)：241-260.

③ 李楠，孙济庆，马卓. 面向学术文献的语义出版技术研究[J]. 出版科学，2015，23(6)：85-92.

型。语义出版系统的整体实现必须在每一层上都实现技术突破，并进行有机集成。

1.3 语义出版相关理论与技术

为了实现语义出版的目标，必须首先在数据层面上理解文本内容的结构和功能，这是实现各种粒度的实体识别、特征描述和知识关联技术的基础。

(1)文本结构相关理论。

语言学以及人工智能领域的相关研究，对文献结构和功能的理解提供了丰富的理论基础。其中较有代表性的是 Mann 提出的修辞结构理论(Rhetorical Structure Theory, RST),① 该理论认为语篇是由不同的文本块(text span)构成。在语篇分析的基础上，修辞结构理论发现文本块之间存在约 30 种不同的修辞关系(Rhetorical Relations)，承担着构建文本的功能。Sanders 等人则从认知心理学的角度出发，更加侧重于对文本间关联性的探究，形成了认知关联关系理论(Cognitive Coherence Relations, CCR)。这两种理论都是从根本上对文献构成元素及其之间的关系进行的研究，是文本表示理论及模型的基础，也是语义出版基础理论的重要组成部分。

除此之外，Swales②③ 从体裁的角度出发，提出了引言部分的 CARS 模型并对其进行了修正。Zhang Lei④ 在此基础上，结合了用户阅读科学文献的偏好，提出了功能单元(Functional Unit)的观点，并识别出了科学文献中的 41 个功能单元。Anita de Warrd 提出了科

① Mann W C, Thompson S A. Rhetorical structure theory: A theory of text organization [M]. University of Southern California, Information Sciences Institute, 1987.

② Swales J. Genre analysis: English in academic and research settings [M]. Cambridge University Press, 1990.

③ Swales J. Research genres: Explorations and applications [M]. Ernst Klett Sprachen, 2004.

④ Zhang L, Kopak R, Freund L, et al. A taxonomy of functional units for information use of scholarly journal articles[J]. Proceedings of the American Society for Information Science and Technology, 2010, 47(1): 1-10. (1)

学文献的 ABCDE 模型,① 将科学文献划分为注释(Annotation)、背景(Background)、贡献(Contribution)、讨论(Discussion)以及实体(Entities)等部分。Harmsze② 提出了科学文献模块化结构的模型,认为科学文献是由内在关联的六个模块构成，分别是元信息(meta-information)、位置(positioning)、方法(methods)、结果(results)、解释(interpretation)以及结论(outcome)。除了以上几种理论之外,在科学论文写作理论中，通常把论文结构称为 IMRAD 结构，既引言(Introduction)、方法(Method)、结果(Result)、讨论(Discussion)四部分，该结构是最常见的文本结构模型。

(2)语义出版相关技术。

语义出版的相关技术是开发语义出版系统的基础，这些技术包括基础性的可扩展性标记语言(XML)、资源描述框架(RDF)，关键性的语义标注技术(Semantic Annotation)、实体链接技术(Entity Linking)和关联数据技术(Linked Data)。

XML 语言是一种用于标记电子文件使其具有结构性的标记语言，其主要目的是用于提供统一方法来描述和交换结构化数据。RDF 是 W3C 组织推荐使用的用来描述资源及其之间关系的语言规范，定义了资源的描述方式，具有简单、易扩展、开放性、易交换等特点。RDF 由 RDF Data Model、RDF Schema 以及 RDF Syntax 三部分构成。RDF 语言提供了一套简易的数字资源组织发布方式,成为了本体(Ontology)、关联数据(Linked Data)等技术的基础。

语义标注③就是将文献资源中涉及的实体(作者实体、术语实体、机构实体等)与其对应的本体概念相关联，利用本体中定义的概念、属性以及语义关系揭示文献资源的语义。语义标注需要将语义标签添加到传统文档上，并生成相应的语义内容(semantic

---

① de Waard A., Tel G.: The ABCDE format - enabling semantic conference proceed- ing[C]. Proceedings of 1st Workshop: "SemWiki2006 - From Wiki to Semantics" at ESWC2006, Budva, Montenegro (2006)12.

② Harmsze F A P. A modular structure for scientific articles in an electronic environment[D]. Universiteit van Amsterdam 2000.

③ 语义网信息组织技术与方法[M]. 上海：学林出版社，2008.

content)，由此实现机器可读。张晓林①对语义标注方法进行了总结，认为主要分为三类：①人工标注。由专门人员确定网页的使用概念集、对网页内容结构进行解析、选择元数据元素、建立用RDF或HTML语言标记的语义数据；②利用DTD和XML Schema进行概念集映射和标注。③利用词汇语义分析进行标注。随着技术的不断进步，语义标注技术，尤其是自动语义标注技术也逐渐丰富起来，② 包括：基于规则学习的标注方法，诸如Ciavegna提出的LP2(规则自动学习算法)；基于分类模型的语义标注方法，如支持向量机模型、感知器模型以及贝叶斯模型等；基于序列模型的语义标注方法，如隐马尔科夫模型(HMM)、最大熵模型(MEM)以及条件随机场模型(CRFs)等。此外，还有基于语言依存关系的分析方法、基于语义排歧的统计方法、基于文档结构的分析方法等。

实体链接是指将文档中出现的文本片断，即实体指称(Entity mention)链向其在特定知识库中相应条目(Entry)的过程。③ 实体链接在文本分类和聚类、信息检索等领域都十分重要。在语义出版系统构建过程中，构建实体之间以及与领域知识库间的链接十分重要，它是对文本内容进行语义增强的重要方法。实体链接主要包含两项关键技术，分别是指称识别和实体消歧。指称识别的任务是在科学文献中识别出在知识库中存在相应条目的实体并自动归类。指称识别的研究大多利用维基百科中的信息构建实体别名词典，得到实体指称与其候选实体之间的一对多映射关系。实体消歧与词义消歧类似，是指给定实体指称及其所在上下文、候选实体，判断其在当前上下文中所指向实体的过程。目前，实体消歧的方法主要有分类方法、机器学习排序方法、基于图的方法、模型集成方法等。

关联数据(Linked Data)④是W3C推荐的一种建立在现在Web

① 张晓林．Semantic Web与基于语义的网络信息检索[J]．情报学报，2002，21(4)：413-420.

② 王亚斌．基于本体的语义标注研究[D]．兰州：兰州理工大学，2010.

③ 陆伟，武川．实体链接研究综述[J]．情报学报，2015，(1)：105-112.

④ 刘炜．关联数据：概念，技术及应用展望[J]．大学图书馆学报，2011(2)：5-12.

通用标准上的结构化数据发布与共享方法，用来发布和连接各类数据、信息和知识，并提供适宜人和机器理解的语境信息，从而实现多源数据的语义融合。Tim Berners-Lee① 曾提出了关联数据的四个原则，对关联数据的基本特性进行了概括，成为了关联数据的基石。关联数据的语义化和关联化的链接机制，能够为语义出版提供一种更为灵活的数据发布及其共享方式，实现外部知识库链接、文献知识单元语义聚合等更高层次的语义出版需求。关联数据的发布是关联数据技术的核心。夏翠娟、刘炜②等人曾以 Drupal 为例对关联数据发布技术及其实现进行了梳理与介绍，提出关联数据的发布模式有静态发布、批量存储、调用时生成、事后转换(D2R)等四种，关联数据发布的工具包括 VoID 词表、前端转换工具、OWL 及 SKOS 相关工具、CMS 及 RDFa 等。沈志宏等③认为关联数据的发布包括数据建模、实体命名、实体 RDF 化、实体关联化、实体发布、开放查询六个关键步骤。

目前，关联数据技术在数字图书馆领域得到了广泛的实践，尤其是在数字资源的语义聚合上。④ 牟冬梅等⑤⑥针对数字资源，提出了基于关联数据的语义聚合策略，并探究了相关的语义互联模式。郑燃等⑦基于关联数据构建了图书馆、档案馆和博物馆的数字

① Bizer C, Heath T, Berners-Lee T. Linked data-the story so far[J]. Semantic Services, Interoperability and Web Applications: Emerging Concepts, 2009: 205-227.

② 夏翠娟，刘炜，赵亮等．关联数据发布技术及其实现——以 Drupal 为例[J]. 中国图书馆学报，2012 (1)：49-57.

③ 沈志宏，刘筱敏，郭学兵等．关联数据发布流程与关键问题研究[J]. 中国图书馆学报，2013 (3)：53-62.

④ 黄永文．关联数据在图书馆中的应用研究综述[J]. 现代图书情报技术，2010，26(5)：1-7.

⑤ 黄丽丽，牟冬梅，张然．基于关联数据的数字资源语义互联模式研究[J]. 图书情报工作，2013，57(17)：11-15.

⑥ 牟冬梅，王萍，张艳侠．基于关联数据的数字资源语义聚合策略[J]. 情报资料工作，2015(05).

⑦ 郑燃，唐义，戴艳清．基于关联数据的图书馆，档案馆和博物馆数字资源整合研究[J]. 图书与情报，2012，143(01)：71-76.

资源整合模式。王忠义、夏立新等①针对数字图书馆馆藏资源目录数据的中层关联数据，提出了相应的创建与发布方法。此外，夏立新等②基于关联数据初步设计了科技报告语义共享框架及实现机制。马费成等③则提出了基于关联数据的网络信息资源集成框架，并设计了一套网络学术资源集成系统。

此外，随着人工智能研究的不断深入，深度学习方法在语义出版领域也得到了广泛应用，主要被用以实现文献内容的自动识别与抽取。Anita de Waard 等人④针对语句层次的科学文献内容组件及其组成结构，使用 RNN 及 LSTM 构建了用以识别科学实验各个过程的模型。程齐凯等人⑤探讨了学术文本词汇语义功能的自动识别问题，提出了一种融合词法特征、句法特征、组件特征等信息的综合性识别模型。Jung Yuchul⑥ 设计了面向科学论文的语义标注框架，并利用有监督学习技术，对科学论文内容语义识别进行了初步探索。

语义出版是集成了多种技术手段在内的系统性、综合性工程。目前，语义出版技术体系逐渐明确，逐渐形成了以出版物内容语义识别与抽取为核心的技术体系。目前，在文本分类、文本标引与文本搜寻等具体任务环境下，出版物内容本体的作用逐渐凸显，通常被用于内容语义识别与标引的基础。同时，深度学习等先进技术与

---

① 王忠义，夏立新，石义金等．数字图书馆中层关联数据的创建与发布[J]．现代图书情报技术，2013(5)．

② 夏立新，李成龙．基于关联数据的科技报告语义共享框架设计与实现[J]．数字图书馆论坛，2015．

③ 马费成，赵红斌，万燕玲等．基于关联数据的网络信息资源集成[J]．情报杂志，2011，30(2)：167-170．

④ Dasigi P，Burns G A P C，Hovy E，et al. Experiment Segmentation in Scientific Discourse as Clause-level Structured Prediction using Recurrent Neural Networks。arXiv：1702. 05398

⑤ 程齐凯，李信．面向语义出版的学术文本词汇语义功能自动识别[J]．数字图书馆论坛，2017(8)：24-31．

⑥ Jung Y. A semantic annotation framework for scientific publications [J]. Quality & Quantity，2017，51：1-17.

方法的运用使得面向语句层次的科学文献内容语义识别更为精准，为语义出版的发展提供了新的契机。

2 语义出版主要研究方向

为了综述语义出版相关研究的进展，需要首先进行文献检索。我们在 web of science 核心数据集中，以 semantic publishing、semantic publication 为关键词，使用检索策略主题：(semantic publishing) OR 主题：(semantic publication) 对 2006—2018 年间的文献进行检索，共返回 4660 条记录，经过分析发现相关性较差。通过人工排除不相关文献，最后共得到 385 篇文献，作为我们的分析样本。

图 1、图 2 分别表示了 2006—2018 年语义出版领域相关文献数量及文献被引情况，可以看出自 2006 年以来，语义出版研究总体呈上升趋势，表明语义出版研究受到了广泛关注。

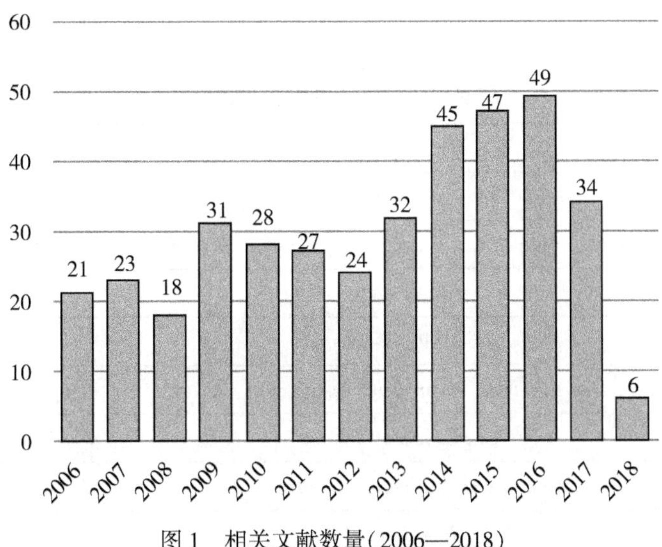

图 1　相关文献数量(2006—2018)

表 1、图 3 分别表示了近年来语义出版相关文献的所发表期刊及研究方向分布情况，可以发现语义出版受到了来自计算机、图书

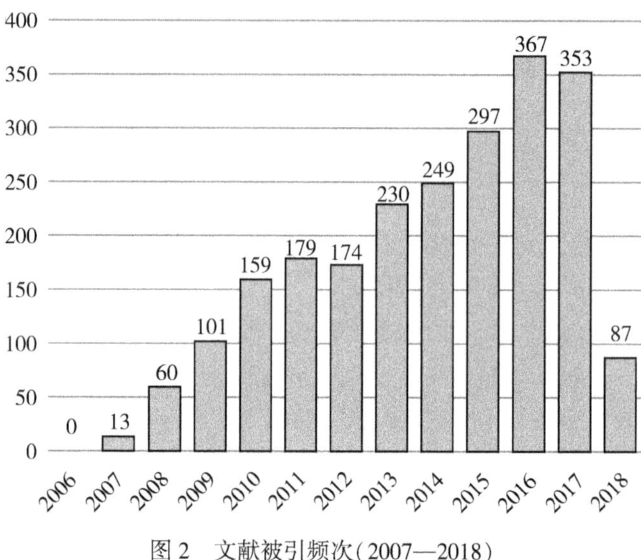

图 2　文献被引频次(2007—2018)

情报、生物医学等多个领域的广泛关注，是综合了多领域特征的研究热点。

表 1　**语义出版相关文献期刊分布情况**

期　　刊	数　量
Lecture Notes in Computer Science	36
Communications in Computer and Information Science	19
Semantic Web	12
Journal of Web Semantics	10
Lecture Notes in Artificial Intelligence	5
ProcediaComputer Science	5
Semantic Web Evaluation Challenge	5
BMC Bioinformatics	4
International Journal of Semantic Web and Information Systems	4
Metadata and Semantic Research	4

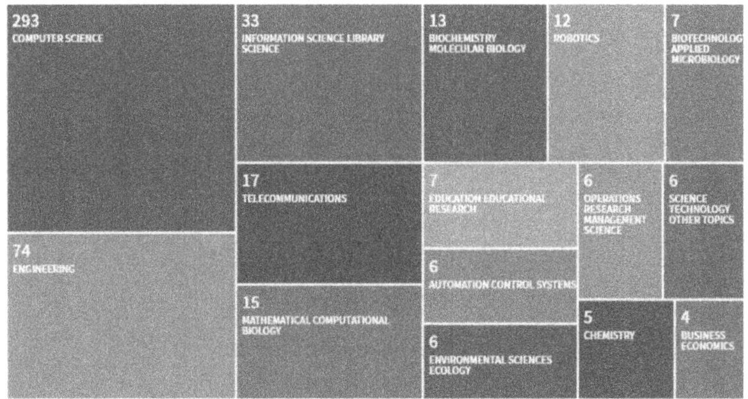

图 3　语义出版相关文献研究方向分布情况

接着，我们利用信息可视化工具 CiteSpace III 对这 385 条文献记录进行了主题分析，主题词来源选择关键词(keyword)。算法选择寻径算法(Pathfinder)，修剪策略选择修剪合并网络(Pruning the Merged Networks)，阈值保持默认设定不变，数据抽取对象为 top20，设置时间分区为 1，对 385 篇文献进行聚类分析。一般而言，当模块值(Q 值)大于 0.3 时，表明划分出来的网络结构是显著的；当 S 值大于 0.5 时，表明聚类结果是比较合理的。本次聚类所得 Q 值为 0.7355、S 值为 0.6383，指标均符合信度范围，聚类结果良好。聚类结果如图 4 所示。

根据聚类结果，我们可以发现在语义出版研究中语义网络(Semantic Web)、关联数据(Linked Data)、本体(Ontology)、数据出版(Data Publishing)、科技出版物(Scientific Publication)等主题都备受关注，是语义出版研究中的核心概念。

根据我们前期提出的 DBIU 模型，语义出版系统的发展必须在四个层面分布展开研究。下面我们就基于此分析框架，结合文献计量分析的结果及当前语义出版研究热点问题，分别从文献内容结构化处理、出版本体、新型出版物模型与知识集成、出版物语义增强、语义出版数据集开发与知识图谱建设等五个方面介绍语义出版

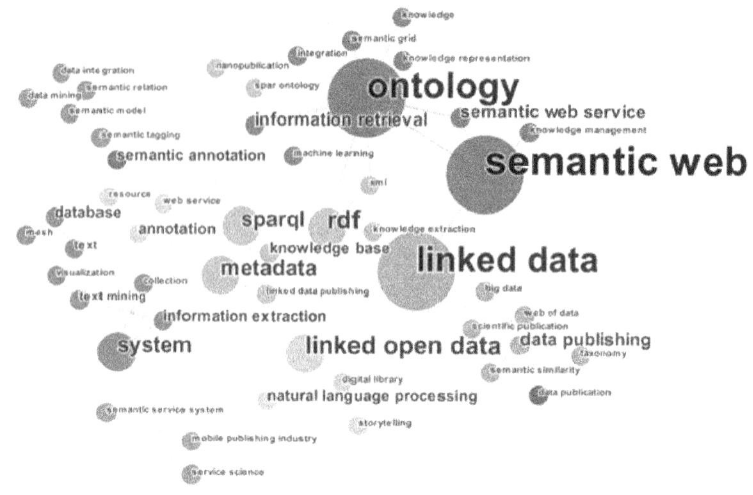

图 4　基于 Citespace 的文献聚类结果

研究最新的研究进展和成果。

2.1　文献内容结构化

(1)文献结构化表示模型与标准。

文献内容的结构化处理是实现语义出版的资源基础。文献内容只有经过结构化处理生成半结构化的 XML 数据，之后才能便于实现内容的重组与多元发布。目前，对于文献内容结构化处理的相关研究相对丰富，并已经形成了若干具有代表性的标准。

科技期刊文章标签集(the Journal Articles Tag Suite，JATS)①是由美国国立医学图书馆(NLM)下的国家生物技术信息中心(NCBI)开发，是一组集 XML 元素、期刊文献标记属性、三种 DTDs 的标准，用来描述期刊及一些非论著材料如书信、述评、书籍以及产品评论的正文及表格内容。JATS 标签集包含三套标准，所有标签与标签属性的定义都是从 JATS 标签集中抽取的，这些标签构成了存

① 包靖玲，霍永丰，顾佳等．美国国立医学图书馆期刊文档标签集概述[J]．中国科技期刊研究，2013，24(4)：624-627.

储、出版、创作三大模型。

除了 JATS 外，NLM 同时也针对图书的结构化处理发布了图书交换标签集(the Book Interchange Tag Suits，BITS)①，被视为 JATS 标准在图书结构化领域内的拓展。BITS 主要用于描述 STM 领域的图书结构信息，同时也可以用于政府报告、会议文集等的结构化描述。BITS 吸收了 NCBI Book DTD 的设计理念，将书视为一个单独的 XML 文档，并通过对部分(Section)、章节(Chapter)等元素的定义和划分实现了对图书的结构化处理。

DocBook② 是一种主要用于技术文档的标记语言，其核心是 DocBook DTD，由 OASIS 的 DocBook 小组维护。该标准对文档结构进行了详细的定义，按文献篇章结构特征由大到小依次分为集、书、文章、部分、章、节、段落，不同层次的文献内容由不同的元素进行描述。

达尔文信息版式架构(Darwin Information Typing Architecture，DITA)③是一种面向主题的出版架构。在 DITA 定义的出版流程中，内容组织的最细粒度单元是以 XML 格式描述的结构化内容模块。这种内容模块在 DITA 标准中被称作主题(Topic)。根据出版物的结构组织要求，描述相同对象的主题通过对象映射(Mapping)机制进行逻辑顺序组织，形成内容完整的统一体。组织完成的出版内容经样式渲染(Rendering)，形成交付终端展示的数字出版物。

---

① Beck J. What JATS Users should Know about the Book Interchange Tag Suite (BITS) In：Journal Article Tag Suite Conference (JATS-Con) Proceedings 2013 [Internet]. Bethesda (MD)：National Center for Biotechnology Information (US)；2013.

② Walsh N，Muellner L. DocBook：the definitive guide[M]. O'Reilly Media，Inc.，1999.

③ 范炜．达尔文信息类型架构 DITA 研究[J]．情报杂志，2009 (11)：172-175.

文本编码协议(Text Encoding Initiative, TEI)①是另一广泛应用与人文领域的文档编码规范。该标准包含了版本、出版信息、文本大小、题名等多个复合元素，同时也对500种不同的标签及相关概念进行了定义。目前，TEI除了相关的DTD标准外，也有使用可扩展标记语言的下一代正规语言(Relax NG)的相关模型。

数据标签集(Data Tag Suite, DATS)②是一套面向通用领域和生命、环境和生物医学领域用于描述科学数据的元数据和结构的标签集，由美国国立卫生研究院(The NIH)开发，旨在巩固美国国立卫生院大数据知识发现数据发现索引原型(DataMed Prototype)，为医学研究数据提供一套通用的数据描述框架，便于科学数据的表示、存储、管理和复用。

目前，文献内容结构化处理研究主要集中在两个方面。首先是对这些标准在不同领域内的运用的研究，尤其是在文献管理与存储方面。Eliot Kimber③ 探讨了在DITA标准的基础上，实现对超文档(hyperdocument)进行管理与发布的可能性，并在此基础上提出了一个简要的超文档管理系统。Zhao Wei④ 等则在加拿大21所高校

---

① Stührenberg M. The TEI and current standards for structuring linguistic data. An overview[J]. Journal of the Text Encoding Initiative, 2012 (3).

② DATS. [EB \ OL]. [2017-06-08]. https://biocaddie.org/group/working-group/working-group-3-descriptive-metadata-datasets.

③ Kimber, Eliot. "Hyperdocument Authoring Link Management Using Git and XQuery in Service of an Abstract Hyperdocument Management Model Applied to DITA Hyperdocuments." Presented at Balisage: The Markup Conference 2015, Washington, DC, August 11-14, 2015. In Proceedings of Balisage: The Markup Conference 2015. Balisage Series on Markup Technologies, Vol. 15 (2015). doi: 10.4242/BalisageVol15.Kimber01.

④ Zhao W, David RH, Khwaja S, et al. JATS for Ejournals and BITS for Ebooks---Adopting BITS for Scholars Portal Ebook Repository. In: Journal Article Tag Suite Conference (JATS-Con) Proceedings 2015 [Internet]. Bethesda (MD): National Center for Biotechnology Information (US); 2015. Available from: http://www.ncbi.nlm.nih.gov/books/NBK280069/

的学者门户(Scholars Portal, SP)系统开发中，使用 JATS 对超过 40000000 篇文献进行了结构化处理与存储，同时采用 BITS 代替 MARC21 作为对电子图书资源进行管理的标准。除此之外，Charles O'Connor① 等人以及 Kaveh Bazargan② 等都对如何借助 JATS 实现出版流程以及出版生态系统的再造做出了相应的研究。李万勇③等人讨论了 S1000D 规范与 DocBook 规范转换问题。

其次是对现有标准的补充、扩展与完善，包括相应的改进方法以及在多语种环境下的应用。例如，Jeff Beck④ 提出了完善 JATS 重用性的方法，Daniel Mietchen⑤ 则提出了使用 JATS 支持数据引用的机制，并提出了通过增加〈version〉以及〈data-title〉两个元素的

---

① O'Connor C, Haenel S, Gnanapiragasam A, et al. Building an Automated XML-Based Journal Production Workflow. In: Journal Article Tag Suite Conference (JATS-Con) Proceedings 2015 [Internet]. Bethesda (MD): National Center for Biotechnology Information (US); 2015. Available from: http://www.ncbi.nlm.nih.gov/books/NBK279927/

② Bazargan K. A complete end-to-end publishing system based on JATS. In: Journal Article Tag Suite Conference (JATS-Con) Proceedings 2015 [Internet]. Bethesda (MD): National Center for Biotechnology Information (US); 2015. Available from: http://www.ncbi.nlm.nih.gov/books/NBK279828/

③ 李万勇，许丰娟. 基于 Docbook 标准的 IETM 发布平台[J]. 软件，2014, 5: 025.

④ Beck J, Chodacki J, Eaton A, et al. ; JATS4R Working Group Improving the reusability of JATS. In: Journal Article Tag Suite Conference (JATS-Con) Proceedings 2015 [Internet]. Bethesda (MD): National Center for Biotechnology Information (US); 2015. Available from: http://www.ncbi.nlm.nih.gov/books/NBK279901/.

⑤ Mietchen D, McEntyre J, Beck J, et al. ; Force11 Data Citation Implementation Group Adapting JATS to support data citation. In: Journal Article Tag Suite Conference (JATS-Con) Proceedings 2015 [Internet]. Bethesda (MD): National Center for Biotechnology Information (US); 2015. Available from: http://www.ncbi.nlm.nih.gov/books/NBK280240/.

方式对 JATS 进行改进的方式加以实现。同时，Hidehiko Nakanishi① 探讨了使用 JATS 对日语文献的标注策略。此外，Chandi Perera②、Wei Zhao③ 等还对 JATS 在图书范畴内的使用进行了探讨。Dana Wheeles④ 探索了 BITS 在非标准化图书内容环境下的使用情况。

(2)结构化摘要和结构化关键词。

结构化数字摘要(Structured Digital Abstracts，SDA)，不同于传统科学文献中摘要的概念，结构化摘要是一种对文献关键数据及结论的、机器可读的总结。其概念最早由 Gerstein 和 Seringhaus 提出，目的是为了加强科学文献文本与存储在数据库中的科学数据之间的关联，并实现文本挖掘⑤。Gerstein 和 Seringhaus 认为 SDA 应当包含三个主要元素，分别是：翻译表、使用本体等受控词表表示的重要结果清单以及相关的标准证据编码。在此概念的基础上，《欧洲生化学会联合会快报》(FEBS Letters)⑥以及 MINT 数据库(the

---

① Nakanishi H, Naganawa T, Tokizane S, et al. Creating JATS XML from Japanese language articles and automatic typesetting using XSLT. In: Journal Article Tag Suite Conference (JATS-Con) Proceedings 2015 [Internet]. Bethesda (MD): National Center for Biotechnology Information (US); 2015. Available from: http://www.ncbi.nlm.nih.gov/books/NBK279832/.

② Perera C. Book Publishing with JATS. In: Journal Article Tag Suite Conference (JATS-Con) Proceedings 2011 [Internet]. Bethesda (MD): National Center for Biotechnology Information (US); 2011.

③ Zhao W, Chengan J. JATS for both journals and books?: A case study of adopting JATS to build a single search for Ejournals and Ebooks. In: Journal Article Tag Suite Conference (JATS-Con) Proceedings 2012 [Internet]. Bethesda (MD): National Center for Biotechnology Information (US); 2012.

④ Wheeles D. Using BITS for Non-standard Content. In: Journal Article Tag Suite Conference (JATS-Con) Proceedings 2015 [Internet]. Bethesda (MD): National Center for Biotechnology Information (US); 2015.

⑤ Gerstein M, Seringhaus M, Fields S. Structured digital abstract makes text mining easy[J]. Nature, 2007, 447(7141): 142.

⑥ Ceol A, Chatr-Aryamontri A, Licata L, et al. Linking entries in protein interaction database to structured text: the FEBS Letters experiment[J]. FEBS letters, 2008, 582(8): 1171-1177.

Molecular INTeraction Database)①均对其进行了延伸，将数字化摘要运用到了涉及蛋白质化学反应的结构化描述文献中。结构化摘要通常是一系列对传统摘要的 XML 编码，重点是对文献中出现的蛋白质、化学反应等进行详细描述，通过 XML 将文章中的关键数据及结论以机器可读的方式展现。这种描述通常包括固定标识符以及相关的预设受控词表。

目前，结构化摘要研究已经成为了文献结构化研究的重要组成部分。Shotton② 等人曾做过结构化数字摘要的实验。Kei-Hoi Cheung③ 等人也在 SDA 的基础之上提出了语义网环境下结构化数字表格的表现形式及结构化方法。

关键词结构化是文档结构化的另一个研究领域。已往的论文中，关键词的语义功能并没有得到特别区分，这使得检索过程中，不同语义功能的关键词被一视同仁的处理，不利于提高检索的精准度。美国印第安纳大学的 Xiaozhong Liu④ 等利用自然语言处理和机器学习技术，提出了一种构建科学文献结构化元数据，也就是结构化关键词(structured keyword)的方法。结构化关键词是一种方便知识检索，具有机器可读性的框架，能够区分关键词在论文中的语义功能，并表示论文中的主要论断和实验结果。武汉大学信息管理学院的陆伟教授也在自科基金项目“面向词汇功能的学术文本语义识别与知识图谱构建”支持下进行这方面研究。

---

① Licata L, Briganti L, Peluso D, et al. MINT, the molecular interaction database: 2012 update[J]. Nucleic acids research, 2012, 40(D1): D857-D861.

② Shotton D. Semantic publishing: the coming revolution in scientific journal publishing[J]. Learned Publishing, 2009, 22(2): 85-94.

③ Cheung K H, Samwald M, Auerbach R K, et al. Structured digital tables on the Semantic Web: toward a structured digital literature[J]. Molecular systems biology, 2010, 6(1): 403.

④ Liu X, Guo C, Zhang L. Scholar metadata and knowledge generation with human and artificial intelligence[J]. Journal of the Association for Information Science and Technology, 2014, 65(6): 1187-1201.

2.2 出版本体

出版本体用于对出版物内容和出版过程的规范化描述，是对文献内的细粒度知识单元进行有序组织的关键，也是构建语义出版系统的核心。出版本体的发展是一个逐渐细化的过程，最早的出版本体是领域性的，与特定的领域知识结合非常密切，更多地服务于领域知识组织。随后出版本体逐渐独立出来，提供了适应不同领域的文献结构描述手段。随着本体间协同作用的增强，出版本体集也开始产生。

在领域性出版本体最具有代表性是 SWAN 本体。SWAN①(Semantic Web Applications in Neuro-medicine)是神经医学领域表示生物医学文本一般性语义结构的本体。SWAN 最初是建立在奥尔兹海默症(Alzheimer Disease, AD)相关研究基础上，整合了诸如 OBO (Open Biomedical Ontologies Foundry)、NCBO (National Center for Biomedical Ontology)等领域本体，具有非常鲜明的领域属性。除此之外，SWAN 还包含一些通用元素，如人物、组织、机构、篇章单元、引用及参考文献、版本及出处信息等。其中，最核心的部分是篇章元素部分，它又涵盖了研究声明、研究问题以及结构性注解三类。这里的研究声明具体指代断言或假设；研究问题是指科学研究的主题；结构型注解则是对发布在数字资源上注释的结构性表述。由此可以看出，SWAN 对于出版物内容结构的理解还十分有限，更侧重于将领域知识与篇章内容结合在一起。

全域性出版本体以 SALT (Semantically Annotated LaTex) 为代表，SALT 由 Groza② 等人提出。SALT 摆脱了领域知识的限制，而专注于出版内容及相关信息。SALT 本体包括语义层和语法层两部分，其中语义层居于核心地位，包括文档、修辞及标注三大部分。文档本体用来描述文档的内部结构，诸如段落、语句等。修辞本体

① Ciccarese P, Wu E, Wong G, et al. The SWAN biomedical discourse ontology[J]. Journal of biomedical informatics, 2008, 41(5): 739-751.

② Groza T, Möller K, Handschuh S, et al. SALT: Weaving the claim web [M]. Springer Berlin Heidelberg, 2007.

用来描述文章的修辞结构及修辞单元，如断言、证据等。标注本体则连接了文档内部结构与修辞结构，给文档内部结构单元赋予了修辞功能的属性，又将文档功能单元与具体文档组成成分相关联。全域性出版本体虽然在使用上摆脱了特定领域的限制，但在功能上过于全面而无法对某一方面进行更为深入细致的描述。

出版是一个系统工程，其中涉及了出版物内容、相关的引用及参考文献，还有具体的出版流程，这就需要不同目的的本体进行协同工作，由此产生了出版本体集合的需求。

出版本体集以 SPAR（Semantic Publishing And Referencing Ontology）以及语义棱镜（Semantic Lenses）为代表。SPAR① 是一套整合了出版过程本体（PRO、PSO、PWO）、出版物参考文献本体（FaBio、CiTO、C4O）以及描述出版物内容结构和修辞功能的 DoCO 本体的本体集。该本体集的各个部分既可以同时使用，也可以单独使用，同时还可以与其他本体协同使用。语义透镜也是一组由不同功能的本体组成的本体集合，通过不同语义本体构成诸如研究背景、出版环境、结构、修辞、引用、论证等八个不同的分析维度，并通过对这些不同维度的组合以实现对文献背景信息、论文结构信息以及论文内部各功能块作用的定义。与 SPAR 不同的是 Semantic Lenses② 对于不同功能的区分更加明确，尤其是在对文本内容的描述上。相比于 SPAR 使用 DoCO 对文献内容从修辞结构方面进行描述，语义透镜将论证结构引入到文本结构描述上来。通过使用论证本体（Argument Ontology）定义文档的论证要素及论证结构，使其与引文关系、修辞结构等互相作用。

（1）出版物内容与结构本体。

对出版物内容和结构的描述在各出版本体中通常从两个角度出

① Peroni S. Semantic Publishing: issues, solutions and new trends in scholarly publishing within the Semantic Web era[J]. 2012.

② Peroni S, Shotton D, Vitali F. Faceted documents: describing document characteristics using semantic lenses[C]//Proceedings of the 2012 ACM symposium on Document engineering. ACM, 2012: 191-194.

发，一是文献修辞结构，二是文献论证结构。这两者均是从文献功能单元的定义起步，以文献结构深层次理解为基础，侧重于对文献知识单元的链接。下文对这两类本体进行详细介绍。

文献修辞本体最早的雏形是 SALT 本体中的修辞本体(SALT-Rhetorical Ontology),① SALT 的修辞本体总共分为修辞关系、修辞结构以及论证三个层次。其中修辞关系(Rhetorical Relations)主要用来表示文献内断言(Claims)及相关解释之间的关系。SALT 借鉴了修辞结构理论(Rhetorical Structure Theory，RST)中对修辞关系的解释，选取了其中与科学文献关联度较高的几种修辞关系，如环境(Circumstance)、判断(Justify)、证据(Evidence)等。修辞结构(Rhetorical Structure)主要关注文献结构单元的功能识别及定义，它借鉴了 de Waard 提出的 ABCDE 结构模型，并在此基础上进行了扩充，形成了更细粒度的功能单元，如摘要(Abstract)、动机(Motivation)、讨论(Discussion)、结论(Conclusion)、背景(Bsckground)等。

修辞块本体(Ontology of Rhetorical Blocks，ORB)②③是 W3C 提出的用以表示篇章修辞结构的推荐标准，其目的是为了建立一个跨学科的、具有普适意义的科学修辞模块定义。ORB 本体既定义了具有描述一般修辞单元的粗粒度结构，又可以根据具体的篇章进行更细粒度的结构划分，所以 ORB 具有较强的可扩展性。ORB 的核心结构包括三个部分：头部、主体和结尾。头部主要是对出版物附加信息的描述，包括题目、作者、机构及出版地等条目。主体则借鉴了科学文献的 IMRAD 结构，分为引文(orb：Introduction)、方法

---

① Groza, T.; Handschuh, S.; Clark, T.; Buckingham Shum, S. and de Waard, A. (2009). A short survey of discourse representation models. In: Proceedings 8th International Semantic Web Conference, Workshop on Semantic Web Applications in Scientific Discourse. Lecture Notes in Computer Science, Springer Verlag: Berlin, 26 Oct 2009, Washington DC.

② ORB: http: //www. w3. org/2001/sw/hcls/notes/orb/#ontology.

③ 马雨萌，祝忠明．科学篇章修辞块本体标准及其应用分析[J]．情报杂志，2012，31(10)：112-116.

(orb：Method)、结果(orb：Results)及讨论(orb：Discussion)四个部分。尾部的信息包括致谢(orb：Acknowledgement)及参考文献(orb：Reference)。

篇章元素本体(Discourse Element Ontology，DEO)①是Peorni和Shotton等人对SALT本体及ORB本体的完善。相比于ORB和SALT，篇章元素本体专指性更强，更加针对科学文献的修辞结构，因而对修辞单元的划分也更为细致。该本体使用RDF语言描述了30多种修辞单元，如致谢(acknowledgement)、背景(background)、方法(method)、模型(models)、结果(results)、讨论(discussion)、数据(data)等。

文献构件本体(Document Component Ontology，DoCO)②是Peroni等人对DEO的改进，它使用了OWL2作为描述语言，整合了SALT、ORB等本体的相关部分，因此该本体有类似于ORB关于头部、主体、尾部的划分。③ DoCO最主要的特点是整合了文献结构模式本体(Pattern Ontology，PO)，用以描述诸如段落、语句等文献外部结构框架。

除了以上关注文献修辞结构的本体外，关于文献论证结构的本体也受到了越来越多的关注。在出版本体发展初期，文献论证结构通常是与修辞结构一起，作为对修辞结构及修辞功能的补充。但这两者之间存在本质区别，相比于修辞结构更注重对文本单元功能的定义及描述，论证结构侧重对逻辑推理和科学论证过程的描述，是科学文献内的隐性知识。在论证结构得到关注之后，相关的论证本体也开始出现。

SALT修辞本体中的论证框架是较早将论证关系引入对文献结构描述的实例之一。论证部分并不是独立存在的，而是作为修辞本体的一部分，用以说明不同修辞块之间存在的支持与反对关系。受制于使用目的，该部分只定义了论证(Argument)及反证

① DEO：http：//purl. org/spar/deo.

② DoCO：http：//purl. org/spar/doco.

③ Shotton D，Peroni S. DoCO，the document components ontology[J]. 2011.

(counterArgument)两种论证。

论证模型本体(Argument Model Ontology, AMO)①是相对完整的论证本体，是使用 OWL 语言对图尔敏论证模型的形式化表达。AMO 定义了图尔敏论证理论中包含的 6 个元素，包括断言(Claim)、证据(Evidence)、保证(Warrant)、限定词(Qualifer)、反驳(Rebuttal)、支援(Backing)。同时也定义了包含支持(support)、证明(proves)等在内的 21 种关系。

学术本体项目(Sholarly Ontologies Project, ScholOnto)②从 Sanders 的认知关联关系(Cognitive Coherence Relations, CCR)理论出发，由内容片断的一致性(coherence among content segments)入手，侧重于对文本块之间关系的定义。ScholOnto 通过一系列参数的设置定义了丰富的关系，最主要的关系有六类，分别是：因果(causal)关系、问题相关(problem related)关系、相似性(similarity)关系、通用(general)关系、支持/挑战(support/challenges)关系、分类(taxonomic)关系。每一类关系都包含了极性(正向或负向)，以及具体的权重。

近年来，关于出版物内容本体建设正朝着粒度更细、定位更为明确的趋势发展，Sepideh Mesbah 等人③提出了 DMS(Dataset, Method, Software)本体，通过对数据集、研究方法的定义，形式化表征了科学论文内容中的科研数据、数据来源、归属等语义信息。L. M. Ambrosio 等人④在分析科学实验的基础上，对出处本体

① AMO：http：//www. essepuntato. it/2011/02/argumentmodel.

② Shum S B, Motta E, Domingue J. ScholOnto：an ontology-based digital library server for research documents and discourse[J]. International Journal on Digital Libraries, 2000, 3(3)：237-248.

③ Mesbah S, Fragkeskos K, Lofi C, et al. Semantic Annotation of Data Processing Pipelines in Scientific Publications[C]// 14th Extended Semantic Web Conference (ESWC). 2017：321-336.

④ Campos F, Campos F. Prov-SE-O：a provenance ontology to support scientists in scientific experimentation process：WIP[C]// International Workshop on Software Engineering for Science. IEEE Press, 2017：15-21.

(Provenance ontology)进行了扩展，设计了用以描述科学实验过程的本体 Prov-SE-O，同时构建了 Context-SE 框架对实验过程情境信息进行表示与分析。Lange 等①面向科学论文的结论与命题提出了 SemSur2.0 本体，通过复用 DEO、DoCO、DC、EXPO 等本体及元数据，在对科学论文内容结构进行定义的同时，准确描述了科学论文的发现、结论等创新性较高的部分。

(2)引用及参考文献本体。

出版内容本体提供了对文献内容细粒度单元功能及其关系的解读，而文献之间的关联以及文献内部文本块的联系除了由自身功能决定之外，还受到引用关系的影响。对引文及参考文献进行语义解读，能帮助研究者理解这引用关系的实质。目前，对引文的语义解读通常体现在参考文献特征、引用的语义关系以及引用的上下文环境三方面。具有代表性的出版引用本体如下。

引文类型本体(Citation Typing Ontology，CiTO)②是 Peroni 等人提出，借助 RDF 表示引用关系的同时对其语义属性进行了定义。在 CiTO 中，引文语义主要由修辞(Rhetorical)关系及事实(Factual)关系两方面进行定义，修辞关系主要指作者的引用情感，包括积极(Positive)、中性(Neural)、消极(Negative)三类；事实关系则体现引文的作用，即引用数据(uses data from)、引用方法(uses method in)等。③ CiTO 具有较强的扩展性，可以同 FOAF(Friend of a Friend)本体、都柏林核心元数据集协同使用，以表示引用文献的作者信息。同样也可以与 ORB、DoCO 等出版物内容本体进行较好的协同作用。

引用数量及引用环境本体(Citation Counting and Context Chara-

① Fathalla S，Auer Soren，Lange Christoph. SemSur：a core ontology for the semantic representation of research findings. Preprint. 2018，02. DOI：10.13140/RG.2.2.17553.33126.

② CiTO：http：//purl.org/spar/cito.

③ Ciccarese P，Shotton D，Peroni S，et al. CiTO + SWAN：The web semantics of bibliographic records，citations，evidence and discourse relationships[J]. Semantic Web，2014：295-311.

cterization Ontology，C4O)①主要用来对同一参考文献在不同文献中的引用位置、引文环境进行定义，同时也与谷歌学术等相关联，实现对总体引用次数的描述。

书目信息本体(the Bibliographic Ontology Specification，BIBO)与 FRBR 对应书目信息本体(FRBR-aligned Bibliographic Ontology，FaBiO)②则对施引文献与被引文献的具体特征信息进行了描述。BIBO 共定义了 69 个元素，其中最主要的是对文献类型的定义。③FaBiO 在 BIBO 的基础上，融合了 FRBR(Functional Requirement of Bibliographic)框架中关于作品(work)、内容表达(expression)、载体表现(manifestation)和单件(item)的分类，同时也包括了对创作者和创作团体描述，最终形成了整合性的本体。

FaBiO 的元素主要分为四类，其中，作品(work)中包括了 69 个子类，诸如模型(model)、数据集(dataset)等；内容表达(expression)包括图表(figure)、章节(chapter)、表格(table)、专利文献(patent document)等 92 个子类；载体表现(manifestation)则定义了诸如云(cloud)、博客(blog)、网页(web page)等 10 个子类；单件(item)则定义了 4 个子类，诸如数字单件(digital item)、模拟单件(analog item)等。④ 相较于 BIBO，FaBiO 关于参考文献的定义结构更为清晰。

(3)出版流程本体。

出版是一个流程，对出版物生命周期的描述也十分重要，这其中包括出版工作流程，与之相对应的出版物状态和在不同环节中扮演不同角色的实体与代理。SPAR 中通过出版流程本体(the Publishing Workflow Ontology，PWO)、出版物状态本体(the Publishing

① C4O：http：//purl. org/spar/c4o.

② FaBiO：http：//sempublishing. sourceforge. net/fabio.

③ D'Arcus B，Giasson F. Bibliographic ontology specification. Specification document，4 November 2009[J]. Retrieved August，2009，10：2011.

④ Peroni S，Shotton D. FaBiO and CiTO：ontologies for describing bibliographic resources and citations [J]. Web Semantics：Science，Services and Agents on the World Wide Web，2012，17：33-43.

Statuses Ontology，PSO）、出版物角色本体（the Publishing Roles Ontology，PRO）三个本体对其进行了描述。①

出版角色本体（PRO）②用来描述在出版过程中，人、机构及计算机代理所扮演的角色信息。通过这个本体可以将书目实体（例如，作者、边际、审稿人等）与特定机构（例如，出版商、图书馆等）及其在特定时期所扮演的具体角色相关联。其中主要的元素包括作者（author）、编辑（editor）、出版商（publisher）、同行评议者（peer reviewer）等。

出版物状态本体（PSO）③是对出版过程中出版物所处不同状态的描述。在该本体中，一个实体是指在特定出版项目中，特定时间序列及特定状态下的出版物。该本体的主要元素包括草稿（draft）、递交（submitted）、审阅（under review）、拒绝录用（rejected for publication）、录用（accepted for publication）、同行评议（peer reviewed）等。

出版流程本体（PWO）④是对出版流程的描述。PWO 本体相对简单，其主要目的是将文献的出版工作流程的主要阶段进行形式化表达，诸如送审（under review）、XML 处理（XML capture）、页面设计（page design）、Web 发布（Web publication）等。

（4）出版本体应用。

准确和规范地定义科学论文的组件及其关系是实现语义出版的基础工作之一，科学论文内容本体起到关键作用。

目前，科学论文内容本体最直接的应用为对科学论文进行深度语义标注。相关工作包括：Ciancarini 等设计语义棱镜模型，通过 AMO、DoCO 等科学论文内容本体的应用，从不同角度实现对

① Peroni S，Shotton D，Vitali F. Scholarly publishing and linked data：describing roles，statuses，temporal and contextual extents[C]//Proceedings of the 8th International Conference on Semantic Systems. ACM，2012：9-16.

② PRO：http：//purl. org/spar/pro.

③ PSO：http：//purl. org/spar/pso.

④ PWO：http：//purl. org/spar/pwo.

科学文献内容及情境的语义标注;① Bartalesi 等利用 DoCO、FaBiO、CiTO、FOAF 等本体以及 FRBR 框架，构建但丁文学作品结构框架，同时利用 SKOS、CIDOC-CRM 等标准进行文本语义标注实验。②

科学论文内容结构复杂，单一本体通常不能全面揭示科学论文内容组件。因此，在进行语义标注时，一般使用多个本体从不同角度对文献对象及其知识内容进行语义描述。图 5 表示利用科学论文内容本体对科学论文的不同部分进行语义标注。③

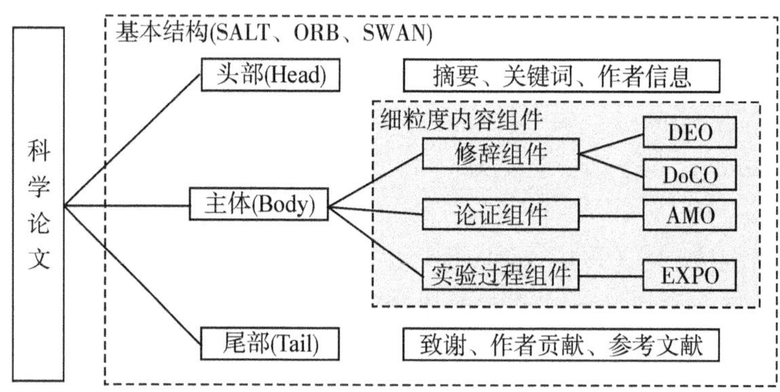

图 5　科学论文内容本体的应用，引用自文献[89]

借助科学论文内容本体对科学论文进行语义标注，可实现科学论文内容组件的细粒度识别与自动抽取，并将非结构化的出版物内

① Ciancarini P, Iorio A D, Nuzzolse A G, et al. Semantic annotation of scholarly documents and citations [C]//Conference of the Italian Association for Artificial Intelligence. [S. 1.]: [s. n.], 2013: 336-347.

② Bartalesi V, Locuratolo E, Versienti L, et al. A preliminary study on the semantic representation of the notes to Dante Alighieri's Convivio [C]// Dh-Case 13 International Workshop on Collaborative Annotations in Shared Environment: Metadata. Vocabularies and Techniques in the Digital Humanities, 2013: 1-7.

③ 王晓光，宋宁远 . 科学论文内容本体比较研究[J]. 数字图书馆论坛，2017(8): 2-7.

容转化为带有语义标记的结构化数据。Bahar Sateli 等采用自然语言处理、实体识别等技术，以 SALT 和 DoCO 等有关本体为基础构建一系列抽取规则及流程，探索断言（Claim）和贡献（Contribution）的自动抽取方式，提出将科学文献转换成语义知识库的方法。① Ashutosh Malhotra 等借助机器学习，综合 SWAN 本体，构建 HypothesisFinder，用以从科学论文中抽取假设，构建知识库。② Sepideh Mesbah 等人③在 DMS 本体的基础上，利用机器学习，构建了用以实现针对科学论文内容语义标引的方法体系，并在多个会议论文数据集上进行了测试。D. Bahloul④ 提出了一种基于本体的文献标引框架，在实现对知识表征与文档建模的基础上，用以对文本进行标引。Z. Kastrati⑤ 与 M. Elhadad⑥ 分别设计了基于本体的文本分类方法，Z. Kastrati 首先使用了一组本体对文本进行表示，在此基础上提出了适用于文本分类的方法。M. Elhadad 在 WordNet 本体的基础上，综合运用 VSM、TFIDF、PCA 等算法，提出了面向网络

① Sateli B, Witter R. Semantic representation of scientific literature: bringing claims, contributions and named entities onto the Linked Open Data cloud[J]. PeerJ Computer Science, 2015(1): e37.

② Malhotra A, Younsei E, Gurulingappa H, et al. 'HypothesisFinder:' a strategy for the detection of speculative statements in scientific text [J]. PLoS Computational Biology, 2013, 9(7): e1003117.

③ Shotton D, Peroni S. DoCO, the document components ontology[J]. 2011.

④ Bahloul D, Amghar Y, Maret P. Ontology-Based Framework for Document Indexing[C]// International Conference on Enterprise Information Systems. 2017: 269-274.

⑤ Kastrati Z, Yayilgan S Y. Improving Document Classification Effectiveness Using Knowledge Exploited by Ontologies[C]// International Conference on Applications of Natural Language to Information Systems. Springer, Cham, 2017: 435-438.

⑥ Elhadad M K, Badran K, Salama G I. A novel approach for ontology-based dimensionality reduction for web text document classification [C]// Ieee/acis, International Conference on Computer and Information Science. IEEE, 2017: 373-378.

文本的分类方法。W Fang① 提出了一套基于本体的标引方法，在语义标引的基础上实现文献检索。这些项目均以科学论文内容本体为基础，综合多种机器学习方法，实现对特定内容组件（断言、假设等）的自动抽取，但囿于本体对内容组件定义不够准确，仍然无法实现多类型内容组件抽取。

在语义关联方面，Utopia Documents 项目使用 DoCO 本体对 PDF 文档进行标注，作为实现外部知识自动关联、可视化展示及动态交互的基础；② 该项目还发布 Web 客户端 PDFX，③ 将 PDF 文档解构为半结构化 XML 文档后，借助 DoCO 本体进行语义标注。Biotea 项目以 DoCO 本体为基础，结合基因本体和医学主题词表等，在对科技文献结构进行定义的同时，设计一套基于 RDF 的文献与知识表示模型，对 PubMed 学术文献进行语义关联④。SLOR（Semantic Linkage Open Repository）项目使用 CiTO、DoCO 等本体，借助引用关系实现文献信息对象间关联。⑤ 虽然这些项目均使用了 DoCO 本体进行语义标注，但在本体使用上，仍然偏重于表示段落、语句、章节等结构特征，较少涉及对内容组件功能性定义。

---

① Fang W, Guo Y, Liao W. Ontology-based indexing method for engineering documents retrieval[C]// IEEE International Conference on Knowledge Engineering and Applications. IEEE, 2017: 172-176.

② Attwood T K, Kell D B, McDermott P, et al. Utopia documents: linking scholarly literature with research data[J]. Bioinformatics, 2010, 26(18): i568-i574.

③ Constantina A, Pettfer S, Voronkov A. PDFX: fully-automated PDF-to-XML conversion of scientific literature[C]//Proceedings of the 2013 ACM Symposium on Document Engineering. ACM, 2013: 177-180.

④ Castro L J G, McLaughlin C, Garcia A. Biotea: RDFizing PubMed central in support for the paper as an interface to the web of data[J]. Journal of Biomedical Semantics, 2013, 4(1): 1-22.

⑤ Parinov S, Kogalovsky M. Semantic linkages in research information systems as a new data source for scientometric studies[J]. Scientometrics, 2014, 98(2): 927-943.

2.3 新型出版物模型与语义集成方法

出版本体在对出版物和出版过程深度理解基础上进行的形式化定义和表达。从根本上来说，出版本体更多的是对当下出版物形式和出版过程的一种描述。目前，相关研究开始探讨一些新颖的出版物模型，如纳米出版物模型和微型出版物模型。

(1)纳米出版物模型。

纳米出版物(Nanopublication)是概念网络联盟(Concept Web Alliance)在2009年提出的，以“科学声明”为单位的“具有科学意义、机器可读的、最小的可出版单元”模型。① 该模型包含了核心科学声明和相关语境，对科学信息进行形式化表达，进而方便科学声明层面的知识处理工作，诸如科学声明的整合、查询、推理等。

具体的纳米出版物模型是由 Barend Mons 和 Jan Velterop② 提出的。随后，Paul Groth③ 对纳米出版物的结构进行了更深入的分析。概括来说，纳米出版物主要由内容性组成部分及功能性组成部分构成。其中，内容性组成部分以概念三元组(triples)为基础，将每一个具有实际意义的三元组视为一条科学声明(Assertion)。科学声明与其出处信息(Provenance)构成了一条最基本的纳米出版物。除此之外，出版物信息(publication information)(包括归属、整合时间、引用情况等)、支持性信息(supporting)等则对纳米出版物起到了附加解释作用。其核心模型如图6所示。

纳米出版物的功能性组成部分是纳米出版物ID，也就是纳米出版物的URI。其中包含完整性密钥(Integrity Key)，用于保证纳米出版物的不变性与完整性，帮助用户检查纳米出版物是否被修改。纳米出版物的基本模型由概念出发，概念在此处即为细粒度的

---

① 吴思竹，李峰，张智雄．知识资源的语义表示和出版模式研究——以 Nanopublication 为例[J]．中国图书馆学报，2013 (4)：102-109.

② Mons B，Velterop J. Nano-Publication in the e-science era[C]//Workshop on Semantic Web Applications in Scientific Discourse (SWASD 2009). 2009.

③ Groth P，Gibson A，Velterop J. The anatomy of a nanopublication[J]. Inf. Services and Use，2010，30(1-2)：51-56.

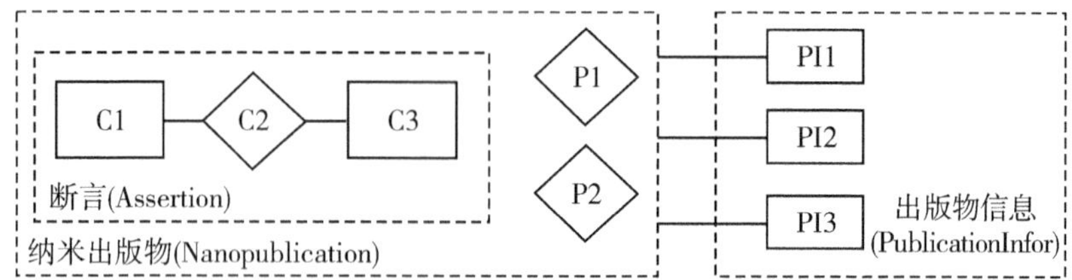

图 6　纳米出版物核心模型（C：概念，P：出处信息，PI：出版物信息）

知识单元，是具有领域知识属性的知识实体。纳米出版物模型提供了一种对知识实体进行链接的方式，从本质上说是对细粒度知识单元的表示和集成。

除了概念模型的提出及解释以外，在学界，关于纳米出版物的应用研究近年来也较为丰富。Croset① 对纳米出版物的构建及应用进行了归纳，同时对科学声明、科学结论等知识资源如何在创建者、使用者以及计算机之间传递进行了描述。Tobias Kuhn② 对纳米出版物模型进行了扩展，提出了一个新的框架 AIDA（Atom，Independent，Declarative，Absolute）Nanopublication，该模型将英语语句与相应的纳米出版物进行关联，借此提高纳米出版物模型的描述能力。Mina 及 Thompson③ 借助纳米出版物模型，对亨廷顿氏舞蹈症（Huntington's Disease）的相关研究数据进行了集成与发布。

① Croset A C S，Kafkas S，Liakata M，et al. Exploring the Generation and Integration of Publishable Scientific Facts Using the Concept of Nano-publications［C］. SePublica - Workshop on Semantic Publishing，2011.

② Kuhn T，Barbano P E，Nagy M L，et al. Broadening the scope of nanopublications［M］//The Semantic Web：Semantics and Big Data. Springer Berlin Heidelberg，2013：487-501.

③ Mina E，Thompson M，Kaliyaperumal R，et al. Nanopublications for Exposing Experimental Data in the Life-sciences：A Huntington's Disease Case Study［C］//SWAT4LS. 2013.

Sernadela 等①设计了 COEUS2.0，用以实现生物医学领域科学数据的集成与纳米出版物形式的发布。

纳米出版物模型也在不同项目中得到了广泛应用，在多个领域得到了不同程度的实践。在生命科学领域，最知名的是 Open PHACTS(Open Pharmacological Concept Triple Store)项目，该项目利用不同来源的信息资源集成药物数据，采用纳米出版物作为数据通用表达方式，提供相关的数据服务工作。2012 年，Open PHACTS 推出了纳米出版物指南并构建了 Nanopub.org 网站，提供纳米出版物构建的实例。② Euretos③ 利用纳米出版物对科研数据及相关引文、贡献信息等进行了重新表示与存储，实现了单一科研数据的可操作。BEL2nanopub④ 等使用已有的主题词表及本体规范 URI，提供了将 BEL(Biological Expression Language)文档转化为纳米出版物的机制。此外还有纳米出版物在蛋白质知识平台 neXtPro⑤ 等，均实现了纳米出版物的初步应用。在人文与社会科学领域，EMTO (Early Modern Thought Online)⑥利用纳米出版物模型对近现代历史、哲学事实进行了表示。在人文社会科学领域，EMA(Enhancing

① Sernadela P, Oliveira J L. COEUS 2.0: automated platform to integrate and publish biomedical data as nanopublications[J]. Iet Software, 2018, 12(2): 136-141.

② The open PHACTS Nanopublication guidelines [EB/OL]. [2015-08-10]. http://www.nanopub.org/2013/WD-guidelines-20131215/.

③ Euretos [EB/OL]. [2017-12-29] http://www.phortosconsultants.com/index.php/euretos.

④ BEL2nanopub [EB/OL]. [2017-12-29] https://github.com/tkuhn/bel2nanopub.

⑤ Chichester C, Gaudet P, Karch O, et al. Querying neXtProt nanopublications and their value for insights on sequence variants and tissue expression [J]. Web Semantics: Science, Services and Agents on the World Wide Web, 2014, 29: 3-11.

⑥ EMTO Nanopub [EB/OL]. [2017-12-29]. http://emto-nanopub.referata.com/wiki/EMTO_Nanopub.

Music Notation Addressability)①使用音乐领域结构化标准(Music Encoding Initiative, MEI),利用纳米出版物对音频文件、文本等多模态知识资源进行了细粒度语义组织,构建了适用于音乐领域语义检索与知识发现的知识库。

目前,这些项目均取得了一定的成果,积累了丰富的结构化数据,可以用来支撑生物医学、数字人文等领域的知识发现与知识服务。总的来说,纳米出版物模型呈现出应用场景多样化、组织资源多模态等特点,这表明纳米出版物模型已经被业界广泛接受。

(2)微型出版物。

微型出版物(micropublication)②是由 Tim Clark 等人在 2015 年新提出的一个用以促进生物医学领域科学交流的新型出版物模型。微型出版物模型从科学文献的角度出发,以论证结构为基础,提出了一种既能适应人阅读,又能满足一定机器可读性的模型。

Tim Clark 等人总结分析了图尔敏的论证模型③及其在人工智能领域内的应用,然后在 Verheij-Toulmin 模型④的基础之上,提出了微型出版物的论证结构模型。微型出版物在论证结构方面进行了精简,并将论证的元素扩充至三大类,包括实体、声明、数据及实验等,论证元素之间主要通过支持(support)以及质疑(challenge)两大类逻辑关系相连接。围绕同一断言的所有元素及其之间的关系,共同构成了一个论证框架,论证框架清晰地表示了一个论证过程。

具体来说,微型出版物模型的组成成分按照功能可划分为四大类别:(1)实体。表示客体及讨论对象,包含机构(agents)、人物(person)、活动(activity)、表述(representation)以及数据、方法、

---

① Enhancing Music Notation Addressability [EB/OL]. [2017-12-29]http://mith.umd.edu/research/enhancing-music-notation-addressability/.

② Clark T, Ciccarese P, Goble C. Micropublications: a semantic model for claims, evidence, arguments and annotations in biomedical communications [J]. Journal of Biomedical Semantics, 2014, 5(1): 28.

③ Toulmin S E. The uses of argument[M]. Cambridge University Press, 2003.

④ Verheij B. The toulmin argument model in artificial intelligence [M]// Argumentation in artificial intelligence. Springer US, 2009: 219-238.

声明、断言等；(2)关系。表示微型出版物各元素之间的关联，其中最主要的关系为支持(support)与质疑(challenge)两种；(3)语句。该类主要从语句功能出发，定义了语句(sentence)、声明(statement)、断言(claim)以及修饰词(qualifier)并加以区分。在微型出版物模型中，语句主要是指有意义的符号，不一定具有语法完整性，可以是单词、短语等。声明则是指陈述性的语句，包含了有意义的符号及符号之间的关系。断言则是起到核心论点功能的声明，是微型出版物模型论证框架的核心；(4)数据及方法。表示科学实验过程中采用的实验方法以及得出的实验数据，还有实验过程中所需的材料等。

微型出版物的一般结构完整地表述了一条科学论断的论证过程，包含有一系列声明、引用以及包括数据、方法在内的实验过程等，其结构如图7所示。

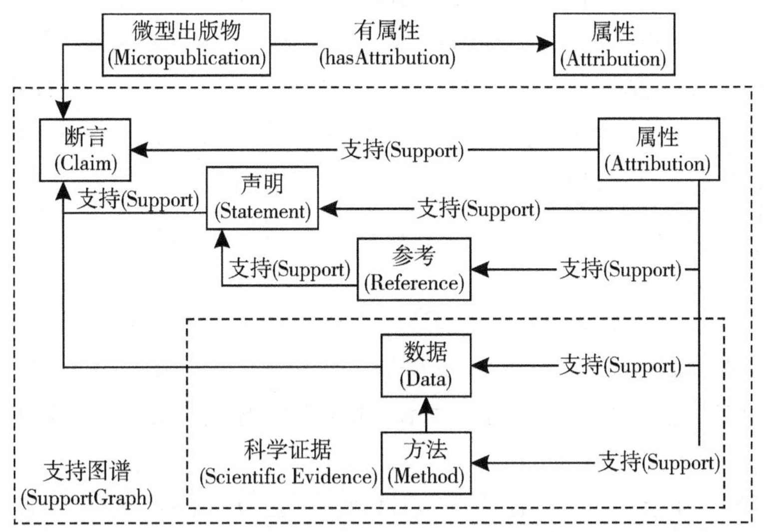

图7　微型出版物的一般结构，包括由实验数据(data)和实验方法(method)组成的证据(evidence)、声明(statement)及其参考文献(reference)(引自文献[113])

Clark等人在提出微型出版物概念及模型之后，又对基于微型出版物模型构建以科学论断为连接点的全域性论证网络，以及微型出版物模型与纳米出版物模型互相转化、嵌套的可能性做了研究。Schneider，Ciccarese 和 Clark 还利用微型出版物模型和开放标注模型(Open Annotation Data Model)对潜在药物互作用(Potential Drug-Drug Interactions，PDDI)相关研究中的证据进行了尝试性形式化表达。①

微型出版物模型的构建十分具有启发性。从本质上看，微型出版物模型是一种新的文档表示结构。微型出版物模型把科学文献拆分成了各种论证单元，随后又根据论证结构进行了重组，这一过程与纳米出版物模型十分相似，都提供新的知识聚合框架。对于语义出版来说，这是传统的叙事性论文向结构化知识库转变的关键。

(3)科学知识对象及流体出版物。

科技知识对象(Scientific Knowledge Objects，SKO)是由 Fausto Giunchiglia 等②提出的一种科学知识表示模型，其核心是一种三层结构的表示方法，定义了 SKO 节点(SKO Nodes)、SKO、SKO 集合(SKO Sets)，并通过设定 SKO 模型(SKO Models)、SKO 类型(SKO Types)、SKO 模式(SKO Patterns)对科技知识对象的种类、结构、关系、组成模式等进行了定义，同时也规范了相应的元数据标准。

SKO Models 是 SKO 的基础，是一种对于普遍科学知识对象结构化表示的形式化定义，由文件层、语义层、序列层以及表现层等四个层次组成。文件层用于表示科技知识对象的实际内容，即其所

---

① Schneider J，Ciccarese P，Clark T，et al. Using the Micropublications ontology and the Open Annotation Data Model to represent evidence within a drug-drug interaction knowledge base[C]//Workshop on Linked Science 2014—Making Sense Out of Data (LISC2014) at ISWC 2014. 2014.

② Giunchiglia F，Xu H，Birukou A，et al. Scientific knowledge object patterns [C]//Proceedings of the 15th European Conference on Pattern Languages of Programs. ACM，2010：15.

包含的实际物理数据。语义层用以表示科技知识对象的语义信息，即是所包含对象的元数据，用以描述数据整体或部分的属性。语义层构建在文件层之上，通过属性(attribute)和关系(relation)的定义，用于内容、背景知识以及概念的描述。序列层则定义了 SKO 节点(SKO Nodes)之间的排列顺序及其组成结构。表现层用于描述科技知识对象的可视化部分。

在 SKO Models 的基础上，SKO Types① 通过借鉴都柏林核心元数据集、SALT 本体等标准，定义了科技知识对象的元数据标准，具体包括相关的实体(entity)、关系(relation)、属性(attribute)和服务(service)的定义，借此实现对 SKO 语义层的描述，提供机器可读的科技知识对象语义信息，进而提高检索和阅读效率。SKO Types 强调对科技内容语义结构及语义关系的定义，定义了诸如摘要(abstract)、背景(background)、动机(motivation)等文本修辞单元(rhetorical block)，同时也定义了 isAbstract、isBackground 等语义关系。

SKO Patterns 为科技论文表示提供了一个粗粒度的语义结构，结合在 SKO Types 中定义的修辞单元，并在此基础上借鉴逻辑推理(logical reasoning)的几种方式，提出了三种语义序列模式，包括：演绎模式(Deduction Pattern)、归纳模式(Induction Pattern)和溯因模式(Abduction Pattern)。

在科技知识对象的基础之上，Giunchiglia② 等提出了流体出版物(Liquid Publication)模型。流体出版物是一种具备可协作、多样性、动态性等特点的知识对象，以 SKO 作为主要组成分子，可在不同层次上进行重组以形成新的出版物。该模型具备了协同创作、多形态、多来源等特点，从而实现了创新观点的高效传播、版本迭代、创作进程控制、关联外部知识等较高层次的要求。流体出版物

① 徐昊. 科技知识对象的语义模式研究[D]. 吉林大学，2013.

② Casati, Fabio and Giunchiglia, Fausto and Marchese, Maurizio. Liquid Publications: Scientific Publications meet the Web. 2007.

主要由科技知识对象(SKO)、人物(people)、进程(process)三部分组成。其中，SKO 实现了对文献内部知识对象的识别并提供了语义关联的模式。人物则指在科学知识处理进程中扮演一定角色的个人或机构，诸如作者(authors)、审稿人(reviewers)等，同时也包括社交网络环境下产生的新角色，诸如博主(bloggers)、内容聚集者(content aggregators)等。进程则涉及科技知识对象生产、加工、聚合等生命周期中的各个环节。在流体出版物的基础上，Baez 以及 Casati① 等还提出了流体期刊(Liquid Journal)的概念，并提出了相应的概念模型。

(4)语义集成方法。

文献本身就是知识的容器。一篇论文往往聚合了某个特定研究主题的多个研究环节的多种知识与发现。在文献被结构化处理和语义标注后，必然会出现二次重组的需要，这就产生了知识集成的问题。如何在知识对象基础上开展面向用户需求的语义集成是当前语义出版研究的核心问题之一。Khalid Belhajjame② 等人提出了研究对象套件模型(Research Object Suit，RO)，该模型旨在提供一种结构化的容器，将研究数据与对应的研究方法以及相关的元数据封装起来，形成一个围绕特定主题的套件。

Christian Bölling③ 等人提出了语义证据(Semantic Evidence，SEE)的表示方法及模型。该模型借由 RDF 和 OWL 对论证框架下科学论断、证据和相关支撑材料进行了形式化表达。与微型出版物

---

① Baez M，Mussi A，Casati F，et al. Liquid journals：scientific journals in the Web 2. 0 era[C]//Proceedings of the 10th annual joint conference on Digital libraries. ACM，2010：395-396.

② Belhajjame K，Zhao J，Garijo D，et al. The Research Object suite of ontologies：Sharing and exchanging research data and methods on the open web[J]. arXiv preprint arXiv：1401. 4307，2014.

③ Bölling C，Weidlich M，Holzhütter H G. SEE：structured representation of scientific evidence in the biomedical domain using Semantic Web techniques[J]. Journal of biomedical semantics，2014，5(Suppl 1)：S1.

模型类似，SEE 也提供了一种以相关证据(evidence-related)为线索的知识聚合方式，将特定主题的科学论断、证据与相关材料、方法、假设、推理及其他外部知识库相连接，进而形成一种相互连接且机器可读的表达。

Kevin Livingston① 等人提出了一个基于本体的生物医学数据库语义集成模型 KaBOB(the Knowledge Base of Biomedicine)。KaBOB 借助本体，提供了一种将不同生物医学数据库中的数据集成化表示的方法，并能实现简单的逻辑推演。

Ovopub② 则是 Alison Callahan 等人提出的用以表示数据及数据来源的模块化模型。与纳米出版物结构相似，但 Ovopub 侧重于对数据的整合与应用。Ovopub 模型提供了对数据、数据来源及相关的授权信息进行结构化描述的方法，同时也提供了构建更加复杂的声明及论证的方法，并在此基础上实现了对数据来源进行信息检索以及相关数据的整合发布。

Trójcazk③ 等人以科学规律本体(ontology of scientific laws)为基础，提出了从农业食品科学文献到知识库的知识转移及转换方法。

以上是对 2013 年以来几种具有代表性的文献单元聚合及语义集成模型的介绍。这些模型与纳米出版物及微型出版物在形式上有所不同，但都在一定程度上实现了不同细粒度文献单元及实体的聚合。综合来看，这种语义集成和知识聚合是实现知识对象非线性重构和再利用的关键。

---

① Livingston K M, Bada M, Baumgartner W A, et al. KaBOB: ontology-based semantic integration of biomedical databases[J]. BMC bioinformatics, 2015, 16(1): 126.

② Callahan A, Dumontier M. Ovopub: Modular data publication with minimal provenance[J]. arXiv preprint arXiv: 1305.6800, 2013.

③ Trójczak, Rafał; Trypuz, Robert; Mazurek, Anna; Kulicki, Piotr. Knowledge transfer from agri-food scientific papers to a knowledge base [C]. The Federated Conference on Computer Science and Information Systems, 2015.

2.4 出版物语义增强

出版物语义增强也是属于语义出版研究的一部分，其目标是通过一系列诸如数据可视化、可变图表、外部知识库链接等手段，实现 STM 出版从单一的 PDF 文章或 HTML 页面向动态更新、扩展性强、集成多种多媒体资源的出版形式转变，形成各种增强型出版物或者 Rich HTML 格式文档。

(1)出版物语义增强的概念与基本形式。

2009 年，SURF 基金会在一份报告中第一次明确定义了增强型出版物(Enhanced Publication)的概念。① 增强型出版物是以集成研究数据、辅助材料、数据记录、公开发表的出版物等为增强手段，实现对传统出版物的延伸与扩展。Hoogerwerf 认为增强型出版物的结构是以对象为基础(Object-based Structure)的，不同对象之间存在着显性关联。对象泛指各种多媒体要素和文本块，如声音、图像、视频、用户评论以及数据库等。② Breure 等③提出了富网络出版物(Rich Internet Publication, RIP)的概念，认为较高层次的增强型出版物模型应当在完备的语义元数据(semantic metadata)体系下，以图片为导向(image-driven)，支持线性和非线性阅读(Linear and non-linear reading)。宋宁远、王晓光在对五种典型增强型出版物的对比分析中，认为出版物语义增强路径包括论文内容表达能力、外部资源集成两条实施路径。论文内容表达能力侧重于揭示并表达科学论文潜在知识，实现科学论文内容的多维呈现与展示，旨在提升用户知识获取效率。外部资源集成的目的是为了丰富科学论文内

---

① Woutersen-Windhouwer S, Brandsma R, Hogenaar A, et al. Enhanced Publications: Linking Publications and Research Data in Digital Repositories [M]. Amsterdam University Press, 2009.

② Hoogerwerf M. Durable enhanced publications [C]. Proceedings of African Digital Scholarship & Curation 2009, 2009.

③ Breure L, Voorbij H, Hoogerwerf M. Rich Internet Publications: Show What You Tell[J]. Journal of Digital Information, 2011, 12(1). http://journals.tdl.org/jodi/article/view/1606/1738.

容，减少用户多余的检索行为，帮助用户获取知识。

Rich HTML 是近年来最常见的出版物语义增强形式。英国皇家化学学会(RSC)①、爱思唯尔(Elsevier)②、自然(Nature)等出版机构均基于 Rich HTML 进行了初步的出版物增强实验，并开发了相应的富语义出版模型，诸如 the future article、anywhere article、smart content 等。目前，诸如《细胞》(*Cell*)、《分子生物系统》(*Molecular BioSystems*)、《自然·化学》(*Nature Chemistry*)等期刊均对论文内容的描述能力进行了增强，并提供了所有参考文献的链接，同时也采用通用的数据描述规范发布文献信息，实现开放访问。除此之外，部分期刊还对文献内部知识实体提供语义标注，同时也借助诸如 JavaScript、HTML5 等技术，实现文献内容的可计算、可视化、可交互。

总的来说，出版物语义增强按目标的不同可以分为两类：一类是面向对文献信息的语义增强，包括文献内容关联与集成、文献基本信息及文献内容的规范化描述、文献内容知识实体语义标注等；另一类则针对文献内容多维展示，借助多媒体实现文献内容的可计算、可视化，增强文本的交互性。

(2)增强型出版物。

增强型出版物的研究最早可追溯到 1998 年，Kircz 等人提出了文献的模块化模型(Modular Model)。③ 在将数字出版视为一系列文本、图像、音视频的组合之后，Kircz 认为文献可以拆分成诸如摘要、问题描述、方法论等一系列独立的模块，每个具有相同属性的模块之间可以进行聚合，这是增强型出版物的基础模型。Hunter 等人在 2008 年提出了科学出版物包(Scientific Publication Packages,

① 翁彦琴，李苑，彭希珺．英国皇家化学会(RSC)——科技期刊语义出版模式的研究[J]．中国科技期刊研究，2013，24(5)：825-829.

② 翁彦琴，彭希珺．爱思唯尔(Elsevier)语义出版模式研究[J]．中国科技期刊研究，2014，25(10)：1256-1261.

③ Kircz J G. Modularity: the next form of scientific information presentation? [J]. Journal of documentation, 1998, 54(2): 210-235.

SPPs)的概念。① 与模块化模型类似，SPPs 也强调出版物是由不同模块构成，但更加重视在文献内部的工作流模块，如实验过程。SPPs 以实验数据为核心，将与之关联的基础知识、背景信息、实验方法、实验过程、实验反馈等信息集中在一个包裹(packages)内，进而将其视为一个数字对象(digital object)，便于进一步的重组。SPPs 打破了传统文献的界限，集成了文献内与文献外的多种信息。

2010 年以来，学界与业界逐渐就增强型出版物的作用及增强手段达成了共识，主要包括：集成研究材料、内容的不同形式表达、科学实验的重现及评价等。最近几个具有代表性的增强型出版系统均不同程度地实现了以上几点要求。

Utopia 是由牛津大学的 Attwood 等人开发一款阅读器。它是为了将科学文献与研究数据连接起来而开发的一种增强型出版物系统。Utopia 系统主要实现了以下几种功能：① 添加解释。Utopia 与领域知识本体以及维基百科等网络资源相结合，可以对文献内的术语、实体进行解释。② 可交互内容及辅助性数据。Utopia 可以将静态的内容转变为动态内容，传统 PDF 文档中静态的图表、图像通过 Utopia 系统中可转化为动态、可交互的对象，以提高数据的利用程度。③链接源文献。Utopia 自动将参考文献与源文献相连接，简化了科研人员寻找相关文献的过程。

2009 年，爱思唯尔曾实施了 Article of the Furture 项目。② 该项目确定了三个着力点，分别是丰富文献展示形式，丰富文献内容和添加文献背景信息。首先，爱思唯尔使用了三栏式的用户界面设计，将检索、正文阅读、附加信息集成在同一阅读环境内，以丰富文献展示形式。文献内容的丰富则是通过将特定领域的研究工具和

---

① Hunter J. Scientific Publication Packages – A selective approach to the communication and archival of scientific output [J]. International Journal of Digital Curation, 2008, 1(1): 33-52.

② Aalbersberg I J J, Heeman F, Koers H, et al. Elsevier's Article of the Future enhancing the user experience and integrating data through applications [J]. Insights: the UKSG journal, 2012, 25(1).

实验内容嵌入文章来实现。文献背景信息包括了参考文献、知识实体的详细解释、相关的数据集等。

2014年，Bardi及Manghi提出了一个管理特定领域内增强型出版物的信息系统模型，即增强型出版物信息系统(Enhanced Publication Information System，EPISs)。①② 同时也提出了增强型出版物的一般性数据模式以及元数据格式。

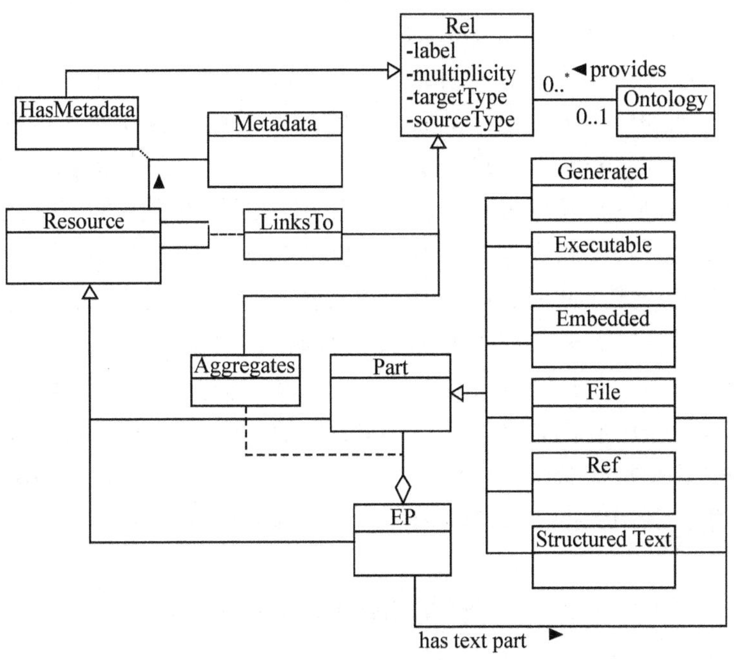

图8 增强型出版物元模型(引自文献[134])

(3)增强型出版物创作工具。

随着对语义出版理念的进一步理解，有学者提出了“真正的语

① Bardi A，Manghi P. Enhanced publications：Data models and information systems[J]. Liber Quarterly，2014，23(4)：240-273.

② Bardi A，Manghi P. A Framework Supporting the Shift from Traditional Digital Publications to Enhanced Publications[J]. D-Lib Magazine，2015，21(1/2).

义出版概念(Genuine Semantic Publishing)”,① 认为应当在语义出版物创作阶段就进行各种语义分析与处理，对知识进行语义表征，以语义化的方式对创作的内容进行编辑，并尝试文本的自动生成。王鑫、程齐凯等人②曾经探讨了基于引文上下文的辅助生成相关章节的可行性，并进行了初步的系统设计。同时，在这一理念下，面向创作阶段的增强型出版物创作工具得到了快速发展，其中具有代表性的创作工具包括可计算格式文档(Computing Document Format, CDF)③、Dokieli④ 及 Jupyter Notebook。⑤

CDF 是一个具有计算功能的知识容器，其核心功能是在满足日常文档编辑需求中，提供更为丰富的互动性内容并使其可视化。CDF 依托 Wolfram 语言的计算及交互能力，在内置的 Wolfram 引擎基础上提供图形及可视化功能，方便用户制作可交互的三维图形、商业图表、科学图像等，且不需要借助脚本语言即可将任何内容转换为互动形式。同时，CDF 凭借集成的大量算法，实现了文献内容的可计算。此外，CDF 格式文档具有较强的整体性，其文档中的全部要素，包括图表、数据、代码以及互动应用程序等均具有相同格式。CDF 在内置高效算法的同时，还关联了大量外部数据集，可在创建模拟实验、可运算算法、交互式图表时，访问、调用外部数据集，利用数据丰富科学论文内容，提升内容的可计算性与可交互性。

Dokieli 是一种去中心化的增强型出版物创作工具，使用 HTML

---

① Khun T, Dumontier M. Genuine semantic publishing[J]. 2017, 10. DOI: 10.3233/DS-170010.

② 王鑫，程齐凯，李信，等. 基于引文上下文的相关研究辅助生成系统设计与实现[J]. 数字图书馆论坛，2017(8)：16-23.

③ Computing Document Format [EB \ OL]. [2018-04-06] http://www.wolfram.com/cdf/.

④ Capadisli S, Guy A, Verborgh R, et al. Decentralised Authoring, Annotations and Notifications for a Read-Write Web with dokieli[C]// International Conference on Web Engineering. Springer, Cham, 2017: 469-481.

⑤ Jupyter Notebook [EB \ OL]. [2018-04-06]. http://jupyter.org/.

标签来创作以及发布网络文档，同时使用 Schema. org、Web Annotation 等元数据及属于结构化社交用户的标注信息，并可在不同用户之间进行分享以及论文评议。Dokieli 支持嵌入式的数据分析及可视化呈现，在一定程度上实现了内容的可计算。

Jupyter Notebook 是一个开源的 Web 应用程序，允许用户创建和共享包含代码、方程式、可视化和文本的文档。支持 Python、R 等 40 种编程语言，可以生成丰富的交互式输出，包括 HTML、图像、视频、LaTeX 等。

2.5 语义出版数据集开发与知识图谱建设

(1)语义出版数据集开发。

在 LOD 语义出版数据中 DBLP 是最典型的一个语义数据集，它链接到其他数据集的数量为 34 个，被其他数据集链接的书目为 31 个，是所有语义出版数据集中最高的一个，目前该数据集中含有 24112294 个三元组。DBLP 数据主要由 Trier 大学维护的 DBLP 计算机科学论文数据库转换而来，最初 DBLP 的数据是 XML 格式的，①因此对于这种格式化的数据极为容易转换为 RDF 关联数据。其数据组织的要素主要包含论文的元数据信息、作者、期刊、编辑等，使用的词汇包括 Dublin Core、Foaf 等，并和 AKT 参考本体②兼容，原始的数据库还解决了作者同名、字段规范表示等问题。

OpenCitations 数据集是使用 SPAR 本体和 OpenCitations 本体③描述的引文数据集，④ 该数据集使用 RDF 语言，将经 CrossRef 和 ORCID 标引的文献数据进行关联开放。其中 OpenCitations 本体用于描述引文资源(Bibliographic Resources)，比如会议论文、图书章节、期刊论文等，以及这些资源的隶属载体，比如学术会议议程、

① Ley M. DBLP: some lessons learned [C]. Proceedings of the VLDB Endowment, 2009, 2(2): 1493-1500.

② AKT Reference Ontology. [EB/OL]. [2017-12-5]. http://projects.kmi.open.ac.uk/akt/ref-onto/.

③ OpenCitation Ontology. [EB/OL]. [2017-12-05]. http://opencitations.net/ontology.html.

④ OpenCitation. [EB/OL][2017-12-05]. http://opencitations.net/.

图书、期刊等，这些资源的格式，如数字版本、打印版本、起止页码等，这些资源的代理角色，如作者、编辑、出版商等，每一个参考引用的文本内容，以及所有编目资源和代理的标识符，如 DOI、PubMed ID、PubMed Central ID、ORCID、ISSN 等等。它使用 fabio：Expression 表示书目资源，fabio：Manifestation 表示资源的具体化内容，fabio：BibliographicReference 表示条目，foaf：Agent 表示相应的责任者，pro：RoleInTime 表示责任者的角色，datacite：Identifier 表示资源的标识符，并使用了 Data Catalog、VoID 和 PROV 数据模型。目前开放引文运动以及 OpenCitations 数据的发布与日益庞大已经获得了诸多出版商的支持。

OpenAIRE① 可以看做一个开放的集成链接科学数据的平台，其使得科学数据和各种资金资助项目进行关联，其数据主要来自于各个数据提供者，并遵循 OpenAIRE 的内容获取政策，目前主要面对欧洲，但未来有扩展到全球的计划。截止目前 OpenAIRE 中已经有约 1000 左右的数据提供者。它主要通过一系列的互操作指南来帮助数据提供者提交其数据，主要包括文献数据以及科研数据。文献数据集需要使用规范术语，目前使用 Dublin Core 元数据格式，科研数据主要遵循 DataCite XML Schema。目前的数据格式遵循 OAF 格式②（OpenAire Format），数据提供者可以通过 OpenAIRE 的验证工具对欲提交的数据集进行兼容性验证。OpenAIRE 同时使用 OAI-PMH 协议来收集数据集的元数据信息，并遵循 DataCite XML Schema，比如数据集必须提供 Identifier、identifierType、Creator、creatorName、Title、Publisher、PublicationYear 等元数据。

Semantic Lancet 项目③旨在构建适用于学术出版物的开放关联

① OpenAIRE. [EB/OL][2017-12-05]. https://www. openaire. eu/.

② OpenAire Format. [EB/OL]. [2017-12-5]. https://www. openaire. eu/schema/latest/doc/oaf. html.

③ Bagnacani A, Ciancarini P, Lorio D A, et al. The Semantic Lancet Project: A Linked Open Dataset for Scholarly Publishing[A]. Lambrix P, et al. Knowledge Engineering and Knowledge Management. EKAW 2014[C]. Springer Cham, 2015 Vol. (8982): 101-105.

数据集。项目利用 SPAR 本体，对论文进行标注。该项目对 Journal of Web Semantics 期刊进行了语义化处理，目前已形成了包括 367 篇文献，80920 条 RDF 陈述在内的数据集。数据集主要包括摘要、引用信息、作者等。

(2)科学知识图谱建设。

科学知识图谱是科学领域智慧数据的表现形式，也是新型知识服务的数据基础，因其较高的语义关联性与机器可读性，在 2017 年受到了斯普林格、微软等知名出版集团和互联网公司的重视。SciGraph①、Microsoft Acdaemic Graph(MAG)②、Aminer③ 等新型知识图谱项目在 2017 年陆续得以开展。

知识图谱技术最早由谷歌公司提出。④ 谷歌知识图谱最主要的目标是为语义检索与智能问答提供数据与知识基础。知识图谱以概念实体为节点，以实体之间的关联关系为边，利用网络结构进行知识表示与组织。知识图谱突破了万维网环境下，文档载体对内容数据的限制，实现了细粒度知识的组织与表示。SciGraph 是斯普林格 · 自然集团在继 ShareIt 和 Recommended 之后，在专业出版领域的又一次重要尝试。SciGraph 项目在 2015 年 5 月启动，旨在借助知识图谱提升内容的可发现性与可获得性，在知识组织的基础上，通过数据融合、知识发现、内容计算，为科研人员、作者、编辑、数据科学家、科研基金、会议组织者提供相关的数据工具和服务，实现内容价值增值与知识服务。为此，SciGraph 在关联开放数据(Linked Open Data)技术及理念的影响下，通过知识建模(Knowledge Modeling)、命名实体识别(named entity recognition)、语义图数据库(semantic graph database)等语义技术(semantic technology)，力求关

① SciGraph [EB/OL]. [2017-12-30] http://www.springernature.com/cn/researchers/scigraph.

② Microsoft Academic Graph [EB/OL]. [2017-12-30] https://www.microsoft.com/en-us/research/project/microsoft-academic-graph/.

③ Aminer [EB/OL]. [2017-12-30] https://www.aminer.cn.

④ Knowledge Graph [EB/OL] [2017-7-20] https://en.wikipedia.org/wiki/Knowledge_Graph.

联包括科学文献、专著、作者、机构、基金、引用及参考文献、百科等与学术领域密切相关的资源，实现多源异构数据的跨模态语义聚合，全方位构建学术领域内的大规模知识图谱。目前，SciGraph已包括超过1550万条三元组，预计截止到2017年底，SciGraph将扩充至超过10亿条三元组，已能充分满足大部分科研工作者的数据与知识需求。

除此之外，MAG由微软公司研发，关联集成了包括科学论文、作者、机构、会议及相关领域的数据，向科研用户提供精确的文献检索服务。清华大学的Aminer利用数据挖掘、自然语言处理、社会网络分析与挖掘等技术，构建科学知识图谱，向科研用户提供语义信息抽取、话题发现和趋势分析等在内的众多功能。MAG与Aminer还进行了合作，建构了规模更大的科学知识图谱Open Acdaemic Graph，用以支撑多类型资源的语义聚合搜索与呈现。

目前，科学知识图谱得到了业界的广泛重视，普遍被作为重要的语义出版产品加以开发与利用。构建面向科学领域知识图谱要全面整合多源、异构的领域知识与出版物内容，尝试将语义出版物模型整合到现有知识图谱中，实现知识图谱的富语义化扩展，利用知识图谱推进语义出版的发展与科学交流体系的完善。

3 语义出版发展趋势

语义出版是一个综合性的系统工程，是多层次协调发展的结果。在对语义出版近期的发展进行综述之后，下面我们将对该领域目前的不足和未来学界应该重点关注的几个方向作出判断。

3.1 文献内容结构化工作与现有编辑流程的整合

从实际的发展过程来看，文献内容的结构化处理工作在语义出版概念诞生之前早已开始。文献内容结构化处理多以XML语言为基础，通过一系列预先定义的DTD作为处理规范。因侧重点不同，分别有了面向科学期刊文献的JATS，面向图书的DocBook、DITA、BITS和面向人文资料的TEI等标准。

文献内容结构化处理是构建语义出版系统最底层数据资源层的

必经之路。只有对原始的文献进行结构化处理，形成半结构化的XML文档，才能便于上层的语义化深加工。从出版业界的实践来看，目前对于历史遗留数据的结构化处理工作已经在业内展开。出版业已经投入了大量的人力、物力和财力进行存量资源的结构化处理，并取得了相当大的进展。

尽管如此，如何将出版物的内容结构化工作与现有编辑流程进行整合仍旧是出版业面临的巨大挑战。事实上，现有的编辑流程和多数科学文献创作软件都不是结构化创作与编辑系统，而多数学术期刊的投稿与编辑管理系统也不支持结构化文档的自动处理。多数文档依旧需要再编辑处理完毕后，甚至以 PDF 发布之后，再反解成 XML 的，这就产生了巨大的人力和财力浪费。如果在文档进入编辑流程初期就进行结构化处理和编辑，必将节约大量的成本。所以，目前已有部分科技创新机构开始了结构化创作与编辑系统的开发工作，如 Digital Science 的 Overleaf 系统。

3.2 出版本体与领域本体的结合

出版本体因功能不同而具有不同的发展态势。最成熟的是出版物内容本体和引文及参考文献本体。出版物内容本体本质上是对科学文献结构及表示的理解，相关理论在情报学、科学修辞学、人工智能领域有较深入研究。引文及参考文献本体建立在引文作用和引文情感分析基础上，在图情领域也有了较为细致的研究。相对而言，出版流程本体，因为科学交流系统的迅速变化，而研究不够深入。虽然出版本体在近几年一直是学界研究的重心，也提出了不少具有代表性的语义本体，但仍然存在研究空间。对于出版物内容本体来说，如何分领域(如科技报告、判决书、小说等)建设更细粒度的出版本体，以及可以广泛适用的核心集尤为重要。SPAR 已经在此方向迈出了坚实的一步，有待进一步扩展。

出版本体是对文献特征的定义，是文献对象语义描述的基础，但要实现较高层次的文献特征抽取以及较细粒度的知识关联，仍然需要对文献内部蕴涵的领域知识进行描述，这就需要出版本体与领域知识本体协同作用。Bahar Sateli 等曾借助 DoCO、SALT 本体以及其他领域知识本体实现了对文献内断言(Claim)和贡献

(Contribution)的自动抽取与关联。这一领域的工作才刚刚开始，未来有待进一步加强。

3.3 新型出版物模型的实例化应用与复合型内容的管理

出版本体定义了构成出版物内容的元素以及元素之间存在的关系，但没有描述出版物的完整结构。出版物是有一定结构的知识集成产物，语义出版物更是如此。新型出版物模型正是基于这种结构框架的功能性知识单元的新型聚合产物。可以推断，随着出版本体的不断完善，这种新型出版物模型的具体实例化应用将成为语义出版研究的下一个重点。

从增强型出版物发展路线来看，它主要还是建立在传统出版物线性结构基础上。随着内容的增强，特别是业界对于 Rich Html 格式的应用增多，多模态复合型内容资源的管理问题也逐渐受到关注。如何建立一套良好的系统模型，以实现多模态内容的集成化管理和利用是该研究方向必须考虑的关键问题。

3.4 多粒度知识单元的语义标注、集成与关联

语义出版融汇了对文献内外部语义特征的识别、描述，以及多维知识集成与关联，其中文献功能单元的识别和定义是基础，单元语义特征的自动化描述和标注是技术关键，知识集成和关联则是文献价值增值和语义出版成功的要义。

当前，文献功能单元的自动化语义标注在粗粒度文档结构层面已有较理想成果，但是在细粒度实体层面仍有较大发展空间。知识语义集成的相关研究多集中生物医学领域。该领域科学文献结构清晰，领域本体构建相对完善，知识集成基础好。但是，其他领域，如人文社科领域，知识语义聚合的基础较差，聚合面临的难题更多，如细微的语义冲突、交叉、叠加、蕴涵等。这些难题都对面向语义出版的自动语义集成形成了重大挑战。

此外，就结构化知识的再组织而言，如何在新的出版物模型(如纳米出版物、微型出版物)基础上构建跨篇章跨领域的知识网络将是未来一段时间知识网络构建研究的重点。同样，如何在语义网络的基础上构建富语义出版物模型，并借助多种方式实现出版物内容的可交互、可计算也是未来发展趋势之一。

3.5 大规模富语义科学知识图谱的建设

知识图谱一方面可以广泛集成多源数据、信息与知识，实现文献内部知识与数据的语义关联，作为数据基础与内容架构对智慧数据进行有效组织、管理与存储，为知识自动发现提供资源保证。另一方面，知识图谱本身也可以作为智慧数据进行发布，推动了科学交流模式的发展与科技文献内容形式的创新，是未来语义出版发展的方向之一。

目前建设科学知识图谱需要考虑以下问题：首先，广泛集成包括科学文献、科学知识、学术会议、网络百科资源等在内的多类型资源。其次，综合利用包括本体、主题词表等在内的多种知识组织系统，实现对多源异构资源的准确描述与表征，实现对细粒度内容对象的抽取。第三，在对科学文献内容进行语义建模、表示与抽取的基础上，建设内容中心(content hub)，实现对数据、知识等富语义科学内容的统一管理与存储，进而为内容复用提供便利。

现有科学知识图谱在内容聚合与表示上还有所欠缺，如何在知识图谱的基础上，利用新型语义出版物模型，实现对科学文献细粒度内容的多维度集成将是未来科学知识图谱建设需要考虑的问题。

4 总　　结

语义出版是近年来图情和出版领域共同关注的研究热点，它是专业与学术出版由内容提供向知识服务转型的必经之路，而对出版物结构与功能的深层次理解是实现这一转型的理论基础。

本文在对语义出版的概念、模型及相关技术进行了概括性介绍之后，结合语义出版系统模型，重点从文献内容结构化、出版本体、新型出版物模型、出版物语义增强、语义出版数据集开发与知识图谱建设等五个方面，对近年来语义出版领域的相关研究进展进行了梳理。最后，文章在分析了现有研究的不足之后，还对未来值得关注的研究方向进行了展望。

从涉及范围来看，语义出版的研究与应用已经不再限于专业与学术出版领域，在大众出版和教育出版领域已有蔓延趋势。限于时间和精力，本文的研究主要针对专业与学术出版领域进行，其他领域的进展情况仍需特别关注和梳理。毋庸置疑，语义出版的兴起已经改变了我们对科学交流系统的认识。作为一种新的系统模型，语义出版系统的发展必将推进现有的科学交流系统的升级换代。

国际大数据治理：主题、进展与趋势

武汉大学信息资源研究中心
冉从敬　王冰洁　陈歆玺　徐汇流

近年来，大数据概念从学术界、产业界、投资界到传媒业迅速普及。鉴于大数据潜在的巨大价值和影响，很多国家或国际组织都将大数据视作战略资源，并将大数据提升为国家战略。2012 年 3 月奥巴马政府公布了“大数据研究和发展倡议”，并确立了基于大数据的信息网络安全战略。欧盟力推《数据价值链战略计划》，为 320 万人增加就业机会，其科学数据基础设施投资已超过 1 亿欧元，并将数据信息化基础设施作为 Horizon2020 计划的优先领域之一。联合国推出的“全球脉动”项目，希望利用大数据预测某些地区的失业率或疾病爆发等现象，以提前指导援助项目。我国也逐步跟进大数据战略。2014 年 3 月 5 日，李克强总理在十二届全国人大二次会议上，首次将“大数据”纳入政府工作报告。2015 年 9 月 5 日国务院发布《关于促进大数据发展的行动纲要》，指出数据已成为国家基础性战略资源。2015 年 10 月五中全会的“十三五”规划建议提出：“实施国家大数据战略，推进数据资源开放共享”。

大数据战略催生了数据资源的急剧增加，如何治理大数据，并使其最大程度发挥应用价值成为近年来各国关注的焦点。日本积极谋划利用大数据改造国家治理体系，对冲经济下行风险。2015 年 5 月，在巴西圣保罗召开的 SC40/WG1 第三次工作组会议上，中国代表团正式提交了《数据治理白皮书》。2015 年 9 月，国务院印发《促进大数据发展行动纲要》，《纲要》明确在未来 5 至 10 年打造精准治理、多方协作的社会治理新模式。2016 年 1 月，国家发改委印发了《关于组织实施促进大数据发展重大工程的通知》，重点支持大数据共享开放，提出建立完善公共数据开放制度和建立统一的公共数据共享开放平台体系，探索构建国家数据中心体系。2016年5月16日举行的"大数据时代政府治理创新论坛"提出，大数据时代国家治理要从权力治理转向数据治理，"数据治理"和"数据文明"是大数据时代国家治理的重中之重。2016年7月27日，《国家信息化发展战略纲要》由中共中央办公厅、国务院办公厅印发，明确了未来十年中国信息化发展路径，提出完善部门信息共享机制，建立国家治理大数据中心。

总体而言，我国处于稳步推进国家大数据战略建设的阶段，重视大数据发展与科研创新相结合，强调大数据技术应用与数据治理规范，将大数据建设与国家主权进行关联研究是个全新的思路。大数据发展与科研创新相结合方面，《国务院关于印发促进大数据发展行动纲要的通知》（国发〔2015〕50号）提出要加快政府数据开放共享，推动大数据发展与科研创新有机结合，健全大数据安全保障体系，强化安全支撑，到2018年底前，建成国家政府数据统一开放平台。

大数据治理的视野也逐渐从国内延伸到国际。为了争夺数据信息网络的主导权，各国之间的数据主权博弈日益加剧，发达国家相继推出数据主权政策并制定相关发展战略。《爱国者法案》（USA PATRIOT Act）增强了美国联邦政府搜集和分析全球民众私人数据信息的权力。欧盟委员会则提出改革数据保护法规，试图对所有在欧盟境内的云服务提供者和社交网络产生直接影响。德国总理默克尔表示，欧洲互联网公司应当将相关数据的流动情况告知欧洲，如果与美国情报部门分享数据，首先必须经过欧洲人的同意认可；德国本国公民数据的行为必须遵守德国的法律。2014年3月欧盟议会高票通过《欧盟个人数据保护条例》（草案），促进形成欧盟数字统一市场。俄罗斯也通过立法限制数据流动范围来提升数据控制力。2015年10月6日，欧盟法院公布了一项判决，宣布与"美国—欧盟安全港协议"（US-EU Safe Harbor Scheme）有关的"2000/520欧盟决定"（Safe Harbor Decision）无效。欧盟法院在裁定中指出，欧盟的数据保护法规规定，欧盟公民的个人数据不能传输至非欧盟国家，除非该非欧盟国家能为这些数据提供有效保护，但美国未能达到上述要求。

本文根据目前国际大数据治理研究的主要热点，从个人隐私数据保护、大数据资源配置、大数据授权模式与产权流转方面阐述其研究进展。

1 国际上有关个人隐私数据保护方面的进展

在2015年12月浙江乌镇的第二届世界互联网大会开幕式上，中国国家主席习近平指出，“世界范围内，侵害个人隐私的现象时有发生，网络监听成为全球公害。”①在2017年第四届互联网大会中，又围绕“发展数字经济促进开放共享——携手共建网络空间命运共同体”主题，首次发布了《中国互联网发展报告2017》和《世界互联网发展报告2017》，② 并将网络主权与国家安全的话题提上议程。

互联网日新月异地发展带来了大数据时代，但另一方面规则的不健全、秩序的不合理等现状也制造了新的世界性难题，个人隐私遭到侵犯便是其中之一。纵观近些年的数据泄露事件，从2013年美国的“棱镜门”、2015年英国《每日邮报》对中国手机的隐私窃取，到2017年全球范围爆发针对Windows操作系统的勒索软件感染事件……这些，都代表了隐私泄露的“新常态”。

360安全中心发布的《2016年中国互联网安全报告》和《2016年中国手机安全状况报告》，从总体上揭示了国内隐私信息泄密的惊人规模和雪崩式增长趋势。2016年360互联网安全中心共截获PC

① 世界互联网大会官网．第二届世界互联网大会开幕式[EB/OL]. http://2015.wicwuzhen.cn/system/2015/12/15/020953822.shtml，2015-12-16.

② 第四届世界互联网大会．习近平致第四届世界互联网大会的贺信[EB/OL]. http://www.wicwuzhen.cn/web17/news/jzfu/mtbd/201712/t20171203_5908780.shtml，2017-12-03.

端新增恶意程序样本 1.9 亿个，截获 Android 平台新增恶意程序样本 1403.3 万个，其中 PC 端以病毒攻击为主，手机恶意程序则以窃取短信、手机银行、手机联系人等为主。2016 修订版的欧盟《通用数据保护条例》，也推出了个人数据知情权、访问权、反对权，以及个人数据可携权、被遗忘权①等更细致入微的权利规定，为个人有效行使权利提供了坚实的法律保障。

综上，大数据类型复杂且涉及的数据主体多元，从国家数据主权到商业数据安全，再到个人隐私保护，均需要设计数据保护与安全规制机制。考察大数据治理中个人隐私的保护机制，进行诸如敏感度分级的机制设计，并进行相关技术标准的框架设计，已是迫在眉睫。

1.1 个人隐私数据保护的立法实践

1.1.1 欧美国家

(1)美国。

美国关于隐私保护的立法体系较为完善，1966 年的《信息自由法案》(Freedom of Information Act)明确指出个人隐私文件包括人事档案、医疗档案和类似档案是豁免开放的信息类型，规定任何人均有权要求政府机构提供与自身相关的信息，政府若披露个人医疗档案及类似的资料则构成隐私侵权；② 1974 年的《隐私权法》(Privacy Act)作为美国隐私权保护的核心法案，是对《信息自由法案》的补充，目的是限制政府公开个人隐私数据，保护的主要内容是政府内部存储的“个人信息记录”；③ 2003 年的《隐私影响评估指南》(Privacy Impact Assessment Guide)提供了进行隐私影响评估的框架，即用可识别的方式对收集、储存、保护、分享和管理的信息进行分析，以确保系统的使用者和相关组织机构有意识地将对个人隐私的

---

① European Union. GDPR Key Changes[EB/OL]. https://www.eugdpr.org/the-regulation.html, 2018-03-29.

② What is FOIA? [EB/OL]. [2018-06-15]. https://www.foia.gov/about.html.

③ The Privacy Act of 1974 [EB/OL]. [2018-06-15]. https://www.archives.gov/about/laws/privacy-act-1974.html.

保护纳入到系统的整个生命周期的管理当中；① 2010 年的 M-11-02 隐私保护指令(Sharing Data While Protecting Privacy)要求联邦各机构执行数据开放行为时，必须遵守现行的相应隐私法律、法规、政策。②

美国的隐私保护机构，以信息政策办公室(The Office of Information Policy，OIP)、美国总务管理局(General Services Administration，GSA)、联邦贸易委员会(Federal Trade Commission，FTC)等为代表。OIP 由信息法律与政策办公室和隐私与信息上诉办公室合并而来，宗旨是为所有机构提供有关《信息自由法案》的法律政策咨询，制定并发布政策指导所有联邦机构正常实施《信息自由法案》；③ GSA 是负责美国开放政府数据的主要行政机构，承担收集、维护和使用个人信息的使命和职责，并向公众提供审查其隐私问题和进行个人隐私保护服务。FTC 是美国数据保护和隐私相关法律的主要执行者以及《儿童网络隐私保护法》的强制执行者，针对不充分的数据安全措施、信息披露和使用行为采取执法行动。FTC 对大多数商业实体拥有管辖权，并且有权在特定领域(例如电话营销、商业电子邮件和儿童隐私)发布和实施隐私法规。④

(2)英国。

英国历来比较重视个人隐私的保护。在英国的隐私数据保护立法实践中，个人隐私保护主要通过《数据保护法案 1998》(Data Protection Act)、《信息自由法 2000》(Freedom of Information Act、《2015 公共部门信息再利用条例》(The Re-use of Public Sector

① Privacy Impact Assessment(PIA) Guide [EB/OL]. [2018-06-15]. https://www.sec.gov/about/privacy/piaguide.pdf.

② Sharing Data While Protecting Privacy[EB/OL]. [2018-06-15]. https://www.whitehouse.gov/sites/default/files/omb/memoranda/2011/m11-02.pdf.

③ Organization, Mission and Functions Manual: Office of Information Policy [EB/OL]. [2018-06-15]. https://www.justice.gov/jmd/organization-mission-and-functions-manual-office-information-policy.

④ Data Protection Laws of the World[EB/OL]. [2018-06-15]. https://www.dlapiperdataprotection.com/index.html#handbook/authority-section/c1_US.

Information Regulations)等法律法规来实现。

就隐私保护立法而言,《数据保护法案 1998》是目前英国保护个人数据的主要法律,主要用于规范相关主体获取、持有、使用和披露等有关个人信息的行为;《信息自由法 2000》于 2000 年在英国议会通过,该法案的颁布在很大程度上解除了公众获取公共部门信息的障碍,并尽力寻求个人隐私保护与公共部门数据开放之间的平衡,2012 年英国对该法案进行修订后,正式提出"数据权"概念;《2015 公共部门信息再利用条例》是在欧盟《公共部门信息再利用指令》及其修订版基础上而制定的本土化样本,旨在促进公共部门的信息能够更容易地被再利用,以发挥其政治、经济及社会效益,该条例兼顾了政府数据的开放及个人隐私保护。

就隐私保护机构而言,信息专员办公室(Information Commissioner's Office, ICO)①是英国为维护公众信息权益、促进公共部门开放和保护个人数据隐私而设立的独立的非政府公共机构,肩负以下职能:(1)负责数据管理者登记,《数据保护法案 1998》要求每个处理个人信息的机构都要在信息专员办公室登记,否则就是刑事犯罪行为。(2)推广和解释相关法律法规,ICO 负责《公共部门信息再利用条例 2015》《数据保护法案 1998》《环境信息条例 2004》等多部法律法规的推广与解释,并监督数据管理者严格遵守这些法律法规。(3)推广个人隐私保护的相关知识,ICO 向公众提供了大量个人隐私保护的资料,包括如何申请个人数据、进行索赔和监督相关机构正确地处理自己的个人数据以及阻止相关机构使用自己的个人数据等,此外 ICO 网站还提供了面向组织机构的"数据保护自我评估工具包",以方便有关组织和机构在线进行自我评估。(4)协助公众进行索赔,ICO 网站为公众提供了详细的帮助信息以及相关知识链接,当个人数据受到非法滥用、个人隐私遭到侵害时,当事人可上诉到法院申请索赔,依法维护自己的权益。此外 ICO 还向公众提供电话咨询、侵权评估等服务,甚至可以作为专家证据出庭

① Information Commissioner's Office[EB/OL].[2018-06-15]. https://ico.org.uk/.

作证。

1.1.2 亚太地区

亚洲各国及地区由于文化差异，对于隐私的界定各异，例如瑞士恪守银行保密制度，而意大利税务部门很长一段时间都公开个人的纳税申报单。下表所示摘录了部分亚太国家个人数据保护相关法规及进展。

表 1 国际各司法管辖区数据保护概况摘录表

国家	法　规	颁布年份	近期进展
澳大利亚	《隐私法》(Privacy Act 1988)	1988	于 2012 年 11 月通过了《隐私法修正案》，修订版于 2014 年 3 月生效；2017 年 2 月通过《数据泄露通报制度》
印度	《信息技术法》(IT Act 2000)	2000	2008 年颁布《信息技术法案(修正案))》，2011 年颁布《信息技术法规》(IT Rules)
印度尼西亚	《电子信息和电子交易法》《电子系统与交易操作政府条例 82/2012》	2012	(Electronic Information and Transaction Law) (Government Regulation No. 82 on the Implementation of Electronic System and Transaction)
日本	《个人信息保护法》(Personal Information Protection Act)	2005	修订版主要针对日本境内外数据跨境传输的规定于 2017 年 5 月生效
韩国	《个人信息保护法》(Personal Information Protection Act)	2011	2016 年修订版新增惩罚性赔偿和法定损害赔偿，2016 年 8 月起政府有权处理电子病历

续表

国家	法　　规	颁布年份	近期进展
马来西亚	《个人资料保护法令》(Personal Data Protection Act 2010)	2010	2010 年通过，2013 年 11 月生效《2015 年个人数据保护规范》《2016 年个人数据保护(复合犯罪)条例》
新西兰	《隐私法》(Privacy Act)	1993	《隐私法》规定《核准信息共享协议》成为一种法律机制，隐私法改革仍处于初步规划阶段
菲律宾	《数据隐私法案》(Data Privacy Act)	2012	已实施隐私与数据保护监管规章制度
新加坡	《个人信息保护法案》(Personal Data Protection Act)	2013	《条例和指南(草稿)》公开征求意见已结束，关键数据保护义务于 2014 年实行
斯里兰卡	《知情权法案》(Right to Information Act)	2016	2015 年 5 月实施布达佩斯公约，2016 年 12 月成立信息专员公署
泰国	《商业秘密法》(Trade Secret Act)	2002	《商业秘密法(第 2 号)》于 2015 年 2 月生效，2015 年通过《个人信息保护法》草案
越南	《网络信息安全法》(Cyber Information Security)	2015	该法适用于在越南从事信息技术应用和开发活动的个人与企业。未包含在境外传播个人信息的任何法规，也未规定信息泄露通报方案。

各司法管辖区的数据保护状况各异：早已实施数据保护的(中国台湾)和至今未实施的(越南)两极分化；怠于执行的(1996年到2010年中国香港实际没有执行相关法律，但自从发生为营销目的滥用数据的重大案件之后，现已开始更加积极执行)和奉为圭臬的(韩国的数据保护法律某种程度上比欧盟的“黄金标准”指令性更强)差异显著。

我国2005年的《个人信息保护法草案》(专家建议稿)至今仍未形成立法，近几年我虽然针对互联网环境下的个人信息保护制定了《网络安全法》、《电信和互联网用户个人信息保护规定》、《消费者权益保护法》等法律文件，但缺乏专门的个人信息保护基本法成为制约我国个人隐私保护的最大瓶颈。

1.2 国内外个人隐私数据保护的学术研究

通过对CSSCI、CNKI、WOS等中外文数据库的论文检索，下文将分别对隐私保护的不同方式研究、隐私保护的不同视角研究、隐私保护的不同信息类型研究进行综述。

1.2.1 隐私保护的不同方式研究

(1)基于隐私保护调查的相关研究。

关于隐私保护的调查研究，调查内容覆盖了个人的隐私保护意识、保护内容、保护方法、保护效果，① 政府的隐私声明、② 相关机构及网站的隐私保护政策③等，调研领域涉猎了图书馆读者信息、社交网络信息、医疗健康信息、电子政务信息等。

就图书馆读者隐私保护现状而言，国内较为关注各类型图书馆对读者隐私保护的重视程度、馆员对读者隐私保护的敏感度和处

① 戴磊．网络时代个人数据与隐私保护的调查分析[D]．南昌大学，2015.

② 赵金旭，郑跃平．中国电子政务隐私保护问题探究——基于70个大中城市政府网站的“隐私声明”调查[J]．电子政务，2016(7)：81-93.

③ 申琦．我国网站隐私保护政策研究：基于49家网站的内容分析[J]．新闻大学，2015(4)：43-50.

理①等状况，现有调查覆盖了读者的隐私权认知、提供个人信息的意愿，以及馆员的隐私权认知、对个人信息的处理、对侵权的担忧及隐私保护重视程度；国外的调研以美国高校图书馆为主，刘阳等②对 56 所美国研究型大学图书馆读者隐私政策进行调查，从读者个人信息收集内容、收集目的、公开条件、读者权利、免责声明、儿童隐私、信息安全技术保障等 9 个方面对其进行分析解读。无论是国内的隐私认知调研，还是国际的隐私政策文本调查，均为我国图书馆尊重读者隐私、健全隐私保护政策提供了现实意义的启示。

就网络社交环境下的隐私关注而言，由于社交媒体中隐私问题的独特性，传统的隐私关注测量量表不再完全适用，③ 因而基于可操作性原理，现有调查方式一方面从大学生入手，诸如调研重庆市大学生、④ 上海市大学生⑤的隐私关注维度及隐私保护行为，另一方面则直接对网站隐私保护政策进行文本分析，⑥ 从网站的一般项目规定、信息收集与存储、信息使用与共享等层面考察我国网站隐私保护政策的现状与不足。

就医疗信息保护与政务信息公开而言，由于“公共数据开放”作为一种“自由平等、开放协作”的人类开源精神，却在公共云端

---

① 易斌．我国图书馆读者隐私保护现状调查与分析[J]．图书馆，2012(6)：68-71.

② 刘阳，王荣坤．美国研究型大学图书馆读者隐私政策调查及启示[J]．图书情报工作，2014，58(22)：12-18.

③ 王雪芬，赵宇翔，朱庆华．社交媒体环境下的用户隐私关注研究现状[J]．情报学报，2015，34(12)：1322-1334.

④ 辛文娟，彭李余．社交网络环境下大学生隐私保护现状及对策研究——基于对重庆市六所高校的问卷调查[J]．中国出版，2013(10)：61-64.

⑤ 申琦．网络信息隐私关注与网络隐私保护行为研究：以上海市大学生为研究对象[J]．国际新闻界，2013，35(2)：120-129.

⑥ 申琦．我国网站隐私保护政策研究：基于 49 家网站的内容分析[J]．新闻大学，2015(4)：43-50.

侵害了个人数据隐私权,① 所以很难把握“公共数据开放”与“个人隐私保护”之间的平衡。在医疗领域，我国患者维护知情权意识较强，趋向选择简便快速的知情同意方式,② 然而大部分医院和医疗保险经办机构仍存在信息系统管理漏洞及患者信息泄漏风险;③ 在政务领域，我国电子政务取得进步的同时也面临着如何有效保护用户隐私的挑战，赵金旭等人④在对 70 个大中城市政府门户网站进行“隐私声明”调查时，发现国内电子政务隐私保护整体表现较差。城市间呈现“两极分化”的态势，需要政府进一步加强隐私保护意识，采取相关措施改善对公众的隐私保护。

(2)基于隐私保护实证的相关研究。

关于隐私保护的实证研究则主要在两方面：一是在互联网环境下，基于大数据的发展符合创新扩散模型的假设,⑤ 通过数据统计、抽样调查和深度访谈等论证方式，验证得出在大数据应用已趋于创新扩散的成熟期，用户更担心个人数据安全和隐私保护权益；二是在物联网情境下提出的企业员工隐私保护态度与行为的影响因素及模型,⑥ 通过信度分析、效度分析、相关分析、回归分析等进行验证，得出管理者因素、说服信息因素、说服情境因素对员工隐私保护态度及行为的影响方式。

---

① 田新玲，黄芝晓．“公共数据开放”与“个人隐私保护”的悖论[J]．新闻大学，2014(6)：55-61.

② 陈晓云，张倩，张成林，刘蕾，刘胜．医疗机构泛知情同意和健康数据共享隐私保护的调查研究[J]．世界科学技术-中医药现代化，2017，19(1)：114-119.

③ 钱庆．个人医疗保险信息隐私保护及信息共享认知的调查分析[J]．中华医学图书情报杂志，2016，25(9)：13-17.

④ 赵金旭，郑跃平．中国电子政务隐私保护问题探究——基于 70 个大中城市政府网站的“隐私声明”调查[J]．电子政务，2016(7)：81-93.

⑤ 匡文波，童文杰．个人信息安全与隐私保护的实证研究——基于创新扩散理论的大数据应用视角[J]．武汉大学学报(人文科学版)，2016，69(6)：104-114.

⑥ 姜群．物联网情境下企业员工隐私保护态度与行为机制实证研究[D]．青岛大学，2017.

1.2.2 隐私保护的不同视角研究

大数据时代的隐私保护，不仅应分别从责任伦理、制度伦理和功利伦理视角进行谁搜集利用谁负责、坚持善的价值准则和相关者利益最大化的规定①进行伦理治理，还应通过加强基于改进加密算法的云计算进行技术治理，② 以及基于行政立法③和基于个人信息管理模型建构④的管理层面治理。

(1)基于伦理视角的隐私保护。

从伦理审视、伦理思考到伦理治理的过程，应从思想根源、社会根源、经济根源、技术根源四个方面⑤来分析网络隐私问题的产生，并通过伦理语境的转换⑥达到对于隐私概念更为精准的把握，进而引发对于隐私从个人交易走向交易市场、伦理失范下的隐私保护失控等⑦伦理危机的思考，以此探讨在档案开放、电子商务、生物医疗等实际应用场景中的伦理治理方案。

就特定场景而言，在档案开放利用场景下，闫静⑧提出档案工作者及利用者应和隐私主体建立信任关系，并以良好的职业伦理在隐私和公开之间进行权衡，在个人自主权和利用自由权发生冲突时应恪守道德规范；在电子商务领域，相称原则是合理处理消费者个

---

① 陈仕伟，黄欣荣．大数据时代隐私保护的伦理治理[J]．学术界，2016(1)：85-95.

② 薛燕，朱学芳．基于改进加密算法的云计算用户隐私保护研究[J]．情报科学，2016，34(9)：145-149.

③ 王泽群．大数据环境下隐私保护的行政立法研究[J]．行政论坛，2016，23(4)：84-87.

④ 王晗，张玲．面向个人信息管理的网络隐私保护模型研究[J]．情报科学，2015，33(10)：47-51.

⑤ 陈玉珊．网络隐私问题的伦理审视[D]．北京邮电大学，2017.

⑥ 刘程．隐私概念的伦理审视[D]．湖北大学，2014.

⑦ 蒋鹏翔．大数据时代个人隐私危机的伦理思考[D]．南京林业大学，2017.

⑧ 闫静．法律·伦理·制度：也谈档案开放利用中的隐私保护与限制[J]．档案学通讯，2014(4)：57-60.

人权益与公司利益、社会利益之间关系的有效准则,① 在一般情境中，消费者个人隐私必须得到切实保护；在特定情境中，消费者个人信息的收集范围应当与电子交易的目的相称，同时隐私保护的力度也应与隐私的敏感度相称；在生物研究及临床医疗中，以聚合形式发布数据、将可识别变量去除后再作信息公开的保密处理方式已不再适用，当前的隐私风险评估已不能仅孤立地局限于数据披露公开层面的质量管理，而是亟须将包括数据入侵者在内的整个“数据环境”纳入考虑,② 在数字身份通行、数字裂沟问题③涌现的情况下，应加快建立医疗信息共享系统面向患者的隐私保护访问控制系统。④

(2)基于技术视角的隐私保护。

数据在经历发布、存储、挖掘、利用等全生命周期过程中，涉及数据发布者、数据存储者、数据挖掘者和数据利用者等利益相关方。因而涉及个人信息的隐私保护，需要以 k-匿名、⑤ t-临近匿名、l-多样匿名、⑥ MNSAGM 匿名模型⑦等为代表的数据发布技术；以包括密钥封装机制 KEM 和数据封装机制 DEM 在内的混合加密机制、⑧ 云存储下的数据完整性和删除技术,⑨ 以及分布式在线社交

① 李伦，李军．相称原则：电子商务隐私保护的伦理原则[J]．伦理学研究，2014(5)：85-88.

② 曾令烽，刘军，潘建科，王璐，曹烨，陈曲波，曾星，梁伟雄．生物样本研究数据环境与受试者隐私保护伦理问题[J]．世界科学技术-中医药现代化，2015，17(7)：1567-1576.

③ 黄雯．大数据时代信息通信技术应用：伦理管理和政策研究[D]．北京协和医学院，2014.

④ 王强芬．大数据时代背景下医疗隐私保护的伦理困境及实现途径[J]．中国医学伦理学，2016，29(4)：685-689.

⑤ 李林．基于K-匿名技术的隐私保护研究[D]．杭州电子科技大学，2014.

⑥ 熊晶．基于匿名技术的网络数据发布隐私保护研究[D]．南京邮电大学，2016.

⑦ 刘清海．隐私保护数据发布匿名技术研究[D]．北京交通大学，2015.

⑧ 李晖，孙文海，李凤华，王博洋．公共云存储服务数据安全及隐私保护技术综述[J]．计算机研究与发展，2014，51(7)：1397-1409.

⑨ 李彬．云存储中数据完整性和删除技术研究[D]．北京邮电大学，2015.

网络 DOSN 数据存储及优化①等为代表的数据存储技术；以 MASK 关联规则算法、② SVM 分类服务查询机制、③ k-means 聚类算法、④ k-medoids⑤ 聚类算法等为代表的数据挖掘技术，对隐私保护模型加以支撑。

(3)基于管理视角的隐私保护。

在基于个人信息管理的隐私保护研究方面，一是细分个人信息的不同类型，诸如基本信息、健康信息、位置信息、金融信息等；二是基于不同的协议和框架建立不同的隐私保护模型。以金融信息的隐私保护为例，马运全⑥以解决隐私保护与金融交易之间的平衡为出发点，通过对金融隐私产权界定、权利体系、宏观影响效应等问题加以研究，梳理世界主要发达国家金融隐私保护制度，分析我国金融隐私立法、执法现状，探讨如何构建金融隐私保护体系。就隐私保护模型的构建而言，王晗⑦在基于 OAuth 协议的网络用户个人信息三方交互模式的基础上，分析了作为服务实现基础的网络用户个人信息元模型的基本要素，以及基于 eb XML 框架的个人信息应用服务模型，提出一种基于可信第三方的隐私保护模型，该模型通过构建网络用户个人信息服务平台存储个人信息，并向网络用户与网站提供个人信息管理与应用服务。

---

① 付松龄．分布式在线社交网络数据存储及优化技术研究[D]．国防科学技术大学，2014.

② 张瑜．基于隐私保护关联规则的 MASK 算法研究[D]．山西师范大学，2017.

③ 刘小夏．高效隐私保护的 SVM 分类服务查询机制研究[D]．西安电子科技大学，2017.

④ 靳亚宾．云环境下具有隐私保护的 K-means 聚类算法研究与设计[D]．哈尔滨工业大学，2017.

⑤ 高瑜．隐私保护模型下 k-medoids 聚类算法研究[D]．陕西师范大学，2017.

⑥ 马运全．个人金融信息管理：隐私保护与金融交易的权衡[D]．山东大学，2014.

⑦ 王晗，张玲．面向个人信息管理的网络隐私保护模型研究[J]．情报科学，2015，33(10)：47-51.

在基于企业信息管理的隐私保护研究方面，从隐私管理标准到网站隐私政策，再到特定企业业务系统中的隐私保护，学术界均有新的研究进展。就隐私管理标准而言，其发展经历了 FIP（公平信息实践）、PIA（隐私影响评估）和 PBD（隐私保护设计）三个阶段，呈现出从技术标准向管理标准发展、单一标准向综合标准发展，再到数据保护当局开始主导标准的设计的发展趋势，弓永钦①通过对国际企业的数据隐私管理标准调研，提出我国的数据隐私管理标准仍停留在 FIP 阶段的相对落后阶段，建议我国企业要想在国际竞争中占据优势，则应引进更先进的 PIA 标准和 PBD 标准。就网站隐私政策而言，从普通门户网站②到电商网站③，从图书馆网站④到政府开放数据门户、⑤ 政府网站，⑥ 甚至于英美、⑦ 澳大利亚、新西兰、新加坡和丹麦⑧等国相关网站的隐私政策，学界的研究均有涉猎。以大数据企业为例，Google、eBay、Facebook、Twitter、Yahoo!、Comm100、百度、淘宝、腾讯、新浪、网易、华为等均出台了隐私保护政策用以行业自律，就其隐私政策显示位置、信息收集方式与内容、共享性、用户权利、儿童隐私、信息安全、保存期限等内容

---

① 弓永钦．国际企业数据隐私管理标准研究［J］．技术经济与管理研究，2016（8）：76-80.

② 申琦．我国网站隐私保护政策研究：基于 49 家网站的内容分析［J］．新闻大学，2015（4）：43-50.

③ 周拴龙，王卫红．中美电商网站隐私政策比较研究——以阿里巴巴和 Amazon 为例［J］．现代情报，2017，37（1）：137-141.

④ 田淑娴，许春漫．国外图书馆网站隐私政策文本分析与启示［J］．图书馆学研究，2017（10）：26-30.

⑤ 冯昌扬．政府开放数据门户网站隐私政策比较研究［J］．数字图书馆论坛，2016（7）：52-56.

⑥ 崔旭，郭馨，何颖．对我国政府网站隐私政策的评价与分析——基于 50 家政府网站的调查［J］．图书馆研究，2016，46（2）：51-56.

⑦ 陈忠海，常大伟．英美加澳四国国家档案馆网站隐私政策及其启示［J］．北京档案，2015（4）：39-41.

⑧ 付立宏，李平辉．澳大利亚、新西兰、新加坡和丹麦国家图书馆网站隐私政策比较研究［J］．图书情报工作，2011，55（17）：78-81.

而言，我国企业仍与国外企业隐私保护相差甚远。就特定企业系统中的隐私保护而言，以业务最庞杂的银行系统为例，当前存在各银行间数据不共享导致外汇违规操作、办理信用卡时个人信用记录泄露等重大问题，袁风霞①通过隐私保护的实体匹配技术，提出了隐私保护下的数据共享框架以及个人信用记录保护框架，对于银行系统问题解决具有深远意义。

在基于行政立法的隐私保护研究方面，通过行政立法的方式实现对大数据环境下的隐私保护首先要厘清大数据环境下政府的多重职能和定位。② 大数据环境下政府不仅是数据持有者和提供者、大数据平台的建设者与维护者，还是自主开发利用大数握主体的监督者。保护隐私的行政立法核心就是要根据政府职能的不同而设计立法内容，拓宽和规范政府信息公开内容，对公开信息做去隐私化处理；③ 制定相关法律促进各级政府建立大数据平台，助力建设服务型政府；同时还应坚持对自主拥有大数据者适度的外部监督管理。从行政立法的路径来看，应整合现行法律法规、制定保护隐私的行政单行法；从行政执法的路径来看，应遵循"重在预防、加大打击"的原则，④ 通过日常行政行为加强对网络参与者行为的规范，尽最大限度减少对于个人网络隐私权侵害行为的发生，同时加大对于已经发生的网络隐私权侵权行为的监督调查打击力度，设立专门机构接受公民对网络隐私侵权行为的投诉，对于证实侵害个人网络隐私权的机构和个人进行严厉惩处。

1.2.3 隐私保护的不同信息类型研究

第一类信息：位置信息保护。

行踪轨迹信息的法律定义及保护。

---

① 袁风霞．银行系统大数据共享隐私保护问题研究[J]．无线互联科技，2018，15(3)：38-39.

② 王泽群．大数据环境下隐私保护的行政立法研究[J]．行政论坛，2016，23(4)：84-87.

③ 张峰．大数据：一个新的政府治理命题[J]．广西社会科学，2015，(8)：45-50.

④ 邱磊．网络隐私权行政法保护制度的构建[D]．吉林大学，2015.

我国2017年发布的《关于办理侵犯公民个人信息刑事案件适用法律若干问题的解释》规定："刑法第二百五十三条之一规定的'公民个人信息'，是指以电子或者其他方式记录的能够单独或者与其他信息结合识别特定自然人身份或者反映特定自然人活动情况的各种信息，包括姓名、身份证件号码、通信通讯联系方式、住址、账号密码、财产状况、行踪轨迹等。"首次将活动信息与身份信息并列纳入刑法保护范围，并单列"行踪轨迹"作为最重要的活动信息加以保护。《刑法》将"出售或者提供行踪轨迹信息，被他人用于犯罪的"或"非法获取、出售或者提供行踪轨迹信息……五十条以上的"均认定为情节严重，相比之下，除行踪轨迹信息、通信内容、征信信息、财产信息以外的其他信息都需要五百条甚至五千条以上才被认定为情节严重，① 由此可见刑法对行踪轨迹等信息内容的重视。

基于位置的服务LBS(Location Based Service)通过采用定位技术确定用户位置信息，利用移动互联网技术为用户提供与其位置信息相关的增值服务，是实现智能城市、智慧生活的重要技术，为用户带来便利的同时，其用户位置隐私的安全问题也日益凸显。由于位置隐私作为法学领域的新生事物，其在民法领域的保护存在诸如法律属性难以界定、侵权责任认定困难及保护模式难以确定等问题，张清②主张以"损害"、"因果关系"和"过错"三要件进行位置隐私侵权的责任认定，并就位置隐私侵权而言提出"受害人同意"、"公共利益需要"、"知情权的行使"和"公共场所位置隐私的限制"等几大抗辩事由(免责事由)。

美国对位置信息进行保护的相关法案及理论，涉及《宪法第四修正案》、《电子通信隐私法案 ECPA》，以及"第三方理论 Third Party Doctrine(当我们'自愿'地将个人的隐私信息披露给第三方时，

① 邱遥堃．行踪轨迹信息的法律保护意义[J]．法律适用，2018(7)：43-50.

② 张清．LBS技术背景下位置隐私民法保护问题研究[D]．广东财经大学，2014.

则我们即丧失其对该隐私信息的合理期待）”等。根据美国联邦最高法院的判决：公开场所无隐私，即当我们处于公开场所时，由于其他人可以观察到我们的具体位置，政府执法人员或警察也可以观察到，因此个人对其公开场所的位置隐私不享有合理的隐私期待；但是当我们处于室内时，我们的位置信息就应该得到宪法第四修正案的保护。① 根据对美国警察获取个人位置信息以及申请搜查令的相关判例，高荣林②将美国需要法律保护的位置信息概括为：使用 GPS 获取的位置信息；通过手机基站获取的位置信息；通过网络服务商获取的 IP 地址和 WIFI 地址信息；通过社交网站或手机 APP 获取的位置信息等。

位置信息保护的算法与技术研究。

关于位置的表示与定位技术，目前对移动对象进行定位主要有 5 种常用方法：全球卫星导航系统 GNSS、无线 WIFI 定位技术、③手机基站三角测量、IP 地址映射，以及传感器识别④等。根据攻击手段的不同，可将攻击者的攻击方法分成四类：基于隐私保护算法的攻击；伪装移动用户的攻击；拒绝提供服务式的攻击；利用辅助信息的攻击。按照攻击特点则可分为被动攻击和主动攻击两种方式。

至于对位置信息保护技术的分类，学术界主张各异，彭辉等人⑤认为位置隐私保护技术包括无线传感器网络数据隐私保护技术、基于位置服务中的位置隐私保护技术和新型网络中的位置隐私保护技术；张学军等人⑥分为基于政策法的 LBS 隐私保护技术、基

① United States v. Jones，565，U. S.（2012）.

② 高荣林 . 警察获取个人位置信息与公民隐私保护问题探讨——以美国的相关学说和判例为考察对象［J］. 理论月刊，2016（12）：174-180.

③ 张江南 . 位置服务中的隐私保护方案研究［D］. 天津大学，2016.

④ 王璐，孟小峰 . 位置大数据隐私保护研究综述［J］. 软件学报，2014，25（4）：693-712.

⑤ 彭辉，陈红，张晓莹，范永健，李翠平，李德英 . 无线传感器网络位置隐私保护技术［J］. 软件学报，2015，26（3）：617-639.

⑥ 张学军，桂小林，伍忠东 . 位置服务隐私保护研究综述［J］. 软件学报，2015，26（9）：2373-2395.

于扭曲法的 LBS 隐私保护技术和基于加密法的 LBS 隐私保护技术；王宇航等①提出基于泛化法的位置隐私保护技术、基于模糊法的位置隐私保护技术、基于掩盖法的位置隐私保护技术和基于加密法的位置隐私保护技术。对于位置信息保护技术的不同分类差异，其根本是站在不同的角度与出发点所致。根据学术发文及其主题分布情况，本文将分别对虚拟位置隐私保护技术、虚拟身份隐私保护技术和匿名空间隐私保护技术展开研究。

(1)虚拟位置隐私保护技术主要用于保护移动用户的位置隐私信息。该技术主要思想是：位置服务查询用户或者可信任第三方伪造所需虚假地理位置，查询用户向位置服务器发送查询请求时，将自身位置与虚拟位置混合并分批次发送至位置服务器。② 其优点在于技术原理较容易理解、算法复杂度较低、易实现等；缺点在于隐私保护程度依赖于虚拟位置信息数量，当虚拟位置信息过多时，会导致位置服务器计算开销增加、请求时间延长，严重时甚至会导致网络瘫痪。③④ 因此虚拟位置隐私保护技术适用于对隐私保护要求不高的情景。

(2)虚拟身份隐私保护技术是保护移动用户的身份识别信息 User ID 不被攻击者辨识。虚拟身份隐私保护技术的基本思想是，移动用户更换且经常更换身份标识信息(User ID)，并且用虚拟身份代替用户真实身份标识信息将包含虚拟身份的基于位置的服务查询请求发送至位置服务器，获得相应的位置服务。该技术主要侧重

① 王宇航，张宏莉，余翔湛．移动互联网中的位置隐私保护研究[J]．通信学报，2015，36(9)：230-243.

② Niu B，Li Q，Zhu X，et al. Achieving k-anonymity in privacy-aware location-based services[J]. Proceedings. IEEE INFOCOM，2014：754-762.

③ Do HJ，Jeong YS，Choi HJ，et al. Another dummy generation technique in location-based services [C]. International Conference on Big Data and Smart Computing. 2016：532-538.

④ Wang Y，Xu D，Li F. Providing Location-Aware Location Privacy Protection for Mobile Location-Based Services[J]. Tsinghua Science & Technology，2016，21(3)：243-259.

保护用户使用基于位置的服务时保护用户上网标识身份，比如用户的 IP 地址及 ID 等信息。代表性技术如洋葱路由(Onion Routing)技术、混淆区域技术(Mix-Zone)①等。

(3)匿名空间隐私保护技术主要针对移动用户发送位置服务请求中的 Location 和 Query，绝大多数情况用于保护移动用户的位置隐私和查询内容隐私。匿名空间隐私保护技术原理在于用一定的空间区域代替移动用户的精确地理位置，其本质是降低用户位置的精确度，使攻击者难以在低精确度的请求信息中辨识出用户的真实位置以及查询内容等敏感信息。② 近年来匿名空间隐私保护技术被广泛开发应用，目前提出的匿名方法已有泛化、抑制、聚类、微聚集、分解、置换③等，其中基于 k-匿名的研究最为广泛，包括研究其集成学习、④ 算法本身，⑤⑥ 以及在社会网络中的应用、⑦ 基于移动互联网⑧及 Android 平台⑨的应用、在智能交通中的应用⑩等。

第二类信息：金融征信信息保护。

个人征信与信用信息保护。

---

① Zhang H, Xu Z, Zhou Z, et al. CLPP: Context-aware location privacy protection for location-based social network [C]. International Conference on Communications (ICC). 2015: 1164-1169.

② 张江南．位置服务中中的隐私保护方案研究[D]．天津大学，2016.

③ 刘湘雯，王良民．数据发布匿名技术进展[J]．江苏大学学报(自然科学版)，2016，37(5)：562-571.

④ 李宇佳．邻近隐私保护与集成 k-匿名算法的研究[D]．复旦大学，2013.

⑤ 杨凤娇．基于敏感隐私保护度的 K-匿名算法研究[D]．天津财经大学，2015.

⑥ 周魏魏．一种个性化(a，k)-匿名算法[D]．哈尔滨工程大学，2013.

⑦ 吴宏伟．社会网络数据发布中的隐私匿名技术研究[D]．哈尔滨工程大学，2013.

⑧ 郭祥．基于移动社交网络的隐私保护关键技术研究与应用[D]．电子科技大学，2015.

⑨ 姜秀平．基于 Android 平台的位置隐私保护系统的技术研究[D]．北京交通大学，2015.

⑩ 杨祎綪．面向智能交通 LBS 的位置隐私保护研究[D]．南京航空航天大学，2012.

我国的信用法律体系尚不完善，关于信用的规定仅在《刑法》、《合同法》、《票据法》及《民法通则》等法规中略有提及，而诸如《个人信息保护法》、《隐私保护法》等完整、系统地规范社会信用活动、保护个人隐私的专门法律还没有制定。但是我国台湾地区已建立个人信用信息保护制度,① 日本已出台个人信用信息保护方针,② 美国的征信立法③以及欧盟等国的个人信用信息隐私保护制度④等，均对我国加快立法有着现实启发意义。

在信用信息的采集或征集过程中，《征信业管理条例》规定"禁止征信机构采集个人的宗教信仰、基因、指纹、血型、疾病和病史信息以及法律、行政法规规定禁止采集的其他个人信息"。尚未完全纳入征信采集范围的信息则包括：(1)债权类的债务信息，如P2P类贷款，小额贷款公司、担保公司、民间资本管理公司、融资性担保公司等发放的贷款等；(2)区别于银行信贷、基于服务类的给付关系的债务信息，如通信费用、水电费用等；(3)带有强制性的，在特殊时期可缓交、减免的社会类债务信息，如政府要求缴交的"五险一金"类费用。⑤ 知情权作为信息权之下的前提性子权利应为各国征信立法所保护，在个人信用信息收集过程中为确保信息主体充分享有知情权，个人征信机构在收集个人信用信息时应采用告知收集和同意收集相结合的方式：对于大部分琐细信用信息和负面信用信息应采用告知收集的方式；对于敏感信用信息和有关财产状

---

① 陈莹．我国台湾地区个人信用信息保护制度及启示[J]．南方金融，2015(2)：58-63.

② 池建新．日本个人信用信息保护方针对我国的启示[J]．电子政务，2007(3)：72-76.

③ 邹芳莉．美国征信立法对信用信息主体权益的保护及启示[J]．征信，2012，30(2)：53-56.

④ 姚朝兵．个人信用信息隐私保护的制度构建——欧盟及美国立法对我国的启示[J]．情报理论与实践，2013，36(3)：20-24.

⑤ 陈福大．信用信息的采集、保护及运用——基于商业银行视角[J]．福建金融，2014(S2)：83-85.

况的琐细信用信息应采用同意收集的方式。① 但是，在我国仍存在征信数据采集者身份不明、征信机构数据采集范围不明确、② 公用数据征集缺乏标准规范、③ 征信系统间缺乏有效共享机制、个人信用信息保护立法进展缓慢等问题。借鉴美国的《信息自由法》、《美国法典》、《公平信用报告法》，日本的《信息公开法》，澳大利亚的《信息自由法》、《联邦隐私权法》，泰国的《征信业法》等关于个人征信体系中信用信息采集范围与采集方式的规定，④ 我国应加快构建完善的个人征信体系，对正常征信信息和隐私信息分类确定不同的征集方式、征集原则，⑤ 并对征集过程所涉及的信用信息主体、信用信息提供者以及征信机构三方利益主体进行明确的权责关系界定，以寻求信息公开与个人隐私保护的均衡、守信激励与失信惩戒的均衡，在动态博弈中实现征信制度的整体制衡。

在个人信用信息使用过程中，涉及使用目的、使用范围、使用期限，以及对正负面信息的处理等，信息使用者同样需要获得信息主体的信息使用同意权。我国《征信业管理条例》规定了信息主体同意权的行使方式，但并未设置保障信息主体同意真实性的措施，所以应从设置合理的同意权行使方式、建立保障同意真实性的措施两方面进行征信立法中信息主体同意的制度重构。⑥ 为规范个人信用信息使用行为、防止信息滥用，（1）首先使用目的应特定且明

① 翟相娟．个人征信行为中信息主体的知情权研究[J]．河北法学，2013，31(1)：66-74.

② 贺宁．我国互联网征信数据采集法律问题研究[D]．四川省社会科学院，2017.

③ 崔亮亮．个人公共信用信息征集与使用研究建议[J]．现代经济信息，2014(17)：153-154.

④ 白云．论个人信用信息采集过程中信息隐私权的法律保护[J]．哈尔滨师范大学社会科学学报，2011，2(1)：35-42.

⑤ 占硕．个人征信制度研究——个人信用信息的征集、使用与信息主体权益的保护[J]．征信，2011，29(3)：1-6.

⑥ 姚朝兵．征信视角下个人信用信息采集和使用的法律控制——基于信息主体同意权的比较法分析[J]．情报理论与实践，2014，37(1)：32-36.

确。美国《公平信用报告法》①规定，消费者信用报告的使用只限于信贷、就业、保险、获得政府许可证或其他利益、商业往来五种目的，若用于其他目的则需要法院决议支持或获得消费者的同意，经合组织 OECD、② 澳大利亚《联邦隐私权法》等也提出限制利用原则，指明征信机构应保证信息使用目的的正当原则。(2)其次使用范围与使用期限应控制在合理区间。美国《公平信用报告法》③规定，个人信用报告只能用于与信用交易有关、为雇佣目的、承做保险、与合法业务需要有关、奉法院的命令或有联邦大陪审团的传票及联邦调查局以侦查为目的的使用。日本的《行政机关保有的电子计算机处理的个人信息保护法》也规定，信息机关在对委托客户数据提供过程中，所提供的内容必须限定在信息主体在书面文件中同意的范围之内。就使用期限而言，各国对信用信息的使用年限均有不同规定，美国规定正面信息保留 10 年，负面信息则视情况区别对待：破产记录保存 10 年；民事诉讼、民事判决、逮捕纪录、缴纳欠税滞纳金记录、被追收或被冲销坏账负面记录只能保留 7 年，欧盟等国也未作统一规定，我国应结合具体国情、对不同信息内容、不同使用场景区分对待。(3)最后使用程序应严格法定。在立法制定和完善公共部门向征信机构查询和使用个人信用信息时，应当设定严格程序性条件，包括且不限于：一是出具有关证明文件，④ 通过规范性文件等方式对证明文件格式、内容等进行详细规定；二是履行事前告知义务，⑤ 要求一定情形下公共部门使用个人信用信息应当由该部门或征信机构以一定方式通知信息主体。

---

① Fair Credit Reporting Reform Act, 15 U. S. U. § 1681.

② 陈飞等译．个人数据保护：欧盟指令及成员国法律、经合组织指导方针[M]．北京：法律出版社，2006：596-599.

③ Fair Credit Reporting Reform Act, 15 U. S. U. § 1681.

④ 钱如锦．个人征信体系中公共部门使用个人信用信息的法律探讨——以利益平衡为视角[J]．上海商学院学报，2016，17(5)：41-47.

⑤ 张帆，唐清利．社会征信体系构建中信息公开、权义平衡与立法重构——以个人隐私权保护为中心[J]．湖南社会科学，2014(6)：74-78.

金融信息保护。

我国的金融法律法规较为零散且笼统，缺乏针对性和操作性，不具备可实操的实施条款。《证券法》、《商业银行法》仅对存款人的账号信息作出了保密规定，而缺乏对其他个人信息的系统保护；《储蓄管理条例》、《个人存款账户实名制规定》、《银行卡业务管理办法》等规章条例仅针对某类个人金融信息或某项金融业务领域制定出保密规定，无法覆盖个人的全部金融信息；《征信业管理条例》主要是针对征信机构的业务活动和监督管理，而非直接针对掌握大量个人金融信息的金融机构；《反洗钱法》、《金融机构反洗钱规定》、《金融机构客户身份识别和客户身份资料及交易记录保存管理办法》等也是为了预防、打击洗钱和恐怖融资活动，其目的在于规范金融机构客户身份识别、客户身份资料和交易记录保存行为，而非专门针对个人金融信息保护；① 此外《个人信用信息基础数据库管理暂行办法》、《关于银行业金融机构做好个人金融信息保护工作的通知》等文件虽然对个人金融信息的收集、保存、使用、救济等作了较为全面的规定，但只是部门规章，不具备正式的法律效力，因此无法从根本上对个人金融信息进行保护和约束。

对于金融隐私的范畴界定，学术界对于个人金融信息与个人金融隐私并未做明显区分。个人金融信息是指金融机构在与自然人客户发生业务往来时，基于交易相对方的地位所知悉、收集、使用、保存、加工的有关信息，包括但不限于个人基本身份信息、交易记录信息以及其他信息。② 广义上来说，金融隐私可以被定义为自然人所能控制的个人金融信息。美国《金融服务现代化法》将金融隐私定义为：非公开的、可确认为个人的金融信息。总的来说，金融隐私可以从两个角度进行定义，一是从消费者角度，金融隐私是消费者在金融交易活动中产生并与其本人相关的各种静态和动态信息

① 张军发．我国个人信用信息安全保护研究[J]．山西财经大学学报，2016，38(S2)：82-84.

② 王宝刚，张立先，马运全，等．个人金融信息保护法律问题研究[J]．金融理论与实践，2013(2)：74-79.

的集合；二是从金融机构角度，即上述对于个人金融信息的定义，但随着第三方支付行业的快速发展，支付机构在业务活动中收集、使用和保存的消费者信息也应纳入金融隐私信息的范畴。①

一般而言，对于金融信息的管理主要包括隐私权保护和隐私利用两个方面，既要保护隐私权又要促进金融交易。在关于金融隐私的利用、共享与披露方面，现存的问题包括：(1)金融机构获取了庞杂的客户身份信息、信用信息，并积累了丰富的客户消费习惯、支付能力等碎片化数据信息，但金融机构尤其是商业银行对于非结构化数据的更深层次信息处理能力不足;② (2)由于融混业经营趋势越来越明显，银行业、证券业和保险业的交叉经营或成立的金融控股公司催生出集团内部共享金融信息的需求,③ 因而金融机构追求利益与消费者维护自我权益相冲突，金融机构也面临信息披露与隐私保护义务的双向选择。④ 在商业银行及信贷资产证券化业务中，一方面信息的“使用”和“披露”是为了提高信贷资产的流动性、保护投资人及相关当事人的合法权益，另一方面信息的利用又容易超出合法的范围，造成信贷资产信息被滥用、错用、误用或盗用而损及个人合法权益。

关于对个人金融信息的保护，由于金融消费者维权主要发生在商业银行与互联网金融两大应用场景，因而着重探讨上述两种场景下的个人隐私保护。(1)商业银行。以《商业银行法》为切入点，我国对包括商业银行在内的金融业立法责任制度不健全，对侵犯个人金融信息的违法者多采用行政责任加刑事责任的处罚模式,⑤ 而且

---

① 马运全．个人金融信息管理：隐私保护与金融交易的权衡[D]．山东大学，2014.

② 孙睿．大数据技术在互联网金融中的运用[J]．电子技术与软件工程，2018(10)：182-183.

③ 陈雨璐．金融消费者保护机构研究[D]．中国政法大学，2011.

④ 马运全．个人金融信息管理：隐私保护与金融交易的权衡[D]．山东大学，2014.

⑤ 王志强，王丽红，翁剑华，齐洪婷，郭书琴．个人金融信息法律保护问题研究——以银行法为中心[J]．福建金融，2013(8)：22-27.

关于民事救济的相关规定较少，所以个人金融信息保护的整体法律框架尚不健全。商业银行滥用个人金融信息作为交叉营销的手段、① 记录不准确影响客户社会信用评价、加密安全技术不足而导致客户数据被违法犯罪分子窃取等，而且个人客户对商业银行信息保护满意度较低、② 客户信息纠纷案件逐年上升，均暴露出商业银行对个人金融信息保护不足的现状。一方面个人信息保护立法亟待加快、个人信息跨境提供亟待规范，③ 国家应从立法层面进行专项规定；④ 另一方面商业银行也应从内部管理方面建立一系列规章制度，包括规范个人金融信息收集机制、确立个人金融信息保管机制、明确个人金融信息使用机制、审核业务外包机制⑤等。(2)互联网金融。互联网金融由于领域中行业涉及面较广、业务创新快、收集的信息种类繁多，所以对于信息主体的个人信息权利保护面临着相比于传统银行业更为严峻的挑战，《民法总则》、《侵权责任法》、《网络安全法》等关于个人金融信息的立法较为碎片化，⑥ 且对于个人信息主体的权利义务关系及民事救济规定等较为零散，难以形成完备的互联网金融领域个人信息保护体系。2014 年的携程漏洞门、二维码支付欺诈、网络安全协议 Open SSL“心脏出血”漏洞等，⑦ 均给互联网用户带来巨大损失，甚至影响金融市场的

① 陈坚．论银行业个人金融信息的法律保护[J]．法制与社会，2013(5)：281-283.

② 唐友伟．对商业银行个人金融信息保护工作的调查与思考[J]．中国信用卡，2012(3)：32-34.

③ 郭炎兴．加快建立个人金融信息保护制度——访中国人民银行条法司司长周学东[J]．中国金融家，2011(8)：43-45.

④ 刘敏州，刘英娜，刘明艳．商业银行消费者权益保护问题初探[J]．河北金融，2015(3)：27-29.

⑤ 彭志贞，林庆管．论商业银行个人金融信息保护机制的构建[J]．南方金融，2012(9)：74-77.

⑥ 周秀娟，罗敏娜．互联网金融中个人信息的民法保护——以《民法总则》的出台为契机[J]．电子科技大学学报(社科版)，2017，19(4)：52-56.

⑦ 王晓红．互联网金融消费者个人信息安全权法律保护问题探讨[J]．北方金融，2017(2)：63-66.

正常运行，业界对于互联网金融隐私权①的呼声渐高，对于 P2P 网贷的征信体系及监管制度②也日益重视。针对互联网金融中的木马病毒、抓包软件、伪基站③等新型风险问题，应做好互联网金融技术安全顶层设计、搭建技术安全保障体系，同时应选择科学合理的立法模式、④ 加快完善金融信息法律体系、⑤ 构建多层次全方位的风险治理体系，⑥ 并加强法律监管、⑦ 完善信息侵权救济手段⑧等。此外对于个人金融信息的保护，还有电信网络诈骗防范、⑨ 证券市场投资者利益保护⑩等领域的问题仍有待深入探讨。

第三类：健康信息保护。

欧美等国立法实践。

随着对个人隐私保护重视度的日益提升，健康信息作为个人基本信息的一大类别，其隐私相关立法已成为各国政策和法律的重要议题。欧美等发达国家及地区已相继推出卫生健康信息保护相关的法规，法国 2002 年通过《医疗隐私法》(Medical Privacy Act)，明确

① 宋义欣．互联网金融隐私权之保护[J]．福建法学，2017(2)：3-9.

② 王洋．论 P2P 网贷个人信用征信相关法律问题[D]．华东政法大学，2016.

③ 程琳．加强个人信息保护完善互联网金融安保体系[J]．中国信息安全，2017(8)：93-96.

④ 阮焱焱．金融消费者隐私权保护之法律思考[D]．西南政法大学，2015.

⑤ 袁宇．论我国互联网金融消费者的隐私保护[D]．南昌大学，2016.

⑥ 刘静怡．互联网金融中的个人信息保护法律问题研究[J]．金融经济，2018(8)：19-21.

⑦ 李建霞，张伟锋．互联网金融背景下金融信息保护的法律监管研究[J]．征信，2014，32(11)：85-88.

⑧ 吴丹丹，郜新鑫，陈立佳．互联网金融时代金融信息安全立法现状及对策研究[J]．时代金融，2015(35)：36-38.

⑨ 刘怀义．大数据时代个人金融信息保护与电信网络诈骗防范[J]．时代金融，2016(32)：237-239.

⑩ 吴伟央．证券市场投资者权利保护的境外经验[J]．证券法律评论，2015(00)：375-389.

提出患者对自身数据的所有权，并规定医疗人员在诊疗过程中需要将患者数据传输异地时必须获得患者本人授权；2004 年通过《医疗保险法》(Healthcare Insurance Act)，法案明确了电子病历的保密要求和医疗机构中共享信息系统的管理机构；2005 年后相继出台《药品记录法》(Decree on Pharmaceuticals Record)、《医院、患者、健康和本土法》(Hospitals, Patients, Health, Territories Law)、《关于医疗信息存储于计算机的形式和电子传输的保密法令》(Decree on the confidentiality of medical information stored in computerized form or transmitted electronically)①等，通过系列立法明确了患者医疗隐私保密原则，强调了居民许可权的保护、对药品记录管理要求等，构建了医疗信息隐私保护相对完善的体系。② 美国则于 1996 年出台《健康保险携带和责任法案 HIPAA》(Health Insurance Portability And Accountability Act)，③ 2000 年通过第一部关于个人健康信息隐私保护的联邦层面国家标准《个人健康信息隐私联邦标准》(Federal Standards for Privacy of Individual Health Information)，2006 年通过《卫生信息技术促进法 HITPA》(Health Information Technology Promotion Act)，④ 其他一些带有保护病人隐私权的行业规章包括《美国医疗协会规章守则》(American Medical Association Code)、《美国护士协会道德守则》(American Nurses Association's Code of Ethics)、《美国医院协会病人原理条例》(American Hospital Association's Patient's Bill of Rights)等，共同构建了较为完备的健康信息的立法体系。⑤ 此外还有澳大利亚 2002 年出台的《健康记录和信息隐私权法》(Health Records and Information

① 孟群．卫生信息化相关法律法规与政策研究[M]．北京：人民卫生出版社，2012：139-141.

② 谷丽华，徐玲，孟群．欧美国家健康信息隐私保护立法情况探析及对我国立法的启示[J]．中国卫生信息管理杂志，2013，10(6)：520-524.

③ HIPAA：Health Insurance Portability And Accountability Act，1996.

④ HITPA：Health Information Technology Promotion Act，2006.

⑤ 蔡宏伟，龚赛红．HIPAA 法案健康信息隐私保护借鉴研究[J]．中国社会科学院研究生院学报，2017(5)：114-121.

Privacy Act)①等，均对我国建立个人健康隐私权立法体系有所借鉴意义。

国内电子医疗隐私保护。

当前我国涉及病人隐私权立法的相关法律法规包括《精神卫生法》、《食品卫生法》、《国境卫生检疫法》、《传染病防治法》、《职业病防治法》、《母婴保健法》、《全国医院工作条例》、《妇幼卫生工作条例》等。以医院信息系统（HIS）、实验室信息系统（LIS）、影像存储与传输系统（PACS）等为代表的医疗信息系统建设已初具规模，卫生信息不断现代化，各地电子健康档案、电子病历建设也发展迅速。

在对个人医疗保险信息隐私保护及信息共享的认知调查②过程中发现，参保人虽有一定的医疗保险信息隐私保护意识，但由于部分医院和医疗保险经办机构在医疗保险信息系统的管理方面存在着问题，因而大多参保人不愿共享自己的医疗保险信息。具体而言，有关健康信息的隐私泄露主要发生在以下场景：(1)电子医疗记录。电子医疗记录可提高医疗卫生服务的质量和效率，然而由于电子化信息易于复制和共享，容易被第三方获取发生数据泄漏事件，2015年《第五届医疗数据隐私与安全研究报告》③所披露的美国超90%医疗机构存在数据泄露便是有力的辅证。(2)互联网健康信息服务。2015年《中国网民科普需求搜索行为报告》④显示，互联网已成为网民获取健康信息的主要来源，而通过互联网进行健康咨询，极易留下网站cookie记录，甚至于填写包含个人信息的注册表，存在被广告商及第三方应用获取并滥用的风险。(3)远程医

① 李国炜．澳大利亚新南威尔士州《健康记录和信息隐私权法》之解读及借鉴[J]．科技与法律，2012(4)：75-78.

② 钱庆．个人医疗保险信息隐私保护及信息共享认知的调查分析[J]．中华医学图书情报杂志，2016，25(9)：13-17.

③ 波耐蒙研究所．第五届医疗数据隐私与安全研究报告[R]．波耐蒙研究所，2015.

④ 中国科协科普部，百度指数，中国科普研究所．2015年中国网民科普需求搜索行为报告[R]．2015.

疗。远程医疗通过远距离诊断、监控和管理患者的健康状况,① 医患通过无线网络进行 X 光图、患者病史等信息的交互，网络传输更易收到攻击和被动窃听。此外对于医疗健康信息的二次传播利用也存在安全隐患。②

基于上述健康信息隐私泄露的风险，不仅应从伦理学视角进行规范化管理与约束、③ 从行政管理视角进行立法规范,④ 也应从根本上建立面向隐私保护的医疗信息系统，实施医疗系统隐私保护访问控制、⑤ 进行医疗信息敏感度分级保护,⑥ 并对门诊子系统、住院部子系统、药房药库子系统、手术室管理和院长决策子系统⑦等分别进行需求分析和功能设计，并投入医疗机构的实际使用之中。

国内可穿戴设备隐私保护。

对于非病患的健康信息隐私侵权风险，则主要集中在可穿戴设备方面。随着谷歌、苹果等 IT 巨头纷纷推出发展可穿戴设备的计划,⑧ 智能手环、智能眼镜、智能手表、智能服装等主流产品越来越多地被应用于日常生活，Android 系统漏洞、恶意软件安装、⑨

---

① Draper H, Sorell T. Telecare, remote monitoring and care[J]. Bioethics, 2013, 27(7): 365-372.

② 李亚子，田丙磊，李艳玲，夏京辉，钱庆. 医疗健康信息二次利用中安全隐私保护研究[J]. 医学信息学杂志，2014，35(9)：2-6.

③ 周思成，翟晓梅. 电子医疗保健情境下的隐私保护[J]. 中国医学伦理学，2016，29(4)：681-684.

④ 那旭，李亚子，代涛. 国外个人健康信息安全与隐私保护法制建设及启示[J]. 中国数字医学，2014，9(10)：60-62.

⑤ 霍成义，吴振强. 面向患者的医疗信息系统隐私保护访问控制模型[J]. 计算机应用与软件，2014，31(11)：75-77.

⑥ 黄亚娟. 面向医疗信息的隐私保护研究[D]. 电子科技大学，2017.

⑦ 张强. 面向隐私保护的医疗信息系统设计与实现[D]. 北京交通大学，2012.

⑧ 刘金芳. 可穿戴设备的信息安全风险及我国应对建议[J]. 信息安全与技术，2014，5(11)：10-12.

⑨ 马博，何小宇，刘熙明. 可穿戴设备发展趋势及信息安全风险分析[J]. 中国新通信，2015(9)：8-8.

WiFi 热点、蓝牙及 NFC① 等，都会造成可穿戴设备隐私数据泄露。

可穿戴设备能采集个人身份信息、地理位置信息和包括情绪、睡眠等在内的生命体征信息，② 且数据采集传输不受时间及地点限制。然而由于可穿戴设备自身的技术缺陷以及数据流通环节管控缺失等问题，较容易发生健康数据的隐私泄露，我国健康医疗可穿戴设备的数据安全与隐私保护主要存在以下问题：(1)技术安全方面，可穿戴设备高度依赖 Android 及 IOS 系统，数据采集过程中个人难以对数据的查看和使用进行授权、③ 数据传输过程中缺乏多重加密的数据模糊处理等，④ 设备一旦丢失其内部存储信息易被盗用；⑤ (2)数据管理方面，各种设备产生的数据传输格式、加密保密、集成平台接口、数据传输协议等都缺少统一的行业标准；⑥ (3)法律法规方面，国家目前尚缺乏针对可穿戴设备的健康数据隐私保护的政策法规，一旦可穿戴设备生产商私自售卖用户数据，将难于依法追责；(4)道德伦理方面，可穿戴设备产业作为新兴产业尚未形成行业道德约束，其存储的蕴含巨大商业价值和社会价值的数据，容易被个人牟利者非法利用。

相应地，对于可穿戴设备中个人健康信息的隐私保护，也可从技术层面、管理层面、法律层面和伦理层面入手。(1)技术层面包

① 何晓琳，钱庆，吴思竹，张泽，孙小康．健康医疗可穿戴设备数据安全与隐私研究进展[J]．中华医学图书情报杂志，2016，25(10)：32-37.

② 邓世洲，王秀民，刘帆．可穿戴医疗设备引发的信息隐私保护问题及对策分析[J]．中国医学伦理学，2015，28(1)：83-86.

③ 何晓琳，钱庆，吴思竹，等．健康医疗可穿戴设备数据隐私相关问题研究[J]．中国医院管理，2017，37 (10)：68-70.

④ Cyr B, Horn W, Miao D, et al. Security Analysis of Wearable Fitness Devices [EB/OL]. [2018-06-14]. http://pdfs. semanticscholar. org/f4ab/ebef4e39791f358618294cd8d040d7024399. pdf.

⑤ Wolf C, Polonetsky J, Finch K. A practical privacy paradigm for wearables [EB/OL]. [2018-06-14]. https://fpf. org/wp-content/uploads/FPF-principles-for-wearables-Jan-2015. pdf.

⑥ 修晓蕾，钱庆，吴思竹，何晓琳．健康医疗可穿戴设备数据安全与隐私保护存在的问题及对策[J]．中华医学图书情报杂志，2017，26(12)：15-20.

括规范面向可穿戴应用的隐私保护协议，以及进行可穿戴通信中的隐私安全保护。① 具体体现为建立分级分类数据管控模式，设置数据内容保护级别、设计数据流动环节多级保障；应用 SSL 数据加密传输技术、RSA 公钥加密算法、ECC 椭圆曲线加密算法②等对应用进行多重数据加密；采取虹膜识别、声音识别、体态识别、动作识别等方式对用户身份进行认证；增加设备远程控制能力，提供远程数据擦除和丢失提醒功能，防止数据二次丢失及盗用。③（2）管理层面应建立健康信息保护监督管控部门，防止政府相关部门权力滥用，并加紧出台国家层面健康信息保护标准，④ 完善数据使用过程中的责任追溯机制以保障数据的合理存取。（3）法律层面应出台个人健康数据保护、数据安全管理和商业应用监管的法律法规，构建全面的健康数据保护法律框架。（4）伦理层面应保障用户知情同意权利，赋予用户以充分的自主权与自决权，⑤ 并通过隐私保护宣传、设备信息提示等方式，多途径帮助从业人员及用户提升健康医疗可穿戴设备隐私保护意识。

第四类：社交网络信息保护。

社交网络作为 Web 2.0 时代新兴的网络现象，并没有规范的统一定义，OSN（online social network）、SNS（social network site）、

---

① 刘强，李桐，于洋，蔡志平，周桐庆．面向可穿戴设备的数据安全隐私保护技术综述[J]．计算机研究与发展，2018，55(1)：14-29.

② 何剑虎，周庆利．互联网环境下的医疗数据安全交换技术研究[C]．2012 中华临床医学工程及医疗信息化大会暨中华医学会医学工程学分会第十三次学术年会，2012.

③ 何晓琳．健康医疗可穿戴设备数据安全与隐私保护问题研究[D]．北京协和医学院，2017.

④ 叶润国，胡影，韩晓露．大数据安全标准化研究进展[J]．信息安全研究，2016，2(5)：404-411.

⑤ 赵迎欢，杨雪娇，沈聪．纳米医学信息技术与“隐私”保护——兼评 Jeroen van den Hoven“隐私”保护思想[J]．医学与哲学：人文社会医学版，2010，31(11)：36-37.

SNS(social networking service)等①分别从用户、资源、服务等不同侧面的不同侧重点定义了社交网络，是业界最常用的三种称谓。社交网络由于平台的开放性，面临着不同于传统 Web 的安全问题②：一是传统蠕虫攻击③与 Ajax 等技术结合的攻击方式；二是社交网络自身结构带来的安全问题，例如 Sybil Attacks④、分布式拒绝服务攻击等网络架构攻击；三是包含广告信息⑤和钓鱼网址⑥在内的垃圾信息骚扰；四是社交网络提供商及第三方应用滥用信息⑦或不明信息链接造成的隐私泄露风险。

社交网络隐私行为研究。

对于用户行为理论的研究，从 20 世纪 70 年代开始，便不断有理性行为理论(TRA)、计划行为理论(TPB)、技术接受理论(TAM)及其扩展模型等⑧行为学说出现，而关于社交网络隐私行为，则主要集中在对隐私披露行为、自我表露行为、隐私保护行为的研究。

有关隐私披露及自我表露行为方面的研究。隐私披露强调站在

① 姚瑞欣，李晖，曹进．社交网络中的隐私保护研究综述[J]．网络与信息安全学报，2016，2(4)：33-43.

② 刘建伟，李为宇，孙钰．社交网络安全问题及其解决方案[J]．中国科学技术大学学报，2011，41(7)：565-575.

③ NGUYEN N P，XUAN Y，THAI M T．A novel method for wormcontainment on dynamic social networks[C]//Military CommunicationsConference. c2010：2180-2185.

④ WEI W，XU F，TAN C C，et al. Sybil defender：defend against sybilattacks in large social networks[C]//IEEE Infocom. c2012：1951-1959.

⑤ WEIPPL E，GOLUCH S，KITZLER G，et al. Friend-in-the-middleattacks：exploiting social networking sites for spam[J]. InternetComputing IEEE，2011，15(3)：28-34.

⑥ AHN G J，SHEHAB M，SQUICCIARINI A. Security and privacyin social networks[J]. Internet Computing，2011，15(3)：10-12.

⑦ DEY R，TANG C，ROSS K，et al. Estimating age privacy leakage inonline social networks[J]. IEEE Infocom，2012，131(5)：2836-2840.

⑧ 郭龙飞．社交网络用户隐私关注动态影响因素及行为规律研究[D]．北京邮电大学，2013.

社交网络网站的立场，对用户填写的资料及其相关信息进行披露；自我表露则是用户自愿进行信息公开，将自身实况分享给他人的行为。在以新加坡青少年为调查对象的研究①中，发现青少年在自我表露过程中会采取网上信息谎报或隐瞒等策略性行为保护自己隐私，而对网站的信任度是影响其自我暴露的显著因素；在对我国大学生群体调研②中，同样发现隐私问题与自我表露二者之间的关系由信任来调节，当信任程度低时隐私感知对自我表露行为造成影响，然而当信任程度高时隐私感知对自我表露行为的影响则可忽略不计。此外在隐私计算理论与TPB模型的实证研究③中，通过对经典模型中的感知收益、信息敏感度和主观规范等重新定义，并进行量表的信度效度分析之后，所得出的实证结果表明感知收益显著激励了隐私披露行为，同时隐私忧虑阻碍了用户的隐私披露，并受到感知风险和信息控制能力的影响。

有关隐私保护行为方面的研究。隐私保护是用户自行捍卫隐私权的行为，各大社交网站也会申明隐私保护规则或条款，规定相关授权及免责条款，以约束社交网站、第三方应用以及用户等相关利益方的权责关系。胡晓梅④基于美国皮尤研究中心调查数据，研究发现青少年自身的隐私保护意识、社交网络经历，父母的教育程度、对子女上网行为的管控等因素共同决定着青少年在社交网络中的隐私保护行为；王璐瑶⑤研究发现恐惧诉求信息中的威胁严重性正向影响用户的效能认知，对安全保护行为意愿无显著直接作

① 陈瑞丽．网络隐私顾虑、信任与自我表露行为——新加坡青少年社交网站(SNS)研究[J]．中国网络传播研究，2010(00)：3-22.

② 邹朝斌．SNS用户隐私感知与自我表露行为的关系研究[D]．西南大学，2015.

③ 石硕．社交网站用户隐私披露行为探究：隐私计算理论与TPB模型的整合[D]．南京大学，2011.

④ 胡晓梅．SNS用户隐私保护行为影响因素研究——基于皮尤青少年调查数据的分析[J]．东南传播，2016(10)：61-65.

⑤ 王璐瑶，李琪．恐惧诉求对社交网络用户隐私安全保护行为的影响研究[J]．情报杂志，2016，35(12)：69-74.

用；威胁易感性对用户效能认知无显著影响，但直接影响用户的行为意愿；用户的效能认知和社会影响均直接正向影响其行为意愿。

此外站在动态演化博弈的视角，李军伟①分别构建了不考虑第三方监管机构条件下的用户隐私行为演化博弈模型，以及考虑第三方监管机构条件下的用户隐私行为演化博弈模型。此博弈论的结果与上述对隐私披露及表露行为、隐私保护行为的实证研究结果相互印证。

社交网络隐私保护技术研究。

对社交网络隐私保护技术的研究，从 GSNPP 算法(Greedy for Social Network Privacy-Preserving)②到基于密度聚类的 DSNPP 算法(Density for Social Network Privacy-Preserving)，③ 从抗 CFP(connection finger print)攻击④到节点重构方案的提出，⑤ 从动态社交网络、⑥ 非集中式社交网络⑦的隐私保护，到移动社交网络中的位置隐私保护、⑧ 轨迹隐私保护⑨等场景应用，学术界对于匿名隐

① 李军伟．基于演化博弈的社交网络用户隐私行为研究[D]．北京邮电大学，2014.

② 韦伟，李杨，张为群．一种基于 GSNPP 算法的社交网络隐私保护方法研究[J]．计算机科学，2012，39(3)：104-106.

③ 张付霞，蒋朝惠．基于 DSNPP 算法的社交网络隐私保护方法[J]．计算机技术与发展，2015，25(8)：152-155.

④ 郭俭．抗 CFP 攻击的社交网络隐私保护算法研究[D]．吉林大学，2017.

⑤ 王正彬，沈明玉，赵皎．基于节点重构的社交网络的隐私保护技术探讨[J]．计算机工程与应用，2017，53(11)：131-136.

⑥ 谷勇浩，林九川，郭达．基于聚类的动态社交网络隐私保护方法[J]．通信学报，2015，36(S1)：126-130.

⑦ 张晓洁．非集中式社交网络隐私保护的研究[D]．哈尔滨工业大学，2017.

⑧ 张婷婷．移动社交网络中位置隐私保护技术研究[D]．哈尔滨工程大学，2016.

⑨ 郭祥．基于移动社交网络的隐私保护关键技术研究与应用[D]．电子科技大学，2015.

私保护技术、① 差分隐私保护技术、② 基于聚类的隐私保护技术、③ 基于随机算法的隐私保护技术④等均有所研究与涉猎。

在匿名隐私保护技术方面，能确保所发布的信息数据公开可用的前提下，隐藏公开数据记录与特定个人之间的对应联系，从而保护个人隐私，包括静态的 k-匿名技术，动态的重发布匿名、m-invariance 匿名，以及匿名并行化处理⑤等。付艳艳⑥研究了属性-社交网络中用户隐私属性匿名的问题，并提出了一种基于节点分割的匿名算法。该算法通过对具有敏感属性取值的用户节点进行分割，实现了用户身份的隐藏与隐私属性的匿名，实验结果表明该算法能够有效降低用户属性被推测的概率，并保持较高的数据可用性。此外学术界最新的研究集中在基于敏感度分级的匿名隐私保护方法、⑦ 基于聚类的 S-KACA 匿名隐私保护算法、⑧ 基于双线性对的匿名隐私保护方案⑨等，这些话题均有待更深层次的

---

① 陈可，解京璐，许豪，单平平，刘黎明．基于[k_1，k_2]-匿名化技术的加权社交网络最短路径隐私保护研究[J]．南阳理工学院学报，2017，9(06)：65-69.

② 马银方．社交网络中基于差分隐私保护的数据发布与挖掘研究[D]．南京邮电大学，2017.

③ 朱慧，彭代渊，唐雪琴，梁宏斌．一种基于聚类与分割技术的连续数据发布隐私保护方案[J]．信息安全研究，2017，3(10)：893-901.

④ 刘华玲，郑建国，孙辞海．社交网络隐私保护中的随机算法[J]．信息与控制，2012，41(2)：197-201.

⑤ MOHAMMADIAN E，NOFERESTI M，JALILI R. FAST：fast anonymization of big data streams[C]//Proceedings of the2014 International Conference on Big Data Science and Computing，Aug 4-7，2014，Beijing，China.

⑥ 付艳艳，张敏，冯登国，陈开渠．基于节点分割的社交网络属性隐私保护[J]．软件学报，2014，25(4)：768-780.

⑦ 王秋月，葛丽娜，耿博，王利娟．基于多敏感属性分级的(α_(ij)，k，m)-匿名隐私保护方法[J]．计算机应用，2018，38(1)：67-72+103.

⑧ 毛庆阳，胡燕．基于聚类的 S-KACA 匿名隐私保护算法[J]．武汉大学学报(工学版)，2018，51(03)：276-282.

⑨ 宋成，张亚东，彭维平，闫玺玺．基于双线性对的 k-匿名隐私保护方案研究[J/OL]．计算机应用研究，2019(5)：1-3

研究。

在差分隐私保护技术方面，其基本思想是对原始数据、对原始数据的转换或者是对统计结果添加噪音来达到隐私保护效果，该保护方法可以确保在某一数据集中插入或者删除一条记录的操作不会影响任何计算结果的输出结果，被公认为是一种比较严格和强健的保护模型。① 该模型主要考虑的问题是如何保证设计的算法满足差分隐私，以确保数据隐私不被泄露，以及如何减少噪音带来的误差，以提高数据的可用性。对于差分隐私保护的研究，主要集中在差分隐私保护参数ε的选取、② 频繁序列模式的挖掘方法、③ 聚类、④ 分类、⑤ 及复杂网络⑥的研究等。在数据发布阶段，基于差分隐私保护可实现交互式数据发布、⑦ 非交互式数据发布，⑧ 但仍存在高敏感度查询问题、计算复杂度问题等有待解决；在数据挖掘阶段，基于差分隐私保护可实现接口模式下的数据挖掘、⑨ 完全访

① 张啸剑，孟小峰．面向数据发布和分析的差分隐私保护[J]．计算机学报，2014，37(4)：927-949.

② 何贤芒，王晓阳，陈华辉，董一鸿．差分隐私保护参数 ε 的选取研究[J]．通信学报，2015，36(12)：124-130.

③ 卢国庆，张啸剑，丁丽萍，李彦峰，廖鑫．差分隐私下的一种频繁序列模式挖掘方法[J]．计算机研究与发展，2015，52(12)：2789-2801.

④ 刘晓迁，李千目．基于聚类匿名化的差分隐私保护数据发布方法[J]．通信学报，2016，37(5)：125-129.

⑤ 胡艳玲．基于分类树的集值型数据发布隐私保护研究[D]．东华大学，2017.

⑥ 徐垚．基于复杂网络的差分隐私保护研究[D]．广西大学，2017.

⑦ Gupta A，Roth A，Ullman J. Iterative constructions and private data release//Proceedings of the 9th International Conference on Theory of Cryptography. Sicily，Italy，2012：339-356.

⑧ Cormode G，Srivastava D，Shen E，Yu T. Aggregate query answering on possibilistic data with cardinality constraints//Proceedings of the 2012IEEE 28th International Conference on Data Engineering. Washington，USA，2012：258-269.

⑨ McSherry F. Privacy integrated queries：An extensible platform for privacy-preserving data analysis. Communications of the ACM，2010，53 (9)：89-97.

问模式下的数据挖掘①等，但是往往需要较大噪声，如何在一个标准框架系统内失信对各种算法的差分隐私化仍有待解决。此外，差分隐私保护方法还被普遍用于推荐系统、② 网络数据分析、③ 搜索日志发布④等应用领域及不同场合。

在基于聚类的隐私保护技术方面，聚类技术是把一些特定节点与边归于相应的集合，这些集合分别称之为超点和超边，个体的细节将被隐藏在相应的集合中，对于社交网络经聚类隐私保护后仍可利用聚类后的图形特征考察原始图的宏观特性。⑤ 基于聚类的常用技术包括(1)顶点聚类隐私保护方法，⑥ 利用图形结构的相似性原理，通过对顶点及其结构施加变换而使顶点间的结构具有高度相似性，把顶点间的结构差异性隐藏在等价类中，则社交网络研究者仍可以对经过匿名操作后所发布的社交网络图进行宏观分析；(2)边聚类隐私保护方法，利用非敏感边对敏感边的存在性提供预测信息，用 Noisy-or 模型、Bayesian 模型及 Markov 模型⑦等对敏感边进

① Han J, Kamber M, Pei J. Data Mining: Concepts and Techniques. San Francisco, CA, USA: Morgan Kaufmann Publishers Inc., 2011.

② Zhu T, Li G, Ren Y, et al. Differential privacy for neighborhood-based collaborative filtering//Proceedings of the 2013 IEEE/ACM International Conference on Advances in Social Networks Analysis and Mining (ASONAM). Niagara Falls, Canada, 2013: 752-759.

③ 王丹，龙士工．权重社交网络隐私保护中的差分隐私算法[J/OL]．计算机工程，2018(4)：1-7.

④ 熊平，朱天清，王晓峰．差分隐私保护及其应用[J]．计算机学报，2014，37(1)：101-122.

⑤ 马飞，蒋建国，李娟．社交网络隐私保护技术最新研究进展[J]．计算机应用研究，2015，32(5)：1291-1297.

⑥ THOMPSON B, YAO Dan-feng. The union-split algorithm and cluster-based anonymization of social networks [C]//Proc of the 4th International Symposium on Information, Computer, and Communications Security. New York: ACM Press, 2013: 218-227.

⑦ 周凯，彭长根，朱义杰，何建琼．基于马尔可夫模型的同态加密位置隐私保护方案[J]．网络与信息安全学报，2017，3(1)：54-60.

行预测；(3)顶点属性映射聚类隐私保护方法，① 把社交网络模型化为无向图，图中的每个节点具有若干属性标签，边上无标签，不同的属性被分为能定位目标节点的 ID 属性、对目标节点进行解匿名的 QI 属性和敏感属性三类。

在基于随机算法的隐私保护技术方面，添加噪声的随机化方法已经被很好地应用于针对数值型数据的隐私保护数据挖掘中，对于社交网络而言，Rand add/del 和 Rand switch 两种基于边随机化的策略被普遍采用。随机化方法能有效对抗基于概率的解匿名攻击，但不能保证随机化图直接满足 k-anonymity 条件，其优点是施加随机化操作的图可以很好地重构图特性，缺点在于可能会改变图形中的某些具体特性，如最短距离、节点可达性等。② 刘华玲③提出了一种基于高斯随机乘法的社交网络隐私保护方法，该算法利用无向有权图表示社交网络，通过高斯随机乘法来扰乱其边的权重，保持网络最短路径不变并使其长度应与初始网络的路径长度尽可能接近，以实现对社交网络的隐私保护。

2 大数据资源治理中资源配置的研究

国外发达国家数据治理的水平较为先进，通过对发达国家数据治理的政策、法规建设情况进行调查研究，我国大数据资源治理工作可从中得到有效借鉴。通过从经济角度研究大数据资源的配置，有利于充分利用我国的数据规模优势，提高大数据的社会可获得性、保障大数据开发的有序性，实现数据规模、质量和应用水平同

---

① CAMPAN A, TRUTA T M. A clustering approach for data and structural anonymity in social networks [C]//Proc of the 2nd ACM SIGKDD International Workshop on Privacy, Security, and Trust in KDD. New York: ACM Press, 2010: 110-123.

② HAY M, MIKLAU G, JENSEN D, et al. Resisting structural re-identification in anonymized social networks[J]. VLDB Journal, 2010, 19(6): 797-823.

③ 刘华玲，郑建国，孙辞海．社交网络隐私保护中的随机算法[J]．信息与控制，2012，41(2)：197-201.

步提升，以求最大化数据资源的经济价值，更好发挥数据资源的战略作用，有效提升国家竞争力。

国外发达国家多着重研究政府和公共部门信息数据的利用，通过政府数据的开放共享、增值利用等战略和政策的实施，实现数据资源的最大化价值。对国内外现有的数据资源配置相关的法规、政策文献等进行收集整理后，本文将从数据竞争、数据交易、数据增值利用、数据收费和数据责任五个方面对其进行分类归纳。

2.1 数据竞争

数据竞争体现在数据资源拥有者运用不同的手段和方式来配置数据资源。开放共享和数据垄断可定义为两个对立面，前者保证了数据可以被广泛获得，数据竞争不明显；后者则是独占海量数据，强调的是数据竞争。当手握大量可用的数据资源，选择开放共享的方式就相当于放弃了相应数据可存在的经济价值，免费地向社会公众提供数据资源，提高了数据的可获得性；而数据垄断是指大数据资源集中在政府或少量企业手中，政府与企业对这些数据资源具有主导和支配地位。

2.1.1 各国政府数据开放共享研究

政府数据开放是指在能确保国家安全的基础之上，政府部门将财政、人口、资源等公共数据信息资源向社会公众免费开放，不仅能提高公共信息的可获得性、增强公众参与社会管理的意愿，还能提升政府的治理水平。

(1)美国。

美国政府信息无版权，使得所有联邦政府的信息成为一种公共资源。1967 年的《信息自由法》(Freedom of Information Act)是迄今为止国际上政府信息公开方面最为完备的法律之一，这一法律对美国联邦政府各机构公开政府信息资源做出了规定，明确指出任何公民和组织都有权免费访问政府信息。① 2009 年的《开放政府

① 89th United States Congress. Freedom of Information Act [EB/OL]. [2018-05-10]. https://en.wikipedia.org/wiki/Freedom_of_Information_Act_(United_States).

指令》(Open Government Directive)明确开放政府的原则是透明(Transparency)、参与(Participation)和协同(Collaboration)。① 2009年美国政府组织建立的全球首个可自由获取数据的、用户与政府互动的开放网络数据共享平台——Data. gov。2013年美国白宫科技政策办公室(OSTP)发布《公开获取备忘录》(OSTP Public Access Memo)，指出资助研究产生的学术论文和科研数据是社会的公共资产和创新资源，应该全社会共享。② 2013年美国联邦管理和预算办公室(OMB)发布《开放数据政策》(Open Data Policy)，该政策的目标是确保联邦政府部门将政府信息作为资产进行管理。要求所有政府机构采用机器可读和开放格式收集和创建数据以便于公众和企业进行信息加工和传播。③ 2014年的《美国开放数据行动计划》概述了美国政府作为开放数据的主导者应承担的义务，并介绍了美国政府在推动开放数据的工作中所做的大量工作，提出应主动承诺开放，并逐步开放数据资源的原则。④ 2016年5月25日，美国参议院和众议院分别通过了《开放政府数据法案》(Open Government Data Act)的提案，该提案旨在扩大政府对数据的使用和管理，以便增强信息透明度并提高政府管理的有效性。⑤

---

① Open Government Directive [EB/OL]. [2018-06-15]. http://www.whitehouse.gov/open/documents/open-government-directive.

② John P. Holdren. Memorandum for the Heads of Executive Departments and Agencies: Increasing Access to the Results of Federally Funded Scientific Research [EB/OL]. [2018-05-10]. http://whitehouse.gov/sites/default/files/microsites/ostp/ostp_public_access_memo_2013.pdf.

③ Sylvia M. Burwell, Steven VanRoekel, Todd Park, et al. Open Data Policy-Managing Information as an Asset [EB/OL]. [2018-05-10]. https://www.whitehouse.gov/sites/whitehouse.gov/files/omb/memoranda/2013/m-13-13.pdf.

④ 魏小飞，胡芳，江娴．美国开放数据行动计划[J]．图书情报工作动态，2014，(4)：12-18.

⑤ Open Government Data Act, S. 2852, 114th Cong. (2016) [EB/OL]. [2018-05-10]. https://www.govinfo.gov/content/pkg/BILLS-114s2852is/pdf/BILLS-114s2852is.pdf.

(2)英国。

2010 年大选前，保守党领袖卡梅伦呼吁改变法律来支持政府数据权。此后，卡梅伦首相向所有政府部门发信，强调政府信息透明，并提议在内阁设立透明度委员会。2011 年 11 月，英国政府发布了对公开数据进行研究的战略政策。英国政府于 2012 年 5 月注资 10 万英镑，支持建立了世界上首个开放式数据研究所 ODI(The Open Data Institute)。ODI 是非营利性组织，它将人们感兴趣的所有数据融会贯通在一起，每个行业的各个领域一方面产生各种数据而另一方面又可以利用这些数据。英国政府专门建立了“数据英国”(data. gov. uk)网站，将公众关心的政府开支、财务报告等数据整理汇总并发布在互联网上，对其中的热点议题和重要开支进行进一步阐释，并对公众意见进行反馈。政府 2012 年发布《开放数据白皮书：释放潜能》，2013 年发布《八国集团开放数据宪章 2013 年英国行动计划》，基本实现所有数据集都能通过国家数据门户网站 data. gov. uk 进行发布，并且通过与社会机构和公众沟通来明确有限公布数据集范围。

(3)加拿大。

加拿大的政府开放数据得到有效的制度支持，除了《开放政府动议》、《开放数据宪章——加拿大行动计划》等 10 多项法规政策与指南外，2016 年还制定《开放政府合作伙伴的第三次两年计划(2016—2018)》。① 为了提升政府机构开放数据能力、加深公众对开放数据的了解，加拿大政府制定了通用的开放数据原则与指南——《开放数据 101》。②

(4)澳大利亚。

2009 年，澳大利亚政府发布的《数字经济未来发展方向》要求

---

① Canada Government. Third biennial plan to the open government partnership [EB/OL]. [2018-05-21]. http://publications. gc. ca/site/fra/9. 820062/publication. html.

② Open data 101[EB/OL]. [2018-05-21]. https://open. canada. ca/en/open-data-principles? _ga=2. 225555162. 1955931865. 1526878161-1931244533. 1526878161.

公共部门信息开放存取；2010 年，《捷足先登：澳大利亚政府行政改革的蓝图》要求建设开放政府；2013 年政府发布《公共服务大数据战略》。澳大利亚政府首席信息官 Glenn Archer 表示，“政府希望通过大数据分析系统提升公共服务质量，增加服务种类，并为公共服务提供更好的政策指导，同时用于帮助政策部门有效运转，最重要的是帮助公众获取对政府管理和数据占有的安全性的责任。澳大利亚政府希望本国在大数据分析上提高效率，并与其他政策和技术配合，为公共服务领域带来变革，并能领先其他国家”。①

(5)中国。

目前国内对于政府数据的开放共享方面还未出台相应的政策和法律保障。正如《促进大数据发展行动纲要》中提到 36 次“开放”、59 次“共享”，纲要现阶段中国政府数据开放的主要任务之一就是“加快政府数据开放共享”②。国内学者也多从政府数据开放共享政策方面进行探讨和研究。

黄如花等在研究了我国政府数据开放共享政策框架和内容后提出：我国政府数据开放共享政策仍存在一些问题。表现在：政府数据开放共享的政策体系尚未形成；政府数据及其元数据缺乏统一的组织描述规范；数据创建与汇交、数据归档与保存和数据监管是薄弱环节；政府与公众互动的政策需扩展深化；政府数据开放共享全过程的质量管理政策有待建立；个人隐私保护政策需进一步具体化；政府数据知识产权政策亟待建立和完善。③ 蒋永福通过对公共信息资源的概念和配置效率研究后，认为政府信息资源开发利用的宗旨是为了更好地满足公众对政府信息获取的需要。公众对政府信息的需要是个性化和多样化的，政府垄断性的、单一的开发利用模

① 澳大利亚大数据政策出台[EB/OL]. [2018-05-21]. http://intl.ce.cn/specials/zxgjzh/201308/14/t20130814_24662628.shtml.

② 国务院 . 促进大数据发展行动纲要 . [EB/OL]. [2018-06-15]. http://www.gov.cn/zhengce/content/2015-09/05/content_10137.htm.

③ 黄如花，温芳芳 . 我国政府数据开放共享的政策框架与内容：国家层面政策文本的内容分析[J]. 图书情报工作 . 2017，61(20)：12-25.

式难以满足公众的个性化和多样化需求。① 才世杰等对发达国家的开放政府数据战略进行比较研究，提出开放政府数据战略的全面实施，需要进一步破除束缚数据开放与利用的制度障碍，对现有的政府信息公开和再利用、隐私保护以及信息安全等制度体系进行完善和修订，不断优化政府数据开放的制度体系。② 国家信息中心专家委员会副主任宁家骏在首届“中国政务大数据开放论坛”中指出：“数据开放已经成为当今世界各国的共同趋势，大数据助力政务网站应用深入发展，应用的倒逼机制促进了数据开放”。③

2.1.2 数据垄断相关案例

数据垄断是指重要数据被控制在少数人手中，并被不合理地分配与享用。大数据垄断不仅会破坏市场的健康竞争、加剧安全性问题，严重威胁到他人的隐私权，而且会导致数据流动受限，造成数据资源难以优化配置和使用，浪费数据资源的同时阻碍创新的实现。

近年来，有不少互联网公司涉及了数据垄断，在与反垄断部门打官司的过程中被处罚款。2014 年欧盟反垄断部门对 Facebook 收购 WhatsApp 开展调查；2016 年欧盟表示考虑对谷歌、Facebook 等大型互联网公司收集海量数据的方式是否违反反垄断法进行调查；2017 年国内顺丰与菜鸟的“丰鸟之争”引起人们广泛关注，其出发点是以数据安全的名义，而关键在于对数据的争夺。

数据在未来，对于提升快递服务质量、提升快递企业盈利能力具有重要作用。互联网式的数据垄断较过去的巨头垄断相比，更能突破行业和地域的划分，迅速建立起跨行业、跨地区的垄断。

2.1.3 开放与反垄断

开放数据的目的是进一步将政府数据向企业、研究者和公众开

① 蒋永福．论公共信息资源管理——概念、配置效率及政府规制［J］．国书情报知识．2006，5(111)：11-15.

② 才世杰，夏义堃．发达国家开放政府数据战略的比较分析［J］．电子政务．2015(7)：17-26.

③ 首届中国政务大数据开放论坛在京举办［J］．电子政务，2015(1)：42.

放，使得信息资源可发现、访问、使用，对创业、创新和科学发现有重大的推动作用。但仍需要解决一些问题，如开放数据的分类、数据权属关系、生命周期管理、数据标准规范、数据质量管理等。而针对数据垄断造成的各种问题，各国也都出台了对应的反垄断规定。美国早在 1882 年颁布了《反托拉斯法》用以调节市场竞争；我国于 2007 年颁布了《反垄断法》，用于预防和制止垄断行为、保护市场公平竞争、提高经济运行效率、维护消费者利益和社会公共利益，促进社会主义市场经济健康发展。

2.2 数据交易

随着大数据技术的成熟和发展，大数据在商业上的应用越来越广泛。大数据相关的整合、交换、交易的案例越来越多，国内外也涌现了大量的数据交易平台，将数据的所有权、使用权等用于交易。

2.2.1 国内外数据交易市场概况

国外数据交易市场始于 2008 年，得益于较为完善的法律制度、信用体系和数据开放环境，企业间数据交易较为活跃，涌现出 Infochimps、Factual、Data Sift、Datahub、Qlik Datamarket、Oracle Blue Kai、Twitter Gnip、Windows Azure Marketplace、Acxiom、FUJITSU Data Plaza 等一批知名数据服务商。①

大数据交易所为数据商开展数据期货、数据融资、数据抵押等业务，建立交易双方数据的信用评估体系，增加数据交易的流量，加快数据的流转速度。数据品种包括政府、医疗、金融、企业、电商、能源、交通、商品、消费、教育、社交、社会等十二类大数据。

2014 年以来，国内不仅出现了数据堂、中关村数海、京东万象、聚合数据等一批数据交易平台，各地方政府也成立了混合所有制形式的数据交易机构，包括贵阳大数据交易所、长江大数据交易中心(武汉)、上海数据交易中心、浙江大数据交易中心等。同时，

---

① 张敏翀．数据流通的模式与问题[J]．信息通信技术，2016，(10)04：5-10+57.

BAT 等互联网领军企业也在积极探索新的数据流通机制。例如，百度大数据智能平台提供了行业洞察、客群分析、营销支持、舆情分析、店铺分析、引擎推荐等数据产品和服务以及 API 数据市场；阿里集团不仅推出了数家大数据开放平台及 API 数据市场，也发布了品牌数据银行，帮助企业建立全面的数据资产管理；腾讯大数据提供了精准广告、大数据统计、推送服务、数据报告等产品服务以及政府、金融、公共安全、城市规划、旅游等行业的应用解决方案和数据服务。

2.2.3 数据定价策略

国内现有的几种大数据交易平台数据定价策略：

(1)平台预定价：卖方无法确定交易大数据的价格，可以委托大数据交易平台的专业人员协助定价，专业人员根据平台自有的数据质量评价指标(数据量、数据种类、数据完整性、数据时间跨度、数据实时性、数据深度、数据覆盖度、数据稀缺性等)①给出评价结果，之后根据此结果与同类同级数据集的历史成交价给出一个合理的价格区间，大数据卖方在这个价格区间内进行二次定价。

(2)自动计价：交易所针对每一个数据品种设计自动计价公式，数据品种的价格是实时的，实时价格主要取决于数据的样本量和单一样本的数据指标项价值。

(3)拍卖式定价：采用拍卖式定价方式的原因有两种：一是某类大数据产品不能做大范围复制式传播，为了使大数据卖家利益得到保证，只能将其所有权转移到一位或者少数大数据买家的手中；二是如果大数据买方对所购买的大数据产品的正面效用有足够信心，又不想让竞争对手获取，便可与大数据卖方协商拍卖式定价。拍卖规则可以建立在“平台预定价”的基础上，也可采用密封式二级价格拍卖，报价最高者中标，成交价是第二高价的

---

① 赵子瑞．浅析国内大数据交易定价[J]．信息安全与通信保密，2017(5)：61-67.

价格。①

(4)自由定价：包括卖方自由定价和买方自由定价两种方式。大数据卖方自由定价，是适用范围最广的大数据交易定价方式，大数据卖方有权自主确定交易价格，不同的大数据卖方定价方式各异，定价自由度高、透明度低，旁人无法得知具体的定价方式；大数据买方自由定价，又称为悬赏式定价或中标定价，绝大多数平台都有该项定价措施，这种定价方式只在大数据买方进行数据定制时才会出现：大数据买方通过大数据交易平台发布悬赏任务，召集能为自己提供相应大数据产品的大数据卖方来竞标，最终依据大数据卖方提供的样本大数据决定选取那个大数据产品。悬赏任务价格多少完全取决于大数据买方，具体定价方式也是不透明的。

(5)协议定价：协议定价的产生背景是大数据买卖双方对交易大数据产品的估值无法达成一致，在这种定价方式中，大数据交易平台、大数据买卖双方分别扮演撮合方和协议方的角色，大数据买卖双方通过反复报价议价，最后达成统一定价。

(6)捆绑式定价：出于薄利多销或推广某些大数据产品的目的，可以适当对大数据产品进行捆绑式定价，比如可以在出售价值量高的大数据产品时附上价值量低的大数据产品进行销售。

2.2.3　政府大数据的定价

政府大数据是大数据的主要类型之一，其定价涉及两方面的因素，一是隐私安全问题，二是政府大数据的产权问题。

政府由于其公共权力属性，收集的大数据过多涉及公民或团体的隐私。从隐私保护的角度而言，大数据资源必须经过预先的处理，而且对大数据的利用者也有限定；从政府收集的大数据的产权角度而言，政府是使用纳税人缴纳的税获取的，理应属于全社会所有；从信息公开的发展历程来看，信息公开应该是免费的，或者收取边际成本附近的费用。

刘朝阳将政府大数据定价类型归纳为：免费、边际成本定价、成本回收定价、市场化定价四种，提出大数据交易的可持续需要合

① 王文平．大数据交易定价策略研究[J]．软件，2016(10)：94-97.

理定价，需要定价模式和定价策略的综合使用。①

2.2.4 启示

我国大数据交易必须要依托政府和市场的双重力量。划分政府和市场的职责：对于不含有国家安全、商业秘密和个人隐私的公共数据资源应当以政府主导的手段开放共享；对于不含有安全隐私的非公共数据资源应当以市场部门主导的手段进行流通交易。②

我国数据交易市场发展也面临一些问题。

(1)应用场景局限。经济学人信息部(经济学人集团内独立的业务部)公布了使用大数据最多的 19 个行业领域，包括制造业、IT 和技术、金融服务、专业服务、医疗保健、制药和生物技术以及消费品等。③ 我国大数据应用以互联网企业为主，场景局限在电子商务、精准营销等有限的领域，银行、医疗、教育、农业、工业等领域大数据应用还处于萌芽状态。

(2)数据开放体系和信用体系缺失。国外数据交易主要采用数据代理，通过政府数据公开、商业渠道合作等方式，从数据源机构获取各类信息，进而向用户交付数据产品或服务，数据交易由数据供方、数据中介和数据需方三方构成。国内数据交易企业数据获取主要有爬虫、众包及行业联盟(代理模式)三种模式。政府开放数据供给不足，“BAT”等持有大量且商业价值很高数据的商业公司，更倾向于打造闭环产业生态，并不愿意为获得短期的利益而变现数据价值。市场缺乏信任机制，企业不按协议要求私自留存、复制甚至专卖数据的现象普遍存在，反过来进一步抑制了数据供给意愿。

(3)数据资产、隐私保护等法律法规缺失。

(4)公用事业数据开放难问题。除政府数据资源外，我国还有

① 刘朝阳．大数据定价问题分析[J]．图书情报知识，2016(1)：57-64.

② 韩涵．大数据的社会经济价值分析及地方大数据发展[J]．科技中国，2016(7)：44-47.

③ 主动出击战略管理大数据隐私[EB/OL]．[2018-05-20]．https://www.aliyun.com/zixun/content/2_11_267237.html.

规模庞大的水电煤油气等公用事业数据，民营企业较难推动这些领域的数据开放。

(5)数据开放渠道不通畅，市场力量难以推动跨区域的数据整合。健康的大数据交易市场离不开政府的干预，为了避免大数据侵犯他人的隐私、威胁国家的安全、出现少数公司的垄断等，政府的监管作用和宏观调控必须加强并发挥其作用。

2.3 数据增值利用

政府数据信息增值利用具有巨大的经济价值，国外发达国家率先就政府信息增值利用颁布了一些政策和指令。以下就美国和欧盟国家政府数据信息增值利用相关制度的发展进行搜集和梳理，结合国内专家学者的相关研究进行总结分析。

2.3.1 国外政府数据信息增值开发制度

(1)美国。

美国对政府信息资源的开发和再利用没有限制和约束，市场化是美国政府信息资源增值服务的最大特点。美国通过私有化和商业化的方式开展信息资源增值服务，最关键的原则是尽可能通过私营部门开展政府信息服务，政府机构不与其竞争。《信息自由法》是开展政府信息增值服务的基础，从根本上保证了政府信息的获取和增值服务。① 1985 年《美国联邦信息资源管理条例》(即 A-130 号通告)作为美国联邦政府信息资源管理的政策纲要，从政策角度全面制定了信息系统与技术的方向和目标，最大限度地减轻公众的文书负担。② 1993 年美国政府对其修改后，着眼于政府信息的市场化增值利用，为调整政府机构、私营企业竞争关系制定了政策准则。《文书削减法》对行政机关在政府信息增值利用中的行为设置了限制性规定，以确保达到尽可能减少政府信息开支和负担，最

① 89th United States Congress. Freedom of Information Act [EB/OL]. [2018-06-09]. https://en.wikipedia.org/wiki/Freedom_of_Information_Act_(United_States).

② The Management of Federal Information Resources (A-130). [EB/OL]. https://en.wikipedia.org/wiki/OMB_Circular_A-130.

大程度发挥其效用的目标。① 该法律减小了政府信息增值利用的屏障，同时为社会力量介入政府信息增值利用创造了有利的政策条件。②

(2)欧盟。

1999 年，欧盟委员会发布的《公共部门信息绿皮书》，重点解决了与公共部门信息开发利用相关的系列问题，涉及开发意义及重要性、实践方法、收费、版权、隐私权等内容，同时还就各成员国政府信息资源采集方面的法律法规情况作了介绍，也报过美国现行的法律体系。③ 2003 年《公共部门信息再利用指令》涉及了再利用的各个方面，包括概念、文档范围、信息提供的方式、收费原则、版权保护等，为欧盟各成员国商业性开发利用公共部门信息提供了指导性规范。④ 2005 年欧盟委员会提出“数字内容(附加)计划”，欧盟议会和理事会通过了《创建致力于更方便地获取、使用和开发欧洲数字内容的共同体多年项目》的决议。⑤ 2006 年，欧盟推出了技术基础——“政府部门信息平台”，⑥ 同年发布《委员会信息的增

① The Paper Reduction Act of 1980. [EB/OL]. https://en.wikipedia.org/wiki/Paperwork_Reduction_Act.

② 李汝峰．美国对政府信息资源增值利用的立法与实施[J]．图书馆学刊，2011(12)：10-11+18.

③ Commission of the European. Green Paper on Public Sector Information in the Information Society [R/OL]. [2018-05-20]. http://cordis.europa.eu/econtent/publicsector/greenpaper.html.

④ EUROPEAN PARLIAMENT, EUROPEAN COUNCIL. Directive 2003/98/EC of the European Parliament andof the Council of 17 November 2003 on the reuse of public sector information[J]. 2003, 90-96.

⑤ EUROPEAN PARLIAMENT, EUROPEAN COUNCIL. Decision No 456/2005/EC of the European Parliament and the Council of 9 March 2005. establishing a multiannual Community programme to make digital content in European more accessible, usable and exploitable[R].

⑥ EUROPEAN COMMISSION'S ECONTENTPLUS PROGRAMME. European Public Sector Information (PSI) Platform [R/OL]. [2018-06-09]. http://www.epsiplus.net/

值利用》的立法建议。

2.3.2　国内相关研究

国内学者就公共部门信息增值利用的内涵和界定进行了探讨。陈传夫提出："公共部门信息增值利用，是指公共部门信息资源在履行公共服务的基本功能外，通过授权或许可由公共部门以外的力量进行深度开发，产生增值效应，提供给社会使用。这种增值利用既可以是商业性开发，也可以是公益性开发"。① 冉从敬在其博士论文中论述道："欧盟《公共部门信息再利用指令》(以下简称《再利用指令》)第4条规定：再利用是指个人或者法人以商业或者非商业目的，而不是文档因公共任务而得以产生的原来目的，而对公共部门机构持有的文档的利用。公共部门机构之间文档交换如果纯粹是履行公共任务的不构成再利用"②。华海英通过对公共部门信息增值利用的相关概念进行国内外比较和分析后得出：公共部门信息增值利用，是基于公共任务以外的初始目的，对公共部门信息的深度增值开发活动。③

研究国外发达国家政府部门信息增值利用的相关制度及应用对于我国相关制度的发展有较好的借鉴意义。冉从敬等通过研究欧盟公共部门信息再利用制度的产生、立法确认以及政策的推动，提出借鉴欧盟经验建立健全市场开发机制和完善市场竞争制度的建议。④ 陈传夫等指出目前我国仍处于推进政府信息公开阶段，还未将重点转移到政府信息的增值开发方面，通过对欧美政府信息增值开发制度进行考察，建议我国可以在费用制度和竞争制度方面进行

① 陈传夫，冉从敬．法律信息增值利用的制度需求与对策建议[J]．图书与情报，2010(6)：23.

② 冉从敬．公共部门信息再利用制度研究[D]．武汉：武汉大学，2007.

③ 华海英．公共部门信息增值利用的若干概念辨析[J]．图书情报工作，2012，56(2)：14-18.

④ 冉从敬，陈通晓，李楠等．欧盟公共部门信息再利用制度研究[J]．图书馆论坛，2010，30(6)：244-247.

研究和借鉴。① 张晓琳将美国和英国政府信息增值利用机制进行比较研究，指出主要区别在于思想认识和许可机制等方面，并由此论述了对我国的借鉴意义。②

此外，在对我国目前的公共部门信息增值利用的政策进行分析的研究中，谢笑通过对我国公共部门信息资源增值利用的有关实践案例进行分析，指出公共部门存在信息公开程度不够、信息化水平不高、相关法律和定价政策缺失等阻碍我国公共部门信息资源增值利用发展的问题；③ 洪伟达分析了欧美国家公共部门信息资源增值利用的利益分配经验，提出我国应设计合理的利益分配机制和监督体系。④

2.3.3 分析和启示

首先需要强化政府信息增值服务意识，使得政府主动参与进来。其次我国已经实施《政府信息公开条例》，但公开程度还不及国外，因此需要进一步加强政府信息公开力度，并引入市场化竞争。竞争机制是市场机制的动力，市场配置公共信息资源能促进不同信息资源提供者之间的竞争性合作，从而提高公共部门信息资源增值利用的效率和水平。⑤ 在社会主义市场经济条件下，加强市场化作用，政府信息资源的开发服务工作按照市场的价值规律运行，促使私营企业发挥自身资金、技术、人才等方面的优势得到充分发挥，促进政府信息资源深层次开发利用，更有利于提高政府信息资

---

① 陈传夫，冉从敬．欧美政府信息增值开发制度以及对我国的启示[J]．情报资料工作，2008(4)：39-43.

② 张晓琳．英国、美国政府信息增值利用机制比较研究——兼谈对我国的借鉴意义[J]．图书馆学研究，2011(18)：81-83.

③ 谢笑．我国公共部门信息资源增值利用的政策及其应用[J]．图书馆学研究，2018(9)：44-46.

④ 洪伟达．我国公共部门信息资源增值利用的利益分配机制研究[J]．情报资料工作，2013，34(4)：6-10.

⑤ 东方．欧盟公共部门信息增值利用模式及其借鉴意义[J]．图书馆杂志，2010(11)：57-60.

源的利用效率，同时创造出更多的经济效益和社会效益。① 我国作为社会主义市场经济国家，无法完全通过市场运作实现政府信息资源的增值利用，需要通过宏观调控进行调节，同时政府信息资源的增值利用也不可能完全交由政府运作，政府没有足够的时间和精力处理各个方面的信息资源，而且会出现政府信息再利用效率低下或是贪污等问题。

2.4 数据收费

美国、英国、欧盟等国对数据信息采取了一定的收费规制，用以回收数据采集、加工和整理过程中耗费的管理成本，目前我国缺乏相应的数据收费政策和法律条款。

2.4.1 国外信息收费模式

美国《文书工作缩减法案》和《联邦信息资源的管理》都规定了联邦政府机构不得以政府信息向用户收取超过其传播成本的费用，所谓的信息传播成本不包括最初收集和处理信息的费用。②

英国政府法规规定对公开信息的加工和再利用需求可以收取一定的费用。英国政府对数据资源社会化利用的收费原则是生产和传播成本之外，还可以收取一定合理的投资回报。③《政府信息资源规定》将收费分为三种情况：一是大部分情况下，收取信息生产、发布、传播的边际成本；二是当政府部门工作人员需要收入来覆盖大量信息成本时，可收取信息收集、生产、复制的传播直接和间接成本，此外还可收取一定合理的投资回报；三是图书馆、档案馆和博物馆，可收取信息收集、生产、复制、传播和保存的直接成本和间接成本，此外还可收取版权清理费、一定合理的投资回报。

欧盟国家主要以通过向增值开发用户收取信息使用费的形式来回收数据采集、加工和整理过程中耗费的管理成本。2003 年颁布

① 陈兰杰，和婧，周晓英．国外政府信息再利用制度及其对我国的启示[J]．情报杂志，2013(2)：139-146+106.

② 陈雅芝．欧美发达国家政府信息资源市场化开发利用实践与启示[J]．图书情报工作，2009，53(19)：121-125.

③ 鲍静，张勇进，董占广．我国政府数据开放管理若干基本问题研究[J]．行政论坛，2017(1)：25-32.

的《政府信息资源再利用指令》规定，(1)数据利用的收费原则上应仅限于个人利用请求的边际成本(复制、提供和传播成本)；(2)收费不得超过生产和传播数据的成本，同时考虑合理的投资回报，鼓励政府机构降低收费或者不收费；当收到数据利用请求时，应让申请人知晓收费的计算方式；(3)应提前制定并公布收费标准和数据利用的条件，如果拒绝某项数据利用的请求，必须解释原因并提供帮助信息；(4)如果政府部门利用其持有的信息提供增值信息服务，并与私营部门数据利用者进行竞争，那么政府部门也应收费。①

2.4.2 分析

目前我国缺乏相应的数据收费政策和法律条款，国内学者分析总结发达国家信息收费模式和政策设计，由此为国内政府提供借鉴和思考。陈传夫等归纳了国际上公共部门信息增值利用的收费模式，分析我国相关部门在定价上存在的问题并提出了结合我国国情的定价对策，即坚持公益性原则、坚持成本原则、坚持以市场为导向的原则，坚持政府引导与市场竞争相结合的原则。②

2.5 数据责任

在大数据的快速发展的背景下，人们过分关注大数据如何运用于企业实践，忽略了大数据发展带来的一些伦理道德问题。③ 数字化产业有序发展需要在互联网产业涉及数据开发和利用等各个环节，建立对数据资源的有效约束，承担起各自的数据责任。

2.5.1 数据获取者的责任

数据获取者，是面向客户采集数据的企业和组织。他们需要承担的责任最为复杂，包括客户数据知情权的保障、客户数据遗忘权的保障，乃至贯穿整个企业的客户数据操作与管理从流程到组织的一系列要求。

---

① EUROPEAN PARLIAMENT, EUROPEAN COUNCIL. Directive 2003/98/EC of the European Parliament andof the Council of 17 November 2003 on the reuse of public sector information[J]. 2003, 90-96.

② 陈传夫，马浩琴，黄璇．我国公共部门信息资源增值利用的定价问题及对策[J]．情报资料工作，2011(1)：11-15.

③ 李云清．大数据背景下的企业社会责任[J]．商，2015(42)：208.

在客户数据保护和对数据获取企业的监管方面，英美等发达国家已经积累了很多经验。

2015 年英国的通信运营商 TalkTalk 因为系统遭遇黑客入侵泄露了近 16 万条客户数据，2016 年 10 月被英国信息专员公署罚款 40 万英镑。后由于对客户数据管控不力致使 2 万条客户数据在未经授权下被印度外包服务商访问，TalkTalk 再次被罚款 10 万英镑。在这第二次罚款中，受影响的客户数据其实只包括姓名、住址和电话号码这些基本信息。

2015 年 4 月，美国联邦通信委员会(FCC)对美国电话电报公司(AT&T)罚款 2500 万美元，惩罚其内部管理混乱导致近 28 万名客户的数据被泄露。FCC 发现，AT&T 位于墨西哥等地的三处呼叫中心的多名员工，通过非法手段访问内部公司多达 28 万名客户的数据，并将这些个人账户相关联的一些信息，比如客户名称、社会保障号码的后四位数出售给了第三方。作为客户数据获取企业，AT&T 必须承担重大的管理失误责任，并接受了美国历史上最高额的客户数据泄露罚单。

在互联网数据不断丰富的今天，欧盟进一步加大了客户数据保护的力度。在 2018 年 5 月生效的欧盟《一般数据保护条例》明确规定，对于个人数据被持续和系统收集并使用的情况下，相关企业或组织应该任命有专门的数据保护专员。企业与机构在发生用户数据泄露后 72 小时内，必须遵循条例规定向监管部门报告，并评估数据泄露有可能带来的损失和相应的补救措施。

2.5.2 数据运营者的责任

数据运营者，指的是面向企业客户提供数据运营与管理平台的云服务提供商。现在越来越多的企业选择把自己的数据中心配置在云计算平台上，其中包含大量的客户数据。作为数据的实际管理者和运营者，云计算服务提供商责无旁贷。

云服务提供商需要承担的责任非常直接，就是按照数据获取者提供的规范，承担从数据加密、数据操作、数据审计、数据流入流出乃至数据删除等一系列系统服务相关的技术实现和具体的合规性支持的责任。

2017 年 7 月，美国最大的移动通信公司 Verizon 泄露了 600 万客户数据。其中包括客户姓名、地址、联系电话，部分记录中还包含了通信服务重置使用的 PIN 码。此次数据泄露事故是由 Verizon 的云服务公司管理疏忽所导致的，该云服务公司的一名员工在修改系统配置时，因操作失误导致外部用户可进入云存储区域访问本不能访问的信息。

因此，监管当局必须强制其通过数据加密的方式存储数据，并配合以数据访问日志与跟踪记录，这样一方面能做到真实数据信息安全保护，另一方面即使数据被外泄，也能第一时间了解并控制影响范围。这些工作绝不是数据获取企业单方面的责任，而需要云计算服务商配合完成。

目前国内的云服务平台，从底层的 IaaS 到上层的 SaaS 都没有针对敏感客户数据从加密到操作再到审计的支持。一方面是由于国内云服务平台还处于低水平竞争阶段，另一方面也是由于国内从监管机构到企业都没有成体系的数据管理需求。

2.5.3 数据使用者的责任

数据使用者需要承担的责任是合法获取数据、合法使用数据。合法获取数据，是指对于来源不清或者是超范围获取的数据，将承担相应的责任。合法使用数据，是指禁止非合规的数据外流和数据交易。

对数据使用企业的监管，目前看来是最难也是最弱的。

2014 年，Facebook 以 218 亿美元收购移动通信运用程序 WhatsApp，该收购当年 10 月获欧盟批准。之前，Facebook 在提交给欧盟的文件中表示，Facebook 与 WhatsApp 之间不会建立用户账号信息的自动化匹配。2016 年 8 月，Facebook 对 WhatsApp 的隐私政策作出调整，允许 WhatsApp 与其分享部分用户的手机号码，打通了两套社交系统的客户数据，此举招致欧盟不满，并导致欧盟于当年 12 月启动调查。2017 年 5 月，因其在收购 WhatsApp 时提供误导性信息，欧盟对 Facebook 罚款 1.1 亿欧元。

2.5.4 数据监管者的责任

数据监管者主要有两个主体：数据交易平台、数据产业监管机构。

作为互联网产业的核心资源，数据的交易需求是永远存在不可限制的。进行引导并规范管理的重要手段之一就是建立公开透明的数据交易平台。作为数字化产业链核心的数据交易平台，需要审核交易双方的资质，尤其是数据获取者的数据来源，并对交易数据的合规性予以认定。

2015 年 4 月挂牌运营的贵阳大数据交易所，是中国第一家数据交易平台。未来政府要整顿数据交易市场的乱象，必须借助公开的数据交易平台来促成规范的数据交易，同时预防不合规的地下交易行为。

数据产业监管机构是整个体系中最重要的环节，他们必须制定面向数据获取者、数据运营者、数据使用者和数据交易平台的一系列监管规范，并制定合规审计细则和相应的惩罚措施，从而维护有序的数字化产业生态环境。

2.6　总结

明确数据资源可运用的范围和界限，总结数据资源收费规则，制定有关法律对其提供相应的保障，从而推动中国大数据资源的深度开发和利用。

研究大数据资源的配置的目的就是挖掘和利用现有数据资源最大化的经济价值。本部分从数据竞争、数据交易、数据增值利用、数据收费、数据责任的几个角度进行了分类和归纳。

第一，数据竞争这一角度考虑的是数据的开放共享和数据独占，是从数据拥有者对数据资源的不同利用方式进行的分析和总结。政府数据开放是指在能确保国家安全的基础之上，将财政、人口、资源等公共数据信息资源向社会公众免费开放，不仅能提高公共信息的可获得性、增强公众参与社会管理的意愿，还能提升政府的治理水平。世界上很多国家都呼吁政府数据信息的开放和共享，以美国、英国、加拿大等国为例，都各自颁布了相应的法律法规予以保障政策的实施。与此同时数据垄断也不可避免地存在，垄断数据的案例层出不穷，给我们敲响了警钟，目前各国还是依靠反垄断法来应对数据垄断的问题，改善市场竞争。

第二，大数据相关的整合、交换、交易的例子越来越多，国内外也涌现了大量的数据交易平台。数据交易是将数据的所有权、使用权等进行交易。这是大数据资源流转、利用的最直接的方式之一，通过分析数据定价和政府数据的定价，有利于把握数据交易的规律，完善交易过程和规则。我国大数据交易必须要依托政府和市场的双重力量，划分政府和市场的职责：对于不含有国家安全、商业秘密和个人隐私的公共数据资源应当以政府主导的手段开放共享；对于不含有安全隐私的非公共数据资源应当以市场部门主导的手段进行流通交易。

第三，数据增值利用是对数据深度开发，将其经济价值最大化呈现。我国相应的制度体系还未完善，可以借鉴和参考美国、欧洲等发达国家已有政策和实践经验。目前我国还需要强化政府信息增值服务意识，使得政府主动参与进来。

第四，对数据进行收费是实现数据资源经济价值的一个微小的方式，但其收费的规则需要明确。目前发达国家对数据进行收费是考虑可用以回收数据采集、加工和整理过程中耗费的管理成本，从这一方面来看其经济价值体现较少，一般都是不收费或只收边际成本。建立对数据资源的收费规则应充分考虑不同国家的国情、制度。坚持公益性原则、坚持成本原则、坚持以市场为导向的原则，坚持政府引导与市场竞争相结合的原则。

第五，数字化产业有序发展需要在互联网产业涉及数据开发和利用的各个环节，建立对数据资源的有效约束，并规范各数据主体应承担的数据责任。数据责任是从数据资源开发、利用、监管的不同阶段对相应的如数据获取、数据运营、数据使用、数据监管操作人员应承担的责任进行的分析和概括，是数据资源开发和有效利用不可忽视的伦理道德问题。

3 我国大数据资源的授权模式及产权流转研究

随着大数据技术的成熟和发展，大数据在商业上的应用越来越广泛，有关大数据的交互、整合、交换的行为日益增多，大数据的交易也随之应运而生。大数据交易的作用在于打破信息孤岛及行业信息壁垒，汇聚海量高价值数据从而应对数据市场的多样化需求，实现数据价值的最大化。同时，大数据交易对推进大数据产业创新发展具有深远意义。

国内大数据交易还处于初级阶段，规范尚未统一，发展模式也处于摸索过程中，现阶段并没有成熟的行业规范和法律体系作为约束。加上大数据这一概念本身的特殊性，整个大数据行业有关交易的方面存在着授权模式混乱、产权流转壁垒、产权转移不清晰以及授权模式与产权交易的“两极化”等问题。①

与此同时，为迎接大数据时代的机遇和挑战，我国对大数据的保护应遵循数据主权原则、数据保护原则、数据自由原则和数据安全原则等基本原则，并在此基础上构建数据主权和数据权法律制度。② 数据主权主要包括数据管理权和数据控制权，其中，数据跨国流通的管理和控制是最为重要的内容；数据权包括个人数据权和数据财产权。所以，明确具体的数据产权的归属和数据产权的流转方式是推进大数据产业进步的重要前提。

经过梳理和研读大数据产权、大数据产权流转及其授权模式的相关文献，根据信息生命周期理论③和大数据的定义，本文将研究大数据在收集、交易、共享过程中的数据确权问题、数据产权归属问题、风险问题、知识产权问题，着重探讨数据的交易、共享与知识产权保护的冲突解决。

3.1 数据收集

根据数据收集、采集的执行者的不同，我们将数据收集分为数据众包、数据外包、数据自主收集、半自主收集等模式，再在不同模式下进行讨论上述问题。同时，在数据收集的过程中，难免会收

---

① 王慧，陈卫平．我国产权交易市场发展实证分析［J］．当代经济，2009(10)：54-55.

② 齐爱民，盘佳．数据权及数据主权的确立与大数据保护的基本原则［N］．苏州大学学报，2015(1)：64-70.

③ 索传军．试论信息生命周期的概念及研究内容［J］．图书情报工作，2010，54(13)：5-9.

集到受著作权保护的内容或片段。所以，尊重收集内容的著作权、自觉维护其合法权益是进行数据收集最重要的前提。

在讨论各收集模式下的确权和流转以及风险问题前，我们首先要讨论清楚的是在数据收集中，收集到受法律保护的信息(通常是指受版权保护的信息)时，如何获得授权或者合理使用，来保证收集的数据不侵犯权利拥有人的合法权利。

当收集任务涉及受法律保护的信息(通常是指受版权保护的信息)时，需要通过获得授权来保证收集的数据不侵犯权利拥有人的合法权利。我国现存的著作权授权模式主要有集体管理模式、授权要约模式、开放获取模式、补偿金支付模式、法定许可模式、创作共用模式、数字版权模式和著作权代理模式等。① 根据目标作品的著作权管理模式和授权模式的差异，收集人应当按照收集目标相关的著作权授权的约束来申请授权。

3.1.1　数据众包模式

数据众包就是将数据的收集、采集任务以自愿的形式外包给非特定的大众网络。其中涉及的权力方有：发包方、网络平台和接包方。发包方通过众包的模式对最终形成的数据集或其他形式的结果进行收集。

众包情境下参与者之间的关系分为竞争关系和合作关系。具体来说，众包模式主要分为众包协作和众包竞赛两类。② 就众包的结果来说，根据其有无“独创性”和“可复制性”这两个“著作权客体构成要件”进行“作品”和非作品的区分。一般情况下，非作品多是普通数据集。

我们以数据库为例，在中国学术界，由于缺乏针对数据库的专门立法，所以业内对数据库独创性认定标准的看法并不统一。第一

① 马海群，周丽霞．数字图书馆视角的著作权授权模式整合研究[J]．图书情报工作，2009，53(21)：29-32.

② ZhaoY，ZhuQ. Effects of Extrinsic and Intrinsic Motivation on Participation in Crowd souring Contest：A Perspective of Self-Determination Theory [J]. Online Information Review，2014，38(7)：896-917.

种观点：许春明指出数据库的独创性包括“独立”和“创作”两个方面，除了需要作者独立完成，还必须同时具有创造性。① 第二种观点：任玉翠提出数据库内容的选择或编排具有独创性是一种弹性的判断标准，在实践中应当从宽把握。只要数据库界面设计具有独创性，该数据库的形式就是一个新的汇编作品。② 第三种观点：陈传夫认为对数据库独创性进行判断时，应采用“选择与安排”标准代替著作权保护中汇编作品独创性的判别标准，即“选择或安排”标准。③ 在判断数据库独创性时，对信息的“选择”与“安排”这两个条件应同时具备。如果这两个条件结合出现，才构成独创性，数据库才受到版权法的保护。

虽然业内仍处于争论阶段，但可以肯定的是：当数据库符合汇编作品对“独创性”的要求时，数据库受著作权保护。所以，数据收集结果的独创性不仅体现在对内容的选择或编排的过程之中，还体现在整体内容的创作和独立完成收集上。

(1)众包竞赛具有很强的排他性。最终被发包方认可的结果，往往由单一的个人、法人组织或非法人组织完成。众包竞赛中，任务发布者对参与者的需求基本分为对劳动力的需求和智力的需求。所以可将众包竞赛分为劳动力众包竞赛和智力众包竞赛。

针对劳动力众包竞赛举例来说，学校图书馆自建数据库，需要将一批馆藏纸质文件进行影印。学校通过众包竞赛的方式选择企业或个人进行影印工作。最后，学校将影印的结果进行独创性的选择和编排形成自建数据库。第一种情况：在竞赛中，学校只要求中标方进行对文件的“机械性”影印工作，那么中标方不形成对数据收集的著作权，只是形成“普通数据集”。最终学校对竞赛的结果进行“选择和编排”是否具有“独创性”判断，才决定是否产生著作权。

① 许春明．论数据库的版权保护[J]．情报杂志，2002，21(5)：4-6.

② 任玉翠．数字图书馆数据库著作权保护研究[J]．江西社会科学，2006(11)：223-226.

③ 陈传夫．数据库资源公共获取与版权保护原则——兼论“选择与安排”标准[J]．理论月刊，2007 (02)：5-11.

第二种情况，在竞赛中，中标方不仅要完成“机械性”的影印工作，还要根据学校要求，按照学校提供的“独创性”的选择和编排方式处理数据并完成建设。

针对智力众包竞赛举例来说，学校发布任务，要求中标方根据馆藏纸质资源进行影印后建立自建数据库。若中标方在数据的“选择和编排”上有独创性，那么就形成了作品；若中标方在“选择和编排上”是按照无独创性的方式进行的，那么就形成了普通数据集，该数据库也不受著作权法保护。若中标方对于选择或者编排具有独创性贡献，那么也就形成了作品。①

根据以上论述，众包竞赛形成的结果可以分为三类：智力众包竞赛作品、劳动力众包竞赛作品和非作品。劳动力众包竞赛中发包方往往需求的是“劳动力”，所以最终的结果大部分是非作品，只有在按照发包方要求完成汇编作品时才出现作品。智力众包竞赛中发包方需求的就是“智力”，所以最终的结果一般都是作品。上述两种竞赛下没有著作权的结果就是非作品，其最多的表现形式是普通数据集。

(2)众包协作方式下不具有排他性。众包协作的接包方往往是两人及两人以上。也就是说，当结果符合“作品”的定义时，其作者往往是两人及以上的，这样的作品是我国著作权法所描述的合作作品。根据《著作权法》的规定，合作作品可以分为不可分割使用的合作作品与可分割使用的合作作品。②

(1) 众包数据确权。

众包数据的确权分为众包竞赛和众包协作两个方面进行论述。众包竞赛的分类下，根据有无著作权分为作品和普通数据集进行讨论。

---

① 冉从敬．图书馆业务外包中的著作权[J]．图书与情报，2009(5)：22-28.

② 卢海君．论合作作品的构成——以我国《著作权法》第13条的修订为背景[J]．知识产权，2009，19(06)：79-84.

①众包竞赛作品。

针对智力众包竞赛作品而言：

智力众包竞赛作品，可以细分为普通委托作品和特殊委托作品。普通委托作品的作者可以是个人中标人，可以是法人或非法人组织，同时也可以是法人或非法人组织的员工。

接包方获得的权利：普通委托作品中，当作者是个人中标人时，著作权将根据委托合同进行分配；委托合同中未作明确约定或者没有订立合同的，著作权属于受托人(接包方)也就是作者。当合同中明确规定著作权属于委托人也就是发包方时，可由双方当事人自由约定的著作权仅限于著作财产权，而不包括著作人身权。著作人身权只能属于受托人也就是接包方，因此接包方在委托作品中享有受限制的著作财产权。

当作者是法人时，普通委托作品区分为法人作品或职务作品。根据《著作权法》的规定，法人作品是指由法人或者非法人单位主持，代表法人或者非法人单位意志创作，并由法人或者非法人单位承担责任的作品。职务作品是公民为完成法人或者其他组织工作任务所创作的作品。

法人作品中，因为法人是民事主体，也是法律上拟制的“人”，所以作者是法人①且享有全部的著作权。② 职务作品中，作者是法人或非法人组织的员工。根据《著作权法》第十六条规定，职务作品的著作权由作者(在这里是员工)享有，但法人或非法人单位有权在其业务范围内优先使用。在其作品完成后的一定期限内，未经单位同意，作者(员工)不得许可第三人以与单位使用的相同方式使用该作品。但有下列情形之一的职务作品，作者(员工)享有署名权，著作权的其他权利由法人或者非法人单位享有，法人或非法人单位可以给予作者奖励：(1)主要利用法人或非法人单位的物质

① 夏佳明．探析法人作品的内涵——以法人作品与特殊职务作品、委托作品的比较为视角[J]．法制与社会，2016，2(1)：297-298.

② 邹晓红，许辉猛．著作权归属探析——评我国的委托作品、职务作品和法人作品制度[J]．长春理工大学学报(社会科学版)，2011，24(2)：16-17.

技术条件创作，并由法人或非法人单位承担责任的工程设计、产品设计图纸及其说明、计算机软件、地图等职务作品；(2)法律、行政法规规定或者合同约定著作权由法人或者非法人单位享有的职务作品。

当作者是非法人组织时，具体情况与作者是法人时类似，在此不做赘述。

特殊委托作品在这里特指汇编作品。特殊委托作品(汇编作品)的著作权归属分以下三种情况：第一，接包方按照自己具有独创性的收集、编排方式完成发包方的委托时，接包方享有著作权；第二，发包方在发包过程中规定了具有独创性质的收集、编排方式时，接包方根据要求按照这种方式进行收集，此时著作权属于发包方；第三，在接包方对于选择或者编排具有独创性贡献，并且没有约定著作权归属的情况下，接包方可以享有著作权。

平台获得的权利：根据调研阿里巴巴众包平台和百度数据众包平台等国内知名的数据众包平台，发包方和接包方对于众包标的物，也就是按照任务完成的作品的部分权利需要按照服务协议授权给平台使用。例如，《阿里众包平台合作协议》中规定："上述作品法人或者其他组织(发包方)有权使用其用户通过本平台发布的任何内容，将授予淘宝及其关联公司非独家的、可转授权的、免费的许可使用权利，并可对上述内容进行修改、改写、改编、发行、翻译、创造衍生性内容及/或可以将前述部分或全部内容加以传播、表演、展示，或可将前述部分或全部内容放入任何现在已知或未来开发出的以任何形式、媒体或科技承载的作品当中。"

发包方获得的权利：与接包方情况对应，在特殊委托作品中，当接包方按照发包方规定的具有"独创性"的方式选择和编排委托作品时，发包方获得著作权。除此之外的普通委托作品，是发包方根据委托合同委托接包方完成的作品。委托合同中未作明确约定或者没有订立合同的，著作权属于受托人也就是接包方。合同中明确规定的，著作人身权属于接包方，接包方和发包方按照合同的约定对著作财产权进行分割拥有。

针对劳动力众包竞赛作品而言：

在劳动力众包竞赛的结果中，拥有著作权的只有特殊委托作品，即接包方按照发包方提供的具有“独创性”的收集、编排方式完成的汇编作品。根据《著作权法》对汇编作品的相关规定，发包方拥有全部的著作权。

针对非作品类而言：

非作品类的竞赛结果没有著作权。发包方和接包方一般根据平台服务协议，也就是发包方、网络平台和接包方之间的服务合同，两者之间形成“普通的劳务关系或委托关系”完成任务。具体权利的约定和约束一般根据《合同法》来解释。

②众包协作作品。

接包方获得的权利：属于众包协作作品的众包产品，可根据《著作权法实施条例》中“成为合作作者的意图”和“实质性的创作行为”这两项要件来判断是否是合作作品。若只有多个作者单独的“实质性创作行为”再由发包方“有创意的编排”，其法律上符合“集体作品”的概念。集体作品实质上就是汇编作品的一种，即汇编的对象是可版权性的作品①。

集体作品的作者对作品的内容的“独创性”享有著作权。这里集体作品的作者实质上是发包方。发包方拥有对其中独创性的内容选择和编排享有著作权，对其编排的内容不享有著作权，其编排的作品的作者也就是接包方独自享用其作品的著作权②。

合作作品的作者共同享有著作权。也就是著作权由每个作者共同享有。众包协作中，一般情况下，每个接包方独立完成一部分，所以这样的合作作品是可分割的。那么分割到每一个接包人，其作品可以分为：职务作品、个人作品和法人作品。法人作品中，作者是法人享有全部的著作权。个人作品中，作者是个人，享有全部的著作权。职务作品中，作者是职员时，作者享有全部著作权。如果职务作品满足《著作权法》第十六条规定的情形时，作者(员工)享

① 卢海君．版权客体论[M]．北京：知识产权出版社，2011：198-202.

② 王敏，韩丽．中国科技期刊的版权保护与利用[J]．编辑学报，2017(2)：25-28.

有署名权，其余著作权由单位享有。

可分割的合作作品的作者单独享有各自的除转让权以外的著作权，不可分割的作品著作权也不可分割①。

除此之外，接包方受平台服务协议或与发包方的“职务作品合同”的约束，拥有着受约束的以所有权、占有权、支配权、使用权、收益权和处置权等组成的作品的产权。

平台获得的权利与上述众包竞赛中平台享有的权利一致。

非作品普通数据集

因为普通数据集不符合《著作权法》对于“汇编作品”的叙述，不享有著作权。除此之外所有权利均与上述论述一致，并且权利义务一般按照《平台合作协议》或者相关竞赛协议进行约束。与众包竞赛的普通数据集不同的是，众包合作的普通数据集的各合作人间的关系还将受另外的《合作合同》单独规定和约束。

（2）众包数据风险。

①知识产权侵权风险。

发包方风险：在众包数据收集的模式下，其作品来自于不确定的接包方(网络大众)。在接包方进行数据收集的过程中，往往面临着收集到还在知识产权法保护权限内的作品或作品片段。作为作品的一部分，知识产权侵权的风险也将伴随着任务结束转移至发包方，给作品的使用和其他权利流转带来严重的阻碍。

接包方风险：接包方对完成发包方任务后完成的作品享有著作权。

②服务合同违约风险。

这里所说的合同，不仅仅包括发包方与平台的服务合同，也包括发包方与接包方之间关于著作权归属和流转相关规定的合同。

服务合同中，当发包方违约，服务平台将面临着知识产权侵权风险、隐私权侵权风险或者涉及国家相关利益时危害国家安全的风险。当平台违约时，发包方将面临着作品缺乏完整性的风险、发包

① 周樨平．从“可分割合作作品”立法缺陷看规定结合作品之必要[J]．电子知识产权，2008（10）：11-14.

方信息隐私泄露等风险。

③确权合同违约风险。

在发包方和接包方订立的确权合同中，发包方违约时，接包方的著作权、合法收益权等相关权益会受到侵害。由于平台作为中间人并没有针对双方的约束能力，当产生纠纷时，平台仅有调节义务，对双方合法权益的保证能力较低。

3.1.2 数据外包模式

数据外包模式就是企业将数据的收集、采集任务外包给企业外部专业服务提供商。其中涉及的权力方有发包方(发布任务的企业)和接包方(外部专业服务提供商)。其中，发包方和接包方之间通过委托合同进行权利义务的约束。

研究数据外包与数据众包的区别，张晓霞认为①两者的区别主要在于：(1)目的不同。外包是把不具有核心竞争力的业务转移出去，而众包是借助集体智慧加强企业的核心竞争力。(2)合作对象不同。外包往往是一对一的关系，企业通过特定业务的外包与其他企业形成合作。众包往往是一对多，即发包者与互联网大众进行有分工的合作。(3)核心关系不同。外包是发包、接包双方各自独立的企业购买外部的活动，而众包包含着与用户共创价值的合作活动。(4)模式侧重点不同。外包强调的是高度专业化，是社会专业化分工的必然的结果，而众包则正好相反。

所以针对特定寻找接包方的外包模式，通常根据外包的结果有无“独创性”和“可复制性”这两个“著作权构成要件”区分成“作品”和普通数据集。其中作品可以是独立完成的普通作品、可以是合作完成的普通作品、接包方(服务商或服务商职员)独立完成的汇编作品、集体作品，也可以是接包方与他人合作完成的合作作品(这里的合作可以是服务企业与他人合作，也可以是企业职员间的合作)。

(1)外包数据确权。

特别的是，由于委托合同的出现，我们需要讨论转委托后的数

① 张晓霞. 众包与外包商业模式比较及其启示[J]. 商业经济研究，2010(16)：18-20.

据确权。

①独立完成的普通作品。

根据《著作权法》对“委托作品”的描述，《中华人民共和国著作权法》第十七条规定：“受委托创作的作品，著作权的归属由委托人和受托人通过合同约定。合同未作明确约定或者没有订立合同的，著作权属于受托人。”著作权的归属受合同的约定。如果有明确约定，那么著作权属于发包方也就是委托人企业，否则在著作权属于接包方也就是受托人所有。除了上述的著作权，对于委托作品的所有权、占有权、支配权、使用权、收益权和处置权，由发包方根据委托合同从接包方获得，当接包方按照发包方独创性规则完成独立汇编作品时，发包方获得著作权。

当作者是企业职员时，根据《中华人民共和国著作权法》第十六条规定，有下列情形之一的职务作品，作者享有署名权，著作权的其他权利由法人或者非法人单位享有，法人或者非法人单位可以给予作者奖励：一是利用法人或非法人单位的物质技术条件创作，并由法人或者非法人单位承担责任的工程设计、产品设计图纸及其说明、计算机软件、地图等职务作品；二是法律、行政法规规定或合同约定著作权由法人或者非法人单位享有的职务作品。

因此，著作权由作者享有，但法人或者非法人单位有权在其业务范围内优先使用。符合《著作权法》的特殊情形时，作者享有署名权，著作权的其他权利由法人或者非法人单位享有，并且根据合同享有受约束的以所有权、占有权、支配权、使用权、收益权和处置权等组成的作品的产权。

②独立完成的汇编作品，集体作品。

本文将集体作品归入汇编作品进行讨论。属于独立汇编作品的外包产品，其作者可以是服务企业也可以是服务企业的职员。但无论作者身份，其只针对特殊的、独创性的编排享有著作权。如果这种独创性的编排来自发包企业，那么发包企业享有著作权。

当作者是服务企业时，拥有对其中独创性的内容选择和编排的著作权，对其编排的内容不享有著作权。除此之外，接包方受平台服务协议及/或与发包方的合同约束，拥有着受约束的以所有权、占有权、支配权、使用权、收益权和处置权等组成的作品的产权。

当作者是服务企业的职员时，著作权由作者享有，但法人或者非法人单位有权在其业务范围内优先使用。当符合《著作权法》的特殊情形时，作者享有署名权，著作权的其他权利由法人或者非法人单位享有，并且根据合同享有受约束的以所有权、占有权、支配权、使用权、收益权和处置权等组成的作品的产权。

③合作完成的作品。

合作作品的作者共同享有著作权。当外包业务涉及多家接包方时，著作权由每个作者共同享有。

在合作中，一个接包方作者可以是员工也可以是法人或非法人组织。当作者是法人或非法人组织，作者即是法人或非法人。当作者是员工时，此时的作品分是职务作品。所以合作作者是法人或非法人组织以及员工。

可分割的合作作品的作者单独享有各自的除转让权以外的著作权。不可分割的作品著作权也不可分割，由合作方共同享有。

(2)外包数据风险。

①知识产权侵权风险。

对于发包方来说：在外包数据收集的模式下，其作品来自于确定的接包方。在接包方进行数据收集的过程中，往往面临着收集到还在知识产权法保护权限内的作品或作品片段，并且遗漏或故意遗漏向权利人申请授权的情况。知识产权侵权的风险也将伴随着标的的转移至发包方，给作品的使用和其他权利流转带来严重的阻碍。

对于接包方来说：自身完成汇编作品任务时就面临着侵犯他人著作权的风险。合作作品完成后著作权由合作双方共有，任何一方都面临着合作人侵权的风险。

②委托合同违约风险。

委托合同中不仅包括发包方与接包方之间关于著作权归属和流转相关规定，还包含着收益问题以及验收问题等。委托合同中，当发包方违约，发布的任务或者内容可能包括隐私权侵权或者涉及国家相关利益，危害国家安全等。除了上述问题外，接包方也可能面临依法求偿权遭受侵害的风险。接包方违约时，发包方任务透露的商业秘密受到威胁，同时合同标的物的完整性也面临风险。

③确权合同违约风险。

这里的确权发生在发包方和接包方订立的确权合同中，也发生在转委托的过程中。例如，当发包方需要著作权时，接包方转委托后，与第三方没有合同标明的情况下，发包方的著作权需求就面临着转委托不严谨而造成无法获得的风险。除此之外，合法收益权等相关权益也会因为接包方违约或者向第三方转委托合同内容与委托合同不一致而受到侵害。一般情况下，双方针对服务中的纠纷只能通过《合同法》约束。

3.1.3 数据完全自主模式

数据完全自主模式就是指企业的数据收集、采集任务完全由本公司自主完成。这里涉及的权力方没有发包方(发布任务的企业)和接包方(外部专业服务提供商)，权力方是不涉及公司外部的。与前文论述内容相同，其最终作品可分为作品和普通数据集。

(1)完全自主模式确权。

①针对作品类来说，当作者就是企业本身时，那么作者与企业的身份是一致的。企业(也就是作者)获得的权利：属于汇编作品的自主收集产品，其作者(也就是企业)拥有对其中独创性的内容选择和编排的著作权，对其编排的内容不享有著作权。除著作权外，企业作为整体享有一切权利。当作者是企业职员或是服务企业的职员时，根据我国《著作权法》，著作权由作者享有，但法人或者非法人单位有权在其业务范围内优先使用。当符合《著作权法》的特殊情形时，作者享有署名权，著作权的其他权利由法人或者非法人单位享有，并且根据合同享有受约束的以所有权、占有权等组成的作品的产权。

②针对普通数据集来说，因为普通数据集不符合《著作权法》对于“汇编作品”的叙述，故不讨论著作权。除此之外所有权利均与上述论述一致。

(2)完全自主模式风险。

①知识产权侵权风险。

无论作者是企业还是企业职员，在收集数据时，面对仍在著作权法保护期限内的作品的收集都将面临着侵权风险；当作者是企业职员时，企业应当与员工提前订立著作权归属问题的有关合同，不然将面临著作权界定模糊等问题，影响作品的使用。

②数据不完整风险。

由于收集技术或主观原因，使得数据的完整性缺失或者损坏，从而导致无法使用或产生其他的使用风险。

③隐私侵犯风险。

在数据收集过程中会面临着侵犯国家隐私、个人隐私和其他企业隐私的可能。特别是针对国家隐私的侵犯会造成不可估量的国家和社会层面的不良影响，针对其他企业的隐私的侵犯则会带来巨额赔偿的风险，以及面对《反不正当竞争法》的制裁。

3.1.4 数据半自主模式

文本的数据半自主模式论述的是与其他企业合作收集数据的合作模式，也就是两个或以上的企业根据合作协议或合同进行数据收集的模式。这里的权力方一般包括本体企业和合作企业。根据其有无“独创性”和“可复制性”这两个“著作权构成要件”区分成“作品”和普通数据集。

(1)半自主模式确权。

①针对作品来说，当企业间进行合作收集数据时，根据《著作权法》的相关规定，著作权由合作企业共同享有。当收的数据按照分类分开收集，并且收集后可清晰地分割时，依据《中华人民共和国著作权法》第十三条规定：“两人以上合作创作的作品，著作权由合作作者共同享有。合作作品可以分割使用的，作者对各自创作的部分可以单独享有著作权，但行使著作权时不得侵犯合作作品整体的著作权。”

合作方针对独自收集的部分单独享有著作权。当针对合作收集的数据的使用不能达成一致的情况下，相关方不可以转让但可以行使使用权等其他权利，收益应合理分配给数据收集合作者。

②针对普通数据集来说，合作数据集的最终的权利分配应通过合作协议进行协定和约束，合作方对其使用的约束也由合作协议进行指导。

(2)半自主模式风险。

①知识产权风险。

本文论述的知识产权风险主要体现在著作权的风险上，大致可以分为两类。

第一类是在收集过程中，合作的任意一方在收集过程侵犯他人知识产权时，将导致整个合作作品的合法性受到威胁，同时合作作品的使用也将无法得到保障。

第二类是收集完成后，如果作品无法清晰地分割，作为著作权共同拥有人的任意一方对于作品的使用都将存在风险，其中包括非法授权和过度使用等。

②隐私侵权风险。

在数据收集过程中也会面临着侵犯国家隐私、个人隐私和其他企业隐私的可能。与前文论述内容一致，在此特别要提出的是，由于数据来源于合作双方的共同收集，在合作过程中自身企业的隐私随时面临暴露的可能。

③非法转让风险。

可分割清晰的作品在法律上是禁止转让的，单方面、部分的作品的权利转让会造成整体作品的完整性和可用性的丧失，也可能造成共同作品收益上的分配不合理。不可分割或者分割不清的作品的转让将带来更严重的损失。

3.2　数据共享

现阶段，我国的数据的共享问题中所涉及的权力方分为政府、企业和个人。数据共享实质上就是政府数据、企业数据和个人数据之间的共享。

3.2.1　部门内部共享

政府部门内部的共享一般情况是根据政府部门的行政级别进行不可逆的数据共享。例如：根据我国《宪法》规定，政府部门有行政级别的区分，并且下级政府和部门有义务向上级部门汇报工作。《审计法》中规定，各级政府部门均设立审计机关，政府部门需要向上级机关准确准时的汇报阶段性、季度性的工作内容以及工作完成程度。

大数据时代到来之后，我国信息通信院在《大数据白皮书（2018）》指出，现阶段各地政府均不同程度地建立了政府内部的数据整合流通标准和规则，包括数据开放、数据共享、数据交换等一系列标准，用于解决政府内部数据共享问题。

现阶段的部门内数据共享依靠的是部门搭建的部门数据平台。例如：气象部门建立的我国气象大数据平台，该数据平台的数据共享规则由部门内部制定。

（1）共享规则。

以气象数据的共享为例，政府部门的规定如下：各级气象主管机构所属的气象台站、国务院其他有关部门和省、自治区、直辖市人民政府其他有关部门所属的气象台站，按照《气象探测资料汇交工作办法》向国务院气象主管机构或者所在地的省、自治区、直辖市气象主管机构汇交所获得的气象探测资料。通过签订《气象探测资料汇交协议》，完成作者与平台的数据汇交。根据《中国气象数据网服务条款》①，平台会在数据汇交后提供各级部门数据 API 接口以此使用数据。

（2）数据确权。

数据的开放共享分为开放共享和协议开放共享。平台提供巨量数据免费下载的 API 接口，也提供在线订单的收费 API 接口。根据服务协议的相关叙述，注册用户也就是数据用户只享有有限的、不排他的使用权，没有转让权。

3.2.2 企业内部共享

企业数据内部共享现阶段的相关规制均是由企业内部指定的、针对企业内部交换共享的规则和制度。

3.2.3 部门与企业间共享

政府部门对企业共享的数据包括：政务大数据和政府大数据平台数据。

---

① 《中国气象数据网服务条款》[EB/OL]. http://data.cma.cn/user/register/shareLevel/2.html

(1)政务大数据对企业共享。

政务大数据对企业的共享实质上就是政务数据公开。主要分为主动公开和依申请公开。

主动公开：主动公开政府信息是行政机关的职责。公开的形式包括政府公报、政府门户网站、新闻发布会以及各类报刊、广播、电视等，各级人民政府应当在国家档案馆或公共图书馆内设置政府信息查阅场所和区域。

依申请公开：公民、法人或者其他组织向行政机关申请获取政府信息时，应当采用书面形式(包括数据电文形式)。

针对以上数据的开放，企业拥有数据的使用权等基本的、可以带来经济权利和社会福利的权利，但是针对修改权和发布权来说，为保证政府数据的权威性、准确性，防止数据获取后经过修改的再发布，政府数据严禁私自篡改和违规发布。

(2)政府大数据平台对企业的共享。

除了政务数据的公开，政府数据大量存在于现阶段建立的政府数据平台。这类数据共享的具体表现形式可以分为：交汇共享和平台公开共享。

交汇共享：交汇共享是指通过企业数据和政府数据的交汇，企业与政府共建大数据平台。例如，气象大数据平台为企业提供《气象探测资料汇交协议》①，企业或者其他组织将勘测到的气象数据按照汇交协议提交给政府数据平台，企业根据《中国气象数据网服务条款》获得汇交后数据平台数据的使用权，大数据平台拥有协议规定的除了企业数据的著作权归外的著作权中的编辑权、不同介质复制权、依协议的网络传播权、多语言译制权、不同格式转换权和印刷权等。

平台公开共享：特指政府大数据平台会为社会大众提供免费的数据 API 接口。例如：农业部“草原生态产业大数据平台”向企业提供免费接口，企业可以下载使用；同时，企业针对自身需要的数

---

① 《气象探测资料汇交管理办法》[EB/OL]. http://data.cma.cn/DataCollect/ConcurrentPolicy/licode/4.html

据向数据平台提出申请，获得共享性质免费数据接口，例如：中关村军民融合军地对接平台。根据调研，对接平台的数据来源于军民两大部分，经过数据融合后形成大数据资产，其本质上军民数据互换互相授权并在平台内部进行使用。

对于军事数据，通过脱敏处理以及保密条例的限定后，可提供给平台内部的企业进行使用，其授权只授予使用权。民用企业的数据则经过数据标准化处理后，仅限平台内企业使用，同样只授予使用权。现阶段这种申请一般只针对平台内部企业。

3.2.4 部门与个人间共享

政府部门向个人共享数据的方式与上述政府向企业共享数据的方式一致，为政务数据和数据平台数据两类数据的共享。

(1)针对政务数据来说，依据《中华人民共和国政府信息公开条例》和具体的政府部门信息公开条例，分为主动公开和依申请公开。

(2)针对大数据平台来说，只有部分建设成熟或者与民生相关的平台如：气象大数据交易平台、农业大数据-智慧鸡蛋等平台会将个人纳入其平台的用户，并且为其提供免费的有共享性制度数据接口。对共享的数据，个人只有使用权，对其他权利限制的原因如上述政府大数据平台针对企业用户的限制一致。

3.2.5 部门与部门间共享

根据调研国家机关关于“大数据”的政策和规则，政府不同职能部门间的数据共享还处于初级建设阶段，政府部门拟建设统一标准的数据收集规则和政府网站来促进政府部门间数据交流。除此之外，政府部门间通过政府文件和工作协调来完成不同部门的数据共享。现阶段完成大数据平台建设的政府部门可以通过注册平台用户，获得免费的、共享性质的数据接口完成数据共享。

3.2.6 企业与个人间共享

企业针对个人的数据共享。第一，企业特别是上市企业的经营数据等特定的数据会依据相关法律，在确定的时间(财务报表季度公开)，用固定的形式(如企业网站)向大众共享。第二，在大数据企业或者大数据服务商建立的平台中，公民可以通过注册会员的方式，向相关企业申请想要的数据，该类企业也会向用户提供共享的数据接口以完成数据共享。

个人针对企业的数据共享。根据调研来看，我国现阶段个人数据的共享一般存在于特定的互联网公司以及企业对其用户的个人信息的收集。例如：360 公司在收集数据前会以用户使用协议向用户告知，并且通过问卷的形式向用户询问是否愿意被收集个人数据。①

根据协议和现阶段的法律法规来看，用户仅将个人信息的使用权授权给协议方使用，并保留针对其使用过程中侵犯隐私权进行追究的权利，用户可根据自己意愿针对共享的个人数据提出删除的要求。例如：腾讯在其"隐私政策"中明确约定："随着我们业务的持续发展，我们以及我们的关联公司有可能进行合并、收购、资产转让或类似的交易，您的个人信息有可能作为此类交易的一部分而被转移。我们将在转移前通知您。"②由此看出在收集个人数据的时候，企业一般通过用户隐私协议的方式来征求用户的同意后再针对需要的个人信息进行收集和整理和转移。

3.3 数据交易

目前我国数据交易市场初步建立，其交易规则基本由数据交易平台自行定制，业内的交易规则良莠不齐，加之没有专门的法律法规对其进行规范，一般只能通过多重法律保护模式进行约束。③

(1)著作权法保护。著作权法是大数据交易保护的主要法律制度。著作权法保护独创性数据，排斥他人不劳而获；同时，可分割的著作权时数据交易的卖点和经济效益最大化的关键。但是，著作权法保护独创性数据的特性决定了本法律涉及保护和监督的数据交易行为是有限的。

---

① 360 用户注册协议[EB/OL]. [2015-08-17]. http://i.360.cn/reg/protocol.

② 腾讯隐私政策[EB/OL]. [2015-08-17]. http://www.qq.com/privacy.htm.

③ 王融．关于大数据交易核心法律问题——数据所有权的探讨[J]. 大数据，2015(2)：49—55.

(2)反不正当竞争法保护。反不正当竞争法通常作为著作权法保护中遗漏的补充(即保护非独创性的数据的交易)。在产生法律纠纷时，引用《反不正当竞争法》的“经营者在生产经营活动中，违反本法规定，扰乱市场竞争秩序，损害其他经营者或者消费者的合法权益的行为。”进行判断。

(3)合同法保护。对于一切的交易来说，交易相关的合同都是必不可少的。对于数据买卖双方来说，买卖合同同时限制双方的不正当行为，并依照合同来明确双方涉及和可能涉及的其法律责任。

下文将讨论数据交易市场中可能出现的由市场三类参与者构成的所有交易关系。

3.3.1　政府与企业间交易

根据调研，现阶段企业与政府之间关于数据的交易，主要体现在企业向政府购买数据这一交易关系，剩余少数的政府对企业数据的交易。

企业向政府购买数据具体的表现形式是，企业通过数据汇交加入政府大数据平台或者申请政府大数据平台的会员获得会员资格，通过数据接口的方式购买数据。具体内容与上文中政府企业间数据共享的论述基本一致，在此不做赘述。

政府对企业数据的交易具体体现在：政府以数据为资本与企业共建大数据平台，利用政企合作模式完成对企业数据的“购买”。如交通运输部与百度公司建设“出行云”交通运输大数据平台，政府以数据为资本与企业合作，产生了“交易”。截止2016年11月，平台已经接入16个省市的原始数据112项，公交、出租汽车、民航、轨道交通、班线客运的信息，另外还接入了26项企业服务数据和15家企业的决策支持服务。① 但是根据调研来看，合作数据平台的数据大部分受到限制，基本是政府部门和合作企业进行内部使用。

① 出行云-综合交通出行大数据开放云平台简介[EB/OL]. http://transportdata.cn/

3.3.2 企业与企业间交易

企业与企业间的交易分为：企业向数据商购买、企业与企业依托第三方数据交易平台交易和企业合作中的数据交换。

(1)企业向数据商购买的具体情况以腾讯云 API 为例。腾讯作为国内的数据商巨头，通过自身平台向社会大众提供数据交易接口，企业通过注册用户的方式获得购买资格，然后按照《腾讯用户服务协议》的约定产生数据购买。

(2)依托第三方平台。这种交易方式最具有代表性的是贵阳大数据交易所。由于公布的交易相关的平台规则较少，根据《贵阳大数据公约》中对数据交易的描述，交易双方首先需要取得交易所会员资格，针对交易的价格、交易的方式按照交易所的有关规定进行。

(3)企业合作中的数据交易。2018 年 2 月 9 日，在国家版权局的推动下，腾讯音乐与网易云音乐就网络音乐版权合作达成一致，并开始相互转授权各自拥有的独家版权的音乐作品。① 双方通过版"互相授权"的方式完成合作，针对"独家版权"的数字音乐授予对方使用权，将各自的数字音乐数据库进行了扩充。

3.3.3 企业与个人间交易

企业与个人的数据交易具体表现在：个人向企业购买数据。调研发现，现阶段出售数据的企业主要以大数据企业或者数据服务商为主。个人通过申请会员的方式获得数据购买资格，最后根据企业数据的买卖规则进行交易。具体论述与上文企业与个人数据共享中的论述一致，在此不做赘述。

3.3.4 个人与个人间交易

个人与个人的数据交易一般依托数据交易平台完成。以百度 API Store 为例：百度 API store 收录来自个人服务商和企业服务商的大量数据交易接口②，以 B2B2C 的电子商务模式为用户和服务

---

① 姚尧．数字音乐版权争夺晋级[N]．中国经济信息，2018.3

② 《百度 API store 服务商合作协议》．[EB/OL]．http：//apistore.baidu.com/astore/help.html? tag=tosShop

商提供服务。这里提到的个人可以通过平台向个人服务商购买数据接口，其交易完全依托平台并且受平台服务协议限制，交易的自由度有限。

现阶段，我国的数据的交易与共享问题中所涉及的权力方分为政府、企业和个人。也就是说我们所说的数据交易和共享实质上就是政府数据，企业数据和个人数据之间的交易与共享。政府，企业和个人之间两两的数据共享和交易揭示了我国数据产业所有交易共享的体现。政府、企业和个人之间两两的数据共享和交易揭示了我国数据产业所有交易共享的体现。

3.4 总结与建议

3.4.1 立法不足

我国现阶段针对大数据以及大数据产权和大数据交易的法规几乎为零，一直以来按照行业习惯和其他法律进行约束，存在很多漏洞和不足。由于数据的产权不明，在数据交易中，对于数据的所有权是归产生数据的个人还是收集数据的企业存在争议，因此很难确定数据的所有权归属和授权交易资格、交易主体的合法性。数据的产权包括数据的所有权、使用权、支配权、收益权等问题。

产权是可分割的，产权边界清晰才能保护数据各利益主体的责任与权益。对此，我国一方面应将数据的资产属性进行法律规范、建立强有力的有关数据资产的法律体系、明确可交易数据的产权边界、规定各利益主体对数据享有的权利界限，从而保护数据资产，为数据交易扫清产权障碍。另一方面，交易平台必须保证数据来源合法、产权清晰无争议，在交易过程中，订立的交易合同与协议应当遵循法律规定，明确交易双方的具体权利与义务，务必使关于数据所有权与其他相关权利的归属清晰、明确，避免产权纠纷。

3.4.2 数据知识产权保护与数据流通

第一，知识产权法需要针对大数据做出修订，针对具体的内容进行扩展、将数据产权及其相关的概念进行辨析。通过对数据产权的保护，数据挖掘处理技术将会更加快速地发展。数据卖家对数据进行分析、建模的数据处理方法是具有独创性的，其分析的手段、技术、方法、模型也同样具有创造性。因此，需要特别考虑的是，企业应拥有经过处理之后的数据结果和处理数据的技术和方法的知识产权。同时对于数据库的保护不能仅限于现阶段的多重法律保护模式，理应借鉴欧美针对数据库的特别立法的保护模式进行保护扩充。

第二，知识产权专有性和数据的流通性的冲突属于非完全对抗性冲突。在共享系统中，权利人的利益并不是完全对立的、存在着合作的余地，而双方的目标是趋于一致的，所以可以通过协调的方式进行解决，协调人应赋予惩罚终止过程的权利。例如：科学数据共享应以政府为协调人作为主导，借鉴美国欧盟现有的法律法规进行建立数据共享机制。私人数据的交易则一般以合同或者协议为协调要素，以数据平台为协调人对矛盾进行协调。

3.4.3 政府主导地位有待继续提高

政府针对大数据的交易和流转缺乏主导性政策和行规。统一的行规和主导性政策可以使我国快速建立一套自成体系的大数据管理体系。统一的标准、行规和其他政策方便规范大数据市场，可以更有效地针对大数据产业链进行产业指导和监督管理。

参考文献

[1] Commission of the European. Green Paper on Public Sector Information in the Information Society [R/OL]. [2018-05-20]. http://cordis. europa. eu/econtent/publicsector/ greenpaper. html.

[2] Cormode G, Srivastava D, Shen E, Yu T. Aggregate query answering on possibilistic data with cardinality constraints//Proceedings of the 2012IEEE 28th International Conference on Data Engineering. Washington, USA, 2012.

[3] Cyr B, Horn W, Miao D, et al. Security Analysis of Wearable Fitness Devices [EB/OL]. [2018-06-14]. http://pdfs. semanticscholar. org/f4ab/ebef4e39791f358618294cd8d040d7024399. pdf.

[4] DEY R, TANG C, ROSS K, et al. Estimating age privacy leakage in online social networks[J]. IEEE Infocom, 2012.

[5] EUROPEAN COMMISSION'S ECONTENTPLUS PROGRAMME. European Public Sector Information (PSI) Platform [R/OL]. [2018-06-09]. http://www.epsiplus.net/.

[6] Gupta A, Roth A, Ullman J. Iterative constructions and private data release//Proceedings of the 9th International Conference on Theory of Cryptography. Sicily, Italy, 2012.

[7] MOHAMMADIAN E, NOFERESTI M, JALILI R. FAST: fast anonymization of big data streams[C]//Proceedings of the 2014 International Conference on Big Data Science and Computing, Aug 4-7, 2014, Beijing, China.

[8] NiuB, LiQ, ZhuX, et al. Achieving k-anonymity in privacy-aware location-based services[J]. Proceedings. IEEE INFOCOM, 2014.

[9] THOMPSON B, YAO Dan-feng. The union-split algorithm and cluster-based anonymization of social networks [C]//Proc of the 4th International Symposium on Information, Computer, and Communications Security. New York: ACM Press, 2013.

[10] WangY, XuD, LiF. Providing Location-Aware Location Privacy Protection for Mobile Location-Based Services [J]. Tsinghua Science & Technology, 2016.

[11] WEI W, XU F, TAN C C, et al. Sybil defender: defend against sybil attacks in large social networks[C]//IEEE Infocom. c2012.

[12] Wolf C, Polonetsky J, Finch K. A practical privacy paradigm for wearables[EB/OL]. [2018-06-14]. https://fpf.org/wp-content/uploads/FPF-principles-for-wearables-Jan-2015.pdf.

[13] ZhangH, XuZ, ZhouZ, etal. CLPP: Context-aware location privacy protection for location-based social network[C]. International Conference on Communications (ICC). 2015.

[14] ZhaoY, ZhuQ. Effects of Extrinsic and Intrinsic Motivation on Participation in Crowd souring Contest: A Perspective of Self-DeterminationTheory[J]. Online Information Review, 2014.

[15] Zhu T, Li G, Ren Y, et al. Differential privacy for neighborhood-

based collaborative filtering// Proceedings of the 2013 IEEE/ACM International Conference on Advances in Social Networks Analysis and Mining (ASONAM). Niagara Falls, Canada, 2013.

[16]鲍静，张勇进，董占广．我国政府数据开放管理若干基本问题研究[J]. 行政论坛，2017.

[17]蔡宏伟，龚赛红．HIPAA 法案健康信息隐私保护借鉴研究[J]. 中国社会科学院研究生院学报，2017.

[18]陈坚．论银行业个人金融信息的法律保护[J]. 法制与社会，2013.

[19]陈兰杰，和婧，周晓英．国外政府信息再利用制度及其对我国的启示[J]. 情报杂志，2013.

[20]陈玉珊．网络隐私问题的伦理审视[D]. 北京邮电大学，2017.

[21]陈忠海，常大伟．英美加澳四国国家档案馆网站隐私政策及其启示[J]. 北京档案，2015.

[22]崔旭，郭馨，何颖．对我国政府网站隐私政策的评价与分析——基于 50 家政府网站的调查[J]. 图书馆研究，2016.

[23]戴磊．网络时代个人数据与隐私保护的调查分析[D]. 南昌大学，2015.

[24]冯昌扬．政府开放数据门户网站隐私政策比较研究[J]. 数字图书馆论坛，2016.

[25]付艳艳，张敏，冯登国，陈开渠．基于节点分割的社交网络属性隐私保护[J]. 软件学报，2014.

[26]谷勇浩，林九川，郭达．基于聚类的动态社交网络隐私保护方法[J]. 通信学报，2015.

[27]郭祥．基于移动社交网络的隐私保护关键技术研究与应用[D]. 电子科技大学，2015.

[28]韩涵．大数据的社会经济价值分析及地方大数据发展[J]. 科技中国，2016.

[29]何贤芒，王晓阳，陈华辉，董一鸿．差分隐私保护参数 ε 的选取研究[J]. 通信学报，2015.

[30]何晓琳．健康医疗可穿戴设备数据安全与隐私保护问题研究[D]．北京协和医学院，2017.
[31]贺宁．我国互联网征信数据采集法律问题研究[D]．四川省社会科学院，2017.
[32]洪伟达．我国公共部门信息资源增值利用的利益分配机制研究[J]．情报资料工作，2013.
[33]黄亚娟．面向医疗信息的隐私保护研究[D]．电子科技大学，2017.
[34]霍成义，吴振强．面向患者的医疗信息系统隐私保护访问控制模型[J]．计算机应用与软件，2014.
[35]姜秀平．基于 Android 平台的位置隐私保护系统的技术研究[D]．北京交通大学，2015.
[36]靳亚宾．云环境下具有隐私保护的 K-means 聚类算法研究与设计[D]．哈尔滨工业大学，2017.
[37]匡文波，童文杰．个人信息安全与隐私保护的实证研究——基于创新扩散理论的大数据应用视角[J]．武汉大学学报(人文科学版)，2016.
[38]李晖，孙文海，李凤华，王博洋．公共云存储服务数据安全及隐私保护技术综述[J]．计算机研究与发展，2014.
[39]李军伟．基于演化博弈的社交网络用户隐私行为研究[D]．北京邮电大学，2014.
[40]李林．基于 K-匿名技术的隐私保护研究[D]．杭州电子科技大学，2014.
[41]刘怀义．大数据时代个人金融信息保护与电信网络诈骗防范[J]．时代金融，2016.
[42]刘金芳．可穿戴设备的信息安全风险及我国应对建议[J]．信息安全与技术，2014.
[43]刘静怡．互联网金融中的个人信息保护法律问题研究[J]．金融经济，2018.
[44]刘强，李桐，于洋，蔡志平，周桐庆．面向可穿戴设备的数据安全隐私保护技术综述[J]．计算机研究与发展，2018.

[45]刘清海．隐私保护数据发布匿名技术研究[D]．北京交通大学，2015.
[46]刘湘雯，王良民．数据发布匿名技术进展[J]．江苏大学学报(自然科学版)，2016.
[47]刘小夏．高效隐私保护的 SVM 分类服务查询机制研究[D]．西安电子科技大学，2017.
[48]刘阳，王荣坤．美国研究型大学图书馆读者隐私政策调查及启示[J]．图书情报工作，2014.
[49]马博，何小宇，刘熙明．可穿戴设备发展趋势及信息安全风险分析[J]．中国新通信，2015.
[50]马飞，蒋建国，李娟．社交网络隐私保护技术最新研究进展[J]．计算机应用研究，2015.
[51]马银方．社交网络中基于差分隐私保护的数据发布与挖掘研究[D]．南京邮电大学，2017.
[52]毛庆阳，胡燕．基于聚类的 S-KACA 匿名隐私保护算法[J]．武汉大学学报(工学版)，2018.
[53]那旭，李亚子，代涛．国外个人健康信息安全与隐私保护法制建设及启示[J]．中国数字医学，2014.
[54]彭辉，陈红，张晓莹，范永健，李翠平，李德英．无线传感器网络位置隐私保护技术[J]．软件学报，2015.
[55]齐爱民．数据权及数据主权的确立与大数据保护的基本原则[N]．苏州大学学报，2015.
[56]钱庆．个人医疗保险信息隐私保护及信息共享认知的调查分析[J]．中华医学图书情报杂志，2016.
[57]邱磊．网络隐私权行政法保护制度的构建[D]．吉林大学，2015.
[58]邱遥堃．行踪轨迹信息的法律保护意义[J]．法律适用，2018.
[59]阮焱焱．金融消费者隐私权保护之法律思考[D]．西南政法大学，2015.
[60]申琦．网络信息隐私关注与网络隐私保护行为研究：以上海市大学生为研究对象[J]．国际新闻界，2013.

[61]宋义欣．互联网金融隐私权之保护[J]．福建法学，2017.

[62]田淑娴，许春漫．国外图书馆网站隐私政策文本分析与启示[J]．图书馆学研究，2017.

[63]王晗，张玲．面向个人信息管理的网络隐私保护模型研究[J]．情报科学，2015.

[64]王璐，孟小峰．位置大数据隐私保护研究综述[J]．软件学报，2014.

[65]王强芬．大数据时代背景下医疗隐私保护的伦理困境及实现途径[J]．中国医学伦理学，2016.

[66]王秋月，葛丽娜，耿博，王利娟．基于多敏感属性分级的(α_(ij)，k，m)-匿名隐私保护方法[J]．计算机应用，2018.

[67]王融．关于大数据交易核心法律问题——数据所有权的探讨[J]．大数据，2015.

[68]王文平．大数据交易定价策略研究[J]．软件，2016.

[69]王晓红．互联网金融消费者个人信息安全权法律保护问题探讨[J]．北方金融，2017.

[70]王宇航，张宏莉，余翔湛．移动互联网中的位置隐私保护研究[J]．通信学报，2015.

[71]王泽群．大数据环境下隐私保护的行政立法研究[J]．行政论坛，2016.

[72]王志强，王丽红，翁剑华，齐洪婷，郭书琴．个人金融信息法律保护问题研究——以银行法为中心[J]．福建金融，2013.

[73]吴丹丹，郜新鑫，陈立佳．互联网金融时代金融信息安全立法现状及对策研究[J]．时代金融，2015.

[74]谢笑．我国公共部门信息资源增值利用的政策及其应用[J]．图书馆学研究，2018.

[75]熊晶．基于匿名技术的网络数据发布隐私保护研究[D]．南京邮电大学，2016.

[76]修晓蕾，钱庆，吴思竹，何晓琳．健康医疗可穿戴设备数据安全与隐私保护存在的问题及对策[J]．中华医学图书情报杂志，2017.

[77]薛燕，朱学芳．基于改进加密算法的云计算用户隐私保护研究[J]．情报科学，2016.

[78]闫静．法律·伦理·制度：也谈档案开放利用中的隐私保护与限制[J]．档案学通讯，2014.

[79]杨风娇．基于敏感隐私保护度的K-匿名算法研究[D]．天津财经大学，2015.

[80]杨祎績．面向智能交通 LBS 的位置隐私保护研究[D]．南京航空航天大学，2012.

[81]姚朝兵．个人信用信息隐私保护的制度构建——欧盟及美国立法对我国的启示[J]．情报理论与实践，2013.

[82]姚瑞欣，李晖，曹进．社交网络中的隐私保护研究综述[J]．网络与信息安全学报，2016.

[83]袁宇．论我国互联网金融消费者的隐私保护[D]．南昌大学，2016.

[84]张付霞，蒋朝惠．基于 DSNPP 算法的社交网络隐私保护方法[J]．计算机技术与发展，2015.

[85]张江南．位置服务中的隐私保护方案研究[D]．天津大学，2016.

[86]张军发．我国个人信用信息安全保护研究[J]．山西财经大学学报，2016.

[87]张晓洁．非集中式社交网络隐私保护的研究[D]．哈尔滨工业大学，2017.

[88]张学军，桂小林，伍忠东．位置服务隐私保护研究综述[J]．软件学报，2015.

[89]赵金旭，郑跃平．中国电子政务隐私保护问题探究——基于70个大中城市政府网站的“隐私声明”调查[J]．电子政务，2016.

[90]周拴龙，王卫红．中美电商网站隐私政策比较研究——以阿里巴巴和 Amazon 为例[J]．现代情报，2017.

数字环境下的用户行为研究

武汉大学信息管理学院　孙永强　杨超凡　郭艳萍

1 引　言

近年来，大数据、云计算、人工智能、物联网等新技术不断演进，互联网尤其是移动互联网作为重要的载体将这些新技术以及与之伴随的各类数据、信息、知识等关键的生产要素不断注入到实体经济之中。线上和线下经济活动的关联结合、数字世界与现实世界的融合互动触发了从生产到消费等各环节相关规则的创新，重塑商业模式，催生数字经济。腾讯研究院和工信部联合发布的《数字经济白皮书》显示，据预测，数字技能和技术的应用将使全球经济到2020年有望累计增加两万亿美元；到2025年，全球经济总值的一半来自于数字经济。① 数字经济新浪潮下，企业纷纷进行数字化转型，改善企业管理与运作方式，进行数字化生产或提供数字化的产品、内容与服务，追赶利润点。国际数据公司(IDC)预测，到2020年全球数字化转型相关的行业增加值将达到10万亿美元，全球1000强企业中的67%、中国1000强企业中的50%都会把数字化转

---

① 腾讯研究院，工信部 2017. “数字经济驱动未来，11位专家深度解读国家战略，” http：//www. tencentresearch. com/4818.

型作为企业的战略核心。①

先进的互联网企业更是利用自身庞大的用户网络生态优势，将不断成熟的数字技术落地于多个产业，广泛应用于各领域，使数字化服务逐渐渗透到群众生活的各类场景。国外，例如谷歌公司，除了开展谷歌搜索、谷歌地图、谷歌地球、谷歌广告、YouTube、Gmail 等互联网相关业务，也开发谷歌自动驾驶汽车、谷歌眼镜等人工智能、虚拟现实产品，投资智能家居公司 Nest、生物科技公司 Calico，全面布局业务，深入渗透服务，构建企业生态。国内，中国互联网公司三巨头百度（Baidu）、阿里巴巴（Alibaba）、腾讯（Tencent）主导建立丰富的数字化生态圈已延伸到消费者日常生活各个方面。用户使用百度地图的进行路线查询与导航的同时可以发布行程约车、打车，亦可以查询到景点或商店评分，获取到其他用户的评分建议，还可以查询到目的地周边的吃、住、游、购等休闲娱乐信息，银行、医院等生活服务信息。用户使用一个手机应用程序就可以解决多种需求。再比如阿里巴巴的支付宝，除了支付网上购物费用、获取来自世界各地的商品外，大到酒店商场、小到街头摊铺都可以使用转账或扫码等移动支付来进行交易付款，在出行方面支付宝亦可以实现公交、地铁等公共交通的无障碍付款或者直接获取共享单车和打车服务。此外，用户亦可以在家中通过支付宝直接进行水电燃气等生活缴费、预约挂号就诊、进行网上车管与公积金提取办理，实现外卖送货上门、快递上门取件，还可以购买电影票、机票、火车票等各类票务，预约餐厅、酒店或民宿。在外，支付宝等移动支付的普及使用户越来越习惯于无现金出行；在内，支付宝亦可以使用户足不出户即可办理大小事务。微信支付在移动支付功能上与支付宝抗衡，争夺市场。此外，微信作为社交工具，语音与视频通话已经逐步取代见面与电话交流，朋友圈的社交功能与公众号的订阅服务让用户在了解亲朋好友的最新状态的同时也能了

---

① 民航资源网 2018. “新形势下数字经济展望，” http：//news. carnoc. com/list/440/440611. html.

解社会新闻大事、自己感兴趣的各类信息。小程序更是为用户集成了各类手机应用，释放手机存储空间，通过小程序同样可以获取到各类应用程序的服务，实现交易。

数字化已经成为必然趋势，人们在数字化环境下的行为越来越多。数字化以其颠覆性的、创造性的力量革新了人们的工作、娱乐、沟通、购买、销售以及其他生活方式。① 数字化对科学研究特别是信息系统研究具有重要意义。② 数字环境下的用户行为正在受到越来越广泛的关注。对研究现状进行总结与思考将有助于各界更加深入地理解数字化经济，投身数字化浪潮。

2 数字化及数字环境下的用户行为

2.1 数字化的定义

随着近年来信息技术和移动互联网技术的飞速发展，数字技术的大规模应用引发了社会变革③。数字化已经不仅仅指使用数字技术来传输数据以及执行计算和任务④，而是一种社会过程，代表着数字通信和应用对技术经济环境和社会运行制度带来的转变，实现人与物的网络化以及真实与虚拟世界的融合③。

需要说明的是，许多定义认为数字化是由计算、存储和网络

---

① Scharl, A., Dickinger, A., and Murphy, J. 2005. "Diffusion and success factors of mobile marketing," *Electronic Commerce Research And Applications* (4: 2) Sum, pp. 159-173.

② Kagermann, P. D. H. 2015. "Change through digitization—value creation in the age of industry 40," in *Management of Permanent Change*, H. Albach, H. Meffert, A. Pinkwart and R. Reichwald (eds.), Springer Fachmedien Wiesbaden: Wiesbaden, pp. 23-45.

③ Katz, R. L., and Koutroumpis, P. 2013. "Measuring digitization: A growth and welfare multiplier," *Technovation* (33: 10-11), pp 314-319.

④ Schmidt, R., Zimmermann, A., Moehring, M., Nurcan, S., Keller, B., and Baer, F. 2016. "Digitization-Perspectives for Conceptualization," in *Advances In Service-Oriented And Cloud Computing*, A. Celesti and P. Leitner (eds.), pp. 263-275.

的指数增长导致的，它主要是一个技术术语①，与之相关的技术有云计算②、大数据③、高级分析④、社交软件⑤、物联网⑥以及深度学习⑦。然而，基于技术视角的定义并没有捕捉到数字化的本质特点：第一是人和物联网的结合，第二是真实世界和虚拟世界的融合⑧。对数字化的定义需要超越技术层面，引入其他视角。

目前对数字化的综合解读主要是从产品和价值创造的视角来进行。数字化改变了产品的本质，也改变了价值创造的方式⑨。基于云计算、大数据、物联网等技术，数字化产品不仅仅是静态的设

---

① Weiser, M. 1991. "The computer for the 21st century," in *Scientific American*, pp. 94-104.

② Mell, P., and Grance, T. 2011. "The NIST Definition of Cloud Computing," National Institute of Standards and Technology, http://csrc.nist.gov/groups/SNS/cloud-computing/.

③ Agrawal, D., Das, S., and El Abbadi, A. 2011. "Big data and cloud computing: Current state and future opportunities," in *Proceedings of the 14th International Conference on Extending Database Technology*, ACM.

④ Evans, P. C., and Annunziata, M. 2012. *Industrial internet: Pushing the boundaries of minds and machines*, General Electric.

⑤ Schmidt, R., and Nurcan, S. 2009. "BPM and social software.," in *BPM 2008 Workshop*, D. Ardagna, M. Mecella, J. Yang, W. Aalst, J. Mylopoulos, M. Rosemann, M. J. Shaw and C. Szyperski (eds.), Springer: Heidelberg, pp. 649-658.

⑥ Atzori, L., Iera, A., and Morabito, G. 2010. "The Internet of Things: A survey," *Computer Networks* (54: 15), pp. 2787-2805.

⑦ Schmidhuber, J. 2015. "Deep learning in neural networks: An overview," *Neural Networks* (61), pp. 85-117.

⑧ Kagermann, P. D. H. 2015. "Change through digitization—value creation in the age of industry 40," in *Management of Permanent Change*, H. Albach, H. Meffert, A. Pinkwart and R. Reichwald (eds.), Springer Fachmedien Wiesbaden: Wiesbaden, pp. 23-45.

⑨ Schmidt, R., Zimmermann, A., Moehring, M., Nurcan, S., Keller, B., and Baer, F. 2016. "Digitization-Perspectives for Conceptualization," in *Advances In Service-Oriented And Cloud Computing*, A. Celesti and P. Leitner (eds.), pp. 263-275.

备，更是动态的服务。数字化产品具有与环境、与用户交互的新功能，包括感知、物理交互、数据交换和服务交付。数字化产品可以作为数据中心收集关于自身、用户和环境的信息，其连通性使网络效应和网络智能得到实现，提供了价值创造的新机制③。数字化由此成为各领域创新和变革的主要驱动力。技术因素固然重要，更重要是的我们应该看到数字化带来的连通、融合的社会模式的新变化，关注既定模式的改变与创新。

2.2 数字环境下的用户行为的内涵

数字化将成为未来几十年创新的最强推动力，并将成为下一波创新浪潮的触发器，已经引起各界的广泛关注。数字化对商业模式、劳动市场和社会结构产生了颠覆性的影响，也渗透到人们的生活之中，深刻影响着人们的消费、娱乐、出行等各方面的行为方式。数字环境下的用户行为也引起了学术界的研究兴趣。但是目前大多数研究都是针对具体的行为直接展开研究，没有从宏观层面对数字背景下的用户行为进行讨论，甚至没有意识到其研究内容已经是数字环境下的行为这一新型重要行为形态。因此，数字背景下的用户行为尚无统一的定义。将范围扩大到数字环境下的用户，与之相关的最切近的概念是“混合个体”(Hybrid Beings)①。物理和数字个体体验之间的动态反馈关系促进了混合身份的体现。混合个体的混合身份不仅仅是在数字世界中创造的自我或化身，而且它们表达了一种新动态，即不可能区分个人行为的“物理”和“数字”两方面。正是由于混合个体的行为融合于的物理和数字世界，我们认为此概念较为贴近。数字环境下的用户行为可以表述为“用户将某项技术运用于某种服务或情景之中”，可以理解为用户在数字环境下实施的行为，即混合个体实施的行为。

2.3 数字环境下的用户行为的特点

与数字化紧密相关，数字环境下的用户行为具有以下显著

---

① de Moraes, J. A., and de Andrade, E. B. 2015. “Who are the citizens of the digital citizenship?,” *International Review of Information Ethics* (23) Nov, pp. 4-19.

特征：

2.3.1 数字工具的用户粘性强

互联网作为数字化的载体介质打通了数字世界与物理世界①，丰富了数字技术的应用场景。用户可以通过移动手机、平板电脑、智能手表、智能家居设备等各类终端传达需求指令。但是对用户来说，用户不可能直接手持终端，通过互联网将数字技术应用于各类场景，而是借助终端上的各类应用程序等平台入口。服务商开发出应用程序等平台入口，为用户行为方式的改变带来简易的数字化“行为工具”。对用户来说，各类连通了网络的服务平台才是直观的互联网，才是数字世界与物理世界的沟通介质。只有借助服务平台，用户才有可能在数字世界和物理世界实施数字化行为。例如，在互联网发展的门户网站阶段，用户不可能进行网上交友甚至婚恋相亲行为，这只有在 QQ、微信等社交应用、百合网等垂直类网站出现以后用户才有了行为渠道。再比如我们日常使用的移动支付，用户必须安装有支付宝、微信等应用程序才可以实现移动支付行为。用户必须同意各服务商的服务条款才能真正接入数字化的访问入口，才能实施数字化行为。

而在数字环境下，用户粘性是主动性的，并且用户对各类移动应用的依赖性越来越强。根据 QuestMobile 发布的《中国移动互联网 2018 半年大报告》显示②，截至 2018 年 7 月，中国市场上 APP 数量超过 406 万个，35 个 APP 才能满足用户社交、娱乐、电商、新闻工具等多方面需求，平均每人每天上网时长近 5 小时。如表 1，从中国互联网络信息中心发布的《第 41 次中国互联网络发展状况统计报告》显示的中国网民各类互联网应用的使用率也能够得出用户

---

① Kagermann, P. D. H. 2015. “Change through digitization—value creation in the age of industry 40,” in *Management of Permanent Change*, H. Albach, H. Meffert, A. Pinkwart and R. Reichwald (eds.), Springer Fachmedien Wiesbaden: Wiesbaden, pp. 23-45.

② QuestMobile 移动大数据研究院 2018. “QuestMobile 中国移动互联网 2018 半年大报告,” http://www.questmobile.com.cn/research/report-new/33.

粘性强这一特点①，而且对于共享单车、网上订外卖、网约车、互联网理财、旅行预定和网络直播等新兴互联网应用的使用率增长很快。数字化背景下人们对生活质量的要求越来越高，越来越依赖于各种便捷的数字化服务。从最开始的网上办事到智能家居再到智慧城市，数字化也越来越能满足用户需求，各类互联网应用等行为工具的用户黏性越来越强。

表 1　**中国网民各类互联网应用的使用率(2016 年 12 月至 2017 年 12 月)**

应　　用	2017 年 12 月		2016 年 12 月		年增长率
	用户规模（万）	网民使用率	用户规模（万）	网民使用率	
即时通信	72023	93.3%	66628	91.1%	8.1%
网络新闻	64689	83.8%	61390	84%	5.4%
搜索引擎	63956	82.8%	60238	82.4%	6.2%
网络视频	57892	75%	54455	74.5%	6.3%
网络音乐	54809	71%	50313	68.8%	8.9%
网络购物	53332	69.1%	46670	63.8%	14.3%
网上支付	53110	68.8%	47450	64.9%	11.9%
地图查询	49247	63.8%	46166	63.1%	6.7%
网络游戏	44161	57.2%	41704	57%	5.9%
网络直播	42209	54.7%	34431	47.10%	22.6%
网上银行	39911	51.7%	36552	50%	9.2%
网络文学	37774	48.9%	33319	45.6%	13.4%
旅行预定	37578	48.7%	29922	40.9%	25.6%

① CNNIC 2018. “第 41 次中国互联网络发展状况统计报告,” http://10.255.253.184/cache7/d8/76/9e/2f/e0/a0/fb/aa/01/0e/28/c8/41/2f/c6/f9/P020180131509544165973.pdf.

续表

应　用	2017 年 12 月		2016 年 12 月		年增长率
	用户规模（万）	网民使用率	用户规模（万）	网民使用率	
网上订外卖	34338	44.5%	20856	28.5%	64.6%
微博	31601	40.9%	27143	37.1%	16.4%
网约出租车	28651	37.1%	22463	30.7%	27.5%
电子邮件	28422	36.8%	24815	33.9%	14.5%
网约专车或快车	23623	36.8%	16799	23%	40.6%
共享单车	22078	28.6%	—	—	—
在线教育	15518	20.1%	13764	18.8%	12.7%
互联网理财	12881	16.7	9890	13.5	30.2
网上炒股或炒基金	6730	8.7	6276	8.6	7.2

2.3.2 行为过程的可预测性高

数字化已经深入渗透到了人们生活的方方面面，尤其是在移动互联网技术的推动下，我们在任何时间、任何地点都可以享受到数字化带来的便利。移动互联网呈现出服务场景不断丰富、移动终端规模加速提升、移动数据量持续扩大的特点①，万物相连使行为的实施更加便捷，数字环境下的用户行为随处可见。人与人可以直接沟通、人和物可以直接产生联系，物和物也可以相互关联。事物之间的联系和关系增多，信息和数据的传输更加直接。大数据、云计算、人工智能和深度学习等对数据和信息的记录、存储、关联与分析，使行为之间的关系愈发清晰可见，甚至可以成功预测用户行

① CNNIC 2018. "第 41 次中国互联网络发展状况统计报告，" http：//10.255.253.184/cache7/d8/76/9e/2f/e0/a0/fb/aa/01/0e/28/c8/41/2f/c6/f9/P020180131509544165973.pdf.

为。例如购物网站通过用户对某类商品的搜索行为预测用户喜好，定向投放广告，不断推荐相关商品。地图导航软件利用收集到的车辆行程信息，为用户行车避开拥挤路段，选择最优路线。利用大数据和人工智能预测、预防流感疾病和犯罪的新闻也屡见报道。数字环境下的用户行为已经无形之中被记录下来，我们可以分析发现潜在关系和事物规律，预测用户行为，以提供更加精准的服务或者解决重要社会问题。人们的既有行为都可以被用来预测新的行为，这也引起了人们的隐私顾虑，在享受数字化带来的便捷性的同时也要考虑其风险性。

2.3.3 行为群体的数字素养佳

数字环境下，数字素养不仅是从业人员的必备素质，也是消费者的必备能力。对消费者而言，若没有基本的数字素养，将无法顺利使用数字化产品、享用数字化服务。以移动支付为例，数字鸿沟使得移动支付技术在老年人群中使用度不高。中国支付清算协会发布的《2017 年移动支付用户调研报告》显示，2017 年，移动支付用户中 30 岁以下群体人数最多，占比为 80.9%；其次是 31~40 岁用户，占比为 14.4%；41~50 岁及 51 岁以上用户占比分别为 3.6%及 1.0%①。随着年龄段的增长，移动支付的用户占比越小，且差距非常明显，老年人使用移动支付的比例非常小。数字原住民(Digital Natives)指出生在信息与通讯技术的使用已经无处不在的世界的一类人群②，这些技术、网络以及相关系统已经扩散并渗透到他们日常生活的结构中③。简而言之，当今的数字原住民代表着在

---

① 中国支付清算协会 2017. “2017 年移动支付用户调研报告，” http://www.pcac.org.cn/index.php/focus/list_details/ids/457/id/50/topicid/3.htm.

② Tapscott, D. 2008. *Grown Up Digital: How the Net Generation is Changing Your World*, McGraw-Hill Professional: New York.

③ Vodanovich, S., Sundaram, D., and Myers, M. 2010. “Digital Natives and Ubiquitous Information Systems,” *Information Systems Research* (21: 4) Dec, pp. 711-723.

数字化时代成长起来的第一代人①，他们通常拥有能够熟练使用数字化技术工具的知识和技能②。数字原住民用户出生并成长在数字化时代，其行为和生活方式也潜移默化地受到数字化的影响，对于技术更为了解，具有较高的数字素养，更能迅速接受新生的数字化事物，更享受于数字化生活，是数字环境下用户行为的主要实施人群。

3 数字环境下的用户行为研究现状

数字化的重要特点是物理世界和数字世界的融合③。根据融合程度的不同，可以将数字环境下的用户行为划分为物理世界主导的用户行为、数字世界主导的用户行为和数字-物理世界深度融合的用户行为。

经过深入的文献调研，我们选取了虚拟现实/增强现实、可穿戴设备、数字环境下的、数字内容消费、移动支付以及全渠道零售等 6 种典型的数字环境下的用户行为进行综述。

本文采用以下检索式在 Web of Science 核心合集中进行主题检索：

*TS =（"virtual reality" OR "VR" OR "augmented reality" OR "AR" OR "wearable" OR "e-learning" OR "online course * " OR "MOOC" OR "online learning" OR "mobile learning" OR "digital consumption" OR "digital content * " OR "virtual good * " OR "digital*

① Preece, J. 2009. "Born Digital Understanding the First Generation of Digital Natives," *Science*（324：5925）Apr 17, pp. 338-338.

② Sorgo, A., Bartol, T., Dolnicar, D., and Boh Podgornik, B. 2017. "Attributes of digital natives as predictors of information literacy in higher education," *British Journal Of Educational Technology*（48：3）May, pp. 749-767.

③ Kagermann, P. D. H. 2015. "Change through digitization—value creation in the age of industry 40," in *Management of Permanent Change*, H. Albach, H. Meffert, A. Pinkwart and R. Reichwald（eds.）, Springer Fachmedien Wiesbaden：Wiesbaden, pp. 23-45.

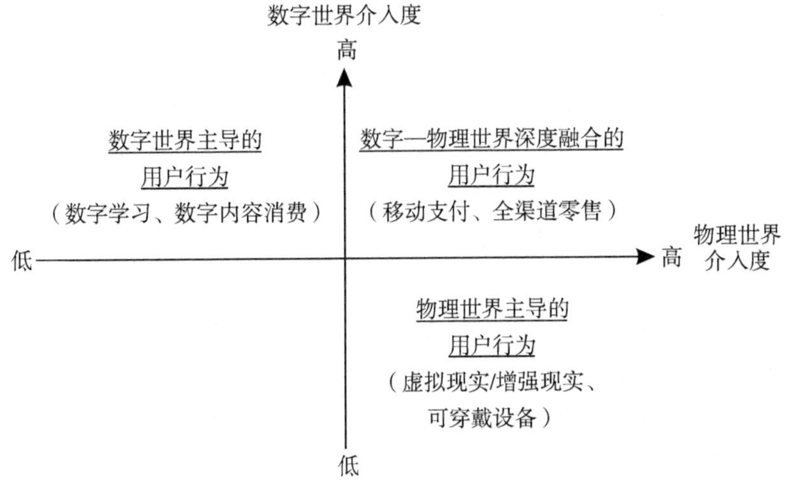

图 1　数字环境下的用户行为分类

*good * " OR "virtual content * " OR "in-app. purchas * " OR "in-game purchas * " OR " online streaming " OR " music consumption " OR "mobile payment" OR "mobile wallet * " OR "omnichannel" OR "omni-channel"*)

限定时间跨度为 2017-2018，索引集为 SCI-EXPANDED，SSCI，并将 Web of Science 类型限定在管理学（Management）、商学（Business）和图书情报学（Library Science & Information Science），得到初步检索结果 298 篇，经过甄别和筛选，本文最终确定 72 篇与前述 6 种数字环境下的用户行为相关的文献。

3.1　物理世界主导的用户行为

虚拟现实和增强现实、可穿戴设备可以理解为是产品增强了人的感官功能，以帮助人们更好地对物理世界进行模拟、观察或记录，其针对的对象依旧是物理世界。因此，虚拟现实和增强现实、可穿戴设备是物理世界主导的用户行为。

3.1.1　虚拟现实和增强现实

信息与通讯技术的飞速进步为数字化技术拓展物理世界，促进真实和虚拟事物的融合奠定了基础，虚拟现实(Virtual Reality，VR)和增强现实(Augmented Reality，AR)作为其中最具代表性的两种数字化技术正受到越来越广泛的关注。VR 是一种由计算机技术生成的，模拟现实或想象中一定范围内的实体存在环境的数字化体验，用户借助必要的设备和技术与数字化环境中的对象进行交互，可以产生亲临真实环境的感受①。VR 是一种"在效应上而不是事实上真实的事件或实体"，具有模拟性、交互作用、人工现实、沉浸性等特征②。VR 技术的广泛普及创造了一种趋势：通过 VR 讲故事。VR 技术可以构建复杂生动的场景，以促进与观众的互动③。而作为 VR 的中点，AR 指"利用计算机生成的虚拟信息(如数字图像和视频)增强的物理世界的实时视图"④⑤。AR 具有三重特征，一是结合现实和虚拟，二是实时交互，三是在 3D 空间应用。增强现实与虚拟现实最大的区别在于，它具有产生"混合现实"的媒介力量，即周围环境是真实的，而环境中描绘的对象是虚拟的⑥。

近两年 VR 和 AR 相关行为的研究现状如表 2 所示，其中，学界主要关注于两种技术的接受、采纳以及对人们生活各个方面的影

---

① Van Kerrebroeck, H., Brengman, M., and Willems, K. 2017. "Escaping the crowd: An experimental study on the impact of a Virtual Reality experience in a shopping mall," *Computers in Human Behavior* (77), pp. 437-450.

② Heim, M. 1993. *Metaphysies of Virtual Reality*, Oxford University Press: Oxford.

③ Shin, D. 2018. "Empathy and embodied experience in virtual environment: To what extent can virtual reality stimulate empathy and embodied experience?," *Computers in Human Behavior* (78), pp. 64-73.

④ Azuma, R. T. 1997. "A Survey of Augmented Reality," *Presence: Teleoperators and Virtual Environments* (6: 4), pp. 355-385.

⑤ Carmigniani, J., Furht, B., Anisetti, M., Ceravolo, P., Damiani, E., and Ivkovic, M. 2011. "Augmented reality technologies, systems and applications," *Multimedia Tools and Applications* (51: 1) January 01, pp. 341-377.

⑥ He, Z., Wu, L., and Li, X. 2018. "When art meets tech: The role of augmented reality in enhancing museum experiences and purchase intentions," *Tourism Management* (68), pp. 127-139.

响，如健康、教育、旅游和电子商务等领域。由于 AR 和 VR 的体验特性，多数已有文献采用了实验法来获取数据。只有 Shin 在研究用户对 VR 教育系统的接受行为时采用了定性访谈和问卷调查结合的研究方法①，这两种传统的行为学研究方法可以直接接触研究对象的心理感受，能够更准确地把握数据背后的语义。此外，Yim 等在研究用户 AR 产品购买行为时首先采用实验法对比了基于 AR 的产品和基于网络的产品展览的不同效果，而后采用问卷调查的方法对研究假设进行了实证检验和评价②；相似地，Hilken 等在探索 AR 技术对顾客价值感知的提升作用时先后实施了 4 项研究（包括实验和问卷调查）分别验证了不同的研究假设③。这种一文多研（Multiple Studies）的方式有助于更全面和科学地解决研究问题。

表 2　　**VR/AR 相关行为研究总结**

文　献	研究内容	研究情境	研究方法	理论基础	影响因素
(Kim et al. 2017a)	VR 手机软件对社交恐惧症的作用	电子健康	实验	/	眼神交流、心率变化、紧张感、主观自信
(Shin 2018)	VR 故事体验	虚拟环境	实验	—	临场感、沉浸、具体化、移情作用
(Shin 2017)	VR 学习环境接受	VR 教育系统	定性访谈 问卷调查	赋能理论	浸入感、临场感、可用性、移情作用、具体化

① Shin, D.-H. 2017. "The role of affordance in the experience of virtual reality learning: Technological and affective affordances in virtual reality," *Telematics and Informatics* (34: 8), pp. 1826-1836.

② Yim, M. Y.-C., Chu, S.-C., and Sauer, P. L. 2017. "Is Augmented Reality Technology an Effective Tool for E-commerce? An Interactivity and Vividness Perspective," *Journal of Interactive Marketing* (39), pp. 89-103.

③ Hilken, T., de Ruyter, K., Chylinski, M., Mahr, D., and Keeling, D. I. 2017. "Augmenting the eye of the beholder: exploring the strategic potential of augmented reality to enhance online service experiences," *Journal of the Academy of Marketing Science* (45: 6), pp. 884-905.

续表

文　　献	研究内容	研究情境	研究方法	理论基础	影响因素
(Lin 2017)	恐惧反应与应对策略	VR 游戏	实验	—	性别、情绪稳定性、寻求刺激
(Huang et al. 2017b)	基于 AR 交互技术的多感知沉浸体验	网上购物	实验	虚拟阈态理论沉浸理论	自我定位、触觉意象、身体感知、所有权控制、自我探索参与度、沉浸体验
(Pantano et al. 2017)	AR 技术对消费者行为的影响	网上零售	实验	技术采纳模型	美观质量、交互性、响应时间、信息质量、易用性、乐趣、有用性
(Rese et al. 2017)	AR 应用程序接受	电子商务	实验	技术采纳模型	信息性、乐趣、有用性、易用性
(Yim et al. 2017)	AR 产品购买	电子商务	实验 问卷调查	/	交互性、生动性、媒体新颖性、过往使用经验、浸入感、有用性、乐趣
(He et al. 2018)	AR 技术对博物馆体验及购物的作用	旅游业	实验	注意控制理论 心理意象理论	虚拟临场感、意象生动性、信息类型、体验价值
(Hilken et al. 2017)	AR 技术对顾客价值感知的提升作用	在线服务	实验 问卷调查	情境认知理论	仿真身体控制、环境嵌入、空间存在感、处理方式、隐私意识、功利价值、享乐价值、决策舒适度
(Meneses Fernández et al. 2017)	AR/VR 技术对老年人社会幸福感的作用	养老院	实验	/	相关知识、技术需求与感知

在理论基础方面，部分文献从技术的角度来切入研究。作为最经典的信息系统理论之一，技术采纳模型(Technology Acceptance Model，TAM)认为用户对易用性(Perceived Ease of Use，PEU)和有用性(Perceived Usefulness，PU)的感知决定了他们对某个系统的使用态度①。PEU 表示用户认为使用系统不需要花费任何努力的程度，主要体现在界面的质量、交互模式、不需要学习功能的指令等；而 PU 表示用户认为使用系统将提高其绩效的程度②。在网上零售的情境下，Pantano 等借鉴 TAM 分别研究了 AR 技术对德国和意大利的年轻消费者行为的影响，结果表明了 TAM 在跨国界市场中的理论适用性；而 Rese 等则在电子商务中应用 TAM 比较了用户对有无标记的 AR 应用程序的接受程度，实验结果同样验证了 TAM 的鲁棒性③。

“赋能”(Affordance)的概念源自生态心理学，Gibson 最早在赋能理论(Affordance Theory)中认为“赋能”是环境的物理性质的组合④，即“环境为生物提供的一切，无论是好是坏”⑤。在具体的情况下，现实世界任何事物都可以提供相应的赋能，例如石头可以是投掷物，但也可以用作书立、锤子或钟摆⑥。就技术而言，人们评估一项技术时不仅关注它的质量，更看重的是它可以实现的功

---

① Davis, F. D. 1989. “Perceived Usefulness, Perceived Ease of Use, and User Acceptance of Information Technology,” *MIS Quarterly* (13: 3), pp. 319-340.

② Pantano, E., Rese, A., and Baier, D. 2017. “Enhancing the online decision-making process by using augmented reality: A two country comparison of youth markets,” *Journal of Retailing and Consumer Services* (38), pp. 81-95.

③ Rese, A., Baier, D., Geyer-Schulz, A., and Schreiber, S. 2017. “How augmented reality apps are accepted by consumers: A comparative analysis using scales and opinions,” *Technological Forecasting and Social Change* (124), pp. 306-319.

④ Gibson, J. J. 1979. “The theory of affordances,” *The people, place, and space reader*, pp. 56-60.

⑤ Gibson, J. J. 2014. *The ecological approach to visual perception: classic edition*, Psychology Press.

能①，因此技术赋能(Technology Affordance)强调的是一种特定的技术能够带来新机会或潜在收益的价值②。在 VR 教育系统情境下，Shin 运用赋能理论证实了临场感(Presence)和浸入感(Immersion)赋能对移情(Empathy)和具体化(Embodiment)的显著影响③。

另一部分文献则应用了与用户感知相关的理论。Noble 和 Walker 通过整合阈值转换框架(Framework of Liminal Transitions)④和自我扩展(Extended-self)的概念⑤而开发了阈值理论(Liminoid Theory)⑥。阈值理论主要阐述了消费者进入新环境时所发生的心理机制和过程，称为"阈限"(也称为"角色转换")。在阈值性中，消费者必须决定如何在一个新的环境中扩展和展示他们的自我，以便他们能够迅速地沉浸在新的环境中并成功地完成角色转换。由此，引发了一种装饰的心理状态，促使消费者装饰自己的身体，以达到沉浸感，完成角色转换(如改变发型、服装或化妆品的欲望)。Jung 和 Pawlowski 基于 Noble 和 Walker 的观点，将阈值理论扩展到数字情境中，提出了虚拟阈值理论(Virtual Liminoid Theory)。他们强调，在数字环境中，角色转换或阈值性指的是消费者如何快速地

① Norman, D. A. 1998. *The design of everyday things*, Doubleday: New York.

② Bradner, E. 2001. "Social affordances of computer-mediated communication technology: understanding adoption," in *CHI '01 Extended Abstracts on Human Factors in Computing Systems*, ACM: Seattle, Washington, pp. 67-68.

③ Shin, D.-H. 2017. "The role of affordance in the experience of virtual reality learning: Technological and affective affordances in virtual reality," *Telematics and Informatics* (34: 8), pp. 1826-1836.

④ van Gennep, A. 1977. *The Rites of Passage*, (Routledge & Kegan Paul: London.

⑤ Belk, R. W. 1988. "Possessions and the Extended Self," *Journal of Consumer Research* (15: 2), pp. 139-168.

⑥ Noble, C. H., and Walker, B. A. 1997. "Exploring the relationships among liminal transitions, symbolic consumption, and the extended self," *Psychology & Marketing* (14: 1), pp. 29-47.

将自己从物理环境融入到虚拟自我之中①②。Huang 等借鉴虚拟阈态理论探索了基于 AR 交互技术的多感知沉浸体验，结果表明消费者不仅依赖于在虚拟化身装饰中进行自我展示，而且更注重自我身体的表达和控制③。

根据注意控制理论（Attentional Control Theory），在日常信息处理中有两个关键的心理过程：自上而下和自下而上④。自上而下的过程是一个受控的或目标导向的过程，个人的想法或意图引导他们的视觉注意力。相比而言，自下而上的过程更自发，主要由外部刺激驱动。心理意象（Mental Imagery）是个人欣赏艺术的主要方式之一⑤。心理意象过程可以被定义为记忆中知觉信息的非言语的、准知觉的内在表征。它是产生审美快感的主要途径，因创造生动意象的系统与创造美观体验的系统有着共同的核心元素⑥。运用注意控制理论和心理意象理论，He 等检验了 AR 技术对博物馆体验及购物的作用。实验结果显示，与动态视觉提示相比，动态语言提示使得游客愿意支付更高的费用，当博物馆环境提供高水平的虚拟临场

① Jung, Y., and Pawlowski, S. D. 2014. "Understanding consumption in social virtual worlds: A sensemaking perspective on the consumption of virtual goods," *Journal of Business Research* (67: 10), pp. 2231-2238.

② Jung, Y., and Pawlowski, S. D. 2014b. "Virtual goods, real goals: Exploring means-end goal structures of consumers in social virtual worlds," *Information & Management* (51: 5), pp. 520-531.

③ Huang, T.-L., and Liao, S.-L. 2017b. "Creating e-shopping multisensory flow experience through augmented-reality interactive technology," *Internet Research* (27: 2), pp. 449-475.

④ Kim, M.-S., and Cave, K. R. 1999. "Top-down and bottom-up attentional control: On the nature of interference from a salient distractor," *Perception & Psychophysics* (61: 6) August 01, pp. 1009-1023.

⑤ Thomas, N. J. T. 1999. "Are Theories of Imagery Theories of Imagination? An Active Perception Approach to Conscious Mental Content," *Cognitive Science* (23: 2), pp. 207-245.

⑥ Huang, T.-L., and Liao, S.-L. 2017b. "Creating e-shopping multisensory flow experience through augmented-reality interactive technology," *Internet Research* (27: 2), pp. 449-475.

感时，这种效果更为显著①。

最后，从这些研究涉及的变量来看，用户自身的特征因素(如性别、主观自信、情绪稳定性、刺激寻求、相关知识、使用经验、自我定位以及隐私意识等)和对技术的感知因素(如紧张感、临场感、沉浸体验、乐趣、信息性、交互性、生动性、功利价值、享乐价值、美观质量以及信息质量等)是 VR 和 AR 相关行为研究较为关注的。

3.1.2 可穿戴设备

可穿戴设备的迅速发展为消费者创造了一个可以方便连接互联网的数字化环境②。作为普适计算的一种形式，可穿戴设备是指任何可被用户穿戴的并能提供特定服务的电子设备或产品③④。当前，越来越多的可穿戴设备出现在人们的视野中，包括智能手表、智能手环、健身追踪器、智能服装、身体传感器以及各种类型的可用于医疗健康、公共安全和其他用途的可穿戴设备。它代表了一种革命性的数字化技术，始终在线的特性让用户得以与周围世界进行实时交互⑤。可穿戴设备也引发了新的社会关注，有了它，用户可以扩展自己的配饰和服装的功能，并实时监控自身相关的数据和信息③。

---

① He, Z., Wu, L., and Li, X. 2018. "When art meets tech: The role of augmented reality in enhancing museum experiences and purchase intentions," *Tourism Management* (68), pp. 127-139.

② Liu, D., and Guo, X. 2017. "Can trust and social benefit really help? Empirical examination of purchase intentions for wearable devices," *Information Development* (33: 1), pp. 43-56.

③ Weiser, M. 1991. "The computer for the 21st century," in *Scientific American*, pp. 94-104.

④ Jeong, S. C., Kim, S.-H., Park, J. Y., and Choi, B. 2017. "Domain-specific innovativeness and new product adoption: A case of wearable devices," *Telematics and Informatics* (34: 5), pp. 399-412.

⑤ Nascimento, B., Oliveira, T., and Tam, C. 2018. "Wearable technology: What explains continuance intention in smartwatches?," *Journal of Retailing and Consumer Services* (43), pp. 157-169.

近两年学者们主要关注可穿戴设备的购买与持续使用问题，其研究情境集中在日常生活和电子健康两个部分(如表 3 所示)。在这些研究中，问卷调查依然是最常用的研究方法。在唯一的例外中，Shin 等运用一文多研的方法分析了用户使用可穿戴设备的自我量化行为。该研究首先采用问卷调查的方法确定了影响用户自我量化(Self-quantification)的体验因素并建立了用户模型；而后采用实验的方法识别个人健康信息系统的机遇和挑战，厘清了自我量化 APP 如何帮助用户改善健康状况；最终通过设计出的包含四种反馈机制的安卓 APP 再次进行实验，探索自我量化 APP 的作用①。

表 3　　可穿戴设备相关行为研究总结

文　献	研究内容	研究情境	研究方法	理论基础	影响因素
(Dehghani et al. 2018)	智能手表持续使用	日常生活	问卷调查	—	享乐动机、美感、操作缺陷、互补品、健康动机
(Nascimento et al. 2018)	智能手表持续使用	日常生活	问卷调查	期望确认理论	可用性、习惯、乐趣、有用性、确认、满意度
(Hong et al. 2017a)	智能手表持续使用	日常生活	问卷调查	自我决定理论	消费者创新性、功利价值、享乐价值
(Hsiao et al. 2018)	智能手表购买	日常生活	问卷调查	理性行为理论 感知价值理论	界面便捷性、内容丰富度、构造完备度、设计美感、社会价值、品质价值、情感价值、性价比
(Jeong et al. 2017)	可穿戴设备购买	日常生活	问卷调查	创新扩散理论	生产过程创新、信息过程创新、相对优势、社会形象、美感、新颖性

① Shin, D.-H., and Biocca, F. 2017. "Health experience model of personal informatics: The case of a quantified self," *Computers in Human Behavior* (69), pp. 62-74.

续表

文　献	研究内容	研究情境	研究方法	理论基础	影响因素
(Rauschnabel 2018)	智能眼镜使用	日常生活	问卷调查	使用与满足理论	生活效率、乐趣、舒适度、社交性、自我表达
(Liu et al. 2017)	可穿戴设备购买	日常生活	问卷调查	—	普遍可及性、满意度、声誉、熟悉度、信任、社会效益
(Maltseva et al. 2018)	自我量化和自我披露	日常生活	问卷调查	大五人格	隐私担忧、信任、大五人格、信息敏感度
(Shen et al. 2018a)	可穿戴设备间歇性中止使用	电子健康	问卷调查	期望失验模型	矛盾态度、中立失验、中立满意度
(Zhang et al. 2017)	医疗可穿戴设备采纳	电子健康	问卷调查	技术采纳模型 健康信念模型 参照群体理论	便捷性、可信度、不可替代性、有用性、健康信念、消费者创新性、炫耀型消费、参考信息影响
(Shin et al. 2017)	使用可穿戴设备自我量化	电子健康	实验问卷调查	—	性能反馈、健康意识、展示模式、反馈类型、养生意识
(Pare et al. 2018)	智能设备持续使用	电子健康	问卷调查	期望确认理论	有用性、易用性、期望确认、满意度
(Marakhimov et al. 2017)	可穿戴设备适应与扩展使用	电子健康	问卷调查	应对理论	健康担忧、健康信息担忧、隐私担忧、挑战评估、威胁评估、针对问题的应对、针对情感的应对

可穿戴设备的相关研究运用的理论较为丰富。创新扩散理论

(Innovation Diffusion Theory, IDT)认为创新是随着时间的推移和在特定的社会系统中通过某些渠道进行传播的①。个体被认为具有不同程度的接受创新的意愿，接受创新的人群大约符合正态分布。将这种正态分布分解为几个部分，可以将创新个体划分为以下五类(从最早的采纳者到最晚的采用者)：革新者(Innovators)、早期采用者(Early Adopters)、早期多数人(Early Majority)、晚期多数人(Late Majority)以及落后者(Laggards)②。创新的采纳率受五个因素的影响：相对优势(Relative Advantages)、兼容性(Compatibility)、可试用性(Trialability)、可观察性(Observability)和复杂性(Complexity)。前四个因素通常与创新采纳率呈正相关，而复杂性通常与创新采纳率呈负相关。Jeong 等以 IDT 为理论基础，将可穿戴设备的创新性分为产品拥有创新性和信息拥有创新性并检验了相对优势、新颖性和美感等因素对用户购买可穿戴设备的影响，结果证明了 IPI 相较于 PPI 更为重要的作用③。

作为行为学中最经典的理论之一，理性行为理论(Theory of Reasoned Action, TRA)主张个体行为是由行为意愿(Behavioral Intention)驱动的，行为意愿是由个体对行为的态度(Attitude)和对行为表现出的主观规范(Subjective Norm)决定的。对行为的态度被定义为个体对行为的积极或消极的感觉，它是通过对一个人对行为所产生的后果的信念评估和对这些后果的可取性的评估来决定的。主观规范是指个体对其认为重要的人评价该行为是否应该被实施的感知④。Hsiao 等将 TRA 细化，探究了硬件、软件、外观设计以及

---

① Rogers, E. M. 1995. *Diffusion of Innovations*, Free Press: New York.

② Rogers, E. M. 1995. *Diffusion of Innovations*, (Free Press: New York.

③ Jeong, S. C., Kim, S.-H., Park, J. Y., and Choi, B. 2017. "Domain-specific innovativeness and new product adoption: A case of wearable devices," *Telematics and Informatics* (34: 5), pp. 399-412.

④ Fishbein, M., and Ajzen, I. 1975. *Belief, attitude, intention, and behavior: An introduction to theory and research*, Addison-Wesley: Ontario.

价值等各方面对用户智能手表购买的影响作用①。

期望确认理论(Expectation Confirmation Theory，ECT)通常用于营销领域，该理论认为期望和感知绩效会影响购买后的满意度②。这种影响是通过期望和绩效之间的积极或消极的不确定来调节的③。如果一个产品的表现超过期望(积极的不确定)，那么购买后的满意度就会产生。如果一个产品没有达到预期(消极的不确定)，消费者可能会感到不满意。期望确认模型(Expectation Confirmation Model，ECM)，或期望失验模型(Expectation Disconfirmation Model，EDM)，建立在信息系统持续使用理论(IS Continuance Theory)的假设上。在该假设中，满意的IT用户也更有可能继续使用该技术④。ECM通过关注后采纳(Post-acceptance)变量，如感知有用性和后使用期望(Post-usage Expectation)，而不是使用前期望来改进ECT和以前的模型。ECM假定"前采纳(Pre-acceptance)的影响已经被包含在确认和满意变量中了"。在可穿戴设备相关行为的研究中，Nascimento等将ECM与习惯、感知可用性和感知乐趣等变量结合，解释了智能手表的持续使用意愿的形成机制⑤；Pare等的研究把ECM和TAM作为理论框架，调查了加拿大用户持续使用自追踪

① Hsiao, K.-L., and Chen, C.-C. 2018. "What drives smartwatch purchase intention? Perspectives from hardware, software, design, and value," *Telematics and Informatics* (35: 1), pp. 103-113.

② Oliver, R. L. 1980. "A Cognitive Model of the Antecedents and Consequences of Satisfaction Decisions," *Journal of Marketing Research* (17: 4), pp. 460-469.

③ Spreng, R. A., MacKenzie, S. B., and Olshavsky, R. W. 1996. "A Reexamination of the Determinants of Consumer Satisfaction," *Journal of Marketing* (60: 3), pp. 15-32.

④ Bhattacherjee, A. 2001. "Understanding Information Systems Continuance: An Expectation-Confirmation Model," *MIS Quarterly* (25: 3), pp. 351-370.

⑤ Nascimento, B., Oliveira, T., and Tam, C. 2018. "Wearable technology: What explains continuance intention in smartwatches?," *Journal of Retailing and Consumer Services* (43), pp. 157-169.

(Self-tracking)设备的动机①；Shen 等借助 EDM 研究了可穿戴设备的间歇性中止使用行为的产生机理②。

自我决定理论(Self Determination Theory，SDT)被认为是最重要的动机理论之一，它有助于理解功利主义或享乐主义利益发挥作用的情境。SDT 认为个体的行为可能是由自身的利益和价值决定的，也可能是由于自身之外的原因驱动的。该理论将个体的动机分为内在动机和外在动机。内在动机是“为了活动本身的内在满足感而做一项活动”，而外在动机则是“为了达到某种另外的产出而做一项活动”③。内在动机只包含活动本身的乐趣，而外在动机则是工具性的和有意的。Hong 等在探索消费者创新性对智能手表持续使用意愿的影响时引入了 SDT，结果表明虽然享乐价值和功利价值都在两者之间起中介作用，但消费者对智能手表的有用性(即功利价值)的满意度高于乐趣(即享乐价值)④。

影响可穿戴设备相关行为的因素与研究情境密切相关。在研究日常生活中可穿戴设备的购买和持续使用行为的文献中，美感、乐趣、新颖性、社交性、自我表达以及普遍可及性等是学者们主要关注的因素；而在电子健康情境下，有用性、易用性、可信度、便携性、性能反馈、健康意识以及隐私担忧等影响因素是相关研究主要考量的。

---

① Pare, G., Leaver, C., and Bourget, C. 2018. “Diffusion of the Digital Health Self-Tracking Movement in Canada: Results of a National Survey,” *Journal of Medical Internet Research* (20: 5), pp. 1-16.

② Shen, X.-L., Li, Y.-J., and Sun, Y. 2018a. “Wearable health information systems intermittent discontinuance: A revised expectation-disconfirmation model,” *Industrial Management & Data Systems* (118: 3), pp. 506-523.

③ Ryan, R. M., and Deci, E. L. 2000. “Self-determination theory and the facilitation of intrinsic motivation, social development, and well-being,” *American Psychologist* (55: 1), pp. 68-78.

④ Hong, J.-C., Lin, P.-H., and Hsieh, P.-C. 2017a. “The effect of consumer innovativeness on perceived value and continuance intention to use smartwatch,” *Computers in Human Behavior* (67), pp. 264-272.

3.2 数字环境主导的用户行为

数字学习和数字内容消费行为的全过程都是在数字世界中进行的，因此我们将这两类行为归类为数字世界主导的用户行为。

3.2.1 数字学习

伴随着"全民学习"的热潮以及移动互联网和信息与通讯技术的不断发展，数字环境下的学习应运而生。数字环境下的学习是指利用信息技术传播教育或培训所需的信息和知识，它打破了时间和空间的制约，成为现代教育的一种新的范式①②。具体而言，学生在数字学习平台上按照自己的习惯和节奏来获取知识，教育工作者则可以建立在线课程、虚拟研讨会和实践培训等③。

近两年用户在数字环境下的学习的相关文献主要研究了慕课、数字图书馆以及电子课本的使用，对于社交媒体和公共管理领域也有所涉及(见表4)。从研究方法来看，半数以上的文献依然沿用了问卷调查的方法对用户的主观感知进行测量；另有一些研究则采用实验的方法观察受试者在数字学习平台中的行为动向。仅有 Xie 等人在数字图书馆情境下探究盲人用户的求助与交互行为时采用了定性访谈的方法④。对于该研究而言，访谈更加方便与特殊群体用户进行交流，并且可以更开放地探索影响用户行为的真正原因。根据

① Aparicio, M., Bacao, F., and Oliveira, T. 2014. "Trends in the e-learning ecosystem: A bibliometric study," in *Proceedings of Twentieth Americas Conference on Information Systems*: Savannah.

② Cidral, W. A., Oliveira, T., Di Felice, M., and Aparicio, M. 2018. "E-learning success determinants: Brazilian empirical study," *Computers & Education* (122), pp. 273-290.

③ Feldmann, B. Year. "Two Decades of e-learning in Distance Teaching-From Web 1.0 to Web 2.0 at the University of Hagen," International Workshop on Learning Technology for Education in Cloud, Springer International Publishing, Cham, 2014, pp. 163-172.

④ Xie, I., Babu, R., Castillo, M. D., and Han, H. 2018. "Identification of factors associated with blind users' help-seeking situations in interacting with digital libraries," *Journal of the Association for Information Science and Technology* (69: 4), pp. 514-527.

具体情境和研究对象选取最适合的研究方法也很关键。

表 4　数字环境下的学习相关行为研究总结

文　献	研究内容	研究情境	研究方法	理论基础	影响因素
(Kim et al. 2017b)	慕课持续使用	高校教育	实验	心理抗拒理论	安全性、失控、自由威胁、专注度
(Li et al. 2018a)	慕课持续使用	高校教育	问卷调查	网络外部性	网络规模、互补性、网络效益、用户体验、用户偏好、完成动机
(Huang et al. 2017a)	慕课重复使用	高校教育	问卷调查	任务-技术匹配	课程内容生动性、教师主观知识、交互性、课程难度
(Cohen et al. 2017)	在线课程满意度	高校教育	问卷调查	大五人格	大五人格、自律学习
(Xu et al. 2018)	数字图书馆忠诚度	高校教育	问卷调查	技术采纳模型信息系统成功模型亲和度理论	系统质量、信息质量、服务质量、有用性、易用性、数字图书馆亲和度、满意度
(Xie et al. 2018)	盲人用户求助与交互	数字图书馆	定性访谈	—	相关知识、过往使用经验、复杂信息呈现、系统反馈、任务复杂度、任务类型、任务需求、交互特性
(Martinez-Lopez et al. 2017)	慕课自律学习	在线学习	问卷调查	/	目标设定、环境结构、任务策略、时间管理助手、求助、自我评价
(Ramírez-Montoya et al. 2017)	开放教育资源使用	在线学习	问卷调查	—	数字素养

续表

文　献	研究内容	研究情境	研究方法	理论基础	影响因素
(Cojean et al. 2017)	信息搜寻行为	视频教育环境	实验	—	响应时间、首次点击相关性、难度、控制、回忆章节数量
(Joo et al. 2017)	电子课本持续使用	中学教育	问卷调查	期望确认理论	期望、有用性、乐趣、满意度
(Hong et al. 2017b)	政府在线学习系统持续使用	公共管理	问卷调查	期望确认理论	因特网认知失败、界面设计满意度、内容设计满意度、实用价值
(Kimiloglu et al. 2017)	员工在线培训	企业	问卷调查	—	员工承诺与动机、便捷可及性、客户化与外包、成本效益、个人障碍、企业障碍
(Choi et al. 2017)	*Youtube* 美容专家视频教学	社交媒体	实验	使用与满足理论 社会认知理论	吸引力、视频上传动机、视频上传自我效能
(Hou et al. 2017)	电子屏幕/纸质书	漫画书阅读	实验	—	阅读理解力、疲劳感、心理沉浸感

在理论方面，对数字环境下的用户行为的研究主要从外部的环境、技术或任务展开，应用的理论包括社会认知理论（Social Cognitive Theory，SCT）、信息系统成功模型（IS Success Model，ISSM）、任务-技术匹配（Task-Technology Fit，TTF）以及网络外部性（Network Externalities）等。

SCT 是社会心理学的重要理论之一，它为理解、预测和改变人类行为提供了一个框架①。SCT 将人类行为定义为个人因素、行为

① Bandura，A. 1977. "Self-Efficacy：Toward a Unifying Theory of Behavioral Change，" *Psychology Review*（84：1），pp. 191-215.

和环境的相互作用①。在模型中，人与行为之间的互动涉及一个人的思想和行为的影响；人与环境之间的相互作用涉及人类的信念和认知能力，它们是由环境中的社会影响和结构发展和改变的；第三个互动发生在环境和行为之间，个人的行为决定他们的环境的各个方面，反过来，他们的行为也会被环境所改变②。社会认知理论有助于理解和预测个体和群体行为，以及识别行为可能调整或改变的方法。Choi 和 Behm-Morawitz 应用 SCT 建立研究模型，调查了 *YouTube* 的内容创作者，特别是美容专家，如何扮演数字素养教育者的角色。结果证明了 *YouTube* 用户上传视频的自我效能、视频源吸引力和上传动机三者之间的关系③。

DeLone 和 McLean 在 1992 年提出了 ISSM，探讨了系统质量(System Quality)和信息质量(Information Quality)如何影响用户对信息系统使用(Use)和满意度(Satisfaction)④。在 2003 年，两位原作者通过加入服务质量(Service Quality)对模型进行了更新，并再次就系统质量、信息质量和服务质量如何影响使用和满意度进行了论证⑤。在高校数字图书馆的情境下，Xu 等人整合 ISSM 和 TAM 作为理论基础，验证了两个经典模型中的变量对用户忠诚度的正

---

① Bandura, A. 1986. *Social foundations of thought and action: A social cognitive theory*, (Prentice-Hall, Inc: Englewood Cliffs, NJ, US.

② Bandura, A. 1986. *Social foundations of thought and action: A social cognitive theory*, (Prentice-Hall, Inc: Englewood Cliffs, NJ, US.

③ Choi, G. Y., and Behm-Morawitz, E. 2017. "Giving a new makeover to STEAM: Establishing YouTube beauty gurus as digital literacy educators through messages and effects on viewers," *Computers in Human Behavior* (73), pp. 80-91.

④ DeLone, W. H., and McLean, E. R. 1992. "Information Systems Success: The Quest for the Dependent Variable," *Information Systems Research* (3: 1), pp. 60-95.

⑤ Delone, W. H., and McLean, E. R. 2003. "The DeLone and McLean Model of Information Systems Success: A Ten-Year Update," *Journal of Management Information Systems* (19: 4) 2003/04/01, pp. 9-30.

向影响①。

TTF 认为如果 IT 能力与用户必须执行的任务相匹配，那么它更可能对个人性能产生积极的影响，并被使用②。Goodhue 和 Thompson 开发了一套 TTF 的测量量表，该量表由 8 个变量组成：质量(Quality)、位置(Locatability)、授权(Authorization)、兼容性(Compatibility)、易用性/培训(Ease of Use / Training)、生产及时性(Production Timeliness)、系统可靠性(Systems Reliability)和与用户的关系(Relationship with Users)③。尽管 TTF 的分析单元为个人，但 Zigurs 和 Buckland 随后提出了一个相似的模型并在团体水平上进行了验证④。TTF 已经应用在诸多领域并用作其他理论的补充，如 TAM，其量表在不断的更新中仍具有较强的适用性。Huang 等人在研究慕课技术的三个维度(课程内容生动性、教师主观知识和交互性)与重复访问行为的联系时借鉴了 TTF 理论，并且验证了课程难度不同的调节作用⑤。

最后，从影响因素看，除了经典理论框架内的变量外，学界关注的数字环境下的学习行为的因素都相对松散且具体，用户角度的因素包括专注度、大五人格、自律学习、自我评价、疲劳感、数字素养以及阅读理解力等；技术方面的因素有安全性、交互性、亲和度、响应时间、系统反馈、便捷可及性以及首次点击相关性

---

① Xu, F., and Du, J. T. 2018. "Factors influencing users' satisfaction and loyalty to digital libraries in Chinese universities," *Computers in Human Behavior* (83), pp. 64-72.

② Goodhue, D. L. 1995. "Understanding User Evaluations of Information Systems," *Management Science* (41: 12), pp. 1827-1844.

③ Goodhue, D. L., and Thompson, R. L. 1995. "Task-Technology Fit and Individual Performance," *MIS Quarterly* (19: 2), pp. 213-236.

④ Zigurs, I., and Buckland, B. K. 1998. "A Theory of Task/Technology Fit and Group Support Systems Effectiveness," *MIS Quarterly* (22: 3), pp. 313-334.

⑤ Huang, L., Zhang, J., and Liu, Y. 2017a. "Antecedents of student MOOC revisit intention: Moderation effect of course difficulty," *International Journal of Information Management* (37: 2), pp. 84-91.

等；其他少数环境因素还包括客户化与外包、企业障碍以及环境结构等。

3.2.2 数字内容消费

当下，数字内容消费成为潮流，应用开发者和服务提供商也及时满足消费者的需求，在不同领域推出相应的数字内容消费模式。在手机应用方面，绝大多数应用不需要付费下载，开发人员希望借此吸引更多用户的试用，随着时间的推移，用户可能通过付费减少广告、升级到付费版本或购买功能更强的应用内产品而实现数字内容消费①。这样的策略在网络游戏中同样适用，"免费增值"服务(Freemium Services)指游戏的核心内容免费，而主要从附加产品和服务(如高级游戏装备、道具以及会员等)刺激用户的消费②。在电子书籍和音乐方面，由于人们的版权意识则增强，数字消费也逐渐被接受和采纳③④。

基于以上内容，学者们主要采用行为(问卷调查)和经济(计量经济/数学建模)两种范式进行相关研究(见表5)。其中涉及的理论包括信号理论(Signaling Theory)、使用与满足理论(Use and Gratification Theory)、沉浸理论(Flow Theory)以及人格层次模型(Hierarchical Personality Model)。

---

① Dinsmore, J. B., Swani, K., and Dugan, R. G. 2017. "To "Free" or Not to "Free": Trait Predictors of Mobile App. Purchasing Tendencies," *Psychology & Marketing* (34: 2), pp. 227-244.

② Civelek, I., Liu, Y., and Marston, S. R. 2018. "Design of Free-to-Play Mobile Games for the Competitive Marketplace," *International Journal of Electronic Commerce* (22: 2), pp. 258-288.

③ Chen, L., and King, R. C. 2017. "To Lend is to Own: A Game Theoretic Analysis of the E-Book Lending Market," *International Journal of Electronic Commerce* (21: 3), pp. 334-362.

④ Datta, H., Knox, G., and Bronnenberg, B. J. 2018. "Changing Their Tune: How Consumers' Adoption of Online Streaming Affects Music Consumption and Discovery," *Marketing Science* (37: 1), pp. 5-21.

表 5　　数字内容消费相关行为研究总结

文　献	研究内容	研究情境	研究方法	理论基础	影响因素
(Choi et al. 2018)	游戏内容购买	在线游戏	问卷调查	—	保障性、移情作用、可靠性、响应性
(Hamari et al. 2017a)	游戏内容购买	在线游戏	问卷调查	—	无障碍性、社交交互、竞争性、经济性
(Park et al. 2018)	游戏内产品购买	在线游戏社区	计量经济	—	社会感染力、用户体验、网络密度
(Civelek et al. 2018)	游戏内容购买	手机游戏	数学建模	—	游戏挑战性、游戏内容折扣
(Rauschnabel et al. 2017)	再使用与游戏内购买	手机游戏	问卷调查	使用与满足理论沉浸理论	身体风险、数据隐私风险、怀旧感染力、乐趣、身体活动、沉浸、社交性、社会形象、社会规范
(Dinsmore et al. 2017)	手机 APP 购买	移动设备	问卷调查	人格层次模型	尽责性、激励需求、情绪不稳定性、外向性、冲动性、还价倾向、节俭性
(Adomavicius et al. 2018)	数字音乐购买	推荐系统	实验 计量经济	—	音乐拥有量、音乐购买频率、偏好不确定性
(Datta et al. 2018)	在线音乐采纳与消费	娱乐产业	计量经济	—	用户特征、消费数量、种类广度、种类集中度、新内容发现
(Hampton-Sosa 2017)	在线音乐购买	在线音乐系统	问卷调查	技术采纳模型	创造性便利、社区便利、有用性、易用性、成本
(Chen et al. 2017)	电子书籍出租	在线零售市场	数学建模	—	网络效应、发行时间、知名度

在传统的市场交易中，买方对产品的了解通常比卖方少。因此，需要从可信的信息信号(Information Signals)中推断产品的总体质量①。在众多的研究中，信号理论被作为一个理解信息不对称的消费者在购买前是如何评估产品质量的理论框架②。虽然前人在电子商务情境下考虑了一些独特的质量信号(Quality Signals)，如网站质量(Website Quality)③和口碑(Word of Mouth)④，但他们的研究中大多数信号仍然是在线下商店同样适用的价格、担保(Warranties)和广告密集度(Advertising Intensity)等。在数字游戏销售的情境下，Choi 等将质量信号分为内在信号(包括公司声誉、游戏新颖性和复古性)和外在信号(包括口碑、用户参与度、游戏流行度和价格)并对比了两种信号对数字游戏销量的影响作用⑤。

基于传播学，使用与满足理论起源于了人们为什么使用特定媒体这一基本问题。该理论提出受众是目标导向的，主动选择满足特定需求的媒体⑥⑦。虽然人们的需求可能根据个人的特点而变化，

---

① Kirmani, A., and Rao, A. R. 2000. "No Pain, No Gain: A Critical Review of the Literature on Signaling Unobservable Product Quality," *Journal of Marketing* (64: 2), pp. 66-79.

② Wells, J. D., Valacich, J. S., and Hess, T. J. 2011. "What Signal Are You Sending? How Website Quality Influences Perceptions of Product Quality and Purchase Intentions," *MIS Quarterly* (35: 2), pp. 373-396.

③ Gregg, D. G., and Walczak, S. 2008. "Dressing Your Online Auction Business for Success: An Experiment Comparing Two eBay Businesses," *MIS Quarterly* (32: 3), pp. 653-670.

④ Li, S., Srinivasan, K., and Sun, B. 2009. "Internet Auction Features as Quality Signals," *Journal of Marketing* (73: 1), pp. 75-92.

⑤ Choi, H. S., Ko, M. S., Medlin, D., and Chen, C. 2018. "The effect of intrinsic and extrinsic quality cues of digital video games on sales: An empirical investigation," *Decision Support Systems* (106), pp. 86-96.

⑥ Katz, E., Blumler, J. G., and Gurevitch, M. 1973. "Uses and Gratifications Research," *The Public Opinion Quarterly* (37: 4), pp. 509-523.

⑦ Rubin, A. M. 2002. *The uses-and-gratifications perspective of media effects*, Erlbaum: Hillsdale, NJ.

但大体可以分为五类。第一类是认知需求，如收集信息或增加对某一特定问题的理解；第二类是社会需求，它代表了社交媒体可以帮助人们创造新的或维持现有的关系①；第三类是紧张释放需求，包括逃避或转移等方面。例如，人们为了逃避日常生活而玩游戏或看电影；第四类是情感需求，包括人们想要获得的各种形式的情感和情绪；第五类是个人需求，指的是人们通过某些媒体来重申自己的社会地位或获得他人的信任②。

Csikszentmihalyi 探索了最佳体验的现象，从而提出沉浸理论的核心思想，将沉浸称为“人们在完全参与时所感受到的整体体验”③。当人们体验沉浸时，他们会以这样一种方式专注于自己的活动，从而将自己的意识缩小到活动本身。在沉浸过程中，人们会感觉到对环境的控制，失去了反映的自我意识，并感知到时间体验的扭曲，由此转变了他们对时间的主观体验④。Rauschnabel 等将使用与满足理论和沉浸理论结合，验证了风险、享乐效益、社会收益、情感效益以及社会规范对游戏内容购买的不同影响⑤。

Mowen 开发了人格层次模型来描述持续的个体行为差异，阐明

① Rossmann, A., Sugathan, P., and Ranjan, K. R. 2016. “Drivers of user engagement in eWoM communication,” *Journal of Services Marketing* (30: 5), pp. 541-553.

② Rauschnabel, P. A., Rossmann, A., and tom Dieck, M. C. 2017. “An adoption framework for mobile augmented reality games: The case of Pokémon Go,” *Computers in Human Behavior* (76), pp. 276-286.

③ Csikszentmihalyi, M. 1975. “Play and intrinsic rewards,” *Journal of Humanistic Psychology* (15: 3), pp. 41-63.

④ Hsu, C.-L., and Lu, H.-P. 2004. “Why do people play on-line games? An extended TAM with social influences and flow experience,” *Information & Management* (41: 7), pp. 853-868.

⑤ Rauschnabel, P. A., Rossmann, A., and tom Dieck, M. C. 2017. “An adoption framework for mobile augmented reality games: The case of Pokémon Go,” *Computers in Human Behavior* (76), pp. 276-286.

了个体人格通过特征层次对彼此的影响①。该模型包括三个层次的特征，它们的名字从元素特征、情境特征和表面特征发展到基本特征、中心特征和表面特征②。元素或基本特征来自遗传和早期学习。当与文化适应过程和行为相结合时，就会形成情境或中心特征。最后，这些特征与态度的互动产生了影响行为倾向的表面特征。借助该理论，Dinsmore 等首次检验了尽责性、外向行、冲动性和节俭性等个人特征与移动 APP 购买倾向之间的关系③。

从影响因素整体上来看，用户因素(移情作用、用户体验、音乐拥有量、音乐购买频率以及偏好不确定性)、技术因素(保障性、可靠性、经济性、响应性、社会感染力、挑战性、社交性以及知名度等)、经济因素(价格、发行时间、游戏内容折扣以及成本等)和外部环境因素(网络密度、网络效应)等都是学者们在研究数字内容消费行为时所考虑的。

3.3 物理世界与数字环境的深度融合

移动支付被广泛应用于物理世界中的商店购物、交通出行以及数字世界中的网站购物、网上生活缴费，应用场景囊括了线上和线下。全渠道零售使得顾客在购物时能够同时利用线上和线下的零售渠道。两种技术都在物理世界和数字世界中并行，因此体现了物理世界与数字世界的深度融合。

3.3.1 移动支付

随着移动通信技术和移动电子商务的蓬勃发展，近年来移动支付的热度在不断升高。移动支付被定义为“通过无线和其他通讯技

---

① Mowen, J. C. 1999. *The 3M model of motivation and personality: Theory and empirical applications to consumer behavior*, Kluwer Academic Publishers: Boston.

② Harris, E. G., and Mowen, J. C. 2001. “The influence of cardinal-, central-, and surface-level personality traits on consumers' bargaining and complaint intentions,” *Psychology & Marketing* (18: 11), pp. 1155-1185.

③ Dinsmore, J. B., Swani, K., and Dugan, R. G. 2017. “To “Free” or Not to “Free”: Trait Predictors of Mobile App. Purchasing Tendencies,” *Psychology & Marketing* (34: 2), pp. 227-244.

术，使用移动设备对账单、货物和服务的支付”①，它为人们提供了简单、便捷、方便、安全的支付过程②。当前，移动支付可以在各式各样的场景中得以应用，如商店购物、交通出行、生活缴费以及餐饮娱乐等，其展现出的巨大的潜能也吸引了越来越多学者的目光。近两年移动支付相关行为的研究现状如表 6 所示。

表 6　　**移动支付相关行为研究总结**

文　献	研究内容	研究情境	研究方法	理论基础	影响因素
(Gerpott et al. 2017)	NFC 移动支付服务签约	移动网络运营商	计量经济	—	性别、年龄、移动设备屏幕尺寸、月平均通话数量、月平均短信数量、月平均流量、音乐流服务订阅数量、月平均移动服务支出、NFC 终端设备数量
(Jing et al. 2018)	移动支付使用	支付宝 Apple Pay	问卷调查	感知价值理论	安全技术保障、安全制度与政策、安全责任承诺、移动支付情境的覆盖范围、不确定性规避、信任
(Ozturk et al. 2017)	NFC 移动支付技术使用	餐饮业	问卷调查	效价理论	兼容性、亲和性、风险、担忧、便捷性、功利价值
(Kujala et al. 2017)	移动支付服务评价	日常生活	问卷调查	期望确认理论	可用性、可用性期望、可用性期望确认、乐趣

① Dahlberg, T., Mallat, N., Ondrus, J., and Zmijewska, A. 2008. “Past, present and future of mobile payments research: A literature review,” *Electronic Commerce Research and Applications* (7: 2), pp. 165-181.

② Liebana-Cabanillas, F., Sanchez-Fernandez, J., and Munoz-Leiva, F. 2014. “Antecedents of the adoption of the new mobile payment systems: The moderating effect of age,” *Computers In Human Behavior* (35), pp. 464-478.

续表

文　献	研究内容	研究情境	研究方法	理论基础	影响因素
(Cao et al. 2018)	移动支付持续使用	支付宝	问卷调查	信任转移	在线支付信任、移动支付信任、相似性、集成度、满意度
(Khalilzadeh et al. 2017)	NFC 移动支付技术接受	餐饮业	问卷调查	技术接受与使用整合理论	风险、社会影响、便利条件、信任、安全性、自我效能、功利型绩效期望、享乐型绩效期望
(Liébana-Cabanillas et al. 2018)	移动支付技术接受	手机市场	问卷调查	技术采纳模型	兼容性、主观规范、个体流动性、个人创新性、易用性、有用性、安全性
(Johnson et al. 2018)	移动支付服务采纳	手机市场	问卷调查	创新扩散理论	隐私风险、普遍性、可试用性、易用性、相对优势、可视性、安全性
(Gao et al. 2017b)	移动支付服务采纳	手机市场	问卷调查	效价理论 技术采纳模型 信息系统成功模型 交易成本理论	信息质量、系统质量、服务质量、不确定性、资产专用性、能力、完整性、善意、初始信任、效益、便捷性
(Wu et al. 2017)	移动支付技术接受	微信支付	问卷调查	消费者反应系统模型	积极情绪、风险、有用性、市场发展阶段
(Su et al. 2017)	移动支付技术采纳	移动网络运营商	问卷调查	技术采纳模型 创新扩散理论	互联网使用经验、有用性、易用性、兼容性、风险、担忧

近两年学界对于移动支付行为的研究主要关注于技术的接受、采纳与使用问题，其研究情境分布于日常生活、移动网络运营商、

手机市场、餐饮业以及 Apple Pay、支付宝和微信支付等移动支付平台。在研究方法方面，问卷调查依然是主流的数据获取方法，仅有一篇文献对二手数据进行计量经济建模分析。

从理论来看，信息系统的经典理论仍然占据主导地位。技术接受与使用整合理论(Unified Theory of the Acceptance and Use of Technology，UTAUT)旨在解释用户使用信息系统的意愿和随后的使用行为①。该理论认为，绩效期望、努力期望、社会影响和便利条件是使用意愿和行为的直接决定因素①。性别、年龄、经验和使用的自愿性都对于上述四个变量对使用意愿和行为的影响起到调节作用。UTAUT 是通过回顾和整合早期信息系统中经常使用的八个模型(包括理性行为理论、技术采纳理论、动机模型、计划行为理论、计划行为与技术采纳整合理论、电脑利用理论、创新扩散理论以及社会认知理论)而产生的。后续的纵贯设计研究证明了 UTAUT 对使用意愿的解释率可达到 70%。Khalilzadeh 对 UTAUT 进行了扩展，将绩效期望分为享乐型绩效期望和功利型绩效期望并引入自我效能的概念，在餐饮业探索了消费者对移动支付技术的接受行为。结果验证了扩展 UTAUT 对行为意愿的解释率提升至 87%②。

效价理论(Valence Theory)源于经济学和心理学学科③，使用了一种"认知理性"的消费者决策模型④。该理论表明，人们将负面(如感知风险)和积极(如感知利益)的特征联系在产品或服务上。

---

① Venkatesh, V., Morris, M. G., Davis, G. B., and Davis, F. D. 2003. "User Acceptance of Information Technology: Toward a Unified View," *MIS Quarterly* (27: 3), pp. 425-478.

② Khalilzadeh, J., Ozturk, A. B., and Bilgihan, A. 2017. "Security-related factors in extended UTAUT model for NFC based mobile payment in the restaurant industry," Computers in Human Behavior (70), pp. 460-474.

③ Lin, J., Wang, B., Wang, N., and Lu, Y. 2014. "Understanding the evolution of consumer trust in mobile commerce: a longitudinal study," *Information Technology and Management* (15: 1), pp. 37-49.

④ Peter, J. P., and Tarpey, L. X. 1975. "A Comparative Analysis of Three Consumer Decision Strategies," *Journal of Consumer Research* (2: 1), pp. 29-37.

根据效价理论，消费者试图最小化被提供的商品或服务的负面因素，最大化正面因素，平衡效用以达到效价①。换句话说，消费者希望从他们的产品中获得最大的价值②。以效价理论为基础，Ozturk 研究了用户对餐饮业移动支付服务的采纳行为③，结果显示用户感知的正面因素(Positive Valence)的影响作用较负面因素(Negative Valence)更为显著。

交易成本模型(Transaction Cost Economics，TCE)最初可以用来解释为什么一个交易主体选择一种特定的交易形式而不是其他形式④。基于经济学理论，TCE 解释了管理和营销的实证研究中的买方-供应商的关系⑤。市场和等级制度之间的选择有两个假设，即有限理性和机会主义。有限理性指的是人们的记忆和认知处理能力有限。因此，人们不能完全处理他们所拥有的所有信息，也不能准确地计算出这些信息的产出。另一方面，机会主义认为人们会采取行动来促进自己的利益⑥。需要注意的是，有些人可能并不总是对诚实地表达他们的意愿。此外，TCE 考虑了三个情景条件，即不确

---

① Kim, D. J., Ferrin, D. L., and Rao, H. R. 2008. "A trust-based consumer decision-making model in electronic commerce: The role of trust, perceived risk, and their antecedents," *Decision Support Systems* (44: 2), pp. 544-564.

② Lin, J., Wang, B., Wang, N., and Lu, Y. 2014. "Understanding the evolution of consumer trust in mobile commerce: a longitudinal study," *Information Technology and Management* (15: 1), pp. 37-49.

③ Ozturk, A. B., Bilgihan, A., Salehi, -. E. S., and Hua, N. 2017. "Understanding the mobile payment technology acceptance based on valence theory: A case of restaurant transactions," *International Journal of Contemporary Hospitality Management* (29: 8), pp. 2027-2049.

④ Williamson, O. E. 1975. *Markets and hierarchies: analysis and antitrust implications: A study in the economics of internal organization*, Free Press: New York.

⑤ Rindfleisch, A., and Heide, J. B. 1997. "Transaction Cost Analysis: Past, Present, and Future Applications," *Journal of Marketing* (61: 4), pp. 30-54.

⑥ Williamson, O., and Ghani, T. 2012. "Transaction cost economics and its uses in marketing," *Journal of the Academy of Marketing Science* (40: 1) 2012/01/01, pp. 74-85.

定性、资产专用性和频率。交易中存在不确定性，即一方无法确定另一方在合同有效期内不会破产或试图在未来某个时间重新协商合同①；特定资产是固定在一个特定的交换关系中的，满足特定客户需求的，他们无法提供的资产；交易频率指的是经济参与者进行交易的次数②。Gao 等整合了交易成本理论、效价理论、技术采纳模型和信息系统成功模型，探究了用户对手机 APP 移动支付服务的采纳行为机制③。

最后，从移动支付行为的影响因素来看，除了 TAM(有用性和易用性)、ISSM(信息质量、系统质量和服务质量)、IDT(兼容性、可试用性、相对优势和可视性)、UTAUT(绩效期望、社会影响和便利条件)以及 ECM(期望、确认、满意度)这些经典模型中的变量外，技术的功能和安全保障相关的因素最受关注，如亲和性、便捷性、相似性、安全性、普遍性、集成度、风险、担忧以及不确定性规避等。用户属性的因素也有所涉及，如善意、自我效能以及个体流动性等，

3.3.2　全渠道零售

"全渠道"(Omnichannel)的概念由"多渠道"(Multichannel)演化而来，但其不仅包括多渠道的同时使用，还包括并行渠道的协同管理，促使客户体验无缝和集成的跨渠道过渡④。全渠道零售是一种整合多种渠道的零售方式，它使得顾客在购物时能够同时利用所

---

① Teo, T. S. H., and Yu, Y. 2005. "Online buying behavior: a transaction cost economics perspective," *Omega* (33: 5), pp. 451-465.

② Kim, Y. G., and Li, G. 2009. "Customer Satisfaction with and Loyalty towards Online Travel Products: A Transaction Cost Economics Perspective," *Tourism Economics* (15: 4), pp. 825-846.

③ Gao, L., and Waechter, K. A. 2017b. "Examining the role of initial trust in user adoption of mobile payment services: an empirical investigation," *Information Systems Frontiers* (19: 3), pp. 525-548.

④ Shen, X.-L., Li, Y.-J., Sun, Y., and Wang, N. 2018b. "Channel integration quality, perceived fluency and omnichannel service usage: The moderating roles of internal and external usage experience," *Decision Support Systems* (109), pp. 61-73.

有线上和线下的零售渠道①。这种形式的零售旨在通过建立无边界的交叉渠道服务系统来提供无缝对接的客户体验②。在该系统中，促销、交易信息管理、产品和定价、信息获取和订单履行以及客户服务等渠道活动相互协调③。近年来越来越多零售商已经意识到了全渠道的重要价值并致力于为顾客提供更有竞争力的零售服务④。

全渠道零售业在近两年也受到了学术界的广泛关注(见表7)。关于全渠道零售的研究分为两派，一部分学者仍然沿用了传统的问卷调查方法，探索了多渠道整合、移动购物、设备及服务使用等行为的内在机制。另一部分学者则采用了数学建模和经济计量范式解析了"展厅"现象(Showrooming)、渠道选择和价格自匹配策略等问题。

表7　　全渠道零售相关行为研究总结

文　献	研究内容	研究情境	研究方法	理论基础	影响因素
(Rodríguez-Torrico et al. 2017)	全渠道决策过程中的设备使用	服装零售	问卷调查	—	冲动、触摸需求度
(Li et al. 2018b)	跨渠道整合	全渠道零售	问卷调查	推—拉—锚定框架	跨渠道整合、"展厅"现象、品牌吸引力、零售商不确定性、转移成本

① Bell, D. R., Gallia, S., and Moreno, A. 2014. "How to Win in an Omnichannel World," *Mit Sloan Management Review* (56: 1), pp. 45-53.

② Verhoef, P. C., Kannan, P. K., and Inman, J. J. 2015. "From Multi-Channel Retailing to Omni-Channel Retailing: Introduction to the Special Issue on Multi-Channel Retailing," *Journal of Retailing* (91: 2), pp. 174-181.

③ Oh, L.-B., Teo, H.-H., and Sambamurthy, V. 2012. "The effects of retail channel integration through the use of information technologies on firm performance," *Journal of Operations Management* (30: 5), pp. 368-381.

④ Zhang, M., Ren, C., Wang, G. A., and He, Z. 2018. "The impact of channel integration on consumer responses in omni-channel retailing: The mediating effect of consumer empowerment," *Electronic Commerce Research and Applications* (28), pp. 181-193.

续表

文献	研究内容	研究情境	研究方法	理论基础	影响因素
(Zhang et al. 2018)	跨渠道整合	全渠道零售	问卷调查	刺激—机理—反应框架	渠道整合感知、消费者授权、信任、满意度
(Rippé et al. 2017)	移动购物	全渠道零售	问卷调查	媒体依赖理论	移动搜索、手机依赖、控制、适应性销售、倾向性
(Shen et al. 2018b)	全渠道零售服务使用	全渠道零售	问卷调查	Wixom & Todd 模型	渠道选择广度、内容一致性、过程一致性、服务流畅度、渠道服务透明性、内部使用经验、外部使用经验
(Park et al. 2017)	在线购物渠道选择	全渠道零售	计量经济	—	年龄、性别、移动 APP 登录、平均折扣、优惠券使用
(Ma 2017)	在线购物	全渠道零售	实验	/	物品重要性、运费、送货时间、不确定性
(Gao et al. 2017a)	线下挑选，线上购买	全渠道零售	数学建模	—	实时信息、麻烦费用
(Kireyev et al. 2017)	价格自匹配策略采纳	全渠道零售	数学建模	—	消费者决策制定阶段、消费者偏好异质性、智能设备使用
(Bell et al. 2018)	线下展示，线上购买	全渠道零售	计量经济	—	需求、经营效益、渠道意识
(Gu et al. 2017)	线下展示，线上购买	全渠道零售	数学建模	—	产品质量、产品需求
(Huré et al. 2017)	全渠道购物价值	数字化零售	定量/定性问卷调查	—	线下购物价值、线上购物价值、移动购物价值

这些文献参照了整体的理论框架，如推-拉-锚定框架(Push-Pull-Mooring，PPM)、刺激—机理—反应(Stimulus-Organism-Response，SOR)框架、媒体依赖理论(Media Dependence Theory，MDT)和Wixom & Todd 模型。

PPM 框架被认为是迁移文献中最具影响力的范式，它解释了为什么人类在较长时间内从一个地方迁移到另一个地方①。在 PPM 框架下，诱导人类迁移的原因可分为推、拉和锚定效应。推效应是指迫使人们离开原处的消极因素；拉效应是指将潜在移民吸引到某个目的地的积极因素；锚定效应是指根据个人或社会背景，促进或阻碍移民决定的补充因素②。受到 PPM 的启发，Li 等揭示了不确定性、品牌吸引力以及转移成本在跨渠道整合(Cross-channel Integration)中分别扮演的推、拉和锚定作用③。

SOR 框架描述了刺激因素(S)、用户的内部状态(O)和随后的行为(R)之间的关系④。刺激因素会影响用户的内部状态，进而影响他们的行为。在 SOR 框架下，刺激可以是与市场相关的因素或者环境特征；用户的内部状态不仅包括内部活动，如知觉、感觉和思考，还包括情绪、情感和认知状态，如愉悦和满足⑤；相比于用户的感知和评估，他们的实际行为或者行为意愿通常被认为是 SOR

---

① Bansal, H. S., Taylor, S. F., and St. James, Y. 2005. "'Migrating' to New Service Providers: Toward a Unifying Framework of Consumers' Switching Behaviors," *Journal of the Academy of Marketing Science* (33: 1), pp. 96-115.

② Moon, B. 1995. "Paradigms in migration research: exploring 'moorings' as a schema," *Progress in Human Geography* (19: 4), pp. 504-524.

③ Li, Y., Liu, H., Lim, E. T. K., Goh, J. M., Yang, F., and Lee, M. K. O. 2018b. "Customer's reaction to cross-channel integration in omnichannel retailing: The mediating roles of retailer uncertainty, identity attractiveness, and switching costs," *Decision Support Systems* (109), pp. 50-60.

④ Bagozzi, R. P. 1986. *Principles of Marketing Management*, Science Research Associates: Chicago.

⑤ Jiang, Z., Chan, J., Tan, B. C. Y., and Chua, W. S. 2010. "Effects of Interactivity on Website Involvement and Purchase Intention," *Journal of the Association for Information Systems* (11: 1), pp. 34-59.

框架中最后的反应（R）①。借鉴该理论框架，Zhang 等提出渠道整合可以促进消费者赋权，从而增进信任和满意度，提高消费者光顾的意愿②。

MDT 解释了大众传播信息资源对个体的影响。Ball-Rokeach 和 DeFleur 将“依赖”定义为“关系的满意需求，或一方目标的实现依赖于另一方的资源”③。通过使用媒体，这样的依赖可以有效地帮助人们理解他们的社会领域，同时寻求避免日常困难或通过虚幻的逃避现实的问题。对媒体资源的依赖最终导致一个人的认知、情感和行为反应的改变。在全渠道零售的相关行为研究中，Rippé 从 MDT 的视角解释了消费者的手机依赖对全渠道零售服务使用的影响④。

Wixom & Todd 模型区分了基于对象的信念和行为信念⑤，并特别强调这两个信念的集成是设计用户-IT 产品交互研究模型的基本原则。基于对象的信念是关于技术特性和功能的，行为信念表示用户如何评价使用 IT 产品的结果或体验。与人类代理理论（Human Agency Theory）⑥一致，Wixom 和 Todd 进一步指出基于对象的信念

---

① Bitner, M. J. 1992. “Servicescapes: The Impact of Physical Surroundings on Customers and Employees,” *Journal of Marketing* (56: 2), pp. 57-71.

② Zhang, M., Ren, C., Wang, G. A., and He, Z. 2018. “The impact of channel integration on consumer responses in omni-channel retailing: The mediating effect of consumer empowerment,” *Electronic Commerce Research and Applications* (28), pp. 181-193.

③ Ball-Rokeach, S. J., and DeFleur, M. L. 1976. “A Dependency Model of Mass-Media Effects,” *Communication Research* (3: 1), pp. 3-21.

④ Rippé, C. B., Weisfeld-Spolter, S., Yurova, Y., Dubinsky, A. J., and Hale, D. 2017. “Under the sway of a mobile device during an in-store shopping experience,” *Psychology & Marketing* (34: 7), pp. 733-752.

⑤ Wixom, B. H., and Todd, P. A. 2005. “A Theoretical Integration of User Satisfaction and Technology Acceptance,” *Information Systems Research* (16: 1), pp. 85-102.

⑥ Boudreau, M.-C., and Robey, D. 2005. “Enacting Integrated Information Technology: A Human Agency Perspective,” *Organization Science* (16: 1), pp. 3-18.

主要通过用户的行为信念来影响用户行为。Shen 等将渠道整合质量作为基于对象的信念，将服务流畅度作为行为信念，以 Wixom & Todd 模型为理论基础阐述了大众点评用户的全渠道服务使用行为的机制①。

近两年全渠道零售相关研究中涉及的影响因素主要包括渠道特征(渠道整合、广度、透明性、一致性)、零售商特征(吸引力、不确定性)以及用户特征(冲动、手机依赖、使用经验、倾向性、控制)等。另外还有一些较为具体的影响因素，如决策制定阶段、平均折扣、优惠券使用、运费、送货时间等。

4 相关研究进展与不足

从近两年数字环境下的用户行为的相关研究来看，问卷调查依然是被采用最多的研究方法，相比于定性方法，问卷调查能获取的数据量更大，并且可以直接测量研究对象的主观心理感受，因此最适用于研究用户对于数字化技术和信息系统的接受、采纳和使用等行为。而在到体验型数字环境下的用户行为(如 VR/AR 相关行为、数字环境下的学习)研究中，实验法较为常用。值得注意的是，数学建模和计量经济学方法已经在数字环境下的用户行为研究中占据一席之地，其对大量客观数据的分析能够直观展现用户的行为规律，因此被越来越多学者所青睐。此外，极少数研究也采用了定性访谈和调查的方法，开放式地探究数字环境下的用户行为的影响因素。

在理论基础方面，大多数研究依然沿用了传统的信息系统理论(如理性行为理论、技术采纳模型、技术接受与使用整合理论、创新扩散理论、期望确认理论和信息系统成功模型等)。一些研究则

---

① Shen, X.-L., Li, Y.-J., Sun, Y., and Wang, N. 2018b. "Channel integration quality, perceived fluency and omnichannel service usage: The moderating roles of internal and external usage experience," *Decision Support Systems* (109), pp. 61-73.

从用户对数字化技术的感知入手，采用感知价值理论、效价理论、使用与满足理论、心理抗拒理论、刺激—机理—反映框架以及沉浸理论等理论来探索数字环境下的用户行为的机制。还有少数研究借鉴了自我决定理论、大五人格、人格层次模型等体现用户自身特性的理论。

就影响因素而言，因为对传统信息系统理论的偏重，大部分研究依然较为关注技术相关的变量，如乐趣、风险、效益、有用性、易用性、兼容性、便捷性、安全性、交互性以及不确定性等，用户特征也是部分研究考量的因素，包括性格、情绪、创新性、使用经验、自我效能、自我表达以及隐私意识等。

这些研究较好地展示了目前典型的数字环境下的用户行为的规律，加深了我们对数字环境下的用户行为的产生机制的理解，但却在理论和影响因素方面缺乏对环境(即数字环境下的用户行为的应用情境)的关注，已有文献中涉及的情境因素仅有社会规范、社会影响和网络效应。鉴于数字化是社会发展的必然趋势，我们认为数字环境下的用户行为与数字化技术的交互作用会形成溢出效应，从而影响数字环境下的用户行为的应用情境。因此我们在下一章中将尝试采用更全面的视角揭开用户、技术以及应用情境对数字环境下的用户行为的复杂影响机制。

5 数字生态与整合模型

5.1 数字生态的概念与相关研究

数字生态(Digital Ecosystem)的概念源自组织政策，其目标是支持中小型企业在特定背景下构建促进自身业务和网络发展的环境①。已有学者从不同的视角对数字生态进行了多样化的解读，在

① Kennedy, J., Vidal, M., Masuch, C., and Ieee 2007. "Digital business ecosystems (DBE)," in *2007 Inaugural Ieee International Conference on Digital Ecosystems And Technologies*, pp. 603-603.

经济学中数字生态被用来理解区域和部门层面的商业网络的动态，以及它们与信息和通信技术的相互作用①；技术的观点认为数字生态是生物生态系统的数字副本，是一种能够解决复杂、动态问题的强大的、可扩展的、自组织的体系结构②；生态学家则将数字生态定义为"一种由数字物种或数字组件构成的数字环境，这些组件可以是软件、应用程序、服务、知识、业务流程和模块、培训模块、契约框架、法律等"③，总而言之，在此情境下数字组件指任何可被人机系统数字化处理和传播的意象④。

过往信息系统领域有关数字生态的研究多以平台生态(Platform Ecosystem)的形式出现。从广义说，平台指"基础的、可继续开发的技术、产品或服务"⑤，平台生态系统就是"平台及其所有利益相关者(拥有者、开发者、使用者等)的交互作用"⑥。已有学者指出

① Dini, P., Darking, M., and Rathbone, N. 2005. "The digital ecosystems research vision: 2010 and beyond," *European Commisssion*: Position Paper), pp. 1-10.

② Briscoe, G., and Wilde, P. D. 2006. "Digital ecosystems: evolving service-orientated architectures," in *Proceedings of the 1st international conference on Bio inspired models of network, information and computing systems*, ACM: Cavalese, Italy, p. 17.

③ Fu, H. Year. "Formal Concept Analysis for Digital Ecosystem," 2006 5th International Conference on Machine Learning and Applications (ICMLA'06) 2006, pp. 143-148.

④ Li, W., and Badr, Y. 2012. "Digital ecosystems: challenges and prospects," in *Proceedings of the International Conference on Management of Emergent Digital EcoSystems*, ACM: Addis Ababa, Ethiopia.

⑤ Kahl, S. 2011. "Platforms, Markets and Innovation," *Organization Studies* (32: 4) Apr, pp. 571-573.

⑥ Gawer, A., and Cusumano, M. A. 2014. "Industry Platforms and Ecosystem Innovation," *Journal of Product Innovation Management* (31: 3) May, pp. 417-433.

目前数字生态的相关文献主要从平台拥有者（公司或组织）的角度出发①，探索如何实现价值共创②③和平台治理④⑤⑥。此外，Park 等运用代码溢出模型说明了不断增多的开发者是如何在平台生态中影响公司的⑦；借助用户创新理论（User Innovation Theory）和解释水平理论（Construal Level Theory），Kankanhalli 等验证了影响平台使用者移动数据创新意愿的关键因素以及这些因素对潜在和实际的创新使用者的不同作用效应⑧。

5.2 整合模型设计

基于以上论述并结合其他相关文献，我们发现数字生态强调的

---

① Selander, L., Henfridsson, O., and Svahn, F. 2013. "Capability search and redeem across digital ecosystems," *Journal of Information Technology* (28: 3) Sep, pp. 183-197.

② Brohman, K., and Negi, B. Year. "Co-Creation of Value in Digital Ecosystems: A Conceptual Framework," Americas Conference on Information Systems 2015.

③ Ceccagnoli, M., Forman, C., Huang, P., and Wu, D. J. 2012. "Cocreation of value in a platform ecosystem: The case of enterprise software," *Mis Quarterly* (36: 1) Mar, pp. 263-290.

④ Dellermann, D., and F, R. Year. "The Antecedents of Transaction Costs in Digital Ecosystems: A Configurational View on the Interplay of App. Architecture and Platform Governance," In Proceedings of the 50th Hawaii International Conference on System Sciences2017, pp. 5265-5274.

⑤ Huber, T. L., Kude, T., and Dibbern, J. 2017. "Governance Practices in Platform Ecosystems: Navigating Tensions Between Cocreated Value and Governance Costs," *Information Systems Research* (28: 3) Sep, pp. 563-584.

⑥ Tiwana, A., Konsynski, B., and Bush, A. A. 2010. "Platform Evolution: Coevolution of Platform Architecture, Governance, and Environmental Dynamics," *Information Systems Research* (21: 4) Dec, pp. 675-687.

⑦ Parker, G., Van Alstyne, M., and Jiang, X. 2017. "Platform ecosystems: How developers invert the firm," *Mis Quarterly* (41: 1) Mar, pp. 255-266.

⑧ Kankanhalli, A., Ye, H., and Hock Hai, T. 2015. "Comparing potential and actual innovators: An empirical study of mobile data services innovation," *MIS Quarterly* (39: 3) Sep, pp. 667-682.

是对数字化系统内各种交互因素的控制和管理，从而实现价值共创。正如 Brohman 等在其研究中提出的数字生态模型，顾客(平台使用者)被视为生物因素，软件和硬件(平台开发者)被看作数字因素，而组织(平台拥有者)代表着经济因素，这与本文中讨论的数字环境下的用户行为的用户、技术和应用情境三种因素有异曲同工之处。因此我们从数字生态的视角出发，提出如下的数字环境下用户行为整合模型(如图 2 所示)，其中用户生态子系统测度了用户所处在的复杂的社会网络，例如人与人之间的关联；技术生态子系统测度了技术平台之间的关联性，例如在微信平台中，除了移动支付技术，还有朋友圈的社交网络技术、摩拜单车的共享单车技术等；服务生态子系统测度了技术所运用于的诸多服务之间的关联性，例如物理世界中的供应链等。数字环境下的用户行为不仅仅是用户生态子系统、技术生态子系统和服务生态子系统联合作用的产物，同时各个子系统内部组成部分之间的关联性也将对用户行为产生影响。

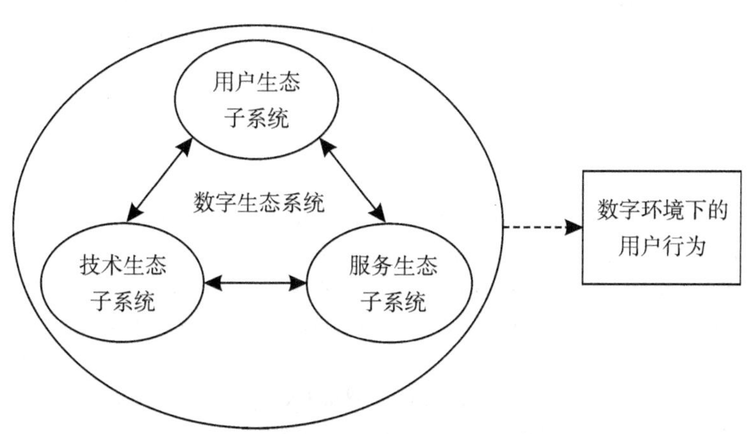

图 2　数字环境下用户行为整合模型

5.2.1　用户生态子系统

用户生态子系统测度了用户所处在的复杂的社会网络。在用户子系统中我们将主要关注以下因素：

(1)数字原住民。

数字原住民(Digital Natives)指出生在信息与通讯技术的使用已经无处不在的世界的一类人群①，这些技术、网络以及相关系统已经扩散并渗透到他们日常生活的结构中②。简而言之，当今的数字原住民代表着在数字化时代成长起来的第一代人③，他们通常拥有能够熟练使用数字化技术工具的知识和技能④。Teo 最早辨识了数字原住民的 4 个典型特征：a. 成长在技术盛行的环境中；b. 对多任务工作感到舒适；c. 喜欢使用图形和表情沟通；d. 需要即时的满足和奖励⑤。数字原住民是数字环境下的用户的一个重要特性，用户出生并成长在数字化时代，其行为和生活方式也潜移默化地受到数字化的影响。

(2)移动设备依附。

移动设备依附(Mobile Attachment)的概念来源于依附理论(Attachment Theory)，其核心观点是人类天生的生物心理学系统(依附行为系统)驱动着人们保持与能够响应并满足他们需求的近端事物的关系，从而免受威胁，获得安全感⑥。已有学者将依附理论应用到人们对于旅游景点、品牌、产品以及工作的依附性的

---

① Tapscott, D. 2008. *Grown Up Digital: How the Net Generation is Changing Your World*, McGraw-Hill Professional: New York.

② Vodanovich, S., Sundaram, D., and Myers, M. 2010. "Digital Natives and Ubiquitous Information Systems," *Information Systems Research* (21: 4) Dec, pp. 711-723.

③ Preece, J. 2009. "Born Digital Understanding the First Generation of Digital Natives," *Science* (324: 5925) Apr 17, pp. 338-338.

④ Sorgo, A., Bartol, T., Dolnicar, D., and Boh Podgornik, B. 2017. "Attributes of digital natives as predictors of information literacy in higher education," *British Journal of Educational Technology* (48: 3), pp. 749-767.

⑤ Teo, T. 2013. "An initial development and validation of a Digital Natives Assessment Scale (DNAS)," *Computers & Education* (67) Sep, pp. 51-57.

⑥ Bowlby, J. 1982. *Attachment and loss: Attachment*, Basic Books.

研究中①②③④，其中最具有代表性的是场所依附(Place Attachment)，它包含了功能依附(Functional Attachment)和情感依附(Emotional Attachment)两个维度⑤。然而目前的学界在用户技术依附方面的关注度却较为匮乏，现有文献中只有Lou从用户依恋的视角分析了移动设备使用行为的内在机制⑥，其中技术依附沿用了场所依附的两个维度，功能依赖(Mobile Functional Dependence)反映了移动技术为用户提供能够实现具体目标或活动的特征和功能的重要性；情感认同(Mobile Identity)反映了移动技术在情感和关系上带给用户的象征意义。

(3)使用习惯。

习惯(Habit)是人们由于学习行为而自动使用一种技术的倾向性⑦。

---

① Koch, J. L., and Steers, R. M. 1978. "Job attachment, satisfaction, and turnover among public-sector employees," *Journal of Vocational Behavior* (12: 1) 1978, pp. 119-128.

② Park, C. W., MacInnis, D. J., Priester, J., Eisingerich, A. B., and Lacobucci, D. 2010. "Brand Attachment and Brand Attitude Strength: Conceptual and Empirical Differentiation of Two Critical Brand Equity Drivers," *Journal of Marketing* (74: 6) Nov, pp. 1-17.

③ Ruth, M., N. J., S. H., and P. L., S. J. 2010. "Product attachment and satisfaction: understanding consumers' post-purchase behavior," *Journal of Consumer Marketing* (27: 3), pp. 271-282.

④ Yuksel, A., Yuksel, F., and Bilim, Y. 2010. "Destination attachment: Effects on customer satisfaction and cognitive, affective and conative loyalty," *Tourism Management* (31: 2) Apr, pp. 274-284.

⑤ Williams, D. R., and Vaske, J. J. 2003. "The measurement of place attachment: Validity and generalizability of a psychometric approach," *Forest Science* (49: 6) Dec, pp. 830-840.

⑥ Lou, J. 2014. *Towards a deeper understanding of mobile technology usage behavior: an attachment perspective*, City University of Hong Kong.

⑦ Venkatesh, V., Thong, J. Y. L., and Xu, X. 2012. "Consumer acceptance and use of information technology: Extending the unified theory of acceptance and use of technology," *Mis Quarterly* (36: 1) Mar, pp. 157-178.

过往信息系统领域的研究对习惯和行为的概念有较为明确的区分①，并探索了习惯对影响行为意愿和信息系统持续使用的影响机制②。由于移动设备的便捷性，当前数字环境下的用户行为都具有较强的可重复性。以移动支付为例，用户在进行移动支付时通常经历了打开支付平台（如支付宝或微信支付）、扫描商家二维码或出示自己的支付码、选择付款方式以及确认账户余额、完成支付等一系列步骤。在如此重复的过程中用户开始不由自主地选择移动支付的方式，从而形成了移动支付使用习惯。因此使用习惯是研究数字环境下的用户行为需要关注的。

5.2.2 技术生态子系统

技术生态子系统测度了技术平台之间的关联性，例如在微信平台中，除了移动支付技术，还有朋友圈的社交网络技术、摩拜单车的共享单车技术等。在该子系统中我们将主要关注“技术赋能”和“网络外部性”等因素。

（1）技术赋能。

“赋能”（Affordance）的概念源自生态心理学，Gibson 最早在赋能理论（Affordance Theory）中认为“赋能”是环境的物理性质的组合③，即“环境为生物提供的一切，无论是好是坏”④。在具体的情况下，现实世界任何事物都可以提供相应的赋能，例如石头可以是投掷物，但也可以用作书立、锤子或钟摆。就技术而言，人们评估

---

① Khalifa, M., and Liu, V. 2007. “Online consumer retention: contingent effects of online shopping habit and online shopping experience,” *European Journal of Information Systems* (16: 6) Dec, pp. 780-792.

② Lankton, N. K., Wilson, E. V., and Mao, E. 2010. “Antecedents and determinants of information technology habit,” *Information & Management* (47: 5-6) Aug, pp. 300-307.

③ Gibson, J. J. 1979. “The theory of affordances,” *The people, place, and space reader*, pp. 56-60.

④ Gibson, J. J. 2014. *The ecological approach to visual perception: classic edition*, Psychology Press.

一项技术时不仅关注它的质量，更看重的是它可以实现的功能①，因此技术赋能(Technology Affordance)强调的是一种特定的技术能够带来新机会或潜在收益的价值②。在数字环境下，各类新兴技术的功能更加强大，为用户提供了完成工作生活中各项事务的可能性，为用户获得更好的移动商务体验提供了赋能。因此技术赋能较好地切合了数字环境下的技术特征。

(2)网络外部性。

网络外部性(Network Externalities)指“用户从其他数量增长的用户消费商品的过程中所获得的消费效用”③，分为直接网络外部性和间接网络外部性。具体到数字环境下的用户行为中，直接网络外部性体现在数字环境中的用户增多，用户能够共享更多的各类资源以及与其他潜在用户建立关系，由此获得更多的效用④；另一方面，间接网络外部性则指因为用户数量的增多，用户可以享受到数字环境下各类服务提供商赋予的更廉价和多样的服务⑤。在数字生态的视角下，网络外部性对于我们更好地理解技术生态子系统具有重要作用。

5.2.3 服务生态子系统

普遍性(Ubiquity)在不同的情境下有不同的含义。Scharl 等认为无处不在的移动设备扩展了传统营销的时间空间范式，其进一步

---

① Norman, D. A. 1998. *The design of everyday things*, Doubleday: New York.

② Bradner, E. 2001. “Social affordances of computer-mediated communication technology: understanding adoption,” in *CHI '01 Extended Abstracts on Human Factors in Computing Systems*, ACM: Seattle, Washington, pp. 67-68.

③ Katz, M. L., and Shapiro, C. 1985. “Network externalities, competition, and compatibility,” *American Economic Review* (75: 3) 1985, pp. 424-440.

④ Lin, C.-P., and Bhattacherjee, A. 2008. “Elucidating individual intention to use interactive information technologies: The role of network externalities,” *International Journal of Electronic Commerce* (13: 1), pp. 85-108.

⑤ Chiu, C.-M., Cheng, H.-L., Huang, H.-Y., and Chen, C.-F. 2013. “Exploring individuals' subjective well-being and loyalty towards social network sites from the perspective of network externalities: The Facebook case,” *International Journal of Information Management* (33: 3) Jun, pp. 539-552

增强了位置、时间和个性化的重要性①；而移动无线技术的普遍性则指人们可感知的技术提供给个体与他人(或网络)之间的个性化和不间断的连接和通信的程度②；普遍性也是移动商务的一个重要特征，它能为消费者提供随时随地进行商务活动的能力③。数字环境下，正是因为应用情景的普遍性，用户才可以无时不可、无处不能地进行各种行为活动，享受各种服务。

6 未来研究展望

未来的数字环境下的用户行为研究可以考虑从以下几个方面进行拓展和创新。

第一，从研究内容来看，数字环境下的用户行为已经引起了学者研究兴趣，但是对于无处不在的数字环境下的用户行为来说，目前的研究还不够全面，例如对于共享单车的研究几乎没有。数字化作为社会发展的必然趋势，商业模式会不断被重新塑造与优化，势必会出现越来越多的新型服务形态，值得研究的主题也会越来越多。对研究者们来讲，应当留意数字化浪潮中各种新颖的社会现象，剖析其行为机制。值得注意的是，据麦肯锡《数字中国：提升经济全球竞争力》报告显示，中国在多个数字经济领域的风险投资规模均位列全球前三，包括虚拟现实、自动驾驶、3D 打印、机器人、无人机、人工智能等。依靠庞大的市场体量、丰富的数字化生态圈以及政府的政策支持，中国的数字经济已经全球消费者导向型

---

① Scharl, A., Dickinger, A., and Murphy, J. 2005. "Diffusion and success factors of mobile marketing," *Electronic Commerce Research and Applications* (4: 2) Sum, pp. 159-173.

② Kim, H.-W., and Kankanhalli, A. 2009. "Investigating user resistance to information systems implementation: A status quo bias perspective," *Mis Quarterly* (33: 3) Sep, pp. 567-582.

③ Kleijnen, M., de Ruyter, K., and Wetzels, M. 2007. "An assessment of value creation in mobile service delivery and the moderating role of time consciousness," *Journal of Retailing* (83: 1) 2007, pp. 33-46.

数字经济的创新引领者①，已经涌现了越来越多的中国特色化数字现象，例如移动支付、共享单车、网购和高铁被中国的"新四大发明"②。国内的研究者具有更多研究机会和优势来引领用户数字环境下的用户行为的相关研究。

第二，从研究方法来看，已有研究在分析数字环境下的用户行为时，存在两种不同的思考逻辑。其一，基于传统行为学研究范式，运用问卷调查、实验室实验等方式对用户的内在心理作用机制进行深度剖析；其二，基于经济计量、数据挖掘等方法对可以观测到的外显的行为表现（如点击行为等）之间的关系进行分析。这两种方法各有其优点与缺点，前者更注重于从微观、主观数据对用户内在心理机制进行理论解释或因果分析，而后者则更注重从宏观、客观数据对用户外在行为表现进行相关分析。未来研究可以考虑拟打破两种方法的界限，综合运用多种方法对数字环境下的用户行为进行分析，以得到更为科学合理的研究结论。

第三，从数据分析方法来看，大多数现有文献仍然基于方差模型，着重探讨不同影响因素的独立作用，缺乏从全局探讨不同的因素组合形态（即构型，Configurations）对用户行为的塑造作用。社会认知理论（Social Cognitive Theory）强调了个体、环境、行为之间的互动关系③。而在数字环境下，用户通过与周围的数字环境或其他用户之间的互动或社会化来形成自身的认知与情感并最终实施某个行为。为更好地理解数字环境下的用户行为需要细致考察用户所处的数字生态系统，需要分析数字生态系统中的诸多因果条件如何通过一定的构型模式联合作用于用户行为。因此未来学者可以在研究中借鉴构型理论和定性比较分析法（Qualitative Comparative

---

① McKinsey 2017. " Digital China: Powering the Economy to Global Competitiveness ", McKinsey Global Institute, https://www.mckinsey.com/global-themes/china/digital-china-powering-the-economy-to-global-competitiveness.

② 新华网 2017. "2017："新四大发明"改变生活，" http://www.xinhuanet.com/photo/2017-12/18/c_1122130680.htm.

③ Bandura, A. 1986. *Social foundations of thought and action: A social cognitive theory*, Prentice-Hall, Inc: Englewood Cliffs, NJ, US.

Analysis, QCA)，从数字生态系统的视角全面分析用户行为的成因。

参考文献

[1] Adomavicius, G., Bockstedt, J. C., Curley, S. P., and Zhang, J. 2018. "Effects of Online Recommendations on Consumers' Willingness to Pay," *Information Systems Research* (29: 1), pp. 84-102.

[2] Agrawal, D., Das, S., and El Abbadi, A. 2011. "Big data and cloud computing: Current state and future opportunities," in *Proceedings of the 14th International Conference on Extending Database Technology*, ACM.

[3] Aparicio, M., Bacao, F., and Oliveira, T. 2014. "Trends in the e-learning ecosystem: A bibliometric study," in*Proceedings of Twentieth Americas Conference on Information Systems*: Savannah.

[4] Atzori, L., Iera, A., and Morabito, G. 2010. "The Internet of Things: A survey," *Computer Networks* (54: 15) 2010/10/28/, pp. 2787-2805.

[5] Azuma, R. T. 1997. "A Survey of Augmented Reality," *Presence: Teleoperators and Virtual Environments* (6: 4), pp. 355-385.

[6] Bagozzi, R. P. 1986. *Principles of Marketing Management*, (Science Research Associates: Chicago.

[7] Ball-Rokeach, S. J., and DeFleur, M. L. 1976. "A Dependency Model of Mass-Media Effects," *Communication Research* (3: 1) 1976/01/01, pp. 3-21.

[8] Bandura, A. 1977. "Self-Efficacy: Toward a Unifying Theory of Behavioral Change," *Psychology Review* (84: 1), pp. 191-215.

[9] Bandura, A. 1986. *Social foundations of thought and action: A social cognitive theory*, (Prentice-Hall, Inc: Englewood Cliffs, NJ, US.

[10] Bansal, H. S., Taylor, S. F., and St. James, Y. 2005. "'Migra-

ting' to New Service Providers: Toward a Unifying Framework of Consumers' Switching Behaviors," *Journal of the Academy of Marketing Science* (33: 1) 2005/01/01, pp. 96-115.

[11] Belk, R. W. 1988. "Possessions and the Extended Self," *Journal of Consumer Research* (15: 2), pp. 139-168.

[12] Bell, D. R., Gallia, S., and Moreno, A. 2014. "How to Win in an Omnichannel World," *Mit Sloan Management Review* (56: 1), pp. 45-53.

[13] Bell, D. R., Gallino, S., and Moreno, A. 2018. "Offline Showrooms in Omnichannel Retail: Demand and Operational Benefits," *Management Science* (64: 4), pp. 1629-1651.

[14] Bhattacherjee, A. 2001. "Understanding Information Systems Continuance: An Expectation-Confirmation Model," *MIS Quarterly* (25: 3), pp. 351-370.

[15] Bitner, M. J. 1992. "Servicescapes: The Impact of Physical Surroundings on Customers and Employees," *Journal of Marketing* (56: 2), pp. 57-71.

[16] Boudreau, M.-C., and Robey, D. 2005. "Enacting Integrated Information Technology: A Human Agency Perspective," *Organization Science* (16: 1) 2005/02/01, pp. 3-18.

[17] Bowlby, J. 1982. *Attachment and loss: Attachment*, (Basic Books.

[18] Bradner, E. 2001. "Social affordances of computer-mediated communication technology: understanding adoption," in*CHI '01 Extended Abstracts on Human Factors in Computing Systems*, ACM: Seattle, Washington, pp. 67-68.

[19] Briscoe, G., and Wilde, P. D. 2006. "Digital ecosystems: evolving service-orientated architectures," in*Proceedings of the 1st international conference on Bio inspired models of network, information and computing systems*, ACM: Cavalese, Italy, p. 17.

[20] Brohman, K., and Negi, B. Year. "Co-Creation of Value in Digital Ecosystems: A Conceptual Framework," Americas Confer-

ence on Information Systems2015.

[21]Cao, X., Yu, L., Liu, Z., Gong, M., and Adeel, L. 2018. "Understanding mobile payment users' continuance intention: a trust transfer perspective," *Internet Research* (28: 2), pp. 456-476.

[22] Carmigniani, J., Furht, B., Anisetti, M., Ceravolo, P., Damiani, E., and Ivkovic, M. 2011. "Augmented reality technologies, systems and applications," *Multimedia Tools and Applications* (51: 1) January 01, pp. 341-377.

[23]Ceccagnoli, M., Forman, C., Huang, P., and Wu, D. J. 2012. "Cocreation of value in a platform ecosystem: The case of enterprise software," *Mis Quarterly* (36: 1) Mar, pp. 263-290.

[24]Chen, L., and King, R. C. 2017. "To Lend is to Own: A Game Theoretic Analysis of the E-Book Lending Market," *International Journal of Electronic Commerce* (21: 3), pp. 334-362.

[25]Chiu, C.-M., Cheng, H.-L., Huang, H.-Y., and Chen, C.-F. 2013. "Exploring individuals' subjective well-being and loyalty towards social network sites from the perspective of network externalities: The Facebook case," *International Journal of Information Management* (33: 3) Jun, pp. 539-552.

[26]Choi, G. Y., and Behm-Morawitz, E. 2017. "Giving a new makeover to STEAM: Establishing YouTube beauty gurus as digital literacy educators through messages and effects on viewers," *Computers in Human Behavior* (73), pp. 80-91.

[27]Choi, H. S., Ko, M. S., Medlin, D., and Chen, C. 2018. "The effect of intrinsic and extrinsic quality cues of digital video games on sales: An empirical investigation," *Decision Support Systems* (106), pp. 86-96.

[28]Cidral, W. A., Oliveira, T., Di Felice, M., and Aparicio, M. 2018. "E-learning success determinants: Brazilian empirical study," *Computers & Education* (122), pp. 273-290.

[29]Civelek, I., Liu, Y., and Marston, S. R. 2018. "Design of

Free-to-Play Mobile Games for the Competitive Marketplace," *International Journal of Electronic Commerce* (22: 2), pp. 258-288.

[30] CNNIC 2018. "第 41 次中国互联网络发展状况统计报告," http://10.255.253.184/cache7/d8/76/9e/2f/e0/a0/fb/aa/01/0e/28/c8/41/2f/c6/f9/P020180131509544165973.pdf.

[31] Cohen, A., and Baruth, O. 2017. "Personality, learning, and satisfaction in fully online academic courses," *Computers in Human Behavior* (72), pp. 1-12.

[32] Cojean, S., and Jamet, E. 2017. "Facilitating information-seeking activity in instructional videos: The combined effects of micro- and macroscaffolding," *Computers in Human Behavior* (74), pp. 294-302.

[33] Csikszentmihalyi, M. 1975. "Play and intrinsic rewards," *Journal of Humanistic Psychology* (15: 3), pp. 41-63.

[34] Dahlberg, T., Mallat, N., Ondrus, J., and Zmijewska, A. 2008. "Past, present and future of mobile payments research: A literature review," *Electronic Commerce Research and Applications* (7: 2), pp. 165-181.

[35] Datta, H., Knox, G., and Bronnenberg, B. J. 2018. "Changing Their Tune: How Consumers' Adoption of Online Streaming Affects Music Consumption and Discovery," *Marketing Science* (37: 1), pp. 5-21.

[36] Davis, F. D. 1989. "Perceived Usefulness, Perceived Ease of Use, and User Acceptance of Information Technology," *MIS Quarterly* (13: 3), pp. 319-340.

[37] de Moraes, J. A., and de Andrade, E. B. 2015. "Who are the citizens of the digital citizenship?," *International Review of Information Ethics* (23) Nov, pp. 4-19.

[38] Dehghani, M., Kim, K. J., and Dangelico, R. M. 2018. "Will smartwatches last? factors contributing to intention to keep using smart wearable technology," *Telematics and Informatics* (35:

2), pp. 480-490.

[39] Dellermann, D., and F, R. Year. "The Antecedents of Transaction Costs in Digital Ecosystems: A Configurational View on the Interplay of App. Architecture and Platform Governance," In Proceedings of the 50th Hawaii International Conference on System Sciences2017, pp. 5265-5274.

[40] DeLone, W. H., and McLean, E. R. 1992. "Information Systems Success: The Quest for the Dependent Variable," *Information Systems Research* (3: 1), pp. 60-95.

[41] Delone, W. H., and McLean, E. R. 2003. "The DeLone and McLean Model of Information Systems Success: A Ten-Year Update," *Journal of Management Information Systems* (19: 4) 2003/04/01, pp. 9-30.

[42] Dini, P., Darking, M., and Rathbone, N. 2005. "The digital ecosystems research vision: 2010 and beyond," *European Commission*: Position Paper), pp. 1-10.

[43] Dinsmore, J. B., Swani, K., and Dugan, R. G. 2017. "To "Free" or Not to "Free": Trait Predictors of Mobile App. Purchasing Tendencies," *Psychology & Marketing* (34: 2), pp. 227-244.

[44] Evans, P. C., and Annunziata, M. 2012. *Industrial internet: Pushing the boundaries of minds and machines*, General Electric.

[45] Feldmann, B. Year. "Two Decades of e-learning in Distance Teaching-From Web 1. 0 to Web 2. 0 at the University of Hagen," International Workshop on Learning Technology for Education in Cloud, Springer International Publishing, Cham, 2014, pp. 163-172.

[46] Fishbein, M., and Ajzen, I. 1975. *Belief, attitude, intention, and behavior: An introduction to theory and research*, Addison-Wesley: Ontario.

[47] Fu, H. Year. "Formal Concept Analysis for Digital Ecosystem," 2006 5th International Conference on Machine Learning and Appli-

cations (ICMLA'06) 2006, pp. 143-148.

[48] Gao, F., and Su, X. 2017a. "Omnichannel Retail Operations with Buy-Online-and-Pick-up-in-Store," *Management Science* (63: 8), pp. 2478-2492.

[49] Gao, L., and Waechter, K. A. 2017b. "Examining the role of initial trust in user adoption of mobile payment services: an empirical investigation," *Information Systems Frontiers* (19: 3), pp. 525-548.

[50] Gawer, A., and Cusumano, M. A. 2014. "Industry Platforms and Ecosystem Innovation," *Journal of Product Innovation Management* (31: 3) May, pp. 417-433.

[51] Gerpott, T. J., and Meinert, P. 2017. "Who signs up for NFC mobile payment services? Mobile network operator subscribers in Germany," *Electronic Commerce Research and Applications* (23), pp. 1-13.

[52] Gibson, J. J. 1979. "The theory of affordances," *The people, place, and space reader*, pp. 56-60.

[53] Gibson, J. J. 2014. *The ecological approach to visual perception: classic edition*, Psychology Press.

[54] Goodhue, D. L. 1995. "Understanding User Evaluations of Information Systems," *Management Science* (41: 12), pp. 1827-1844.

[55] Goodhue, D. L., and Thompson, R. L. 1995. "Task-Technology Fit and Individual Performance," *MIS Quarterly* (19: 2), pp. 213-236.

[56] Gregg, D. G., and Walczak, S. 2008. "Dressing Your Online Auction Business for Success: An Experiment Comparing Two eBay Businesses," *MIS Quarterly* (32: 3), pp. 653-670.

[57] Gu, Z., and Tayi, G. K. 2017. "Consumer Pseudo-Showrooming and Omni-Channel Placement Strategies," *MIS Quarterly* (41: 2), pp. 583-606.

[58] Hamari, J., Alha, K., Järvelä, S., Kivikangas, J. M., Koivisto,

J. , and Paavilainen, J. 2017a. "Why do players buy in-game content? An empirical study on concrete purchase motivations," *Computers in Human Behavior* (68), pp. 538-546.

[59] Hamari, J. , Hanner, N. , and Koivisto, J. 2017b. "Service quality explains why people use freemium services but not if they go premium: An empirical study in free-to-play games," *International Journal of Information Management* (37: 1), pp. 1449-1459.

[60] Hampton-Sosa, W. 2017. "The impact of creativity and community facilitation on music streaming adoption and digital piracy," *Computers in Human Behavior* (69), pp. 444-453.

[61] Harris, E. G. , and Mowen, J. C. 2001. "The influence of cardinal-, central-, and surface-level personality traits on consumers' bargaining and complaint intentions," *Psychology & Marketing* (18: 11) 2001/11/01, pp. 1155-1185.

[62] He, Z. , Wu, L. , and Li, X. 2018. "When art meets tech: The role of augmented reality in enhancing museum experiences and purchase intentions," *Tourism Management* (68), pp. 127-139.

[63] Heim, M. 1993. *Metaphysies of Virtual Reality*, Oxford University Press: Oxford.

[64] Hilken, T. , de Ruyter, K. , Chylinski, M. , Mahr, D. , and Keeling, D. I. 2017. "Augmenting the eye of the beholder: exploring the strategic potential of augmented reality to enhance online service experiences," *Journal of the Academy of Marketing Science* (45: 6), pp. 884-905.

[65] Hong, J. -C. , Lin, P. -H. , and Hsieh, P. -C. 2017a. "The effect of consumer innovativeness on perceived value and continuance intention to use smartwatch," *Computers in Human Behavior* (67), pp. 264-272.

[66] Hong, J. -C. , Tai, K. -H. , Hwang, M. -Y. , Kuo, Y. -C. , and Chen, J. -S. 2017b. "Internet cognitive failure relevant to users' satisfaction with content and interface design to reflect contin-

uance intention to use a government e-learning system," *Computers in Human Behavior* (66), pp. 353-362.

[67] Hou, J., Rashid, J., and Lee, K. M. 2017. "Cognitive map or medium materiality? Reading on paper and screen," *Computers in Human Behavior* (67), pp. 84-94.

[68] Hsiao, K.-L., and Chen, C.-C. 2018. "What drives smartwatch purchase intention? Perspectives from hardware, software, design, and value," *Telematics and Informatics* (35: 1), pp. 103-113.

[69] Hsu, C.-L., and Lu, H.-P. 2004. "Why do people play on-line games? An extended TAM with social influences and flow experience," *Information & Management* (41: 7) 2004/09/01/, pp. 853-868.

[70] Huang, L., Zhang, J., and Liu, Y. 2017a. "Antecedents of student MOOC revisit intention: Moderation effect of course difficulty," *International Journal of Information Management* (37: 2), pp. 84-91.

[71] Huang, T.-L., and Liao, S.-L. 2017b. "Creating e-shopping multisensory flow experience through augmented-reality interactive technology," *Internet Research* (27: 2), pp. 449-475.

[72] Huber, T. L., Kude, T., and Dibbern, J. 2017. "Governance Practices in Platform Ecosystems: Navigating Tensions Between Co-created Value and Governance Costs," *Information Systems Research* (28: 3) Sep, pp. 563-584.

[73] Huré, E., Picot-Coupey, K., and Ackermann, C.-L. 2017. "Understanding omni-channel shopping value: A mixed-method study," *Journal of Retailing and Consumer Services* (39), pp. 314-330.

[74] Jeong, S. C., Kim, S.-H., Park, J. Y., and Choi, B. 2017. "Domain-specific innovativeness and new product adoption: A case of wearable devices," *Telematics and Informatics* (34: 5), pp. 399-412.

[75] Jiang, Z., Chan, J., Tan, B. C. Y., and Chua, W. S. 2010. "Effects of Interactivity on Website Involvement and Purchase Intention," *Journal of the Association for Information Systems* (11: 1), pp. 34-59.

[76] Jing, F., Mingxing, S., Yafang, L., and Xuemei, H. 2018. "Understanding users' attitude toward mobile payment use: A comparative study between China and the USA," *Industrial Management & Data Systems* (118: 3), pp. 524-540.

[77] Johnson, V. L., Kiser, A., Washington, R., and Torres, R. 2018. "Limitations to the rapid adoption of M-payment services: Understanding the impact of privacy risk on M-Payment services," *Computers in Human Behavior* (79), pp. 111-122.

[78] Joo, Y. J., Park, S., and Shin, E. K. 2017. "Students' expectation, satisfaction, and continuance intention to use digital textbooks," *Computers in Human Behavior* (69), pp. 83-90.

[79] Jung, Y., and Pawlowski, S. D. 2014a. "Understanding consumption in social virtual worlds: A sensemaking perspective on the consumption of virtual goods," *Journal of Business Research* (67: 10) 2014/10/01/, pp. 2231-2238.

[80] Jung, Y., and Pawlowski, S. D. 2014b. "Virtual goods, real goals: Exploring means-end goal structures of consumers in social virtual worlds," *Information & Management* (51: 5) 2014/07/01/, pp. 520-531.

[81] Kagermann, P. D. H. 2015. "Change through digitization—value creation in the age of industry 40," in *Management of Permanent Change*, H. Albach, H. Meffert, A. Pinkwart and R. Reichwald (eds.), Springer Fachmedien Wiesbaden: Wiesbaden, pp. 23-45.

[82] Kahl, S. 2011. "Platforms, Markets and Innovation," *Organization Studies* (32: 4) Apr, pp. 571-573.

[83] Kankanhalli, A., Ye, H., and Hock Hai, T. 2015. "Comparing

potential and actual innovators: An empirical study of mobile data services innovation," *MIS Quarterly* (39: 3) Sep, pp. 667-682.

[84] Katz, E., Blumler, J. G., and Gurevitch, M. 1973. "Uses and Gratifications Research," *The Public Opinion Quarterly* (37: 4), pp. 509-523.

[85] Katz, M. L., and Shapiro, C. 1985. "Network externalities, competition, and compatibility," *American Economic Review* (75: 3) 1985, pp. 424-440.

[86] Katz, R. L., and Koutroumpis, P. 2013. "Measuring digitization: A growth and welfare multiplier," *Technovation* (33: 10) 2013/10/01/, pp. 314-319.

[87] Kennedy, J., Vidal, M., Masuch, C., and Ieee 2007. "Digital business ecosystems (DBE)," in 2007 *Inaugural Ieee International Conference on Digital Ecosystems And Technologies*, pp. 603-603.

[88] Khalifa, M., and Liu, V. 2007. "Online consumer retention: contingent effects of online shopping habit and online shopping experience," *European Journal of Information Systems* (16: 6) Dec, pp. 780-792.

[89] Khalilzadeh, J., Ozturk, A. B., and Bilgihan, A. 2017. "Security-related factors in extended UTAUT model for NFC based mobile payment in the restaurant industry," *Computers in Human Behavior* (70), pp. 460-474.

[90] Kim, D. J., Ferrin, D. L., and Rao, H. R. 2008. "A trust-based consumer decision-making model in electronic commerce: The role of trust, perceived risk, and their antecedents," *Decision Support Systems* (44: 2) 2008/01/01/, pp. 544-564.

[91] Kim, H. E., Hong, Y.-J., Kim, M.-K., Jung, Y. H., Kyeong, S., and Kim, J.-J. 2017a. "Effectiveness of self-training using the mobile-based virtual reality program in patients with social anxiety disorder," *Computers in Human Behavior* (73), pp. 614-619.

[92] Kim, M.-S., and Cave, K. R. 1999. "Top-down and bottom-up attentional control: On the nature of interference from a salient distractor," *Perception & Psychophysics* (61: 6) August 01, pp. 1009-1023.

[93] Kim, S., and Garrison, G. 2009a. "Investigating mobile wireless technology adoption: An extension of the technology acceptance model," *Information Systems Frontiers* (11: 3) Jul, pp. 323-333.

[94] Kim, T.-d., Yang, M.-y., Bae, J., Min, B.-a., Lee, I., and Kim, J. 2017b. "Escape from infinite freedom: Effects of constraining user freedom on the prevention of dropout in an online learning context," *Computers in Human Behavior* (66), pp. 217-231.

[95] Kim, Y. G., and Li, G. 2009b. "Customer Satisfaction with and Loyalty towards Online Travel Products: A Transaction Cost Economics Perspective," *Tourism Economics* (15: 4) 2009/12/01, pp. 825-846.

[96] Kimiloglu, H., Ozturan, M., and Kutlu, B. 2017. "Perceptions about and attitude toward the usage of e-learning in corporate training," *Computers in Human Behavior* (72), pp. 339-349.

[97] Kireyev, P., Kumar, V., and Ofek, E. 2017. "Match Your Own Price? Self-Matching as a Retailer's Multichannel Pricing Strategy," *Marketing Science* (36: 6), pp. 908-930.

[98] Kirmani, A., and Rao, A. R. 2000. "No Pain, No Gain: A Critical Review of the Literature on Signaling Unobservable Product Quality," *Journal of Marketing* (64: 2), pp. 66-79.

[99] Kleijnen, M., de Ruyter, K., and Wetzels, M. 2007. "An assessment of value creation in mobile service delivery and the moderating role of time consciousness," *Journal of Retailing* (83: 1) 2007, pp. 33-46.

[100] Koch, J. L., and Steers, R. M. 1978. "Job attachment, sat-

isfaction, and turnover among public-sectoremployees," *Journal of Vocational Behavior* (12: 1) 1978, pp. 119-128.

[101] Kujala, S., Mugge, R., and Miron-Shatz, T. 2017. "The role of expectations in service evaluation: A longitudinal study of a proximity mobile payment service," *International Journal of Human-Computer Studies* (98), pp. 51-61.

[102] Lankton, N. K., Wilson, E. V., and Mao, E. 2010. "Antecedents and determinants of information technology habit," *Information & Management* (47: 5-6) Aug, pp. 300-307.

[103] Li, B., Wang, X., and Tan, S. C. 2018a. "What makes MOOC users persist in completing MOOCs? A perspective from network externalities and human factors," *Computers in Human Behavior* (85), pp. 385-395.

[104] Liébana-Cabanillas, F., Marinkovic, V., Ramos de Luna, I., and Kalinic, Z. 2018. "Predicting the determinants of mobile payment acceptance: A hybrid SEM-neural network approach," *Technological Forecasting and Social Change* (129), pp. 117-130.

[105] Li, S., Srinivasan, K., and Sun, B. 2009. "Internet Auction Features as Quality Signals," *Journal of Marketing* (73: 1), pp. 75-92.

[106] Li, W., and Badr, Y. 2012. "Digital ecosystems: challenges and prospects," in*Proceedings of the International Conference on Management of Emergent Digital EcoSystems*, ACM: Addis Ababa, Ethiopia.

[107] Li, Y., Liu, H., Lim, E. T. K., Goh, J. M., Yang, F., and Lee, M. K. O. 2018b. "Customer's reaction to cross-channel integration in omnichannel retailing: The mediating roles of retailer uncertainty, identity attractiveness, and switching costs," *Decision Support Systems* (109), pp. 50-60.

[108] Liebana-Cabanillas, F., Sanchez-Fernandez, J., and Munoz-

Leiva, F. 2014. "Antecedents of the adoption of the new mobile payment systems: The moderating effect of age," *Computers In Human Behavior* (35) Jun, pp. 464-478.

[109] Lin, C.-P., and Bhattacherjee, A. 2008. "Elucidating individual intention to use interactive information technologies: The role of network externalities," *International Journal of Electronic Commerce* (13: 1) Fal, pp. 85-108.

[110] Lin, J.-H. T. 2017. "Fear in virtual reality (VR): Fear elements, coping reactions, immediate and next-day fright responses toward a survival horror zombie virtual reality game," *Computers in Human Behavior* (72), pp. 350-361.

[111] Lin, J., Wang, B., Wang, N., and Lu, Y. 2014. "Understanding the evolution of consumer trust in mobile commerce: a longitudinal study," *Information Technology and Management* (15: 1) 2014/03/01, pp. 37-49.

[112] Liu, D., and Guo, X. 2017. "Can trust and social benefit really help? Empirical examination of purchase intentions for wearable devices," *Information Development* (33: 1), pp. 43-56.

[113] Lou, J. 2014. *Towards a deeper understanding of mobile technology usage behavior: an attachment perspective*, City University of Hong Kong.

[114] Ma, S. 2017. "Fast or free shipping options in online and Omnichannel retail? The mediating role of uncertainty on satisfaction and purchase intentions," *The International Journal of Logistics Management* (28: 4), pp. 1099-1122.

[115] Maltseva, K., and Lutz, C. 2018. "A quantum of self: A study of self-quantification and self-disclosure," *Computers in Human Behavior* (81), pp. 102-114.

[116] Marakhimov, A., and Joo, J. 2017. "Consumer adaptation and infusion of wearable devices for healthcare," *Computers In Human Behavior* (76) Nov, pp. 135-148.

[117] Martinez-Lopez, R., Yot, C., Tuovila, I., and Perera-Rodríguez, V.-H. 2017. "Online Self-Regulated Learning Questionnaire in a Russian MOOC," *Computers in Human Behavior* (75), pp. 966-974.

[118] McKinsey 2017. "Digital China: Powering the Economy to Global Competitiveness", McKinsey Global Institute, https://www.mckinsey.com/global-themes/china/digital-china-powering-the-economy-to-global-competitiveness.

[119] Mell, P., and Grance, T. 2011. "The NIST Definition of Cloud Computing," National Institute of Standards and Technology, http://csrc.nist.gov/groups/SNS/cloud-computing/.

[120] Meneses Fernández, M. D., Santana Hernández, J. D., Martín Gutiérrez, J., Henríquez Escuela, M. R., and Rodríguez Fino, E. 2017. "Using communication and visualization technologies with senior citizens to facilitate cultural access and self-improvement," *Computers in Human Behavior* (66), pp. 329-344.

[121] Moon, B. 1995. "Paradigms in migration research: exploring 'moorings' as a schema," *Progress in Human Geography* (19: 4) 1995/12/01, pp. 504-524.

[122] Mowen, J. C. 1999. *The 3M model of motivation and personality: Theory and empirical applications to consumer behavior*, Kluwer Academic Publishers: Boston.

[123] Nascimento, B., Oliveira, T., and Tam, C. 2018. "Wearable technology: What explains continuance intention in smartwatches?," *Journal of Retailing and Consumer Services* (43), pp. 157-169.

[124] Noble, C. H., and Walker, B. A. 1997. "Exploring the relationships among liminal transitions, symbolic consumption, and the extended self," *Psychology & Marketing* (14: 1), pp. 29-47.

[125] Norman, D. A. 1998. *The design of everyday things*, Doubleday: New York.

[126] Oh, L.-B., Teo, H.-H., and Sambamurthy, V. 2012. "The

effects of retail channel integration through the use of information technologies on firm performance," *Journal of Operations Management* (30: 5) 2012/07/01/, pp. 368-381.

[127] Oliver, R. L. 1980. "A Cognitive Model of the Antecedents and Consequences of Satisfaction Decisions," *Journal of Marketing Research* (17: 4), pp. 460-469.

[128] Ozturk, A. B., Bilgihan, A., Salehi, -. E. S., and Hua, N. 2017. "Understanding the mobile payment technology acceptance based on valence theory: A case of restaurant transactions," *International Journal of Contemporary Hospitality Management* (29: 8), pp. 2027-2049.

[129] Pantano, E., Rese, A., and Baier, D. 2017. "Enhancing the online decision-making process by using augmented reality: A two country comparison of youth markets," *Journal of Retailing and Consumer Services* (38), pp. 81-95.

[130] Pare, G., Leaver, C., and Bourget, C. 2018. "Diffusion of the Digital Health Self-Tracking Movement in Canada: Results of a National Survey," *Journal of Medical Internet Research* (20: 5), pp. 1-16.

[131] Park, C. W., MacInnis, D. J., Priester, J., Eisingerich, A. B., and Lacobucci, D. 2010. "Brand Attachment and Brand Attitude Strength: Conceptual and Empirical Differentiation of Two Critical Brand Equity Drivers," *Journal of Marketing* (74: 6) Nov, pp. 1-17.

[132] Park, E., Rishika, R., Janakiraman, R., Houston, M. B., and Yoo, B. 2018. "Social Dollars in Online Communities: The Effect of Product, User, and Network Characteristics," *Journal of Marketing* (82: 1), pp. 93-114.

[133] Park, S., and Lee, D. 2017. "An empirical study on consumer online shopping channel choice behavior in omni-channel environment," *Telematics and Informatics* (34: 8), pp. 1398-1407.

[134]Parker, G. , Van Alstyne, M. , and Jiang, X. 2017. "Platform ecosystems: How developers invert the firm," *Mis Quarterly* (41: 1) Mar, pp. 255-266.

[135]Peter, J. P. , and Tarpey, L. X. 1975. "A Comparative Analysis of Three Consumer Decision Strategies," *Journal of Consumer Research* (2: 1), pp. 29-37.

[136]Preece, J. 2009. "Born Digital Understanding the First Generation of Digital Natives," *Science* (324: 5925) Apr 17, pp. 338-338.

[137]QuestMobile 移动大数据研究院 2018. "QuestMobile 中国移动互联网 2018 半年大报告," http: //www. questmobile. com. cn/research/report-new/33.

[138]Ramírez-Montoya, M. -S. , Mena, J. , and Rodríguez-Arroyo, J. A. 2017. "In-service teachers' self-perceptions of digital competence and OER use as determined by a xMOOC training course," *Computers in Human Behavior* (77), pp. 356-364.

[139]Rauschnabel, P. A. 2018. "Virtually enhancing the real world with holograms: An exploration of expected gratifications of using augmented reality smart glasses," *Psychology & Marketing* (35: 8) Aug, pp. 557-572.

[140]Rauschnabel, P. A. , Rossmann, A. , and tom Dieck, M. C. 2017. "An adoption framework for mobile augmented reality games: The case of Pokémon Go," *Computers in Human Behavior* (76), pp. 276-286.

[141]Rese, A. , Baier, D. , Geyer-Schulz, A. , and Schreiber, S. 2017. "How augmented reality apps are accepted by consumers: A comparative analysis using scales and opinions," *Technological Forecasting and Social Change* (124), pp. 306-319.

[142]Rindfleisch, A. , and Heide, J. B. 1997. "Transaction Cost Analysis: Past, Present, and Future Applications," *Journal of Marketing* (61: 4), pp. 30-54.

[143]Rippé, C. B. , Weisfeld-Spolter, S. , Yurova, Y. , Dubinsky,

A. J. , and Hale, D. 2017. "Under the sway of a mobile device during an in-store shopping experience," *Psychology & Marketing* (34: 7), pp. 733-752.

[144] Rodríguez-Torrico, P. , San José Cabezudo, R. , and San-Martín, S. 2017. "Tell me what they are like and I will tell you where they buy. An analysis of omnichannel consumer behavior," *Computers in Human Behavior* (68), pp. 465-471.

[145] Rogers, E. M. 1995. *Diffusion of Innovations*, (Free Press: New York.

[146] Rossmann, A. , Sugathan, P. , and Ranjan, K. R. 2016. "Drivers of user engagement in eWoM communication," *Journal of Services Marketing* (30: 5) 2016/08/08, pp. 541-553.

[147] Rubin, A. M. 2002. *The uses-and-gratifications perspective of media effects*, Erlbaum: Hillsdale, NJ.

[148] Ruth, M. , N. J. , S. H. , and P. L. , S. J. 2010. "Product attachment and satisfaction: understanding consumers' post - purchase behavior," *Journal of Consumer Marketing* (27: 3), pp. 271-282.

[149] Ryan, R. M. , and Deci, E. L. 2000. "Self-determination theory and the facilitation of intrinsic motivation, social development, and well-being," *American Psychologist* (55: 1), pp. 68-78.

[150] Scharl, A. , Dickinger, A. , and Murphy, J. 2005. "Diffusion and success factors of mobile marketing," *Electronic Commerce Research And Applications* (4: 2) Sum, pp. 159-173.

[151] Schmidhuber, J. 2015. "Deep learning in neural networks: An overview," *Neural Networks* (61) 2015/01/01/, pp. 85-117.

[152] Schmidt, R. , and Nurcan, S. 2009. "BPM and social software. ," in*BPM* 2008 *Workshop*, D. Ardagna, M. Mecella, J. Yang, W. Aalst, J. Mylopoulos, M. Rosemann, M. J. Shaw and C. Szyperski (eds.), Springer: Heidelberg, pp. 649-658.

[153] Schmidt, R., Zimmermann, A., Moehring, M., Nurcan, S., Keller, B., and Baer, F. 2016. "Digitization-Perspectives for Conceptualization," in *Advances In Service-Oriented And Cloud Computing*, A. Celesti and P. Leitner (eds.), pp. 263-275.

[154] Selander, L., Henfridsson, O., and Svahn, F. 2013. "Capability search and redeem across digital ecosystems," *Journal of Information Technology* (28: 3) Sep, pp. 183-197.

[155] Shen, X.-L., Li, Y.-J., and Sun, Y. 2018a. "Wearable health information systems intermittent discontinuance: A revised expectation-disconfirmation model," *Industrial Management & Data Systems* (118: 3), pp. 506-523.

[156] Shen, X.-L., Li, Y.-J., Sun, Y., and Wang, N. 2018b. "Channel integration quality, perceived fluency and omnichannel service usage: The moderating roles of internal and external usage experience," *Decision Support Systems* (109), pp. 61-73.

[157] Shin, D.-H. 2017. "The role of affordance in the experience of virtual reality learning: Technological and affective affordances in virtual reality," *Telematics and Informatics* (34: 8), pp. 1826-1836.

[158] Shin, D.-H., and Biocca, F. 2017. "Health experience model of personal informatics: The case of a quantified self," *Computers in Human Behavior* (69), pp. 62-74.

[159] Shin, D. 2018. "Empathy and embodied experience in virtual environment: To what extent can virtual reality stimulate empathy and embodied experience?," *Computers in Human Behavior* (78), pp. 64-73.

[160] Sorgo, A., Bartol, T., Dolnicar, D., and Boh Podgornik, B. 2017. "Attributes of digital natives as predictors of information literacy in higher education," *British Journal of Educational Technology* (48: 3) May, pp. 749-767.

[161] Spreng, R. A., MacKenzie, S. B., and Olshavsky, R. W. 1996. "A Reexamination of the Determinants of Consumer Satis-

faction," *Journal of Marketing* (60: 3), pp. 15-32.

[162] Su, P., Wang, L., and Yan, J. 2017. "How users' Internet experience affects the adoption of mobile payment: a mediation model," *Technology Analysis & Strategic Management* (30: 2), pp. 186-197.

[163] Tapscott, D. 2008. *Grown Up Digital: How the Net Generation is Changing Your World*, McGraw-Hill Professional: New York.

[164] Teo, T. 2013. "An initial development and validation of a Digital Natives Assessment Scale (DNAS)," *Computers & Education* (67) Sep, pp. 51-57.

[165] Teo, T. S. H., and Yu, Y. 2005. "Online buying behavior: a transaction cost economics perspective," *Omega* (33: 5) 2005/10/01/, pp. 451-465.

[166] Thomas, N. J. T. 1999. "Are Theories of Imagery Theories of Imagination? An Active Perception Approach to Conscious Mental Content," *Cognitive Science* (23: 2), pp. 207-245.

[167] Tiwana, A., Konsynski, B., and Bush, A. A. 2010. "Platform Evolution: Coevolution of Platform Architecture, Governance, and Environmental Dynamics," *Information Systems Research* (21: 4) Dec, pp. 675-687.

[168] van Gennep, A. 1977. *The Rites of Passage*, Routledge & Kegan Paul: London.

[169] Van Kerrebroeck, H., Brengman, M., and Willems, K. 2017. "Escaping the crowd: An experimental study on the impact of a Virtual Reality experience in a shopping mall," *Computers in Human Behavior* (77) 2017/12/01/, pp. 437-450.

[170] Venkatesh, V., Morris, M. G., Davis, G. B., and Davis, F. D. 2003. "User Acceptance of Information Technology: Toward a Unified View," *MIS Quarterly* (27: 3), pp. 425-478.

[171] Venkatesh, V., Thong, J. Y. L., and Xu, X. 2012. "Consumer acceptance and use of information technology: Extending

the unified theory of acceptance and use of technology," *MIS Quarterly* (36: 1) Mar, pp. 157-178.

[172] Verhoef, P. C., Kannan, P. K., and Inman, J. J. 2015. "From Multi-Channel Retailing to Omni-Channel Retailing: Introduction to the Special Issue on Multi-Channel Retailing," *Journal of Retailing* (91: 2) 2015/06/01/, pp. 174-181.

[173] Vodanovich, S., Sundaram, D., and Myers, M. 2010. "Digital Natives and Ubiquitous Information Systems," *Information Systems Research* (21: 4) Dec, pp. 711-723.

[174] Weill, P., and Woerner, S. 2015. "Thriving in an increasingly digital ecosystem," *Mit Sloan Management Review* (56: 4), pp. 27-34.

[175] Weiser, M. 1991. "The computer for the 21st century," in *Scientific American*, pp. 94-104.

[176] Wells, J. D., Valacich, J. S., and Hess, T. J. 2011. "What Signal Are You Sending? How Website Quality Influences Perceptions of Product Quality and Purchase Intentions," *MIS Quarterly* (35: 2), pp. 373-396.

[177] Williams, D. R., and Vaske, J. J. 2003. "The measurement of place attachment: Validity and generalizability of a psychometric approach," *Forest Science* (49: 6) Dec, pp. 830-840.

[178] Williamson, O., and Ghani, T. 2012. "Transaction cost economics and its uses in marketing," *Journal of the Academy of Marketing Science* (40: 1) 2012/01/01, pp. 74-85.

[179] Williamson, O. E. 1975. *Markets and hierarchies: analysis and antitrust implications: A study in the economics of internal organization*, Free Press: New York.

[180] Wixom, B. H., and Todd, P. A. 2005. "A Theoretical Integration of User Satisfaction and Technology Acceptance," *Information Systems Research* (16: 1) 2005/03/01, pp. 85-102.

[181] Wu, J., Liu, L., and Huang, L. 2017. "Consumer acceptance of mobile payment across time: Antecedents and moderating role of diffusion stages," *Industrial Management & Data Systems* (117: 8), pp. 1761-1776.

[182] Xie, I., Babu, R., Castillo, M. D., and Han, H. 2018. "Identification of factors associated with blind users' help-seeking situations in interacting with digital libraries," *Journal of the Association for Information Science and Technology* (69: 4), pp. 514-527.

[183] Xu, F., and Du, J. T. 2018. "Factors influencing users' satisfaction and loyalty to digital libraries in Chinese universities," *Computers in Human Behavior* (83), pp. 64-72.

[184] Yim, M. Y.-C., Chu, S.-C., and Sauer, P. L. 2017. "Is Augmented Reality Technology an Effective Tool for E-commerce? An Interactivity and Vividness Perspective," *Journal of Interactive Marketing* (39), pp. 89-103.

[185] Yuksel, A., Yuksel, F., and Bilim, Y. 2010. "Destination attachment: Effects on customer satisfaction and cognitive, affective and conative loyalty," *Tourism Management* (31: 2) Apr, pp. 274-284.

[186] Zhang, M., Luo, M., Nie, R., and Zhang, Y. 2017. "Technical attributes, health attribute, consumer attributes and their roles in adoption intention of healthcare wearable technology," *International Journal of Medical Informatics* (108) Dec, pp. 97-109.

[187] Zhang, M., Ren, C., Wang, G. A., and He, Z. 2018. "The impact of channel integration on consumer responses in omni-channel retailing: The mediating effect of consumer empowerment," *Electronic Commerce Research and Applications* (28), pp. 181-193.

[188] Zigurs, I., and Buckland, B. K. 1998. "A Theory of Task/

Technology Fit and Group Support Systems Effectiveness," *MIS Quarterly* (22: 3), pp. 313-334.

[189] 民航资源网 2018. "新形势下数字经济展望," http://news.carnoc.com/list/440/440611.html.

[190] 腾讯研究院, and 工信部 2017. "数字经济驱动未来, 11 位专家深度解读国家战略," http://www.tencentresearch.com/4818.

[191] 新华网 2017. "2017: "新四大发明"改变生活," http://www.xinhuanet.com/photo/2017-12/18/c_1122130680.htm.

[192] 中国支付清算协会 2017. "2017 年移动支付用户调研报告," http://www.pcac.org.cn/index.php/focus/list_details/ids/457/id/50/topicid/3.htm.

大数据和认知计算背景下的学术论文评价研究综述

武汉大学信息管理学院 陆 伟 李 信

引 言

学术论文评价是学术评价的一项重要任务，对于国家科技政策的制定、科研绩效评估、科技资源的分配和人才引进具有重要的作用。传统的学术论文评价研究主要集中在学术论文的学术影响力评价，如论文被引用频次(1972)、期刊影响因子(1999)、H 指数(2005)、G 指数(2006)等评价指标的提出和改进；评价方法则主要分为定性的同行评议和定量的科学计量学两大类。这些指标和方法由于操作便捷、结果直观，在相关场合得到广泛应用。然而，随着学术大数据时代的到来和数字出版与开放获取模式的快速发展，学术论文在数量、表现形态、组织技术、获取方式和理解利用等方面均出现了变革，例如，arXiv、GoOA 等论文开放获取平台，视频、音频等多媒体格式论文以及学术论文内容分析技术的出现和快速发展，使得传统学术论文评价理论与方法在评价的客观性、准确性、全面性和综合性等方面显现出一定的不足。为了应对变革，弥补已有评价理论和方法的不足，在传统学术论文评价范式的基础上，学界开始积极对学术论文评价理论与方法的创新展开研究。

人工智能、自然语言处理等认知计算理论与方法的发展，为内容认知层面的学术论文评价理论与方法创新提供了可能。关于认知计算，多个机构、学者对其定义进行了界定，Valiant 等(1995)认为认知计算是一种对获取的信息通过承载网络进行记忆、学习等计算的算法过程；Wang 等(2002)将认知计算定义为通过自主推理和模仿大脑机制的感知来实现智能计算的方法或系统；美国国防部 DARPA(2003)定义认知计算是一种具有目标感知能力、自身思考能力、学习能力、与用户互动及解释推理能力和有效应对突发事件处理能力的计算机技术；IBM(2006)认为认知计算是一种自上而下的认知理论，致力于结合自下而上的神经生物学事实，实现认知的机器化；Lockheed Martin Space System Company(2008)则将认知计算理解为本体解释协议及类逻辑推理的经验积累本体协议及多种形态认知结构的处理技术。本文综合以上观点，将认知计算理解为一种以人工智能为核心的新兴计算模式，包含了数据挖掘、自然语言处理、图像处理、机器学习等相关理论、技术与方法。

认知计算理论与技术的不断发展，推动了新视角下的学术论文内容理解、组织与评价研究。下文将在纵览国内外主流数据库、国家政策措施、科研项目、科技报告、发明专利等的基础上，对学术论文评价与认知计算的相关文献进行系统化梳理和综述，勾勒近年来相关研究领域的研究方向和主题，把握大数据和认知计算背景下的学术论文评价发展脉络，以期对我国的学术论文评价实践及理论研究有所裨益。具体综述如下：

一、认知计算的理论与应用研究

认知计算，即以人工智能为核心的新兴计算模式，包含数据挖掘、自然语言处理、深度学习、图像处理、机器学习等相关理论、技术和方法集合。认知计算的研究起源于认知科学和计算机科学，近年来，随着计算机硬件的发展和海量非结构化数据的积累，认知计算的理论、方法及其应用得到了突破性的进展。目前，认知计算相关研究主要集中在认知计算的理论模型构建和认知计算的应用研究。

（一）认知计算的理论模型

认知计算的理论研究由来已久，不同学科的学者从自身学科视角对认知计算进行了深入研究。从总体来看，可以归纳为两个方面：心理学视角下对认知计算的理论研究和数学视角下对认知计算的理论研究。

1. 心理学视角的认知计算理论研究

最早对于认知的研究是由心理学家通过对人类细致地观察和对生物进行实验完成的，其中具有代表性的有 Tolman（1932）提出的以行为主义为基础的理论，Tolman 认为个体的学习是带有目的性的，不仅仅是单纯的应急反应，认知是由“目标-对象-手段”三个要素所定义。20 世纪五六十年代，心理学发展出了认知心理学这个分支，Chomsky（1956）、Newell（1956）和 Simon（1956）开始关注心理学中关于信息加工的观点，Broadbent（1958）指出认知的消息处理模式是一种以“心智处理”来思考和推理的模式，这一理论为后来的认知心理学确立了重要基础。20 世纪七八十年代，学界已经开始探索将认知心理学和人工智能相结合起来的可能性，Spiro（1980）讨论了结合认知心理学、语言学、人工智能和教育学来解决机器阅读理解问题的可行性。这些基于心理学视角的认知科学研究虽然推动了认知计算理论的发展，但是因为缺乏足够的数学理论支撑，利用认知理论进行计算的实用性仍然有限。

2. 数学视角的认知计算理论研究

为了研究基于认知理论的数学计算模型，从而用数学抽象描述人脑的认知机理，不同学科的学者们分别从解剖学、心理学、精神学对人类认知进行观察和剖析。Wang（2002a）提出了“信息—事项—能源模型”（Information-Matter-Energy，IME），该模型描述了普世观点下人类生存、研究的物理和抽象世界，其中信息代表抽象世界，事项和能量代表物理世界，它们之间的交互是认知科学研究的对象。IME 框定了认知计算的研究范围，为后人指明了突破方向。此后，Wang（2007a）、Tian（2011）和 Kinsner（2012）对原有的 IME 模型进行了进一步扩充，提出了“事项—能量—信息—智能模型”（Matter-Energy-Information-Intelligence，MEII）。Wang（2006）、

Ramirez(2009)和Romero(2016)总结得出了大脑分层参考模型(Layered Reference Model of the Brain, LRMB),设计了一种包含6层结构(包含感知、记忆、洞察、行为、元认知和高级认知)和37个认知过程的认知计算体系,该体系详细地解释了人脑的功能和认知行为机理,这一理论体系的提出对人脑和思维建模提供了统一、整合的框架,并可广泛运用于解释和描述人类生理、心理和认知的各种现象。Wang(2007c)、Luo(2014)提出并改进得到了"对象-属性-关系模型"(Object-Attribute-Relation, OAR),该模型描述了人类认知中最为重要的长期记忆能力和人脑内在信息和知识的组织结构,解释了内在知识和信息的表示机理,基于OAR模型可以构建认知计算中的信息和知识存储模型。Wang(2006c)和Roy(2017)介绍了"人脑认知信息模型"(The Cognitive Informatics Model of the Brain),它通过固有生活功能(潜意识)和获得生活功能(意识)之间的相互作用来解释自然智力,该模型还表明,记忆是任何自然智慧的基础,数学、逻辑和严谨处理的形式主义被引入到认知和神经心理学与自然信息学的研究中。Wang(2007d)提出了抽象智能的概念,他认为抽象智能是人类对自然和人造智慧的探索,对神经、认知、功能和逻辑的还原。抽象智能为解释高级自然智能(如思维,学习和推理)的机制提供了基础,为诸如自然智能、人造智能、机械智能等研究领域及它们的工程应用提供了范例。Wang(2002b)首次提出了指代数学的概念,尝试解决传统分析数学无法解决认知信息学中涉及的神经学、心理学、哲学、计算机学的基本问题,并对人类的行为做描述性和精确性的表达。其后,Yao(2009)、Ngolah(2009)、Dey(2011)、Rodríguez(2012)、Feng(2012)、Bancroft(2013)、Lin(2014)和Uysal(2016)逐步完善了指代数学的结构和方法,其理论体系现已支撑了众多的认知计算的应用。

总体来看,认知计算的理论研究经历了从心理学角度对认知的研究到结合数学理论对认知计算建模的过程。目前,认知计算已经具有较为完备的理论体系和数学抽象,并且还处于不断完善、扩展的阶段。这些理论研究为各学科应用认知计算作为学科研究新视角打下了坚实的理论基础。

(二)认知计算的应用研究

目前，国内外学者运用认知计算、认知信息学原理结合自身专业的知识进行了广泛的跨学科应用和实践。这些应用可以归纳为两大类：(1)使用信息和计算技术来研究智力科学、认知科学和知识科学问题，如抽象智能、记忆、学习和推理；(2)使用认知信息学理论来研究信息学、计算机、软件工程、知识工程和计算智能等问题。下面将进行具体的阐述

1. *在智力科学、认知科学和知识科学问题中的应用*

针对第一类应用，国内外学者利用认知科学的基本原理框架，对人类的认知过程进行建模，从认知角度对多个学科问题进行了分析和透视，取得了较多成果。其中具有代表性的研究成果有：Rodríguez(2011)综述了多个学科的学者得出的不同情绪认知计算模型，涵盖了广泛的神经和心理话题；Tian(2011)基于概念代数的自主概念开发了一种知识表示系统(FKRS)，该系统用 Java 实现并可作为认知学习引擎(CLE)和其他基于知识的认知计算智能系统的主要组成部分；Furukawa (2012)进一步探索了认知计算在机器人视觉上的应用前景，通过和传统人工智能加机器视觉方案对比，说明基于认知视角的视觉方案在一定程度上解决了前者的局限；Tan(2013)总结了基于认知计算的视觉模型，从认知计算的角度对生物视觉进行了解释，并预测认知计算必将对视觉理论产生深远影响；Gong(2013)针对人脸识别中的情感认知问题进行建模，使基于计算机辅助的对象心理矫正工作成为了可能；重点分析了情感过程、产生情感的认知和各种模型在计算智能中的应用。Wang(2014)提出了一种用概念代数作为语义分析手段的数学模型，这种数学模型弥合了人脑和模糊认知系统的之间的差距，还引入了模糊修饰器和限定词的模糊概念语义运算，处理复杂的模糊概念取得了较好的效果。

对于第二类应用，近几年来国内外研究学者将认知计算应用到其他学科中，进行了广泛而深入的研究，取得了一些重要进展，包括在信息科学、计算机科学和商业领域的应用。

2. 在信息科学领域的应用

在信息科学领域，Gao 等(2015)将认知计算引入了金融行业，利用认知计算技术实现了对金融信息的自然语言理解、分析提取、信息的情感分类并且自动提出合理的建议，以此辅助金融从业者处理不可预测的临时问题。作者还以新加坡星展银行和 IBM 公司 Watson 的应用为例，指出认知计算在金融银行业的广泛应用前景。Liu 等(2015)对感官信息感知、脑皮层认知、丘脑注意力控制等进行建模，并构造了仿脑媒体神经认知模型。利用该模型开发了用于高分辨率遥感图像的场景分类算法，并在两个标准的高分辨率遥感图像数据集上取得了较好的分类结果。Wang 等(2016)为了解决军事装备领域存在的体系概念内涵交织、外延重叠、动态模糊等不确定问题，构造了一种认知系统，为实现装备分类体系从传统本体论向认知框架转变提供了一种新的途径。Devarakonda(2016)将认知计算整合入了电子医疗记录系统，使之从简单数据存储仓库转变为智能分析系统。整合之后的电子医疗记录系统，能够帮助医生在最短的时间内对患者的病史进行总结，并自动识别紧急的异常状况。

3. 在计算机科学领域的应用

在计算机科学领域，针对现有的人工智能系统的不足，尝试使用认知计算的视角对原有的问题提出新的解决方案，也取得了一些较好的成果 。例如，Tan(2003)研究指出所有人类动作分析本质上都是对人类行为的理解和认知。谭铁牛等(2016)指出到目前为止仍然没有一个能达到人类水平的通用智能系统，作者回顾了人工智能 60 年的发展，提出为了提升现有的人工智能水平应该结合认知计算的类脑机制，从认知行为上模拟人脑，这样才能最终达到甚至超越人类的智能水平。Hinton(2015)提出了一种知识压缩模型，将一个集合中的知识压缩成一个容易部署的单一模型，并在 MNIST 上取得了令人惊奇的结果，说明单个模型可以显著改善现有商业模型。Angeli 和 Manning(2016)将自然逻辑和简单推理应用于自动问答之中，相较传统的使用人工构造逻辑和机器学习的方法，这种新方法对于问题的理解和答案的准确性都有一定的提高。Vapnik(2017)指出知识转移具有帮助机器学习模型提高收敛的作用，作者介绍了在 SVM 和人工神经网络中的知识传递的几种方法，并举例说明了对算法性能起到了提高的作用。

4. 在商业领域的应用

在商业领域，IBM 作为较早开始研究认知计算的机构，开发了众多基于认识计算技术的应用，Waston 人工智能机器人其中的一个典型。Kelly（2013）、Shostak（2013）、Chen（2016）、American（2013）、Banavar(2015)、Sudarsan(2014)、Chozas(2017)等指出沃森可以对不同格式的数据进行学习、理解、推理和交互，并成功地在智能医疗、信息科学、智能农业、金融保险等 20 个行业进行了人工智能应用，展现出强大的决策和辅助能力。

总之，国外对于认知计算的相关应用研究起步较早，相关研究众多，在多个领域内都已取得了较为成功的应用。与国外相比，国内关于认知计算的研究起步相对较晚，相关研究相对较少，相关的研究水平还有较大的提升空间。但是，无论是国内还是国外，相关研究仍然处于发展阶段，已有的应用研究为了其他学科利用认知计算提供了良好范例。以问题为导向，结合学科过往的研究背景和认知计算理论与方法，将认知计算运用于不同的学科，将是未来各个学科研究的一种新思路。

二、传统理论与方法支撑下的学术论文评价研究与发展

学术论文评价是学术评价的一项重要任务，传统的学术论文评价研究主要分为定性的同行评议和定量的科学计量学两个视角，后者又包括基于引用数量的学术论文评价和基于引证关系的学术论文评价。近年来，随着人工智能、自然语言处理等认知计算方法的发展以及学术数据资源的开放获取，学术论文评价的模式也开始不断创新，基于社会影响力(替代计量学)和引文内容的学术论文评价理论与方法相继被提出，初步推动了学术论文的评价向科学化、精准化和综合化的方向发展。

(一)基于同行评议的学术论文评价研究

同行评议是最古老、最基本的学术论文评价方法。目前，相关研究主要集中在同行评议存在的问题和开放式同行评议两方面。自英国皇家学会的 Oldenburg(1665)首次采用同行评议的方式对期刊来稿进行评审起，该方法被一直沿用至今。但也由于存在主观偏差、道德伦理和利益关系等因素，同行评议丑闻屡见不鲜。Cat 等(2014)在 Nature 杂志上撰文揭露有作者向期刊提供推荐同行评议专家的假邮箱；同年，出版伦理协会(COPE)发文对这种欺诈行为进行了警告。2015 年 3 月，Biomedical Central 杂志发文称因同行评议被操作的原因而撤稿 43 篇；同年 8 月，Springer 对 10 本期刊中的 64 篇论文进行了撤稿处理。2017 年 4 月，Tumor Biology 杂志因同行评议丑闻撤稿 107 篇。此外，多项研究表明，同行评议会阻碍科学创新。如美国学者 Higgs(2012)发文指出同行评议使得少数人主观地控制了绝大多数论文的发表；Francisco 等(2013)研究指出同行评议专家对与他们矛盾的观点会倾向于持质疑态度；Boudreau(2015)等对科学活动中的知识距离、创新性和资源分配等进行了探讨，发现同行评议会阻碍创新。

为了改善同行评议的公平公正性、促进科学创新，开放式同行评议被越来越多地研究和推广。比较有代表性的研究和措施有：2006 年，Nature 杂志进行了一项将匿名评审和网上公开评审进行平行对比的研究，但是多数作者都表示不愿接收公开评审，研究收效甚微。2010 年，英国医学会(BMJ)在其杂志 British Medical Journal 中要求论文在发表时需要标明审稿专家的姓名。2011 年，Kotiaho 等建立“Peerage of Science”公司，成为世界上科学同行评议的三方机构；与传统的同行评议相比，在 Peerage of Science 的同行评议机制中，作者可以控制审稿时间，并支持开放式管理和交叉评价。2012 年，欧洲地球科学联盟(EGU)提出对稿件评价采用主编审阅和同行评议两个阶段，且各阶段的评审意见和作者回复在网站上公开。2013 年，F1000Reasearch 平台成立，将开放式同行评议和发表后同行评议通过一个版本化的稿件系统结合了起来。2017 年，俄罗斯国立研究大学高等教育学院的 I. Chirikov 等提出构建同行评议备忘录，将同行评议的过程一一记录下来。

（二）基于引用数量的学术论文评价研究

基于引用数量的学术论文评价研究主要依靠单篇论文的被引频次和所在学术期刊的影响因子两个指标。Garfield（1955）首次提出科学引文索引（Science Citation Index，SCI），并将论文的被引频次作为学术论文评价的指标。Zunde（1971）和 Virgo（1977）先后验证了论文被引频次作为学术论文评价的有效性和正确性。由于被引频次获取简单、相对客观可靠，因此很快被广泛地用于学术论文评价的实践中。但该方法具有明显的缺陷，即由于被引频次的时间累积性，因此无法对近期发表的论文质量进行评价。为了解决这一弊端，美国科学情报信息研究所（ISI）在 1976 年发布了《期刊引证报告》（Journal Citation Report，JCR），通过期刊的影响因子高低来评价论文的好坏。该方法迅速成为测度学术论文质量和学术影响力的重要指标，但在各国也一直备受争议。美国学者 Seglen（1997）研究指出期刊的影响因子高低与其所刊载的单篇论文的被引次数之间没有正相关关系。欧洲科学编辑协会（EASE）在 2007 年发表官方声明称期刊影响因子并不是一个可靠的评价指标。2008 年，英国高等教育资助委员会（HEFCE）在官网发文指出，学术论文的评价应该关注论文本身，而不应该是论文所在期刊的影响因子。2010 年，德国基金会（GRF）也发表声明指出期刊影响因子在论文评价中被给予了过多的重要程度。除了对期刊影响因子的可靠性提出质疑外，各国相关机构和学者也根据影响因子的弊端针对性地采取了一系列措施。如邱均平等（2007）综合考虑了论文被引频次和期刊影响因子，通过学科归一化提出了论文质量指数（Paper Quality Index，PQI）指数。美国学者 Schubert（2009）在学者 H 指数的基础上提出了学术论文的 H 指数，即如果引用论文 X 的所有文献中有 n 篇文献至少被引用了 n 次，那么该论文 X 的指数就为 n；该 H 指数虽然综合考虑了单篇论文的直接影响力和间接影响力，但却只适用于评价高被引论文。2012 年 12 月，美国科学促进会（AAAS）等十多家科研机构联合百余位科学家在美国旧金山共同签署《旧金山宣言》（DORA），提出应停止使用期刊影响因子作为科研评价的指标。同年，Science 杂志撰写社论认为影响因子可能使科研工作者追逐“热点”，而妨碍科研创新。2016 年，加拿大蒙特利尔大学、伦敦帝国理工学院和 PLOS、Nature、Science 等杂志共同提出了引文分布指标(Citation Distribution Metrics)来替代期刊影响因子。

(三)基于引证关系的学术论文评价研究

学术论文之间通过引证关系形成引证网络，而之前基于引用数量的方法在论文评价的过程中仅考虑了引证网络中的某一部分，而忽略了引证网络的整体结构和部分与部分的复杂关系。20 世纪 90 年代，随着计算机技术和社会网络分析技术的进步，基于引证关系的学术论文评价研究成为可能。

目前，基于引证关系的学术论文评价研究主要包括 PageRank、社会网络分析和引证结构三个方面的指标。国外一些代表性研究包括：PageRank 方面，Cheng 等(2011)将学术引证网络类比网页链接网络提出了 PrestigeRank 指标来评估学术论文的质量，该指标既考虑了单篇论文的被引用频次，也考虑了每一篇施引文献的引用价值；Qiao 等(2012)通过考虑期刊等因素对 PageRank 算法进行改进提出了一种学术论文评价的新方法，该方法同时考虑了论文的内在价值和来自其他论文的传递价值；Li 等(2014)在 PageRank 的基础上提出 ScholarRank 方法，该方法通过加入 Scholar 节点可识别引证网络中潜在的高影响力论文。在社会网络分析方面，通过文献之间相互应用连接起来的引文网络，可以视为一个典型社会网络，社会网络的测度指标和分析方法被广泛应用到学术论文评价中，包含(1)中心性分析，包括点度中心性、中间中心性和接近中心性等；(2)凝聚子群分析，包括派系(Cliques)、n-派系(n-Cliques)、n-宗派(n-Clan)和 k-丛(k-Plex)，凝聚子群的密度也通常被作为一个重要的测度指标；(3)核心—边缘结构分析，包括核心—边缘全关联模型、核心—边缘局部关联模型和核心—边缘关系确实模型和核心—边缘无关模型等，例如，Citespace 和 VOSViewer 等文献计量工具在引文网络的基础上，结合社会网络的特点、聚类算法和可视化技术，在关键性文献探测、学科前沿成果和热点论文发现上取得了较好的效果，被国内外相关学者广泛应用于科学计量和评价中；此外，考虑到引文网络的动态变化，社会网络的开放性、演化性和复杂性等特性也被应用于学术论文评价。在引证结构方面，主要考虑引文网络拓扑结构层面上的特征，如不同网络层次的特殊性、层次内部的相互作用、层次之间的关系和相互作用以及不同网络构型的特殊性和特殊变量等；例如，Fragkiadaki 等(2010)基于引证网络的多层次结构提出了 f-value 指标来对引文网络中的所有论文进行排序对于动态引文网络而言，网络的稳定性和脆弱性也被作为学术论文价值或重要性评价的重要指标。若一篇新的学术论文进入网络可以打破原有的引文网络拓扑结构，那么往往这篇文献的重要性较高。

(四)基于社会影响力的学术论文评价研究

目前，基于社会影响力的学术论文评价研究主要集中在替代计量学(Altmetrics)方面。美国在学术论文评价的相关研究和实践中是最早(2010)关注替代计量学的，并在指标的传播推广、理论研究、实证研究和应用研究方面都取得了较多成果。在指标传播推广方面，Piwowar(2013)在 Nature 杂志上发文指出 Altmetrics 将可以带来科研影响力的全景图。2013 年第十四届国际科学计量学和信息计量学大会(ISSI)为 Altmetrics 专门设立两个分会场，并进行专题报道。著名学术出版机构 Elservier、PLOS 以及学术期刊 Science 等也纷纷公开表示支持替代计量学的发展。在理论研究方面，Birkholz 等(2013)对替代计量学的外部有效性进行了探讨，Prime 等(2013)研究了学术评价的传统计量指标和替代计量学指标之间的关系，指出替代计量学应该作为传统计量指标的重要补充和完善。在实证研究方面，Eysenbach(2011)研究发现 Twitter 的讨论数量与论文被引频次呈正相关，且这些指标性对于传统的被引频次、期刊影响因子，具有更好的时效性，证明了 Twitter 讨论数量在论文评价中的适用性；Zoreh 等(2018)将高被引论文识别问题转化为信息检索问题，以 WOS 中 2004—2013 年发表的全部文献为研究对象，对文献下载量和被引量进行分析，并采用“precision-recall”进行可视化，发现替代计量学指标文献下载量作为高被引论文识别指标优于期刊被引分数。然而，Thelwall 等(2013)针对 Peer

Evaluation 平台对替代计量学的相关指标进行了探讨，并指出替代计量学指标在数据稀疏性、可信性等方面并不可靠，对其在实践中的应用产生质疑；Cheung(2013)等学者也对替代计量学指标的可信度和可靠性提出了质疑。在应用方面，国外相关机构和学者已相继开发了 ImpactFactory、Altmetrics、TotalImpact 等替代计量学系统平台，用来收集各大社交网络和开放存取网站上的相关数据，以获取相应的替代计量学指标，用于学术论文评价。目前，通过 Altmetrics. com 网站已经可以获取一篇科研论文的学术影响力评价结果。

由以上分析可知，国外针对替代计量学已经展开了较为全面、深入的研究，形成了研究社区，开发的多个 Altmetrics 实践平台已经汇集了大规模的相关数据指标，一系列研究项目陆续展开，成功的应用案例不断出现。与国外相比，国内针对 Altmetrics 的研究则刚刚起步，除了图书情报领域的少数研究人员开始关注外，政府部门和工商业界还未给予足够的重视。已有的研究成果也侧重于对 Altmetrics 的基本概念和国外研究进展的介绍，只是在个别领域开始尝试 Altmetrics 的指标构建及其应用。可见，替代计量学的研究和发展还需要相关学者和部门的进一步努力。

(五)基于引文内容的学术论文评价研究

随着人工智能和自然语言处理技术的发展，学术论文的评价朝着科学化、精准化的方向发展，基于引文内容的学术论文评价研究应运而生。引文内容分析的概念最早由 Small(1982)年提出，包括引文情感、引用功能、引用强度、引用位置、引用性质等方面。Ding 将引文内容分析视为下一代引文分析的方向，重点包含引文位置(引文出现的位置属于文献的哪一个章节)分析和引文语义(引文在文献中所扮演的语义角色)分析等。早起的引文内容分析主要采用人工判读和内容分析，例如，Small(1978)将引文内容分析用于共被引聚类，对文献中出现次数较高的词或短语进行编号和计数的基础上，以揭示研究领域的知识基础；1980 年，Small 再次利用这种方法对重组 DNA 领域的演化情况进行聚类分析，得到了较好的效果；Anderson 等(2010)对 1991 年发表的一篇经典论文的 300

多篇施引文献中的引文内容进行了人工分析，依据分析结果，对该论文的不同部分的重要性进行了评价。随着计算机硬件和自然语言相关理论技术的发展，Liu 等(2015)对基于引文内容分析的学术论文评价进行了探索，并将其总结为利用自然语言处理等技术和方法对引文上下文进行分析，得到引用情感、引用强度、引用性质等指标，并据此来对学术论文质量进行评价的方法。目前，基于引文内容的学术论文评价研究主要集中在引文文本内容和引文位置两个方面。

在引文文本内容方面，Cheng 等(2017)在 2017 年国际科学计量学和信息计量学大会上，提出了学术文本词汇功能，将学术文本的词汇语义功能分为领域无关词汇功和领域相关词汇功能。其中，领域无关学术文本词汇功能主要包含研究问题(核心研究问题、一般研究问题和其他研究问题)和研究方法(核心研究方法、一般研究方法和其他研究方法)；领域相关学术文本词汇功能则和具体的学科领域有关，例如，数学学科的学术文本功能可能包含公式、规律、公理等，社会学的学术文本词汇功能则可能包含调查问卷、理论、社会现象等，而化学学科的学术文本词汇功能则可能包含分子式、化学反应式、化学单位等等。陆伟等(2014)对已有的引文内容标注体系进行了梳理，归纳出构建引文分类体系的三个主要维度，即引文重要性、引文情感倾向和引文功能，以支持文献引用关系分析为目标，针对引文内容分析设计出一个包含 15 个功能类目、11 个引用对象和 8 个引文属性引文内容标注框架。Ying 等(2013)提出 Entitymetrics(实体计量学)，将文本中的实体分为评论性实体(evaluative entities)和知识性实体(knowledge entity)两种，通过对评价性实体的识别和计算来对学术论文的质量进行评价。Abujbara 等(2013)利用自然语言处理技术对引文内容的引用极性和引用动机进行分析。Ying 等(2014)在题为《Content-Based Citation Analysis: The Next Generation in Citation Analysis》一文中对基于引文内容的引文分析理论、方法和案例进行了探讨，并指出基于引文内容的引文分析可以更加准确地预测学术论文的学术影响力。在引文位置方面，Huang 等(2014)年提出学术文本结构功能，认为学术文本的每个章节都具有特定的语义功能，如某些章节用于介绍学术研究的背景，某些章节阐述实验方法，有些章节对实验结果进行分析和讨论等。同时，词汇、引文等在不同的章节的出现也可能表现出不同的功能和作用，即学术文本的章节在一定程度上承载了作者的研究思想和行文思路，章节功能的识别有助于实现对学术文本的语义理解。Lu 和 Huang 等（2018）将学术文本的章节分为引言（Introduction）、相关研究（related work）、方法（method）、实验（experiment）和结论（conclusion）五个功能域，并分别从章节标题、段落内容和全文内容进行了结构功能识别研究。该研究为进一步基于引文位置的学术论文自动评价研究奠定了基础。

三、学术文本内容研究中的认知计算应用

在学术研究中，大多学术资料以非结构化的文本格式保存，仅依靠传统基于统计和计量的方法已很难在海量文献中快速准确地找到所需信息，为了解决这一问题，有学者将自然语言处理、人工智能等相关的新的理论和技术应用于学术文本挖掘探索，取得了一定的研究成果，这也为实现更加语义化、智能化的学术论文评价提供了研究基础。目前认知计算在学术文本挖掘中的应用主要涉及学术文本的信息抽取、学术文本语义理解和学术文本挖掘服务三个方面。

（一）基于认知计算的学术文本信息抽取研究

信息抽取目前包括两方面：目标属性的抽取和目标之间关系的抽取。Ororbia（2015）和 Cuong（2015）的研究指出学术文本的信息抽取包括元数据的抽取、文本内容的总结、关键词的提取以及引文、作者、图标和文中方法算法等的信息提取，从而得到引文、作者、标题、期刊、发表时间以及文本各个部分的分割和标注等特征值。

对于学术文本信息的提取，目前最主要的方法是机器学习。利用机器学习做文本挖掘以及不同类型结果的文本分类，对文本的进行模块识别。当前已有相应的开源语言处理框架，例如 Napolitano

(2016)提出的 Rapid-Miner 语言处理框架。其次，还有研究基于语义模块构建网络，利用提取的语义信息对文本内容进行抽象总结，Li(2015)研究指出基于词汇、句子、文本等特征值构建属性与关系网络图是语义信息抽取的主要方向，而 Santosh(2013)研究指出该方法也属于基于模型的文本内容提取。另外，对于特定领域的学术文本简介的总结与检测，Silva(2017)的研究用到了基于本体的信息抽取方法，这其中，也包括了语义相似信息的检测。

除了对文本内容的发掘与组织，学术文本的信息抽取在抽取关键词这一研究部分也取得了显著的成果。关键词的提取在文本总结方面也扮演了重要的角色，使用的方法主要是统计、自然语言处理、基于规则的方法以及多种方法混合的方式。其中，统计的方法包括计算词频、词的位置、共现词、词权重等；自然语言处理的方法包括词性分析、利用本体词典 WordNet、句法分析等。不少研究将这两种方法交叉运用，例如，综合词法、句法、本体、位置信息等特征对文本进行关键词自动抽取，并取到了较好的成果。此外，机器学习也被应用于这一研究，包括有监督的学习方法和无监督的学习方法。有监督的学习方法相当于分类法，根据对训练数据建立的模型，进行关键词的抽取。相关典型算法有 KEA（Keyphrase Extraction Algorithm）、LAKE（Learning Algorithm for Key-phrase Extraction)等；Gupta(2014)认为无监督的学习方法是指用相关的排序策略(上面提到的统计法)对关键词进行选取，例如出现频率、长度等，不预先设置变量参数，然后利用聚类方法等构建关键词簇，一般使用数据挖掘中的聚类方法。Ren(2014)指出关键词提取技术也为学术文献检索提供了便利，其利用无监督学习，选取代表性论文，利用本体将其聚类，为每个聚类提取不同主题的关键词。

(二)基于认知计算的学术文本理解研究

实现对学术文本更加准确高效的理解是进行学术文本挖掘的目的之一，而文本理解是一个涉及语法、文本结构、阅读者个体差异等多方面因素的复杂过程，有国内外的语言学家、心理学家等从各自的领域角度提出了一系列语法和语义相关的理论或方法，为文本的理解进一步研究和应用提供了理论基础。而在学术文本方面，有学者从文档层面对学术文本进行理解，进而实现学术文本的检索和推荐。随着机器学习、自然语言处理等技术的完善，也有学者考虑了学术文本的深层语义，从词汇、文本结构等更细的粒度进行学术文本理解，取得了一定的研究成果。

词汇作为文本理解的最基本单位，国内外的学者已经对学术文本中词汇的识别、分类及功能等方面展开了研究，并且取得了相应的理论、方法和专利等成果。日本学者 Kondo(2009)等构建了一个从文献的标题中识别词汇的系统，并将标题中词汇所承担的作用归纳为了“Head”(方向)、“Method”(方法)、“Goal”(目标)、“Other”(其他)四种；Nanba(2010)等则将科研文献标题和摘要中的功能角色划分为了“Technology”和“Effect”两类；2011 年，Gupta 将科研文献的词汇功能划分为“Focus”(焦点)、“Technique”(技术)和“Domain”(领域)三类；2013 年，Tsai 将科研文献的词汇功能分为“Method”(方法)和“Application”(应用)两类；同年，Huang 等将科研文献的词汇功能归纳为“Method”(方法)、Task(任务)和 Other(其他)三类；2017 年，Cheng 则将词汇在学术文本中所承担的角色定义为词汇功能，并根据科研工作的共性和领域特殊性，将词汇功能分为领域无关词汇功能以及领域相关词汇功能两类。

相较于一般文本，学术文本具有很强的规范性和严密的内部逻辑结构，因此，学术文本的内部结构是影响学术文本理解的一个重要因素。有学者对学术文本的逻辑结构识别进行了研究，通过机器学习、数据挖掘等识别出学术文本中对应的作者、标题、正文等组成成分，例如 HHN 等(2013)开发的信息提取系统，用于识别学术论文的作者和其对应的结构，取得了不错的实验效果；Kan 等(2017)采用条件随机场，并且在集成文字大小、文字位置等更丰富的文档表示的基础上，抽取 PDF 文档的逻辑结构。相较于学术文本的逻辑结构分析，学术文本的每个部分在文本内容表达上的功能作用研究则更复杂。Hu 等(2013)采用具有 Introduction、Method、Result、Conclusion 四部分结构的学术文献进行引文分布研究，并对引文在文献中不同部分的分布进行了可视化；Lu 等(2018)提出了一种研究性论文的结构功能框架，学术文本的结构功能研究在引文分析中的应用相对较多，例如，基于引用内容的单篇论文质量评价体系研究、开放获取背景下的全文引文分析方法与应用研究等都涉及了引用位置和引用动机的作用。从已有研究来看，学术文献的结构功能考虑了不同章节对于论文内容的表达的特定功能性作用，实现了细粒度的学术文本语义理解，为构建基于文本结构的学术论文评价标准提供了较好的研究基础。

总体来看，在传统语法分析和语义分析的基础上，相关学者从更细粒度视角出发，如词汇功能角色、学术文本结构，对学术文本进行挖掘和分析，实现了深层次的学术文本理解，在理论、方法和应用方面取得了不错的研究成果。但是，如何对学术文本进行深层次的机器理解，实现基于语义化和智能化的、内容认知层面的学术文本理解与评价仍需进一步探索。

（三）基于认知计算的学术文本挖掘行业应用

在大数据时代，学者从海量学术资源中找到契合自身需求的文献越来越困难，这也使得文本挖掘成为一种越来越重要的学术辅助工具，对此学术出版商、相关研究机构等在提供文本挖掘服务方面进行了尝试，在生物医学等方面的文本挖掘应用也取得了一定的研究成果。

学术出版商掌握着海量的学术文献，在开展学术文本挖掘服务方面具有很大优势。早在 2014 年，学术出版公司爱斯唯尔（Elsevier）就宣布将提供对该公司数据库中论文的文本挖掘服务；2016 年 4 月，爱斯唯尔宣布正式上线基于云的数据仓储平台——Mendeley Data，通过该平台不同学科的科研人员可以共享、访问和引用其研究数据；2016 年 10 月，Springer Nature 宣布扩展 SharedIt 开放平台的内容共享服务，从而将其所属全部学术资源打造成一个开放共享的整体数据仓储，使得作者和订阅者可以阅读和理解最新研究成果。更加完善的数据仓储平台促进了学术资源的内容共享和开放获取，能够帮助科研人员从海量文献资料中提取高质量的研究数据，从而加速研究成果转化。2017 年 12 月 Web of Science 平台更新，加入两大功能：（1）更加便捷的开放获取渠道——“OA 发现”，用户在进行检索的时候，可以在原有检索的基础上，轻松地获取全文获取链接；（2）论文关键性指标的可视化呈现，包含引文次数、使用次数、具体参考文献、引文网络、是否为高被引文献、是否为常被引用论文等。

学术文本挖掘在学术文本的检索和推荐等方面具有很大的应用价值，根据著名信息咨询公司 Outsell2016 年发布的研究报告《Text and Data Mining：Technologies Under Construction》发现，当前学术文本挖掘在生命科学领域的应用相对较多；美国 HIS 公司则通过对各种数据源的非结构数据的挖掘分析，致力于为金融、油气等行业重要客户提供关键数据信息、决策支持软件以及相关服务。美国国立医学图书馆服务系统 PubMed、中国生物医学文献服务系统 SinoMed 等为生物医学信息检索方面提供了较好的服务，在国内方面也有相关基金对生物科学的文本挖掘提供资助。

四、学术评价研究中的认知计算应用

学术评价是学术研究的重要组成部分，其目的是以科学的标准衡量学术活动成果的价值，保障科研资源的分配，促进科学研究的发展。针对不同的评价对象，学术评价研究的相关研究主要包括期刊评价、学者机构评价和论文评价三个方面。

（一）基于认知计算的期刊评价研究

期刊评价是学术评价的重要基础内容之一，与学术论文评价关系密切。期刊评价的理论与实践起源于国外，传统的期刊评价采用文献计量学的方法，主要的评价指标有总被引次数、影响因子、发文数等。近年来，伴随大数据时代的来临和认知计算技术的发展，期刊发展和期刊评价都面临新的变革。目前，使用认知计算进行期刊评价的研究仍然较少，主要集中在基于读者认知的期刊评价方法研究。具有代表性的研究有：Hu（2009）提出根据读者对学术论文学术质量的评价出发，构建了一套合理、客观和可操作的生物医学类开放存取期刊评价。Sun 等（2014）指出读者的认知过程是一个信息加工的过程，读者对期刊封面设计信息的识别和接受是在其认知过程的制约下进行的，期刊封面设计需要与读者的认知过程相匹配。Barbic 等(2015)评估了精神病学领域的主要期刊的可读性，依据论文的摘要、引言和讨论部分的可读性来对期刊打分。Pang 等(2016)提出可利用信息技术对读者使用电子阅读终端进行文献阅读的行为进行记录，如文章的阅读时间、具体章节的停留时间，将读者的认知行为作为评价指标用于期刊评价中；同时，庞达提出可以建立读者反馈评价指标，将读者的主观认知用于对期刊进行评价。也有部分学者从期刊可读性的角度来对期刊进行评价。Lei 等(2016)对信息科学领域的 4 本期刊的可读性进行了排序，文中采用 Flesch Reading Ease 和 Simple Measure of Gobbledygook 两个指标来对论文摘要和全文的可读性进行评估。

(二)基于认知计算的学者评价研究

基于发文量和引文量的学者评价方法难以有效实现对学者的全面深入评价，认知计算的应用可以进一步推动学者评价的科学化、精准化和综合化。例如，Ding 等(2011)通过在 pagerank 算法的基础上，通过自然语言处理和复杂网络的技术实现了作者影响力计算；Li(2018)基于带权重的双向网络对 H 指数进行改进，得到“Bi-directional h-index”指数对学者的学术影响力进行评价等。虽然基于认知计算的学者评价已经取得了一些尝试，但目前认知计算在学者评价中的应用研究仍处于探索阶段，已有的研究主要集中在导师推荐和学术新星预测两个方面。

1. 认知计算视角下的导师推荐

与专家推荐相类似，导师推荐主要考虑如何利用导师的学术成果来评估和选择导师。例如，Shi 等(2011)依据导师的学术信息，利用层次聚类算法，设计了学术领域专家推荐系统；Alarfaj 等(2012)提出了一种基于信息检索的导师推荐方法，利用导师发表的学术论文来挖掘导师的主要研究方向，并以学生输入的检索词来表示学生的研究兴趣，从而实现学生与导师的匹配。此外，部分研究融合导师的合作信息，根据导师合作者的学术成就来赋予导师不同的得分。例如，Wang 等(2011)设计了一个基于权威度的导师推荐模型，该模型不仅考虑了导师自身的学术成就，而且考虑了导师往届学生的成就；Mosharraf 等(2012)将导师推荐转化为网络最优化问题，并采用遗传算法来解决这一问题。然而，以上研究只考虑了导师的客观信息，忽略了师生双方的主观特性等重要信息。Zhang 等（2016）使用 Goldberg 设计的性格量表（International Personality Item Pool）对双方性格进行了匹配，同时使用研究方向相关性、社会网络连通性和导师论文质量三个维度来评估导师的客观信息，构建了一个个性化的导师推荐模型。

2. 认知计算视角下的学术新星预测

学术新星预测是对青年学者的科研潜力进行评价，其学术能力将会直接影响研究机构的未来发展，因此，学术新星预测对于优化人才引进、资源分配等问题非常重要。目前，对学术新星的研究主要利用人工智能、机器学习等方法构建学者合作网络来进行预测。国内外具有代表性的研究有：Daud 等(2015)采用分类的方法从作者合作网络中分析出未来的新星学者；Amjad 等(2015)提出了一种基于合著者相互影响的学者排序方法，这一方法更多考虑了多名学者合著时相互之间的影响因素；Zhang 等(2016)又在 Amjad 的基础上加入了相互增强过程因素，利用由论文-作者网络、论文-期刊网络和引文网络三个学术网络构建的异构网络来度量相互增强过程；Zhang 等(2016)对影响年轻学者影响力增长的因素进行了分析，并设计了一种影响力增量排名学习算法，结合给出的影响因素来预测学术新星。但是，以上研究均将学者的所有论文视为一个整体，未考虑学者在不同领域的成就差异。Tehmina Amjad 和 Ali Daud (2017)提出了一种特定领域索引方法(Domain Specific Index)，根据学者发表论文的主题来进行聚类，分别对不同类别的论文进行统计，再依据分类对学者进行排序。

(三)基于认知计算的学术论文评价初步研究

随着深度学习、人工智能、自然语言处理等认知计算方法和理论的发展与成熟，对学术论文文本内容的分析有了长足发展，针对论文内容的学术论文评价方法开始受到国内外学者的关注。目前的相关研究主要包括认知计算与学术引用相结合的学术引文推荐、基于内容特征的学术论文排序与推荐和基于认知计算的学术发现研究。

1. 认知计算与学术引用相结合的学术引文推荐

学术论文撰写过程中需要大量地进行文献引用，对于给定的学术文本片段，为其推荐学术引文成为近年来的研究热点。在学术引文推荐的过程中，需要对文献内容通过机器学习、自然语言处理等技术进行语义理解和语义分析，从而更准确的推荐学术引文。在这方面，国内外学者进行了一系列有益的尝试。学者 Valenzuela 等(2015)提出识别学术文献中重要引用文献的任务，通过有监督分类的方法，能够识别出参考文献的理论或方法是否为施引文献的重要研究基础；学者 Bai 等(2016)通过对文献内容的语义分析与语义挖掘，识别论文的异常引用问题；Hassan 等(2017)通过利用全文本学术文献的上下文信息识别重要参考文献和非重要参考文献，并对比了 5 种不同方法的实验效果；Li 等(2017)利用潜在语义方法将学术论文和用户兴趣表达成高维向量空间，基于此与用户的认知查询进行匹配，形成学术引文推荐集；Liu(2016)利用引文的全文本语义信息内容，提升引文推荐的效果。

2. 基于认知计算的学术论文排序与推荐

目前，国外学者利用认知计算方法对学术论文的文本内容评估初步进行了一些有益的探索。比较有代表性的研究有：Fu 等(2008)利用学术论文的内容特征如文章标题、摘要等训练 SVM 模型，预测论文未来的被引用量，分析可用于认知计算的学术文本特征；学者 Yogatama 等(2011)使用线性模型对学术论文的下载量和同一学术领域的引用量进行预测，通过数据实验证明，使用学术论文的内容特征(如文章标题、摘要、关键词)与学术论文的元数据特征(如作者、主题分类、期刊)相比，预测结果具有显著提升，可将学术论文的内容特征用于学术论文的评价中，进行相应的认知计算。此外，为基于认知计算对学术论文的内容特征建模，相关学者构建了可用于进行认知计算的论文数据库，为开展此项研究提供了有利基础。Drahomira 等(2017)构建了一个名为 TrueImpactDataset 的学术论文数据集，通过对论文内容，如标题、摘要、参考文献的认知计算与分析，识别研究领域的基础文献和重要文献；Tang 等构建了 Aminer 学术数据库及平台，收录论文成果、科技人员信息、知识概念及引用关系，利用异质信息网络算法和元路径分析等技术手段，对学术论文、学者、机构等进行排序，初步实现了从认知层面对科研成果进行评价。

3. 基于认知计算的学术发现研究

大数据和文本挖掘的发展，为学术发现研究提供了大量的理论和方法，使得从海量的文献数据中挖掘潜在的知识成为了可能。相关机构和学者已开始将语义理解、知识挖掘等技术运用到学术文本理解中，提高学术论文推荐的效果。如美国 Allen 人工智能实验室研发的 Semantic scholar 搜索引擎利用机器学习的方法识别出参考文献与施引文献的强弱关系，依据参考文献的重要程度进行相关排序，识别出最重要的引用关系，从而实现对参考文献贡献的评价；Semantic scholar 学术搜索引擎还能对引用文章是核心方法引用还是背景知识引用进行区分。图表信息是科学研究的可视化呈现，将数据信息转化为视觉形式，用于增强数据的呈现效果，方便用户对数据浏览和观察，辅助用户对学术论文内容的认知。Chen 等(2011)对医学领域的文献数据进行了挖掘，利用主题词之间的语义关联来探索疾病之间的潜在关系。KyoJoong 等(2015)利用 TF-IDF 算法挖掘论文中的重要词汇，并用 WordNet 对词汇进行聚类，从而实现对未来研究趋势的发现和对研究热点的可视化显示。Clark 等(2016)研发了 PDFFigures 2.0 工具，用于对学术论文中的图表信息进行抽取，从信息可视化这一认知角度对学术论文进行评价，其方法在构建的计算机领域文章中能够达到 94%的准确率和 90%的召回率。

此外，部分学者还利用认知计算的方法从知识传播的视角进行了学术论文评价的相关研究，例如，Thelwal 等(2015)将 Google Scholar 和 Google Patents 作为论文评价指标来源，利用自然语言处理技术对指标进行计算；Wen 等(2016)对计算机领域的会议论文随着时间变化在 Twitter 上的传播模式进行分析，利用被推数、评价、转发等指标来对会议论文进行评价；Windy 等(2016)研究指出论文在社交媒体中的角色、有效性等一定程度决定了学术论文的可及性。

五、启示和建议

整体上看，国外基于认知计算的学术论文评价理论与方法研究的相关研究成果可以概括为：学术论文评价、学术文本语义分析和理解、认知计算的理论和技术及其在学术评价领域的应用研究这四个方面。相关研究在问题的解决上具有现实性，并已开始对认知计算在学术论文评价的相关领域如学者评价、期刊评价、文本理解与挖掘领域展开了一些研究，然而针对认知计算视角下的学术论文评价理论与方法研究还十分有限。无论是国内还是国外，基于认知计算的学术论文评价研究仍然处在起步阶段或者发展阶段，缺乏整体上的系统研究，缺少具有高度和深度的、或者普通规律的成果，某些方面甚至仍然是空白。同时，通过对已有文献的综述和剖析可以发现，目前学术论文评价研究主要以论文的质量评价为核心，体现在论文的学术影响力评价上，虽然提出了如影响因子、H 指数、G 指数、跨学科度和 PaperRank 等一系列论文评价指标，但仍存在以下不足：

（一）学术论文评价研究的深度不够

通过以上分析可知，学术论文评价多从统计学或计量学视角入手，对论文的被引、转载、评论、来源期刊等指标仅从数量上进行了浅层的统计分析，虽在一定程度上体现了学术论文的质量，但是却忽视了评价指标的本质含义，评价的过程缺乏从内容认知计算的层面对学术文本的深入理解与挖掘，如引用关系的语义内涵、引用的动机和位置的选择、评论的情感和转载的动机等。同时，传统的学术论文评价中指标的计算往往是文章整体层面的，从论文段落结构层面、词汇层面和情感层面的进一步探索还较少，缺乏学术论文的细粒度评价。在学术论文评价的实践问题研究中，虽然有用到自然语言处理、人工智能等认知计算方法来进行数据处理和指标获取，但往往最终还是落脚到计量范畴中，而未能从内容认知计算层面对学术论文的价值从根本上加以揭示和改进。

（二）学术论文评价的指标和功能上存在局限性

从前面的分析来看，国内外的相关研究取得了一定的进展，从多个方面提出了如影响因子、H 指数、G 指数和 Altmetrics 指标等一系列学术论文评价指标，对学术论文评价研究起到了一定的积极作用。但整体来看，现有的指标体系仍存在局限性，还没形成全面的评价方案和完整的理论体系；其研究重点主要集中在论文的影响力评价上，却极少涉及学术论文的权威性、创新性（含颠覆性）、可读性、可信性（含可重复性）等方面的评价，缺少文献内容层面的细粒度度量，也难以应对海量学术论文和 Web 信息资源背景下的快速、合理评价需求。此外，现有的评价指标也无法对以富媒体形态存在的学术论文进行评价。

（三）学术论文评价的服务范围有限

在学术大数据的时代背景下，数字化出版和开放获取模式迅速发展，使得学术论文组织利用的方式出现了变革。一方面，学术论文的受众向大众化方向发展，工程师、学生等用户对学术论文的需求日益增加；另一方面，学术论文评价的结果也被计算机和智能化系统所使用，如文献推荐或知识服务系统。然而，现有的学术论文评价指标和体系的服务对象局限在科研工作管理者和科研人员。因此，面向多元服务对象的个性化需求，基于认知计算的学术论文的科学化、精准化、个性化和动态适配的评价理论与方法的实现是亟待解决的一个重要问题。

（四）缺乏认知计算与传统论文评价理论与方法相结合的系统研究

国外诸多学者和科研机构围绕认知计算技术视角下的学术论文评价进行了一定的理论研究和实践探索，对非结构化的学术全文文本语义理解和挖掘进行了初步尝试，如学术文本词汇功能和学术文本结构功能的探讨；同时，在此基础上，从引文文本内容、引用位置、引用情感等方面对学术文本内容挖掘研究，这说明围绕这一课题深入研究具有一定的基础。然而，其研究仍然较为分散，往往强调具体单个问题的解决，或者强调其中的单个评价指标，缺乏认知计算视角下的学术论文评价系统研究；从认知计算视角出发，缺乏专门围绕学术论文评价的系统性研究，围绕的问题主要是学术文本内容语义理解、引文内容分析、学者和研究机构评价、期刊评价和文献推荐。目前同时涉及认知计算和学术论文评价主题的文献也不多，严重缺乏整体上有深度和高度的系统性研究成果。

六、结　　语

本文从认知计算的理论与应用研究、学术论文评价理论与方法、学术文本内容研究中的认知计算应用和学术评价研究中的认知计算应用等四个方面对大数据和认知计算背景下的学术论文评价研究情况进行了介绍。整体上来看，随着学术大数据时代的到来，以及人工智能技术的发展，基于认知计算的学术论文评价研究在近年来得到了学术界较多关注，在学术文本内容语义理解与挖掘、学术文本结构识别等基础性课题，和学者评价、期刊评价及文献推荐等相关研究领域有了较大的进展，然而，仍有很多需要继续深入研究的问题。如在学术论文评价指标方面，目前的评价指标主要包括学术或社会影响力指标，而在学术论文可读性、可信性、权威性和创新性等方面研究仍有较大欠缺；在学术论文评价理论方面，需要归纳对比已有评价理论体系的共性和差异，结合认知计算的理论和方法，对传统理论和方法支撑下的学术论文评价理论框架进行指标扩展和体系重构，以构建一个以质量评价为中心、兼顾影响力、创新性、可读性和可信性等多指标动态共存的综合化学术论文评价理论框架；在学术论文评价方法方面，至今尚无针对视频或声音等多媒体形态学术论文的评价方法，如何利用认知计算的方法，实现富媒体格式学术论文评价方法建模和关键技术，也是亟待解决的问题之一。此外，学术论文内容的语义化理解，如学术文本词汇功能识别、结构功能识别、引用功能识别和视觉内容计算等问题，也值得深入研究；以及学术论文评价平台的实现和应用问题，如根据个性化应用需求，学术论文评价指标的动态化自适配的问题等。

参考文献

[1] Alpert JS. Standing on the shoulders of giants[J]. American Journal of Medicine, 2014, 127(5): 359-360.

[2] Bai X, Xia F, Lee I, et al. Identifying anomalous citations for objective evaluation of scholarly article impact[J]. Plos one, 2016, 11(9): e0162364.

[3] Bornmann L, Haunschild R. Which people use which scientific papers? An evaluation of data from F1000 and Mendeley[J]. Journal of Informetrics, 2015, 9(3): 477-487.

[4] Bontcheva K, Derczynski L, Funk A, et al. TwitIE: An Open-Source Information Extraction Pipeline for Microblog Text [C]// Proceedings of the International Conference on Recent Advances in Natural Language Processing. Association for Computational Linguistics. 2013: 83-90.

[5] Chang Y W. The influence of Taylor's paper, Question-Negotiation and Information-Seeking in Libraries[J]. Information Processing & Management, 2013, 49(5): 983-994.

[6] Clark C, Divvala S. Looking Beyond Text: Extracting Figures, Tables and Captions from Computer Science Papers[C]//AAAI Workshop on Scholarly Big Data. 2015: 2-8.

[7] Clark C, Divvala S. Pdffigures 2.0: Mining figures from research papers[C]//IEEE/ACM Joint Conference on Digital Libraries(JCDL), 2016: 143-152.

[8] Cuong NV, Chandrasekaran MK, Kan MY, et al. Scholarly document information extraction using extensible features for efficient higher order semi-CRFs[C]//Proceedings of the 15th ACM/IEEE-CS Joint Conference on Digital Libraries. ACM, 2015: 61-64.

[9] Devarakonda M V, Mehta N. Cognitive Computing for Electronic Medical Records [M]. Springer International Publishing, 2016:

555-577.

[10]Deisenroth M P, Neumann G, Peters J. A survey on policy search for robotics[J]. Foundations and Trends in Robotics, 2013, 2(1): 1-142.

[11]Dewey M. Foresight and understanding from scientific exposition (FUSE)[EB/OL]. [2017-08-20]. http://dpcpsi. nih. gov/pdf/10_IARPA. pdf.

[12]Ding Y, Song M, Han J, et al. Entitymetrics: Measuring the Impact of Entities[J]. Plos One, 2013, 8(8): e71416.

[13]Ding Y, Zhang G, Chambers T, et al. Content-based citation analysis: The next generation of citation analysis[J]. Journal of the Association for Information Science & Technology, 2014, 65(9): 1820-1833.

[14]Ferguson C, Marcus A, Oransky I. Publishing: The peer-review scam[J]. Nature, 2014, 515(7528): 480-482.

[15]Frankish K, Ramsey WM. The Cambridge Handbook of Artificial Intelligence [M]. Cambridge University Press, 2014.

[16]Fu L D, Aliferis C. Models for predicting and explaining citation count of biomedical articles[C]//Annual Symposium Proceedings. AMIA, 2008: 222-226.

[17]Furukawa T, Ohkubo T, Natsume K. Research on multi-system learning theory: A case study of Brain-Inspired System research [C]// Joint, International Conference on Soft Computing and Intelligent Systems. IEEE, 2012: 311-314.

[18]Geist M, Scherrer B. Off-policy learning with eligibility traces: A survey[J]. Journal of Machine Learning Research, 2014, 15(1): 289-333.

[19]Gupta A, Dixit A, Sharma A K. A novel statistical and linguistic features-based technique for keyword extraction[C]//International Conference on Information Systems and Computer Networks. IEEE, 2014: 55-59.

[20] Guo C, Chinchankar R, Liu X. Knowledge retrieval for scientific literatures[J]. Proceedings of the American Society for Information Science & Technology, 2013, 49(1): 1-7.

[21] Guo C, Yu Y, Sanjari A, et al. Citation role labeling via local, pairwise, and global features[J]. Proceedings of the Association for Information Science & Technology, 2015, 51(1): 1-10.

[22] Hassan S U, Akram A, Haddawy P. Identifying Important Citations Using Contextual Information from Full Text[C]//ACM/IEEE Joint Conference on Digital Libraries (JCDL). IEEE, 2017: 1-8.

[23] Herrmannova D, Patton R M, Knoth P, et al. Citations and Readership are Poor Indicators of Research Excellence: Introducing TrueImpactDataset, a New Dataset for Validating Research Evaluation Metrics [C]//Proceedings of the 1st Workshop on Scholarly Web Mining. ACM, 2017: 41-48.

[24] Hu N, Bose I, Koh N S, et al. Manipulation of online reviews: An analysis of ratings, readability, and sentiments[J]. Decision Support Systems, 2012, 52(3): 674-684.

[25] Hu Z, Chen C, Liu Z. Where are citations located in the body of scientific articles? A study of the distributions of citation locations [J]. Journal of Informetrics, 2013, 7(4): 887-896.

[26] Ioannidis J P, Boyack K W, Small H, et al. Bibliometrics: Is your most cited work your best? [J]. Nature, 2014, 514(7524): 561.

[27] Ioannidis JP, Boyack KW, Small H, et al. Bibliometrics: Is your most cited work your best? [J]. Nature, 2014, 514(7524): 561.

[28] Jiang Z, Liu X, Gao L, et al. Community-based Cyberreading for Information Understanding[C]//International ACM SIGIR Conference on Research and Development in Information Retrieval. ACM, 2016: 789-792.

[29] Ke Q, Ahn YY, Sugimoto CR. A systematic identification and analysis of scientists on Twitter [J]. Plos One, 2017, 12 (4): e0175368.

[30] Kelly J. Computing, cognition and the future of knowing[M]. Whitepaper, IBM Reseach, 2015

[31] Kober J, Peters J. Reinforcement learning in robotics: A survey [J]. International Journal of Robotics Research, 2013, 32(11): 1238-1274.

[32] Kwok R. Reasearch impact: Altmetrics make their mark[J]. Nature, 2013, 500 (7463): 491-493.

[33] Lee C J, Sugimoto C R, Zhang G, et al. Bias in peer review[J]. Journal of the Association for Information Science & Technology, 2013, 64(1): 2-17.

[34] Li W. Abstractive Multi-document Summarization with Semantic Information Extraction [C]//Conference on Empirical Methods in Natural Language Processing. 2015: 1908-1913.

[35] Li J, Mei C, Xu W, et al. Concept learning via granular computing: a cognitive viewpoint[J]. Information Sciences, 2015, 298 (1): 447-467.

[36] Lilleberg J, Zhu Y, Zhang Y. Support vector machines and word2vec for text classification with semantic features[C]//Proceedings of the 14th IEEE International Conference on Cognitive Informatics & Cognitive Computing. 2015: 136-140.

[37] Lioma C, Larsen B, Lu W, et al. A study of factuality, objectivity and relevance: three desiderata in large-scale information retrieval? [C]// IEEE/ACM International Conference on Big Data Computing, Applications and Technologies. ACM, 2016: 107-117.

[38] Liu X, Chen M, Ding Y, et al. Workshop summary for the 2013 international workshop on mining unstructured big data using natural language processing[C]//ACM International Conference on Conference on Information & Knowledge Management. ACM,

2013：2547-2548.

[39] Liu X，Zhang J，Guo C. Full-text citation analysis：enhancing bibliometric and scientific publication ranking[C]//ACM International Conference on Information and Knowledge Management. ACM，2012：1975-1979.

[40] Liu X，Yu Y，Guo C，et al. Full-text based context-rich heterogeneous network mining approach for citation recommendation [C]// Digital Libraries. IEEE，2014：361-370.

[41] Liu X，Jiang Z，Gao L. Scientific Information Understanding via Open Educational Resources (OER)[C]// International ACM SIGIR Conference on Research and Development in Information Retrieval. ACM，2015：645-654.

[42] Lu C，Ding Y，Zhang C. Understanding the impact change of a highly cited article：a content-based citation analysis[J]. Scientometrics，2017，112(2)：927-945.

[43] Lu W，Yue X，Cheng Q，et al. Inverse local context analysis：A method for exhaustively gathering documents from limited accessible data sources [J]. The Electronic Library，2016，34 (3)：405-418.

[44] Man K C. Altmetrics：Too soon for use in assessment[J]. Nature，2013，494(7436)：176.

[45] Mifrah S，Benlahmar EL H. Semantico-automatic Evaluation of Scientific Papers：State of the Art[C]//Proceedings of the International Conference on Big Data，Cloud and Applications. ACM，2017：25-29.

[46] Napolitano G，Marshall A，Hamilton P，et al. Machine learning classification of surgical pathology reports and chunk recognition for information extraction noise reduction[J]. Artificial intelligence in medicine，2016，70(C)：77-83.

[47] Ogiela L. Cognitive informatics in image semantics description，identification and automatic pattern understanding[J]. Neurocom-

puting, 2013, 122: 58-69.

[48] Ororbia I AG, Wu J, Khabsa M, et al. Big Scholarly Data in CiteSeerX: Information Extraction from the Web[J]. International World Wide Web Conference. IW3C2, 2015: 597-602.

[49] Peoples BK, Midway SR, Sackett D, et al. Twitter Predicts Citation Rates of Ecological Research [J]. Plos One, 2016, 11 (11): e0166570.

[50] Peters M, Ammar W, Bhagavatula C, et al. Semi-supervised sequence tagging with bidirectional language models[C]//Meeting of the Association for Computational Linguistics. 2017: 1756-1765.

[51] Perera R. Scholar: cognitive computing approach for question answering[D]. University of Westminster, 2012.

[52] Piwowar H. Altmetrics: Value all research products[J]. Nature, 2013, 493(7431): 159.

[53] Priem J, Taraborelli D, Groth P, et al. Altmetrics: A manifesto [EB/OL]. [2017-08-20]. http: //altmetrics. org/manifesto.

[54] Qian Y, Rong W, Jiang N, et al. Citation regression analysis of computer science publications in different ranking categories and subfields[J]. Scientometrics, 2017, 110(3): 1351-1374.

[55] Ren F. An unsupervised cascade learning scheme for 'cluster-theme keywords' structure extraction from scientific papers[J]. Journal of Information Science, 2014, 40(2): 167-179.

[56] Ringelhan S, Wollersheim J, Welpe I M. I Like, I Cite? Do Facebook Likes Predict the Impact of Scientific Work? [J]. Plos One, 2015, 10(8): e0134389.

[57] Santosh KC, Belaid A. Document information extraction and its evaluation based on client's relevance[C]//International Conference on Document Analysis and Recognition. IEEE, 2013: 35-39.

[58] Schmitt M, Jäschke R. What do computer scientists tweet? Analyzing the link-sharing practice on Twitter[J]. Plos One, 2017, 12 (6): e0179630.

[59] Tang J. AMiner: Toward Understanding Big Scholar Data[EB/OL]. [2017-08-03]. http://pdfs. semanticscholar. org.

[60] Tsai CT, Kundu G, Dan R. Concept-based analysis of scientific literature [C]//ACM International Conference on Information & Knowledge Management. 2013: 1733-1738.

[61] Van N R, Maher B, Nuzzo R. The top 100 papers[J]. Nature, 2014, 514(7524): 550-553.

[62] Valenzuela M, Ha V, Etzioni O. Identifying Meaningful Citations [C]//AAAI Workshop on Scholarly Big Data. 2015: 21-26.

[63] Wang L. New Evaluation Index of Single Paper Based on Citation Network: Hi Index[J]. Information Studies Theory & Application, 2012(11): 10-17.

[64] Walker R, Rocha D S P. Emerging trends in peer review—a survey[J]. Frontiers in Neuroscience, 2015, 9(169): 1-18.

[65] Wang Y, Kinsner W, Pedrycz W, et al. Cognitive informatics and cognitive computing in year 10 and beyond [J]. International Journal of Cognitive Informatics & Natural Intelligence, 2011, 5 (4): 1-21.

[66] Wang Y. Fuzzy causal inferences based on fuzzy semantics of fuzzy concepts in cognitive computing[J]. Wseas Transactions on Computers, 2014(13): 430-441.

[67] Wang Y, Berwick R C. Formal relational rules of english syntax for cognitive linguistics, machine learning, and cognitive computing [J]. Journal of Advanced Mathematics and Applications, 2013, 2 (2): 182-195.

[68] Wang Y. A semantic algebra for cognitive linguistics and cognitive computing[C]//Proceedings of the 12th IEEE International Conference on Cognitive Informatics & Cognitive Computing. 2013: 17-25.

[69] Wang Y. Towards a theory of fuzzy probability for cognitive computing[C]// Proceedings of the 13th IEEE International Conference

on Cognitive Informatics & Cognitive Computing. 2014：21-29.

[70] Wang Y. Fuzzy causal patterns of humor and jokes for cognitive and affective computing [J]. International Journal of Cognitive Informatics and Natural Intelligence，2014，8(2)：34-45.

[71] Wang Y. From information revolution to intelligence revolution：Big data science vs. intelligence science[C]//Proceedings of the 13th IEEE International Conference on Cognitive Informatics & Cognitive Computing. 2014：3-5.

[72] Wan HY，Moens M F，Luyten W，et al. Extracting relations from traditional chinese medicine literature via heterogeneous entity networks[J]. Journal of the American Medical Informatics Association Jamia，2015，23(2)：1-10.

[73] Wang X，Cheng Q，Lu W. Analyzing evolution of research topics with NEViewer：a new method based on dynamic co-word networks [J]. Scientometrics，2014，101(2)：1253-1271.

[74] Weihs L，Etzioni O. Learning to Predict Citation-Based Impact Measures[C]// ACM/IEEE Joint Conference on Digital Libraries (JCDL). IEEE，2017：1-10.

[75] Wei Lu，Yong Huang，Yi Bu，Qikai Cheng. Functional structure identification of scientific documents in computer science. Scientomerics. 2018，115：463-486

[76] Xia F，Su X，Wang W，et al. Bibliographic Analysis of Nature Based on Twitter and Facebook Altmetrics Data[J]. Plos One，2016，11(12)：e0165997.

[77] Xin S，Alberto P，Johan B. How the Scientific Community Reacts to Newly Submitted Preprints：Article Downloads，Twitter Mentions，and Citations[J]. Plos One，2012，7(11)：e47523.

[78] Yan E，Ding Y. Weighted citation：An indicator of an article's prestige[J]. Journal of the Association for Information Science & Technology，2010，61(8)：1635-1643.

[79] Yan R，Huang C，Tang J，et al. To better stand on the shoulder

of giants [C]//Proceedings of the 12th ACM/IEEE-CS joint conference on Digital Libraries. ACM, 2012: 51-60.

[80] Yao Y. Three-way decisions and cognitive computing[J]. Cognitive Computation, 2016, 8(4): 1-12.

[81] Yogatama D, Heilman M, O'Connor B, et al. Predicting a scientific community's response to an article[C]//Proceedings of the Conference on Empirical Methods in Natural Language Processing. Association for Computational Linguistics, 2011: 594-604.

[82] Zhang J, Xia F, Wang W, et al. CocaRank: a collaboration caliber-based method for finding academic rising stars[C]//Proceedings of the 25th International Conference Companion on World Wide Web. 2016: 395-400.

[83] Zhang J, Zhuang H, Song Y, et al. Knowledge Fragment Enrichment Using Domain Knowledge Base[C]//Chinese National Conference on Social Media Processing. 2016: 274-286.

[84] Zhang Q, Cheng Q, Huang Y, et al. A Bootstrapping-based Method to Automatically Identify Data-usage Statements in Publications[J]. Journal of Data & Information Science, 2016, 9(1): 69-85.

[85] Zhai L, Yan X, Zhang G. Bi-directional h-index: A new measure of node centrality in weighted and directed networks[J]. Journal of Informetrics, 2018, 12(1): 299-314.

[86] Šesták J, Fiala J, Gavrichev K S. Evaluation of the professional worth of scientific papers, their citation responding and the publication authority [J]. Journal of Thermal Analysis and Calorimetry, 2017: 1-9.

[87] 黄永，陆伟，程齐凯，等．学术文本的结构功能识别——基于段落的识别[J]. 情报学报，2016，35(3)：530-538.

[88] 黄永，陆伟，程齐凯，等．学术文本的结构功能识别——在学术搜索中的应用[J]. 情报学报，2016，35(4)：425-431.

[89] 陆伟，孟睿，刘兴帮．面向引用关系的引文内容标注框架研

究[J]. 中国图书馆学报，2014，40(6)：93-104.
[90]陆伟，黄永，程齐凯，等．学术文本的结构功能识别功能框架及基于章节标题的识别[J]. 情报学报，2014(9)：979-985.
[91]曾毅，刘成林，谭铁牛．类脑智能研究的回顾与展望[J]. 计算机学报，2016(1)：212-222.